dicionário de dificuldades
da língua portuguesa

Lexikon | *referência essencial*

domingos paschoal cegalla

dicionário de dificuldades da língua portuguesa

4ª edição – 3ª impressão

© 2025, by Domingos Paschoal Cegalla

Direitos de edição da obra em língua portuguesa no Brasil adquiridos pela Lexikon Editora Digital Ltda.Todos os direitos reservados. Nenhuma parte desta obra pode ser apropriada e estocada em sistema de banco de dados ou processo similar, em qualquer forma ou meio, seja eletrônico, de fotocópia, gravação, etc., sem a permissão do detentor do copirraite.

Lexikon Editora Digital Ltda.
Av. Rio Branco, 123 sala 1711, Centro
20040-905 Rio de Janeiro – RJ – Brasil
Tel. (21) 2560 2601 / Whatsapp (11) 94044 5620
http://lexikon.com.br
sac@lexikon.com.br

Veja também www.aulete.com.br - seu dicionário na internet

1ª edição – 1996
2ª edição – 1999
3ª edição – 2009
3ª edição/2ª impressão – 2011
3ª edição/3ª impressão – 2013
4ª edição – 2018
4ª edição / 2ª impressão – 2021

Editor
Paulo Geiger

Produção
Sonia Hey

Projeto Gráfico e diagramação
Ilustrarte Design

Capa
Nathanael de Souza

Imagem da capa: © Viscious-Speed | Pixabay.com

CIP-Brasil. Catalogação na Fonte
Sindicato Nacional dos Editores de Livros, RJ

C385d
3.ed.
    Cegalla, Domingos Paschoal
    Dicionário de dificuldades da língua portuguesa / Domingos Paschoal Cegalla. - 4. ed. - Rio de Janeiro : Lexikon , 2018.
    432 p. ; 23 cm.
    Vocabulário
    ISBN 978-85-8300-100-3

    1. Língua portuguesa - Dicionários. 2. Língua portuguesa - Gramática. I. Título.

18-49671   CDD: 469.3
                                               CDU: 811.134.3(81)(038)

Sumário

Apresentação 3ª edição 7

Apresentação 1ª edição 9

O novo Acordo Ortográfico 11

Abreviaturas e sinais usados nesta obra 17

Dicionário 19

Vocabulário 411

Bibliografia 430

Obras do Autor 431

Apresentação
3ª edição

    Apesar das dificuldades da época e dos percalços que encontrou em seu caminho, este dicionário chegou, em pouco mais de doze anos, à sua terceira edição, sem contar a edição de bolso, lançada pela Lexikon em parceria com a L&PM.

    Meu dicionário teve também de enfrentar a concorrência de obras congêneres, umas boas, outras superficiais, todas, porém, apostadas a levar alguma luz aos estudiosos desse nosso rico idioma, que lembra um território imenso e belo, mas cheio de armadilhas e constantemente fustigado pelos ventos das inovações.

    Eminentes professores de português se dignaram de tecer comentários elogiosos acerca do meu trabalho, e isso foi para mim valioso incentivo para mantê-lo sempre atualizado.

    Esta edição, que se apresenta na nova ortografia, vem ampliada com vários verbetes. Foram introduzidos também inúmeros acréscimos e feitos alguns retoques em verbetes da edição anterior.

    Convicto da utilidade desta obra, apresento a nova edição a quantos têm interesse em aprimorar seus conhecimentos de português, na modalidade culta.

Rio de Janeiro, 2009
Domingos Paschoal Cegala

Apresentação
1ª edição

Ao concluir esta obra, tive a impressão de haver chegado de longa excursão por um vastíssimo território, belo e rico, mas tremendamente acidentado, com infindáveis encruzilhadas desnorteando os passos do caminhante.

Este dicionário pretende ser um guia a indicar rumos certos, um mapa onde estão assinalados os obstáculos e as encruzilhadas diante dos quais tantas vezes param perplexos os usuários da língua portuguesa. Não o escrevi por diletantismo, mas para ser útil não somente aos profissionais que fazem da palavra o instrumento de seu trabalho, como também a todos aqueles que desejam falar e escrever a sua língua com acerto.

Os idiomas dos povos civilizados são sistemas de signos vocais e significativos extremamente complexos. E o nosso não faz exceção à regra. Ninguém pode gabar-se de o dominar completamente, sobretudo neste estado de ebulição em que hoje se encontra. Quem de nós, vez ou outra, não hesita diante da grafia ou da flexão de um vocábulo, da correta pronúncia de uma palavra, ou não é assaltado por dúvidas sobre concordância e regência verbal? E não raro, o tempo é escasso, e a tarefa urgente não nos permite compulsar gramáticas, que aliás, em muitos casos, permanecem mudas às nossas indagações. Foi refletindo sobre isso que aceitei o desafio de elaborar um dicionário fácil de compulsar e que desse pronta e satisfatória resposta ao consulente, no âmbito da fonologia, ortografia, morfologia e sintaxe.

Aqui está, pois, o *Dicionário de dificuldades da língua portuguesa*, resultado de mais de três anos de paciente trabalho. Acredito ter focalizado a contento a maioria dos casos geradores de dúvidas e embaraços. Empenhei-me em expor os fatos linguísticos com objetividade e a maior singeleza possível, de modo que o leitor possa entender pronta e facilmente a informação desejada. Com esse propósito, evitei o eruditismo estéril e as terminilogias complicadas.

O liberalismo linguístico de nossos dias, liderado pelos meios de comunicação, torna difícil para o gramático a tarefa de legislar sobre normas gramaticais. Diante da enxurrada de estrangeirismos, de inovações sintáticas e neologias de todo tipo que hoje invade o português falado e escrito no Brasil, assumi uma posição moderada: nem muito ao mar nem muito à terra; nem liberal nem purista; nem demasiada condescendência com os desvios da boa norma, nem caturrice vernaculista, amarrada a velhos cânones gramaticais, infensa a qualquer inovação. *In medio virtus*. Ante questões controvertidas, ou aponto a opção que me parece melhor, ou deixo ao consulente a iniciativa da escolha.

Deu-se especial destaque aos tópicos que versam sobre regência e concordância verbal, corroborando cada caso com fartas abonações de conceituados escritores contemporâneos. Registraram-se com abundância homônimos, parônimos e adjetivos eruditos que indicam 'relação', como *capilar* (relativo a cabelo), *ígneo* (relativo a fogo), *onírico* (relativo a sonho). Esses adjetivos devem ser procurados junto aos respectivos substantivos. Assim, se o consulente desejar conhecer o adjetivo referente a *baço*, deverá procurar o verbete *baço*, onde encontrará a informação: *esplênico*.

Sempre que me pareceu útil, registrei o étimo (a origem) das palavras estudadas. Boa ideia também me pareceu incluir neste *Dicionário* os mais importantes radicais gregos e latinos, tão frequentes na terminologia científica internacional. Aos estudiosos em geral e particularmente a médicos e cientistas é de indiscutível utilidade o conhecimento desses elementos de formação das palavras.

Para consultas rápidas sobre a grafia de palavras consideradas 'difíceis', no âmbito da escrita, há no final desta obra uma ampla relação desses vocábulos, à qual se pode recorrer, na falta de um dicionário.

Veja-se neste modesto trabalho uma prova de amor à língua portuguesa, hoje falada, nos cinco continentes, por mais de 200 milhões de pessoas.

Críticas e sugestões dos entendidos para a melhoria desta obra serão sempre bem--vindas.

Rio de Janeiro, 1996
Domingos Paschoal Cegalla

O novo acordo ortográfico

O novo *Acordo Ortográfico da Língua Portuguesa* foi assinado em Lisboa, em 1990, pelos representantes dos sete países lusófonos: Portugal, Brasil, Angola, Moçambique, São Tomé e Príncipe, Cabo Verde e Guiné-Bissau. O Timor Leste, oitavo país luso-falante, não assinou o *Acordo* porque, na época, não tinha ainda conquistado sua independência política.

Aprovado pelo Congresso Nacional em 1994, o novo sistema ortográfico entra em vigor, no Brasil, no início de 2009, e em Portugal, a partir de 2014.

Ressalte-se que o objetivo precípuo desse novo *Acordo* não foi, como era de se esperar, a simplificação, mas a unificação ortográfica da língua portuguesa falada na comunidade lusófona. Razões de ordem fonética, ou seja, diversidade na pronúncia entre portugueses e brasileiros, não permitiram alcançar uma unificação ortográfica perfeita; mesmo assim, o novo *Acordo* representa uma louvável iniciativa na busca da tão desejada unidade ortográfica de um dos idiomas mais falados do planeta.

Para nós, brasileiros, as alterações ortográficas introduzidas na língua pelo novo sistema são, lamentavelmente, superficiais, porquanto se restringem ao uso dos sinais diacríticos (acentos gráficos, trema, hífen, apóstrofo). São mais sensíveis para os portugueses, que passarão a grafar sem as consoantes mudas *c* e *p* palavras como *acção, actor, actual, director, exacto, lectivo, óptimo*, etc. Continuarão, porém, os portugueses, a escrever *facto, projecto* e outras palavras que o *Acordo* não menciona claramente. Grafarão, também, de modo diverso do nosso, vocábulos em que as vogais *e* e *o*, em final de sílaba e seguidas de *m* ou *n*, eles pronunciam com timbre aberto, como *génio, académico, efémero, cómodo, tónico, fenómeno, fémur, sémen, ténis, ónus, bónus*, etc., contrariamente aos falantes brasileiros, que proferem tais palavras com timbre nasal fechado: *gênio, acadêmico, efêmero, cômodo, tênis, ônus*, etc. Esses são casos insanáveis de dupla grafia em português.

Damos, a seguir, as alterações ortográficas introduzidas pelo novo *Acordo* na língua portuguesa do Brasil:

O alfabeto

O alfabeto da língua portuguesa passa a ter 26 letras: a, b, c, d, e, f, g, h, i, j, k, l, m, n, o, p, q, r, s, t, u, v, w, x, y, z.

Para nós, a inclusão de *k*, *w* e *y* no alfabeto nada muda, pois essas letras de há muito vêm sendo usadas. Seu emprego limita-se ao que está exposto nas páginas 228, 405 e 407 deste dicionário.

O emprego do h

Nada mudou quanto ao emprego do *h*. Seu uso continua sendo um sério obstáculo para quem escreve, principalmente quando se trata de palavras formadas por prefixação. É contestável, para não dizer incoerente, a grafia *desumano* e *sobre-humano*.

O *h*, apesar de mudo, é letra geradora de hífens: *anti-heróis, super-homem, extra-hepático, neo-helênico, hiper-hidratação*, etc.

Acentuação gráfica

Pelo nosso sistema de 1943, os ditongos abertos *ei* e *oi* de palavras paroxítonas eram acentuados na base com acento agudo. Pelo novo sistema, esse acento foi suprimido. Ex.: *ideia, estreia*, eu *estreio, Coreia, assembleia, seborreico, nucleico, joia, jiboia, heroico, estoico,* eu *apoio, celuloide, tireoide, tabloide*, etc.

1 – Nas palavras oxítonas, esses ditongos, e também o ditongo *éu*, continuam sendo acentuados: *chapéu, véu, troféu, herói, destrói, corrói, coronéis, fiéis, papéis*, etc.
2 – O novo sistema suprimiu o acento circunflexo no hiato *oo*: *voo, voos, enjoo, zoo, abençoo, amontoo*, etc.
3 – Abolido também foi o acento circunflexo no hiato *eem* de flexões dos verbos *dar, crer, ler, ver* e seus derivados: *deem, creem, leem, veem, releem, reveem, descreem, preveem*.
4 – Os vocábulos proparoxítonos continuam sendo acentuados: *lágrima, término, déssemos, polígono, binóculo, número, lâmpada, sonâmbulo, esplêndido, lêssemos, fenômeno, ônibus*, etc.
   Acentuam-se também os vocábulos paroxítonos terminados em ditongo crescente: *glória, Itália, série, mágoa, régua, errôneo, enxáguo, lírio, fúria*, etc.
5 – Excetuadas as palavras que se enquadram nos casos 1, 2 e 3, os demais vocábulos paroxítonos são acentuados conforme o sistema ortográfico de 1943: *armário, gíria, amável, fácil, fáceis, jóquei, amásseis, lêsseis, ímã, ímãs, órgão, órgãos, bênção, bênçãos, bíceps*, etc.
6 – Não sofreram alterações também quanto à acentuação gráfica as palavras oxítonas: *sofá, sofás, amarás, pajé, pajés, você, vocês, Tietê, avó, avô, alguém, armazém, armazéns, fiéis, chapéu, herói, saí, Luís, Jacareí, Jaú, baú, baús, instruí-los*, etc.

Infinitivos terminados em *a, e* e *o*, seguidos de pronome, continuam sendo acentuados: *chamá-lo, vendê-la, compô-los*, etc.

Na 3ª pessoa do singular do presente do indicativo, os verbos derivados de *ter* e *vir* recebem acento agudo no singular e acento circunflexo no plural: ele *contém*, eles *contêm*, ele *intervém*, eles *intervêm*, etc.

7 – Não há alterações quanto à acentuação gráfica dos monossílabos. Acentuam-se os terminados em *a, e* e *o*, seguidos ou não de *s*: *pá, pás, pé, pés, nó, nós, mês, pôs (verbo), pós, véu, véus, dói, sóis*, etc.

Acentuam-se os verbos *pôr, têm* (plural) e *vêm* (do verbo vir, 3ª pes. pl.) porque existem os homógrafos *por* (prep.), *tem* (sing.) e *vem* (sing.).

8 – Como vimos no item 1, nas palavras oxítonas continuam sendo acentuados os ditongos de timbre aberto *éi, éu, ói*: *papéis, troféu, troféus, herói, heróis*, etc.

Continuam inacentuados os ditongos fechados (*areia, tamoio*), os ditongos subtônicos (*heroizinho, chapeuzinho, tireoidite, heroicamente*) e também o ditongo *iu* das formas verbais como *saiu, atraiu, contribuiu*, etc.

9 – Vimos nos itens 2 e 3 que os hiatos *oo* e *eem* deixam de ser acentuados. Os demais, formados com *i* e *u* tônicos, devem ser acentuados: *saída, país, egoísta, saúde, proíbem, Grajaú*. O acento é necessário para evitar a ditongação. Compare: *caí* e *cai, doído* e *doido, fluído* e *fluido*.

10 – Conforme o novo AO, não se deve acentuar o *u* tônico dos encontros *gue, gui, que, qui* de formas verbais: *argui, arguis, arguem, apazigue, apaziguem, averigue, averigues, averiguem, oblique, obliques, obliquem*. Achamos necessário manter o acento no *u* tônico desses encontros para evitar falsas pronúncias: *argúis, averigúe, abliqúes, abliqúe*, etc.

11 – O novo AO aboliu o acento diferencial em *para* (v. parar), *pelo* (cabelo), *pelo* (v. pelar), *polo* (extremidade) e *pera* (fruta). Manteve-o só em *pôr* (verbo), e *pôde* (pret. perfeito do indic.) a fim de distinguir de *pode* (pres. do indic.). O acento gráfico é facultativo em *fôrma* (molde), diferente de *forma* (feitio, modo) e também nas formas verbais do pretérito do indicativo da primeira conjugação, como *amámos, louvámos*, para as distinguir das correspondentes formas do presente do indicativo (*amamos, louvamos*), por ser aberto o timbre do *a* tônico no pretérito em certas variantes do português.

12 – Quanto ao emprego do acento grave, não houve nenhuma alteração. Usa-se exclusivamente para indicar a crase. Veja o verbete *crase* neste dicionário.

O trema

O novo *Acordo Ortográfico* aboliu o trema em todas as palavras portuguesas: *cinquenta, frequente, tranquilo, aguentar, linguiça*, etc. Usa-se apenas em nomes estrangeiros e palavras deles derivadas: *Müller, mülleriano, Dürer, Staël*, a arte plástica *staëliana*, etc.

Embora bem-vinda, sua ausência pode gerar dúvidas acerca da pronúncia correta de palavras como *quinquênio, ubiquidade, aquidistante, equídeo, equilátero*, etc.

O apóstrofo

1 – Em obras literárias ou científicas, o novo AO permite grafar *d'Os sertões, pel'Os sertões*, com apóstrofo, ou *de Os sertões, em Os sertões, por Os sertões*, referência *a Os sertões*, sem apóstrofo. Em um e outro caso preserva-se a integridade do título, o que não acontece grafando-se: a leitura *dos Sertões*, referir-se *aos Sertões*, basear-se *nos Sertões* de Euclides da Cunha.
2 – Com referência a Deus, Jesus, a Virgem Maria, também é livre o uso do apóstrofo em construções como: *dependo d'Ele, confio n'Ele, dependemos d'Aquele, confiar n'Aquele, o poder d'Ela, confio n'Ela, a intercessão d'Aquela*, com apóstrofo, ou *a Aquele, de Aquela*, etc., sem apóstrofo.
3 – Em outros casos, nada mudou quanto ao emprego desse sinal ortográfico.

Emprego do hífen

O emprego do hífen é matéria extremamente complexa. As poucas alterações introduzidas pelo novo sistema no uso do embaraçoso traço unitivo nada contribuíram para a sua simplificação. Para quem escreve, o emprego do hífen continua sendo um autêntico quebra-cabeça. Limitamo-nos aqui a destacar as mudanças concernentes ao hífen trazidas pelo novo sistema ortográfico.

1 – Diz o texto do *Acordo*: "Certos compostos, em relação aos quais se perdeu, em certa medida, a noção de composição, grafam-se aglutinadamente: *girassol, madressilva, mandachuva, pontapé, paraquedas, paraquedista*, etc."
2 – "Em muitos compostos — diz o novo AO — o advérbio *bem* aparece aglutinado com o segundo elemento: *benfazejo, benfeito, benfeitor, benquerença*, etc.". Deduz-se que deveremos escrever sem hífen *benfazer, benquerer* etc. O novo *Acordo*, no entanto, incoerentemente, prescreve as grafias *bem-falante* e *bem-visto*, em vez de *benfalante* e *benvisto*.
3 – Em palavras formadas com prefixos e radicais gregos e latinos, como *ante-, anti-, co-, contra-, extra-, hiper-, mini-, pan-, pós-, pré-, pró-, semi-, sub-, super-, ultra-, aero-, agro-, auto-, eletro-, micro-, neo-, tele-*, etc., usa-se, em geral, o hífen como no sistema ortográfico de 1943. Damos, em seguida, as alterações, umas boas, outras não.
4 – Quando o prefixo termina em vogal e o segundo elemento começa por *r* ou *s*, faz-se a junção sem hífen e dobram-se essas consoantes: *antirreligioso, antirrábico,*

antissemita, antissismo, contrarregra, contrassenha, cosseno, infrassom, microrradiografia, etc. Boa solução.

5 – Nas formações em que o prefixo termina com a mesma vogal com que se inicia o segundo elemento, usar-se-á hífen: *anti-ibérico, anti-inflamatório, contra-almirante, micro-onda, semi-interno.* No *Vocabulário Ortográfico* da ABL, ed. de 1998, está *antiibérico, antiinflamatório, antiamericano, microonda, microônibus, eletroóptica*, sem hífen, grafias ideais, de uso generalizado. O citado vocabulário, porém, traz, contraditoriamente, *infra-axilar, auto-observação, semi-interno*, grafias menos boas, mas agora oficializadas.

O novo sistema ortográfico abre exceção para o prefixo *co-*: *coobrigação, coordenar, coordenação, cooperação, cooperar*, etc. Pergunta-se: por que *coordenação* (sem hífen) e *micro-ondas* (com hífen)?

6 – No *Vocabulário Ortográfico* da ABL e no *Dicionário Aurélio* está *circunavegação* e *circunavegar*. Pelo novo sistema ortográfico, deve-se escrever: *circum-navegação, circum-navegar*. É outro retrocesso. Com menos apego ao critério etimológico e uma pequena dose de ousadia, a hifenização poderia ser reduzida em 50%.

7 – Não se usa hífen quando o prefixo termina em vogal e o segundo elemento começa por vogal diferente: *antiaéreo, autoestrada, autoaprendizagem, coeditor, coautor, coeducação, extraescolar, aeroespacial, agroindústria, hidroelétrica, plurianual*, etc. Portanto, não se escreve mais *auto-escola, auto-estrada, auto-afirmação* e as dezenas de palavras inciadas por *auto-* que o *Vocabulário Ortográfico* da ABL de 1998, traz nas páginas 84 e 85.

8 – O novo AO manteve a velha regra que prescreve o uso do hífen antes de palavras iniciadas com *h*: *anti-higiênico, extra-humano, sub-hepático, neo-helênico*, etc. E traz esta observação: "Não se usa, no entanto, o hífen em formações que contêm em geral os prefixos *des-* e *in-* e nas quais o segundo elemento perdeu o *h* inicial: *desumano, desumidificar, inábil, inumano*, etc." Cabe a pergunta: por que só os prefixos *des-* e *in-* têm o privilégio de eliminar o *h* e aglutinar-se ao elemento seguinte? Seria mais lógico estender essa norma a outros prefixos e grafar: *antiigiênico, antiumano, antiispânico, extraepático, neoelênico, hiperidrose*, etc.

Emprego das letras maiúsculas

Escreve-se com letra inicial maiúscula:
Antropônimos, reais ou fictícios: *Pedro Marques, D. Quixote, Branca de Neve*, etc.
Topônimos, reais ou fictícios: *Brasil, Lisboa, Atlântida, etc.*
Entidades mitológicas ou fantásticas: *Júpiter, Vênus, Adamastor*, etc.
Instituições: *Instituto Nacional do Seguro Social.*
Festas religiosas e festividades: *Natal, Páscoa, Dia das Mães*, etc.

Títulos de periódicos: *O Globo, Veja,* etc.
Nomes de regiões: o *Oriente,* o *Nordeste* brasileiro, etc.
Siglas: a *Onu,* a *Funai,* a *Fab,* etc.

O novo AO omitiu muitos outros casos em que se usam letras maiúsculas: *Deus, Segunda Guerra Mundial, Idade Média, Renascença,* a *República,* o *Império,* etc.

Casos opcionais

Nomes de livros: *A retirada de Laguna* ou *A Retirada de Laguna, O primo Basílio* ou *O Primo Basílio,* etc.

As palavras *santo* e *santa* que antecedem o nome da pessoa: *santo Antônio* ou *Santo Antônio, santa Teresa* ou *Santa Teresa,* etc.

Nomes de disciplinas ou matérias: *matemática* ou *Matemática, biologia* ou *Biologia,* etc.

Nomes de ruas e logradouros, igrejas, edifícios: *rua* ou *Rua do Ouvidor, largo* ou *Largo dos Leões, igreja* ou *Igreja do Bonfim, edifício* ou *Edifício Carlos Gomes.*

No Brasil, nesse último caso, usa-se, geralmente, letra inicial maiúscula. O novo *Acordo Ortográfico* é omisso em outros casos, como, por exemplo, designação de acidentes geográficos: *ilha* ou *Ilha de Marajó, rio* ou *Rio Tietê, baía* ou *Baía de Guanabara, serra* ou *Serra do Mar, pico* ou *Pico da Neblina, cabo* ou *Cabo Branco.* Veja *acidentes geográficos* neste dicionário.

Abreviaturas e sinais usados nesta obra

ABL	= Academia Brasileira de Letras	perf.	= perfeito
adj.	= adjetivo	pl.	= plural
adv.	= advérbio, adverbial	pref.	= prefixo
al.	= alemão	prep.	= preposição
alg.	= algum(a)	pres.	= presente
angl.	= anglicismo	pret.	= pretérito
ant.	= antônimo	pron.	= pronome, pronominal
AO	= Acordo Ortográfico de 1990	rel.	= relativo
		s.f.	= substantivo feminino
cap.	= capítulo	s.m.	= substantivo masculino
cf.	= confronte, compare	sing.	= singular
conj.	= conjunção	subj.	= subjuntivo
cp.	= compare	subst.	= substantivo
conjug.	= conjugação	suf.	= sufixo
el. de comp.	= elemento de composição	suj.	= sujeito
esp.	= espanhol	t.	= transitivo
ex.	= exemplo	t.d.	= transitivo direto
f., fem.	= feminino	t.i.	= transitivo indireto
fig.	= sentido figurado	t.d. e i.	= transitivo direto e indireto
fr.	= francês	v.	= verbo
fut.	= futuro	v. defec.	= verbo defectivo
ger.	= gerúndio	v.i.	= verbo intransitivo
gr.	= grego	VO	= Vocabulário Ortográfico da Língua Portuguesa, da ABL, 5ª ed.
id.	= idem (o mesmo)	v. pron.	= verbo pronominal
imperat.	= imperativo	v.t	= verbo transitivo
imperf.	= imperfeito	v.t.d	= verbo transitivo direto
ind.	= indicativo	v.t.i	= verbo transitivo indireto
ingl.	= inglês	v.t.d. e i.	= verbo transitivo direto e indireto
intrans.	= intransitivo		
it.	= italiano		
JB	= Jornal do Brasil		
lat.	= latim		
loc. adj.	= locução adjetiva		
loc. adv.	= locução adverbial		
loc. conj.	= locução conjuntiva		
loc. prep.	= locução prepositiva		
m., masc.	= masculino		
med.	= medieval		
n.p.	= nome próprio		
obj.	= objeto		
op.	= oposição, oposto		
p.	= página		
part.	= particípio		

Δ Indica elemento de composição.
⇨ Indica uma observação.
* Depois de uma palavra indica remissão a um verbete. Antes de uma palavra indica etimologia hipotética.
|| Indica mudança de categoria, abertura de parágrafo.
/ Indica separação de frases.
> Indica que a palavra que precede este sinal dá origem à que se lhe segue.
< Indica que a palavra que precede este sinal deriva da que se lhe segue.
+ Mais.
= Igual a, exprime a ideia de.
| Indica locução.

a, à, há. 1. *A*. A palavra *a* pode ser: a) artigo: Abri *a* porta; b) pronome: Tânia é rica, mas não *a* invejo; c) pronome demonstrativo: Essa chave é *a* que perdi; d) preposição: O chefe índio foi *a* Brasília. / Um motorista nos conduziu *a* Belém. / Matas são queimadas para dar lugar *a* roças. / Daí *a* pouco o menino começou *a* gritar. / Morávamos *a* cem metros do rio. / Estamos *a* três semanas das eleições. / O curso iniciará daqui *a* dez dias.
2. *À*. Escreve-se *à* (com acento grave), quando se trata da contração da preposição *a* com o artigo feminino *a*, ou seja, quando ocorre crase: André foi *à* cidade. / Assisti *à* cerimônia em pé. Veja outros exemplos no verbete *crase*.
3. *Há*. Grafa-se *há* quando se trata do verbo *haver*. Nesse caso, *há* equivale a *faz*, ou *existe*(m) ou *acontece*(m): *Há* (=*faz*) dois meses que não chove no interior do Ceará. / Eles casaram *há* mais de cinco anos. / O casal japonês radicou-se em São Paulo *há* mais de um ano. / A casa foi reformada *há* pouco tempo. / *Há* tempo que a empresa faliu. / Nesses rios não *há* (= *existe*) mais peixe. / Naquela estrada *há* (= *acontecem*) muitos acidentes. / O médico assumiu *há* três meses a presidência do Instituto Vital Brasil. / Não *há* (= *existem*) mendigos naquela cidade.

Δ **a-.** [Do gr. *a-*.] *Pref.* Indica 'privação', 'negação': *abulia, abúlico, acéfalo, aético, afônico, amoral, ápode, arrizotônico, assepsia, assexuado*. Antes de vogal assume a forma *an-*: *anestesia, analfabeto, anarquia, anorexia, anemia, anético* (menos usado que *aético*), *anencéfalo, anencefalia, anídrico,* *anônimo, anuria*. É anteposto geralmente a um radical grego.
⇨ Não deve ser confundido com o prefixo de origem latina *a-*, que aparece, por exemplo, em *abeirar, amontoar, afundar, amadurecer, apaixonar,* nem com o prefixo protético de certas palavras, como *alevantar, abaixar, assentar, assoalho, aonde, atribulação*.

à altura de. Apto para (missão, tarefa, cargo, etc.): Procurava-se um homem *à altura da* difícil missão. / O ministro mostrou estar *à altura do* seu cargo. / Foi um homem *à altura da* situação.

abade. Adjetivos relativos a abade: *abadengo, abadesco, abacial*.

abaixar. Veja *baixar*.

a baixo, abaixo. 1. *A baixo*. Escreve-se *a baixo* (locução adverbial), em oposição a *de cima*, em frases como: A cortina rasgou-se de cima *a baixo*. / O capitão me observou de alto *a baixo*. / "Só Lalu olhava-o de cima *a baixo*, observando o estado de suas roupas sujas e remendadas." (Dias Gomes, *Decadência*, p. 11) / "De alto *a baixo*, porém, em todos os graus de cultura, há uma fome de alimento espiritual." (Vivaldo Coaraci, *Cata-vento*, p. 266)
2. *Abaixo*. Nos demais casos, grafa-se *abaixo* (antônimo de *acima*): O plano foi por água *abaixo*. / A correnteza levou a canoa rio *abaixo*. / O muro veio *abaixo*. / Os termômetros marcavam dois graus *abaixo* de zero. / Quito fica um pouco *abaixo* do equador. / Os *abaixo* assinados requerem...

abaixo-assinado. *S.m.* Documento assinado por várias pessoas para solicitar alguma coisa, reivindicar direitos, etc. Pl.: *abaixo-assinados*. Sem hífen, quando a expressão designa os signatários do documento: Os *abaixo assinados* vêm respeitosamente solicitar a Vossa Excelência que...

a bala, à bala. Veja *crase*, para essa e outras locuções de instrumento.

abanar. *V. t. d.* 1. Ventilar com abano ou leque: A mulher pôs-se a *abanar* a criança.
2. Agitar, balançar, mover de um lado para outro: Meu pai *abanou* a cabeça negativamente. / O cão acercou-se do dono *abanando* a cauda.
3. Peneirar agitando os grãos para o ar, a fim de os livrar dos ciscos: "Abre-me o portão um negro velho, ocupado em *abanar* feijão no terreiro." (Monteiro Lobato, *Urupês*, p. 194) *V. pron.* 4. Refrescar-se com abano ou leque: Na sala quente, as senhoras *se abanavam*.
| *Com as mãos abanando.* Sem ter nada, sem ter conseguido nada: Voltou para casa *com as mãos abanando*.

a bandeiras despregadas. Rir a bandeiras despregadas (= desfraldadas) = dar gargalhadas ruidosas e prolongadas: "Então riram todos *a bandeiras despregadas.*" (Ciro dos Anjos, *Montanha*, p. 166)

abdicar. [Do lat. *abdicare*, renunciar.] Renunciar a (poder soberano, título, direito, etc.). Este verbo pode ser usado como: a) intransitivo (sem complemento): Pressionado pelo povo, o rei decidiu *abdicar*; b) transitivo direto (com objeto direto): O rei *abdicou a coroa* em favor de seu filho. / O príncipe talvez *abdique o seu direito* ao trono. / A beldade *abdicou o seu título* de rainha. / "Sentindo-se ferido em seu amor próprio, o Imperador *abdicou o trono* em favor de seu filho, criança de quase seis anos de idade." (Assis Cintra, *Histórias que não vêm na História*, p. 128); c) transitivo indireto (com objeto indireto): O imperador Dom Pedro I *abdicou da coroa* portuguesa em favor de sua filha. / Não *abdicarei de meus direitos*.
A construção primitiva é com objeto direto: "Alguns dizem *abdicar de*, sem dúvida por causa da ideia de separação que o verbo encerra." (Mário Barreto, *Últimos estudos*, p. 403).
⇨ Embora seja sinônimo de *renunciar*, não se usa com a prep. *a*. Não se dirá, portanto, "abdicar *a* alguma coisa", mas "abdicar *de* alguma coisa".

abdome, abdômen. *S.m.* 1. É preferível a forma *abdome*.
2. O adjetivo referente a abdome é *abdominal*: dor *abdominal*.

a beijar. A preposição *a*, seguida de infinito, traduz finalidade, equivalendo a *para*, em frases como: Acorreu gente de toda parte, *a ver* o que tinha acontecido. / O papa deu a mão *a beijar*. / "Muitos personagens eminentes do Império e diversas famílias apresentaram-se *a falar* ao imperador..." (Raul Pompeia, *Uma noite histórica*, apud Carlos de Laet, *Antologia nacional*, p. 145) / "Às onze horas Calisto Elói entrou na Câmara. Dir-se-ia que entrava Cícero *a delatar* a conjuração de Catilina." (Camilo Castelo Branco, *A queda dum anjo*, p. 37) / "Ela correu à Tijuca, encheu de beijos a mãe e a criança, deu a mão *a beijar* a Carlos Maria." (Machado de Assis, *Quincas Borba*, cap. CX)
Essa sequência *a* + *infinitivo* usa-se também para indicar: a) início de ação ou fato: Começou *a gritar*. / Pegou *a correr*; b) condição ou hipótese: *A ser assim*, nada podemos fazer (= *Se é* assim, nada podemos fazer). / *A ficares* ali, nada verás (= *Se ficares* ali, nada verás). Usa-se ainda em lugar do gerúndio: Estava *a ler* uma revista (= Estava *lendo* uma revista). Veja o verbete *a brincar*.

abençoar. *V. t. d.* Exige regência direta: O Papa *abençoou os peregrinos*. / Deus *o* (e não *lhe*) abençoe. Constrói-se com *lhe* só quando esse pronome equivale a *seu* ou *dele*: Deus *lhe* abençoe a família. / "Que se casem; tenham numerosos filhos, e Jeová *lhes* abençoe a prole." (Ciro dos Anjos, *O amanuense Belmiro*, p. 124)
⇨ Referindo-se a Luís Paulo Conde, que no dia primeiro de janeiro de 1997 assistiu à missa, antes de assumir o cargo de prefeito do Rio, um jornalista carioca escreveu: "Conde ouviu o padre *lhe abençoar* durante três minutos." Evidentemente, aqui não cabe o pronome *lhe*, mas *o*: "Conde ouviu o padre *o abençoar* (ou abençoá-*lo*) durante três minutos."

aberrar. [Do lat. *aberrare*, afastar-se, desviar-se.] Afastar-se do que é normal, natural, comum, ser diferente, insólito, excêntrico, constituir-se numa aberração (anormalidade, desvio, extravagância): Seu procedimento *aberra* dos bons costumes. / É uma arte surrealista que *aberra* das normas clássicas. / O modo de vestir-se e de viver da moça *aberrava*, pela sua extravagância, dos hábitos locais.

abeto. *S.m.* Designação comum às árvores do gênero *Abies*. Pronuncia-se *abêto*.

abismo. [Do gr. *ábyssos*, sem fundo, muito profundo.] Adj. relativo a abismo: *abissal* (a profundeza *abissal* do mar). Existe a variante vernácula *abismal*.

abjeção. *S.f.* Vileza, baixeza, degradação.
⇨ Não confundir com *objeção*.

abjurar. Renunciar a (crença, fé, doutrina, etc.), renegar. Pode-se construir este verbo com objeto direto ou indireto (prep. *de*), indiferentemente: Os cristãos preferiam morrer a *abjurar* sua fé (ou *de sua fé*). / Em vão o forçaram a *abjurar* sua crença (ou *de sua crença*). / *Abjurou* as (ou *das*) teorias marxistas e converteu-se ao cristianismo.

ablação, ablução. 1. *Ablação*. Ato de extrair, de extirpar: Era inadiável a *ablação* do tumor. / As amazonas, segundo a lenda, faziam a *ablação* dos seios para melhor manejarem o arco e a flecha.
2. *Ablução*. Ato de lavar o corpo ou parte dele: *ablução* do rosto; a *ablução* matinal: "Levanto cedo, faço minhas *abluções*, ponho a chaleira no fogo para fazer café..." (Rubem Braga, *Ai de ti, Copacabana!*, p. 43)
3. Há outro parônimo, *oblação*, que significa oferta, oferenda feita a Deus: a *oblação* do pão e do vinho, na missa.

abóbada. *S.f.* Esta é a forma correta, e não *abóboda*.

abolir. Verbo defectivo. Só tem as formas em que ao radical se segue *e* ou *i*: abole, aboles, abolem; abolia, abolias, aboliam; aboliu, aboli, aboliram; abolisse, abolisses, abolíssemos, abolissem, etc.

abordar¹. [Derivado de *bordo*, 'costado de um navio'.] 1. Encostar uma embarcação a outra, geralmente para assaltar e roubar: Piratas *abordaram* a nau portuguesa.
2. Encostar a embarcação a, aportar: A embarcação *abordou a* (ou *em*) uma praia deserta. / "Tomou navio por sua conta o milionário, e *abordou às costas* de França." (Camilo Castelo Branco, *Coisas espantosas*, p. 215) Veja os dois verbetes seguintes.

abordar². [Derivado de *borda*, 'margem'.] Chegar à borda ou à margem, à beira de: Ela tinha pavor de *abordar* precipícios. / Os cavaleiros *abordaram* rapidamente o rio. Veja *abordar¹* e *abordar³*.

abordar³. [Do fr. *aborder*.] 1. Achegar-se a (uma pessoa), aproximar-se de (alguém): Os repórteres *abordaram* o presidente.

2. Tratar de (tema, assunto, questão): O conferencista *abordou* a questão dos sem-terra. / "Em palestras, Jandira tem admitido que *abordemos* temas perturbadores e, de boa vontade, ouve anedotas fortemente temperadas." (Ciro dos Anjos, *O amanuense Belmiro*, p. 61) ⇨ Nessas acepções, *abordar* é galicismo de uso corrente, não devendo, por isso, ser condenado. Veja os dois verbetes anteriores.

a bordo. Em sentido próprio, esta locução significa 'na embarcação', 'dentro de um navio': *estar a bordo, ir a bordo, jantar a bordo*. Por extensão, aplica-se também a veículos terrestres e aéreos: estar *a bordo* de um belo automóvel; ir *a bordo* de um avião, de uma nave espacial, etc.

aborígine. A palavra vem do lat. *aborigine* (*ab origine*, desde a origem). Portanto, com *i* na penúltima sílaba. Sinônimos: *autóctone, indígena, nativo*. Antônimos: *alienígena, estrangeiro, ádvena*.
⇨ *Alienígena* e *indígena* grafam-se com *e*, na sílaba *ge*, porque se prendem à palavra latina *genus*, raça.

aborrecer. [Do lat. *abhorrere*, afastar-se com horror, ter horror a.] *V. t. d.* 1. Ter aversão a, detestar: Meu pai *aborrecia* discussões.
2. Causar aborrecimento, desagradar: As discussões *o aborreciam* muito. ⇨ Nesta acepção, prefira-se a regência direta *aborrecê-lo*, embora a regência indireta *aborrecer-lhe*, hoje de uso vulgar, seja abonada por escritores clássicos.
V. i. 3. Causar aborrecimento: Festas de aniversário muito frequentes *aborrecem*.
V. pron. 4. Enfastiar-se, enjoar-se, entediar-se: Não tardou a *aborrecer-se* daquela vida monótona. / "Evidentemente, Virgília começava a *aborrecer-se* de mim." (Machado de Assis, *apud* Vittorio Bergo)
5. Zangar-se: *Aborreci-me* com ele devido à sua desatenção.
⇨ Evitem-se frases de sentido ambíguo, como: *As crianças aborreciam o vizinho*. (Tinham aversão ao vizinho ou causavam aborrecimentos ao vizinho?)

abraçar. [De *a-* + *braço* + *-ar*.] *V. t. d.* 1. Apertar ou cingir com os braços: A mãe *abraçou* demoradamente o filho. / Ela *o abraçou* demoradamente. / Eu *as abracei* uma a uma. ⇨ A regência *abraçar-lhe* é errada. Diga-se: *O amigo que o abraça*. / *O filho que a abraça*.
2. *Fig.* Circundar, rodear: Colinas verdejantes *abraçavam* a cidade.

3. *Fig.* Adotar, seguir (profissão, causa, doutrina, etc.): Que profissão você pretende *abraçar*? / Os povos bárbaros *abraçaram* o cristianismo.
V. pron. 4. Dar mútuos abraços, cingir entre os braços: Os jogadores *abraçaram-se* felizes. / A criança *abraçou-se à* (ou *na*) mãe. / *Abraçou-se nela*, com medo do cão. / *Abracei-me numa* (ou *a uma*) coluna. / "O bebê *abraçou-se* forte *no* pai, bateu-lhe no ombro pancadas afetuosas, como um homem." (Raquel de Queirós, *Caminho de pedras*, 8ª ed., p. 30) / "A pátria é o crucifixo *com* que o nosso pai *se abraçou* moribundo." (Alexandre Herculano, *Lendas e narrativas*, p. 344) / "Dona Catarina chamou pelos filhos, *abraçou-se neles...*" (Camilo Castelo Branco, *A queda dum anjo*, p. 75) "Cristina... *abraçou-se com* a mãe." (Monteiro Lobato, *Urupês*, p. 149)
5. *Fig.* Prender-se, enroscar-se: As trepadeiras *vão se abraçando* pouco a pouco *nas* (ou *com as*) árvores.

abreviaturas. 1. Na maioria das vezes, as abreviaturas terminam por consoante seguida de ponto final: *Av.* (Avenida), *pág.* (página), *prof.* (professor), etc.
2. Símbolos científicos e medidas, porém, se abreviam sem ponto e, no plural, sem *s* final: *Zn* (Zinco), *m* (metro ou metros), *l* (litro ou litros), *8h30m* (oito horas e trinta minutos), etc.
3. Os acentos gráficos são mantidos: *séc.* (século), *gên.* (gênero), *pág.* (página), etc.
4. Nomes geográficos não devem ser abreviados: *São Paulo* (e não *S. Paulo*), *Santa Rita* (e não *S. Rita*), *Mato Grosso* (e não *M. Grosso*).
5. Em textos literários e jornalísticos, convém evitar as abreviaturas, admitidas apenas em casos especiais. Assim, não se escreverá, por exemplo, *100km*, *9h*, mas *100 quilômetros*, *9 horas*, ou *cem quilômetros*, *nove horas*.

a brincar. Precedido da preposição *a*, o infinitivo equivale ao gerúndio, em frases como: Vi duas crianças *a brincar* num córrego [*a brincar* = brincando]. / "Longamente estive *a contemplar* as ruínas..." (Graciliano Ramos, *Infância*, p. 189) / "Às vezes cansava, sentava no chão e ficava *a ler* o livro que ia sempre comigo." (Elsie Lessa, *Canta, que a vida é um dia*, p. 135) ⇨ Na fala popular brasileira, nesse caso, usa-se geralmente o gerúndio. Há expressões, como *começou a rir*, *pôs-se a dançar*, em que só tem cabimento o infinitivo.

abrir-se. No sentido de 'fazer confidências', 'desabafar-se', diz-se 'abrir-se *com* alguém': Tinha poucos amigos e *abria-se* somente *com* o mais velho deles. / Convém que *nos abramos* com o nosso guia espiritual. / "*Abria-se* às vezes *com* dona Júlia, chegava quase a pedir-lhe que fizesse a delação." (Graciliano Ramos, *Insônia*, p. 104)

abrupto. [Do lat. *abruptus*, rompido violentamente, escarpado.] *Adj.* 1. Escarpado, íngreme: cordilheira *abrupta*.
2. Áspero, rude: modos *abruptos*.
3. Súbito, repentino: pergunta *abrupta*.
⇨ Propomos a pronúncia *abrup-to*, mais cômoda e natural. A pronúncia *ab-rupto*, embora correta, é áspera e difícil. Pela mesma razão, prefira-se proferir *abrup-tamente* a *ab-ruptamente*.

abside. [Do gr. *hapsís*, *hapsídos*, arco, abóbada, pelo lat. *abside*.] *S.f.* Nas basílicas cristãs, a cabeceira semicircular e abobadada do templo, na qual fica o altar-mor: "Primitivamente, a abóbada da *abside* era mais baixa que o teto do resto da igreja." (Aulete) ⇨ A pronúncia correta é *abside* (*sí*) e não *ábside*. A forma *apside*, também do grego *hapsís*, designa, em astronomia, o ponto da órbita de um satélite ou de um planeta em que estes se acham mais perto ou mais longe do astro em torno do qual gravitam.

absinto, absíntio. [Do lat. *absinthium*.] A forma correta é *absíntio*, mas a geralmente usada é *absinto*; erva de sabor muito amargo, losna; o licor feito com essa erva: Na França é proibida a venda do *absinto*. / "Depois da taça do mel esgotada, resta a do *absíntio*." (Alexandre Herculano, *Lendas e narrativas*, p. 292)

abster-se. Conjuga-se como *ter*: abstenho-me, absténs-te, abstém-se, abstemo-nos, abstendes-vos, abstêm-se; abstive-me, absteve-se, abstiveram-se; abstivera-me; se me abstivesse; se me abstiver; abstém-se, abstenha-se, abstenhamo-nos, abstende-vos, abstenham-se, etc.: "Minha amiga pediu-lhe que *se abstivesse* de comentários." (Carlos Drummond de Andrade) / "Os liberais *tinham-se abstido* nas eleições de 1869." (José Murilo de Carvalho, *Teatro de sombras*, p. 284) "... até aqui me *tenho abstido* de falar dos nossos maiores, os portugueses, e de nós mesmos." (Carlos de Laet, *O frade estrangeiro*, p. 65)

abusão. *S.f.* Engano, ilusão; crendice, superstição: "Mas o cuiabano Manuel Alves, arrieiro atrevido, não estava por essas *abusões*, e quis tirar a cisma da casa mal-assombrada. (Afonso Arinos, *Pelo sertão*, *Obra completa*, p. 49) ⇨ É palavra do gênero feminino.

abutre. [Do lat. *vultur*, *vulturis*.] Adj. referente a abutre: *vulturino*.

acabar. [De *a-* + *cabo* + *-ar.*] Damos somente os significados e as construções dignos de nota.
1. Ter como desfecho, terminar: Não poucas imprudências *acabam em* tragédias.
2. Pôr fim a, pôr termo a: A polícia interveio e *acabou com* a arruaça. / *Acabe-se com* as mordomias! / Resolveu *acabar com* o namoro precoce da filha.
3. Vir a ser, tornar-se: Se não deixar de beber, *acabará* doente. / Queria ser médico e *acabou* poeta.
4. Forma locuções verbais em frases do tipo: Ela *acabou de sair.* / Quem brinca com o fogo *acaba se queimando.* / Após muita discussão, *acabou admitindo* (ou *por admitir*) sua culpa. / Se os dois viessem a brigar a socos, João, o mais forte, *acabaria esbofeteando* (ou *por esbofetear*) o seu rival. / Palavras da gíria, de tanto usadas, *acabam incorporando-se* (ou *por incorporar-se*) ao léxico.
5. Pode-se usar como verbo intransitivo ou pronominal: Tudo *acaba* (ou *se acaba*) nesta vida. / Chega o inverno e *acabam* (ou *acabam-se*) os dias lindos.
Veja *Acabe-se com as mordomias!*

à cabeça. Use-se, de preferência, *à cabeça*, em vez de *na cabeça*, em frases como: Ele trazia uma cesta de pão *à cabeça.* / "À porta, mulheres passavam com latas d'água *à cabeça*." (Carlos Drummond de Andrade, *Obra completa*, p. 757) / "Coisas diversas, que meninos de tabuleiro *à cabeça* iam vendendo de porta em porta." (*Id.*, *ib.*, p. 881)

Acabe-se com as mordomias! Concordância correta. Incorreto seria dizer: *Acabem-se com as mordomias!* O sujeito da oração não é *mordomias*. O pronome *se*, neste caso, indica sujeito indeterminado. Por isso, o verbo deve concordar no singular.
Outros exemplos: *Detesta-se* (e não *detestam-se*) aos aduladores. / Não *se responde* a cartas desse tipo. / Aconteceu o acidente porque não *se obedeceu* às normas de segurança. / *Trata-se* (e não *tratam-se*) de fenômenos que a ciência não sabe explicar. / "A culinária nacional ficaria empobrecida se *se acabasse* com os quitutes de origem indígena." (Gilberto Freire, *Casa-grande e senzala*, p. 122) ⇨ Observe-se que o substantivo que poderia, erradamente, ser tomado como sujeito está regido de preposição (*a*, *com*, *de*).

acácia. [Do lat. *acacia.*] *S.f.* Gênero de plantas da família das leguminosas. Designa também, impropriamente, árvores do gênero *Cassia.*

a cada. Veja *cada.*

Δ **acanto-, -acanto.** [Do gr. *ácanthos*, acanto, árvore espinhosa.] *El. de comp.* = 'espinho': *acantocarpo, acantocéfalo, monoacanto, poliacanto.*

ação. Adj. relativo a ação (parcela de capital; título negociável dessa parcela): *acionário* (o mercado *acionário*).

Δ **acari-, acaro-.** [Do gr. *ákari*, ácaro.] *El. de comp.* = 'ácaro', 'artrópode minúsculo': *acaríase, acaricida, acarofobia.*

acaso. *S.m.* 1. Fato resultante de causas fortuitas: O mundo não é obra do *acaso.* 2. Acontecimento casual, casualidade: Um *acaso* feliz fez com que viajasse com um médico.
Adv. 3. Casualmente, fortuitamente, por acaso: O mendigo vivia do prato de comida que *acaso* alguém lhe desse. 4. Porventura, eventualmente, por acaso: *Acaso* já viveu em Portugal? / Se *acaso* o encontrar, avise-me.
| *Ao acaso.* a) Sem rumo, a esmo, ao léu: Andei *ao acaso* pela cidade. b) Sem escolha prévia, a esmo: Peguei *ao acaso* uma moeda da caixa.
| *Por acaso.* a) Casualmente: Encontrei *por acaso*, num sebo, o livro que procurava. b) Porventura, acaso: *Por acaso* alguém me telefonou?

aceder. *V. t. i.* Concordar, aquiescer, anuir. Exige regência indireta: Ele *acedeu ao* pedido que lhe fiz. / *Acederam ao* nosso desejo. / Ela *acedeu em* me ajudar na investigação.

aceitado, aceito. 1. O particípio regular *aceitado* se usa com os verbos auxiliares *ter* e *haver*, na voz ativa: Todos *tinham aceitado* o meu convite. / Ele *havia aceitado* a minha proposta.
O particípio irregular *aceito* emprega-se com o verbo *ser*, na voz passiva: O meu convite *foi aceito* por todos. / Minha proposta não *foi aceita*.
2. No entanto, bons escritores modernos preferem, frequentemente, a forma reduzida *aceito*, na voz ativa, e constroem, por exemplo: Os trabalhadores *tinham aceito* a proposta da empresa. / Arrependo-me de não *ter aceito* a sua ideia. / O governo *havia aceito* as emendas ao projeto.

aceitar. [Do lat. *acceptare*, aceitar, receber.] *V. t. d.* 1. Consentir em receber, concordar; conformar-se com; anuir a: *aceitar* um presente; *aceitar* uma proposta; *aceitar* as provações da vida; *aceitar* um convite.
2. Quando o complemento é uma oração infinitiva, recomenda-se não lhe antepor a prep. *de*: A viúva não *aceitou* (*de*) morar com a filha. Veja *determinar.*
3. O complemento pode estar acompanhado de um predicativo regido pelas preposições

como ou *por*: Não *aceite como boas* quaisquer novidades que apareçam. / A locadora não o *aceitou por fiador* do locatário.
4. Particípio: *aceitado*★ e *aceito*★.

acender, ascender. São verbos homônimos. O primeiro significa *pôr fogo, fazer arder*: *acender* uma vela, um fósforo. O segundo tem a significação de *subir, elevar-se*: Cristo *ascendeu* para o céu. / O príncipe herdeiro *ascenderia* ao trono. / O débito *ascendeu* a milhões de reais. / Para *ascender* na vida é preciso trabalhar. / "Na Colônia, Andreoni *ascendeu* rapidamente na hierarquia da Ordem." (Alfredo Bosi, *Dialética da colonização*, p. 149)

acendido, aceso. 1. *Acendido*. É particípio regular e emprega-se com os verbos auxiliares *ter* e *haver*: Mariana já *tinha* (ou *havia*) *acendido* o lampião. / "Pela casa no entanto *tinham-se acendido* as luzes." (Eça de Queirós, *Os Maias*, I, p. 63)
2. *Aceso*. É particípio irregular e se usa com os verbos *ser* e *estar* e outros verbos de ligação: As lâmpadas das ruas *eram acesas* ao anoitecer. / A lâmpada do quarto *estava acesa*. / O fogo *ficou* (ou *permaneceu*) *aceso*.
A forma *aceso*, por ser mais breve e cômoda, ocorre em bons escritores em vez de *acendido*: "Nem uma lamparina lhe *haviam aceso*." (Diná Silveira de Queirós, *A muralha*, p. 177)
Usa-se ainda *aceso*: a) como adjetivo: O lampião *aceso* iluminava frouxamente a sala. / Rebateu a injúria com os olhos *acesos* de cólera. b) como substantivo, com o sentido de 'ponto culminante', 'auge': "No *aceso* da contenda levantam o soalho, destelham a casa." (José Cardoso Pires, *O delfim*, p. 94) / "No *aceso* da discussão feriu o adversário." (Aurélio)

Δ **-áceo.** [Do lat. *-aceu.*] *Suf.* Indica 'referência', 'pertinência': *cetáceo, crustáceo, galináceo, farináceo, sebáceo*.

acerbo. [Do lat. *acerbus*, azedo, amargo, penoso.] *Adj.* Azedo, ácido, amargo; árduo, penoso; severo, duro, áspero; lancinante, cruel. ⇨ Pronuncia-se *acérbo*, com a vogal *e* aberta.

acerca de, cerca de. 1. *Acerca de*. Significa *a respeito de, sobre*: Pouco sabemos *acerca dos* costumes daquela tribo. / Era um assunto *acerca do* qual eu estava bem informado. / Falaram horas a fio *acerca de* política.
2. *Cerca de*. Equivale a *aproximadamente, perto de*: Formavam o cortejo marítimo *cerca de* cem barcos. / *Cerca de* quarenta mil pessoas assistiram ao jogo. ⇨ O verbo concorda normalmente com o numeral.
| A locução *cerca de* pode vir precedida da preposição *a* ou do verbo *há*: Fornecemos alimentos *a cerca de* 150 crianças pobres. / A fazenda fica *a cerca de* 20 quilômetros da cidade. / *Há cerca de* dois meses, ocorreu ali um grave acidente. / O juiz aposentou-se *há cerca de* três anos.
⇨ *Há cerca de* = faz aproximadamente.

acertar. [De *a-* + *certo* + *-ar.*] Damos as construções que merecem atenção:
1. Acertar alguma coisa: *acertar o caminho; acertar o relógio; acertar um problema, uma questão; acertar o passo; acertar alguns detalhes de um acordo; acertar o alvo.* ⇨ Também se diz *acertar no alvo.*
2. Acertar com algo (= encontrar): *Acertei com o caminho. / Não acertou com o meu endereço.* ⇨ A prep. *com*, neste caso, é expletiva, ou seja, de realce, gramaticalmente não necessária.
3. Acertar (golpe, soco, etc.) em alguém ou em alguma coisa: O pugilista *acertou um golpe* na cabeça do adversário. / *Acertou um murro* nele. / *Acertou-lhe um murro* no queixo.
4. Alguma coisa (soco, bala, tiro, etc.) acerta (= atinge) alguém ou alguma coisa: A bala *acertou um pedestre.* / O projétil *acertou-lhe a perna esquerda.* / "O murro *acertou-lhe o nariz*." (Aurélio)
5. Acertar (= combinar) com alguém alguma coisa: *Acertou com a mulher uma viagem de recreio. / Acertou com ela vender a mansão.*
6. Usa-se como verbo intransitivo na acepção de 'coincidir', 'acontecer por acaso': *Acertou (de) aparecer em casa um mascate. /* "*Acertou de passar* a escolta para a feira de Lagoa do Remígio." (José Américo de Almeida, *A bagaceira*, p. 44)
⇨ A prep. *de* é expletiva.
7. Intransitivo também na acepção de 'atingir o alvo', 'alcançar um objetivo': Atirei na onça, mas não *acertei*. / Não basta tentar; o importante é *acertar*.

acervo. [Do lat. *acervus*, montão, grande quantidade.] *S.m.* Grande quantidade; conjunto de obras artísticas, de livros de uma biblioteca; patrimônio. ⇨ A pronúncia usual é *acêrvo*, com a vogal *e* fechada.

acessar. *V. t. d.* Em informática, ter acesso a, isto é, conectar-se ou comunicar-se com uma unidade de armazenamento de dados, através de computador, com o fim de obter informações, trocar mensagens, etc.: "Em qualquer lugar do mundo, o usuário pode *acessar* notícias publicadas no *Jornal do Brasil.*" (*JB*, 10/6/95) / Por via eletrônica, o cliente pode, sem sair de casa, *acessar* a sua conta bancária. / Através de uma empresa de serviços da internet, pode-se *acessar* computadores e usuários em todo o globo. ⇨ Neologismo surgido em 1995 ou pouco antes.

acesso. *S.m.* 1. Ingresso, entrada; alcance (ter *acesso* à cultura, a um cargo); aproximação, comunicação (pessoa de fácil *acesso*); ataque súbito, crise, impulso (*acesso* de tosse, *acesso* de cólera). 2. Em informática, comunicação com uma unidade de armazenamento de dados, através de computador, com o fim de obter informações, trocar mensagens, etc. Veja *acessar.*

acético, ascético. 1. *Acético.* Referente a um tipo de ácido, ao vinagre: ácido *acético.* 2. *Ascético.* Referente à ascese, místico, contemplativo: Certas religiosas levam vida *ascética.* ⇨ Não confundir esses dois adjetivos com *asséptico*, referente a assepsia, isento de germes patogênicos.

acidente, incidente. 1. *Acidente.* É um acontecimento infeliz, fortuito ou imprevisto, em geral, ou um desastre com danos materiais, ferimentos ou morte: *acidente* de trabalho, *acidente* de trânsito. 2. *Incidente.* É uma ocorrência de pouca importância, geralmente desagradável, que sobrevém no decorrer de um fato principal: Durante a festa houve uma rixa entre dois rapazes, mas o *incidente* não quebrou o ritmo da animação.

acidentes geográficos. Grafia. As instruções que serviram de base para a organização do *Vocabulário Ortográfico da Língua Portuguesa* são omissas quanto à grafia dos nomes de acidentes geográficos, como *ilha, baía, rio, cabo, serra* e outros, quando usados antes de substantivos próprios. No capítulo XVI, que trata do emprego das iniciais maiúsculas, não há qualquer referência a esse caso. Como tais nomes não estão incluídos em nenhum dos quinze itens do citado capítulo, deduz-se que devem ser escritos com letra inicial minúscula, e assim o fazem Aurélio, em seu *Novo Dicionário da Língua Portuguesa*, e o filólogo e acadêmico Antônio Houaiss, no *Pequeno Dicionário Enciclopédico Koogan-Larousse*, onde se lê: *a baía de Guanabara, a ilha de Marajó, a serra do Mar, o rio Amazonas, o pico da Neblina.*

Seguiu-se esse critério no *Dicionário Houaiss da Língua Portuguesa* (2001) e nas novas edições brasileiras dos dicionários *Caldas Aulete* (a partir de 2004). Mas a tendência generalizada, hoje, é considerar essas denominações como um todo e grafar, conforme se pode ver em quase todos os jornais, revistas e livros: *a Baía de Guanabara, a Ilha de Marajó, a Serra do Mar, o Rio Amazonas, o Pico da Neblina, o Cabo Branco, a Lagoa de Araruama, o Estreito de Magalhães*, etc. Como não há, no caso em apreço, regra definida no AO, quem escreve adotará o critério que lhe parecer melhor.

acinte. *S.m.* Ação praticada propositadamente e com um fim mau; provocação. Por extensão, ofensa, afronta: Tal procedimento é um *acinte* à sociedade.

aclimação. *S.f.* Ação de aclimar-se; adaptação a um novo ambiente físico: "Acresce que a *aclimação* definitiva da canela e da pimenta da Índia... ou a do gengibre, efetuada, ao que consta, já no século XVI..." (Sérgio Buarque de Holanda, *Caminhos e fronteiras*, p. 286) ⇨ *Aclimação* é melhor forma que *aclimatação* (do fr. *acclimatation*), porém pouco usada. Cognatos: *clima* (do gr. *klíma, klímatos*), *aclimatar* (do fr. *acclimater*), *climático, climatologia, climatológico.*

aclimar. [De *a-* + *clima* + *-ar.*] 1. Adaptar(-se) a um clima: Os colonizadores *aclimaram* no Brasil plantas e animais de outros continentes. / "Já vimos como aqui na América *se aclimaram* perfeitamente os frutos materiais e espirituais que a Europa nos mandou." (Silvio Elia, *O problema da língua brasileira*, p. 168) 2. Acostumar(-se), habituar(-se), adaptar(-se): "A longa permanência o *aclimou* ao frio da região." (Aurélio) / Não foi sem relutância que *nos aclimamos* ao novo ambiente. Prefira-se o vernáculo *aclimar* ao francesismo *aclimatar.* Veja *aclimatação.*

acne. *S.f.* Doença da pele que afeta os folículos pilosos, com acúmulo de secreção sebácea, e que irrompe principalmente no rosto. ⇨ É palavra que se usa geralmente no feminino: Certos alimentos contribuem para o agravamento da *acne.*

açoitar. Tem o ditongo *oi* fechado: *açoito, açoitas, açoita, açoitam; açoite, açoites, açoite, açoitem.* Seguem esta regra todos os verbos em que o ditongo *oi* vem seguido de consoante: *abiscoitar, acoimar, amoitar, endoidar, foiçar, noivar, pernoitar,* etc.

acometer. *V. t. d.* Atacar, assaltar: Os jagunços *acometiam* os povoados. Usa-se mais com referência a sentimentos, doenças, desejos, paixões: Quando a cólera *o acomete*, ele perde as estribeiras. / *Acometeu-a* uma estranha doença. ⇨ Constrói-se com o pronome *o* (ou *a*), e não *lhe*: *Acometeu-o* (e não *acometeu-lhe*) uma dúvida atroz. / *Acometiam-na* (e não *acometiam-lhe*) frequentes acessos de melancolia.

acomodar. No sentido de *adaptar*(-se), *ajustar*(-se), *afazer*(-se), pode-se construir este verbo com complemento regido das preposições *a* ou *com*: *Acomodou* seu comportamento *às* normas (ou *com as normas*) da sabedoria. / Custou-lhe muito *acomodar-se aos* (ou *com os*) hábitos daquele povo. / "*Acomoda-te com* a lei e trata de aproveitá-la." (Machado de Assis, *Memórias póstumas de Brás Cubas*, p. 283)

aconchegar. Aproximar, achegar, agasalhar, dar conchego ou aconchego. ⇨ A vogal *e* tem o timbre fechado: *aconchego, aconchegas, aconchega; aconchegue, aconchegues, aconchegue, aconcheguem.*

aconselhar. Damos as regências que mais importa conhecer.
1. Aconselhar alguém a fazer alguma coisa: "*Aconselhei Adrião a* que não falasse muito." (Graciliano Ramos, *Caetés*, p. 149) / "*Aconselho-a*, aliás, *a* não insistir." (Ciro dos Anjos, *O amanuense Belmiro*, p. 116) / "E com a autoridade de irmão mais velho *aconselhava-o a* reprimir os seus ímpetos." (C. Povina Cavalcânti, *Volta à infância*, p. 42) ⇨ Evite-se omitir a preposição antes do *que* e construir: *Aconselharam-na que* (em vez de *a que*) rompesse o noivado.
2. Aconselhar alguma coisa a alguém: Eu *lhe aconselho* cautela e paciência. / O tio *lhe aconselhou* que contratasse um advogado. / Os médicos *lhe aconselham* mudar de ares. / "Rompia em exclamações contra a mulher que *lhe aconselhara* dar maior publicidade à sua desonra." (Camilo Castelo Branco, *apud* Francisco Fernandes) ⇨ Recomenda-se evitar o cruzamento das duas regências anteriores: Os médicos *lhe aconselham a* mudar de ares. / Não *lhes aconselho a* que permaneçam aqui.
3. Aconselhar alguma coisa: Não *aconselho* o porte de armas. / "O mais elementar critério *aconselha* esse trabalho preliminar." (Leite de Vasconcelos, *apud* Aulete) / "Lucrécio *aconselha* gozar com moderação." (Francisco Borba, *Dic. de usos do português do Brasil*)
4. Aconselhar-se com alguém: *Aconselha-te com* os mais experientes.

acontecer. 1. Este verbo deve concordar normalmente com o sujeito da oração: *Acontecem* (e não *acontece*) desgraças que poderiam ser evitadas. / Nos últimos dias *aconteceram* (e não *aconteceu*) vários acidentes naquela rodovia.
2. O sujeito sendo uma oração infinitiva, é inadequado o uso da preposição *de* após o verbo *acontecer*: Se lhe *acontece* encontrar a porta fechada, ele espera pacientemente. Seria incorreto redigir: Se lhe *acontece de* encontrar a porta fechada, ele espera pacientemente. Contrariando a boa regência, um escritor moderno escreveu: "Já lhe *aconteceu de* fazer alguma coisa sem saber o porquê?" Correção: "Já lhe *aconteceu* fazer alguma coisa sem saber o porquê?"
3. Embora se trate de verbos ligados por um traço semântico comum, não convém, na linguagem culta formal, usar *acontecer* por *realizar-se*. Diga-se, portanto: A inauguração da obra *realizou-se* (e não *aconteceu*) na manhã de ontem. / A greve dos bancários não *se realiza* (em vez de *não acontece*). Pode-se recorrer a outras construções: *Inaugurou-se* a obra na manhã de ontem. / *Fracassa* a greve dos bancários. / Não *houve* o esperado festival. / A viagem do ministro *será* no sábado. / Infelizmente o contrato não *se efetuou* (ou *não se concretizou*).
4. No padrão culto também não se deve empregar *acontecer* no sentido de 'obter êxito ou notoriedade', 'tornar-se conhecido, admirado, famoso', como nesta frase: "Cíntia, que teve seu primeiro livro indicado para o Jabuti, quer *acontecer* também fora de casa, como tantos escritores gaúchos." (Raquel Bertol, *O Globo*, 24/6/2000)

acórdão. *S.m.* O plural é *acórdãos*: os *acórdãos* (= as decisões) do Superior Tribunal de Justiça.

acordar. 1. Na acepção de *despertar*, não é verbo pronominal. Diga-se, portanto: Ontem *acordei* (e não *acordei-me*) cedo. / Ela *acordou* (e não *acordou-se*) tarde.
2. *Acordar* significa também *combinar, decidir de comum acordo*: Empresários e Governo *acordaram* não aumentar os preços (ou: *acordaram em* não aumentar os preços).

acorde. *Adj.* 1. Que está de acordo, concorde: Locador e inquilino, *acordes* entre si, assinaram o contrato. / Pai e filhos estavam *acordes* sobre a decisão a tomar.

2. Que está em harmonia com, afinado: As empresas estabelecerão normas *acordes com* os direitos do trabalhador. / Adotou-se um regime político *acorde com* a índole e as aspirações do povo.
3. Unânime: Os críticos são *acordes em* reconhecer esse escritor como o maior do século.

a cores, em cores. Ambas as locuções são corretas: televisor *a* (ou *em*) *cores*, gravura *a* (ou *em*) *cores*. Há nítida preferência pela primeira variante: "Possuíam casas, jardins, carros, televisão *a cores*?" (Inácio de Loyola Brandão, *O homem do furo na mão*, p. 33) A *Grande Enciclopédia Delta Larousse* usa as duas formas. Há quem afirme que a forma *a cores* é galicismo, o que não procede, porquanto o francês, neste caso, usa a prep. *en* e não *à*: *une carte postale en couleurs; télévision en couleurs*. As locuções *a óleo* (quadro *a óleo*), *a tinta, a gás, a vapor* devem ter contribuído para o uso generalizado de *televisão a cores*.

acostumado. *Adj.* 1. Seu complemento é regido da prep. *a* ou *com*, conforme o caso: acostumado *à* (ou *com a*) solidão; acostumado *a* viver sozinho.
2. É incorreto omitir a prep. antes de oração adjetiva iniciada com o pronome *que*, como nesta frase de um editorial: "Variações nominais [= variações de preços] de dois algarismos, como as *que estávamos acostumados*, tendem a se tornar cada vez mais raras..." (*O Globo*, 8/8/2006) Diga-se: "...como aquelas *a que estávamos acostumados*." / "As línguas indígenas são inteiramente diferentes das línguas *a que estamos acostumados*." (J. Matoso Câmara, *apud* Celso Luft)

acostumar. [De *a-* + *costume* + *-ar*.] *V. t. d. e i.* 1. Fazer adquirir costume, habituar: *Acostumou* o corpo *ao* calor. / A mãe *o acostumou* a ter ordem.
V. pron. 2. Habituar-se: *Acostumou-se* ao frio. / *Acostume-se* a levantar-se cedo. / Já *me acostumei com* as manias dele. / Levantar cedo é coisa *a que* (ou *com que*) ele não *se acostuma*. ⇨ É linguagem incorreta omitir o pronome e dizer: Já *acostumei com* as manias dele. / Voltou para a roça; não *acostumou com* a vida na cidade. O antônimo *desacostumar* constrói-se com a prep. *de*: Tentei *desacostumá-lo de beber*. / *Desacostumou-se de ler* em voz alta.

acre. [Do lat. *acer, acris, acre*, agudo, penetrante, vivo, áspero.] *Adj.* De sabor ácido, de cheiro penetrante; áspero, ríspido, acrimonioso, violento. Superlativo absoluto: *acérrimo* (*acérrimo* adversário do governo).

acreditar. [De *a-* + *crédito* + *-ar*.] 1. No sentido de dar crédito a, crer, ter como verdadeiro, é correta, porém arcaica, a regência direta: '*acreditar alguém*'; '*acreditar alguma coisa*'. Modernamente se diz 'acreditar *em* alguém'; 'acreditar *em* alguma coisa'. Todavia, se o complemento for uma oração, a regência usual é a direta: *Acredito* que a população está (ou *esteja*) vacinada contra a doença. / "O grande ituano [Regente Feijó] não *acreditava* que o Rio Grande do Sul pudesse, sozinho, sustentar uma luta com o resto do Brasil." (Assis Cintra, *Histórias que não vêm na História*, p. 146) / *Acreditam* poder conseguir um bom emprego em São Paulo. ⇨ O verbo no modo subjuntivo (esteja, pudesse) imprime ao fato um tom de incerteza.
2. Tornar digno de crédito, de confiança ou fé: Sua competência e honestidade *o acreditam* perante a opinião pública.
3. Conferir poderes para representar um Estado junto ao governo de país estrangeiro; credenciar: O governo brasileiro *acreditou* o experiente diplomata junto ao governo inglês.
V. pron. 4. Julgar-se, crer-se, considerar-se: Ele *acredita-se* um grande artista.

a crédito. *Loc. adv.* Fiado, a prazo: *comprar a crédito*. ⇨ Em locuções adverbiais como esta, formadas com substantivo masculino, não há crase: *a leste, a lápis, a pé, a frete, a pique, a cavalo, a fio, a gás, a nado, a seu gosto, a sangue-frio*, etc.

acriano. *Veja camoniano.*

△ **acridi-, acrido-.** [Do gr. *akrís, akrídos*, gafanhoto.] *El. de comp.* = 'gafanhoto': *acridiano, acrídio, acridiforme, acridofagia, acridófago*.

△ **acro-.** [Do gr. *ákros*, o mais alto, extremidade, cume.] *El. de comp.* = 'alto', 'extremidade', 'ponto culminante': *acrópole, acrobata, acrofobia, acromegalia, acroparalisia, acrônimo*.

acrobata, acróbata. [Do gr. *acróbatos*.] A pronúncia corrente é *acrobata*: "Silvina ficou suspensa, como os *acrobatas*." (Fernando Namora) A pronúncia *acróbata*, defensável do ponto de vista etimológico, é pouco usada. São também proferidos, em geral, como paroxítonos: *aerobata, nefelibata* e *nictobata*.

acrônimo. [Do rad. gr. *acro-*, extremidade, + rad. gr. *-ônimo*, nome.] *S.m.* Palavra artificial formada com a letra inicial (ou as letras iniciais) das palavras de uma denominação: *Senai*

(Serviço Nacional de Aprendizagem Industrial), *ONU* (Organização das Nações Unidas), *aids* (veja o verbete *aids*). *Radar* e *sonar* são outros exemplos de acrônimos. Não confundir com sigla, abreviatura, cujas letras se pronunciam separadamente, como *CPF, ABI, PMDB*, etc.

Δ **actini-, actino-**. [Do gr. *aktís, aktínos*, raio luminoso.] *El. de comp.* = 'raio', 'radiação': *actínia, actínio, actinograma, actinógrafo, actinoterapia*.

Δ **-açu, -guaçu**. *El. de comp.* Oriundos do tupi, que exprimem a ideia de 'grande': *jacaré-açu, ipuaçu, jiboiaçu, canguçu, nhambuguaçu, sabiá-guaçu*. Antônimo: *mirim*★.

açúcar. Adjetivos relativos a açúcar: *sacarino* (diabetes *sacarino*); *açucareiro* (produção *açucareira*). Veja *sucro*-.

acudir. 1. Na acepção de *socorrer, ir em auxílio*, usa-se, indiferentemente, com objeto direto ou indireto de pessoa: O guarda *acudiu* o menino (ou *ao menino*). / O guarda *o* (ou *lhe*) *acudiu*. / "*Acudiam-nos* os companheiros mais próximos." (Euclides da Cunha, *Os sertões*, p. 297) / "No segundo caso, recorrerá à Sociedade Mãe para que *lhe acuda*..." (Antônio Feliciano de Castilho, *Felicidade pela agricultura*, p. 90) No exemplo de Euclides da Cunha, o pronome *nos* refere-se a soldados: Os companheiros *acudiam os soldados feridos*.
2. No sentido de 'vir à lembrança', acudir constrói-se com objeto indireto: "Não *lhe acudia* o nome certo da rua." (Aurélio)

à custa de, às custas de. 1. *À custa de.* Significa *à força de, a poder de; com o emprego de, com o sacrifício ou o dano de; a expensas de*: Realizei meu sonho *à custa de* muito suor. / Burro só anda *à custa de* chicotadas. / Ficou rico *à custa da* desgraça alheia. / Dedicou-se aos doentes *à custa da* própria saúde. / Não devemos viver *à custa dos* outros. / "*À custa de* quem se vestem estes Narcisos e Adônis?" (Camilo Castelo Branco, *A queda dum anjo*, p. 51)
2. *Às custas de.* O uso generalizado legitima a variante *às custas de*, no sentido de *a expensas de*: João vive *às custas do* pai. / Ele casou por interesse, vive *às custas da* mulher, que é rica. / Indivíduos corruptos, eles enriqueceram *às custas dos* cofres públicos. ⇨ *Expensas* são gastos, despesas.
O plural *custas* é usual nas expressões: *às tuas custas, às minhas custas, às nossas custas*. "Ganhem, sim, mas não *às nossas custas*." (Luís Jardim)

adaptar. Não se intercala a vogal *i*, entre o *p* e o *t*, em todas as formas deste verbo: *adaptar* (e não *adapitar*), *adapta, adaptou, adapte*, etc. A observação se estende aos verbos *captar, capturar* e *raptar*. É tendência viciosa intercalar a vogal *i* nesse e em outros encontros consonantais que ocorrem em diversas palavras: *absoluto, absorver, absurdo, afta, admitir, atmosfera, digno, obstar, obstruir, optar, psicologia, substância*, etc.

ademais. Além disso, de mais a mais: O caminho era áspero; *ademais*, o frio entorpecia-me as pernas. / "Eu tinha, *ademais*, certo receio das suas palavras ásperas." (Luís Jardim, *As confissões do meu tio Gonzaga*, p. 97)

Δ **adeno-**. [Do gr. *adén, adénos*, glândula.] *El. de comp.* = 'glândula': *adenite, adenóforo, adenoide, adenopatia, adenotomia*.

adentrar. Não há razão para condenar o uso deste verbo, que ocorre com frequência na linguagem escrita e falada: "O navio *adentra* o Mediterrâneo e chega a Civitavecchia, o porto de Roma." (Altair Thury, *JB*, 9/10/91) / "Os caçadores *adentraram a* (ou *na*) floresta (ou *adentraram-se* na floresta)." (Celso Luft) / "Rondon, o homem que mais *se adentra* em terras tropicais, onde é também descobridor." (Edilberto Coutinho, *Piguara*, p. 226) / "Ele *adentrava-se na* mata, escalava montanhas, vadeava rios encachoeirados..." (Viana Moog, *Bandeirantes e pioneiros*, p. 226)

adentro. Escreve-se junto, como o antônimo *afora*: Os dois índios desapareceram mato *adentro*. / E a festa prosseguiu noite *adentro*.

adequar, adequar-se. 1. Evitam-se, por serem consideradas malsoantes, as formas deste verbo nas quais a vogal tônica é *u*. Isso ocorre apenas em algumas pessoas do presente do indicativo, do presente do subjuntivo e do imperativo. Entretanto, se dizemos *recua*, por que não *adequa* (*ú*)? Assim deve ter raciocinado o autor desta frase: "Para o coronel Port, esse tipo de atividade não *se adequa* à realidade do País." (*O Estado de S. Paulo*, p. 13, ed. de 28/8/91) Jacinto do Prado Coelho, na introdução à *Obra seleta de Camilo Castelo Branco*, vol. I, p. 31, não hesitou em usar a forma *adequa*. ⇨ Houaiss ensina que *adequar* só se conjuga nas formas arrizotônicas, mas no verbete *gospel* usa *adequa*: "cujo significado *se adequa* à ideia do evangelho."
2. As formas acima referidas podem substituir-se por sinônimos (como *ajustar, adaptar, acomodar*, etc.) ou por expressões equivalentes: Ele

ajusta (em vez de *adequa*) as despesas à receita. / É preciso que a linguagem *seja adequada* (em lugar de *se adeque*) aos ouvintes.
Devemos ressaltar, porém, que não constitui erro usar as formas rizotônicas *adequo, adequas, adequa, adequam; adeque, adeques, adequem*.
Não existem as formas *adéqua, adéquam, adéque, adéquem*, com *-e* tônico, que às vezes se ouvem de pessoas que, para evitar uma discutível cacofonia, estropiam o verbo. A sílaba *-de-* do radical é sempre átona.
3. Este verbo é mais empregado no infinitivo: A indumentária deve *adequar-se* ao tipo físico da pessoa.
aderir. a) *Conjugação*. Verbo irregular. Conjuga-se como *ferir★*. *Ind. pres.*: adiro, aderes, adere, aderimos, aderis, aderem. *Subj. pres.*: adira, adiras, adira, adiramos, adirais, adiram. *Imperativo afirm.*: adere, adira, adiramos, aderi, adiram. Regular nos outros tempos.
b) *Emprego*. *V. i.* 1. Colar, grudar: Algumas folhas do livro *aderiram*.
V. t. i. 2. Colar-se, grudar-se: Os carrapichos *aderem à roupa*. / A cera *adere ao* cabelo.
3. Tornar-se adepto de: Ele *aderiu ao* partido liberal. ⇨ Não se diz *aderir-lhe*, mas *aderir a ele, aderir a ela*: Simpatizou com o partido e *aderiu a ele*. / "Abraçava-me a uma ideia histórica no Brasil e tão madura que o sr. Saraiva não hesitou em *aderir a ela* perante a Coroa em junho de 1889." (Rui Barbosa, *Cartas de Inglaterra*, II, p. 170)
a desoras. *Loc. adv.* Fora de horas, muito tarde, alta noite; em hora inoportuna.
a despeito de. *Loc. prep.* Apesar de, não obstante: *A despeito de* ser ainda criança, ele não se intimidou.
adiantar. 1. Diz-se, no sentido de *trazer proveito, valer a pena*: 'Estes são fatos que não *adianta* esconder.' / 'Ele possui qualidades que não *adianta* negar.' O sujeito de *adianta* é a oração 'esconder os fatos', no primeiro exemplo, e 'negar as qualidades', no segundo. O verbo cujo sujeito é uma oração concorda no singular.
2. São corretas as construções: 'Falar a surdos não *adianta* nada.' / 'Falar a surdos *de nada adianta*.' / '*De nada adianta* falar a surdos.' A prep. *de*, nas duas últimas construções, é expletiva, como o é nesta frase: "Lutar sozinho *de nada adiantaria*." (Marco Túlio Costa, *O ladrão de palavras*, p. 25) No seguinte exemplo o autor preferiu a primeira construção: "Que falta sentia dele agora, quando isso já *nada adiantava*." (Herberto Sales, *Rebanho do ódio*, p. 35)
adiar. [De *a-* + *dia* + *-ar*.] *V. t. d.* Transferir para outro dia: *adiar uma viagem, uma festa*, etc. Devem ser evitadas as expressões *adiar para outro dia, adiar para depois, adiar para outra hora*.
Δ **adipo-.** [Do lat. *adeps, adipis*, gordura.] *El. de comp.* = 'gordura': *adipoma, adipose, adiposidade* (= *obesidade*), *adiposo*. Corresponde ao radical grego *lipo-★*.
a distância, à distância. *Loc. adv.* Os exemplos seguintes mostram a incerteza dos escritores no emprego desta locução adverbial, relativamente à crase: "Pedras de gamão estalavam *à distância*." (Graciliano Ramos, *Infância*, p. 147) / "A chaminé da fábrica elevava-se *a distância*." (Graciliano Ramos, *Insônia*, p. 145) / "Observava *à distância* os convidados do cirurgião." (Fernando Namora, *O homem disfarçado*, p. 127) / "... o importante sendo manter o inimigo *à distância*." (Ciro dos Anjos, *Explorações no tempo*, p. 11) / "Os merceeiros ignaros, os negociantes sovinas... eram, porém, mantidos *a distância*." (Ciro dos Anjos, *ib.*, p. 81) Poderíamos multiplicar os exemplos. Os dicionários Aulete, Aurélio e Houaiss acolhem as duas grafias: *a distância* ou *à distância*; ensino *à* (ou *a*) *distância*. Veja no verbete *crase* o que se diz acerca dessa locução.
Existe a variante *na distância*: "*Na distância*, a mata era uma sombra comprida e enorme deitada debaixo do céu." (Herberto Sales, *Rio dos morcegos*, p. 561) / "As pisadas dos animais abafavam-se na areia, e a pequena caravana sumia-se *na distância*." (Adolfo Caminha, *A normalista*, p. 36)
adivinhar, advinha. 1. *Adivinhar*. O verbo *adivinhar* (e suas flexões: *adivinha, adivinhou, adivinhe*, etc.) e o substantivo *adivinho* têm *i* depois do *d*. Procedem do adjetivo latino *divinus* (= divino).
2. *Advinha*. É forma do v. *advir* (= acontecer, sobrevir, provir, resultar): O sucesso nos negócios *advinha-lhe* sobretudo de sua tenacidade.
a dizer, a fazer. Acerca do uso da prep. *a* nestas expressões, veja o verbete *nada a fazer*.
adjetivo. 1. A função dos adjetivos é caracterizar os substantivos. Devem ser adequados e usados com parcimônia. A adjetivação excessiva torna a frase chocha. Além de sóbria e precisa, a adjetivação há de ser, no mesmo texto, diversificada. Para caracterizar um crime bárbaro, por exemplo, não faltam sinônimos para

evitar a repetição do adjetivo: odioso, nefando, execrável, hediondo, abominável, etc.
2. Certos adjetivos podem ser usados com valor de substantivos: É repousante o *verde* da paisagem. / O grito ecoou no *oco* da caverna. / Deu-se então o *inevitável*. / Isso toca as raias do *inverossímil*. / No caso dele há uma *agravante*. / O *inesperado* de sua presença não me abalou.
3. Numerosos adjetivos se apresentam com valor de advérbios, portanto, invariáveis, expressando, quase sempre, ideia de modo: Falemos *sério* (seriamente). / Eles batiam *forte* nos tambores. / Vilma respondeu *certo*. / O boxeador desafiante perdeu *feio*: foi nocauteado no primeiro assalto. / Compram *barato* e vendem *caro*. / *Breve* estaremos livres desse pesadelo. / Mergulhei *fundo* no enredo do romance. / Eles falavam e riam *alto*. / Ela foi *direto* ao quarto. / "Só se a mãe ia lá dentro e chorava *escondido*." (Autran Dourado, *Armas e corações*, p. 10) / "Aproximou-se *sutil*, laçou de jeito o animal desprevenido." (Carlos Drummond de Andrade, *Os dias lindos*, p. 59) / "Anita apeou-se *ligeiro*." (João Felício dos Santos, *A guerrilheira*, p. 191)
4. Em certos casos, a harmonia da frase e o vigor da expressão exigem o adjetivo em vez do advérbio terminado em -*mente*: "Dona Eusébia entrou inesperadamente, mas não tão *súbita* que nos apanhasse ao pé um do outro." (Machado de Assis, *Brás Cubas*, p. 169) / "Os cavalos aspiravam, *sôfregos*, as brisas vespertinas." (Afonso Arinos, *Obra completa*, p. 856) / "Rasgado por nuvens que passavam *rápidas*, um céu distante com estrelas embuçadas espreitava." (Diná Silveira de Queirós, *A muralha*, p. 31).

adjetivos compostos (flexão). 1. Os adjetivos compostos recebem a flexão feminina só no segundo elemento: comunidade *luso-brasileira*, festa *cívico-religiosa*, saia *vermelho-clara*.
2. O plural dos adjetivos compostos se forma de acordo com as seguintes regras: a) Os componentes sendo adjetivos, somente o último toma a flexão do plural: cabelos *castanho-claros*, folhas *verde-escuras*, ciências *político-sociais*, conflitos *russo-americanos*, jogos *infanto-juvenis*, serviços *médico-hospitalares*. Exceções: *surdo-mudo* faz *surdos-mudos*, *surdas-mudas*: meninos *surdos-mudos*, meninas *surdas-mudas*; *azul-marinho* e *azul-celeste* são invariáveis: ternos *azul-marinho*, mantos *azul-celeste*.
b) Os componentes sendo palavra invariável ou elemento de composição, somente o último varia: meninos *mal-educados*, crianças *recém-nascidas*, esforços *sobre-humanos*.
c) Os compostos de *adjetivo + substantivo* são invariáveis: saias *azul-pavão*, blusas *amarelo-laranja*, ternos *verde-oliva*, calças *verde-musgo*. ⇨ Nos adjetivos compostos desse tipo, subentende-se a expressão *da cor de*: saias *azul-pavão* = saias *da cor azul do pavão*.
d) Invariáveis ficam também as locuções adjetivas formadas de *cor + de + substantivo*: fitas *cor-de-rosa*, cabelos *cor de palha*, blusas *cor de abóbora*, capas *cor de café*. ⇨ Por concisão, frequentemente dizemos apenas: botões *rosa*, sapatos *gelo*, ternos *cinza*, luvas *creme*, fitas *violeta*, camisas *canarinho*, etc.
e) São também invariáveis os adjetivos *sem-par* e *sem-sal*: alegrias *sem-par*, anedotas *sem-sal*.

admirar. 1. Constrói-se com objeto direto de pessoa: Todos gostam desse menino e o *admiram*. / *Admiro-o* (e não *admiro-lhe*) muito. / Os homens *a* (e não *lhe*) admiram, quando ela passa.
2. Em frases como '*Admiro-lhe* a espertaza, mas não o louvo', o pronome *lhe* equivale a *dele*, *sua*: *Admiro a espertaza dele* (ou *a sua espertaza*), *mas não o louvo*.
3. No sentido de causar ou sentir admiração, surpresa, espanto, este verbo admite as seguintes construções: a) Não *admira* que a população esteja revoltada; b) Não *me admira* que a população esteja revoltada; c) Não *me admiro* de que a população esteja revoltada.
Outros exs.: Isto não *me admira* absolutamente. / Pois a *mim* isso *me admira* muito. / *Admira-lhe*, professor, que elas usem esses termos? / Muito *me admira* que o senhor, um homem tão lido, ignore esse fato. / "Não *admira* que fossem precárias, nessa gente, as ideias de solidariedade." (Sérgio Buarque de Holanda, *Raízes do Brasil*, p. 39)

admoestar. Significa avisar, advertir, repreender brandamente. Constrói-se com objeto direto de pessoa: Ela *admoestou-o* (e não *admoestou-lhe*) mais de uma vez. / Os pais *a* admoestavam de que o casamento não daria certo. / Quando os filhos agem mal, cabe aos pais *admoestá-los*. / *Admoesto-as* do perigo a que se expõem.

a domicílio, em domicílio. 1. Domicílio é a casa de residência de alguém: O *domicílio* do cidadão é inviolável. / As cartas eram entregues no *domicílio* do médico.

2. Na língua corrente, informal, a locução adverbial *a domicílio* é hoje usada, indistintamente, com verbos que indicam movimento (como *levar, enviar*, etc.), ou não: *Levamos encomendas a domicílio. / Damos aulas de violão a domicílio.*
3. Alguns gramáticos entendem que, não ocorrendo verbo de movimento, a locução cabível é *em domicílio* e não *a domicílio: Damos aulas em domicílio. / Entregam-se encomendas em domicílio. / Consertam-se televisores em domicílio. / "Ela atua visitando os doentes em domicílio ou internados."* (D. Eugênio Sales, *JB*, 15/2/97) Essa é a lição que deve ser seguida na língua culta formal. Veja *domicílio*.

adrede. *Adv.* De propósito, acintosamente: "Os coronéis eram os mandões. Acoitavam homicidas e os defendiam nos júris, sob o simulacro de conselhos de sentença *adrede* preparados." (C. Povina Cavalcânti, *Vida e obra de Jorge de Lima*, p. 15) ⇨ Palavra de uso raro. As poucas vezes que a ouvimos foi com a vogal tônica aberta (*adréde*), contrariamente ao que ensinam os dicionários, que lhe registram a pronúncia *adrêde*.
Gustavo Barroso, em *Terra de sol*, ed. de 1912, p. 15, grafou *adréde*, com acento agudo, e manteve o mesmo acento na 5ª ed. (1956).

adstrito. *Adj.* Unido, ligado; limitado, restrito: Defendia uma arte livre, não *adstrita* a regras e estilos. / Seu apostolado de sacerdote manteve-se *adstrito* à esfera espiritual.

advérbio. 1. Ocorrendo na frase dois ou mais advérbios terminados em *-mente*, em geral, só o último toma este sufixo, ficando os demais reduzidos à forma feminina do adjetivo: O réu, algemado, ouvia o promotor *atenta* e *friamente*. / *Covarde* e *barbaramente* mortos pelo homem, esses animais estão fadados à extinção. / O povo que reclame, *justa* ou *injustamente*, contra o rigor da lei!
2. A ênfase pode levar à repetição do sufixo: A multidão os ovacionou *demoradamente, calorosamente, delirantemente...*
3. Os advérbios terminados em *-mente* não são acentuados: solidamente, sofregamente, heroicamente, rapidamente, miudamente, etc.
4. Em vez do advérbio em *-mente*, pode-se, em certos casos, usar o adjetivo: Ele a segurou *firme* (= firmemente) com as duas mãos. / *Súbito* uma explosão sacudiu a casa. / As horas felizes são *demasiado* breves. / Choveu *forte* no interior do estado. / "Outrossim, José Dias ria *largo*, se era preciso, de um grande riso sem vontade, mas comunicativo." (Machado de Assis, *Dom Casmurro*, cap.V) / "Prima Justina acabava sorrindo, ainda que *azedo*." (*Id.*, *ib.*, cap. 66) Veja *adjetivo* (3).

advertir. 1. Na acepção de avisar, admoestar, fazer advertência, prevenir, este verbo admite as seguintes construções: Aos educadores cabe ensinar, aconselhar, *advertir*. / O diretor *advertiu-o* (e não *advertiu-lhe*) severamente. / Os pais *os advertem* (e não *lhes advertem*), mas eles não os escutam. / É preciso que os responsáveis *os advirtam*. / Ministro *adverte empresários* de que não tolerará abusos nos preços. / *Advertiram-no* do perigo a que se expunha. / Os responsáveis devem *adverti-los* do risco de incêndio. / 'Construir barracos nas encostas dos morros é muito perigoso', *advertiu* o engenheiro. / O soar longínquo de trompas *advertiu-a* da volta dos caçadores. ⇨ Evite-se a regência *advertir para alguma coisa*. Diga-se: *alertar alguém contra alguma coisa*.
2. No sentido de notar, reparar, atentar em alguma coisa, constrói-se: a) com objeto direto: *Adverti a tempo que a empresa era inviável*; b) Com objeto indireto regido da preposição *em*: *Só à noite a família advertiu na ausência do menino*.
3. Em síntese: O v. *advertir*, na língua atual, aparece como: a) intransitivo, isto é, sem complemento: Sua função não é punir, mas *advertir*; b) transitivo direto — *advertir* alguém ou alguma coisa: O pai *advertiu o filho*. / Governo *adverte que agirá com rigor*. / Meteorologistas *advertem que chuvas persistentes podem causar deslizamentos*. / *Adverti que estava sendo enganado*; c) transitivo direto e indireto — *advertir* alguém de alguma coisa: *Advertiu-a do perigo* a que se expunha. / *Advirto-os de que encontrarão um ambiente hostil*. / *Advertiu-os sobre as obrigações dos cônjuges*.

advir. Significa vir em consequência, provir, resultar, acontecer. Conjuga-se como *vir*, de que é derivado, mas seu emprego se restringe às terceiras pessoas: advém (sing.), advêm (pl.), advinha(m), adveio, advieram, adviera(m), advenha(m), advier, advierem, adviesse(m), etc. *Part.*: advindo. Exemplos: Dos vícios *advêm* muitos males. / Boa parte de seus bens *advinha-lhe* da herança paterna. / De sua vida boêmia *advieram-lhe* não poucos infortúnios.

a ele, a ela. Os pronomes pessoais *ele, ela* só podem ser usados como complemento de verbo trans. direto se precedidos da prep. *a*: A notícia entusiasmou a família, *a ele* particularmente. / *A ela* ninguém engana. "O que a outros inquietava — a doença — *a ela* enchia de júbilo." (Moacir Scliar, *A majestade do Xingu*, p.73) Veja *objeto direto preposicionado*.

à época de, na época de. São lícitas ambas as locuções: *Na época das colheitas*, havia grande movimentação de pessoas na fazenda. / "*À época das descobertas*, os europeus espantavam-se com a limpeza dos selvagens." (Moacyr Scliar, *A paixão transformada*, p. 169)

Δ **aeri-.** [Do lat. *aer, aeris*, ar.] *El. de comp.* = 'ar': *aerícola, aerífero, aerificação* (ou *aerização*), *aerificar, aerefação* (calcado em *calefação*). Corresponde ao radical grego *aero*★. Cognatos: *aeração, aragem, arejamento, arejar*.

Δ **aero-.** [Do gr. *aér, aéros*, ar.] *El. de comp.* = 'ar': *aerofagia, aeroclube, aeromoça, aeronaval, aeródromo, aeróbio, aeroespacial*, etc.

aerólito. *S.m.* Pedra caída do céu, meteorito. É palavra proparoxítona, como indica o acento gráfico.

aerossol. [De *aero-* + *sol*.] Pronuncia-se *aèrossól* e não *aérozól*: "O nevoeiro é um *aerossol* natural. Os *aerossóis* artificiais são obtidos pela brusca liberação de um ingrediente (tinta, perfume, desodorante, inseticida) contido num frasco sob forte pressão de um gás." (José Luís Soares, *Dicionário de biologia*, p. 10)

a essa altura. *Loc. adv.* Nesse ponto ou nesse momento da situação: *A essa altura*, João já se achava voando sobre o Atlântico. ⇨ Não há acento da crase nesta locução bem como em *a certa altura*.

à exceção de. *Loc. prep.* Com exclusão de, menos, exceto, salvo, fora: "*À exceção da* austera Rosa de Carude, toda a gente deu razão à fidalga." (Camilo Castelo Branco, *A brasileira de Prazins*, p. 44) ⇨ Também se diz *com exceção de*.

a expensas de. *Loc. prep.* Equivalente de *à custa de*: Desempregado, vive *a expensas do* pai. / "O posto policial foi instalado *a expensas da* Companhia." (Carlos Drummond de Andrade, *Obra completa*, p. 450) / "O enterro desse que fora avô e padrinho da duqueza de Goiás foi feito *a expensas de* D. Pedro e com uma pompa nunca vista." (Alberto Rangel, *Textos e pretextos*, p. 151) Variante: *às expensas de*. Veja *à custa de*.

à falta de. Veja *na falta de*.
a fazer. Veja *nada a fazer*.

afazer-se. Acostumar(-se), habituar(-se). 1. É derivado de *fazer*, pelo qual se conjuga. Usa-se mais como verbo pronominal. Exemplos: O índio não *se afez* aos costumes europeus. / Não *me afiz* àquela vida. / O mestre *afez* o discípulo à reflexão.
2. O particípio é *afeito*, que se emprega também como adjetivo: Era homem *afeito* a trabalhos duros.

afegão. Natural ou habitante do Afeganistão. Feminino: *afegã* (criança *afegã*; crianças *afegãs*). Plural: *afegãos* (os *afegãos*; meninos *afegãos*).

à feição, à feição de. 1. *À feição*. *Loc. adv.* Segundo o desejo, a gosto: No primeiro ano do casamento, tudo lhe correu *à feição*. 2. *À feição de*. *Loc. prep.* Ao jeito de, à maneira de: Na noite sem lua, a locomotiva avançava pela planície, *à feição de* um monstro avassalador.

afeiçoar¹. [De *a-* + *feição* + *-ar*.] 1. Dar feição, forma ou figura a: O escultor pegou um bloco de mármore e foi *afeiçoando* a imagem.
2. Formar, amoldar: "Cada educação de infância *afeiçoa* para o futuro um diverso homem." (Antônio F. de Castilho, *Felicidade pela agricultura*, p. 125) / "Os poetas *afeiçoam* a língua às suas necessidades de expressão." (Celso Luft)

afeiçoar². [De *afeição* + *-ar*.] *V. t. d. e. i.* 1. Inspirar afeição a: O estudo da Botânica *o afeiçoou à* natureza. / Os mestres tentaram *afeiçoá-lo* ao cultivo das artes.
V. pron. 2. Tomar afeição a: A menina *afeiçoou-se* a seu tio. / A jovem a quem (ou *de quem*) ele *se afeiçoou* tratava-o com frieza.

afeminado. Variante de *efeminado*.
afeminar. Variante de *efeminar*.
afetar. 1. Na acepção de *lesar, atingir*, exige objeto direto: Felizmente a bala não *o afetou*. Constrói-se com o pronome *lhe* só em frases como: A doença *lhe afetou* o pulmão esquerdo. Aqui, *lhe* sugere 'dele': A doença afetou o pulmão esquerdo *dele*.
2. Na acepção vernácula de *fingir*, o complemento pode ser um substantivo ou uma oração: Falava alto, *afetando* destemor. / Viu-se obrigada *a afetar que o amava*. / "Mas Luísa *afetava* estimá-lo." (Eça de Queirós, *O primo Basílio*, p. 27)

aficionado. [Do espanhol *aficionado*.] Amador de um esporte, de uma arte; apaixonado, fã. Grafa-se e pronuncia-se *aficionado* e não *aficcionado*.

afim, a fim de. 1. *Afim*. É adjetivo e significa 'que têm afinidade, parentesco ou semelhança': línguas *afins*, ciências *afins*, parentes *afins*, gos-

tos *afins*: O português e o espanhol são línguas *afins*. / Ele tem bons conhecimentos em ciências *afins* da Medicina. / "De todas as grandes epopeias a mais *afim* d'*Os Lusíadas* é a *Eneida*, em doze livros ou cantos." (Joaquim Ferreira, *História da literatura portuguesa*, p. 366)
2. *A fim de* e *a fim de que*. São locuções que indicam finalidade e equivalem, respectivamente, a *para* e *para que*: Saí pela porta dos fundos, *a fim de* não ser visto. / Cercou o terreno com um muro alto *a fim de que* ninguém o invadisse.
3. Registre-se também a expressão da gíria 'estar a fim de' (= estar com vontade de): Hoje *estou a fim de* fazer uma pescaria.

afinar. [De a- + *fino* + -ar.] No sentido de *ajustar*, *harmonizar*, o complemento de *afinar* vem regido das preposições *por* ou *com*: *Afinou* suas ideias *pelas* (ou *com as*) da maioria. / "Tive, durante uma semana, o cuidado de procurar *afinar* a minha sintaxe *pela* dela [de minha esposa], mas não consegui evitar numerosos solecismos." (Graciliano Ramos, *São Bernardo*, p. 82) Também seria correto construir: Tive de *afinar* a minha sintaxe *com* a dela.

afirmar-se. 1. Declarar-se, dizer-se: Ele é incoerente: *afirma-se* católico e ataca a Igreja.
2. Conseguir posição firme, autoafirmação, prestígio: Ele *se afirmou* como escritor. / "Ele *se afirmou* na política." (Celso Luft) / "*Afirmou-se* como escritor ainda jovem." (Houaiss)

a flux. *Loc. adv.* A jorros, em abundância: As lágrimas brotaram-lhe dos olhos *a flux*. ⇨ *Flux* significa *fluxo* e pronuncia-se *flus*. É substantivo masculino, por isso, grafa-se *a flux*, sem o acento indicador de crase, como *a fio*, *a cavalo*, *a pé*, etc.

afora. [De *a* (preposição) + *fora* (advérbio).] 1. Escreve-se numa só palavra: ir pelo mar *afora*, pelo mundo *afora*, pela vida *afora*.
2. Em escritores clássicos encontra-se *fora* em vez de *afora*: Saíra pelo mundo *fora*.
3. Desaconselha-se usar *afora* com o significado de *exceto* ou *além de*, em construções como: Abateram todas as árvores, *afora* uma palmeira. / Ele é dono de cem imóveis, *afora* os que possui no exterior.

aforismo. [Do grego *aphorismós*, definição breve, máxima, sentença.] *S.m.* Esta é a forma correta, e não *aforisma*: "A vida é curta, a Arte é longa, a ocasião fugidia, a experiência enganadora, o julgamento difícil. Este é o primeiro dos *aforismos* de Hipócrates, o Pai da Medicina." (Moacyr Scliar, *A paixão transformada*, p. 30) Assim também *cataclismo*, e não *cataclisma*. Exemplo de aforismo: *A ocasião faz o ladrão*.

afro. *Adj.* e *s.m.* Africano: carnaval *afro*; ritos *afros*; músicas *afras*. Usa-se também como elemento de formação de adjetivos pátrios: danças *afro-negras*; costumes *afro-brasileiros*; relações *afro-asiáticas*. Porém, *afrodescendente*.

afrouxar. Em todas as formas deste verbo pronuncie-se *frou*, como no adjetivo *frouxo*, e nunca *fró*: *afrouxo*, *afrouxa*, *afrouxam*, *afrouxe*, *afrouxem*, e não *afróxo*, *afróxa*, *afróxam*, *afróxe*, etc.

ágape. [Do grego *agápe*, amor fraterno.] 1. Refeição que os primitivos cristãos faziam em comum: Nas *ágapes*, os cristãos cantavam salmos.
2. Modernamente, se usa esta palavra no masculino, na acepção de 'refeição entre amigos', 'banquete de confraternização': Durante o *ágape* houve música e discursos. / "A primogênita, casada, participava de refeições paternas só em *ágapes* comemorativos." (Ciro dos Anjos, *Explorações no tempo*, p. 3) / "Nesse *ágape* pude conhecer outra faceta da personalidade de Osvaldo Aranha." (Evandro Lins e Silva, *Arca de guardados*, p. 148)

agarrar. [De a- + *garra* + -ar.] *V. t. d.* 1. Pegar ou segurar com força: O homem *agarrou* o menino e quis bater-lhe. / Ele *o* (e não *lhe*) *agarrou* e lhe bateu.
2. Pegar, apanhar: *Agarrou* o embrulho e saiu correndo. ⇨ Nesta acepção, também se diz *agarrar em*: *Agarrando na* bengala, brandiu-a no ar.
3. Pegar, prender, capturar: Mais dia, menos dia, a polícia *o agarra*.
V. pron. 4. Prender-se com as mãos: A criança *agarrou-se ao* (ou *no*) pai. / *Agarrei-me a* (ou *em*) um galho de árvore para não ser levado pela correnteza. / "Pertenço ao caudal dos náufragos e *agarro-me aos* meus destroços..." (Guilherme Figueiredo, *Maria da Praia*, p. 11) ⇨ Sendo o complemento um substantivo abstrato, usa-se a prep. *a*: *agarrar-se a* uma ideia, a uma doutrina, a um argumento.
5. Buscar a proteção ou o auxílio de: Desenganada pelos médicos, *agarrou-se com* Deus.

a gente. Veja *gente*.

ágil. Superlativo absoluto sintético: *agílimo*, *agilíssimo*.

Δ **agogo-.** [Do gr. *agogós*, que conduz, que guia; que atrai.] El. de comp. = 'o que conduz', 'o que leva', 'que excita': *pedagogo*, *demagogo*, *galactagogo*, *litagogo*, *sialagogo*, *emenagogo* (que provoca a menstruação).

agora que. *Loc. conj.* Ex.: *Agora que* a economia se estabilizou, desenha-se um futuro menos incerto. / "Podem todos retirar-se *agora que* ele está dormindo quieto." (Mário Barreto, *Novos estudos*, p. 178) / "*Agora que* Oliveira Martins tinha morrido, a política nacional deixara de lhe interessar." (Maria Filomena Mônica, *Eça de Queirós*, p. 424).Veja *hoje que*.

agraciar. Este verbo exige objeto direto de pessoa: O imperador *o* (e não *lhe*) *agraciou* com o título de barão. / O presidente *os agraciou* com a Ordem do Cruzeiro do Sul.

agradar. 1. No sentido de causar agrado, contentar, satisfazer, aprazer, constrói-se, de preferência, com objeto indireto, sendo o sujeito da oração nome de coisa [uma coisa agrada a alguém]: O sítio *agradou ao fazendeiro*. / O sítio *agradou-lhe*. / A proposta não *lhes agradou*. Sendo o sujeito nome de pessoas, ou referente a elas, *agradar* aparece frequentemente construído com objeto direto: O bom vendedor sabe *agradar os fregueses*. / Ele sabe *agradá-los*. / "Sua intenção parecia ser a de *agradar o médico* para obter um resultado favorável." (Antônio Olavo Pereira, *Fio de prumo*, p. 12)/"... está na cola do presidente, procura *agradá-lo* de toda forma." (Ciro dos Anjos, *Montanha*, p. 159)
2. Usa-se com objeto direto no sentido de *mimar, fazer as vontades*: É antieducativo *agradar* demasiadamente *as crianças*. / Não se deve *agradá-las* com guloseimas.
3. *Agradar* também pode ser intransitivo:A casa era velha, não *agradou*. / Ele é moço e sabe *agradar*.
Pron. **4.** Sentir prazer, comprazer-se, gostar; simpatizar, enamorar-se: *Agradou-se* do sítio. / Deus *se agrada com* as (ou *das*) obras dos justos. / A moça *agradou-se do* rapaz.

agradecer. Constrói-se com objeto indireto de pessoa: Ele *agradeceu ao doutor* e saiu. / Ele *agradeceu-lhe* (e não *agradeceu-o*) muito e despediu-se. / *Agradeci-lhe*, comovido, o rico presente. / *Agradeça à divina Providência* (*por*) tê-lo salvado da morte. / "Devemos *agradecer ao governo pela* nova República que temos." (J. Mesquita de Carvalho, *Dicionário prático da língua nacional*, 5ª ed.) A regência 'agradecer a alguém *por* alguma coisa', condenada por alguns gramáticos, parece-nos boa, pois em tal construção ocorre *v. agradecer + objeto indireto + adjunto adverbial de causa*. Em síntese, temos:
a) Agradeça *ao* Criador *o* dom da vida. (reg. correta)
b) Agradeça *ao* Criador *pelo* dom da vida. (reg. aceitável)
c) Agradeça *o* Criador *pelo* dom da vida. (reg. incorreta)

agredir. *Ind. pres.*: agrido, agrides, agride, agredimos, agredis, agridem. *Subj. pres.*: agrida, agridas, agrida, agridamos, agridais, agridam. *Imper. afirm.*: agride, agrida, agridamos, agredi, agridam. Regular nos demais tempos.

Δ **agri-.** [Do lat. *ager, agri*, campo.] *El. de comp.* = 'campo': *agrícola* (lat. *agricola*), *agricultura* (lat. *agricultura*), *agricultar* (cultivar a terra).

Δ **agro-.** [Do gr. *agrós*, campo.] *El. de comp.* = 'campo': *agronomia, agroindústria, agrônomo, agropecuária, agroquímico, agrovila*. Une-se, sem hífen, ao elemento que se lhe segue.

água. *Adj.* relativo a água: *hídrico* (recursos *hídricos*). O adjetivo *aquático* se aplica ao que vive na água ou nela é praticado: fauna *aquática*; polo *aquático*; esportes *aquáticos*.

aguar. [De água + ar.] **1.** *Conjugação. Ind. pres.*: águo, águas, água, aguamos, aguais, águam. *Pret. perf.*: aguei, aguaste, aguou, aguamos, aguastes, aguaram. *Subj. pres.*: águe, águes, águe, aguemos, agueis, águem. *Imper. afirm.*: água, águe, aguemos, aguai, águem. *Imper. neg.*: não águes, não águe, não aguemos, não agueis, não águem.
⇨ Nas formas *águe, águes, águem, aguei* o *u*, mesmo sem o trema, sinal abolido pelo novo sistema ortográfico, é sempre pronunciado. Como *aguar* se conjugam *desaguar, enxaguar* e *minguar*.
2. *Significações.* a) Molhar com água, regar:Ao nascer do sol, ele *aguava* as plantas; b) Misturar água a outro líquido: *Aguaram* o leite; c) Estragar (o prazer, a alegria, etc.): Um pequeno acidente veio *aguar* a alegria do casal; d) Encher-se de água, saliva, lágrimas: Os olhos dela *aguaram-se*. / Diante daqueles doces, minha boca logo *se aguava*.

agudo. *Adj.* Superlativo absoluto: *acutíssimo* (forma erudita, do lat. *acutus*, agudo), *agudíssimo* (forma vernácula).

águia. *Adj.* referente a águia: *aquilino* (nariz *aquilino*).

ah. *Interjeição.* Introduz frases exclamativas exprimindo admiração, surpresa, impaciência, tristeza, decepção e outros sentimentos: *Ah*, que linda paisagem! / *Ah*! como você é teimoso! / *Ah*, são tão longas as horas sombrias!

à hora de, na hora de. Ambas as locuções são corretas: *À hora* (ou *na hora*) *do almoço*, todos comparecem. / "À hora do café, achou jeito de tocar no assunto." (Ciro dos Anjos, *O amanuense Belmiro*, p. 125)

aids. Sigla formada com as iniciais da denominação inglesa desta doença (*acquired immunological deficiency syndrome* = síndrome de deficiência imunológica adquirida). Dada a sua larga difusão, a sigla passou à categoria de substantivo. Propomos, por isso, a forma aportuguesada *aides*, com letra inicial minúscula, que tem a seu favor outras palavras formadas pelo mesmo processo: *radar*, *sonar*, etc.

a + infinitivo. Veja os verbetes *a beijar* e *a ser isso verdade*.

a instâncias de. *Loc. prep.* A pedido insistente de: *A instâncias da* família, ela adiou o casamento. / "D. João VI, *a instâncias das* cortes, partira para Lisboa, deixando no Brasil seu filho D. Pedro." (Joaquim Felício dos Santos, *Memórias do Distrito Diamantino*, p. 368) ⇨ Observar que não há crase nesta locução bem como na locução *a expensas de*.
Também se diz *por instâncias de*: "Mariana saía às vezes, e a maior parte delas *por instâncias do* próprio consorte." (Machado de Assis, *Obra completa*, vol. II, p. 402)

air bag (ér bég). *S.m.* Equipamento de segurança para veículos que consta basicamente de um saco de plástico, o qual, em caso de colisão, acionado por sensores eletrônicos, infla-se automaticamente, impedindo que o motorista se choque contra o volante, e o passageiro da frente, contra o painel. Em vez desta expressão inglesa, prefira-se *bolsa inflável*: Os modernos veículos são equipados com *bolsa inflável*.

à janela. *Loc. adv.* Assim, e não *na janela*, quando a ideia é de *junto a*: A moça passava parte do dia *à janela*. / "Fico horas *à janela* vendo-o passar." (Aníbal Machado, *Cadernos de João*, p. 114) / "Quando de novo passei em frente da casa, uma jovem estava *à janela*." (Ciro dos Anjos, *O amanuense Belmiro*, p. 26) ⇨ Um vaso de flores é que pode estar *na janela*.

ajoelhar. Usa-se, indiferentemente, como v. intransitivo ou pronominal: *Ajoelhou* (ou *ajoelhou-se*) ante o altar e rezou. / Nunca *ajoelhei* (ou *me ajoelhei*) diante dos poderosos. / "O rei Baltasar foi o primeiro que *ajoelhou* junto do presepe." (Alexandre Herculano, *Lendas e narrativas*, p. 182)

ajudar. Constrói-se com objeto direto de pessoa: Orlando *ajudava o pai*. / Orlando *ajudava-o*. / Quem *os ajudará* a sair de sua miséria? / A menina *ajudava a mãe* na limpeza da casa. / Ela *ajudava-a* sem reclamar. / Nestor *as ajudou* a levantar a mesa. / Deus *o ajude*. / "Pediu-me que *o ajudasse* a subir as escadas." (Antônio Carlos Villaça, *Os saltimbancos da Porciúncula*, p. 62) / "As moças sempre *o ajudavam* bastante na venda das localidades." (Viana Moog, *Um rio imita o Reno*, p. 58) ⇨ Em escritores clássicos e modernos, não faltam abonações de *ajudar* construído com o pronome *lhe(s)*, em frases como: Ninguém *lhe ajuda*. / Ela *ajudou-lhes* a redigir o texto. Tal sintaxe, porém, é desaconselhada.

ajudar à missa. Ajudar o sacerdote na missa, como acólito: "Quincas Alçada, como bom cristão, se ofereceu para *ajudar à missa*." (Herberto Sales, *Os pareceres do tempo*, p. 149) Subentende-se a palavra 'celebrante': ajudar o celebrante à missa. ⇨ *Ajudar a missa* é uma inovação que não recomendamos, embora registada em um ou outro dicionário.

ajuntar. [De *a-* + *junto* + *-ar*.] 1. No português de hoje, prefere-se, geralmente, *juntar* a *ajuntar*, embora sejam verbos sinônimos: juntar figurinhas; juntar frutas do chão; juntar dinheiro; juntar as mãos; juntar as mesas; juntar uma coisa a (ou *com*) outra; juntar-se aos colegas.
2. No sentido de 'dizer em seguida', 'acrescentar', a forma adequada é *ajuntar*: "Disse que estava desorientado e *ajuntou* que esperava a minha ajuda." (Aurélio)

álacre. *Adj.* Alegre, jovial, animado. ⇨ É palavra proparoxítona, como o acento gráfico indica.

alarma, alarme. Ambas as formas são corretas. No Brasil, é mais usada a segunda. Entretanto, *alarma* ocorre frequentemente em bons escritores: "Ao menor movimento suspeito darão o *alarma*." (Érico Veríssimo, *O tempo e o vento*, p. 13)

Δ **albi-.** [Do lat. *albus*, *albi*, branco.] *El. de comp.* = 'branco': albino, albicaude, albificar, albirrosado.

Alcorão. *S.m.* O livro sagrado do islamismo, ditado, segundo a lenda, por Alá a Maomé: "Um ulemá entra gravemente, com o *Alcorão* debaixo do braço, seguido de seus discípulos." (Eça de Queirós, *O Egito*, p. 204) Pl.: *alcorões*. Existe a variante *Corão*: "O islame não é apenas uma religião; é também uma lei, cuja fonte é o *Corão*, que determina todo o comportamento do muçulmano." (*Dicionário Koogan Larousse*, p. 480) ⇨ A maioria das palavras de origem árabe existentes em português começam pelo artigo

al (ou *a*): *Alcorão* (*alkuran*, 'a leitura ideal'), *alfaiate*, *algodão*, *alface*, *álgebra*, *álcool*, *arroz*, *azeite*, etc. A incorporação dessas e de muitas outras palavras de origem árabe ao nosso idioma se deve à dominação muçulmana na Península Ibérica, de 711 a 1492.
aldeão. *Adj.* e *s.m.* Relativo a aldeia, rústico; habitante de aldeia. Fem.: *aldeã*. Plural: *aldeões* (ou *aldeãos*), *aldeãs*.
aleia. [Do fr. *allée*.] *S.f.* Caminho ou passeio ladeado de árvores ou arbustos, em parques e jardins; alameda. ⇨ Não há palavra portuguesa que traduza exatamente este galicismo. Variante: *álea*. Pronuncia-se *aléia*.
aleijar. 1. A vogal *e*, em todas as formas deste verbo, é fechada, tal como no v. *beijar*: *aleijo*, *aleijas*, *aleija*, *aleijam*, *aleije*, *aleijem*, etc. A semivogal *i* deve ser pronunciada distintamente.
2. Fechado é também o timbre do *e* tônico dos verbos *despejar*, *inteirar*, *espelhar*: *despeja* (ê), *inteira* (êi), *espelha* (ê), etc.
aleluia. [Palavra de origem hebraica. Significa *Louvai o Senhor*.] *S.f.* Exclamação ou canto de alegria entoado na liturgia católica, especialmente na Páscoa; canto de júbilo: "... o ato de viver seria uma perene e geral *aleluia*." (Millôr Fernandes, *Todo homem é minha caça*, p. 73)
além. *Adv.* 1. Lá, acolá, ao longe: Aqui, a planície imensa, *além*, o mar azul.
2. Mais adiante: Chegamos até a fronteira; não demos um passo *além*. "Ir *além* seria exigir demais." (Luís Jardim, *As confissões do meu tio Gonzaga*, p. 56) ⇨ Não se deve dizer *mais além*: Uns estabeleceram-se ali, outros foram *além* (e não *mais além*).
S.m. 3. O outro mundo, a vida eterna: O *Além* ao mesmo tempo nos fascina e aterra.
| 1. **Além de**. a) Do outro lado, no lado de lá: A casa ficava *além do rio*; b) A mais de, para mais de, para lá de, acima de: *Além de* forte, é mau. / *Além da queda*, coice. / *Além de os* acolher, deu-lhes bons conselhos. / Nossos anseios vão *além das* coisas materiais. / Os gastos foram muito *além do* que imagináramos.
2. **Além disso**. De mais a mais, ademais, também: A casa era velha e, *além disso*, muito cara.
3. **Além do mais**. Além disso.
4. **Além do que**. Além disso, além do mais.
Δ **além-**. *El. de comp.* Forma substantivos compostos hifenizados que exprimem a ideia de 'para lá de', 'do outro lado de': *além-mar*, *além-túmulo*.

alerta. 1. É invariável quando advérbio, no sentido de 'em atitude de vigilância', 'atentamente', como nesta frase de Carlos Drummond de Andrade: "Todos os sentidos *alerta* funcionam."
2. Também permanece invariável quando interjeição, equivalente a "sentido!", "atenção!": Sentinelas, *alerta*!
3. Na língua de hoje é mais empregado como adjetivo, portanto, variável, no sentido de *vigilante*, *atento*: As autoridades sanitárias estão *alertas*. / Permanecemos *alertas* durante toda a noite. / "Temos de estar *alertas*..." (Otto Lara Resende, *O braço direito*, p. 43) / "Cães sempre *alertas* ao menor sinal." (Edilberto Coutinho, *Piguara*, p. 179) / "Atrás do carro as salvaguardas cavalgavam, *alertas*." (Ana Miranda, *O retrato do rei*, p. 54) / "Fingia-se absorvida, porém seus ouvidos estavam *alertas*." (Menotti Del Picchia, *Salomé*, p. 175) / "Todos os seus sentidos estão *alertas*." (Adonias Filho, *Corpo vivo*, p. 32)
4. Usa-se também como substantivo (= sinal ou aviso para estar vigilante, atitude de vigilância): Os gansos deram o *alerta*. / Durante o dia, houve vários *alertas*. / O temporal pôs a Defesa Civil em *alerta* máximo.
alertar. Tornar alerta, advertir.
V. t. d. 1. As sirenes *alertaram* a população.
T. d. e *i.* 2. Os pais os *alertam* contra o perigo das drogas? / *Alertaram-me do* (ou *sobre o*) perigo a que me expunha. / O governador *alertou* o presidente de que o tratado de extradição entre o Brasil e o Canadá não beneficiaria nosso país.
Não nos parece adequada a preposição *para*, a não ser que *alertar* signifique *chamar a atenção*: Médicos *alertam* os pacientes *contra* (e não *para*) os riscos da automedicação. / "Ecologistas alertam para possível fracasso da conferência." (*JB*, 1/6/92)
3. Alerta-se alguém, mas não uma coisa. Por isso, devem ser evitadas frases como: O prefeito *alerta que não admitirá invasões de terrenos*. Diga-se: O prefeito *adverte* que não admitirá invasões de terrenos.
Δ **algo-, -algo.** [Do gr. *álgos*, dor.] *El. de comp.* = 'dor': *algofobia*, *analgia*, *analgésico*, *cefalalgia* (dor de cabeça), *mialgia* (dor nos músculos), *nevralgia* (dor nos nervos), *otalgia* (dor nos ouvidos).
algoz, algozes. [Do árabe *al-gozz*.] *S.m.* Verdugo, carrasco. É fechado o timbre da vogal *o*: *algoz* (ô), *algozes* (ô). Embora predominante, é incorreta a pronúncia *algóz*, *algózes*, com o

aberto. Essa prosódia viciosa se deve talvez à influência de outras palavras terminadas em *-oz*, com *o* aberto, que são a maioria (cf. *atroz, veloz, albatroz, feroz, voz*, etc.).

algum. *Pron. indef.* Posposto ao substantivo, assume sentido negativo, equivalendo a *nenhum*: Homem *algum* aceitaria isso. / Não o vimos em lugar *algum*. / Empresa *alguma* suportaria tantos encargos. / Chegou do Norte sem trazer dinheiro *algum*.

algum de nós. O verbo concorda na 3ª pessoa do singular, quando o sujeito é uma das expressões *algum de nós, nenhum deles, cada um de nós, qual de vocês?, quem de vós?* e outras similares: Algum de nós *ganhará* o prêmio. / Nenhum de nós *sabia* isso. / Nenhum deles *se salvou*. / Cada um de nós (ou de vocês) *responderá* pelo que fizer. / Qual de vocês *chegou* primeiro? / Quem de vós *está* isento de defeitos?

alguns de nós. O verbo concorda, de preferência, na 3ª pessoa do plural, quando o sujeito é uma das expressões *alguns de nós, muitos de nós, quantos de nós?, quais de vós?* e outras análogas: Alguns de nós *passaram* (ou *passamos*) fome. / Muitos de nós *sofreram* (ou *sofremos*) maus tratos. / Quantos de nós *foram* (ou *fomos*) até lá? / Quais de vós *respeitam* (ou *respeitais*) essa lei? ⇨ Se o falante participa do processo verbal, opte pela 1ª pessoa do pl.: *passamos, sofremos*, nos exemplos acima.

Se o primeiro pronome estiver no singular, o verbo concorda obrigatoriamente no singular: *Algum* de nós *tem* de ficar aqui. / *Qual* de vocês *conhece* o lugar? Veja *algum de nós*.

algures. *Adv.* Em algum lugar: "Eu mesmo me lembro de já ter lido *algures* uma complexa exposição sobre o fenômeno." (Vivaldo Coaraci, *Cata-vento*, p. 245) / "Estimava mesmo que o filho estivesse em Coimbra, ou *algures*, longe da quinta." (Eça de Queirós, *Os Maias*, I, p. 119)

alhear. [Do lat. *alienare*, mudar, alienar, afastar.] *V. t.* 1. Tornar(-se) alheio; afastar(-se): *Alheou* de seu espírito todas as preocupações. / Ficava num canto e *alheava-me* dos problemas, do mundo, de tudo.
2. Alienar(-se), enlouquecer(-se): A velhice e os infortúnios *haviam alheado* a avó dele. / Ela foi perdendo a lucidez e *alheou-se* por completo. ⇨ Conjuga-se como *passear*. É sinônimo de *alienar*, forma erudita que se usa mais frequentemente nas acepções de 'transferir para outrem o domínio de' (*alienar* um bem, um imóvel) e de 'enlouquecer' (A doença o *alienou*.). Cognatos: *alheio, alienar, alienado, alienante, alienígena, alienista*.

alho. *Adj.* relativo ao alho: *aliáceo* (odor *aliáceo*, hálito *aliáceo*).

alhures. Advérbio que significa *em outro lugar*, e que não deve ser confundido com *algures* (= em algum lugar): Seu corpo estava ali, mas o pensamento estava *alhures*. / "Estabeleci comigo mesmo o compromisso de não mais, aqui ou *alhures*, mencionar-lhe o nome." (Ciro dos Anjos, *O amanuense Belmiro*, p. 138)

ali, aí. *Adv.* 1. *Aí.* a) Nesse lugar, a esse lugar (onde se encontra a pessoa a quem se fala, ou próximo dela): Como está a situação *aí*? / Quando puder, irei *aí*. b) Nesse ponto, nessa particularidade, nisso: É um político honesto e coerente: *aí* é que reside a força de sua palavra. c) Pelo mundo, por lugar indeterminado: É um nômade. Anda por *aí*, vivendo de favores. d) Nessa altura, nesse momento, então: Os músicos chegaram à meia-noite, e só *aí* começou o baile. e) Por volta de, cerca de (tempo impreciso): Chegou ao Rio *aí* pelas nove horas da noite. ⇨ Nesse caso, também se usa *ali*.
2. *Ali.* a) Naquele lugar, àquele lugar, lá: Possui uma casa em Petrópolis, mas raramente o veem *ali*. / Chegara *ali* ainda criança. b) Aquela hora, aquele dia: Até *ali* tudo correra às mil maravilhas. c) Nele, nela: "A Bíblia é um excelente livro; há *ali* muito que aprender." (Aulete) ⇨ Em certos casos, não se faz distinção entre esses dois advérbios, como no seguinte passo de Afonso Arinos, no qual o escritor, referindo-se a uma casa mal-assombrada, usou *aí* em lugar de *ali*: "Por que seria que os tropeiros não pousavam *aí*?" (*Pelo sertão, Obra completa*, p. 49). Veja *ali*.

ali. É advérbio de lugar, mas também se usa com valor temporal: Até *ali* (= então), a vida na tribo transcorrera serena, mas com a chegada dos brancos tudo mudou. ⇨ Também o advérbio *aqui* pode assumir sentido temporal: *Aqui* (= neste momento), o orador embatucou e os ouvintes riram.

Δ **ali-.** [Do lat. *ala*, asa.] *El. de comp.* = 'asa': *aliforme, alígero, alinegro, alípede, alipotente*.

álibi. [Do lat. *alibi*, em outro local.] Palavra proparoxítona já aportuguesada. Deve-se, portanto, acentuá-la: "Mas a polícia deixou passar mais essa oportunidade de confirmar ou não fatos que poderiam configurar importante *álibi*." (Carlos Marchi, *Fera de Macabu*, p. 193)

alisar, alizar. 1. *Alisar.* [De a- + liso + -ar.] Tornar liso, passar a mão, afagando: *alisar* o cabelo, *alisar* o pelo do gato.
2. *Alizar.* Peça de madeira ou de outro material que reveste ombreiras de portas e janelas: *alizar* de cedro, *alizares* de canela.

almejar. [De alma + -ejar]. Desejar ardentemente, ansiar. Em todas as formas deste verbo, a vogal *e* tem o timbre fechado: *almejo (ê), almejas, almeja, almejam, almeje, almejes, almejem*, etc. ⇨ Com exceção de *invejar*, todos os verbos terminados em *-ejar* se conjugam com o *e* tônico fechado: *apedrejar, bocejar, calejar, desejar, manejar, despejar, esbravejar, pelejar, solfejar, velejar*, etc.

almoçado. *Part.* de *almoçar.* 1. Todos já tinham *almoçado.*
|| *Adj.* 2. Que almoçou: *Almoçado* e satisfeito, dirigiu-se à casa da noiva. / "Àquela hora já ela andaria a pé, a moirejar pela cozinha, a fim de mandar *almoçados* para a lavoura os servos..." (Camilo Castelo Branco, *A queda dum anjo*, p. 92)

Δ **alo-.** [Do gr. *állos*, outro.] *El. de comp.* = 'outro', 'diferente': *alopatia, alóctone.*

alocução. *S.f.* Breve discurso: Antes da ceia, ele proferiu uma vibrante *alocução.* ⇨ Evite-se o pleonasmo vicioso *breve alocução.* Não confundir com *elocução★.*

alternar. [Do lat. *alternare*, fazer alternadamente.] *V. t. d.* 1. Fazer suceder alternadamente, variar: Resolveu *alternar* as culturas, plantando ora milho, ora soja. / Aposentando, agora ele podia *alternar* as horas de trabalho e as de lazer. / "A multidão *alterna* silêncios tensos e urros." (Ana Miranda, *A última quimera*, p. 261)
V. t. d. e i. 2. Variar sucessivamente: Para manter a saúde, *alternava* o trabalho *com* o descanso. / "As crônicas de Bilac nas folhas têm sido cicloides, *alternam* uma jovial alegria *com* a mais funda depressão da alma." (Ana Miranda, *A última quimera*, p. 273)
Pron. 3. Suceder-se alternadamente: Períodos chuvosos *alternavam-se* com prolongadas secas. / Ao longo da estrada, pequenos morros *se alternavam* com vastas planícies. / "Dias e noites *se alternam*, sem novidades." (Celso Luft)

alternativa. A expressão *outra alternativa* é impugnada pelos puristas por ser redundante, visto que a ideia de *outra* já está implícita no elemento inicial *alter*, que em latim significa *outro*. Pode-se questionar o excesso de zelo etimológico. Seja como for, evite-se a redundância, dizendo simplesmente: Fugimos porque não havia *alternativa.* Gustavo Corção usou a expressão impugnada em *Lições de abismo*, p. 188.

Δ **alti-.** [Do lat. *altus*, alto.] *El. de comp.* = 'alto', 'elevado': *altibaixo, altícola, altiloquência, altiloquente, altímetro, altiplano.*

alto. 1. Como adjetivo, forma vários substantivos compostos, unidos por hífen, flexionando-se em gênero e número: *alto-forno, altos-fornos; alto-relevo, altos-relevos; alto-mar, altos-mares; alta-fidelidade, altas-fidelidades; alta-roda, altas-rodas; alta-tensão, altas-tensões.* ⇨ Em *alto-falantes*, fica invariável por ser advérbio.
2. Superlativo absoluto sintético: *altíssimo, supremo, sumo.*
3. Como advérbio, é invariável: A águia voa *alto.* / As meninas riam e falavam *alto.*

alto e bom som. Em voz alta e clara, sem medo de ser ouvido, sem rodeios ou subterfúgios, abertamente: O depoente disse *alto e bom som* o nome dos implicados. / Ele proclamou sua inocência *alto e bom som.* / "Nesta data devemos ter a coragem de também proclamar, *alto e bom som*, a importância dos valores morais, a eficácia da prática religiosa." (D. Eugênio Sales, *JB*, 30/11/96) / "Fiz-me de pedra e cal, e disse *alto e bom som* que os mandava bugiar a todos eles." (Gonçalves Dias, *apud* Manuel Bandeira, *Biografia de Gonçalves Dias*, p. 84) / "A educação moderna, a educação livre, eis o que ele apregoava *alto e bom som.*" (Adolfo Caminha, *A normalista*, p. 30) / "Nunca pensei em me tornar vendilhão do Templo, dizia ele, *alto e bom som*, aos que quisessem ouvir." (Moacyr Scliar, *Os vendilhões do templo*, p. 7) ⇨ A expressão original e correta é *alto e bom som*, e não *em alto e bom som.* A deturpação se deve, provavelmente, à influência de *em alta voz.*

alto-falante. *S.m.* Plural: *alto-falantes. Alto*, nesta palavra, permanece invariável por ser advérbio, significando *em volume alto, fortemente.* ⇨ Existe a variante *altifalante*, mais usada em Portugal.

alude. *S.m.* 1. Grande massa de neve que se desprende da montanha e se precipita encosta abaixo; avalancha.
2. *Fig.* Grande quantidade de coisas, perguntas, etc.: "Em vão Clarice, enquanto me atarantava com *um alude* de palavras e gestos, me pusera de encontro à parede." (Fernando Namora, *Domingo à tarde*, p. 120) ⇨ É substantivo masculino.

aludir. Fazer alusão, referir-se.
1. É verbo transitivo indireto: Nenhum historiador *alude a esse episódio*. / O jogo *a que o jornal aludiu* tinha sido suspenso. / "Em conversas anteriores ela *aludiu* muitas vezes, mas veladamente, *à sua situação*." (Ciro dos Anjos, *O amanuense Belmiro*, p. 35) / "Ele ainda não está escrito, o livro *a que venho aludindo*." (Carlos de Laet, *O frade estrangeiro*, p. 193)
2. Não admite o pronome complemento *lhe*: O caso era melindroso, por isso não *aludi a ele* (e não *lhe aludi*). / "André de Barros, se evitou discutir o assunto melindroso, *aludiu* contudo *a ele*." (João Francisco Lisboa, *Vida do padre Antônio Vieira*, p. 104)
aluguel, aluguer. *S.m.* Prefira-se a primeira forma. A segunda (*aluguer*) é restrita à linguagem forense.
alumínio. Adjetivos relativos a alumínio: *alumínico, aluminífero*.
aluvião. [Do lat. *alluvione*.] Pela origem latina, é substantivo feminino: *aluviões arenosas*; (fig.) *uma aluvião de bárbaros*; *uma aluvião de ideias novas*. / "Durante esse tempo ia o poeta tirando do bolso *uma aluvião* de papéis." (Machado de Assis) / "João Eduardo ocultara esse acontecimento para evitar *uma aluvião* de perguntas." (Fernando Namora, *O homem disfarçado*, p. 14) Bons escritores têm usado esta palavra no gênero masculino. Os dicionários, em geral, a consignam com dois gêneros.
Δ **alvi-.** [De *alvo*, lat. *albus*, branco.] *El. de comp.* = 'branco': *alvinegro, alvinitente, alvirrubro, alvirróseo*. ⇨ Une-se sem hífen.
a maioria de. 1. Sendo sujeito da oração uma das expressões quantitativas *a maioria de, a maior parte de, boa parte de, parte de, grande número de, uma porção de*, etc., seguida de substantivo ou pronome no plural, o verbo pode concordar no singular ou no plural, conforme se queira destacar a ideia de conjunto ou a ideia individual: A maioria dos alunos *assistiu* (ou *assistiram*) às aulas. / A maior parte dos animais não *resistiu* (ou *não resistiram*) à seca. / Boa parte dos técnicos *saiu* (ou *saíram*) do país. / Grande número de pacientes *se queixava* (ou *se queixavam*) do hospital. / Uma porção de livros *estava* (ou *estavam*) sem capa. / A maioria dos processos *foi arquivada* (ou *foram arquivados*). / Os meninos viviam na rua e grande número deles não *sabia* (ou *não sabiam*) ler. / Pelo menos um terço dos trabalhadores *aderiu* (ou *aderiram*) à greve. / "A maioria dos presentes *eram* candangos." (Cláudio Bojunga, *JK, o artista do impossível*, p. 683) / "A maioria das especulações *obedecem* apenas a uma lei do jornalismo brasiliense..." (Márcio Moreira Alves, *O Globo*, 6/10/96) / "Então a maioria das descobertas decisivas não *tinham* sido empurradas por uma vulgaridade?" (Fernando Namora, *Domingo à tarde*, p. 138) / "A maioria dos chamados artigos de beleza não *produzem*, nem *podem* produzir, os efeitos que os seus fabricantes anunciam." (Vivaldo Coaraci, *Cata-vento*, p. 287) / "Chegaram a uma região onde a maioria das árvores *eram* faias." (*O hobbit*, p. 143, Ed. Martins Fontes) / "A maioria dos deveres que me ensinaram a cumprir *são falsos*." (Alves Redol, *O cavalo espantado*, p. 49) / "Algumas lojas têm as portas abertas, mas a maioria delas *estão fechadas*." (José Saramago, *Ensaio sobre a cegueira*, p. 214)
2. Quando entre o sujeito e o verbo ocorre oração adjetiva iniciada pelo pronome *que*, o verbo dessa oração concorda no plural: A maioria dos pinguins *que chegaram das águas frias do sul* não resistiu ao calor. / "A maioria dos membros do partido parlamentar, *que eram presbiterianos*, estavam prontos a restaurar Carlos no trono como um monarca de poder limitado." (E. Burns, *HCO*, p. 526)
3. Quando se quer salientar não a ação do conjunto, mas a dos indivíduos, usa-se o plural: "... preferia retorquir que *a maioria* dos contemporâneos não *sabem* ler senão os jornais." (Manuel Bandeira, *Itinerário de Pasárgada*, p. 187) / "*A maioria* das provas apresentadas contra os acusados durante o julgamento *foram* depois *refutadas*." (Raquel de Queirós, *110 crônicas escolhidas*, p. 74) / "A maioria dos visitantes *ficaram* entusiasmados com o museu." (Sandra Almeida, *Manual escolar de redação*, p. 21) / "Grande parte desses pescadores *eram* também mouros, ou livres ou escravos." (Alexandre Herculano, *O monge de Cister*, I, p. 74) / "Vocês imaginaram a maravilha que seria o mundo se ao menos uma *quinta parte* desses gênios *se realizassem* na maioridade?" (Lygia Fagundes Telles) ⇨ Fora desse caso, um tanto subjetivo, na língua de hoje prefere-se, geralmente, usar o verbo no singular, o que não significa que o emprego do plural constitua erro. Exs.: "A maioria das companhias *é* de origem estrangeira, o capital forte *é* inglês." (Thiago de Mello, *Amazônia, a menina dos olhos do mundo*,

p. 116, ed. 1991) / "... a maioria dos convivas já *devia* ter chegado." (Jorge Amado, *O sumiço da santa*, p. 234) / "A maior parte dos órgãos da imprensa mundial *destacou* a difícil missão do Papa." (*JB*, 30/1/79) / "A maioria absoluta das faculdades de Letras *aboliu* o ensino do francês." (Alfredo Bosi, *A dialética da colonização*, p. 314) / "Grande número de populares em frente da prisão *olhava* para dentro, curiosamente." (Afrânio Peixoto, *Fruta do mato*, p. 333) / "Grande número dos que se haviam dado à magia *amontoavam* os seus livros e os *queimavam* em presença de todos." (*A Bíblia de Jerusalém*, *Atos dos apóstolos*, 19, 19)
4. Recomenda-se usar o verbo no singular quando este precede o sujeito: *Morreu* de gripe a maioria dos índios que tiveram contato com os brancos. / *Apodreceu* a maior parte das frutas.
5. Obcecados por um gramaticalismo estreito e opressor, alguns tacham de errôneo o emprego do verbo no plural, no caso em tela. Têm por norma o seu próprio arbítrio, desprezam os fatos da língua e a lição de eminentes filólogos e escritores portugueses e brasileiros. Pretendem atrelar a linguagem ao jugo da lógica. Ora, no caso em foco, bem como em inúmeros outros, a linguagem se liberta da lógica para atingir um efeito expressivo. A construção censurada pelos gramaticalistas é um simples caso de *concordância ideológica*, em que se efetua a concordância do verbo não com a forma gramatical das palavras, mas com a ideia nelas implícita e por elas sugerida. Na frase de Manuel Bandeira, atrás citada, por exemplo, o núcleo do sujeito (*maioria*) é singular, mas a ideia contida na expressão 'a maioria dos contemporâneos' é de pluralidade, o que induziu o escritor pernambucano a usar o verbo no plural (*sabem*). Do ponto de vista estilístico, as frases citadas neste verbete, nas quais os autores usaram o verbo no plural, são perfeitamente corretas e inatacáveis. O verbo no plural confere-lhes mais vigor e expressividade. Aqui, a língua permite dois meios de expressão. O escritor (ou o falante) é que deve escolher o que ele julgar mais adequado.

a maior parte de. Seguida de substantivo ou de pronome no plural, esta expressão leva o verbo ao singular ou ao plural, indiferentemente: A maior parte desses produtos *é exportada* (ou *são exportados*) para a Europa. / A maior parte delas *conseguiu* (ou *conseguiram*) emprego. / "A maior parte dos jogadores que disputaram o clássico *esteve* (ou *estiveram*) à tarde no clube." (Pasquale Cipro Neto, *O Globo*, 10/ 10/1999) / "A maior parte dos animais *se movimentam* à noite." (Renato Inácio da Silva, *Amazônia*, p. 163) / "Quanto aos pajés, ... a maior parte dos indígenas da América antes *respeitavam* e *temiam* do que *desprezavam* ou *abominavam*." (Gilberto Freire, *Casa-grande e senzala*, 30ª ed., p. 116) / "A maior parte das pessoas *pedem* uma sopa, um prato de carne e um prato de legumes." (Ramalho Ortigão, *A Holanda*, p. 61) / "E os filhos de Vítiza... lançaram-se pelo vale abaixo, e *a mor parte* dos esquadrões *seguiram-nos*." (Alexandre Herculano, *Eurico*, p. 102) / "Com razão ou sem ela, a opinião crê que a maior parte dos doidos ali metidos *estão* em seu perfeito juízo." (Machado de Assis, *Papéis avulsos*, *O alienista*, cap. IX) "... a maior parte dos padres não *fazem* mais nada do que viver às sopas dos outros." (Miguel Sousa Tavares, *Rio das Flores*, p. 75) ⇨ Veja *a maioria de*.
a mais. Veja o verbete *mais, a mais*.
amanhã, a manhã. a) *Amanhã*. *Adv. de tempo*.
1. No dia seguinte àquele em que se está: *Amanhã* é feriado. / Esta conta vence *amanhã*.
2. Mais tarde; no futuro: Plantamos hoje para colher *amanhã*.
|| *S.m.* 3. O futuro: *Amanhã* a Deus pertence. / É natural que nos preocupemos com *o amanhã* de nossos filhos.
b) *A manhã*. *S.f.* Tempo que vai do nascer do Sol ao meio-dia; o amanhecer: *A manhã* começou chuvosa.
à mão, a mão. Veja *crase*, casos especiais, item 3.
à mão armada, a mão armada. São boas ambas as grafias: assalto *à mão armada* ou *a mão armada*.
a mãos-cheias. *Loc. adv.* Em grande quantidade, em abundância: "Vadeavam-no [o rio das Velhas] e não atinavam que ali havia ouro *a mãos-cheias*." (Viana Moog, *Em Busca de Lincoln*, p. 142) Variantes: *às mãos-cheias*, *a mancheias*. Veja *mancheia*.
amargo. *Adj.* No superlativo, além da forma popular *amarguíssimo*, apresenta a forma erudita *amaríssimo*, do latim *amarissimus*. Exemplos: remédio *amarguíssimo*; o *amaríssimo* dever de corrigir os filhos.
amarrar. *V. t.* 1. Na acepção de 'prender com amarra ou corda', 'atar com nó', tem o complemento regido da preposição *a* ou *em*, in-

diferentemente: Ele o *amarrou a* (ou *em*) um poste. / "Manuel João *amarrou a* um tronco de almécega a corda com que prendia a canoa." (Herberto Sales, *Além dos marimbus*, p. 16) / "Ricardo acabara de *amarrar* os animais *no* moirão." (Id., *ib*, p. 49)
2. O sentido sendo figurado, usa-se a prep. *a*: Uma dívida de gratidão me *amarrava a* esse homem. / Por que *amarrar* o cidadão *a* tantas leis e regulamentos? / Não *se amarre às* opiniões do mundo. / "É perda de tempo *amarrar-se a* esperanças vãs." (Antônio Houaiss) ⇨ Na linguagem familiar, usa-se *amarrar-se* com o sentido de *casar-se*: É tão jovem e já *se amarrou*! / O médico *amarrou-se a* uma enfermeira.
amável. Superlativo abs. sint.: *amabilíssimo*.
amazônida. *S.m.* e *f*. Pessoa natural da Amazônia: "Como se vê, os próprios *amazônidas* têm versões distintas do seu acervo folclórico." (Moacir Werneck de Castro, *JB*, 10/8/91)
Δ **ambi-.** [Do lat. *ambo*, ambos, os dois.] *El. de comp.* = a ideia de dualidade: *ambidestro, ambiesquerdo, ambivalente*, etc. Sem hífen a não ser antes de h e de i. Cognatos: *ambíguo, ambiguidade*.
ambiente. [Do lat. *ambiens, ambientis*, que rodeia ou cerca, envolvente.] *Adj.* 1. Que cerca ou envolve: Os animais se movem no ar *ambiente*. / Era preciso vencer a hostilidade *ambiente*.
|| *S.m.* 2. Meio físico, lugar; atmosfera: As plantas exigem um *ambiente* propício. / O *ambiente* social não era bom. / Vivia num *ambiente* de intrigas. Veja *meio ambiente*.
ambiguidade. Defeito da frase que apresenta mais de um sentido, mais de uma interpretação. Exemplo: "Destaquei depressa a folha da revista que me interessava." O sentido é obscuro. O que interessava? A revista toda ou só uma folha? Se só uma folha, deve-se estruturar o período deste modo: "Destaquei depressa da revista a folha que me interessava." Outros exemplos: "Godofredo saiu de casa, atravessou a rua e foi ter com a comadre Antônia para queixar-se de *sua* vizinha." A vizinha de quem? De Godofredo ou de Antônia? "Sílvio disse a Renato que desconfiava de seu sócio." O sócio de qual dos dois? "Losada disse para Bush dar em Lula um grande abraço e lhe chamar de companheiro quando *ele* for visitá-lo no dia 10." (Ancelmo Góis, *O Globo*, 21/11/2002) Quem vai visitar? A frase é ambígua.
Veja os verbetes *duplo sentido* e *o qual*, onde se registram outros casos de expressões ambíguas.

ambos os dois. Redundância usada por escritores clássicos, mas que hoje deve ser evitada. *Ambos* já significa *os dois*: João e Paulo são irmãos; *ambos* trabalham na mesma empresa.
ambrosia. [Do gr. *ambrosía*.] *S.f.* Manjar dos deuses do Olimpo; manjar delicioso. Pronuncia-se *ambrosía*. Distinga-se de *ambrósia*, nome de certa planta, e de *Ambrósia*, nome de mulher.
Δ **ambulo-.** [Do lat. *ambulare*, andar.] *El. de comp.* = 'caminhar', 'andar': *noctâmbulo*. Cognatos: *ambulância, ambulante, ambulatório, perambular*.
ameaçar. Damos as regências que merecem atenção:
1. Talvez o senhor desconheça os perigos que *o* (e não *lhe*) *ameaçam*.
2. Seu inimigo político *o* (e não *lhe*) *ameaçava* de morte. / Eles *o ameaçavam* de matá-lo.
3. O carcereiro *os ameaçava* com castigos físicos.
4. Um vento forte *ameaçava chuva*.
5. "A velha árvore *ameaçava* tombar." (Aurélio)
6. "Lu tinha *ameaçado de fugir* com Olívio." (Érico Veríssimo, *Um lugar ao sol*, p. 317) / "Marina *ameaçou até de suicidar-se*." (Menotti Del Picchia, *Salomé*, p. 107) ⇨ Esta última regência, *ameaçar de + infinitivo*, é anômala. A regência normal é a da frase de Aurélio. Veja o verbete *determinar*.
à medida de. Tanto quanto, em proporção de, conforme: "Este, vendo que Cirino não se apressava *à medida dos* seus desejos, sem demora apareceu à soleira da porta." (Visconde de Taunay, *Inocência*, p. 89)
à medida que. 1. Equivale à locução conjuntiva *à proporção que*: A vida, nas grandes cidades, se deteriora *à medida que* a população cresce. / *À medida que* a indústria naval se aperfeiçoa, mais raros se tornam os naufrágios. "As nações começam a enfraquecer *à medida que* se vão tornando suntuosas." (Coelho Neto, *A conquista*, p. 156)
2. É incorreta a variante *à medida em que*: *À medida que* (e não *à medida em que*) os dias passavam, mais se complicava a situação. / O fogo se tornava mais devastador *à medida que* (e não *à medida em que*) aumentava a intensidade do vento. ⇨ Num jornal do Rio, de 7/3/97, dizia um economista: "O BB e o BNDES também emprestaram dinheiro ao projeto *à medida em que* a situação financeira do Jari não melhorava." O correto é: "... *à medida que* a situação financeira do Jari não melhorava." ⇨ Veja o verbete *na medida em que*.
a meia voz. *Loc. adv.* Grafa-se sem acento grave: "As fofocas eram sussurradas *a meia voz*."

(Carlos Marchi, *Fera de Macabu*, p. 136) Assim também *a meia altura, a meia distância*. Mas: *à meia hora, à meia-noite*.

a menos. Veja *mais, a mais*.

a menos de. Veja *há menos de*.

a menos que. Locução conjuntiva condicional com ideia de exceção. Equivale a *salvo se, a não ser que*: Iremos amanhã cedo, *a menos que* chova.

ameríndio. [De *Améri(ca)* + *índio*.] *S.m.* Indígena americano, amerígena.

à mesa. Assim, e não *na mesa*, quando significa *junto à mesa*: estar *à mesa*; sentar-se *à mesa*. ⇨ Veja *à janela*.

amigo. *Adj.* Superlativo abs. sint.: *amicíssimo, amiguíssimo*.

△ **amni-, amnio-.** [Do gr. *amníon*, membrana que envolve o feto.] *El. de comp.* = 'membrana que envolve o feto': *âmnico, amniocentese, amniótico, amniotomia*, etc.

amoitar-se. [De *a-* + *moita* + *-ar*.] *V. pron.* Esconder-se. ⇨ Quanto à pronúncia, veja *açoitar*.

amoral. *Adj.* 1. Que não é suscetível de ser qualificado moralmente; moralmente neutro (nem moral, nem imoral): Um bicho é *amoral*. / As leis da natureza são *amorais*. / A atitude desse escritor é *amoral*: seu objetivo não é nobilitar o espírito, mas divertir o público com histórias engraçadas e frases satíricas.
2. Desprovido de senso moral, que não tem consciência dos valores morais: Ele é um escritor *amoral*. ⇨ Difere de *imoral*, contrário à moral, desonesto, ofensivo aos bons costumes: *filme imoral*.

ampersand. Palavra inglesa que designa o sinal gráfico &, o qual representa a conjunção *e* e se usa nas razões comerciais, por ex., *Alves & Cia.* Millôr Fernandes propôs a denominação portuguesa *sinal tironiano*, por ter sido inventado por Tiro ou Tirônio, secretário de Cícero, político e orador latino. Houaiss denomina-o *E comercial*.

△ **an-.** Prefixo grego que indica 'privação', 'negação': *analfabeto, anorexia, anencefalia, anônimo*. Veja *a-*.

anacoluto. *S.m.* Quebra da estrutura sintática da oração; frase interrompida, na qual o sujeito fica sem o verbo correspondente, portanto, sem função sintática. Exemplos: *Pobre*, quando come frango, um dos dois está doente. [A construção normal seria: Quando pobre come frango, ou ele ou o frango está doente.] / *Eu* não me importa o que dizem de mim. [Pela norma gramatical, dir-se-ia: Eu não me importo com o que dizem de mim.] / "*Essas criadas de hoje* não se pode confiar nelas." (Aníbal Machado) [Bem estruturada, a frase revestiria esta forma: Não se pode confiar nessas criadas de hoje.] / "Há muita gente *que* o mundo passaria muito bem sem ela." (Vivaldo Coaraci) / *Quem* o feio ama, bonito lhe parece. (Provérbio) / "Ora, *eu* parece-me que desta sentença não há, sensatamente, recurso." (Rui Barbosa) / "*Eu* que era branca e linda, eis-me medonha e escura." (Manuel Bandeira) / "A causa de todo esse alvoroto que ia pelo mundo das bonecas, talvez ninguém se lembre dela." (José de Alencar, *O tronco do ipê*, p. 124)

O termo sem nexo sintático coloca-se, em geral, no início da frase, para lhe dar realce. ⇨ O anacoluto, construção frequente na comunicação oral, deve ser usado, na língua escrita, com parcimônia e consciência, e somente quando a situação o permite. É vetado na linguagem científica, no estilo jornalístico e no jurídico, enfim, em textos em que a emoção e o coloquialismo são inoportunos.

analisando. *S.m.* Pessoa que se trata por psicanálise. Fem.: *analisanda*. ⇨ É forma reduzida de *psicanalisando*.

a não ser. 1. É geralmente considerada locução fixa, equivalente a *salvo, senão*. Por isso permanece invariável, quando seguida de substantivo plural: Nada restou do edifício, *a não ser* escombros. / *A não ser* alguns bibliófilos, ninguém se interessou pela obra. / "Nunca pensara no que podia sair do papel e do lápis, *a não ser* bonecos sem pescoço, com cinco riscos representando as mãos." (Carlos Drummond de Andrade, *Contos de aprendiz*, Aguilar, pág. 498) / "São apenas 9 horas da noite e já desapareceram todas as luzes, *a não ser* as lanternas verdes e vermelhas no alto dos sinaleiros." (Afonso Schmidt, *Os melhores contos*, p. 11)
2. Embora seja menos recomendável, não é incorreto levar o verbo *ser* ao plural, fazendo-o concordar com o substantivo seguinte, convertido em sujeito da oração infinitiva: Que podemos esperar de tais candidatos, *a não serem* promessas falaciosas? / "As dissipações não produzem nada, *a não serem* dívidas e desgostos." (Machado de Assis, *Contos fluminenses*, cap. II) / "*A não serem* os antigos companheiros de mocidade, ninguém o tratava pelo nome próprio..." (Álvaro

Lins, *Rio Branco*, p. 303) / "Ornato nesta sala não vi algum, *a não serem* dois escanos [bancos] de castanho..." (Camilo Castelo Branco, *O romance dum homem rico*, Obra seleta, vol. I, p. 196)

Δ **-ando.** *Suf.* Aparece em substantivos e adjetivos eruditos, como *bacharelando, doutorando, formando, educando, examinando, nefando, venerando.* Veja *odontolando*.

andorinha. Adj. relativo a andorinha: *hirundino* (lat. *hirundo, inis,* andorinha).

Δ **andro-.** [Do gr. *anér, andrós*, homem.] *El. de comp.* = 'homem', 'macho': *andrófobo, andrógeno, androide*.

anel. Adj. relativo a anel: *anular* (dedo *anular*). Veja *anelar* e *anular*.

anelar. [De *anel* + *-ar*.] *Adj.* Em que se costuma pôr anel: "As duas alianças unidas no seu dedo *anelar* esquerdo refletiram um só lamento." (Vilma Guimarães Rosa, *Carismas*, p. 101) ⇨ *Anelar* é variante do adj. *anular*, forma que deve ser preferida na linguagem científica.

Δ **anemo-.** [Do gr. *ánemos*, vento.] *El. de comp.* = 'vento': *anemômetro, anemologia*.

Δ **-aneo.** *Suf. nom.* Indica modo de ser, qualidade, relação: *conterrâneo, cutâneo, espontâneo, simultâneo, subterrâneo*.

aneurisma. [Do gr. *anéurysma*, dilatação.] *S.m.* Dilatação circunscrita de um vaso sanguíneo: O *aneurisma* ocorre com maior frequência na aorta. ⇨ É palavra masculina.

anexo. *Adj.* Esta palavra não é advérbio e sim adjetivo, devendo, por isso, concordar em gênero e número com o substantivo a que se refere: *Anexa* (e não *anexo*) a esta carta estamos enviando a relação das mercadorias. / Vão *anexos* (e não *anexo*) os depoimentos das testemunhas. / Remeto-lhe *anexas* as cópias dos documentos. ⇨ Não deve ser usado como particípio de *anexar*, em vez de *anexado*. Diga-se, portanto: O documento foi anexado (e não *anexo*) ao processo. Veja *em anexo*.

Δ **anfi-.** [Do gr. *amphi*.] *Pref.* Indica 'de um e outro lado', 'ao redor', 'dualidade': *anfiteatro, anfíbio*.

anfitrião. Fem.: *anfitriã* (mais us.) e *anfitrioa*. Plural: *anfitriões* e *anfitriões*, *anfitriãs, anfitrioas*.

Δ **angio-.** [Do gr. *angêion*, vaso.] *El. de comp.* = 'vaso do corpo humano': *angiologia, angiologista, angioma, angiite, angialgia, angiopatia, angioesclerose*.

Δ **angli-, anglo-.** *El. de comp.* Exprime a ideia de 'inglês': *anglicismo, anglófilo, anglomania, anglófobo, anglo-americano, anglo-germânico, anglo-saxão, anglo-saxônio.* Veja *anglo-*.

Δ **anglo-.** [Do lat. *anglus*, inglês.] *El. de comp.* = 'inglês': *anglo-americano, anglo-brasileiro, anglo-saxão, anglofilia, anglófilo, anglófobo, anglófono*.
⇨ Com hífen só em adjetivos pátrios. Existe a variante *angli-*: *anglicida, anglicizar, anglicismo, anglicano*, etc.

Δ **angusti-.** [Do lat. *angustus*, estreito.] *El. de comp.* = 'estreito', 'pontiagudo': *angustifoliado, angustirrostro*. Cognatos: *angústia, angustiar, angusto* (estreito), *angustura*.

anhanguera. [Do tupi *anhã'wera*, diabo velho.] *S.m.* O diabo, anhangá. Não é recomendável a pronúncia *anhanguera* (u insonoro). Grafa-se com inicial maiúscula quando se refere ao bandeirante paulista Bartolomeu Bueno da Silva, cognominado *o Anhanguera* pelos índios de Goiás: "Neste ponto parece que o *Anhanguera* será mais ágil que Anchieta." (Cassiano Ricardo, *Marcha para oeste*, p. 103)

a nível. Locução adverbial que engrossa a lista dos modismos mais sovados do linguajar modernoso. Nenhum dicionário brasileiro a registra. É quase sempre inútil: conferência *a nível* internacional (conferência internacional), iniciativa *a nível* federal (iniciativa federal), pesquisa *a nível* estadual (pesquisa estadual ou no âmbito do estado), campanha *a nível* regional (campanha regional ou na esfera regional), busca de soluções *a nível* municipal (busca de soluções entre os municípios), etc. A jornalista Miriam Leitão escreveu exemplarmente: "Mas temos de viver com esse desconforto [o mau uso do nosso dinheiro pelo governo] *nas esferas* federal, estadual e municipal." (*O Globo*, 30/4/2006)

a nível de. Locução em voga, não acolhida pelos dicionaristas e censurada pela maioria dos gramáticos. É um modismo geralmente inútil, como nesta frase de um jornal carioca: "A pesquisa da FGV mostrou estabilidade nos preços tanto *a nível de* atacado quanto no varejo". Bastaria ter escrito: "... tanto no atacado quanto no varejo". A legítima locução portuguesa é *ao nível de*, que significa *à mesma altura*: Era um solo baixo, quase *ao nível do mar*. / Certos vícios rebaixam o homem *ao nível dos brutos*. / "A sala do professor Mânlio era *ao nível do pátio*, em pavilhão independente do edifício principal." (Raul Pompeia, *O Ateneu*, cap. 2) / "A inflação subira *ao nível de* mal necessário desde que beneficiasse o senhor de terras." (Alfredo Bosi, *A dialética da colonização*, p. 219)

Δ **anomo-.** [Do gr. *ánomos*, sem lei, anormal.] *El. de comp.* = 'anormalidade': *anomocéfalo, anômalo, anomalia.*

ansiar. [Do lat. *anxiare*, inquietar, afligir.] 1. Na acepção de *causar mal-estar, angustiar*, é transitivo direto: O forte calor *ansiava-o*. / "*Ansiava-o* o desejo de ver a estátua do Imperador." (Camilo Castelo Branco, *O visconde de Ouguela*, p. 28) 2. No sentido de *desejar ardentemente*, usa-se, em geral, como transitivo indireto (prep. *por*), e menos frequentemente como transitivo direto, com ideia intensiva: *Ansiamos por* dias melhores. / A população *ansiava pelo* fim dos conflitos. / Ela *anseia por* se ver livre dessa humilhante situação. / "Farto de volúveis namoricos, cansado dos trabalhos estéreis das Câmaras e da imprensa, *ansiava* o poeta *por* umas férias fora do Rio." (Manuel Bandeira, *Gonçalves Dias*, p. 90) / As almas santas *anseiam* uma felicidade perene. / Eles *anseiam* regressar à pátria. / "Isto não é nada em comparação do que *anseia* o meu insaciável espírito" (Camilo Castelo Branco, *Doze casamentos felizes*, p. 238) 3. É incorreta a regência *ansiar em* alguma coisa. 4. Conjuga-se como *odiar*★.

ansioso. *Adj.* Seu complemento pode ser regido das preposições *de, por* ou *para* (seguida esta última de infinitivo): Estamos *ansiosos de* notícias suas. / Eu estava *ansioso por* (ou *para*) encontrar-me com ela. / Estou *ansiosa para* (e não *em*) viver essa nova experiência. / "Salomé ia *ansiosa de* devassar aquele recanto." (Menotti Del Picchia, *Salomé*, p. 167)

Antártida. Forma preferível a *Antártica*; continente situado quase inteiramente dentro do círculo polar austral. Reserve-se *antártica* para o adjetivo feminino de *antártico* (antônimo de *ártico*): zona glacial *antártica*. / "Na *Antártida*, há muitas forças grandes em jogo: clima, frio, mar, etc." (Amir Klink) / "Novo navio poderá permitir navegação mais segura na *Antártida*." (*O Estado de S. Paulo*, 3/1/93) / "Buraco de ozônio cresce na *Antártida*." (*JB*, 3/11/94) / "Um passeio entre pinguins da *Antártida*." (João Ubaldo Ribeiro, *O Globo*, 4/1/2004)

Δ **ante-, anti-.** São prefixos que não devem ser confundidos.
1. *Ante-*. Exprime anterioridade, antecedência, tem ideia de *antes*: anteontem, ante-hipófise, an-
tevéspera, antedatar, antediluviano, antebraço, antepor, antessala. ⇨ Hífen antes da vogal *e* e de *h*.
2. *Anti-*. Indica oposição, encerra a ideia de *contra*: anticristo, antimíssil, antidemocrático, anticoncepcional, anti-inflamatório, anti-higiênico, antirreumático, antissemita, antisséptico. ⇨ Hífen antes da vogal *i* e de *h*.

ante. *Prep.* Diz-se '*ante* alguém ou alguma coisa' e não '*ante a* alguém ou alguma coisa'. A preposição *a* é descabida nesta frase de um cronista: "*Ante a* esta possibilidade perigosa, policiais da 3ª Delegacia, de Salvador, foram chamados." (*O Estado de S. Paulo*, 30/5/94) / Incorreu no mesmo erro a cronista que escreveu: "A maioria governista conseguiu que processos de investigação sejam abertos apenas mediante provas e não *ante a* indícios." (*JB*, 6/9/2001) O correto é: *ante indícios*.

anteceder. Vir antes, preceder.
1. Mais usado com objeto direto, mas também é lícito construí-lo com objeto indireto: Em inglês, o adjetivo *antecede* o substantivo. / A Monarquia *antecedeu* a República. / Quem o *antecedeu* no cargo? / "*Antecederam à* doença numerosos sintomas." (Aurélio) / O prefeito criticou a gestão do que *o* (ou *lhe*) *antecedera*.
2. Na acepção de *antecipar-se*, emprega-se, pronominalmente, com objeto indireto: O jornal *X antecedeu-se ao* jornal *Y* na utilização das cores.

antecipar. *V. t. d.* 1. Realizar, dizer, fazer ocorrer antes do tempo marcado ou previsto: Por falta de dinheiro, teve de *antecipar* o regresso ao Brasil. / A intransigência da Metrópole *antecipou* a nossa Independência. / "O presidente argentino foi compelido a *antecipar* em seis meses o final de seu mandato." (*Folha de S. Paulo*, 1º/8/2002)
2. Chegar antes, preceder, anteceder: Ventos fortes costumam *antecipar* os temporais. / Pediu-me que *o antecipasse* na reunião.
V. t. d. e i. 3. Comunicar antecipadamente: *Antecipo-lhe* a minha decisão. / *Antecipei-lhe* que me desligaria do partido.
V. pron. 4. Agir com antecipação; adiantar-se; tomar a dianteira: Não *nos antecipemos* aos acontecimentos. / *Antecipando-se* ao pedido da pobre mulher, pagou-lhe a viagem a Fátima. / Os empresários *anteciparam-se* à prefeitura na realização da obra que os munícipes reclamavam.
5. Chegar ou acontecer antes da época: O inverno este ano *se antecipou*.

Δ **ântero-.** [de *anterior*.] *El. de comp.* = 'anterior'. Forma adjetivos compostos: *anterodorsal, anteroexterno, anteroinferior, anterossuperior* (pela nova ortografia).

antes de o, antes do. Não é prática censurável contrair a preposição *de* com o artigo, em frases como: *Antes do sol nascer,* já estávamos na estrada. / *Antes das visitas chegarem,* tudo estava pronto. / "O presidente Geisel inaugurou a barragem... quatro meses *antes do* reservatório atingir sua cota máxima de operação." (Marco Antônio Coelho, *Os descaminhos do São Francisco*, p. 156) / "*Antes do* sinal tocar, os alunos se retiraram." (Evanildo Bechara, revista *Língua Portuguesa*, n° 10, p. 54-56, 2006) / "*Antes das* barcaças de desembarque tocarem as praias da Normandia, já o Brasil sabia que as primeiras posições tinham sido firmadas em solo francês." (Vinicius de Moraes, *Para uma menina com uma flor*, p. 20) / "E o lugar já esteve nos mapas, muito *antes da* malária chegar." (Guimarães Rosa, *Sagarana*, 6ª ed., p. 117) / "Não acordo *antes do* galo cantar." (Dalton Trevisan, *Novelas nada exemplares*, 8ª ed, p. 83) Pelo menos na linguagem falada, é assim que nos expressamos. Na modalidade culta formal, recomenda-se escrever: *Antes de o sol nascer,* já estávamos na estrada. / *Antes de as visitas chegarem,* tudo estava pronto. ⇨ Veja os verbetes *de ele* e *de (contraído)*.

antes... do que. Locução com que se unem os dois termos de uma comparação, equivalendo a *mais... (do) que*: Certos alimentos *antes* fazem mal *do que* bem ao organismo. / Era um orador *antes* brilhante *(do) que* profundo. / "Quanto aos pajés, é provável que fossem daqueles homens efeminados ou invertidos que a maior parte dos indígenas da América *antes* respeitavam e temiam *do que* desprezavam ou abominavam." (Gilberto Freire, *Casa-grande e senzala*, p. 116) ⇨ Construções como "Antes queria que a matassem *do que* que a despissem", embora gramaticalmente corretas, devem ser evitadas devido ao cacofônico encontro *que que*. Há várias opções para fugir à cacofonia. Damos três: a) Antes queria que a matassem *do que a despirem*; b) Antes queria ser morta *do que ser despida*; c) Preferia que a matassem *a que a despissem*.

antes que. Esta locução inicia orações adverbiais temporais: Apagaram o fogo *antes que as chamas se alastrassem*. ⇨ Não existe a locução *antes de que*, usada na tradução de um romance de Gabriel García Márquez: "Mas *antes de que* cumprisse o repouso prescrito recebeu uma carta desconcertada dos médicos invisíveis..." O correto é: Mas *antes que* cumprisse (ou *antes de cumprir*) o repouso prescrito, recebeu uma carta desconcertada dos médicos invisíveis...

Δ **anti-.** Veja *ante-*.

antídoto. *S.m.* Contraveneno; remédio contra um mal moral: Esta poção é um *antídoto* contra picadas de escorpiões. / As diversões sadias são excelente *antídoto* contra o tédio. / O trabalho é o melhor *antídoto de* (ou *para*) certos vícios. O complemento de *antídoto* admite as preposições *contra, de* e *para*. A expressão *antídoto contra*, embora seja redundante, é perfeitamente aceitável. (Cf. o francês: "La lecture est un excellent *antidote contre* l'ennui.")

antigo. *Adj.* 1. Que existiu ou sucedeu em época remota: o *antigo* povo grego; as guerras *antigas*.
2. Que existe desde muito tempo, velho: um costume *antigo*; uma igreja *antiga*.
3. Com referência a pessoas que não estão mais em exercício de cargo, função ou atividade, ou tratando-se de coisas que deixaram de ser o que foram, recomenda-se usar o prefixo *ex-*, em vez de *antigo*: o *ex-ministro* fulano de tal; os *ex-alunos* maristas; Angola, *ex-colônia* portuguesa.
4. Superlativo abs. sint.: *antiquíssimo, antiguíssimo*.

Antioquia. Antigo nome da atual Antakya, cidade turca. A sílaba tônica é *qui*, como na palavra *anarquia*: "Foi em *Antioquia* que, pela primeira vez, os discípulos receberam o nome de cristãos." (*A Bíblia de Jerusalém*, p. 343, Edições Paulinas, 1976)

antipatia. *S.f.* Seu complemento constrói-se com as preposições *a, contra* ou *por*, indiferentemente: ter *antipatia a* (ou *contra*, ou *por*) certas pessoas.

antipatizar. Como o antônimo *simpatizar*, não é verbo pronominal: Edu *antipatiza* (e não *se antipatiza*) com a madrasta, embora ela o trate bem. / Eu achava-a feia, mas não *antipatizava* com ela. / Eu *antipatizo* (e não *me antipatizo*) com esse tipo de gente. / Ela não quis dizer por que *antipatizava* comigo. / "Dona Santa *antipatizou* com essa criatura rústica e mal-ajambrada." (Menotti Del Picchia, *Salomé*, p. 185) / "Começava a *antipatizar* fortemente com o rapaz zarolho." (Graciliano Ramos, *Insônia*, p. 162)

antítese. *S.f.* Figura de estilo que consiste em pôr em confronto palavras ou expressões de sentido oposto: "O mar, que na *paz* nos enriquece, na *guerra* nos ameaça." (Rui Barbosa) / "A areia, *alva*, está agora *preta*, de pés que a pisam." (Jorge Amado)

Δ **anto-**. [Do gr. *ánthos*, flor.] *El. de comp.* = 'flor': *antófilo, antologia, antografia, antológico*.

Δ **antraco-**. [Do gr. *ánthrax, ánthracos*, carvão.] *El. de comp.* = 'carvão', 'carbúnculo': *antracito, antracoide, antracomancia, antracose*.

Δ **antropo-, -antropo**. [Do gr. *ánthropos*, homem.] *El. de comp.* = 'homem': *antropocêntrico, antropocentrismo, antropófago, antropônimo, filantropo, misantropo*.

anuir. Concordar, consentir, aquiescer, aceitar. Seu complemento requer a preposição *a*, se for um substantivo, e as preposições *em* ou *a*, se for uma oração infinitiva: *Anuí à solicitação dele*. / Todos *anuíram ao nosso convite*. / *Anuímos em adiar a viagem*. / Eles *anuíram a repetir a música*.

anular. [Do lat. *anulus*, anel.] *Adj.* 1. Em que se usa anel: dedo *anular*. Variante: *anelar*★. 2. Que tem a forma de anel: eclipse *anular*; nebulosa *anular*.

ao abrigo de. *Loc. prep.* A salvo de, protegido de: estar *ao abrigo das* intempéries, *de* ataques, *das* adversidades. ⇨ É galicismo incorporado ao português.

ao arrepio de. *Loc. prep.* Em sentido oposto a, contra: Não pode o juiz julgar e decidir *ao arrepio da* lei. / "...amalgamento [de raças] que se processava *ao arrepio dos* mais elementares preceitos de higiene, dignidade e pudor." (Viana Moog, *Bandeirantes e pioneiros*, p. 224)

ao certo. Com exatidão, com certeza: Quero saber, *ao certo*, o que está acontecendo ali. / "*Ao certo*, ninguém sabe se há de manter ou não um juramento." (Machado de Assis, *Dom Casmurro*, p. 114)

ao colo. Diga-se, de preferência, *ao colo*, em vez de *no colo*, em frases como: A menina entrou com o gatinho *ao colo*. / A mãe trazia o neném *ao colo*. / Passavam mulheres com crianças *ao colo*. / "Ela carrega a criança *ao colo*." (Celso Luft) / "Mulheres de xale, vindas das hortas, traziam *ao colo* as crianças adormecidas da caminhada e do calor." (Eça de Queirós, *O primo Basílio*, p. 25) Veja *ao pescoço*.

a ocultas (de). *Loc.* Ocultamente, às escondidas: Saiu de casa *a ocultas*. / Dava esmolas *a ocultas do* marido. ⇨ É mais usada a locução *às ocultas (de)*.

ao encontro de. 1. Esta locução significa *em direção a*, *a favor de*: Dois homens saíram *ao encontro do* fazendeiro, que se aproximava da casa. / Com essas medidas saneadoras, o governo vai *ao encontro dos* anseios do povo. / O que falta ao desenvolvimento do Nordeste são recursos que venham *ao encontro de* suas potencialidades.
2. Não deve ser confundida com a locução antônima *de encontro a*, que denota choque, oposição, e equivale a *contra*: O carro desgovernou-se e foi *de encontro a* um poste. / A decisão do pai foi *de encontro aos* desejos da família (= contrariou). / A legalização do aborto iria *de encontro aos* princípios da ética. / Aumentos constantes de impostos vão *de encontro aos* interesses da comunidade.

ao espelho. Veja *olhar*, item 3, e *ver-se no espelho*.

ao invés de. 1. A palavra *invés* significa *inverso; avesso, contrário*. Por isso, a locução *ao invés*, a rigor, só é cabível para expressar oposição, em frases antitéticas como: *Ao invés de* vingar-se, ele lhe perdoou. / *Ao invés de* seguir pela direita, o motorista avançou pela esquerda. / Ele não é, como dizem, sovina; *ao invés*, é um homem generoso.
2. De acordo com esse critério, não seria lícito empregar *ao invés de* por *em vez de*, ou *em lugar de*, em frases que denotam substituição, como estas: *Ao invés de* viajar de avião, preferiu ir de ônibus. / Deixei a carta sobre a mesa, *ao invés de* guardá-la na gaveta.
3. A nosso ver, só um gramaticalismo estreito poderia condenar o emprego de *ao invés de* nas frases do grupo 2, nas quais a dita locução representa um caso de evolução semântica natural, sancionado pela língua de hoje.

ao largo. 1. Em alto-mar: O navio ficou *ao largo*, esperando o prático.
2. Guardando distância; sem intimidade: "Bom será que Everardo me evite e passe *ao largo*." (Ciro dos Anjos, *Montanha*, p. 129) / Moram no mesmo edifício, mas se tratam *ao largo*.

ao largo de. 1. Longe de, a distância: Os navios passam *ao largo da* costa.
2. Sem se importar, sem dar atenção: O médico passou *ao largo da* minha aflição.
3. Sem abordar ou comentar: Para não melindrar o amigo, passou *ao largo da* questão.

a olho nu. *Loc. adv.* Sem auxílio de instrumento óptico; à vista desarmada: estrela visível *a olho nu*. Expressão copiada do francês *à l'oeil nu*, e muito estranha, pois o adjetivo *nu* não é aplicável aos olhos e, além disso, normalmente, se olha com os dois olhos e não apenas com um.

a olhos vistos. Visivelmente, com toda a evidência. Esta locução é invariável: A população aumenta *a olhos vistos*. / As matas diminuem *a olhos vistos*. / O país prosperava *a olhos vistos*. / "Esta Juliana anda uma janota! Prospera *a olhos vistos*." (Eça de Queirós, *O primo Basílio*, p. 219) / "O Brasil então medrava *a olhos vistos*, mantendo acima do par o valor da sua moeda." (Carlos de Laet, *O frade estrangeiro*, p. 155) / "Bernardino Agulha, sob as asas maternais, crescia e vigorava *a olhos vistos*." (Luís Guimarães Junior, *A família Agulha*, p. 248)

ao mesmo tempo que. Esta é a locução correta e não *ao mesmo tempo em que:* Os soldados cantavam hinos, *ao mesmo tempo que* marchavam (= *enquanto marchavam*). / "As suas curas eram mais baratas e mais rápidas, *ao mesmo tempo que* as ofertas dos doentes escasseavam nos templos pagãos." (Alexandre Herculano, *Lendas e narrativas*, p. 335) / "O coro declama ou canta *ao mesmo tempo que* executa movimentos coreográficos." (Aurélio, verbete *pároco*) / "*Ao mesmo tempo que* sufoca as identidades nacionais, ela tenta reduzir a humanidade a um rebanho manso." (Moacir Werneck de Castro, *A máscara do tempo*, p. 12) / "O peito subia e descia como um harmônio, *ao mesmo tempo que* dele escapava um som de goela estrangulada." (Fernando Namora, *Domingo à tarde*, p. 148) / "*Ao mesmo tempo que* assim se valoriza a exportação, declina a importação." (Caio Prado Júnior, *História da economia brasileira*, p. 302)
⇨ A prep. *em* tem cabimento nas expressões *desde o tempo em que* e *no tempo em que*, como nas frases: *No tempo em que* não havia luz elétrica, a iluminação das ruas era a gás. / Ouço falar dele *desde o tempo em que* eu era estudante.

ao meu ver. Loc. adv. Na minha opinião, pelo que me parece: "*Ao meu ver*, deviam atribulá-lo estes pensamentos: como pagaria a hospitalidade de João da Cruz?" (Camilo Castelo Branco, *Amor de perdição*, cap. VIII) ⇨ Também se diz *a meu ver*.

aonde, onde. 1. *Aonde.* [De *a* + *onde*.] Emprega-se com verbos que indicam movimento: *Aonde* vai? / *Aonde* querem chegar? / A polícia descobriu o local *aonde* eram levadas as vítimas.
2. *Onde.* Usa-se com verbos que não indicam movimento: *Onde* mora (ou *está*, ou *vive*, ou *dorme*) aquela pobre? / Não sabiam *onde* o patrão se encontrava. / A rua *onde* residem é tranquila.
3. Com verbos de movimento, usar-se-á *onde* quando esse advérbio vier precedido de preposição: *Para onde* ir? / *Até onde* chegaram as águas do rio? Siga *por onde* lhe indiquei. / *De onde* saiu tanta gente?
4. A distinção entre *onde* e *aonde*, que se firmou na língua culta atual, nem sempre foi respeitada pelos escritores clássicos.

ao nível de. À mesma altura: "Nas casas *ao nível do* chão o vento não é tão importante assim." (Carlos Drummond de Andrade, *Obra completa*, p. 579) / "Nem era pretensão da minha parte pensar que um lugar de adido de legação estava *ao nível da* minha capacidade e situação social." (Joaquim Nabuco, *Minha formação*, p. 90) / "O que ele intentava era elevar as crianças *ao nível dos* professores." (Graciliano Ramos, *Infância*, p. 130)

ao passo que. 1. Esta locução se usa geralmente para exprimir contraste, oposição, com o sentido aproximado de *mas*: Nós somos pobres, *ao passo que* ele é rico.
2. Em escritores clássicos, ocorre com o significado de *enquanto, ao mesmo tempo que, à medida que*: "El-rei tinha a mão estendida e os dedos sobre o risco [= desenho] da casa capitular, *ao passo que* falava com o prior." (Alexandre Herculano, *Lendas e narrativas*, p. 192) / "A fúria da carreira crescia *ao passo que* os fugitivos se embrenhavam na maior espessura da floresta." (Idem, *Eurico*, p. 212)

ao pescoço. Para exprimir contiguidade, é mais adequada a prep. *a* do que *em*, sobretudo em expressões formadas por substantivos que designam partes do corpo: Ela trazia um colar *ao pescoço* [melhor do que *no pescoço*.] / "Supersticioso, traz sempre o talismã *ao pescoço*." (Aurélio) Assim também: carregar um saco *às costas* [melhor que *nas costas*]; trazer uma criança *ao colo*; carregar uma lata d'água *à cabeça*; ostentar uma cruz *ao peito*.

ao piano. Quando se quer dizer 'estar junto ao piano', a expressão correta é 'estar *ao piano*': Ao entrar em casa, encontrei minha irmã *ao piano*. | *No piano* = sobre ou dentro do piano: Havia ratos *no piano*.

ao que, o a que. Modernamente se diz "Um emprego que lhe garanta o pão é *ao que* José aspira", em vez de "Um emprego que lhe garanta o pão é *o a que* José aspira", que seria a construção lógica. Observem-se mais estes exemplos, nos quais se desloca a preposição *a* para combiná-la com o pronome demonstrativo *o*: Vejam *ao que* me querem obrigar! / "Eu não sabia *ao que* ele estava se referindo." (Moacyr Scliar, *A mulher que escreveu a Bíblia*, p. 148) / "Natividade disse *ao que* vinha e entregou-lhe os retratos dos filhos." (Machado de Assis, *Esaú e Jacó*, cap. I) / "Justo céu! Veja, senhor, veja *ao que* me expõe." (Almeida Garrett, *apud* Mário Barreto, *Através do dicionário e da gramática*, p. 270)

aos dez para as nove. Dessa forma, e não "*às dez* para as nove". Antes dos minutos que faltam para determinada hora, deve-se usar *aos*, e não *às*: *aos cinco* (minutos) para as oito; *aos dez* para meio-dia; *aos quinze* para as dezoito horas. / *Aos dez* para as sete, os operários já estavam na obra. ⇨ A ideia de *horas* é que leva o falante a dizer, erradamente, *às dez* para as nove, *às cinco* para as sete, etc.

ao telefone. Diz-se 'estar, conversar ou falar *ao telefone*', e não *no telefone*: "De vez em quando, conversávamos *ao telefone* ou trocávamos cartas." (Vivaldi Moreira, membro da Academia Mineira de Letras, *JB*, 14/1/93) Assim também: falar *ao* microfone, *ao* celular.

a páginas tantas. *Loc. adv.* Em certo momento, em dada altura: *A páginas tantas*, os dois homens se desentenderam e quase se atracaram.

à paisana. Em traje civil (ref. a militar): Policiais *à paisana* prenderam o assaltante. ⇨ *Paisano*: que ou aquele que não é militar.

a par. 1. No sentido de *bem informado, ciente*, diz-se *a par* (e não *ao par*) de alguma coisa: Eu estava *a par da* situação. / Lendo os jornais, ficamos *a par do* que se passa no mundo.
2. A loc. *ao par* é da terminologia financeira/comercial: O câmbio está *ao par*. / Ontem esses papéis de crédito estavam *ao par* (isto é, valor de venda = valor nominal).
3. *A par* também significa *ao lado um do outro, juntos*: Os dois homens caminhavam *a par*, em direção à praia. / Nem sempre o saber e a virtude andam *a par*.

a par de. *Loc. prep.* 1. Ao lado de, junto com: As chuvas constantes e torrenciais, *a par de* outros agentes físicos, mudam o aspecto do solo. / *A par de* uma cultura invejável, ele possuía o dom da comunicação. / "*A par do* espanto, porém, me veio um repente de orgulho patriótico." (Moacir Werneck de Castro, *A ponte dos suspiros*, p. 131) Variante: *de par com*.

2. Informado ou ciente de: Estava *a par de* tudo o que acontecia no bairro.

aparelhar. Quanto à pronúncia das formas rizotônicas, veja *espelhar*.

apaziguar. Pacificar, pôr em paz, acalmar. Nas formas rizotônicas, a sílaba tônica é *gu*: apaz*iguo*, apaz*iguas*, apaz*igua*, apaz*iguam*, apaz*igúe*, apaz*igúes*, apaz*igúe*, apaz*igúem*. ⇨ *Forma rizotônica* é aquela em que a sílaba tônica está localizada no radical. O radical de *apaziguar* é *apazigu*. Conjuga-se como *averiguar*★.

apelar. [Do lat. *appellare*, chamar, dirigir-se a alguém com um pedido, fazer um apelo, recorrer.] 1. A construção normal é com a preposição *para*: Apelamos *para* as autoridades, a fim de que coíbam tais abusos. / O sacerdote *apelou para* a generosidade dos fiéis. / *Apelou para* os amigos, mas ninguém o atendeu. / A polícia teve de *apelar para* a força. / Criticado em sua tese, o cientista *apelou para* a autoridade de eminentes sábios.
2. Dar-lhe complemento regido da preposição *a* é sintaxe considerada incorreta, porém frequente na língua de hoje e já aceita por gramáticos de renome: "Dom Avelar *apela à* união na visita do Papa." (*JB*, 2/6/80) / "A quem *apelar*?" (Celso Luft) / "Só me resta *apelar a* Deus." (Cândido Jucá Filho)
3. Na linguagem jurídica se diz 'apelar de uma sentença para instância superior', ou simplesmente, 'apelar da sentença', isto é, interpor recurso, recorrer a tribunal superior ao que deu a sentença: A locatária *apelou da* sentença. / O réu *apelou da* sentença para o Superior Tribunal de Justiça.

apenas... quando. Em frases como '*Apenas* havia entrado em casa, *quando* o telefone tocou', a conjunção *quando* é expletiva: '*Apenas* havia entrado em casa, *o telefone tocou*.' Não se recomenda, em tais construções, usar *que* em vez de *quando*, e dizer: '*Apenas* havia entrado em casa, *que* o telefone tocou.' Atente-se para estes exemplos: '*Apenas* havia saído, *quando* a casa desabou.' (Mário Barreto, *De gramática e de linguagem*, p. 20) / "*Apenas* Pelágio transpôs o escuro portal da gruta, Eurico levantou-se." (Alexandre Herculano, *Eurico*, 41ª ed., p. 256)

apendicite. *S.f.* Inflamação do apêndice cecal. É palavra feminina. *Apêndice*, ao invés, é substantivo masculino.

aperceber. [De *a-* + *perceber.*] *V. t.* 1. Munir, prover, abastecer: O comando da operação militar *apercebeu* as tropas.

2. Perceber, notar: O anfitrião, *apercebendo* meu isolamento, veio falar comigo.
Pron. 3. a) Munir-se, prover-se: *Aperceberam-se* do necessário para a viagem. / "Simples pescador, Pedro indo orar com Jesus, já *se apercebia* do necessário para a defesa eficaz do Mestre." (Carlos de Laet, *O frade estrangeiro*, p. 235); b) Notar, perceber, dar-se conta de: "Ninguém *se apercebeu* do engano." (Celso Luft) / "Ninguém *se apercebeu* da sua chegada." (Houaiss) / "A mulher do médico *apercebeu-se* do condenável ato, mas achou prudente não denunciar o abuso." (José Saramago, *Ensaio sobre a cegueira*, p. 93) / "Dali esperou que Fernando Peres *se apercebesse* da sua chegada." (Alexandre Herculano, *O bobo*, p. 154) / "Estranhamente, os militares brasileiros não *se aperceberam* do fenômeno." (Roberto Campos, *O Globo*, 9/10/94) / "Mônica, cândida como sempre, não *se apercebia* de nada." (Aquilino Ribeiro, *Mônica*, p. 175) ⇨ Verbo hoje pouco usado na acepção 1. Não é condenável seu uso no sentido de *perceber, notar*.
apercebido. *Part.* de *aperceber*★. 1. A polícia tinha-se *apercebido* de armas modernas. || *Adj.* 2. Munido, provido, abastecido: "Frei João andava *apercebido* com todos os utensílios infestos ao diabo." (Camilo Castelo Branco, *A brasileira de Prazins*, p. 198)
a persistirem os sintomas. Veja *a ser isso verdade*.
apertar. 1. Na acepção de *estreitar*, constrói-se com as preposições *a*, *contra*, *entre*, em frases como: A mãe *apertou* o filho *ao* (ou *contra o*) peito. / Ela o *apertou* entre os braços.
2. No sentido de *insistir, pressionar*, pode-se construir 'apertar alguém' ou 'apertar com alguém': *Apertei o devedor* (ou *com o devedor*) para que me pagasse o débito. / "O juiz *apertava com o réu*, a ver se este confessava o crime." (Séguier) ⇨ A prep. expletiva *com* vigoriza a frase.
3. Usa-se com o complemento pronominal *lhe*, em frases como: A blusa *lhe apertava*; não a quis. / "Cada um sabe onde o sapato *lhe aperta*." (Provérbio)
4. É intransitivo, na acepção de 'tornar-se intenso ou mais intenso': Como a chuva *apertasse*, não saí de casa. / Quando o minuano sopra, o frio *aperta*.
5. Como v. pronominal, tem, entre outras significações, a de 'ver-se em dificuldades financeiras': "*Apertou-se* muito, com a compra da casa." (Aurélio) / Fez maus negócios e *apertou-se*.
apesar de, apesar de que. Ambas as formas são corretas, mas a primeira goza da preferência dos falantes por ser mais concisa: Não interrompemos a caminhada, *apesar de* o mau tempo não nos dar tréguas. / Permiti que me acompanhasse, *apesar de que* não confiasse muito nele. / "E *apesar de que* tanta coisa se saiba, nada há que se lhe possa imputar." (J. Mesquita de Carvalho) ⇨ A loc. *apesar de que* usa-se, de preferência, com o verbo no modo subjuntivo.
apesar de o, apesar do. Recomenda-se, na língua escrita formal, não contrair a prep. *de* com o artigo ou com certos pronomes iniciados por vogal, em orações infinitivas como estas: *Apesar de o* professor ser exigente, nós gostávamos dele. / *Apesar de* ele ser exigente, nós gostávamos de suas aulas. / *Apesar de* essas terras serem férteis, ninguém as cultiva. ⇨ Deve-se ressaltar, porém, que há gramáticos que, baseados em exemplos de bons autores, defendem a contração, por soar mais natural e eufônica e por representar um fato da língua falada e escrita. Vamos aos exemplos: "Os dias seguintes foram agitados, *apesar dos* chineses se moverem vagarosamente." (Inácio de Loyola Brandão, *O homem do furo na mão*, p. 68) / "*Apesar do* voto ser secreto, voto pela dissolução!" (Marques Rebelo, *Oscarina*, p. 174) / "Também teve o português o bom senso de não desprezar de todo os curandeiros indígenas, *apesar dos* jesuítas declararem àqueles guerra de morte." (Gilberto Freire, *Casa-grande e senzala*, p. 254) / "... *apesar dele* lhes sorrir." (Ferreira de Castro, *A selva*, p. 273) / "*Apesar dos* seus melhores amigos o haverem prevenido, não recuou da resolução que tomara." (Gustavo Barroso, *Terra de sol*, p. 137) / "*Apesar do* STF ter transformado os empregados do Banco Central em funcionários públicos, o governo manterá tratamento diferenciado." (*JB*, 31/8/96) ⇨ Veja *depois de o, de ele e (contraído)*.
Δ **api-.** [Do lat. *apis*, abelha.] *El. de comp.* = 'abelha': *apicultor, apícola, apicultura*.
apiedar-se. *V. pron.* Ter piedade, compadecer-se. Modernamente se conjuga este verbo regularmente: apiedo-me, apieda-se, apiedamo-nos, apiedam-se; apiede-me, apiede-se, apiedemo-nos, apiedem-se; apieda-te, apiede-se, apiedai-vos, etc. Exemplos: "Que Deus *se apiede* de mim." (Ana Miranda) / "*Apiedo-me* dos amigos." (Gastão Cruls) / "Trigo, que eu semeei, *apieda-te* de mim!" (Raimundo Correia) / "Só o criado, Guerássim, *apieda-se* dele."

(Moacyr Scliar, *A paixão transformada*, p. 216)
⇨ As formas irregulares *apiado-me*, *apiada-se*, *apiadam-se*, *apiada-te*, etc., calcadas no antigo verbo *apiadar-se*, devem ser abandonadas.

a pique de. *Loc. prep.* A ponto de; em risco de: O cavalo levantou as patas, *a pique de* atropelar o menino. / "O açude estava *a pique de* arrombar." (José Américo de Almeida, *A bagaceira*, p. 86)

aplainar, aplanar. *V. t. d.* 1. *Aplainar.* Deriva de *plaina* e significa 'desbastar e alisar com a plaina' (ferramenta com que o marceneiro trabalha a madeira): *aplainar* tábuas, esquadrias, peças de madeira. || *Fig.* Remover, superar, aplanar: *aplainar* dificuldades, obstáculos, empecilhos.
2. *Aplanar.* Deriva de *plano* e significa 'tornar plano', 'nivelar': *aplanar* um terreno, uma estrada, um caminho. || *Fig.* Remover, superar, aplainar: *aplanar* dificuldades, obstáculos; *aplanar* desníveis sociais. ⇨ Como se vê, *aplainar* e *aplanar*, em sentido figurado, são sinônimos, podendo-se usar um pelo outro.

Δ apo-. [Do gr. *apó*.] *Pref.* Indica separação, afastamento: *apofonia*, *apócope*, *apostasia*, *apostatar*, *apóstata*.

ápode. [Do gr. *a-*, pref. negativo + *pous*, *podós*, pé.] Sem pés; animal desprovido de pés ou de órgãos locomotores. ⇨ É palavra proparoxítona.

apodo. *S.m.* Zombaria, apíteto zombeteiro. ⇨ Pronuncia-se *apôdo(s)*.

apologia. [Do gr. *apología*, defesa, justificação.] *S.f.* 1. Discurso, texto ou livro em que se defende, justifica ou elogia alguém ou alguma coisa: O orador fez a *apologia* do cristianismo. / O livro, que era a *apologia* do comunismo, foi apreendido pela polícia.
2. Defesa ardorosa de alguém ou de algo: Em sua obra, o autor faz a *apologia* dos jesuítas no Brasil. / No discurso de posse, o novo acadêmico fez a *apologia* do seu antecessor. / Os governos usam a TV para fazer a *apologia* de suas realizações.
⇨ Lê-se num jornal carioca de 6/5/2002: "Manifestantes pró-maconha não serão acusados de *apologia às* drogas pela Polícia Civil, que filmou a passeata de sábado." Não há nos dicionários registro da regência "apologia *a* alguma coisa", aliás muito estranha. A regência correta é com a prep. *de*: apologia *das* drogas, apologia *da* vida campestre, apologia *de* uma personagem histórica. Cognatos: *apologética* (*s.f.*), *apologético*, *apologista*, etc.

a ponto de. 1. Esta locução equivale a: a) na iminência de, prestes a: A velha casa estava *a ponto de* cair a qualquer hora. / Por duas vezes a empresa esteve *a ponto de* falir; b) a tal ponto que, de tal modo que: Estava muito fraco, *a ponto de* não poder andar. / O menino andava arredio, *a ponto de* provocar suspeitas. / "Um tédio invencível, um desânimo infinito, foi-se apoderando de Maria do Carmo, *a ponto de* lhe alterar os hábitos e as feições." (Adolfo Caminha, *A normalista*, p. 73)
2. Em ambos os casos, a loc. correta é *a ponto de*, e não *ao ponto de*. Emprega-se essa última forma quando *ponto* é substantivo, como na frase: Retornamos *ao ponto de* partida.

à porta, na porta. Porta é a abertura feita numa parede para entrar e sair, e também a peça de madeira ou metal que fecha essa abertura. Assim sendo, pode-se dizer, conforme o caso, que uma pessoa está *à porta* (= junto à porta), ou *na porta* (= no vão, no limiar ou na soleira da porta). Evidentemente, um carro ou uma multidão não podem estar *na porta*, mas *à porta*: Vi um carro estacionado *à porta* da casa deles. / "Daí a pouco fez-se um torvelinho de povo *à porta* do governo civil." (Camilo Castelo Branco, *A brasileira de Prazins*, p. 96) / "O táxi para *à porta* do velho palácio." (Ciro dos Anjos, *Montanha*, p. 208)

aportar. No sentido de 'chegar a um porto', a regência mais aconselhada é 'aportar *a* um lugar': "Quando Gastão *aportou ao* Rio, possuía ao todo duzentos mil-réis." (Urbano Duarte, *apud* João Ribeiro, *Páginas escolhidas*, II, p. 475) / "Este vento era de feição, e dentro em poucas horas *aportamos a* Granville." (Alexandre Herculano, *Lendas e narrativas*, p. 439)
Os dicionários registram como boa também a regência 'aportar *em* um lugar': "O navio *aportou em* Lisboa." (Aurélio) / "O navio *aportou em* Gênova." (Celso Luft)

após-guerra. *S.m.* Período subsequente a uma guerra: "Nas três primeiras décadas do *após-guerra*, praticou-se bastante o novo esporte da projeção tecnológica." (Roberto Campos, *Na virada do milênio*, p. 473) ⇨ É mais usada a variante *pós-guerra*. Uma e outra forma se empregam particularmente com referência à primeira e à segunda Guerras Mundiais.

apostar. 1. Construções mais comuns no sentido de *fazer aposta*: Apostou mil reais no cavalo

favorito. / *Apostei* com ele que meu candidato venceria. / Quanto você *aposta*? / "*Aposto* a mão direita *em* como o senhor não encontra por cinquenta mil-réis quem dirija a broca." (Aluísio Azevedo, *O cortiço*, p. 55)
2. No sentido de *afirmar com convicção, sustentar*, usa-se *apostar que*..., em vez *de apostar em que*...: *Aposto que* ele é um contrabandista. / Enganaram-se os que *apostaram que* o plano não ia dar certo.
Neste caso, ocorre também *apostar + infinitivo*: "Acompanhava-o já outro cavaleiro, cujas feições a escassa luz da madrugada não deixava bem divisar, mas que alguns dos esculcas *apostavam ser* Garcia Bermudes." (Alexandre Herculano, *O bobo*, p. 75)
a posteriori. Expressão latina que se pronuncia *a posterióri*, e que significa 'posterior à experiência', 'baseado na experiência'. Antônimo: *a priori*★.
apostos. Pl. de *aposto* (posto junto, justaposto; palavra ou expressão que se apõe a um termo de oração para explicá-lo, esclarecê-lo, etc. Pronuncia-se *apóstos*, com a vogal tônica aberta, como *postos*.
apoteose. Adj. relativo a apoteose: *apoteótico*.
a pouco, há pouco. 1. Escreve-se *há* quando se trata do verbo *haver*, podendo ser substituído por *faz*: Ele chegou do Norte *há pouco* tempo. / O trem passou *há pouco*. / Há pouco ele passou por nós, a cavalo.
2. Grafa-se *a* quando é preposição: Daí *a pouco* ouviu-se um estrondo. / Daqui *a pouco* será noite. / Mora *a pouco* mais de cem metros da estrada. / A *pouco* mais de um mês para o início do campeonato, o estádio ainda não estava pronto.
aprazer. Causar prazer, agradar. Verbo da língua culta, usado só nas terceiras pessoas. É irregular na 3ª pess. do sing. do pres. do ind., no pret. perfeito e nos tempos derivados do pretérito: *apraz, aprouve, aprouvera, aprouvesse, aprouver*. Exemplos: *Apraz* ouvi-lo cantar. / O lugar não lhe *aprazia*. / Minha proposta não lhe *aprouve*. / Vestia-se com elegância, para que sua presença *aprouvesse* à moça. / "O usuário se inscreveria na organização privada de saúde que lhe *aprouvesse*." (*O Estado de S. Paulo*, 26/5/92) / Se o lugar nos *aprouver*, construiremos a casa ali. / "Cada um faria o que lhe *aprouvesse*, sem perturbar os outros." (Paulo Mendes Campos, *O anjo bêbado*, p. 80)

a prazo. *Loc. adv.* Deste modo, sem acento na prep. *a*. Não se acentua o *a* antes de palavra masculina, pois não há crase. Assim também: *a pé, a cavalo, a bordo de, a lápis, a muito custo, a jato*.
apreender, aprender. [Do lat. *apprehendere*, agarrar, apoderar-se de; compreender, entender.] Embora as duas formas derivem do lat. *apprehendere*, seus significados se especializaram. Usa-se a primeira no sentido de *fazer a apreensão*: A polícia *apreendeu* as mercadorias contrabandeadas. A segunda forma passou a ter o sentido de *adquirir conhecimento, aptidão ou experiência*: *aprender uma língua; aprender a ler; aprender um ofício*.
à pressa, às pressas. Ambas as locuções são corretas. A primeira é a original e clássica. No Brasil é mais usada a segunda: "Um criado único servia-nos *à pressa*." (Ramalho Ortigão, *A Holanda*, p. 122) / Evite comer *às pressas*. / "... comecei a mudar de roupa, *às pressas*." (Machado de Assis, *Papéis avulsos*, p. 198) ⇨ Existe a variante *a toda a pressa* = com a maior rapidez possível, velozmente.
apressar. [De *a-* + *pressa* + *-ar*.] Damos as regências mais usuais.
V. t. 1. Anoiteci; *apressei* o passo. / Pediu-lhes que *apressassem* o trabalho. / *Apressou-os* a terminar a obra.
Pron. 2. É fleumático, não *se apressa* nunca. / *Apressei-me* a (ou *em*) abandonar o local. / Não nos *apressemos* em (ou *a*) condenar o réu. / *Apressaram-se* para não perderem o trem. / "Artur *apressou-se* a chegar-lhe o prato respeitosamente." (Eça de Queirós, *A capital*, p. 176) / "*Apressei-me* a antecipar-lhe a resposta." (Carlos Laet, *O frade estrangeiro*, p. 221) ⇨ A expressão sinônima *dar-se pressa* também se constrói com *a* ou *em*: *Deram-se pressa a* (ou *em*) sair dali.
a primeira vez que... Nesta expressão de sentido temporal, a palavra *que* é geralmente considerada conjunção. Não se deve, por isso, antepor-lhe a prep. *em*: A *primeira vez que* (e não *em que*) a vi foi numa festa. / É *a primeira vez que* isso acontece. / Foi esta *a primeira vez que* me desentendi com ele. / "*A primeira vez que* o anglo-saxão entra em contato mais demorado com povos mais escuros, é precisamente no Novo Mundo, não antes." (Viana Moog, *Bandeirantes e pioneiros*, p. 98) / "*A primeira vez que* levou roupa à cidade, fez da fraqueza forças..." (Alexandre Herculano, *Lendas e narrativas*, p. 400) / "Era *a primeira vez que*

Jorge se separava de Luísa." (Eça de Queirós, *O primo Basílio*, p. 10)
⇨ Cp. *Cada vez que*: *Cada vez que* falo alto, ela reclama. Não se diz 'cada vez *em que* falo'. Procede-se da mesma forma com as expressões *a última vez, a segunda vez*, etc.: "*A última vez que* me escreveu... não lhe esqueceu dizer que agradecia as lembranças mandadas." (Machado de Assis, *Memorial de Aires, Obra completa*, vol. II, p. 1117, Aguilar) / "Era *a segunda vez que* Jorge formulava essa pergunta." (*Id.*, *Iaiá Garcia*, p. 53)
⇨ Tomando-se o *que* como pronome relativo, dir-se-á: *na primeira vez em que a vi*; *na última vez em que me escreveu*; etc. Veja *a última vez que* e *todas as vezes que*.

a priori (a prióri). Expressão latina que significa 'anterior à experiência', 'anterior à verificação experimental', 'apresentado como hipótese', 'preconcebido, sem fundamento': afirmação *a priori*; ideia *a priori*; conclusões *a priori*. / Um produto novo deve ser analisado com rigor, e não condenado *a priori*. Antônimo: *a posteriori*.

apropinquar. [Do lat. *appropinquare*, derivado de *propinquus*, próximo, vizinho.] Aproximar. Conjuga-se: apropínquo, apropínquas, apropínqua, apropínquam; apropínque, apropínques, apropínquem. Nessas formas, o acento tônico incide na sílaba *pin*. ⇨ Usa-se quase sempre como verbo pronominal: Vejo o veleiro que *se apropínqua* da praia. / Lentas, as sombras *apropínquam-se* da casa.

à proporção de. *Loc. prep.* Proporcionalmente a, na medida de: Cada um contribui *à proporção de* suas posses. Variantes: *na proporção de, em proporção com, em proporção de, em proporção a*.

à proporção que. *Loc. conj.* À medida que: Os rios se avolumam *à proporção que* avançam para o mar. / "Um abutre a rasgar-lhe as vísceras, o fígado a renascer *à proporção que* era devorado." (Machado de Assis, *Crônicas*, I; p. 37)

apropriado, apropriar-se. Estas são as formas corretas, e não *apropiado, apropiar-se*: momento *apropriado*; *apropriar-se* dos bens alheios. ⇨ São palavras cognatas de *próprio*.

aprovar. 1. Dar aprovação, considerar bom, dar por habilitado: *aprovar* um projeto; *aprovar* o procedimento de alguém; *aprovar* um aluno.
2. Receber aprovação, ser considerado bom, capaz ou hábil, após um teste: Os dois jogadores *aprovaram*. / "Este automóvel não *aprovou*." (Aurélio) / "O motor *aprovou*." (Houaiss) ⇨ Este emprego do v. *aprovar*, em que se converte o objeto direto em sujeito da oração, é um neologismo já registrado em alguns dicionários. Observe: Pedro aprovou *o carro* (objeto direto). = O carro (sujeito) aprovou.

aproveitar. No sentido de *ser proveitoso* ou *útil*, *adiantar*, este verbo deve concordar com o sujeito: "De nada *aproveitam* leis, bem se sabe, não existindo quem as ampare contra os abusos." (Rui Barbosa, *Oração aos moços*, p. 44) ⇨ A prep. *de* que se antepõe a *nada* é expletiva, como o é com o verbo *adiantar*★.

apto. *Adj.* Capaz, idôneo, capacitado, habilitado; próprio, adequado. 1. Admite as preposições *a* ou *para*: Não se sentia *apto a* liderar o grupo. / Seria ele *apto para* exercer o cargo? / Procurei um meio *apto a* (ou *para*) solucionar o caso. / Adotem-se os meios *aptos ao* (ou *para o*) bom governo do país.
2. Diz-se *apto em* (alguma matéria): Foi examinado e julgado *apto em* Matemática.

apud (ápud). Palavra latina que significa *junto de, em* (*um autor*) e que se usa antes do nome de autor, para indicar que a citação é indireta. Veja exemplo no verbete *mercadejar*.

a qual. Veja *o qual*.

a quantidade de. Em frases como as seguintes, nas quais essa expressão vem seguida de substantivo no plural, no plural se usa, geralmente, o verbo da oração adjetiva: A quantidade de veículos que *circulam* naquela cidade me impressionou. / A quantidade de telhas que *se quebraram* na viagem foi pequena. / Era cada vez maior a quantidade de mosquitos que *invadiam* o nosso acampamento. ⇨ O verbo da oração principal, ao invés, fica no singular. Usar no singular o verbo da oração adjetiva, fazendo-o concordar com 'quantidade', não é sintaxe errada, mas compromete a força expressiva do verbo no plural, como nestes exemplos: "A quantidade de dinheiro e de interesses que *invadiu* o mundo do futebol gerou um ambiente de desorganização, malversação de recursos e corrupção." (Rubim de Aquino, *Futebol, uma paixão nacional*, p. 111) / "A Polícia Militar não estimou a quantidade de pessoas que *se aglomerou* em frente à cadeia pública." (*Folha de S. Paulo*, 27/11/2003) Veja os verbetes *número de moças* e *o número de*, nos quais tratamos de idêntico caso de concordância.

a que. É de rigor antepor a prep. *a* ao pronome relativo *que*, quando exigida pelo verbo da oração adjetiva: O sítio *a que fomos* ontem fica ao pé de um morro. / O jogo *a que assisti* me decepcionou. / O livro *a que o senhor se referiu* está esgotado. / Este é um pico *a que poucos chegaram*. / É instigante a pesquisa *a que venho me dedicando*.

aquela noite. É comum omitir-se a preposição *em* nessa expressão de tempo: "*Aquela noite* ele não conseguira dormir." (Érico Veríssimo, *O prisioneiro*, p. 57) / "O menino mal pôde dormir *aquela noite*." (Franklin Távora, *O cabeleira*, p. 65) Veja *domingo*.

aquele dia. Veja *domingo, no domingo*.

aquém. *Adv.* 1. Do lado de cá: A tropa não transpôs a montanha; acampou *aquém*.
2. Forma a loc. prep. *aquém de*, que significa 'do lado de cá', 'abaixo de': A casa ficava *aquém da ponte*. / O número de escolas está muito *aquém do ideal*. / Os resultados da campanha ficaram *aquém da expectativa*.
3. *El. de comp.* = 'do lado de cá': *aquém-mar, aquém-fronteiras*. O antônimo *além* também se une com hífen: *além-mar, além-túmulo*.

Δ **aqui-.** [Do lat. *aqua*, água.] *El. de comp.* = 'água': *aquícola, aquicultura, aquífero*. Cognatos: *aqualouco, aquarino, aquário, aquático, aquoso, aquosidade*.

Δ **aracni-, aracno-.** [Do gr. *aráchne*, aranha.] *El. de comp.* = 'aranha': *aracnídeo, aracnicultura, aracnologia, aracnologista*.

aranha. Adj. relativo a aranha: *aracnídeo*.

Δ **arca.** [Do gr. *arché*, chefia, comando, começo.] *El. de comp.* = 'chefia', 'começo': *monarca, patriarca, tetrarca, arquiano, arquétipo*. Veja *arque*.

Δ **arce-, arqui-.** [Do gr. *árchi*.] *El. de comp.* = 'superioridade', 'primazia': *arcebispo, arquidiocese, arquiduque, arqui-inimigo, arquimilionário*, etc. ⇨ Apresenta a variante *arc-*: *arcanjo*.

arcebispo. Adj. relativo a arcebispo: *arquiepiscopal*.

areal. *S.f.* É errônea a forma *areial*.

arejar. Quanto à pronúncia das formas rizotônicas deste verbo, veja *almejar*.

aréola. [Do lat. *areola*, pequena área; canteiro de jardim.] *S.f.* 1. Círculo pigmentado em torno do bico do seio.
2. Círculo avermelhado em torno de erupção cutânea.
3. Halo ou coroa que circunda o Sol ou a Lua.
4. Em órgãos vegetais, pequenos círculos de coloração diferente. ⇨ Distinga-se de *auréola* (do lat. *aureola*, fem. de *aureolus*, 'da cor do ouro'; *corona aureola* = coroa dourada), que designa o círculo dourado e brilhante que, nas imagens sacras, orna a cabeça de Cristo e dos santos.

Areópago. *S.m.* 1. Tribunal de Atenas, na Grécia antiga: "O *Areópago* é o mais antigo tribunal de Atenas." (A. Jardé, *La Grèce Antique*, p. 202)
2. *Fig.* Assembleia de sábios, de literatos, magistrados. ⇨ Neste sentido, grafa-se com inicial minúscula; naquele, com maiúscula. É vocábulo proparoxítono.

aresto, arresto. 1. *Aresto*. Decisão de tribunal que serve de norma para o julgamento de casos análogos: Os juízes, em suas sentenças, não devem basear-se exclusivamente em *arestos* de tribunais superiores.
2. *Arresto*. Ato de arrestar★; embargo.

à revelia de. *Loc. prep*. Sem conhecimento da parte revel (do réu) ou do interessado; despercebidamente: Muitos fatos delituosos acontecem *à revelia da sociedade*. / "Um erro tático da monarquia é manter a escravidão, deixando que a abolição se faça *à revelia da corte*." (Edilberto Coutinho, *Piguara*, p. 68)

Δ **argenti-.** [Do lat. *argentum*, prata.] *El. de comp.* = 'prata': *argentino, argentífero, argênteo*. Corresponde ao radical grego *argiro*: *argírico*.

arguir. [Do lat. *arguere*, acusar.] a) **Conjugação**. Conjuga-se como *possuir*. *Ind. pres.*: arguo, arguis, argui, arguímos, arguís, arguem. *Pret. imperf.*: arguía, arguías, arguía, arguíamos, arguíeis, arguíam. *Pret. perf.*: arguí, arguíste, arguíu, arguímos, arguístes, arguíram. *Subj. pres.*: argua, arguas, argua, arguamos, arguais, arguam. *Pret. imperf.*: arguísse, arguísses, arguísse, arguíssemos, arguísseis, arguíssem. *Imper. afirm.*: argui, argua, arguamos, arguí, arguam. *Part*: arguído. ⇨ O *Acordo Ortográfico* eliminou o acento na vogal *u* quando tônica e seguida de *i* ou *e*.
b) **Emprego**. 1. Acusar, censurar: Sua consciência não o *argui*? / "Talvez os modestos me *arguam* esse defeito." (Machado de Assis, *Brás Cubas*, p. 113)
2. Revelar, manifestar, demonstrar: O semblante dele *arguía* a perturbação do espírito.
3. Examinar, fazer perguntas para avaliar os conhecimentos de alunos, candidatos, etc.: O professor *arguíu* todos os alunos.
4. Acusar, censurar, tachar: *Arguem-no* de haver recebido propinas. / "Observadores superficiais *arguem* de hipocrisia esse aspecto dominante da grande raça." (Rui Barbosa, *Cartas de Inglaterra*, I, p. 62)

ária. *S.f.* Peça musical para uma só voz, cantiga: a *ária* de uma ópera. ⇨ Não se deve confundir com *área*, superfície.

aríete. *S.m.* Antiga máquina de guerra. É vocábulo proparoxítono, conforme indica o acento gráfico.

a rigor. *Loc. adj.* **1.** Usada na expressão *traje a rigor* (= de cerimônia).
|| *Loc. adv.* **2.** Equivalente a 'rigorosamente', 'em sentido estrito', 'na verdade': *A rigor*, o sol não nasce nem se põe. / "Bem me recordo de que, *a rigor*, não funcionavas na fazenda." (Ciro dos Anjos, *O amanuense Belmiro*, p. 11) / "*A rigor*, o adjetivo só existe referido a um substantivo." (Celso Cunha, *Gramática do português contemporâneo*, p. 182) / "*A rigor*, como sacerdote, nada mais tinha que fazer ali." (Josué Montello, *Os tambores de São Luís*, p. 228) Gramáticos puristas tacham essa locução adverbial de galicismo e propõem que se diga *em rigor**. Aurélio a usou em seu dicionário, verbete *este*.

Δ **aristo-.** [Do gr. *áristos*, o melhor, muito bom, ótimo.] *El. de comp.* = 'o melhor', 'ótimo': *aristocracia, aristocrata*.

Δ **arque-.** [Do gr. *arché*, começo.] *El. de comp.* = 'princípio', 'origem': *arquétipo*.

Δ **arqueo-.** [Do gr. *archáios*, antigo.] *El. de comp.* = 'antigo': *arqueologia, arqueólogo*.

Δ **arqui-.** [Do gr. *archi*.] *El. de comp.* = 'superioridade', 'primazia': *arquidiocese, arquiduque, arqui-inimigo, arquimilionário, arquirrival, arquirrabino, arqui-hipérbole, arquissacerdote*. Apresenta as variantes *arc-* e *arce-*: *arcanjo, arcebispo*. Com hífen antes de *i* e *h*.

arrear, arriar. **1.** *Arrear.* É colocar os arreios em: *arrear* um cavalo. Em escritores antigos e em um ou outro autor moderno, aparece com o significado de *enfeitar*: "*Arrear* as moças para o bailarico." (Séguier) / "O sítio *arreava-se* de festões incomuns." (José Américo de Almeida, *A bagaceira*, p. 62)
2. *Arriar.* Significa *baixar, colocar no chão*: *arriar* a bandeira; *arriar* um fardo. / "Quando a preta *arriava* o cesto à nossa porta, eu, nos meus sete ou oito anos, acudia muito interessado." (Vivaldo Coaraci, *Todos contam sua vida*, p. 35)

arrestar. *V. t. d.* Apreender judicialmente um bem de pessoa ou de empresa devedora, como garantia de pagamento de uma dívida cuja cobrança foi ou vai ser ajuizada; apreender por meio de arresto: "O arrestante do navio *Atlântico* do Lloyd é a empresa Trump Oil, a mesma que *arrestou* o *Pacífico* no porto de Lisboa." (*JB*, 26/5/94)

arrostar. [De *a-* + *rosto* + *-ar*.] Encarar sem medo, olhar de frente, enfrentar, resistir com destemor: Nas selvas, eles *arrostavam* constantes perigos. ⇨ Por ênfase, pode-se antepor ao complemento a prep. *com*: *arrostar com* o perigo; *arrostar com* o inimigo.

arruinar. [De *a-* + *ruína* + *-ar*.] Causar ruína a, estragar, destruir, causar perda ou dano: A bebida *arruína* a saúde. ⇨ Nas formas rizotônicas, a vogal tônica é o *i*, que deve ser acentuado: *arruíno, arruínas, arruína, arruínam; arruíne, arruínes, arruíne, arruínem*.

artesão. **1.** Artífice, pessoa que faz obras de artesanato. Plural: *artesãos*. Feminino: *artesã, artesãs*.
2. Ornato arquitetônico em tetos e abóbadas. Plural: *artesões*: "Dois lampadários de muitos lumes pendem dos *artesões* primorosamente lavrados." (Alexandre Herculano, *Lendas e narrativas*, p. 14)

artigo. **1.** Omite-se o artigo definido antes de: a) nomes de parentesco precedidos de pronome possessivo: *Meu pai* chegou cansado. / Convidaram *minha mãe* e *meu avô*. / André visitou *seu tio*; b) formas de tratamento (excluídas *o senhor, a senhora* e *a senhorita*): Nosso representante procurará *Vossa Senhoria* na sede da empresa; c) substantivos precedidos do pronome relativo *cujo*: Será uma longa viagem, *cujo roteiro* (e não *cujo o roteiro*) desconheço; d) superlativos relativos em frases do tipo: O ouro e o petróleo são as riquezas *mais* (e não *as mais*) *cobiçadas*. / Deparamos com os níveis sociais e políticos *mais contrastantes*. / Convivem com as personalidades *mais influentes* do país. ⇨ Pode-se, no entanto, usar o artigo antes do superlativo e omiti-lo antes do substantivo a que se refere: Deparamos com níveis sociais e políticos *os mais contrastantes*. / "Poderia a solução se apresentar sob formas *as mais diversas*." (Otávio de Faria, *O senhor do mundo*, p. 29); e) os títulos *dom, dona, monsenhor, frei* e *sóror*: *Dom Eugênio, dona Marta, monsenhor Clemente, frei Henrique, sóror Mariana*; f) *terra* (em oposição a *bordo, mar*): Quando os tripulantes avistaram *terra*, exultaram. / Eles sentiam-se mais seguros nos barcos do que *em terra*. / "Ao saltar *em terra*, Mariana e Valentim foram envolvidos no movimento do porto." (Ana Miranda, *O retrato do rei*, p. 78); g) *casa*, no sentido de *lar*, referente ao sujeito da oração: À meia-noite, o casal regressou a *casa*. /

Fomos para *casa*; h) *palácio*, no sentido de 'sede de um governo': *ir a palácio*. Veja *palácio*.
2. É usual a omissão dos artigos definidos e indefinidos em títulos jornalísticos: *Brasil fecha acordo com FMI.* / *Guarda evita assalto a joalheria.* / *Camelôs ocupam ruas de Copacabana.*
3. Evite-se o uso dos artigos indefinidos sempre que desnecessários. Nos exemplos seguintes, não passam de recheios: Ela ainda guarda *um* certo ressentimento contra o ex-namorado. / *Um* tal gesto é digno de nossos aplausos. / O homem tinha *uma* cara de poucos amigos. / Às vezes esperam-no em casa *umas* surpresas desagradáveis. / *Uns* meses depois, ela casou-se com *um* outro artista. / Apodreceu *uma* grande quantidade de grãos armazenados. / Precisava de *um* maior terreno para construir a casa. / Na garagem havia *uma* grande quantidade de trastes velhos. / Agora ele goza de *uma* ótima saúde.
4. Convém usar o artigo em frases como: Os bancos privados e *os oficiais* são alvos de constantes assaltos.
5. Pode-se dizer: 'Houve um acordo entre *o governo brasileiro e o português*' ou 'Houve um acordo entre *os governos brasileiro e português*'. Seria incorreto omitir o artigo, no primeiro caso, e construir: 'Houve um acordo entre *o governo brasileiro e português*.'

Δ **artro-.** [Do gr. *árthron*, articulação.] *El. de comp.* = 'articulação': *artralgia, artrite, artropatia, artrópode, artrose.*

arvorar. 1. Elevar a um cargo, posto ou título: *Arvoraram-no* (em) líder do partido.
2. Transformar, converter, elevando: O Papa *arvorou em* dogma essa crença tradicional da Igreja.
3. Como verbo reflexivo, na acepção de 'assumir função ou encargo', 'constituir-se': Ele *arvorou-se* (em) chefe do grupo guerrilheiro. / Os soberbos *se arvoram* (em) juízes dos nossos atos. / "Falei da multidão que ali encontrei uma tarde: mendigos, mulheres com filhos pendurados aos peitos, curiosos, espertalhões que *se arvoravam* em sacerdotes." (Graciliano Ramos, *Caetés*, p. 194) / "Às vezes se mostram atrevidos, *arvoram-se* em censores." (Ciro dos Anjos, *Montanha*, p. 105) / "Ninguém queira *arvorar-se* em palmatória do mundo." (Visconde de Taunay, *Inocência*, p. 37) ⇨ Em geral se usa a preposição *em* antes do predicativo, mas não é sintaxe condenável omiti-la: Os soberbos *arvoram-se* juízes dos nossos atos.

à saída de, na saída de. Ambas as expressões são corretas: *À saída* (ou *na saída*) *do colégio ela me esperava.*

ascendência, descendência. São vocábulos antônimos. Não se deve usar um pelo outro.
1. *Ascendência*. a) ato de subir: a *ascendência* de um astro no céu; b) influência, predomínio, prestígio: a *ascendência* de um líder sobre o povo; c) vínculo de parentesco entre uma pessoa e seus ascendentes (pai, avô, bisavô, etc.), origem: ter *ascendência* italiana.
2. *Descendência*. a) vínculo de parentesco entre uma pessoa e seus descendentes (filhos, netos, bisnetos, etc.): linha de *descendência* paterna; b) o conjunto dos descendentes de uma pessoa: Deus abençoou Abraão e sua *descendência*.
⇨ Com referência aos antepassados de uma pessoa, diz-se, vulgarmente, que ela tem, por exemplo, *descendência* alemã, mas o correto é *ascendência* alemã.

ascensão, assunção. 1. *Ascensão*. [Do lat. *ascensione*.] Ato de ascender, de elevar-se, de subir: *ascensão* de balões, a *ascensão* de Cristo, *ascensão* a um cargo, *ascensão* a um pico.
2. *Assunção*. [Do lat. *assumptione*.] Ato de assumir, de tomar para si ou sobre si: *Assunção* da Virgem Maria ao céu. [Entenda-se que a Virgem foi elevada ao Céu pelo poder de Deus.] Grafam-se com inicial maiúscula quando designam as festas religiosas comemorativas da subida de Cristo e de Nossa Senhora ao Céu: *a festa da Ascensão do Senhor, a solenidade da Assunção de Maria Santíssima.*

ascender. Veja *acender*.

ascoroso, asqueroso. *Adj.* Que causa asco ou nojo, nojento, repulsivo: inseto *ascoroso* (ou *asqueroso*). É mais usada a forma *asqueroso*, variante de *ascoroso*.

às custas de. Veja *à custa de*.

a ser isso verdade... A preposição *a*, seguida de infinitivo, equivale a *se*, *caso*, e transmite à oração a ideia de hipótese: *A ser isso verdade*, terei de mudar os meus planos. Isto é: *Se isso for verdade* (ou *Caso isso seja verdade*), terei de mudar os meus planos. / *A persistirem os sintomas*, procure o médico. / *A continuarem os projetos nas gavetas, nada se realizará.* / "*A não haver* inconveniência, ousarei dizer que a comedela foi a maior fraude que se tem feito com santos em Braga." (Camilo Castelo Branco, *Serões de São Miguel de Seide*, I, p. 9) ⇨ Distinguir de *ao + infinitivo*, que se usa para exprimir ideia de tempo: *Ao ser* apanhado com a boca na botija, ficou lívido. / *Ao receberem* a notícia, alegraram-se muito.

às escâncaras. *Loc. adv.* À vista de todos, às claras, abertamente: Roubam o dinheiro do povo *às escâncaras*. ⇨ Pronuncia-se *escâncaras*, proparoxítono, e não *escancaras*, que é forma do verbo *escancarar* (= abrir completamente): Por que *escancaras* a boca quando ris? / Com este frio, *escancaras* as portas e as janelas?

as mais das vezes. *Loc. adv.* Quase sempre, em geral. Veja *o mais das vezes*.

asno. Adj. referente a asno: *asinino* (orelhas *asininas*). [Em lat. *asno* é *asinus*.]

à sombra. Diz-se *ficar à sombra* (e não *na sombra*), *ficar ao sol* (e não *no sol*), *colocar a sopa ao fogo* (e não *no fogo*), *ficar ao relento* (e não *no relento*).

a sós. *Loc. adv.* Sem companhia, sozinho: Prefere viver *a sós*. / Os dois meninos estavam *a sós*. / "O homem do campo, *a sós* com as complicações da cidade, é sempre débil." (Carlos Drummond de Andrade, *Obra completa*, p. 436) ⇨ A locução, como evidenciam os exemplos acima, pode referir-se a um termo no singular.

aspergir. [Do lat. *aspergere*.] *V. t. d.* Borrifar, molhar com pequenas gotas de água ou de outro líquido: O sacerdote *asperge* os fiéis. / Ele *aspergiu* água benta nos fiéis. / *Aspergiu-se* com água-de-colônia.
⇨ Conjuga-se como *divergir*★. É pouco usada a 1ª pess. do sing. do pres. do indic.: *aspirjo*. O mesmo se diga do pres. do subj.: *aspirja, aspirjas, aspirja, aspirjamos*, etc. De pouco uso é também *asperjo*, do v. arcaico *asperger*.

áspero. Superlativo absoluto: *aspérrimo* (forma erudita), *asperíssimo* (forma vernácula).

áspide. [Do lat. *aspis, aspidis*.] *S.f.* Pequena cobra venenosa da família dos viperídeos, da Europa; pequena víbora. Embora bons escritores tenham usado *áspide* no masculino, é preferível dar-lhe o gênero feminino, como em latim. No feminino a registra a maioria dos dicionários.

aspirar. *V. t. d.* 1. Na acepção de *sorver, inalar* (ar, perfume, pó, etc.), pede obj. direto: *Aspirou* agradecida o aroma das rosas que lhe dei. / O aparelho *ia aspirando* o pó do assoalho. / O pó de giz é nocivo aos brônquios: evite *aspirá-lo*.
2. No sentido de *pretender, desejar*, rege objeto indireto (preposição *a*): Os políticos, em geral, *aspiram ao* poder. / Todos nós *aspiramos* à felicidade. / Ela *aspirava a* ser enfermeira. / Desminto a notícia de que *aspire a* ser ministro. / A que

aspiram os índios? / Possuir um pedaço de terra é a coisa *a* que mais *aspiram*. / "Mas outras frentes e outras perspectivas se abrem a quem *aspire a* corretor opcionista..." (Carlos Drummond de Andrade, *Caminhos de João Brandão*, p. 121) / "No fundo era *ao* que Getúlio *aspirava*: ratificar (a declaração da guerra pelo povo contra a Alemanha)" (Marques Rebelo, *A guerra está em nós*, p. 146) / "Só *aspiram ao* conforto de uma cama em quarto sombrio." (Vivaldo Coaraci, *91 Crônicas escolhidas*, p. 74) / "*Aspiram a* mudar de graduação mas não de categoria." (Ramalho Ortigão, *A Holanda*, p. 262) / "Não será legítimo que *aspire ao* governo, para consolidar a democracia, tão frágil neste país?" (Ciro dos Anjos, *Montanha*, p. 108) / "Vilaça Júnior *aspirava a* ser vereador da câmara." / (Eça de Queirós, *Os Maias*, I, p. 127)
⇨ Nesta acepção, constrói-se com *a ele(s)*, *a ela(s)* e não com *lhe, lhes*: Não invejo tais honrarias nem *aspiro a elas*. / Título de campeão? Qual o atleta que não *aspira a ele*?
Num livro sobre a estrada de ferro Madeira-Mamoré, lançado em 2005, lê-se esta passagem: "Peço que orem por este pobre historiador e escritor, que nada mais aspira na vida senão a viver em paz...". A regência correta é: "... que *a nada mais aspira* na vida senão a viver em paz."
3. É desaconselhada a regência *aspirar por alguma coisa*. Diga-se, por exemplo: 'Certos cargos públicos são muito cobiçados, mas os que *a eles* (e não *por eles*) *aspiram* nem sempre têm espírito público.'

às pressas. Apressadamente: "Vestiu-se *às pressas* e saiu, descalço, a chamar os companheiros." (Aurélio Buarque de Holanda, *Dois mundos*, p. 91) Veja *à pressa*.

assassinato. [Do fr. *assassinat*.] *S.m.* Ato de assassinar, assassínio, homicídio. ⇨ É galicismo tão generalizado que não se pode condenar o seu emprego.

assemelhar. 1. Tornar semelhante ou parecido. Admite as preposições *a* ou *com*: Seu ato o *assemelha a* (ou *com*) um bruto.
V. pron. 2. Parecer-se, ter semelhança, ser semelhante: As duas meninas *se assemelham* muito. / A filha *se assemelhava à* (ou *com a*) mãe em tudo. / Pelo seu temperamento, ele não *se assemelha a* (ou *com*) nenhum de seus irmãos.
⇨ Quanto à pronúncia, veja *espelhar*★.

assentir. [Do lat. *assentire*, dar o assentimento, concordar.] Aquiescer, consentir, concordar. Usa-se geralmente com objeto indireto (preposições *a* e *em*): Ele raramente *assentia aos* pedidos da esposa. / Os líderes sindicais *assentiram em* suspender a greve. / "Foi a contragosto que *assentiu na* partida do Valdemar." (Ciro dos Anjos, *A menina do sobrado*, p. 227) / O pai *assentiu (em)* que a filha fosse estudar em Londres. ⇨ Antes de complemento oracional, como no último exemplo, pode-se omitir a preposição *em*. Conjuga-se como *sentir*.

assim como, bem como. Quando os dois núcleos de um sujeito composto estão unidos por uma dessas expressões, o verbo concorda no singular ou no plural. a) No singular, quando se quer destacar o primeiro núcleo: *O urso-polar, assim como outros animais marinhos, se alimenta de peixes*; b) No plural, quando se quer referir o conteúdo verbal a ambos os núcleos do sujeito: *O urso-polar bem como a foca se alimentam de peixes*. Observe-se que no primeiro caso o segundo elemento do sujeito é colocado entre vírgulas. É o que se pode ver neste outro ex.: "D. Vital, *assim como o bispo do Pará, defendia* a ortodoxia e os decretos romanos com sinceridade absoluta e com todo o esforço de sua fé." (J. Pandiá Calógeras, *Formação histórica do Brasil*, p. 355)

assistir. 1. No sentido de *prestar assistência, ajudar*, constrói-se, modernamente, com objeto direto: As enfermeiras *assistiram os feridos*. / Elas *os assistiam* com desvelo. / Naquela doença, a irmã *o assistiu* dia e noite. / Mocinhas simpáticas *assistiam os comensais*. / "Ele sofreu sozinho, não *o assisti*." (Carlos Drummond de Andrade, *Caminhos de João Brandão*, p. 29) / "Quando veio o sacerdote encarregado de *o assistir* na vigília precedente à manhã do suplício, Barneveldt respondeu-lhe..." (Ramalho Ortigão, *A Holanda*, p. 150) Nesta acepção, é possível a voz passiva: O paciente *foi bem assistido* pelas enfermeiras. / Os missionários *são assistidos* por Deus. / "O doente não esquecera a solicitude com que *fora assistido.*" (Fernando Namora, *O homem disfarçado*, p. 45)
2. No sentido de *estar presente, presenciar*, constrói-se, na língua culta, com objeto indireto: Alguns curiosos, de longe, *assistiam ao triste espetáculo*. / Os índios *assistiram à missa* em silêncio. / Todos os dias *assistimos a essas cenas* revoltantes. / Os patrulheiros obrigaram os motoristas infratores a *assistir a aulas de trânsito*. / No último jogo *a que assisti*, houve tumulto nas arquibancadas. / *A esse filme já se assistiu* várias vezes e sempre emociona. / É com tristeza que *se assiste* a tais explosões de ódio. / "Lembro-me de certo filme de terror *a* que gostava de *assistir*, quando criança." (Adriana Lisboa, *Os fios da memória*, p. 106)

Observações: 1ª) Na linguagem popular brasileira, é corrente o emprego do verbo *assistir*, como sinônimo de *presenciar*, com objeto direto: *Assisti* o jogo. / *Assistimos* o desfile das escolas de samba. / *Assistiu* a parada militar? ⇨ Em textos literários e científicos não se usa a regência popular, devendo-se evitar construções como esta: "*O que o mundo assistiu*, o que a todos surpreendeu, foi o confronto entre duas superpotências detentoras do poder destruidor e atômico capaz de liquidar a vida no planeta." (Nelson Werneck de Castro, *A farsa do neoliberalismo*, p. 99) Diga-se, dentro do rigor gramatical: "O *a* que o mundo assistiu...", ou, usando-se um sinônimo de *assistir*: "O que o mundo *presenciou*..."
2ª) Nesta acepção, o verbo *assistir*, no padrão culto, não se usa na forma passiva: "Dez mil pessoas *assistiram* ao torneio" e não "O torneio *foi assistido* por dez mil pessoas".
3ª) Quando o complemento é pronome pessoal, empregam-se as formas *a ele(s), a ela(s)* e nunca *lhe, lhes*: Eclipse total do sol é acontecimento raro. *Assistimos a ele* maravilhados. / "Lá vão, lá vão os frades celebrar um auto! Não serei eu que *assista a ele*." (Alexandre Herculano, *Lendas e narrativas*, p. 178)
4ª) Evitem-se construções como estas: *Fiquei assistindo a três cavaleiros saltando obstáculos*. / *O menino, sentado num banco, assistia ao pai serrando uma tábua*. Não assistimos a uma pessoa, mas ao que ela faz. Nas frases citadas, empregue-se o v. *olhar* em vez do v. *assistir*. Fiquei *olhando* três cavaleiros... / O menino, sentado num banco, *olhava o pai*... Em vez de dizer que alguém 'assistia aos dias passarem', diga-se que fulano 'assistia à passagem dos dias'.
3. Usa-se como trans. indireto, no sentido de caber, pertencer (direito, razão): *Assiste ao réu* o direito de se defender. / *Assiste-lhe* o direito de se defender. / Era preguiçoso, não *lhe assistia* razão alguma de reclamar.
4. Ocorre, às vezes, com o sentido de *morar*: "O amigo *assiste* a dois passos da Praça Tiradentes." (Carlos Drummond de Andrade, *Obra completa*, p. 635) / "Sou obrigado por esta desgraçada posição de deputado a *assistir* mais algum tempo na capital." (Camilo Castelo Branco, *A queda dum anjo*, p. 157) / "Sabe-se que esses índios não deveriam *assistir* muito longe da vila de

São Paulo." (Sérgio Buarque de Holanda, *Caminhos e fronteiras*, p. 32) / "Vê-se então o governador da capitania de São Paulo *assistir* ora em São Paulo, ora em Minas." (Oliveira Viana, *Evolução do povo brasileiro*, p. 205)

assoalhar[1]. [De *soalho*.] *V. t. d.* Colocar soalho em: *assoalhar uma casa*; *assoalhar uma sala*. Var.: *soalhar*.

assoalhar[2]. [De *sol*.] *V. t. d.* 1. Expor ao sol, soalhar: *assoalhar roupas*; *assoalhar grãos, cereais*, etc. 2. *Fig*. Tornar público (o que era secreto ou íntimo): *assoalhar sentimentos íntimos*; *assoalhar erros ou defeitos alheios*. 3. *Fig*. Ostentar, alardear: Orgulhoso, *assoalha* suas qualidades, suas vitórias e riquezas. / *Assoalham* como suas as invenções dos outros.

associar. [Do lat. *associare*, juntar, unir.] *V. t. d.* 1. Juntar, unir: Como *associar* pessoas de ideias antagônicas? / A ambição do poder é que *as associou*.
V. t. d. e. i. 2. a) Tornar sócio: O tio *o associou* à sua empresa; b) juntar, unir, aliar: À palavra *marajá* o povo *associou* uma conotação pejorativa. / À sua rara beleza ela *associa* uma inteligência de escol; c) relacionar, vincular: *Associou* o atentado a fatos pregressos. / "Sir Percivall Pott foi o primeiro médico a *associar* o câncer *com* produtos de alcatrão." (Moacyr Scliar, *A paixão transformada*, p. 89) / "Ao vê-lo sentado, a escutar os pássaros na mata ao lado, eu *associava* insensivelmente o mestre *com* as minhas primeiras lições de inglês." (Joaquim Nabuco, *Minha formação*, p. 294) ⇨ É correta, porém menos usual, a regência 'associar uma coisa *com* outra'.
V. pron. 3. Tornar-se sócio: Foi para São Paulo e *associou-se a* (ou *com*) um pequeno empresário. 4. Juntar-se, aliar-se: Não *te associes a* pessoas desonestas. / Nunca *nos associamos a* movimentos de esquerda. 5. Participar, compartilhar, manifestar solidariedade: À noite, ia à casa vizinha *associar-se a* ceias e saraus. / *Associei-me à* dor da família enlutada.

assoviar. Variante de *assobiar*: "Ataliba *assovia* enquanto corta a lenha." (Jorge Amado, *Seara vermelha*, p. 31)

Δ **asteno-**. [Do gr. *asthenés*, fraco.] *El. de comp.* = 'fraqueza': *astenia*, (fraqueza do organismo, debilidade), *astenopia* (cansaço da vista), *astenosfera* (camada terrestre parcialmente fundida que fica abaixo da litosfera).

asterisco. [Do gr. *asterískos*, estrelinha.] *S.m.* Sinal gráfico em forma de estrela (★), usado para remissões, chamadas a notas no pé da página, etc. Anteposto a uma palavra, indica origem hipotética, não documentada. ⇨ Não existe a forma *asterístico*.

astro. Adj. relativos a astro: *sideral, sidéreo, astral*.

até a, até à, até ao. É ambígua a frase: 'O fogo queimou tudo, *até* a porteira do pasto.' Isso porque *até* tanto pode exprimir limite como inclusão. Se a porteira não foi queimada, deve-se grafar *até à*, e o sentido da frase ficará nítido. Fora desse caso, em que a preposição *a*, depois de *até*, exerce papel esclarecedor, ela é inútil, devendo, a nosso ver, ser evitada: Fomos *até* o cais do porto. / Chegamos *até* a praia. / Levareis minha mensagem *até* os confins do mundo. O significado dessas frases é claro. Desnecessário, pois, escrever *até ao cais, até à praia, até aos confins do mundo*.

atear fogo a. Melhor regência do que *atear fogo em*: "O suicida ateou fogo às vestes." (Aurélio) / Madeireiro *ateia fogo à* mata. / Atearam fogo no capinzal. ⇨ Construímos o último exemplo com *em* (*no* capinzal) por ser regência aceitável, acolhida por bons escritores brasileiros.

a tempo, há tempo. 1. *A tempo*. Significa na hora certa, no momento oportuno: O dinheiro chegou *a tempo*. / O pai chegou *a tempo* de salvar o menino. Também se diz *em tempo*: O pai acudiu *em tempo*. / Ele chegou *em tempo* de salvar o menino.
2. *Há tempo*. = faz tempo: *Há tempo* que o caso aconteceu. / O velho morreu *há tempo*.

atanazar. *V. t. d.* Atormentar, importunar: "Mas que mal te fiz eu para me estares a *atanazar*?" (Miguel Torga, *O senhor Ventura*, p. 123). Veja *atenazar*.

atenazar. [De *a* + *tenaz* + -*ar*.] *V. t. d.* 1. Torturar com a tenaz: "*Atenazaram-no* e ele confessou o roubo." (J. Mesquita de Carvalho) 2. Causar dor física ou moral, atormentar: O remorso o *atenazava*. / "A míngua de recursos *atenazava-me* e não me dava nenhum estímulo." (Graciliano Ramos, *Memórias do cárcere*, vol. II, p. 491) 3. Molestar, importunar, aborrecer, apoquentar: Amélia vivia *atenazando* o pai com suas impertinências. / "Carlota Joaquina era o pesadelo dos ministros, aos quais *atenazava* com pedidos..." (Viriato Correia, *Terra de Santa Cruz*, p. 214) ⇨ Existem as variantes *atanazar*,

de que há abonações em escritores clássicos, e *atazanar*, corruptela popular desaconselhada. Cognatos: *tenaz* (torquês; obstinado, persistente), *tenacidade* (persistência).
atender. 1. Emprega-se, modernamente, com objeto direto de pessoa, no sentido de acolher alguém com atenção, ouvir, responder ou servir a quem se dirige a nós: O balconista *atendeu* o freguês. / Ele o *atendeu* gentilmente. / O diretor *atendeu* os alunos. / Ele sempre os *atende*. / O ambulatório *atende* diariamente mais de cem pacientes. ⇨ Diz-se, indiferentemente, 'atender o telefone' ou 'atender ao telefone': "Se lhe ensinassem, creio que chegaria a *atender o telefone*." (Cecília Meireles, *Inéditos*, pág. 143) / "Lázaro foi *atender ao telefone*." (*Jornal do Comércio*, 11/8/92, p. 23) / "Por sorte minha, a situação simplificou-se bastante com a circunstância de *haver* a própria Gabriela *atendido ao telefone*." (Ciro dos Anjos, *Abdias*, p. 85) / "O que não compreendo é que ninguém *atenda o telefone*." (Fernando Namora, *Domingo à tarde*, p. 149) / "Cavaquinho larga a correspondência que começava a distribuir, *atende ao telefone*." (Raquel de Queirós, *O caçador de tatu*, p. 44) 2. Constrói-se, de preferência, com objeto indireto quando significa prestar atenção, levar em consideração, acolher, satisfazer: A filha *atendeu* bem *ao* que a mãe lhe disse. / Ela *atende às* recomendações da mãe. / *Atendemos ao* apelo (ou *ao chamado, aos conselhos, aos avisos, aos interesses, às propostas, às reivindicações*) de fulano. / Os novos carros devem *atender a* todas as exigências da segurança. / "Não são elas [as modistas] que *atendem às* exigências do vestir segundo as várias ocasiões?" (Cecília Meireles, *Inéditos*, p. 121) / "A duas coisas cumpre principalmente que *se atenda* na nova Lei." (Antônio F. de Castilho, *apud* Mário Barreto, *Através do dicionário e da gramática*, p. 153) / "Ao cabo de alguns anos de peregrinação, *atendi às* súplicas de meu pai." (Machado de Assis, *Brás Cubas*, p. 153)
atender ao telefone. Veja *atender*.
atentar¹. [Do lat. *attentare*, tocar em, atacar.] Cometer atentado, atacar. Constrói-se com a preposição *contra*: Há filmes que *atentam contra* os bons costumes. / Não *atentes contra* a vida de ninguém. / "Pensando bem, D. Albertina *atentara* apenas *contra* Deus e *contra* a pátria." (Graciliano Ramos, *Angústia*, p. 158)
atentar². [De *atento* + *-ar*.] Observar atentamente, dirigir a atenção, reparar, considerar.

Nesta acepção, *atentar* tem complemento regido das preposições *a*, *em* ou *para*: Ele *atenta em* tudo o que se passa em derredor. / É preciso *atentar nas* (ou *para as*) circunstâncias em que ocorreu o crime. / "Abracei-me a seu busto e deixei saírem as palavras sem *atentar ao* que exprimiam." (Luís Jardim, *As confissões do meu tio Gonzaga*, p. 96) / "Mas convém *atentar para* um sintoma de nova mentalidade." (Alfredo Bosi, *A dialética da colonização*, p. 229) / "Mas Jenner nem teve tempo de *atentar nas* palavras do velho." (Herberto Sales, *Além dos marimbus*, p. 90) / "Acenderam-se os charutos, e *atentamos* mais devagar *na* companhia em que estávamos." (Almeida Garrett, *Viagens na minha terra*, p. 9)
ater. Usa-se como verbo pronominal e conjuga-se pelo v. *ter*. 1. Apoiar-se, estribar-se: Julgam levianamente o passado, sem *se aterem* às leis científicas da História. / "Disciplina é um sistema de princípios a que os homens *se devem ater* em sua conduta." (Miguel Reale, *Lições preliminares de Direito*, p. 4) 2. Limitar-se, cingir-se: *Atenham-se* ao tema em pauta e deixem assuntos secundários para depois. 3. Prender-se a: O juiz não deve *ater-se* a ninharias.
ateroma. [Do gr. *athéroma*, tumor ou excrescência gordurosa.] *S.m.* Degenerescência da camada interna das artérias, por acúmulo de placas de material lipídico (colesterol): Os *ateromas* diminuem o calibre dos vasos arteriais, dificultam a circulação do sangue e propiciam a formação de trombos. ⇨ É palavra masculina.
aterrar¹. [De *a* + *terra* + *-ar*.] 1. Encher de terra: *Aterraram* o pântano.
2. Descer à terra, pousar (a aeronave), aterrissar: O avião *aterrou* no Recife às 12 horas. / "Procurava distrair-se, vendo os aviões que decolavam ou *aterravam*." (Érico Veríssimo, *O senhor embaixador*, p. 273)
aterrar². [Ligado a *terror*.] Causar terror a, aterrorizar, encher de medo: Os assaltantes *aterram* os moradores daquela rua. / A ideia de perder o filho *aterrava-o*.
aterrissar. *V. i.* Veja *aterrar¹*, item 2.
atinar. [Cognato de *tino* (juízo, intuição, inteligência).] Descobrir pelo tino, compreender, entender. Pode-se construir: 'atinar uma coisa' ou 'atinar com uma coisa'. A última construção é a mais frequente em escritores modernos: A

moça logo *atinou* a secreta intenção do rapaz. / O povo não *atina com* a finalidade destas obras. / Eu não *atinava com* o que estava acontecendo. / As crianças não podem *atinar com* tantas proibições. / "Lúcio não *atinava com* essa mudança instantânea." (José Américo, *A bagaceira*, p. 88) / "Não posso *atinar com* a razão desses acidentes." (Carlos Drummond de Andrade, *Obra completa*, p. 476) / "Há na sua cabecinha coisas *com que não posso atinar*." (Ciro dos Anjos, *Montanha*, p. 19) / "Nunca *atinei* bem por que colocaram os dois em posições antagônicas..." (Austregésilo de Ataíde, *Vana verba*, p. 331) / "Mas aquela pergunta assim, vaga e solta, não pude *atinar* o que era." (Machado de Assis, *Dom Casmurro*, cap. 43)

atingir. Rege objeto direto: O fogo *atingiu* o prédio vizinho. / As secas *atingem* grande parte do sertão cearense. / O índice de criminalidade talvez *atinja* proporções inéditas. / A doença *atingira* 30% da população indígena. / Às 17 horas, *atingíamos* o pico da Bandeira. / Felizmente, as balas não o *atingiram*. / Aqueles insultos não o *atingiam*. / "Nem sempre os artifícios que o homem inventa *atingem* os fins visados." (Vivaldo Coaraci, *Cata-vento*, p. 284) ⇨ Não é sintaxe recomendável dar-lhe objeto indireto: O calor *atingiu* a 40 graus. / Eles *atingiram aos* mais altos postos.

atirar. O termo complementar deste verbo pode ser regido pelas preposições *a, em* ou *contra*: *Atirar às* (ou *nas* ou *contra as*) perdizes; *atirar nos* (ou *contra os*) bandidos; *atirar ao* (ou *no*) alvo; *atirar* pedras *às* (ou *nas*, ou *contra as*) vidraças; *atirar-se às* (ou *nas*) águas do rio. / "Em Portugal, pelo menos, se ignorava o mal se conhecia então o costume de *atirar às* aves no voo." (Sérgio Buarque de Holanda, *Caminhos e fronteiras*, p. 72) / "Eu juntava punhados de seixos miúdos, que *atirava nelas* [nas cobras] até matá-las." (Graciliano Ramos, *Angústia*, p. 69)
⇨ *Atirar com* alguma coisa significa arrojá-la com ímpeto ou violência: *Atirou com* os livros sobre a mesa. / "O homem do bote *atirou com* a bagagem num escaler." (Aluísio Azevedo, *O mulato*, p. 244)

Δ **atlanto-.** [Do gr. *Átlas, Atlántos*, deus grego que sustentava a abóbada celeste.] *El. de comp.* = 'Atlântico': *atlanto-mediterrâneo*. Cognatos: *decatlo, pentatlo*.

à toa. 1. *À toa*. É locução adverbial de modo e significa: sem rumo certo, sem destino; sem fazer nada; inutilmente; sem motivo, por um nada: andar *à toa* pela rua; ficar *à toa*; passar o dia *à toa*; trabalhar *à toa*; reclamar *à toa*.
2. *À toa*. É locução adjetiva equivalente a sem valor, desprezível, sem moral, insignificante, sem importância: indivíduo *à toa*; mulher *à toa*; quantia *à toa*; ferimento *à toa*. ⇨ A loc. adjetiva *à toa* é invariável: *homens à toa*.

Δ **atmo-.** [Do gr. *atmós*, vapor.] *El. de comp.* = 'vapor': *atmosfera, atmometria*.

a toda prova. *Loc. adj.* Capaz de resistir a tudo; muito grande: Nada o intimida, é de uma coragem *a toda prova*. Também se encontra em escritores a variante *a toda a prova*: "O cangaceiro é sagaz, precatado e cauteloso, de uma pertinácia *a toda a prova*." (Gustavo Barroso, *Terra de sol*, p. 120) ⇨ É uma expressão hiperbólica. Salvo melhor interpretação, parece-nos a abreviação de *acima de toda prova* (= *incontestável*): uma honestidade *acima de toda prova*. Observe-se que, antes de *toda*, nesta e em outras locuções, não há crase: *a toda hora, a toda a pressa, a toda a velocidade, a toda* (a descer a ladeira *a toda*).

átomo. [Do gr. *átomos*, não cortado, indivisível.] *S.m.* Partícula de matéria que se supunha indivisível.

através de. 1. Locução prepositiva, equivalente a 'de lado a lado', 'por entre', 'no decurso de'. Não se deve omitir a prep. *de*: A luz infiltrava-se *através da* (e não *através a*) vidraça. / Avançamos *através de* campos e matas. / A democracia consolidou-se *através dos* séculos.
2. Está generalizado o emprego desta locução no sentido de 'por meio de', 'por intermédio de'. Por isso, não há senão legitimá-lo: Soube a notícia *através da* imprensa. / Conseguiu emprego *através de* amigo influente. / "Resgatou a culpa *através de* dura penitência." (Vivaldo Coaraci, *Todos contam sua vida*, p. 95) / "O mundo só se poderá salvar *através do* diálogo e da contemplação." (Antônio Carlos Villaça, *Os saltimbancos da Porciúncula*, p. 49) / "Creio que terão entendido isso mesmo, *através da* forma alegórica." (Machado de Assis, *Obra completa*, vol. II, p. 366)

atribuir. Quanto à grafia, veja verbos terminados em *-uir*.

atribulação. [De *a* (pref. protético) + *tribulação*.] *S.f.* Tribulação, aflição, sofrimento, adversidade, amargura. ⇨ É forma paralela de *tribulação*, menos usada que esta, contrariamente ao verbo e ao adjetivo, que só têm uma forma em uso: *atribular* e *atribulado*.

atroz. Superlativo: *atrocíssimo*.
audaz. Superlativo: *audacíssimo*.
Δ **audio-.** [Do lat. *audire*, ouvir.] *El. de comp.* = 'audição': *audiovisual, audiograma, audiômetro*.
auferir. Obter, tirar: *auferir lucros; auferir vantagens, bons resultados*. Conjuga-se como *ferir*: aufiro, auferes, aufere, auferimos, auferis, auferem; aufira, aufiras, aufira, aufiramos, aufirais, aufiram, etc.
a última vez que... Preferível a *a última vez em que*. Usa-se como expressão adverbial fixa. Exs.: "*A última vez que* embarquei numa falua foi há sete anos, no mês de janeiro de 1877." (Ramalho Ortigão, *A Holanda*, p. 84) / "Era *a última vez que* via o patrão." (Adonias Filho, *Corpo vivo*, p. 28) Veja *a primeira vez que*.
à uma. *Loc. adv.* Ao mesmo tempo, juntamente: Ergueram-se *à uma* e abandonaram a sala. / Gritavam *à uma* o nome do jogador.
à uma hora, a uma hora. 1. Não se usa artigo antes do numeral *uma*: Ela nos preparou o almoço para *uma* hora e meia da tarde. / "Depois fez a estatística da Rua do Ouvidor, na véspera, entre *uma* e quatro horas da tarde." (Machado de Assis, *Os 30 melhores contos*, p. 351) / "Por volta *de uma hora* caiu vento, que foi refrescando até às 6 da tarde." (Gonçalves Dias, *apud* Manuel Bandeira, *Gonçalves Dias*, p. 180) / "Eles servem o almoço até *uma hora e meia*." (Orígenes Lessa, *Balbino, o homem do mar*, p. 59) / "A nossa conversação, para mim muito agradável, prolongara-se até *uma hora* da tarde..." (Joaquim Manuel de Macedo, *A luneta mágica*, cap. 14) / "Aprontei-me e, por volta de *uma hora*, padre Saulo apanhava-me." (Geraldo França de Lima, *Branca bela*, p. 249) / "No terceiro dia, por volta de *uma hora* da madrugada, ouvi passos dentro do meu quarto." (José Sarney, *Saraminda*, p. 165) No Brasil, mesmo entre pessoas cultas, se diz *para uma hora, de uma às quatro horas*, e não *para a uma hora, da uma às quatro horas*. Não havendo artigo, logicamente não há crase quando, antes de *uma*, ocorre a prep. *a*: Saímos *a* (preposição) *uma* (numeral) hora da tarde. Todavia, embora não haja contração, escreveremos *à uma hora*, quando nos referimos à hora subsequente à meia-noite ou ao meio-dia. O acento, neste caso, não assinala crase; serve apenas para tornar precisa a expressão adverbial, em oposição a *a uma hora* (hora imprecisa). Exemplos: O chefe chegou *à uma hora* da tarde. / A festa acabou *à uma hora* da madrugada.
2. Tratando-se de hora indeterminada, escreve-se *a uma hora* (sem acento), expressão em que *uma* é artigo indefinido: "A carroça chegou à aldeia ainda *a uma hora* morta." (Fernando Namora, *O homem disfarçado*, p. 136) / *A uma hora* destas, os ladrões devem estar longe.
3. Usa-se também a expressão *a uma hora*, sem acento, para indicar distância no espaço ou no tempo: O sítio fica *a uma hora* daqui. / *A uma hora* do início do jogo, desabou violento temporal.
4. Se o numeral *uma* não admite artigo, logicamente pode-se dizer, sem erro: Faltou luz *de uma* às cinco horas. / Faltavam cinco minutos *para uma* da madrugada. / "Ontem, *de 1h* às 5h, foram colocados o vão principal e a rampa de subida." (*O Globo*, 28/3/92, p. 15) / "Ela tinha se levantado por volta *de 1h* para ir ao banheiro..." (*JB, Cidade*, 30/6/92, p. 5) Veja *uma hora da tarde*.
5. Em Portugal se diz: Faltavam dez minutos para *a uma* da tarde. / Demorei-me ali até depois *da uma hora* da noite. / Venha entre *a uma* e duas da tarde. / Era perto *da uma* hora da noite. / Já passava *da uma hora* da tarde. No Brasil, em geral, não falamos assim.
a uma voz. *Loc. adv.* Não se acentua o *a* inicial desta locução: Os congressistas, *a uma voz*, aprovaram a proposta do presidente. / "Que significará isso? — perguntaram quase *a uma voz*." (Austregésilo de Ataíde, *Vana verba*, p. 213)
aumentar. Registramos as estruturas que merecem atenção.
1. *Aumentar* + adjunto adverbial de quantidade: As vendas de refrigerantes *aumentaram 40%*. / Sua altura *aumentou doze centímetros*.
2. *Aumentar* + obj. dir. + adj. adv. regido da prep. *em*: O prefeito *aumentou o salário dos professores em 20%*. / *Aumentei em 10 metros quadrados a área da cozinha*.
3. *Aumentar* + adj. adv. regido da prep. *em*: Os filmes *aumentaram em quantidade*, mas não *em qualidade*.
4. *Aumentar* + adj. adv. regido da prep. *de*: Ela seguia rigorosa dieta para não *aumentar de peso*. ⇨ Neste caso, pode-se dispensar a prep. *de* e construir: para não *aumentar o peso*. Idêntica possibilidade ocorre com o antônimo *diminuir*: Devido à doença, a criança *diminuiu (de) dois quilos*.
Δ **auri-.** [Do lat. *aurum, auri*, ouro.] *El. de comp.* = 'ouro', 'cor de ouro': *auriverde, aurívoro, auria-*

zulado, auribranco, aurícomo, aurífero, aurifulgente, aurilavrado, aurirrosado, aurirróseo.

aurícula. Adj. relativo a aurícula (cada uma das cavidades superiores do coração): *auricular.* ⇨ As aurículas são assim chamadas por terem a forma de orelha (do lat. *aurícula*). O adj. *auricular* também significa 'da orelha', 'referente à orelha': pavilhão *auricular.*

auspício. *S.m.* Presságio, prenúncio. Vocábulo mais usado no plural, com o sentido de: a) proteção, favor: "E o mesmo se dará com outras expedições, que serão depois organizadas em São Paulo sob *os auspícios* de D. Francisco de Sousa." (Sérgio Buarque de Holanda, *Visão do paraíso,* p. 72; b) apoio financeiro ou técnico, patrocínio: "A pesquisa teve os *auspícios* do Ministério da Saúde." (Houaiss) Cognatos: *auspiciar* (prenunciar), *auspicioso* (prometedor).

austero. *Adj.* Severo, sério. É palavra paroxítona. Sílaba tônica: *te* (té).

auscultar. [Do lat. *auscultare,* escutar.] 1. Aplicar o ouvido ao tórax ou ao abdome para verificar os ruídos que se produzem no interior do organismo; fazer (o médico) a auscultação: *auscultar* um doente.
2. Sondar, inquirir: *auscultar* a opinião pública.

Δ **austro-.** *El. de comp.* Forma adjetivos compostos e tem os significados de:
a) sul: *austro-asiático* (situado ao sul da Ásia), *austro-africano* (situado ao sul da África); b) austríaco: *austro-germânico, austro-húngaro, austro--suíço,* etc.

autenticar. *V. t.* Tornar autêntico, reconhecer como verdadeiro: Os tabeliães *autenticam* cópias de documentos. ⇨ Nas formas rizotônicas, a sílaba tônica é *ti* e não *ten: autentico, autenticas, autentica, autenticam; autentique, autentiques, autentique, autentiquem.*

auto. [Lat. *actu,* ato.] 1. Antiga composição dramática: os *autos* de Gil Vicente.
2. Representação teatral de um evento religioso: O *auto* de Natal, no Rio, é organizado pela Arquidiocese.
3. Registro de ato ou diligência judiciária: *auto* de infração.
4. Autos: conjunto das peças ou documentos de um processo judiciário; o próprio processo: "Juiz só fala e ouve nos *autos.*" (Murilo Badaró)

Δ **auto-.** [Do gr. *autós,* mesmo, próprio, de si mesmo.] *El. de comp.* Que significa:
a) próprio, de si mesmo: *automóvel, autobiografia, automedicar-se, autoanálise, autorretrato, autossuficiente;*
b) automóvel: *autódromo, autocapa, autopeças, autoescola, autoestrada.*
Liga-se com hífen ao segundo elemento quando este inicia pela vogal *o* ou por *h.* Cabe acrescentar que *auto,* como radical grego, é invariável. Escrevia-se auto-estrada (pela nova ortografia ficou autoestrada).
Na frase 'Santa Teresinha escreveu a *sua autobiografia',* há um pleonasmo vicioso, porquanto o elemento grego *auto* já inclui a ideia de 'sua'. Opções corretas: Santa Teresinha escreveu a *sua biografia* ou *uma autobiografia;* ela *autobiografou-se.*

autocrata. [Do gr. *autokratés.*] *Adj.* 1. Independente, absoluto.
|| *S.m.* 2. Soberano com poderes ilimitados, absolutos.
⇨ A pronúncia oficializada e corrente é *autocrata,* como *democrata, aristocrata.*

autografar. V. derivado de *autógrafo.* Nas formas seguintes, o acento tônico se desloca para a sílaba *gra: autografo, autografas, autografa, autografam; autografe, autografes, autografe, autografem.*

automação. [Do ingl. *automation.*] *S.f.* Conjunto de processos que visam substituir o trabalho braçal e intelectual do homem pelo máquina, sobretudo em atividades industriais e em operações de cálculo: "A *automação* barateou os custos de produção e elevou, em proporções gigantescas, a produtividade do trabalho." (Paulo Sandroni) ⇨ Automação é palavra mal formada, cópia servil do inglês. O substantivo e o verbo devem ter o radical comum: *automat-izar, automat-ização; colon-izar, colon-ização; descentral-izar, descentral-ização;* etc. A forma correta é, portanto, *automatização:* "A estrutura portuária moderna, com o uso máximo da *automatização* para movimentação de cargas em contêineres tem peso considerável (*JB,* 8/7/95, editorial)
⇨ Por desleixo ou por ignorância, os cientistas forjam vocábulos sem atenderem aos processos de formação das palavras portuguesas. Daí a existência deste e de muitos outros mostrengos que, veiculados pelos meios de comunicação, acabam incorporando-se à nossa língua.

autópsia. [Do gr. *autopsía,* ação de ver ou examinar pessoalmente.] *S.f.* Termo usado impropriamente em medicina legal, em vez de *necrópsia*★,* que é a perícia feita em cadáver para

apurar a causa do óbito (*causa mortis*). ⇨ Variante prosódica: *autopsia*. Veja *paropsia*.
autorizar. *V. t. d.* e *t. d. e. i.* Dar autorização, conceder licença.
1. Construções corretas: Ele *autorizou* a viagem do filho. / Ele *autorizou* o filho a viajar. / Ele *autorizou* o filho a que viajasse. / Ele *o autorizou* a viajar. / Ele o *autorizou* a que viajasse.
2. Construções incorretas: Ele *autorizou-lhe* a viajar. Ele *autorizou a que* o filho viajasse. ⇨ Escritor moderno, numa obra em que abusa dos coloquialismos, escreveu: "Os guardas *autorizaram a que* os dois voltassem ao governador." O correto é: "Os guardas *autorizaram os dois a que* voltassem (ou *a voltarem*) ao governador."
autuar. [De *auto* + *-ar*.] *V. t. d.* Lavrar um auto ou uma autuação contra; registrar uma irregularidade, processar: Os fiscais da saúde pública *autuaram* vários donos de restaurantes. / "Eu poderia mandar *autuá-lo* por desacato à autoridade!" (Campos de Carvalho, *Obra reunida*, p. 208) ⇨ Não confundir com *atuar* (exercer ação, influir).
avalancha. [Do fr. *avalanche*.] *S.f.* 1. Massa de neve e gelo que se desprende de uma montanha, arrastando terra e tudo o que encontra pela frente; alude.
2. *Fig.* Grande quantidade de coisas que caem, invadem ou chegam repentinamente: uma *avalancha de cartas, de notícias, de protestos*, etc. / "Sobre eles [os árabes] se abate uma *avalancha* de propaganda semelhante à que insuflou o antissemitismo." (Moacir Werneck de Castro, *A ponte dos suspiros*, p. 63) ⇨ Prefira-se a forma aportuguesada à francesa *avalanche*.
avaro. *Adj.* Avarento. É palavra paroxítona. Sílaba tônica: *va*. O *adv.* se pronuncia *avàramènte*: "Reservo *avaramente* minhas disponibilidades de tempo para velhos amigos." (Ciro dos Anjos, *O amanuense Belmiro*, p. 66)
avassalar. [De *a-* + *vassalo* + *-ar*.] *V. t. d.* Tornar vassalo; dominar, oprimir: Hitler queria *avassalar* o mundo. / "Vejo com repulsa e horror essa onda propagandística que nos *avassala*, essa espécie de pensamento único que nos querem impor." (Moacir Werneck de Castro, *A máscara do tempo*, p. 12)
a vela, à vela. Barco a (ou à) vela. O acento é opcional.
avelhentado. [Part. de *avelhentar*.] *Adj.* Tornado velho, de aspecto envelhecido, avelhado:

trabalhador *avelhentado*, rosto *avelhentado*. "Não podia acabar de crer que essa figura esquálida, essa barba pintada de branco, esse maltrapilho *avelhentado*, que toda essa ruína fosse Quincas Borba." (Machado de Assis, *Brás Cubas*, p. 199) Variante: *avelhantado*.
avelhentar. [De *a-* + *velho* + *-entar*.] *V. t. d.* Tornar velho antes do tempo, dar aspecto de velho: A doença o *avelhentou*. Variante: *avelhantar*.
averiguar. Verbo regular. Vai grifado o *u* tônico: *Ind. pres.*: averi*g*uo, averi*g*uas, averi*g*ua, averi*g*uamos, averiguais, averi*g*uam. *Pret. perf.*: averiguei, averiguaste, averiguou, etc. *Subj. pres.*: averig*ú*e, averig*ú*es, averig*ú*e, averiguemos, averigueis, averig*ú*em. *Imper. afirm.*: averigua, averig*ú*e, averiguemos, averiguai, averig*ú*em. Veja *apaziguar*.
aves. *Adj.* relativo a aves: *aviário, avícola*.
avir. [Do lat. *advenire*.] *V. t. d.* 1. Conciliar, reconciliar: Procurei *avir* os dois adversários políticos.
Pron. 2. Entender-se, arranjar-se: Ignoro se os dois *se avieram*. / Eles lá *se avenham*.
3. Verbo pouco usado. Conjuga-se como *vir*: avenho, avinha, avim, aviera, avenha, etc. Antônimo: *desavir-se*.
avisar. 1. Avisar alguém: O empregado *avisou* o patrão. / Ele *o avisou* imediatamente. / Eu *a avisei*, mas ela não me ouviu.
2. Avisar alguém de alguma coisa: Um amigo *avisava-o da* chegada do correio. / *Avisei* o rapaz *do* perigo a que se expunha. / Nós *o avisamos de* que a polícia o procurava. / "O que primeiro farei é *avisá-lo de* que eu não sou homem que o avise duas vezes." (Camilo Castelo Branco, *O retrato de Ricardina*, p. 19) Na forma passiva: Ana *foi avisada de* que seu pai adoecera.
3. Avisar alguém para alguma coisa: Ela *avisou* a neta *para* que trancasse a porta. / Ela *os avisou para* que se aprontassem (ou *para se aprontarem*) depressa.
4. Avisar a alguém alguma coisa: *Avisou aos* pais que ia pescar. / *Aviso-lhe* que tome cuidado. ⇨ Essa construção não tem compromisso com a boa norma sintática. Admite-se na linguagem despreocupada, informal.
5. Avisar, verbo intrans.: Quem *avisa*, amigo é. / A desgraça chega sem *avisar*.
à vista, à vista de. Locuções acentuadas. Exs.: Efetuamos o pagamento *à vista*. / *À vista de* tais provas, não há como negar os fatos. / É melhor pagar *à vista* do que a prazo.

avô. Plural correto, embora pouco usado: *avôs*.
⇨ Cp. *camelô/camelôs*; *maiô/maiôs*; *robô/robôs*; etc. Veja *avós*.

avocar. [Do lat. *avocare*, chamar, afastando; desviar.] 1. Atrair, aliciar: Ele tenta *avocar* a seu partido políticos dissidentes. 2. Atribuir-se, arrogar-se: "*Avoca* a si poderes que não tem." (Aurélio) 3. Requisitar (um processo, uma causa), deslocar de um tribunal para outro superior: O Supremo Tribunal Federal decidiu *avocar* o processo. ⇨ Diz-se, portanto, *avocar* (e não *invocar*) a si um processo.

avós. Designa: a) as avós paterna e materna; b) os dois avôs e as duas avós de alguém; c) os antepassados ou ascendentes: Esses filhos de imigrantes conservam puro o legado cultural de seus *avós*. Adj. referente a *avós*, na acepção c: *avoengo* (costumes *avoengos*).

avulsão. [Do lat. *avulsione*, ato de arrancar.] *S.f.* Ato de arrancar, de extrair violentamente. Em cirurgia, extração de um órgão ou de parte dele: *avulsão de um dente*. O mesmo que *evulsão*. Cognatos: *avulso* (arrancado; separado; que não faz parte de uma coleção: *folha avulsa, cheque avulso*); *convulsão, convulsivo, convulso*.

axila. Adj. relativo a axila: *axilar* (pelos *axilares*).

axioma. *S.m.* Proposição evidente por si mesma, que dispensa demonstração; máxima, sentença, adágio. Exemplos de axiomas: *Não há efeito sem causa*. / "*O louvor ganha amigos, a maledicência inimigos.*" (Marquês de Maricá, *Máximas*, p. 336) ⇨ Prefira-se a pronúncia *akcioma* a *assioma*.

azáfama. *S.f.* Muita pressa, grande afã, agitação. É palavra proparoxítona.

azálea. *S.f.* Arbusto da família das ericáceas cultivado em jardins pela beleza de suas flores. ⇨ É mais usada a variante *azaleia*.

azeite. Adj. relativo a azeite: *oleídeo*.

à zero hora. Sendo locução adverbial de tempo, acentua-se o *a*: "E tudo ia bem, até que *à zero hora* do dia seguinte o carro parou em Tamanduá-Mirim, diante de uma fila inerte de caminhões." (Carlos Drummond de Andrade, *Obra completa*, p. 853)

aziago. *Adj.* Agourento, azarento, infausto, infeliz: Foi um dia *aziago*. / "O dia começara bem; mas ia-se tornando *aziago*." (Alexandre Herculano, *Lendas e narrativas*, p. 376) ⇨ *Aziago* é palavra paroxítona.

azul-celeste. Adjetivo composto, invariável: mantos *azul-celeste*.

azul-ferrete. Azul muito carregado, tirante a preto. É adjetivo invariável: gravatas *azul-ferrete*.

azul-marinho. Adjetivo composto, invariável: ternos *azul-marinho*, blusas *azul-marinho*.

babador, babadouro. No português do Brasil usa-se a primeira forma, se bem que *babadouro* seja a mais correta. A terminação *-douro* aparece em substantivos que indicam lugar (*logradouro, matadouro, sumidouro,* etc.), ao passo que a terminação *-dor* designa, em geral, agente, profissional (*lavrador, jogador, carregador,* etc.) e objetos (*espanador, aquecedor, grampeador,* etc.). A influência desses últimos explica a preferência que se deu à forma *babador*.

bacharel. *S.m.* Estudante que se diplomou por uma faculdade: *bacharel em Direito, em Filosofia,* etc. Aurélio dá o feminino *bacharela*, forma usada por Ciro dos Anjos em seu romance *Abdias,* 6ª ed., p. 128: "Enquanto o paraninfo, num longo discurso às jovens *bacharelas*, proferia as palavras de praxe, estive a conversar com o Dr. Azevedo, num gabinete ao lado." Todavia, não nos parece incorreto não flexionar em gênero o substantivo em foco e escrever: "A *bacharel* em Direito Eunice Paiva é viúva?" (Luís Fernando Furquim, *O Globo,* 30/8/95)

Δ **baci-.** [Do lat. *baca, bacae,* baga.] *El. de comp.* = 'baga': *bacífero, baciforme, bacívoro.*

bacilo. [Do lat. *bacillum,* varinha, bastonete.] *S.m.* 1. Microrganismo ou bactéria com forma de bastonete: *bacilo de Koch* ou *da tuberculose, bacilo de Hansen* ou *da lepra,* etc.
|| *Adj.* 2. Relativo a bacilo: *bacilar*.

baço. Adj. relativo ao baço: *esplênico.*

bactéria. [Do gr. *baktería,* bastão.] *S.f.* Micróbio unicelular, de forma alongada (bacilo) ou esférica (coco). Compare-se com *bacilo* (lat. *bacillum,* varinha, bastonete).

bagdali. *Adj.* 1. Relativo a Bagdá, cap. do Iraque: *artesão bagdali, artesã bagdali.*
|| *Subst.* 2. Pessoa natural de Bagdá: *o bagdali, a bagdali.*
⇨ É palavra oxítona, como *jabuti.*

Bahia. Por tradição escreve-se com *h* o substantivo próprio Bahia, estado do Brasil. Sem *h*, porém, as palavras derivadas: *baiano(a), baianinha, baianada, baianismo, laranja-da-baía,* etc. O acidente geográfico *baía* também sem *h*: pescar numa *baía*; a *baía* de Guanabara; a *baía* de *Todos os Santos.*

baixar, abaixar. Embora estes verbos sejam sinônimos, nem sempre se pode usar um pelo outro.
1. Empregar-se-á *baixar*: a) quando for verbo intransitivo, mesmo que acompanhado de adjunto adverbial: O nível do rio *baixou*. / O preço do pão *baixou*? / A febre *baixou.* / Depois que *baixa* a poeira, o ar fica limpo. / O prestígio do Presidente *baixava* a olhos vistos. / *Baixou* à sepultura ainda moço. / Do morro *baixamos* à planície. / Os autos *baixaram* ao tribunal de origem; b) quando se apresenta com o significado de *expedir* (ordem, instruções, etc., emanadas de autoridade pública): O ministro *baixou* várias portarias este ano. / O secretário *baixará* as necessárias instruções.
2. Se bem que se note, no português de hoje, preferência pelo verbo *baixar*, é indiferente utilizar uma ou outra forma, quando houver

objeto direto, ressalvando-se o caso do item *b*, acima: O homem *baixou* (ou *abaixou*) a voz. / Ela *baixou* (ou *abaixou*) a cabeça (ou os olhos). / A moça *baixou* (ou *abaixou*) a cortina (ou as persianas.) / Ele teve de *baixar* (ou *abaixar*) o topete. / O pedreiro *abaixa* (ou *baixa*) o muro. / Pedi que *baixassem* (ou *abaixassem*) o volume do som. / O comerciante não quis *abaixar* (ou *baixar*) o preço. / São orgulhosos, não *se baixam* (ou *se abaixam*) para pedir desculpas. / Ele *abaixou-se* (ou *baixou-se*) para evitar o soco.

baixo. Superlativo abs. sint.: *ínfimo, baixíssimo.*

Bálcãs, Balcãs. Península meridional da Europa. ⇨ É palavra de prosódia controversa. Aurélio e Houaiss adotam a primeira; Aulete admite as duas. Há preferência pela prosódia *Bálcãs*: "Acompanhamos com emoção o que se passa nos *Bálcãs*." (José Aparecido de Oliveira, *O Globo*, 1º/11/94) / "As massas andavam extremamente preocupadas com a solução do conflito da China e a consolidação da democracia nos *Bálcãs*." (Carlos Drummond de Andrade, *Obra completa*, p. 489) / "Na vida internacional, as guerras nos *Bálcãs* já anunciavam a grande guerra de 1914." (Álvaro Lins, *Rio Branco*, p. 444) Cognatos: *balcânico, balcanizar, balcanização.*

Bali. Adj. rel. a Bali (ilha da Indonésia): *balinês.* Pl.: balineses: "*Balineses* receiam que atentado terrorista leve para a ilha disputas religiosas, frequentes no país." (*O Globo*, 20/10/2002) Fem.: balinesa, balinesas.

Δ **balneo-.** [Do lat. *balneum*, banho.] *El. de comp.* = 'banho': *balneologia, balneoterapia, balneoterápico, balnear* (cidade *balnear*), *balneário.*

bálsamo. Adj. relativo a bálsamo: *balsâmico* (aroma *balsâmico*).

Balzac. Adj. relativo ao escritor francês Honoré de Balzac: *balzaquiano.*

bandidagem. [De *bandido* + *-agem*.] *S.f.* Ação ou vida de bandido, banditismo; bando de criminosos, grupo de bandidos. ⇨ Neologismo de uso popular.

bandidismo. [De *bandido* + *-ismo.*] Forma correta, porém, menos usada que *banditismo.*

bangue-bangue. [Do ingl. *bang-bang.*] *S.m.* Filme de faroeste; filme com muitas cenas de tiroteio e violência; briga com pancadaria e tiroteio. Pl.: *bangue-bangues.*

banho. Adj. relativo a banho: *balnear* (estação *balnear*). Veja *balneo-*.

banir. Expulsar, expatriar, excluir. Verbo defectivo. Só tem as formas em que ao *n* se segue *e* ou *i*: bane, baniu, baniram, banisse, etc.

barato, caro. 1. É impropriedade de linguagem dizer *preço barato, preço caro.* Os produtos, as mercadorias, os serviços é que são baratos ou caros: artigos *baratos*, roupas *caras*, consulta *cara*, livro *barato*. / As tarifas de luz estão mais *caras*. Quanto aos preços, diremos que são baixos ou módicos, altos ou exorbitantes, extorsivos ou abusivos.
2. *Barato* e *caro*, quando empregados como advérbios, permanecem invariáveis: Vende-se *barato* esta fazenda. / Comprou *caro* os seus móveis. / A partir de amanhã, a gasolina custará mais *caro*. / No atacado, estes produtos custam 30% mais *barato*. / Ele pagou *caro* pelos seus erros. / "*Caro* pagareis a audácia." (Mário Barreto, *Novos estudos*, p. 264) ⇨ Escritores clássicos usaram frequentemente *caro* como advérbio, mas flexionado, em frases como: O criminoso estava disposto a vender *cara* a sua vida. / *Caros* me custaram os meus deleites. / Paguei *cara* a minha curiosidade.

báratro. *S.m.* Abismo

Δ **barbi-.** [Do lat. *barba.*] *El. de comp.* = 'barba': *barbirruivo, barbilouro, barbilongo.*

Δ **baro-.** [Do gr. *báros*, peso.] *El. de comp.* = 'peso', 'pressão': *barômetro, barógrafo, barométrico.*

basculante. Adj. e *s.m.* Forma correta: janela basculante, um basculante. ⇨ *Vasculante* e *vasculhante* são deturpações vulgares.

bastante. 1. Significa *que basta, suficiente*. Adjetivo que é, concorda com o substantivo: Não houve provas *bastantes* para condenar o réu. / Três homens são *bastantes* para realizar esta obra.
2. Não nos parece reprovável empregar *bastante(s)* com significação de *muito(s)*, pelo menos na linguagem coloquial: Ele tem *bastante* dinheiro. / Há *bastantes* aves em nossas matas. / O fato vem se repetindo há *bastantes* anos. / "Um dia, há *bastantes* anos, lembrou-me reproduzir no Engenho Novo a casa em que me criei na antiga Rua de Mata-Cavalos." (Machado de Assis, *Dom Casmurro*, cap. II)
3. *Bastante*, advérbio, invariável, modifica adjetivos, à maneira de *muito*, porém com menos intensidade que este: As candidatas estavam *bastante* nervosas. / Os emissários voltaram *bastante* otimistas. ⇨ Equivale a *suficientemente* em frases como: As duas moças eram *bastante* conhecedoras da língua inglesa.

4. Usa-se como substantivo, precedido do artigo *o*: Trabalha *o bastante* para não passar fome.

bastar. 1. Concorda normalmente com o sujeito: *Bastavam-lhe* uns parcos recursos. / *Não bastam* dois ônibus para transportar tanta gente. ⇨ São frequentes os erros de concordância no uso deste verbo quando anteposto ao sujeito, como na seguinte frase de um jornal carioca: "Como se não *bastasse* tantos fatores negativos, a pesquisa ainda mostra que..." O sujeito *fatores* exige o verbo no plural: *bastassem*.
2. Concorda no singular com o sujeito oracional: *Basta* que eles assimilem os princípios básicos. / *Basta* eles assimilarem os princípios básicos. / São crianças que não *basta* afastar da rua; é preciso também reeducá-las. / Os problemas, não *basta* equacioná-los.
3. É invariável a expressão *basta de* equivalente a *chega*: *Basta de* promessas!

batavos. Povo que habitava a Batávia, nome antigo da Holanda atual, antes da conquista romana; antigos holandeses: "O *batavo* Civilis destroçou-os [os soldados de César] na embocadura do Reno, e as pazes com a Batávia foram as únicas pazes humilhantes que Roma assinou." (Ramalho Ortigão, *A Holanda*, p. 227) É vocábulo paroxítono.

bater. No sentido de *dar pancadas (em alguém)*, constrói-se com objeto indireto: Há pais que *batem nos filhos*. / Os colegas mais fortes *batiam nele*. / Por que *lhe batem*? / "Ele nunca soube ao certo quem *lhe batera*." (Camilo Castelo Branco, *A brasileira de Prazins*, p. 17)

bater, dar, soar. Referindo-se às horas, estes verbos concordam regularmente com o sujeito, que pode ser *hora(s)*, *relógio(s)*: *Deu* duas horas o relógio do mosteiro. / *Deu* uma hora e meia. / *Bateram* três horas no relógio da igreja. / *Soaram* dez horas na torre da catedral. / *Davam* sete horas no relógio da estação. / Quando *batiam* (ou *davam*) oito horas, as lojas abriam.

bater a, à, na porta. 1. *Bater a porta*. Fechá-la com força.
2. *Bater à porta*. Bater junto à porta para que abram ou atendam: "De noite, *bateram à porta*, e foi dona Manuela que atendeu." (Marques Rebelo, *A estrela sobe*, p. 233) / "Era precisamente a casa *a cuja porta* bati, tempos atrás." (Ciro dos Anjos, *O amanuense Belmiro*, p. 26)
3. *Bater na porta*. Dar pancadas na porta.
4. *Bater à porta de alguém*. Procurá-lo para lhe pedir alguma coisa.

Δ **bati-.** [Do gr. *bathys*, profundo.] *El. de comp.* = 'profundo': *batimetria*, *batímetro*, *batisfera*.

bauxita. [Do fr. *bauxite*, que se pronuncia *bokcite*.] A pronúncia correta é *baukcita*, mas prevalece a pronúncia *bauchita*.

bávaro. Natural da Baviera (região da Alemanha). É palavra proparoxítona.

bêbedo, bêbado. A segunda forma é a alteração da primeira. O uso generalizado já a legitimou: "Constantemente dirige *bêbado*: é louco mesmo." (Aurélio) ⇨ Paulo Mendes Campos deu a um de seus livros o título de *O anjo bêbado*. Raquel de Queirós, no romance *Caminho de pedras*, e Gustavo Corção, em *Lições de abismo*, p. 70, preferiram a forma *bêbedo*, que também se lê em *Salomé*, de Menotti Del Picchia, p. 40: "Na manhã brumosa seu passo era o de um *bêbedo*." Num de seus contos, Aurélio, supracitado, usou a forma original: "Zé Bala não mentia, nem mesmo *bêbedo*." (*Seleta*, p. 43) Para finalizar, vai este exemplo de Guilherme Figueiredo: "Meu amigo estava visivelmente *bêbedo*." (*Maria da Praia*, p. 39) ⇨ Nos cognatos não há alteração do radical: *bebedeira*, *beberrão*, *embebedar*, etc.

bela caligrafia. A ideia de belo já está expressa na palavra *caligrafia*, de origem grega, que significa *bela escrita*. Por isso é redundante o adjetivo *bela* aplicado a caligrafia. Embora o sentido etimológico esteja praticamente obliterado, será melhor dizer *bela escrita* ou *bonita letra* em vez de *bela caligrafia*. "*Caligrafia* significa, pois, *bela letra*; e *belíssima caligrafia* tanto monta como *belíssima bela letra*." (Júlio Ribeiro)

belchior. [Do antropônimo *Belchior*, comerciante que estabeleceu no Rio de Janeiro a primeira casa de compra e venda de roupas e objetos usados.] *S.m.* Mercador de objetos velhos e usados; adeleiro, alfarrabista. ⇨ A pronúncia correta é *belxiór*.

Δ **beli-, belo-.** [Do lat. *bellum, belli*, guerra.] *El. de comp.* = 'guerra': *belonave*, *belígero*, *bélico*, *belicismo*, *beligerante*, *belicoso*.

Δ **bem-.** 1. Como prefixo, de acordo com a ortografia oficial, une-se com hífen quando a palavra que se lhe segue começa: a) por vogal ou *h*: *bem-amado*, *bem-aventurado*, *bem-aventurança*, *bem-estar*, *bem-humorado*. Razão do hífen: evitar falsa pronúncia; b) por consoante e tem vida autônoma na língua: *bem-falante*, *bem-me-quer*, *bem-te-vi*. Quanto ao par *bem-querer/benquerença*, veja o verbete *bem-querer*. Veja também o verbete *bem-vindo*.

2. Quando advérbio, *bem* não se separa com hífen: Nosso trabalho foi *bem feito* e elogiado. / O menino foi *bem educado* pelo avô. / Anda sempre *bem vestido*. / Escolheu frutas *bem maduras*. ⇨ Neste caso, *bem* é antônimo de *mal*.

3. O prefixo *bem-* assume a forma *ben-* nas palavras *bendito* (abençoado), *bendizer, bendizente, benfazejo, benfeitor, benfeitoria, benquerença, benquistar* e *benquisto*. ⇨ *Benfazer*, que, como *bendizer*, data do séc. XIV, é melhor grafia do que *bem-fazer*: "Agora, saber se essa liberdade inglesa *benfaz* ou *malfaz* às classes superiores, ou inferiores, é questão diversa." (Rui Barbosa, *Cartas de Inglaterra*, II, p. 118)

4. O *Vocabulário Ortográfico da Língua Portuguesa*, da Academia Brasileira de Letras, ed. de 2009, registra: *bem-dizer* e *bendizer, bem-querer* e *benquerer, bem-querença* e *benquerença*.

5. O uso do hífen com o prefixo *bem-*, e em muitos outros casos, reclama uma revisão, tantas são as incoerências e complicações.

bem como. Veja *assim como*.

bem haja! Expressão exclamativa equivalente a 'seja abençoado', 'seja louvado': *Bem haja o que luta pela paz!* / *Bem hajam os que lutam pela liberdade!* / "*Bem haja* aquele que envolveu sua poesia da luz piedosa e tímida da aurora!" (Vinicius de Moraes, *Para uma menina com uma flor*, p. 37) ⇨ Em tais frases optativas o verbo *haver* deve concordar com o sujeito. A expressão oposta é *mal haja!*

bem-querer. *V. t.* 1. Querer bem a, amar.
|| *S.m.* 2. Benquerença, amor, pessoa amada, bem-amado.
⇨ É preferível grafar *benquerer*, tanto o verbo como o substantivo, por coerência com *benquerença, benquisto, bendizer*: Você é o meu *benquerer*. / Ela *benquer* muito aos pais. / Eles *benquerem-se* desde crianças. / "... o ar de família com que ele se fazia *benquerer*." (Camilo Castelo Branco, *A queda dum anjo*, p. 91) O *Vocabulário Ortográfico* da ABL, ed. 2009, traz *bem-querença* e *benquerença, bem-dizer* e *bendizer*.

bem-vindo. Assim, com hífen, de acordo com o código ortográfico oficial. Parece-nos melhor grafia *benvindo*. Tanto mais porque a pronúncia que se ouve, mesmo entre pessoas cultas, é / *benvindo*/ e não /bêim-vindo/. A grafia deveria subordinar-se à fonética, tal como ocorre com *bendito, benfazejo* e *benquisto*. Advogamos essa grafia, simples e autêntica, para os demais vocábulos compostos formados com o prefixo *bem*, sempre que o segundo elemento o permitir. Veja o verbete *bem-*.

Bendengó, Bendegó. A primeira forma é a geralmente usada para designar o aerólito caído no sertão baiano em 1784 e que se conserva no Museu Nacional do Rio de Janeiro. *Bendengó* é a forma preferida pelo astrônomo Ronaldo de Freitas Mourão em seu livro *Astronomia e poesia*, p. 87, Difel, Rio, 1977. ⇨ Aurélio só consigna *bendengó*, que, por extensão, designa também uma coisa de proporções descomunais.

bendizer. Conjuga-se como *dizer*, do qual deriva: bendigo, bendizes, bendiz, etc.; bendisse, bendisseste, etc.; bendissera, bendisseras, etc.; bendirei, bendirás, etc.; bendiria, bendirias, etc.; bendize, bendiga, bendigamos, bendizei, bendigam; bendissesse, bendisseses, etc.; bendisser, bendisseres, etc. *Part*.: bendito.

beneficência, beneficente. Assim, e não *beneficiência, beneficiente*, barbarismos explicáveis por contaminação fonética de *benefício*.

beneficiar. *V. t. d.* 1. Fazer benefício a; favorecer: A nova lei *beneficia* o trabalhador rural. / A nova lei, sem dúvida, *o* (e não *lhe*) *beneficia*.
2. Submeter (produtos) a processos técnicos que os tornem bons para o consumo: *beneficiar* o arroz; *beneficiar* o café.
Pron. 3. Favorecer-se, tirar proveito: Os atravessadores *beneficiavam-se* da escassez de produtos agrícolas.

benesse. *S.f.* Rendimento auferido pelos vigários e outros clérigos; doação, dádiva; vantagem, lucro, benefício; sinecura, regalia. Atualmente usa-se no plural e no feminino. Em autores clássicos aparece no masculino.

benévolo, benevolente. Superlativo abs. sint.: *benevolentíssimo*.

benzido, bento. 1. *Bento*. Usa-se exclusivamente como adjetivo: pão *bento*; água *benta*.
2. *Benzido*. Particípio de *benzer*. Usa-se na voz ativa e na passiva: O padre *tinha benzido* o recinto. / Os terços *foram benzidos* pelo papa. / "As hemorragias *são* também *benzidas* pelos charlatães com uma reza complicada." (Gustavo Barroso, *Terra de sol*, p. 149)

berimbau. *S.m.* Certo instrumento de percussão, de origem africana. Variante: *marimbau*.

besta (é). [Do lat. *balista*.] *S.f.* Arma com que se disparam pelouros ou setas; lança-dardos: "Arma das mais antigas, a *besta* tem precisão incomum quando usada em distâncias inferiores a trinta metros." (*JB*, 4/7/95) / "... o fato de preferirem alguns conquistadores a *besta* ao mosquete." (Sérgio Buarque de Holanda, *Caminhos e fronteiras*, p. 73) ⇨ Pronuncia-se *bésta*, com o *e* aberto, contrariamente a *besta* (lat. *bestia*, animal de carga), em que a dita vogal é fechada.

bexiga. Adj. relativo à bexiga: *vesical*.

Δ **bi-, bis-.** [Do lat. *bis*] *El. de comp.* = 'duplamente', 'duas vezes', 'repetição': *biaxial, bicampeão, bicentenário, bifocal, bienal, bimestral, binacional, birrepetente, bissemanal, bisneto, bisavô*. Une-se ao elemento seguinte sem hífen. ⇨ Além de formar o verbo *bisar* (repetir), *bis* se usa como subst. (pedir *bis*) e interjeição (*bis! bis!*).

Δ **biblio-.** [Do gr. *biblíon*, livro.] *El. de comp.* = 'livro': *biblioteca, bibliógrafo, bibliografia*.

bicicletário. [De *bicicleta* + *-ário*.] *S.m.* Área destinada ao estacionamento de bicicletas, junto a ciclovias, fábricas, escolas, etc.: "Ciclovias vão ganhar mais *bicicletários*." (*JB*, 4/4/96) ⇨ O sufixo *-ário* exprime, entre outras ideias, a de lugar onde se guarda um conjunto de coisas, plantas ou animais: *bicicletário, herbário* (= *fitoteca*), *orquidário, aquário*, etc. *Bicicletário* é neologismo criado em 1987.

bígamo. *S.m.* e *adj.* Que tem ou o que tem dois cônjuges simultaneamente. É vocábulo proparoxítono, mais usado como substantivo.

bile, bílis. *Bile* é a forma portuguesa da palavra latina *bilis*. Ambas as formas são usadas, mas *bile* é a que os profissionais de Medicina geralmente empregam.

bilhão. Quanto à concordância, veja *milhão*.

bilingue. *Adj.* Que fala duas línguas (escritor *bilíngue*); escrito em duas línguas (texto *bilíngue*); onde se falam duas línguas (país *bilíngue*). ⇨ A vogal *u* deve ser pronunciada, como nas palavras *língua* e *aguentar*.

bílis ou **bile.** Adj. relativo à bílis: *biliar* (vesícula *biliar*).

bímano. *Adj.* Que tem duas mãos. É vocábulo proparoxítono.

bimensal, bimestral. São dois adjetivos que não devem ser confundidos.
1. *Bimensal*. Que acontece ou se realiza duas vezes no mês, quinzenal: reuniões *bimensais*, periódico *bimensal*.
2. *Bimestral*. Que acontece ou se realiza de dois em dois meses ou cada bimestre: visita *bimestral*, testes *bimestrais*.

Δ **bio-, -bio.** [Do gr. *bios*, vida.] *El. de comp.* = 'vida': *bioética, biografia, biologia, biólogo, macróbio, micróbio, biodegradável, biorritmo, biossocial*, etc. Une-se sem hífen, em todos os casos.

biópsia. [Do gr. *bio-* + *-opse-* (de *ópsis*, vista) + *-ia*.] *S.f.* Retirada de um fragmento de tecido de um ser vivo para exame histológico. ⇨ Variante prosódica (menos usada): *biopsia*.

biótipo. [De *bio-* + *tipo.*] *S.m.* Aspecto do indivíduo segundo sua compleição física e suas características genéticas. ⇨ Variante prosódica: *biotipo*. Em tese, os vocábulos terminados em *-ótipo* são proparoxítonos: *estereótipo, protótipo*, etc. Na prática, porém, o uso nem sempre confirma a teoria, havendo alguns desses vocábulos que se pronunciam com o acento tônico na sílaba *ti*, como é o caso de *logotipo*; e outros de prosódia oscilante, proferidos ora como proparoxítonos, ora como paroxítonos, como *biótipo/biotipo, monótipo/monotipo*, etc.

bipedalismo. [De *bipedal* + *-ismo*]. *S.m.* Ação ou capacidade de andar com dois pés; o caminhar ereto: "Outros antropólogos acreditam que o *bipedalismo* liberou as duas mãos dos hominídeos para carregarem comida ou crianças por longas distâncias." (*Manchete*, 16/9/95)

bispo. Adj. relativo a bispo: *episcopal* (anel *episcopal*).

Δ **blasto-.** [Do gr. *blastós*, germe, germinação.] *El. de comp.* = 'germe', 'germinação': *blastocinese, blastocarpo, blástula, aeroblasto*.

blaterar. [Do lat. *blaterare*, tagarelar.] *V. i.* 1. Falar muito; soltar a voz (o camelo).
V. t. d. 2. Gritar, vociferar: O homem saiu furioso, *blaterando* ameaças e impropérios.
V. t. i. 3. Falar ou clamar com violência contra, vociferar: "Pelo menos, bem ou mal, esse é um dos poucos a *blaterar* contra a ignomínia a que nos querem submeter as forças da prepotência governamental." (Campos de Carvalho, *Obra reunida*, p. 77) Nessa última acepção, também se usa a variante *deblaterar*: No comício, os oradores *deblateravam contra* seus adversários políticos.

blecaute. [Do inglês *black-out*.] *S.m.* Escuridão completa provocada por interrupção do fornecimento de energia elétrica; apagão; ato de deixar um lugar às escuras: "O Leblon parou esta semana e não foi por causa do *blecaute*." (Cláudio Uchoa, *O Globo*, 13/3/93)

Δ **blefaro-.** [Do gr. *blépharon*, pálpebra.] *El. de comp.* = 'pálpebra': *blefarite, blefaroplastia*.

blêizer. [Do ingl. *blazer*.] Casaco esporte, japona. Pl.: *blêizeres*.

Δ **bleno-.** [Do gr. *blénnos*, humor viscoso, muco.] *El. de comp.* = 'muco': *blenorragia, blenógeno, blenorrágico, blenorreia*.

blitz. [Abreviatura do al. *blitzkrieg*.] *S.f.* 1. Guerra-relâmpago.
2. Batida policial de improviso.
3. Visita feita de surpresa por fiscais de um órgão público a um estabelecimento ou empresa, para flagrar irregularidades e puni-las, se constatadas: A saúde pública fez uma *blitz* em bares e restaurantes. / "Deputados pedem à Polícia Federal e à Receita que façam *blitzes* nas casas de jogo." (*JB*, 26/5/95)

boa-noite, boa noite. 1. Hifeniza-se a expressão quando é substantivo composto, designando tanto o cumprimento que se dirige a alguém de noite como a planta ornamental cujas flores se abrem ao anoitecer: Ele nem sequer me deu *boa-noite*. / No jardim recendiam as flores das *boas-noites*.
2. Não sendo substantivo composto, não se usa hífen: Tivemos uma *boa noite*.
3. Enquadram-se nas mesmas regras: *bom-dia, boa-tarde, boa-vida, boa-praça* e *boas-festas*.

boa parte de. O verbo concorda, indiferentemente, no singular ou no plural, em frases como: Boa parte dos cães *anda solta* (ou *andam soltos*). / "O largo litoral macaense fez com que boa parte dos poços *fossem descobertos* em seu mar territorial." (Carlos Marchi, *Fera de Macabu*, p. 313) / "Boa parte dos deputados que participaram da sessão *votou* (ou *votaram*) a favor." (Pasquale Cipro Neto, *O Globo*, 10/10/1999) / "Boa parte dos oficiais do Centro de Informações do Exército *estavam* mais *concentrados* no seu próprio terrorismo." (Élio Gaspari, *A ditadura envergonhada*, p. 307) / "Boa parte deles [motoristas] *dirige* muito mal." (*O Globo*, 16/1/2005) Veja *a maioria de*.

boa vontade. 1. As expressões *boa vontade, má vontade, bom gosto, mau gosto, bom humor, mau humor, bom senso*, embora escritas sem hífen, constituem uma unidade léxica, são sentidas como se fossem uma só palavra. Por isso é que se pode antepor-lhes *mais* ou *menos* e dizer: Ele agora está demonstrando *mais boa vontade* (e não *melhor vontade*). / Hoje ela demonstrou *menos boa vontade* (e não *pior vontade*). / Ele tem *mais bom gosto* que o irmão. / Certos jovens têm *mais bom senso* que os velhos.
2. Diz-se corretamente, sem redundância: Tive a *melhor boa vontade* possível. / Atendeu-nos com a *pior má vontade* possível. / Ela agiu com a *melhor boa-fé* deste mundo.
⇨ Alguns gramáticos entendem (e com razão, embora sem apoio no vocabulário oficial, que só consigna *boa-fé*) que as expressões acima devem ser escritas com hífen, e assim o fazem: *boa-vontade, má-vontade, bom-gosto*, etc. O VO traz *bom-senso*, com hífen.

boca. Adjetivos relativos a boca: *bucal* (higiene *bucal*), *oral* (expressão *oral*).

bocal, bucal. São parônimos.
1. *Bocal*. [De *boca* + *-al*.] É substantivo e significa: boca ou abertura de recipientes, embocadura de certos instrumentos de sopro.
2. *Bucal*. [Do lat. *bucca*, boca.] É adjetivo e significa 'relativo à boca', 'da boca': *mucosa bucal, higiene bucal*.

bochechar. Pronunciam-se com a vogal *e* fechada as formas deste verbo: *bochecho, bochechas, bochecha, bochecham; bocheche, bocheches, bochechem*.

bodas. *S.f.pl.* Celebração de casamento, núpcias; festa da comemoração de casamento: *bodas* de ouro, *bodas* de prata, etc. ⇨ Pronuncia-se *bôdas*, e não *bódas*.

bode. Adj. relativo ao bode: *hircino* (do latim *hircus*, bode).

bode expiatório. 1. Bode que os judeus, no dia da expiação, expulsavam para o deserto, depois de o terem carregado com as iniquidades de Israel, a fim de se livrarem da maldição divina.
2. *Por ext.* Pessoa sobre a qual se fazem recair culpas e erros dos outros.

boemia, boêmia. No português do Brasil é corrente a pronúncia *boemia*: Ele vive na *boemia*. Em Portugal se diz *boêmia*: "Jaime andava na *boêmia* das tascas, das serenatas, das meretrizes, até alta madrugada." (Fernando Namora, *O homem disfarçado*, p. 82) / Em um ou outro escritor brasileiro encontra-se *boêmia*: "Nos meados do século, a *boêmia* acadêmica chegava ao apogeu com o clima do romantismo." (Álvaro Lins, *Rio Branco*, p. 36) / "Uma moderada *boêmia* deveria andar necessariamente junta com a profissão da imprensa." (Austregésilo de Ataíde, *Vana verba*, p. 119)
No Brasil, *boêmia* emprega-se como adjetivo, feminino de *boêmio*: O artista levava uma vida *boêmia*. / É muito apreciada a cerâmica *boêmia* (da Boêmia, região da República Tcheca.)
⇨ O deslocamento do acento tônico *boêmia/boemia* se deve ao fato de a maioria dos vo-

cábulos portugueses terminados em *-ia* serem acentuados no *i* do sufixo: *cortesia, carestia, mordomia*, etc.

bolsos. Pronuncia-se *bôlsos*.

bom. Superlativo abs. sint.: *ótimo, boníssimo*.

bom êxito, mau êxito. 1. *Êxito* significa resultado, bom ou mau. Pode-se, portanto, juntar-lhe um adjetivo que o caracterize: Era preciso assegurar *o bom êxito* da empresa. / *O mau êxito* de sua equipe não abalou o treinador. 2. A língua moderna restringiu o sentido de *êxito*, que passou a significar *bom resultado, resultado feliz*: Viu seus esforços coroados de *êxito*. / Ele teve *êxito* em todos os seus empreendimentos.

Δ **boqui-.** [De *boca*.] *El. de comp.* = 'boca': *boquiaberto, boquiabrir, boquirroto*.

bororo. *S.m.* e *f.* Indivíduo dos bororos, tribo indígena de Mato Grosso: "Os *bororos* estão em guerra com os fazendeiros." (Edilberto Coutinho, *Piguara*, p. 35) ⇨ Pronuncia-se *borôro(s)*, e não *borôro(s)* nem *bororó(s)*.

bosque. Adj. relativo a bosque: *nemoral*. (Do lat. *nemus, nemoris*, bosque.)

bosquímano. *S.m.* Indivíduo dos bosquímanos, selvagens que habitam a África meridional: "Pura biboca de *bosquímano*." (Monteiro Lobato, *Urupês*, p. 211) ⇨ Existe também a forma *boximane*: "Os *boximanes* constituem, talvez, um dos mais antigos grupos antropológicos da África." (*Enciclopédia Delta Larousse*, p. 1011) Pronuncia-se *bochimãne*. *Bosquímano* (proparoxítono) é a pronúncia usual, mas os dicionários registram também *bosquimano* (paroxítono).

bossa-nova. *S.f.* 1. Movimento de renovação da música popular brasileira surgido no final da década de 1950: Tom Jobim foi o principal divulgador da *bossa-nova*.
|| *Adj.* 2. Relativo a esse tipo de música ou a qualquer moda nova: música *bossa-nova*, criações *bossa-nova*, conceitos *bossa-nova*. Adjetivo invariável no plural.
⇨ Parece-nos mais acertado hifenizar tanto o substantivo como o adjetivo, e não apenas esse último, como determina o VO, da ABL/2009.

bota-fora. *S.m.* Pl.: *bota-foras*.

Δ **botuli-.** [Do lat. *botulus*, chouriço, salsicha.] *El. de comp.* = 'chouriço', 'salsicha': *botuliforme, botulismo*.

braço. Adj. relativo a braço: *braquial* (músculos braquiais), *braçal* (trabalho *braçal*).

braço direito. Auxiliar ou assistente muito dedicado e eficiente de alguém: "Você vai ser o meu *braço direito*, me disse o padre." (Otto Lara Resende, *O braço direito*, p. 11) Grafa-se esta expressão sem hífen.

Braga. Adj. relativo a Braga (Portugal): *bracarense*.

braguilha. *S.f.* Diminutivo de *bragas*, calças antigas. Abertura dianteira das bragas; abertura dianteira de calças, calções, etc.: "Ricardo abotoou a *braguilha*." (Herberto Sales, *Além dos marimbus*, p. 27)
⇨ É vulgar e incorreta a forma *barguilha*.

brandir. *V. t. d.* Agitar com a mão (uma espada, uma lança, etc.), antes de desferir o golpe: O velho *brandiu* a bengala contra o cão. Verbo defectivo. Só se usam as formas em que ao *d* do radical se segue *e* ou *i*: *brande, brandia, brandiu, brandiram, brandisse*, etc.

branquejar. Todas as formas deste verbo têm o *e* fechado. Veja *almejar*.

Δ **braqui-.** [Do gr. *brachys*, curto.] *El. de comp.* = 'curto', 'breve': *braquicéfalo, braquidátilo, braquifacial, braquilogia*★.

braquilogia. [De *braqui-*, curto, breve + *logos*, palavra + suf. *-ia*.] Frase reduzida, expressão condensada, sem comprometimento do sentido da forma plena. Exemplos: Pedi um filé com *fritas* (= com *batatas* fritas). / Gente entrava e saía da sala. / Fizemos o que cumpria (= Fizemos o que cumpria *que fizéssemos*). / Não se registraram tumultos durante e depois do jogo. / Perguntei-lhe em que país ia residir. Respondeu que não sabia (isto é: Respondeu que não sabia *em que país ia residir*). / Contra o escritor português José Saramago levantaram-se vozes cis e transatlânticas (ou seja: vozes *cisatlânticas* e transatlânticas). / É tão instruído ou mais que seu irmão (isto é: ou mais *instruído* que seu irmão). Podem ser considerados exemplos de braquilogia: a) redução de palavras: *moto* por *motocicleta*; *cine* por *cinema*; *pneu* por *pneumático*; *foto* por *fotografia*; *extra* por *extraordinário*; *micro* por *microcomputador*; *Guará* por *Guaratinguetá*; *zoo* por *jardim zoológico*, etc; b) siglas: ONU, CPF, IPTU, Varig e tantas outras; c) elipses: veja exemplos nos verbetes *elipse* e *zeugma*. Essas diversas formas de reduções e simplificações linguísticas são um fato comum a todos os idiomas e vêm se tornando cada vez mais frequentes, em virtude do ritmo acelerado da vida hodierna, que nos urge a economizar tempo e palavras. Veja os verbetes *tanto ou mais do que* e *tão bem ou melhor que*.

brasão. Adj. relativo a brasão: *heráldico* (símbolos *heráldicos*).

brasílico. Adj. relativo a gente, animais ou coisas nativos do Brasil; brasileiro: tribos *brasílicas*; fauna *brasílica*; produtos *brasílicos*. / "E se não falava tupi-guarani, por que teria Portugal, por uma ordem régia, proibido o uso da língua *brasílica* no Brasil?" (Cassiano Ricardo, *Marcha para oeste*, p. 174) / "No ano de 1500 as praias *brasílicas*, de norte a sul, estavam povoadas por várias ramificações gentias." (Afonso A. de Freitas, *Vocabulário Nheengatu*, p. 29)

brasílio. El. de comp. = 'brasileiro'. Forma adjetivos compostos: litígio *brasílio-boliviano*; relações *brasílio-peruanas*.

brasis. [De *Brasil*.] *S.m.pl.* 1. As terras do Brasil: "Viajamos muitos meses por esses *brasis*." (Aurélio) 2. Indígenas brasileiros: "Anchieta notou que, por esses meios, queria o demônio tornar-se formidável aos pobres *brasis*, ignorantes do Deus verdadeiro." (Sérgio Buarque de Holanda, *Caminhos e fronteiras*, p. 70)

breca. *S.f.* Palavra de origem desconhecida. 1. Cãibra.
2. Sanha, furor, ira (arcaísmo).
| *Com a breca!* Locução com que se exprime aborrecimento ou surpresa desagradável e que equivale a *com os diabos! Ir com a breca* = perder-se, arruinar-se: Veio a enchente, e tudo *foi com a breca*.
Levado da breca = endiabrado, levado do diabo, muito travesso: Esse menino é *levado da breca*.
Levar a breca = morrer, desaparecer, ter mau fim: Se não socorressem o velhinho a tempo, ele *teria levado a breca*. / Com a recessão, a empresa *levou a breca*. ⇨ Nesta última expressão, a palavra *breca* aparece, no português lusitano, não como objeto direto, mas como sujeito do verbo *levar*: "Até que *a levou a breca*." (Camilo Castelo Branco, *apud* Aulete) / "Tanto se me dá que casem como que *os leve a breca*!" (*Id.*, *A sereia*, cap. XXIX) / "Uns dizem que se restaurou, outros que *o levou a breca*." (Almeida Garrett, *Viagens na minha terra*, p. 101) O mesmo ocorre com a expressão sinônima *levar o diabo*: *Que eles levem o diabo!* (no Brasil) / *Que o diabo os leve!* (em Portugal)

brechó. *S.m.* Loja de belchior, casa de compra e venda de roupas e objetos usados: "Imagem de Nossa Senhora da Piedade foi achada nos fundos de um *brechó*, na Lapa." (*JB*, 2/11/94)

brejo. Adj. relativo a brejo: *palustre* (do lat. *palustris*, derivado de *palus*, *paludis*, pântano, paul).

breve alocução. Expressão redundante, pois uma alocução é sempre breve. Evite-se, dizendo, conforme o caso: Fez um *breve discurso*. / Proferiu uma *inflamada alocução*. Dirigiu aos presentes *algumas palavras alusivas ao evento*.

bricomania. [Do gr. *brýkhein*, ranger os dentes.] Hábito mórbido de ranger os dentes, principalmente durante o sono. Variantes: *briquismo*, *bruxismo*, *bruxomania*. As duas últimas, cópia servil do fr. *bruxomanie* e do ingl. *bruxism*, são viciosas, porque nelas o radical grego está deturpado.

britanizar. [De *britânico* + *-izar*.] *V. t. d.* Tornar britânico ou inglês, adaptar aos costumes britânicos, transmitir cultura britânica: "... apossando-se dos continentes bárbaros e *britanizando-os*." (Eça de Queirós, *Cartas de Inglaterra*, p. 113)

brócolos. [Do it. *broccoli*.] *S.m.pl.* Planta da família das crucíferas, cultivada como verdura: "Qual de nós poderia gabar-se de conhecer espinafre? bertalha? *brócolos?*" (Carlos Drummond de Andrade, *Obra completa*, p. 880) ⇨ No Brasil é mais usada a variante *brócolis*.

Δ **bromato-.** [Do gr. *bróma*, *brómatos*, alimento.] El. de comp. = 'alimento': *bromatologia*, *bromatológico*.

brônquios. Adjetivos relativos aos brônquios: *bronquial*, *brônquico*.

bucho, buxo. Homônimos homófonos. 1. ***Bucho***. Estômago dos animais; estômago de pessoa humana (termo vulgar).
2. ***Buxo*** (lat. *buxus*). Arbusto ornamental, utilizado como cerca viva em jardins, canteiros.

bueiro. *S.m.* Na acepção de chaminé de engenho de açúcar, usina ou fábrica, é regionalismo do Nordeste: "Lá da estrada, viram a fumaça do *bueiro* do Santa Rosa melando o céu azul." (José Lins do Rego, *Fogo morto*, p. 505)

búfalo. [Do gr. *bóubalos*.] Adjetivos relativos ao búfalo: *bufalino* e *bubalino* (gado *bubalino*).

buganvília. [De *Bougainville*, navegador francês.] *S.f.* Trepadeira lenhosa, de flores (ou melhor, *brácteas*) vivas e variadas, também chamada *sempre-lustrosa*: "Então eu expliquei que *buganvília* não tem propriamente flores, tem brácteas, que são folhas iguais às outras, mas valorizadas pelo vermelho." (Carlos Drummond de Andrade, *Obra completa*, p. 738) / "A *buganvília* deu flores de um roxo intenso, seus galhos se projetam acima do telhado da varanda." (Ana Miranda, *A última quimera*, p. 263)

bulir. Segue a conjugação do verbo *subir*. *Ind. pres.*: bulo, boles, bole, bulimos, bulis, bolem. *Subj. pres.*: bula, bulas, bula, bulamos, bulais, bulam. *Imper. afirm.*: bole, bula, bulamos, buli, bulam. Regular nos demais tempos.

Δ **-bundo, -undo.** Sufixos latinos formadores de adjetivos, a que transmitem em geral ideia de intensidade, hábito, inclinação: *meditabundo* (muito pensativo), *iracundo* (muito irado), *furibundo* (muito furioso), *rotundo* (redondo, gordo), *sitibundo* (sedento), *facundo* (eloquente), *fecundo* (muito fértil, muito produtivo), *nauseabundo* (nojento, repugnante), *moribundo* (que está morrendo, agonizante), *gemebundo* (que geme muito, gemente), *vagabundo* (que leva vida errante, que vagueia; vadio, malandro; ordinário, reles), *rubicundo* (muito corado), *jucundo* (alegre), *pudibundo* (que tem pudor, pudico, recatado). Alguns desses adjetivos, como *rubicundo*, *furibundo*, têm certa conotação pejorativa. *Vagabundo* se usa exclusivamente no mau sentido e pode funcionar, ao lado de *moribundo*, como substantivo: um *vagabundo*.

burguês, burguesa. Desta forma, com *s*. Plural: *burgueses, burguesas*. Cognatos: *aburguesado, aburguesar, burguesia, burguesinha, burguesada*.

bússola. [Do ital. *bussola*.] Desta forma, e não *bússula*.

Δ **butiro-.** [Do gr. *boutýron*, manteiga.] El. de comp. = 'manteiga': *butiráceo, butírico, butiroso, butirômetro*.

C

Δ **caa-, -caá.** [Do tupi *caá*, planta, erva, mato.] *El. de comp.* = 'erva', 'planta', 'mato': *caatinga, caami, caapora* (homem do mato), *boicaá, mucuracaá*.

cabeça. Adj. relativo a cabeça: *cefálico*.

cabeleireiro. [De *cabeleira* + *-eiro*.] Desta forma, e não *cabelereiro*.

cabelo. Adj. relativo a cabelo: *capilar* (tônico *capilar*, vasos *capilares*).

caber. 1. Deve concordar normalmente com o sujeito: *Cabem muitos livros nesta caixa.* / *Couberam-lhe* (= tocaram-lhe) em partilha duas casas. / A decisão do juiz foi justa; não *cabem* (= têm cabimento) reclamações.
Sendo o sujeito uma oração, o verbo fica no singular: Se a decisão do juiz foi justa, não *cabe* fazer reclamações. / São questões que não *cabe* (= convém) detalhar aqui. / Eram segredos que não *cabia* (= convinha) revelar. / Essas irregularidades, *cabe* ao poder público investigar. [= Investigar essas irregularidades *cabe* ao poder público.] / "Se Cesaltino preferia não falar sobre os seus parentes, haveria de ter para isso os seus motivos, que não nos *cabia* discutir nem saber quais eram." (Herberto Sales, *Rio dos Morcegos*, p. 174) Veja *sujeito oracional*.
2. *Conjugação*: *Ind. pres.*: caibo, cabes, cabe, cabemos, cabeis, cabem. *Pret. perf.*: coube, coubeste, coube, coubemos, coubestes, couberam. *Pret. mais-que-perf.*: coubera, couberas, coubera, etc. *Subj. pres.*: caiba, caibas, caiba, caibamos, caibais, caibam. *Pret. imperf.*: coubesse, coubesses, coubesse, etc. *Fut.*: couber, couberes, couber, coubermos, couberdes, couberem. *Part.*: cabido. Não tem imperativo. Regular nos demais tempos.

cabina, cabine. S.f. Pequeno compartimento fechado, cubículo. *Cabina* é a forma portuguesa do vocábulo francês *cabine*, do qual provém: "Irmã Esolda caminha para o fundo do corredor, entra na *cabina* do telefone, disca para o centro." (Érico Veríssimo, *Olhai os lírios do campo*, p. 3) / "Quando flutuou, levitando dentro da sua *cabina*, o astronauta despojou-se das condições físicas que tornam mais precária a condição humana." (Austregésilo de Ataíde, *Vana verba*, p. 80) ⇨ Nota-se preferência pela forma francesa, como acontece com *gabardine* (port. *gabardina*), *vitrine* (port. *vitrina*) e outras palavras em *-ine*. Em todo caso, a forma aportuguesada é preferível à francesa. A terminação feminina *-ine* é estranha à língua portuguesa. Por isso, ao incorporar-se ao português, as palavras francesas em *-ine* devem, tradicionalmente, assumir a terminação *-ina*: *gasoline* > *gasolina*; *bobine* > *bobina*; *turbine* > *turbina*, etc.

Cabo Verde. Adj. rel. a Cabo Verde (África): *cabo-verdiano, cabo-verde*.

cabra. Adjetivo relativo a cabra: *caprino* (rebanho *caprino*).

caça. Adjetivos relativos à caça: *venatório, cinegético*.

cacarecos. [De *cacos*.] S.m. Trastes e utensílios velhos, bagulhos: "Qualquer dia o patrão os botaria fora, e eles ganhariam o mundo, sem rumo, nem teriam meio de conduzir os *caca-*

recos." (Graciliano Ramos, *Vidas secas*, p. 26) ⇨ Variante brasileira de *cacaréus*★.

cacaréus. *S.m.* Trastes, utensílios e objetos velhos: "Levantam-se e saem do socavão escuro, onde tinham sido atirados com outros badulaques e *cacaréus*." (Vivaldo Coaraci, *Catavento*, p. 108) Corresponde-lhe a forma popular *cacarecos*★: "A negra Generosa, por exemplo, ainda reina na cozinha. Só que ela não reina, exclusivamente, sobre os *cacarecos* que ali se encontram". (Maria José de Queirós, *A literatura e o gozo impuro da comida*, p. 268)

Δ **caco-.** [Do gr. *kakós*, mau.] *El. de comp.* = 'mau', 'anormal': *cacófato*★, *cacografia*, *cacoépia*.

cacófato ou **cacofonia.** Som desagradável ou palavra torpe, ridícula, provenientes da sequência de certos vocábulos na frase. Exs.: Ele foi o único culpado. / Pega a linha e costura. / Foi assaltada por rapazes delinquentes. / A boca dela sangrava. / Ele nunca ganhou na loteria. / Na janela trina um canarinho. / Quanto se paga por cada preso? / Uma mão lava a outra. ⇨ Evitar os cacófatos não deve tornar-se preocupação obsessiva de quem fala ou escreve; tanto mais porque alguns há que são inevitáveis, como o do último exemplo. Todavia, convém evitá-los o mais possível. Adote-se para isso um dos seguintes expedientes: a) substituir por sinônimos as palavras geradoras de cacofonias; b) mudar essas palavras de lugar na frase; c) alterar a estrutura da frase.

cada. Pronome indefinido distributivo. 1. Pode referir-se à unidade num grupo de seres ou a um conjunto deles: *Cada* animal estava em sua jaula. / Em *cada* cem homens, dois eram analfabetos.
2. No segundo caso, o verbo concorda no plural: *Cada* três livros *custavam* 60 reais.
3. Emprega-se *cada um(a)*, e não simplesmente *cada*, em frases como: Os livros custaram 50 reais *cada um*. / As máquinas custam mil dólares *cada uma*. / Os ingressos eram vendidos a 40 reais *cada um* (e não *a 40 reais cada*).
4. Antes de substantivo singular, usa-se *cada* e não *cada um*: Demos roupa *a cada menino* (e não *a cada um menino*). / Havia guardas *a cada quilômetro* (e não *a cada um quilômetro*). / Distribuímos mantimentos *a cada família* (e não *a cada uma família*).
5. De modo geral, não é necessário empregar a preposição *a* antes de *cada*, em adjuntos adverbiais de tempo: Os preços aumentam *cada dia*. / Ele vinha visitar-me *cada quinze dias*. / *Cada quatro meses* viaja para o exterior. / O aluguel aumentava *cada seis meses*. / *Cada ano* é preciso adubar a terra. / "... dando uma volta em redor da Terra *cada 24 horas*." (Aurélio, verbete *onda-maré*) / "O ar que o mundo respira está *cada dia* mais contaminado." (Thiago de Mello, *Amazônia*, p. 56) / "Acontece [o fato] *cada cinco anos*, na melhor hipótese." (Carlos Drummond de Andrade, *Obra completa*, p. 790) / "O certo é que *cada dia* reduz-se mais o número daqueles que preferem a existência do cão nédio na coleira." (Austregésilo de Ataíde, *Vana verba*, p. 37) / "O caso de Neném com o promotor crescia para ele *cada dia*." (José Lins do Rego, *Fogo morto*, II, cap. V.) / "... pagava três mil-réis *cada seis meses*." (Camilo Castelo Branco, *Coisas espantosas*, p. 158) ⇨ Nota-se, na língua de hoje, forte tendência para o uso da preposição, no caso em foco: "Padrão de vida piora *a cada ano*." / "Instalações da Petrobras causam vazamentos *a cada três semanas*." / "A média é de uma morte *a cada 13 minutos*." / "Esse risco a ameaça *a cada instante*." / "Governo pretende aumentar o salário mínimo *a cada três meses*." / "A sede do clube está *a cada dia* mais abandonada." / "Estava tão bêbado que caía *a cada dois passos*."
6. *Cada*, em frases exclamativas, pode ter valor intensivo, equivalendo a 'fora do comum': Na festa havia *cada garota*! / Essas crianças aprontam *cada uma*!
7. Evite-se usar *cada*, em vez de *todo*, quando não há sentido distributivo, em frases como: Pratica esporte *cada* dia. / Compra carro novo *cada* ano. ⇨ *Cada* particulariza; *todo* generaliza: Deu um brinquedo a *cada* criança. / Dava brinquedos a *toda* criança (a *qualquer* criança).
8. Fica no singular o verbo cujo sujeito composto tem os núcleos precedidos de *cada*: Numa casa, cada móvel, cada adereço, cada objeto *deve* ficar em lugar adequado. / "Cada gesto, cada movimento, cada atitude *importa* em dor." (Marques Rebelo, *O trapicheiro*, p. 419) Veja *cada um*.

cada dia, a cada dia. Veja *cada*.

cada um(a). Seguido de subst. ou pronome plural, leva o verbo para a 3ª pessoa do singular: *Cada um* dos índios *apresentou-se* armado. / *Cada um* deles *acabou* no exílio. / *Cada um* de nós *tem* suas obrigações. / *Cada uma* de vocês *responderá* pelos seus atos. / "Cada um desses povos a seu tempo *tentou* exercer sua soberania sobre a região." (Moacir Nogueira Júnior, *Folha de São Paulo*, 24/7/2003)

cadê?, quedê?, quede? São deturpações populares de *que é de?*, *que é feito de?*

Δ **cafei-.** [De *café*.] *El. de comp.* = 'café': *cafeicultor*, *cafeicultura*. Existe a variante *cafeo-*: *cafeocracia*, *cafeomancia*. As vogais finais *i* e *o* são elementos de ligação. Pronuncia-se *ca-fe-i-cultor*, *ca-fe-i-cultura*, separando-se o *i* do *e*. Da mesma forma, os cognatos *cafeína*, *cafeinado* (e-i), *cafeinar* e *cafeinismo* (e-i).

cafuzo. *S.m.* Mestiço de negro e índio. ⇨ Palavra de origem incerta, inicialmente (séc. XIX) escrita *cafuso*, grafia que deveria ser mantida.

cãibra, câimbra. As duas formas são corretas, mas é preferível grafar *cãibra*.

cáiser. [Do al. *Kaiser*, imperador < lat. *Caesar*, César.] Nome que designava o imperador da Alemanha (de 1871 a 1918). Pl.: *cáiseres*. ⇨ Grafa-se *cáiser* e não mais *kaiser*.

caixa. 1. Com referência ao funcionário de bancos e casas comerciais incumbido de receber o dinheiro e fazer pagamentos, dir-se-á, de preferência, *o caixa* para homem como para mulher: Ele é *o mais antigo caixa* do banco. / Ela é *o caixa* da loja.
2. Os economistas dizem *o caixa*, no masculino, na acepção de 'fundo em dinheiro ou em títulos de alta liquidez': "A instituição financeira está com *seu caixa descoberto* em R$27,5 milhões desde 19 de dezembro." (Sônia Araripe, JB, 28/12/96)

cal. Substantivo feminino: *A cal* (e não *o cal*) é útil. Pl.: *cales* ou *cais*.

calar. Tem vários significados e regências. 1. Não falar: Quem *cala*, consente. / Muitas vezes, falamos quando deveríamos *calar*.
2. Cessar de falar, silenciar: Ao ver o pai, elas *calaram-se*. / *Calem-se!*, pediu a professora.
3. Cessar de emitir som ou ruído: *Calou-se*, afinal, o vento. / O piano *calou*, e eu consegui dormir.
4. Fazer calar, impedir de manifestar-se, silenciar: Ameaças de morte não conseguiram *calar* o líder negro. / Em vão tentei *calar* a voz da consciência. / Impossível *calar* aquela multidão ululante.
5. Penetrar: As palavras do mestre *calaram* fundo em minha alma. / "Roberto dramatizara talvez a situação, mas suas palavras não deixaram de *calar* em meu espírito." (Ciro dos Anjos, *Abdias*, p. 126)
6. Encaixar a baioneta no fuzil: Os soldados *calaram* as baionetas e investiram.
7. Não divulgar, silenciar: O jornal, temendo represálias, *calou* o incidente.

Δ **calco-.** [Do gr. *chalkós*, cobre.] *El. de comp.* = 'cobre': *calcografia*, *calcopirita*.

calça, calças. Empregue-se, de preferência, *calças*, ainda quando se queira designar uma só peça: O menino rasgou *as calças* no escorrega.

calcar. Na acepção de *modelar*, *basear*, *decalcar*, diz-se 'calcar algo *em* ou *sobre*': *calcar* uma palavra, uma lei, uma técnica *no* (ou *sobre o*) modelo francês.

caleidoscópio, calidoscópio. [De *cali-*, do gr. *kalós*, belo + *-ido*, do gr. *eidos*, forma, imagem, + *scop-*, do gr. *skopein*, olhar, + *-io* (sufixo).] Literalmente: instrumento para ver belas imagens. A primeira forma é a mais usada. A segunda, que é sem dúvida a mais correta, tem a seu favor outras palavras formadas no próprio grego, como *caligrafia*, *calipígio*, ou introduzidas no idioma a partir do séc. XIX, como *califasia*, *calistenia*, etc. Referindo-se à forma *caleidoscópio*, diz Mário Barreto: "A palavra em questão tem jus a melhor escrita e é incontestável que esta só pode ser *calidoscópio*." (*Últimos estudos*, p. 429) Em discurso pronunciado na ABL, Aurélio Buarque de Holanda Ferreira usou a forma correta: "... tudo se reflete, a fremir, neste amplo *calidoscópio*." (*Seleta*, p. 185) A forma recomendada por Mário Barreto lê-se também no romance *O senhor embaixador*, de Érico Veríssimo: "... aquele incessante movimento de camisas, bandeiras, lenços, *rebuzos* e vestidos nas mais ricas e variegadas cores, dava a impressão dum gigantesco *calidoscópio* em constantes e ricas mutações." (cap. 49, p. 399) EV usou a mesma forma em *Solo de clarineta*, vol. II, p. 119: "Com a cumplicidade do sol, do vento e das nuvens o mar brinca de *calidoscópio*."

calejar. Atente-se para o timbre fechado do *e* nas formas: *calejo*, *calejas*, *caleja*, *calejam*; *caleje*, *calejes*, *calejem*. Vejam *almejar*.

calhar. [De *calha* + *-ar*.] 1. Entrar em cavidade, encaixar-se, ajustar-se: A gaveta *calhou* bem no móvel.
2. Convir: Tal atitude não *calha* a um juiz.
3. Vir a propósito, ser oportuno: Aquela proposta *calhou*. ⇨ Muito usada, neste sentido, a expressão *vir a calhar*: A doação *veio a calhar*.
4. Acontecer por acaso, coincidir: *Calhou* que, nesse dia, ela aniversariava. / *Calhou* (de) tomar-

mos o mesmo ônibus. ⇨ Antes de infinitivo, como no último exemplo, a prep. *de* é expletiva.
Δ **cali-.** [Do gr. *kalós*, belo.] *El. de comp.* = 'belo': *calidoscópio, caligrafia, calipígio.*
câmara, câmera. 1. *Câmera* (subst. fem.). Designa especialmente o aparelho de filmar, o de projetar imagens nas telas dos cinemas, e o que capta e transmite imagens televisivas: "Os abraços entre os malfeitores e os defensores da sociedade os nivelam diante das *câmeras* de TV." (Dom Eugênio Sales, *Jornal do Brasil*, 10/7/93) / "São poucos os que conseguem resistir ao fascínio das luzes e *câmeras* de televisão." (Murilo Badaró, *JB*, 7/3/92)
2. *Câmera* (subst. masc.). É a pessoa que opera esses aparelhos.
3. Fora das acepções acima, emprega-se *câmara*: *câmara* frigorífica, *câmara* de gás, música de *câmara*, *Câmara* municipal, em *câmara* lenta (= em ritmo lento, lentamente), a *Câmara* dos deputados, etc.
4. Na acepção 1, diz-se também *câmara*: Todos admiram a sedução dela diante das *câmaras*. ⇨ A forma *câmera* ingressou em nossa língua por influência do inglês.
cambiante. *Adj.* 1. Que cambia, que muda de cor, de cor indecisa, furta-cor: *nuvens cambiantes; tecidos cambiantes.*
|| *S.m. pl.* 2. As várias cores ou nuanças refletidas por sedas, penas, óleos, pedras preciosas, etc.
3. *Fig.* Pequenas diferenças, matizes (na acepção de uma palavra, em opiniões, etc.).
camicase. [Do japonês *kamikaze*, 'vento divino'.] *S.m.* Avião japonês, carregado de explosivos, usado em ataques suicidas contra navios inimigos, na Segunda Guerra Mundial; o piloto desse avião. Por analogia, indivíduo que procede como um camicase.
caminhão. [Do francês *camion*.] A forma normal seria *camião* (desusada no Brasil). Por influência de *caminho*, nasceu e vingou a forma *caminhão*, da qual se derivou *caminhoneiro.*
caminhoneta (ê), **caminhonete** (é), **camioneta** (ê), **camionete** (é). [Do francês *camionnette*, pequeno caminhão.] As quatro variantes são aceitáveis, mas a forma geralmente usada é *caminhonete*: "A *caminhonete* Ipanema é derivada do Kadett." (*JB*, 16/10/93) ⇨ Em bons escritores, como Ciro dos Anjos e Raquel de Queirós, encontra-se a forma *camioneta*, a mais plausível.

camisa de onze varas. 1. Alva ou camisa talar branca que os condenados vestiam na hora da execução. Feita com onze varas (*vara* = antiga medida de comprimento) de pano branco, essa veste chegava até os pés do condenado: "A estátua de Tiradentes, na cidade do Rio de Janeiro, mostra-o vestindo a *camisa de onze varas.*" (R. Magalhães Júnior, *Dicionário de Provérbios e Curiosidades*, p. 51)
2. *Fig.* Dificuldade extrema em que alguém se mete. Veja o verbete *meter-se em camisa de onze varas.*
camoniano. 1. A terminação *-iano* é muito mais frequente, em adjetivos derivados de substantivos próprios, do que a terminação *-eano*: *açoriano, camoniano, draconiano, lajiano, liliputiano, machadiano*, etc.
2. A terminação *-eano* aparece em derivados de substantivos terminados em *-é*, *-eia*, ou *-éu*: *coreano* (de Coreia), *montevideano* (de Montevidéu), *taubateano* (de Taubaté), etc.
3. A grafia *acriano* (de *Acre* + vogal de ligação *i* + sufixo *-ano*) é a imposta pela ABL, com base no AO. O governo do Acre e a sociedade desse estado, porém, invocando a tradição, rejeitaram a grafia *acriano* (com *i*) e continuam grafando *acreano.*
Δ **campani-.** [Do lat. *campana*.] *El. de comp.* = 'sineta', 'sino': *campaniforme, campanudo*. Cognatos: *campânula, campanário, campanuláceas.*
campo. Adjetivos relativos a campo: *rural* e *rústico* (lat. *rus, ruris*, campo).
Δ **campto-.** [Do gr. *kamptós*, recurvo, flexível, que se dobra.] *El. de comp.* = 'recurvo', 'flexível', 'arqueado': *camptodatilia, camptodátilo, camptorrino*, etc.
câmpus. [Do lat. *campus*, campo, terreno plano.] O conjunto de terrenos e prédios de uma universidade: Junto ao *câmpus* universitário havia um hospital. Plural: *os câmpus* (cp. *os bônus, os ônibus, os ônus*), preferível a *os campi*. ⇨ Prefira-se a forma aportuguesada *câmpus*, com acento.
Canárias (ilhas). *Adj.* relativo às Canárias: *canarino.*
canarinho. 1. *S.m.* Canário-da-terra, ave de plumagem amarelo-esverdeada.
2. *Adj.* Diz-se da seleção brasileira de futebol, a seleção canarinho, assim chamada em virtude da camisa amarela do seu uniforme oficial: "Até então a torcida chilena gritava e aplaudia a *seleção canarinho.*" (Rubem de Aquino, *Futebol, uma paixão nacional*, p. 84)

câncer. [Do lat. *cancer, canceris*, caranguejo.] *S.m.* Tumor maligno. Pl.: *cânceres*. Cognatos: *cancro, cancerígeno, cancerologia* (= *oncologia*), *canceriano*.

candente. *Adj.* 1. Que está em brasa: ferro *candente*.
2. *Fig.* Inflamado, veemente: Rebateu as acusações com palavras *candentes*.

candidatar-se, candidato. 1. Concorda no singular o nome do cargo a que duas ou mais pessoas se candidatam: Eles candidataram-se a *prefeito*. / Elas são candidatas a *vereador*.
2. Efetua-se a concordância no masculino, quando o cargo se destina a pessoas de ambos os sexos: Nas últimas eleições, muitas mulheres se candidataram a *deputado* estadual. / Nas próximas eleições haverá uma só candidata a *deputado* federal.
3. Caberá o feminino se a função for oferecida exclusivamente a mulheres: Mais de cem moças candidataram-se a *secretária*. / Eram muitas as candidatas a *datilógrafa*.

cangote, cogote. Plebeísmos que designam a parte posterior do pescoço; cerviz. *Cangote* é a deturpação de *cogote* e se deve à influência de *canga*. *Cangote*, *caminhão*★, *rodamoinho* (por *redemoinho*), *chaminé* (do fr. *cheminée*), por infl. de *chama*, *monstrengo* (por *mostrengo*), por infl. de *monstro*, são casos de etimologia popular.

canhota. *S.f.* 1. A mão esquerda: João escreve com a *canhota(ó)*.
2. Feminino do adjetivo *canhoto* (antônimo de *manidestro*): Essa jogadora é *canhota*. / As duas meninas eram *canhotas*.
⇨ O adjetivo feminino *canhota(s)* pronuncia-se com o *o* tônico fechado, como *garota, garotas*.

cânon ou **cânone.** *S.m.* Regra concernente à fé ou à disciplina religiosa; catálogo ou rol dos santos da Igreja; preceito, norma; modelo. Pl.: *cânones* (os *cânones* do Concílio de Trento; os *cânones* da arte clássica). Palavras derivadas: *canônico, canonizar, canonização*.

canoro. *Adj.* Que canta harmoniosamente: pássaros *canoros*, aves *canoras*.
⇨ Pronuncia-se *canóro*, com a vogal tônica aberta.

caolhos. Pronuncia-se *caólhos*, com a vogal tônica fechada.

capacitar. *V. t. d. e i.* 1. Tornar capaz ou apto, habilitar: O pai o *capacitou para* o ofício de mecânico. / A escola os *capacita a* (ou *para*) exercer vários ofícios. / É preciso que *nos capacitemos a* (ou *para*) conquistar novos mercados.
2. Persuadir, convencer: *Capacitaram-se no de* que devia aceitar o cargo. / *Capacitou-se da* importância da comunicação nos negócios. / *Capacitou-se de* que estava sendo iludido. / "*Capacitei-me* enfim *de* que ele não receava a Colônia Correcional.*" (Graciliano Ramos, *Memórias do cárcere*, I, p. 272) / "Não sei como Vitória se pôde *capacitar de* que a comunicação me interessa." (Graciliano Ramos, *Angústia*, p. 26) / "*Capacitou-se* que a sua situação se podia tornar crítica." (Aquilino Ribeiro, *Mônica*, p. 190). ⇨ Pode ocorrer, como no exemplo final, a elipse da prep. *de*.

capelão. *S.m.* Pl.: *capelães*.

△ capili-. [Do lat. *capillus, capilli*, cabelo.] *El. de comp.* = 'cabelo': *capilar, capiliforme*.

capitânea. [Do lat. *capitaneus, a, um*, principal.] *Adj. fem.* 1. Dizia-se da nau em que ia o comandante (capitão) de uma esquadra.
|| *S.f.* 2. Essa nau: a (nau) *capitânea*. Diz-se do, ou navio em que vai o comandante de uma esquadra. ⇨ A maioria dos dicionários traz *capitânia*. Parece-nos mais acertada a grafia *capitânea*, por se tratar de adjetivo terminado pelo sufixo *-ea*, sufixo que ocorre em *momentânea* e outros: "A nau *capitânea* da democracia ocidental navega em mares encapelados." (Moacir Werneck de Castro, *JB*, 9/5/92, p. 11) / "Ao chegarem a bordo da nau *capitânea*, os franceses foram imediatamente presos." (Eduardo Bueno, *Capitães do Brasil*, p. 8) Aliás, grafa-se *capitanear* e não *capitaniar*.

capitão. [Do baixo latim *capitanus*.] Plural: *capitães*. Fem.: *capitã, capitãs*: "Eu estava muito envolvido em meu trabalho, juntamente com Amélia, a *capitã* daquela nave subaquática." (Marco Túlio Costa, *O ladrão de palavras*, p. 17)

△ capiti-. [Do lat. *caput, capitis*, cabeça.] *El. de comp.* = 'cabeça': *capitiforme*. Cognatos: *capitão, capital, capitânea, capitoso*, etc.

△ capri-. [Do lat. *capra*, cabra, ou de *caper, capri*, bode.] *El. de comp.* = 'cabra', 'bode': *capribarbudo, caprino, caprídeo, caprípede, caproico* (*ácido caproico*), *Capricórnio*.

captar. Não se intercala a vogal *i* para desfazer o encontro consonantal: *captar*, e não *capitar*; *capto*, e não *cápito*; *capta*, e não *cápita*; *captam*, e não *cápitam*, etc. A mesma observação cabe a outros verbos cujo radical termina por duas ou mais consoantes: *adaptar*★, *raptar*, *obstar*, *optar*, *interceptar*, *designar*, *impugnar*, *repugnar*, *eclipsar*, etc.

Caracas. Adj. relativo a Caracas: *caraquenho*.

caramanchão. *S.m.* Do antigo castelhano *caramanchón*, hoje *camaranchón*, derivado do lat. *camara*. ⇨ Pronuncia-se e escreve-se com *r* brando, como na palavra *caracol*.

caranguejo. *S.m.* A penúltima sílaba é *gue*, e não *guei*.

caráter. Plural: *caracteres* (té), com deslocação do acento tônico.

Δ **carboni-.** [Do lat. *carbo, carbonis*.] *El. de comp.* = 'cabono', 'carvão': *carbonífero, carbônico*.

Δ **carcino-, carcini-.** [Do gr. *karkinos*, caranguejo.] *El. de comp.* = 'caranguejo', 'crustáceo'; 'câncer', 'tumor maligno': *carcinoma, carcinose, carcinógeno, carcinologia* (= *cancerologia, oncologia*), *carcinicultura* (cultura de crustáceos, camarões). Veja *onco-*.

cardeal, cardial. 1. *Cardeal S.m.* a) Prelado do Sacro Colégio pontifício.
b) Pássaro de plumagem vermelha, da família dos fringilídeos, de cor predominantemente purpúrea, como a das vestes dos cardeais. Grafa-se com *e*.
c) Adjetivo relativo a cardeal: *cardinalício*.
d) Como adjetivo, significa *principal*: pontos *cardeais*, virtudes *cardeais* (justiça, prudência, temperança, fortaleza).
⇨ A grafia correta seria *cardial*, com *i*, que é como se pronuncia, e como escreviam eminentes filólogos portugueses e brasileiros antes do sistema ortográfico de 1943. Mário Barreto não usava outra grafia: "O *cardial* Saraiva traz no seu citado *Glossário de galicismos* os seguintes exemplos..." (*Novos estudos*, p. 355) A palavra vem do lat. *cardinalis*, que significa 'referente a gonzo ou eixo'; 'principal'. O radical latino *cardin-* só podia dar *cardial*, como deu *cardinalício* e *cardinalato*. Com *i* se escreve em francês (*cardinal*) e em italiano (*cardinale*). Cp. *bestial, fluvial, colonial, venial*, em que o radical foi respeitado.
2. *Cardial. Adj.* Referente à *cárdia* (abertura superior do estômago unida ao esôfago). Grafa-se com *i*.

Δ **cardio-, -cardio.** [Do gr. *kardía*, coração.] *El. de comp.* = 'coração': *cardiologia, cardiopatia, cardiopata, cardiovascular, cardiorrespiratório, taquicardia, miocárdio*. ⇨ Une-se sem hífen.

carecer. 1. O significado original deste v. é *não ter, não possuir*: Ele é um frouxo, *carece* das virtudes dos fortes. / A teoria dele *carece* de base científica. / Era um administrador dinâmico, mas *carecia* de visão do futuro. / Suas afirmações caíram no vazio, *careciam* de credibilidade. / Campanhas dificilmente têm bom êxito quando *carecem* do apoio popular. / "A superioridade *careceria* de sentido se não fosse usada em benefício dos superiores." (João Ubaldo Ribeiro, *Política*, p. 193) Cognato de *carência, carente* e *carestia*.
2. Modernamente, usa-se muito na acepção de *precisar, necessitar*: O prédio era novo e não *carecia* de reforma. / Toda empresa, para prosperar, *carece* de recursos. / As plantas *carecem* de água e luz. / Eram jovens e bonitas, não *careciam* (de) ter pressa para casar. ⇨ Pode-se omitir a preposição antes de infinitivo, como no último exemplo.

carnegão. Forma popular de *carnicão*, palavra derivada de *carne* e que designa a parte central, purulenta e dura, de um furúnculo.

caro. Veja *barato*.

caroços. Pronuncia-se *caróços*, com a vogal tônica aberta.

carpir. 1. Significação original: arrancar o cabelo em sinal de dor.
2. *Por ext.* Chorar, prantear: Eles *carpiram* a morte do amigo assassinado. / Encontrei-a ali a sós, *carpindo* suas mágoas. / "As carpideiras reais estavam *carpindo* a morte de Tuala, com estridente dor." (Eça de Queirós, *As minas de Salomão*, p. 204)
3. No Brasil, usa-se mais no sentido de capinar: Estavam *carpindo* a roça de milho. / "Na cabeceira do córrego, era Seu Gervásio quem *carpia* a cana plantada de pouco." (Mário Palmério, *O chapadão do bugre*, p. 95)
4. V. defectivo. Segue a conjug. de *abolir*.

Δ **carpo-, -carpo.** [Do gr. *karpós*, fruto.] *El. de comp.* = 'fruto': *carpófago, carpologia, pericarpo, carpoteca, endocarpo, mesocarpo*.

carrasco. *S.m.* Executor da pena de morte, verdugo, algoz; indivíduo cruel. Como *cônjuge, monstro* e outros, só tem o gênero masculino, quer se refira a homem ou mulher: 'Ela foi *o carrasco* de seu marido.' A palavra vem do sobrenome de Belchior Nunes Carrasco, que exerceu o ofício de algoz em Lisboa. Muitos nomes próprios de pessoas e lugares se tornaram comuns: *judas* (traidor), *sósia*★, um *havana* (charuto fabricado em Havana), *champanhe* (vinho espumoso fabricado em Champagne, região da França).

carroçaria, carroceria. Ambas as formas são corretas. Mas a segunda é a mais popularizada. Há outras palavras em que o sufixo *-eria* vem sendo preferido ao concorrente *-aria*: *galanteria* (variante de *galantaria*), *lavanderia* (variante de *lavandaria*), etc.

carro-forte. *S.m.* Pl.: *carros-fortes.*
Cartago. Adj. rel. a Cartago: *cartaginês, púnico* (as guerras *púnicas*).
cartucho, cartuxo. Homônimos.
1. *Cartucho.* Invólucro de papel; estojo que contém a carga de pólvora e o projétil de arma de fogo.
2. *Cartuxo.* Frade da ordem religiosa de Cartuxa, fundada por São Bruno em 1084.
casar. Como *cansar(-se), quebrar(-se), sentar(-se)* e outros verbos, pode ser usado com o pronome ou sem ele. 1. No sentido próprio: Ele *casou* (ou *casou-se*) aos trinta anos. / Os pais não queriam que a filha *casasse* (ou *se casasse*) com o artista. / *Casei* (ou *casei-me*) no mês de maio.
2. Na acepção de *combinar, harmonizar-se*: Há cores que não *casam* (ou *não se casam*). / O rosa *casa* (ou *casa-se*) bem com o branco.
3. No sentido de *condizer, coadunar-se*: Sua linguagem e atitudes não *casavam* (ou *se casavam*) com o cargo que exercia.
cascavel. Adj. relativo à cascavel: *crotálico* (veneno *crotálico*). Soro *anticrotálico* é o que se aplica contra picada de cascavel.
Δ **casei-.** [Do lat. *caseus, casei*, queijo.] El. de comp. = 'queijo': *caseificar, caseiforme, caseína.*
caso. Como conjunção, equivale a *se*, portanto, construa-se: *Caso* (e não *se caso*) persistam (ou *persistirem*) as chuvas, os rios transbordarão. / Ele será processado, *caso* não se retrate (ou *não se retratar*). / "*Caso* esse bandido venha aqui, eu terei fala com ele." (Diná Silveira de Queirós, *A muralha*, p. 176) ⇨ A nosso ver, pode-se usar o futuro do subjuntivo em vez do presente e construir: *Caso persistirem* as chuvas, os rios transbordarão. / *Caso forem* à cidade, comprem-me o livro. / Ele será processado, *caso não se retratar*. / Tudo deverá ser mudado, *caso* ele *trouxer* ordens contrárias. / "E aqui está um pequeno dicionário com frases práticas que poderão ser úteis ao turista no carnaval, *caso* ele *se perder* do guia." (Luís Fernando Veríssimo, *O Globo*, 10/2/2002) / "Traduzam-no [outdoor] então por *cartazão, caso virem* necessidade de uma distinção que nem o inglês sentiu, uma vez que em inglês tanto é "outdoor" o simples papel afixado na frente de um cinema quanto o cartaz vistoso, de grande proporção, ao ar livre." (Napoleão Mendes de Almeida, *Dicionário de questões vernáculas*, p. 219) / "Caso ele não *se purificar* no terceiro e no sétimo dia, não ficará puro." (*Bíblia sagrada*, tradução da CNBB, p. 161, *Números*, 19, 11) / "Pense numa explicação, caso o criado *perceber* a escada ao passar pelo corredor." (Paulo Neves, *O vermelho e o negro*, p. 228, tradução de *Le Rouge et le Noir*, de Stendhal) "Caso não lhes *der* ouvido, dize-o à Igreja." (A Bíblia de Jerusalém, p. 83 v. 17)

cássia. [Do lat. *cassia.*] *S.f.* Gênero de plantas da família das leguminosas. A mais conhecida é a cássia-imperial, de belas e abundantes flores amarelas, dispostas em cachos pendentes, chamada, por isso, *chuva-de-ouro*. Veja *acácia*.
cassiterita. [Do gr. *kassíteros*, estanho, + *-ita.*] Minério de estanho.
casual, causal. 1. *Casual*. Fortuito, acidental (um encontro *casual*).
2. *Causal*. Relativo a causa, que exprime causa (conjunção *causal*).
Δ **cata-.** [Do gr. *kata.*] *Pref.* Exprime várias ideias, entre as quais 'posição superior', 'movimento de cima para baixo': *catadupa, catarata, cataclismo*. ⇨ Essas palavras já existiam no grego.
cataclismo. [Do gr. *kataklysmós.*] *S.m.* Grande inundação, dilúvio, convulsão social; catástrofe: "Ainda bem não se refazia de um *cataclismo*, sobrevinha-lhe outro." (José Américo de Almeida, *A bagaceira*, p. 25) Esta é a forma correta, e não *cataclisma*, inadmissível.
catalão. Plural: *catalães*. Miró figura entre os mais famosos pintores *catalães*.
cataplasma. [Do gr. *katáplasma*, pelo lat. *cataplasma.*] *S.f.* Papa medicamentosa feita com raízes de ervas que se aplica entre dois panos sobre inflamações, feridas, etc.: "Algumas vezes o curandeiro deixa sobre o local uma *cataplasma* de tabaco mascado." (Sérgio Buarque de Holanda, *Caminhos e fronteiras*, p. 132) ⇨ A cataplasma de mostarda tem o nome de *sinapismo*.
Catar. Pequeno país da península Arábica. Adjetivo relativo a Catar: *catariano* (ou, menos usado, *catarense*). Não grafar *Katar* nem *Qatar*.
cateter. [Do gr. *kathetér*, sonda.] Palavra oxítona. Pl.: *cateteres*. Cognatos: *cateterismo, cateterização, cateterizar*.
caubói. [Do ingl. *cowboy.*] *S.m.* Vaqueiro americano. Anglicismo já aportuguesado: "Como manda a tradição americana dos *caubóis* e super-heróis." (Edmundo Barreiros, *JB*, 7/10/93)
caudal. [Do lat. *capitale*, da cabeça, capital.] 1. Na acepção de 'torrente impetuosa', é subst. de gênero incerto. Seguindo a maioria dos gramáticos e lexicógrafos, recomendamos usá-lo no masculino: o impressionante *caudal* amazô-

nico; um *caudal* de problemas (fig.). / "*O caudal* shakespeariano inunda o mundo." (Paulo Mendes Campos, *O anjo bêbado*, p. 31) / "Silvina estava desejosa de que ele acabasse a interferência *no caudal* de palavras que abruptamente a acometera." (Fernando Namora, *O homem disfarçado*, p. 160) / "*O caudal*, barrento, oscilava aos golpes, como uma coisa viva..." (Guimarães Rosa, *Sagarana*, p. 30) ⇨ Provavelmente, *caudal* é um adjetivo que passou a substantivo: *um rio caudal* > *um caudal*.
2. Como adjetivo, equivale a caudaloso, torrencial, abundante: o avanço *caudal* da lava do vulcão; um rio *caudal* e impetuoso; o indômito e *caudal* progresso de São Paulo. / "É um rio *caudal* e furioso." (Alexandre Herculano, *Lendas e narrativas*, p. 246)

cavalgar. *V.i.* 1. Montar em cavalgadura; andar a cavalo: O peão *cavalgou* e partiu. / Ela costuma *cavalgar* pela manhã.
V. t. d. 2. Montar, ir montado em (cavalgadura): O príncipe *cavalgava* um fogoso ginete. / "Empacou a mula que ele *cavalgava*." (Celso Luft). 3. Escarranchar-se como se montasse em cavalo: *Cavalgou* o muro e ficou assobiando. / O menino corria no terreiro, *cavalgando* um cabo de vassoura. ⇨ A regência indireta (cavalgar *em* um animal; cavalgar *no* muro) é menos usual.

cavalo. Adjetivos relativos a cavalo: *equino, hípico, cavalar*.

cavoucar. Verbo derivado de *cavouco* (escavação, buraco). O ditongo *ou* deve ser nitidamente pronunciado em todas as flexões: *cavouco, cavoucas, cavouca, cavoucam; cavouque, cavouques, cavouquem*, etc. São incorretas, porém generalizadas, as pronúncias *cavóco, cavóca, cavóque*, etc. A tendência da fala brasileira de mudar o ditongo *ou* tônico em *ó* se observa também nos verbos *afrouxar* (*afróxa*, por *afrouxa*), *estourar* (*estóra*, por *estoura*) e *roubar* (*róba*, por *rouba*). Existe a variante brasileira *cavucar*, que o povo emprega no sentido de cavar e também no de trabalhar com pertinácia, lutar pela subsistência. Na comunicação culta, deve-se usar a forma *cavoucar*, de que são cognatos *cavouco, cavouqueiro* ou *cavoucador* (trabalhador que abre cavoucos).

cear. Diz-se e escreve-se *cear*, e não *ceiar*. Não existem verbos terminados em *-eiar*. A sílaba *ce*, nas flexões de *cear*, muda em *cei* só quando é tônica. *Ind. pres.*: ceio, ceias, ceia, ceamos, ceais, ceiam. *Subj. pres.*: ceie, ceies, ceie, ceemos, ceeis, ceiem. Veja *passear*.

cebola. [Do lat. *caepula*.] Adj. relativos à cebola: *cepáceo* (odor *cepáceo*); *ceboleiro* (terra *ceboleira*).

Δ **ceco-.** [Do lat. *caecus*, cego.] *El. de comp.* = 'cego': *cecografia, cecograma, cecográfico*.

Δ **cefalo-.** [Do gr. *kephalé*, cabeça.] *El. de comp.* = 'cabeça': *cefalalgia, cefálico, acéfalo, bicéfalo, dolicocéfalo*.

cela, célula. *Adj.* relativo a *cela* (quarto de penitenciária) e a *célula* (unidade estrutural dos seres vivos): *celular*.

cela, sela. 1. *Cela*. Aposento, quarto de dormir; pequeno quarto de penitenciária destinado aos detentos.
2. *Sela*. Arreio acolchoado de cavalgadura, no qual senta o cavaleiro; forma do v. *selar*.

célebre. Superlativo abs.: *celebérrimo*.

celerado. [Lat. *sceleratus*.] Criminoso, facínora: um bando de *celerados*. Parônimo de *acelerado*, part. de *acelerar*, tornado célere; rápido, veloz: rotação *acelerada*, passo *acelerado*.

celeuma. [Do gr. *kéleuma*, canto ou vozeio ritmado dos remadores.] *S.f.* Vozearia; tumulto; discussão acalorada: Os desentendimentos se agravaram e desencadearam uma *celeuma* entre os congressistas. / "A *celeuma* mundial sobre os riscos dos transgênicos é difícil de entender, porque as razões apresentadas não são convincentes." (Ady Raul da Silva, *O Globo*, 10/2/2003) ⇨ É subst. feminino.

celtibero (bé). É palavra paroxítona: "Os *celtiberos* resultaram da fusão dos celtas com os iberos." (Aurélio) Veja *ibero*.

cemento. *S.m.* Substância com que se cementa um corpo; camada óssea que reveste a raiz dos dentes. ⇨ Não se confunda com *cimento*.

Δ **ceno-.** [Do gr. *koinós*, comum.] *El. de comp.* = 'comum', 'conjunto': *cenóbio, cenobiose*.

censo. Adj. rel. a senso: *censitário, censual* (distinguir de sensual, relativo aos sentidos).

censo, senso. 1. *Censo*. Recenseamento (*censo demográfico*): "No Brasil, o primeiro *censo* foi realizado em 1872 e destinava-se apenas à contagem da população." (Paulo Sandroni, *NDE*, p. 47)
2. *Senso*. Juízo, capacidade de julgar, sentir, apreciar: bom *senso*, *senso* moral, *senso* artístico.

censor, sensor. 1. *Censor*. Pessoa que censura, crítico; funcionário público encarregado de examinar e censurar obras literárias e artísticas, filmes, jornais, etc.
2. *Sensor*. Aparelho, como o radar, o sonar, que detecta acidentes geográficos, alvos inimigos,

como também alterações ambientais, movimento, etc.

censurar. 1. Emprega-se com o pronome *o* (ou *a*), e não *lhe*, para expressar a pessoa ou a coisa que censuramos: O pai chamou o filho e *o censurou* diante de todos. / Se a obra é boa, por que *censurá-la*? / Os pais *a censuraram* por ter saído sozinha. / Não vou *censurá-lo* por um deslize à-toa.
2. Emprega-se *lhe* quando este pronome equivale a *dele* ou *seu*: Uns elogiavam o empresário, outros *lhe censuravam* a desmedida ambição. [= outros censuravam a desmedida ambição *dele*.] / Ele agiu em legítima defesa; não *lhe censuro* o procedimento. [= não censuro o *seu* procedimento.]

Δ **centri-.** [Do lat. *centrum, centri,* centro.] *El. de comp.* = 'centro': *centrífugo, centrípeto, centrifugar,* etc.

Δ **centro-.** Como elemento de formação de palavras, exige hífen quando se trata de termos geográficos ou de adjetivos pátrios: *Centro-oeste* (região brasileira), *centro-sul, centro-africano* (país *centro-africano*), *centro-americano.* Nos outros casos, sem hífen: *centroavante, centromédio, centrosfera, centrodonte, centrossomo.*

céptico, séptico. 1. *Céptico* ou *cético.* Adepto do cepticismo, que duvida de tudo, descrente: filósofo *céptico*; escritor *céptico*; concepção *céptica.*
2. *Séptico.* Que causa infecção, que contém germes patogênicos: material *séptico*; fossa *séptica.* Antônimo: *asséptico.* Cognato: *assepsia, sepsia, asséptico, septicemia* (infecção generalizada).

cera. Adj. relativo a cera: *céreo* (os *céreos* alvéolos em que as abelhas depositam o mel; a *cérea* palidez do seu rosto). Sinônimo: *ceroso* (substância *cerosa*).

cerca de. Veja *acerca de.*

cerdas. *S.f.* Pelos grossos de certos animais, como o javali, o porco, etc. A pronúncia correta é *cêrdas.* No Brasil profere-se geralmente *cérdas* e usa-se a palavra para designar também os pelos das escovas.

cerebelo. [Do lat. *cerebellum.*] *S.m.* Porção do encéfalo situada abaixo e atrás do cérebro. ⇨ No Brasil se pronuncia *cerebêlo,* em Portugal, *cerebélo.*

cerrar, serrar. 1. *Cerrar.* Fechar: *cerrar* a porta, as cortinas, os lábios, os olhos, etc.
2. *Serrar.* Cortar com a serra: *serrar* uma tábua, uma árvore, etc.

certamente que. '*Certamente* o filme vai gerar muita polêmica.' / '*Certamente que* o filme vai gerar muita polêmica.' As duas construções são corretas. Na segunda, a probabilidade é reforçada com a palavra expletiva *que*. Esse *que* expletivo pode acompanhar outras expressões adverbiais de dúvida: *Talvez que* o guarda estivesse dormindo. / *Com certeza que* não foi ela quem o denunciou. / *Decerto que* perdeu nosso endereço. / *Provavelmente que*, devido ao mau tempo, ele adiou a viagem. / *Seguramente que* poucos candidatos se inscreveriam, se soubessem que a prova ia ser dificílima. / "*Talvez que* com D. João VI tenha nascido a nossa primeira decepção em face da Monarquia." (Álvaro Lins, *Rio Branco*, p. 163)

certeza. 'Ela tinha *certeza* que nascera para o teatro.' Nessa frase, omitiu-se a preposição *de* entre o subst. *certeza* e a oração completiva. A construção plena seria: 'Ela tinha *certeza de* que nascera para o teatro.' Omitir a prep. *de*, neste caso, não constitui erro; a tradição da língua o permite. Todavia, em linguagem apurada, recomenda-se o uso do nexo prepositivo. Esta recomendação estende-se ao emprego de outros nomes, como *certo, impressão, medo,* etc. Estou *certo de* que houve fraude. / Tinha-se a *impressão de* que as plantas definhavam. / Tínhamos *medo de* que arrombassem a porta.

certificar. Convencer da certeza de, assegurar.
1. A regência correta é 'certificar alguém de alguma coisa': *Certifiquei* o homem da inocência de seu filho. / *Certifiquei-o* da inocência de seu filho. / O governo *certificou* a empresa de que a verba seria liberada. / Cristo *certificou* os apóstolos de que ressuscitaria. / Ele *certificou-os* de que ressuscitaria. / *Certifico-o* de que esse empregado é honesto. / A presença de aves marinhas e outros indícios *certificaram-no* da proximidade de terra.
2. Não recomendamos a regência 'certificar alguma coisa a alguém': *Certifico-lhes* que essa água é pura. / O escrivão *certificou-lhe* que a terra descoberta era fértil.

V. pron. 3. *Certifiquei-me* da veracidade daquela notícia. / *Certificou-se* de que lado soprava o vento.
4. Com elipse da prep.: Só depois de *certificar-se* que fora aprovada é que ela viajou. / "Queria *certificar-me* se Lincoln era mesmo... o grande escritor que os seus discursos de Presidente deixavam entrever." (Viana Moog, *Lincoln*, p. 42)

cerviz. *S.f.* 1. A parte posterior do pescoço. 2. *Por ext.* Pescoço. Homônimo de *servis* (pl. de *servil*, próprio de servo): trabalhos *servis*. Adjetivo relativo à cerviz: *cervical*.

cervo. [Do lat. *cervus*, veado.] *S.m.* Mamífero da família dos cervídeos, veado. ⇨ A pronúncia correta é *cérvo*, como o homônimo *servo* (criado), mas no Brasil é predominante a pronúncia *cêrvo*.

cerzir. *V. irregular.* Conjuga-se como *agredir*: cirzo, cirzes, cirze, cerzimos, cerzis, cirzem; cirza, cirzas, cirza, etc: "A mulher *cirze* apressadamente um par de meias para ele." (Ciro dos Anjos, *O amanuense Belmiro*, p. 88)

cesárea. *S.f.* Incisão feita no ventre e no útero maternos para a retirada do feto; (operação) cesariana: "Igualmente praticavam [os cirurgiões hindus] *cesáreas*, amputações, cirurgia da catarata." (Moacyr Scliar, *A paixão transformada*, p. 22) / "Dados do Ministério da Saúde revelam que as *cesáreas* causam 3,7 mais óbitos que o parto normal." (*O Globo*, 19/5/2002) Na língua culta, prefira-se cesariana. ⇨ *Cesárea* e *cesariana* derivam de *César* (Júlio César, general, estadista e escritor romano), que, segundo a tradição, nasceu por meio desse procedimento cirúrgico.

cessão. [Lat. *cessione*.] *S.f.* Ato de ceder (= transferir a outrem direitos ou posse de alguma coisa): *cessão* de um bem, *cessão* de parte da herança, *cessão* de direitos autorais. / Decreto do governo proíbe a *cessão* de servidores federais a órgãos da administração estadual. ⇨ Não confundir *cessão* com os homônimos *seção** e *sessão**.

cessar-fogo. *S.m.* Interrupção dos combates numa guerra. Pl. invariável: "Nos 16 meses de guerra, vários *cessar-fogo* foram acertados e descumpridos minutos depois pelas milícias." (*JB*, 31/7/93, p. 9)

Δ **ceto-, -ceto.** [Do gr. *kétos*, animal aquático enorme, baleia.] *El. de comp.* = 'cetáceo': *cetáceo, misticeto, odontoceto*.

chá, xá. 1. *Chá.* [Do chinês *chá*.] *S.m.* Árvore ou arbusto da família das teáceas; infusão das folhas de chá ou de outras plantas medicinais. 2. *Xá.* [Do persa *xah*, rei.] *S.m.* Título do soberano da Pérsia (hoje Irã): Em 1925, o general Riza Khan proclamou-se *xá* e fundou a dinastia dos Pahlavi.

chacoalhar. Deturpação popular de *chocalhar* (sacudir, produzindo som como de chocalho): *chacoalhar* as balas de uma caixa. / "Pedro Melo pulava para lá e para cá, *chacoalhando* os badulaques das algibeiras." (Bernardo Élis, *O tronco*, p. 49) Usa-se também na acepção de *balançar*: O velho caminhão *chacoalhava*, jogando os passageiros uns contra os outros. / "O avião *chacoalhou* muito." (Houaiss)

chamar. 1. Na acepção de fazer chamamento, constrói-se com objeto direto: O professor *chamou* o aluno ao quadro-negro. / O patrão *o* (e não *lhe*) *chamou* ao escritório. / Ele *os chamou* à janela. / *Chamaram-no* ao telefone. / Quem *a chamou* aqui, menina? / A mãe *as chamava* para junto de si. / "A voz do major *chamou-os* à realidade." (Monteiro Lobato, *Urupês*, p. 148) 2. Pode-se realçar o complemento com a preposição *por*: A criança *chamava pelo pai*, aos gritos. / A sinhá *chamou por* um escravo. / "D. Catarina *chamou pelos* filhos, abraçou-se neles." (Camilo Castelo Branco, *A queda dum anjo*, p. 75) 3. No sentido de *dar nome, apelidar*, admite as seguintes regências: a) *Chamaram* João traidor. / *Chamaram-no* traidor; b) *Chamaram a* João traidor. / *Chamaram-lhe* traidor; c) *Chamaram* João *de* traidor. / *Chamaram-no de* traidor; d) *Chamaram a* João *de* traidor. / *Chamaram-lhe de* traidor. ⇨ As construções *b* e *c* são mais usadas: *Chamavam-lhe* sábio. / Eles *chamam a* isso cultura. / *Chamam* esses bandidos *de* heróis. / "Como *chamar* a amebíase *de* doença tropical, se ela foi descoberta na Rússia?" (Jarbas Passarinho, *Amazônia*, p. 11) / "Os rapazes mais novos *chamavam-no de* mestre." (Orígenes Lessa, *O feijão e o sonho*, p. 189) / "... os amigos *lhe chamavam* o José Bacoco." (Eça de Queirós, *A ilustre casa de Ramires*, p. 65) / "Era um índio; *chamavam-lhe* em casa José Tapuio." (José Veríssimo, *apud* João Ribeiro, *Páginas escolhidas*, II, p. 9) Exemplos da construção *a*: "Os gregos *chamavam*, desprezivelmente, *metecos os* que não eram de Atenas." (Afrânio Peixoto, *Clima e saúde*, p. 35) / "Quando a mãe o pôs na escola, os outros meninos passaram a *chamá-lo* Chicó Pepé." (Raquel de Queirós, *O Caçador de tatu*, p. 54) A construção *d* é a menos usada e ocorre em escritores modernistas: "Aquele paroxismo de solicitude *a* que ela *chamava de* amizade." (Raquel de Queirós, *O caçador de tatu*, p. 8) 4. *Expressões*: O professor os *chamou* à ordem. / O amigo o *chamou* à razão. / Ele *chamou a si* a responsabilidade pelo acidente. / Ela era linda, *chamava a atenção* de todos. / O jornal *chamou*

a atenção do governo para a invasão de áreas indígenas. / *Chamaram-lhe a atenção* as longas barbas do visitante.
5. Observar as três construções possíveis: Esses animais *chamam-se* felinos. / Esses animais *são chamados* felinos. / A esses animais *chama-se* felinos. É anômala a construção com *de*, como esta, que se lê num dicionário moderno: "As regiões planas *chamam-se*, impropriamente, *de* mares." Mário Barreto, em *Últimos estudos*, p. 195, abona a terceira construção com estes exemplos: "Em lógica *chama-se a isso* petição de princípios." (A. Feliciano de Castilho) / "E há-de *chamar-se a isso* um casamento feliz?" (Camilo Castelo Branco)

champanha, champanhe. Vinho espumoso produzido em Champagne (França); vinho desse tipo. Usa-se mais a variante *champanhe*. Uma e outra forma são do gênero masculino: *o (vinho) champanha; um bom champanhe gaúcho*.

chance. [Do fr. *chance*.] *S.f.* Oportunidade, ensejo, sorte, ocasião favorável; probabilidade. ⇨ É um dos muitos galicismos radicados e aceitos em nosso idioma.

chapéu. *S.m.* No grau aumentativo possui duas formas: *chapelão* e *chapeirão*. Exs.: Protegia-o do sol um *chapelão* de palha. / "Depois, tirando o *chapeirão*, cortejou a turbamulta para um e outro lado." (Alexandre Herculano, *Lendas e narrativas*, p. 71)

charlatão. [Do it. *ciarlatano*.] O plural *charlatães* é preferível a *charlatões*. Feminino: *charlatã*, preferível a *charlatona*.

chauvinismo (xô). [Do fr. *chauvinisme*.] *S.m.* Nacionalismo exagerado e cego; radicalismo. Dado o uso frequente desta palavra, propomos a grafia *chovinismo*, aportuguesando-se por completo. Bons escritores modernos adotam essa grafia: "A palavra xenofobia encontra equivalente no conceito francês de *chovinismo*, que é uma espécie de patriotismo enlouquecido." (Moacir Werneck de Castro, *A ponte dos suspiros*, p. 46) Assim também *chovinista*, em vez de *chauvinista*, é grafia mais lógica.

checar. [Do ingl. *check*.] Anglicismo desnecessário, substituível por *conferir, confrontar, comparar, cotejar*. Ao derivado *checagem* prefira-se *conferência, confronto, comparação, cotejo*.

Checoslováquia. [Ceskoslovenska Socialisticka Republika.] No Brasil, a pronúncia corrente é *Tchecoslováquia*. Assim grafam o nome da ex-república socialista todos os dicionaristas brasileiros. Em Portugal, adotou-se a forma *Checoslováquia*. ⇨ O território, em janeiro de 1993, dividiu-se em dois países independentes: a República Tcheca e a República Eslovaca ou a Eslováquia (Slovensko).

chefe. Não varia em gênero: *o chefe, a chefe, os chefes, as chefes.* "Mais modernamente, D. Carlota Carneiro de Mendonça foi considerada *um* dos maiores *chefes* da revolução de 1842." (Afonso Arinos, *Obra completa*, p. 719)

chegada. Diz-se 'chegada *a* um lugar', e não 'chegada *em* um lugar': Sua *chegada a* São Paulo está prevista para as 9 horas.

chegado. *Adj.* 1. Ligado por afeição, íntimo: "Há coisas que não se dizem nem aos companheiros mais *chegados*." (Ciro dos Anjos, *Montanha*, p. 85)
2. Propenso a: Ele é *chegado à* bebida.

chegar. 1. Seu adjunto adverbial de lugar é regido da prep. *a*: *Chegamos a* (e não *em*) Brasília às 10 horas. / Poucos alpinistas *chegaram àquele* pico. / Esta é a situação dramática *a que chegamos.* / "Afastou-o do alvo *a que* pretendia *chegar*." (Machado de Assis)
2. 'Chegar *em* um lugar' é regência dominante na fala brasileira e ocorre com frequência até em bons escritores: "Quando ele *chegou na cidade*, entrou na primeira venda." (Autran Dourado, *Monte da alegria*, p. 74) / "*Chegou em casa* triste." (Menotti del Picchia) / "Quando *chegou na rua*, um espinho feria-lhe o coração." (Marques Rebelo, *A estrela sobe*, p. 114) ⇨ Na língua culta formal, porém, deve-se usar a prep. *a*: chegar *à* cidade, chegar *a* Campinas, chegar *àquela* ilha, etc.
3. 'Chegar *a* casa' é regência correta, mas, de modo geral, estranha a brasileiros, que dizem e escrevem 'chegar *em* casa': Ele *chegou em casa* cansado. / "*Chegando em casa*, não comecei a ler o livro." (Clarice Lispector, *Felicidade clandestina*, p. 10)
4. A concordância efetua-se normalmente com o sujeito da oração: *Chegaram* (e não *chegou*) ontem a esta cidade os participantes da conferência. / Que mais ele quer? Não *chegam* (= bastam) os bens que possui?

chegar a casa. Regência correta, se bem que pouco seguida no Brasil, onde em geral se diz 'chegar *em* casa', no sentido de 'chegar ao lar'. Na literatura de hoje poucos escritores a observam. Dois exemplos: "Ao *chegar a casa*, Tavares encontrou a irmã preocupada." (Dias

Gomes, *Decadência*, p. 12, 1995) / "*Chegou a casa* muito tarde, como todas as noites." (Aurélio Buarque de Holanda, *Dois mundos*, p. 61) Veja *chegar*.

cheiinho(a), cheinho(a). Ambas as formas são lícitas: "Andas à roda no meio de um quarto *cheinho* de portas de saída." (Fernando Namora, *O homem disfarçado*, p. 139) / "Comeu uma gamela *cheiinha* de vaga-lume." (José J. Veiga, *A estranha máquina extraviada*, p. 92) ⇨ Adjetivos com flexão diminutiva equivalem a superlativos: *cheinho* = *cheíssimo, muito cheio*.

cheíssimo, cheiíssimo. Ambas as formas são corretas. Há preferência pela primeira: No salão, *cheíssimo* de carnavalescos, as canções não tinham fim.

cheque, xeque. São homônimos. 1. **Cheque.** [Do ingl. *check*.] Documento fornecido pelos bancos para sacar dinheiro, efetuar pagamentos, etc. 2. **Xeque.** [Do árabe *xeik*, ancião.] Chefe de tribo, soberano, entre os árabes. Existe a variante *xeique*. 3. **Xeque.** [Do persa *xah*, rei.] No jogo de xadrez, lance em que o rei é atacado por uma peça adversária.
| *Estar* ou *pôr em xeque*: estar ou pôr em perigo.

cheque nominativo. Cheque emitido em nome de alguém, em oposição a cheque ao portador. Diz-se também *cheque nominal*.

chimpanzé. *S.m.* Forma preferível a *chipanzé*: "A fisionomia do *chimpanzé* é menos rude que a do gorila." (*Os animais*, vol. I, p. 21, Bloch Editores)

China. [Do lat. *Sina*.] Adj. relativos à China: *chinês, sínico* (a civilização *sínica*). Veja *cínico* e *sino-*.

Chipre. Adj. rel. a Chipre (ilha do Mediterrâneo): *cipriota, cíprio*.

chocante. *Adj.* Que choca, que ofende, ofensivo, que fere o pudor, que impressiona mal: atitudes, ditos *chocantes*: 'Por toda parte se veem cenas *chocantes*, deprimentes.' ⇨ Na gíria, *chocante* assumiu significado oposto do original, usando-se como equivalente de: emocionante, fascinante, maravilhoso, surpreendente.

chope. [Do al. *Schoppen*.] *S.m.* Cerveja de barril: tomar um *chope*; beber vários *chopes*.

chover. Em sentido figurado, concorda normalmente com o sujeito: *Choveram* cartas de protestos. / *Choviam* balas de todo lado. / *Choviam* pétalas sobre os campeões. / Após breve silêncio, *choveram* as perguntas. / "Males inevitáveis *iam chover* em cima de mim." (Graciliano Ramos, *Infância*, p. 118) / "E nem lá na Lua *chovem* meteoritos permanentemente." (Raquel de Queirós, *O caçador de tatu*, p. 133)

chumbo. Adj. relativo ao chumbo: *plúmbeo* (do lat. *plumbum*, chumbo).

chupim. [Do tupi *xo'pi*.] *S.m.* 1. Pássaro de cor preta da família dos icterídeos. Tem o hábito de não construir o seu ninho. A fêmea põe os ovos no ninho do tico-tico, que lhe cria os filhotes. 2. Marido mandrião (vadio, preguiçoso) que vive às custas da mulher. ⇨ Em vocábulos provenientes de línguas indígenas, o fonema palatal *ch* se representa com *x* e não com *ch*: *abacaxi, mixira, xavante, xará, Xapecó, Xapuri*, etc. A grafia correta, portanto, é *xupim* (ou melhor, *xopim*) e não a oficial *chupim*.

chutar a gol. No futebol, chutar a bola contra a meta do time adversário: "Vi o técnico incansável e teimoso da Seleção xingado de bandido e queimado vivo sob a aparência de um boneco, enquanto o jogador que errara muitas vezes ao *chutar a gol* era declarado o último dos traidores da Pátria." (Carlos Drummond de Andrade, *JB*, 7/7/1982)

chute. [Do inglês *shoot*.] A grafia correta seria *xute, xutar*, pois o *sh* inglês se representa com *x* em português.

chuva. Adj. relativo a chuva: *pluvial*.

Δ **ciani-, ciano-.** [Do gr. *kyanós*, substância azul, a cor azul.] *El. de comp.* = 'azul', 'azulado': *cianípede, cianídrico, cianocarpo, cianose, cianúria* (ou *cianuria*).

ciclope (cló). *S.m.* 1. Na mitologia grega, gigante com um só olho redondo na testa. Palavra paroxítona. 2. Adj. referente a ciclope: *ciclópico* = enorme, colossal, gigantesco: *monumentos ciclópicos, obra ciclópica*.

Δ **-cida, -cídio.** *Suf. lat.* Traduzem, respectivamente, a ideia de 'o que mata' e o 'crime de matar': *homicida, suicida, inseticida, homicídio, suicídio, genocídio, infanticídio*.

cidadão. Plural: *cidadãos*. Fem.: *cidadã, cidadãs*.

cientificar. Tornar ou fazer ciente. 1. Regências corretas: Ele ignora o que aconteceu. Devemos *cientificá-lo*. / *Cientifiquei* o diretor de minha decisão. / *Cientifiquei-o* de minha decisão. / Devo *cientificá-lo* de que a excursão foi adiada. / Ainda não *a cientificamos* do que ocorreu durante o

carnaval. / Telefonava-me para *cientificar-se* do que ocorria em casa.
2. É desaconselhada a regência 'cientificar algo a alguém': *Cientifiquei-lhe* minha decisão. / Devo *cientificar-lhe* que a excursão foi adiada.
Δ **cifo-**. [Do gr. *kyphós*, curvado, corcunda.] *El. de comp.* = 'curvado para frente', 'corcunda': *cifose, cifótico, cifoscoliose*.
cilício. [Do lat. *cilicium*, tecido grosseiro e áspero feito na Cilícia.] *S.m.* Cinto de crina ou de lã áspera, com farpas, usado sobre a pele, por penitência. ⇨ Homônimo de *silício* (do lat. científico *silicium* < lat. *silex, silicis*, pedra], elemento não metálico de número atômico 14, leve, cinzento e duro, muito abundante na crosta terrestre, presente no quartzo, nas argilas, areias, silicatos, etc.
cine. *S.m.* Redução de *cinema*. Derivados: *cineasta, cineclube, cinéfilo*.
Δ **cinema-, cinemato-**. [Do gr. *kínema, kinématos*, movimento.] *El. de comp.* = 'movimento': *cinema, cinematógrafo, cinematográfico*.
Δ **cinese-, cine-**. [Do gr. *kínesis*.] *El. de comp.* = 'ação de mover', 'movimento': *cinesalgia, citocinese, cineangiocardiografia*. Cognatos: *cinema, cineasta, cinemática*, etc. Veja *cinema-*.
cingir. [Do lat. *cingere*, cingir, rodear com cinto, pôr em volta.] *V. t. d.* 1. Rodear, cercar: Altas muralhas *cingiam* a cidadela.
2. Prender ou ligar em volta da cintura, dos pulsos, etc.: Jesus *cingiu* uma toalha e pôs-se a lavar os pés dos discípulos. / As jovens *cingiam* ao (ou *no*) pulso ricos braceletes.
3. Ornar em volta, coroar: *Cinge-lhe* a cabeça vistoso cocar.
4. Pôr em volta da cabeça ou de outra parte do corpo, como adorno: O rei sentou-se no trono e *cingiu* a coroa. / Elas *cingem* os punhos com braceletes de pérolas. / *Cingiam* os vencedores com coroas de louro.
5. Pôr à cinta: Os combatentes *cingem* as espadas e montam os cavalos.
6. Unir, apertar, envolvendo: A mãe *cingiu* a criança ao colo. / Ela *a cingiu* com seus delicados braços.
V. pron. 7. Colocar ou prender em volta: Jesus pegou uma toalha e *cingiu-se* com ela.
8. Unir-se, apertar-se: A criança *cingiu-se* ao colo materno.
9. Limitar-se, restringir-se: O conferencista *cingiu-se ao* aspecto profilático da enfermidade. / "Os primeiros colonos europeus *cingiam-se a* recursos adquiridos pela experiência

em outros continentes." (Sérgio Buarque de Holanda, *Caminhos e fronteiras*, p. 132) / "A verdade, porém, é que os positivistas não *se cingiram a* essas manifestações simbólicas e mais ou menos místicas. Atuaram também no terreno político." (Vivaldo Coaraci, *Todos contam sua vida*, p. 203)
cínico, sínico. 1. *Cínico.* [Do gr. *kynikós*, pelo lat. *cynicus.*] Que revela cinismo, descarado; indivíduo descarado. Veja *cino-*.
2. *Sínico.* [Do lat. *Sina*, China + *-ico.*] Relativo à China ou aos chineses (as dinastias *sínicas*).
Δ **cino-**. [Do gr. *kyon, kynós*, cão.] *El. de comp.* = 'cão': *cinegética, cinófilo, cinografia, cinofobia, cínico, cinismo*.
cinta-larga. Indivíduo dos cintas-largas; relativo a essa tribo de índios brasileiros. Pl.: *cintas--largas*. Veja *goitacá* e *guaianá*.
cinza. 1. Quando usado como adjetivo, fica invariável: ternos *cinza* (= *cinzentos*), gravatas *cinza* (= *da cor da cinza*).
2. Adjetivos relativos a cinza: *cinéreo, cineriforme, cinzento*.
cinza-claro. *Adj.* Em bons escritores, ocorre invariável em gênero e número, bem como *cinza-escuro*: "Todos trajados de maneira semelhante, calças *cinza-escuro* e camisas brancas com gravatas *cinza-claro*." (Dias Gomes, *Decadência*, p. 80)
Nesses adjetivos compostos, *cinza* é adjetivo (= cinzento) e, segundo a gramática, o plural é *cinza-claros* e *cinza-escuros*. Portanto: gravatas *cinza-claras* e calças *cinza-escuras*. Todavia, parece-nos preferível a forma invariável, usada por Dias Gomes, porque *claro* não se refere a *gravatas*, mas exprime uma tonalidade do cinza: cinza de tonalidade clara, e *escuro* não se refere a *calças*, exprime uma tonalidade do cinza: cinza de tom escuro. Veja *verde--amarelo*.
Δ **ciprino-**. [Do gr. *kyprínos*, carpa.] *El. de comp.* = 'carpa': *ciprinocultor, ciprinocultura, ciprinídeo*.
circo. Adj. relativo a circo: *circense*.
circuito. Pronuncia-se *cir-cúi-to*, e não *cir-cu-í-to*.
círculo vicioso. Esta é a expressão correta, e não *ciclo vicioso*.
circunspeção, circunspecção. *S.f.* Cautela, prudência, ponderação, discrição. São boas ambas as pronúncias e grafias. O mesmo se diga de *circunspecto* e *circunspeto* (prudente, ponderado, sério).

círio. [Do lat. *cereus*, de cera, vela de cera.] *S.m.* Grande vela de cera. É homônimo de *sírio*, natural da Síria.

Δ **cirro-.** [Do gr. *kirrós*, amarelado.] *El. de comp.* = 'amarelado': *cirrose, cirrótico.*

cirurgião. [Do lat. *chirurgianus.*] Fem.: *cirurgiã*. Plural: *cirurgiões* (forma geralmente usada) e *cirurgiães*.

Δ **cis-.** *Pref. lat.* Exprime a ideia de 'aquém de', 'do lado de cá': *cisplatino, cisandino, cisalpino, Cisjordânia, cisgangético*, etc. Antônimo de *trans-*: *transplatino, transalpino*, etc.

cisma. [Do gr. *skhisma*, corte, ruptura, divisão.] 1. Dissidência ou cisão religiosa: o *cisma* do Oriente. ⇨ Nesta acepção, é subst. masculino. 2. *Cisma* [Derivado do v. *cismar.*] Devaneio, ideia fixa, capricho, etc. ⇨ Nestas acepções, é subst. fem.: *a cisma da menina*.

Δ **cisti-, cisto-.** [Do gr. *kýstis*, bexiga.] *El. de comp.* Formam termos de Medicina: *cistite, cístico, cistoscopia, cistotomia*, etc.

cisto. [Do gr. *kýstis*, bexiga, bolsa.] *S.m.* Tumor vesiculoso que contém matéria líquida ou pastosa: Ocorrem *cistos* nos pulmões, nos ovários, nas articulações (*cistos* sinoviais), etc. ⇨ É forma preferível a *quisto*, porém, menos usada que esta. Veja *quisto*.

Δ **cito-, -cito.** [Do gr. *kýtos*, cavidade, célula.] *El. de comp.* = 'célula': *citologia, citoplasma, leucócito, fagocitose, fagócito*, etc.

cível. *Adj.* 1. Referente ao direito ou aos processos civis: causa *cível* (por op. a *causa criminal*), vara *cível*, ações *cíveis*. || *S.m.* 2. Tribunal ou jurisdição em que se julgam causas cíveis, ou seja, de natureza civil: os juízes do *cível*. ⇨ É palavra da terminologia jurídica. Tanto *cível* como *civil* derivam do lat. *civilis*. O deslocamento do acento prosódico se deve, provavelmente, à influência de adjetivos terminados em *-ível*, como *horrível, possível, incrível*, etc.

clã. [Do gaélico *clann*, grupo de famílias consanguíneas, tribo.] 1. A palavra é masculina: *o clã* dos Chaplin; *o clã* dos Kennedy; *o clã* Pitanguy; as manobras políticas dos Albuquerques, dos Guimarães e de outros *clãs* rivais. 2. *Por ext.* Designa também grupo de pessoas unidas por ideias comuns, partido: O *clã* dos verdes. Plural: *clãs*.

clamar. 1. Na acepção de 'exigir aos gritos', 'reclamar', constrói-se com obj. direto, ou, mais frequentemente (por ênfase), com obj. indireto: Os manifestantes *clamavam* justiça. / Eles *clamavam por* justiça. / Os presos *clamam por* um tratamento humano. 2. No sentido de 'protestar', o complemento é regido da prep. *contra*: A sociedade *clama contra* esses crimes.

clarinete (nê). [Do it. *clarinetto*, através do fr. *clarinette.*] Menos usado que a variante *clarineta* (subst. fem.): "Seus filhos tocam vários instrumentos, como *clarineta*, flauta e piano." (*JB*, 21/3/92) / "A *clarineta* moderna possui complicado sistema de chaves." (*Dicionário de música Zahar*, p. 79) / "O cavaquinho e a *clarineta* funcionam com destaque." (Marques Rebelo, *A estrela sobe*, p. 161) / "Bartolomeu Feitosa, tocador de *clarinete*, puxava o cortejo." (Povina Cavalcânti, *Vida e obra de Jorge de Lima*, p. 17)

classificados. *S.m.* Anúncios classificados: "Era ali que milhares de pessoas vinham diariamente trazer os anúncios, que na gíria do jornal se transformaram em *classificados*." (Carlos Heitor Cony, *Quase memória*, p. 196) ⇨ Esse é um caso de particípio adjetivado que passou a substantivo, fato frequente na língua. Outros exemplos: um *assado*, um *desempregado*, um *atrevido*, os *excluídos*, etc.

Δ **clasto-, -clasta.** [Do gr. *klastós*, quebrado.] *El. de comp.* = 'quebrado', 'que quebra': *clástico, clastomania, iconoclasta*.

clavícula. *Adj.* relativo à clavícula: *clavicular*.

Δ **clepto-.** [Do gr. *klépto*, roubar.] *El. de comp.* = 'roubar': *cleptomania, cleptofobia, cleptomaníaco*.

clichê. *S.m.* Veja *lugar-comum*.

clímax (cs). [Do gr. *klímax*, escada.] *S.m.* 1. O ponto culminante; o grau máximo, a fase de maior intensidade: o *clímax* de uma convulsão social, de uma história de ficção, de uma obra dramática. 2. Sequência de ideias dispostas em sentido ascendente; gradação. Exs.: Ele foi um *tímido*, um *frouxo*, um *covarde*. / "O primeiro milhão *excita, acirra, assanha* a gula do milionário." (Olavo Bilac) / "O *inclemente*, o *terrível*, o *tenebroso*, o *trágico* mar do Norte, encapelado em ondas alterosas como montanhas, esbarra na estreita ponta setentrional da Holanda." (Ramalho Ortigão, *A Holanda*, p. 104)

clínico. [Do gr. *klinikós*, ref. ao leito; médico que visita doentes acamados (do gr. *kline*, leito).] Derivados: *clínica, clinicar*.

clitoridectomia. [Do gr. *klitorid-* + *-ectome-* + *-ia.*] *S.f.* Extirpação do clitóris (gr. *kleitorís*, *kleitorídis*): A *clitoridectomia*, denunciada pelas ONGs e por entidades que defendem os direitos da mulher, é uma prática desumana e criminosa de que são vítimas meninas de 5 a 10 anos de idade, em países de cultura islâmica, principalmente na África. Sinônimos: *circuncisão feminina, mutilação genital feminina*.

clonagem. [De *clone* + -*agem*.] Em engenharia genética, processo de obtenção de um *clone**: O cientista escocês Ian Wilmut, criador de um clone de animal, a ovelha Dolly, afirmou que ficaria triste com a *clonagem* de seres humanos. Diz-se também *clonação*: "Nos últimos meses, muito se tem falado em *clonação*, ou seja, multiplicação de indivíduos, partindo de um único embrião humano." (Dom Eugênio Sales, *JB*, 16/4/94)

clone. [Do gr. *klón, klonós*, broto.] 1. Em Biologia, conjunto de micro-organismos ou de indivíduos geneticamente iguais, originários de outro por multiplicação vegetativa ou assexuada. 2. Em biotecnologia, cópia geneticamente idêntica de um ser vivo, obtida mediante a manipulação genética de célula germinativa: "Ao criar *clones* de ovelhas e macacos, a ciência ultrapassou uma barreira perigosa." (*Manchete*, 8/3/97)

Δ **cloro-.** [Do gr. *chlorós*, verde.] *El. de comp.* = 'verde', 'esverdeado': *clorofila, clorose*.

Δ **co-.** [Do lat. *cum*, com.] Prefixo que denota companhia, associação, como em *coabitar* e *coautor*. ⇨ Une-se ao segundo elemento sem hífen: *coabitação, coirmão, copiloto*, etc. Se o segundo elemento iniciar por *h*, elimina-se essa letra: *coabitar, coerdeiro*, etc. Se o segundo elemento começar com *r* ou *s*, duplicam-se essas letras: *corresponsável, cosseno, cossignatário*, etc.

coa, coas. Formas do v. *coar*. Palavras tônicas que se acentuavam para diferenciá-las das contrações *coa* (com a), *coas* (com as), homógrafos átonos. Esta regra de acentuação gráfica se aplica a outros casos: *pára* (verbo), *para* (prep.), *pôr* (verbo), *por* (prep.), etc. Pelo novo AO, só se continua acentuando *pôr* (v.) e *pôde* (v.)

coadunar. [Do lat. *coadunare*.] Juntar para formar um todo, combinar, harmonizar: Pode-se *coadunar* a severidade com a bondade. / É um político hábil em *coadunar* opiniões divergentes. / Tais procedimentos não *se coadunam* com a ética médica. / "A dietética *coaduna-se* com o comportamento dos paulistas e dos mineiros."

(Maria José de Queirós, *A literatura e o gozo impuro da comida*, p. 256)

coagir. 1. Como *agir* e *reagir*, conjuga-se em todos os tempos e pessoas: coajo, coages, coage; coaja, coajas, coaja, coajamos, coajais, coajam; etc. 2. Pede objeto direto de pessoa: *coagir alguém*; *coagi-lo*; *coagi-la* a casar.

cobra. Adjetivos relativos a cobra: *ofídico, viperino*.

cobre. Adjetivos relativos a cobre: *cúpreo, cúprico*.

cóccix (cókcis). Adjetivos relativos ao cóccix: *coccígeo, coccigiano*.

cochinilha. [Do esp. *cochinilla*.] *S.f.* Inseto nocivo, muito pequeno, que se alimenta da seiva das plantas, denominado, por isso, *piolho-de-planta*. Usou-se no passado, para o fabrico do carmim. Daí designar também o tecido tingido com esse corante. Variante: *cochonilha*.

cociente. Variante de *quociente*.

coco (ô), **coco** (ó). 1. *Coco* (ô). Fruto de coqueiro. 2. *Coco* (ó). Bactéria de forma arredondada. Pronunciam-se também com a vogal tônica aberta os derivados *diplococo, estafilococo, estreptococo, gonococo*, que designam agrupamentos ou colônias de cocos (ó).

côdea. *S.f.* Parte exterior dura, crosta: "O marido engoliu uma colherada de caldo quente, mordeu uma *côdea* de pão." (Raquel de Queirós, *Caminho de pedras*, 8ª ed., p. 33) ⇨ Como indica o acento gráfico, a vogal tônica é fechada.

coelho. Adj. relativo a coelho (lat. *cuniculus*): *cunicular*. Veja *cuni-*.

coeso (é). *Adj.* Ligado por coesão, unido. Pronuncia-se com a vogal tônica aberta (coéso, coésa). ⇨ A pronúncia generalizada *coêso* deve-se, decerto, à influência fonética de outras palavras terminadas em -*eso*, com o *e* tônico fechado, como *aceso, peso, preso*, etc. Veja *obeso*.

coevo. [Do lat. *coaevus*, da mesma época.] *Adj* e *s.m.* Contemporâneo: os bispos *coevos* do Império; Galileu e seus *coevos*. ⇨ A pronúncia correta é *coévo*.

coexistir. [De *co-* + *existir*.] É correta a regência *coexistir com*: Nesta cidade a paupérie *coexiste com* o mais requintado luxo. / Nele a modéstia *coexistia com* o saber e a fama. ⇨ Esta regência ocorre também com os verbos *coabitar* e *coincidir*: O marido *coabitava com* sua legítima esposa. / O depoimento do réu não *coincidia com* o testemunhas do crime.

cogitar. [Do lat. *cogitare*, pensar.] Pensar em, imaginar, tencionar.

V. t. d. 1. Para isso, ele *cogitou* um plano diabólico. / Ela não *cogita* casar agora.
V. t. i. 2. Prep. *de* e *em*: Esta é uma solução *de* que ninguém *cogitou*. / Não *cogitava de* exercer cargo público. / *Cogita-se em* mudar a constituição. / *Cogitava em* um estratagema para aumentar as vendas. / Ficava horas e horas a *cogitar no* futuro. / "Alguém *cogitou de* mandá-la morar em Petrópolis." (Clarice Lispector, *Felicidade clandestina*, p. 30) / "Conquanto vitoriosos, os pernambucanos não *cogitaram de* apossar-se do Recife." (João Ribeiro, *História do Brasil*, p. 155)
V. i. 3. Encontrei-o sentado numa poltrona, a *cogitar*.
cogula. *S.f.* Túnica de mangas largas usada pelos religiosos de algumas ordens monásticas: "O São Bento de nossa igreja está representado sob a figura de um jovem abade, sem barbas, revestido da *cogula* dos beneditinos." (Dom Ramalho Rocha, *A igreja de São Bento do Rio de Janeiro*, p. 84) ⇨ É palavra paroxítona.
Coimbra. Adjetivos relativos a Coimbra (Portugal): *coimbrão* (fem. *coimbrã*: a questão *coimbrã*) e *conimbricense* (a velha catedral *conimbricense*).
Δ **-cola.** [Do lat. *colo, colere,* cultivar; habitar.] *El. de comp.* = 'que cultiva'; 'que habita': *agrícola, silvícola.*
Δ **cole-.** [Do gr. *kholé,* bile.] *El. de comp.* = 'bile': *colagogo, colemia, coleciste, colédoco,* etc.
cólera. [Do gr. *kholéra,* pelo lat. *cholera.*] Tanto na acepção de 'doença infecciosa causada pelo vibrião colérico', como na de 'ira', 'raiva', a palavra, pela sua origem, é feminina. Neste gênero é que o povo e a imprensa, em geral, a empregam para designar a doença epidêmica, também chamada *cólera-morbo*: "O tempo frio congelou *a cólera*." (*JB*, 5/6/93) ⇨ Por influência do francês (*le choléra*), médicos usaram, e ainda hoje usam, indevidamente, este vocábulo no masculino. Ressalte-se que a palavra masculina *morbo,* em *cólera-morbo,* não pode influir no gênero desse substantivo composto, pois exerce ali mera função adjetiva. (Cp. *a mulher-objeto, a guerra-relâmpago, a escola-modelo*). Exemplos do uso correto da palavra: "Vibrião *da cólera* chega à Zona Sul." (*JB*, 1/4/93) / "*A cólera* mata onde os serviços de saúde não funcionam." (Sérgio Arouca, *ib,* 1/4/93) / "*A cólera-morbo* dizimava a população." (Mário Barreto, *Novos estudos,* p. 303) / "No longo cerco do Porto, entre os flagelos da *cólera* e da fome..." (Almeida Garrett, *Viagens na minha terra,* p. 164) / "Com a rapidez *da cólera* ou da peste corre por todos os ângulos de Portugal uma coisa hedionda e torpe..." (Alexandre Herculano, *O monge de Cister,* I, p. IX)

colidir. [Do lat. *collidere,* bater contra.] Ir de encontro, chocar-se. Usa-se geralmente como intransitivo e transitivo indireto: Os dois veículos *colidiram*. / O carro *colidiu com* um ônibus. ⇨ Tem as mesmas regências no sentido de *ser oposto, conflitar*: Os interesses de um grupo *colidiam com* os do outro. / Nossas opiniões *colidem.*

colmeia. [Do esp. *colmena,* segundo Aulete.] A pronúncia normal é *colmêia.* Programas de televisão e revistas infantis foram vulgarizando a pronúncia *colméia,* que acabou se impondo como variante prosódica brasileira. Na língua culta, recomenda-se a pronúncia original *colmeia,* com a vogal *e* fechada. Ex.: "O costume assinalado por Cardiael, entre os moradores da bacia do Paraná, de localizarem as *colmeias* pela direção do voo das abelhas não parece constituir privilégio de nenhum grupo indígena determinado." (Sérgio Buarque de Holanda, *Caminhos e fronteiras,* p. 48) / "Nota-se uma atividade de *colmeia* nas vias por onde passamos." (Érico Veríssimo, *Solo de clarineta,* II, p. 161)

colmo. [Do lat. *culmus,* colmo, caule das gramíneas.] *S.m.* Caule das gramíneas; palha longa extraída do sapé e de outras gramíneas, utilizada para cobrir choças. ⇨ Pronuncia-se *côlmo, côlmos.*

colocação. Evite-se usar *colocação* no sentido de *opinião, afirmação, ideia, sugestão.* É um dos muitos modismos repetidos à exaustão. A propósito, eis o que afirmou um conceituado jornalista e escritor: "E não é de hoje que se esbarra a cada momento com expressões como *proposta, colocação, a nível de* – por aí a fora. Os linguistas, sociólogos, comunicadores... estão chamados a estudar esse fenômeno alarmante que é a busca da originalidade visando uma pobre fábrica de clichês modernosos." (Moacir Werneck de Castro, *JB,* 28/5/94) ⇨ O mesmo se diga do uso de *colocar* na acepção de *opinar, afirmar, expor ideias.*

colorir. Verbo defectivo. Segue a conjugação de *abolir*★. Não possui as formas em que ao *r* do radical se segue *o* ou *a.*

colosso. [Do gr. *kolossós,* estátua de dimensões enormes.] *S.m.* 1. Estátua ou monumento des-

comunal: "O *colosso* de Rodes era estátua de Apolo." (Séguier)
2. Pessoa, animal ou coisa muito grande, forte ou boa: Nosso país é um *colosso*. Pl.: *colossos* (ô).

Δ colpo-. [Do gr. *kólpos*, seio, cavidade.] *El. de comp.* = 'vagina': *colpocele, colposcopia, colposcópio, colpotomia,* etc.

com. *Prep.* 1. Forma adjunto adv. de concessão em frases do tipo: *Com* tanto dinheiro e bens acumulados, levava uma vida modesta.
2. Seguido de infinitivo, tem às vezes valor causal: *Com ver* o desleixo do empregado, ela irritou-se muito. [com ver = *vendo, porque viu*.]
3. Contrai-se com o artigo definido, formando as aglutinações átonas *co, cos, coa, coas*: Estás *co* pensamento envolto em trevas. / "Quando o Gama *cos* seus determinava..." (Camões, *Os lusíadas*, I, 84) / "*Coa* fronte além dos céus, além das nuvens / e *cos* pés sobre ti." (Gonçalves Dias, *Primeiros cantos*, p. 150) Veja *coa, coas*.

coma. *S.f.* 1. [Do gr. *kóme*, cabeleira.] Na acepção de 'cabeleira basta e crescida' e, por extensão, copa de árvore.
|| *S.m.* 2. [Do gr. *kôma*, sono profundo.] No sentido de 'estado mórbido de inconsciência e total insensibilidade, decorrente de enfermidade ou traumatismo grave': A vítima do acidente estava em *coma profundo*.

comandante-chefe. *S.m.* Título que se dá a comandantes navais de alto escalão, no exercício de comando de esquadra ou de forças em operação. ⇨ Evite-se a forma *comandante em chefe*, cópia do fr. *commandant en chef*.

combinar. Na acepção de *pactuar, fazer um acordo*, constrói-se com obj. direto, que pode ser um substantivo ou uma oração infinitiva: Os dois presos sentaram-se e *combinaram* a fuga. / Eles *combinaram* fugir durante a noite. ⇨ Evite-se a regência *combinar em* + *infinitivo*: Eles *combinaram em fugir*... / Os noivos *combinaram em adiar a viagem*. Também não se recomenda a regência 'combinar de', ainda que abonada por escritores antigos e modernos: *Combinou* com a namorada *de encontrarem-se na praça*.

começar. 1. Construções corretas: Os rios *começam a* transbordar. / O professor *começou por* salientar a importância da matéria. / Ele *começou* salientando a importância da matéria. / *Começam a* surgir novas empresas. / *Começaram a* cair as folhas das árvores. / É necessário que *se comecem* essas obras já. / Quando *se começaram* a fabricar armas de guerra, a vida do homem mudou. / "Ao cabo de algum tempo *começaram* a notar-se faltas graves." (Machado de Assis, *Histórias sem data*, cap. III) / "... agora já *se começavam* a discutir as questões políticas." (M. Pinheiro Chagas, *O juramento da duquesa*, p. 29) ⇨ Pode-se entender o pronome *se* como índice de indeterminação do sujeito, caso em que o verbo *começar* fica no singular. Ex.: "*Começava-se* a imitar os gestos dos atores, as atitudes." (José Lins do Rego, *Doidinho*, 39ª ed., p. 192)
2. Modernamente, não se usa a regência *começar de* + *infinitivo*. Portanto: Eles *começaram a* (e não *de*) cavar buracos.
3. Seguido do v. *haver*, formando locução verbal, *começar* concorda na 3ª pessoa do singular: *Começa* a haver sinais de melhoria no relacionamento entre os dois países. / *Começou* a haver manifestações de descontentamento em todo o país. Veja *haver*, item 4.

comedir. *V. t. d.* Moderar, controlar: *comedir* os impulsos, o apetite, os desejos, os gestos; *comedir-se* no comer e no beber; *comedir-se* nas palavras. ⇨ Conjuga-se como *medir*, mas não se usa na 1ª pess. do pres. do indic. e, portanto, no pres. do subj.

com ele(a), consigo. Não é indiferente usar uma expressão pela outra.
1. Usa-se *com ele(a)* quando este pronome não se refere ao sujeito da oração: Luís era bom empregado. A empresa estava satisfeita *com ele*. [*Ele* não se refere ao sujeito da oração, que é *empresa*.]
2. Usa-se *consigo* quando este pronome se refere ao sujeito da oração: Luís levou a família *consigo*. [*Consigo* refere-se ao sujeito da oração, *Luís*.]
3. No seguinte passo do romance *Fanfan*, do escritor francês Alexandre Jardin, o tradutor brasileiro empregou, erradamente, *consigo* em vez de *com ela*: "Por volta das duas horas da madrugada, Fanfan evocou as próprias preocupações profissionais. A atitude negativa dos produtores para *consigo* feria-a mais do que ousava demonstrar." (*Fanfan*, p. 37) Um escritor moderno fez o inverso, usando *com ele* em vez de *consigo*: "O que revelava o seu rosto queimado de praia era um homem em paz *com ele* mesmo." Deveria ter escrito: "... era um homem em paz *consigo* mesmo." Veja o verbete *consigo*.

comemoração. *S.f.* Ato de comemorar, isto é, de trazer à memória, à lembrança solenidade em que se comemora um acontecimento. Diz-se 'em comemoração *de*' e não 'em comemoração *a*': Houve festejos *em comemoração do* centenário da Independência do Brasil. / *Em comemoração das* bodas de ouro do casal, foi celebrada missa solene.

comemorativo. *Adj.* A prep. adequada antes de seu complemento é *de* e não *a*: Será lançado um selo *comemorativo do* grande evento. / Foi cunhada uma medalha *comemorativa da* Eco-92.

comerciar. Conjuga-se como *enviar*, com a vogal *i* tônica nas formas rizotônicas *comercio, comercias, comercia, comerciam, comercie, comercies, comerciem*.

comer de... Significa comer uma parte, tomar uma porção, provar: "E deu-lhe Deus esta ordem: *Come de* todos os frutos das árvores do paraíso, mas não *comas do* fruto da árvore da ciência do bem e do mal." (A. Pereira de Figueiredo, *Bíblia sagrada*, p. 4) / *Coma deste* pão. / Ele tem bom apetite e *come de* tudo. ⇨ Observe-se a diferença: *Ele comeu o bolo* (= todo o bolo) / *Ele comeu do bolo* (= uma parte do bolo). Na segunda construção, ocorre *complemento partitivo*.

cometer. 1. Praticar (sobretudo ato mau, ilícito): *cometer* façanhas; *cometer* atos heroicos; *cometer* crimes (ou erros, injustiças, pecados).
2. Confiar (algo a alguém), incumbir: "Cometeu ao filho a direção da usina." (Houaiss) / "Ele [o juiz] podia ter *cometido* a diligência ao oficial de justiça." (Bernardo Élis, *O tronco*, p. 110)

cominar. [Do lat. *comminari*, ameaçar.] *V. t. d.* e *i*. 1. Ameaçar de punição, por infração de lei, preceito, contrato, ordem: A lei *comina* severas penas aos traficantes de drogas. / A lei *cominalhes* multas pesadas.
2. Impor (pena, punição) a alguém: Foi muito branda a pena que o juiz *cominou ao* criminoso. / "Muitos experimentam repugnância pela imposição que a sentença do Senhor *cominara a* Adão e sua descendência." (Vivaldo Coaraci, *Cata-vento*, p. 235)

com nós, conosco. 1. Diz-se *com nós* quando esse pronome vem seguido de palavra reforçativa ou de numeral: Terá de entender-se *com nós mesmos*. / Preocupamo-nos mais com ele do que *com nós próprios*. / Discutia e brigava *com nós todos*. / Ele saiu *com nós duas*. / "Não vale a pena gastar feitiços *com nós outros*." (Eça de Queirós, *As minas de Salomão*, p. 115)
2. Não havendo palavra reforçativa, emprega-se *conosco*: Preocupa-se muito *conosco*. / Comunicava-se *conosco* por telefone.
3. As mesmas regras se aplicam ao pronome *vós*: Contamos *com vós todos*. / Contamos *convosco*.

como. 1. Em orações adverbiais causais iniciadas pela conjunção *como*, pode-se usar o verbo no pretérito imperfeito do indicativo ou do subjuntivo: Como a escola *ficava* (ou *ficasse*) perto, íamos a pé. / "Como *necessitava* distração, dediquei-me nervosamente a uma derrubada de madeira na mata." (Graciliano Ramos) / "Como o assunto *estivesse* reduzido a cinzas, calamo-nos." (Graciliano Ramos) / "Como *fosse* acanhado, não interrogava a ninguém." (Machado de Assis, *Brás Cubas*, p. 185) / "Como não mais o *interrompessem*, Geraldo pôde completar a exposição havia pouco iniciada." (Viana Moog, *Um rio imita o Reno*, p. 17) / "Como *fizesse* calor, abri a janela e logo entrou-me na sala um aroma de jasmin." (Gustavo Corção, *Lições de abismo*, p. 107)
2. O verbo concorda no singular em frases como as seguintes, nas quais *como* é conjunção equivalente de 'e também': "Roma, como o Rio, *continua* linda." (Elsie Lessa, *Canta, que a vida é um dia*, p. 166) / "A deusa Artemisa ou Diana, *como* as amazonas, *vota* ódio aos homens e *ama* a vida ao ar livre." (Afonso Arinos, *Obra completa*, p. 717) ⇨ Nesse caso, a expressão iniciada pela conjunção *como* fica entre vírgulas. Veja *tanto... como*.

com o que, o com que. A construção rigorosamente gramatical é a segunda forma, em frases do tipo: '*O com que* ele não contava era com o aparecimento súbito da polícia.' Mas, por uma questão de eufonia, em geral se prefere construir: *Com o que* ele não contava era com o aparecimento súbito da polícia. / *Com o que* não concordamos é com a vil remuneração do professor. Veja os verbetes *do que* e *no que*.

como sendo. Recheio inútil em frases como estas: Ele é considerado *como sendo* o maior cirurgião plástico brasileiro. / Ela foi festejada *como sendo* a mulher do ano de 1992. / Julgam-no *como sendo* a pessoa mais indicada para o cargo.

como um todo. Expressão muito em voga, mas que, geralmente, soa oco. Deve ser evitada sempre que for desnecessária. Ou, pelo menos, procure-se variar, substituindo-a por expressões equivalentes: *em sua totalidade, em seu conjunto,* etc. Exemplo tirado de um jornal: "O governo, a classe política e a sociedade *como um todo* estão diante dos ajustes finais do processo de estabilização da economia." Diga-se simplesmente: 'O governo, a classe política e a sociedade estão diante dos ajustes finais do processo de estabilização econômica.' Outros exemplos colhidos em jornais: "Fica impossível para o cidadão comum e para a sociedade *como um todo* compreender o seu verdadeiro papel no destino do país." / "À Rio-92 caberá a delicada incumbência de buscar soluções consensuais que sejam ótimas para o mundo *como um todo*."

comover a... Significa impelir, mover: Aquelas imagens dos refugiados africanos, doentes e famintos, *comoveram o mundo a gestos de solidariedade*. / A visão da miséria alheia *comove à piedade*.

compadecer-se. Além de *condoer-se*, este verbo pode significar *ser compatível, condizer*, como nas frases: O ódio e a vingança não *se compadecem com* o espírito cristão. / Egoísmo e amor não *se compadecem*. / "O temperamento de Vossa Excelência não *se compadece com* a tribuna política, que pede nervos mais rijos." (Ciro dos Anjos, *Montanha*, p. 103) / "Bombardeios aéreos, sangue e morte — evidentemente isto não *se compadece com* as nossas inclinações pacíficas." (Graciliano Ramos, *Linhas tortas*, p. 219)

comparar. Estabelecer confronto entre dois ou mais seres, confrontar, igualar(-se). O complemento deste verbo é regido da prep. *a* ou *com*: Comparavam os índios *a* (ou *com*) bichos do mato. / O jovem pintor não gosta que o *comparem a* (ou *com*) Picasso. / A minha casa não *se compara à* (ou *com a*) dele. / "Raros os contistas do mundo que *se comparam com* Machado de Assis." (Aurélio) / "Neste sentido, o nosso idioma pode *comparar-se ao* hebraico." (Camilo Castelo Branco, *apud* Mário Barreto, *Através do dicionário e da gramática*, p. 354)

comparecer. O termo complementar do v. *comparecer* é regido de uma das preposições *a, em, ante* e *perante*.
1. Usa-se a prep. *a* antes de substantivos abstratos: *comparecer a* uma reunião, *a* um encontro, às aulas, às sessões, etc. A maioria dos artistas *compareceu à* cerimônia de entrega dos troféus.
2. A prep. *em* é mais adequada antes de substantivos concretos (nomes de lugares): *comparecer no* escritório, *na* escola, *na* secretaria, etc.
3. Antes de tribunal (órgão judicial) e de nomes de autoridades, empregar-se-á *ante* ou *perante*: *comparecer ante* (ou *perante*) um tribunal; *comparecer perante* o rei, o juiz, etc.

comparecimento. Segue as regências do verbo *comparecer*★: *comparecimento a* uma reunião; *comparecimento no* local do crime; *comparecimento perante* um tribunal.

compartilhar. [De com + partilhar.] 1. Partilhar com alguém, ter ou tomar parte em, participar, repartir.
2. Compartilhar alguma coisa: O pai *compartilhou* a vitória do filho. / Os sócios *compartilham* receitas e despesas.
3. Compartilhar de alguma coisa: Ele não *compartilhou da* herança paterna. / O povo *compartilha dos* sucessos e malogros de seus governantes. / "Eles [os negros] *compartilham* teoricamente *dos* mesmos direitos dos brancos..." (Antônio Houaiss) / Os empresários não *compartilham do* otimismo do presidente.
4. Compartilhar alguma coisa com alguém: Os filhos *compartilham* suas vitórias *com* os pais. / Ela *compartilhou com* o esposo a amargura do exílio. / "*Compartilhar* os lucros *com* os empregados." (Houaiss) ⇨ Alguns autores reprovam a regência 4 (*compartilhar com*) por achá-la redundante. Para fugir à redundância, sugerem o emprego do v. *partilhar*.

competir. V. t. i. 1. Pretender um objetivo simultaneamente com outrem; concorrer; rivalizar; disputar: As vagas eram poucas e eu tinha de *competir com* muitos candidatos. / O banco X *competia com* dois outros, *em* bom atendimento. / Há espetáculos em que o despudor *compete com* a vulgaridade. / O Brasil *competirá com* fortes adversários *na* conquista do título.
2. Ser da competência ou atribuição de, caber: *Compete aos* pais educar os filhos. / *Compete-lhes* educar os filhos. / *A eles* é que *compete* educar os filhos.
V. i. 3. Disputar sem a obsessão de vencer; participar aplicadamente: No futebol de hoje, o mais importante não *é competir*, mas vencer.
4. Atente-se para a concordância de *competir* em frases como: São estes os esclarecimentos que me *competia* (e não *competiam*) fornecer sobre o triste episódio. / São problemas esses que não *compete* a nós solucionar. / "Foi aí que os políticos começaram a rir, rir, rir, como se o riso se tornasse necessário para compensar os grandes desastres que lhes *competia* adminis-

trar." (Moacir Werneck de Castro, *A máscara do tempo*, p. 218) ⇨ No verbete *adiantar* deu-se a razão dessa concordância.

5. Competir segue a conjugação de *ferir*★: compito, competes, compete, etc.; compita, compitas, compita, compitamos, compitais, compitam; compete, compita, compitamos, competi, compitam; etc. ⇨ Pouco usado nas formas com a sílaba *pi*.

complemento comum de verbos de regências diferentes. Em certos casos, pode-se, por concisão, dar um complemento comum a verbos de regências diferentes. Exs.: "Semanalmente *entram* e *saem* navios *dos portos* aliados." (Rui Barbosa) / "Não *se recorda* ou *não sabe que perdeu uma carta*." (Machado de Assis) / "Na companhia desta sua tia ficara Rosa, enquanto o cônego *ia* e *vinha de Lisboa*." (Camilo Castelo Branco) / "O governo tinha de *achar* e *recorrer a remédios* enérgicos, se não assentisse em ser derrotado." (J. Pandiá Calógeras) / "Fui o príncipe *contra o qual armaste* exércitos e *destronaste*." (Coelho Neto) No primeiro exemplo, os verbos têm regência diferente: entrar *em* um lugar, sair *de* um lugar. Construída dentro do rigor gramatical, a frase de RB ficaria: "Semanalmente navios entram nos portos aliados e saem deles." ⇨ Gramáticos puristas condenam construções como as citadas acima, nas quais se dá complemento comum a verbos de regência diversa. A nós parece perfeitamente lícita essa sintaxe, desde que não comprometa a clareza da frase e lhe transmita mais vigor.

compor. Conjuga-se como *pôr*, do qual deriva: componho, compões, compõe, etc.; compunha, compunhas, etc.; compus, compuseste, compôs, compusemos, compusestes, compuseram; compusera, compuseras, etc.; componha, componhas, etc.; compõe, componha, componhamos, componde, componham; compusesse, compusesses, etc.; compuser, compuseres, etc. *Part.*: composto.

comprar. Pode-se construir 'comprar alguma coisa *de* alguém' ou 'comprar alguma coisa *a* alguém': *Comprei cinco espigas de milho de* (ou *a*) *um roceiro*. / "Só era proibido *comprar* diamantes *aos* escravos, por ser-lhes inteiramente vedada a sua mineração por conta própria." (Joaquim Felício dos Santos, *Memórias do Distrito Diamantino*, p. 67) / "*Comprou* a casa *a um* parente." (Aurélio)
No último exemplo, substituindo-se o objeto indireto 'a um parente' pelo pronome *lhe* (Comprou-*lhe* a casa), a frase ficaria ambígua: Comprou a casa *para o parente* ou *do parente*? Neste caso, só o contexto pode afastar a ambiguidade, elucidando o sentido: Como o fazendeiro queria mudar-se para a cidade, apresentei-me para *comprar-lhe* a fazenda [lhe = *dele*]. / Para que o netinho não chorasse, ele *comprou-lhe* o brinquedo [lhe = *para ele*].

comprazer. 1. Conjuga-se como *jazer*, sendo, portanto, irregular só na 3ª pess. sing. do pres. do ind.: comprazo, comprazes, compraz, etc.; comprazia, comprazias, etc.; comprazi, comprazeste, comprazeu, etc.; comprazera, comprazeras, etc.
2. No pret. perf. do ind. e nos três tempos deste derivados, apresenta formas irregulares (pouco usadas) ao lado das regulares: comprazi ou comprouve; comprazera ou comprouvera; comprazesse ou comprouvesse; comprazer ou comprouver.
3. Emprega-se quase exclusivamente nas formas pronominais, com o significado de *sentir prazer, alegrar-se*: *Comprazo-me* com o bem dos outros. / Ele não *se compraz* com a desgraça alheia. / Ela *comprazia-se* em cultivar flores. / "Não mais *me comprazi* na sua palavra [de Joaquim Nabuco], que na tribuna era um clangor de combate e na intimidade um suavíssimo arpejo." (Carlos de Laet, *O frade estrangeiro e outros escritos*, p. 119) / "A arte, sobretudo a escultura, sempre *comprazeu-se* em personificar montanhas e rios, principalmente os rios." (Afonso Arinos, *Obra completa*, p. 720) / "A precariedade está no gênero em que ele [Fialho d'Almeida] *se comprouve*." (Agripino Grieco, *O sol dos mortos*, p. 201)

compreender. [Do lat. *comprehendere*.] Na acepção de *entender*, nota-se generalizada tendência para desfazer o hiato, proferindo-se: *comprendo, comprende, comprendia, comprendeu, comprendido*, etc.

comprimento, cumprimento. 1. *Comprimento*. Significa dimensão, extensão: *o comprimento de uma corda; campo com cem metros de comprimento*.
2. *Cumprimento*. É o ato de cumprir: *O cumprimento da promessa foi sendo adiado*. Significa também ato de cumprimentar, saudação: dirigir ou fazer *cumprimentos* a alguém; receber *cumprimentos* (= felicitações).

compungir. *V. t. d.* 1. Pungir (picar) moralmente, despertar compunção (pesar, dor moral, aflição):

Não o *compunge* o mal que praticou? / *Compungia-o* vivamente a miséria que o rodeava. *V. i.* 2. Causar pena ou compaixão: *Compunge* ver crianças abandonadas. *V. pron.* 3. Sentir compunção ou remorso: *Compungiu-se* de ter feito sua mãe chorar. / "*Compungia-se* com a desgraça alheia." (Houaiss) Cognatos: compunção, compungido, pungir, punção, expungir, pungente (dor pungente).

computar. Fazer o cômputo, contar, calcular: *computar* votos, despesas, perdas, etc. Não se usa nas três pessoas do sing. do pres. do ind. nem na 2ª pess. do sing. do imp. afirm. Conjugável fora desses casos: *computamos, computais, computam; compute, computemos, computai, computem,* etc. Ex.: "Já *se computam* em treze milhões os homens que ela [a guerra] ceifou, sumiu, ou pôs fora de combate." (Rui Barbosa, *Discursos*, II, p. 85) ⇨ Aos ouvidos de escritores clássicos não repugnavam essas formas que a língua de hoje evita. Exs.: "Oh! em Corinto *computa-os* por legiões." (Antônio F. de Castilho, *apud* Aulete) / "Em uma carta ao rei o Duque de Alba *computa* em oitocentas cabeças o número das execuções..." (Ramalho Ortigão, *A Holanda*, p. 15) Os seus cognatos *disputar, imputar* e *reputar* têm a conjug. completa.

com referência a. Expressão que significa 'relativamente a', 'no que diz respeito a', 'quanto a', 'com relação a': "*Com referência* a uma prisão do meu tempo de estudante, contei que junto comigo tinha sido preso um colega de faculdade." (Moacir Werneck de Castro, *A ponte dos suspiros*, p. 23)

comum. Superlativo abs. sint.: *comuníssimo.*

comungar. [Do lat. *communicare*, compartilhar, comunicar-se.] *V. i.* 1. Receber o sacramento da Eucaristia: Ele *comungava* frequentemente. *V. t. i.* 2. Participar, compartilhar, estar em comunhão de (ideias, sentimentos, crenças, etc.). Nessas acepções, usam-se as preposições *com, de* e *em*: É natural que procuremos os que *comungam com* as nossas ideias. / Os povos *comungam nos* elevados ideais da liberdade. / "Todo católico, no que se refere à religião, sente-se irmão do outro homem que *com ele comunga no* mesmo credo." (Carlos de Laet, *O frade estrangeiro*, p. 12) / "Não podemos *comungar dos* sentimentos que o nobre companheiro de lutas externou em relação ao preposto do governo federal em Montanha." (Ciro dos Anjos, *Montanha*, p. 53) ⇨ Também seriam corretas as regências: "Não podemos *comungar nos* (ou *com os*) sentimentos que o nobre companheiro..." Cognatos: *comum, comunicar, comunhão, comunicação, comunidade, comunismo,* etc.

comunicar. 1. Na acepção de *fazer saber, participar,* a construção correta é 'comunicar alguma coisa a alguém': Comuniquei o fato ao chefe. / Comuniquei-lhe o fato. / O hospital *comunicou* ao ministro que faltavam vacinas. / Comunicamos-lhe nossa decisão por telegrama. ⇨ São incorretas as construções 'comunicar alguém que (ou *de que*)', 'comunicar alguém acerca de (ou *sobre*) algo', como nas frases: Ela *comunicou* o delegado *que* (ou *de que*) a estavam ameaçando de morte. / Ela o *comunicou de que* a perseguiam. / Eu *comuniquei* o cônsul *sobre* minha situação. ⇨ Na acepção acima, não se usa o v. *comunicar* na forma passiva, com referência a pessoas, associações, empresas, etc., sendo, por isso, inaceitáveis construções do tipo: Ele *foi comunicado* acerca de minha decisão. / A diretoria *será comunicada* sobre essas irregularidades. / Os sindicalistas *foram comunicados que* (ou *de que*) haveria demissões. / O município havia sido *comunicado* da situação do prédio público um mês atrás. ⇨ Os fatos é que podem ser comunicados e não as pessoas. Correção da última frase: A situação do prédio público havia sido comunicada ao município um mês atrás.
2. No sentido de 'manter comunicação por meio da palavra', pode-se dizer '*comunicar-se* com alguém' (mais usual) ou '*comunicar* com alguém': É um belo dom saber *comunicar-se* com os outros. / "O padre devia *comunicar* sempre com ele o mais secretamente que lhe fosse possível." (João Francisco Lisboa, *Vida do padre Antônio Vieira*, p. 127) / "O católico imediatamente abandonará uma religião que não tem Igreja visível e que não lhe oferece os meios simples e tangíveis de *comunicar* com Deus." (Eça de Queirós, *A correspondência de Fradique Mendes*, p. 138) / "Não conheço nenhum, mas precisei *comunicar* com eles." (Graciliano Ramos, *Caetés*, p. 159)

comutar. [Do lat. *commutare*, trocar.] 1. Trocar, permutar: Os lavradores *comutavam* produtos agrícolas *por* ferramentas. / O bibliófilo comutou um quadro *por* livros raros com o editor.
2. Substituir (pena) por outra mais branda: A rainha *comutou* a pena de morte *em* (ou *por*) degredo na África. / *Comutou-se* a pena *em* (ou *por*) prisão perpétua. / Sua pena *foi comutada em* (ou *por*) prestação de serviços à comuni-

dade. / "*Comute-se* a pena *em* galés perpétuas, cumprida em Fernando de Noronha." (José de Alencar, *apud* Carlos Marchi, *Fera de Macabu*, p. 323)

com vista a. *Loc. prep.* Com o propósito de: "A tarde se concluía, alegremente, numa coleta de plantas e ervas *com vista à* iniciação botânica do aluno." (Maria José de Queirós, *A literatura e o gozo impuro da comida*, p. 67) ⇨ Também é correta a variante *com vistas a*: O prefeito apressa a conclusão das obras *com vistas à* reeleição. Há quem defenda a variante *com vista(s) em*, mas nenhum dicionário a registra.

com vós, convosco. Veja *com nós*.

concelho, conselho. 1. *Concelho.* Em Portugal, região administrativa imediatamente inferior ao distrito: "Entretanto, o administrador do *concelho* com dois empregados inermes atravessava a ponte." (Camilo Castelo Branco, *A brasileira de Prazins*, p. 33)
2. *Conselho.* Ato de aconselhar; conjunto de pessoas incumbidas de opinar ou aconselhar acerca de determinados assuntos: *Conselho Estadual de Educação, Conselho de Ministros*, etc.

concernir. Dizer respeito a, referir-se. Segue a conj. de *aderir*. Na prática, só se usa nas 3ªˢ pessoas. É verbo trans. indireto (prep. *a*): Isso não *concerne a* nós, mas *aos* senhores. / Não *concerne a* ele (ou *não lhe concerne*) resolver esse problema. / Essas questões *concernem ao* Estado e não *à* Igreja. / No que *concerne ao* bem público, ele é intransigente.

concertar, consertar. 1. *Concertar.* É verbo de pouco uso, na língua de hoje. Significa 'soar harmoniosamente', 'combinar ordenadamente', 'harmonizar ou conciliar (opiniões divergentes)': Instrumentos e vozes *concertavam* docemente. / Ele era exímio em *concertar* opiniões conflitantes. / "Longo foi o debate; nenhuma opinião chegava a *concertar* os espíritos." (M. de Assis) Em escritores clássicos ocorrem expressões como 'concertar a gravata', 'concertar o xale', 'concertar o vestido, o cabelo', nas quais *concertar* significa 'pôr em boa ordem', 'arrumar', 'endireitar'.
Nesses escritores, *concertar* aparece também com o sentido de *combinar, decidir unanimemente*: *Concertaram* fugir de noite. / *Concertaram* um plano para a fuga. / Os parlamentares *concertaram em* adiar a votação do projeto. / O tutor *concertou* com o bispo que o órfão entraria no seminário quando completasse quinze anos.

2. *Consertar.* Equivale a 'restaurar (coisas estragadas ou que não funcionam)', 'reparar': *consertar* uma geladeira, um aparelho, um carro, etc.

concerto, conserto. Homônimos homófonos como *concertar** e *consertar**.
1. *Concerto.* Harmonia de vozes, ou de instrumentos: *concerto* de orquestra, de piano com acompanhamento de orquestra; sessão musical; composição sinfônica; acordo, pacto (*o concerto das nações*). Nesse último sentido, escreveu Rui Barbosa: "Em 1907 o Brasil entrou, pela porta de Haia, ao *concerto* das nações." (*Conferências*, II, p. 229)
2. *Conserto.* Ato de consertar ou restaurar: o *conserto* de um carro, de um relógio, etc.

concluir. Quanto à grafia, veja verbos terminados em *-uir*.

concordância. *Núcleos do sujeito unidos por* com.
1. Usa-se geralmente no plural o verbo quando se atribui a mesma importância aos elementos do sujeito unidos pela prep. *com*: O pai *com o filho* mais velho *reformaram* a casa em três meses. / Eu *com um colega* de aula *ajudamos* o pobre homem a levantar-se.
2. O verbo vai obrigatoriamente ao plural se exprimir reciprocidade: Ali *davam-se* as mãos *a politicagem com a prepotência*. ⇨ Neste caso e no anterior, a prep. *com* equivale à conjunção *e*: O pai *e* o filho reformaram a casa. / Davam-se as mãos a politicagem *e* a prepotência.
3. Usar-se-á o verbo no singular quando se deseja realçar o primeiro elemento do sujeito, reduzindo o segundo a mero adjunto adverbial de companhia: O réu, com seu advogado, *entrou* no tribunal às duas horas da tarde.

concordância com formas gramaticais. Palavras no plural com sentido gramatical e função de sujeito exigem o verbo no singular: *Elas* é um pronome pessoal. / No título do livro estava FANATICOS, sem acento. / "Contudo, *mercadores* não *tem* a força de *vendilhões*. — Então, por que não deixa *vendilhões*? *Vis vendilhões é* forte." (Machado de Assis, *Quincas Borba*, cap. CXI)

concordância ideológica. Há casos em que se efetua a concordância não com os termos expressos, mas com a ideia a eles associada em nossa mente. É o que se denomina *concordância ideológica*. Exemplos: "Sobre *a triste* Ouro Preto o ouro dos astros chove." (Olavo Bilac) [a triste Ouro Preto = a triste *cidade* de Ouro Preto] / "Corria *gente* de todos os lados, e *gritavam*." (Mário Barreto) [*Gente* sugere a ideia de pluralidade, daí o verbo *gritavam*, no plural.] / "Aliás todos os sertanejos *somos* assim." (Raquel de Queirós) [Isto é: "Todos *nós*, sertanejos, *somos* assim." Raquel se inclui entre os sertanejos.] / "Os que hoje *perdemos* tanto tempo e trabalho nessa faina *iríamos* cuidar de outras coisas." (Monteiro Lobato) [Ou seja: *Nós*, que hoje *perdemos* tanto tempo e trabalho, *iríamos* cuidar de outra coisa.] / "Quanto a nós, os que *conseguimos* sobreviver, devemos reconhecer..." (Millôr Fernandes) Veja os verbetes *gente* e *todos*, onde se dão outros exemplos de concordância ideológica, também denominada *silepse*.

concordância com numerais fracionários. Veja *numerais*.

concordância com percentuais. Veja *numerais*.

concordância entre verbo e pronome. No verbete *concordância verbal* demos exemplos em que há lamentável desacordo entre verbo e pronome (pessoal ou possessivo): "*meça tuas* palavras" em vez de "*mede tuas* palavras" (ou *meça suas* palavras); "isso devo a *ti*, que me *ensinou...*" em lugar de "isso devo a *ti*, que me *ensinaste...*" Em outro escritor moderno deparamos com esta frase: "*Cite* o nome de um único [político] e eu *te* darei o cetro do mundo." A concordância correta é: "*Cite* o nome de um único [político] e eu *lhe* darei o cetro do mundo."

concordância verbal. Erros graves de concordância verbal não se perdoam, sobretudo quando perpetrados por escritores, que têm a obrigação de conhecer e respeitar as regras básicas da língua. Dignos de palmatória são, por exemplo, os deslizes que ocorrem nesta frase de um escritor atualmente muito em voga: "Eram detalhes que *seriam* melhor fingir que não se *percebia*."
Transcrevemos abaixo três frases de um romance (de escritor e professor universitário), publicado em 2002, nas quais ocorrem erros de concordância, por nós grifados: "*Meça* tuas palavras, quando te referires àquela que foi eleita por Deus para carregar Seu filho." / "Tu, José, *emprestar-lhe-á* tua descendência..." / "E isso devo a ti, que me *ensinou* a compreendê-las antes de julgá-las..."
Num artigo de jornal, assinado por uma professora universitária, doutora em Comunicação, lia-se a seguinte frase: "Para responder estas e outras questões, a recente produção de estudos sobre as particularidades da modernidade latino-americana *resgatam* aspectos relevantes da história social e cultural..." Além do erro de concordância (*resgatam*, em vez de *resgata*), ocorre também erro de regência (*responder estas questões*, em vez de *responder a estas questões*).

concordar. Em frases como '*Concordo em* que ele é honesto' pode-se omitir a prep. e dizer: '*Concordo* que ele é honesto.' Outros exs.: "Todos *concordam* que o grande vitorioso nesse episódio foi o povo russo". (Moacir Werneck de Castro, *JB*, 24/8/91, p. 9) / "Ambos *concordaram* que essas ideias não tinham senso comum." (Machado de Assis, *Brás Cubas*, p. 227) Na frase seguinte, o autor podia ter construído 'Não concordo que você leve' em vez de 'Não concordo em você levar': "*Não concordo*, como prefeito, *em você levar* adiante essa doidice." (José Condé, *Terra de Caruaru*, p. 264) O filólogo Mário Barreto escreveu exemplarmente: "*Concordo em* que é preciso mostrar aos que estudam não só frases e modelos corretos, como também frases más e viciosas." (*Últimos estudos*, p. 399) Assim também Silvio Elia, outro conceituado filólogo: "*Concordamos* ainda com Keyserling *em que* o elemento específico do Novo Mundo é o telúrico, o da terra." (*O problema da língua brasileira*, p. 169)

concorrer com. Não é censurável a redundância nessa expressão. Ex.: Ele *concorreu com* fortes opositores à presidência do clube. ⇨ O mesmo se diga de *coincidir com*, *conviver com*, *compartilhar com*, *compartir com*, em que há concorrência de *com*, prefixo, + *com*, preposição.

condescender. Anuir, consentir, transigir. O complemento admite as preposições *a*, *com* e *em*: As mães *condescendem às* súplicas (ou *aos desejos* ou *aos caprichos*) dos filhos. / Ela *condescendeu a* jantar comigo. / *Condescendi com* a vontade dela. / Não podemos *condescender com* a desordem e a impunidade. / Ele *condescendeu em* nos acompanhar. / "... *condescendiam em* se dirigir a mim e procurar engajar-me na conversação." (Ciro dos Anjos, *Explorações no tempo*, p. 6)

condizer. Estar em proporção, harmonizar-se, combinar, quadrar, ajustar-se: O traje *condizia* com o porte esbelto da moça. / O fausto do potentado africano não *condiz* com a miséria do povo. / Certamente uma atitude moderada *condiria* melhor com a índole desses povos. ⇨ Veja *interpor entre* e *concorrer com*. ⇨ Este v. conjuga-se como *dizer*, de que é derivado, na prática, se usa apenas nas 3as pessoas.

condor. *S.m.* É palavra oxítona. Pronuncia-se *condôr* e não *côndor*.

conduíte. [Do fr. *conduite*.] *S.m.* Tubo usado em instalações elétricas, dentro do qual passam os fios condutores de energia. ⇨ Prefiram-se os termos vernáculos *conduto elétrico*, *eletroduto*.

confessar. *V. i.* e *t. d.* 1. No sentido de *ouvir em confissão*: O sacerdote *confessa* antes da missa. / O padre *confessou* o doente e o confortou. *T. d.* e *t. d.* e *i.* 2. Na acepção de *declarar os pecados ao confessor*: Ela *confessou* seus pecados e recebeu a absolvição. / Ele *confessou* seus pecados (ou *confessou-se*) a um padre recém-ordenado. *Pron.* 3. Na acepção 2: *Confessei-me* e comunguei. / Ela *confessou-se* e comungou. ⇨ É frequentemente usado sem o pronome reflexivo: "É católico praticante: *confessa* e comunga pela Páscoa." (Aurélio)

confiar. 1. Tanto na linguagem falada como na escrita, é erro grave construir frases deste tipo: É uma empresa *que confio* plenamente. / Vendem remédios *que* não *confiamos*. / São raros os políticos *que* podemos *confiar*.
Em linguagem correta, diz-se deste modo: É uma empresa *em que confio* plenamente. / Vendem remédios *em que* não *confiamos*. / São raros os políticos *em quem* podemos *confiar*.
2. Essa condenável omissão da preposição antes do pronome *que* (e *quem*), em orações adjetivas, ocorre com outros verbos na língua de hoje: O lugar *que fui* é maravilhoso. / Esta é a foto *que* mais *gostei*. / O morro *que chegamos* é arborizado. / Permaneçam no lugar *que* vocês *estão*. / É um velho professor *que recorro* nas minhas dúvidas, etc.
Em linguagem lidimente portuguesa, dir-se-á: o lugar *a* que fui; a foto *de* que mais gostei; o morro *a* que chegamos; no lugar *em* que vocês estão; velho professor *a* quem recorro. É por negligência ou ignorância que muitos falam assim, mutilando o cerne da língua, que é a sua estrutura sintática.
3. Na acepção de *esperar*, *acreditar*, *ter fé*, é facultativo o emprego da preposição *em* antes da conjunção *que*: *Confiamos que* (ou *em que*) a seleção brasileira de futebol conquiste a taça. Veja *desconfiar*.

configurar. [Do lat. *configurare*, dar forma a.] *V. t. d.* 1. Dar a figura ou a forma de: Com um pedaço de cera *configurei* um carneirinho. / O oleiro *foi configurando* com barro fresco a moringa, que girava entre suas mãos.
2. Evidenciar, demonstrar, caracterizar: "A devolução de três relógios *configurava* o alto padrão de honestidade de Anselmo." (José Fonseca Fernandes, *Um por semana*, p. 39) / A perícia não encontrou no local quaisquer indícios que *configurassem* morte violenta. / "Na maioria dos países, a formação de cartéis que atuem internamente é proibida, por *configurar* uma situação de monopólio." (Paulo Sandroni, *NDE*, p. 44)
Pron. 3. Revestir-se das características de: Sua presença no local *se configurava* numa evidente provocação. / "O achatamento dos salários *se configura* como uma grave injustiça social." (Celso Luft)

confissão. Adj. relativo a confissão: *confessional* (sigilo *confessional*). ⇨ O adj. *confessional* também significa 'relativo a uma crença religiosa': "E tem uma importância particular o ensino *confessional*." (Dom Eugênio Sales, *JB*, 28/6/97)

conflituar. Conflitar, estar em conflito ou oposição. Neologismo, não dicionarizado, que lemos num romance moderno: "Como poderia eu honestamente estar a seu lado, se a exigência da amizade *conflitua* com a do sacerdote?" ⇨ Verbo modelado por outros terminados em *-uar*, como *apaziguar*, *cultuar*, *preceituar*, etc. Prefira-se *conflitar* (lat. *conflictare*, lutar): Nossas opiniões *conflitavam*. / "Minhas ideias *conflitam* com as dele." (Luft) / "Se seus gênios *conflitam*, é improvável que o casamento dê certo." (Houaiss)

conformar. [Do lat. *conformare*, dar forma a, formar.] *V. t.* 1. Formar, modelar: Há rostos feios e há rostos que a natureza *conformou* com esmero.
2. Tornar conforme, harmonizar, ajustar: Procurou sempre *conformar* seus atos *com os* (ou *aos*) princípios cristãos.
Pron. 3. Acomodar-se, resignar-se, aceitar com resignação: Não *se conforma com* a derrota sofrida nas eleições. / Não *se conformou com* a decisão do árbitro. / Não *me conformo com o* (ou *ao*) desconforto dos ônibus superlotados. / Muitos negros, não *se conformando com* a triste condição de escravos, fugiam para os quilombos. / Não podiam *conformar-se em* ser tratados como animais. / Não *se conforma em* viver longe dos filhos.

conforme. Como adjetivo, significa *igual*, *idêntico* e, no plural, se flexiona: O translado foi lido e achado *conforme*. / As cópias estão (ou são) *conformes*.

Seguido de complemento, este é regido das preposições *a* (preferível) ou *com*: As cópias estavam conformes *ao* (ou *com o*) original. / "Espanhol e italiano são línguas mais *conformes à* índole da nossa." (Mário Barreto, *Novos estudos*, p. 364)

confraternizar. [Do rad. latino *frater*, irmão.] Unir-se como irmãos, conviver ou tratar fraternalmente, festejar juntos como irmãos. Este v. não é pronominal, portanto: No Natal, os povos *confraternizam* (e não *se confraternizam*), esquecem rivalidades. / Após a vitória, comandantes e soldados *confraternizaram*. / Turistas brasileiros *confraternizavam* com os estrangeiros, ao espocar dos fogos de artifício. / "Pessoas, animais, *confraternizam*: milagre!" (Carlos Drummond de Andrade, *Discurso de primavera*, p. 94) / "Aníbal *confraternizou* com a moça de Copacabana, que estudava na PUC de Botafogo." (A. Carlos Villaça, *Os saltimbancos da Porciúncula*, p. 27) / "Nunes, Maneta e Pernambi *confraternizaram* num bolo acachaçado, comemorativo do triunfo." (Monteiro Lobato, *Urupês*, p. 81) / "Depois que tudo se aquietou, *confraternizaram* os grupos." (Diná Silveira de Queirós, *A muralha*, p. 314) ⇨ Embora de bons autores, não devem ser imitados exemplos como estes: "Nessas tétricas paragens, os bichos do mato pareciam *confraternizar-se* com o homem." (Ciro dos Anjos, *Explorações no tempo*, p. 216) / "Sob o túnel verde, folhas de todas as cores *se confraternizam* com as borboletas." (Emílio Moura, *Itinerário poético*, p. 272)

confreira. Feminino de *confrade*.

congraçar. [De *com-* + *graça* +*-ar*.] 1. Reconciliar, fazer voltar às boas graças: O sacerdote procurou *congraçar* o casal desavindo. 2. Unir-se amistosamente com (outrem): "Nenhuma delas [das tribos], porém, *congraçou* com o inimigo." (Visconde de Taunay, *Dias de guerra e de sertão*, p. 75) Expulsos do partido, os radicais irão certamente *congraçar-se* com alguma facção da esquerda. 3. Fazer as pazes, reconciliar-se: São orgulhosos demais para *congraçar-se*.

congratular. *V. t.* 1. Felicitar, parabenizar: "Lula *congratula* o novo presidente do Paraguai, em sua posse." (*JB*, 16/8/03) / *Congratulou-o* pela sua vitória nas eleições. / Os dois artistas abraçaram-se e *congratularam-se* mutuamente pela conquista do prêmio.
V. pron. 2. Alegrar-se: *Congratulo-me* com os atletas vencedores. / *Congratulamo-nos* com você pela sua aprovação nos exames.

conhecer. 1. Pede objeto direto: *conhecer* alguém ou alguma coisa. Constrói-se, portanto, com o pronome *o* (ou *a*) e não *lhe*: Conheço-*o* desde criança. / É uma atriz nova, poucos *a conhecem*. / Ele ainda não *os conhecia*. / Todos queriam *conhecê-lo*.
2. É lícito empregar o pronome *lhe*, mas como equivalente de *seu*, *sua* ou *dele*, *dela*, em frases do tipo: Conheço-*lhe* bem o temperamento: ele é um homem volúvel. / Desmontei a máquina para *lhe conhecer* o mecanismo.

conjetura, conjuntura. São parônimos, não devem ser confundidos:
1. *Conjetura*. Suposição, hipótese, opinião sem fundamento certo: A ciência se baseia em fatos, não em *conjeturas*.
2. *Conjuntura*. Situação, conjunto ou concorrência de circunstância: Naquela *conjuntura*, a perplexidade dominava-me o espírito.

cônjuge. [Do lat. *conjux*, *conjugis*, relacionado com *jugare* e *jungere*, que significam *unir*, *ligar*.] *S.m.* e *f.* Cada um dos esposos em relação ao outro. ⇨ Não existe a forma *cônjugue*. Evite-se.

conquanto. *Conj.* Embora, se bem que: "Sou rico, não tenho filhos, *conquanto* seja casado." (Camilo Castelo Branco, *A queda dum anjo*, p. 130) / "*Conquanto* a bibliografia camoniana encha uma biblioteca, pouco sabemos ao certo acerca da biografia do imortal poeta." (Arlindo Ribeiro da Cunha, *A língua e a literatura portuguesa*, p. 236)

conseguir. *V. t. d.* 1. Complemento sem prep.: *conseguir* alguma coisa; *conseguir* que (e não *com que*) algo aconteça: *Conseguimos* que os preços se estabilizassem. = *Conseguimos* estabilizar os preços. = *Conseguimos* a estabilização dos preços.
Pron. 2. Na forma passiva pronominal, seguido de oração infinitiva, fica no singular: *Conseguiu-se* estabilizar os preços. / Não *se conseguiu* reduzir os gastos. ⇨ Se o sujeito for um substantivo, opera-se a concordância normalmente: *Conseguiu-se* o empréstimo. / *Conseguiram-se* os empréstimos. Veja *se* (pronome apassivador), 1 e 4, e *não se conseguiu abrir os cofres*.

consentir. [Do lat. *consentire*.] Dar consentimento, aprovar, concordar, permitir. Admite a regência direta e a indireta: O chefe indígena *consentiu* a soltura do prisioneiro. / "O abade não *consentiu* que o hóspede se retirasse." (Camilo Castelo Branco, *A brasileira de Prazins*, p. 118) / "Vossa Majestade não pode *consentir* que os toiros lhe matem o tempo e os vassalos!" (Rebelo da Silva, *Contos e lendas*, p. 171) / "O cangaceiro dessa espécie é incapaz de roubar e jamais *consente* que os seus acostados roubem." (Gustavo Barroso, *Terra de sol*, p. 114) / "Numerosos amos *consentiam em* que seus cativos empregassem a atividade em trabalhos cujo rendimento podiam guardar para si." (V. Coaraci, *Memórias da cidade do Rio de Janeiro*, p. 474) / Jamais *consentirei em* que a maltratem. / Ela *consentiu em* se deixar fotografar. / Não *consenti na* tentação de abrir as cartas. / O pior é que o superior condescende e até *consente com* essas barbaridades. / Seja prudente com esse homem; não lhe *consinta* muita intimidade. ⇨ Usa-se também sem complemento: "Quem cala *consente*." (Provérbio)

considerar. [Do lat. *considerare*, ver com atenção, observar; pensar, refletir sobre.] *V. t. d.* Registramos os significados e regências dignos de menção.
1. Examinar, observar, apreciar, ponderar: Após *considerar* as vantagens do negócio, assinou o contrato.
2. Levar em consideração, levar em conta, ter em vista: Caso já tenha efetuado o pagamento do débito, não *considere* (ou *desconsidere*) esta notificação. / Não podemos *considerar* apenas o lado bom das coisas.
3. Prezar, estimar: É um bom professor; os alunos *o consideram* muito. ⇨ O pronome complemento adequado é *o* (ou *a*), e não *lhe*: Os alunos *o consideram* muito. / Da amiga que muito *a considera*.
4. Olhar, contemplar: '*Considere* o céu estrelado. Que lhe diz?'
5. Ter na conta de, julgar, reputar: *Considero* este filme uma afronta à arte. / Alguns *o consideram* um gênio. / A História *considera* Calabar *como* traidor. / Os materialistas *consideram* a morte *como* o término de tudo. / "Os homens devemos *considerar como* ministros de Cristo." (A. Pereira de Figueiredo, *Bíblia sagrada*, Cor., 1ª, I, 4) / "A mesquita de Mehemet-Alli *é considerada* no Cairo *como* duma arquitetura maravilhosa e superior às mesquitas de Istambul." (Eça de Queirós, *O Egito*, p. 128) / "O numeroso clero das paróquias vizinhas *considerava-o como* o mais venerável entre os seus irmãos no sacerdócio." (Alexandre Herculano, *Eurico*, p. 16) ⇨ A ênfase e a harmonia da frase permitem antepor a preposição acidental *como* ao predicativo.
6. Na acepção 5, usa-se também na forma pronominal: Eu *considerava-me* (como) um escravo daquele homem. / Ele *se considera* um grande artista. / *Consideramo-nos* obrigados a defendê-lo.

consignar. Quanto à pronúncia correta, veja *designar*.

consigo. 1. Os pronomes *si* e *consigo* devem usar-se com sentido reflexivo, isto é, referir-se ao sujeito da oração: O pai levou o filho *consigo* [*consigo* refere-se ao sujeito *pai*]. / O egoísta só pensa em *si* [*si* refere-se ao sujeito *egoísta*]. / Ele reservou o melhor lugar para *si*. / O senhor guarde o recibo *consigo*, seu João. / Você não trouxe a netinha *consigo* por quê? / A senhora cuide mais de *si* e menos dos outros. / "Minha mãe faria, se pudesse, uma troca de promessa, dando parte dos seus anos para conservar-me *consigo*, fora do clero, casado e pai." (Machado de Assis, *Dom Casmurro*, cap. 80) ⇨ Em raros casos, o pronome *si* pode não se referir ao sujeito da oração, como nesta frase: O pai tentou despertar nos filhos mais confiança em *si* próprios.
2. São consideradas incorretas frases em que *si* e *consigo* não se referem ao sujeito da oração, como estas: Mestre, eu concordo *consigo*. / Isso depende de *si*, meu amigo. De acordo com a norma culta, as construções corretas são: Mestre, eu concordo com *o senhor*. / Isso depende de *você*, meu amigo. ⇨ Na linguagem coloquial informal, não nos parece condenável o uso de *si* e *consigo* não reflexivos, em lugar de *você*, o senhor, a senhora: "Estou falando *consigo*, ó senhora!" (Aurélio) / "Não vou mais jantar *consigo*." (Houaiss) / "Ora, isto é que eu não esperava de *si*, senhor Eduardo." (Camilo Castelo Branco) Tal uso, censurado por uns e aceito por outros, é pouco frequente no Brasil e generalizado em Portugal.

consistir. [Do lat. *consistere*, deter-se, compor-se de.] *V. t. i.* Requer complemento regido da prep. *em*.
1. Compor-se de, ser constituído de: Sua alimentação *consistia* basicamente *em* peixes e verduras. / A produção literária dele *consiste em* romances, contos e poemas. ⇨ A regência *consistir de*, frequente nesta acepção, se explica por contaminação sintática: *compor-se de* = *consistir de*. Recomenda-se evitá-la, ainda que usada por escritores do porte de Érico Veríssimo e Eça de Queirós: "Era uma bebida conhecida pelo nome de arco-íris, e que *consistia de* várias camadas de licor..." (*O prisioneiro*, p. 43) / As

iluminações no Oriente *consistem*, como as do Minho, *de* tigelinhas de barro e de vidro onde arde um pavio ou uma mecha de estopa." (*A correspondência de Fradique Mendes*, p. 41)
2. Basear-se, repousar sobre, residir em: A força da equipe *consistia no* ataque e na defesa. / "*Em* que *consistiu* seu erro?" (Celso Luft)
3. Resumir-se: A religião *consiste em* amar a Deus e ao próximo.

consoante. [Do lat. *consonante,* 'que soa juntamente com'.] *Adj.* 1. Que soa juntamente com; que tem consonância: O *b* é letra *consoante.*
|| *S.f.* 2. Fonema que se junta a uma vogal para formar sílaba: O *b* é uma *consoante*.
|| *Prep.* 3. Conforme, segundo, de acordo com: "A prudência o mandava viver em Lisboa *consoante* os costumes de Lisboa, e na província, segundo o seu gênio e hábitos aldeãos." (Camilo Castelo Branco, *A queda dum anjo*, p. 107) ⇨ Também é correto construir: *consoante aos* (ou *com os*) costumes de Lisboa; *consoante às* normas da cortesia. / "O interesse do país não está em ser governado *consoante à* fórmula deste ou daquele sistema, senão sim em ser bem governado." (Rui Barbosa, *Cartas de Inglaterra*, p. 16)
|| *Conj. sub.* 4. Conforme, segundo: Relatarei o caso *consoante* o ouvi.

consonar. [Do lat. *consonare.*] *V. i.* 1. Formar consonância, soar harmoniosamente: As vozes do coral *consonavam* magnificamente.
2. Concordar, combinar, afinar com: Nossas opiniões não *consonavam*. / "Inúmeros documentos, quer oficiais, quer particulares, *consonam* nesse mesmo asserto." (J. Pandiá Calógeras, *Formação Histórica do Brasil*, p. 80)
V. t. i. 3. Concordar: "Sua proposta não *consona* com os meus interesses." (Aurélio). Cognatos: *consoar, consoante, consonância, cônsono* (*consonante, harmônico*), etc.

constar. 1. Na acepção de *estar registrado ou mencionado*, pode-se dizer, indiferentemente, *constar em* (preferível) ou *constar de*: Este vocábulo não *consta em* (ou *de*) nenhum dicionário. / O meu nome não *constava na* (ou *da*) lista dos candidatos aprovados.
2. No sentido de 'passar por certo', 'ser dito com aparências de verdade', usa-se na 3ª pess. do sing.: *Consta* que o ditador se suicidou. / *Consta* que a jovem vai desfazer o noivado. / "Isto *consta* das crônicas antigas e autênticas da Bahia." (Assis Cintra, *Histórias que não vêm na História*, p. 96) / "Tudo isto *consta de* escritura pública lavrada em 6 de junho de 1655." (Vivaldo Coaraci, *Memórias da cidade do Rio de Janeiro*, p. 316)
3. Usa-se também na 3ª pess. do sing., na acepção de *chegar ao conhecimento*: Não me *consta* que essa casa está à venda. / "A concordância que empregou o meu mestre e amigo dr. Laet não é incorreta, que me *conste*." (Mário Barreto, *Fatos da língua portuguesa*, p. 84)
4. Usa-se também na acepção de *compor-se, constituir-se*: Nossa alimentação *constava* de grãos, carne e ovos.

constitui. Os verbos terminados em -*uir* grafam-se com *i*, e não com *e*, na sílaba final da 2ª e 3ª pessoas do sing. do pres. do ind.: constituis, constitui; influis, influi. Veja *verbos terminados em -uir*.

constituir. [Do lat. *constituere,* estabelecer, instituir.] 1. Ser a base, a essência, formar; representar, ser: A família *constitui* a base da sociedade. / As calmarias *constituíam* um sério obstáculo à navegação. / O mar e as montanhas vestidas de verde *constituem* a fascinante paisagem do Rio.
2. Organizar, estabelecer: *constituir* família, *constituir* um ministério, um estado independente, uma firma comercial, etc.
3. Dar poderes a alguém para tratar de negócios, causas judiciais, etc.: Eu *constituo-o* meu procurador. / O governo brasileiro *o constituiu* seu representante junto à ONU.
V. pron. 4. a) compor-se: A matéria *constitui-se de* minúsculas partículas; b) organizar-se: Em 1993 os dois estados da Tchecoslováquia *se constituíram em* países independentes. / "E os homens de rua, ou moradores do burgo, *constituíram-se em* sociedade civil." (Alexandre Herculano, *O bobo*, p. 19); c) fazer-se, tornar-se; arrogar-se qualidade, direito, posição: Virgulino *constituiu-se* chefe do bando. / "... a Inglaterra *se constituiu* rainha do Universo." (Camilo Castelo Branco, apud Celso Luft) / "Eles *constituem-se em* demolidores inconscientes do escritor que copiam." (Júlio Dantas, *Os galos de Apolo*, p. 11) ⇨ Nas acepções *c*, a regência *constituir-se em* é uma inovação sintática largamente usada na imprensa e acolhida pelos dicionaristas avançados: Ele *se constituiu em* defensor dos marginalizados. / A violência *se constituiu em* pesadelo das populações urbanas. / "*Constituiu-se*, desde a morte do pai, *no* protetor da família." (Aurélio) / "O Rio Grande do Sul, é certo, só *se constitui em* capitania à parte em 1807, desligando-se do Rio." (Oliveira Viana, *A evolução do*

povo brasileiro, p. 207) / "Até o século XIX, os loucos eram mais ou menos tolerados nas vilas e sociedades, *constituindo-se* por vezes *em* personagens pitorescos." (Moacyr Scliar, *A paixão transformada*, p. 184)

construir. *Ind. pres.*: construo, constróis, constrói, construímos, construís, constroem. *Imper. afirm.*: constrói, construa, construamos, construí, construam. É regular nos outros tempos.
⇨ Modernamente não se usam as formas regulares *construis, construi, construem*.

cônsul, consulesa. 1. Adjetivo relativo a cônsul ou a consulado: *consular* (função *consular*, escritório *consular*).
2. Usa-se o feminino *consulesa* tanto para designar a mulher do cônsul como para designar a mulher que possui o cargo de cônsul.

consumação, consumição, consumpção. 1. *Consumação*. Ato de consumar(-se), realização plena; consumo de comida (francesismo).
2. *Consumição*. Ato de consumir(-se), destruição total; amofinação, aborrecimento, preocupação, aflição.
3. *Consumpção*. Progressivo definhamento do organismo por doença; emagrecimento. Variante: *consunção*.

consumar. Completar, realizar. Verbo regular, conjuga-se como *arrumar*. No pres. do subj. não deve ser confundido com o verbo *consumir*. Diga-se portanto: Não deixaremos que o tempo *consume* (e não *consuma*) a sua obra de destruição. / Circunstâncias adversas não forçam a que *consumemos* a separação. / Não volte antes que as negociações se *consumem*. / Polícia impede que atentado se *consume*. ⇨ As formas *consumas, consuma, consumamos, consumais* e *consumam* do presente do indic. de *consumar* são iguais às correspondentes do presente do subj. de *consumir**.

consumir. Gastar, devorar, destruir, absorver, utilizar alimentos, bebidas, etc., para a subsistência. Segue a conjug. de *sumir*, apresentando irregularidades apenas no: a) *pres. do ind.*: consumo, *consomes, consome*, consumimos, consumis, *consomem*; b) *imper. afirm.*: *consome* tu, consuma você, consumamos nós, consumi vós, consumam vocês. É regular nos demais tempos. No pres. do subj.: consuma, consumas, consuma, consumamos, consumais, consumam.

contar com. Este verbo, seguido de complemento regido pela preposição *com*, significa: a) dispor de: O município é pobre; *conta com* parcos recursos para a saúde; b) imaginar, supor: Não *contávamos com* tantos obstáculos. / Os torcedores não *contavam com* a reação do time adversário, no segundo tempo do jogo; c) confiar em, esperar a ajuda de: As autoridades *contam com* a colaboração da sociedade. / São poucas as pessoas *com* quem podemos contar. / "Os outros sabiam muito bem *com o que poderiam contar.*" (Fernando Namora, *O homem disfarçado*, p. 91)
⇨ Quanto à colocação da prep. *com*, no último exemplo, veja os verbetes *do que* e *o que eu mais gosto*.

contar de. Narrar, referir, relatar: O cronista contou *de* suas peripécias e aventuras na Amazônia. / "Antônio começou a *contar das* estâncias que vira, *de* suas vastas lavouras, *do* número de peões e escravos que certos estancieiros possuíam." (Érico Veríssimo, *O continente*, I, p. 92)

contêiner. [Do ingl. *container*, recipiente.] Pl.: *contêineres*. Transportam-se cargas em *contêineres*. / "Devido a esse crescimento, *contêineres* e caixas começam a ser empilhados nas áreas de taxiamento do aeroporto." (*JB*, 3/11/94) ⇨ O vernáculo *contentor* pode substituir esse estrangeirismo, cujo radical se liga ao lat. *continere*, conter, guardar.

contemporizar. [De *con-* + lat. *tempori(s)*, tempo, + *-izar*.] *V. i.* 1. Dar tempo ao tempo; adiar uma ação para ocasião propícia: O governo não negociou com o grupo guerrilheiro; *contemporizou* o mais possível. / "Já *contemporizei* demais." (Ciro dos Anjos, *Montanha*, p. 92)
V. t. i. 2. Transigir, condescender: Homens de bem não *contemporizam com* a desonestidade. / O governo não podia *contemporizar com* a anarquia. / Esse escritor *contemporiza* demais *com* os plebeísmos.

conter. Conjuga-se como *ter*, de que é derivado. *Ind. pres.*: contenho, contens, contém, contemos, contendes, contêm. *Pret. imperf.*: continha, continhas, continha, etc. *Pret. perf.*: contive, contiveste, conteve, contivemos, contivestes, contiveram. *Pret. mais-que-perf.*: contivera, contiveras, contivera, etc. *Fut. do pres.*: conterei, conterás, conterá, etc. *Fut. do pret.*: conteria, conterias, conteria, etc. *Subj. pres.*: contenha, contenhas, contenha, contenhamos, contenhais, contenham. *Pret. imperf.*: contivesse, contivesses, contivesse, etc. *Fut.*: contiver, contiveres, contiver, etc. *Imper. afirm.*: contém, contenha, contenhamos, contende, contenham. *Imper. neg.*: não contenhas, não contenha, não contenhamos, não contenhais, não contenham. *Ger.*: contendo. *Part.*: contido.

continuar. 1. Normalmente, se diz 'continuar alguma coisa': *Continue o trabalho. / Continuei o tratamento*. Eventualmente, é lícito antepor ao complemento a prep. de realce *com: Continue com o trabalho. / Continuei com o tratamento.*
2. Diz-se, indiferentemente: *Continue a pesquisar* ou *Continue pesquisando. / Ele continua a beber* (ou *continua bebendo*). */ O rio continuava a subir* (ou *continuava subindo*).
3. Nas acepções de *permanecer* e *persistir*, o v. *continuar* concorda normalmente com o sujeito da oração: Até quando *continuam* fechadas as *portas*? / Em todo o país *continuavam os combates*.

contra. 1. É preposição que exprime oposição: remar *contra* a maré. Emprega-se também: a) como prefixo (com hífen antes da *vogal a* e de *h*): *contraveneno, contramão, contrassenso, contraindicação, contra-ataque, contrarregra*; b) como substantivo: pesar os prós e os *contras*.
2. Vem sendo usada frequentemente na imprensa para expressar confronto, comparação, em frases do tipo: Os preços subiram 28%, *contra* uma alta de 25% em janeiro. / A taxa de desemprego na cidade X é de 5%, *contra* 8% na cidade Y.
3. Considera-se galicismo usar *contra* em vez de *mediante, em troca de*, como na frase: Só entregue as mercadorias *contra* recibo.

contradizer. Dizer o contrário, contrariar, desmentir: "Os fatos *o contradizem*." (Celso Luft) / Os fatos *contradisseram* as teorias do cientista. ⇨ Emprega-se mais frequentemente como pronominal, no sentido de *cair em contradição*: A testemunha *se contradisse*. / Se a testemunha *se contradisser*, o júri recusará seu depoimento.

contribuir. Grafa-se *contribui* e não *contribue*. Veja *verbos terminados em -uir*.

controle. [Do fr. *contrôle*.] *S.m.* Ato de controlar. A pronúncia corrente é *contrôle*, porém a mais coerente é *contróle*, com a vogal tônica aberta, como em todas as palavras terminadas em *-ole*: *fole, gole, prole*, etc. Os dic. registram também *controlo* (ô), forma usada em Portugal, mas raramente ouvida no Brasil. Nas formas do v. *controlar*, a dita vogal é aberta: *controlo* (ó), *controla, controle*, etc.

controverter. *V. t. d.* Fazer objeção a, contestar, impugnar, discutir: "Os serafins e querubins não *controvertiam* nada." (Machado de Assis, *Obra completa*, II, p. 345) / "A tese foi vitoriosa sem que ninguém a *controvertesse*." (Aurélio) Cognatos: *controvérsia, controverso, controvertido*.

convalescença, convalescência. [Do lat. *convalescentia*.] *S.f.* Ato de convalescer; período de transição entre uma doença e a restauração da saúde.
1. Ambas as formas são corretas, mas a geralmente usada é *convalescença*, forma evoluída, como *doença* (lat. *dolentia*), *sentença* (lat. *sententia*) e outras: "Homens e mulheres pintavam-se encarnado na *convalescença* para criarem forças." (Gilberto Freire, *Casa-grande e senzala*, p. 107) / "A *convalescença* de John foi rápida." (Eça de Queirós, *As minas de Salomão*, p. 207)
2. ***Convalescência.*** Forma restaurada, embora não registrada em alguns dicionários, encontra-se em escritores antigos e modernos. Exemplo de escritor de hoje: "Para nós, jornalistas, São Paulo é um elefante ferido que começa a dar sinais de *convalescência*." (Márcio Moreira Alves, *O Globo*, 8/12/96) ⇨ Com a terminação latina *-entia* formaram-se palavras portuguesas terminadas em *-ença* (pouco mais de 30) e vocábulos finalizados em *-ência* (mais de 400), a maioria deles de cunho erudito, como *abstinência, aquiescência, beneficência, displicência, excelência, reminiscência, subserviência*, etc.

convencer. Construções que merecem destaque:
1. O delegado *convenceu* o bandido (ou *convenceu-o*) *a* entregar-se. / O vendedor quis me *convencer a* comprar o carro branco. / "Ambos tentaram *convencê-lo a* não ir à reunião." (Elio Gaspari, *A ditadura envergonhada*, p. 45)
2. *Convenceu-o a que* se entregasse. / Não me *convenceu a que* comprasse o carro. / "A mulher de há pouco tinha-se sujeitado à observação e agora a enfermeira procurava *convencê-la a que* tomasse o medicamento." (Fernando Namora, *O homem disfarçado*, p. 38)
3. *Convenceu-o de* que era melhor entregar-se. / *Convenceu-o da* loucura que fizera. / Meu pai tentou *convencer-me de* que não existem fantasmas.
⇨ Devem ser evitadas as regências 'convencer a alguém que...' e 'convencer alguém que...', como nas frases: Convenci ao contador que seu cálculo estava errado. / Ninguém convencerá o setor privado que esse empreendimento é bom negócio. Regências corretas: Convenci o contador de que seu cálculo estava errado. / Ninguém convencerá

o setor privado de que esse empreendimento é bom negócio.
4. *Convenceu-se do* seu erro. / *Convenceu-se de que* errou. / *Do que ele principalmente se convencera era da inutilidade de todo o esforço."* (Eça de Queirós)
convencido. *Adj.* 1. Que se convenceu, persuadido: Voltou para casa *convencido a* desistir do negócio. / Embora *convencido da* própria fragilidade, o homem enfrenta a força do mar. / Estava *convencido de* que seu filho era inocente. ⇨ Em frases como essa última, não é condenável omitir a prep. *de* antes do *que*: "E estava *convencido que havia de adorar a roleta."* (Eça de Queirós, *O primo Basílio*, p. 118)
2. Presunçoso: Ele era um indivíduo *convencido,* arrogante.
convergir. *Pres. do indic.*: convirjo, converges converge, etc. *Pres. do subj.*: convirja, convirjas, convirja, convirjamos, convirjais, convirjam. Conjuga-se como *divergir*★.
conversar. Além das regências conhecidas (*conversar com alguém; conversar sobre política*), *conversar* possui também a regência direta, nas acepções de:
1. Tratar com intimidade, ter familiaridade com: Chalaça *conversava* o Imperador e os ministros. / *Conversava* os autores clássicos com assiduidade.
2. Requestar, namorar: Viu a jovem e tentou *conversá-la.*
3. Falar sobre: "Ficaram no bar, *conversando* amenidades." (Celso Luft)
convidar. 1. Convidar alguém (*convidá-lo* e não *convidar-lhe*): *Convido-o* para o meu aniversário. / Por que não *a convidou?*
2. Convidar para (ou *a*) alguma coisa: O secretário *a convidou para* (ou *a*) presidir a assembleia. / O sol da manhã *convidava a* passear. / A noite *convida ao* repouso. / Nós *o convidamos a* (ou *para*) que abandonasse o fumo e a bebida.
convir. 1. Ser conveniente, bom ou proveitoso: Faça o que lhe *convém.* / Faremos o que nos *convier.* / Eram joias que não *convinha* expor à cobiça dos ladrões.
2. Concordar: Ele *conveio* comigo *em* que o preço era exorbitante. / *Convenhamos* (*em*) que a tarefa do mestre não é fácil. / "*Convenho em* que o preço foi alto, todavia compensador." (Antônio Olavo Pereira, *Marcoré*, p. 102) / O senhor há de *convir que* esses meninos de rua podem tornar-se delinquentes. / "*Convenho em*

que Irene é uma bonita moça." (Mário Barreto, *Através do dicionário e da gramática*, p. 150) / "*Convenhamos que* é pouco, que é o mínimo mesmo." (Antonio Callado, *A madona de cedro*, p. 51) ⇨ Antes de oração iniciada pela conj. *que*, pode-se omitir a preposição, como no último exemplo.
3. Conjuga-se como *vir*★, de que é derivado. Observar a acentuação: Isto nos *convém.* / Estas coisas não nos *convêm.*
coonestar. [Do lat. *cohonestare.*] *V. t. d.* Dar aparência de honesto, legitimar: "Uma situação de desequilíbrio momentâneo entre a oferta e a procura não pode servir para *coonestar* remarcações." (*JB*, 6/10/94) / "A filantropia, por si mesma, não *coonesta* uma prática religiosa." (Dom Eugênio Sales, *JB*, 1º/6/94)
cooptar. [Do lat. *cooptare*, eleger, associar.] *V. t. d.* Associar; admitir numa agremiação sem as formalidades de praxe; escolher como parceiro ou cúmplice para um empreendimento: Traficantes dos morros cariocas *cooptavam* policiais e ex-soldados do Exército. / Soldados recém-saídos do Exército *eram cooptados* pelo tráfico.
Δ **copro-.** [Do gr. *kópros,* excremento.] *El. de comp.* = 'excremento': *coprófago, coprólito, coprologia, coprológico.*
cor. Adjetivos relativos a cor: *cromático, colorido.*
coração. *Adj.* relativo a coração: *cardíaco.*
coradouro. [De *corar* + *-douro.*] Lugar onde se estendem peças de roupa, ao sol, para corar (= branquear), estendedouro: "As lavadeiras faziam disto [= deste lugar] um *coradouro.*" (Lima Barreto, *Recordações do escrivão Isaías Caminha*, cap. IV) ⇨ No Brasil, a forma geralmente usada é *quarador* [de *quarar* = corar, branquear (roupas) ao sol].
Corão. Veja *Alcorão.*
corbelha (ê). [Do fr. *corbeille.*] *S.f.* Cestinho, geralmente de vime, com flores artisticamente arranjadas. ⇨ A pronúncia em Portugal, segundo Aulete, é *corbêlha.* No Brasil, a usual é *corbélha.*
corço (ô). *S.m.* Mamífero eurásico da família dos cervídeos, pequeno veado. Fem.: *corça* (pronuncia-se *côrça*). ⇨ Homônimo homófono: *corso* (desfile carnavalesco de carros; da Córsega, natural dessa ilha).
cor-de-rosa. *Adj.* Invariável no plural: fitas *cor-de-rosa*; sonhos *cor-de-rosa.*
Δ **cordi-.** [Do lat. *cor, cordis,* coração.] *El. de comp.* = 'coração': *cordiforme, cordifoliado.*

coro. *S.m.* A forma plural *coros* pronuncia-se *córos*.

Coroa. Grafa-se, de preferência, com inicial maiúscula no sentido de 'poder real', 'Estado monárquico': No início da República, os partidários da *Coroa* eram perseguidos. / Imensas eram as possessões da *Coroa* espanhola.

corpo a corpo. *Subst.* Luta de corpo a corpo; *Fig.* contato direto de candidato político com o eleitorado para conseguir votos. Invariável no plural: Eles atracavam-se em homéricos *corpo a corpo.* / Os candidatos iniciaram seus *corpo a corpo* em praça pública.

corporativismo. 1. Sistema de organização político-social baseado nas atividades de corporações ou entidades profissionais.
2. Defesa ou busca dos próprios interesses por parte de entidades profissionais, em detrimento dos interesses da sociedade: "*Corporativismo* impede que polícias se integrem, diz Fernando Henrique." (*O Globo*, 8/2/2002)

correio. Adj. relativo a correio: *postal* (serviço *postal*).

correr alguém. Expulsar, fazer correr, pôr a correr: "O italiano pegou num pau para *correr o negro*." (José Lins do Rego, *Fogo morto*, p. 289)

correr risco de vida. Expressão usual, em vez de *correr risco de morte*, que seria a expressão mais coerente, pois *correr o risco* tem cabimento quando nos referimos a um mal, a uma situação adversa: *correr o risco* de perder o emprego; *correr o risco* de afogar-se; *correr o risco* de morrer; animais que *correm o risco* de extinção. Diz-se também *risco de contaminação*; *risco de incêndio*; *risco de roubo*, etc., e ainda 'correr perigo de morte': "Teu filho *correria perigo de morte* se lá estivesse." (Diná Silveira de Queirós, *Memorial do Cristo*, p. 68) ⇨ Em escritores clássicos ocorre 'perigo de vida': "... seu amo estava em *perigo de vida*." (Camilo Castelo Branco, *O romance dum homem rico*, Obra seleta, vol. I, p. 208)

correto, corrigido. 1. Tanto na voz passiva como na ativa, usa-se *corrigido*: Eu tinha *corrigido* o texto. / O texto *foi corrigido* pelo professor.
2. *Correto* é adjetivo: homem *correto* (honesto), linguagem *correta* (sem erros), etc.
3. Notar a diferença de sentido: Meu trabalho está *correto* (= sem erros). Meu trabalho está *corrigido* (= expurgado dos erros que havia nele).

corrimão. [De *correr* + *mão*.] *S.m.* Plural: *corrimãos*. Não recomendamos a forma *corrimões*, registrada em alguns dicionários.

corroborar. [Do lat. *corroborare* < de *robur, roboris*, força, robustez.] *V. t. d.* 1. Fortalecer (pouco usado nesta acepção).
2. Comprovar, confirmar, fortalecer (em sentido figurado): *Corroborou* suas afirmações com argumentos irrespondíveis. / "*Corroborava* a suspeita não o convidar ele a visitar as damas." (Camilo Castelo Branco, *A queda dum anjo*, p. 108)

cortesão. [Do lat. *cortesanus*, através do it. *cortigiano*.] *Adj.* 1. Relativo à corte, palaciano, áulico: "Costumes, hábitos *cortesãos*." (Aulete)
|| *Subst.* 2. Homem da corte, palaciano, homem adulador: "Os *cortesãos* podem perverter os melhores monarcas." (Séguier) Fem.: *cortesã, cortesãs*. A forma *cortesãos* é preferível a *cortesões*.

cós. *S.m.* Tira de pano que remata calças, saias, etc., ao redor da cintura; parte da vestimenta em que se ajusta essa tira; cintura. Plural: *cós* ou *coses*. Monteiro Lobato usou *coses* em *Urupês*, p. 49: "Se abria a boca, espigaitavam-se uns, outros afrouxavam os *coses*, terceiros desabotoavam os coletes."

coser, cozer. Homônimos homófonos.
1. *Coser*. Costurar, unir: *coser* peças de roupa; *coser* as bordas de uma ferida (sutura); *coser* o ouvido à porta; *coser-se* à parede.
2. *Cozer*. Cozinhar: *cozer* alimentos. Derivados: *cozido, cozimento, cozedura*.

costa, costas. 1. *Costa*. Litoral: A *costa* brasileira tem mais de sete mil quilômetros. / Devido à tormenta, o navio deu à *costa*.
2. *Costas*. Parte posterior do tronco humano (ou da mão ou de um livro, etc.), dorso: sentir dor nas *costas*; limpar a boca com as *costas* da mão. ⇨ Essa variação semântica ocorre com outros substantivos: *bem* (virtude), *bens* (riquezas); *honra* (bom nome, honestidade), *honras* (homenagens).

costas. Adj. relativo a costas: *dorsal*.

costumar. *V. t. d.* 1. Ter por costume, ter o hábito de: *Costuma* passar as férias em Roma. ⇨ Construído com o pronome *se*, em frases como as seguintes, este verbo pode ser usado no plural ou no singular: Eis algumas das acusações que *se costumam* (ou *se costuma*) fazer contra a Idade Média. / "Não *se costuma* punir os erros dos súbditos sobre a efígie venerável dos monarcas."

(Rebelo da Silva, *apud* Mário Barreto, *Novos estudos*, p. 215) / "No dia da coroação dos pontífices *costumavam-se* em Roma abrir os cárceres." (Manuel Bernardes, *Nova floresta*, V, p. 493) / "A aprovação das cortes não passaria de uma dessas cerimônias aparatosas que *se costumam* representar nos dramas em que os povos são as vítimas." (João Francisco Lisboa, *A vida do padre Antônio Vieira*, p. 138) / "... as pontes levadiças *se costumam* erguer de noite." (A. Herculano, *O bobo*, p. 127) / "Para afugentá-la de lugares habitados e acampamentos, *costumava-se*, ainda *se costuma*, acender fogueiras." (Sérgio Buarque de Holanda, *Caminhos e fronteiras*, p. 110) *V. t. d. e i.* 2. Habituar, acostumar: A mãe *o costumou* a levantar cedo. ⇨ Nesta acepção, usa-se geralmente *acostumar*: A mãe o *acostumou* a levantar cedo.
V. i. 3. Ser fato costumeiro ou habitual: *Costuma* chover muito aqui, no verão. / Nos bailes *costuma* haver brigas. / *Costumam* (ou *costuma*) ocorrer rebeliões de presos naquela penitenciária. ⇨ No penúltimo exemplo, *costumar* fica obrigatoriamente no singular porque forma locução verbal com *haver*, verbo impessoal, portanto, sem sujeito. *Brigas* é objeto direto. Já no último exemplo, pode-se considerar como sujeito o subst. *rebeliões* ou a oração infinitiva "ocorrer rebeliões de presos". Adotando-se a primeira análise, leva-se o verbo ao plural (costumam); se se preferir a segunda, usar-se-á o verbo no singular (costuma). Como se vê, duas análises e duas concordâncias possíveis, fato que ocorre também com os verbos *poder*★ e *dever*★.
cota, quota. [Do lat. *quota*.] *S.f.* Quinhão, porção, parcela, quantia com que cada indivíduo contribui para determinado fim. Ambas as formas são corretas. A primeira é mais usada que a segunda. Ex.: "Após seis meses, ... desistiu da empresa e vendeu sua *cota*." (Ana Miranda, *A última quimera*, p. 100)
cotidiano. [Do lat. *quotidianus*.] *Adj.* 1. De cada dia, diário. É variante de *quotidiano*, que é forma correta, porém menos usada.
|| *S.m.* 2. Aquilo que ocorre ou se faz todos os dias ou habitualmente: Crimes e acidentes passaram a fazer parte do *cotidiano* das grandes cidades.
cotilédone. [Do gr. *kotyledón*, cavidade.] Órgão da semente, com aspecto de uma folha côncava e com a função de nutrir a planta na primeira fase do seu crescimento: "Nas dicotiledôneas, os *cotilédones* são ricos em substâncias nutritivas de reserva..." (José Luís Soares, *Dicionário de biologia*, p. 101) / "Os *cotilédones* são muito visíveis na fava, no feijão, na amêndoa, na castanha." (Caldas Aulete) ⇨ Vocábulo geralmente usado no masculino. Alguns dicionários o registram como masc. e feminino. Veja *cotilo-*.
Δ **cotilo-.** [Do gr. *kotyle*, concavidade.] *El. de comp.* = 'concavidade': *cótilo, cotiloide, cotilédone* (gr. *kotyledón, kotyledónos*), *cotiledôneo*.
cotizar. [De *cota* + -*izar*.] Dividir por cotas: *cotizar* dividendos, despesas, etc. É mais usado na forma pronominal, no sentido de contribuir com cotas para despesas comuns, ratear: Os parentes da vítima *se cotizaram* para pagar o resgate. A forma *quotizar(-se)*, derivada de *quota*★, é menos usada.
Δ **cotoni-.** [De cotão < fr. *coton*, algodão.] *El. de comp.* = 'algodão': *cotonicultura, cotonicultor, cotonifício, cotonígero*.
coxa. *Adj.* relativo à coxa: *femoral* (região *femoral*).
crase. [Do gr. *krásis*, fusão, mistura.] 1. Em gramática normativa, designa a contração da prep. *a* com o artigo *a(s)*, ou com os pronomes demonstrativos *a(s), aquele(s), aquela(s), aquilo*. Exs.: Corri *à* farmácia. / As nossas forças eram inferiores *às* de Nassau. / Poucos chegaram *àquele* pico.
2. Não se deve confundir o fato linguístico crase com o acento grave que o assinala. Não se dirá, por exemplo, que na frase 'Fui a pé' o *a* não tem crase. Dir-se-á, sim, que o *a* não tem acento (ou que não é acentuado).
3. A crase somente ocorre antes de palavras femininas determinadas pelo artigo *a(s)* e subordinadas a termos que requerem a preposição *a*. Exs.: a) Ele recorreu *à* justiça. [O v. *recorrer* pede a prep. *a*: recorrer *a* alguém. *Justiça* é palavra feminina precedida do artigo *a*.]; b) todo ser humano tem direito *à* liberdade. [O nome *direito* exige a prep. *a*: ter direito *a* alguma coisa. *Liberdade* é palavra feminina precedida do artigo *a*.]; c) o trem chegou *à* estação. [O trem chegou a *a* estação.]
Os termos diante dos quais ocorre a crase são complementos de verbos (exemplo *a*) ou de nomes (exemplo *b*) ou adjuntos adverbiais (exemplo *c*).
Para constatar a presença da crase em determinada construção, deve-se proceder como fizemos nos exemplos acima. Ocorrendo o encontro prep. *a* + art. *a(s)*, há crase; não ocor-

rendo o encontro, não há crase e, portanto, não se acentua.

Casos em que não há crase

Inexistindo o artigo a(s) antes do termo complementar, obviamente não haverá crase. Por isso não se acentua o a (por ser simples prep.) antes de:

1. Palavras masculinas: Ela não assiste *a filmes* de violência. / Moram em locais sujeitos *a deslizamentos*. / O quarto cheirava *a mofo*. / Bebê nasce *a bordo* de avião. / Ele candidatou-se *a presidente* da República. / Desenhou uma casa *a lápis*. / Foram de carro *a Santos*. / Do Rio *a* Salvador a distância é grande. ⇨ Omitindo-se a palavra *moda* ou *maneira*, há crase diante de subst. próprio masculino: calçados *à Luís XV* (à moda de Luís XV), estilo *à Coelho Neto* (à maneira de Coelho Neto). E também antes de subst. masc. usado eventualmente no gên. fem.: Deu-se o prêmio *à modelo* Magda Fontes.
2. Substantivos femininos usados em sentido geral, vago, indeterminado: Não gosta de ir *a festas*. / Não abras a porta *a pessoas suspeitas*. / Trata-se de carros movidos *a gasolina*. / Ele doará parte de seus bens *a instituição beneficente*. / Trabalhamos de segunda *a sexta-feira*. / Projeto de lei *sujeito a revisão*. / "Governo elogia acordo que pôs fim *a invasão* na Bahia." (*JB*, 9/4/2004)
3. Nomes de parentesco precedidos de pronome possessivo: Recorri *a minha mãe*. / Ele prestou assistência *a sua irmã*. / Pedimos desculpas *a nossa avó*.
4. Nomes próprios que não admitem artigo: ir *a Brasília*, chegar *a Campinas*, viagem *a Cuba*, rezar *a Nossa Senhora*, ter devoção *a Santa Teresinha*, referir-se *a Inês de Castro*, etc. ⇨ Há crase quando o nome próprio admite artigo, e também quando acompanhado de adjetivo ou loc. adjetiva: ir *à Bahia*, chegar *à Espanha*, rezar *à Virgem Maria*, tecer elogios *à heroica Maria Quitéria*, referir-se *à infeliz Inês de Castro*, uma viagem *à histórica Ouro Preto*, referir-se *à Roma dos Césares*.
5. Verbos: Começaram *a discutir*. / Estou resolvido *a decifrar* o enigma.
6. Pronomes pessoais e formas de tratamento: Isto interessa *a ela* (ou *a mim*, *a ti*, *a você*, *a nós*, *a vós*). / Entregou as flores *a dona Marta*. / Recomendamos *a Vossa Excelência* que se previna. / Estamos remetendo *a Vossa Senhoria* o orçamento da obra. / O ministro expôs a situação *a Sua Majestade*.

Exceções: Peço *à senhora* que tenha calma. / O que disse ele *à senhorita*?
7. Pronomes que não admitem artigo, como *esta*, *essa*, *que*, *quem*, *cuja* e quase todos os pronomes indefinidos: *alguém*, *alguma(s)*, *cada*, *certa(s)*, *muita(s)*, *nenhuma*, *ninguém*, *nada*, *qualquer*, *tanta(s)*, *toda(s)*, *várias*. Exemplos: Chegou *a esta* cidade sozinho. / Não ligo *a essa* gente. / São detalhes *a que* não dou importância. / Ele chamou a filha, *a quem* entregou a joia. / Era uma bela árvore, *a cuja* sombra descansamos. / Não revelou o segredo *a ninguém*. / Trata de agradar *a todas*. / *A que* atribuir isso?
⇨ Se o pronome aceitar o artigo, haverá contração: Aportaram *à mesma* ilha. / Chegamos *à outra* margem do rio. / Nas águas revoltas boiava uma tábua, *à qual* ele agarrou-se firmemente.
8. Numerais cardinais referentes a substantivos usados indeterminadamente: Assisti *a duas sessões*. / Dali *a uma hora* os músicos se retiraram. / Daqui *a três semanas* as escolas abrirão.
9. O substantivo *terra*, em oposição a *bordo*, *mar*: Os marinheiros tinham descido *a terra* para visitar a cidade. / O nadador mal se aproximou da baleia, voltando logo *a terra*. ⇨ Fora desse caso, escreve-se *à*: Aves voavam rente *à terra* lavrada. / Astronautas russos voltam *à Terra*. / Peregrinos vão *à Terra Santa*. / Nordestinos retornam *à terra* natal.
10. A palavra *casa*, no sentido de *lar*, *domicílio*: Voltei *a casa* para almoçar. / De volta *a casa*, telefonei ao amigo. / Chegaram *a casa* exaustos. / Ele tinha ido *a casa* buscar dinheiro. [Cp.:Venham *de casa*.] ⇨ Não se referindo ao próprio lar, escrever-se *à*: Fui *à casa* de um amigo. / Foi *à Casa Cruz* comprar livros. / O repórter não teve acesso *à Casa Branca*.
11. Substantivo plural integrante de locução: Reformou a casa *a expensas* do pai. / Às vezes agrediam-se *a bofetadas*. / Ele terá de aprender tudo sozinho, *a duras penas*. / Reuniram-se *a portas fechadas*.
12. A palavra **uma**: Chegaram *a uma* praia deserta. / Queixou-se *a umas* pessoas que estavam ali. / Chegamos ao povoado *a uma* hora morta. / Entregou os bilhetes *a uma* só aluna. / A cidade fica *a uma* hora daqui. Exceções: gritar *à uma* (juntamente, ao mesmo tempo), chegar *à uma hora da tarde*. Veja *à uma hora*, *a uma hora*.

Casos especiais

1. O emprego do artigo a(s) antes dos pronomes possessivos é geralmente opcional. Daí a

possibilidade de haver, ou não, a crase: Ele teceu elogios à (ou a) nossa empresa. / Referiu-se à (ou a) sua campanha. / Ela estava atenta às (ou a) minhas palavras. É recomendável, neste caso, usar o artigo e, consequentemente, o acento grave, a não ser que se trate de nomes de parentesco. Veja item 3 acima. ⇨ Ocorrendo a elipse do substantivo, deve-se grafar à(s): Deu instruções à secretária dele e à minha. / Atenderam às reivindicações dos apaniguados, mas se mostraram surdos às nossas.

2. Facultativo é também o uso do artigo antes de nomes próprios de mulheres, sendo, por isso, opcional a crase: Enviamos à (ou a) Carolina telegrama de felicitações. / Escrevi à (ou a) Susana. / A taça foi entregue à (ou a) Hortênsia. ⇨ O artigo denota intimidade, ou popularidade. Como vimos no item 4, com adjunto, o subst. próprio exige artigo e, portanto, a crase: Tomás Antônio Gonzaga dedicou sentidos versos à infeliz Marília. / À querida Adriana (nas dedicatórias).

3. Acentua-se, geralmente, o a ou as de locuções (ou expressões) adverbiais, prepositivas e conjuntivas, formadas de substantivo feminino:
a) **Adverbiais:** à direita, à esquerda, às claras, à farta, às gargalhadas, à janela (estar à janela), à mesa (estar à mesa), à noite, à porta (estar à porta), às pressas, à ré (marcha à ré), à risca, às vezes, à saída, às escuras, às ocultas, à solta, às tontas, à toa, à venda, à vista, à zero hora, à uma hora, às duas horas, às dez horas, e todas as que indicam hora definida.
⇨ Às vezes o substantivo está subentendido: churrasco à gaúcha (= à moda ou à maneira gaúcha), bife à milanesa, militares à paisana, vestir-se à oriental, vestir-se à ocidental: Mulheres iranianas, vestidas à ocidental, desfilaram pelas ruas de Teerã.
É preferível não usar acento grave em locuções adverbiais de instrumento: escrever a máquina [cp. escrever a lápis], escrever a tinta [cp. escrever a giz], escrever a mão, fechar a chave, ferir a faca, receber alguém a bala, etc.
Aconselhável é também não usar acento grave na locução a distância: manter-se a distância, seguir alguém a distância, etc. Num e noutro caso, embora não haja contração, muitos autores, visando a clareza do enunciado, preferem acentuar: escrever à máquina, fechar à chave, receber à bala, manter-se à distância: "Mataram-no à fome e à sede." (Guedes de Amorim)

É de rigor deixar o a inacentuado em locuções formadas com palavras repetidas e, obviamente, nas constituídas de subst. masculino: gota a gota, frente a frente, de ponta a ponta, uma a uma; a pé, a cavalo, a gás, a prazo, a domicílio, a leste, a oeste, de lado a lado, de norte a sul, de janeiro a julho, etc.
b) **Prepositivas:** à custa de, às custas de, à força de, à exceção de, à prova de, à espera de, à beira de, etc.
A loc. prep. à distância de, que não deve ser confundida com a loc. adverbial a distância, leva acento grave, ainda quando a distância é indefinida: A casa ficava à distância de alguns metros da encosta. / "Vi-a sempre à distância de uma estrela." (Ciro dos Anjos, O amanuense Belmiro, p. 123)
c) **Conjuntivas:** à medida que, à proporção que: À medida que envelhecemos, mais sábios devemos ficar.

Crase da preposição a com pronomes demonstrativos

A crase pode também resultar da contração da prep. a com os pronomes demonstrativos aquele(s), aquela(s), aquilo, a, as. Exs.: Dirigiu-se àquele banco sozinha. [Dirigiu-se a aquele banco.] / Fomos juntos àquela rua. [Fomos a aquela rua.] / Não dei importância àquilo. [Não dei importância a aquilo.] / Entregou as chaves à que chegou primeiro. [Entregou a chave a a que...] / Prefere suas soluções às dos outros. [... a as soluções dos outros] / Àquela ordem estranha, o soldado estremeceu. / Os caças atingem velocidades superiores à do som. / Deu os cargos àqueles que o apoiaram.

crasear. 1. Em rigor, crasear é fundir dois fonemas vocálicos iguais num só. Quando proferimos, por exemplo, a frase: 'Ele estava ali', craseamos as vogais ee e aa, pronunciando: Elestavali. "Vogais idênticas, entrando em contato, craseiam-se." (Celso Luft)
2. É inadequadamente empregado no sentido de 'colocar acento grave sobre a letra a', como nas frases: Não se craseia o a diante de palavra masculina. / Ela não sabe crasear. / Este a não é craseado. Inadequado é também o emprego de crase (contração) em vez de acento grave (sinal gráfico).

Δ **-crata.** [Do gr. krátos, força, poderio, poder.] El. de comp. = 'poder', 'domínio': autocrata, aristocrata, escravocrata, democrata, plutocrata. Cognatos: democracia, aristocracia, plutocracia.

crer. 1. **Conjugação.** Ind. pres.: creio, crês, crê, cremos, credes, creem. Pret. Imperf.: cria, crias,

cria, etc. *Pret. perf.*: cri, creste, creu, cremos, crestes, creram. *Subj. pres.*: creia, creias, creia, creiamos, creiais, creiam. *Pret. imperf.*: cresse, cresses, cresse, etc. *Imper. afirm.*: crê, creia, creiamos, crede, creiam. *Part.*: crido. O v. antônimo *descrer* segue a mesma conjugação.
2. **Emprego**. a) No sentido de *ter fé, ter como verdadeiro, confiar, acreditar*, constrói-se, na língua moderna, com objeto indireto: *crer em Deus; crer em alguém; crer em alguma coisa*. Nessas acepções, *crer alguma coisa* é sintaxe hoje desusada, mas frequente em autores clássicos: "*Creio o que dizes, porque nada para ti é oculto.*" (Alexandre Herculano, *Lendas e narrativas*, p. 10) Regência direta só com objeto oracional: *creio firmemente que Deus existe*. b) No sentido de *julgar, supor, considerar*, rege complemento direto: Aqui todos *o creem* inocente. / Ele *se crê* um profeta, um enviado de Deus. / *Cremos seres o mais indicado* para o cargo. / Não *creio que eles sejam punidos*. c) Na acepção de *ter fé, ter crença religiosa*, usa-se também como verbo intransitivo: São infelizes porque não *creem*.
Δ **crio-**. [Do gr. *kryos*, frio glacial.] *El. de comp.* = 'frio': *criocirurgia, criostato, crioterapia*, etc.
crioulo. Tende-se a pronunciar o ditongo *ou* de crioulo com *ô*. Daí a grafia incorreta *criolo*. *Crioulo*, fem. *crioula*, deriva de *cria* e designava o escravo, o negro da América.
Δ **cripto-**. [Do gr. *kryptós*, oculto.] *El. de comp.* = 'escondido', 'oculto', 'dissimulado': *criptocarpo, criptologia, criptópode, criptocomunista*. Cognato: *cripta*, galeria subterrânea.
crisma. [Do gr. *chrisma*, unção, óleo.] 1. **O crisma**. Óleo composto de azeite e bálsamo, consagrado pelo bispo, que se usa na administração de alguns sacramentos: "A unção com *o santo crisma*, óleo perfumado consagrado pelo bispo, significa o dom do Espírito Santo ao novo batizado." (*Catecismo da Igreja Católica*, p. 301)
2. **A crisma**. O sacramento da confirmação: *A crisma*, nome popular da *confirmação*, é um dos sacramentos da Igreja Católica.
Δ **criso-**. [Do gr. *chrysós*, ouro.] *El. de comp.* = 'ouro': *crisófilo, crisófito, crisólito, crisóstomo* (que tem a boca de ouro, isto é, que fala muito bem).
Δ **croma-, crom(o)-, cromat(o)-**. [Do gr. *chroma, chrômatos*, cor.] *El. de comp.* = 'cor': *cromático, cromatina, cromatismo, policromia, cromoterapia, policromático*, etc.

Δ **crono-**. [Do gr. *chrónos*, tempo.] *El. de comp.* = 'tempo': *cronômetro, cronometrar, anacrônico, anacronismo*, etc.
crosta. [Do lat. *crusta*.] *S.f.* Camada superficial e dura que envolve um corpo ou parte dele; casca, placa (de uma ferida).
| *Crosta terrestre*: a camada sólida da Terra (litosfera). ⇨ Pronuncia-se *crôsta(s)*.
crucificação, crucifixão. *S.f.* Ato ou efeito de crucificar (pregar na cruz). Referindo-se ao suplício de Cristo, os textos bíblicos e litúrgicos registram a forma primitiva *crucifixão*, do lat. *crucifixione*. A variante *crucificação*, derivada de *crucificar*, é palavra mais recente. Pode-se usar uma forma pela outra. Carlos de Laet usou a forma primitiva neste passo: "Logo após a *crucifixão* de Jesus e a fundação da Igreja, justo era e natural que inspirassem horror os simulacros do politeísmo." (*O frade estrangeiro*, p. 49)
cruel. Superlativo: *crudelíssimo* (forma erudita) e *cruelíssimo* (forma vernácula). Exs.: Sofreu *crudelíssimo* suplício. / Foi submetido a *cruelíssimas* torturas.
crural. [Do lat. *cruralis*, de *crus, cruris*, perna.] *Adj.* Relativo à perna ou à coxa.
cúbito. Adj. rel. ao cúbito: *ulnar*. Veja *ulna*.
cuchê. [Do fr. *couché*, deitado, estendido, recoberto por uma camada (fr. *couche*) estendida sobre.] Diz-se do papel recoberto por fina camada de substâncias minerais e aglutinantes, que o tornam liso e brilhoso. É galicismo naturalizado.
cujo. 1. Pronome relativo equivalente a *do qual, da qual, dos quais, das quais*. Ex.: Ele encontrou um diamante *cujo* valor não quis revelar. [= ... um diamante *do qual* não quis revelar o valor.] Nesta frase, *diamante* é o *antecedente* de *cujo*, *valor* é o termo *consequente*, e *cujo* equivalente a *do qual*. O pronome *cujo* só está corretamente empregado quando se relaciona a um antecedente, tem um consequente e equivale a *do qual* (ou *da qual, dos quais, das quais*). Outros exs.: Existem ali belas árvores *cujos* ramos se entrelaçam em forma de cúpula. / São crianças ainda pequenas, *cuja* única preocupação é brincar. / Encontrei um casebre abandonado, *cujas* paredes ameaçavam desabar. / Aquela escola só aceita alunos *cujos* pais são comprovadamente pobres. / O esturjão, de *cujas* ovas se faz o caviar, é um peixe apreciadíssimo.
2. A oração iniciada com o pron. *cujo* aparecer intercalada na oração principal: Todo

medicamento *cujo prazo de validade estiver vencido* deve ser jogado fora. / As terras indígenas, *cuja demarcação está sendo feita*, não devem ser invadidas pelos brancos.
3. *Cujo* será precedido de preposição, se esta for exigida pelo verbo da oração formada com esse pronome: A cerimônia religiosa, *a cujo início assisti*, foi realizada ao ar livre. / À porta da cabana surgiu um caboclo forte, *de cuja cintura pendia um facão*. / Perigosos são os rios *em cujas águas vivem sucuris*. / O regime democrático, *para cuja implantação contribuímos*, deve ser aprimorado. / Os dois órfãos gostavam do tio, *sob cuja tutela se encontravam desde a morte dos pais*. / Nós, *de cujo bolso o governo retira o dinheiro*, temos o direito de saber como é aplicado.
4. É erro grave usar *que* em vez de *cujo(a)*, como nas frases: Fiquei feliz em rever a ponte *que* eu acompanhara a construção, em criança. / Difícil é abrir um cofre *que* desconhecemos o segredo. / O rio Amazonas, *que* a largura se estreita em Óbidos, impressiona pelo volume e a força de suas águas. O correto é: Fiquei feliz em rever a ponte *cuja* construção eu acompanhara, em criança. / Difícil é abrir um cofre *cujo* segredo desconhecemos. / O rio Amazonas, *cuja* largura se estreita em Óbidos, impressiona pelo volume e a força de suas águas. Um colunista de grande jornal carioca escreveu: "O respeito aos indivíduos faz parte da história dos Estados Unidos. Uma história *que seus funcionários* são pagos para não enodoar." Na segunda frase, o pronome *que* foi mal utilizado. Dá a entender que os funcionários são da história e não dos Estados Unidos. Substituir *que* por *cujos* não eliminaria a ambiguidade. O conteúdo dessa frase pode ser expresso simplesmente assim: *E os funcionários americanos são pagos para não enodoá-la*.
5. Inadmissível é também usar *cujo* em lugar de *que* (ou *o qual, a qual*), como nestas frases: A polícia perseguiu e cercou o assaltante, *cujo* se entregou sem reagir. / Terminou ontem a greve dos bancários, *cuja* foi considerada abusiva pelo T.S.T. Diga-se: *que* (ou *o qual*) se entregou sem reagir. / *que* (ou *a qual*) foi considerada abusiva pelo T.S.T.
6. Outros exemplos de emprego incorreto de *cujo*: 'A mais atuante entidade sindical daquele país era a dos portuários, *cuja* maioria de seus membros se opunha ao regime comunista.' A construção correta é: 'A mais atuante entidade sindical daquele país era a dos portuários, cujos membros, em sua maioria, se opunham ao regime comunista.'
Numa carta circular de certa administradora de imóveis lia-se esta frase: "Em algumas varandas do prédio há pedras de mármore quebradas, com grande possibilidade de cair e atingir transeuntes, *cujas* consequências seriam funestas." Falta o antecedente de *cujas*, que não pode ser *transeuntes*. Elimina-se *cujas* e diga-se simplesmente: "... há pedras de mármore quebradas, com grande possibilidade de cair e atingir transeuntes, o que fatalmente teria funestas consequências."
7. Não cabe artigo entre *cujo* e seu consequente: O navio inglês, *cujo casco* (e não *cujo o casco*) foi perfurado por mísseis, afundou lentamente. / Ele tinha em seu poder valores *cuja procedência* (e não *cuja a procedência*) não quis revelar.
8. Quando se refere a mais de um consequente, *cujo* concorda com o mais próximo: De repente surge um homem alto e magro, *cujo olhar e atitude* inspiravam medo. / Olhei surpreso para a mulher, em *cuja voz e gestos* se percebia autoridade.

cumeeira. *S.f.* É palavra derivada de cume. Portanto, *cumeeira*, e não *cumieira*.

cumprimento. Veja *comprimento*.

cumprir. 1. Executar, desempenhar: Eles conhecem as leis, mas não as *cumprem*. / Ela *cumpria* rigorosamente suas (ou *com suas*) obrigações. / *Cumpra* o seu dever. / *Cumpra com os seus deveres*. / *Cumpriram-se* todas as exigências do FMI. / "O padre prior, depois de *cumprir com* o seu dever, voltava ao presbitério tranquilamente." (Alexandre Herculano, *Lendas e narrativas*, p. 307) ⇨ *Cumprir com* uma obrigação, um dever, a palavra, etc., é construção enfática.
2. Ser necessário ou conveniente, convir: *Cumpre* coibir tais abusos. / *Cumpre* fomentar (ou *que fomentemos*) a produção agrícola.
3. Competir, caber, ser obrigação de: *Cumpre à família educar os filhos*. / *Cumpre-lhe* prover à subsistência da prole. / Não *nos cumpria* tomar essa decisão. / São essas as medidas preventivas que *lhes cumpria* adotar.
⇨ Nas acepções 2 e 3, *cumprir* se usa exclusivamente na 3ª pess. do sing. e tem como sujeito uma oração, geralmente, infinitiva. Veja *adiantar* e *competir*.

cum quibus (cum quíbus). Expressão latina que significa *com os quais* e que se usa para designar o dinheiro: "*Cum quibus* era o agente universal de todas as coisas e o seu alfa e ômega." (Aquilino Ribeiro, *Mônica*, p. 57)

Δ **cuni-.** *El. de comp. latino.* Traduz a ideia de 'coelho' (lat. *cuniculus*, coelho): *cunicultor*, *cunicultura* (criação de coelhos).

Cupido. O deus do amor, entre os antigos romanos. Distinguir de *cúpido* (ávido, cobiçoso).

Δ **cupri-.** [Do lat. *cuprum*, cobre.] *El. de comp.* = 'cobre': *cúpreo*, *cúprico*, *cuprífero*, *cuprita*, *cuproso*, etc.

curta-metragem. *S.m.* Filme de curta metragem, isto é, filme cuja projeção dura, no máximo, trinta minutos, como desenhos animados, documentários, etc. Pl.: *curtas-metragens*. Veja *longa-metragem*.

curtir. *V. t. d.* 1. Preparar (couro) para tornar imputrescível: Os curtumes são estabelecimentos onde se *curtem* as peles brutas dos animais. 2. Preparar (alimento), pondo de molho em líquido adequado: *curtir azeitonas*. 3. Tornar rijo, endurecer pela exposição às intempéries: O sol *curtiu* o rosto e as mãos do velho pescador. 4. Padecer, sofrer (dores, fome, sede, tristezas, saudades, etc.): *Curtia* calada as dores que a vida reserva a cada um. / *Curti* fome e sede e saudades da pátria. / "No recôndito dos lares, as esposas exprobavam aos maridos a serenidade com que esqueciam tamanhas afrontas e a covardia com que *curtiam* a insuportável derrota." (João Ribeiro, *História do Brasil*, p. 248) ⇨ Na gíria brasileira, usa-se com o sentido de *gozar*, *fruir intensamente*, ou seja, com significado oposto ao do item 4: *curtir* uma música, um espetáculo, a beleza de uma paisagem, etc.
V.i. 5. Fermentar (o esterco) para que fique bom para o uso: "O esterco *curtia* em um canto do curral." (*Dicionário brasileiro da língua portuguesa*, Melhoramentos)

curumi. [Do tupi *kuru'mi*.] *S.m.* Menino; menino índio. Variantes: *curumim*, *culumi*, *culumim*: "Bem cedo os *culumins* aprendiam a dançar e a cantar." (Gilberto Freire, *Casa-grande e senzala*, p. 136)

custar. 1. Na acepção de *ser custoso, difícil, penoso*, emprega-se na 3ª pess. do sing., tendo como sujeito uma oração infinitiva, a qual pode vir precedida da prep. expletiva *a*: *Custa* muito mudar velhos hábitos. / *Custava* muito ao velho subir a ladeira a pé. / *Custou-lhe* ouvir aquele discurso chocho. / *Custa-nos* reconhecer nossos erros. / *Custa a* crer que um prédio tão sólido tenha desabado. / O que te *custa* frear a língua? / *Custa-lhe* tanto ajudar seu pai? / "*Custa-me* crer que a maldade humana possa chegar a tais extremos." (Otto Lara Resende, *O braço direito*, p. 203) / "Naquela noite *custou-me* conciliar o sono." (Viana Moog, *Em busca de Lincoln*, p. 13) ⇨ Mário Barreto, em seu livro *Últimos estudos*, p. 126, julga correto o uso de *custar* no plural, nesta acepção, e cita, entre outros exemplos: "As verdades, quando não são douradas como pílulas, *custam* a engolir." / "Há certas coisas que sempre *custam* a dizer." (Júlio Dinis) / "*Custam* a compreender estes temperamentos, umas vezes egoístas até à intransigência, outras vezes generosos até ao sacrifício." (Alberto Pimentel)
2. A construção *custar a* + *infinitivo*, como no quinto exemplo do item 1, tem o apoio dos gramáticos e de eminentes escritores. Todavia, parece-nos preferível a que dispensa a preposição, pois não fere a disciplina gramatical e, em certos casos, é mais eufônica: *Custa admoestar um amigo*.
3. No Brasil, usa-se *custar* em todas as pessoas, com as acepções de *ter dificuldade*, *demorar*: *custo* a acreditar, *custas* a entender, ele *custou* a chegar, *custamos* a acreditar, *custais* a entender, eles *custam* a chegar. ⇨ Tal emprego do v. *custar* (aliás muito expressivo), embora não sancionado pelos gramáticos, é corrente na língua literária contemporânea. Alguns exemplos: "Pedi audiência ao ministro Roberto Campos, *custei* a ser recebido..." (Carlos Drummond de Andrade, *Caminhos de João Brandão*, p. 66) / "Epaminondas *custara* a se convencer..." (Jorge Amado, *Seara vermelha*, p. 168) / "*Custei* a dormir naquela noite." (Carlos Povina Cavalcânti, *Volta à infância*, p. 26) / "Sá Josefa *custou* a falar." (Armando Fontes, *Os corumbas*, p. 158) / "Eu *custei* a crer no que li, mas quase fui obrigado a render-me diante das razões..." (Rui Barbosa, *Discursos, orações e conferências*, I, p. 193) / "Algum tempo se passou mais à espera de extraviados, que *custavam* a chegar." (Afonso Arinos, *Obra completa*, p. 236)
Na comunicação escrita formal recomenda-se a construção 1: *Custou-me resolver o problema* [em vez de *Custei a resolver o problema*]. / *Custa-lhe entender isso* [em vez de *Ele custa a entender isso*]. / *Custou-nos acertar o caminho* [em lugar de *Custamos a acertar o caminho*].

4. No sentido de *valer, ser conseguido à custa de, causar*, este verbo concorda normalmente com o sujeito: *Custam* uma fortuna esses quadros. / As vitórias *custam* caro. / Suas afirmações levianas *custaram-lhe* muitos dissabores.

custar caro. O adjetivo *caro* e o antônimo *barato*, quando modificam o v. *custar*, usam-se como advérbios; por isso, não variam: Os veículos custam *caro* (e não *caros*). / A gasolina passa a custar 10% mais *caro* (e não *cara*). / Quando a oferta aumenta, os produtos custam mais *barato* (e não *baratos*). Veja *barato, caro*.

cútis. [Do lat. *cutis*, pele.] *S.f.* Designa particularmente a pele da face humana, a tez. A forma portuguesa *cute* é pouco usada.

czar. [Do russo *tsar*.] *S.m.* Título dos antigos imperadores russos: Ivã IV, o Terrível, foi o primeiro a tomar o título de *czar*. / O *czar* Nicolau II foi morto em 1918. Fem.: *czarina* (ou *tsarina, tzarina*). Variantes gráficas: *tsar* e *tzar*. A forma *czar* (pl. *czares*) é a geralmente usada em livros de história e enciclopédias: "Ivã resigna, mas o *czar* Pedro, deixando o governo nas mãos da *czarina* Natália, volta aos seus jogos militares." (*Enciclopédia Mirador Internacional*, vol. 18, p. 10.108)

D

dáblio. Nome da letra *w*. Melhor grafia que *dábliu*.

Δ **dactilo-.** [Do gr. *dáktilos*, dedo.] El. de comp. Exprime a ideia de 'dedo' e apresenta-se com a variante *datilo*: *dactilografia* ou *datilografia*, *dactilógrafo* ou *datilógrafo*, etc. Há preferência pela forma sem o *c* do radical.

Δ **-dade, -idade, -edade.** Esses elementos formam cerca de mil e trezentas palavras. Ocorrem principalmente em substantivos abstratos, designativos de qualidades ou características e, quase sempre, derivados de adjetivos: *leal > lealdade*; *honesto > honestidade*; *arbitrário > arbitrariedade*. Grande parte desses substantivos veio do latim; alguns são criações vernáculas.

a) O primeiro, *-dade*, é um sufixo de origem latina que ocorre, por exemplo, em *lealdade*, *crueldade*, *fealdade*, *ruindade*, etc.

b) O segundo, *-idade*, o mais frequente, é o sufixo *-dade* antecedido da vogal de ligação *i* (vogal que liga um sufixo a um radical). Forma, por exemplo, *agressividade*, *morosidade*, *espontaneidade*, *ingenuidade*, *dramaticidade*, *unanimidade*, derivados, respectivamente, de *agressivo*, *moroso*, *espontâneo*, *ingênuo*, *dramático* e *unânime*.

c) O terceiro, *-edade*, é o sufixo *-dade* precedido da vogal de ligação *e* e ocorre em substantivos derivados de adjetivos terminados em *-ario* e *-orio*: *arbitrário > arbitrariedade*; *precário > precariedade*; *solidário > solidariedade*; *obrigatório > obrigatoriedade*; *notório > notoriedade*.

dado. Como particípio do verbo *dar*, inicia expressões adverbiais causais. Equivale a *por causa de*, *devido a*, e deve concordar com o substantivo seguinte. Exs.: *Dado o interesse* do público pelo livro, a editora houve por bem reeditá-lo. / *Dada a gravidade* da situação, o governo recorreu a medidas draconianas. / *Dadas as dificuldades* do momento, não podemos ampliar nossos negócios. / "... *dada* a dureza e ferocidade dos homens daqueles tempos." (A. Herculano, *O bobo*, p. 7) ⇨ Observe-se: *Dado o interesse* (e não *ao interesse*). / *Dada a* (e não *à*) *gravidade*. / *Dadas as* (e não *dado às*) *dificuldades*.

| A locução *devido a* é que exige a preposição: *Devido a* desentendimentos (ou *ao frio*, ou *à chuva*), não viajamos.

dado que. Loc. conj. Suposto que, admitido que: Não sou xenófobo e, *dado que o fosse*, não trataria mal os estrangeiros.

daí a, dali a, daqui a. Escreve-se *a* (ou *à*) e nunca *há*, após esses advérbios, para indicar tempo ou distância: *Daí a pouco* tudo escureceu. / *Dali a pouco* chegou o pai. / *Dali a dois meses* havia eleições. / *Dali a Belém* eram cem quilômetros. / *Dali à cidade* ia-se de ônibus. / *Daqui a pouco* estaremos em casa. / *Daqui a dois meses* haverá eleições. / *Daqui a Santos* são cem quilômetros. / *Daqui à praia* vai-se a pé.

da maneira que. Como, do modo que: "Os moradores reagem *da maneira que* podem." (*O Globo*, 3/11/2002) Veja *do jeito que*.

Damasco. Adj. rel. a Damasco (cap. da Síria): *damasceno*, *damasquino*.

dança. Adj. relativo à dança: *coreográfico*.

dantes. [*De* + *antes.*] *Adv.* Antes, anteriormente; outrora, antigamente: "A despeito de decretos e proclamações, Pedro imaginava que tudo podia ficar como *dantes*, alterado apenas o pessoal do governo." (Machado de Assis, *Esaú e Jacó*, cap. 65) / "*Dantes* não se via tanta soltura de costumes." (Aurélio) / "*Dantes* não havia fome por lá." (Houaiss) ⇨ Não se faz a aglutinação antes da locução prepositiva *antes de*: "Esta foto é *de antes da* sua viagem ao exterior." (Houaiss)

dão, deem. A 3ª pess. do pl. do presente do indicativo do v. *dar* é *dão*: Elas lhes *dão* comida e roupa. Não se pode usar *dão* por *deem*, que é a 3ª pess. do pl. do presente do subjuntivo: Urge que as autoridades lhes *deem* (e não *dão*) proteção. Frase de um político: "Tem um crioulo petista aqui, eu quero que vocês *dão* uma vaia nele." (*O Globo*, 10/2/2002) Frase infeliz sob todos os aspectos. Correção: "... eu peço que vocês *deem* uma vaia nele."

da parte de. *Loc. prep.* Por ordem de, a mando de, em nome de: Venho, *da parte de* meu patrão, entregar-lhe este aviso.
1. Esta locução indica a pessoa da qual emana ou deve emanar uma ordem, uma obrigação ou iniciativa. Outros exemplos: "Há velada hostilidade ao Mercado *da parte dos* diamantinenses adeptos do progresso." (Cláudio Bojunga, *JK, o artista do impossível*, p. 35) / "Não são somente os índios que exigem essa organização defensiva *da parte dos* senhores rurais." (Oliveira Viana, *Evolução do povo brasileiro*, p. 81) / "Tal cuidado *da parte dos dois* era inútil..." (Machado de Assis, *Esaú e Jacó*, cap. 105) / "Nem sobressalto nem nada, nenhum ar de mistério *da parte de* Capitu." (Machado de Assis, *Dom Casmurro*, cap. 83) / "O tiroteio, porém, continuava *da parte dos* jagunços." (Afonso Arinos, *Obra completa*, p. 232) / "O corpo de jurados está sofrendo forte pressão *da parte do público*, que exige a condenação à morte do réu." (Érico Veríssimo, *O senhor embaixador*, p. 380)
2. Também se diz *por parte de*: "Os dois têm direito igual ao conhecimento e ao reconhecimento *por parte das* novas gerações." (Moacir Werneck de Castro, *A máscara do tempo*, p. 33) / "Já me arrependia de haver falado a minha mãe, antes de qualquer trabalho efetivo *por parte de* José Dias." (Machado de Assis, *Dom Casmurro*, cap. 42)
3. Em vez de *de uma e de outra parte*, diz-se também *de parte a parte*: Polícia e manifestantes enfrentaram-se, tendo havido excessos *de parte a parte*.

daqueles, daquelas. Na linguagem popular, equivalem a *incomum*, *extraordinário(a)*: Ele deu um grito *daqueles*, e todos calaram. / Foi uma excursão *daquelas*.

dar à luz. 1. Parir. Esta é a forma correta dessa expressão eufêmica, e não *dar a luz a*: Vera *deu à luz* uma linda menina (e não Vera *deu a luz a* uma linda menina). / Marta *deu à luz* um menino (e não Marta *deu a luz a* um menino). / Ela estava prestes a *dar à luz* (e não Ela estava prestes *a dar a luz*).
2. *Fig.* "Um governo de quase nove meses ainda não conseguiu *dar à luz* um articulador político." (Marcelo Pontes, *JB*, 19/6/93)

dar (horas). Quanto à concordância, veja *bater*.

dar muito que falar. Essa é a expressão correta, e não 'dar muito o que falar': *Deu muito que falar* o romance da princesa com o magnata. É de uma jornalista esta frase: "Dará muito *o que falar* a vitória da Beija-Flor no carnaval carioca." (*O Globo*, 6/3/2003). O pronome *o* está ali sem função alguma. Elimine-se e a frase ficará escorreita: "Dará muito que falar a vitória da Beija-Flor no carnaval carioca." Veja os verbetes *ter muito que contar* e *mais que fazer*.

dar-se ao incômodo de. Ter o incômodo de: Não querem *dar-se ao incômodo de* ceder o lugar às senhoras. Também é correta a variante *dar-se o incômodo*: Nem *se deu o incômodo de* fechar a porta. Veja *dar-se ao trabalho de*.

dar-se ao luxo de. Significa 'tomar a liberdade de', 'ter o capricho de', 'permitir-se algo': "O cometa Halley *se dá ao luxo de* aparecer uma vez cada 76 anos." (Carlos Drummond de Andrade, *Obra completa*, p. 858) / "O criador do romance não *se dava ao luxo de* apurar essas coisas." (C. Povina Cavalcânti, *Vida e obra de Jorge de Lima*, p. 127) / "As mulheres *davam-se ao luxo de* seguir modas francesas." (Darcy Ribeiro, *O povo brasileiro*, p. 377) Também é aceitável a construção *dar-se o luxo* (dar a si o luxo): "... os colonos e os próprios conquistadores não *se davam sequer esse luxo*." (Sérgio Buarque de Holanda, *Caminhos e fronteiras*, p. 27) Veja *dar-se ao trabalho*.

dar-se ao trabalho de. 1. Significa 'entregar-se ao trabalho': Ele *deu-se ao trabalho* de mostrar toda a fábrica. / Ela nunca *se dava ao trabalho* de conferir o troco. / Nem *me dei ao trabalho* de abrir a janela. / "Quem *se der a um grande trabalho*, encontrará nos arquivos de jornais alguns ele-

mentos." (Inácio de Loyola Brandão, *Não verás país nenhum*, p. 20) / "Nunca *me dei ao trabalho* de sabê-lo." (Paulo Mendes Campos, *Quadrante*, p. 161) / "Lúcia Miguel Pereira, sempre tão escrupulosa, *deu-se ao trabalho de* ler toda essa matéria impressa." (Manuel Bandeira, *Gonçalves Dias*, p. 83) ⇨ Nessas frases, o pronome oblíquo (*se*, *me*) é objeto direto, e *trabalho*, objeto indireto.
2. A construção 1 é a original e preferível, mas também é aceitável a construção inversa, de cunho francês, *dar-se o trabalho* (= dar ou impor o trabalho a si próprio), na qual o pronome oblíquo é obj. indireto, e *trabalho*, obj. direto: Ela *deu-se o trabalho de* carregar a mala. / Ele nem *se deu o trabalho de* abrir a caixa. / Dei-me *o trabalho de* trancar todas as portas. / "*Deu-se o trabalho de* vir aqui." (Menotti Del Picchia, *Salomé*, p. 79)
Da mesma forma se dirá: *dar-se ao incômodo de* (sintaxe preferível) ou *dar-se o incômodo de*; *dar-se ao luxo* de ou *dar-se o luxo* [= conceder-se o luxo] de...

dar-se-ia. Dessa forma e não *daria-se*: "*Dar-se-ia* um prêmio de dez contos ao melhor romance do ano." (Carlos Drummond de Andrade, *Obra completa*, p. 770) Veja *dir-se-ia*.

datilografar. Nas formas rizotônicas, o acento tônico incide na sílaba *gra*: datilografo, datilografas, datilografa, datilografam; datilografe, datilografes, datilografem. ⇨ A variante *dactilografar* é pouco usada.

dar um pulo a. Ir (a um lugar), com breve demora: *dar um pulo à* farmácia; *dar um pulo ao* clube; *dar um pulo a* Santos. ⇨ Prefira-se, nesta acepção, 'dar um pulo *a* um lugar' a 'dar um pulo *em* um lugar.'

de. 1. Tem valor partitivo, isto é, indica *parte*, *porção*, *um pouco de*, em frases como: Beba *desta* água. / *Dessa* água não bebo. / "Ninguém saberá jamais a que veio: não improvisou um canto nem provou *dos* víveres." (Carlos Drummond de Andrade, *Obra completa*, p. 579) / "Respondeu-lhe a mulher: nós comemos *dos* frutos das árvores que há no paraíso." (Antônio Pereira de Figueiredo, *Bíblia sagrada*, p. 4) / "Comeu *do* pão e bebeu *do* vinho." (Aurélio) / "Quem vai comer *do* meu farnel é todo o clã das quem-quem..." (Guimarães Rosa, *Sagarana*, p. 243) / "Não coma *dessas* coisas diante de seus colegas." (Guilherme Figueiredo, *Maria da Praia*, p. 136)
2. É palavra expletiva em frases como: O pobre *do* rapaz não sabia o que fazer. / "Agora o poltrão *do* Clarindo receia que os jornais gritem." (Ciro dos Anjos, *Montanha*, p. 15) / "Por onde se teria metido o miserável *do* Veloso?" (Orígenes Lessa, *Balbino*, p. 43) / "O bom *do* capelão não se deu por vencido." (A. Herculano, *O bobo*, p. 60)
3. Usa-se *de* e não *em* para especificar a matéria de que alguma coisa é feita: *mesa de* (e não *em*) *mármore*; *mobília de jacarandá*; *piso de granito*. / "As bilhas de leite são *de cobre* luzidio." (Ramalho Ortigão, *A Holanda*, p. 102) Veja *de bronze*.

de. (*contraído com o sujeito de orações infinitivas*). É lícito, em benefício da eufonia, contrair a prep. *de* com o artigo ou o pronome antes de orações infinitivas, em construções do tipo: Antes *do sol nascer*, a neblina cobria o vale. / A maneira *dele tratar o servo* deixou-me revoltado. Certos gramáticos desinformados e caturras condenam a contração e querem que se diga: Antes *de o sol nascer*... / A maneira *de ele tratar o servo*... Alegam que *o sujeito não pode vir regido de preposição*. Evidentemente, uma alegação equivocada, porquanto a contração, no caso em apreço, não infringe aquele princípio gramatical. Na primeira frase supracitada, por exemplo, a prep. *de* não rege o sujeito *sol*, mas o verbo *nascer* [antes de nascer o sol], ainda que contraída com o artigo *o*. Não houve alteração sintática, mas apenas um fato de ordem fonética, uma acomodação da escrita à fala, a bem da aufonia e da espontaneidade de expressão.
Ambas as construções são legítimas, porém a primeira é mais natural e espontânea, evita os desagradáveis hiatos *de o*, *de a*, *de ele*, *de esse*, *de aquele*, etc. A outra é um gramaticalismo um tanto afetado, em choque com a língua falada e sem tradição na língua escrita; é uma inovação relativamente recente.
Tratamos desta questão em vários verbetes deste *Dicionário*, especialmente em *de ele* e *o fato de o*. Acrescentaremos, a favor da contração em foco, outras abonações, todas de grandes escritores brasileiros e portugueses: "Gonçalo pediu a D. João I que lhe legitimasse o filho natural, para que, no caso *dele perecer* na batalha..." (Camilo Castelo Branco, *A queda dum anjo*, p. 47) "... apesar *dele lhes sorrir*." (Ferreira de Castro, *A selva*, p. 273) / "No momento *do comboio partir*, Carlos correria à portinhola, a balbuciar fugitivamente uma desculpa." (Eça de Queirós, *Os maias*, II, p. 25) / "Cedo, antes *do sol luzir*, a sineta soava a despertar." (Coelho Neto, *O rei negro*, cap. I) / "Admirei-me *daquele homem*, que

parecia incapaz de erguer a voz, se portar com aquela agressividade." (José Lins do Rego, *apud* Luís Carlos Lessa, *MB*, p. 151) / "... o fato *das minhas objeções coincidirem* com as dele." (Viana Moog, *Em busca de Lincoln*, p. 107) / "Eliminadas as possibilidades *do Sul dar candidato*, ... o candidato natural viria necessariamente do Leste." (Viana Moog, *ib.*, p. 309) / "O dr. Sampaio comprou-me uma boiada, e na hora *da onça beber água* deu-me com o cotovelo, ficou palitando os dentes." (Graciliano Ramos, *São Bernardo*, p. 14) / "O modo *dele falar* soou-me agressivo." (Raquel de Queirós, *As três Marias*, p. 102) / "Leonora irritou-se, *além do abade puni-la* com a vida na caverna, pedia-lhe favores." (Nélida Piñon, *A força do destino*, p. 125) / "Emboaba significa 'pássaro de penas nas pernas', apelido que os paulistas aplicavam aos portugueses pela circunstância *destes usarem calças*." (Afonso A. de Freitas, *Vocabulário Nheengatu*, p. 104) / "O fato *do Brasil e dos Estados Unidos se acharem* no mesmo continente é um acidente geográfico." (Eduardo Prado, *A ilusão americana*, 2ª ed., p. 7) / "De Portugal transmitira-se ao Brasil o costume *das mães ricas não amamentarem* os filhos." (Gilberto Freire, *Casa-grande e senzala*, p. 359) / "Minha conversa com o Colares tinha sido boa. A ponto *dele me ter dito*..." (Josué Montelo, *Enquanto o tempo não passa*, p. 175) / "Contam entre o povo uma anedota sobre este assunto, que pinta exatamente o modo *do matuto mentir* e se livrar das contradições." (Gustavo Barroso, *Terra de sol*, p. 176) / "... de modo que não sobrem provas *destas palavras haverem existido*." (Nélida Piñon, *O Dia*, 31/7/97) / "Os hóspedes do Palace se haviam recolhido aos quartos, na expectativa *do sol secar* as roupas." (Idem, *A doce voz de Caetana*, p. 242) / "Não admitia a hipótese *dele estar* morto." (Otávio de Faria, *O senhor do mundo*, p. 195) / "Não os conhecera, faleceram antes *dela nascer.*" (Marques Rebelo, *A guerra está em nós*, p. 28) / "Mas agora chegou a hora *da onça beber água.*" (Idem, ibidem, p. 425) / "Os mais vulgares adjetivos adquirem, pela simples forma *do escritor colocá-los*, insólita força de expressão." (José Maria Belo, *Retrato de Eça de Queirós*, p. 299) Um dos maiores filólogos portugueses escreveu: "... no caso *do infinitivo trazer complemento direto* que não seja pronome pessoal." (Epifânio Dias, *Sintaxe histórica portuguesa*, 5ª ed., p. 226, Lisboa) Um editorialista de conceituado jornal carioca, referindo-se à Ponte Rio-Niterói, que, na manhã de 17/10/97, fortíssimas rajadas de vento fizeram balançar, escreveu, com naturalidade, harmonizando escrita e fala: "Os motoristas que viram a ponte balançar e tremer entraram em pânico, mas não havia risco algum *da obra desabar*..." E mais adiante, no mesmo artigo, referindo-se ao tráfego nos túneis da Zona Sul do Rio:"... foi a vez *desses túneis enfrentarem problemas.*" Veja *de ele*.

de alto a baixo. Veja *abaixo*.

deão. *S.m.* Dignitário eclesiástico que preside o cabido; *decano*★. Pl.: *deãos, deões*.

debacle. Galicismo desnecessário. Prefira-se *ruína, derrota, derrocada*.

debaixo, de baixo. 1. *De baixo.* Escreve-se *de baixo* nas locuções *de baixo a cima, de baixo para cima*, nas quais *baixo* se opõe a *cima*.Veja *a baixo*. 2. **Debaixo.** Grafa-se *debaixo* nas locuções prepositivas: *debaixo de* uma ponte; *debaixo de* chuva; *debaixo do* braço, etc. E também quando *debaixo* indica posição ou situação inferior: Ele perdeu a chefia do partido; agora está *debaixo*. / Vi uma pilha de livros; os *debaixo* eram novos.

deblaterar. [Do lat. *deblaterare*, gritar.] *V. i.* 1. Gritar, falar alto e com violência: No bar, dois homens, alcoolizados, *deblateravam*. / "Mas Thoréau, possesso, *deblaterava*, no auge da indignação e foi difícil acalmá-lo." (Vivaldo Coaraci, *Todos contam sua vida*, p. 255) *V. t. d.* 2. Bradar, clamar: Inconformado, *deblaterou* queixas amargas. / "*Deblaterava* que a sociedade ia caminhando para o caos." (Aurélio) *V. t. i.* 3. Falar alto contra, vociferar contra, blaterar: "Como eram cinco horas, convidou-se para jantar, *deblaterando* toda a tarde *contra* o país, amaldiçoando a carreira médica, injuriando o seu concorrente." (Eça de Queirós, *O primo Basílio*, p. 243) / "Calvino vê na pobreza algo intrinsecamente malsão, sinal invariável de ociosidade. E como *deblatera* contra a esmola!" (Viana Moog, *Bandeirantes e pioneiros*, p. 90) Veja *blaterar*.

de bronze. Diz-se corretamente *estátua de* (e não *em*) *bronze*. Da mesma forma: *mesa de* (e não *em*) *mogno, placa de mármore, paletó de linho, cadeiras de vime*, etc.

debutar. [Do fr. *débuter*.] *V. i.* Iniciar-se, estrear. Galicismo desnecessário. Evite-se.

Δ **deca-.** [Do gr. *déka*, dez.] *El. de comp.* = 'dez': *decacampeão, decâmetro, decassílabo, decatlo*, etc.

decano. *S.m.* O mais antigo ou mais velho membro de uma classe, instituição ou associação. É palavra paroxítona.

de carregação. De qualidade inferior, malfeito, mal-acabado por ter sido feito às pressas: Comprou alguns móveis *de carregação* e instalou-se no barraco. / "Jerônimo Barreto me desviou para as obras *de carregação*." (Graciliano Ramos, *Infância*, p. 231)

decepção. Pronuncia-se *decep-ção*, e não *decepição*. Não se intercale a vogal *i* também no encontro consonantal de: *concepção, recepção, opção, objeção, submissão, submeter*, etc. Veja *adaptar*.

decerto. *Adv.* Certamente, com certeza, sem dúvida. Escreve-se junto: *Decerto* ele reagiu ao assalto. / Se houve poeta brasileiro que merecesse o prêmio Nobel, esse poeta foi *decerto* Carlos Drummond de Andrade. ⇨ Não confundir com *de certo*: Afinal, o que há *de certo* sobre o rumoroso caso?

decidir de. Construção muito usada pelos autores clássicos, no sentido de *tomar uma decisão, resolver*. Modernamente se diz sem a prep. *de*: *Decidi* comprar o carro. / *Decidimos* vender o imóvel. Veja *determinar de*.
Na acepção de 'ser causa decisiva de', é lícito, porém não obrigatório, usar a prep. *de*: Os próximos acontecimentos é que vão *decidir o* (ou *do*) futuro dela. / Um planejamento correto *decide o* (ou *do*) êxito de um empreendimento. / Às vezes, um fato inesperado *decide a* (ou *da*) sorte de um governo. / "Bastou, entretanto, a deplorável insurreição de Canudos para *decidir da* sorte dos jornais monarquistas." (Carlos de Laet, *O frade estrangeiro*, p. 162) / "Esse feito naval, por assim dizer, *decidiu dos* destinos da guerra." (João Ribeiro, *História do Brasil*, p. 403)
Na forma pronominal, constrói-se *decidir* com as preposições *a* e *por*: *Decidi-me a* deixar o fumo. / Após muita hesitação, *decidimo-nos pela* compra da casa (ou *a comprar a casa*).

de cima a baixo. Escreve-se *a baixo* (em duas palavras), em oposição a *de cima*: "O país inspirava-lhe nojo; *de cima a baixo* era uma choldra." (Eça de Queirós, *O primo Basílio*, p. 235) / "E como era linda uma jabuticabeira toda vestida, *de cima a baixo*, com a escumilha branca de suas flores docemente perfumadas!" (Vivaldo Coaraci, *Cata-vento*, p. 42) Veja *abaixo*.

declinar. Na acepção de *recusar*, rege obj. direto ou indireto (prep. *de*): Em carta ao ministro, o imperador *declinou da honraria* (ou *a honraria*). / Ele *declinou o* (ou *do*) cargo. / *Declinei do convite* (ou *o convite*) para chefiar a missão.

decompor. Conjuga-se como *pôr*: decomponho, decompõe, decompondes; decompunha; decompus, decompôs; decompusera, decompuseram; decomponha; decompusesse; decompuser; decomposto; etc.

decorrer. Concorda regularmente com o sujeito da oração, tanto na acepção de *passar* (o tempo) como na de *originar-se*: *Decorreram* (e não *decorreu*) três anos de seu mandato, e quase nada realizou. / *Decorrem* (e não *decorre*) da poluição dos oceanos graves ameaças para a vida marinha.

decreto-lei. Pl.: *decretos-leis* e *decretos-lei*: No período ditatorial houve inúmeros *decretos-leis*. Veja *piloto*.

dedo. Adj. relativo a dedo: *digital* (impressões *digitais*).

de ele. Na linguagem culta formal, sobretudo na modalidade escrita, recomenda-se não contrair a prep. *de* com *ele* (e flexões), quando esse pronome é sujeito de oração infinitiva: O menino tinha sete anos: já era tempo *de ele* entrar para a escola. / Estava na hora *de ela* receber as visitas. / O fato *de eles* serem menores não os inocenta de seus crimes.
Cumpre observar, no entanto, que a contração, neste e em outros casos análogos, é aceita por muitos gramáticos, por ser mais eufônica e retratar um fato inequívoco da língua falada. Escritores de renome optaram pela contração, como nestes exs.: "*O fato dela* também sofrer simplificara o modo de se tratar uma moça." (Clarice Lispector, *Felicidade clandestina*, p. 126) / "Sabia apenas vagamente que, três dias *depois dela* chegar ao Porto, o pai tivera uma apoplexia." (Eça de Queirós, *Os Maias*, vol. II, p. 31) / "E logo ali Carlos decidiu findar aquela tortura, pedir simplesmente ao Dâmaso que o apresentasse ao Castro Gomes, *antes dele* partir para o Brasil." (Eça de Queirós, *Os Maias*, vol. I, p. 370) / "*Antes dela* ir para o colégio, eram tudo travessuras de crianças." (Machado de Assis, *Dom Casmurro*, cap. XII) / "Sabia-o, senhor, *antes do* caso suceder." (Alexandre Herculano, *Lendas e narrativas*, vol. I, p. 266, 5ª ed., Lisboa, 1882) / "Ora, *além dele* ser cardeal, estava velho e senil..." (Ariano Suassuna, *A pedra do reino*, 6ª ed., p. 546)
A contração tem a vantagem de evitar construções artificiais, tornando a frase mais eufônica. Assim é que, geralmente, se diz: '*Do* que ele mais gosta é jogar futebol.' / '*Do* que precisa-

mos é de homens competentes.' / 'Não sei *no que está pensando.*' Em vez de: 'O *de* que ele mais gosta...' / 'O *de* que precisamos...' / 'Não sei *o em* que está pensando.'
Os que impugnam as contrações (dele, dela, do, da, no, etc.), no caso em apreço, invocam o princípio gramatical de que *o sujeito não deve ser regido de preposição*. É uma alegação equivocada, pois a contração não infringe esse princípio. Na frase supracitada de Alexandre Herculano, por exemplo, a prep. *de* não rege o sujeito *caso*, mas o verbo *suceder* [antes de suceder o caso], ainda que contraída com o artigo *o*. Não houve alteração sintática ou regencial, mas apenas uma alteração de ordem fonética, em benefício da eufonia. Em outro livro seu, o mesmo A. Herculano assim grafou: "Peço a morte para mim antes *dele* morrer." (*O bobo*, p. 246) Veja o verbete *de (contraído).*
deem. Grafa-se desta forma, como *creem, descreem, leem, veem* (de *ver*): É preciso que os mais velhos *deem* o exemplo.
de encontro a. Veja *ao encontro de.*
de envolta com. Juntamente com, de mistura com: No chão, desordem total: livros e cadernos *de envolta com* brinquedos quebrados e pedaços de lápis. / A correnteza do rio carregava animais mortos *de envolta com* móveis velhos e troncos de árvores. / Ouviam-se estampidos de armas *de envolta com* gritos de dor e pedidos de socorro. / "Parece que, *de envolta com* as notícias literárias, alguma coisa lhe disse ou ele percebeu acerca dos meus sentimentos de moço." (M. de Assis, *Obra completa*, II, p. 587) Veja *envolta.*
deferimento. *S.m.* Ato de *deferir★*, atendimento a um pedido. ⇨ Não se confunda com *diferimento* (= adiamento).
deferir. Atender (ao que se pede): *deferir uma petição, um requerimento.* Este verbo não deve ser confundido com *diferir★* (ser diferente, divergir, adiar). Conjuga-se como *ferir*: defiro, deferes, defere, deferem; defira, defiramos, defiram; etc.
defesa. [Do lat. *defensa.*] *S.f.* Ato de defender. Note-se a correlação -*esa* -*ender*: *acesa* (acender), *defesa* (defender), *despesa* (despender), *empresa* (empreender), *presa* (prender), *represa* (prender), *surpresa* (surpreender). Veja *defeso.*
defeso (ê). [Do lat. *defensus*, defendido.] *Adj.* Defendido por uma proibição, defendido; proibido: local *defeso*, bebida *defesa*. É desusado na acepção de *defendido*, contrariamente a seu antônimo *indefeso* (=sem defesa, desarmado). Cognatos: *defe-*

sa, defensão, defensivo, defensor, defender, defensável, indefeso, indefensível, indefensável.
defesso. [Do lat. *defessus.*] *Adj.* Cansado, fatigado. ⇨ Palavra da linguagem literária, de uso raro. Antônimo: *indefesso* (= incansável).
déficit. Latinismo incorporado ao idioma. Significa '(o que) *falta*'. Na terminologia financeira, designa a diferença a menos entre a receita e a despesa. Plural: *déficits*. A nova edição do VO só registra na forma de estrangeirismo – *deficit*.
A forma aportuguesada *défice*, usada em Portugal e registrada no *Vocabulário Ortográfico* da ABL, é, sem dúvida, melhor. O antônimo *superávit* é também palavra latina e significa *sobrou*, ou seja, saldo positivo. Adjetivos derivados: *deficitário* e *superavitário.*
definir como. É expletivo o *como* que geralmente se usa antes do predicativo de *definir*, no sentido de *declarar, conceituar*. Seus amigos o *definem como* um homem excêntrico. / Ele *definia-se como* um enviado de Deus. Veja *considerar*, item 5.
de fora. *Loc.* 1. Da parte externa: Os que vinham de dentro da mina ajudavam os que vinham *de fora.*
2. De outro lugar ou país: Mandou vir *de fora* toda a mobília da casa.
3. À vista, descoberto, exposto: Estava amamentando o filho com o seio *de fora*. / As muçulmanas vestem o xador, que deixa *de fora* apenas o rosto.
4. Sem participar de alguma coisa: "Kabila enfurece congoleses ao deixar líder da oposição *de fora* do Governo." (*O Globo*, 24/5/97)
de forma a. 1. Há gramáticos que condenam as locuções *de forma a, de jeito a, de maneira a, de modo a*, seguidas de infinitivo, por verem nelas imitação do francês. E propõem as locuções tradicionais *de forma que, de jeito que, de maneira que, de modo que.*
Construções censuradas: Ele examinou meticulosamente o mapa, *de forma a* ter uma noção exata do local. / Ela entrou na ponta dos pés, *de maneira a* não acordar a criança. / Postou-se no melhor ângulo, *de modo a* obter uma foto ideal.
Construções legítimas: Ele examinou meticulosamente o mapa, *de forma que* tivesse uma noção exata do local. / Ela entrou no quarto na ponta dos pés, *de maneira que* não acordasse a criança. / Postou-se no melhor ângulo, *de modo que* obtivesse uma foto ideal.

Francesismos ou não, o fato é que as construções condenadas são as preferidas dos escritores modernos, por serem mais leves e concisas. Exs.: "Atravessou a rua a passos largos *de modo a* cortar-lhe o caminho." (Aquilino Ribeiro, *Mônica*, p. 173) / "Fez [Alberto Pimentel], antes dos vinte anos, vibrar a lira *de forma a* merecer aplausos encomiásticos do velho Castilho." (Arlindo Ribeiro da Cunha, *A língua e a literatura portuguesa*, p. 557)
2. Incorreto é usar as locuções *de forma a que, de maneira a que, de modo a que*, inexistentes em nossa língua. Exemplo colhido de um jornal: "Ele busca as informações precisas em fontes confiáveis e as apresenta *de maneira a que* possam ser entendidas por qualquer leitor." O autor deveria ter escrito: *de maneira que* possam ser entendidas...
3. O subst. dessas locuções se usa no sing.: *de forma que* (e não *de formas que*); *de maneira que* (e não *de maneiras que*).
4. Usando-se as locuções *de forma a, de maneira a, de modo a*, colocar-se-ão os pronomes átonos *o, a, os, as*, depois do infinitivo: Falei firme, de forma a *convencê-lo*. / Sustive o passo, de maneira a *vê-la* melhor. / Sentou-se perto deles, de modo a *ouvi-los* melhor. Não nos parece boa a colocação do pronome *os* nesta frase: "O alvo verdadeiro da repressão do tráfico era tornar a situação insustentável para os armadores, de modo *a os* compelir a abandonar seu comércio." (J. Pandiá Calógeras, *Formação histórica do Brasil*, p. 208)
de forma que. Veja *de forma a* e *de modo que*.
defrontar. Estar ou ficar defronte, deparar.
1. Pode-se construir este v. com o pronome ou sem ele: "Nossas casas *se defrontam*." (Celso Luft) / O prédio *defrontava com* um morro. / Na entrada do banco *defrontou-se* (ou *defrontou*) *com* seu adversário. / As primeiras dificuldades *com que me defrontei* (ou *com que defrontei*) não me intimidaram. / "Ao *defrontarem com* a colmeia, eles viram o chão ponteado de pequeninas abelhas mortas." (Afonso Arinos, *Obra completa*, p. 242)
2. Também se pode dizer 'defrontar alguém ou alguma coisa': "O português, no Brasil, *defronta* um mundo completamente estranho." (Viana Moog, *Bandeirantes e pioneiros*, p. 306)
defronte a, defronte de. Em frente de, diante de. As duas locuções são corretas: Sentou-se num banco *defronte a* (ou *de*) um chafariz. Do mesmo modo se pode dizer: em *frente a* ou em *frente de, junto a* ou *junto de*. ⇨ Não há motivo para censurar a locução *defronte a*, abonada por escritores de renome. Exs.: "Acovardou-se *defronte ao* inimigo." (Houaiss) / "É uma construção requintada, situada bem *defronte à* magnífica catedral." (Afonso Arinos de Melo Franco, *Maralto*, p. 25)
degradado. 1. Privado de grau ou dignidade, rebaixado: oficial *degradado*.
2. Estragado: reflorestar áreas *degradadas*.
⇨ Distinga-se de *degredado*★.
degradar. [Do lat. *degradare*, de *gradus*, grau.] 1. Privar de graduação ou dignidade: O Exército *degradou* o major. / Alfred Dreyfus, injustamente condenado por alta traição, *foi degradado* pelo exército perante a família e a nação francesa.
2. Rebaixar, aviltar: A embriaguez *degrada* o homem.
⇨ Não deve ser confundido com *degredar* (condenar a degredo, exilar, desterrar).
degredado. *Adj*. Condenado a degredo, exilado, desterrado. ⇨ Não confundir com *degradado*★.
de há muito, de há pouco. Expressões da linguagem culta, referentes ao tempo passado: De *há muito que* o casal se mudou. / Eis que a alegria *de há pouco* se converteu em tristeza. / "Já não se usam leões, e as fogueiras *de há muito* foram proscritas." (Carlos Drummond de Andrade, *Obra completa*, p. 645) / "Se eu fosse lá, encontraria alguns poetas, todos mortos *de há muito*, todos no mesmo bar." (Mário Quintana, *Poesias*, p. 89) / "Seja o que for, é alguma coisa que não a alegria *de há pouco*." (Machado de Assis, *Quincas Borba*, cap. 29) / "O rendimento do ouro era insignificante e *de há muito* não se atingia o *minimum* que a Coroa exigia." (João Ribeiro, *História do Brasil*, p. 310) ⇨ Em vez de *muito* e *pouco*, podem-se usar outras expressões de tempo: os escritores *de há cem anos*; a moda *de há três décadas*; os costumes *de há mil anos*. / "Ouve pela última vez o rir que responde ao teu riso *de há dez anos*." (Alexandre Herculano, *Lendas e narrativas*, p. 34)
deitar. [Do lat. *dejectare*, pôr abaixo, derrubar.] Na linguagem culta, se usa pronominalmente: Rezei e *deitei-me* logo. / As crianças *se deitaram* no chão. Na comunicação familiar, pode-se dispensar o pronome: *Deitei* à meia-noite. / "*Deitar* cedo e levantar cedo dá saúde, alegria e dinheiro." (Ditado)
deixar. 1. Na acepção de *permitir*, constrói-se com os pronomes oblíquos *me, o, a, os, as* e não

com as formas retas *eu, ele(s), ela(s)*: O mestre *deixa-me* falar (e não *deixa eu falar*). / O porteiro *o deixou* entrar (e não *deixou ele entrar*). / O guarda *as deixava* passar (e não *deixava elas passar*).
2. Quando o infinitivo é verbo intransitivo, o pronome que complementa o verbo *deixar* só pode ser *o* (ou *a*) e nunca *lhe*: O guarda não *o deixou* entrar. / A tia *deixava-a* sair sozinha. Se o infinitivo for v. transitivo direto, pode-se usar *o* ou *lhe*, indiferentemente: O dono da terra *deixou-o* (ou *deixou-lhe*) trazer a família. / Os pais *deixaram-na* (ou *deixaram-lhe*) levar o namorado. / O guarda não *os deixou* (ou *não lhes deixou*) cortar as árvores. / "Como no cinema, não *lhe deixariam* ver bem as últimas imagens." (Mário Dionísio de Assis Monteiro, *Portugal: a terra e o homem*, II, p. 316) Todavia, mesmo neste caso, prefiram-se as formas *o, a, os, as*: "As lágrimas não *a deixavam* ler os nomes, as mãos tremiam." (José J.Veiga, *Vasabarros*, p. 6) / "Mais criminoso é permitir que liberalões medíocres, de mãos dadas ao capitalismo flácido, *o deixem* sugar a nação com seu furto quotidiano, revestido de legalidade." (Ciro dos Anjos, *Montanha*, p. 14) / "O amor da embriaguez nunca *os deixará* ver a luz que mana das páginas do divino Alcorão." (Alexandre Herculano, *Eurico*, p. 181)
3. Constrói-se também com o pronome *o* (ou *a*), no sentido de 'fazer que fique (em certo estado ou condição)', 'tornar': A injustiça *deixou-a* revoltada. / "Três passos *o deixam* absolutamente cansado." (Millôr Fernandes, *Novas fábulas fabulosas*, p. 34)
delação. *S.f.* Ato de delatar, denúncia. ⇨ Diferente de *dilação*, adiamento.
delatar. Denunciar, acusar de crime: "Às onze horas Calisto Elói entrou na Câmara. Dir-se-ia que entrava Cícero a *delatar* a conjuração de Catilina." (Camilo Castelo Branco, *A queda dum anjo*, p. 37) / "Silvério dos Reis *delatou* os conjurados." (Aurélio) / Ele *os delatou* ao governador. ⇨ Não se confunda com *dilatar* (= aumentar, estender, distender): O calor *dilata* o ferro.
deletar. [Do ingl. *delete*, apagar, suprimir.] V. t. d. Em informática, apagar, eliminar palavras, números, etc., da memória do computador: "O verbo *deletar* é, hoje, de uso comum." (Nélida Piñon, *O Dia*, 31/7/97) ⇨ Neologismo surgido na última década do séc. XX e condenado pelos dicionaristas.
delinquir. [Do lat. *delinquere*.] Cometer delito.

1. *Conjugação*.V. defectivo. Só possui as formas com *que* ou *qui*. Não tem as formas com *qua* ou *quo*. *Ind. pres.*: delínques, delínque, delinquimos, delinquis, delínquem. *Pret. perf.*: delinqui, delinquiste, delinquiu, delinquimos, delinquistes, delinquiram. *Subj. pres.*: não há. Cognatos: delinquência, delinquente, delito.
2. *Emprego*. V. i. "Se a criança abandonada *delinque*, a culpa é dos adultos." / "Por acaso exorbitam, abusam, *delinquem* os sacerdotes, quando querem precaver o rebanho que lhes foi confiado?" (Austregésilo de Ataíde, *Vana verba*, p. 360)
delir. [Do lat. *delere*, apagar.] V. t. d. 1. Apagar, desvanecer: *delir* uma nódoa, uma pintura, uma lembrança.
V. defec. 2. Só tem as formas em que ao *l* se segue *e* ou *i*: deles, dele, delem; deli, deliu, deliram; delisse; etc. Nas formas rizotônicas, a vogal é aberta e pronuncia-se: *déles, déle, délem*.
demais, de mais. 1. Escreve-se *demais*, numa palavra só, quando significa: a) excessivamente: Não convém comer *demais*; b) muitíssimo, extremamente: Ela é linda *demais*; c) além disso: O cargo não lhe interessa; *demais* (ou *demais disso*), falta-lhe tempo para exercê-lo. / "Era inconveniente olhar aquela desconhecida como um basbaque. *Demais*, não havia nada interessante nela." (Graciliano Ramos, *Angústia*, p. 29); d) os outros, os restantes: Entraram no banco três assaltantes; *os demais* ficaram esperando fora.
2. Grafa-se *de mais*, em duas palavras, quando equivale a *a mais*, oposto de *de menos*: Bom guisado, nem sal *de mais*, nem sal *de menos*. / "Limitou-se a dissuadi-la, dizendo que um homem *de mais* ou *de menos* não pesaria nada na balança do destino." (Machado de Assis, *Iaiá Garcia*, p. 19) / "Não vejo nada *de mais* em sua resposta." (Aurélio) / "Meu Deus, um aleijado! E se tiver dedos *de mais*? (Aníbal Machado, *apud* Francisco Borba) / "O mal do Brasil é termos advogados *de mais* e médicos de menos." (Érico Veríssimo, *O retrato*, p. 97)
de mais a mais. Além disso, ainda por cima: Não lhe pagou a dívida; *de mais a mais*, o destratou. / Falta-lhe competência; *de mais a mais*, é dado a falcatruas.
demandar. V. t. d. 1. Dirigir-se para: Eles *demandavam* a cidade próxima. / Esses veículos *demandam* o Rio.
2. Requerer, exigir: Obra de arte *demanda* talento.

de maneira que. *Loc. conj.* 1. São construções corretas: Faça as coisas *de maneira que* todos fiquem satisfeitos. / Faça as coisas *de maneira a* satisfazer a todos. / Manteve-se calmo durante todo o interrogatório, *de maneira que* não despertasse suspeitas. / Manteve-se muito calmo, *de maneira a* não despertar suspeitas. ⇨ *De maneira que* = *de tal maneira que*.
2. Construções condenadas: Faça as coisas *de maneira a que* todos fiquem satisfeitos. / Manteve-se calmo durante todo o interrogatório, *de maneira a que* não despertasse suspeitas. Veja *de forma que* e *de modo que*.

demasiado. *Adj.* 1. Excessivo: luxo *demasiado*; *demasiada* ambição.
|| *Adv.* 2. Excessivamente: A ladeira era *demasiado* íngreme para que o velho a pudesse subir.

de mau agrado. Veja *grado*¹ e *malgrado*.

de menos. 1. O mesmo que *a menos*: "Antes um padre *de menos* que um padre ruim." (Machado de Assis, *Obra completa*, II, p. 579)
2. Sem importância, ou menos importante: Quando a vida está em perigo, dinheiro é o *de menos*.

demitir. [Do lat. *demitere*, enviar de cima, impelir, arrojar.] *V. t.* 1. Destituir de emprego, cargo ou dignidade, exonerar: "O governo *demitiu* vários funcionários." (Aurélio) / A empresa *demitiu-o*. / "Não podia o pontífice *demitir* D. Miguel da dignidade cardinalícia." (Alexandre Herculano, *apud* Francisco Fernandes) / O diretor do hospital *demitiu-se* do cargo.
2. Deixar alguém de fazer algo que lhe incumbe; abdicar de; afastar: Os pais não devem *demitir-se* da educação dos filhos. / A escola *demitiu* de si qualquer responsabilidade no caso.

Δ **demo-.** [Do gr. *dêmos*, povo.] *El. de comp.* = 'povo': *democracia, democrata, democratizar, demografia*, etc.

democrata-cristão. Quando os elementos de um adjetivo composto são adjetivos, flexiona-se apenas o último: *democrata-cristãos, político-sociais, econômico-financeiras, castanho-escuros, verde-amarelas, hispano-americanos*, etc. Se substantivos, seguem a mesma regra: *os democrata-cristãos, os luso-brasileiros, os social-democratas, as nipo-argentinas*, etc.

de modo que. Esta é a locução correta, e não *de modo a que*, mesmo quando exprime finalidade: Construíram altos muros em torno da penitenciária, *de modo que* nenhum preso pu-

desse fugir. ⇨ Está, portanto, incorreta a frase: "Nos últimos anos ocorreu-lhes substituir os números por adivinhações, *de modo a que* o prêmio se repartisse entre todos os que acertassem." (*Cem anos de solidão*, p. 323, tradução, Ed. Record, 1995) No mesmo erro incorreu o autor da seguinte frase, retirada de um romance recém-publicado: "Não pode haver impureza no encontro de homem e mulher; não fosse assim, o Senhor não teria criado *de modo a que* não carecessem unir-se." Deveria ter escrito: "... *de modo que* não carecessem unir-se." Usaram corretamente a locução em foco os autores infracitados: "Se lhes confias meu propósito de aceder ao convite, eu o farei *de modo que* não suscite controvérsias." (Ciro dos Anjos, *Abdias*, p. 62) / "A tal tabela de preços devia ser colocada em lugar bem visível, *de modo que* a freguesia pudesse consultá-la." (Cassiano Ricardo, *Marcha para oeste*, p. 159) Veja *de forma a* e *de maneira que*.

demolir. *V. defec.* Conjuga-se como *delir*★.

Δ **demon(o)-.** [Do gr. *dáimon, dáimonos*, divindade, gênio, demônio.] *El. de comp.* = 'demônio': *demonólogo, demoníaco, demonolatria*, etc.

demorar. Seguido de infinitivo, constrói-se com a prep. *a* (ou *em*): A plantinha *demora a* crescer. / *Demorou-se em* preparar a viagem. / "O rapaz não *demorou em* regressar à Bahia." (A. da Costa e Silva, *Castro Alves*, p. 34) Erradamente omitiu-se a prep. *a* nesta frase de um romance recém-publicado.: "Ele não *demora chegar*." Correção: "Ele não *demora a* chegar."

de moto próprio. De vontade própria, espontaneamente, por iniciativa própria. ⇨ Pode-se usar também a correspondente expressão latina *motu proprio*, mas sem a prep. *de*.

Δ **dendro-.** [Do gr. *déndro*, árvore.] *El. de comp.* = 'árvore': *dendrobata, dendroclasta, dendrolite, dendróbio*, etc.

denegrir. 1. Tornar negro, escuro, escurecer: A fumaça das velas *denegriu* a parede.
2. Manchar, macular (sentido figurado): Esses crimes *denigrem* a imagem do país no exterior. / Invejosos tentaram *denegrir-lhe* a reputação. / "Ninguém o *denegriu* na minha presença." (Camilo Castelo Branco, *apud* J. Mesquita de Carvalho)
⇨ É mais usado na acepção 2.
Conjuga-se como *agredir*, ou seja, muda o *e* da segunda sílaba em *i* nas formas rizotônicas do pres. do ind. e em todas as pessoas do pres. do subj.:

denigro, denigre; denigra, denigramos, denigram; etc.
⇨ O Vocabulário Ortográfico registra a variante gráfica *denigrir* (do lat. *niger*, negro), mas a grafia que se impôs é *denegrir* (de *negro*).
dengue. *S.m.* 1. Faceirice, afetação: *O dengue da mulata o fascinou.*
2. Birra, choradeira, manha de criança. Variante nas duas acepções: *dengo*.
|| *S.f.* 3. Doença virótica infecciosa, transmitida pelos mosquitos *Aedes aegypti* e *Aedes albopictus*: *A dengue tem sintomas que a assemelham à gripe.* ⇨ Nesta acepção, não se deve usar no masculino.
denominar. *V. t. d.* 1. Dar nome a, chamar: *O homem denominou os animais, as plantas e todos os seres.*
2. Chamar, intitular: *Os índios denominaram Diogo Álvares Correia (de) Caramuru. / A Diogo Álvares Correia os índios denominaram Caramuru. / Os índios denominaram-no (de) Caramuru. / "Os colegas o denominaram (de) Rasputin."* (Celso Luft) / *"Ao lado desses casos há outro, que alguns denominam de 'religiosidade selvagem'."* (Dom Eugênio Sales, JB, 5/4/97)
⇨ A prep. *de*, antes do predicativo, é expletiva, enfática; pode ser dispensada.
V. pron. 3. Intitular-se, dizer-se: *Nero denominava-se um grande artista. / Denominam-se videntes, mas não passam de charlatães.*
dentre. Contração das preposições *de* e *entre*. Equivale a *do meio de*.
1. Em geral, usa-se com verbos que indicam movimento, regidos de prep. *de*, como *sair, surgir, retirar*, etc.: *Dentre as pedras saíam formigas apressadas. / Cristo ressurgiu dentre os mortos. / Retirou uma carta dentre velhos papéis. / O rio rompia impetuoso dentre os morros.*
2. Emprega-se também nas expressões *dentre nós, dentre vocês, dentre vós*: *Alguns dentre nós se opõem ao projeto. / "Quantos dentre vós estudam conscienciosamente o passado?"* (José de Alencar)
Em bons escritores ocorre frequentemente *dentre* em vez de *entre* (no meio de), como neste passo de Eça de Queirós: *"...não compreendendo dentre todos os rumores do Universo senão o rumor das saias de Elvira."* (*Correspondência de Fradique Mendes*, p. 6) O mesmo fato ocorre em *Na volta da esquina*, p. 74, de Mário Quintana: *"Dentre todo esse variado povo natatório os golfinhos são os aqualoucos do mar."*

de O Globo. 1. Recomenda-se não se fazer a contração da prep. com o artigo de títulos de jornais, revistas e obras literárias: os leitores *de O Globo*, anunciar em *O Globo*; os classificados *de O Estado de S. Paulo*, o autor *de Os lusíadas*, referência *a Os sertões*, etc. / *"Desde 86, ele é editor de Política de O Estado de S. Paulo."* (Olga Savary, *Antologia da nova poesia brasileira*, p. 155, ed. 1992) / *"Quero ainda citar, de A relíquia*, outra passagem..." (Aurélio Buarque de Holanda Ferreira, *Seleta*, p. 114.) / *"Um estudo completo de Os lusíadas está ainda para ser feito."* (Luís Piva, *A linha visível*, p. 77) / *"Não se veja, porém, no autor de Os sertões um pessimista míope."* (Alfredo Bosi, *História concisa da literatura brasileira*, p. 350)
2. Bons autores, porém, preferem sujeitar a grafia à fala corrente e escrevem: *"Intitula-se 'Falecimentos' no Globo e no Estado de S. Paulo e 'Obituário' no Jornal do Brasil."* (Rubem Braga, *As boas coisas da vida*, p. 88) O próprio jornal *O Globo* segue essa prática: *"A campanha do Globo 'Vamos Florir Copacabana' ganhou ontem um importante aliado."* (*O Globo*, 28/3/92) Seguindo essa tendência, Eça de Queirós, em *Notas contemporâneas*, p. 33, escreveu: *"O primeiro fim das Farpas é promover o riso."* [O título da obra é *As farpas*.] Em *Todos contam sua vida*, p. 188, Vivaldo Coaraci também preferiu a contração: *"Mandou que fizéssemos a análise lógica de determinada estrofe dos Lusíadas."*
3. Para não afetar a integridade dos títulos, o novo AO permite grafar: a campanha *d'O Globo*, anunciar *n'O Estado de S. Paulo*; ou, sem apóstrofo: a publicação *de O guarani*; *em A retirada da Laguna*; inspirado em *As farpas*; referência a *Os sertões*.
deparar. *V. t. d.* 1. Encontrar-se de repente com, dar com, encontrar: *Na penumbra da noite deparei um vulto estranho. / "Os doentes eram como reses que, de súbito, deparavam uma paisagem desconhecida e hostil."* (Fernando Namora, *O homem disfarçado*, p. 32) / *"Em deparando um colega leal, abro-me e ofereço-me até às últimas consequências."* (*Id., ib.*, p. 89) / *"...cortiços que ainda se deparam em vários países europeus, notadamente em Portugal."* (Sérgio Buarque de Holanda, *Caminhos e fronteiras*, p. 53)
V. t. i. 2. Encontrar: *Por sorte, deparei com o caminho certo. / Na estrada deparamos com guardas armados. / O jovem médico deparou com casos difíceis. / Elas continuam a deparar com situações*

insólitas. / "A menina tossia para avisá-lo e, ao entrar, *deparava com* ele na cadeira de balanço." (Dalton Trevisan, *Novelas nada exemplares*, 8ª ed., p. 33) *V. t. d.* e *i*. 3. Fazer aparecer, apresentar, proporcionar: "Peça a Deus que lhe *depare* rumo certo." (Luft) / "A ciência do naturalista não *deparou* solução ao problema." (Carlos de Laet) / Aproveitemos os momentos de felicidade que a vida nos *depara*. / "Tinha como uma intuição vaga de que o céu *lhe depararia* ocasião e meios de levar a cabo a sua empresa." (Bernardo Guimarães, *A escrava Isaura*, p. 130) *T. d.* e *i*. 4. Aparecer repentinamente, surgir, apresentar-se: *Deparou-se-lhe* na orla da mata um animal estranho. / Não perde ocasião que *se lhe depare* de criticar seus desafetos. / Enfim *deparou-se-me* a oportunidade de conhecer Paris. / *Depararam-se-lhe* objetos estranhos. / "A sua obrigação, quando *se lhe deparam* fatos que parecem estranhos ou anômalos, é explicá-los e não condená-los." (Mário Barreto, *Novíssimos estudos da língua portuguesa*, p. 196) / "O espetáculo que *se lhe deparava* ultrapassava as suas experiências." (Fernando Namora, *O homem disfarçado*, p. 54) / "Raramente *se nos depara* uma criatura sã, robusta." (Graciliano Ramos, *Linhas tortas*, p. 81) Nesta construção temos: verbo na 3ª pessoa + *se* (objeto direto) + objeto indireto. *Pron*. 5. Encontrar-se: *Deparei-me* com uma cena horrenda. / Na rua, ele *deparou-se* com seu adversário. / No portão, *deparamo-nos* com um grupo de crianças. ⇨ Há gramáticos que condenam a forma pronominal (*deparar-se* com alguém ou alguma coisa). Quem a empregar não deve omitir a prep. *com*, como fez o autor desta frase: "Isto leva a situações *que nos deparamos* com frequência no nosso dia a dia." (*JB*, 18/4/96) O correto é: "Isto leva a situações *com que nos deparamos* com frequência no nosso dia a dia."

de par com. *Loc. prep*. Juntamente com: "E nas letras brilhavam, *de par com* antigos poetas e prosadores, muitos moços que prometiam continuar a boa fama brasileira no campo da cultura universal." (Carlos de Laet, *O frade estrangeiro*, p. 156) Variantes: *a par com*, *a par de*.

de pé. *Loc. adv*. 1. Em posição vertical, ereto, em pé: Ficamos *de pé* (ou *em pé*) num canto da sala. 2. Conforme o combinado: Nosso acordo está *de pé*. 3. Firme, irredutível, sem mudar de ideia: Mantém-se *de pé*, em meio a tantas deserções e cambalachos políticos.

dependência de. A regência correta é dependência *de* (e não *a*) alguém ou alguma coisa'. Cabe, entretanto, observar que frases gramaticalmente corretas, como 'Vemos diminuir a *dependência* da mulher *do* homem', são um tanto ambíguas. Devem ser evitadas. Como seria incorreto trocar o complemento *do homem* por *ao homem*, a melhor solução é construir a frase de outro modo, por exemplo: *Vemos que a mulher vem diminuindo sua dependência do homem*. Ou então: *Vemos que a mulher se torna cada vez menos dependente do homem*. Proceda-se da mesma forma em casos análogos: *a dependência do país dos credores*, *a dependência do homem da máquina*, etc.

de per si. *Loc. adv*. Cada um por sua vez; isoladamente: "No último instante, cada um, *de per si*, conseguiria libertar-se." (Fernando Namora, *Domingo à tarde*, p. 33)

depois de o. Na língua culta formal, recomenda-se não contrair a prep. *de* com o artigo (ou o pronome) que precede o sujeito de oração infinitiva: Ignoramos o que vai acontecer depois *de o* mundo acabar. / Só depois *de os* grevistas voltarem ao trabalho, é que serão atendidos. ⇨ Devido ao seu artificialismo e por conflitar com a oralidade, esta regra (inovação ao arrepio da tradição da língua) nem sempre é respeitada. Exemplos: "Ele morreu 5 minutos *depois da* combinação de componentes químicos ter sido injetada em suas veias." (*JB*, 23/5/92, p. 12) / "Sabia apenas vagamente que, três dias *depois dela* chegar ao Porto, o pai tivera uma apoplexia." (Eça de Queirós, *Os Maias*, II, p. 31) Veja *antes de o* e *de* (contraído).

depor. Conjuga-se como *pôr*★, de que é derivado: deponho, depunha, depus, depôs, depuseram, deponha, se eu depusesse, se eu depuser, etc.

de que. 1. É erro grave usar *de que* antes de oração que funciona como objeto direto: Ele afirmou durante sua campanha *que* (e não *de que*) a inflação seria debelada. *Afirmar* é verbo transitivo direto, portanto: *afirmar alguma coisa*, e não *afirmar de alguma coisa*. A oração 'que a inflação seria debelada' funciona como objeto direto de *afirmou*. Outros exs.: Ele declarou à imprensa *que* (e não *de que*) recebera ameaças de morte. / Não pensem eles *que* (e não *de que*) é fácil governar. / Esperavam ingenuamente *que* (e não *de que*) os credores nos perdoassem a dívida. / Não podemos admitir *que* (e não *de que*) um

preso seja torturado. / Digo e repito *que* (e não *de que*) um país se constrói com trabalho e honestidade. / Constatamos, após atenta leitura, *que* (e não *de que*) o livro é tendencioso.
2. Usa-se obrigatoriamente *de que* quando o verbo exige a preposição *de*: A casa *de que* lhe falei foi vendida. / Tinha de fazer tarefas *de que* não gostava. / Não tem ideia dos bens *de que* dispõe. / Não posso vender aquilo *de que* não sou dono. / São obrigações *de que* não podemos nos eximir. / Gostava *de que* o tratassem bem. / Como convencê-los *de que* são vítimas de suas ilusões? / Previno-a *de que* encontrará dificuldades. / Informo-o *de que* a reunião foi adiada. / Queremos saber como o governo aplica o nosso dinheiro: é um direito *de que* não abrimos mão.
3. Observem-se estas frases: a) Tem-se a impressão *de que* o rio vai secar. b) A impressão que se tem *é que* o rio vai secar. c) A impressão que se tem *é de que* o rio vai secar. d) A impressão que se tem *é a de que* o rio vai secar. Todas essas construções são legítimas. A construção *c* resultou do cruzamento sintático das duas primeiras, que são construções normais. Nela a prep. *de* não é necessária, é mero elemento reforçativo. Outros exs.: A estimativa é (*de*) *que* 80 mil pessoas assistirão ao jogo. / Nossa esperança era (*de*) *que* não faltariam víveres. / Sua única certeza é (*de*) *que* terá de lutar sozinha. / O receio dos ambientalistas era (*de*) *que* a mancha de óleo chegasse às praias. / A previsão é (*de*) *que* a estrada seja liberada esta semana. / A expectativa é (*de*) *que* a safra agrícola aumente.

de regra. *Loc. adv.* Por via de regra, via de regra, em regra, em geral, de modo geral: "O homem não vive, *de regra*, nas florestas, mas não perde nunca em conservar florestas perto de si." (A.J. de Sampaio, *Biogeografia dinâmica*, p. 315) Veja *via de regra*.

de resto. Além disso, ademais, aliás, afinal de contas: Ele podia voltar para casa tranquilo. *De resto*, não cometera nenhum crime. / "Minha tática, *de resto* bem simples, consistia em jamais pronunciar ou sugerir a palavra literatura." (Carlos Drummond de Andrade, *Obra completa*, p. 500) / "*De resto*, acrescentou, não podia ser o Messias!" (Eça de Queirós, *A relíquia*, p. 203)

derma. [Do gr. *dérma*, pele.] *S.m.* Camada da pele subjacente à epiderme. É subst. masc.: *o derma*. Variante: *derme* (fem.).

Δ **derma-, -derma, dermato-.** [Do gr. *dérma, dérmatos*, pele.] *El. de comp.* = 'pele': *dermite, dermatologia, dermatite, dermatose, endoderma*, etc.

de repente. *Loc. adv.* Escreve-se em duas palavras. Pela lógica, dever-se-ia grafar *derrepente*, como *depressa* e *devagar*.

de roldão. *Loc. adv.* Em tropel, precipitadamente, rápida e confusamente: Os torcedores entraram no estádio *de roldão*. / "Compreendeu o governo que os acontecimentos o levavam *de roldão*." (J. Pandiá Calógeras, *Formação histórica do Brasil*, p. 193)

Δ **des-.** *Pref. vernáculo*. Exprime negação, ação contrária, separação, afastamento: *desumano, desfazer, descascar, desterrar*.
Em algumas palavras é simples elemento reforçativo: *desinquieto, desinquietar, desfear, desenxabido, desinfeliz, descair*. Em outras, como *decodificar, deflorar, degelar, degelo*, aparece sem o *s*. Corresponde ao prefixo latino *dis-* (do qual, segundo alguns, deriva), que vemos em *discordar, disforme, disseminar, dissolver, dissabor, díspar*, etc. Veja *dis-*.

desabafar. [De *des* + *abafar*.] 1. Livrar do que abafa ou sufoca: A mãe *desabafou* a criança, descobrindo-a. / Foi à janela e respirou fundo para *desabafar* o peito. / *Desabafei* o pequeno limoeiro das ervas daninhas que o encobriam.
2. Revelar sentimentos contidos para se aliviar: *Desabafou* comigo as queixas que tinha de seu marido. / Procurou a amiga para *desabafar* suas mágoas. / *Desabafou-se* chorando. / Não reprimia a sua revolta; *desabafava* assim que me via.

desadorar. *V. t. d.* 1. Detestar: *Desadora* pessoas pernósticas.
2. Não gostar: *Desadora* nomes personativos exóticos.
3. Reprovar: *Desadorava* o procedimento do irmão.
V. pron. 4. Detestar-se: "Os dois *se desadoram* desde os tempos do Caraça." (Ciro dos Anjos, *Montanha*, p. 87)

desagradar. 1. Na língua culta formal, recomenda-se a regência 'desagradar a alguém', 'desagradar-lhe': As declarações do secretário *desagradaram ao presidente*. / A escalação do treinador *desagradou à torcida*. / *Desagradava-lhe* a conversa daquele homem.
2. Coloquialmente, também se usa com objeto direto, como o sinônimo *contrariar*: Para não *desagradar o amigo*, fiquei calado. / O que *a desagrada* é ouvir reclamações. / Não quero *desagradá-lo*. /

"Por isso a companhia de Salomé o *desagradava*." (Menotti Del Picchia, *Salomé*, p. 163)

desaguar. Lançar as águas (os rios), desembocar: O Amazonas *deságua* no Atlântico. / Nem todos os rios *deságuam* diretamente no mar. Conjuga-se como *aguar*★: deságuo, deságuas, deságua, etc.; deságue, deságues, deságue, deságuemos, desagueis, deságuem. ⇨ A prosódia *desaguo, desaguas, desagua, desaguam, desague, desagues, desaguem*, com acento tônico na vogal *u*, embora correta, não tem o apoio do uso geral no Brasil.

desalterar. [De *des-* + *alterar*.] 1. Antônimo de *alterar*; aplacar, acalmar, serenar: Olhou para a criancinha, no berço, para *desalterar* a raiva que o invadiu.
2. Aplacar (a fome, a sede): Ouvindo murmurejo de água, o caçador entrou na mata para *desalterar* a sede.
3. Matar a sede, dessedentar: Ela buscou água e *desalterou* o marido febril.
V. pron. 4. Matar a própria sede, dessedentar-se: *Desalterava-me* no riacho próximo. / *Desalterou-se* na água pura da bica, à beira da estrada.
⇨ Verbo de uso raro na acepção 1. No sentido de *matar a sede, dessedentar*, é considerado galicismo.

desapercebido. *Adj.* Desprovido, desguarnecido: As naus estavam *desapercebidas* de víveres e munições. / Ele estava *desapercebido* de recursos. / "A França, *desapercebida* para a guerra, opõe ao gênio da organização o gênio da improvisação." (Rui Barbosa, *Discursos*, II, p. 83) Recomenda-se não usar esse adjetivo em lugar de *despercebido*, que significa 'não percebido', 'que não foi notado', 'que não chamou a atenção': O incidente passou *despercebido* à maioria dos convidados. / Ela saiu do recinto, *despercebida* de todos. / Arguto como é, detalhe algum lhe passa *despercebido*. / Ao observador atento não passam *despercebidos* esses fatos. / "...tudo quanto passara *despercebido* à nossa visão imediata." (Carlos Drummond de Andrade, *Obra completa*, p. 433) / "Minha atitude não passou *despercebida* à turma." (Ciro dos Anjos, *Abdias*, p. 30)

desaprazer. [De *des-* + *aprazer*.] Não aprazer, desagradar: É isto que lhe *desapraz*? / O projeto de lei *desaprouve* aos partidos. / Talvez lhe *desapraza* a ideia da filha. / Se o quadro me *desaprouvesse*, não o teria comprado. / Se a proposta lhe *desaprouver*, buscaremos outra solução.
⇨ Verbo da língua culta e de pouco uso. Na prática, só se emprega nas 3ªˢ pessoas. Conjuga-se como *aprazer*★.

desatar a chorar. Seguido de infinitivo, *desatar a* significa 'começar de repente':Vendo-a partir, *desatou a* chorar. / "E por contágio, os meus companheiros *desataram* também *a* rir, *a* rir às gargalhadas." (Eça de Queirós, *As minas de Salomão*, p. 232)

desavindo. 1. *Part. de desavir*★: Tendo-se *desavindo* com o patrão, abandonou o emprego.
2. *Adj.* Que está em desavença, desentendido: Tentou reconciliar os dois amigos *desavindos*. / "Dagoberto estava *desavindo* com o chefe do local." (José Américo de Almeida, *A bagaceira*, p. 45)
3. *Gerúndio de desavir*: Acabou *desavindo-se* com o patrão e abandonou o emprego. Veja *desavir*.
⇨ Não existe a forma *desavisto* nem *desavido*.

desavir. [De *des-* + *avir*.] Pôr em desavença, indispor(-se); desentender-se, discordar: Problemas na empresa *desavieram* os dois sócios. / Se as coisas não andam bem, as pessoas *se desavêm*. / O jogador *desaveio-se* com o técnico. / *Tendo-se desavindo* com os pais, fugiu de casa. / O freguês *se desaviera* com o vendedor no preço da mercadoria. / "Com certeza *se desaviera* com o chefe ou com algum cliente." (Orígenes Lessa, *Balbino*, p. 200)
⇨ É mais usado pronominalmente e conjuga-se como *vir*★: eu me desavenho, ele se desavém, eles se desavêm, eu me desavim, eles se desavieram, que se desavenham, ainda que se desaviessem, se eu me desavier, etc. O part. confunde-se com o gerúndio: *desavindo*.

descargo de consciência. Nesta expressão, *descargo* significa 'ato de tirar o cargo ou o peso', 'alívio': Por *descargo de consciência*, devolvi a carteira ao dono. / "Podia ser um simples *descargo de consciência*..." (Machado de Assis, *Dom Casmurro*, cap. 46) / "Obedecer às censuras do Santo Ofício, além de ser obrigação sua, era o que mais lhe convinha para *descargo de sua consciência*." (João Francisco Lisboa, *Vida do padre Antônio Vieira*, p. 209) / "Para *descargo da sua consciência*, podia falar com franqueza ao dr. Raimundo." (Aluísio Azevedo, *O mulato*, p. 285) / "Quando acabou, depois de ter feito, *por descargo de consciência*, um brevíssimo panegírico das virtudes do santo Antônio Vieira..." (M. Pinheiro Chagas, *O juramento da duquesa*, p. 57) / "Morreu declarando a seu nobre senhor, em

descargo de consciência, que buscasse alguém..." (A. Herculano, *O bobo*, p. 24)
Existe a variante *desencargo de consciência*: "Poucos deram crédito às palavras do matuto, e só por *desencargo de consciência* alguns se prestaram a dar a busca que ele propôs." (Franklin Távora, *O cabeleira*, p. 162) ⇨ Parece-nos preferível a primeira forma, por mais lógica, porquanto, *desencargo* significa 'cumprimento de uma obrigação'.

descarrilamento. *S.m.* Ato ou efeito de *descarrilar*★. É a forma correta (e não *descarrilhamento*): "Pela manhã um *descarrilamento* espetacular obstruiu a linha..." (Carlos Drummond de Andrade, *Obra completa*, p. 633) Veja *descarrilar*.

descarrilar. [De *des-* + *carril* + *-ar*.] Sair ou fazer sair dos carris (trilhos): "Trem *descarrila* e mata uma pessoa em Recife." (*JB*, 13/2/92) / O trem *descarrilou* numa curva em declive. / Barreira cai na ferrovia e *descarrila* trem de carga. / "O trem da Great Western *descarrilara*." (Graciliano Ramos, *Angústia*, p. 100) ⇨ A variante *descarrilhar* não é recomendável, bem como *descarrilhamento* em vez de *descarrilamento*★.

descartar. [De *des-* + *carta* + *-ar*.] *V. t. d.* 1. Rejeitar ou pôr de lado (carta de baralho que não serve): *Descartei* um valete.
2. Jogar fora após o uso: Aplicada a injeção, *descartou* a seringa.
3. Não levar em conta, afastar: O perito *descartou* a hipótese de suicídio.
V. pron. 4. Livrar-se de pessoa ou coisa incômoda: "É necessário *descartar-nos* da criatura [a empregada]. Não quero que me morra em casa." (Eça de Queirós, *O primo Basílio*, p. 246)

descer. Deve concordar com o sujeito, mesmo quando anteposto a este: *Desciam-lhe* (e não *descia-lhe*) dos lindos olhos grossas lágrimas. / *Desçam* (e não *desça*) sobre esse lar as bênçãos do céu! / *Desceram* chuvas pesadas sobre a cidade. ⇨ *Descer para baixo* é pleonasmo vicioso. Evite-se.

descoberta. [De *descoberto*, adj. substantivado.] Substantivo geralmente usado como sinônimo de *invento, invenção*: a *descoberta* da pólvora, a *descoberta* da penicilina, a *descoberta* de uma vacina, a *descoberta* da telefonia, a *descoberta* de novas técnicas, *descobertas* científicas, etc.
Entretanto, é generalizado, e não se deve censurar, o emprego de *descoberta* por *descobrimento* (= ato de descobrir coisa que existe ou existia): a *descoberta* de ouro, a *descoberta* de petróleo, a *descoberta* de um tesouro, a *descoberta* da energia nuclear, a *descoberta* de um segredo. / "A *descoberta* [do laboratório de refino de cocaína] foi possível graças à prisão de um traficante." (*JB*, 14/5/92)

descobrimento. *S.m.* Ato de descobrir: o *descobrimento* da América, o *descobrimento* do Brasil, os *descobrimentos* marítimos portugueses, o *descobrimento* de jazidas minerais, *descobrimento* de fósseis, etc. Veja *descoberta*.

descomedir-se. Praticar excessos, exceder-se: Ele *se descomedia* na bebida. / O tribuno *se descomediu* em ataques ao governo. ⇨ Conjuga-se como *medir*; porém não se usa na 1ª pess. do sing. do pres. do ind. e em todas as do pres. do subj.

descompor. [De *des-* + *compor*.] 1. Desarranjar, desarrumar, desalinhar: O vento lhe *descompôs* a cabeleira.
2. Desfigurar: O pavor nos *descompõe* a fisionomia. / A raiva lhe *descompunha* as feições.
3. Passar descompostura, repreender duramente: *Descompuseram* o filho por ter faltado às aulas.
Pron. 4. Desarranjar-se, desalinhar-se; transtornar-se, desfigurar-se; descontrolar-se, perder a calma ou a compostura: *Descompôs-se* o belo arranjo de flores. / Ouvindo aquele insulto, o semblante dela *se descompôs*. / O homem *se descompôs* em vitupérios. ⇨ Segue a conjugação de *pôr*★, do qual deriva.

desconfiar. Na acepção de *supor, conjeturar*, constrói-se com complemento oracional, podendo-se usar a regência direta (*desconfiar que*...), a mais comum, ou a indireta (*desconfiar de que*...): *Desconfio que* os dois andaram brigando. / *Desconfiava que* fossem espiões. / "A ciganinha *desconfiou que* a vida fazia com ela o mesmo que ela fazia com os outros — pura tapeação." (Bernardo Élis, *Seleta*, p. 33) / "*Desconfio de que* o ficus e o cipreste sugam toda a força da terra." (Vivaldo Coaraci, *Cata-vento*, p. 11)
Na seguinte frase, Alexandre Herculano usou as duas regências: "*Desconfiamos*, todavia, *de que* este terreiro se estendesse para o lado oriental da sé *e que* nesse caso o seu nome fosse Aljami." (*Lendas e narrativas*, p. 66) ⇨ O adjetivo *desconfiado* exige o complemento oracional regido da prep. *de*: Andava *desconfiado de que* a mulher o estava traindo. / "Às vezes fico meio *desconfiado de que* apenas servi de veículo ou intermediário." (Vivaldo Coaraci, *Cata-vento*, p. 95)

descortino. [De *descortinar*, ver ao longe, notar, perceber, distinguir.] *S.m.* Ato de descortinar, percepção aguda, perspicácia, visão ampla: Era um empresário dinâmico, dotado de grande *descortino.* ⇨ Deve ser evitada a forma *descortínio*, originada por influência de substantivos terminados em *-ínio*, como *domínio, extermínio, patrocínio*, etc.

descrer. Conjuga-se como *crer★*. Observar a grafia: Eles *descreem* de tudo.

descrição. *S.f.* Ato de descrever. Parônimo de *discrição★*.

descriminação. *S.f.* Ato ou efeito de descriminar★; ato de tirar o caráter de crime de alguma coisa: "O deputado Fernando Gabeira, defensor da *descriminação* da maconha, quer ser o relator da comissão especial..." (*JB*, 6/5/95) Variante: *descriminalização*.

descriminar. Absolver de crime imputado, inocentar, tirar o caráter de crime (de um ato): O réu matou em legítima defesa: o tribunal o *descriminou.* / Lei alguma pode *descriminar* o aborto. ⇨ Distinga-se de *discriminar★*. Variante: *descriminalizar* (de *des-* + *criminal* + *-izar*): "Talvane de Morais chama a atenção para a diferença entre *descriminalizar* e legalizar o uso de drogas." (*JB*, 23/12/95)

desculpar. Construções corretas: O patrão *desculpou-o.* / O patrão *desculpou-lhe* o atraso. / Ele *desculpou-se* do atraso, alegando problemas domésticos. / *Desculpou-se* de ter chegado atrasado.

desde. 1. *Desde* é preposição, não pode vir seguida de outra: Trabalham *desde a manhã* (e não *desde de manhã*) até a noite. / Estavam trabalhando *desde as* 7 horas (e não *desde às* 7 horas).
2. A construção habitual é *desde... até*: *Desde* o plantio *até* a colheita, o lavrador deve estar vigilante.
3. Pode-se, no caso 2, usar a prep. *a* em lugar de *até*. O missionário tudo sacrificou: *desde* o conforto e a saúde *aos* prazeres mundanos. / "Promete-se dar tudo às crianças, *desde* a instrução *à* alimentação e *à* saúde." (Miguel Reale, *O Estado de S. Paulo*, 27/3/92)

desde muito que. Veja *desde ontem.*

desdenhar. *V. t. d.* 1. Mostrar desdém por (alguém ou alg. coisa), desprezar com altivez: Ela *desdenha* propostas indecorosas. / A esmola era muito pequena, o mendigo a *desdenhou.* / "Não *desdenha* o convívio com as classes mais favorecidas." (Carlos Drummond de Andrade, *Obra completa*, p. 787)
V. t. i. 2. Ter em pouca consideração, menoscabar, desprezar: O branco não pode *desdenhar das* culturas indígenas. / "Um sacerdote de Moloc *desdenhava daquele* templo sem imagens." (Eça de Queirós, *A relíquia*, p. 180) / "Os próprios sertanistas não *desdenhavam desse* meio de transporte." (Sérgio Buarque de Holanda, *Caminhos e fronteiras*, p. 298)

desde ontem. Esta loc. adv. de tempo e outras similares podem vir seguidas de um *que* expletivo (= não necessário), de realce: *Desde ontem que* ela não aparece. / "*Desde ontem à noite que* me sinto mal." (Mário Barreto, *Novos estudos da língua portuguesa*, cap. XI) / *Desde muito que* não se via uma enchente dessas. / "*Desde muito que* o marido embirrava com um sujeito." (Machado de Assis, *Obra completa*, II, p. 557) / "*Desde muito que* seu olho de dono não vigorava por lá." (José Cândido de Carvalho, *Olha para o céu, Frederico!*, p. 57)

desde que. *Loc. conj.* Dependendo do contexto, pode imprimir à oração as ideias de tempo, condição ou causa: *Desde que* ficou famoso, nunca mais teve sossego. / Poderá comprar o imóvel, *desde que* tenha recursos. / *Desde que* o burro empacou, só me resta andar a pé.

desdizer. *V. t. d.* 1. Dizer o contrário de: A testemunha *desdisse* o que antes afirmara.
T. i. 2. Não condizer, destoar, estar em contradição: Eram propostas que *desdiziam de* meus princípios.
Pron. 3. Retratar-se: O jornalista *se desdisse do* que escrevera. / "*Desdigo-me do* que escrevi a propósito das histórias de Luísa Velha." (Ciro dos Anjos, *Explorações no tempo*, p. 18)
⇨ Conjuga-se como *dizer.*

de segunda a sexta-feira. Não há acento grave, indicador de crase, no *a* porque é simples preposição. Não ocorrendo a contração *a* (prep.) + *a* (artigo), não se acentua o *a*: Trabalham de segunda *a* sexta-feira. Expressões semelhantes: de ponta *a* ponta; de janeiro *a* dezembro; de 2002 *a* 2010; de São Paulo *a* Curitiba.
Grafa-se *à* ou *às*, com acento, quando ocorre a dita contração: da última segunda-feira de março *à* primeira sexta-feira de abril; da 1ª *à* 8ª série; ir a pé da fazenda *à* cidade; do Equador *à* Argentina; dos pés *à* cabeça; das 2 *às* 6 horas da tarde. Veja o verbete *crase.*

desejar. *V. t. d.* É sintaxe arcaica antepor a prep. *de* à oração infinitiva que complementa este verbo, como na frase: 'Ela desejava muito *de* casar com o moço rico.' Hoje se diz: Ela *desejava* muito casar com o moço rico. ⇨ É inadequada a expressão *desejar votos*. Diga-se *expressar* ou *formular votos* (de felicidade, boas festas, êxito, etc.)

desentranhar. [De *des-* + *entranhar* < de *entranhas*.] 1. Tirar das entranhas: O cirurgião *desentranhou* a bala que se alojara no abdome da vítima. 2. Arrancar de lugar oculto ou recôndito, extrair do íntimo: O homem *desentranha* do solo o reluzente metal. / *Desentranhou* do baú velhos documentos. / Ela me levou à parte e *foi desentranhando* segredos longamente guardados. 3. Desfazer-se em (dádivas ou produtos), expandir-se: "A primavera *desentranhava-se* em flores." (Séguier) / "A árvore *desentranha-se* em frutos; o coração generoso, em dádivas." (Luft)

desenvencilhar. Variante de *desvencilhar★*.

desesperançar, desesperar. 1. Embora sinônimos, não se emprega, no português moderno, um pelo outro, conforme mostram estes exemplos: Severino contava com uma boa colheita, mas a longa estiagem o *desesperançou*. / Eneida não *se desesperançava* de encontrar um consorte que a fizesse feliz. / Quem confia em Deus não *desespera*, mesmo nas grandes aflições. 2. *Desesperar* significa também 'enfurecer', 'irritar vivamente', sentido que *desesperançar* não possui: As provocações do adversário o *desesperaram*. / Quando soube que o amigo o traíra, *desesperou-se*.

desfalcar. [Do lat. *defalcare*, cortar com a foice, podar.] *V. t.* Tirar, subtrair parte de, reduzir: O tesoureiro *desfalcou* a quantia destinada ao pagamento dos empregados da empresa. / As pestes *desfalcam* os rebanhos. / Contusão grave *desfalcou* o time de seu melhor jogador. / Os fraudadores *desfalcaram* o INSS em milhões de reais.

desfalque. [De *desfalcar*.] *S.m.* Ato ou efeito de *desfalcar★*; desvio ou apropriação ilícita de dinheiro, rombo, fraude: O aumento do consumo causou o *desfalque* de vários produtos. / Um *desfalque* de US$ 5 milhões do Banco X mobilizou vários órgãos de investigação.

desfazer. Na acepção de *depreciar, menosprezar, fazer pouco de* (alguém ou alguma coisa), tem o complemento regido das preposições *em* ou *de*: "Costuma *desfazer no* trabalho dos outros." (Aurélio) / "Era inútil *desfazer da* capacidade do doutor." (J. Mesquita de Carvalho, *Dicionário prático da língua nacional*)
⇨ Conjuga-se como *fazer*: desfaço, desfazia, desfiz, desfizera, desfarei, desfaria, desfaça, desfizesse, desfizer, desfaz-se, desfez-se, desfeito, etc.

desfrutar. [De *des-* + *fruto* + *-ar*.] Fruir, usufruir, deliciar-se (com alguma coisa). A regência aconselhada é a direta: *desfrutar* as delícias da vida campestre; *desfrutar* bom conceito; *desfrutar* grande prestígio, etc. / "Paulo Barreto, falecido há pouco tempo, *desfruta* uma reputação bastante moderada." (Graciliano Ramos, *Linhas tortas*, p. 221) / Como capataz, Abdão servia agora a minha mãe, *desfrutando* a mesma integral confiança." (Herberto Sales, *Rio dos morcegos*, p. 138)
Todavia, a regência *desfrutar de* (alguma coisa) de tal modo se impôs, na linguagem de hoje, que já não se pode censurar: Velho e aposentado, ele agora *desfruta de* merecido ócio. / É justo que todos *desfrutem dos* bens materiais. / O imperador *desfrutava de* grande prestígio nos meios intelectuais. / "Só o morto *desfruta da* morte sem filosofia nem metafísica." (Maria José de Queirós, *Exercício de fiandeira*, p. 23)
Usa-se também no sentido de *zombar de* (alguém): "O rapaz está pondo as manguinhas de fora e, quem sabe, faz isso para me *desfrutar*." (Ciro dos Anjos, *O amanuense Belmiro*, p. 101)

designar. Evite-se a pronúncia incorreta *desiguino, desiguina, desiguinam, desiguine, desiguinem*, em vez de *designo, designa, designam, designe, designem*, etc. A mesma recomendação cabe quanto aos verbos *consignar, dignar-se, indignar-se, persignar-se* e *resignar-se*.

desincompatibilizar. [De *des-* + *incompatibilizar*.] *V. t. d.* 1. Tirar a incompatibilidade, tirar o caráter de incompatível, congraçar, reconciliar: Um acontecimento fortuito veio *desincompatibilizar* os dois adversários políticos.
V. pron. 2. Deixar de estar incompatibilizado; deixar um cargo incompatível com outro pretendido por via eleitoral; renunciar ao mandato para poder concorrer ao mesmo ou a outro cargo eletivo: "Em todas as grandes democracias os governantes não *se desincompatibilizam*." (JB, 1°/2/97) Cognatos: *compatível, incompatível, compatibilizar, incompatibilizar, compatibilidade, incompatibilidade*, etc.

desinteressar(-se). Constrói-se com a prep. *de*: Procuram *desinteressá-lo do* casamento. / Depois daquele acidente, *desinteressou-se de* esportes perigosos. / "Ao ver seco o baobá *desinteressou-se dele*." (Murilo Rubião, *O pirotécnico Zacarias*, 4ª ed., p. 32) / "Mas logo se *desinteressou desse* lenitivo." (José Geraldo Vieira) / "Eu me *desinteressava da* conversa à porta da loja e preferia escutar histórias da carochinha." (Ciro dos Anjos, *Explorações no tempo*, p. 7) ⇨ Há exemplos isolados da regência *desinteressar-se por*: "Embora sempre se *desinteressasse pelos* cargos de administração, ..." (Cecília Meireles, *Inéditos*, p. 190, Bloch Editores, 1967) Veja *desinteresse*.

desinteresse. Contrariamente ao verbo *desinteressar-se*, o substantivo *desinteresse* tem seu complemento regido da preposição *por*: Acusam-no de *desinteresse pelos* pobres. / Na escola, demonstrava total *desinteresse pelo* estudo.

desjejum. [De *des-* + *jejum*.] *S.m.* A primeira refeição do dia. Variante: *dejejum*. O verbo correspondente também apresenta duas formas: *desjejuar* (comer pela primeira vez no dia; quebrar o jejum) e *dejejuar*.

deslocamento de preposições. Em vez de dizer 'O *de* que ela mais gostava era (de) passear a cavalo', prefere-se, em geral, construir: '*Do* que ela mais gostava era (de) passear a cavalo.' A anteposição da preposição ao pronome demonstrativo *o*, de que resulta geralmente uma contração, tem a vantagem de tornar a frase mais leve e eufônica. Outros exemplos: "*Do* que ele principalmente se convencera era da inutilidade de todo o esforço." (Eça de Queirós) / "*Do* que ele menos se lembrava era da perfídia que os inspirou." (Machado de Assis) / "Os outros sabiam muito bem *com o* que poderiam contar." (Fernando Namora) / Não sei *no* que está pensando. / *Com o* que não concordo é com a invasão de terras. / *Ao* que todos assistimos estupefatos foi a um ato de demência de um homem desesperado. ⇨ Seria errado omitir a preposição e dizer: 'O que não concordo é...', 'O que todos assistimos estupefatos foi...', etc.

desluzir. *V. t. d.* e *pron.* Tirar o brilho, empanar, ofuscar; diminuir o mérito de, depreciar, desacreditar: "A ação do tempo *desluz* as cores." (Aurélio) / A idade lhe *desluziu* a beleza. / A beleza *desluz-se* com a idade. / As paixões nos *desluzem* a razão. / Áulicos invejosos tentaram *desluzir* o feito de Colombo. / Tentaram *desluzir-lhe* os méritos. ⇨ Conjuga-se como *conduzir*.

desmedir-se. *V. pron.* Descomedir-se, exceder-se, exagerar, mostrar-se imoderado: *desmedir-se na* bebida; *desmedir-se nos* elogios; *desmedir-se em* delicadezas, etc. ⇨ Segue a conjugação de *medir*. Não é defectivo.

desmentir. *V. t. d.* Declarar não ser verdade o que alguém disse, contradizer, contestar. Diz-se: *desmentir* alguém, uma declaração, uma notícia, um fato, etc. / Ela o *desmentiu* na presença dos filhos. / Porta-voz do governo *desmente* demissão de ministros. / A conduta dele *desmentia* os seus ensinamentos. / Novas descobertas *desmentem* velhas teorias científicas.

⇨ Não nos parece correta nem adequada a construção *desmentir de* por *destoar de*, como na frase: O luxo ostentoso do soberano *desmentia da* pobreza de seu povo.

desmerecer. *V. t. d.* 1. a) Não merecer, não ser digno de: Ele *desmerece* os elogios que lhe fazem. / *Desmereçem* ocupar o cargo. / "A festa dessa noite, na opinião dos convidados, não *desmerecia* as anteriores." (Valentim Magalhães, *Flor de sangue*, p. 47); b) apoucar, diminuir o mérito, depreciar, desfazer em: Ele costuma *desmerecer* o talento dos outros. / Seria injusto *desmerecer* a qualidade desses produtos.

V. t. i. 2. a) Não merecer, não ser digno de: Esse artista *desmerece do* conceito de que goza. / Fazem-lhe muitos elogios, mas *desmerece deles*. / Ele *desmerece de* ocupar o cargo; b) depreciar, desfazer em: Não é justo *desmerecer do* trabalho desses missionários; c) não estar à altura, ser inferior: Esta obra póstuma não *desmerece das* que o autor publicou em vida.

V. i. 3. Perder o merecimento, o valor, a estima, decair (no conceito): "Eu não sei por que *desmereci* aos teus olhos." (Camilo Castelo Branco, *apud* Francisco Fernandes)

desmistificar. *V. t. d.* Livrar de ilusão coletiva, desfazer mistificações, revelar o caráter falacioso de, desmascarar: *desmistificar* a sociedade consumista; *desmistificar* a deusa televisão, os políticos demagogos, os falsos profetas, os charlatães, a propaganda televisiva, etc. Antônimo: *mistificar* (abusar da credulidade, iludir, ludibriar, enganar). Veja *mistificar*.

desmobiliar. *V. t. d.* Desguarnecer de mobília: *desmobiliar* uma casa, um apartamento, um salão, etc. Evitem-se as formas *desmobilar* e *desmobilhar*. Veja *mobiliar*.

desobedecer. *V. t. i.* 1. Não obedecer: *desobedecer ao pai; desobedecer-lhe, desobedecer à mãe.* / "Tomara birra do padre Vasques, mas não ousava *desobedecer-lhe*." (Eça de Queirós, *Os Maias*, I, p. 25)
2. Transgredir, infringir: *desobedecer à lei (desobedecer a ela); desobedecer às ordens de alguém (desobedecer a elas); desobedecer aos mandamentos divinos (desobedecer a eles).*
⇨ Na linguagem familiar é comum usar este verbo com objeto direto: *desobedecer o pai (desobedecê-lo); desobedecer as regras do jogo (desobedecê-las).* O mesmo ocorre na língua literária: "Façam o que bem entenderem, cometam imprudências, *desobedeçam conselhos.*" (Paulo Mendes Campos, *O anjo bêbado*, p. 35) / "E via tudo isto o Senhor Deus, e tomou-se de indignação reconhecendo que assim o *desobedecia* aquele servo a quem enchera de bens." (Carlos de Laet, *O frade estrangeiro*, p. 252)
⇨ *Desobedecer*, como *obedecer*★, admite a forma passiva: *O pai foi desobedecido.* / *Suas instruções foram desobedecidas.* Veja *obedecer*.

desolar. [Do lat. *desolare* (de *solus*, só, deserto), deixar só, despovoar, devastar.] *V. t. d.* 1. Despovoar, assolar, devastar: *A guerra e a epidemia desolaram a pequena cidade.* ⇨ Pouco usado nesta acepção.
2. Tornar muito triste, afligir: *Súbita desgraça veio desolar a família.* ⇨ Nesta acepção é galicismo incorporado ao português. Também o é *desolado*, que do sentido original de *despovoado, devastado*, passou a significar *muito triste, inconsolável*: *Ao saber da morte do amigo, ficou desolado.*

despedimo-nos. Veja *firmamo-nos*.

despedir. *V. t. d.* 1. Demitir: *A empresa despediu dez empregados.* / *O patrão despediu-os.* / *Talvez não o despeça.*
|| *Pron.* 2. Saudar ao retirar-se: *Despeço-me dele e parto.* / *Despeça-se e parta.* / *Despediram-se cordialmente.* / *Despedimo-nos e partimos.* ⇨ Conjuga-se como *pedir*, embora não derive deste.

despejar. Nas formas rizotônicas a sílaba *pe* é fechada (*pê*): despejo, despeja, despejam, despeje, despejem, etc.

despender. Gastar: *O clube despendeu um milhão de reais.* ⇨ Cognatos: *despesa, despensa*★. Grafa-se com *e*, embora derive do lat. *dispendere*.

despensa. *S.f.* Compartimento de uma casa onde se guardam mantimentos. ⇨ Diferente de *dispensa*.

despercebido. Veja *desapercebido*.

desperdiçar. Dessa forma, e não *disperdiçar*. Assim também *desperdício*.

despersuadir. 1. Fazer mudar de ideia, dissuadir: *Despersuadiu-o de vingar-se.* / *Os pais a despersuadiram* (e não *lhe despersuadiram*) *de casar com o jogador.*
Pron. 2. Dissuadir-se: *Despersuadiu-se de viajar.* / *Ainda não me despersuadi de que foi ela quem roubou a joia.*

despertar. Construções corretas: *O barulho da rua despertou-o.* / *Despertaram-no três batidas na porta.* / *Despertaram-na de um sono profundo.* / *Urge despertá-los dessa inércia e torpor moral.* / *Aquelas finas iguarias despertaram-lhe o apetite.* / *A presença da moça despertou nele velhos ressentimentos.*

despir. *V. t. d.* 1. Tirar do corpo a roupa (ou peça de roupa): *A babá despiu a criança.* / *Ela o despiu.* / *Ela despiu-lhe o casaco.*
2. Despojar: *O inverno despe as amendoeiras.* / *O vento despiu-as de suas folhas amareladas.*
3. Deixar, abandonar: *Dispa o seu egoísmo e ajude o pobre.*
Pron. 4. *Dispo-me e mergulho no rio.* / *Os plátanos despiam-se de suas folhas.* / *Os anos fazem com que os homens se dispam de suas ilusões.*
⇨ Conjuga-se como *vestir*.

desporto. [Do fr. antigo *desport*, divertimento.] *S.m.* Esporte: "Ele exibia o troféu conquistado num campeonato de tiro aos pombos, de vela ou mesmo noutros *desportos* menos aristocráticos." (Fernando Namora, *O homem disfarçado*, p. 47)
⇨ Pronuncia-se *despôrto* (sing.) e *despórtos* (pl.). No Brasil, a primitiva forma *desporto*, embora adotada pela Confederação Brasileira de Desportos, é menos usada que a variante *esporte* (do ingl. *sport*). Existe também a forma *desporte*, resultante do cruzamento das duas anteriores. Cognatos: *desportista, desportivo; esportista, esportivo,* a *esportiva* (espírito esportivo): *manter a esportiva.*

desposar. Nas formas dos verbos terminados em *-osar*, o *o* tônico é aberto: *desposo, desposa, desposam, despose; doso, dose; esposo, esposa; poso, pose,* etc.: "Nesta época eram três anéis, e o noivo dizia: — Com este anel eu te *desposo*, com este outro eu te honro e com este eu te doto." (Maria Ângela Cardaci Brasil, *O laço conjugal*, p. 104)

desprazer. *V. t. i.* 1. Desagradar, desaprazer: *Isto lhe despraz.* / *Minha proposta não lhe desprouve.*

/ É provável que as bases do acordo *desprazam* aos países ricos. ⇨ Conjuga-se como *aprazer*★.
|| *Subst.* 2. Desgosto, falta de prazer, desagrado: Visitas inoportunas causam-lhe *desprazer*.

despreocupar. Livrar de preocupação, tranquilizar: Tentei *despreocupá-lo*, dizendo-lhe que o caso não era grave. / Seu alto salário *despreocupa-o* do dia de amanhã. / Entreguei a questão a meu advogado e *despreocupei-me* de tudo. / *Despreocupou-se*, ao ver que tudo estava em ordem. / "Deus *despreocupa-se com* a amargura de um homem diante de uma cidade." (Nélida Piñon, *A força do destino*, p. 93) ⇨ Parece-nos boa a regência 'despreocupar-se *com* alguma coisa', usada por NP. *Despreocupação* também admite complemento regido da prep. *com*: despreocupação *com* a saúde (ou *com a higiene, com a moda, com o estilo*).

desprover. *V. t. d. e i.* 1. Privar de (provisões ou coisas necessárias): O general *desproveu de mantimentos* a cidade sitiada.
Pron. 2. Privar-se: Para sustentar a família, ele *desprovia-se de coisas necessárias*. ⇨ Conjuga-se como *prover*★. O particípio, *desprovido*, se usa também como adjetivo, na acepção de 'privado', 'carente', 'que não tem': município *desprovido de recursos*, caixa *desprovida de tampa*.

desses(as), destes(as). Usam-se no plural, com valor de adjetivos, e pospostos a substantivos precedidos do artigo indefinido, equivalendo a 'como esse', 'como essa', 'como este', 'como esta': Um técnico *desses* deve ser bem pago. / Só um gênio pode produzir uma obra *dessas*. / Um país *destes* pode tornar-se uma superpotência. / Quanto não vale uma joia *destas*?! ⇨ Eventualmente, antepõem-se a substantivos no plural: "Agora já não se fazem *destes aparelhos*." (Carlos de Laet) / "Patrocínio sempre soube inspirar *dessas dedicações* extremadas." (Vivaldo Coaraci, *Todos contam sua vida*, p. 251)

destarte. [De *desta* + *arte*.] Deste modo, assim; assim sendo, diante disso. Exs.: Estude a terra, o clima e a técnica: *destarte* colherá bons frutos. / A cidade está sitiada, não há mais homens nem armas, diz o general ao rei. – *Destarte*, responde o rei, só nos resta a rendição.

destilar. [Do lat. *destillare*, de *stilla*, gota.] 1. Fazer a destilação de, deixar cair gota a gota, verter: *destilar* sucos de frutas, caldo de cana fermentado, petróleo, etc.
2. Em sentido figurado: *Suas palavras destilavam ódio*.

⇨ Evite-se a grafia *distilar, distilação, distilaria* (com *dis*).

destinar. 1. Destinar alguém *a* (ou *para*) alguma coisa: Cristo *o destinou* (e não *lhe destinou*) a ser o chefe da Igreja. / O pai *destinava-o à* (ou *para a*) vida no mar.
2. Destinar alguma coisa *a* (ou *para*) alguém: O avô *destinou-lhe* o melhor pedaço de terra. / Deus *destinara ao* (ou *para o*) povo eleito a terra de Canaã.

destituir. *Ind. pres.*: destituo, destituis, destitui, destituímos, destituís, destituem. *Pret. imperf.*: destituía, destituías, destituía, etc. *Pret. perf.*: destituí, destituíste, destituiu, etc. Veja *verbos terminados em -uir*.

destorcer, distorcer. 1. *Destorcer*. É 'desfazer a torcedura', 'endireitar o que está torcido': *destorcer* uma corda, um fio, um pano, etc.
2. *Distorcer*. É 'causar distorção', 'mudar o sentido ou a intenção de', desvirtuar: *distorcer* uma declaração de alguém; *distorcer* uma notícia, um fato, etc.

destra, destro. 1. *Destra*. *S.f.* A mão direita. Antônimo de *sinistra* (a mão esquerda): O condutor da carruagem segurava com a *sinistra* as rédeas dos cavalos e com a *destra*, o chicote.
2. *Destro*. *Adj.* a) Que usa habitualmente a mão direita, destrímano, manidestro (antônimo de *canhoto*): Ele não é canhoto, é *destro*. b) Dotado de destreza, habilidoso: Ele é um operador *destro*. ⇨ Contrariamente ao que ensinam os dicionários, no Brasil pronunciam-se essas palavras com o *e* aberto, como *mestra* e *maestro*. Veja *dextri-, dextro-*.

destratar, distratar. 1. *Destratar*. Maltratar com palavras: Ele *a destratou* com insólita grosseria.
2. *Distratar*. Efetuar um distrato, rescindir, desfazer (contrato, negócio, sociedade).

destrímano. [Do lat. *dextra*, direita, + *manus*, mão.] *Adj.* Que usa preferencialmente a mão direita, destro, manidestro: "O homem por natureza é *destrímano*." (Aulete) É proparoxítono. Cognatos: *adestrar, adestramento, destrimanismo, destreza, bímano*, etc. Veja *dextri-* e *-mano*.

destrinçar. 1. Desenredar, desenlear (fios emaranhados); resolver (caso, questão, problemas difíceis): Era um caso de herança difícil de *destrinçar*.
2. Expor minuciosamente (um caso, um fato, uma situação).
⇨ Variante popular: *destrinchar*★.

destrinchar. Variante brasileira de *destrinçar*★. Surgiu provavelmente por influência de *trinchar* (cortar em pedaços carnes de aves e animais). Aliás, é também usada por *trinchar*, na fala cotidiana: *destrinchar um frango, um peru*, etc.

destróier. [Do ingl. *destroyer*, destruidor.] *S.m.* Contratorpedeiro. Pl.: *destróieres*.

destruir. Conjuga-se como *construir*★. *Ind. pres.*: destruo, destróis, destrói, destruímos, destruís, destroem. ⇨ São obsoletas as formas regulares *destruis, destrui, destruem*.

desvairado. *Adj.* 1. Enlouquecido, alucinado, perturbado, desatinado: Vendo o filho morto, ficou *desvairado*. 2. Que demonstra desvario: Enfrentou o bandido sozinha, o olhar *desvairado*.
|| *Subst.* 3. Pessoa desvairada: Gesticulava e falava alto como um *desvairado*.

desvairar. [De *desvariar*.] *V. t. d.* 1. Causar desvario, enlouquecer, alucinar: Um ódio profundo a *desvairou*. / Paixões desenfreadas *desvairam* a juventude.
V. i. 2. Alucinar-se, praticar ou dizer desatinos: A doente tinha alucinações e *desvairava*.

desvairo. *S.m. Desvario*★, loucura, delírio, alucinação; desacerto, desatino.

desvalido. *Adj.* 1. Sem valia ou apoio, desprotegido, desamparado: órfão *desvalido*.
|| *Subst.* 2. Indivíduo sem proteção, desamparado: Era um grupo de *desvalidos*, sobreviventes da catástrofe.
⇨ É palavra paroxítona (desvalído). Antônimo: *valido* (que goza de proteção).

desvalorizar. *V. t. d.* 1. Diminuir o valor, depreciar, aviltar: Emissões excessivas de papel-moeda *desvalorizam* o dinheiro. / O viaduto *desvalorizou* os prédios vizinhos.
Pron. 2. Perder o valor, depreciar-se: A nossa moeda *se desvaloriza* constantemente.

desvão. [De *des-* + *vão*.] *S.m.* Espaço entre o forro (ou laje) e o telhado; espaço sob uma escada; recanto esconso. Plural: *desvãos*.

desvario. *S.m.* Delírio, alucinação, desatino. Variante menos usada: *desvairo*. Pronuncia-se *desvarío* (*i* tônico, como em *navio*).

desvencilhar. [De *des-* + *vencilho* + *-ar*.] Livrar do *vencilho*★, desatar, livrar, desprender, desembaraçar: O prisioneiro conseguiu *desvencilhar* as mãos e fugir. / *Desvencilhei* o arbusto das trepadeiras que o sufocavam. / A sorte grande o *desvencilhou* de seus credores. / O menino *desvencilhou-se* dos braços da mãe e correu. / O cantor *desvencilhou-se* dos fãs e entrou no carro. / "Procurei *desvencilhar-me*, como pude, mas a onda humana vinha imensa, crescendo em torno de mim." (Ciro dos Anjos, *O amanuense Belmiro*, p. 19) / "Como conseguirei *desvencilhar-me* destes dois?" (Id., *Montanha*, p. 17) ⇨ Variantes: *desenvencilhar, desenvincilhar, desvincilhar*. *Vencilho* (ou *vincilho*), *desvencilhar* e variantes se prendem ao lat. *vinculum* (= laço, liame, amarra, atilho, vínculo). Veja *vencilho*.

desviar-se. Afastar-se, evitar, fugir de. Emprega-se pronominado em frases como: Eu me *desviei* do obstáculo. / O barco *desviou-se* da rota certa. / Não *te desvies* do bom caminho. / Não nos *desviemos* de nossas metas. / Não *se desviem* do tema proposto. / Ao *desviar-se* do buraco, o ciclista colidiu com o ônibus.

detalhe. [Do fr. *détail*.] *S.m.* Pormenor, particularidade, minudência, minúcia. É galicismo já incorporado ao português, bem como *detalhar* (fr. *détailler*, particularizar) e os derivados *detalhista* (que se preocupa com minúcias, meticuloso) e *detalhadamente* (minuciosamente, minudenciosamente). Como se vê, não faltam substitutos vernáculos. ⇨ Não nos parecem merecedoras de censura as expressões *mínimos detalhes, pequenos detalhes, mínimos pormenores*, ainda que redundantes. Ramalho Ortigão escreveu: "Todos os *mínimos pormenores* são tratados com igual escrúpulo." (*A Holanda*, p. 316)

deter. [Do lat. *detinere* < *de* + *tenere*, ter.] Segue a conjugação de *ter*★. Exs.: Detenho a carta. / Detens a carta? / Ele *a detém* em seu poder. / Eles *o detêm*. / Eu *o detinha* em casa. / Eu o *detive* pelo braço. / Tu o *detiveste* pelo braço. / Ele me *deteve* pelo braço. / A chuva o *detivera* na cidade. / Eles *se detiveram* a contemplar o mar. / Não há quem *detenha* o tempo. / Se eu não *a detivesse*, ela cairia no abismo. / Se ele *se detiver* na rua, chegará à escola atrasado. ⇨ Em jornais são frequentes erros como este: "Forças de segurança eslovenas *detiam* um comboio de blindados."

deteriorar. [Do lat. *deteriorare*, de *deterior*, pior.] Tornar pior, estragar, danificar, corromper: A maresia *deteriora* o ferro. / Os vícios *deterioraram-lhe* o organismo. / Os alimentos *se deterioram* com a umidade. / O leite *deteriorou-se*. ⇨ Verbo muito usado na acepção de 'agravar-se', 'complicar-se': As relações entre os dois países *deterioraram-se*. Não existe a forma *deteriorizar*.

deterioração. Forma correta. Evite-se *deteriorização*.

determinar. Escritores antigos antepunham a prep. *de* à oração infinitiva que complementa este verbo, na acepção de *decidir*: O casal *determinou de* adotar um órfão. / *Determinaram de* reconstruir o castelo. Hoje, em geral, se dispensa a prep.: *O casal determinou* adotar o órfão. / *Determinaram* reconstruir o castelo. ⇨ Tal prática ocorria e ainda ocorre com outros verbos transitivos diretos: *Decidiram de* avisar o rei. / *Desejava de* visitar o irmão. / *Prometeu de* libertar o escravo. / *Esperavam de* encontrá-lo vivo. / *Jurou de* vingar o pai. / *Receavam de* cair numa emboscada. / *Tentariam de* corrigi-lo. Hoje, prefere-se a regência direta: *Decidiram* avisar o rei. / *Desejava* visitar o *irmão*. / *Prometeu* libertar o escravo. Etc.

Deus o acrescente. Fórmula com que alguém agradece uma esmola, um donativo. Significa 'Deus o torne mais próspero' ou 'Deus lhe aumente os bens': "Passei o recibo, agradeci e despedi-me: — Obrigado, *Deus o acrescente*." (Graciliano Ramos, *São Bernardo*, p. 15) ⇨ É mais usual a variante de cunho popular 'Deus lhe acrescente': "*Deus lhe acrescente*, minha senhora devota! — exclamou o irmão das almas ao ver a nota cair em cima de dois níqueis de tostão e alguns vinténs antigos." (Machado de Assis, *Esaú e Jacó*, cap. III)

devem ficar. Veja *infinitivo não-flexionado*, item 2.

dever. 1. Para indicar probabilidade, pode-se inserir a prep. *de* na loc. formada por *dever* + *infinitivo*, conforme faziam escritores clássicos: O congresso *deve de aprovar* o projeto do governo. / O rapaz *devia de estar* armado. / *Devia de ser* muito penoso aquele trabalho. Não cabe a preposição, quando a ideia é de obrigação, necessidade: Motorista *deve dirigir* com cuidado. / Fruta, para ser gostosa, *deve estar* madura. ⇨ A língua de hoje raramente faz esta distinção. Em geral se diz: O guarda *devia estar* dormindo. / O cano *deve estar* entupido. Mário Palmério, no entanto, escreveu exemplarmente: "O morador *devia de estar* acordado ou tinha o sono por demais maneiro, pois logo deu sinal de si." (*O chapadão do Bugre*, p. 99)
2. O v. *dever* fica obrigatoriamente na 3ª pess. do sing. quando forma locução com os verbos impessoais *haver* e *fazer*: *Deve haver* ratos no porão. / *Devia haver* dez meses que não chovia. / Não *deveria haver* exceções. / Não acredito que *deva haver* muitos candidatos. / *Deve fazer* três anos que ele se mudou. ⇨ Com o verbo *existir* a concordância é normal: *Devem existir* ratos no porão. / Não acho que *devam existir* seres extraterrestres.
3. Na voz passiva, tanto é lícito usar o v. *dever* no singular como no plural, em frases do tipo: *Devem-se* (ou *deve-se*) desfazer os nós. / *Não se devem* (ou *não se deve*) poluir os rios. / *Deviam-se* (ou *devia-se*) comprar máquinas novas. / "Quando se joga, *deve-se aceitar* as regras." (Lêdo Ivo) / "Por isso foi que Jesus ensinou que *não se deve* julgar as pessoas, porque só julgamos de modo errado." (Assis Brasil, *A caçadora do Araguaia*, p. 51) / "*Deve-se* caiar as paredes." (Cândido de Figueiredo, *Falar e escrever*, I, p. 73) / "No concílio feito pelos apóstolos em Jerusalém, questionou-se sobre se *se devia* circundar os judeus." (Camilo Castelo Branco, *apud* Mário Barreto, *De gramática e de linguagem*, p. 45) / "Não *se deve* derrubar assim os pilares que sustentam um homem." (Autran Dourado, *Um cavalheiro de antigamente*, p. 229) ⇨ Embora haja tendência em usar, neste caso, o verbo *dever* no plural, convém repetir que ambas as construções são lícitas e sancionadas por modelares escritores. Veja *se* (pronome apassivador).

dever ser. Nesta locução verbal, o verbo *ser* fica invariável, em frases do tipo: As frutas *devem* sempre *ser* lavadas. / As crianças *não devem*, em nenhuma hipótese, *ser* maltratadas. Esta regra vale para as locuções *dever estar, dever ficar, poder ser* e outras análogas. Veja *infinitivo não-flexionado*, item 2.

de vez em quando. Dessa forma, e não *de vez em quanto*.

de vez que. Locução inaceitável. Não faltam expressões para indicar a ideia de causa: *uma vez que, porque, pois, por isso que, porquanto*.

devido a. *Loc. prep.* 1. Por causa de, em virtude de, em razão de: *Devido ao* excesso de peso, o barco afundou. / Os preços sobem *devido à* escassez dos produtos. / Nordestinos abandonaram o campo, *devido às* secas. / Perdeu o emprego *devido a* frequentes faltas ao serviço. Alguns autores negam, sem razão, legitimidade a esta locução, já consagrada pelo uso. ⇨ Não se deve usá-la sem a preposição, como nas frases: Não velejaram *devido o mau tempo*. / *Devido as fortes chuvas* de ontem, faltou luz na cidade. O correto é: *devido ao mau tempo, devido às fortes chuvas*. Evite-se usar *devido a* antes de ora-

ções infinitivas: Não entramos na água, *devido ao mar estar muito agitado*. Construção correta: Não entramos na água, *devido à grande agitação do mar*. Ou então: Não entramos na água *porque o mar estava muito agitado*. Outro exemplo do mau emprego da loc. *devido a*: Não prosseguiram, *devido à mata ser muito fechada*. Opções corretas: *porque a mata era muito fechada, por ser a mata muito fechada, por causa de ser a mata muito fechada*.
2. *Devido* pode funcionar como adjetivo (ou particípio), caso em que varia em gênero e número: Ele falou do respeito e amor *devidos* aos pais. / Prestaram-lhe honras *devidas* aos heróis. / Muitos acidentes *são devidos* a falhas humanas. / A derrota da Seleção *foi devida* à má arbitragem. / São muito graves os danos *devidos* ao desmatamento. / As falhas ocorridas na história da Igreja, *devidas* à fragilidade humana, não ofuscam a sua grandeza.

dextri-, dextro-. [Do lat. *dexter, dextra, dextrum*, direito, que está à direita.] *El. de comp.* = 'direito', 'que está no lado direito': *dextrocardia, dextrocerebral, dextrógiro* (ou *dextrogiro*), *dextrorrotatividade, dextrose* (= *glicose*), *dextrovolúvel* (= *dextrógiro*), *dextrina* (do fr. *dextrine*). Existem as variantes *destri-* e *destro-*, que ocorrem em *destrímano, destrimanismo, destrógrado*, etc. ⇨ A bem da simplificação ortográfica, seria preferível grafar com *s*, como *destro*, todas as palavras derivadas do adjetivo latino *dexter, dextra, dextrum*.

Δ **di-.** *Pref. gr.* Exprime a ideia de 'dois': *dígrafo, dissílabo, ditongo, díptero, dicotiledôneas*, etc.

Δ **dia-.** [Do gr. *diá*, através.] *Pref.* Aparece anteposto a radicais gregos, exprimindo as ideias de 'através' e 'separação': *diâmetro, diálogo, diáfano, diálise*, etc.

dia a dia. 1. Pela nova ortografia, também sem hífen, quando usado como subst. composto para designar 'o viver cotidiano', 'a atividade ou a rotina diária': Aposentado, o seu *dia a dia* era agora monótono. / É tão atarefado o *dia a dia* das mães! 2. Sem hífen, quando for expressão adverbial, equivalente a 'dia após dia', 'diariamente', 'no correr dos dias': *Dia a dia* o pássaro foi construindo o ninho. / *Dia a dia* se fortaleceu o seu prestígio.

dia 10, no dia 10. Nas expressões de tempo formadas com o dia do mês, pode-se omitir a prep. *em*, na linguagem informal: Ele chegará (no) dia 10. / Viajaremos (no) dia 25.

diabetes. [Do gr. *diabétes*.] Pela sua origem, é subst. masculino. Os dicionaristas o registram como masc. e fem. Talvez por influência da palavra *doença*, na língua do povo é geralmente usado no feminino. Na linguagem científica, convém usar *diabetes* (ou *diabete*) no masculino, como o fizeram os autores de diversas obras de Medicina por nós consultadas. Exs.: "Em quatro pacientes, dentre os 844 analisados, *o diabete* surgiu após hepatite por vírus." (Renato Dani e Luiz Paula Castro, *Gastroenterologia clínica*, vol. 2, p. 1089, ed. Guanabara, 1988) / "De todas as enfermidades crônicas, o *diabetes* é provavelmente a menos desagradável." (Dr. Justus J. Schifferes, *Enciclopédia médica familiar*, Ed. Record, 1964) / "*O diabete*, como se viu, era diagnosticado pelo sabor adocicado da urina." (Moacyr Scliar, *A paixão transformada*, p. 22)

diafragma. Adjetivo relativo ao diafragma: *frênico* (nervo *frênico*).

diamante. Adjetivos relativos a diamante: *diamantino, adamantino, diamantífero*.

dia primeiro, dia um. Para designar o primeiro dia do mês, pode-se usar o ordinal ou o cardinal: O fato ocorreu *no dia primeiro* (ou *no dia um*) de julho de 1990. ⇨ Hoje há preferência pelo ordinal: Ela nasceu *no dia primeiro* de maio de 1990.

diesel. [De *Rudolf Diesel*, engenheiro alemão, inventor do motor que leva o seu nome.] Pronuncia-se *dízel*: motor *diesel*, óleo *diesel*. É exemplo de subst. próprio que se tornou comum. Dado o seu largo uso, propomos seja aportuguesado: *dísel*.

dieta. Adj. relativo a dieta: *dietético* (produtos *dietéticos*).

diferençar, diferenciar. Ambas as formas são corretas. A segunda foi formada sobre o subst. latino *differentia*; a primeira, a partir do port. *diferença*. Na língua moderna, há nítida preferência pela forma *diferenciar*: É difícil *diferenciar* um gêmeo do outro. / O que *diferencia* um do outro? / O temperamento e os hábitos é que os *diferenciam*. / Eram tribos que se *diferenciavam* pelos seus ritos.

diferimento. *S.m.* Adiamento. Não confundir com *deferimento*★.

diferir. 1. Ser diferente, distinguir-se: Os dois textos *diferem* muito. / As cédulas falsas quase não *diferiam* das verdadeiras.
2. Divergir, discordar: Nossas opiniões não só *diferiam*, mas conflitavam.

3. Adiar: *Diferi* a viagem para o mês seguinte.
⇨ Conjuga-se como *ferir*: difiro, diferes, difere, etc.; difira, difiras, difira, difiramos, difirais, difiram. Distinguir de *deferir*★.

difícil de fazer. É dispensável o pron. *se* antes de infinitivo em expressões do tipo: cálculo *difícil de fazer*, obra *fácil de realizar*, osso *duro de roer*, fruta *boa de comer*, etc.: "Demais, não é tão difícil de analisar o *que* daquelas e iguais frases exclamativas." (Mário Barreto, *Últimos estudos*, p. 343) ⇨ Se o infinitivo vier seguido de complemento, é preferível dispensar a prep. *de* depois de *difícil*: Hoje *é difícil conseguir* um bom emprego.

digerir. Conjuga-se como *ferir*: digiro, digere, etc.; digira, digiras, digira, digiramos, digirais, digiram. Cognatos: *digestão, digestivo, indigesto*, etc.

Δ **digit(i)-.** [Do lat. *digitus*, dedo.] *El. de comp.* = 'dedo': *digitado, digital, digitiforme, digitígrado, dígito*, etc.

digladiar. [Do lat. *digladiari*, de *gladius*, espada.] *V. i.* e *pron.* 1. Combater com a espada: Dois escravos líbios *digladiavam* na arena. / Eles *se digladiavam* no Coliseu.
2. Lutar a favor, terçar, bater-se: Ele *digladiou-se* pela abolição da escravatura.
3. Discutir, bater-se em duelo verbal ou através da imprensa: Os dois líderes *digladiavam-se* frequentemente na Câmara. / "*Digladiavam-se* os partidos." (Aurélio Buarque de Holanda, *Seleta*, p. 11) / No passado, escritores e gramáticos *digladiavam-se* em torno de questões vernáculas. / No Senado, direitistas (*se*) *digladiavam* com esquerdistas.
⇨ Nas regências *digladiar-se com* e *digladiar-se por*, o verbo pode ser analisado como transitivo indireto.
⇨ Atente-se para a grafia correta deste verbo: *digladiar*, e não *degladiar*.

dignar-se. *V. pron.* 1. Normalmente, constrói-se com a prep. *de*, seguida de infinitivo: Deus *se dignou* de atendê-lo. / Ela nem *se dignou* de responder. / Rogou ao soberano *se dignasse* de ouvi-lo.
2. Pode-se omitir a prep.: O potentado raramente *se dignava* ouvir as queixas do povo. / *Digne-se* Vossa Excelência atender nosso enviado. / "*Dignai-vos*, Senhor, visitar esta habitação." (Mário Barreto, *Novos estudos*, p. 500)
3. É inadequada a prep. *a*: Esperei pacientemente, até que ele *se dignasse de* (e não *a*) me atender. / Com o cigarro preso entre os lábios, o inspetor sequer *se dignou de* [e não *a*] retribuir-me o cumprimento. Na seguinte frase que transcrevemos de um livro, o autor usou, incorretamente, a prep. *a*: "Nas aulas de anatomia o professor não *se dignava a* pegar o bisturi." Regência correta: "... não *se dignava de* pegar o bisturi." No mesmo erro incorreu o autor desta frase, extraída de um romance: "*Se dignou* apenas *a* me olhar com ar presunçoso quando Juliana me apresentou." Correção: "*Dignou-se* apenas *de* me olhar com ar presunçoso..."
4. Com a prep. *de* também se constrói o antônimo *dedignar-se* (não se dignar): "Alguém haverá que *se dedigne de* escrevê-las?" (Rui Barbosa)
⇨ Evite-se intercalar a vogal *i* no encontro consonantal *gn*: *dig-nar-se*, e não *diguinar-se*; *impugnar*, e não *impuguinar*; *ig-norância*, e não *iguinorância*; *ig-nição*, e não *iguinição*; *prog-nóstico*, e não *proguinóstico*; *magnífico*, e não *maguinífico*. O mesmo cuidado se deve ter ao pronunciar: *adepto, eczema, enigma, objeção, optar, ritmo, tecnologia*, etc. Veja *adaptar*.

dignitário. *S.m.* Pessoa que exerce cargo elevado ou que goza de um título que lhe confere dignidade. A forma considerada correta é *dignitário*, e não *dignatário*, pois o vocábulo é cognato do lat. *dignitate*: A ilha descoberta foi doada a um alto *dignitário* do reino. / "Até agora um presidente era sempre um alto *dignitário* governativo, com a capacidade pessoal e a confiança ministerial precisas." (Rui Barbosa, *Queda do império*, II, p. 19, *apud* V. Bergo) ⇨ Houaiss é o único lexicógrafo que defende a variante *dignatário*, segundo ele, derivada de *dignatus* (particípio do v. lat. *dignare*) + -ario, contudo não abona o seu uso com nenhum exemplo.

dilação. *S.f.* Adiamento, prorrogação, demora, prazo dado aos litigantes para produzirem suas provas. ⇨ Distinga-se de *delação*★.

dilapidar. [Do lat. *dilapidare*, < de *lapis, lapidis*, pedra.] Demolir, destruir; gastar demasiadamente, esbanjar: *dilapidar* a fortuna, os bens, a herança, o dinheiro público, o erário. A grafia consagrada pelo uso no Brasil é *dilapidar*, e não *delapidar*: "A corrupção *dilapida* anualmente no Brasil cerca de 20% do Produto Interno Bruto..." (JB, 1°/12/92, p. 10) ⇨ Existem, em latim, os verbos *delapidare* (tirar as pedras, demolir) e *dilapidare* (apedrejar; gastar, dissipar, dilapidar). Daí a vacilação gráfica em português.

dilatar. Aumentar, estender, distender. ⇨ Não confundir com *delatar*★.

diluir. Formas corretas: *diluo, diluis, dilui, diluímos, diluís, diluem; diluí, diluiu*. Veja *verbos terminados em -uir*.

diminuir. Formas corretas: *diminui, diminuiu, diminuímos*. Veja *verbos terminados em -uir*.

dinamite. É subst. feminino: *O sueco Alfred Nobel foi o inventor da dinamite*.

Δ **dinam(o)-.** [Do gr. *dýnamis*, força.] El. de comp. = 'força', 'potência': *dinamite, dinamômetro, dinamismo, dinâmico, dinamizar, dinâmica*, etc.

dinheiro. Adj. relativo a dinheiro: *pecuniário* (lat. *pecunia*, dinheiro, riqueza em gado).

dinossauro. [Do gr. *deinós*, terrível + *sauro*, lagarto.] Desta forma, e não *dinosauro*.

Δ **dipso-.** [Do gr. *dípsa*, sede (ê).] El. de comp. = a ideia de 'sede': *dipsomania, dipsomaníaco, dipsético, dipsorrexia*, etc.

direção. 1. Diz-se, indiferentemente, 'em direção a' ou 'em direção de' algum lugar: *Parti em direção a* (ou *de*) *um abrigo*. / *O nadador veio em direção à* (ou *da*) *praia*.
2. Diz-se, contudo, 'na direção de' (e não *a*) algum lugar: *Foi andando na direção do morro*.

direto. Adj. 1. É adjetivo em expressões como: *trem direto*, *linha direta*, *ligações diretas*.
|| Adv. 2. Usa-se como advérbio, portanto, invariável, na acepção de 'diretamente', 'sem parar nem desviar-se': *Foram direto ao hospital*. / *Fomos direto ao assunto*. / *Esta aeronave voa direto a Buenos Aires*. / *Elas não pararam nem para me cumprimentar: passaram direto*.
|| Subst. 3. No boxe, golpe que o pugilista desfere distendendo o braço horizontalmente: *Nocauteou o adversário com um direto de esquerda*.

dir-se-ia. De acordo com a tradição da língua, no futuro do pres. e no futuro do pret., pronome átono só pode estar anteposto ao verbo ou intercalado no verbo: *dir-se-ia*, ou *não se diria* (e nunca *diria-se*); eu *falar-lhe-ei*, ou *eu lhe falarei* (e nunca *falarei-lhe*). / "*Dir-se-ia* que anda no ar um mau pressentimento." (Manuel Bandeira, *Poesia completa e prosa*, p. 185) / "À primeira vista, *dir-se-ia* que o tratado de paz é a mais sábia das soluções." (Carlos Drummond de Andrade, *Os dias lindos*, p. 136) / "*Caber-lhe-ia* então mostrar dignidade e desprendimento." (Jorge Amado, *Tieta do Agreste*, p. 262) / "*Dar-me-iam* água para lavar as mãos?" (Graciliano Ramos, *Angústia*, p. 143) / "Os ímpios *erguer-se-iam* contra os eleitos e estes seriam obrigados a se defender." (Viana Moog, *Um rio imita o Reno*, p. 36) ⇨ É reprovável a colocação pronominal nesta frase de um artigo de jornal: "Pelo teste de popularidade de rua, *diria-se* que, ou ambos [os candidatos] estão eleitos ou o carioca é um tremendo malandro." Além disso, é inadequada a vírgula depois da palavra *que*. No mesmo jornal, uma cronista política dizia que "O governo *mostraria-se* fragilizado". "O governo *mostrar-se-ia* (ou *se mostraria*) enfraquecido" deveria ter escrito.

Δ **dis-.** Pref. gr. Exprime 'dificuldade', 'distúrbio ou anomalia física': *disenteria, disfagia, dislalia, dispepsia, dispneia, disritmia, distrofia* e outros vocábulos da terminologia médica. ⇨ Não deve ser confundido com o pref. *dis-*, ocorrente em palavras de procedência latina e denotador de negação, separação, dispersão: *díspar, dissidente, dissociar, disjuntor, dissabor, disseminar*, etc.

discente. Adj. Que aprende ou estuda; relativo a aluno.
| *Corpo discente*: o conjunto de alunos de uma escola. Veja *docente*.
⇨ Antônimo: *docente*★.

discorrer. [Do lat. *discurrere*, correr para diversos lados.] 1. É verbo da língua culta, usado, hoje, quase exclusivamente na acepção de 'falar sobre (ou *acerca de*)': *Na palestra, o sociólogo francês discorreu sobre a importância da família*. / *Embora jovem, ele discorre com desembaraço acerca de qualquer assunto*.
2. Pouco usado no sentido de 'correr para diversos lados', 'percorrer' e 'vaguear'.

discrição. [Do lat. *discretione*.] S.f. Qualidade do que é discreto (reservado nas palavras e ações), moderação, reserva, circunspecção: "Bastava que agisse com um pouco mais de tato e *discrição*." (Viana Moog, *Em busca de Lincoln*, p. 127) A grafia tradicional é *discrição*, e não *discreção*. O *e* da palavra latina passou a *i* em outros vocábulos: *processione > procissão; confessione > confissão; professione > profissão*. ⇨ Antônimo: *indiscrição*. Parônimo: *descrição*★, ato de descrever.

discriminação. S.f. Ato de discriminar, faculdade de distinguir, discernimento; separação, segregação: *discriminação racial*.

discriminar. [Do lat. *discriminare*.] 1. Distinguir, discernir: *discriminar as verdadeiras e as falsas doutrinas; discriminar o bem do mal*.
2. Estabelecer diferença ou restrições, separar: *Não se deve discriminar pessoas por motivos de raça ou de cor*.

⇨ Distinga-se de *descriminar*★.
discussão. [Do lat. *discussione*.] *S.f.* Ato de discutir, altercação. São erros primários as grafias *discução* e *discursão*.
disenteria. [Do gr. *dysenteria*, de *dis-* + *énteron*, intestino, + *-ia*.] Desta forma, e não *desinteria*.
diserto. [Do lat. *disertus*.] *Adj.* Que se exprime com facilidade e elegância, bem-falante, eloquente, facundo. ⇨ Parônimo: *deserto*.
disfarçado. *Adj.* Seu complemento é regido, indiferentemente, da preposição *de* ou *em*: O ladrão entrou no prédio *disfarçado de* carteiro. / "No mesmo dia, reconheceu-se que o garimpeiro era uma bela rapariga *disfarçada em* homem." (Joaquim Felício dos Santos, *Memórias do Distrito Diamantino*, p. 100) / "*Disfarçado em* mendigo, Ulisses luta com Iros por um miúdo de cabra." (Maria José de Queirós, *A literatura e o gozo impuro da comida*, p. 29)
disfarçar. Construído com predicativo, admite as prep. *de* ou *em*: *Disfarçaram-no de* (ou *em*) padre franciscano. / O rei *disfarçou-se de* (ou *em*) mendigo. / Os assaltantes *disfarçaram-se de* (ou *em*) policiais. / "*Disfarçaram* o milionário *em* carregador." (Aurélio). ⇨ A construção vernácula é *disfarçar-se de*. *Disfarçar-se em* é decalque do francês *se déguiser en*.
disjungir. [Do lat. *disjungere*, separar, desunir, desatrelar.] *V. t. d.* Soltar ou desprender do jugo, da canga: disjungir uma junta de bois. *Fig.* As desavenças *disjungem* os partidos. Variantes: *desjungir* e *dejungir*. Ant.: *jungir*. Cognatos: *cônjuge, conjunção, disjuntor, junção, jungir, junta, juntar, junto*, etc.
disjuntor. Desta forma, e não *dijuntor*. ⇨ Sinônimo: *interruptor*.
dislexia (cs). [De *dis-* + *lex-* + *-ia*.] *S.f.* Incapacidade ou dificuldade para ler ou de compreender o que se lê.
Disléxico ou *dislético*: que ou aquele que sofre de dislexia.
díspar. *Adj.* Desigual, diferente. Plural: *díspares*. A sílaba tônica é a primeira, como no cognato *ímpar, ímpares*.
disparado. 1. Varia quando particípio ou adjetivo: Foram *disparadas* várias flechas. / *Disparados* os tiros, o barco pesqueiro fugiu. / Os cavalos passaram pela trilha *disparados*.
2. Fica invariável quando usado como advérbio, na acepção de 'de longe', 'com grande vantagem ou superioridade em relação a outro': A tenista sueca foi, *disparada*, a melhor do torneio.
/ A égua X ganhou *disparado*. / Esses pilotos foram, *disparado*, os melhores da temporada.
dispor. 1. É verbo trans. direto no sentido de 'colocar ordenadamente': A criança *dispôs* os soldadinhos em fila.
2. Trans. direto também na acepção de 'determinar', 'prescrever': A lei *dispõe* que todo narcotraficante deve ser punido.
3. É trans. indireto nas acepções de: a) usar livremente, fazer o que se quer: *Disponha* destas terras conforme lhe aprouver; b) ter, possuir: Não era muito o dinheiro *de que dispúnhamos*. / Ele contribuirá com todos os meios de que *dispuser*. / Os recursos *de que dispunha* eram insuficientes. ⇨ Seria erro grosseiro omitir a prep. *de* nos três últimos exemplos.
4. *Dispor* conjuga-se como *pôr*★.
disputar. Emprega-se em todas as pessoas do presente do indicativo. Veja *computar*.
dissecação, dissecção. *S.f.* Para designar o ato cirúrgico de dissecar, temos *dissecção*, que deriva do lat. *dissectione*, e *dissecação*, variante formada no português (*dissecar* + sufixo *-ção*).
dissuadir. Fazer mudar de opinião ou propósito. Exige obj. direto de pessoa: Foi difícil *dissuadir* meu pai de viajar. / Foi difícil *dissuadi-lo*. / Tentamos *dissuadi-la* daquela ideia insensata. / "Procuraria *dissuadir* Mocinha daquele namoro imprudente." (Barbosa Lima Sobrinho) / "Dona Catarina *dissuadiu-a* de pedir esclarecimentos..." (Camilo Castelo Branco, *A queda dum anjo*, p. 103)
distinguir. Não se profere o *u* deste verbo. Pronuncie-se como *seguir*, em todas as formas: *distinguia, distinguiu, distinguimos, distingue*, etc.
distorção. *S.f.* 1. Ato de distorcer; falta de fidelidade na reprodução dos sons; deformação de imagens televisivas; deformação de um campo elétrico ou magnético.
2. *Fig.* Ato de mudar o sentido, a intenção de; desvirtuamento, deturpação: É dever da imprensa noticiar os fatos sem *distorções*.
distorcer. Veja *destorcer*.
distratar. Veja *destratar*.
distrato. [Do lat. *distractus*.] *S.m.* Ato de distratar, rescisão de contrato.
distribui. Grafa-se com *i* final, e não com *e*. Veja *verbos terminados em -uir*.
disúria. [Do gr. *dysouría*.] *S.f.* Micção difícil e dolorosa. Dificuldade de urinar.
⇨ Variante prosódica: *disuria*.

diuturno. [Do lat. *diuturnus.*] *Adj.* Que vive muito tempo; de longa duração: Sua obra é fruto de trabalho *diuturno.* ⇨ Não deve ser confundido com *diurno* (= do dia, diário).

divergir. *V. i.* 1. Discordar, estar em desacordo, diferir, ser divergente: É natural que os políticos *divirjam* e até briguem. / As opiniões dos entendidos *divergem.* / Os membros do conselho *divergiam* em vários pontos. / *Divergiam* quanto às medidas que deviam ser tomadas de imediato. *V. t. i.* 2. Discordar: O médico *divergia* de seu colega. / Neste ponto *divirjo* do médico. ⇨ Muda o *e* em *i* na 1ª pess. do sing. do pres. do ind. (*divirjo*), e, portanto, em todas as pessoas do pres. do subj.: *divirja, divirjas, divirja, divirjamos, divirjais, divirjam.*

divertimo-nos. Veja *firmamo-nos.*

dizer. V. irregular. *Ind. pres.:* digo, dizes, diz, dizemos, dizeis, dizem. *Pret. imperf.:* dizia, dizias, dizia, etc. *Pret. perf.:* disse, disseste, disse, dissemos, dissestes, disseram. *Pret. mais-que-perf.:* dissera, disseras, dissera, etc. *Fut. do pres.:* direi, dirás, dirá, diremos, direis, dirão. *Fut. do pret.:* diria, dirias, diria, etc. *Subj. pres.:* diga, digas, diga, digamos, digais, digam. *Pret. imperf.:* dissesse, dissesses, dissesse, etc. *Fut.:* disser, disseres, disser, dissermos, disserdes, disserem. *Imper. afirm.:* dize, diga, digamos, dizei, digam. *Ger.:* dizendo. *Part.:* dito. Veja *dizer para.*

dizer alto e bom som. Veja *alto e bom som.*

dizer com. Combinar, condizer, harmonizar-se: O verde *diz bem com* o branco. / Os gestos do ator não *diziam com* suas palavras. / "O nosso Fanfarrão, prezado amigo, nos dá mui boa prova: não se nega que tenha ilustre sangue, mas não *dizem com* seu ilustre sangue as suas obras." (Tomás Antônio Gonzaga, *Cartas chilenas,* p. 294)

dizer para. É construção da linguagem vulgar 'dizer a alguém para + infinitivo', como nas frases: O patrão *disse* ao empregado *para* abrir a loja. / Disseram ao viajante *para* ter cuidado. / Telefonou à mãe *dizendo-lhe para* não se preocupar. / *Diga* a ele *para* voltar cedo. Na língua culta se dirá: O patrão *disse* ao empregado que *abrisse* a loja. / Disseram ao viajante que *tivesse* cuidado. / Telefonou à mãe *dizendo-lhe que* não *se preocupasse. Diga* a ele *que* volte cedo. ⇨ A construção vulgar, que ocorre também com o v. *pedir*★, embora gramaticalmente incorreta, é mais leve e expressiva.

dizer que... A construção correta é 'dizer a alguém que...', e não 'dizer a alguém *de* que...': Ele disse aos jornalistas *que* (e não *de que*) não se considerava culpado. Veja *de que.*

dizimar. [Do lat. *decimare.*] 1. Matar um soldado em cada grupo de dez: O general romano *dizimou* a tropa que se rebelara. 2. Matar em grande número: A epidemia *dizimou* a população. / Doença estranha *dizimava* os rebanhos.

dó. *S.m.* Compaixão, pena. É subst. masc.: Ela tem *muito dó* desses infelizes. ⇨ "O vocábulo *dó* é masculino, mas na linguagem popular passa frequentemente como feminino." (Evanildo Bechara, MGP, p. 30)

doa a quem doer. Expressão que usamos quando nos referimos a um ilícito que deve ser investigado e seu autor, punido, seja ele quem for. Ex.: Tudo será esclarecido e a punição, aplicada. *Doa a quem doer.* ⇨ Variante menos usada: Doa *em* quem doer.

doble. [Do esp. *doble,* duplo.] *Adj.* Duplo, dobrado, dúplice; dúbio, fingido, enganoso, falso: "Faz longas e judiciosas considerações sobre as contínuas tergiversações e a política *doble* do cardeal." (João Francisco Lisboa, *Vida do padre Antônio Vieira,* p. 122). Variante: *dobre.*

doce. Superl. abs. sint.: *dulcíssimo, docíssimo.*

docente. *Adj.* Que ensina, relativo a professores: *corpo docente* (= conjunto dos professores de uma escola). Antônimo: *discente*★.

dócil. Superlativo abs. sint.: *docílimo.*

Δ dodeca-. [Do gr. *dôdeka,* doze.] *El. de comp.* Exprime a ideia de 'doze': *dodecágono, dodecapétalo, dodecassílabo.*

doer. 1. Concorda regularmente com o sujeito: *Dói-lhe* o estômago. / *Doem-lhe* as costas. / *Doíam-me* os pés. / Como lhe *doeram* as vaias da plateia! O sujeito pode ser uma oração infinitiva: *Dói-me* ver essas crianças famintas. 2. Ressentir-se, magoar-se; compadecer-se. Exs.: Ele *doeu-se* das críticas que lhe fizeram. / Têm coração duro, não *se doem* da velha mãe. ⇨ Na prática, *doer* só se usa nas 3ªs pessoas. *Doem* (ó) de *doer,* e *doem* (ô), do v. *doar,* grafam-se da mesma forma, sem acento: *Doem-lhe as pernas.* / É louvável que as editoras *doem* livros às bibliotecas.

doestos. *S.m.* Insultos, injúrias. É aberto o timbre da vogal *e,* como em *gestos.*

do Globo. Veja *de O Globo.*

do jeito que, do modo que, da maneira que. São locuções conjuntivas denotativas de modo e equivalentes de *como, do modo como*, em frases do tipo: *Do jeito que* as coisas vão, pouco se pode esperar desse governo. / "Executou o trabalho *do modo que* pôde." (Arlindo de Sousa, *A palavra QUE*, p. 62) / "Na nova casa continuou a trabalhar *do modo que* sabia." (Jorge Caldeira, *Mauá, empresário do Império*, p. 530) / "Escreve-se [a língua portuguesa] *da maneira que* se lê, e assim se fala." (Francisco Rodrigues Lobo, *apud* Carlos de Laet, *Antologia nacional*, 34ª ed., p. 281) / "*Da maneira que* vão os costumes, meu amigo, há corações expostos às dúzias para cada mês." (Camilo Castelo Branco, *O santo da montanha*, cap. III) Evidentemente, também se pode construir: *Pelo* (ou *do*) *modo como* as coisas vão,... / Executou o trabalho *como* pôde. / Escreve-se a língua portuguesa *como* se lê (ou *do mesmo modo que* se lê). / "*Pela maneira como* estavam trajados os homens, a gente podia logo identificá-los." (Assis Brasil, *A caçadora do Araguaia*, p. 26)

do jeito que as coisas vão. Estereótipo de colorido coloquial: "*Do jeito que as coisas vão*, em breve não teremos mais encostas verdes na cidade." (Henrique Correia Machado, *O Globo*, 3/10/1999) Convém variar, dizendo: *do modo como as coisas andam*; *a continuar esta situação*; *se tais fatos continuarem*; *no ritmo em que as obras andam*, e outras expressões similares, conforme o contexto. *Do jeito que, do modo que, da maneira que, pelo modo que, pela mesma razão que*, etc., são expressões sintéticas, concisas e cômodas. E não são de hoje. Escritores clássicos já as utilizavam.

Δ **dolico-.** [Do gr. *dolichós*, longo.] *El. de comp.* = 'longo', 'comprido': *dolicocéfalo, dolicocefalia, dolicópode*.

dolo. [Do gr. *dólos*, através do lat. *dolus*.] *S.m.* Astúcia, ardil, artifício para enganar alguém, má-fé. A vogal *o* da sílaba inicial é aberta, como em *solo*.

Dom. [Do lat. *dominus*, senhor.] Título honorífico dado a reis, monarcas, príncipes e dignitários da Igreja católica: *Dom Pedro II, Dom Hélder Câmara*. Pode-se abreviar: *D. João VI, D. Eugênio*. Não se usa artigo antes de *Dom*, que não deve ser confundido com o homônimo *dom* (do lat. *donum*, dádiva), dádiva, dote natural.

domicílio. *S.m.* Casa de residência. A expressão *a domicílio* complementa verbos que pedem a prep. *a*: Levam-se encomendas *a domicílio*. [Leva-se algo *a um lugar*.] Se o v. exige a prep. *em*, a expressão adequada é *em domicílio*: Atende-se *em domicílio*. [Atende-se *em casa*.] / Leciona-se *em* *domicílio*. [Leciona-se *em casa*.] ⇨ A língua corrente não faz essa distinção. Usa exclusivamente *a domicílio*: Atende-se *a domicílio*. / Entregas *a domicílio*. Veja *a domicílio*.

domiciliar. Pode ser:
Adj. 1. Referente a domicílio, feito em domicílio: entrega *domiciliar*, prisão *domiciliar*.
|| *V. t. d.* 2. Acolher em domicílio, dar domicílio: Ele *domiciliou* o órfão.
|| *Pron.* 3. Fixar residência ou domicílio: Ela *domiciliou-se* em Curitiba.

domingo, no domingo. Nas expressões de tempo formadas com os dias da semana ou com as palavras *dia, noite, semana, mês, ano*, pode-se omitir as contrações *no, na*, ou a preposição *em*: A banda tocará (no) *domingo* à tarde. / As aulas reiniciarão (na) *terça-feira*. / O navio deverá chegar ao Rio *sexta-feira*. / *Sábado* não haverá jogo. / *Dia 10* vão iniciar a obra. / Ele chegou de Roma *semana* passada. / Estive lá *o mês* (ou *o ano*) passado. / Não houve geadas fortes no sul *este ano*. / *Aquela noite* cheguei em casa cansado. ⇨ Na linguagem formal, recomenda-se, em tal caso, não omitir a preposição ou as contrações.

dona de casa. *S.f.* Mulher que dirige e administra o lar. ⇨ A expressão não se hifeniza porque os dois substantivos que a formam conservam aproximadamente seu significado individual, tal como em *estrada de ferro, doce de leite, sala de visitas, anjo da guarda*, etc. Pl.: *donas de casa*.

donde. [Contr. de *de + onde*.] Pode indicar:
1. Procedência: *Donde* o senhor vem? / "Eu vim cedo para a corte, *donde* segui a estudar e bacharelar-me em São Paulo." (Machado de Assis, *Histórias sem data*, cap. IV) ⇨ Neste caso, pode-se usar *de onde*, sem contração: "O terrorista é o criminoso mais procurado do Chile, *de onde* fugiu em 1996." (*O Globo*, 10/2/2002)
2. Conclusão, dedução: É bonito e rico; *donde* a atração que exerce sobre as mulheres.
3. Efeito, consequência: É um produto de excelente qualidade; *donde* a sua grande aceitação.

do ponto de vista. *Loc.* Sob o aspecto, relativamente a, do ângulo: *Do ponto de vista* político, o discurso dele foi um desastre. / *Do ponto de vista* moral, o filme é irrepreensível. ⇨ É incorreta a expressão *sob o ponto de vista*. Veja *ponto de vista*.

do que[1], o de que. Recomenda-se, por questão de eufonia, construir '*Do que* ele mais gosta é sair à noite', em vez de 'O *de que* ele mais gosta é sair à noite'. Da mesma forma: *Do que* não podemos prescindir é de bons profissionais. / Ele não tem *do que* reclamar. / "Olhou os manuscritos nas prateleiras, quis saber *do que* se tratava." (Moacyr Scliar, *A mulher que escreveu a Bíblia*, p. 193) / "Assim, a criança poderá descobrir *do que* gosta mais, *do que* gosta menos e *do que*, definitivamente, não gosta." (Rosely Sayão, *Folha de S. Paulo*, 27/10/2005) ⇨ Pode-se repetir a prep. e construir: *Do que* ele mais gosta é *de* sair à noite. / "*Do que* ele menos se lembrava era *da* perfídia que os inspirou." (Machado de Assis, *Histórias da meia-noite, Obra completa*, vol. II, p. 228) / "*Do que* se trata agora é *de* chamar cirurgiões..." (Mário Barreto, *Através do dicionário e da gramática*, p. 271) / "*Do que* não desconfiavam era *da* sua estranha e espantosa capacidade de trabalhar." (Álvaro Lins, *Rio Branco*, p. 101) / "*Do que* gostamos é *de* vinhaça e viola." (Eça de Queirós, *Os Maias*, I, p. 415) / "*Do que* ele principalmente se convencera, nesses estreitos anos de vida, era *da* inutilidade de todo o esforço." (Idem, *Os Maias*, II, p. 485) / "*Do que* eu mais gosto é *de* um copo de cerveja." (Dalton Trevisan, *Novelas nada exemplares*, 8ª ed., p. 137) ⇨ É erro grave omitir a prep. inicial e dizer: O *que* ele mais gosta é (*de*) sair à noite. Veja os verbetes com *o que*, no *que* e *deslocamento de preposições*.

do que². Para unir os dois termos de uma comparação, pode-se usar *do que* ou simplesmente *que*: A gasolina é mais cara *que* (ou *do que*) o álcool. ⇨ Às vezes *do que* atende melhor à harmonia da frase: No filme havia mais personagens *femininas do que masculinas*.

dose. [Do gr. *dósis*.] *S.f.* Porção de medicamento ou de bebida. Cognatos: *dosagem, dosar, dosímetro*, todos com *s*. Diferente do numeral *doze* (lat. *duodecim*), que se escreve com *z*.

dotar. [Do lat. *dotare*.] *V. t.* 1. Dar dote a: O marquês *dotou* a filha.
2. Dar como dote: Ele *dotou* a instituição beneficente com elevada quantia.
3. Beneficiar (com algum dom natural): A natureza *dotou* os animais *de* (ou *com*) meios de defesa. / Deus o *dotou de* brilhante inteligência. / Os anos tinham apagado a beleza *de que* (ou *com que*) a natureza as *dotara*.
4. Prover, munir: Urge *dotar* os hospitais públicos *de* (ou *com*) equipamentos e recursos.

doutor, doutora. Abreviaturas: Dr., Drª ou dr. e drª.

doutorar. *V. t. d.* 1. Conferir o grau de doutor a: A Universidade Federal do Rio o *doutorou* em 1990. *Pron.* 2. Receber o grau de doutor: Ele *doutorou-se* em Medicina aos trinta anos. / Quando é que ele *se doutora?*
⇨ No pres. do ind. e do subj. o *o* tônico é aberto: doutoro, doutoras, doutora, doutoram; doutore, doutores, doutore, doutorem. Homônimos: *doutora* (ô), *doutoras* (ô), *doutores* (ô), substantivos.

Δ **doxo-, -doxo.** [Do gr. *dóxa*, opinião; crença; glória.] *El. de comp.* = 'crença', 'opinião', 'glória': doxografia, doxomania, ortodoxo, heterodoxo.

Δ **dromo-, -dromo.** [Do gr. *drómos*, corrida.] *El. de comp.* = 'corrida': autódromo, hipódromo, dromoterapia, velódromo, etc. ⇨ Na formação do neologismo *sambódromo*, criado em 1984, o radical grego foi indevidamente utilizado, pois os sambistas não correm na pista, apenas desfilam. Além disso, é um vocábulo híbrido. Veja *hibridismo*.

druida. *S.m.* Antigo sacerdote da Gália e da Bretanha. Pronuncia-se *drúida*, como o ditongo *ui* de *cuida*. Fem.: *druidesa*.

dublê. [Do fr. *doublé*.] Pessoa que, nos filmes, substitui um ator em certas circunstâncias, principalmente em cenas perigosas. ⇨ É substantivo invariável em gênero: o *dublê*, a *dublê*.

dúplex, duplex. *Adj.* 1. Dúplice, duplo: Apartamento *dúplex*. Pl.: *dúplices*.
|| *Subst.* 2. Apartamento que abrange dois pavimentos: Mora num luxuoso *duplex*. ⇨ Pronuncia-se, em geral, como vocábulo oxítono: um *duplex*. No plural, é subst. invariável: os *duplex* (cp. os *telex*, as *xerox*).

duplo sentido. O duplo sentido ou o sentido ambíguo de uma frase decorre geralmente da má colocação das palavras. É um defeito de expressão que se deve evitar com cuidado. Eis um exemplo extraído de um artigo jornalístico assinado por uma antropóloga: "Não é justo esquecer que famílias inteiras foram expulsas dos locais onde viviam há décadas e outras acabaram vendendo casas construídas com os maiores sacrifícios durante anos *por qualquer preço* para se livrar dos riscos e dos estragos provocados pelos tiroteios constantes." A expressão *por qualquer preço* deveria estar após o verbo *vendendo*, para não dar a entender que as casas foram construídas a qualquer preço. ⇨ A frase apresenta ainda outras falhas: a omissão da conjunção *que* antes da palavra *outras*, a ausência de vírgulas, etc.
Da má posição das palavras podem resultar sentidos ridículos. Exs.: *Mando-te uma cadelinha*

pela minha empregada que tem as orelhas cortadas. / "O retorno à democracia [na Venezuela] no final dos anos 50, quase foi truncado pela guerrilha que ameaçou acabar com a *eleição a bala*." (*JB*, 4/7/95, editorial) / "Apesar da irritação com a exclusão do *ministério das discussões*, o conteúdo da medida não foi mal recebida (sic) no Ministério." (*JB*, 30/3/95, p.12) ⇨ A última frase refere-se ao Ministério da Fazenda e, além da má colocação do complemento nominal 'das discussões', contém ainda um erro de concordância e outro de ortografia.
Outras amostras de frases ambíguas: O senador estava conversando com o deputado *no seu gabinete* (No gabinete de qual deles?). / O marido da vereadora *que sofrera o acidente* não estava em casa (Quem sofreu o acidente?). / O detetive viu o militar quando tentava entrar *na casa dele* (Na casa de quem?). / A professora surpreendeu a filha a ler um livro que *ela* conseguira da amiga (Quem conseguiu o livro?). / "O ministro da Fazenda, Ciro Gomes, qualificou os compradores de carros que pagavam ágio aos *revendedores de otários*." (*JB*, 13/2/96) Revendedores de otários?! Para fugir ao sentido ambíguo e ridículo, bastava que o jornalista tivesse escrito: "O ministro da Fazenda, Ciro Gomes, *qualificou de otários* os compradores de carros que pagavam ágio aos revendedores. / "A mulher morou em Guaíra, onde teria engravidado, *por três anos*." (*Folha de São Paulo*, 18/7/02) O adjunto adverbial de tempo está fora do lugar. Coloque-se antes: A mulher morou três anos em Guaíra, onde teria engravidado. / "Foi identificado como Cristiano San Martin um dos sequestradores do publicitário Washington Olivetto, *que continua foragido*." (*JB*, 3/8/2002) A frase dá a entender que WO, a vítima, continua foragido. Um disparate! / "Segundo o Comando Militar do Leste, existem 56 ações de reintegração de posse das *áreas invadidas na Justiça*." (*O Globo*, 13/10/2002) O adjunto adverbial *na Justiça* deve ficar junto do verbo: 'existem, na Justiça, 56 ações...'

durante o tempo em que... A linguagem culta não dispensa a prep. *em*, antes do *que*, nesta expressão de sentido temporal: *Durante o tempo em que* esteve preso, recebia visitas de seus amigos.

duro de roer. Veja *difícil de fazer*.

dúvida. Veja *não há dúvida (de) que*.

duvidar. Ter dúvida, não ter certeza, não acreditar; hesitar: Há quem *duvide* da existência de Deus. / Ele *duvida (de)* que Deus exista. / *Duvidamos (de)* que ele consiga eleger-se. / Egoístas, não *duvidam (de)* sacrificar o bem comum aos seus interesses mesquinhos. / Talvez ela *duvidasse (de)* adotar o órfão. / "E o grego não *duvidava* também *em* admitir que Cróton houvesse sido morto pelo Deus dos cristãos." (Salomão Filgueira, *Quo Vadis?*, p. 214, tradução, Garnier) / "*Duvidei em* aceitar o convite." (Aurélio) ⇨ É comum omitir a prep. *de* antes de orações infinitivas ou de orações iniciadas pela conj. *que*, como nos quatro últimos exemplos. Não se usa a prep. diante da conjunção *se*: *Duvidavam* se o estádio comportaria tanta gente. / Ainda *duvida* se deve obrigar o filho a estudar ou a trabalhar.

E

e. 1. *Conjunção aditiva.* Une orações ou palavras: Ela corria *e* gritava. / Cultivam milho *e* soja.
2. *Conj. adversativa.* Assume eventualmente valor adversativo, equivalendo a *mas, contudo*, em frases como: O capitão estava ferido, *e* continuou lutando. / São uns incompetentes, *e* ocupam altos cargos.

Δ **e-.** *Pref. lat.* Traduz, com mais frequência, a ideia de movimento para fora, separação: *ejetar, ejetável, emergir, emigrar, emitir, emascular, evaporar*, etc. Aparece sob a forma originária *ex★*: *expelir, expatriar, exumar*, etc.

é bom. Permanecem invariáveis as locuções *é bom, é necessário, é preciso, é proibido*, quando o sujeito não está determinado pelo artigo ou por certos pronomes: Fruta *é bom* para a saúde. / Bebida alcoólica não *é bom* para o fígado. / *É necessário* coragem. / Não *foi preciso* muita força para erguê-lo. / *É proibido* entrada *a* (ou *de*) pessoas estranhas. / *É preciso* cautela com semelhantes doutrinas." (Camilo Castelo Branco, *apud* Mário Barreto, *Novos estudos*, p. 290) ⇨ A ênfase pode justificar o plural: "Se *eram necessárias* obras, que se fizessem e largamente." (Eça de Queirós, *Os Maias*, I, p. 8)
Havendo determinação do sujeito, efetua-se a concordância normalmente: A fruta (ou *esta fruta*) *é muito boa*. / *É necessária a* colaboração de todos. / *É proibida a* caça nesta reserva. / *É proibida a* entrada de pessoas estranhas. / "Para Antonil *são precisos* nada menos de duzentos escravos para cada engenho." (Oliveira Viana, *Evolução do povo brasileiro*, p. 73)

⇨ Não havendo indeterminação explícita, prefira-se a concordância regular: "*Seriam precisos* outros três homens." (Aníbal Machado)

é capaz. É peculiaridade da linguagem popular o emprego de *capaz*, na acepção de *possível, provável*, em frases como: Hoje *é capaz* que o tempo melhore. Na língua culta se dirá: Hoje *é possível* (ou *provável*) que chova. / *É possível* (ou *provável*) que falte água. / *É possível* (ou *provável*) que o tempo melhore.

Δ **-ecer, -escer.** *Suf. verbais.* Formam verbos que exprimem início de ação, fenômeno progressivo, passagem a novo estado. O primeiro aparece em verbos formados no português: *amadurecer, amanhecer, endurecer, enriquecer, envelhecer, enlouquecer, escurecer, fortalecer*, etc. O segundo encontra-se em formas eruditas, provenientes diretamente do latim literário: *convalescer, intumescer, recrudescer*, etc.

eclâmpsia. [Do grego *éklampsis*, luz repentina, fulgor, + *-ia.*] *S.f.* Doença convulsiva que se manifesta em mulheres grávidas: "A pronúncia corrente é *eclâmpsia*." (Aurélio) / "A pronúncia *eclampsia* está, de há muito, absolutamente abandonada." (José Luís Soares, *Dicionário de biologia*, p. 127)

Δ **eco-.** [Do gr. *óikos*, casa, moradia.] *El. de comp.* = 'casa', 'hábitat', 'ambiente': *economia* [gr. *oikonomia*, arte de administrar uma casa], *ecologia, ecológico, ecossistema*, etc.

Δ **ecto-.** [Do gr. *ektós*, fora.] *Pref.* = 'fora', 'exterior': *ectoparasita, ectoderme, ectoplasma, ectorraquidiano, ectossomático*, etc.

Δ **-ectome-.** [Do gr. *ektomé*, corte, amputação, excisão.] *El. de comp.* = 'corte', 'amputação', 'extirpação': *histerectomia, clitoridectomia, prostatectomia*, etc.

éden. *Adj.* relativo a éden: *edênico* (felicidade *edênica*).

edição *princeps* (í). A primeira edição de um livro. É menos usada a expressão equivalente *edição príncipe*.

efebo. [Do gr. *éphebos*, pelo lat. *ephebus*.] *S.m.* Adolescente, jovem, moço. É subst. paroxítono. Parece-nos melhor pronúncia *efébo* do que *efébo*.

efeminado. *Adj.* Que tem modos próprios de mulher. Variante: *afeminado*. Antônimos: *másculo, viril*.

efeminar. [Do lat. *effeminare*, de *femina*, 'mulher'.] Fazer adquirir modos próprios de mulher; fazer perder a energia, degenerar. Variante: *afeminar*.

efetivar, efetuar. 1. *Efetivar* é tornar efetivo (permanente, estável): O governo *efetivou* no cargo os bibliotecários interinos. / O direito de posse de um imóvel só *se efetiva* mediante escritura definitiva registrada em cartório. / Defendeu tese de doutorado e *efetivou-se* como professor catedrático de Física. ⇨ Comumente, emprega-se *efetivar* por *efetuar* e os dicionários abonam esse uso.
2. *Efetuar* significa *realizar, executar: efetuar* um plano, uma obra, um cálculo, uma pesquisa.

Δ **ego-.** [Do lat. *ego*, eu.] *El. de comp*. Exprime a ideia de 'eu': *egocêntrico, egoísmo, egoísta, egolatria,ególatra*, etc.

ególatra. *S.m.* e *f.* Pessoa que tem o culto de si mesma, do seu ego; pessoa extremamente egoísta: "*Ególatra*, não admite a impunidade para quem quer que lhe perturbe o bem-estar, o doce ritmo do sossego." (Aurélio Buarque de Holanda, *Seleta*, p. 52) ⇨ É palavra proparoxítona, como *idólatra, alcoólatra* e todas as palavras terminadas em *-ólatra*. Veja os verbetes *ego-* e *-latra*.

eira. *S.f.* Área ou terreiro onde se secam, debulham e limpam cereais e legumes. A expressão *sem eira nem beira* significa 'sem nenhum recurso', 'muito pobre': Casou com um quarentão *sem eira nem beira*.

eis. [Palavra de origem incerta. Talvez provenha de *heis* (por *haveis*) ou do lat. *ecce*.] 1. É usada pela 1ª pessoa do discurso para indicar ao ouvinte o que está perto ou presente, o que está próximo no tempo, o que vai dizer: Jesus disse a sua mãe: — Mulher, *eis* o teu filho. / *Eis*, eleitores, a hora oportuna. / *Eis* o que os senhores devem fazer. / "*Eis* aqui dois altares para ti." (Santos Saraiva, *Dicionário latino-português*, verbete *ecce*)
2. Pode ser reforçada por *aqui, ali, que, senão quando*: *Eis aqui* o dinheiro. / *Eis ali* o causador do acidente. / "*Eis que* conceberás e darás à luz um filho, e o chamarás com o nome de Jesus." (*A Bíblia de Jerusalém*, p. 157) / "Já tinha o braço levantado para imolá-lo, quando apareceu um anjo, que bradou: — 'Abraão, Abraão!' Ele respondeu: — '*Eis-me aqui!*'" (*História sagrada*, 60ª ed., p. 30, Ed. Vozes)
3. Unem-se-lhe com hífen os pronomes pessoais átonos *me, te, o, a, nos, vos*: *eis-me, eis-te, ei-lo, ei-la, eis-nos, eis-vos, ei-los, ei-las*.

eis que. 1. Locução corretamente usada para abrir frases anunciativas e também para exprimir surpresa, imprevisto: Disse o anjo à Virgem: *Eis que* conceberás e darás à luz um filho a quem chamarás Jesus. / Súbito, *eis que* uma onda os envolve.
2. Recomenda-se não usar *eis que* em lugar de *porque, porquanto, uma vez que* ou *pois*, como nas frases: Eles fazem jus a melhores salários, *eis que* executam tarefas insalubres. / O imóvel não pode ser vendido, *eis que* está hipotecado à Caixa Econômica Federal.

eis senão quando. Expressão equivalente a 'subitamente', 'quando menos se esperava': Estávamos ali conversando na entrada do edifício. *Eis senão quando*, surge da esquina uma garota em pranto.

eixo. Adjetivos relativos a eixo: *axial, axiforme*.

ejetar. [Do lat. *ejectare* < *e-* + *jactare*, lançar.] *V. t. d.* Lançar para fora, expelir: O aviador *ejetou* o assento e desceu de paraquedas. / "O piloto que *se ejetou* do caça no Rio Grande do Sul está desaparecido." (*JB*, 2/11/96)
Cognatos: *ejeção, ejetável, ejetólito, ejetor, jato* (ou *jacto*), etc.

el. Forma arcaica do artigo *o*. Subsiste apenas na expressão *el-rei★*.

ele, ela. 1. São inúteis e não devem ser usados os pronomes *ele(s), ela(s)*, em frases como: O diretor da empresa, ao contrário do que se diz, *ele* é um cidadão íntegro. / A criança abandonada, *ela* é vítima do crime dos pais. / Os pescadores, *eles* voltaram de mãos vazias. ⇨ Tal emprego do pronome é um dos muitos cacoetes que se generalizaram na fala dos brasileiros.

2. Não se devem usar como pronomes reflexivos, em lugar de *si*. Diga-se: João comprou o livro para *si* [e não *para ele*]. / Vera só se preocupa *consigo* (e não *com ela*). Veja o verbete *para ele, para si*.
ela mesma. Veja *mesmo*.
elefante. *S.m.* 1. Feminino: *elefanta*. Não existe o feminino *elefoa*.
2. Adj. relativo a elefante: *elefantino*.
elegido, eleito. Formas do part. do verbo *eleger*.
1. Na voz passiva, isto é, com o v. *ser*, usa-se exclusivamente *eleito*: Ele *foi eleito* pelo povo.
2. Na voz ativa, ou seja, com os verbos *ter* e *haver*, emprega-se de preferência *elegido*: O povo tinha (ou havia) *elegido* (ou *eleito*) bons mandatários. / "Três colégios eleitorais *o haviam eleito* seu representante nas cortes ordinárias." (Latino Coelho, *Elogios acadêmicos*, tomo I, p. 136) / "... a nação feliz por *haver elegido* aquele que lhe aprazia." (Austregésilo de Ataíde, *Vana verba*, p. 32)
⇨ *Eleito* pode-se usar como adjetivo: O presidente *eleito* viajou para a Europa.
Δ **eletro-.** [Do gr. *élektron*, âmbar amarelo.] *El. de comp.* = 'eletricidade': *elétrodo, eletrocardiograma, eletroímã, eletroquímico, eletrossiderurgia, eletroencefalograma, eletrificar, eletrizar*, etc.
⇨ *Eletro*, substantivo, é a redução de eletrocardiograma: um *eletro*.
elétrodo. [De *eletro*, eletricidade, + -*odo*, caminho.] *S.m.* Condutor metálico que liga os polos das pilhas; extremidade de cada um dos condutores fixados nos polos de um gerador elétrico; componente metálico do interior de válvula eletrônica: "O *elétrodo* que conduz a corrente para a solução é o *ânodo*; o outro, através do qual a corrente abandona o eletrólito, é o *cátodo*." (*Enciclopédia Mirador internacional*, vol. 8, p. 3757) ⇨ É vocábulo proparoxítono, bem como outros que finalizam com o radical grego -*odo*: *ânodo, cátodo, êxodo, método*, etc. Todavia, cabe esclarecer que a pronúncia predominante é *eletródo*, conforme atesta a maioria dos livros de Química: "Dizemos que os discos de zinco e de cobre funcionam como *eletrodos*, palavra cujo significado é caminho para a eletricidade." (Martha Reis, *Química integral*, p. 535, FTD, 1993)
elipse. Figura de sintaxe pela qual se omite um termo da oração, e às vezes uma oração, que o contexto permite subentender. É comum a elipse:

1) Do pronome sujeito: A atriz não respondeu ao repórter; apenas esboçou um sorriso [= *ela* apenas esboçou um sorriso].
2) Do verbo: Um dos filhos trabalha na fábrica; o outro, no campo [= o outro *trabalha* no campo].
3) Do verbo + predicativo: É um japonês trabalhador, como, aliás, todos os seus conterrâneos [= como, aliás, *são trabalhadores* todos seus conterrâneos].
4) Do obj. direto: Ele tinha bons nervos; se não tivesse, não voltaria da guerra ileso [= se não tivesse *bons nervos*, não voltaria da guerra ileso].
5) Do pronome relativo *que*: A cidadezinha, que é muito antiga e não possui hotéis, fica entre montanhas [= e *que* não possui hotéis].
6) Das preposições *de*, *em* e *para*: Ela não gosta que a chamem de senhora [= Ela não gosta *de* que a chamem de senhora]. / Tenho certeza que não os verei mais [= Tenho certeza *de* que não os verei mais]. / *Sábado* (por *No sábado*] terá início a vacinação. / Fez sinal *que* (por *para que*) entrássemos.
7) Das conjunções: Espero não tenham sido vãos os nossos esforços [= Espero *que* não tenham sido vãos...]. / Peço à Vossa Excelência não deixe sem resposta o clamor do povo [= Peço *que* não deixe...]. / São acusações que convém sejam esclarecidas [= *que* convém *que* sejam esclarecidas]. / Se os acolhermos e lhes ensinarmos uma profissão, eles deixarão a delinquência [= e *se* lhes ensinarmos uma profissão...]. / "Nascesse [eu] surdo, pouco que fosse, e não seria um escritor." (Marques Rebelo, *O trapicheiro*, p. 457) [= *Se* eu nascesse surdo, não seria um escritor.]
8) De uma oração: Perguntaram-lhe quem era o responsável. Ele disse que não sabia [= Ele disse que não sabia *quem era o responsável*]. / Dizem que é bom artista, mas não parece [= mas não parece *que é bom artista*]. / Não bata em crianças; é covardia. [= é covardia *bater em crianças*]. / A princípio, quis invadir o terreno, mas depois achou que não convinha [= que não convinha *invadir o terreno*]. / Devia o príncipe casar com uma plebeia? Uns achavam que não [= que não *devia casar com uma plebeia*]. / Os bens dele são mais valiosos do que se supõe [= do que se supõe *que são valiosos*].
elísio. [Do gr. *elysios*.] *Adj.* 1. Relativo ao Elísio: paz *elísia*.

|| **Subst.** 2. Elísio ou Campos Elísios. Na mit. grega, morada de paz e felicidade dos justos, após a morte.
Antônimo: *Tártaro*.
Por extensão: Lugar de paz e delícias.
⇨ Grafa-se *elísio* e não *elíseo*.

elocução. *S.f.* Modo de exprimir-se pela palavra oral: Ele tem a *elocução* fluente. / "O timbre da vogal, o ritmo da frase dão alma à *elocução*." (Raul Pompeia, *O Ateneu*, cap. 6) ⇨ Distinga-se de *alocução*★ (discurso breve). Cognatos: *locutor, loquaz, eloquente, eloquência, interlocutor, colóquio, coloquial, ventríloquo*, todos relacionados com o verbo latino *loquor*, falar.

elogiar. *V. t. d.* Fazer elogios, louvar: Todos *o* (e não *lhe*) elogiam. / Ninguém *a* (e não *lhe*) elogiou. / *Elogiei-lhe* a serenidade com que se portou. ⇨ O pronome *lhe* só tem cabimento em frases como a última e nas seguintes: Todos *lhe* elogiam o caráter [= Todos elogiam o caráter dele]. / Devemos *elogiar-lhe* a bela iniciativa [lhe = *dele* ou *sua*].

el-rei. Aparece na antiga interjeição de apelo *aqui-del-rei* (=Acudam aqui os guardas do rei!) e no topônimo *São João del-Rei*. Veja *el*.

elucubração. Variante de *lucubração*★: "Outros resolvem atribuir à Sagrada Escritura, após quase dois mil anos, o fruto de suas *elucubrações* doentias." (Dom Eugênio Sales, *JB*, 3/5/97)

em. 1. Não se usa *em*, mas *de*, para especificar a matéria de que alguma coisa é feita. Portanto: estátua *de bronze* (e não *em bronze*), sapatos *de camurça*, estante *de cedro*, casaco *de veludo*, mesa *de mármore*, piso *de granito*, etc. "A preposição *em*, nesses casos, é puro modismo." (Pasquale Cipro Neto, *O Globo*, 9/1/2000)
2. Não tem lugar a preposição *em* antes de números que indicam porcentagens, em frases como: O trânsito *melhorou 50%*. / A população *cresceu 20%*. ⇨ O verbo sendo transitivo, admite-se a preposição para caracterizar nitidamente e realçar o adjunto adverbial de quantidade: O governo reduziu o imposto *em 10%*.
3. É simplesmente enfática, portanto não necessária, a preposição *em* antes de gerúndio, em orações que exprimem tempo ou condição, como as frases: *Em aparecendo* febre, ela chama a vizinha. / *Em se tratando* de casos graves, ele atende prontamente. / *Em se removendo* a causa, cessarão os efeitos. / "*Em chegando* a hora, saberei como agir." (Aurélio) / "Ande, aparente calma, mas, *em chegando* à esquina, chispe." (Ciro dos Anjos, *O amanuense Belmiro*, p. 80)

em aberto. Frequentemente se ouve ou se lê 'questão em aberto', 'problema em aberto', isto é, questão ou problema para os quais ainda não se encontrou uma solução definitiva. Pode-se questionar a vernaculidade desta e de poucas outras locuções adjetivas constituídas da preposição *em* + *adjetivo*: cópia *em anexo*; plateia *em suspenso*; contas *em atraso*; cuidados *em vão* (= *inúteis, vãos*). Em português, a locução adjetiva se forma com uma preposição (geralmente *de* ou *sem*), seguida de substantivo: amor *de mãe*; lenço *de seda*; voracidade *de lobo*; paixões *sem freio*; homem *sem escrúpulos*, etc. O mínimo que se pode dizer é que a locução adjetiva *em aberto* e as outras aqui citadas, embora de uso frequente, não têm tradição em nossa língua. A única realmente imprescindível é *em branco*: folha *em branco*; espaços *em branco*. Cabe observar que o conjunto *em* + *adjetivo* forma locução adverbial: *em breve, em cheio, em falso, em claro, em vão* (= *inutilmente*), etc.

e-mail. [Do ingl., abrev. de *electronic mail*, correio eletrônico.] Expressão usada na internet. Prefira-se *correio eletrônico* ou *endereço eletrônico*: "A empresa anunciava, em panfletos e em seu *endereço eletrônico*, que trocaria ações por créditos a receber das Fazendas Reunidas Boi Gordo." (*O Globo*, 18/4/2002) Por extensão, *e-mail* = mensagem enviada ou recebida pela internet. Pl.: *e-mails*. Por subserviência intelectual e pouco amor à língua pátria, os profissionais de comunicação acolhem e veiculam mostrengos como esse, de pronúncia rebarbativa que violentam a fonética portuguesa.

em anexo. Expressão condenada. Diga-se ou escreva-se: 'Conforme nosso entendimento, estou lhe enviando *anexas* as questões da prova de Português' e não: '... estou lhe enviando *em anexo* as questões da prova de Português.' Veja *anexo*.

em atenção a. *Loc. prep.* Por consideração a: "Por último, Glicério me disse que entrou em tudo isso apenas *em atenção a* mim." (Ciro dos Anjos, *O amanuense Belmiro*, p. 107) / "Suportava-o calado, *em atenção às* qualidades da pessoa." (Machado de Assis, *Obra completa*, II, p. 402)

embaixadora, embaixatriz. 1. *Embaixadora*. Mulher que exerce a função de representante diplomática.
2. *Embaixatriz*. Esposa de embaixador.

embaixo. Grafa-se numa só palavra, contrariamente ao antônimo *em cima*: A garagem fica *embaixo* do prédio.
embalde. *Adv.* Em vão, inutilmente, debalde. ⇨ Palavra pouco usada.
embalsamamento. *S.m.* Ato de embalsamar um corpo morto, introduzindo-lhe substâncias que o livram da putrefação; mumificação: Antes de mumificar o morto, procedeu-se ao seu *embalsamamento*. Usa-se também a forma haplológica *embalsamento*: Os dissidentes soviéticos eram contra o *embalsamento* de Lenin. / "A manteiga e os cominhos são a resina e o asfalto aromático desses *embalsamentos*." (Camilo Castelo Branco, *Vinte horas de liteira*, Aguilar, vol. I, p. 663) ⇨ Há em português numerosas formas haplológicas (reduzidas): *idolatria* por *idololatria*; *formicida* por *formicicida*; *semínima* por *semimínima*; *saudoso* por *saudadoso*; *tragicômico* por *trágico-cômico*; etc.
embigo. Forma vulgar de *umbigo*.
embora. 1. Como conjunção concessiva, equivalente a *conquanto*, *se bem que*, *ainda que*, constrói-se com o verbo no subjuntivo, e não no gerúndio: Embora seja rico (e não embora sendo rico), leva vida simples. / Permaneceu no local, embora não ignorasse (e não embora não ignorando) que poderia ser morto.
2. É lícito omitir os verbos *ser* e *estar*, no subjuntivo, e construir: Embora odiada pelo povo, a estátua continua ali. [= Embora *seja* odiada...] / Embora gravemente ferido, o jovem conseguiu fugir. [= Embora *estivesse* gravemente ferido...] / "É aqui, nesta sala de jantar, que encontro um refúgio, embora precário." (Ciro dos Anjos, *O amanuense Belmiro*, p. 167) / "Protegidos, embora pela mata, perderam alguns dos seus, mas mataram uns cinco ou seis dos inimigos." (Visconde de Taunay, *Dias de guerra e de sertão*, p. 83) Segundo alguns gramáticos, em frases desse tipo não há elipse do verbo, e *embora* não é conjunção, mas palavra concessiva, equivalente a *mesmo*.
em branco. Veja *em aberto*.
em concordância com. *Loc. prep.* De acordo com, em conformidade com: "Os animais afeiçoam a existência *em concordância com* as condições climáticas." (Vivaldo Coaraci, *Cata-vento*, p. 129)
em conformidade com. *Loc. prep.* De acordo com, em consonância com, em harmonia com: "Frei João compôs o semblante e deu à voz uma toada lúgubre *em conformidade com* a rubrica de Brognolo." (Camilo Castelo Branco, *A brasileira de Prazins*, p. 203)
em cores. Veja *a cores*.
em criança. Equivalente a 'quando (era) criança': Em criança, ele sofreu um grave acidente. / Ainda me lembro das histórias que ouvi *em criança*.
A prep. *em* exprime ideia de tempo nesta e na expressão *em solteiro(a)*: *Em solteiro*, ele trabalhou num hotel. / "*Em solteira*, aos dezoito anos, entusiasmara-se por Walter Scott e pela Escócia." (Eça de Queirós, *O primo Basílio*, p. 14)
emergir. 1. Sair de onde estava imerso, vir à tona, surgir: O submarino *emergiu* por alguns instantes. / Quando a maré reflui, os rochedos *emergem*.
2. *Fig.* Manifestar-se, aparecer: Das investigações feitas *emergiram* fatos novos. / Uma nova classe *emerge* em nossas cidades: os meninos de rua.
Cognatos: *emergência*, *emergente*, *emerso*, etc. Antônimo: *imergir*★ (mergulhar, submergir). São pouco usadas as formas *emerjo* (ê), *emerja* (ê), *emerjas* (ê), *emerjamos*, *emerjais*, *emerjam* (ê).
emérito. *Adj.* Muito versado em uma ciência ou arte: professor *emérito*, cientista *emérito*. ⇨ Distingue-se de *imérito* (= imerecido).
emerso. *Adj.* Que veio à tona de (água, líquido). Antônimo: *imerso* (= mergulhado, submerso).
Δ emeto-. [Do gr. *émetos*, vômito.] *El. de comp.* = 'vômito': *emético* (que provoca vômito), *emetologia*, *emetológico*, *emetizar*, etc.
em face de. Diante de, ante; por causa de: Em face da escassez de recursos, o projeto foi arquivado. / "No desfecho do romance, *em face da* catástrofe iminente, o fidalgo batiza o indígena..." (Alfredo Bosi, *Dialética da colonização*, p. 177) / O anúncio era ofensivo à moral; *em face disso*, pediram a punição do responsável. / "Todos os dramas lhe tinham parecido desprezíveis *em face desse* drama maior." (Fernando Namora, *O homem disfarçado*, p. 24) / "Não seria o primeiro que, *em face da* viuvez, se acolhia ao altar." (Vivaldo Coaraci, *Todos contam sua vida*, p. 77) ⇨ Não é admitida pelos gramáticos e lexicógrafos a variante *face a*★.
em flagrante. No momento em que o ato é praticado: O criminoso foi preso *em flagrante*. Veja *flagrante*.
em frente a, em frente de. As duas formas são corretas: Estavam *em frente a* (ou *de*) um obelisco. / Eles acamparam *em frente à* (ou *da*) Pre-

feitura. / "Depois, *em frente ao* Arco do Triunfo, moveu a cabeça, murmurou: — É muito grave deixar a Europa." (Eça de Queirós, *A cidade e as serras*, p. 148)

em função de. *Loc. prep.* Não nos parece correto usar esta locução com sentido causal, equivalente de *por causa de, em virtude de.* Entendemos que deve ser usada com sentido de finalidade ou de dependência, correlação, como nestas frases: Mãe dedicada, vivia *em função dos* filhos. / Os jovens devem escolher o caminho *em função de* suas tendências e habilidades. / "O pobre e o despossuído não renunciam, não agem *em função de* valores mais altos..." (João Ubaldo Ribeiro, *Política*, p. 207) / "Uma vez que o aumento da carga transportada por navios se faria principalmente *em função da* diminuição do transporte rodoviário, mais caro, o próprio custo de transporte em todo o País tenderia a cair." (*Jornal do Comércio*, 18/5/95) / "No Direito atual, os poderes do Estado são estatuídos *em função dos* imperativos da sociedade civil." (Miguel Reale, *Lições preliminares de direito*, p. 339) / "Cabe à Academia um duplo papel: estimular toda obra *em função da* unidade brasileira e policiar, por assim dizer, as fronteiras espirituais do Brasil." (Cassiano Ricardo)

-emia. [Do gr. *haima, háimatos*, sangue, + suf. *-ia*.] *El. de comp.* = 'sangue', 'estado patológico do sangue', 'teor de certas substâncias no sangue': anemia, hipoemia, glicemia, hiperglicemia, leucemia, oligoemia, septicemia, uremia, e outras palavras da terminologia médica.

emigração. *S.f.* Ato de emigrar. ⇨ Distinga-se de *imigração*★.

emigrante. *Subst.* e *adj.* Que emigra; aquele que emigra: pássaro *emigrante*; *o emigrante* japonês. Antônimo: *imigrante*★.

emigrar. 1. Sair de um país para outro: Em tempo de guerra, muitos *emigram*. / Europeus e asiáticos *emigraram* para o Brasil. / Reside em São Paulo desde que *emigrou* do Japão.
2. Mudar de região, terra ou clima: Certas aves *emigram* anualmente. / O falcão peregrino, no inverno, *emigra* para climas temperados. Antônimo: *imigrar*★.

eminência. 1. Ponto elevado: "A *eminência* da pedra e o abismo em redor oferecem à casa de dom Antônio segurança digna de um castelo medieval." (Alfredo Bosi, *Dialética da colonização*, p. 187)
2. *Fig.* Superioridade, excelência: A História reconhece a *eminência* das virtudes de Anchieta.
3. Tratamento dado a cardeais: Sua *Eminência* (o cardeal Arcoverde) faleceu em 1930.
⇨ Não confundir com *iminência*★.

eminente. *Adj.* 1. Alto, elevado: um ponto *eminente*.
2. *Fig.* Notável, insigne, ilustre: jurista *eminente*; *eminentes* virtudes. ⇨ Distinguir de *iminente*★.

emissão. *S.f.* Ação de emitir: *emissão* de sons, de vozes, de calor, de fluidos, de dinheiro, de conceitos, etc. Antônimo: *imissão*★.

emitir. [Do lat. *emittere*.] 1. Lançar fora de si: O sol *emite* luz.
2. Soltar, desferir: Os violinos *emitiam* sons finíssimos.
3. Pôr em circulação: O governo *emitiu* pouco dinheiro.
4. Expressar, anunciar: Cada participante *emitiu* sua opinião. Cognatos: *emissário, emissão, emitente, emissor, emissora*, etc. Antônimo: *imitir*★.

em julgado. Usa-se na expressão *passar* (ou *transitar*) *em julgado*, com referência a sentença judicial irrecorrível, e, por extensão, a assunto definitivamente decidido: "*Transitada* a decisão *em julgado*, o Judiciário oficia ao Executivo determinando que inclua em seu orçamento o montante necessário à quitação da dívida." (João Muniz de Aragão, *JB*, 28/12/96) / "Quem era eu para opor reservas a uma afirmativa que *transitou em julgado*?" (Viana Moog, *Em busca de Lincoln*, p. 148) Veja *julgado*.

em mão, em mãos. Expressões que se usam para indicar que uma correspondência ou uma encomenda devem ser entregues diretamente ao destinatário por um particular e não pelo correio. As duas formas são corretas, mas no Brasil se emprega geralmente *em mãos*: entregar uma carta *em mãos* (ou *em mão*).

em mármore. Veja *em e de bronze*.

em meio a. Em geral, prefere-se esta locução à equivalente *em meio de*: Vivemos *em meio a* muitos perigos e lutas. / *Em meio a* forte aparato policial, os príncipes desfilaram pelas ruas de Tóquio. / Ele assumiu o governo *em meio a* crises de toda ordem. / *Em meio a* tantas opiniões opostas, a verdade se eclipsava. / Pablo Escobar foi enterrado *em meio a* grande tumulto. / "A figura, jacente hoje *em meio das* árvores de uma pracinha fronteira ao mar, parece envolta em mistério." (Vivaldo Coaraci, *91 crônicas escolhidas*, p. 124) / "Assim, *em meio à* tempestade, o barco, com segurança, alcançará o porto." (Dom Eugênio Sales, *JB*, 11/01/97)

em obediência a. *Loc. prep.* Em cumprimento de, em atenção a, por amor de: "*Em obediência a* rituais consagrados, só se começa a beber depois de preces e cânticos." (Maria José de Queirós, *A literatura e o gozo impuro da comida*, p. 31) / "Há plantas que brotam da semente lançada à terra mais ou menos fértil, e crescem espontaneamente, *em obediência aos* processos naturais." (Vivaldo Coaraci, *Todos contam sua vida*, p. 6)

empatado, empate. O subst. *empate* e o adjetivo *empatado* têm o seu complemento regido por mais de uma preposição, conforme mostram estes exemplos: O jogo terminou *empatado em* (ou *de*, ou *por*) zero a zero. / O *empate em* (ou *de*, ou *por*) três a três favoreceu o Palmeiras. / "*Empate* honroso *em* dois a dois com o Flamengo." (Celso Luft) ⇨ A preposição mais usual, nesse caso, é *em*: "A disputa, realizada em Glasgow, opôs a Escócia... e Inglaterra, terminando com um *empate em* 0 a 0." (Rubim de Aquino, *Futebol, uma paixão nacional*, p. 21)

empatar. [Do it. *impattare*.] 1. Tolher a continuação de (trabalho, obra, serviço, negociações), interromper: O embargo da Prefeitura *empatou* a obra. / Não gostava que lhe *empatassem* o serviço.
2. Ocupar, tomar: Os negócios *empatavam-lhe* todo o tempo.
3. Empregar dinheiro sem auferir lucros imediatos, ou aplicá-lo sem lucro algum: *Empatou* muito dinheiro em ações.
4. Igualar em pontos ou votos: O candidato trabalhista *empatou* com o democrata.
5. Terminar competição ou jogo, sem vencedor: A seleção brasileira *empatou* com a italiana. / O Flamengo *empatou* com o Fluminense por 2 a 2. / Vasco e Santos *empataram* por 1 a 1. / "O Corinthians conquistou pela segunda vez a Copa do Brasil ao *empatar em* 1 a 1 com o Brasiliense, em Taguatinga." (*JB*, 16/5/2002) / "*Empatamos* com o Paraguai *por* 1 a 1 e com a Argentina *por* 3 a 3." (Rubim de Aquino, *Futebol, uma paixão nacional*, p. 119) ⇨ Diz-se *empatar por* 2 a 2, ou *em* 2 a 2.

em pé. Diz-se, indiferentemente, *ficar em pé* ou *ficar de pé*. Veja *de pé*.

empecer. *V. t.* Dificultar, estorvar, impedir: A agressividade *empece* a boa convivência. / A pouca instrução *empecia-lhe* a realização do seu sonho. Conjuga-se como *agradecer*: empeço (ê), empeces, empece, empecemos, empeceis, empecem; empeça (ê), empeças (ê), empeça (ê), empeçam (ê). ⇨ É verbo de pouco uso.

empecilho. *S.m.* Aquilo que *empece*★, estorvo, obstáculo, empeço, impedimento. ⇨ Grafa-se *empecilho*, e não *impecilho*. Veja *empecer*.

empedernir. *V. t. d.* 1. Tornar(-se) duro como a pedra, tornar(-se) frio, insensível, desumano: A marginalidade *empederniu-o*. / A brutalidade da guerra *empederniu-lhe* o coração. / O coração do delinquente *empedernia-se*.
2. É verbo defectivo. Só possui as formas em que ao *n* se segue a vogal *i*.

empenhar. 1. Dar em penhor ou garantia, penhorar, hipotecar: *Empenhou* um terreno para comprar a casa.
2. Empregar ou aplicar com diligência: *Empenhava* o seu talento e prestígio para ajudar amigos.
3. Comprometer por promessa: Para garantir o negócio, *empenhei* minha palavra.
4. Comprometer-se, obrigar-se: O candidato *empenhou-se* com seus eleitores em diminuir os impostos. 5. Pôr todo o empenho ou interesse: O padre Vieira *empenhou-se a* (ou *em*) defender os índios. / *Empenhou-se por* (ou *para*) livrá-los da escravidão. / Não esmoreceremos na luta *em que nos empenhamos*.

emprego. Adj. relativo a emprego: *empregatício* (vínculo *empregatício*).

emprestado. *Adj.* Concorda com o substantivo a que se refere: Pediu *emprestada* a máquina ao irmão. / Pediu-lhe *emprestados* cem dólares. / Ela nunca devolve as coisas que toma *emprestadas*. / "Eu continuava a implorar-lhe *emprestados* os livros que ela não lia." (Clarice Lispector, *Felicidade clandestina*, p. 7)

emprestar. *V. t.* Ceder por algum tempo, gratuitamente ou não: *Emprestei* meu cavalo ao amigo. / Os bancos *emprestam* dinheiro a juros altos. ⇨ Não é bom português empregar este verbo na acepção de *pedir* ou *tomar emprestado*, como nas frases: *Emprestei* dinheiro de meu pai para comprar um carro. / Ele *emprestava* dos colegas os livros de Medicina. Construções corretas: Tomei *emprestado* dinheiro a meu pai. / Ele pedia *emprestados* os livros de Medicina aos colegas.

em princípio. *Loc.* Em tese, teoricamente, antes de qualquer consideração: *Em princípio*, sua proposta nos interessa, mas só a direção da empresa é que pode aceitá-la. / "Com o seu [do Barão do Rio Branco] pensamento concordava, *em princípio*, a diplomacia inglesa." (Álvaro Lins, *Rio Branco*, p. 212) ⇨ Não deve ser confundida com a locução *a princípio* (= no começo, inicialmente): *A princípio*, tudo parecia um mar de rosas, mas não tardaram a surgir dificuldades.

em proporção com. *Loc. prep.* Proporcionalmente a, na mesma medida; de acordo com: As despesas tendem a aumentar *em proporção com* o que se ganha. Veja a locução sinônima *à proporção de*.

em que. É obrigatória a prep. *em* antes do pronome relativo *que*, quando o verbo a exige: O lugar *em que* estávamos era perigoso. / A casa *em que* ele *residia* era modesta. / Este é um produto *em que* todos *confiam*. / A grande empresa *em que* foi transformada a Petrobras. ⇨ Veja *que* (pronome relativo).

em que pese a. Esta expressão significa 'ainda que (isto) custe a', 'apesar de', 'não obstante': *Em que pese aos* adeptos do progresso a qualquer preço, faremos tudo para preservar a natureza. / "*Em que pese aos* inimigos do paraense, sinceramente confesso que o admiro." (Graciliano Ramos, *Linhas tortas*, p. 48) / Não concordo com a tese do cientista, *em que pese à* sua grande autoridade. / "E ficou estabelecido que no dia da soltura haverá chope, *em que pese à* Mariana e aos médicos." (Ciro dos Anjos, *O amanuense Belmiro*, p. 135) / "*Em que pese aos* seus oito batalhões, magnificamente armados, a luta era desigual." (Euclides da Cunha, *Os sertões*, p. 366) / "Parece que todos os cachorrinhos são iguais, *em que pese à* vaidade ou *à* ternura cega dos donos." (Carlos Drummond de Andrade, *Obra completa*, p. 456) Alguns gramáticos condenam converter o objeto indireto em sujeito e construir: A máquina estatal mostra-se ineficiente, *em que pesem* os esforços do governo. / Não recuaremos diante desse desafio, *em que pesem* as dificuldades do momento.

Convém observar que se trata de uma construção evoluída, largamente usada na imprensa e abonada por bons escritores. Mas só é admissível se o sujeito for nome de coisa. Havendo referência a nome de pessoa, usar-se-á a construção original *em que pese a*, como no exemplo inicial e neste de Aurélio: "O emprego de *o que* em orações interrogativas é corretíssimo, *em que pese a* certos gramaticões." (*Novo dicionário da língua portuguesa*, verbete *pesar*) ⇨ Segundo alguns gramáticos, a vogal tônica *e* de *pese(m)*, nesta expressão, é fechada, como em *pêsames*. A verdade é que, em geral, se pronuncia aberta. Veja *pesar*.

em razão de. Locução equivalente a *por causa de*: "O Natal foi mais alegre que nos outros anos, *em razão das* boas notícias da Espanha." (Moacir Werneck de Castro, *Do amor e outros demônios*, p. 24, tradução, Ed. Record, 1995) / "Às vezes Luísa se revoltava. E era sempre *em razão de* uma desgraça que não podia suprimir." (Graciliano Ramos, *Caetés*, p. 117)

em regra. *Loc. adv.* Em geral, de regra, por via de regra: "Os mulatos, *em regra*, mais inteligentes do que os negros puros, aplicam-nos os senhores em ofícios mais finos." (Oliveira Viana, *Evolução do povo brasileiro*, p. 150) / "As manhãs passava-as, *em regra*, compulsando processos, redigindo minutas..." (Aquilino Ribeiro, *Mônica*, p. 160)

em rigor. Locução equivalente a 'na verdade', 'rigorosamente falando', 'a bem dizer': *Em rigor* (afirmava Machado de Assis), o gato não nos afaga, mas afaga-se em nós. / "Mas, *em rigor*, esses católicos na intenção e na crença podem, acaso, sê-lo no culto que aviventa o espírito?" (Alexandre Herculano, *Lendas e narrativas*, p. 359) ⇨ Forma variante: *a rigor*★.

em se tratando de. Veja o verbete *em*, item 3.

em solteiro. Na acepção de 'quando era solteiro', veja o verbete *em criança*. ⇨ Com referência a mulher, se diz *em solteira*: "*Em solteira*, aos dezoito anos, entusiasmara-se por Walter Scott e pela Escócia." (Eça de Queirós, *O primo Basílio*, p. 14)

em suspenso. *Loc. adj.* 1. Não concluído, não encerrado: "O negócio ficou *em suspenso*." (Houaiss) / "Os dois mostraram que não querem, mas deixaram a coisa *em suspenso*." (Ciro dos Anjos, *Montanha*, p. 59)

2. Em estado de ansiosa e tensa expectativa: "... Caryl Chessmann, o famoso Bandido da Luz Vermelha, de Los Angeles, cuja execução na câmara de gás deixou o mundo *em suspenso*." (Vinicius de Moraes, *Para uma menina com uma flor*, p. 134) / "O mundo ficou *em suspenso*, e nós ali na prisão ainda mais, como se aquele duelo fosse um caso pessoal nosso." (Monteiro Lobato, *O escândalo do petróleo*, p. 197) Variante desaconselhada: *em suspense*.

3. Em ambas as acepções, *em suspenso* é criação neológica, bem como *em anexo*★, provavelmen-

te calcadas nas locuções adverbiais *em breve, em claro, em falso*, etc. Veja o verbete *em aberto*.

em termos de. Modismo da linguagem moderna para dizer 'relativamente a', 'no que se refere a', 'com relação a', 'a respeito de', 'quanto a', etc. ⇨ Evite-se ou, pelo menos, não se repita exaustivamente essa expressão, não registrada nos dicionários.

em toda a parte. *Loc. adv.* Diz-se, indiferentemente, 'em toda a parte' ou 'em toda parte', quando essa locução significa *em qualquer parte*: Houve enchentes *em toda parte* (ou *em toda a parte*).
O artigo *a* é de rigor quando não há locução e *toda* significa *inteira*: Houve enchentes *em toda a parte* baixa da cidade.

em todo o caso. Apesar de tudo, seja como for, não obstante. Também é correta a variante 'em todo caso': Para uns foi um herói, para outros, um simples aventureiro. *Em todo (o) caso*, seu nome ficou na História. ⇨ Aurélio registra como equivalentes as duas formas dessa expressão concessiva.

é muito. O verbo *ser* concorda no singular com o predicativo *muito, pouco, demais*, etc., e não com o sujeito, quando este exprime quantidade, preço, medida, como nas frases: Seis mil reais *é muito* dinheiro. / Dez milhões de reais *é muito*. / Dois metros de pano *é pouco*. / Vinte quilos de carne *era demais*. / Três anos *seria* tempo *suficiente* para construir a estrada. / Para ele, cem milhões *é menos* que cem reais.

em vez de. Recomenda-se não contrair o *de* desta locução com o artigo (ou outra palavra) do sujeito de orações infinitivas: "*Em vez de a* polícia prender os traficantes, eles é que prenderam os policiais." (*JB*, 5/4/97) Essa regra, entretanto, não é de rigor. Na língua falada, prefere-se a contração. Veja os verbetes *de* (*contraído*) e *de ele*.

em via de. Locução prepositiva equivalente a 'prestes a': De tão velha, a casa estava *em via de cair*. / Nosso sonho está *em via de* se concretizar. / O acordo está *em via de* ser assinado. / "A represa está *em via de* romper." (Aurélio) ⇨ É considerada incorreta a variante *em vias de*, acolhida por Houaiss.

em virtude de. *Loc. prep.* Por causa de, por força de: *Em virtude de* sua força, todos o temiam. / O jogo foi suspenso, *em virtude do* temporal. / *Em virtude do* novo Código Civil, essa lei tornou-se caduca. / "O patrão o despachara naquele sábado, *em virtude de* ele não haver pegado diamante." (Herberto Sales, *Cascalho*, p. 294) ⇨ Essa locução pode ser usada mesmo quando a causa é má, o motivo é ruim.

Δ **en-.** [Do lat. *in*, em.] Pref. vernáculo, que passa a *em-* diante de *b* e *p*. Forma verbos que exprimem principalmente conversão (tornar-se), colocação em: *endireitar, engarrafar, ensacar, engordar, endurecer, embolsar, empalidecer*, etc.

encabeçar. Nas formas rizotônicas, a vogal *e* é aberta, como no verbo *começar*: *encabeço* (é), *encabeças, encabeça, encabeçam; encabece* (é), *encabeces, encabecem*: Li o título que *encabeça* a notícia.

encapuzar. [De *en-* + *capuz* + *-ar.*] Cobrir com capuz. São incorretas as formas *encapuçar* e *encapuçado*.

encarar. 1. Olhar de cara, de frente, fixando os olhos: *Encarou* a esposa, inquisitivo. ⇨ Neste sentido também se usa 'encarar *com* alguém', sobretudo se a atitude é de desafio ou coragem: *Encarou comigo*, querendo me agredir. / Longe de fugir, *encarei com* o agressor e o segurei.
2. Achar-se frente a frente: Ao entrar na sala, *encarou com* seu adversário político.
3. Analisar, considerar: Como o senhor *encara* essa questão? / *Encaro* o futuro com otimismo.
4. Enfrentar, arrostar: Rondon *encarou com* destemor dificuldades e perigos de toda sorte.

encarregar. 1. A regência moderna deste verbo é 'encarregar alguém de alguma coisa': O patrão *encarregou-o* (e não *encarregou-lhe*) de vigiar a casa. / Eu *o encarreguei* da organização da festa. / *Encarregaram-no* de elaborar o projeto. / Levou a bom termo a missão de que *o encarregamos*.
2. É desaconselhada, por arcaica, a construção 'encarregar algo a alguém', como nas frases: *Encarreguei-lhe* a cobrança dos débitos. / *Encarregaram ao major* o comando da expedição.

encerrar. Na acepção de *terminar, finalizar*, diremos: A votação *encerra-se* (e não *encerra*) às 17 horas. / Os jogos olímpicos *encerraram-se* (e não *encerraram*) com belos espetáculos.

encontramo-nos. Para atender à eufonia, suprime-se o *s* final da 1ª pessoa do pl. dos verbos, quando seguida do pronome *nos*: *encontramo-nos; preparemo-nos; entretivemo-nos; divertimo-nos; vestimo-nos*, etc. Seguida de *lhe* ou *lhes*, a dita forma verbal mantém o *s*: *perdoamos-lhe, perdoemos-lhes, abrimos-lhe* a porta, *oferecemos-lhe* um jantar, etc. Veja *nos*.

encontrar. Admite as seguintes regências:
1. Encontrar alguém: Felizmente *encontrei* meu pai em casa. / Ela *o encontrou* no clube. / Nós *a encontramos* muito abatida.
2. Encontrar-se com alguém: *Encontrei-me com um amigo* na entrada de um cinema. / Na sua

visita à Europa, o presidente *se encontrará com vários chefes de Estado*.
3. Encontrar com alguém: A jovem *encontrou com o namorado* na praça. ⇨ O emprego da construção 3 deve restringir-se à linguagem informal.
4. Encontrar-se em algum lugar: "*Encontrar-se-iam* às 9 horas da noite, *no Passeio Público*." (Carlos Drummond de Andrade, Obra completa, p. 479)

encostado. Como *encostar*★, admite as preposições *a* ou *em*: *Encostado ao* (ou *no*) balcão, o rapaz lia um jornal. / Vi as cadeiras *encostadas à* (ou *na*) parede. / "Viu um preto velho *encostado a* uma das traves do gol." (Inácio de Loyola Brandão, O homem do furo na mão, p. 50)

encostar. Este verbo constrói-se com as preposições *a* ou *em*, indiferentemente: O pintor *encostou* a escada *ao* (ou *no*) muro. / Ela *encostou-se à* (ou *na*) coluna. / Com medo, a criança *encostou-se à* (ou *na*) mãe. / A parede *a* (ou *em*) *que me encostei* estava suja. / "Até as mulheres *encostam* a boca *aos* meus ouvidos para confessar desgraças." (Aníbal Machado, Cadernos de João, p. 72) ⇨ '*Encostar(-se) a*' é regência clássica; '*encostar(-se) em*', impugnada, sem razão, pelos puristas, é mais usada no Brasil: "Santana *se encosta em* qualquer parte, poste ou árvore, e problemiza, problemiza sem parar." (Guimarães Rosa, Sagarana, p. 174) / "Ajudei-o a *se encostar numa* árvore." (Marco Túlio Costa, O ladrão de palavras, p. 11)

endemia. *S.f.* Doença de determinada região, na qual ocorre constantemente. A malária é uma doença *endêmica* (ou *endemia*) da Amazônia. ⇨ Distinguir de *epidemia*★ e de *pandemia* (como a aids).

Δ **endo-.** [Do gr. *éndon*, dentro.] *Pref.* Exprime 'movimento para dentro', 'interioridade': *endocarpo*, *endócrinas* (glândulas), *endogamia*, *endoscopia*, *endosmose*, etc. Antônimo: *exo-*.

é necessário. Veja *é bom*.

e nem. 1. A conjunção *nem* significa *e não*. Por isso, é incorreto antepor-lhe a conjunção *e* em frases como as seguintes, nas quais *nem* tem significado aditivo-negativo, equivalente de *e também não*: Não vi *nem* conheço este homem. / Ele nunca viajava de navio *nem* de avião. / O agricultor não tinha máquinas *nem* dinheiro para comprá-las. / As leis dos homens não são *nem* podem ser perfeitas. / Não o intimidam *nem* ameaças de poderosos *nem* acusações de detratores. / Ela ficou ali longo tempo sem se mover *nem* falar.
2. O conjunto aditivo *e nem* só é cabível quando equivale a *mas não*, e também nas expressões *e nem sequer*, *e nem por isso*, *e nem assim*, *e nem sempre*: Algumas recebiam os donativos *e nem* agradeciam. / A moça não o cumprimentou *e nem sequer* olhou para ele. / Ele viu sua empresa falir *e nem por isso* se abalou. / Sentia o álcool minar-lhe a saúde *e nem assim* deixava de beber. / Batia de porta em porta *e nem sempre* conseguia um prato de comida.
3. Cabe observar que bons escritores, contrariando a norma exposta no item 1, empregam *e nem* por ser mais enfático do que o simples *nem*. Exs.: "Não queremos *e nem* podemos entrar no exame de tamanha complexidade." (João Ribeiro, Curiosidades verbais, p. 47) / "Nunca se lembra do que lhe sucedeu na véspera *e nem* faz planos para o amanhã." (Aníbal Machado, Cadernos de João, p. 40)

enfarte, enfarto, infarto. Vocábulos cognatos de *farto* (do lat. *fartus* ou *farctus*, cheio, saciado, atulhado), do qual derivam os verbos *fartar* (saciar, atulhar) e *enfartar* (encher de comida, fartar, entupir, obstruir). As três variantes são consideradas corretas. *Enfarte* e *enfarto* são formas da linguagem popular; *infarto*, provavelmente adaptação do inglês *infarct* e do francês *infarctus*, é forma adotada na terminologia médica: O *infarto* do miocárdio é um acidente cardiovascular muitas vezes fatal.

enfear. *V. t. d.* Tornar feio. Quanto à conjugação veja *frear* e *recear*. Não existe a forma *enfeiar*.

enfestado. *Adj.* 1. Dobrado ao meio, ficando com o dobro da largura: pano *enfestado*.
2. *Fig.* De compleição robusta, dobrado: indivíduo *enfestado*. ⇨ Não confundir com *infestado* (= assolado, invadido, cheio): matagal *infestado* de cobras.

enfestar. [De *en-* + *festo* + *-ar*.] Dobrar pelo meio, no sentido da largura, fazer festo (ê) e dobra em: *enfestar* uma peça de pano ou tecido. ⇨ Parônimo de *infestar* (= devastar, assolar, invadir, existir em grande quantidade, falando-se de indivíduos, animais ou coisas nocivas): As lagartas *infestavam* as plantas.

engambelar. *V. t. d.* Enganar com falsas promessas, iludir: Não faltam pessoas inescrupulosas para *engambelar* compradores ingênuos. Variante: *engabelar*. "O diretor se deixava *engabelar* às vezes." (Graciliano Ramos, Memórias do cárcere, II, p. 474)

enganar. Constrói-se com os pronomes *o*, *a*, *os*, *as*, e nunca com os pronomes *lhe*, *lhes*: Ninguém *o engana*. / Quem *os teria enganado*? /

Suas amigas *a enganaram.* / Ele *enganava-as* com falsas promessas.

enquanto, enquanto que. 1. *Enquanto.* A conjunção *enquanto* une orações que expressam: a) fatos simultâneos: Malha-se o ferro *enquanto* está quente; b) fatos opostos: Uns trabalham *enquanto* outros se divertem. / "Assim, certas salas dispunham de ressonância especial, *enquanto* outras eram surdas como casamatas." (Aquilino Ribeiro, *Mônica*, p. 160) ⇨ Vem se generalizando o uso de *enquanto* no sentido de *como, considerado como, na qualidade de*: Instado, expressou sua opinião não *enquanto* sacerdote, mas *enquanto* cidadão brasileiro. / "É grande homem, não *enquanto* político, mas *enquanto* escritor." (Aurélio)
2. *Enquanto que.* No segundo caso, para que o contraste entre os dois fatos fique bem nítido, pode-se usar, em vez de *enquanto*, a locução *enquanto que*, equivalente a *ao passo que*: Uns trabalham *enquanto que* outros se divertem. / Somente alguns criminosos foram presos, *enquanto que* a maioria deles continua em liberdade. / Para as grandes empresas, o custo do dinheiro ficou em 20% ao mês, *enquanto que* para as pequenas a taxa atingiu 26%. / "Ali estava ela nos braços doutro, *enquanto que* ele, o amigo velho, era deitado ao canto." (Eça de Queirós, *Os Maias*, II, p. 43) / "Mas eu creio que Capitu olhava para dentro de si mesma, *enquanto que* eu fitava deveras o chão..." (Machado de Assis, *Dom Casmurro*, cap. 42)

enquete. [Do fr. *enquête*, que se pronuncia ankét.] *S.f.* Coleta de testemunhos ou informações sobre determinado assunto, para se obter uma média de opiniões. ⇨ Galicismo desnecessário. Em português temos *sondagem, pesquisa, pesquisa de opinião*. A forma aportuguesada correta é *anquete*, porém, pouco usada.

ensinar. 1. São regências que merecem atenção: a) ensinar algo a alguém: O avô *ensinou* o bom caminho ao neto. / Ele *lhe ensinou* o bom caminho. / Ele *ensinou-lhe* que há bons e maus caminhos; b) ensinar alguém a fazer algo: Muitas mães *ensinam* os filhos a ler. / Elas *os ensinam* a ler e escrever; c) ensinar a alguém a fazer algo: Ela *ensinava* ao filho a tocar piano. / Ela *lhe ensinava* a tocar piano. ⇨ A construção *c* é abonada por bons escritores. Todavia, deve-se dar preferência às duas primeiras.
2. São errôneas as construções em que se omite a preposição *a* antes do infinitivo, como nas frases: A tia quis *ensinar* a menina *falar* francês. / A vida o *ensinará ser* mais comedido. *Construções corretas:* A tia quis *ensinar* a menina *a falar* francês. / A vida *o ensinará a ser* mais comedido.

entanto. 1. Nesse meio tempo, nesse ínterim, entrementes: "*Entanto* as velas já pelo Tejo undívago branqueiam." (Almeida Garrett, *apud* J. Mesquita de Carvalho)
2. Todavia, contudo, entretanto, no entanto: "Lutar com palavras / é a luta mais vã. / *Entanto* lutamos / mal rompe a manhã." (Carlos Drummond de Andrade, *Obra completa*, p. 126)

entender. Damos as significações e regências dignas de registro. 1. Ter conhecimento ou prática, ser conhecedor ou entendido: Ele *entende de música*. / Ela não *entende nada disso*.
2. Compreender, conceber: O que o senhor *entende por oligopólio*?
3. Julgar oportuno, acertado: Ao voltar da viagem, *entendeu (de)* pôr ordem na casa. / "... o vencedor *entende de* impor ao povo submetido a sua cultura moral inteira, maciça, sem transigência que suavize a imposição." (Gilberto Freire, *Casa-grande e senzala*, p. 109)
4. Crer, achar, julgar: *Entendi que* havia chegado a minha vez e tentei a sorte.
5. Compreender, alcançar a ideia ou a intenção: Eu *o entendo*. / Eu não *a entendo*, minha filha. / Não *o estou entendendo*. ⇨ Neste caso, é incorreto usar o pronome *lhe*, em vez de *o* ou *a*.
6. Ter as mesmas ideias, harmonizar-se, combinar, compreender-se mutuamente: Marido e mulher *entendiam-se* em tudo. / É comum os filhos não *se entenderem* com os pais. / É necessário que *nos entendamos* e conjuguemos nossos esforços.
7. Ter entendimentos, tratar, dialogar: Entenda-se *com ele*.

Δ **ento-.** [Do gr. *entós*, dentro.] *El. de comp.* 1. Indica 'posição interior': *entoptoscopia* (ou *entotoscopia*), *entoptoscópio* (ou *entotoscópio*), *entozoário*.
|| *Suf. lat.* 2. *-ento*, formador de adjetivos: *barulhento, cinzento, ciumento, nojento, sedento*, etc.

entoação, entonação. Palavras cuja raiz é *tom*.
1. *Entoação*. a) Ato de entoar (*entoação* de hino, canto, salmo); b) modulação ou inflexão da voz de quem fala, lê ou declama, tom da voz.
2. *Entonação*. O mesmo que *entoação*, na acepção *b*.

entorno. [De *em torno*.] *S.m.* Região situada em torno de um determinado ponto; circunvizinhança; área vizinha de um imóvel tombado; área circundante de uma construção; o conjunto dos elementos que interferem na paisagem do entorno. Exemplo no sentido de 'área circundante': "O projeto de despoluição da Baía de Guanabara traz benefícios para 5,5 milhões de pessoas que vivem no *entorno* da baía." (Márcio Moreira Alves, *O Globo*, 23/2/97)

entorse. [Do fr. *entorse*.] *S.f.* Estiramento ou distensão dos ligamentos de uma articulação: O tenista sofreu *uma entorse*. ⇨ É subst. feminino.

entourage. Palavra francesa, de gênero masculino (pronuncia-se *ãturraj*). Designa o conjunto das pessoas com quem habitualmente convivemos no âmbito social; grupo que rodeia pessoa de posição social ou política proeminente. Prefira-se *círculo social, roda, ambiente, esfera social*.

entra e sai. *S.m.* Movimento contínuo de pessoas que entram e saem de um local: "O *entra e sai* do Paço era uma grande atração até mesmo para os acostumados habitantes da capital." (Jorge Caldeira, *Mauá, empresário do Império*, p. 56) Invariável no plural.

entrar. 1. Em autores clássicos e modernos aparece este verbo acompanhado de obj. direto, principalmente na acepção de *transpor*, em frases como: Os bandeirantes *entraram* o sertão, em busca de ouro. / Ao alvorecer, o navio *entrava* a foz do Tejo. / Ao *entrar* o portal do templo, ela cobriu a cabeça com o véu. / "*Entraram* solenemente as portas da cidade." (Aurélio)
2. Constrói-se com a prep. *a*, seguida de infinitivo, na acepção de *começar*: Os dois *entraram a falar* alto. / Ele *entrou a discutir* com o colega.
3. No sentido de 'tornar-se membro de', 'ser admitido em', diz-se: *entrar na* (ou *para a*) Academia de Letras, Associação de Moços, Escola Militar; *entrar num* (ou *para um*) partido, clube, convento; *entrar para* o Exército, a Aeronáutica. / "Pensei em dizer-lhe que ia *entrar para* o seminário..." (Machado de Assis, *Dom Casmurro*, Cap. XIII) / "Quando *entrei para* a Academia, levava a minha fé católica virgem." (Joaquim Nabuco, *Minha formação*, p. 6)
4. Diz-se: *entrar de* plantão, *de* férias, *de* licença.
5. São lícitas as construções redundantes enfáticas '*entrar* pelo portão *adentro*', '*entrar* portão *adentro*' e análogas: "Cantídio *entrou* a cavalo casarão *adentro*." (Érico Veríssimo, *apud* Celso Luft) / "*Entraram* pelo mato *adentro*." (Celso Luft)
6. *Entrar* com uma ação (ou um recurso, uma apelação, um mandado de segurança) em juízo.

Em linguagem jurídica: *propor* uma ação; *interpor* uma apelação; *impetrar* um mandado de segurança.

entrar e sair de casa. Em princípio, não se deve dar o mesmo complemento a verbos de regência diferente. Assim, em vez de '*Ele entrou e saiu de casa* momentos depois', se deveria dizer 'Ele *entrou em casa e saiu dela* momentos depois' ou 'Ele *entrou em casa e saiu* momentos depois'. Todavia, por concisão, pode-se, em certos casos, dar um complemento comum a verbos de regência diferente (entrar *em*, sair *de*), como nestes exemplos: A todo instante, crianças *entravam e saíam da* gruta. / *Subiu e desceu do* ônibus sem ajuda de ninguém. / "Semanalmente *entram e saem* navios *dos* portos aliados." (Rui Barbosa, *Discursos, orações e conferências*, I, p. 175) / "Na companhia desta sua tia ficara Rosa, enquanto o cônego *ia e vinha de* Lisboa." (Camilo Castelo Branco) / "Acontecia-lhe agora *entrar e sair do* Banco abruptamente." (Fernando Namora, *O homem disfarçado*, p. 33)

Δ **entre-.** [Do lat. *inter*, entre.] *Pref.* = inter-. Exprime as ideias de posição intermediária (entrelinha), ação incompleta (entreabrir), reciprocidade (entrechocar-se).

entre. *Prep.* 1. Diz-se 'entre uma coisa *e* outra'. Portanto: Havia, na estante, *entre 50 e 60 livros* (e não *entre 50 a 60 livros*). Da mesma forma: A idade dos jogadores variava *entre 17 e 19 anos*. / Telefone-me *entre as 10 e 12 horas*. / A rentabilidade da poupança, no mês, deverá ficar *entre 1,5 e 2 por cento*.
2. Em frases como as seguintes, *entre*, anteposto a dois adjetivos, indica meio-termo: O cabelo, *entre castanho e louro*, caía-lhe graciosamente sobre o colo. / "Carlota anunciou-me hoje, *entre alegre e apreensiva*, que suspeitava estar grávida." (Ciro dos Anjos, *Abdias*, p. 58)

entregado, entregue. Normalmente, usa-se o particípio regular *entregado* com os verbos auxiliares *ter* e *haver* (voz ativa), e o particípio irregular *entregue*, com os auxiliares *ser* e *estar* (voz passiva): O carteiro *tinha* (ou *havia*) *entregado* a correspondência. / A correspondência *foi entregue* pelo carteiro. / A carta *estava entregue*. ⇨ A língua atual dá preferência à forma irregular *entregue* mesmo na voz ativa: Eu *tinha* (ou *havia*) *entregue* as chaves ao porteiro. / "Àquela hora, habitualmente, Ricardo já *havia entregue* o leite na casa do coronel Moreira." (Herberto Sales, *Além dos marimbus*, p. 139)

entre mim e ti. Quando regidas de preposição, as formas pronominais referentes às duas primeiras pessoas do singular são *mim* e *ti*, e não *eu* e *tu*: contra *mim* e *ti*; para *mim* e *ti*; entre *mim* e *ti*; por *mim* e por *ti*, etc. Portanto, se dirá: *Entre mim e ti* a distância é pequena. / Ela sentou-se *entre seu pai e mim*. / *Entre eles e mim* nunca houve desentendimentos. / Houve um acordo *entre os fornecedores e mim*. / Houve algum atrito *entre João e ti*? / "No jantar, Lili ficou *entre mim e ele*, o padrinho." (Afrânio Peixoto, *Uma mulher como as outras*, p. 196) / "Eu sentia que *entre mim e ela* havia agora uma desconfiança nascente." (Herberto Sales, *Rio dos morcegos*, p. 119) / "Por que vens, pois, [Hermengarda], pedir-me adorações quando *entre mim e ti* está a cruz ensanguentada do Calvário?" (Alexandre Herculano, *Eurico*, p. 43) / "Entre a onda e *mim*, a correnteza repuxava velozmente a espuma." (Edgard Teles Ribeiro, *Olho de rei*, p. 176, Record, 2005) ⇨ Admite-se o pronome reto quando este se acha distante da preposição *entre*: *Entre o local onde a ponte desabara e eu*, que vinha em alta velocidade, mediavam perto de cem metros. Fora desse caso, é inadmissível o pronome reto, como na seguinte frase de um escritor de hoje: "Havia *entre eu* e meu pai um fosso de gerações." Em linguagem correta: "Havia *entre mim* e meu pai um fosso de gerações." Evidentemente, antes de verbo infinitivo o sujeito só pode ser *eu* e nunca *mim*: Entre *eu* sair e ela chegar passaram-se apenas alguns minutos. Veja *para ele, para si*. Veja *entre si*.

entre si, entre eles. 1. Havendo ideia de reciprocidade, usa-se *entre si*: Marido e mulher discutiam *entre si* frequentemente. / Eles estavam brigando *entre si*, quando chegou o pai. / As raças humanas diferem *entre si*. / As duas tribos não conseguem comunicar-se *entre si* (e não *entre elas*).
2. Não havendo ideia de reciprocidade, emprega-se *entre eles* (ou *entre elas*): O missionário foi bem recebido pelos índios e permaneceu um mês *entre eles*. / Assuntos de mulheres devem ser discutidos *entre elas* mesmas. / As coisas não vão bem *entre eles*.
⇨ No primeiro caso, o pronome *si* refere-se ao sujeito da oração (marido e mulher). No segundo, o pronome *eles* não se refere ao sujeito da oração (missionário).

entretenimento. [Do esp. *entretenimiento*.] *S.m.* Ato de entreter; diversão, divertimento: "A pequena arranjaria logo outro *entretenimento*." (Ciro dos Anjos, *O amanuense Belmiro*, p. 129) Mais usado que *entretimento*★, forma vernácula abonada pelos melhores escritores clássicos.

entreter. [De *entre-* + *ter*.] Conjuga-se como *ter* e *conter*★. Merecem atenção as formas: ele entretém, eles entretêm; eu (ou ele) entretinha, nós entretínhamos, eles entretinham; eu entretive, tu entretiveste, ele (ou você) entreteve, nós entretivemos, vós entretivestes, eles (ou vocês) entretiveram; eu (ou ele) entretivera, eles entretiveram; se eu (ou ele) entretivesse; se eu (ou ele) entretiver. Usa-se também como verbo pronominal: *Entretenho-me* com meus amigos. / *Entretinha-me* com leituras. / *Entreteve-se* com o jogo. / *Entretivemo-nos* em relembrar o passado. / *Entretiveram-se* com seus brinquedos. ⇨ Errou na flexão de *entreter* o autor da frase: "Ainda hoje, passados oitenta anos, é mais fácil pensar que o Titanic foi apenas um daqueles filmes-catástrofe que nos *entretiam* nas sessões da tarde." (*Globo Ciência*, nº 13, p. 59, 1992)

entretimento. [De *entreter* + *-mento*.] O mesmo que *entretenimento*★.

entrever. [De *entre-* + *ver*.] Ver de maneira imperfeita, confusa, rápida: *Entrevi*, pelo vão da janela, um pássaro cortando o espaço. ⇨ Conjuga-se como *ver*★.

entufado. *Adj.* 1. Intumescido, cheio: peito *entufado*. / "O papagaio *entufado* virou-se para o abade Silva." (Rebelo da Silva, *apud* Aulete)
2. *Fig.* Arrogante, vaidoso. ⇨ Na acepção de *inflado, cheio*, é mais usada a forma errônea *estufado*★: peito *estufado*, barriga *estufada*.

entufar. Tufar, formar tufos, tornar algo saliente e arredondado, inflar: O vento *entufa* as cortinas. / "A minha camisa *entufa* no peito, é um desastre." (Graciliano Ramos, *Angústia*, p. 108) / "... uma gravata vermelha *entufando* estridentemente no largo peito que *entufava*." (Eça de Queirós, *A ilustre casa de Ramires*, p. 503) ⇨ Na acepção de *inflar, encher*, usa-se geralmente a forma incorreta *estufar*★: *estufar* o peito.

entupir. *Ind. pres.*: entupo, entopes, entope, entupimos, entupis, entopem. ⇨ As formas regulares *entupes, entupe, entupem*, embora corretas, são de uso raro no Brasil, onde também geralmente se diz *desentopes, desentope, desentopem*, em vez de *desentupes, desentupe, desentupem*.

envidar. É mais usado na acepção de 'pôr muito empenho em': As equipes de salvamento *envidaram* todos os esforços para resgatar os sobreviventes. / "Tudo *envidei* por inculcar ao povo os costumes da liberdade." (Rui Barbosa, *Oração aos moços*, p. 14)

envolta. Subst. feminino usado na expressão *de envolta com*★. Tem a vogal *o* aberta, contrariamente a *envolta* (ô), feminino do adjetivo *envolto* (ô): No chão viam-se livros *de envolta com* brinquedos. / Ela apareceu *envolta* num manto azul.

envolto, envolvido. 1. *Envolto*. Usa-se principalmente como adjetivo: Ele apareceu *envolto* num manto escarlate. / *Envolta* em nuvens escuras, a montanha infundia medo. ⇨ Pode-se, porém, usá-lo como particípio, de preferência com os verbos *ser* e *estar*: O corpo de Cristo *foi envolto* num alvo sudário de linho. / *Estávamos envoltos* numa nuvem de poeira.
2. *Envolvido*. Usa-se ora como adjetivo, ora como particípio: O governo puniu os advogados *envolvidos* na fraude contra a Previdência (adjetivo). / A enfermeira tinha *envolvido* o neném num lençol (particípio). / São muitos os que se têm *envolvido* em tráfico de drogas (particípio).

enxaguar. Conjuga-se como *aguar*★: enxáguo, enxáguas, enxágua, enxáguam; enxágue, enxágues, enxáguem, etc.

enxofre. Adjetivos relativos a enxofre: *sulfúrico, sulfuroso*.

Éolo. Deus dos ventos, na mitologia grega. Usa-se poeticamente, como subst. comum, no sentido de 'vento forte'. É vocábulo proparoxítono. Adjetivos cognatos: *eólio, eólico* (energia *eólica*).

Δ epi-. [Do gr. *epi*, sobre.] *Pref.* Exprime 'posição superior': *epígrafe, epiderme, epitáfio*, etc.

Epicuro. Filósofo grego (341-270 a.C.) que considerava o prazer o bem supremo. É vocábulo paroxítono. Cognatos: *epicurismo, epicurista, epicureu* (sensual).

epidemia, epizootia. *S.f.* 1. *Epidemia*. [Do gr. *epidemia*, de *demos*, povo.] Doença infecciosa que acomete grande número de pessoas, ao mesmo tempo e no mesmo lugar. || *Fig.* Fato (moda, costume, ideias, etc.) generalizado: *epidemia de assaltos, de erotismo, de roupas coloridas*.
2. *Epizootia*. O vocábulo *epidemia* é inadequado para designar doença que se alastra entre animais. Para esse caso, usa-se a palavra *epizootia* (imitação do fr. *épizootie*), assim formada: *epi-* (pref.) + *zoo* (radical, do gr. *zóon*, animal) + *t* (consoante de ligação) + *-ia* (sufixo nominal). Ex.: "Diante de uma *epizootia* que ameaçava dizimar os rebanhos, Ramazzini pôs-se a campo, preconizando medidas de isolamento e quarentena." (Moacyr Scliar, *A paixão transformada*, p. 87)
⇨ Distinga-se *epidemia de endemia*★.

epilepsia. Adj. relativo a epilepsia: *epiléptico* (ataque *epiléptico*).

epizootia. Veja *epidemia*.

é pouco. Veja *é muito*.

é preciso coragem. Concordância correta. Veja *é bom*.

é preferível. É preferível uma coisa *a* (e não *do que*) outra: *É preferível a saúde à riqueza*. / *É preferível ficar calado a dizer tolices*. Do mesmo modo se diz: *Prefiro morar no campo a viver na cidade*. Veja *preferir*.

é proibido. É proibido *pesca* neste lago (sem artigo). / *É proibida a* pesca neste lago (com artigo). / *É proibida* (e não *é proibido*) *a* caça nesta reserva florestal. / Não *é proibida a* consulta ao dicionário.

e que. São defeituosas frases como as seguintes, nas quais se coordenam adjunto adnominal e oração adjetiva: 'Encontraram uma criança perdida na feira *e que* não sabia o endereço dos pais.' / 'Marina é uma jovem de boa aparência *e que* trabalha em casa de família.' Tais frases não têm paralelismo ou simetria. Organizem-se assim: 'Encontraram, perdida na feira, uma criança que não sabia o endereço dos pais.' / 'Marina, jovem de boa aparência, trabalha em casa de família.' Pecam também, por falta de paralelismo, construções do tipo: 'Quando a festa terminou *e que* eu me dispunha a sair, começou a chover forte.' Elimine-se a conjunção *que*, da segunda oração, e a frase ficará correta: 'Quando terminou a festa e eu me dispunha a sair, começou a chover forte.'

é que. 1. Como expressão de realce, permanece invariável: Eu *é que* não embarco em canoa furada. / Ela *é que* saiu ganhando. / Tu *é que* responderás pelos teus atos. / Nós *é que* sofremos as consequências. / Os homens e não as mulheres *é que* deviam fazer tais serviços. / "Certo ou errado, os Estados Unidos *é que* eram a sua pátria." (Viana Moog) / "Os ratos *é que* me roíam a paciência." (Graciliano Ramos, *Angústia*, p. 81) / Entrega-lhe as chaves, se *é que* confias nele.
2. Iniciando-se a frase com o v. *ser*, a concordância opera-se normalmente: *Foi* ela que saiu ganhando. / *És* tu que responderás pelos teus atos. / *Somos* nós que sofremos as consequências. / *São* eles que deveriam fazer isso.

/ *Eram* as pessoas e não as tarefas que o cansavam.
3. Expletivas, de realce, são também *era que, será que, seria que,* em frases interrogativas do tipo: Por que *era que* as pessoas lhe queriam mal? / Por que *será que* eles tardam tanto? / Por que *seria que* a árvore secou? / "Por que *era que* o vagabundo me havia enganado fazendo-se passar por gente da polícia?" (Graciliano Ramos, *Angústia*, p. 198)

Δ **equi-.** [Do lat. *aequus,* igual.] *El. de comp.* Exprime a ideia de 'igualdade': *equivalente, equivaler, equinócio, equidistante, equilátero.*

equivaler. Segue a conjugação de *valer:* equivalho, equivalha, etc.

era meio-dia e quinze. O verbo *ser* fica no singular em frases como esta e análogas: *Era meio-dia e vinte.* / *É meio-dia e trinta.* / *Era meia-noite e dez.* Da mesma forma se dirá: *Era 1 hora e quinze.* / *É 1 hora e vinte.* ⇨ O v. concorda no plural quando se diz: *Eram* quinze para o meio-dia. / *São* dez para as oito. / *Eram* dez para a meia-noite.

éramos seis. Diz-se: Em casa, *éramos seis* (e não *em seis*). / *Éramos quatro* (e não *em quatro*) na oficina. / *Éramos três* (e não *em três*) na canoa. / "Nós *éramos cinco* e brigávamos muito." (Carlos Drummond de Andrade, *Contos de aprendiz, Obra completa,* p. 425)

era perto de oito horas. Concordância anômala, porém correta. Concordância normal: *Eram* perto de (isto é, *quase* ou *cerca de*) oito horas. / "*Eram* talvez perto das nove horas da noite, quando os dois presos sentiram passos no corredor." (M. Pinheiro Chagas, *O juramento da duquesa,* p. 255) / "*Eram* perto de oito horas." (Machado de Assis) / "*Eram* perto de seis horas da tarde." (Alexandre Herculano) / "*Eram* então perto de quatro horas." (José de Alencar) / "*Eram* cerca de quatro horas de uma formosa tarde de Maio." (José de Alencar) ⇨ As últimas quatro abonações são de Sousa da Silveira, em *Lições de português,* p. 299, nº 473. Essa concordância no plural se explica por atração da palavra *horas,* que não é sujeito, mas núcleo do adjunto adverbial de tempo.
Não é incorreto deixar, neste caso, o verbo no singular, porque na indicação das horas o v. *ser* é impessoal, isto é, não tem sujeito. Exemplos de bons escritores: "*Era perto de duas horas* quando saiu da janela." (Machado de Assis) / "*Era perto das cinco* quando saí." (Eça de Queirós) / "*Era cerca de* dez horas." (Manuel de Oliveira Paiva, *Dona Guidinha do Poço,* p. 158)

era uma vez. Por tradição, mantém-se invariável esta expressão inicial de histórias, ainda quando seguida de substantivo plural: *Era uma vez* dois mágicos famosos. / "*Era uma vez* duas velhinhas num restaurante de Chicago..." (Lêdo Ivo, *Os melhores poemas,* p. 58)
Sem a locução *uma vez,* opera-se a concordância normalmente: *Eram* dois mágicos que viviam no palácio do rei.

eriçar. [Do lat. *ericiare,* de *ericius,* ouriço.] Tornar hirto, falando-se de pelos, arrepiar: Vendo a onça, o cão *eriçou* o pelo. / O medo *eriçou-lhe* o pelo. / Ao perceber um inimigo, o ouriço-cacheiro *eriça* os espinhos. / *Eriçaram-se-lhe* os cabelos. / "Olhei para a entrada, e os cabelos *eriçaram-se-me* ao vê-la." (Alexandre Herculano, *Lendas e narrativas,* p. 439) ⇨ Variante: *erriçar*★.

erigir. 1. Erguer, levantar: *erigir* uma estátua, um templo, etc. / Os povos *erigem* monumentos a seus heróis. / O templo *foi erigido* pelos jesuítas.
2. Elevar: *Erigiram* a vila *em* cidade. / "D. João VI *erigiu* o Brasil *em* reino." (Antenor Nascentes)
3. Constituir-se, arvorar-se, fazer-se: Ele *erigiu-se* em defensor dos oprimidos. / Facilmente nos *erigimos* (em) censores de nossos irmãos. / Os soberbos *erigem-se* (em) juízes de nossos atos, como se eles fossem infalíveis. / "Em 1744 Goiás *se erige em* capitania autônoma, separando-se da subordinação paulista." (Oliveira Viana, *Evolução do povo brasileiro,* p. 206) ⇨ A construção reflexiva (erigir-se *em* defensor, *em* juiz, *em* crítico, etc.) é geralmente censurada de galicismo. Entendemos que a censura só é plausível quando, na construção em apreço, se emprega a preposição *em*. A mesma observação cabe ao sinônimo *constituir-se*★: 'Ele *se constituiu chefe* do bando, melhor do que 'Ele *se constituiu em chefe* do bando'.
⇨ Tanto na voz ativa como na passiva usa-se o particípio *erigido*. A forma *ereto* passou a adjetivo: *porte ereto; cabeça ereta.*

Δ **eritro-.** [Do gr. *erythrós,* vermelho.] *El. de comp.* Exprime a ideia de 'vermelho': *eritrócito, eritrodermia, eritropoese,* etc.

ermitão. S.m. Homem que vive isolado do mundo; eremita, penitente solitário que vive num ermo; homem que cuida de uma ermida (pequena igreja edificada em lugar ermo). Pl.:

ermitãos, ermitães, ermitões. Fem.: *ermitã, ermitoa*. Cognatos: *ermo, ermida, eremita, eremítico, eremitério*.

Δ **ero-, eroto-**. [Do gr. *éros, érotos*, amor.] *El. de comp*. Exprime a ideia de 'amor sensual': *erógeno, erotismo, erotomania*, etc.

erriçar. Variante de *eriçar*★: "Em mais de uma cabeça os cabelos *se erriçaram* de horror." (Alexandre Herculano, *Lendas e narrativas*, p. 185) / "Os cabelos *erriçaram-se* de horror." (Rebelo da Silva, *Contos e lendas*, p. 40) Veja *eriçar*.

erudito. *Adj*. 1. Que tem ou revela erudição: homem *erudito*, obra *erudita*.
|| *Subst*. 2. Pessoa que tem erudição, que tem cultura: Ele é um *erudito*. ⇨ Palavra paroxítona, a sílaba tônica é *di*.

erupção, irrupção. *S.f.* a) *Erupção*. [Do lat. *eruptio, eruptionis*, ato de se lançar violentamente para fora.] 1. Saída com ímpeto: *erupção* das águas de uma represa, de petróleo bruto do solo. 2. Aparecimento de lesão cutânea de natureza inflamatória: *erupção* de brotoejas, de furúnculos. 3. Emissão impetuosa: *erupção* vulcânica (saída impetuosa de fumaça, cinzas e lavas da cratera de um vulcão), *erupção* do Vesúvio. 4. Manifestação súbita, explosão: *erupção* de cólera ou de sentimentos recalcados.
b) *Irrupção*. [Do lat. *irruptio, irruptionis*, invasão, ataque, investida.] 1. Ato de irromper (surgir com ímpeto, entrar ou aparecer repentinamente): *irrupção* de curiosos numa rua, de crianças num parque. 2. Invasão súbita e impetuosa: a *irrupção* de tropas invasoras, de gafanhotos numa roça. 3. Aparecimento súbito e rápida propagação (de um fenômeno físico, social, religioso, etc.): *irrupção* de uma epidemia, de novas ideias, novas crenças.

erva. *Adj*. relativo a erva: *herbáceo*.

Δ **es-**. Pref. vernáculo equivalente de *ex-*★. Indica movimento para fora, separação, transformação, intensidade, etc.: *esbagaçar, esbagoar, esbarrar, esbeiçar, esbodegar, esbofetear, esboroar, esborrachar, esbrasear, esbravejar, esburacar, escangalhar, escanhoar, esclarecer, escoicear, esconjurar, esfarelar, esfarrapar, esforçar-se, esfriar, esgotar, esmigalhar, esmiuçar, esmurrar, espalhar, espalmar, espancar, espernear, espicaçar, esquartejar, estirar, estontear, esvaziar, esverdear*.

escapar. 1. Constrói-se com a prep. *a* no sentido de: a) esquivar-se, evitar: Ninguém *escapa à* morte. / *Escapei a* um acidente. / *Escaparam à* vigilância do guarda e entraram no pomar. / *Escaparemos a* esse importuno! / São infortúnios *a* que poucos *escapam*. ⇨ Nesta acepção também se usa *escapar de*: Escapar de um perigo, da morte, de importunos, etc.; b) passar despercebido, ser omitido: Nada *escapa a* seu olhar perspicaz. / Não *lhe escapou* nenhum detalhe. / *Escapou ao* redator do contrato uma cláusula importante; c) não estar ao alcance, fugir à compreensão ou percepção: Os desígnios de Deus *escapam ao* nosso entendimento.
2. Constrói-se com a prep. *de* na acepção de: a) salvar-se: Sofreu um acidente e *escapou da* morte. / *Escapou de* morrer afogado. / Sofreu um grave acidente, do qual *escapou* ileso; b) fugir, evadir-se, soltar-se: O sequestrado *escapou do* cativeiro. / O peixe *escapou-lhe* das mãos. / Nenhuma queixa lhe *escapou da* boca.

escaravelho. [Do lat. *scarabaeus*.] *S.m*. Inseto coleóptero, da família dos escarabeídeos. ⇨ Pronuncia-se *escaravêlho*.

escarnecer. Fazer escárnio de, zombar. Tanto é lícito dar-lhe obj. direto como obj. indireto (prep. *de*): Por que *escarneciam o* (ou *do*) jovem? / Alguns *o escarneciam* por ser casto. / Muitos *escarneceram dele* por ser honesto. ⇨ É vetado o pronome *lhe*: Eles *o* (e não *lhe*) *escarneciam*. / As colegas *escarneciam dela* (e não *lhe escarneciam*).

Δ **escato-**. [Do gr. *éschatos*, extremo, último.] *El. de comp*. = 'último': *escatologia* (doutrina sobre a consumação da história humana; os acontecimentos finais neste mundo), *escatológico*. ⇨ O subst. *escatologia* também significa 'tratado sobre as fezes'. *Escatológico*: relativo à *escatologia* (em ambos os sentidos).

esclarecer. Diz-se 'esclarecer alguém *sobre* (ou *acerca de*) algo': Pediu-me que o *esclarecesse sobre* as condições da transação. / Eu o *esclareci acerca da* situação política do país. / *Esclareci-o* (e não *esclareci-lhe*) sobre o uso da crase.

Δ **esclero-**. [Do gr. *sklerós*, duro.] *El. de comp*. = 'dureza': *esclerômetro, esclerodermia, esclerose, esclerosar*.

escola-modelo. Estabelecimento de ensino cujas instalações, organização administrativa e métodos pedagógicos servem ou podem servir de modelo. Pl.: *escolas-modelo*. Veja *piloto*.

esconder. [Do lat. *abscondere*, esconder, ocultar.] *V. t*. Ocultar; não revelar. Acerca do emprego de *esconder*, convém lembrar os dois casos seguintes:
1. Quando se constrói este verbo com dois complementos, sendo um direto e o outro indireto, este último pode ser regido da prep. *a*

ou *de*: João *escondia ao pai* (ou *do pai*) os seus problemas. / *"Escondeu aos amigos* (ou *dos amigos*) *o que sabia."* (Celso Luft) / *"O que eu digo não escondo de* [ou *a*] *ninguém."* (José Lins do Rego, *Fogo morto*, p. 286)
2. Se o complemento indireto for um pronome pessoal, usar-se-á *lhe(s)*: João *escondia-lhe os seus problemas*. / O filho confia nos pais e não *lhes esconde* os seus problemas.

escravista, escravocrata. Formas corretas, que dispensam o galicismo *escravagista*.

escrete. [Do inglês *scratch*.] *S.m.* Seleção de atletas ou jogadores; selecionado. Estrangeirismo desnecessário, usado por certos cronistas esportivos pedantes. Diga-se *seleção*.

escrivão. Pl.: *escrivães*. Fem.: *escrivã, escrivãs*: "O povo e com ele os *tabeliães* e *escrivães* julgavam ser essa a era de Cristo." (João Ribeiro, *Curiosidades verbais*, p. 118)

escuma. [Do frâncico *skum*, através do baixo lat. *scuma*.] O mesmo que espuma (lat. *spuma*). É palavra de uso raro no Brasil de hoje. Derivados: *escumar, escumadeira, escumante, escumalha* (escória, ralé), *escumilha*.

escutar. [Do lat. *auscultare*.] 1. Aplicar o ouvido para perceber vozes, sons, ruídos; ouvir atentamente: Pare, olhe e *escute*. / Ouviu um barulho estranho, pôs-se a *escutar*. / Quando o pai fala, todos o *escutam*. ⇨ Os verbos *escutar* e *auscultar*★ têm origem comum, porém, significados diversos. *Auscultar*, que nos veio através do fr. *ausculter*, é palavra da terminologia médica, com sentido especializado.
2. Convém distinguir *escutar* de *ouvir*. *Ouvir* significa 'perceber sons, vozes, ruídos, etc.', pelo sentido da audição, em geral, sem fazer esforço': *ouvir* barulho, gritos, rumor de passos, *ouvir* música, vozes de animais, depoimento de testemunhas, *ouvir* bem, *ouvir* mal, etc. Não seria adequado o v. *escutar* em lugar de *ouvir* em frases como: Os surdos não *ouvem*. / Quando *ouvia* barulho na porta, ela se assustava. / Quem fala o que quer, *ouve* o que não quer.
3. Na acepção de 'atender a', 'levar em consideração', é indiferente usar *ouvir* ou *escutar*: Ele tem por hábito *escutar* (ou *ouvir*) os mais velhos. / Raramente o filho *escutava* (ou *ouvia*) os conselhos de seus pais.

Δ **esfigmo-.** [Do gr. *sphygmós*, pulsação.] *El. de comp.* = 'palpitação', 'pulsação': *esfigmógrafo, esfigmomanômetro* (instrumento para medir a pressão arterial).

esfíncter. [Do gr. *sphinktér*, de *sphingo*, contrair, fechar.] *S.m.* Músculo anular que, ao contrair-se, fecha um orifício natural do corpo, como o do ânus, o da bexiga, etc. Pl.: *esfíncteres* ou *esfincteres*. ⇨ Recomenda-se a pronúncia *esfíncteres*, mais usada: Os *esfíncteres* anal e vesical têm controle voluntário.

esfinge. Adj. relativo a esfinge: *esfíngico*.

esfíngico. *Adj.* Relativo a esfinge; misterioso, enigmático. Deve ser evitada a forma *esfingético*.

esfolhar. [De *es-* + *folha* + *-ar*.] Tirar as folhas, desfolhar, despetalar: "Lembro que *esfolharás* na eterna noite / a rosa do teu corpo delicado." (Augusto Frederico Schmidt, *Eu te direi as grandes palavras*, p. 75)

esforçar-se. O infinitivo que complementa este verbo é regido (em geral, indiferentemente) de *em, para* ou *por*: Ele *esforçou-se em* pôr termo à criminalidade no bairro. / *Esforcei-me para* reconciliar os dois. / Eles *esforçaram-se* muito *por* nos dar boa instrução. / "*Esforço-me por* desviar o pensamento dessas coisas." (Graciliano Ramos, *Angústia*, p. 7)

esfuziante. *Adj.* 1. Que esfuzia, sibilante: projéteis *esfuziantes*.
2. *Fig.* Irradiante: alegria *esfuziante*.

esfuziar. [Forma sincopada de *esfuzilar*, der. de *fuzil*.] 1. Zunir como projéteis de fuzilaria, sibilar: As balas *esfuziavam* sobre minha cabeça. / O vento *esfuziava* nas janelas.
2. *Fig.* Irromper: No auditório *esfuziaram* vaias e risadas.

esmero (ê). *S.m.* Cuidado especial; apuro, requinte: Executa seus trabalhos com *esmero*. ⇨ Pronuncia-se *esmêro*. *Esmero*, com o *e* tônico aberto, é forma do verbo *esmerar-se*: Eu *me esmero* em servir bem os outros.

esmoler. *Adj.* 1. Que dá muitas esmolas, caridoso.
|| *Subst.* 2. Pessoa esmoler; pessoa encarregada de distribuir esmolas. ⇨ É palavra oxítona.

esôfago. Adjetivos relativos ao esôfago: *esofagiano, esofágico*.

espantar-se. No sentido de *admirar-se*, diz-se 'espantar-se *de* (ou *com*) alguma coisa': Não *se espante do* (ou *com o*) que lhe vou dizer. / "E *espantei-me de* encontrar, em redor, tudo em ordem." (Graciliano Ramos, *Caetés*, p. 120)

espargir. [Do lat. *spargere*, espalhar.] *V. t. d.* 1. Derramar em gotas, borrifar: Ela *espargiu* água fresca sobre o buquê de rosas.

2. Espalhar: Meninas *espargiam* pétalas de flores sobre os noivos.
3. Espalhar-se: Seus longos cabelos *se espargiam* em fios de ouro sobre o colo e as espáduas. ⇨ É mais usado nas formas em que ao radical se seguem *e* ou *i*. O part. irregular *esparso* usa-se exclusivamente como adjetivo equivalente a *espalhado*: Havia folhas *esparsas* sobre a grama.

Espártaco. Chefe de escravos revoltados, morto em 71 a.C., em combate contra as legiões romanas. ⇨ Palavra proparoxítona.

esparzir. Variante de *espargir*★.

espécime. [Do lat. *specimen*, amostra, prova, exemplo, modelo.] *S.m.* Modelo, amostra, exemplar, tipo, representante de uma espécie animal ou vegetal. A variante *espécimen* (pl. *espécimens*) não é recomendada. ⇨ *Espécime* é subst. masculino: "Em 1985, quando foi feita a última contagem dos tigres siberianos, havia 350 exemplares *do espécime*." O jornal donde transcrevemos a frase empregou, erradamente, essa palavra no feminino.

espelhar. As formas rizotônicas *espelho, espelhas, espelha, espelham, espelhe, espelhes, espelhes* têm a vogal *e* fechada (ê). Esta observação vale para os demais verbos terminados em *-elhar*: *ajoelhar, assemelhar, avermelhar, destelhar, semelhar, aparelhar, emparelhar*, etc.

esperar. 1. Esperar algo de alguém: Não *esperes* nada *de* um egoísta. / A sociedade *espera do* governo medidas mais eficazes contra o crime. / *Dos* filhos os pais só *esperam* amor e gratidão.
2. Esperar por alguém ou alguma coisa: "Em cima, *esperava por* eles Perpétua, aquela irmã de Natividade, que a acompanhou ao Castelo." (Machado de Assis, *Esaú e Jacó*, cap. VII) / *Esperou pela* sorte, mas ela não lhe bateu à porta. ⇨ A prep. *por*, neste caso, é expletiva, de realce.
3. Deve ficar no singular em frases como: Os prejuízos não foram tão grandes quanto *se esperava*. / Os resultados foram mais modestos do que *se esperava*.
4. Constrói-se com o pronome *o* (ou *a*) e não *lhe*: Espero-*o* para o almoço. / Espero-*a* no clube. / Esperavam-*no* em casa boas notícias.

espia. [De *espiar*.] *S.m.* e *f.* Pessoa que espia: *o espia, a espia*.

espiã. Fem. de *espião*. Pl.: *espiãs*.

espiar, expiar. 1. *Espiar*. Observar, espreitar, olhar: Os ladrões *espiam* a hora oportuna para roubar. / Eu estava à janela, *espiando* o movimento na rua.
2. *Expiar*. Remir, reparar (crime, pecado, culpa): Muitos *expiaram* seus crimes na forca.

espiciforme. [Do lat. *spica*, espiga.] *Adj.* Que tem forma de espiga, espiculado, espicular.

esplendor. [Do lat. *splendor*, brilho.] *S.m.* Com *s* e não com *x*. Assim também os cognatos *esplêndido, esplender, esplendente, esplendoroso*, etc.

Δ **espleno-.** [Do gr. *splén, splenós*, baço.] *El. de comp.* = 'baço': *esplenologia, esplenopatia, esplênico, esplenalgia, esplenite*, etc. ⇨ Corresponde ao radical latino *lien(o)*: *lienite*, inflamação do baço.

espocar. [De *es-* + tupi *poka* + *-ar*.] Vocábulo onomatopeico. Pipocar, estourar: *Espocam* os foguetes. / *Espocavam* fogos de artifício em vários pontos da cidade. / "Foguetes *espocam* no ar." (Celso Luft) / "Coisas prateadas *espocam*: somos noivo e noiva." (Adélia Prado, *Os cem melhores poemas brasileiros do século*, p. 285) / "... eram foguetes que *espocavam* no céu estilhaçando luzes." (Lourenço Diaferia, *Brás*, p. 137) Nas formas rizotônicas de todos os verbos terminados em *-ocar*, como *colocar, provocar, tocar, pipocar*, etc., a vogal tônica *o* é aberta. A pronúncia correta, portanto, é *espóca, espócam, espóque, espóquem*.
⇨ A forma *espoucar*, de uso frequente, é impugnada pela maioria dos gramáticos. Não adianta querer defendê-la com argumentos que não convencem, como faz Houaiss. Trata-se simplesmente de um desvio da pronúncia normal ou culta. Tais desvios são comuns na fala do povo, haja vista *róba* por *rouba, cavóca* por *cavouca, estóra* por *estoura, colméia* por *colmeia*.

Δ **espondilo-.** [Do gr. *spóndylos*, vértebra.] *El. de comp.* = 'vértebra': *espondilose, espondilozoário*.

espontâneo. [Do lat. *spontaneus*.] Grafa-se com *s* e não com *x* este adjetivo. Assim também o substantivo *espontaneidade*.

Δ **esporo-.** [Do gr. *spóros*, semente.] *El. de comp.* = 'semente': *esporófito, esporóforo, esporífero, esporângio*, etc.

esporte. 1. Tem o significado de *entretenimento, diversão*, em frases do tipo: Ele é rico; trabalha apenas por *esporte*. / Ela rega o jardim *como esporte*.
2. Funciona como adjetivo em expressões como *roupa esporte, camisa esporte, carro esporte*. É invariável no plural: *roupas esporte, carros esporte*.

esposos. Adj. relativo a esposos: *esponsal*.

esquecer. Admite várias construções. Daremos as que mais interessam.

1. Esquecer alguém ou alguma coisa: *Esqueça* essa mulher. / *Esqueça-a.* / *Esqueceu* o talão de cheques na loja. / Não *esqueçamos* que o fim não justifica os meios. / Ele *esqueceu* como se abria o cofre. / *Esqueces* teu amigo?
2. Esquecer-se de alguém ou de alguma coisa: Não *se esqueça* de nós. / Ele não *se esquece* de seus compromissos. / *Esqueci-me* de selar a carta. / Nunca mais *me esquecerei* desse dia nefasto. / Não *te esqueças* do que prometeste. / Quando jovens, *nos esquecemos* de que não somos imortais. / Foi uma cena de que nunca *me esquecerei.* / "Pois *me esqueci* da posse de João Cabral na Academia." (Antônio Carlos Villaça, *Os saltimbancos da Porciúncula,* p. 70) / "No seu primeiro depoimento, *esquecera-se* de mencionar esse detalhe." (Márcio Moreira Alves, *Manual do cronista aprendiz,* p. 171) / "Para dizer a verdade, eu *me havia esquecido* dele." (Diná Silveira de Queirós, *A muralha,* p. 298) / 'Não se esqueça, meu filho, (de) que a estrada é perigosa.' Pode-se omitir a prep. *de* antes da conjunção *que,* como no último exemplo. ⇨ A construção 'esquecer de alguém ou de alguma coisa', com o verbo sem o pronome, só é admissível na comunicação coloquial. Por isso, no padrão culto, devem ser evitadas frases do tipo: Esqueceram do amigo. / Não *esqueça* de mim. / Ela *esqueceu* de desligar o televisor. / Não consigo *esquecer* desse triste episódio. / É um esnobe, *esquece* de que foi pobre. / *Esquecemos* de levar remédios.
3. Alguma coisa esquece a alguém: Um detalhe importante *esqueceu ao arquiteto.* / *Esqueceu-me* o endereço dela. / Ainda não *me esqueceram* os conselhos dele. / *Esqueceu-lhe* acertar o relógio. / *Esqueceu-nos* vacinar o cão. / *Esqueceu-te* anotar o número da placa do carro? / *Esqueceu-lhes* acentuar várias palavras. / *Esqueceu-lhe* que amanhã é feriado? / *Esqueceu-me* dizer a Vossa Senhoria que... / "*Esqueceu-me* dizer que estes coronéis faziam parte do diretório situacionista." (Monteiro Lobato, *Cidades Mortas,* p. 149) ⇨ Essa construção, corrente no português lusitano, é de uso raro no Brasil, onde foi acolhida por escritores clássicos, Machado de Assis, por exemplo.
4. Alguma coisa esquece, isto é, 'escapa da memória', 'apaga-se da lembrança': Os anos vão passando e muitos fatos *esquecem.* / "E em breve os nossos males *esqueceram* ante a incomparável beleza daquela serra bendita." (Eça de Queirós, *A cidade e as serras,* p. 163)

⇨ Essa construção, com o v. esquecer intransitivo, é usual no português lusitano e rara no português do Brasil.
5. Esquecer. *V. i.* Distrair-se de coisas molestas: "Muitos bebem para *esquecer.*" (Celso Luft)

Δ **esquia-, esquio-.** [Do gr. *skiá,* sombra.] *El. de comp.* = 'sombra': *esquiametria, esquiófilo, esquiofilia, esquiófobo, esquiofobia.*

esquimó. *Subst.* e *adj.* Invariável em gênero: *o esquimó, a esquimó; mulher esquimó.* / "Achada *esquimó* morta há 300 anos." (*O Globo,* 13/8/94)

esquivar. [De *esquivo* + *-ar.*] Evitar (pessoa ou coisa que nos desagrada ou ameaça), fugir a, furtar-se a, desviar-se de: Habilmente, ele *esquiva* os importunos. / Ele *esquivou* o golpe do adversário e o nocauteou.
A construção mais usada é a pronominal, com a prep. *a* (ou *de*): Ela *esquiva-se aos* (ou *dos*) repórteres. / Ele fez tudo para *esquivar-se àquele* encontro. / Como *esquivar-nos à* influência deletéria do ambiente que nos cerca? / Ele *esquivou-se ao* desafio. / *Esquivei-me a* (ou *de*) atendê-lo. / *Esquive-se a* provocações e vá em frente. / Não *se esquive de* suas obrigações. / O piloto *esquivou-se a* tempo *do* obstáculo. / Ele era habilíssimo em *esquivar-se a* (ou *de*) situações embaraçosas. / Irritado, o menino *esquivou-se aos* carinhos da mãe. / "Extremamente acessível, mesmo depois de afamado, nunca *se esquivara a* receber visitantes." (Manuel Bandeira, *Gonçalves Dias,* p. 61)

Δ **esquizo-.** [Do gr. *schizo,* fender, separar.] *El. de comp.* = 'fender', 'separar': *esquizofrenia, esquizofrênico, esquizocéfalo, esquizogênese,* etc.

esse, essa. Estes pronomes demonstrativos realçam o termo a que se referem, anteriormente expresso, em frases como: "A estrada do mar, larga e oscilante, *essa,* sim, o tentava." (Jorge Amado) / "Ora o povo, *esse* o que precisa é saber que existe Deus." (Camilo Castelo Branco) / "Os operários, *esses* nunca apareciam ali." (Raquel de Queirós, *Caminho de pedras,* 8ª ed., p. 36)
Na linguagem emotiva, coloquial, usa-se *essa* (ou *esta*) em frases e exclamações que exprimem desacordo, descontentamento, surpresa, etc.: *Essa é boa! Essa não! Ora essa! Mais essa! Sem essa! Essa eu não esperava de você! Se desta escapo, vou festejar.* Em tais frases subentende-se o substantivo *coisa.* Veja *este.*

estabelecer-se. No sentido de fixar residência, instalar-se, diz-se 'estabelecer-se *em* um lugar'. Consequentemente, o correto é 'estabelecer-se *na* (e não *à*) Rua X': João *estabeleceu-se na* Rua

Anchieta. / A empresa *estabeleceu-se na* Rua Iguaçu. Veja *morar* e *residir*.

estabelecido. Diz-se corretamente: Era um comerciante *estabelecido na* (e não *à*) Rua Nazaré.

estada. Ato de estar; permanência de pessoa em um lugar: Após breve *estada* em Lisboa, voltamos ao Brasil. / Durante sua *estada* no Brasil, o Papa sentiu os problemas de nosso povo. / "O presidente Itamar Franco enviou ontem um bilhete aos jornalistas que fazem a cobertura de sua *estada* em Juiz de Fora..." (*JB*, 26/12/92) / "O antropólogo lembra a *estada* entre nós do sociólogo Juan Lins." (Newton Carlos, *JB*, 18/7/92, p. 11) / "Setenta por cento dos entrevistados disseram que sua *estada* no Rio foi muito agradável." (O *Globo*, 30/6/93) / "Durante sua *estada* no Rio, o professor Pomp vai operar no Hospital dos Servidores." (Swann, O *Globo*, 31/7/94) / "Não hesito em afirmar que data dessa *estada* na Guanabara o despontar do seu espírito renovador." (C. Povina Cavalcânti, *Vida e obra de Jorge de Lima*, p. 85) / "... na minha *estada* em Inglaterra." (Alexandre Herculano, *Lendas e narrativas*, p. 418) / "Foi curta e sem acontecimento a *estada* de Rio Branco em Berlim." (Álvaro Lins, *Rio Branco*, p. 240)

estadia. Permanência de um navio em porto, de avião em aeroporto ou de veículos automotores em garagem ou estacionamento: Devido à greve, foi longa a *estadia* do cargueiro no porto de Santos. ⇨ Convém não usar *estadia* na acepção de *estada**, permanência, como nas frases: O mau tempo nos obrigou a encurtar nossa *estadia* em Minas. / "Falei de minha *estadia* em Portugal." (Millôr Fernandes, *JB*, 7/11/92, p. 11)

estádio. [Do gr. *stádion*.] 1. Entre os antigos gregos, medida correspondente a cerca de 206m; corrida atlética de 1 estádio: *estádio olímpico*.
2. *Por ext.* Lugar onde se realizavam essa corrida e outras competições de atletismo.
3. Modernamente, campo com instalações adequadas, onde se realizam competições esportivas, principalmente jogos de futebol.
4. Fase, etapa, época, período: os diversos *estádios* de uma civilização, de uma língua, da história de um país, de uma pesquisa científica para a cura de uma doença, etc. / "...formações eruditas e cultas, jurídicas e sociais em *estádio* de maior civilização." (João Ribeiro, *Curiosidades verbais*, p. 165) / "Antes de chegar a esse *estádio* adiantado na exposição das suas ideias,

Mr. Balfour estuda..." (Rui Barbosa, *Cartas de Inglaterra*, p. 77) ⇨ Nessa última acepção, usa-se frequentemente *estágio**, em vez de *estádio*. É um erro enraizado.

Estados Unidos. Concordância do verbo. Veja *Os Estados Unidos*.

estágio. [Do fr. *stage*.] 1. Período de aprendizado prático para o exercício de certas profissões: *estágio* de um médico recém-formado, de um dentista, de um advogado, etc.
2. Cada uma das sucessivas etapas da realização de um empreendimento, de uma obra; etapa: A construção da usina encontra-se ainda no *estágio* inicial de planejamento. ⇨ Alguns gramáticos condenam, com razão, o emprego de *estágio* como sinônimo *de fase*, etapa, *estádio**.
3. Em aeronáutica, cada uma das seções ou unidades de propulsão de um foguete.

estalido. *S.m.* Ruído daquilo que estala, estalo de pouca intensidade: o *estalido* de ramos secos. ⇨ Pronuncia-se *estalído*.

Δ **estani-.** [Do lat. *stannum*, estanho.] *El. de comp.* = 'estanho': *estânico, estanífero, estanita*, etc.

estar a par. Veja *a par*.

estar de. Indica situação: *estar de* plantão, *estar de* luto, *estar de* férias, etc.

estar por. 1. Seguida de infinitivo, esta expressão indica não ter sido ainda realizado o fato expresso pelo verbo: "O presépio *está por* armar." (Carlos Drummond de Andrade, *Obra completa*, p. 442)
2. Seguida de adjunto adverbial de tempo, indica acontecimento próximo: *Estava por horas* a invasão da cidade. / "O desenlace *está por pouco*." (Aulete)

estase. [Do gr. *stásis*, imobilidade, parada.] Em patologia, estagnação ou parada do sangue ou dos humores, no organismo. *Fig.* Incapacidade de agir, inércia. ⇨ Palavra paroxítona, diferente de *êxtase** (= arrebatamento, enlevo). Cognato: *estático* (= imóvel, parado).

estatuir. [Do lat. *statuere*.] *V. t. d.* 1. Determinar em estatuto; estabelecer por lei ou decreto, prescrever: A Constituição *estatui* os direitos e deveres dos cidadãos. / "Vossa Excelência não ignora que desde Afonso II *se estatuíram* leis gerais." (Camilo Castelo Branco, *A queda dum anjo*, p. 20)
2. Estabelecer como norma, preceito ou regra: O decreto *estatui* normas para a ocupação das terras. / A Igreja *estatuiu* que os sacerdotes devem abster-se de atividades políticas.

este, esta, esse, essa. 1. Usa-se o pronome demonstrativo *este* (e suas variações): a) para indicar que o ser (pessoa, animal ou coisa) está junto ou perto de quem fala (a 1ª pessoa gramatical): *Este* seu filho precisa usar óculos, disse o médico à mãe do menino. / *Este* cavalo, em que me vês montado, é um puro-sangue. / Leve *esta* carta ao correio, pediu-lhe o pai, enquanto fechava o envelope. b) para indicar o tempo presente, em relação à pessoa que fala: *Este* mês tem só 28 dias. / Espero que *nesta* noite os cães não me perturbem. c) antes de algo que se vai citar: O seu intento não é outro senão *este*: livrar-se dos credores e da justiça. 2. Usa-se *esse* (e suas variações): a) para indicar que o ser (pessoa, animal ou coisa) se acha próximo ou junto da pessoa a quem se fala (a 2ª pessoa gramatical): Que pretende você fazer com *esse* dinheiro? / Lave *essas* xícaras e ponha-as no armário, pediu a patroa. / Espero que *esse* jornal publique a minha carta. b) para indicar o tempo passado ou algo mencionado anteriormente: Era em 1850; *nesse* ano ainda não havia luz elétrica. / Ser uma cantora famosa: *esse* era o seu grande sonho.
este ano, neste ano. Pode-se omitir a prep. *em* das expressões adverbiais de tempo 'neste ano', 'neste mês', 'nesta semana', e outras: Pretendem viajar ainda *neste* (ou *este*) ano. / Ele voltará de Nápoles *neste* (ou *este*) mês. / Vão iniciar a obra *nesta* (ou *esta*) semana. / *Nesta* (ou *esta*) noite poderá faltar luz. / "Imagina logo se *esta noite* estoura uma revolução!" (Fernando Sabino)
este, aquele. Quando estes pronomes ocorrem na mesma frase, *este* refere-se ao subst. mais próximo e *aquele*, ao mais afastado: Os conquistadores oprimiram negros e índios: *estes*, eles os encontraram na terra conquistada; *aqueles*, foram buscá-los no continente africano. / O verbo *haver* é sinônimo de *existir*, mas ao passo que *este* varia em número, *aquele* permanece invariável. / "Boa composição moral é a de orgulho e humildade; *esta* nos absolve de nossas fraquezas, *aquele nos* impede de cair em outras." (Carlos Drummond de Andrade, *Obra completa*, p. 866)
Δ **estear-, esteato-.** [Do gr. *stéar, stéatos*, gordura.] *El. de comp.* exprimem a ideia de 'gordura', 'sebo': estearina, esteatoma, esteatopigia, etc.
estender, extensão. *Estender* (lat. *extendere*) entrou na nossa língua por via popular, no séc. XIII, por isso, o pref. latim *ex-* passou a *es-*. *Ex-* *tensão* (lat. *extensione*), pelo contrário, nos veio por via erudita, no séc. XVIII, razão por que o prefixo se manteve inalterado. Esse critério adotado pelos organizadores do vocabulário ortográfico simplificado é contestável, para não dizer incoerente. Na prática, observe-se o seguinte: a) grafa-se *es-* quando o radical é *tend*: estender, estendido, estendal, estendedouro, estenderete; b) grafa-se *ex-* quando o radical é *tens*: extensão, extensível, extensivo, extenso, extensor.
Δ **esteno-.** [Do gr. *stenós*, estreito, breve.] *El. de comp.* Exprime 'estreiteza', 'abreviação': estenocardia, estenocéfalo, estenografia, estenografar, etc.
Δ **estereo-.** [Do gr. *stereós*, sólido, duro.] *El. de comp.* = 'solidez', 'dureza': estereodinâmica, estereometria, estereótipo, etc.
estereótipo. *S.m.* 1. Em tipografia, forma de impressão em que os caracteres estão fixos; clichê, matriz. 2. *Fig.* Lugar-comum, chavão, clichê, frase ou conceito muito repetidos. Exemplo: Na Europa, o Brasil é conhecido como o país do carnaval, do futebol e dos meninos de rua, *estereótipos* que deformam a realidade brasileira. Veja *lugar-comum*.
esterroar. Veja *estorroar*.
esteta (é). [Do gr. *aisthetés*, aquele que sente.] Pessoa que tem o sentimento do belo e o cultiva; pessoa versada em estética (estudo do belo e dos sentimentos e emoções que ele suscita em nós; beleza física). ⇨ Distinguir de *esteticista*, especialista em assuntos que concernem à boa aparência física (emagrecimento, maquiagem, vestuário, penteado, etc.).
Δ **esteto-.** [Do gr. *stêthos*, peito.] *El. de comp.* Exprime ideia de 'peito': estetoscópio, estetoscopia.
estigma. [Do gr. *stigma, stígmatos*, marca feita com ferrete★, ponto.] *S.m.* 1. Marca, sinal, cicatriz: o *estigma* do escravo; os *estigmas* da varíola. 2. Sinal infamante, ferrete: o *estigma* infamante do assassino. 3. Marca: os *estigmas* de São Francisco de Assis. 4. Parte terminal do pistilo destinada a recolher o pólen. Cognatos: estigmatizar★, estigmatismo, estigmatizado, estigmatografia.
estigmatizar. 1. Marcar com ferro em brasa: Antigamente *estigmatizavam* os escravos fugitivos e os criminosos.

2. Censurar duramente, verberar: O orador *estigmatizou* os corruptos.
3. Condenar, tachar de: A História *estigmatizou-o* de traidor. / O candidato *estigmatizou* de levianas e demagógicas as acusações de seu adversário. Veja *estigma*.
estilhaçar. *V. t. d.* 1. Balas *estilhaçavam* as vidraças.
Pron. 2. Com o choque, o para-brisa do carro *estilhaçou-se*. ⇨ Diz-se que um vidro *estilhaçou-se*, e no coloquial, que *estilhaçou* (sem o pronome).
estilo. [Do lat. *stilus*, ponteiro.] *S.m.* 1. Ponteiro de metal com que os antigos escreviam sobre a camada de cera das tábulas (tabuinhas).
2. Maneira de utilizar a linguagem escrita ou falada: *estilo* simples, *estilo* pomposo, *estilo* sóbrio, *estilo* prolixo.
3. Maneira de escrever correta, original e elegante: É uma obra a que não falta *estilo*.
4. Conjunto de traços que caracterizam a linguagem de uma época ou escola literária: *estilo* quinhentista, *estilo* clássico, *estilo* romântico.
5. Conjunto de traços típicos das produções artísticas de determinada época ou civilização: *estilo* renascentista, *estilo* barroco, *estilo* gótico, *estilo* oriental, *estilo* ático, *estilo* árabe.
6. Maneira de expressão típica de um grupo social, de uma profissão, de um meio de comunicação: *estilo* acadêmico, *estilo* forense, *estilo* didático, *estilo* professoral, *estilo* publicitário.
7. Maneira de viver, hábitos de alguém: Ele adotou um *estilo* de vida sóbrio e metódico.
8. Uso, costume, praxe: Tudo se fez dentro das formalidades do *estilo*.
estimar. *V. t.* 1. Emprega-se com o pronome *o*, e não *lhe*: Ela *o estimava* muito. / O amigo que *o estima...* / Todos *a estimam*. / *Estimavam-no* muito os moradores vizinhos.
2. No sentido de *avaliar*, diz-se: O corretor *estimou* o imóvel *em* quinhentos mil reais.
3. Na acepção de *sentir prazer em*, *alegrar-se*, não se deve usar a prep. *em*: *Estimo* saber (e não *em saber*) que realizou o seu sonho. / *Estimo conhecê-lo*. / *Estimo vê-lo* de volta. / *Estimarei* que tenha êxito em seu novo cargo.
estimativa. *S.f.* Pode-se construir: A *estimativa* é que (ou *de que*) 200 mil veículos passem pela ponte Rio-Niterói, neste feriado. Veja o verbete *de que*, item 3.
estipe, estípite. [Do lat. *stipes*, *stipitis*, estaca, haste, tronco de árvore.] *S.m.* Caule sem ramificações, como o das palmeiras; tronco, fuste. ⇨ São formas variantes do s. m. latino *stipes*, cujo genitivo é *stipitis* (pronuncia-se *stípitis*). Alguns dicionários, erradamente, registram *estípite* como substantivo feminino. Usou-o corretamente no masculino o Visconde de Taunay no cap. XXV do seu romance *Inocência*: "Abundam ali coqueiros de *estípite* curto e folhuda coroa."
estofado. *Adj.* 1. Guarnecido de estofo: móvel *estofado*, cadeira *estofada*.
2. Inflado (brasileirismo): peito *estofado*, camisa *estofada*. Veja *estufado*.
estoico. [Do gr. *stoikós*.] *Subst.* 1. Adepto do estoicismo; indivíduo estoico: Sêneca foi um *estoico* (ói).
|| *Adj.* 2. Relativo ao estoicismo; impassível diante da dor e dos infortúnios, imperturbável ante os males da vida: filosofia *estoica*, atitude *estoica*, homem *estoico*.
Δ **estoma-.** [Do gr. *stoma*, *stómatos*, boca.] *El. de comp.* = 'boca', 'orifício': *estômato*, *estomatite*, *estomatoscópio*, *colostomia*, etc.
estômago. Adjetivos relativos ao estômago: *estomacal*, *gástrico*.
estória. *S.f.* Conto popular tradicional, narrativa de ficção. Esta palavra foi proposta por estudiosos do folclore, em 1942, com o intuito de diferenciar história/folclore de história/ciência. Não nos parece necessário o neologismo. Por isso, recomendamos que, em qualquer acepção, se use apenas *história*: História do Brasil, *histórias* da carochinha, a *história* do Chapeuzinho Vermelho, a *história* do Santo Graal, etc. / "O mais antigo conto que se conhece é a *história* dos *Dois Irmãos*." (Luís da Câmara Cascudo, *Contos tradicionais do Brasil*, p. 21, ed. 1967)
estorroar. [De *es-* + *torrão* + *-ar*.] *V. t. d.* Desfazer os torrões: Depois de arar a terra, o lavrador a *estorroa*. Variantes: *esterroar*, *desterroar*, *destorroar*.
estourar. Nas formas rizotônicas mantém-se o ditongo *ou*: estouro, estouras, estoura, estouram; estoure, estoures, estourem. É viciosa a pronúncia *estóro*, *estóra*, *estóram*, *estóre*, *estórem*, com a vogal *o* aberta. Exemplos: A bomba *estoura*. / *Estouram* foguetes. / Esperemos que não *estoure* outra guerra. / "No solo ríspido e seco *estouram* as coroas-de-frade e os mandacarus eriçados de espinhos." (Josué de Castro, *Geografia da fome*, p. 179, ed. 1992) / "A coisa hoje tem de acabar, eu *estouro*." (Autran Dourado, *Os sinos da agonia*, p. 25) / "O que ele

pensa *estoura* em choro pela casa toda." (Clarice Lispector, *Felicidade clandestina*, p. 145)
estragar. Diz-se corretamente: Devido ao calor, o leite *estragou-se* (e não *estragou*). / Em ambiente úmido os remédios *se estragam* (ou *estragam-se*).
estralar. Variante de *estalar*: O fogo invade o bambuzal, que *estrala*. / Os chicotes *estralavam*.
estrambótico. *Adj*. Incomum; excêntrico, esquisito, extravagante. ⇨ A forma *estrambólico* é uma variante desaconselhada, pois *estrambótico* deriva de *estrambote* (acréscimo de um ou mais versos no fim dos catorze de um soneto).
estrangeirismos. 1. Com relação a expressões e palavras importadas, usem-se apenas as que são necessárias, por não terem equivalentes em português, como *quorum*, *rush*, *vernissage*, *iceberg*, e as que já foram devidamente aportuguesadas e incorporadas à nossa língua, como é o caso de *abajur*, *garçom*, *biquíni*, *voleibol*, *judô*, *cassino*, *nhoque*, *tênis*, *lanche*, *náilon*, etc.
2. Os estrangeirismos ainda não assimilados ou pouco conhecidos, sem feição vernácula, devem ser usados com muita parcimônia. É prática reprovável permear, por exemplo, um texto jornalístico de palavras e expressões exóticas, de neologias estrangeiras, cujo sentido o leitor não tem a obrigação de conhecer. Quem assim procede, além de evidenciar mau gosto e pedantismo, está passando atestado de subserviência cultural. Por que empregar, por exemplo, os galicismos *débâcle*, em vez de *ruína*, *derrota*, *derrocada*; *enquete*, em vez de *pesquisa*; *menu*, em vez de *cardápio*; *premier*, em lugar de *primeiro--ministro*; *complô*, em lugar de *conspiração*, *trama*, *conluio*? Por que usar os anglicismos *apartheid*, em vez de *segregação racial*; *week-end*, em vez de *fim de semana*; *hall*, em vez de *vestíbulo*; *living*, em vez de *sala de estar* ou de *visitas*; *performance*, em vez de *desempenho*; *outdoor*, em vez de *painel*, *cartaz*?
3. Mais censuráveis são os estrangeirismos de sintaxe ou de construção, porque afetam a estrutura da frase vernácula. São quase sempre de procedência francesa. É que através de sua rica literatura, tem exercido grande influência sobre a língua portuguesa, nela deixando marcas não só no vocabulário como também na sintaxe. Construções como "os cientistas *os* mais renomados", "erguer estátuas *em* bronze", "quando o inimigo desapareceu ao longe e *que* nenhum ruído se ouviu em torno", são exemplos de galicismos sintáticos. O tradutor brasileiro de obras francesas deve dominar as duas línguas, principalmente a dele, para evitar essas e outras construções viciosas. Veja o verbete *shopping center*.
Δ **estrato-¹, estrati-.** [Do lat. *stratum*, coberta de cama, camada.] *El. de comp*. Exprime a ideia de 'camada': *estratificar*, *estrato* (nuvem), *estratosfera*, *estratosférico*. ⇨ Diferente de *extrato* [lat. *extractus*, extraído]: *extrato* de tomate, *extrato* de conta bancária.
Δ **estrato-².** [Do gr. *stratós*, exército.] *El. de comp*. Exprime as ideias de 'exército', 'militar': *estratocracia* (governo militar). Cognatos: *estratégia*, *estrategista*, *estratégico*, *estratego* (é).
estrear. [De estreia + -*ar*.] Este verbo se conjuga como *nomear**, isto é, intercalando-se um *i* nas formas rizotônicas. A vogal *e* do ditongo, porém, é aberta (éi): *estreio*, *estreias*, *estreia*, *estreamos*, *estreais*, *estreiam*; *estreie*, *estreies*, *estreie*, *estreemos*, *estreeis*, *estreiem*. ⇨ Não se intercala *i* nas formas arrizotônicas: *estreamos*, *estreava*, *estreou*, *estreando*, etc. Ex.: "As cigarras *estreavam* o canto vesperal." (Coelho Neto)
estrela. *Adj*. relativo a estrela: *estelar* (do lat. *stella*, estrela).
estrelado. Com referência a ovos fritos, o adjetivo correto é *estrelado* e não *estalado*: Ele prefere ovos cozidos a ovos *estrelados*. / "Quando, passados instantes, voltou com um bife e dois ovos *estrelados*, ainda ria." (Graciliano Ramos, *Caetés*, p. 152)
estremar, extremar. Os dois verbos têm como base o lat. *extremus* (último, o mais afastado, extremo). Escritores e lexicógrafos nem sempre fazem distinção entre um e outro.
1. *Estremar*. Prende-se a *estrema* (marco divisório de terras, propriedades) e significa: a) delimitar, demarcar por meio de estremas: *estremar* um território, uma fazenda; b) servir de marco divisório a: Um rio *estrema* os dois países. / Os Pireneus *estremam* a Espanha da França; c) separar(-se), diferenciar: Ele *estremará* os bons dos maus. / Neste ponto *estremam-se* os dois rios. / A língua, as tradições e os costumes é que *estremam* os povos. ⇨ Como se percebe, a ideia geral de *estremar* é a de separação. Cognatos: *estremadura* (fronteira), *estreme* (sem mescla, puro: linguagem *estreme* de estrangeirismos).
2. *Extremar*. Deriva de *extremo* e se usa, praticamente, só na forma pronominal, com os significados de: a) assinalar-se, distinguir-se,

sobressair: Luís de Camões *extremou-se* na poesia épica; b) mostrar extremos de, exceder-se, esmerar-se: O dono do hotel *extremava-se* em gentilezas.

estremecer¹. [De *es-* + *tremer* +*-ecer.*] 1. Fazer tremer, tremer, abalar: o terremoto *estremeceu* o prédio. / Com o estrondo, a casa *estremeceu*. 2. Abalar (fig.): O incidente *estremeceu* as relações entre os dois países. 3. Ter súbito tremor (por medo ou susto): Ao ouvir a sentença do juiz, *estremeceu*. O particípio *estremecido* usa-se também como adjetivo: Nossa amizade estava *estremecida* (abalada). / Ficaram *estremecidas* as relações entre os dois países.

estremecer². [Talvez de *extremo* + *-ecer.*] Amar em extremo, amar enternecidamente: "Guilherme *estremecia* o pai." (Camilo Castelo Branco, *apud* Aulete) / "*Estremece* a mulher e os filhos." (C. Luft) / "Os parentes o *estremeciam*." (Michaelis) O particípio *estremecido* usa-se também como adjetivo: filho *estremecido* (muito amado); mãe *estremecida* (muito amada).

estrênuo. [Do lat. *strenuus.*] *Adj.* 1. Ativo, incansável, infatigável: trabalhador *estrênuo*. 2. Corajoso, intrépido, denodado: *estrênuo* defensor dos direitos humanos.

estresse. [Do ingl. *stress*, tensão, esforço intenso.] *S.m.* Esgotamento físico e mental, estafa. Cognatos: *estressante, estressar*. ⇨ Convém adotar a forma aportuguesada em vez da inglesa *stress*.

estridor. [Do lat. *stridor, stridoris*, ruído penetrante, som agudo.] Ruído forte e penetrante. Cognatos: *estridente, estridulante* (que estridula, como a cigarra), *estridular, estrídulo*.

estroina. *Adj.* Extravagante, boêmio, dissipador, leviano. ⇨ Pronuncia-se *estróina*, e não *estroína*.

estufado. *Adj.* 1. Colocado em estufa: vinho *estufado*. 2. Cozido em panela fechada: carne *estufada*. ⇨ No Brasil é muito usado na acepção de *intumescido, inflado, cheio de ar*, em vez de *entufado*★, que é a forma correta. Assim é que se diz vulgarmente: peito *estufado*, barriga *estufada*, veia *estufada*, etc. Escritores inovadores preferem a forma *estofado*: peito *estofado*, barriga *estofada*, etc. Veja *entufado* e *estufar*.

estufar. [De *estufa* + *-ar.*] *V. t. d.* 1. Colocar em estufa: *estufar* vinhos, *estufar* plantas.

2. Cozinhar a fogo lento, em panela fechada: *estufar* a carne.
3. Inflar (brasileirismo). ⇨ É generalizado, no Brasil, o uso de *estufar* no sentido de *intumescer, inflar*: *estufar* o peito; o vento *estufou* as velas; a veia *estufou*. Contribuiu certamente para esse desvio semântico o verbo *estofar*, ou, mais provavelmente, o prefixo *ex-* (ou *es-*) que indica, em muitos verbos, 'movimento para fora': *expelir, expulsar, esgotar, espalhar*, etc. A forma correta, neste caso, é *entufar*★ (= tufar, dar ou tomar a forma de *tufo*, intumescer), verbo de uso raro entre brasileiros. Por isso há quem prefira *estofar*: "Uchoa *estofou* o peito, prelibou os triunfos..." (Geraldo França de Lima, *Rio da vida*, p. 91, ed. 1991) / "O peito *estofado*, a cabeça erguida, as mãos segurando a ponta do braço, Mulungu parecia uma colossal estátua untada de alcatrão." (Autran Dourado, *Os sinos da agonia*, p. 34) Usar *estofar* e *estofado*, em vez de *entufar* e *entufado*, é uma inovação, mas não é uma solução. A forma legítima continua sendo *entufar*: "A minha camisa *entufa* no peito, é um desastre." (Graciliano Ramos, *Angústia*, p. 108) / "A mulata, para completar a brincadeira, deu uma volta *entufando* as saias." (Aluísio Azevedo, *O cortiço*, p. 73) Veja *entufar*.

estultice, estultícia. *S.f.* Procedimento de estulto, estupidez. Ambas as formas são boas.

esturjão. Dessa forma, e não *estrujão*.

estupidez. *S.f.* Plural: *estupidezes* (forma normal) ou *estupidezas* (forma anormal). Os substantivos femininos terminados em *-ez* formam o plural com o acréscimo de *-es*: *vez / vezes, gravidez / gravidezes, nudez / nudezes*, etc.

etc. Abreviatura da expressão latina *et cetera* (= e as demais coisas). 1. Costuma-se usar vírgula antes dessa abreviatura, embora ela contenha a conjunção *e*: Consertam-se fogões, geladeiras, máquinas de lavar, etc. ⇨ Este uso da vírgula é abonado pelo *Vocabulário Ortográfico* da ABL e por filólogos e gramáticos (Aurélio, Celso Cunha, Bechara, Gama Kury). Todavia, não constitui erro omitir o dito sinal de pontuação, neste caso. Há gramáticos, como Pasquale Cipro Neto, e lexicógrafos, como Houaiss, que não o usam. 2. Não se deve usar a conjunção *e* antes de *etc.*, conforme se vê no exemplo anterior. 3. Pode-se empregar *etc.*, mesmo com referência a pessoas e animais.

éter. *Adj.* relativo ao éter: *etéreo*.

étimo. [Do gr. *étymos*, verdadeiro.] *S.m.* Palavra que é a origem de outra; origem (verdadeira) de um vocábulo. Exemplo: A palavra latina *pluvia* é o étimo de *chuva*.

etimologia. [Do gr. *etymología*.] *S.f.* Ciência que investiga a origem das palavras. ⇨ Usa-se às vezes *etimologia* por *étimo*★: Os dicionários dão a *etimologia* das palavras.

Δ **etno-.** [Do gr. *éthnos*, raça.] *El. de comp.* = 'raça', 'povo', 'nação': *etnografia, etnia, étnico*, etc.

Δ **eto-.** [Do gr. *éthos*, costume.] *El. de comp.* = 'costume', 'uso': *etologia, etos*, etc. Cognatos: *ética, ético, aético*.

Δ **eu-.** [Do gr. *eu*, bem.] *Pref.* Exprime a ideia de 'bem', 'bom' e apresenta-se com a variante *ev-*: *eucaristia, eurritmia, eutanásia, eufemismo, eufonia, eugenia, evangelho, evangelizar*, etc.

eu, mim. Sobre o uso correto destes pronomes, veja os verbetes *entre mim e ele, mim e para mim*.

é uma e meia. Concordância correta. É inadmissível a concordância: *São uma (hora) e meia*.

euro. [Redução de *europeu*.] *Adj.* 1. Com hífen, quando considerado adjetivo: *euro-asiático, euro-africano, euro-afro-americano*.
|| *Pref.* 2. Sem hífen quando considerado prefixo: *eurodólar, eurocomunismo, euramericano, eurasiático, eurafricano, euraframericano*, etc.
⇨ O Vocabulário Ortográfico da ABL, 1998 registra as duas grafias, sendo, portanto, lícita a escolha de uma ou de outra forma.
|| *S.m.* 3. Moeda comum ou unidade monetária dos países da União Europeia: um *euro*, dois *euros*.

evidentemente que. 'Evidentemente, a notícia vai correr o mundo.' 'Evidentemente que a notícia vai correr o mundo.' Ambas as construções são corretas. O *que* da segunda construção é expletivo, palavra de realce, e aparece em outras expressões: "Felizmente que Vossa Excelência veio a tempo." (Mário Barreto, *Novos estudos da língua portuguesa*, cap. XI) / *Certamente que* os empresários vão reagir. ⇨ Veja os verbetes *certamente que* e *desde ontem*.

evitar. 1. Constrói-se com objeto direto: Ela não gostava do rapaz e *evitava-o*.
2. Quando vier seguido de infinitivo, recomenda-se não usar a preposição *de*: Ele *evitava sair* à noite. / Ela *evitou contrariar* o marido. / *Evite beber* água contaminada. ⇨ Entretanto, a bem da harmonia da frase, bons autores não hesitam em preposicionar o infinitivo, em construções do tipo: Ele *evitou de tocar* no assunto. / Tentei *evitar de falar* com ele. / Ela não poderia *evitar de encontrar-se* com a filha. / "Saí de mansinho, *evitando de fazer* barulho." (Jorge Amado, *Jubiabá*, p. 178)

Δ **-evo.** [Do lat. *aevum, i*, tempo, idade] *El. de comp.* = tempo, vida, idade: *longevo, medievo, longevidade, medieval*.

Δ **ex-.** *Pref. lat.* 1. Traduz, mais frequentemente: a) movimento para fora, separação: *exportar, expectorante, excomunhão, exorbitar, exonerar, extorsão, extorsivo, expropriar, extirpar*, etc.; b) cessação de estado, cargo ou função: *ex-alcoólatra, ex-aluno, ex-combatente, ex-ministro, ex-diretor*, etc. No primeiro caso, grafa-se a palavra sem hífen; no segundo caso, sempre com hífen.
2. O pref. *ex-* apresenta a variante *e*★ (*ejetar, emigrar, emergir, emissão*, etc.) e, em vocábulos de formação vernácula, assume a forma evoluída *es-*: *esgotar, espalhar, esvaziar*, etc.
3. Não deve ser confundido com o prefixo grego *ex(o)*★, que indica movimento para fora, situação ou posição externa: *êxodo, exosmose, exogamia, exógeno, exoftalmia*, etc. Veja *es-*.
4. A *ex-* e *e-* opõe-se o prefixo *in-* (ou *i-*): *excluir/incluir; exalar/inalar; emigrar/imigrar;* etc.

exacerbar (z). *V. t. d.* 1. Tornar mais acerbo (azedo, amargo, áspero ao paladar).
2. Tornar mais intenso, avivar: As medidas repressivas da metrópole *exacerbaram* o sentimento nacionalista.
3. Agravar: A longa viagem *exacerbou-lhe* as dores.
4. Irritar, exasperar: As palavras sarcásticas do adversário o *exacerbaram*.
Pron. 5. Tornar-se mais intenso, recrudescer, agravar-se: Com a má notícia, seus sofrimentos *exacerbaram-se*. / "*Exacerba-se* a asma com o frio." (Celso Luft) / As rivalidades entre grupos étnicos *exacerbaram-se*.

exaurir. [Do lat. *exhaurire*.] 1. Esgotar completamente: *exaurir* uma cisterna.
2. Fazer secar, esgotar: A seca *exauriu* os mananciais.
3. *Fig.* A longa enfermidade *exauriu-lhe* as forças. / *Exauriu-o* depressa aquele trabalho pesado e insalubre. / Esbanjam nosso dinheiro e *exaurem* o tesouro público. Cognatos: *haurir, exausto, exaustão, exaustivo, exaustor*.
⇨ Verbo defectivo. Só se usam as formas em que o radical é seguido de *e* ou *i*.

exceder. [Do lat. *excedere*.] 1. Ser superior a, ir além de (em valor, peso, número, medida, qualidades, etc.), superar, ultrapassar. Constrói-se,

de preferência, com objeto direto: As despesas não devem *exceder a receita*. / Os resultados obtidos *excederam a expectativa* dos médicos. / Ninguém *o excedia* em elegância. / As duas jovens *excediam as demais* em beleza e desembaraço. / "Sua inteligência *excedia a* das criaturas humanas." (Cecília Meireles, *Inéditos*, p. 143) / "O acanitara *excedia* até, na variedade das plumas, *aqueles* com que os parintintins se haviam apresentado para ruidosos combates, junto da cerca." (Ferreira de Castro, O *instinto supremo*, p. 144)
2. Menos frequentemente, constrói-se com objeto indireto (prep. *a*): A bagagem *excedia ao peso* permitido. / Levantar aquela pedra *excedia às minhas forças*. / Os gastos com a reforma da casa não *excederam a dois milhões*. / *Excedem* muito *às outras flores*, na forma e no colorido, as rosas do teu jardim. ⇨ Observe-se o uso da crase no último exemplo, para assinalar o objeto e, assim, impedir duplo sentido.
3. Se o complemento verbal for um pronome oblíquo da 3ª pessoa, este deve ser *o* ou *a* e nunca *lhe*: A tradução não perde do original e até *o* (e não *lhe*) *excede*. / Em tudo há um limite. Quem *o excede* se prejudica. / Ela era a mais jovem dos irmãos, mas nenhum deles *a excedia* em inteligência.
4. *Exceder* não admite obj. indireto regido da prep. *de*: A embarcação comporta dez toneladas. É proibido *exceder esse limite* (e não *desse limite*).
A prep. *de* só é cabível antes da expressão que denota o excesso: Como pôr o volume na mala, se *a excedia de dez centímetros*?
Nesse último caso, pode-se usar também a prep. *em*: "Os ministros mostraram que a despesa *excedia em* 24.425 cruzados o que fora calculado." (M. Pinheiro Chagas, *O juramento da duquesa*, p. 28)
5. *Pron. Excedeu-se na bebida*. / *Excedeu-se em amabilidades*.
exceto. Quando o verbo ou o nome exigem complemento indireto, deve-se repetir a preposição depois de *exceto*, palavra denotativa de exclusão: Falou *com* todas as colegas, *exceto com* Fátima. / Gostava *de* todos os irmãos, *exceto do* mais velho. / Era carinhoso *com* todos, *exceto com* a sogra.
Proceda-se da mesma forma com os sinônimos *menos* e *salvo*: Falou *com* todas as colegas, *menos com* Fátima. / Conquistou a simpatia *de* todos os funcionários, *menos do* contador. / Apertou a mão *a* todos, *menos a* Fagundes. / Faça aliança *com* todos, *salvo com* os maus e prepotentes. Veja *salvo*.
excludente. *Adj.* 1. Que exclui: Circunstância *excludente* é a que exclui caráter criminal, como no caso de matar em legítima defesa.
2. Que se excluem ou se opõem: Monarquia e democracia não são sistemas de governo *excludentes*.
excluir. Quanto à grafia, veja *verbos terminados em -uir*.
exegeta. [Do gr. *exegetés*, orientador, guia, intérprete.] *S.m* e *f*. Pessoa especializada em exegese (interpretação), isto é, que explica, esclarece, interpreta textos bíblicos, literários, jurídicos, etc.: Os *exegetas* interpretarão a Sagrada Escritura atentos aos critérios traçados pela Igreja. ⇨ Pronuncia-se *ezegéta*, com a vogal tônica aberta.
exemplar. *V. t. d.* Castigar exemplarmente, sobretudo por meio de pancadas; castigar para servir de exemplo a outrem: "Primo Boanerges *exemplava* a filharada, malhando a palma vigorosa nas carninhas tenras." (Ribeiro Couto, *Cabocla*, p. 102) / "Bufando, dona Rosilda a aguardava de taca na mão, pedaço de couro cru para *exemplar* animais e filhos desobedientes." (Jorge Amado, *Dona Flor*, p. 92) Existe a variante *exemplarizar*: "Não é a primeira vez que *exemplarizam* as subversões nas terras sob o seu tacão." (Marques Rebelo, *A guerra está em nós*, p. 122)
eximir. [Do lat. *eximere*.] Isentar, dispensar, desobrigar, livrar: A lei *o* (e não *lhe*) *exime* de votar. / O fato de serem menores não *os exime* de responsabilidade. / Nem Cristo se *eximiu do* (ou *ao*) sofrimento. / Não conseguiram *eximir-se da* (ou *à*) indenização. / Há normas de comportamento *a* (ou *de*) que ninguém pode *eximir-se*. / "Mikhail Gorbachev *eximiu-se... de* opinar sobre os problemas do Brasil." (JB, 8/12/92) / "Era o meu dever, e não *me eximi a ele!*" (Eça de Queirós, *O primo Basílio*, p. 311)
existir. Concorda normalmente com o sujeito: *Existem* (e não *existe*) pessoas que são contra tudo. / Onde antes *existiam* matas, agora só há capoeiras. / *Existirão* mesmo seres extraterrestres? / Talvez *existam* piranhas neste rio. / Há quem diga que não *existem*.
Havendo verbo auxiliar, este deve concordar com o sujeito: Duvido que *possam existir* seres

extraterrestres. / *Devem existir* morcegos nessa caverna. / *Começam a existir* peixes neste rio.
⇨ Embora seja sinônimo de *existir*, o verbo *haver*, quando impessoal, concorda sempre na 3ª pessoa do singular: Onde antes *havia* matas, agora só *existem* capoeiras.

Δ **exo-**. *Pref. gr.* Exprime a ideia de 'para fora': *exógamo, exócrino, exogamia*. Veja *ex-*.

exorcizar. [Do gr. *exorkízo*, pelo lat. *exorcizare*.] Expulsar o demônio do corpo de alguém por meio do exorcismo: O sacerdote, invocando o nome de Jesus Cristo, *exorcizou* o possesso. / "Jesus o praticou, é dele que a Igreja recebeu o poder e o encargo de *exorcizar*." (*Catecismo da Igreja católica*, p. 456, Ed. Vozes, 1993) ⇨ Existe a variante *exorcismar* (de *exorcismo* + *-ar*): "A primeira receita de frei João era *exorcismá-la* como demoníaca." (Camilo Castelo Branco, *A brasileira de Prazins*, p. 185) / "Emília voltou a insistir em que eu trouxesse um padre para *exorcismá-la*." (Ciro dos Anjos, *O amanuense Belmiro*, p. 24)

expectativa. Pode-se construir: A expectativa *é que* (ou *é de que*) as exportações aumentem. / "A expectativa dos técnicos é *que*..." (*O Globo*, 13/3/93) A preposição *de*, neste caso, é expletiva★. Veja o verbete *de que*, item 3.

expedir. [Do lat. *expedire*.] Remeter a seu destino, despachar, enviar, soltar: *expedir* telegramas, *expedir* emissários, *expedir* gritos. Conjuga-se como *pedir*, embora não derive dele: *expeço, expedes, expede*, etc.; *expeça*, etc. As formas *expido, expida* são arcaicas.

expelir. Conjuga-se como *ferir*: expilo, expeles, expele, etc.; expila, expilas, expila, etc. Part. biforme: *expelido* e *expulso*.

expensas. *S.f.* Gastos. ⇨ Palavra usada apenas na locução *a expensas de*★.

experto. [Do lat. *expertus*, que tem experiência em, experimentado.] *Adj.* e *subst.* Experimentado, experiente, versado, entendido, perito; pessoa que acumulou grandes conhecimentos em determinado assunto, graças à experiência e à prática; especialista, entendido: Procurou um amigo *experto* em piscicultura. / Dizem os *expertos* em enologia serem excelentes os vinhos gaúchos. ⇨ Não confundir com *esperto* [despertado; inteligente, vivo, perspicaz; ligeiro, habilidoso; morno (água *esperta*)].

expiar. [Do lat. *expiare*.] *V. t. d.* Reparar (culpa, erro, crime, pecado), sofrer as consequências: "Como iniciar um novo rumo de vida sem *expiar* os erros antigos?*" (Carlos Drummond de Andrade, *Obra completa*, p. 430) Homônimo de *espiar*★.

expiatório. *Adj.* Que expia, que serve de expiação: sacrifício *expiatório*, bode *expiatório*★.

expletivo. *Adj.* Diz-se das palavras ou expressões que, embora desnecessárias ao sentido da frase, se usam como realce ou ênfase. Exemplos: Quem não estiver habituado aos perigos da mata, *que* fique em casa. / O governo *é que* deve dar terra a essa gente. / Que falta *que* me fazes? / "Reparem, *lá* saiu aos trancos o carrão novo da Prefeitura..." (Josué Guimarães) / "O porquinho-da-índia queria *era* estar debaixo do fogão." (Manuel Bandeira) / "Não podemos *é* permanecer de braços cruzados." (Paulo Mendes Campos) / "Vai-*te* embora, marinheiro! Onde estão teus amigos, teus companheiros?" (Rubem Braga) / "No calor da tarde, lá *se* vão eles, trotando nas ruas do Agreste." (Jorge Amado) / "Ao dizer isso, tentou sorrir para mim, mas com isso, só fez *foi* arregaçar o grosso beiço..." (Ariano Suassuna) / "Eu só tenho pena do pobre *do* Padilha." (Graciliano Ramos) ⇨ Mantém-se invariável a expressão expletiva *é que*★. Veja *que* (expletivo).

explodir. *V. defec.* Só tem as formas em que ao *d* se seguem *e* ou *i*: explode, explodiu, etc. Suprem-se as formas defectivas com o v. *estourar*★. Escritores modernos têm usado as formas *explodo, exploda*: "Daqui vocês não me tiram — respondeu-lhes a bomba. O primeiro que me tocar, eu *explodo*." (Carlos Drummond de Andrade)

expor. 1. Conjuga-se como *pôr*★, do qual deriva: exponho, expões, expõe, expomos, expondes, expõem; expus, expuseste, expôs, expusemos, expusestes, expuseram; expusera; expusesse; expuser; exponha, exponhas, exponha, exponhamos, exponhais, exponham; expõe, exponha, exponhamos, exponde, exponham. *Part.*: exposto.
2. *Pron.* Como pronominal, na acepção de *arriscar-se*, exige a prep. *a*: Eles devem ter consciência dos riscos *a que se expõem*.

exprimido, expresso. Formas do particípio do v. *exprimir*. A primeira se usa com os verbos auxiliares *ter* e *haver*; a segunda com os verbos *ser* e *estar*. Ela já lhe *tinha* (ou *havia*) *exprimido* seu desejo de casar. / De várias maneiras são *expressos* os sentimentos. / Meu parecer *estava* claramente *expresso* na carta. ⇨ Em geral, em vez de *exprimido* se diz *manifestado, expressado, exposto* e até *expresso*.

exprobar. Variante de *exprobrar*★. Por ser mais eufônica, é frequente em bons escritores: "*Exprobava* aos gregos a arrogância e a vaidade." (Latino Coelho: Aurélio) / "*Exproba* a vergonhosa sequência de desvios do dinheiro público, o aproveitamento criminoso dos bens do Estado." (Dom Eugênio Sales, *JB*, 26/10/91) / "O subdiretor *exproba-lhes* a fragilidade: Que vergonha para a Companhia!" (Carlos Drummond de Andrade, *Obra completa*, p. 453) / "Dom Quixote *exproba-lhe* o apetite, acusa-o de glutonaria mas não deixa de comer o que lhe traz." (Maria José de Queirós, *A literatura e o gozo impuro da comida*, p. 100)

exprobrar. [Do lat. *exprobrare*.] Censurar com veemência, repreender, vituperar: *Exprobrava* os vícios do povo. / *Exprobrava-lhe* os vícios. / "Ninguém lhe tinha que *exprobrar* um ataque ou perdoar uma invectiva." (Carlos de Laet, *O frade estrangeiro*, p. 46) / "Ali se *exprobrava* a el-rei a sua demasiada paixão pela caça." (João Francisco Lisboa, *Vida do padre Antônio Vieira*, p. 176) ⇨ Verbo de som áspero, pouco usado. Vem cedendo lugar à variante *exprobar*★, mais eufônica.

expulsado, expulso. 1. Na voz ativa, pode-se usar, indiferentemente, *expulsado* ou *expulso*: O juiz tinha *expulsado* (ou *expulso*) o jogador. / A polícia havia *expulsado* (ou *expulso*) os invasores do terreno.
2. Na voz passiva, usa-se *expulso*: O jogador foi *expulso* de campo. / Os invasores foram *expulsos* pela polícia.

expulsar para fora. Pleonasmo vicioso. Diga-se apenas: *Expulsaram-no* da sala.

êxtase. [Do gr. *ékstasis*.] *S.m.* Arrebatamento, enlevo. Cognatos: *extasiar, extasiado, extático*. Veja *estase*.

extinguido, extinto. Formas do part. do v. *extinguir*. 1. **Extinguido**. Na voz ativa, usa-se, de preferência, *extinguido*: Os bombeiros *tinham extinguido* (ou *extinto*) o incêndio.
2. **Extinto**. Na voz passiva, usa-se exclusivamente *extinto*: O fogo foi *extinto* rapidamente pelos bombeiros. / Esses privilégios *serão extintos*. ⇨ *Extinto* pode usar-se como adjetivo: vulcão *extinto*, lei *extinta*, costumes *extintos*, associações *extintas*.

extinguir. Não se profere o *u* deste verbo. Pronuncia-se como *seguir*, em todas as formas: *extinguir, extinguiu, extinguimos*, etc.

extorquir. [Do lat. *extorquere*, arrancar, tirar à força.] Obter com violência, ameaça ou ardis, conseguir por extorsão: *Extorquem* dinheiro *dos* (ou *aos*) empresários, sequestrando-os. / O fiscal *lhes extorquiu* muito dinheiro. / Tentaram inutilmente *extorquir ao* réu a confissão do delito. / O guarda *extorquia* gordas propinas *aos* motoristas. / O assaltante *extorquiu à* (ou *da*) pobre mulher todo o dinheiro. / Ele *extorquiu-lhe* todo o dinheiro. ⇨ Verbo defectivo. Segue a conjugação de *abolir*★.
É impropriedade de linguagem dizer '*extorquir alguém*'. O correto é '*extorquir algo a* (ou *de*) alguém'. Não se diga, portanto: O fiscal *extorquia os comerciantes*. Pelo menos em linguagem culta, dir-se-á: O fiscal *extorquia dinheiro aos comerciantes*.

extra. Forma reduzida de *extraordinário*. *Adj.* 1. Horas *extras*, ônibus *extras*, serviços *extras*.
|| *Subst.* 2. Os *extras* de um filme, os *extras* de uma novela.

Δ **extra-.** Prefixo latino. Exprime a ideia de 'posição exterior', 'fora': *extraterrestre, extravasar, extraviar, extraconjugal, extrauterino, extraoficial, extra-hispânico, extrarregimental, extrassensorial, extra-abdominal*, etc. ⇨ Usa-se hífen antes de palavras iniciadas pela vogal *a* e por *h*.

extraclasse. *Adj.* Que é feito fora da sala de aula ou da escola: trabalho *extraclasse*; atividades *extraclasse*. Embora adjetivo, não varia no plural, assim como *extraprograma* e *ultravioleta*.

extrato. Veja *estrato*[1].

extravasar. [De *extra-* + *vaso* + -*ar*.] *V. t. d.* 1. Derramar, fazer transbordar (um líquido): A fervura excessiva *extravasa* os líquidos.
2. Manifestar de modo impetuoso: Sentindo-se injustiçado, o homem *extravasou* toda a sua revolta. / Tímido que era, nunca *extravasava* seus sentimentos íntimos.
V. i. 3. Transbordar, sair de vaso, canal ou limite natural: Com a fervura, o leite *extravasou* (do recipiente). / Nas grandes cheias, os rios *extravasam*. / O garimpo logo *extravasou* para as áreas vizinhas.
⇨ Grafa-se *extravasar*, com *s*, porque deriva de *vaso*; ao passo que *vazar* se escreve com *z* por derivar de *vazio*.

exultar. [Do lat. *exultare*, saltar de alegria, vibrar.] Sentir e manifestar intensa alegria ou felicidade, alegrar-se intensamente, rejubilar-se, regozijar-se: Ao saber que havia sido aprovado, João *exultou*. / À chegada do cantor, os fãs *exultaram*. / Nas ruas, o povo *exultava*, no delírio da vitória. / "Os amigos de Juca *exultaram*, levando-o em charola ao Largo da Matriz, onde ele falou às autoridades e ao povo." (Carlos Drummond de Andrade, *Obra completa*, p. 855) No tocante à expressão 'exultar de alegria', cabe dizer que *exultar* já envolve a ideia de alegria, de contentamento. Todavia, já em latim clássico se dizia *exultare gaudio* (exultar de alegria). Trata-se, portanto, de uma redundância que não é de hoje. Em Machado de Assis depara-se-nos *exultar de felicidade*.

F

fábrica. Adj. relativo a fábrica: *fabril* (indústria *fabril*).

face a. Locução censurada pelos gramáticos e não acolhida pelos dicionaristas, mas frequente nos meios de comunicação e na literatura de hoje: "*Face*, porém, *à* situação surgida, o acirramento de uma disputa seria inevitável." (Juscelino Kubitschek, *Manchete*, 9/10/93.) / "Yeltsin se mobiliza *face à* oposição." (*JB*, 7/11/92) / "*Face às* perspectivas que se abriam à sua frente, Henri ficou muito emocionado." (Rubem Fonseca, *Os prisioneiros*) / "E me sinto pequenino, insignificante, *face a* essas grandezas." (Fernando Sabino, *O encontro das águas*, p. 110) ⇨ Esta loc. talvez seja imitação do francês moderno: Les Douze *face à* la nouvelle Europe. / Les femmes *face au* préservatif. Veja *em face de*.

fácies. [Do lat. *facies*, forma, aspecto, rosto, fisionomia.] Latinismo que significa:
1. Aspecto do rosto, fisionomia.
2. Aspecto em geral, forma.
3. Em Medicina, fisionomia, aparência; alteração da fisionomia causada por certas enfermidades: "Desde o inverno anterior, observava eu uma lenta e constante alteração de sua *fácies*." (Mário Barreto, *Novos Estudos da Língua Portuguesa*, p. 504) / "A preocupação maior do médico era estabelecer o prognóstico, o desenlace da crise. Daí a importância de reconhecer os sinais premonitórios da morte — a *fácies* hipocrática." (Moacyr Scliar, *A paixão transformada*, p. 31) ⇨ É palavra feminina. Por influência do francês, os médicos a usam, erradamente, no masculino.

fácil. É advérbio, portanto, invariável, equivalente de *facilmente*, *de modo fácil*, em frases do tipo: Objetos de louça quebram *fácil*. / "Com o Mantega as reformas passam mais *fácil*." (José Simão, *A Folha de S. Paulo*, 12/6/2003)

fácil de fazer. Construção preferível a 'fácil de se fazer': Este cálculo é *fácil de fazer*. / É *fácil de observar* esse fenômeno. / São plantas *fáceis de cultivar*. / "*Fácil é de ver* que o sentimento fraternal tinha esfriado muito no coração do velho." (Camilo Castelo Branco, *Vulcões de lama*, p. 38) / "Mais *fácil é de crer* que de *explicar* a dor dos pais..." (Manuel Bernardes, *apud* Mário Barreto, *Últimos estudos*, p. 342) / "Era *fácil de perceber* que esse gesto equivalia a uma ordem de sair dali." (Alexandre Herculano, *O monge de Cister*, p. 211) ⇨ Se o infinitivo vier seguido de objeto direto ou indireto, pode-se omitir a prep. *de*: Não é *fácil* conseguir um bom emprego. Veja *difícil de fazer*.

fac-símile. [Do lat. *fac simile*, faça igual.] S.m. Reprodução exata de um escrito, desenho, etc., por processo fotomecânico. Pl.: *fac-símiles*. Cognatos: *fac-similar*, *fac-similado* (edição *fac-similar* ou *fac-similada*), *fax*★.

factoide. [De *facto* + *-oide*.] S.m. Fato real ou não, sensacionalista, divulgado para causar impacto na opinião pública e influenciá-la: "Sabia o prefeito CM que, entre um fato importante e um fato interessante, a imprensa fica com o último, mesmo que seja um simulacro, um *factoide*." (JB, 24/12/96)

Δ **fago-, -fago.** [Do gr. *phágomai*, comer.] El. de comp. Exprime a ideia de 'comer': *fagócito*, *fagocitose*, *antropófago*, *bibliófago*.

faisão. Pl. *faisões*. Fem.: *faisoa*.

falar. 1. Falar *a* (ou *com*) alguém: O presidente *falará* hoje *à* nação. / Ele *falou ao* povo sobre a situação do país. / Não *fale ao* (ou *com o*) motorista. / *Falei com* ela no clube. / Não adianta *falar* de cores *a* um cego. / O santo amava a natureza, que *lhe falava* de Deus. / O homem *com quem falamos* se queixou do atendimento médico. / O papa *falou a* (ou *para*) mais de dez mil peregrinos.
2. Falar *de*, *em* ou *sobre* alguma coisa: *Falaram de* política. / Ela *fala em* se casar. / *Fale-me sobre* a sua viagem. / "Não me *fale nessa* maluca, arremeteu a velha." (Machado de Assis) / "Estamos no mês de maio e convém *falar em* rosas." (Eça de Queirós, *apud* Aurélio) / "O povo inglês não pode ouvir *falar em* que a Irlanda se separe e se constitua em república." (Eça de Queirós, *Cartas de Inglaterra*, p. 90)
3. Na acepção de *afirmar*, *declarar*, *referir*, deve-se preferir *dizer* a falar, em frases do tipo: O roceiro *disse* que viu o avião cair. / O povo *diz* que a casa é assombrada. / Eles *disseram* ao repórter que foram torturados. / *Dizia-se* que o mundo ia acabar. / Quem *diz* o que quer, ouve o que não quer. / Não foi bem isso o que eu *disse*. / Ele não acreditou no que lhe *disseram*. / A testemunha *disse* tudo o que sabia. / O bêbedo *dizia* frases desconexas. / 'Sigam-me', *disse* o chefe do grupo. ⇨ Na linguagem culta formal, é desaconselhável usar *falar* em vez de *dizer*, em frases como as do item 3, embora tal sintaxe seja abonada por excelentes escritores modernistas: Ele *disse* (e não *falou*) que voltaria cedo. / 'O coração tem razões que a razão desconhece', *disse* (e não *falou*) Pascal.

falar ao telefone. Expressão correta. Significa falar *junto ao* telefone. Evite-se dizer *falar* (ou *conversar*) *no* telefone. Da mesma forma: falar *ao* microfone e não *no microfone*. Veja *ao telefone*.

falar grosso. Em sentido fig., falar duro, impondo autoridade: Reuniu os gerentes e lhes *falou grosso*. Também significa 'falar com destemor ou arrogância'.

falda, fralda. Para designar a parte inferior, o sopé de uma elevação (morro, monte, montanha, etc.), usa-se, indiferentemente, *falda* ou *fralda*: "...novos bairros de classe média escalando as *faldas* da cordilheira." (Márcio Moreira Alves, O Globo, 21/10/2001) / Nas *fraldas* do morro havia nascentes de água mineral.

falir. *V. defec*. Só possui as formas em que ao *l* se segue a vogal *i*: A empresa *faliu*. / Se a empresa *falisse*... / *Faliram* todas as tentativas. / Se nossos planos *falirem*... ⇨ As formas inexistentes podem ser supridas por *ir à falência*, *abrir falência*, *fracassar*, *malograr-se*.

faltar. 1. Constrói-se com objeto indireto regido da prep. *a*, em frases como: Não *falte à* reunião. / A empregada *faltou ao serviço*. / Na hora do perigo não *faltes ao amigo*. / Faltava ao *presidente* sustentação política. / Já *lhe iam faltando* as forças. / Ele foi sem dúvida um grande líder, *a quem não faltaram* os dotes do espírito e do coração.
2. Deve concordar com o sujeito: *Faltam* (e não *falta*) cadeiras na sala. / *Faltaram* (e não *faltou*) muitos alunos, professor? / Talvez lhe *faltem* recursos para a obra. / Não lhe *faltarão* oportunidades para ajudar o próximo. / Bons propósitos existem, o que *falta* (e não *faltam*) são realizações. / Não *faltam* a esse hospital bons médicos e enfermeiros. / A vizinha emprestaria os talheres que *faltassem*. / *Faltavam* (e não *faltava*) dez minutos para a meia-noite. / *Faltam* duas horas para o início da festa. / *Faltavam* duas semanas para o carnaval. / *Faltam* poucos dias para o fim das férias. / Quando *faltarem* dez minutos para as seis, acorde-me. / *Deviam faltar* cinco minutos para o meio-dia.
3. O sujeito de *faltar* pode ser uma oração formada por um verbo no infinitivo ou no subjuntivo. Nesse caso, o v. *faltar* concorda na 3ª pessoa do singular: *Falta* esclarecer alguns detalhes do contrato. / *Faltava* ainda instalar os equipamentos. / Só *faltava* se manifestarem dois membros do conselho. / Só *faltava* que se manifestassem dois membros do conselho. / Anotei os livros que *faltava* comprar. / Aqui estão as contas que *falta* pagar. / Essas estátuas só *falta* falarem. / Só *falta* eles nos cobrarem o ar que respiramos. / *Falta* ainda que se definam (ou *que sejam definidos* ou *se definirem*) com nitidez os rumos da economia. / Quanto aos produtos vendidos, só nos *falta* receber o dinheiro (ou *só falta* recebermos o dinheiro.) / "...Paulino devia acompanhar Julião nas visitas aos doentes que lhe *faltava* ver." (Valentim Magalhães, *Flor de sangue*, p. 136)

4. Contrariando a norma exposta no item anterior, usa-se, vulgarmente, o v. *faltar* em todas as pessoas, assim: Fiquei tão irritado que só *faltei* lhe dar um soco. / A madrasta só *faltou* expulsar-me da casa. / Eles só *faltaram* agredir o menino. / Só *faltavam* dizer que eram os donos do mundo. / Agora os carros só *faltam* voar. É fácil compreender por que são incorretas essas frases. Na última, por exemplo, não são os carros que *faltam*, mas o voo deles, o fato de eles voarem. Do acordo com a norma culta da língua, tais frases devem ser construídas assim: Fiquei tão zangado que só *faltou* dar-lhe um soco. / Só *faltou* a madrasta expulsar-me de casa. / Só *faltou* agredirem o menino. / Só *faltava* dizerem que eram os donos do mundo. / 'Agora só *falta* aos carros voarem' ou 'Os carros agora só *falta* voarem'.
5. O verbo *faltar* fica na 3ª pessoa do singular também quando tem como sujeito o pronome relativo *que*, precedido do pronome demonstrativo *o*: Hoje o que não *falta* são divertimentos. / Bons médicos é o que não *falta* em nosso país. Exemplo de concordância errada, que copiamos de um jornal do Rio: "Para os Green Boys, dinamite e disposição de proteger o lugar é o que não *faltam*." Correção: "...dinamite e disposição de proteger o lugar é o que não *falta*."

faltar ao respeito. Desrespeitar, desacatar, ser indelicado: Por que os jovens *faltam ao respeito* a seus pais? / Ele não permitia que os filhos *lhe faltassem ao respeito*. / "Há em Nova Iorque uma polícia de proteção às senhoras, punindo os que *lhes faltam ao respeito*." (Ramalho Ortigão, *A Holanda*, p. 255) ⇨ Também é correta a variante *faltar com o respeito* a alguém: Não *faltem com o respeito* ao mestre.
Faltar com também ocorre em frases como: São famílias pobres; não lhes *faltemos com* a nossa ajuda. / Ele batalha por uma nobre causa; não lhe *faltemos com* a nossa ajuda. / Ele batalha por uma nobre causa; não lhe *faltes com* o teu apoio.

faltar pouco para. Estar a ponto de: *Faltou pouco para* eu ser atropelado. Ou então: *Pouco faltou para* que me atropelassem. ⇨ É incorreta a concordância: *Faltei* pouco para ser atropelado.

famigerado. [Do lat. *famigeratus*, famoso.] *Adj.* Que tem fama, famoso, célebre, notável. O adjetivo é aplicável a indivíduo bom ou mau. Todavia, esta palavra assumiu inexplicavelmente conotação pejorativa: O *famigerado* cangaceiro Lampião foi morto em 1938. ⇨ O vocábulo se prende a *fama* e não a *fome*. Por isso, não se deve usá-lo com o sentido de *faminto, esfomeado*.

fantasma. Posposto a outro substantivo, funciona como adjetivo, com o sentido de fantasmagórico, fictício: *trem-fantasma, cidade-fantasma, funcionário-fantasma, empresa-fantasma*, etc. Quanto ao emprego do hífen neste caso, e à formação do plural, veja o verbete *piloto*.

faraó. Adj. relativo a faraó: *faraônico* (edificação *faraônica = grandiosa*.)

farfalhar. *V. i.* Fazer farfalhada (rumor de folhas ou de ramos de árvores): O canavial *farfalhava* ao vento brando da tarde. / No chão da mata *farfalharam* folhas secas e apareceu um índio. / Agitada pelo vento, a ramagem das árvores *farfalha*. / "Um lagarto fugiu, *farfalhando* nas folhas." (Coelho Neto, *Obra Seleta*, p. 1179)

faringe. Adj. relativo à faringe: *faríngeo*.

Δ **faringo-.** [Do gr. *phárynx, pháringos*, garganta, goela.] *El. de comp.* = 'faringe': *faringografia, faringolaringite, faringoscópio, faringite*, etc.

Δ **farmaco-.** [Do gr. *phármacon*, remédio.] *El. de comp.* = 'medicamento', 'remédio': *farmacologia, farmacomania, farmacologista, farmacopeia, farmacoterapia*. Cognatos: *farmácia, farmacêutico*.

far-se-ia a estrada. Deste modo e não *faria-se a estrada*. Os pronomes oblíquos átonos (me, te, se, lhe, nos, vos, o, a) nunca se colocam depois do futuro do presente e do futuro do pretérito. Dependendo do caso, ou são postos antes do verbo, ou intercalados nele: Far-se-ia a estrada. / Não *se faria* a estrada. / Conceder-lhe-ei novo prazo. / Não *lhe pedirei* favores. / Ninguém *te* levará daqui. / O ódio *levar-te-ia* (ou *te levaria*) ao crime. / O patrão *o mandaria* (ou *mandá-lo-ia*) embora. / Banhar-me-ia em águas puras. / Almas caridosas *nos acolheriam* (ou *acolher-nos-iam*), se tivéssemos de abandonar a pátria. Veja *pronomes oblíquos* (colocação).

fás. [Do lat. *fas*, o que é lícito, o que é justo.] Palavra usada na locução *por fás* ou *por nefas* = justa ou injustamente, com razão ou sem razão, por bem ou por mal.

fascinar. [Do lat. *fascinare*.] *V. t. d.* 1. Atrair, encantar, seduzir, deslumbrar: A linda jovem *o fascinou*. / O espetáculo *a fascina*. / As joias eram algo que *as fascinava*. ⇨ Observe-se que *fascinar* exige o pronome *o* (ou *a*), e não *lhe*.
V. i. 2. Encantar, seduzir: As flores *fascinam*. / Sua beleza *fascinava*.

fascismo. [Do italiano *fascismo*.] *S.m.* Sistema político nacionalista e totalitário instaurado na Itália por Benito Mussolini (1883-1945). Pronuncia-se *facismo*. Em italiano é que se pronuncia *fachismo*, porque nessa língua o dígrafo *sc* tem o som do nosso *ch*. Assim também *fascista* (*facista*), adepto do fascismo.

Δ -fasia. [Do gr. *phasia*.] *El. de comp.* = 'palavra', 'fala': *afasia, disfasia, afásico, disfásico*.

favela. [De *Morro da Favela*.] *S.f.* Conjunto de barracos e habitações toscas construídas, em geral, em morros e na periferia das grandes cidades. ⇨ Perto do açude de Cocorobó, na Bahia, fica o Alto da Favela, uma pequena elevação onde acamparam as tropas federais no final da Guerra de Canudos. O nome Alto da Favela deve-se a *favela* ou *faveleiro*, arbusto abundante nesse morro. Terminada a Guerra de Canudos (1897), um contingente das tropas desmobilizadas instalou-se no morro do Santo Cristo, no Rio, onde construíram barracos e deram ao local o nome de *Morro da Favela*.

favorecer. [De *favor* + *-ecer*.] *V. t. d.* 1. Ajudar, proteger, beneficiar: A sorte *favoreceu* o fugitivo. / A sorte *o* (e não *lhe*) *favoreceu*. / A escuridão *favoreceu* a fuga do preso. / A modernização dos portos *favorece* a exportação. / A natureza *a* (e não *lhe*) *favoreceu* com inexcedíveis dotes. / Deus *os favoreceu* com o dom da palavra. / Reconheçamos os privilégios com que Deus *a favoreceu*. / A legalização dos cassinos *favorecerá* a corrupção. / Os camelôs comentavam, animados, a briga entre as autoridades, que acabou *favorecendo-os*. / O time local venceu a partida de futebol porque o juiz *o favoreceu*.
Pron. 2. Valer-se, aproveitar-se: *Favoreceu-se* do prefeito para montar o seu negócio. / *Favoreciam-se* de seu prestígio para conseguir vantagens.

fax. [Abreviatura de *fac-símile*★.] *S.m.* 1. Aparelho teleimpressor de mensagens: "Da prisão, eles controlam a contravenção e a justiça paralela por meio de telefone celular e *fax*." (JB, 1/10/94) 2. *Por ext.* A mensagem transmitida por esse aparelho de telecomunicação: Guardei na gaveta o *fax* do ministro. ⇨ Invariável no plural: *os fax*. "Mandei-lhe cinco *fax*." (Pasquale Cipro Neto, *O Globo*, 9/7/2000) / "Os *fax* e os micros que entulham hoje os escritórios." (Raquel de Queirós, *Falso mar, falso mundo*, p. 24) / "... em 34 salas, com 47 linhas de telefone, dois *fax*, dois telex e duas xerox." (Fernando Sabino, *Lélia, uma paixão*, p. 101) Todos os gramáticos ensinam que os substantivos terminados em *x* permanecem invariáveis no plural. Essa é a lição seguida pelos dicionários, menos o Houaiss, que dá os plurais *faxes* (ou *fax*), *fênices* (com *c*) e *tóraces* (com *c*). Sem dúvida, os plurais flexionados soam melhor e há tendência em preferi-los aos que a gramática propõe. Damos um exemplo no verbete *tórax* e estes dos jornais: "No próximo dia 26, parlamentares federais receberão uma enxurrada de *faxes*, telefonemas e e-mails." (*O Globo*, 21/2/2003) / "Planalto e PF informam que apenas o mandado de busca foi enviado ao Alvorada, mas horários dos *faxes* não combinam." (*JB*, 7/3/2002)

fazenda-modelo. Grande propriedade rural cuja organização e técnicas agropecuárias podem servir de modelo. Pl.: *fazendas-modelo* ou *fazendas-modelos*. Veja *piloto*.

fazer. [Do lat. *facere*.] 1. Para expressar tempo decorrido, usa-se o v. *fazer* sem sujeito, na 3ª pessoa do singular: *Faz* dois dias que chegamos. / *Fazia* três meses que não chovia. / *Fez* ontem cinco anos que me formei. / Conhecera-o *fazia* quase dez anos. / Isto aconteceu *faz* cerca de oito anos. ⇨ O verbo auxiliar de *fazer* também deve, neste caso, concordar no singular: Vai *fazer* cem anos que esse escritor nasceu. / Ia *fazer* três semanas que a obra estava paralisada. / Está *fazendo* vinte anos que nos casamos.
2. Em expressões que traduzem fenômenos meteorológicos, *fazer*, como nos casos acima, é v. impessoal. Por isso, concorda no singular: "Aqui *faz* verões terríveis." (Camilo Castelo Branco) / No sertão *faz* lindos luares. / *Fazia* 30 graus à sombra.
3. Fica no singular em frases como esta, de Machado de Assis: "Hóspedes, para ela, tanto *fazia* cinco como cinquenta." (*Quincas Borba*, cap. 152).
4. Como sucede com o v. *deixar*, o v. *fazer* exige *o* e não *lhe*, em construções como as seguintes, em que o infinitivo é v. intransitivo: Minha pilhéria *o fez* sorrir. / Às vezes ele *fazia-a* chorar. / *Faça-os* entrar imediatamente. / Enfrentou o ladrão e *o fez* correr.
5. Se o infinitivo for v. trans. dir., pode-se usar *o* ou *lhe*, indiferentemente: "O luxo dos noivos *fez-lhe* esquecer Gabriel, as velhas, as injúrias, tudo." (Alexandre Herculano, *Lendas e narrativas*, p. 383) / "Um rumor, o chilrear dum pássaro na janela,

fez-lhe sentir o sol e o dia." (Eça de Queirós, *Os Maias*, II, p. 423) / Os pais, *fizeram-no* (ou *fizeram-lhe*) adquirir bons hábitos. / Ela *os* (ou *lhes*) fazia arrumar o quarto. ⇨ Entretanto, é preferível, no caso em apreço, usar o pronome *o* em vez de *lhe*: O diretor *o fez* confessar a verdade.
6. **Conjugação**: faço, fazes, faz, etc.; fiz, fizeste, fez, etc.; faça, faças, etc.; faze, faça, façamos, fazei, façam; fizesse, fizesses, etc.; fizer, fizeres, etc. Part.: feito.
fazer. (Verbo vicário.) Usa-se *fazer* como verbo vicário (= substituto), para evitar a repetição de outro verbo expresso anteriormente: Ninguém *se sentou* antes que ele *o fizesse*. / Quem ainda não *se inscreveu* pode *fazê-lo* até amanhã. / As moças *desfilavam*, uma a uma, diante de nós, e o *faziam* com naturalidade e graça. / É preciso *acabar com a poluição*, mas como *fazê-lo*? / O Dr. Genaro apenas *sorriu* e dava a impressão de que *o fazia* por pura cortesia." (Jorge Amado, *Terras do sem-fim*, p. 70) / "Se nós não *nos lembrarmos* dela, ninguém *o fará*." (Vivaldo Coaraci, *91 crônicas escolhidas*, p. 55) / Caçam e pescam e, *se plantam*, *o fazem* de forma primitiva. / Não *matou* os bandidos, mas poderia *tê-lo feito*. / "Quando Ambroise Paré publicou sua obra completa, *fê-lo* em francês, não em latim." (Moacyr Scliar, *A paixão transformada*, p. 68)
fazer. (= dizer.) Evite-se usar *fazer* por *dizer*, como nesta frase de Coelho Neto: "Vosmecê não dormiu? — *fez* a negra com ironia."
fazer boca de siri. Ficar calado: "Quando pede que eu não diga nada, sacrifico meus interesses, *faço boca de siri*." (Ciro dos Anjos, *Montanha*, p. 375)
fazer ciente. A sintaxe correta é 'fazer alguém ciente de alguma coisa': *Faço* Vossa Senhoria *ciente de que* a assembleia foi adiada *sine die*. / *Faço-o ciente de que* sua apólice está vencida.
fazer com que. Veja *fazer que*.
fazer de conta que. Fingir ou imaginar que, supor: *Faça de conta que* não lhe aconteceu nenhum mal. / *Façamos de conta que* o Sol não brilhasse mais. / "*Faça de conta que é* uma velha parábola ou lenda oriental." (Vivaldo Coaraci, *Cata-vento*, p. 180) Diz-se 'fazer de conta que' e não 'fazer de conta *de* que'. Certo acadêmico, que não prima pela correção gramatical, escreveu: "*Faça de conta de que* está na fazenda." Correção: "*Faça de conta que* está na fazenda." Substituindo-se *fazer de conta* por *fingir* ou *imaginar*, fica evidente o despropósito desse *de* antes do *que*: "Finjamos *que* vem a Bahia e o resto do Brasil à mão dos holandeses." (Antônio Vieira)

fazer jus a. Merecer, ter direito a: Ele não *faz jus* ao título que lhe dão. / A Previdência Social deve pagar aos aposentados os benefícios a que *fazem jus*. / Creio *ter feito jus ao* descanso." (Ciro dos Anjos, *Montanha*, p. 52)
fazer que, fazer com que. Na acepção de 'influir para', 'ser causa de', 'conseguir', 'esforçar-se por', diz-se, indiferentemente, *fazer que* ou *fazer com que*: Com bons argumentos, *fiz (com) que* todos apoiassem a minha ideia. / *Faça (com) que* seus filhos trabalhem cedo. / Manobra feliz *fez (com) que* o avião pousasse sem problemas. / "E os africanos ainda têm a seu favor a rivalidade que divide em dois blocos o mundo civilizado, *fazendo com que* o Ocidente e o Oriente se mostrem mais solícitos em ajudá-los." (Raquel de Queirós, *O caçador de tatu*, p. 142) / Distorção salarial e falta de emprego *fazem com que* alguns mendigos tenham renda de profissionais." (*O Globo*, 24/3/2002)
fazer-se de, fazer de. No sentido de *fingir*, *simular*, ambas as formas são corretas: Para não ser reconhecido, o rei *fez-se* (ou *fez*) *de* mendigo. / Tive de *fazer-me* (ou *fazer*) *de* anfitrião. / Não *se faça de* desentendido! / "*Faz de* severo, mas é um trocista." (Aurélio) / Temos de *fazer de* cabritos monteses por essas pedras acima." (Coelho Neto, *Obra seleta*, p. 1264)
fazer-se mister. Ser necessário: *Faz-se mister* reduzir os gastos públicos.
fazer votos. No sentido de 'desejar ardentemente', diz-se 'fazer votos *por* alguma coisa'. Quando o complemento de votos é uma oração, omite-se, em geral, a prep. *por*: *Faço votos (por) que* sejam felizes. / "Só agora chegam os jornais da tarde, e *faço votos que* cheguem com notícias de bom tempo." (José Cardoso Pires, *O delfim*, p. 71) / "*Faço votos que* ela continue a proteger-te." (Viana Moog, *Um rio imita o Reno*, p. 247) / "*Faço votos que* isso dure por muitos e muitos anos." (Luft) ⇨ Aceitável é a regência *fazer votos de que*... "Fernando Henrique visita a Catedral da Sé e *faz votos de que* as eleições transcorram com tranquilidade." (*O Globo*, 6/10/2002) Não recomendamos a regência *para que*..., usada pelo tradutor do famoso romance *Quo Vadis?*, de Sienkiewicz: "*Faço votos para que* todos os teus desejos sejam cumpridos." (p. 329)
fazer tábua rasa de. Não fazer caso de, não levar em consideração, desprezar: "O ditador *fez tábua rasa das* conquistas democráticas." Tam-

bém se diz *fazer tábula rasa*: "Lula *fez tábula rasa da* legislação que derrubou o número de invasões, conflitos e mortes no campo." (Miriam Leitão, *O Globo*, 18/4/2006).

febre. Adj. relativo a febre: *febril* (estado *febril*).

fechar. A vogal *e* das formas rizotônicas deste verbo, na fala brasileira, é geralmente pronunciada com timbre aberto: *fécho, féchas, fécha, fécham, féche, féches, féchem*. É rara a pronúncia *fêcho, fêcha, fêche*, etc., que é a considerada correta.

feio. Adj. Superlativo: *feiíssimo* ou *feíssimo*. Exs.: Habitava a caverna um pajé cabeludo e *feiíssimo*. / "Este *feíssimo* trejeitar desfechou num insulto nervoso, com sintomas epilépticos." (Camilo Castelo Branco, *A queda dum anjo*, p. 160) Da mesma forma se pode dizer *feiinho(a)* ou *feinho(a)*: "Ao lado da gorda, mais duas moças, uma loura de ar fatigado, outra morena, miúda, *feinha*." (Raquel de Queirós, *Quatro romances*, p. 449)

feiticismo. [De *feitiço* + *-ismo*.] S.m. 1. Culto de fetiches ou feitiços: "O terror não gera, assim, a religião, mas a idolatria, o *feiticismo*, as superstições grosseiras." (Afonso Arinos, *Lendas e tradições brasileiras*, cap.VI, OC, p. 771) 2. *Fig.* Afeição mórbida, subserviente, facciosa; partidarismo faccioso, subserviência total. É forma vernácula, mas pouco usada, suplantada que foi pela concorrente *fetichismo*, adaptação do francês *fétichisme*.

feito. 1. Na acepção de *como, tal qual*, é invariável: A menina falava *feito* gente grande. / Ela é *feito* a mãe: calada e paciente. / Pulavam *feito* cabritos. ⇨ O emprego de *feito*, com este sentido, deve restringir-se à linguagem informal. 2. Quando particípio, na voz passiva, *feito* é variável: Foi *feita* a entrega dos convites. / *Feitos* os preparativos, aguardamos a partida. / Foram *feitas*, sem êxito, várias tentativas.

felicitar. V. t. d. 1. Dar parabéns. Constrói-se com o pronome *o* (ou *a*), e não *lhe*: Felicito-*o* pela sua brilhante vitória. / Todos nós *o* felicitamos. / Felicitaram-*no* pela conquista do campeonato. / As amigas *a* felicitaram por ter vencido as eleições. Pron. 2. Felicito-me por ter poupado o meu dinheiro. / Eles podem felicitar-se de ter salvado uma vida.

feliz. Superlativo abs. sint.: *felicíssimo*.

Δ **felo-.** [Do gr. *phellós*, cortiça.] *El. de comp.* Exprime a ideia de 'cortiça': *feloderma, feloplástica* (= arte de esculpir em cortiça.)

femoral. [Do lat. *femoralis.*] *Adj.* Da coxa ou do fêmur, relativo à coxa: região *femoral*, artéria *femoral*, músculo *femoral*. ⇨ É incorreta a grafia *femural*. Em lat., *coxa* é *fêmur*, cujo genitivo é *femoris* (= da coxa).Veja *crural*.

fêmur. Adj. relativo ao fêmur: *femoral*.

fênix. *S.f.* 1. Ave fabulosa que, segundo a mitologia, vivia muitos séculos e que, queimada, renascia das próprias cinzas. 2. *Fig.* Pessoa ou coisa superior, única no seu gênero. ⇨ Pronuncia-se *fênis*.

fera. Adj. relativos a fera: *beluíno, ferino*.

féretro. [Do lat. *feretrum.*] *S.m.* 1. Maca em que os antigos romanos levavam despojos humanos. 2. Caixão mortuário, ataúde, esquife. ⇨ Não se confunda com *funeral*, cerimônia fúnebre, préstito fúnebre, enterro.

ferir. Verbo irregular. Ind. pres.: firo, feres, fere, ferimos, feris, ferem. Subj. pres.: fira, firas, fira, firamos, firais, firam. Imper. afirm.: fere, fira, firamos, feri, firam. Regular nos outros tempos. ⇨ Observe-se: *e* muda em *i* na 1ª pess. do sing. do pres. do ind. e em todas as pessoas do pres. do subj., alteração vocálica que ocorre em muitos outros verbos: aderir, despir, divertir, ingerir, sugerir, vestir, etc.

fero. [Do lat. *ferus*, feroz, selvagem.] *Adj.* Feroz, selvagem, bravio, cruel, violento, amedrontador, terrível. ⇨ É termo poético: "Lá, os de Santana / são aristocratas, / russófilos *feros*." (C. Drummond de Andrade, *Esquecer para Lembrar*, p. 9)

feroz. Superlativo abs.: *ferocíssimo*. Os adjetivos que terminam em *z* formam o superlativo trocando essa consoante por *c*.

ferrar no sono. Começar a dormir profundamente: "Jonas, que não *tinha ferrado no sono* como eu supunha, levantou-se, foi ao meu quarto e voltou pé ante pé." (Otto Lara Resende, *O Braço Direito*, p. 213)

ferro. Adj. relativos ao ferro: *férreo, sidérico*.

ferro-velho. *S.m.* Estabelecimento que compra e vende objetos e peças de ferro velho, muitas vezes produto de roubo. Faz, no plural, *ferros-velhos*: "Fiscais municipais fecharam *ferros-velhos* em Campo Grande." (*JB*, 10/12/94)

fervendo, fervente. *Adj.* 1. Aplicadas a líquidos, ambas as formas são adequadas: água *fervente* ou água *fervendo* (= que ferve). 2. Na acepção de *ardente, fervoroso*, só é cabível a forma *fervente*: Dirigiu a Deus *ferventes* preces.

fervido, férvido. 1. *Fervido.* É particípio de *ferver.* Ela havia *fervido* a água. 2. *Férvido.* Adjetivo, significa muito quente, abrasador. Em sentido figurado: caloroso, entusiástico, veemente, apaixonado, fervoroso: *férvida* recepção; *férvido* defensor da liberdade.

fiado. *Part. de fiar².* 1. Reduzir a fio: Ela havia *fiado* a lã.
Part. de fiar¹. 2. Confiar: Arrependeu-se de *se ter fiado* no mascate.
|| *Adj.* 3. Que confia; vendido a crédito: *Fiados* nas aparências, muitos casam mal. / "Fuma charutos *fiados* na tabacaria." (Séguier)
|| *Adv.* 4. A crédito (op. de *à vista*): Ele comprava *fiado* livros num sebo. / Não vendemos mercadorias *fiado*. / "Como escasso fosse o dinheiro circulante na casa, pagava-se apenas o cacife inicial, dez mil-réis; os subsequentes se adquiriam *fiado*." (Ciro dos Anjos, *A menina do sobrado*, p. 242) ⇨ Como advérbio, é palavra invariável.

fiar¹. [Do lat. *fidere*, por *fidare*.] 1. Confiar, acreditar. No português de hoje, usa-se, de preferência, *fiar-se*, pronominalmente, com objeto indireto, regido da prep. *em*: Não *te fies em* pessoas desconhecidas. / Eles *fiaram-se* demasiadamente *em* sua capacidade. / "Não *nos devemos fiar nos* rótulos, nem nos preocupar excessivamente com eles." (João Ubaldo Ribeiro, *Política*, p. 200) 2. Vender, a crédito: "Isto é uma gentinha a quem não se deve *fiar* nem um alfinete." (Artur Azevedo, *Melhor teatro*, p. 201)

fiar². [Do lat. *filare*.] Reduzir a fios (produtos têxteis): *fiar* a lã; *fiar* o linho; *fiar* o algodão. ⇨ Usa-se também intransitivamente: Ela *fiava* junto à lareira.

ficar de pé, ficar em pé. São corretas ambas as expressões.

Δ **fico-.** [Do gr. *phycos*, alga.] *El. de comp.* = 'alga': *ficoide, ficologia, ficoterapia,* etc. Veja *fuci-*.

Δ **fide-.** [Do lat. *fides*, fé.] *El. de comp.* = 'fé': *fidedigno, fideísmo,* etc.

fidelíssimo. *Adj.* Superlativo de *fiel.* Variante (pouco usada): *fielíssimo.*

figadal. *Adj.* Íntimo, profundo, intenso, visceral: ódio *figadal*; inimigos *figadais*; *figadal* inimigo da desordem. ⇨ *Figadal* deriva de *fígado*, órgão que os antigos consideravam a sede do ódio. A forma *fidagal* é deturpação grosseira.

fígado. *Adj.* relativo ao fígado: *hepático*.

filantropo (ô). [Do gr. *philánthropos*, 'amigo do homem' pelo lat. *philanthropus*.] *Adj.* e *s.m.* Que ou aquele que tem filantropia (amor à humanidade, humanitarismo, caridade.) ⇨ É vocábulo paroxítono. Antônimo: *misantropo.*

filáucia. [Do gr. *philautía*, 'amor de si mesmo', pelo lat. *philautia*.] *S.f.* Egoísmo, presunção, jactância.

filé *mignon*. Em sentido figurado, 'a melhor parte', 'a melhor coisa': O livro inédito foi o *filé mignon* da mostra em homenagem ao escritor. ⇨ Grafado com hífen no VO da ABL e em Houaiss. Sem hífen (melhor grafia) em Aurélio. Cf. *carne branca, pão doce,* etc. Veja *mignon*.

Δ **fili-¹.** [Do lat. *filius*, filho.] *El. de comp.* = 'filho': *filicida, filicídio, filiar(-se), filiação,* etc.

Δ **fili-².** [Do lat. *filum, fili,* fio.] *El. de comp.* = 'fio': *filiforme, filigrana, filirrostro,* etc.

Δ **-filia.** [Do gr. *philia*, amizade, paixão.] *El. de comp.* = 'amor', 'gosto', 'inclinação': *cinofilia, bibliofilia, anglofilia, xenofilia, pedofilia,* etc.

filiar. 1. Verbo pouco usado na acepção de 'adotar como filho': O casal sueco *filiou* duas crianças brasileiras.
2. Constrói-se com a prep. *a* ou (menos frequentemente) *em*, nas acepções de: a) admitir ou fazer admitir como membro (de comunidade, associação, partido, seita, etc): Os pais *filiaram* numa seita evangélica; b) atribuir origem a, ligar, entroncar: "Nunca *filiei* a palavra *bergamota* ao grego ou ao latim." (Mesquita de Carvalho) / Os críticos *filiam* a obra desse escritor ao simbolismo.
Pron. 3. a) Originar-se, provir; ligar-se a: Inúmeras palavras de nossa língua *filiam-se* ao árabe. / "Muitos vícios *se filiam* na má educação." (Séguier); b) entrar em, tornar-se membro de (associação, partido, seita, etc): Ele *filiou-se* na Ordem Terceira do Carmo. / *Filiou-se* a um partido de esquerda. / O partido a que *nos filiamos* em breve se extinguiu. / *Filiaram-se a* (ou *em*) várias correntes filosóficas, em busca da verdade.

Filipe. Grafia correta, ao invés de *Felipe.* O nome vem do gr. *Phílippos* (de *philos* + *hippos,* amigo dos cavalos): *Filipe II*, rei da Macedônia, quis invadir a Grécia. / A dinastia dos *Filipes,* reis da Espanha, exerceu o poder por mais de dois séculos.

Δ **filo-¹,-filo.** [Do gr. *philos*, amigo.] *El. de comp.* = 'amigo', 'amante': *filógino, filosofia, filocínico, germanófilo, bibliófilo, cinófilo, enófilo, hidrófilo, higrófilo.*

Δ **filo-².** [Do gr. *phyllon*, folha.] *El. de comp.* = 'folha': *filófago, filoxera, filotaxia,* etc.

filoxera (cs). [De *filo-²* + *-xera*.] *S.f.* 1. Inseto minúsculo que ataca principalmente a videira. 2. A doença que esse inseto causa à vinha. É subst. fem.: *a filoxera*. Pronuncia-se *filocséra*.

fingir. [Do lat. *fingere*, modelar com barro ou outra substância; afeiçoar; inventar.] *V. t. d.* 1. Imaginar, fantasiar: *Finjo que sou um rei poderoso.* 2. Aparentar, simular: *Fingi que não o conhecia.* *V. i.* 3. Dissimular, mostrar-se fingido: Há situações em que somos obrigados *a fingir*. *V. pron.* 4. Fazer-se de, simular ser: *São pobres, mas fingem-se ricos*. / Para prender o assaltante, o policial *fingiu-se de* fotógrafo. ⇨ Também são corretas as construções: *Fingem-se de ricos.* / *Fingem de ricos.* Cognatos: *ficção, ficcionismo, ficcionista, efígie, fingimento, fictício,* etc.

finlandês. *Adj.* Da Finlândia, relativo à Finlândia. Fem.: *finlandesa*. ⇨ Não existem as formas *filandês, filandesa*.

fino. *Adj.* Finês, finlandês. Usa-se em adjetivos compostos como forma reduzida de *finlandês*: *fino-polonês, fino-húngaro*, relações *fino-russas*. ⇨ Em adjetivos pátrios compostos desse tipo, o elemento reduzido antecede o elemento pleno, ao qual se une com hífen: *anglo-americano, austro-húngaro, greco-romano, sino-japonês, teuto-brasileiro,* etc.

firmamo-nos. Por eufonia, suprime-se o *s* final da 1ª pess. do pl. dos verbos pronominais, seguida do pronome oblíquo *nos*: *firmamo-nos, subscrevemo-nos, lembremo-nos, divertimo-nos, divertíamo-nos,* etc. ⇨ Com o pronome *lhe(s)*, mantém-se o *s*: *falamos-lhe, perdoemos-lhes,* etc. Veja *nos*.

Δ **fisio-.** [Do gr. *physis, physeos*, natureza, o mundo material.] *El. de comp.* = 'natureza física', 'organismo': *fisioterapia, fisiogenia, fisiologia, fisiológico*.

fissão. [Do lat. *fissio, fissionis*, ação de fender.] *S.f.* Ação ou efeito de fender, divisão: *As bactérias, em condições favoráveis, se reproduzem por fissão*. / *A fissão do urânio 235 libera uma espantosa quantidade de energia, utilizada em bombas atômicas e reatores nucleares*. ⇨ Parônimo: *ficção* (lat. *fictio, fictionis*, formação, criação), coisa imaginária, produto de imaginação: *ficção científica, literatura de ficção*. Cognatos de *fissão*: *físsil, fissilíngue, fissionar, fissiparidade, fissípede, fissura* (fenda), etc. Veja *fissi-*.

Δ **fissi-.** [Do lat. *fissus*, fendido.] *El. de comp.* = 'fendido', 'cindido', 'separado': *físsil, fissípede, fissirrostro,* etc. Cognatos: *fissão* (= ação de fender, cindir): *fissão nuclear, fissura,* etc.

fitar. [Do lat. *fictus*, 'fixado' + *-ar*.] *V. t. d.* 1. Fixar a vista ou os olhos em: *A mãe fitou o filho e chorou*. / *Ela o fitou, enternecida*. / *Fitei o retrato dela demoradamente*. / *Fitou-a bem nos olhos e ela sorriu*. 2. Fixar, cravar (os olhos, a vista): *O rapaz fitou os olhos nela*, embevecido. 3. Levantar e manter imóveis (as orelhas): *A égua fitou as orelhas e relinchou*. *Pron. reflex.* 4. Olhar-se mutuamente: *Os dois pugilistas fitaram-se de relance*.

fixar. 1. Como o sinônimo *fitar*★, pode-se dizer 'fixar os olhos em alguém ou em alguma coisa', ou, por abreviação, 'fixar alguém ou alguma coisa': *Viu a moça sentada e fixou nela seus olhos azuis*. / *Ele a fixou embevecido*. / *A mãe fixou o olhar no filho adormecido*. / *Ela o fixou enternecida*. / *Fixou os olhos no Cristo crucificado*. / *Fixou demoradamente a imagem sagrada*. *Pron.* 2. Todos os olhos *fixaram-se* na recém-chegada. 3. Diz-se, na acepção de estabelecer-se, radicar-se: *João fixou residência em Santos*, ou, simplesmente, *João fixou-se em Santos*. 4. Outras frases formadas com *fixar*, que no sentido próprio significa 'tornar fixo ou firme' e, no figurado, 'reter', 'determinar', 'definir': *fixar uma tábua no soalho; fixar quadros ou cartazes em paredes; fixar a atenção dos ouvintes; fixar frases, palavras, instruções, ensinamentos, etc., na memória; fixar normas, regras, critérios; fixar um prazo para efetuar alguma coisa*.

flagrante. [Do lat. *flagrans, flagrantis*, ardente, inflamado.] *Adj.* 1. Adjetivo usado mais frequentemente na acepção de: a) evidente, indiscutível: *O erro do árbitro é flagrante*. / *Era uma injustiça flagrante*; b) Constatado no momento em que ocorre o ato: *O flagrante delito é a certeza visual do crime*.
|| *S.m.* 2. a) Ato que se observa e registra no momento em que é praticado: *O flagrante ocorreu no quarto de um hotel*. / *Agentes de defesa florestal lavraram o flagrante e prenderam o responsável*; b) momento, acontecimento: *Os fotógrafos registram flagrantes da vida urbana*. ⇨ Distinga-se *flagrante* de *fragrante*★.

flagrar. 1. Apanhar ou surpreender em flagrante, isto é, no momento da ocorrência do fato: *O porteiro flagrou o garoto pichando o muro*. / *O contraventor foi flagrado e autuado*. 2. Registrar o flagrante: *Um fotógrafo amador flagrou o assalto*.

⇨ É palavra da gíria policial que se popularizou.

flamboaiã. [Do fr. *flamboyant*.] S.m. Árvore da família das leguminosas, de vivas cores, predominantemente vermelhas, imitando chamas. Daí a palavra *flamboyant*, que significa *chamejante*, *flamejante*. Prefira-se a grafia portuguesa: *flamboaiã*.

Δ **flebo-.** [Do gr. *phleps*, *phlebós*, veia.] *El. de comp.* = 'veia', 'artéria': *flebite*, *fleborragia*, *flebotomia*, etc.

flertar. [De *flerte* + *-ar*.] V. i. e t. i. Namoricar, galantear, cortejar, fazer a corte a, requestar, paquerar (gíria): Ficou sentado num banco de praça, *flertando*. / "Flertou com a irmã do amigo" (Aurélio) / "Dizia a menina: estou *flertando com* aquele bonitinho de risca no cabelo no lado direito da cabeça." (Lourenço Diaféria, *Brás*, p. 117) ⇨ Em português, todos os verbos terminados em *-ertar*, como *acertar*, *consertar*, *apertar*, têm o *e* tônico aberto. Pronuncia-se, portanto, *flérta*, *flértas*, *flértam*, *flérte*, *flértes*, *flértem*. Veja *flerte*.

flerte. [Do ingl. *flirt*.] S.m. Breve namoro, galanteio, paquera (gíria). ⇨ A pronúncia *flérte*, indicada nos dicionários, não é a que geralmente se ouve. O *e* tônico de todas as palavras portuguesas terminadas em *-erte* é aberto: *Laerte*, *inerte*, *solerte*. Ao aportuguesar vocábulos estrangeiros, deve-se fazê-lo gráfica e foneticamente. Pronuncie-se, portanto, *flérte*, com a vogal tônica aberta. Veja *flertar*.

fleuma. [Do gr. *phlegma*, humor do organismo.] S.f. 1. Um dos quatro humores do organismo (sangue, fleuma, bile amarela e bile negra), segundo a medicina antiga.
2. *Fig.* Frieza, impassibilidade; lentidão, pachorra, moleza: "Com pachorra, *fleuma* ou paciência, certamente conseguiria mais e melhor." (Viana Moog, *Lincoln*, p. 119) ⇨ O *u* resultou da vocalização do *g* da palavra original. É incorreta, mas frequente, a forma *fleugma*. Admite-se a forma original *flegma*: "Como a água, a *flegma* é fria e úmida." (Moacyr Scliar, *A paixão transformada*, p. 31)

fleumático. Que tem fleuma, lento, pachorrento. ⇨ Evite-se a forma *fleugmático*. Variante: *flegmático*.

flexibilização. S.f. Ato de flexibilizar, ou seja, de adotar critérios mais flexíveis, menos rígidos; afrouxamento de leis ou normas; (em sentido restrito) abertura do controle estatal ao capital privado: "As medidas, definidas como *flexibilização* do controle estatal, incluem a associação com empresas privadas, em todas as atividades de exploração e refino do petróleo." (*JB*, 15/2/95) / "Olho, em particular, na tal *flexibilização*, que ninguém sabe o que seja." (Moacir Werneck de Castro, *JB*, 11/2/95) ⇨ Neologismo, nesta acepção.

flexibilizar. V. t. d. Tornar flexível ou menos rígido; afrouxar (leis ou normas); (em sentido restrito) abrir o controle estatal à iniciativa privada: "O governo quer *flexibilizar* o monopólio estatal do petróleo e das telecomunicações..." (*O Globo*, 2/1/95) ⇨ Nesta acepção, é um neologismo surgido em 1995, na área econômica do governo.

flor. Flexões diminutivas: *florinha*, *florzinha*, *florezinhas*, *florinhas*, *florzinhas*. Eça de Queirós usou esta última forma em *Os Maias*, I, p. 72: "... tapete alvadio semeado de *florzinhas* azuis."

flora. Adj. rel. à flora: *florístico* (o patrimônio *florístico* do Brasil).

florido, flórido. 1. Como adjetivos, têm as mesmas significações, tanto no sentido próprio (coberto de flores), como no figurado (belo, alegre, brilhante, esplêndido): jardim *florido*; árvore *florida*; estilo *florido*; os *floridos* anos da juventude; campos *flóridos*; *flóridas* roseiras; os *flóridos* anos da mocidade; o *flórido* estilo de José de Alencar. / "Trazia-me um livro de contos, poesias e pensamentos de sua autoria, que me ofertou com uma dedicatória *flórida* e cheia de elogios." (João Ubaldo Ribeiro, *O Globo*, 6/10/75)
2. *Florido*. Usa-se também como particípio de *florir*: As cerejeiras já *tinham florido* (= florescido).
3. *Flórido*. [Do lat. *floridus*, que se pronuncia *flóridus*.] É termo poético, menos usado que *florido*.

fluido. [Do lat. *fluidus*, que flui, que escorre, de *fluere*, fluir.] 1. Pronuncia-se *flui-do* (como *descuido*), quando subst. ou adj.: A água é um *fluido*, é uma substância *fluida*. 2. *Fluído*, trissílabo, como *ruído*, é o part. de *fluir*: As águas haviam *fluído*. / Tinham *fluído* tão rápidas aquelas horas felizes!

fluir. [Do lat. *fluere*.] V. i. 1. Correr em estado fluido, escorrer, manar: A água *flui* em seu eterno ciclo. / *Fluía* da ferida o rubro sangue.
2. Decorrer, passar (o tempo): O tempo vai *fluindo* sem retorno.

3. Escoar: O trânsito *fluía* normalmente. Cognatos: *afluir, confluir, defluir, refluir, fluente, fluência, fluido,* etc. Quanto à grafia, veja *constitui*.

fobia. [Do gr. *phóbos,* medo + *-ia.*] *S.f.* 1. Medo doentio ou exagerado, pavor, aversão. || *El. de comp.* 2. Entra como *el. de comp.* em numerosas palavras designativas de medo mórbido, aversão: *agorafobia, acrofobia, claustrofobia, aerofobia, nictofobia, nosofobia, fotofobia, tanatofobia, talassofobia, russofobia, ginecofobia, xenofobia, cinofobia, oclofobia,* etc.
⇨ A palavra *fobia* não tem a significação de *mania,* que alguns erradamente lhe atribuem.

Δ -fobo. [Do gr. *phóbos,* medo.] *El. de comp.* = 'que tem medo, horror, aversão': *claustrófobo, necrófobo, nictófobo, pirófobo, americanófobo, anglófobo, cinófobo, fotófobo, hidrófobo, xenófobo,* etc. Antônimo de *-filo*★.

fogo. Adj. referente a fogo: *ígneo*.

foi mandado. 1. Seguida de infinitivo, esta forma verbal passiva deve concordar com o sujeito: Estes abrigos *foram mandados* construir pelo prefeito. / A igreja *foi mandada* edificar pelos jesuítas.
2. Da mesma forma se dirá: *Foram vistos* cair no mar pedaços da aeronave. / Nesse momento, *foi vista* passar ao longe uma ambulância.

foi visto. Veja *foi mandado.*

folgar. No sentido de *ter prazer, alegrar-se,* o complemento, quando substantivo, pede a prep. *com*: *Folgo muito com* a notícia. Sendo complemento uma oração, usa-se *de, em* ou *por*: "*Folgava de* ver-se confidente político." (Machado de Assis, *Quincas Borba,* p. 107) / *Folgou em* receber a carta do amigo. / *Folgavam por* terem feito um bom negócio. / *Folgo em* que me visites. ⇨ Pode-se, nessa última construção, omitir a preposição: "Muito *folgo* — disse Vieira — que voltasse a esta casa." (Camilo Castelo Branco, *apud* F. Fernandes)

Δ foli-¹. [Do lat. *folium,* folha.] *El. de comp.* = 'folha': *foliação, foliforme, foliagudo, folífago, folíolo,* etc.

Δ foli-². [Do lat. *follis,* saco, bolsa, fole.] *El. de comp.* = 'bolsa', 'fole': *foliforme, folículo, foliculose, folipo,* etc.

Δ fone-, -fone. [Do gr. *phoné,* voz, som.] *El. de comp.* = 'voz', 'som': *fonética, fonema, telefone,* etc.

Δ fono-, -fono. [Do gr. *phoné,* voz, som.] *El. de comp.* = 'voz', 'som': *fonoteca, fonógrafo, fonologia, fonoaudiólogo, áfono, afônico, hipnófono, lusófono.*

fora da lei. *S.m.* Marginal, delinquente. Invariável no plural: os *fora da lei.*

forame. [Do lat. *foramen, foraminis.*] *S.m.* Furo, orifício, cavidade. Exs.: *forame vertebral, forame occipital.* Variante menos usada: *foramen* (pl.: *foramens*).

foram precisos. '*Foram precisos* três homens para contê-lo.' Concordância preferível a '*Foi preciso* três homens...' / "Só para consolidar as bases do palácio real, *foram precisas* treze mil estacas." (Ramalho Ortigão, *A Holanda,* p. 28) Veja *é bom.*

forçar. Diz-se: A mulher *o* (e não *lhe*) *forçou* a vender o carro. / Os pais *forçaram-na* (e não *forçaram-lhe*) a casar cedo.

forcas caudinas. 'Passar sob as *forcas caudinas*' significa 'render-se ao vencedor de maneira humilhante', 'submeter-se a grande humilhação': "Álvaro, a vida social está toda juncada de *forcas caudinas,* por debaixo das quais nos é forçoso curvar-nos." (Bernardo Guimarães, *A escrava Isaura,* p. 95) ⇨ A expressão é uma alusão à derrota dos soldados romanos, no ano de 321 a.C., nos desfiladeiros de Cáudio, onde os vencedores samnitas obrigaram os vencidos a passar sob um jugo formado de três lanças amarradas.

forma (ô). *O novo dicionário da língua portuguesa* de Aurélio traz *fôrma,* na acepção de *molde.* Aurélio julga necessário o acento diferencial em *forma* (ô), porque, sem ele, em certas frases, a distinção entre *forma* (ô) e *forma* (ó) se tornaria impossível. E exemplifica com estes versos de Manuel Bandeira: "Vai por cinquenta anos / Que lhes dei a norma: / Reduzi sem danos / A fôrmas a forma." De acordo com a nova ortografia, é facultativo o acento diferencial em *fôrma,* no sentido de *molde.*

Δ formici-. [Do lat. *formica,* formiga.] *El. de comp.* Forma palavras relacionadas com 'formiga': *formicida, formicívoro, formicular,* etc. ⇨ Às vezes o radical se reduz a *formi-,* como no caso de *formicida* (por *formicicida*).

formidável. [Do lat. *formidabilis,* que causa medo, temível, amedrontador.] *Adj.* 1. Que infunde medo, terrível: "Anchieta notou que, por esses meios, queria o demônio tornar-se *formidável* aos pobres brasis, ignorantes do Deus verdadeiro." (Sérgio Buarque de Holanda, *Caminhos e fronteiras,* p. 70)
2. Este adjetivo sofreu uma inversão semântica, passando a significar grandioso, admirável, muito bom, excelente, extraordinário: um piloto *formidável*; uma viagem *formidável*; a *formidável* rede fluvial da Amazônia; a *formidável* economia americana.

formiga. Adj. relativo a formiga: *formicular* (lat. *formicula*, formiguinha).

forno. [Do lat. *furnus*.] Em sentido figurado, usa-se, hiperbolicamente, para designar um lugar muito quente: A sala era um *forno*. ⇨ No plural, pronuncia-se *fórnos*.

foro (ó). [Do lat. *forum*.] Na Roma antiga, praça cercada de tribunais, templos, etc., na qual o povo fazia reuniões para discutir os negócios públicos e onde os pretores julgavam demandas (causas).

foro (ô). [Do lat. *forum*.] 1. O poder judiciário, tribunal de Justiça, juízo: Os contratantes elegem o *foro* desta cidade para dirimir qualquer questão decorrente deste contrato.
2. Prédio onde funcionam os órgãos do poder judiciário: O *foro* estava situado no centro da cidade. ⇨ Nesta acepção, usa-se geralmente a forma *fórum*★.
3. Jurisdição, alçada, poder de julgar: *foro* eclesiástico, *foro* civil, *foro* criminal, *foro* militar.
4. Quantia que o enfiteuta paga anualmente ao senhorio direto pelo uso de um imóvel foreiro.
5. Direito: Ele adquiriu *foros* de cidadania. / O grande tribuno reivindicava, em seus discursos, os *foros* dos humildes. ⇨ Nesta acepção, usa-se o plural: *foros* (ó) | *Foro íntimo*: a consciência, o juízo da própria consciência.

Δ **-foro.** [Do gr. *phorós*, que leva.] *El. de comp.* = 'que leva', 'que conduz': *aeróforo, galactóforo*, etc. ⇨ O antropônimo *Cristóvão* deriva do grego *Christóphoros*, que significa 'o que carrega Cristo'. Segundo a lenda, São Cristóvão (que a Igreja suprimiu do rol dos santos, por ser personagem lendário) teria transportado o Menino Jesus aos ombros para atravessar um rio.

foro judicial. Adj. relativo ao foro judicial: *forense*.

fortuito. Adj. Casual, acidental, imprevisto (um encontro *fortuito*). Pronuncia-se *for-túi-to*, e não *for-tu-íto*.

fortuna. [Do lat. *fortuna*, destino, sorte (boa ou má), acaso.] 1. Destino, acaso, sorte: A *fortuna* é cega.
2. Boa sorte: Ela teve a *fortuna* de casar bem.
3. Bens, riqueza: É incalculável a *fortuna* desse magnata. / "Ganhou uma *fortuna* com o petróleo". (Aulete)

fórum. [Do lat. *forum*.] 1. Prédio onde funcionam os órgãos do poder judiciário: O acusado saiu do *fórum* após longo depoimento. / "No estado do Rio de Janeiro, são mais de 800 serventias, isoladas ou reunidas nos 84 *fóruns* espalhados pelo território, além do *fórum* da capital." (Desembargador J. Lisboa da Gama Malcher, *JB*, 1/9/95)
2. Reunião para debates, assembleia, convenção: Mais de cem delegações estrangeiras participaram do *Fórum Global* no Rio, em junho de 1992, no qual se debateram temas ligados à preservação do meio ambiente.
3. Local onde se fazem reuniões para debates, projetos, etc.; centro de múltiplas atividades. ⇨ Veja *foro* (ó) e *foro* (ô).

fosso (ô). [Do lat. *fossus*, cavado, escavado.] *S.m.*
1. Escavação longitudinal, vala. 2. *Fig.* Separação: Seus métodos desumanos cavaram um *fosso* entre os brancos e os aborígenes. ⇨ No singular pronuncia-se *fôsso*; no plural, *fóssos*, como *ossos, poços*.

foto. *S.f.* Redução da palavra *fotografia*.

Δ **foto-.** [Do gr. *phós, photós*, luz.] *El. de comp.* = 'luz', 'fotografia': *fotografia, fotocópia, fotoelétrico, fotorreportagem, fotossíntese, fototeca*.

fotógrafa. *S.f.* Mulher que exerce a fotografia como profissão.

frágil. Superlativo absoluto: *fragílimo* (forma erudita), *fragilíssimo* (forma vernácula).

fragilizar. [De *frágil* + *-izar*.] Tornar frágil, enfraquecer: "Ele explicou que uma medida dessa natureza *fragilizaria* a posição do Brasil nas negociações..." (*JB*, 5/8/93) ⇨ Neologismo dicionarizado.

fragrante. Adj. Aromático, cheiroso, perfumado: as *fragrantes* flores do jasmineiro. ⇨ Não confundir com *flagrante*★.

francesmente. Adv. À maneira francesa: "Almeida Garrett, Herculano e Camilo atribuíram a cólera o gênero feminino, e não escreveram *francesmente* o cólera." (Mário Barreto, *Novos estudos*, p. 92) Veja *portuguesmente*.

franco-atirador. *S.m* 1. Combatente que não faz parte de um corpo regular de tropas; guerrilheiro.
2. *Por ext.* Indivíduo que luta por uma ideia sem pertencer a grupo, organização ou partido: "Os nove assassinatos cometidos na região de Washington não foram cometidos por terroristas estrangeiros, mas por *francos-atiradores* americanos." (*O Globo*, 20/10/2002) Pl.: *francos--atiradores*. O VO dá *francoatirador, francoatiradores*, mas, na errata publicada posteriormente, emendou para *franco-atirador*, com hífen. Neste subst.

composto, *franco* significa *livre*. Não se trata do elemento de composição *franco-*, que exprime a ideia de 'francês' e que permanece invariável, como em *franco-brasileiro / franco-brasileiros* e outros adjetivos pátrios.

franquear. [De *franco*, livre, + *-ear*.] 1. Isentar de impostos (produtos, mercadorias): O governo pretende *franquear* certos medicamentos importados. 2. Pôr carimbo de franquia postal: A agência postal *franqueou* as cartas e os impressos. 3. Liberar, pôr à disposição; permitir: Dom João VI *franqueou* os portos brasileiros aos navios de nações amigas. / O Estado *franqueou* os arquivos aos pesquisadores. / O guarda *franqueava-lhes* o acesso à gruta.

frase nominal. É a frase construída sem verbo. Exemplos: "Ruído de chave na porta, passos leves no corredor." (Jorge Amado) / "Coisa esquisita aquela chuva num mês de seca!" (Bernardo Élis) / "Aqui e ali bancos de pedra. O chão do jardim, um só extenso e maravilhoso gramado." (Vilma Guimarães Rosa) / "Sertão de areia seca rangendo debaixo dos pés. Sertão de paisagens duras doendo nos olhos. Os mandacarus. Os bois e os cavalos angulosos." (Gilberto Freire) / "É uma sala de tribunal. No primeiro plano, as figuras impassíveis de alguns dos jurados. Ao fundo, a austeridade do juiz severo. No banco dos réus, um maltrapilho na abjeção da miséria e do abandono." (Vivaldo Coaraci, *Cata-vento*, p. 100)

fraudar. [Do lat. *fraudare*, prejudicar com fraude.] *V. t. d.* 1. Cometer fraude contra, lesar por meio de fraude: Eles *fraudam* impunemente os cofres públicos. / O comerciante *fraudava* os fregueses no peso das mercadorias. / Advogados e fiscais *fraudaram* a Previdência Social em bilhões de reais. 2. Frustrar: A seca prolongada *fraudou* a expectativa do agricultor. / Os insucessos *fraudam* nossas esperanças.

fraudulento. [Do lat. *fraudulentus*.] *Adj.* Em que há fraude, fraudoloso: negócio *fraudulento*; falência *fraudulenta*. ⇨ A segunda sílaba grafa-se *du* e não *do*.

freada. *S.f.* Ato de frear: *freada* brusca. ⇨ Não existe a forma *freiada*.

freagem. *S.f.* Ato de frear, freada. ⇨ Não existe a forma *freiagem*.

frear. [Do lat. *frenare*.] Diz-se corretamente *frear* e não *freiar*. Não existem verbos terminados em *-eiar*. Portanto, *frear / freio, cear / ceia, passear / passeio, recear / receio, rechear / recheio, recrear / recreio, refrear / freio,* etc. Como em todos os verbos terminados em *-ear*, intercala-se um *i* nas formas rizotônicas. *Ind.*: freio, freias, freia, freamos, freais, freiam; freava, freavas, freava, etc.; freei, freaste, freou, etc. *Subj.*: freie, freies, freie, freemos, freeis, freiem; freasse, freasses, freasse, etc. *Imper.*: freia, freie, freemos, freai, freiem. *Part.*: freado. Veja *passear*. Existe a forma *frenar*, menos usada.

freezer (frízer). *S.m.* Anglicismo desnecessário. Prefira-se *congelador*. Veja *frízer*.

frei. Forma reduzida de *freire* (= irmão). Usa-se como forma de tratamento antes de nome de membros de certas ordens religiosas (agostinianos, dominicanos, franciscanos, capuchinhos): A missa foi celebrada por *frei Antônio*. / Para as crianças do bairro, *frei Lucas* era um pai. ⇨ Não se usa artigo antes de *frei*.

fremir. [Do lat. *fremere*, fazer ruído, ressoar, rugir.] 1. Emitir ruídos, sons ou vozes intensos, como o vento, o mar, a multidão, as feras, etc.; bramir, rugir. 2. Agitar-se levemente (folhagens, vestes, cortinas, etc.): "Ouviu *fremir* a folhagem perto." (Camilo Castelo Branco) ⇨ V. defectivo. Não possui as formas em que ao *m* do radical se segue *o* ou *a*. Cognatos: *frêmito, fremente* (= que freme, vibrante.) Existe a variante *fremer*, pouco usada.

frenagem. [De *frenar* + *-agem*.] *S.f.* Ato ou efeito de frenar (frear), freada: "O ônibus deixou rastros de *frenagem* que começaram 32 metros depois do fim da curva..." (Cláudio Bojunga, *JK, o artista do impossível*, p. 720) Veja *frear*.

frenesi. [Do lat. *phrenesis*, do gr. *phrén, phrenós*, diafragma, alma, coração, sentimento.] Delírio; entusiasmo delirante, exaltação, arrebatamento; atividade febril: Atirava-se às atividades diárias com *frenesi*. ⇨ Variante menos usada: *frenesim*. Ambas as formas são oxítonas. Adjs. cognatos: *frenético, frênico* (= relativo ao diafragma).

frente a. Locução neológica, muito em voga, censurada pelos gramáticos, como a similar *face a*. Em vez de 'Ele não sabe como agir *frente a* situações imprevistas', recomenda-se construir: Ele não sabe como agir *ante* (ou *perante*, ou *diante de*) situações imprevistas. Assim também: O Brasil mostrou-se cauteloso *ante* (ou *em face de*) o conflito árabe-israelense. / *Diante de* tão grave problema, não podemos cruzar os braços.

Mas, talvez seja inócua a condenação do neologismo, tal a sua frequência nas colunas dos jornais e na literatura: "A IATA, *frente ao* problema, emitiu uma recomendação..." (Mário José Sampaio, *JB*, 20/3/93) / "O dólar teve nova desvalorização *frente ao* iene." (*Folha de São Paulo*, 18/8/93) / "Na face, agora *frente ao* sol, tudo o que se verifica é a decisão de um homem." (Adonias Filho, *Corpo vivo*, p. 100)

Δ **frigi-, frigo-, frigori-**. [Do lat. *frigus, frigoris*, frio.] *El. de comp.* = 'frio': *frigífugo, frigomóvel, frigoria*. Cognatos: *frígido, frigidez, frigorífico, frigorificar, frigoterapia*.

frigidíssimo, friíssimo. Superlativo de *frio*. A primeira forma (do lat. *frigidissimus*) é erudita; a segunda, popular.

frigir. [Do lat. *frigere*.] *Ind. pres.*: frijo, freges, frege, frigimos, frigis, fregem. *Subj. pres.*: frija, frijas, frija, frijamos, frijais, frijam. *Imper. afirm.*: frege, frija, frijamos, frigi, frijam. *Part.*: frigido e frito. Regular nos demais tempos. Verbo de pouco uso, suplantado pelo sinônimo *fritar*. Num de seus romances, Aluísio Azevedo usou, na mesma frase, os dois verbos: "Bertoleza, defronte de um fogareiro de barro, *fritava* fígado e *frigia* sardinhas, que Ramão ia, pela manhã, comprar à praia do Peixe." (*O cortiço*, p. 22) *No frigir dos ovos*: no fim de tudo, no final das contas.

frisa, friso. 1. *Frisa*. Certo tecido de lã grosseiro, encrespado; nos teatros, camarote logo acima da plateia.
2. *Friso*. Ornato arquitetônico no alto das paredes; faixa ou tira pintada em parede; ornato para dar destaque.

frisar¹. [De *frisa* + *-ar*.] 1. Encrespar: *frisar* o cabelo.
2. Franzir: Ao ler a carta, *frisou* a testa. / Um vento suave *frisava* a água da piscina.

frisar². [De *friso* + *-ar*.] 1. Pôr friso★ em.
2. Salientar, ressaltar, enfatizar: O ministro *frisou* que não haveria choques na economia.

frízer. [Do ingl. *freezer*.] *S.m.* Congelador. Pl.: *frízeres*. Melhor grafia que *freezer*★.

fruir. [Do lat. *fruor, frui*, gozar de.] Desfrutar, gozar, tirar proveito de, usufruir. Constrói-se, indiferentemente, com objeto direto ou indireto: Ele *fruía* tranquilamente os bens (ou *dos bens*) que herdara dos pais. / *Fruiremos* com sabedoria os (ou *dos*) benefícios do progresso. / O cristão espera *fruir* a (ou *da*) felicidade eterna.
⇨ No pres. do ind. grafa-se: fruo, fruis, frui, fruímos, fruís, fruem.

frustrado, frustrar, frustração. São as formas corretas e não *frustado, frustar, frustação*.

Δ **fuci-, fuc-**. [Do lat. *fucus, fuci*, alga.] *El. de comp.* = 'alga': *fucícola, fuciforme, fucoide*. Veja *fico-*.

fugir. 1. Constrói-se mais frequentemente com a prep. *de*: *fugir de* um lugar; *fugir de* alguém.
2. Na acepção de *evitar*, sobretudo quando o complemento é um subst. abstrato, diz-se, de preferência, *fugir a*: O bom escritor *foge às* frases empoladas. / A bela atriz *fugiu* habilmente ao assédio dos fãs. ⇨ Com a prep. *de*, essa última frase daria a entender que a atriz se retirou rapidamente do meio de seus fãs. Pode-se construir: As crianças têm medo do bruxo e *fogem-lhe* (ou *fogem dele*). / Os santos vencem o mundo sem *lhe fugir* (ou *sem fugir dele*).
3. Na acepção de 'não ocorrer', 'não vir à memória', o v. *fugir* também admite o pron. *lhe* em frases como: Ao discursar, atrapalhava-se, as palavras *lhe fugiam*. / "Não conseguia escrever, as ideias *lhe fugiam*." (Celso Luft) / *Fogem-lhe* frequentemente os termos técnicos exatos.

Δ **-fugo¹**. [Do lat. *fugere*, fugir.] *El. de comp.* = 'que foge': *centrífugo, lucífugo, nidífugo*.

Δ **-fugo²**. [Do lat. *fugare*, que afugenta.] *El. de comp.* = 'que afugenta ou repele': *febrífugo, insetífugo, lactífugo, vermífugo*.

fula. *S.m.* e *f.* 1. Indivíduo dos fulas (grupo de negros da Guiné, de cor meio bronzeada ou baça).
2. A língua dos fulas.
|| *Adj*. Usa-se como adjetivo nas seguintes acepções:
3. Relativo aos fulas: costumes *fulas*.
4. Diz-se do mestiço de negro e mulato, pardo: mulata *fula*, mulato *fula*.
5. Irritadíssimo, furioso, fulo★: Ele ficou *fula* porque o xingaram. / Ela estava *fula*, disse-lhe desaforos. Expressão: *ficar fula* (ou *fulo*) *de raiva*. ⇨ Veja *fulo*.

fulo. [Do lat. *fulvus*?, fulvo, ruivo, amarelo.] *Adj*. Significados deste adjetivo:
1. Diz-se do negro de cor amarelada; pálido, pardo: negro *fulo*; cara de cor *fula*.
2. *Fig*. Que muda de cor por efeito de forte sensação: Estava *fulo* de sede. / Ficou *fulo* de raiva.
3. Irritadíssimo, furioso: Quando soube do caso, ele ficou *fulo*. / Proibiram-na de sair, ela estava *fula*. Expressão: *ficar fulo* (ou *fula*) *de raiva*.

fundo. É advérbio, portanto, invariável, quando equivale a 'com profundidade', 'fundamente': Ela sentou-se e respirou *fundo*. / As balas penetraram *fundo* no corpo da vítima. / Foram entrando cada vez mais *fundo* na mata imensa.

furta-cor. *Adj.* Cambiante, que muda de cor conforme os reflexos da luz. Plural: *furta-cor* ou *furta-cores*: tecidos *furta-cor* (ou *furta-cores*), sedas *furta-cor*.

furtar. [De *furto* + *-ar*.] Limitamo-nos aos significados e regências que merecem destaque: *V. t. d. e i.* 1. Roubar furtivamente: Ela *furtou* uma joia à patroa. / *Furtou-lhe uma joia*. / *Furtou cem reais ao chefe*. / *Furtou-lhe cem reais*. 2. Afastar, desviar, esquivar: Ágil, o caboclo *furtou o corpo ao golpe*. / *Furtei a vista àquela cena horrenda*. *V. pron.* 3. Desviar-se, esquivar-se: Tímido, o menino *furtava-se à vista de estranhos*. / Vera repeliu-o, *furtando-se às carícias dele*. / Difícil *furtar-se ao fascínio de seus olhos*. / Não pude *furtar-me ao prazer* de ouvi-la cantar. / Tenho um dever a cumprir; não me posso *furtar a ele*. / "Schmidt, porém, como que a pressentir a morte, não *se furtava a* pequenos prazeres." (Letícia Mey e Euda Alvim, *Quem contará as pequenas histórias?*, p. 263). / Ninguém, cabendo-lhe a vez, *se poderá furtar à entrada*." (Rui Barbosa, *Oração aos moços*, p. 25) ⇨ Não nos parece errada a regência *furtar-se de* + *infinitivo*, como nesta frase de um jornalista: "Assim, não *se furte de demonstrar* seu mau humor ocasional."

futevôlei. [De *futebol* + *voleibol*.] *S.m.* Modalidade de voleibol na qual se impele e apara a bola só com os pés e a cabeça: "Jogar *futevôlei* na Barra é uma das diversões prediletas de Romário." (*JB*, 14/1/95) ⇨ Neologismo surgido com a prática desse esporte nas praias do Rio.

futuro do presente. 1. Este tempo verbal do modo indicativo enuncia um fato posterior ao momento em que se fala: Amanhã *visitarei* a exposição. / A empresa *contratará* cem trabalhadores. 2. Pode exprimir dúvida, incerteza, probabilidade: *Terá* ele competência para tão difícil missão? / Você não *estará* equivocado? / Do Leblon a São Conrado *serão* seis quilômetros, se tanto. 3. É usado para atenuar o tom imperativo de uma ordem: *Respeitarás* a vida. [Em vez de "*Respeite* a vida".] / Você o *acompanhará* até a escola. [Em vez de "*Acompanhe-o* até a escola".] 4. Pode ser substituído, sobretudo na linguagem informal, pelo verbo auxiliar *ir* seguido do infinitivo do verbo principal: Jacinta *vai casar* no mês que vem. [*vai casar* = casará] / "Eu *vou dizer* tudo, tudo o que vi." (Autran Dourado) [*vou dizer* = direi] / "Quinze bilhões de cédulas e 60 bilhões de moedas *vão entrar* em circulação no segundo maior bloco econômico do planeta." (Revista *Época*, 31/12/2001) [*vão entrar* = entrarão]
Veja o verbete *ir seguido de infinitivo*.
5. Usa-se a forma composta do futuro do presente para expressar: a) um fato futuro que se consumará antes de outro: Antes que a polícia chegue ao local do cativeiro, os bandidos já *terão fugido*. / Antes de julho *teremos concluído* a obra e então poderemos viajar. b) dúvida, incerteza, relativamente a fatos passados: *Terá chegado* às mãos de Vera a minha carta? / Bato à porta e ninguém atende; provavelmente meus amigos *terão viajado*.

futuro do pretérito. 1. Este tempo verbal do modo indicativo enuncia um fato futuro condicionado a outro: *Construiríamos* a casa, se achássemos um bom terreno. 2. Exprime um fato futuro situado no passado: Prometeste-me que não me *desobedecerias* mais. / A família decidiu: *viajariam* todos no mês seguinte. 3. Emprega-se pelo presente nas fórmulas de polidez: *Desejaria* falar a Vossa Excelência. / *Gostaria* de ouvir sua opinião, professor. 4. Pode exprimir dúvida, incerteza, probabilidade, suposição: *Seria* ela que roubava as joias da patroa? / *Enfrentaríamos* o inimigo ou *bateríamos* em retirada? / A balconista *teria*, quando muito, dezoito anos. 5. Pode ser substituído, sobretudo na linguagem coloquial, pelo verbo auxiliar *ir*, no pretérito imperfeito do indicativo, seguido do infinitivo do verbo principal: Informaram que *ia faltar* luz. / "Uma conquista como a que a bandeira *ia realizar* não se faria em branca nuvem." (Cassiano Ricardo) [*ia realizar* = realizaria] Veja o verbete *ir* + *infinitivo*. 6. Usa-se a forma composta do futuro do pretérito para exprimir: a) um fato acontecido no passado e dependente de uma condição: Se eu estivesse presente à reunião, as coisas *teriam tomado* outro rumo. b) uma conjetura sobre um fato incerto, no contexto do pretérito: Venera-se, naquela cidade, uma imagem da Virgem que *teria pertencido* a Anchieta. c) incerteza acerca de fatos passados: Os policiais *teriam* realmente *atirado* nos manifestantes?

G

gabonense. *Adj.* 1. Relativo ao Gabão (país da África).
|| *S.m.* e *f.* 2. Indivíduo natural do Gabão. Existe a variante *gabonês*; fem.: *gabonesa*.
gado. Adj. relativo a gado: *pecuário*.
gafanhoto. Adjetivos relativos a gafanhoto: *acrídio, acridiano*.
Δ **galacto-.** [Do gr. *gála, gálaktos*, leite.] *El. de comp.* = 'leite': *galactófago, galactóforo, galactagogo*. Cognatos: *galáxia, galáctico*, etc.
galgar. [De *galgo* + *-ar*.] *V. t.* 1. Transpor, alargando as pernas (como o galgo): *galgar* um fosso, uma vala, uma escada.
2. Subir, transpor: *galgar* um morro, uma encosta.
3. Pular, saltar por cima de, transpor: *galgar* um muro, uma janela.
4. *Fig.* Passar de (certa idade): Ele já *galgou* os sessenta anos.
5. Subir rapidamente a (um local): *Galgamos ao* quinto andar do prédio.
6. *Fig.* Elevar-se a um cargo ou posição: De simples funcionário *galgou a* diretor da empresa.
Δ **gamo-, -gamo.** [Do gr. *gámos*, casamento.] *El. de comp.* = 'casamento', 'união': *gamomania, gamogênese, gamossépalo, polígamo, bígamo, monógamo*, etc.
Gana. País da África Ocidental. Não admite artigo: *Gana* é grande produtor de cacau. Adj. referente a Gana: *ganense* e (menos usado) *ganês* (masc.), *ganesa* (fem.)
gângster. [Do ingl. *gangster*.] *S.m.* Membro de um bando de criminosos que nas grandes cidades roubam, assaltam e matam. O pl. é *gângsteres*: Os *gângsteres* atacam à mão armada.

ganho. Part. irregular do v. *ganhar*. Usa-se na forma passiva e na ativa: O dinheiro *foi ganho* com muito suor. / *Tínhamos ganho* o dinheiro com muito suor. / "*Tinha ganho* uma bolada no seringal." (Peregrino Júnior, *Mata submersa*, p. 241) / "Fazia planos de aumentar a loja que *tinha ganho* do pai." (Antônio Callado, *A madona de cedro*, p. 58) / "O fogo parecia *ter ganho* léguas." (Adonias Filho, *Corpo vivo*, p. 38) / "Tinha gasto setecentos e sete mil-réis, e *tinha ganho* oitenta e quatro mil-réis." (Machado de Assis, *Obra completa*, II, p. 1126) / "Tinha trabalhado como um mouro, e tinha *ganho* dinheiro!" (Eça de Queirós, *O primo Basílio*, p. 215) ⇨ O part. regular *ganhado* é pouco usado.
ganir. 1. Gemer (o cão), dar ganidos: Os cães *ganiam*.
2. Soltar como um ganido: Irritado, ele *ganiu* uma resposta áspera. ⇨ Verbo defectivo. Só possui as formas em que ao *n* se seguem *e* ou *i*: gane, ganiam, ganiu, etc. O infinitivo pode ser substantivado: É triste o *ganir* dos cães, à noite. Cognatos: *esganiçar, esganiçada* (a voz).
ganso. Adj. relativo a ganso (ou pato): *anserino* (passo *anserino*, voz *anserina*). ⇨ O adjetivo *anserino* (lat. *anserinus*) deriva do lat. *anser, anseris*, pato, ganso.
garagem. [Do fr. *garage*.] Prefira-se *garagem* a *garage*, por ser palavra já aportuguesada.
garçom. [Do fr. *garçon*, rapaz, moço, jovem.] *S.m.* Empregado que serve à mesa em restaurantes, cafés, etc. Fem.: *garçonete*. É menos usada a forma *garção*, que aparece em escritores

antigos, mas com o sentido original de *moço, mancebo, rapaz*.
garganta. Adj. relativo à garganta: *gutural* (som *gutural*). ⇨ O adjetivo *gutural* deriva do lat. *guttur*, garganta.
gárrulo. [Do lat. *garrulus*, chilreador, loquaz.] *Adj.* Falador, tagarela. É vocábulo proparoxítono.
gastado, gasto. 1. *Gastado*. Usa-se *gastado* com os auxiliares *ter* e *haver* (voz ativa): Ele *tinha* (ou *havia*) *gastado* muito dinheiro em apostas.
2. *Gasto*. Com o auxiliar *ser* (voz passiva), usa-se *gasto(a)*: O dinheiro *foi gasto* em passeios. / Foram *gastas* altas quantias na compra de equipamentos.
⇨ Há manifesta tendência em se usar *gasto* na voz ativa, em lugar de *gastado*: Ele *tinha gasto* o dinheiro em apostas. / Era melhor que *houvessem gasto* suas energias em atividades úteis. / "Os jornais americanos *têm gasto* muito dinheiro para ter notícias do Brasil nas diferentes crises agudas e periódicas da República." (Eduardo Prado, *A ilusão americana*, p. 163) / "Pelo caminho *haviam gasto* mais do que imaginaram." (Jorge Amado, *Seara vermelha*, p. 117) / "*Tinham-lhe gasto* o fio em pedra." (Graciliano Ramos, *Infância*, p. 183) / "As mães envelhecidas *haviam gasto* todo o seu amor e lágrimas durante a longa vida." (Josué Guimarães, *Os ladrões*, p. 31) / "*Tinha gasto* setecentos e sete mil-réis, e tinha ganho oitenta e quatro mil-réis." (Machado de Assis, *Obra completa*, II, p. 1126) / "Espero não *ter gasto* todo meu dinheiro em vão." (Diná Silveira de Queirós, *A muralha*, p. 12) / "Os sobreviventes tinham *gasto* o que lhes restava de energias..." (Miguel Sousa Tavares, *Rio das Flores*, p. 439)
Δ **gastro-.** [Do gr. *gastér, gastrós*, estômago.] = 'estômago': *gastroenterologia, gastroenterite, gástrico, gastrite, gastrointestinal, gastralgia*, etc. ⇨ Existem as formas aglutinadas *gastrenterologia, gastrenterite, gastrintestinal*, que não se recomendam. Cognatos: *gastrônomo, gastronomia*.
gato. Adj. relativo ao gato: *felino*.
gato-sapato. *S.m.* Usado na expressão 'fazer de alguém gato-sapato', isto é, ridicularizar, ludibriar, fazer (de alguém) joguete: "O primo Afonso de Gamboa esteve cá há dias, e a modo de caçoada foi-me dizendo que lá na capital as mulheres enguiçam [= enfeitiçam] os homens, e fazem deles *gato-sapato*." (Camilo Castelo Branco, *A queda dum anjo*, p. 122) ⇨ No Brasil, usa-se também a variante *gato e sapato*.
gear. [Do lat. *gelare*, gelar, congelar.] Só possui as formas da 3ª pess. do sing.: geia, geava, geou,

geara, geará, gearia, geie, geasse, (se) gear: No Paraná *geia* (e não *gia*) todos os anos. / Talvez *geie* (e não *gie*) esta noite.
gêiser. [Do islandês *geyser*, saída impetuosa.] *S.m.* Jato de água quente que irrompe do subsolo. Pl.: *gêiseres*: Os *gêiseres* são comuns na Islândia.
gelo. Adj. relativo a gelo: *glacial* (zona *glacial*, clima *glacial*; fig. indivíduo *glacial*, *glacial* indiferença).
gemológico. Adj. relativo à gemologia (ciência que trata das pedras preciosas): O Brasil é uma das cinco maiores regiões *gemológicas* da Terra.
gênese. [Do gr. *génnesis*, ação de gerar, geração, origem, nascimento.] *S.f.* 1. Formação dos seres desde a origem; formação, origem: a *gênese* de uma revolução.
| | *S.m.* 2. O primeiro livro do Pentateuco e da Bíblia, o qual narra a origem do Universo e do gênero humano. Nesta acepção, grafa-se com inicial maiúscula. Existe a forma paralela *Gênesis*, que é a geralmente usada: "Frequentes referências ao *Gênesis* são encontradas no Novo Testamento." (Paulo Matos Peixoto, *Bíblia sagrada*, p. X, Paumape, São Paulo, 1979) / "O *Gênesis* conta as origens do mundo e o início da ação de Deus entre os homens." (*A Bíblia*, Edições Loyola, 1995, p. 9)
Δ **-genese.** [Do gr. *génnesis*, geração, criação, formação.] *El. de comp.* = 'criação', 'formação': *glicogênese, osteogênese, patogênese* (= patogenia), *piogênese*, etc.
Δ **geno-¹.** [Do lat. *genae*, face, bochechas.] *El. de comp.* = 'face', 'bochecha': *genoplastia, genoquiloplastia*.
Δ **geno-².** [Do gr. *génos*, origem, raça.] *El. de comp.* = 'origem', 'raça': *genocídio*.
Δ **-geno.** [Do gr. *gennáo, gennô*, gerar.] *El. de comp.* = 'que gera', 'que produz': *cancerígeno, alucinógeno, tussígeno, andrógeno, alérgeno, erógeno* e numerosos outros adjetivos, todos proparoxítonos.
genótipo. *S.m.* Conjunto dos genes ou fatores hereditários de um indivíduo. ⇨ É vocábulo proparoxítono, como *protótipo*.
gente. 1. O uso da expressão *a gente*, referente ao falante (= eu, nós), deve restringir-se à comunicação coloquial.
2. Recomenda-se a concordância no feminino, ainda quando o falante é pessoa do sexo masculino: *A gente deve estar prevenida*, disse o motorista. / "Com estes leitores assim pre-

vistos, o mais acertado e modesto é *a gente* ser *sincera*." (Camilo Castelo Branco, apud Mário Barreto, *Últimos estudos*, cap. 44) / "*A gente* já está *segura*." (Austregésilo de Ataíde) Contudo, é frequente, neste caso, o uso do predicativo no masculino: "Quando a gente é *novo*, gosta de fazer bonito..." (Guimarães Rosa, *Sagarana*, 6ª ed., p. 229) / "A gente é *obrigado* a varrer até cair morto." (Josué Guimarães, *Os ladrões*, p. 13)
3. Na língua culta, em vez de *a gente*, emprega-se o pronome *se*: *Deve-se* estar prevenido contra as adversidades. / Quando *se* é jovem, tudo parece fácil. Ou a 1ª pessoa do pl.: *Devemos* estar prevenidos... / Quando *somos* jovens...
4. O verbo deve concordar no singular: A gente *está* (e não *estamos*) morando aqui faz pouco tempo. / "A vida é cheia de obrigações que *a gente cumpre*, por mais vontade que *tenha* de as infringir deslavadamente." (Machado de Assis, *Dom Casmurro*, cap. 66)
5. Opera-se a concordância normalmente, em gênero e número, quando se usa *gente* na acepção de conjunto de pessoas, povo, população: *A gente* da favela *estava temerosa*. / *As gentes* da África *foram escravizadas* pelos brancos. ⇨ Às vezes, porém, é permitida a concordância ideológica, isto é, a concordância não com o termo *gente*, mas com a ideia de plural a ele associada em nossa mente. Exs.: "Coisa curiosa é *gente velha. Como comem!*" (Aníbal Machado) / "*A gente* não só da aldeia mas também dos casais e lugares vizinhos, afluindo de contínuo, *enchiam* a igreja." (Alexandre Herculano)

Δ **genu-**. [Do lat. *genu*, joelho.] *El. de comp.* = 'joelho': *genuflexão, genufletir, genuflexo, genuflexório*, etc.

Δ **geo-**. [Do gr. *gê*, Terra.] *El. de comp.* = 'Terra': *geocêntrico, geologia, geografia, geossauro, geoeconômico, geotropismo*, etc.

Δ **ger-, gero-, geronto-**. [Do gr. *géron, gérontos*, velho, ancião.] *El. de comp.* = 'velho': *geriatria, geriátrico, gerotoxo, gerontocracia, gerontologia*.

gerir. Conjuga-se como *ferir*★: giro, geres, gere, gerimos, geris, gerem; gira, giras, gira, giramos, girais, giram.

Δ **-gero**. [Do sufixo lat. -*ger*, -*gerum*.] *El. de comp.* = 'que gera, produz', 'que leva ou contém': *armígero, alígero, florígero, belígero, lanígero*, etc.

gerúndio. Emprega-se o gerúndio: a) Nas conjugações perifrásticas, formando locuções verbais com os verbos *andar, estar, ficar, ir, vir, viver,* etc.: Andavam caçando. / Está chovendo. / Ficou chorando. / Vamos indo devagar. / Vem vindo de mansinho. / Vive rindo.
Nesse caso, pode o gerúndio ser substituído pelo infinitivo precedido da preposição *a*: "Sentava no chão e ficava *a ler* o livro que ia sempre comigo." (Elsie Lessa) / Vivia *a elogiar* incendiários e assassinos." (Graciliano Ramos)
b) Em orações reduzidas adverbiais, sob forma simples ou composta: *Cessando* a chuva, todos saíram. / *Tendo ferido* o pé durante uma caçada, o príncipe teve de cancelar a viagem. / "Passava o dia *esperando* meia-noite, e, *em chegando* esta, interrogava o futuro." (Carlos Drummond de Andrade) / Nesta terra, *em se plantando*, tudo dá.
Em orações adverbiais, o gerúndio pode, em certos casos, ser reforçado pela preposição expletiva *em*, como nos dois últimos exemplos citados.
c) Em orações reduzidas adjetivas, sob a forma simples: Vimos crianças *pedindo* esmola. [*pedindo* esmola = *que pediam* esmola] "Tomei a figura de um barbeiro chinês *escanhoando* um mandarim." (Machado de Assis) / "Não serão, portanto, demais algumas palavras *explicando* quem era esse teólogo." (Carlos de Laet) / "Santos apareciam no sertão, *prometendo* a terra para todos." (Lêdo Ivo) / "Eram quatro bandidos *disparando* por todo o lado." (Santos Fernando) ⇨ Essa construção, em que o gerúndio corresponde a uma oração adjetiva, embora seja considerada imitação do francês, não é sintaxe condenável, dado o seu largo uso no português moderno.
d) Em descrições breves, para sugerir movimentação: "Ao longo dos campos verdes, / tropeiros *tocando* o gado... / O vento e as nuvens *correndo* / por cima dos montes claros." (Cecília Meireles) ⇨ Devem ser evitadas, por espúrias, construções com gerúndio precedido dos verbos *ir* + *estar*, como nestas frases: Amanhã *vou estar trabalhando* o dia inteiro. / No próximo sábado, o escritor *vai estar autografando* seu novo romance. Em vez dessas estranhas construções, diga-se, simplesmente: Amanhã *estarei trabalhando* o dia inteiro. / No próximo sábado, o escritor *estará autografando* seu novo romance.

gestão. [Do lat. *gestio, gestionis*, gerência, administração.] *S.f.* Ato de gerir, gerência, administração. ⇨ Não se deve usar no sentido de *negociação*. Em vez de *gestões*, diga-se *negociações, entendimentos*.

Gestapo (gues). [Das iniciais de *Geheime Statts Polizei*, Polícia Secreta do Estado.] *S.f.* Polícia secreta alemã no regime nazista (1933-1945).
gigante. Fem.: *giganta*.
Δ **gimno-**. [Do gr. *gymnós*, nu.] *El. de comp.* = 'nu', 'despido', 'desprovido': *gimnocarpo, gimnocaule, gimnocéfalo, gimnofobia*. Cognatos: *ginásio, ginástica, ginasta*.
Δ **gine-, gineco-**. [Do gr. *gyné, gynaikós*, mulher.] *El. de comp.* = 'mulher': *gineceu, ginecologia, ginecologista*, etc. ⇨ Equivalentes: *gino-* e *-gino*: *ginofobia, andrógino, exógino, misógino*, etc.
Δ **gipsi-, gipso-**. [Do gr. *gypsos*, gesso.] *El. de comp.* = 'gesso': *gipsita, gipsografia, gipsífero*.
glamour. Anglicismo dispensável. Prefira-se: *fascínio, fascinação, atração, encanto, sedução*, etc.
Δ **glico-**. [Do gr. *glykós*, doce.] *El. de comp.* = 'doce', 'açúcar': *glicose, glicemia, glicina, glicogênio, glicosúria*, etc.
Δ **-glifo.** [Do gr. *glypho*, esculpir, gravar.] *El. de comp.* = 'esculpir', 'gravar': *hieróglifo, litóglifo, xilóglifo*.
Δ **glipto-**. [Do gr. *glyptós*, gravado.] *El. de comp.* = 'gravado': *gliptografia, gliptogênese, gliptologia, gliptológico, gliptoteca*.
globalização. *S.f.* Ação ou efeito de globalizar, isto é, tornar(-se) global, total ou mundial; fenômeno surgido no final do séc. XX, que se caracteriza pela crescente interdependência e integração das sociedades humanas, em escala mundial, no tocante às atividades de ordem econômica, política, científica e cultural: A *globalização* da economia exige das empresas novas técnicas e estratégias na produção de bens e serviços, para poderem competir no mercado internacional. / Os novos sistemas de comunicação, mais rápidos e eficazes, contribuem para a *globalização*.
globalizado. *Adj.* Que se globalizou; que assumiu caráter global ou mundial: "Quanto mais integrados os mercados, quanto mais *globalizada* a economia, maiores são os desafios da competição." (Marco Maciel, *Jornal do Comércio*, 28/11/95)
Δ **glosso-, gloto-, -glosso, -glota.** [Do gr. *glóssa, glóta*, língua (órgão), linguagem.] *El. de comp.* Exs.: *glossocele, glossite, glossofaríngeo, glossologia, glotologia, hipoglosso, poliglota*, etc.
Δ **gnato-**. [Do gr. *gnáthos*, queixo, maxilar, mandíbula.] *El. de comp.* = 'queixo', 'maxilar': *gnatalgia, gnatoplastia, gnatoplegia*, etc.
Δ **gnosi-, -gnose.** [Do gr. *gnôsis*, conhecimento.] *El. de comp.* = 'conhecimento': *gnosiologia, gnosticismo, diagnose, diagnóstico, diagnosticar, agnóstico, agnosticismo*.

goitacá. Indivíduo dos goitacás; relativo à tribo indígena dos goitacás. ⇨ As formas *goitacás* (sing.), *goitacases* (pl.) não são corretas. Os nomes de tribos indígenas devem ser adaptados ao português e escritos com inicial minúscula. Têm singular e plural. Exs.: *guaicuru, guaicurus* (e não os *Guaykuru*), *caiabi, caiabis* (e não os *Kayabi*), *caingangue, caingangues* (e não os *Kaingang*), *ianomâmi, ianomâmis* (e não os *Yanomami*), etc. São invariáveis em gênero: índio *bororo*, índia *bororo*; os índios *calapalos*, as índias *calapalos*. Veja *guaianá*.
gol. [Do ingl. *goal*, meta, tento.] O pl. usado no Brasil é *gols*: "Meus *gols* são mais raros que os seus." (Vinicius de Moraes, *Para uma menina com uma flor*, p. 164) A forma normal seria *gois* (ô). Em Portugal se diz *golo* (ô), *golos* (ô). ⇨ O timbre fechado da vogal de *gol* deve ter contribuído para o plural anômalo *gols*, tão estranho à nossa língua quanto o excêntrico *júniors* (por *juniores*), que se ouve de locutores esportivos.
golpe de vista. Rápido olhar, relance de olhos; capacidade de perceber algo com precisão e rapidez: O bom piloto deve ter *golpe de vista*. ⇨ É galicismo incorporado ao português.
Δ **gonio-, -gono.** [Do gr. *gonía*, ângulo.] *El. de comp.* = 'ângulo', 'canto': *goniômetro, hexágono, pentágono, polígono*, etc.
Δ **gono-**. [Do gr. *gonos*, procriação, geração, esperma, genitália.] *El. de comp.* Exs.: *gonococo, gonocócito, gonorreia*, etc.
górgona ou górgone. [Do gr. *gorgós*, de aspecto aterrador.] *S.f.* 1. Cada uma das três fúrias da mitologia grega, Esteno, Euríale e Medusa, mulheres cujos cabelos eram serpentes. Transformavam em pedra quem as encarasse.
2. *Fig.* Mulher repulsiva, horrenda, perversa.
gostar. 1. Nas acepções mais comuns, este verbo requer complemento regido da prep. *de*: *Gostava de* frutas. / Ele *gosta de* seus tios. / Ele *gosta de* viajar de trem.
2. Quando forma oração adjetiva, esta não dispensa a prep.: Esse foi o filme *de que o público mais gostou*. / Perdemos o amigo *de quem mais gostávamos*. / O urbanista apresentou vários projetos, *dos quais ninguém gostou*. / O esporte *de que o povo mais gosta* é o futebol. / Tudo aquilo *de que ele gosta* o pai lhe compra. / *Do que ela mais gostava* era (de) cavalgar. / "Depois de mamãe, era do vô Milo *de quem eu mais gostava*." (Antônio Olavo Pereira, *Marcoré*, p. 210) / "O *de que ela havia gostado* a vida inteira eram padres, isto sim." (Antonio Callado, *A madona de cedro*, p.

66) / "*Do que* ele *gostava* desbragado era das arquibancadas, bem lá no alto." (Autran Dourado, *Armas e corações*, p. 168) / "A manteiga era *do que mais gostava*, depois de beber." (Dalton Trevisan, *Novelas nada exemplares*, 8ª ed., p. 180)
Está mal construída esta frase de um escritor contemporâneo: "O *que* ela *gostaria* mesmo era *de* estudar música, tornar-se cantora." Opções corretas: "*Do que* ela *gostaria* mesmo era estudar música, tornar-se cantora." "*O de que* ela gostaria mesmo era (de) estudar música, tornar-se cantora." Pode-se omitir a prep. *de* antes do v. *estudar*, mas não antes do *que*.
3. Antes de orações iniciadas pela conjunção *que*, usa-se, normalmente, a preposição: Todos *gostamos de que* nos elogiem. / Talvez a moça não *goste de que* lhe faças a corte. Todavia, não constitui erro, neste caso, omitir a preposição: A professora *gostava que* seus ex-alunos a visitassem. / "Não *gostaria que* João Brandão se lembrasse de oferecer-me o cavalo." (Carlos Drummond de Andrade, *Caminhos de João Brandão*, p. 5) / "Serena não *gostaria que* ele percebesse o seu embaraço." (Vilma Guimarães Rosa, *Carisma*, p. 26) / "Não *gosta que* o incomodem." (Mário Barreto, *Através do dicionário e da gramática*, p. 382)
4. Reforçando o que se disse no item 2, erro é omitir a prep. *de* antes de orações iniciadas pelo pronome relativo *que* (= o qual, a qual) e construir: Em geral, as pessoas só fazem aquilo *que gostam*. / Vou lhe mostrar a foto *que mais gostei*. / O país *que mais gostamos* foi a Suíça. / "Uma das coisas *que mais gostava* era tomar providências, fossem quais fossem." (frase de um romancista.) [Em todas essas frases falta a prep. *de* antes do pronome *que*.] São corretas as três construções: a) Faço aquilo *de que* gosto. b) Faço *o de que* gosto. c) Faço *do que* gosto. / "O mundo deve habituar-se sempre a comprar *do que gosta*." (Alves Redol, *O cavalo espantado*, p. 181)
5. Se o v. *gostar* vier seguido de infinitivo, a prep. *de* será colocada antes deste, e não antes do pronome *que*: Toquei a música *que* ela mais *gostava de cantar*. / "É até hoje o seu gesto primeiro e espontâneo, o *que* mais *gosta de fazer*." (Vivaldo Coaraci, *91 crônicas escolhidas*, p. 27) / "Oh não! Não cabe em tua boca essa cantiga lastimosa *que* tanto *gostas de cantar*." (Bernardo Guimarães, *A escrava Isaura*, p. 14). Veja *do quê*.
6. Na linguagem popular, usa-se pronominalmente, no sentido de *amar-se*. "Não via mal nos dois *se gostarem*." (Marques Rebelo, *A estrela sobe*, p. 42)

goto. *S.m.* Nome popular da glote. 1. *Dar* (ou *cair*) *no goto* — causar sufocação (o alimento, a bebida) ao ser ingerido (a), engasgar: Quando a comida lhe *dava no goto*, ele ficava rubro.
2. *Cair* (ou *dar*) *no goto de* — ser alvo de atenção, de simpatia, de agrado; cair nas boas graças de: Não tardou que a moça *caísse no goto do* rapaz.
gozar. 1. Na acepção de *desfrutar, fruir*, admite a regência direta ou indireta (prep. *de*), indiferentemente: Ele sempre *gozou* ótima saúde (ou *de* ótima saúde). / *Gozamos* (*de*) ótimas férias. / *Gozava* tranquilamente os (ou *dos*) *prazeres* que a riqueza lhe permitia. / *Gozarei* sem alarde / *a paz* deste momento, / que a vida me oferece / na taça da tarde. / "*Goza a euforia* do voo do anjo perdido em ti." (Menotti del Picchia, *O deus sem rosto*, p. 27) ⇨ Em geral, prefere-se a construção indireta, por ser mais enfática: Desejo que você *goze de muita paz e saúde*. / Ela *goza de bom conceito* na empresa onde trabalha. / Por que esses políticos *gozam de tantos privilégios*? / Ele sempre havia *gozado da estima dos colegas*. / "Entre os atributos da propriedade está o direito de *gozar da coisa própria*." (Piragibe, *Dicionário jurídico*, 7ª ed., p. 436) / Ofendem a pobreza do povo as regalias *de que gozam* esses homens.
2. Na linguagem popular, usa-se com objeto direto, com a acepção de *divertir-se, rir* (de alguém ou de algo ruim que aconteceu a alguém): Ele não perdia oportunidade de *gozar* seus adversários. / *Gozaram a derrota* de nosso time. / Perdeu a aposta e nós *o gozamos*. / "Alguns antigos desafetos do Rubião iam entrando, sem cerimônia, para *gozá-lo* melhor." (Machado de Assis, *Quincas Borba*, p. 358)
3. O derivado *antegozar* (= prelibar) constrói-se com objeto direto: A santa *antegozava*, na terra, as delícias do paraíso.
gozo. *S.m.* No plural, de acordo com os dicionários, deve-se pronunciar *gôzos*. Todavia, nos meios eclesiásticos é predominante a pronúncia *gózos* (os *gozos* eternos), razão pela qual a pronúncia com a vogal tônica aberta nos parece aceitável.
grã, grão. Formas reduzidas de *grande*. Entram na composição de palavras designativas, em geral, de títulos e dignidades. São invariáveis: *a grã-cruz* da Ordem de Cristo, *os grão-mestres* da maçonaria, *os grão-rabinos, os grão-duques* e *as grã-duquesas* da Áustria. ⇨ Embora *grã* não seja o feminino de *grão*, mas uma variante deste, recomenda-se usar aquela forma com substantivo feminino e esta com substantivo masculino:

grã-cruz, grão-duque. Na pág. 1478 do dicionário Houaiss lê-se que "a partir do séc. XVIII, se generaliza a flexão: *grã-cruz/grãs-cruzes, grão--mestre/grãos-mestres*". Mas o dicionário não abona tal uso, contradito pelos gramáticos e por Aurélio, que cita este passo de Eça de Queirós: "Pela porta nobre desta sala desguarnecida entram duas senhoras, ... com *grã-cruzes* que me pareceram ser da Ordem da Conceição."

gradação, graduação. Embora os dois termos se prendam ao latim *gradus* (= passo, grau), têm significado diverso.
1. **Gradação**. Significa aumento ou diminuição gradual e é aplicável a cores, luzes, sons, ideias e sentimentos: No poente, as nuvens listravam o céu, numa suave *gradação* de cores. / "O amor me pareceu algo indefinível nas suas infinitas *gradações* e na sua variedade, de indivíduo para indivíduo." (Ciro dos Anjos, *Abdias*, p. 57) / "O dinheiro alucina as almas e dá-lhes ambições que não obedecem a nenhum freio. O primeiro milhão possuído *excita, acirra, assanha* a gula do milionário." (Olavo Bilac, *Conferências literárias*, p. 240) Veja *clímax*.
2. **Graduação**. Significa ato ou efeito de graduar, divisão em graus e medidas, níveis hierárquicos, etc.: a *graduação* de um termômetro; a *graduação* na escala de instrumentos de medição; a *graduação* militar; curso de *graduação*; cerimônia de *graduação* de bacharelandos; pessoas de maior *graduação* social.

grado¹. [Do lat. *gratus*, grato, agradável.] *S.m.* Vontade, gosto.
Usado na loc. 'de bom grado' (= de boa vontade, com prazer) e 'de mau grado' (de má vontade, a contragosto): Aceitou *de bom grado* ser nosso padrinho. / Aceitou *de mau grado* ser meu fiador.

grado². [Do lat. *granatu*, abundante em grãos, granuloso.] *Adj.* 1. Bem desenvolvido, graúdo: milho *grado*, espigas *gradas*.
2. *Fig.* Importante, notável: gente *grada*, pessoas *gradas*.

Δ **-grado.** [Do lat. *gradus*, passo, o andar, marcha.] *El. de comp.* = modo de andar: *digitígrado, plantígrado, tardígrado, retrógrado*.

grã-fino. *S.m.* 1. Indivíduo rico, de hábitos requintados: Os *grã-finos* preferiam aquele restaurante. || *Adj.* 2. Próprio de grã-fino, elegante, requintado: moços *grã-finos*, mulheres *grã-finas*, hábitos *grã-finos*, ambientes *grã-finos*.
⇨ Palavra de étimo incerto. Provavelmente derive da expressão *grã fina*, corante de origem vegetal de ótima qualidade, segundo informa Antônio Geraldo da Cunha em seu *Dicionário etimológico da língua portuguesa*, no qual o autor adota a grafia *granfino*.

Δ **grafo-, -grafo.** [Do gr. *grapho*, escrever.] *El. de comp.* = 'escrever', 'escrita': *grafia, ortografia, grafologia, polígrafo, taquígrafo*, etc.

grama¹. [Do subst. neutro gr. *grámma*.] Na acepção de 'unidade de peso' é subst. masc: *um grama* de ouro, *duzentos gramas* de sal, *quinhentos gramas* de manteiga, *dez gramas diários* de açúcar. ⇨ Por confusão de ideias com o lat. *scripulum* [= pequena quantidade, 24ª parte da onça], suposto derivado de *scribo*, 'escrever', ensina Bailly em seu *Dictionnaire Grec-Français*, é que escritores gregos do início da era cristã usaram a palavra *grámma* (= letra, escrito) na acepção de 'unidade de peso'.

grama². [Do lat *gramina*.] *S.f.* Planta rasteira da família das gramíneas: *a grama dos jardins*.

Δ **-grama.** [Do gr. *grámma, grámatos*, letra, escrito.] *El. de comp.* = 'letra', 'escrito', 'sinal', 'desenho', 'registro': *monograma, digrama, telegrama, cronograma, ideograma, sismograma, eletroencefalograma*, etc.

gramatizar. [De *gramática* + *-izar*.] *V. t. d.* Escrever a gramática de uma língua: "Não só aprenderam eles mesmos a falar o tupi, como *gramatizaram* a língua e a impuseram a outros indígenas de grupos diferentes dos tupis." (Jarbas Passarinho, *Amazônia*, p. 9)

grande. Superlativo abs. sint.: *máximo, grandíssimo, grandessíssimo*.

grande número de. Como se viu no verbete *a maioria de*, a concordância do verbo com a expressão *grande número de* pode efetuar-se no singular ou no plural: Ontem grande número de alunos *faltou* (ou *faltaram*) às aulas. / "Há três dias, ao romper da manhã, um grande número de velas *branquejavam* sobre as águas do Estreito." (Alexandre Herculano, *Eurico*, p. 57) Veja o verbete *a maioria de*.

grande parte de. Pode-se efetuar a concordância no singular ou no plural, em frases como: Grande parte das terras *era fértil* (ou *eram férteis*). / Com o terremoto, grande parte das casas *desabou* (ou *desabaram*) / "Grande parte dos atuais advérbios *nasceram*, em época histórica, de substantivos: *logo* (*loco*), *hoje* (*hodie-hoc die*), *agora* (*hac hora*)." (Mário Barreto, *Através do dicionário e da gramática*, p. 48) Se o verbo preceder o sujeito, fica no singular: *Desabou* grande parte das casas. Veja *a maioria de*.

grande quantidade de. O verbo pode concordar no singular ou no plural, em frases como: *Grande quantidade de* cartas não *tinha* (ou *não tinham*) selo. Veja *grande parte de* e *a quantidade de*.

grandessíssimo. Na linguagem popular, usa-se este superlativo, em vez da forma regular *grandíssimo* para enfatizar expressões depreciativas ou insultuosas: *grandessíssimo* pateta, *grandessíssimo* canalha, *grandessíssimo* sem-vergonha, "*grandessíssimos* tratantes" (Carlos Drummond de Andrade) / "Sabe o que fez, *grandessíssimo* tratante?" (Alexandre Herculano) / "A ciência deste século é uma *grandessíssima* tola." (Almeida Garrett)

Δ **grani-.** [Do lat. *granum*, *grani*, grão, semente.] *El. de comp.* = 'grão': *granífero*, *graniforme*, *granívoro*, *granita*, etc. Cognatos: *granar*, *grânulo*, *granular*, *granulação*, *granuloso*, etc.

grão. Veja *grã*, *grão*.

grassar. [Do lat. *grassari*, avançar, atacar.] *V. i.* Alastrar-se, propagar-se, difundir-se: A epidemia que *grassou* na região ceifou muitas vidas. / *Grassam* as doenças nos países pobres. ⇨ Verbo defectivo. Só se usa nas 3ᵃˢ pessoas: *grassa*, *grassam*, *grassava*, *grassavam*, etc.

gratificante. *Adj.* Que gratifica (na acepção de 'agradar', 'alegrar'), agradável, que alegra, que enche de satisfação; alentador, animador, estimulante. ⇨ Anglicismo generalizado, porém desnecessário. Prende-se a *gratificar*².

gratificar¹. [Do lat. *gratificare*, obsequiar, gratificar.] Dar gratificação, recompensar, dar algo como reconhecimento de serviço ou favor, dar gorjeta: Ele agradeceu ao rapaz e *o* (e não *lhe*) *gratificou*. / O turista, ao despedir-se, *a gratificou* com cinquenta dólares.

gratificar². [Do ingl. *gratify*.] Agradar a, alegrar, dar prazer a, satisfazer (desejos), etc.) ⇨ Anglicismo dispensável.

gratuidade. *S.f.* Qualidade do que é gratuito. ⇨ Forma reduzida de *gratuitidade* e mais usada que esta: a *gratuidade* do ensino. Veja *haplologia*.

gratuito (úi). *Adj.* 1. Dado ou feito de graça: remédios *gratuitos*, ensino *gratuito*. 2. Sem motivo: ofensa *gratuita*. 3. Sem fundamento: acusação *gratuita*.
| *Ato gratuito* é o praticado com total liberdade, sem objetivo específico: "O *ato gratuito* é o oposto da luta pela vida e na vida." (Clarice Lispector, *A descoberta do mundo*, p. 648, ed. 1984) ⇨ Pronuncia-se *gra-túi-to* e não *gra-tu-í-to*.

gravame. [Do lat. *gravamen*, de *gravare*, pesar sobre, sobrecarregar, oprimir.] *S.m.* Encargo, ônus, tributo pesado; agravo, opressão. Cognatos: *gravar* (= onerar), *agravar*, *agravo*, *grave*, *gravidade*, *agravamento*, *agravante*.

gravar¹. [Do fr. *graver*.] *V. t. d.* Esculpir, entalhar, fazer gravação, imprimir, fixar: *gravar* uma figura no bronze; *gravar* uma frase na memória; *gravar* uma canção em disco ou fita. Veja *gravar*².

gravar². [Do lat. *gravare*, pesar sobre, sobrecarregar.] Onerar, sujeitar a encargos, sobrecarregar com impostos: *gravar* a sociedade com impostos excessivos; *gravar* artigos de luxo com taxas elevadas. / Os pais não podem alienar, hipotecar, ou *gravar* de ônus reais, os imóveis dos filhos. / Se os bens são dos filhos, os pais não os podem *gravar*.

gravidez. [De *grávido* + *-ez*.] *S.f.* Estado da mulher ou da fêmea durante a gestação; gestação, prenhez. O plural é *gravidezes*: Não são raras as *gravidezes* extrauterinas. O adj. relativo à gravidez é *gravídico*: toxemia *gravídica*, distúrbios *gravídicos*.

grávido. [Do lat. *gravidus*, pesado, cheio, prenhe.] *Adj.* 1. Cheio, pleno, carregado: cestos *grávidos* de frutas, nuvens *grávidas* de água. 2. Em estado de gravidez: mulher *grávida*. Cognatos: *grave*, *gravidade*, *gravidez*, *gravitação*, *gravar* (*onerar*), *engravidar*, etc.

greco-. [Do lat. *graecus*, grego.] / *El. de comp.* = 'grego': *grecomania*, *grecolatria*, *greco-latino*, *greco-romano*, *greco-italiano*, *greco-turco*. ⇨ Une-se com hífen ao elemento seguinte só quando forma adjetivo pátrio.

grelha. *S.f.* Pequena grade de ferro sobre a qual se assam carnes, peixes, se torram pães e outros comestíveis. ⇨ Recomenda-se a pronúncia *grélha*.

grená. [Do fr. *grenat*, de *grenade*, romã, do lat. *granatum*, romã.] *Adj.* Que tem a cor avermelhada da romã ou da granada (= pedra fina de cor púrpura, como a romã): gravata *grená*, vestidos *grená*. ⇨ É invariável, como *bordô*: vestidos *bordô*.

gritar por. 1. Chamar aos gritos: O fazendeiro *gritou pelo* peão. / Vendo o cão, a criança *gritou pelo* pai.
2. Pedir aos gr.itos: *Gritei por* socorro.

grosso modo. Expressão latina que significa 'de modo grosseiro', isto é, 'aproximadamente': "Esta área linguística [do tupi-guarani] corresponde, *grosso modo*, aos territórios atuais do Brasil, do Paraguai e do Uruguai." (Darcy Ribeiro, *O povo brasileiro*, p. 122) / "*Grosso modo*, os retratos do glutão e do parasita se assemelham." (Maria José de Queirós, *A literatura e o gozo impuro da comida*, p. 34) / "Harmonia lembra música, que, *grosso modo*, nada mais é do que a arte de harmonizar sons." (Pasquale Cipro Neto, *Nossa língua em letra e música*, I, p. 14) Não se diz 'a grosso modo', mas apenas 'grosso modo': Cada uma dessas empresas investiu, *grosso modo*, cem milhões de dólares. ⇨ Pronuncia-se *grósso módo*.

grou. S.m. Ave pernalta, de arribação, da família dos gruídeos: O *grou* cinzento atravessa a Europa duas vezes no ano para invernar na África. Fem.: *grua*. ⇨ O feminino *grua* designa também um aparelho para levantar grandes pesos; designa também o guindaste usado em filmagens de exteriores, na ponta do qual há uma plataforma para o operador da câmera.

Δ **-guaçu.** Veja *-açu*.

guaianá. Indivíduo da tribo indígena dos guaianás. Pl.: *guaianás*. ⇨ Certos etnólogos grafam os nomes de tribos indígenas brasileiras de modo afetado, estranho à ortografia oficial, como nesta frase: "A leste do Paraná os povos *Guarani* dividiam as terras com os *Guayaná*, prováveis ancestrais dos *Kaingang*." (*História dos Índios do Brasil*, organização de Manuela Carneiro da Cunha, p. 462, 1992) Por que não escrever *guaranis, guaianás, caingangues*, como fazem os dicionaristas modernos? Veja *goitacá*.

guarda-civil. S.m. Membro da Guarda Civil (= corporação policial não pertencente às forças militares). Plural: *guardas-civis*. ⇨ Quando *guarda* é subst. seguido de adjetivo, pluralizam-se os dois elementos: *guardas-civis, guardas--florestais, guardas-mores, guardas-noturnos*. Se *guarda* for verbo, ficará invariável: *guarda--chuvas, guarda-roupas, guarda-pós, guarda-vidas, guarda-costas, guarda-móveis, guarda-livros*.

guarda-marinha. S.m. Aluno de Escola Naval, aspirante a segundo-tenente. Pl.: *guardas-marinha* e *guardas-marinhas*.

guarda-mor. S.m. Antigo oficial da casa real; chefe de polícia aduaneira (= da alfândega). Faz, no plural, *guardas-mores*: "A ele foi, em 1736, incumbido pelo Rei a reforma do regimento dos *guardas-mores* e superintendentes de minas." (Joaquim Felício dos Santos, *Memórias do Distrito Diamantino*, p. 86) Veja *mor*.

guardar. Usa-se como verbo pronominal nas acepções de:
1. Acautelar-se: *Guardemo-nos* dos falsos amigos.
2. Abster-se, evitar: *Guarda-te* de julgar quem não conheces.
3. Abrigar-se, resguardar-se: Correram para *guardar-se* da chuva.

guardião. Fem.: *guardiã*. Pl.: *guardiães*, preferível a *guardiões*: "Assim, aos poucos, vai-se compondo um quadro revelador das estreitas ligações entre o banditismo e os *guardiães* da lei e da ordem." (Moacir Werneck de Castro, *JB*, 11/9/93)

guatemalteco. Adj. Relativo à Guatemala, natural da Guatemala.

guerra. Adj. relativo a guerra: *bélico* (material *bélico*; preparativos *bélicos*).

guia. Para designar a pessoa que guia, ensina o caminho (no sentido próprio ou figurado), podemos dizer, baseados em bons dicionaristas e na autoridade dos clássicos da língua: Por ser mais experiente, ela era *a guia* do grupo. / *A guia* mostrou a cidade aos turistas. / Nossa Senhora é *minha guia*. / Madre Teresa foi *a guia* espiritual da jovem freira. ⇨ Todavia, seguindo tendência moderna, admite-se usar o subst. *guia* no masculino, mesmo com referência a mulheres: Ela é *um bom guia turístico*. / A bióloga foi escolhida para ser *o guia* do grupo.

Guiana, guianense. Esta é a ortografia oficial. A correta seria: *Gùiana, gùianense*. Em todos os exemplos seguintes aparece a sequência *gui*, mas com valores fonéticos diferentes.
1. Na palavra *águia*, o *u* é insonoro, isto é, não se pronuncia. Serve apenas para evitar que se dê ao *g* o som de *j*.
2. Na palavra *linguiça*, o *u* levava trema porque é átono, ou seja, pronunciado levemente.
3. No verbo *argui*, o *u* levava acento agudo por ser vogal tônica, isto é, forte.
4. No vocábulo *Guiana*, o *u* é subtônico; por isso, não pode levar trema nem acento agudo. Deveria, portanto, ser acentuado com acento grave: *Gùiana*. Trata-se de um caso omisso no código ortográfico oficial. A mesma observação cabe ao derivado do *guianense*.

Guimarães. Cidade de Portugal. Adj. relativo a essa cidade: *vimaranense*.

guindar. [Do fr. *guinder*, elevar, alçar, levantar.] Emprega-se mais frequentemente na acepção de 'elevar(-se) alguém a posição de destaque': O ditador *guindou-o* a ministro do Exército. / Valido da rainha, ele *guindou-se* a altos cargos administrativos.

Guiné-Bissau. Adj. relativo à Guiné-Bissau: *guineense*.

Δ **gutur-.** [Do lat. *guttur, gutturis*, garganta, goela.] El. de comp. = 'garganta': *gutural, guturalizar*.

H

há. Veja o verbete *a, à, há*.

há, havia. 1. Quando o verbo da oração principal está no presente ou no pret. perfeito do indicativo, usa-se *há* na oração que expressa o tempo: Ele *mora* aqui *há* muito tempo. / Ele *morou* aqui *há* muito tempo. ⇨ Neste caso, *há* = *faz*.
2. Se o v. da oração principal, ou dependente da principal, estiver no pret. imperfeito ou no mais-que-perfeito, usar-se-á *havia*: Ele *trabalhava* na fábrica *havia* seis meses. / Ele *trabalhara* (ou *tinha trabalhado*) na fábrica *havia* seis meses. / *Havia* três meses que ele *estava* desempregado. / *Havia* três noites as enfermeiras não *dormiam*. / A seca *andava* castigando o município *havia* quase um ano. / O cientista *visitara* o Brasil *havia* pouco tempo. / *Havia* poucos meses os gafanhotos *tinham atacado* as plantações. / Embora *vivessem* no Brasil *havia* muitos anos, eles não *falavam* português. / "O Diário *fora encerrado havia* mais de quatro anos." (Ciro dos Anjos, *O amanuense Belmiro*, p. 106) / "Sua principal missão no Tijuco era executar à risca o Regulamento Diamantino, que *havia* muito não se observava." (Joaquim Felício dos Santos, *Memórias do distrito diamantino*, p. 236) / "*Havia* muito não lhe fora dado dormir uma hora a fio." (Domingos Olímpio, *Luzia-homem*, p. 82) / "Voltou-lhe então o mal-estar e desapareceu o último vestígio do sorriso que ela tivera *havia* pouco." (Aluísio Azevedo, *O cortiço*, p. 92) / "... não queria transmitir a ele e a minha mãe a conversa que eu tivera *havia pouco*." (Diná Silveira de Queirós, *Memorial do Cristo*, p.120) / "Desde *havia* muito desejava ter um livro publicado." (Alberto da Costa e Silva, *Castro Alves*, p. 151) ⇨ Neste caso, *havia* = *fazia*. São frequentes mas inaceitáveis frases deste teor: O casal *se mudara* para a Espanha *há* pouco tempo. / A quadrilha *roubava* carros *há* muitos anos. / "*Há* tempo não *provavam* comida feita por mulher." (De um jornal) / "*Vivia* com ela *há* mais de trinta anos." (De um romance.) Nas quatro frases, deve-se usar *havia* e não *há*. Observar que nelas não se pode substituir *há* por *faz*. Mesmo em bons escritores ocorrem frequentemente *há muito* e *há pouco*, em vez de *havia muito*, *havia pouco*, como se fossem expressões fixas ou locuções adverbiais invariáveis. Não nos parece que tal sintaxe deva ser imitada. Na seguinte frase, o escritor respeitou a concordância: "João Guedes gozava ali duma sensação de segurança de que *havia muito* se via privado." (Ciro Martins, *Paz nos campos*, p. 204)
3. Usa-se, excepcionalmente, *há* em vez de *havia*: a) quando o pret. imperfeito substitui o pret. perfeito: *Há* dois milênios *nascia* (= nasceu) Jesus em Belém. / *Há* mais de quinhentos anos Cabral *descobria* o Brasil; b) quando o tempo é considerado a partir do momento em que se fala: *Há* dez anos ele era um simples quitandeiro. (= Dez anos atrás ele era um simples quitandeiro.) Em ambos os casos, pode-se substituir *há* por *faz*.

há... atrás. Os gramáticos condenam, por ser redundante, a sequência *há... atrás* referente ao

tempo passado, como neste exemplo: *Há vinte anos atrás o colégio funcionava num casarão da Rua Estrela*. E para fugir à redundância propõem duas opções: a) *Há vinte anos o colégio funcionava num casarão da Rua Estrela*; b) *Vinte anos atrás o colégio funcionava num casarão da Rua Estrela.*
Entretanto, convém observar que o conjunto *há... atrás* transmite à frase mais força e precisão, motivo pelo qual não nos parece vicioso, como viciosa não é a expressão consagrada pelo uso 'voltar atrás'. Os textos seguintes reforçam a nossa opinião: "A obra foi publicada *há alguns anos atrás*." (Moacir Werneck de Castro, *A ponte dos suspiros*, p. 64) / "Não existia essa consciência *há 40 anos atrás*." (Dom Lucas Moreira Neves, *JB*, 3/6/92) / "A fidalga, *há anos atrás*, tinha fugido com o doutor dos Pombais, e nunca mais voltara." (Camilo Castelo Branco, *A brasileira de Prazins*, p. 69) / "Acontece que este emprego foi regulamentado *há menos de um ano atrás*." (José Murilo de Carvalho, *JB*, 3/6/92) / "Será que vou dormir minha noite pessoal, ou a de um de meus antepassados de *há milênios atrás*?" (Aníbal Machado, *Cadernos de João*, p. 172) / "...as mesmas casas que *há trinta anos atrás* saudavam ao adolescente ansioso de conhecer o Rio." (Carlos Drummond de Andrade, *Obra completa*, p. 633)

habeas corpus. [Expressão latina = *Que tenhas o teu corpo.*] Medida judicial que garante a liberdade de locomoção de quem se acha preso ilegalmente ou está ameaçado de o ser: O Tribunal de Justiça acolheu o pedido de *habeas corpus* impetrado pela defesa. / O preso foi libertado por meio de *habeas corpus*. ⇨ Forma reduzida: *habeas*.
Não há consenso quanto ao uso do hífen nesta expressão latina. É preferível dispensá-lo: "A expressão completa é *habeas corpus ad subjiciendum*, 'que tenhas o teu corpo para submetê-lo (à corte de justiça)', e refere-se à garantia constitucional outorgada em favor de quem sofre ou está na iminência de sofrer coação ou violência." (Paulo Rónai, *Não perca o seu latim*, p. 77) / "O *habeas corpus* é o remédio jurídico que visa tutelar a liberdade de locomoção do indivíduo contra a violência ou coação ilegal da autoridade." (Marcus Cláudio Acquaviva, *Dicionário jurídico brasileiro*, p. 723)

habilitar. Tornar apto (para um ofício, cargo, profissão, etc.): A escola técnica *o* (e não *lhe*) *habilitou* para aquele ofício. / Sua vasta cultura e experiência *o habilitaram* para (ou *a*) exercer o cargo. / Os cosmonautas *habilitaram-se* para a (ou *à*) sua missão, com duras provas e exercícios. / A doença impediu-o de exercer a profissão para a qual *se habilitara*. ⇨ O complemento que indica o fim é regido de *para* ou *a*.

habitar. Pode-se construir 'habitar um lugar' (regência mais frequente) ou 'habitar *em* um lugar': Os timbiras *habitavam* o interior do Maranhão. / Os homens que *habitam nessas* regiões são rudes. / Que a paz *habite a* (ou *na*) tua alma!

hábitat. [Do lat. *habitat*, mora, habita.] Verbo latino substantivado que designa o ambiente natural dos seres vivos: O *hábitat* do leão são as savanas. O novo VO só registra como estrangeirismo *habitat*.
Como latinismo incorporado ao português, deve ser acentuado. Pronuncia-se *ábitat*, e não *abitát*. Plural: *hábitats*. Há quem defenda, e com razão, o aportuguesamento total: *hábita, hábitas*. ⇨ Evite-se a expressão redundante 'hábitat natural'. Diga-se apenas *hábitat*: Os animais devem viver em seu *hábitat*.

há cerca de. Veja *acerca de*.

há de haver. Expressão correta, equivalente de *há de fazer, há de existir*: *Há de haver* oito anos que ele morreu. / *Há de haver* outras soluções para o caso. ⇨ Veja *vai haver greves*.

Δ **hagio-.** [Do gr. *hágios*, santo.] *El. de comp.* = 'santo': *hagiografia, hagiógrafo, hagiólogo, hagioterapia*, etc.

haja vista. O verbo desta expressão pode ficar invariável (concordância mais usual) ou concordar com o substantivo que se segue à palavra *vista*: A situação é grave, *haja* (ou *hajam*) *vista* os incidentes de sábado. / O presidente não possui qualificação para o cargo, *haja* (ou *hajam*) *vista* suas últimas decisões. / "*Haja vista* as minhas *Cartas de Inglaterra*, o último dos livros meus em cuja revisão alguma diligência empreguei." (Rui Barbosa, *Réplica*, n° 257) / Os aviões dessa empresa aérea são muito seguros, *haja vista* que nenhum acidente grave aconteceu durante os vinte últimos anos de sua existência. ⇨É incorreta a forma *haja visto*.

Δ **halo-.** [Do gr. *háls, halós*, sal.] *El. de comp.* = 'sal': *halografia, halófilo, halófito, haloide, halomancia, halometria, halotecnia*, etc.

haltere. [Do gr. *haltéres*.] Plural: *halteres*: Os *halteres* servem para desenvolver os músculos dos braços. Cognatos: *halterofilia, halterofilismo, halterofilista*.

há mais tempo. Em frases como 'Ele devia ter avisado *há mais tempo*', 'Devíamos ter feito isto *há mais tempo*', grafa-se *há* (v. haver) e não *a* (preposição).

hambúrguer. [Do ingl. *hamburguer.*] *S.m.* Plural: *hambúrgueres.*

há menos de, a menos de. 1. *Há menos de.* A expressão *há menos de* equivale a *faz menos de* e se usa para indicar tempo passado: Estive lá *há* (= *faz*) *menos de* três meses.
2. *A menos de.* Usa-se para indicar distância, ou espaço de tempo futuro: Deixou a filha *a menos de* cem metros da escola. / Estávamos *a menos de* um mês das eleições.

há muito, há muito tempo. Nestas expressões, *há* (forma do v. *haver*) equivale a *faz*. Portanto: *Há* (e não *A*) *muito* que ele deixou de fumar. / *Há muito tempo* que estamos sem água. ⇨ Assim também: *Há pouco tempo* que ele esteve aqui. / A casa foi vendida *há pouco.* / Ele saiu *há pouco.* / Como foi que ficou rico, se até *há pouco* era um pobretão? Veja o verbete *há/havia*.

há muito que dizer. O *que* é pronome relativo, objeto direto do verbo que se lhe segue, em frases como estas: *Há muito que dizer* sobre este caso. / "*Há muito que referir* sobre a habilidade com que alguns se serviam desse instrumento." (Sérgio Buarque de Holanda, *Caminhos e fronteiras*, p. 71) / "De sua utilização não há muito que dizer." (Idem, ib., p. 111) / Pouco há que dizer sobre a origem desse instrumento. / "Os homens tinham *muito que aprender* com as crianças." (Herberto Sales, *História natural de Jesus de Nazaré*, p. 157) *Há muito que* (e não *o que*) fazer para fortalecer a economia. / "No último folhetim *não há muito que* responder." (José de Alencar, *apud* Alexei Bueno, *Duelos no serpentário*, p. 250) ⇨ É incorreto construir: *Há muito o que dizer* sobre este caso. *Há pouco o que dizer* sobre a origem desse instrumento. Usa-se *o que* só em frases como: Não sei *o que* fazer. / Não sabia *o que* dizer. / Já disse *o que* eu quero. Veja *não saber que fazer*.
Embora calcada no francês, é aceitável a sintaxe 'há muito *a* dizer', 'há pouco *a* fazer', 'nada *a* declarar', cujo uso se generalizou na língua atual. Veja *nada a fazer*.

Δ **haplo-.** [Do gr. *haplóos*, simples.] *El. de comp.* = 'simples': *haplopétalo, haplológico, haplologia*★.

haplologia. Simplificação da palavra, isto é, redução de fonemas iguais ou semelhantes de um vocábulo. Exs.: *bondoso*, por *bondadoso*; *caridoso*, por *caridadoso*; *saudoso*, por *saudadoso*; *gratuidade* por *gratuitidade*; *herói-cômico*, por *heroico-cômico*; *idólatra*, por *idolólatra*; *semínima*, por *semimínima*.

há pouco. Usa-se muito frequentemente como expressão fixa, em vez de *havia pouco*. Ex.: "Dir-se-ia que tudo quanto até *há pouco* lhe norteara a vida ruíra inesperadamente." (Rogério de Freitas, *Portugal: a terra e o homem*, II, p. 299) Veja *a pouco* e *há muito*.

há pouco que dizer. Desse modo, e não 'há pouco *o* que dizer: *Há pouco que dizer* sobre esse caso. / *Havia pouco que* acrescentar ao projeto apresentado. Um jornalista escreveu na *Folha de S. Paulo*, de 24/4/2003: "Vinte anos depois, desgraçadamente, *há pouco o que comemorar*." Retire-se esse "o" inútil e diga-se: "...*há pouco que comemorar*." Veja o verbete *há muito que dizer*.

há que. Seguida de infinitivo, esta locução significa *é necessário*: "*Há que* ter paciência." (Celso Luft) / "*Há que* recuperar o tempo perdido." (Elsie Lessa, *Canta, que a vida é um dia*, p. 16) ⇨ Existe a variante *há de*: "*Há de* advertir-se que ele não foi escrito para ser publicado, como efetivamente nunca o foi." (João Francisco Lisboa, *Vida do Padre Antônio Vieira*, p. 108) / "Em nosso caso, *há de* se levar em conta o baixo nível de credibilidade da classe política." (Marco Maciel, *O Globo*, 15/11/98)

há quem diga... Usa-se o verbo no subjuntivo em frases como: *Há quem diga* o contrário. / *Há quem afirme* essas coisas. / Não *há quem levante* a voz? / Não *há quem não saiba* isso. / "*Há quem julgue* galicismo tal construção." (Vittorio Bergo, *Erros e dúvidas de linguagem*, 5ª ed., p. 260)

há tempo, a tempo. Cheguei aqui *há tempo*. = Cheguei aqui *faz tempo*. / Chegamos lá *a tempo*. = Chegamos lá ainda *em tempo* (ou *na hora*.) / *Há tempo* que não o vejo aqui. / O pai chegou *a tempo* de salvar o menino.

há uma hora, à uma hora, a uma hora.
1. Escreve-se *há*, quando se trata do v. *haver*: *Há uma hora* que o trem passou. ⇨ Neste caso, *há* = *faz*: *Faz uma hora* que o trem passou.
2. Usa-se a segunda expressão, quando se faz referência à *hora do dia*: Almoçamos *à uma hora* da tarde. / Saí do cinema *à uma hora* da madrugada. ⇨ Neste caso, pode-se grafar *à 1h* ou *à 1 hora*.
3. Fora desses casos, escreve-se *a uma hora*: A cidade fica *a uma hora* daqui. / *A uma hora* do início da festa, já não havia lugar no salão. / *A uma hora* dessas, todos devem estar dormindo. / O trem passa daqui *a uma hora*. Veja *à uma hora*.

haver. Verbo irregular. *Ind. pres.*: hei, hás, há, havemos, haveis, hão. *Pret. imperf.*: havia, havias, havia, etc. *Pret. perf.*: houve, houveste, houve, houvemos, houvestes, houveram. *Pret. mais-que-perf.*: houvera, houveras, houvera, etc. *Fut. do pres.*: haverei, haverás, haverá, etc. *Fut. do pret.*: haveria, haverias, haveria, etc. *Subj. pres.*: haja, hajas, haja, hajamos, hajais, hajam. *Pret. imperf.*: houvesse, houvesses, houvesse, etc. *Fut.*: houver, houveres, houver, etc. *Ger.*: havendo. *Part.*: havido.

haver. *Concordância.* 1. Na frase 'Os índios *haviam* fugido', o v. *haver* é pessoal, isto é, tem sujeito (índios). Já na frase 'Nesta região *havia* índios', *haver* é impessoal, ou seja, não tem sujeito. A palavra *índios* é objeto direto. Na primeira frase, *haver* concorda normalmente com o sujeito. Na segunda, mantém-se invariável na 3ª pessoa do singular.
2. *Haver* é verbo pessoal, concordando normalmente com o sujeito: a) quando é auxiliar de verbo pessoal, caso em que é sinônimo de *ter*: Eles *haviam* (ou *tinham*) *saído* cedo. / Se *houvessem* (ou *tivessem*) *ganho* o jogo, seriam aplaudidos. / As cartas *haviam sido* violadas. / Ainda *hei de decifrar* o enigma. / Ele *há de se explicar* na delegacia. / "Perdoem-me os Borbas velhos, que sempre foram grandes amorosos e *hão de compreender-me*." (Ciro dos Anjos, *O amanuense Belmiro*, p. 41); b) na acepção de *julgar, considerar*: Todos *haviam-no* por morto; c) como pronominal, na acepção de *portar-se, proceder*: O soldado *houve-se* como herói. / Os entrevistados *se houveram* com discrição. / "Tanto um como o outro *se houveram* admiravelmente." (Aluísio Azevedo, *Casa de pensão*, p. 287) / "Como *se há de haver* o senhor de engenho com os seus escravos para que a produção dos açúcares se faça de modo rendoso e rentável?" (Alfredo Bosi, *A dialética da colonização*, p. 162) / "Rubião tinha vexame, por causa de Sofia; não sabia *haver-se* com senhoras." (Machado de Assis, *Quincas Borba*, p. 39) / "Pode ser que eu o faça arrepender da insolência e malvadez com que *se houve* contigo." (Gomes de Amorim, *As duas fiandeiras*, p. 132) / d) na expressão *haver por bem* (= dignar-se, resolver): O rei *houve por bem* anistiar alguns condenados. / "O Doutor Juiz *houve por bem* decretar o fechamento do Asilo." (Otto Lara Resende, *O braço direito*, p. 220)
3. *Haver* é verbo impessoal, devendo concordar na 3ª pessoa do singular, quando significa: a) *existir*. No Brasil *há* bons estádios. / *Havia* poucas vagas. / Nas margens do rio *havia* ranchos de pescadores. / No incêndio, *houve* pessoas que se atiraram das janelas. / É preciso que *haja* alimentos para todos. / Seria necessário que *houvesse* leis mais severas. / Se não *houver* silos, onde armazenar os cereais? / Nas fazendas, *havia* alimentos frescos e abundantes; b) *acontecer, ocorrer, realizar-se*: *Havia* frequentes fugas de presos. / Na viagem, *houve* alguns incidentes. / Todas as noites *havia* ensaios de escolas de samba. / Se não chovesse, *teria havido* espetáculos ao ar livre. / Caso *haja* arruaças, não saia de casa; c) *decorrer, fazer*, com referência ao tempo passado: *Há* três meses que ele não vê os filhos. / *Havia* dois anos que ele se formara. / Estão casados *há* dez anos. d) ser necessário: *Há que* incentivar a prática dos esportes. ⇨ Por descuido ou ignorância, infringindo a norma 3, um editorialista escreveu: "Eles [os terroristas islâmicos] continuam a agir como se não *houvessem* leis." Evidentemente, o correto é: "Eles continuam a agir como se não *houvesse* leis."
4. Também fica invariável na 3ª pess. do sing. o verbo auxiliar de *haver* impessoal: *Deve haver* técnicas mais avançadas. / Não *pode haver* rasuras nesse documento. / *Vai haver* grandes safras de grãos este ano. / *Estava havendo* invasões de terras. / *Há de haver* outras soluções menos dispendiosas. / *Começou a haver* reclamações. / *Teria havido*, de fato, desvios de verbas? / *Parecia haver* mais curiosos do que interessados. / "*Costuma haver* engarrafamentos naquela avenida." (Pasquale Cipro Neto, *O Globo*, 31/10/99)

hélice, hélix. [Do gr. *hélix*, através do lat. *hélice*.] *S.f.* Em anatomia, a par de *hélice*, se usa também a forma *hélix* (cs), para designar o rebordo recurvo mais externo do pavilhão da orelha.

△ **hélio-, -elio.** [Do gr. *hélios*, sol.] *El. de comp.* = 'Sol': *heliocêntrico, heliófilo, heliófito, heliógrafo, helioscópio, heliotropismo, afélio, periélio*, etc.

heliporto, heliponto. *S.m.* 1. *Heliporto*. Campo ou espaço destinado a pouso e partida de helicópteros, com estação de passageiros e instalações adequadas; aeroporto para helicópteros. 2. *Heliponto*. Local destinado ao pouso e decolagem de helicópteros; ponto de helicóptero.

△ **helminto-.** [Do gr. *hélmins, hélminthos*, verme.] *El. de comp.* = 'verme intestinal': *helmintologia, helminto, helmintose* (= verminose), etc.

△ **hema-, hemato-, hemo-.** [Do gr. *haima, háimatos*, sangue.] *El. de comp.* = 'sangue': *hemácia*,

hematófilo, hematoma, hematopoese, hemodiálise, hemofilia, hemofílico, hemograma, hemoptise, etc.
hemácia. [Do gr. *haima, háimatos*, 'sangue', através do fr. *hématie*.] Glóbulo vermelho do sangue, eritrócito. Forma predominante na linguagem médica. Variante de *hematia*, forma primitiva (1873).
Δ **hemero-, -êmero.** [Do gr. *heméra*, dia.] *El. de comp.* = 'dia': *hemerologia, hemeroteca, efêmero, efemérides.*
Δ **hemi-.** [Do gr. *hemi*, meio.] *El. de comp.* = 'meio', 'pela metade': *hemiciclo, hemialgia, hemicrania, hemiplégico, hemiplegia.* ⇨ Equivalente do lat. *semi: semicírculo.*
Δ **hendeca-.** [Do gr. *héndeka*, onze.] *El. de comp.* = 'onze': *hendecaedro, hendecassílabo, hendecágono.*
Δ **hepato-.** [Do gr. *hépar, hépatos*, fígado.] *El. de comp.* = 'fígado': *hepatologia, hepatopatia, hepatite, hepático,* etc.
Δ **hepta-.** [Do gr. *heptá*, sete.] *El. de comp.* = 'sete': *heptaedro, heptágono, heptassílabo, heptacampeão.*
herpes. [Do gr. *hérpes, hérpetos*, dartro, úlcera, herpes, réptil.] *S.m.* Dermatose inflamatória, de origem virótica, caracterizada pela formação de pequeninas vesículas ou bolhas, em grupo. Nome popular: *cobrelo* (ou *cobreiro*). É vocábulo invariável no plural: *o herpes, os herpes.* Adj. relativo ao herpes: *herpético.*
herança. Adj. relativo a herança (lat. *hereditas, hereditatis*): *hereditário* (doença *hereditária*).
herdar. [Do lat. *hereditare*.] Receber por herança ou transmissão; adquirir por hereditariedade: *herdar* bens, fortunas, dinheiro; *herdar* terras dos avós; *herdar* costumes dos antepassados; *herdar* virtudes ou vícios ou doenças dos pais. ⇨ É menos usado no sentido de *deixar por herança, legar:* "Cuide o proprietário dos bens que seus pais lhe *herdaram.*" (A. Herculano, *apud* Bergo) / Portugal nos *herdou* a língua e a religião.
Δ **herpeto-.** [Do gr. *hérpes, hérpetos*, dartro, de *hérpo*, rastejar.] *El. de comp.* = 'herpes'; 'réptil': *herpetologia* (estudo acerca do herpes; ramo da Zoologia que trata dos répteis), *herpetólogo.*
hesitar. [Do lat. *haesitare*, ficar parado ou indeciso.] 1. *V. i.* Estar ou ficar indeciso, perplexo: *Hesitou* muito antes de responder.
T. i. 2. Ficar indeciso, vacilar: Não *hesitei* em vender a casa e partir. / Os alunos *hesitam* sobre o emprego da crase. / *Hesitava entre* a voz da razão e a da paixão. / *Hesitava sobre* se devia aprovar ou rejeitar o projeto. / "O beguino *hesitou sobre* se devia retroceder para sair pela igreja, se esperar." (Alexandre Herculano, *Lendas e narrativas*, p. 92) / "Amâncio *hesitou em se* devia ir ou não." (Aluísio Azevedo, *Casa de pensão*, p. 69) ⇨ Antes de complemento oracional, como nos três últimos exemplos, pode-se omitir a preposição *em* ou *sobre: Hesitava se devia* aprovar ou rejeitar o projeto. / Amâncio *hesitou* se devia ir ou não. / "Não *hesitou* esbofetear o agressor." (Aurélio) / "Algum tempo *hesitei* se devia abrir estas memórias pelo princípio ou pelo fim." (Machado de Assis, *Brás Cubas*, cap. I)
Δ **hetero-.** [Do gr. *héteros*, outro.] *El. de comp.* = 'outro', 'diferente': *heteroagressão, heterônimo, heterógrafo, heteropétalo, heterossexual.* Cognato: *heteróclito* (= anormal, excêntrico, extravagante.)
heureca. [Do gr. *héureca* (encontrei, achei), pret. perf. de *heurisco*, achar.] Interjeição que se emprega quando se encontra a solução de problema difícil. ⇨ Exclamação atribuída a Arquimedes, ao descobrir a lei do peso específico dos corpos.
Δ **hexa-.** [Do gr. *héx*, seis.] *El. de comp.* = 'seis': *hexacampeão, hexaedro, hexassílabo, hexágono, hexagonal,* etc. ⇨ Nesses vocábulos a letra *x* pode ser pronunciada *gz: egzaédro, egzágono, egzacampeão*, etc. Essa é a pronúncia indicada pelo Dicionário da Academia das Ciências de Lisboa. Houaiss justapõe a tais palavras a letra *z*, sugerindo que se devem proferir *ezágono, ezacampeão,* etc. Seguindo o Vocabulário Ortográfico da ABL, Aurélio ensina que nas referidas palavras o *x = cs,* como em *tóxico*. Adotamos a pronúncia que nos parece mais fácil. Usado como subs. masc. na forma reduzida de *hexacampeonato* ou *hexacampeão:* "A seleção brasileira começa a caminhada para o *hexa.*" (*O Globo*, 7/9/2003)
Δ **hialo-.** [Do gr. *hyalos*, vidro.] *El. de comp.* = 'vidro', 'cristal', 'transparência': *hialino, hialoide, hialografia, hialurgia,* etc.
hibernar. [Do lat. *hibernare*, invernar, passar o inverno, repousar.] *V.i.* Ficar em estado de hibernação ou sono letárgico durante o inverno (certos animais e vegetais.) *Fig.* Ficar entorpecido, sem ação. Cognatos: *hibernal* (rel. ao inverno, de inverno: sono *hibernal*), *hibernação, hibérnico, hibernoso, Hibérnia, invernal, invernar, inverno, invernada.* ⇨ *Hibernar* e os cognatos com *h* inicial são formas eruditas, cuja base é o lat. *hibernum*, 'inverno'. Foram introduzidas no português no séc. XIX. *Inverno* e *invernar*

(fazer inverno; passar o inverno em) são formas populares evoluídas, ou seja, a deturpação de *hibernum* e *hibernare*, e já se usavam no período arcaico da língua portuguesa (séc. XII-XVI).
hibridismo. *S.m.* Em linguística, vocábulo formado com elementos de línguas diferentes: *automóvel* (*auto*, gr. + *móvel*, lat.); *sociologia* (*sócio*, lat. + *logia*, gr.); *alcoólatra* (*álcool*, árabe + *latra*, grego); *sambódromo* (*samba*, banto + *dromo*, gr.)
Δ **hidato-.** [Do gr. *hýdor*, *hýdatos*, água.] *El. de comp.* = 'água', 'líquido': *hidatismo, hidatoide, hidatologia*, etc. Veja *hidra-, hidro-*.
Δ **hidra-, hidro-.** [Do gr. *hýdor*, *hýdatos*, água.] *El. de comp.* = 'água', 'líquido': *hidrante, hidratar, hidratado, hidrato, hidráulica, hidráulico, hidroavião, hidrelétrica* (ou *hidroelétrica*), *hidrófito, hidrografia, hidrogênio, hidroterapia, hidrovia*, etc.
⇨ Na formação de palavras ligadas à ideia de 'água', o grego utilizou ora o radical *hidato-*, como em *hydatoposia* (ação de beber água), ora o radical *hidro-*, como em *hydrothéke* (caixa--d'água), *hydrophobía* (hidrofobia), *hydropotéo* (beber água.) As línguas modernas, para a formação de termos científicos, recorreram, e ainda recorrem, quase sempre, ao radical *hidro-*.
hidrovia. [Do gr. *hidro-* + lat. *via*, 'caminho'.] *S.f.* 1. Via líquida (mar, rios, etc.) usada para transporte. ⇨ É um hibridismo, isto é, palavra formada com elementos de línguas diferentes. *Aquavia* é o termo correto, porém pouco usado.
|| *Adj.* 2. Relativo a hidrovia: *hidroviário* (*transporte hidroviário*).
Δ **hiero-.** [Do gr. *hierós*, sagrado.] *El. de comp.* = 'sagrado': *hierônimo, hieroterapia, hierático, hierarquia* (graduação dos poderes; na Grécia antiga, a autoridade do chefe dos sacerdotes).
hieróglifo. *S.m.* Variante prosódica: *hieroglifo* (paroxítono).
Δ **higio-.** [Do gr. *hygiés*, sadio.] *El. de comp.* = 'são', 'sadio': *higiologia*. Cognatos: *higiene, higiênico, hígido, higidez*.
Δ **higro-.** [Do gr. *hygrós*, úmido.] *El. de comp.* = 'úmido': *higrófilo, higrômetro, higróstato*, etc.
hílare. *Adj.* Alegre, contente. "O major Bentes... não ria, limitava suas expansões *hílares* a sorrisos irônicos." (Monteiro Lobato, *Urupês*, p. 55) Vocábulo proparoxítono. Cognatos: *hilariante, hilaridade, hilarizar*.
hilaridade. *S.f.* Alegria súbita, explosão de riso.
⇨ Não existe a forma *hilariedade*.
hindu, indiano. 1. **Hindu.** [Do persa *hindu*.] Aplica-se ao hinduísmo, religião predominante na Índia: religião *hindu* (ou *hinduísta*), filosofia *hindu*, monge *hindu*, os confrontos entre *hindus* e muçulmanos, etc.
2. **Indiano.** Significa 'indivíduo natural da Índia', ou 'relativo à Índia'. Aplica-se ao país, sob os aspectos geográfico, político e econômico: os *indianos* de Calcutá, solo *indiano*, povo *indiano*, embaixador *indiano*, relações *sino-indianas*, produtos *indianos*.
Δ **hiper-.** [Do gr. *hypér*.] *Pref.* = 'posição superior', 'acima de', 'excesso': *hiperacidez, hiperagudo, hipérbole, hiper-rancoroso, hipertensão, hipersensível, hiper-hidrose*. Hífen só antes de *h* ou *r*.
hipertireoidismo. *S.m.* Excesso da atividade secretora da glândula tireoide; distúrbio ou doença resultante desse excesso. Melhor forma do que *hipertiroidismo*.
Δ **hipno-.** [Do gr. *hýpnos*, sono.] *El. de comp.* = 'sono': *hipnose, hipnótico, hipnotismo, hipnotizar*, etc.
Δ **hipo-[1].** [Do gr. *hypó*.] *Pref.* = 'posição inferior', 'abaixo de', 'escassez', 'deficiência': *hipoderme, hipocarpo, hipoglicemia, hipotensão, hipotenso*, etc.
Δ **hipo-[2].** [Do gr. *híppos*, cavalo.] *El. de comp.* = 'cavalo': *hipismo, hípico, hipopótamo*, etc.
hipocorístico. [Do gr. *hypokoristikós*, acariciante; diminutivo carinhoso.] *Adj.* 1. Diz-se do nome carinhoso usado no trato familiar e afetivo: É comum as famílias usarem nomes *hipocorísticos*, como *Didi, Vavá, Zezinho, papai, vó, benzinho*, etc.
|| 2. Vocábulo familiar carinhoso, formado, mais frequentemente, pela duplicação da sílaba inicial do prenome ou por um sufixo diminutivo: *Didi, Zé, Zezé, Guga, Toninho, Lu, Marilu, Quim, Carlito, Julinho, Zefa, Ceci, Fafá, Zico, Beto*, etc.
hipotecar. [De *hipoteca* + *-ar*.] 1. Sujeitar a hipoteca, dar como garantia: Para conseguir o empréstimo no banco, *hipotecou* um imóvel. *Hipotecou* um terreno a seu credor. / *Hipotecou--lhe* o terreno.
2. Assegurar, garantir: *Hipotequei* meu apoio ao candidato. / *Hipotequei-lhe* meu apoio.
hipotireoidismo. *S.m.* Deficiência da atividade secretora da glândula tireoide; distúrbio ou doença decorrente dessa deficiência. Melhor forma do que *hipotiroidismo*. Veja *hipo-[1]*.
Δ **hispano-.** *El de comp.* = 'hispânico', 'espanhol': *hispanismo, hispanofilia, hispanofonia, hispanófono*, etc. ⇨ Com hífen, nos adjetivos pátrios: *hispano-americano, hispano-árabe, hispano-brasileiro*, etc.

Δ **histero-.** [Do gr. *hystéra*, útero.] *El. de comp.* = 'útero': *histeralgia, histeria, histerografia, histeroscopia, histerectomia*, etc.

Δ **histo-.** [Do gr. *histós*, teia, tecido.] *El. de comp.* = 'tecido orgânico': *histografia, histologia, histogista, histoquímica, histotomia*, etc.

Δ **hodo-, -odo.** [Do gr. *hodós*, caminho.] *El. de comp.* = 'caminho', 'via', 'conduto': *hodômetro, êxodo, elétrodo*★.

hoje que. *Loc. conj.* Desdobrada, esta locução significa, literalmente, '*neste dia em que*': *Hoje que* estão ricos, não se lembram mais de nós. / "*Hoje, porém, que* a situação está calma, será admissível, sem querer passar por tolo, a suspeita de uma revolução?" (Machado de Assis, *Crônicas*, I, p. 146) / "Não leves na consciência nenhum veneno, *hoje que* a lavaste com tuas lágrimas." (Mário Barreto, *Novos estudos*, p. 178) Veja *agora que*.

hoje são... Na indicação das datas, o v. *ser*, na linguagem culta, concorda com o numeral: Hoje *são* dezoito de maio. / Hoje *são* vinte e oito (do mês). / *Hoje é* primeiro de abril. ⇨ Ocorrendo a palavra *dia*, o verbo concorda no singular: *Hoje é dia vinte*. Há gramáticos de renome que admitem a concordância no singular, em qualquer caso: "*Hoje é* 10 de janeiro." (Celso Luft)

Δ **holo-.** [Do gr. *hólos*, todo, inteiro:] *El. de comp.* = 'inteiro', 'completo': *holocausto, holofote, holorrino, holismo*, etc.

homem. Adjetivos relativos a homem: *humano, viril* (voz *viril*, aspecto *viril*.) Veja *antropo-*.

homem-bomba. A respeito do plural deste subst. composto e outros semelhantes, veja o verbete *piloto*.

Δ **homeo-.** [Do gr. *hómoios*, semelhante, igual.] *El. de comp.* = 'semelhante': *homeopatia, homeopático, homeopata*, etc.

homilia (lí). [Do gr. *homilía*, conversa familiar, lição de professor, através do lat. *homilia*.] *S.f.* Sermão em linguagem simples, quase coloquial. ⇨ No Brasil, atualmente, se pronuncia *homilia*, com o acento tônico na sílaba *li*: "Na celebração da liturgia é máxima a importância da Sagrada Escritura. Pois dela são lidas as lições, explicadas na *homilia*, e os salmos cantados." (*Catecismo da igreja católica*, p. 311, Editora Vozes, 1993) / "As *homilias* do Padre Champagnat produziram um bem tão apreciável como o da sua catequese." (José Cegalla, *Biografia do Padre Marcelino Champagnat*, p. 53, ed. de 1980)

/ "No fecho da *homilia*, depois de tentada a mediação com o interlocutor, volta a antinomia drástica do bem e do mal: a consciência, de um lado; os interesses, do outro." (Alfredo Bosi, *A dialética da colonização*, p. 142)

Δ **homini-.** [Do lat. *homo, hominis*, homem.] Têm este radical: *hominícola, hominídeos, hominído*. Cognatos: *homizio, homiziar, homúnculo*.

homizio. [Do lat. *homicidium*, homicídio.] *S.m.*
1. Ato de homiziar (dar asilo a criminoso para subtraí-lo à ação da justiça); ocultação de criminoso: O *homizio* constitui um crime.
2. Esconderijo, valhacouto: O local, de difícil acesso, era *homizio* de bandidos. / "Joatão contentou-se com o *homizio* em Bera, onde ficou habitando." (Vivaldo Coaraci, *Cata-vento*, p. 193)
⇨Tem o acento tônico na sílaba *zi*, como na palavra *vazio*.

Δ **homo-.** [Do gr. *homós*, igual.] *El. de comp.* = 'igual', 'semelhante': *homossexual, homófono, homogamia, homogêneo, homógrafo, homônimo, homólogo* (semelhante), *homoetnia*, etc.

homologar. [Do gr. *homólogo* + *-ar*.] Aprovar ou confirmar por autoridade judicial ou administrativa, ratificar: O ministro *homologou* a decisão de sua equipe. / O prefeito *homologou* o aumento das tarifas de transporte. / O Brasil *homologou* a convenção sobre a preservação ambiental. ⇨ Em *homologar* há dois radicais gregos: *homós*, igual, e *lógos*, palavra.

hoplita. [Do gr. *hoplítes*.] *S.m.* Soldado de infantaria com armadura completa, na Grécia antiga. ⇨ Palavra paroxítona. Cognatos: *hoploteca* (lugar onde se guardam armas; coleção de armas); *panóplia* (armadura completa).

hora, ora. Veja *ora* e *horas*.

hora extra. Pl.: *horas extras*. Veja *extra*.

horas. 1. Os verbos *dar, bater, soar, faltar* e *ser* concordam com o numeral referente a hora(s): *Deram 2 horas*. / *Bateram 12 horas* na torre da estação. / *Despertei quando soaram 6 horas* no relógio da igreja. / *Faltavam duas horas* para o início da festa. / *Eram 10 horas* da manhã. / *Era 1h30* (ou *uma hora e meia*) quando saímos do cinema. / "*Era hora e meia*, foi pôr o chapéu." (Eça de Queirós, *O primo Basílio*, p. 179)
2. Recomenda-se usar o artigo em expressões do tipo: *das 7 às 11 horas*, por volta *das 21 horas*, entre *as 8* e *as 9 horas*, *da zero às 5 horas*, a partir *das 2 horas*. Todavia, não constitui erro omitir o artigo nestas expres-

sões e construir: O túnel ficará fechado a partir *de zero hora* do dia 15. / Segundo Aurélio, a madrugada é o 'período entre *zero hora* e o amanhecer'. / Choveu *de uma às 4 horas da noite.* / "Passava *de 22 horas* quando o casal, que vinha do cinema, viu no meio-fio uma pequena forma escura." (Carlos Drummond de Andrade, *Obra completa*, p. 793) Tal modo de falar é generalizado no Brasil, mesmo entre pessoas cultas. Veja o verbete *à uma hora*.
3. Pode-se, quando necessário, precisar a hora por meio das expressões 'da madrugada', 'da noite', 'da tarde', 'da manhã': "Eram duas *horas da madrugada*." (Aurélio) / O trem passou às 7 *horas da manhã*.
4. Diga-se que um fato aconteceu, por exemplo, *às 8h50m* e não *às dez para as nove*, e tampouco *aos dez para as nove*.
5. Deve-se escrever: *às 18h* (e não *às 18:00h*), *às 10h* (e não às *l0:00h*), *às 9h30* (ou *às 9h30m*). ⇨ No plural grafa-se *h* (sem *s* nem ponto): *às 5h*, *às 20h*, etc.
6. Distinga-se *por hora* de *por ora* (= por enquanto): Ele ganha cinquenta reais *por hora*. / *Por ora*, nada de certo sobre a notícia divulgada, tudo são especulações. / *Por ora*, é o que lhe posso informar. Veja *ora*, *hora*.

horrível. *Adj.* Que causa horror; horrendo, horroroso, horripilante, pavoroso. Superlativo: *horribilíssimo* (*monstro horribilíssimo*). ⇨ Têm idêntica terminação superlativa os adjetivos *amável, notável, respeitável, aprazível, sensível, terrível* e outros terminados em *-ável* e *-ível*: *amabilíssimo, notabilíssimo, respeitabilíssimo, aprazibilíssimo, sensibilíssimo, terribilíssimo.*

horror. Preferam-se as regências '*horror a* ou *de* alguma coisa' a '*horror por* alguma coisa': Ele tem *horror à* (ou *da*) solidão. / Ele tinha *horror às* (ou *das*) cobras. / A criança tem *horror a* (ou *de*) morcegos.

hortelão. [Do lat. *hortulanus*, hortelão, jardineiro.] *S.m.* Homem que trata de horta; horteleiro. Fem.: *horteloa*. Pl.: *hortelãos* e *hortelões*. ⇨ Não se recomenda a forma *hortelã* para o feminino de *hortelão*. *Hortelã* (lat. *hortulana*) designa a conhecida planta aromática da família das labiadas, principalmente a *hortulana mentha*, popularmente chamada de *hortelã-pimenta*. No cap. III, p. 79, do seu belo livro *A Holanda*, Ramalho Ortigão empregou *horteloa*: "... as pequenas carretas flamengas das leiteiras, das peixeiras e das *horteloas*, puxadas por uma ou duas parelhas de cães trotadores." Cognatos: *horto, hortênsia, hortelã, horticultor, horticultura, hortifrutigranjeiro*, etc.

horti-. [Do lat. *hortus, horti, horto.*] El. de comp. = 'horta', 'hortaliça': *horticultor, horticultura, hortigranjeiro*, etc.

hóspede. Fem.: *hóspede* e *hóspeda*. Modernamente, nota-se preferência pela primeira forma: *a hóspede, as hóspedes*. Em autores clássicos depara-se-nos *hóspeda*: "A *hóspeda* compreendia, compadecia-se, receava o ataque epiléptico." (Camilo Castelo Branco, *A brasileira de Prazins*, p. 179)

humificar. *V. t. d.* Converter em húmus; recobrir de húmus: "A cobertura florestal dá ao solo um coeficiente variável de folhas caídas, que *humificam* o solo." (A.J. de Sampaio, *Biogeografia dinâmica*, p. 191) ⇨ Verbo não dicionarizado.

humilde. *Adj.* Superlativo: *humílimo* (forma erudita) e *humildíssimo* (forma popular). Existe ainda a forma *humilíssimo*: "E seu Alberto se desculpava, envergonhadíssimo, *humilíssimo*." (Marques Rebelo, *A estrela sobe*, p. 84)

humilhar. 1. Rebaixar, vexar: O diretor repreendeu o valentão e *humilhou-o* diante da turma.
2. Tratar com soberba e desprezo: O vencedor não deve *humilhar* o vencido.
3. Submeter a derrota humilhante: "Nosso time *humilhou* o adversário." (Celso Luft)
4. Ser humilhante: Ela exerce tarefas que *humilham*.
5. Submeter-se humildemente: Seu amor-próprio a impediu de *humilhar-se a* um homem que a maltratava.

humo, húmus. [Do lat. *humus*, terra.] *S.m.* Camada de terra escura, fértil, rica em compostos orgânicos. ⇨ A forma geralmente usada é *húmus*: "Em curto prazo, as enxurradas quase diárias removiam o *húmus* superficial e o local tinha de ser abandonado, por estéril." (Jarbas Passarinho, *Amazônia*, p. 15)

Δ **-ia.** [Do gr. *-ia.*] *Suf.* Exprime, entre muitas outras ideias, qualidade, ciência, sistema, doença ou afecção: *cortesia, biologia, democracia, pneumonia.*

Δ **-íase.** [Do gr. *-iasis.*] *Suf.* Forma palavras que designam 'infestação', 'afecção patológica': *amebíase, ancilostomíase, elefantíase, helmintíase,* etc.

Δ **-iatra, iatro-.** [Do gr. *iatrós,* médico.] *El. de comp.* = 'médico', 'medicina': *pediatra, iatroquímica,* etc. Veja *pedo-* e *-iatria.*

Δ **-iatria.** [Do gr. *iatréia,* tratamento médico.] *El. de comp.* Exemplos: *pediatria, psiquiatria, geriatria, foniatria.*

ibero (bé). *Adj.* 1. Da Ibéria (antigo nome da Espanha), ibérico.
|| *Subst.* 2. Indivíduo da Ibéria ou da Península Ibérica. É palavra paroxítona: *ibero-americano,* e não *íbero-americano.*

ibidem (ibídem). Latinismo que significa 'aí mesmo', 'no mesmo lugar'. Emprega-se nas citações, para indicar que estas são da obra mencionada anteriormente. Abrev.: *ib.* Veja exemplo no verbete *impressão.*

íbis. Ave pernalta da família dos ciconiformes, parecida com a garça e a cegonha. É palavra de gênero vacilante. Tanto em grego como em latim, é substantivo feminino. Nesse gênero deve ser usado, principalmente quando nos referimos à íbis-sagrada ou íbis-branca, como neste passo do livro O *Egito,* de Eça de Queirós: "Os trigais reluzem batidos de luz, e entre eles passeiam gravemente *as íbis,* as aves sagradas do velho Egito." (*O Egito,* p. 58)

içar. [Do fr. *hisser.*] *V. t. d.* Erguer, levantar, alçar: *Içaram* a bandeira ao mastro do navio. / Os guindastes *içavam* grandes fardos. / "*Içaram-se* longas escadas, pelas quais subiam bandos e bandos de frecheiros." (Coelho Neto, *Obra seleta,* p. 1.329)

iceberg. *S.m.* Grande massa de gelo flutuante. Sugerimos a grafia *aicebergue,* por se tratar de velho e muito usado anglicismo.

Δ **icono-.** [Do gr. *eikón, eikónos,* imagem.] *El. de comp.* = 'imagem': *iconofilia, iconófilo, iconografia, iconoclasta, ícone,* etc.

Δ **ictio-.** [Do gr. *ichthys, ichthyos,* peixe.] *El. de comp.* = 'peixe': *ictiófago, ictiografia, ictiologia, ictiose.*

idade. *Adj.* relativo a idade: *etário* (lat. *aetas* = idade)

Idade Média. *Adj.* rel. à Idade Média: *medieval, medievo.*

idem. Latinismo que significa 'o mesmo', 'a mesma coisa'. Usa-se nas citações para indicar o mesmo autor, mencionado anteriormente. Abr.: *id.* Cognatos: *idêntico, identidade, identificar.*

Δ **ideo-.** [Do gr. *idéa,* forma, imagem, ideia.] *El. de comp.* = 'ideia': *ideofrenia, ideologia,* etc.

Δ **ídio-.** [Do gr. *ídios,* próprio, peculiar.] *El. de comp.* = 'próprio', 'peculiar': *idiolatria, idioma, idioelétrico, idiotismo*.*

idiotismo. Palavra, expressão ou construção próprias de uma língua, e que não têm correspondentes em outro idioma: O infinitivo flexionado é um *idiotismo* do português. Veja *ídio-.*

Δ **igni-.** [Do lat. *ignis*, fogo.] *El. de comp.* = 'fogo': *ígneo, ignífugo, ignizar-se, ignívomo, ignição*.

igreja. [Do gr. *ekklesía*, assembleia, pelo lat. *ecclesia*.] 1. Grafa-se com inicial maiúscula quando designa a instituição, a comunidade dos fiéis que professam a mesma fé: a *Igreja Católica* (ou simplesmente a *Igreja*), a *Igreja Anglicana*, a *Igreja Ortodoxa*, a *Igreja Batista*, etc.
2. Seguindo o uso comum, recomenda-se escrever com maiúscula quando designa um templo determinado: a *Igreja da Glória*, a *Igreja de São José*.
3. Com inicial minúscula, quando a palavra é usada em sentido geral ou na acepção de *templo*, sem determinação: Nenhuma *igreja* cristã defende o aborto. / Os jesuítas construíram essa *igreja* no séc. XVI. / Reformaram a *igreja* matriz da cidade. Cognatos: *eclesiástico, eclesial*.

igual a... O *a* (ou *as*) que se segue a *igual* ora se acentua, ora não. 1. Acentua-se quando ocorre crase: Ana era *igual* à mãe em altura. / Tua letra não é *igual* à minha nem à dele. / Nossa pronúncia não é *igual* à dos portugueses. / Quem tem força *igual* à de um cavalo? / Nossas aspirações são *iguais* às suas. / Rainha é mulher *igual* às outras. ⇨ *Aquele* e *aquela* são sempre acentuados: Nunca vi um homem *igual* àquele. / Esta loja é *igual* àquela.
2. Não se acentua quando não há crase, ou seja, quando é mera preposição: É uma mulher *igual* a qualquer outra. / A Lua era *igual* a um disco de prata. / Faça um desenho *igual* a este. / A soma dos ângulos de um triângulo é *igual* a 180 graus.

igualar. *V. t.* Construções dignas de atenção: Ninguém o (e não *lhe*) *iguala* em força. / Não há bem material que *iguale* a sabedoria. / Cultivemos a sabedoria: não há bem material que a *iguale* (ou *que se lhe iguale*, ou, ainda, *que a ela se iguale*). Nenhum bem material *se iguala* à sabedoria. / A violência *iguala* o homem ao bruto. / Ele *igualou-se aos* (ou *com os*) mais ilustres escritores. / Ela *igualava-se às* (ou *com as*) outras candidatas em beleza e inteligência. / Nenhuma *se lhe igualava* em beleza.

IHS. Símbolo de Jesus Cristo, formado com as três primeiras letras do nome em grego: IHSOUS. A segunda letra, H, é o eta maiúsculo, que corresponde ao E português. Segundo a interpretação corrente, porém, IHS é a sigla de *Iesus, Hominum Salvator*, que em latim significa *Jesus Salvador dos Homens*.

ilegal. *Adj.* Certos adjetivos, como *alto, caro, barato*, podem ser usados como advérbios, isto é, sem flexão, invariáveis. Não é o caso de *ilegal*. São incorretas, portanto, frases do tipo: Muitos brasileiros vivem *ilegal* nos Estados Unidos. O correto é: Muitos brasileiros vivem *ilegalmente* nos Estados Unidos. Poder-se-ia dizer também: Vivem *em situação ilegal* ou *na ilegalidade*.

ileso. [Do lat. *illaesus*, que não foi ferido ou prejudicado.] *Adj.* São e salvo, incólume: Saí *ileso* do acidente. ⇨ A pronúncia correta é *iléso*, com o *e* aberto. Antônimo: *leso*★.

ilha. Adjetivos relativos a ilha (lat. *insula*): *insular, insulano, ilhéu*.

ilhéu. *Adj.* 1. Relativo a ilha, insulano, insular. || *Subst.* 2. O habitante de uma ilha, insulano. Fem.: *ilhoa*.

iludir. *V. t. d.* Constrói-se com objeto direto: Um vigarista *iludiu o* roceiro. / Um vigarista *o* (e não *lhe*) *iludiu*. / As colegas *a iludem* facilmente. / O preso *iludiu* a vigilância disfarçado de guarda.

imã. [Do árabe *imam*, chefe, guia.] *S.m.* Dirigente religioso muçulmano: O *imã* iraniano Khomeini morreu em 1989. ⇨ Diferente de *ímã*, ferro magnetizado.

imbele. [Do lat. *imbellis*, de *in-* + *bellum*, guerra.] *Adj.* Que não é belicoso; fraco, pusilânime, covarde. ⇨ Palavra paroxítona (sílaba tônica: *bé*). Cognatos: *belicoso, beligerante, bélico*.

imbróglio. [Do it. *imbroglio*.] *S.m.* Confusão, trapalhada, embrulhada; dramalhão de enredo complicado e confuso. Em italiano se pronuncia *imbrólhio*, em português, *imbrólio*, e assim deveria ser grafado este vocábulo já aportuguesado. No entanto, os dicionários trazem *imbróglio*, grafia inaceitável.

imergir. *V. t.* e *i.* Fazer submergir; mergulhar, afundar; penetrar, entrar. Antônimo de *emergir*★. Raramente usadas as formas *imerjo, imerja, imerjas, imerjamos, imerjais, imerjam*. Há quem considere defectivo nessas formas. Particípio: *imergido* e *imerso*.

imerso. *Adj.* Submerso, mergulhado, afundado. Antônimo de *emerso*★.

imigo. *S.m.* e *adj.* Forma arcaica de *inimigo*.

imigração. *S.f.* Ato do imigrar. Antônimo: *emigração*.

imigrante. *Adj.* e *subst.* Que imigra; indivíduo que *imigra*★. Ant.: *emigrante*★.

imigrar. *V. i.* Entrar em país estranho para nele viver. Ant.: *emigrar*★.

iminência. [Do lat. *imminentia*.] *S.f.* Qualidade do que está ou é *iminente*★: Viu-se na *iminência* de perder as suas terras. ⇨ Distinga-se de *eminência*★.

iminente. *Adj.* Que ameaça acontecer: É *iminente* o rompimento de relações diplomáticas entre os dois países. / O perigo de um conflito era *iminente* e parecia inevitável. / Os engenheiros afirmam que não há perigo *iminente* de o prédio desabar. ⇨ Distinga-se de *eminente*★.

imiscuir-se. *V. pron.* Intrometer-se, enxerir-se, misturar-se: Ela *imiscuía-se na* vida alheia. / O Brasil tem por norma não *se imiscuir em* conflitos externos. / "Paisanos, a cavalo, *imiscuíam-se no* Estado Maior de Deodoro." (Coelho Neto, *Obra seleta*, I, p. 154)

imissão. *S.f.* Ato ou efeito de *imitir*★. | *Imissão de posse.* Ato judicial pelo qual se dá a uma pessoa a posse de um bem: mover uma ação de *imissão de posse.* ⇨ Distinguir de *emissão*★.

imitir. [Do lat. *immitttere*, de *in-* + *mitto*, enviar para, fazer entrar.] *V. t.* Fazer entrar (na posse de): O juiz o *imitiu* na posse do terreno.

impar. [Do esp. *hipar*, soluçar.] *V. i.* 1. Respirar com dificuldade, ofegar.
2. Mostrar-se soberbo, petulante, desdenhoso: *Impavam* de vaidade patriótica. / O bacharel *impava* de petulância. / "Gandra *impava* de orgulho à cabeceira da mesa." (Coelho Neto, *Obra seleta*, p. 1.127) Homônimo de *ímpar* (que não é par).

impeachment (impítchment). *S. m.* Denúncia e processo político-criminal contra alta autoridade dos poderes executivo e judiciário, visando à sua destituição do cargo. A palavra portuguesa *afastamento* substitui satisfatoriamente este anglicismo, não acolhido em nossos textos legais. Outras opções: *impedimento, cassação do mandato.*

impedir. 1. Eis as construções deste verbo mais usadas: a) O guarda *impediu* o menino de entrar no cinema; b) O guarda *impediu* a entrada do menino no cinema; c) O guarda *impediu* que o menino entrasse no cinema.
2. Na construção *a*, se substituirmos o substantivo *menino* pelo pronome oblíquo, este será *o* e nunca *lhe*: O guarda *o impediu* de entrar no cinema. Exemplos semelhantes: A chuva *impediu-os* de sair de casa. / O vento *a impediu* de abrir a janela. / Nada há que *o impeça* de votar. / "Isso *o impedia* de ver a multidão." (Érico Veríssimo, *O senhor embaixador*, p. 400)

3. Nas construções *b* e *c*, dá-se o inverso: O guarda *impediu-lhe* a entrada no cinema. / O guarda *impediu-lhe* que entrasse no cinema. / "Quem *lhe impede* que vá a outras partes?" (Machado de Assis, *Dom Casmurro*, p. 14) ⇨ É, portanto, vedado usar *impedir* com dois objetos indiretos (impedir-*lhe de fazer algo*): O guarda *impediu-lhe de entrar* no cinema.
4. É correta, porém menos usada, a regência 'impedir alguma coisa a alguém': *Impediram ao repórter* que gravasse a entrevista. / O guarda *impede às meninas* que entrem no recinto. / Puseram sentinelas nas fronteiras para *impedir* a fuga do país *àqueles* que a tentassem. / "Mal da Pátria, se os deputados casados obedecessem aos caprichos das mulheres, que *lhes impedem irem* onde o dever os chama!" (Camilo Castelo Branco, *A queda dum anjo*, p. 161) / "O rumor da água *impediu-lhe ouvir* que alguém abria a porta." (Machado de Assis, *Iaiá Garcia*, p. 170) / "E *impediu-me* expor motivos." (Graciliano Ramos, *Memórias do cárcere*, I, p. 200)
5. *Impedir* segue a conjugação de *pedir*★, embora não derive desse verbo: impeço, impede, impeça, impeçamos, impeçam, etc.

impetrar. [Do lat. *impetrare*.] 1. Rogar, suplicar: *Impetrou* o perdão de sua dívida. / *Impetrou* ao credor o perdão da dívida.
2. *Requerer* (providência judicial): *Impetrou* ao juiz a libertação do preso. / *Impetrou-lhe* a libertação do preso. / *Impetrou* um *habeas corpus* à justiça da comarca. / O mandado de segurança *foi impetrado* pelo sindicato. ⇨ Pouco usado no sentido de 'obter mediante súplica'.

impigem. [Do lat. *impetigo, impetiginis*.] *S.f.* Erupção cutânea contagiosa; impetigo, impetigem. ⇨ Evite-se a forma errônea *impingem*, que existe, mas como forma do verbo *impingir*: Em vez de conselhos, *impingem-lhe* bofetadas. / *Impingem* aos ouvintes crenças absurdas. / *Impingem* gato por lebre.

impio, ímpio. *Adj.* 1. **Impio** (pí). Sem piedade, desumano, cruel: soldado *impio*, destino *impio*, fatalidade *impia.*
2. **Ímpio** (ím). a) Antirreligioso, ateu, contrário à fé: escritor *ímpio*; livro *ímpio*; vida *ímpia*.
|| *Subst.* b) Pessoa que é contra Deus, indivíduo antirreligioso: Só um *ímpio* podia escrever um livro desses.

implementação. *S.f.* Realização, execução. ⇨ Neologismo do economês. Evite-se.

implementar. [De *implemento* + *-ar.*] Dar execução, levar a efeito, pôr em prática com medidas concretas (plano, projeto, programa, decisão), realizar, executar, efetuar. ⇨ Neologismo exaustivamente usado pelos amantes do economês. Prefiram-se expressões equivalentes. Os neologismos em si não são condenáveis, mas os modismos, os clichês, os chavões, os fastidiosos lugares-comuns.

implemento. [Do ingl. *implement*, do lat. *implere*, encher, completar, concluir, executar.] *S.m.* 1. O que é indispensável para executar algo; petrechos: *implementos* agrícolas. 2. Cumprimento, execução. ⇨ Neologismo muito em voga no economês, "linguajar tecnicista, rebarbativo e estrangeiro de certos economistas". (Aurélio)

implicar. [Do lat. *implicare*, enlaçar, envolver.] 1. Na acepção de *envolver, enredar, comprometer*, constrói-se com objeto direto de pessoa e objeto indireto de coisa (prep. *em*): Negócios ilícitos *o implicaram em vários crimes*. 2. No sentido de 'trazer como consequência', 'acarretar', é verbo transitivo direto: A assinatura de um contrato *implica* a aceitação de todas as suas cláusulas. / O desrespeito às leis *implica* sérias consequências. / O congresso rejeitará medidas que *impliquem* aumento da carga tributária. / A cidadania *implica* direitos e deveres. / "Contribuir não *implicava* crer, mas socialmente Uchoa não perdia missas e festas religiosas." (Geraldo França de Lima, *Rio da vida*, p. 29) / "Bem que [= se bem que] tal ato não *implicasse* delito, nem afrontasse os bons costumes, Calisto olhou com saudade o seu passado, as suas alegrias puras." (Camilo Castelo Branco, *A queda dum anjo*, p. 111) / "Ser respeitável é coisa que *implica* uma imensidade de observâncias, desde o domingo bem santificado até a gravata bem atada." (Machado de Assis, *Os trabalhadores do mar*, trad., p. 84) / "Seu desaparecimento [de Lampião], porém, não *implica* extinção do cangaço." (Marques Rebelo, *O trapicheiro*, p. 418) / "Essa imposição de valores da nação dominante *implica* necessariamente a destruição da cultura da que é dominada." (Júlia Falivene Alves, *A invasão cultural norte-americana*, 2ª ed., p. 97) ⇨ Nesta acepção, é censurada a regência indireta (prep. *em*), como nas frases: A quebra de um compromisso *implica em* descrédito, perda de credibilidade. / A difusão de um produto *implica em* intensa campanha promocional.

3. No sentido de *promover rixas, contrariar, mostrar-se indisposto com alguém, enticar, aborrecer*, é verbo transitivo indireto (prep. *com*): Ele era uma criatura que *implicava com todo o mundo*. 4. Usa-se também *implicar com* (algo), no sentido de *ser incompatível, não se harmonizar*: Os dois não podiam ser sócios; a opinião de um *implicava com* a do outro. / "O teu caso, não; esse é mais grave: *implica com* a moral e os bons costumes." (Coelho Neto, *Obra seleta*, p. 366) / "Esta maneira de ver do marechal Bittencourt *implicava com* o lirismo patriótico..." (Euclides da Cunha, *Os sertões*, 22ª ed., p. 450)

implorar. [Do lat. *implorare*, suplicar.] Destacamos as principais regências deste verbo: 1. Implorar alguma coisa: A mulher *implorava* a presença de um médico. / Ela *implorou* a proteção da Virgem. / *Implorou* que a deixassem sair. 2. Implorar alguém: Desesperada, ela *implorou* Nossa Senhora. / Deus atende aqueles que o *imploram*. / A Virgem nunca falta a quem *a implora* com fé. 3. Implorar algo a alguém: Foram *implorar* ajuda ao Senhor do Bonfim. / Não *implore* favores aos ricos. / *Implorou* ao marido que saísse. / *Implorou-lhe* que chamasse uma ambulância. 4. Implorar alguém para que: *Implorou* o credor para que lhe perdoasse a dívida. / Com lágrimas ela o *implorava* para que se retirasse. 5. Implorar (sem complemento): Parecem surdos à voz do povo que *implora*. / Para obter um documento, é preciso armar-se de muita paciência, insistir, *implorar*.

imponderável. *Adj.* 1. Que não se pode pesar: A luz é um fluido *imponderável*. 2. Que não merece ponderação: Pareceram-me *imponderáveis* as suas alegações. || *Subst.* 3. Circunstância ou fator que influi em determinada matéria, mas que não se pode avaliar, ou prever: Os *imponderáveis* da política escapam a qualquer prognóstico. As palavras *imponderável, ponderável, ponderado, imponderado, ponderar, ponderação, preponderante, preponderar*, prendem-se ao radical latino *pondus, ponderis*, peso.

impor. 1. Expressões geralmente usadas com este verbo: *impor* normas, condições, obrigações, multas, dietas; *impor* silêncio, ordem, disciplina; *impor* respeito; *impor* uma coroa na cabeça de alguém; *impor* as mãos sobre um doente. 2. Usa-se também como verbo reflexivo: Imponho-me o dever de ajudá-lo. / Ela impôs-se

uma dieta rigorosa. O pronome reflexivo, nesse caso, é objeto indireto: *Imponho a mim* mesmo o dever de ajudá-la. / Ela *impôs a si* mesma uma dieta rigorosa.
3. Conjuga-se como *pôr**, do qual deriva: imponho, impõe, impunha, impus, impôs, impuseram, impusera, imponha, impusesse, impuser, imposto, etc.

importar. 1. Nas acepções de *resultar*, *ter como consequência* e *atingir* (certo custo), dá-se-lhe complemento regido da prep. *em*: Gastos exagerados *importam em* dificuldades futuras. / "Cada gesto, cada movimento, cada atitude *importa em* dor." (Marques Rebelo, *O trapicheiro*, p. 419) / A reforma do museu *importou em* duzentos mil dólares. ⇨ No sentido de *resultar*, porém, pode-se construir *importar* com objeto direto: Gastos exagerados *importam* dificuldades futuras. / "O desrespeito dessa lei *importaria* incursão em graves penas." (João Ribeiro, *História do Brasil*, p. 107)
2. Na acepção de *ter importância*, *interessar*, concorda normalmente com o sujeito da oração: Não lhe *importam* (e não *importa*) as críticas que lhe fazem? / Poucas dessas novidades me *importam*. / *Importam* a quem cerrou os olhos os elogios dos vivos? / O que *importa* ao país são realizações. / Neste momento, pouco *importam* conselhos e palpites de economistas. / Não me *importa* que as crianças gritem. / "Que *importam*, afinal, à humanidade mais três ou quatro mil anos de penosa fruição do globo, se, ao cabo de seu trânsito pela Terra, não hão de sobreviver, aqui, ou além, senão restos fósseis?" (Rui Barbosa, *Cartas de Inglaterra*, p. 83)
3. Em vez de 'Problemas alheios não *lhe importam*', pode-se usar a forma pronominal e construir: 'Ele não *se importa* com problemas alheios.' Quando o complemento é uma oração infinitiva, emprega-se a prep. *de*: Não me *importo de* ficar na fila. / Parece não *se importarem de* vê-los passando fome. / "Meu caro sr. Trigueiros, *importa-se de* que lhe mostremos as suas radiografias?" (Fernando Namora, *O homem disfarçado*, p. 91)
4. Na acepção de *ser necessário*, este verbo concorda obrigatoriamente na 3ª pessoa do singular com o sujeito oracional. Ex.: Em navegação aérea há normas que *importa* observar rigorosamente. / "Sobre isto dissemos coisas que não *importa* escrever aqui." (Machado de Assis, *Obra completa*, I, p. 1.184) Veja *sujeito oracional*.

impossibilitar. *V. t. d.* 1. Tornar impossível: O egoísmo *impossibilita* a convivência pacífica.
V. t. d. e *i.* 2. Impedir: A doença *impossibilita-o* de trabalhar. / A doença *impossibilita-lhe* o trabalho. / A doença *impossibilita-lhe* trabalhar. / "Talvez até isso *me impossibilitasse* reparar na coisa próxima, visível, palpável." (Graciliano Ramos, *Memórias do cárcere*, I, p. 201) ⇨ A regência usada por GR, embora correta, é menos usual.
V. pron. 3. Tornar-se incapaz: Com a velhice, *impossibilitou-se* para tarefas penosas.

impossível. *Regência.* Parecia-lhe *impossível* escalar aquele pico. / Fazia coisas *impossíveis* de explicar. / São fatos *impossíveis* de esclarecer. Na primeira frase, o infinitivo funciona como sujeito: Escalar aquele pico parecia-lhe *impossível*. Por isso não se usou a prep. *de* antes de *escalar*. Nas duas outras, o infinitivo é complemento de *impossíveis*; por isso vem regido da prep. *de*.

imprecação. *S.f.* Praga, maldição. Ex.: "Malditas sejam as mãos que te profanarem, Santarém!" (Almeida Garrett, *Viagens na minha terra*, p. 303)

impregnar. Ao proferir ou escrever as formas deste verbo, não intercalar a vogal /i/ entre o /g/ e o /n/: *impregnar*, e não *impreguinar*; *impregno*, e não *impréguino*; *impregna*, e não *impréguina*, etc. ⇨ Esta obs. é pertinente aos verbos *designar*, *estagnar*, *impugnar*, *indignar-se*, *pugnar*, *repugnar*, etc.

imprensa escrita, imprensa falada, imprensa televisionada. Embora já bastante vulgarizadas e acolhidas em dicionários, estas expressões pecam pela impropriedade da adjetivação. Diga-se apenas *imprensa* (com referência a jornais, livros e revistas), *rádio*, *televisão*. Para designar o conjunto dos processos escritos e eletrônicos de divulgação de informações, prefira-se *meios de comunicação* ou *veículos de informação*. Veja *mídia*.

impressão. 1. Normalmente, o complemento de *impressão* vem regido da prep. *de*:'Tinha-se a *impressão de* que o pugilista não resistiria ao primeiro assalto.' É lícito, entretanto, omitir a prep. e construir: "Zé Grande tinha a *impressão que* estava voltando a ser criança." (Haroldo Bruno, *O misterioso rapto de Flor do Sereno*, p. 20)
2. A sintaxe é diferente quando se usa a palavra *impressão* seguida do v. *ser* + oração predicativa, como nestes exemplos: "A nossa *impressão*

é que este é o tipo predominante no sertão: o esquizotímico..." (Josué de Castro, *Geografia da fome*, 11ª ed., p. 249) / "A *impressão* que se tem *é* que interessa aos que detêm o poder que a população se torne mais ignorante e pobre." (Lúcia Sweet, *JB*, 9/11/91) Todavia, é lícito realçar a oração predicativa com a preposição expletiva *de*: "A *impressão* que se tem desses estudos mais recentes é *de* que a doença de Chagas atinge indistintamente bociosos e não bociosos." (Josué de Castro, *ib.*, p. 272) / "A *impressão* é *de* que uma e outra seriam a mesma coisa." (Carlos Castelo Branco, *JB*, 10/9/91) ⇨ Esse *de* expletivo★ ocorre frequentemente antes de orações predicativas que se seguem aos substantivos: esperança, estimativa, expectativa, opinião, previsão, etc. Veja o verbete *de que*, item 3.

impressionar. *V. t. d.* Causar impressão, sensibilizar. Constrói-se com objeto direto e nunca indireto: Aquela cena *impressionou* muito o menino. / Aquela cena *o* (e não *lhe*) *impressionou* vivamente. / O que mais *a* (e não *lhe*) *impressionou* foi a frieza com que o bandido revelou os detalhes do crime. / "O silêncio da casa *impressionava-o*." (Coelho Neto)

imprimátur. Palavra latina que significa *imprima-se*. É a licença da autoridade eclesiástica para imprimir uma obra submetida à sua apreciação: A Bíblia católica tem sempre o *imprimátur*. ⇨ Pronuncia-se *imprimátur* e assim se escreve, de acordo com o VO.

imprimido, impresso. Formas do particípio do v. *imprimir*. Com os auxiliares *ter* e *haver*, usa-se a forma regular: A gráfica *tinha* (ou *havia*) *imprimido* o livro.
Com os verbos *ser* e *estar*, usa-se a forma irregular: O livro *foi impresso* em 1993. / Às duas horas, o jornal já *estava impresso*. / *Foram impressas* inúmeras edições da Bíblia. ⇨ Esta regra, porém, não é de rigor, sobretudo quando se emprega *imprimir* em sentido figurado: O orador *tinha impresso* a seu discurso um tom patético. / Para fugir à perseguição, *foi imprimida* alta velocidade ao veículo.

ímprobo. [Do lat. *improbus*.] *Adj.* 1. Que não é probo, desonesto: Ele era um administrador incompetente e *ímprobo*.
2. Árduo, exaustivo: trabalho *ímprobo*. ⇨ É vocábulo proparoxítono.

improfícuo. *Adj.* Que não é profícuo (= útil, proveitoso), que não dá proveito, inútil, vão: trabalho *improfícuo*; esforços *improfícuos*; despesas *improfícuas*.

impronunciar. *V. t. d.* Julgar improcedente denúncia ou queixa contra (o acusado), por insuficiência de provas: O juiz ouviu a versão da defesa e *impronunciou* o réu. Antônimo: *pronunciar*★.

impróvido. *Adj.* Improvidente, que não provê, descuidado, negligente. ⇨ É vocábulo proparoxítono.

impudico. *Adj.* Sem pudor, indecente, lascivo. ⇨ Pronuncia-se *impudíco* (dí).

impugnar. Não intercalar /i/ entre o /g/ e o /n/: *impugnar*, e não *impuguinar*; *impugno*, e não *impúguino* nem *impuguino*; *impugna*, e não *impúguina* nem *impuguina*. Veja *impregnar*.

impulsar. [De *impulso* + *-ar*.] *V. t.* Dar impulso, impelir, impulsionar: *Impulsava-o* uma grande força interior. / Várias causas *os impulsam ao crime*. / "Afetos invencíveis de orador *impulsavam-no para* o foro." (Camilo Castelo Branco, *O Visconde de Ouguela*, p. 36)

imundície. [Do lat. *immunditie*.] *S.f.* Sujeira. Variantes (menos usadas): *imundícia* e *imundice*. Usou essa última variante Tomás Antônio Gonzaga nas suas famosas *Cartas chilenas*: "Quanta *imundice* têm as velhas casas!" (*Carta 11ª*) ⇨ Cabe observar que a terminação *-ice* ocorre em muito maior número de vocábulos do que as terminações *-icia* e *-icie*. É que *-ice*, a rigor, é um sufixo formador de substantivos que exprimem geralmente ideias depreciativas, defeitos: *velhice, burrice, caturrice, esquisitice, maluquice, pieguice, rabugice, tolice, gulodice, semvergonhice*, etc.

imune. *Adj.* Não sujeito, livre, isento. Seu complemento é regido das preposições *a* ou *de*: Nosso organismo não é *imune à* dor e *às* infecções. / Há certos vícios *a* que poucas pessoas são *imunes*. / Os povos não se mantêm *imunes de* influências estranhas.

Δ **imuno-.** [Do lat. *immunis*.] *El. de comp.* = 'livre de', 'isento', 'imune': *imunizar, imunologia, imunológico, imunologista*, etc.

Δ **in-.** Prefixo latino. 1. Ocorre em adjetivos e substantivos, denotando negação, carência: *infeliz, infelicidade*. Assume a forma de *im-* antes de *b* e *p*: *imbatível, improdutivo*. Antes de *l, m, n* e *r*, reduz-se a *i-*: *ilegal, inumerável, imerecido, irreal*.
2. Forma também verbos, aos quais transmite as ideias de 'movimento para dentro', 'conversão em': *ingerir, incandescer*. Toma a for-

ma de *em-* antes de *b* e *p*: *embarcar, empobrecer*. Ocorre sob as formas de *e-, en-* e *i-*: *emudecer, engordar, imergir*.

inadimplemento. [De *in-* + *adimplemento*.] S.m. Falta de cumprimento de um contrato ou de qualquer de suas cláusulas, no prazo convencionado; descumprimento: "A parte lesada pelo *inadimplemento* pode requerer a rescisão do contrato com perdas e danos." (*Código civil*, 36ª ed., p. 240, Editora Aurora) ⇨ Vem ganhando espaço em jornais e até em dicionários especializados a variante neológica *inadimplência**. Cognatos: *adimplir*, cumprir (um contrato); *adimplente*, que cumpre as obrigações contratuais; *adimplemento* ou *adimplência*, cumprimento (de um contrato); *inadimplente*, diz-se do devedor que não cumpre as obrigações contratuais, no prazo convencionado; *inadimplir*, não cumprir as obrigações assumidas num contrato.

inadimplência. *S.f. Inadimplemento**. ⇨ Neologismo de uso generalizado. Não nos parece que deva ser censurado, pois, além do uso, tem a seu favor a correta formação vernácula. Cp. *fluorescente: fluorescência*.

inadimplir. [De *in-* + *adimplir*, 'cumprir'.] V. t. Não cumprir (obrigação, contrato, cláusula de contrato): "O locatário *inadimpliu* várias cláusulas do contrato." (Ronaldo Caldeira Xavier, *Português no Direito*, p. 119) Verbo defectivo. Só tem as formas em que ao *l* se segue a vogal *i*. É palavra da terminologia jurídica, assim como *inadimplência* e *inadimplente*: condômino *inadimplente*.

inapto, inepto. 1. *Inapto*. [De *in-* + *apto*.] Que não é apto, sem aptidão, incapaz: O índio era *inapto* ao (ou *para o*) trabalho braçal. / Ela foi julgada *inapta* para exercer o cargo. / "As leituras foram culpadas de Antônio ser *inapto* para a vida comum, para ganhar dinheiro..." (Ana Miranda, *Dias e dias*, p. 24)
2. *Inepto*. [Do lat. *ineptus*, incapaz, inábil, estúpido, tolo.] Sem nenhuma aptidão; bobo, estúpido, idiota: indivíduo *inepto*, ideias *ineptas*.
⇨ Modernamente, usa-se *inepto* na acepção de *estúpido*, *idiota* e na de *incompetente* (governo *inepto*). Os dois adjetivos, portanto, não podem ser tomados como sinônimos. Um profissional *inapto* (sem aptidão) não é forçosamente um indivíduo *inepto* (sem inteligência).

inaudito. [Do lat. *inauditus*, não ouvido.] *Adj*. Nunca ouvido, extraordinário, espantoso, in-crível: um feito *inaudito*; *inaudita* perversidade.
⇨ É palavra paroxítona: acento tônico na sílaba *di*.

incas. Adj. rel. aos incas: incaico, inca (império *incaico*).

incendiar. Conjuga-se como *odiar**: incendeio, incendeias, incendeia, incendiamos, incendiais, incendeiam; incendeie, incendeies, incendeie, incendiemos, incendieis, incendeiem; incendeia, incendeie, incendiemos, incendiai, incendeiem. ⇨ São irregulares só as formas rizotônicas, isto é, aquelas cujo acento tônico incide no radical, no caso, a sílaba *di*, que passa a *dei*.

incerto, inserto. 1. *Incerto*. Não certo, impreciso.
2. *Inserto*. Inserido, introduzido, incluído, intercalado.
⇨ São homônimos homófonos. Veja *inserido*, *inserto*.

incidente, acidente. Veja *acidente*.

incipiente, insipiente. 1. *Incipiente*. Que está começando, que está no início, principiante: O aborto extingue a vida *incipiente* no seio materno. / Conheceis a história de nossa *incipiente* democracia. / Uma penugem *incipiente* anunciava a puberdade. / "Tantas nações [africanas] *incipientes* e sem experiência do autogoverno poderão criar novas causas de desavença." (Austregésilo de Ataíde, *Vana Verba*, p. 21)
2. *Insipiente*. Não sapiente, ignorante; sem juízo, insensato. Ant.: *sábio*.

incitar. [Do lat. *incitare*, impelir, excitar, estimular.] *V. t*. Impelir, mover, estimular, excitar, açular, induzir, instigar.
l. Incitar alguém: Desde menino *incitava-o* (e não *incitava-lhe*) o desejo de tornar-se um músico famoso. / *Incitava-os* a ambição da riqueza, a desmedida ganância.
2. Incitar alguém a alguma coisa: Alguns amigos *o incitaram à vingança*. / O líder dos sem-terra *os incitava a invadir* as fazendas improdutivas.
⇨ Há tendência a empregar este verbo no sentido pejorativo: *incitar* alguém ao mal, ao crime, à revolta, à guerra, à desobediência, etc.

ínclito. [Do lat. *ínclitus*, ilustre, célebre.] *Adj*. Insigne, egrégio, célebre. ⇨ É palavra proparoxítona.

incluído, incluso. Usa-se *incluído* como particípio e *incluso* como adjetivo: O locador tinha *incluído* uma cláusula nova no contrato. / Foram *incluídas* na lista mercadorias importadas. /

Remeto-lhe *incluso* o programa da prova. / Vão *inclusas* as fotos dos netos. ⇨ Veja *incluso*.

incluir. [Do lat. *includere* (part. *inclusum*), encerrar, incluir.] 1. O adjunto adverbial deste verbo, além da prep. *em*, admite a prep. *entre*: O treinador *incluiu-me na* lista dos convocados. / Seu último livro o *inclui entre* os grandes romancistas vivos. / Nero *incluía-se entre* os artistas.
2. Grafa-se *inclui* e não *inclue*. Veja *constitui*.
3. Part.: *incluído* e *incluso*.
4. Cognatos: *inclusão, inclusive, excluir, exclusão, exclusivo, reclusão, recluso*, etc.

inclusive. 1. Inclusivamente, com inclusão de: Li o jornal todo, *inclusive* os anúncios. / Atende em todos os dias da semana, *inclusive* nos domingos e feriados.
2. Até, até mesmo: Ele não lhe pagou a dívida, *inclusive* disse-lhe desaforos. / "É uma situação delicada, *inclusive* perigosa." (Houaiss) ⇨ Não se deve censurar o uso de *inclusive* no sentido de *até mesmo* e de expressões equivalentes, denotativas de inclusão.

incluso. *Adj.* Incluído, inserido, junto com. Concorda normalmente com o subst. a que se refere: Remeto-lhe *inclusos* os documentos solicitados. / Envio-lhe *inclusa* uma cópia do poema.

incomodar. É v. trans. direto. Constrói-se, portanto, com o pronome oblíquo *o*, e não *lhe*: O barulho da rua *incomoda-o*. / Desculpe-me! Não queria *incomodá-lo*. / O que mais *a incomoda* é a bronquite. / A nossa companhia *as incomoda*? / Estão ocupados, não *os incomode*. / Não *o incomodava* trabalhar ao sol. Na forma pronominal admite as seguintes construções: "Os escritores brasileiros, que me enviam preleções de linguagem portuguesa, se me quiserem obsequiar dum modo mais significativo e proveitoso, mandem-me um papagaio, uma cutia e alguns frascos de pitanga. Quanto a linguagem, muito obrigado, mas não *se incomodem*." (Camilo Castelo Branco, *Polêmica de Carlos de Laet com Camilo Castelo Branco*, p. 35, Organização Simões, Rio, 1966) / Por que *incomodar-se* com ninharias? / Não *me incomodo em* (ou *de*) ficar no fim da fila. / A senhora *se incomoda* se eu trouxer um acompanhante? / O senhor não *se incomoda* que zombem de seu traje? / "O comissário Maia não *se incomodava* que este [Matos] fosse ao xadrez nos dias em que estava de serviço." (Rubem Fonseca, *Agosto*, p. 29) ⇨ Em construções como as duas últimas, nas quais o complemento de *incomodar-se* (= *importar-se*) é expresso por uma oração iniciada pela conjunção *que*, omite-se a preposição *com*, em benefício da fluência e harmonia da frase.

incontinente, incontinênti. 1. *Incontinente*. *Adj*. e *subst*. Que tem incontinência, que não se contém, imoderado, sensual, sem continência: É um indivíduo *incontinente*; não sabe frear seus apetites.
2. *Incontinênti*. [Do lat. *in continenti*.] *Adv*. Imediatamente, sem demora: As torcidas se hostilizaram e, *incontinênti*, armou-se uma grande briga. ⇨ Recomendamos, por coerência, acentuar *incontinênti*, assim como se acentuam os latinismos *álibi, cútis, mapa-múndi, déficit*, etc. Houaiss preferiu aportuguesar o latinismo, grafando *incontinente*, com *e* final, forma que o VO, 5ª ed.também adotou.

incorporar. [Do lat. *incorporare*.] Reunir, juntar num só corpo, num só todo.
1. Admite as preposições *em* (a primitiva) e *a* (a moderna), indiferentemente: O clube *incorporou o* terreno vizinho *no* (ou *ao*) seu patrimônio. / Queria *incorporar em* mim o aroma daquela flor. / O quadro tem arte, podes *incorporá-lo à* (ou *na*) tua coleção. / Convém *incorporar* o selvagem *à* (ou *na*) nossa cultura? / O português *incorporou ao* (ou *no*) seu léxico inúmeras palavras árabes. Na língua de hoje, há nítida preferência pela prep. *a*: incorporar alguém *a* um grupo, *a* uma agremiação; incorporar uma coisa *a* outra.
2. Na forma pronominal: O índio *incorporou-se à* (ou *na*) civilização do branco. / Pessoas saíram de casa para *incorporar- se à* passeata.
3. 'Incorporar(-se) com' é regência aceitável, porém de pouco uso: Decidiu *incorporar-se com* o grupo. / O comando *incorporou* as tropas francesas *com* as americanas.

incorrer. *V. t. i.* Ficar incluído em; incidir em; atrair sobre si; ficar sujeito a. Constrói-se com objeto indireto (prep. *em*), o qual traduz sempre algo ruim, ilícito: *incorrer em um erro* (ou *num deslize, numa contradição*); *incorrer no desagrado, nas iras* ou *no ódio de alguém; incorrer em heresia; incorrer numa multa* ou *nas penas da lei*. A regência direta, *incorrer algo*, é arcaica. Part.: *incorrido* (ter *incorrido em contradição*). A forma *incurso* é adjetivo: *estar incurso nas penas da lei* ou *no art. x do Código Penal*.

incrível. [Do lat. *incredibilis*.] *Adj*. Superlativo: *incredibilíssimo*.

íncubo. *Adj.* 1. Deitado ou estendido sobre algo. "E explicava o padre às mulheres o que era a corja dos demônios *íncubos*." (Camilo Castelo Branco, *A brasileira de prazins*, p. 187) || *Subst.* 2. Demônio masculino que, segundo a crença popular, copulava com as mulheres durante o sono, causando-lhes pesadelo. ⇨ É vocábulo proparoxítono. Antônimo: *súcubo**.

inculcar. [Do lat. *inculcare*, calcar, fazer entrar à força.] Damos as acepções e regências mais comuns:
1. Repetir com insistência alguma coisa para imprimi-la no espírito de alguém: Que os mestres *inculquem* normas de conduta corretas. / Os livres-pensadores *inculcam*, em seus livros, doutrinas anticristãs.
2. Recomendar com elogio, aconselhar, propor: "Foi Horácio quem *inculcou* as doçuras de morrer pela pátria." (Camilo Castelo Branco, *apud* J. Mesquita de Carvalho) / Não são confiáveis os métodos que eles *inculcam aos* educadores. / *Inculcam-lhes* métodos de discutível eficácia.
3. Dizer-se, apresentar-se, impor-se, insinuar-se: "... coisas que não possuem muitos dos que *se inculcam*, com vaidade, jornalistas." (Coelho Neto, *Obra seleta*, p. 831) / "O orador aspira à notoriedade, *inculcando-se* patrono de boas causas." (Carlos de Laet, *O frade estrangeiro*, p. 241) ⇨ Pode-se usar *como* (ou *de*) antes do predicativo: *Inculcam-se*, com vaidade, *como* jornalistas. / Ele *inculcava-se de* profeta e enviado de Deus.

inculpar. [Do lat. *inculpare*.] Atribuir culpa, culpar, acusar, incriminar. Este verbo requer o pronome *o* (ou *a*), como complemento, e nunca *lhe*: Eu não *o inculpo*. / Ninguém *a inculpa*. / Em que se baseiam para *inculpá-lo*? / O povo *o inculpa* de vários crimes. / *Inculparam-no* do fracasso da missão. / Moradores vizinhos *o inculpavam* de ter provocado o incêndio. / Não podemos *inculpá-los* de omissos.

incumbir. 1. Na acepção de *encarregar*, constrói-se 'incumbir alguém de alguma coisa': Ele *incumbiu* o neto de cobrar os aluguéis. / *Incumbiu-o* de cobrar os aluguéis. / *Incumbiu-o* da cobrança dos aluguéis. / A patroa *incumbiu-a* de fazer a faxina. / Ele mesmo *incumbia-se* de responder às cartas. / Levou a bom termo a tarefa *de que o incumbiram*.
2. Embora seja correta, é menos frequente, hoje, a regência 'incumbir algo a alguém': O governo *incumbiu ao* Exército a vigilância das fronteiras. / *Incumbiu-lhe* vigiar as fronteiras. / *Incumbiu-lhe* a vigilância das fronteiras. / A missão que *lhe incumbiram* era extremamente difícil. / "Nunca adversidades e pesares impediram Gonçalves Dias de bem desempenhar os deveres que *lhe incumbiam*." (Manuel Bandeira, *Gonçalves Dias*, p. 115)
3. É incorreto cruzar as duas regências e construir: O locador *incumbiu-lhe de* cobrar os aluguéis. / *Incumbiu-lhe de* vigiar as fronteiras. / Exigia muita habilidade a missão *de* que *lhe incumbiram*.
4. Na acepção de *ser da obrigação*, *caber*, *competir*, constrói-se com objeto indireto de pessoa (algo incumbe a alguém): Incumbe *ao* educador orientar os jovens. / *Incumbe-lhe* orientar os jovens. / *Incumbe-lhe* essa difícil missão. / Tomar essa iniciativa não *incumbe a nós*. / "... pedindo contas aos mandatários pela administração e destino dos bens que *lhes incumbia* zelar." (Viana Moog, *Bandeirantes e pioneiros*, p. 181)

inda. [Do lat. *inde*, dali, depois.] O mesmo que *ainda*. Ocorre sobretudo na poesia. Não se recomenda essa forma na comunicação de hoje.

indagar. [Do lat. *indagare*, seguir a pista, procurar, investigar, indagar.] Procurar saber, averiguar, inquirir, perguntar. Este verbo constrói-se de várias maneiras:
1. Indagar algo: *Indaguei* a causa do estranho fenômeno. / *Indaguei* se a casa estava à venda.
2. Indagar de alguém alguma coisa: *Indagou de* um pedestre onde ficava a igreja.
3. Indagar algo a alguém: *Indagamos ao* zoólogo se a cobra era venenosa. / *Indaguei a* mim mesmo a razão daquele gesto.
4. Indagar *de* ou *sobre* alguma coisa: *Indaguei do* estado de meu avô. / Na carta, ele *indagava sobre* a situação do país.

indefeso, indefesso. 1. *Indefeso*. Não defendido, sem defesa, desarmado, inerme: cidade *indefesa*, povo *indefeso*.
2. *Indefesso*. Não cansado, incansável: lutador *indefesso*.

indene. [Do lat. *indemnis* (*in-* + *damnum*), que não teve dano.] *Adj.* Que não sofreu dano, ileso, incólume: Raros escapam do naufrágio *indenes*. / Terminou seu mandato com a reputação *indene*. ⇨ A forma *indemne* é obsoleta. Cognatos: *indenização*, *indenizar*.

indenizar. [De *indene* + *-izar*.] Dar indenização, ressarcir. A construção correta é indenizar alguém *de* (ou *por*) alguma coisa: É justo que o *indenizemos dos* (ou *pelos*) danos que lhe tivermos causado. / Ele foi condenado a *indenizá-la dos* (ou *pelos*) prejuízos materiais e danos morais. / "*Indenizaram-no das* perdas, ou *pelas* perdas." (Mário Barreto, *Últimos estudos*, p. 424) ➪ Evite-se a construção 'indenizar alguma coisa a alguém', como na frase: A empresa *indenizou-lhe as perdas e os prejuízos*. Ninguém indeniza prejuízos, mas pessoas prejudicadas.

independente, independentemente. É incorreto usar *independente* (adjetivo) em vez de *independentemente* (advérbio), em frases como: 'O contrato terminará no prazo estipulado, *independente* de qualquer notificação.' Troque-se o adjetivo pelo advérbio e a frase ficará correta, como nestes exemplos: O casamento seria realizado, *independentemente* da vontade dos pais dos noivos. / A candidata a secretária, *independentemente* de sua bela aparência, recomendava-se por sua competência e honestidade. / "As coisas passaram a existir fora e *independentemente* de nós." (Carlos Drummond de Andrade, *Obra completa*, p. 594)

índex. [Do lat. *index, indicis*, o que indica, indicador.] *S.m.* índice, relação, lista; catálogo de livros proibidos pela Igreja Católica por serem nocivos à fé ou à moral (nesta acepção, grafa-se com inicial maiúscula); dedo indicador. ➪ Pronuncia-se *índecs*, com o acento tônico na sílaba *in*. / *Pôr no índex* (alguém ou alguma coisa): assinalar como nocivo, perigoso, indesejável.

indianizar. *V. t. d.* 1. Tornar semelhante a indiano ou a índio, fazer adotar a vida e os costumes dos indianos ou dos índios. *V. pron.* 2. Viver como índio, adotar os costumes dos índios: "E o branco acaba, no meio selvático, por *indianizar-se*." (Cassiano Ricardo, *Marcha para oeste*, p. 167)

indígena. Natural, originário da terra ou do país em que vive; aborígine, autóctone, nativo. Ant.: *alienígena*. ➪ Não se deve confundir com *silvícola* (= morador da selva). Os incas, por exemplo, eram indígenas, mas não silvícolas. Em sentido restrito, costuma-se aplicar o termo *indígena* ao índio brasileiro.

indignar-se. Não se deve intercalar a vogal /i/ entre o /g/ e o /n/ deste verbo: *indigno-me, indigna-se* e jamais *indiguino-me, indiguina-se*. Veja, a propósito, *impregnar*.

índigo. [Do lat. *indicus*, da Índia, índico.] *S.m.* Corante azul-violáceo extraído da anileira; a cor azul, anil. ➪ É palavra proparoxítona.

indiscrição. [Do lat. *indiscretione*.] *S.f.* Ato ou dito indiscreto, inconveniência. Grafa-se *i*, e não *e*, na penúltima sílaba. Veja o antônimo *discrição*.

indispor. 1. *Regência:* a) indispor alguém: Temi que meu artigo *indispusesse* o poeta. / Temi que meu artigo *o* (e não *lhe*) *indispusesse*; b) indispor alguém *com* (ou *contra*) outrem: Aumentos abusivos de preços *indispuseram* o presidente *com* (ou *contra*) os fabricantes de remédios. / A nova lei *indispôs* o povo *contra* o governo. / O sindicato *indispôs-se com* (ou *contra*) a classe patronal. / Tentaram *indispô-la contra* mim.
2. *Conjugação.* Segue a conjugação do verbo *pôr*★, do qual deriva.

Δ **indo-.** *El. de comp.* = 'relativo à Índia ou aos indianos': *indo-ariano, indo-africano, indo-europeu, indo-iraniano, indologia, indo-britânico, indo-português*. ➪ Usa-se hífen só nos adjetivos pátrios.

indochinês, indo-chinês. 1. *Indochinês.* Relativo à Indochina, o natural dessa grande península asiática.
2. *Indo-chinês.* Relativo à Índia e à China, ou aos indianos e chineses (acordo *indo-chinês*).

industriar. [De *indústria* + *-ar*.] Na acepção de *adestrar, ensinar, orientar*, usa-se mais frequentemente com dois complementos, um direto, o outro indireto: Seu pai *o industriou* no ofício de marceneiro. / Foi ele que *as industriou* a tecer. / É preciso *industriar* o lavrador na utilização de técnicas agrícolas modernas. / O advogado *industriou* a testemunha para o depoimento perante o juiz. / "Quero *industriá-lo* nos negócios." (Afrânio Peixoto, *Uma mulher como as outras*, p. 165) / "Os próprios jesuítas das missões do Paraguai não conseguiram *industriar* seus carijós domésticos no fabrico de telas mais delicadas." (Sérgio Buarque de Holanda, *Caminhos e estradas*, p. 278). Distinguir de *industrializar* (de *industrial* + *-izar*): industrializar o lixo urbano; industrializar a agricultura; industrializar um município; cidade que *se industrializa*.

inépcia. [Do lat. *ineptia*, estupidez, idiotice.] *S.f.* Falta total de aptidão, incapacidade, falta de inteligência, idiotismo. No plural, é sinônimo de absurdos, disparates, tolices, asneiras, parvoíces, sandices: O candidato pronunciou um discurso recheado de *inépcias*.

inepto. Veja *inapto*.

inerme. [Do lat. *inermis* (de *in-* + *arma*), sem armas.] *Adj.* Desarmado, sem meios de defesa: população *inerme*. ➪ Distinguir de *inerte*★.

inerte. [Do lat. *inerte* (de *in-* + *ars, artis*), incapaz, inativo, indolente.] *Adj.* Que tem inércia, sem atividade física ou intelectual, entorpecido, inativo, parado, preguiçoso: corpo *inerte*. ⇨ Distinguir de *inerme*★.

inextinguível. *Adj.* Que não se extingue: sede *inextinguível*. ⇨ Não se profere o *u* desta palavra. Veja *extinguir*.

inextricável. [Do lat. *inextricabilis.*] *Adj.* Que não se pode desenredar ou desembaraçar; emaranhado: Formou-se um emaranhado *inextricável* de finíssimos fios. / "Conjunto *inextricável* de ideias, sentimentos, preconceitos, desejos, crenças, tendências." (Oliveira Viana, *Evolução do Povo Brasileiro*, p. 43) "Em cima, as estrelas pareciam rir daquela situação *inextricável*." (Machado de Assis, *Obra completa*, I, p. 670) Evite-se a variante *inextrincável*.

infanto-juvenil. *Adj.* Pl.: *infanto-juvenis* (livros *infanto-juvenis*).

infarto. Veja *enfarte*.

infelicitar. *V. t. d.* Tornar infeliz. Exige o pronome complemento *o* (ou *a*), e não *lhe*: A libertinagem do filho *o infelicitava*. / "Aliviaria minha mãe dos sentimentos que *a infelicitam*." (Antônio Olavo Pereira, *Marcoré*, p. 193)

infenso. [Do lat. *infensus*, hostil, inimigo.] *Adj.* Inimigo, contrário, hostil: *ser* ou *mostrar-se infenso* a conchavos, a novos impostos, a intrigas, a novidades, a mudanças, etc. ⇨ Não tem a significação de *invulnerável*, *incólume*, que alguns, equivocadamente, lhe dão.

inferior. [Do lat. *inferior*, que está mais abaixo, menos elevado.] É redundante e inaceitável o advérbio *mais* antes de *inferior*: O nível do mar é *inferior* ao dos rios. / Nossos produtos não eram *inferiores* (e não *mais inferiores*) aos estrangeiros. O mesmo se diga de *superior* (do lat. *superior*, mais alto). Exs.: O ninho estava na parte *superior* da árvore. / Nossos produtos são *superiores* (e não *mais superiores*) aos de muitos países.

ínfero. [Do lat. *inferus*, que está abaixo, inferior.] 1. *Adj.* Inferior: ovário *ínfero* (em Botânica). || 2. *El. de comp.* Exprime a ideia de 'inferior', 'abaixo', 'por baixo': *inferoanterior, inferoexterior, inferointerior, inferolateral, inferoaxilar*. Prefixo equivalente: *infra*.

infinitivo. O infinitivo flexionado só pode ocorrer na 2ª pessoa do sing. (*andares*) e nas três pessoas do plural (*andarmos, andardes, andarem*). Todavia, mesmo nessas pessoas, nem sempre tem cabimento a forma flexionada.

I. Infinitivo flexionado.

Usa-se o infinitivo flexionado nos seguintes casos: 1. Quando o infinitivo tem sujeito próprio, diverso do sujeito da oração principal: Eu trouxe este vinho para (tu) o *provares*. / Ela se expôs demais ao sol, a ponto de suas faces brancas *ficarem* vermelhas. / Eles acham uma temeridade *vivermos* num lugar desses. / Esse astrônomo afirmou não *existirem* discos voadores. / Acredito *seres* o mais indicado para o cargo. / Foi-lhes diminuída a pena por *serem* réus primários. / Não é bom crianças *frequentarem* esses lugares. / *Existirem*, no mundo, guerras e violências é um fato doloroso. / A ordem era para todos *comparecerem* uniformizados. / Admira-me não *terem* ainda abandonado aquele país. / É comum *fugirem* detentos dos presídios. / "Está ali desde antes de *nascerem* os viajantes." (Carlos Drummond de Andrade)

2. Quando vier regido de preposição e preceder a oração principal: Até o *encontrarem*, muito terão que andar. / Ao *perceberem* que estavam sendo filmados, os assaltantes fugiram. / Por não *terem* acreditado na fúria do vulcão é que muitos perderam a vida. / Para *chegarmos* a uma conclusão correta, consultamos mais de cem especialistas. / "E os dois, em vez de *procurarem* a estrada, atravessaram o capim quente e trescalante." (Aluísio Azevedo, *O cortiço*, p. 58) / "Os mendigos, antes de *vencerem* a aspereza dos barrocais, descansavam nas lajes, junto dos casebres da planície." (Fernando Namora, *A noite e a madrugada*, p. 160)

3. Em geral quando o infinitivo é verbo passivo, reflexivo ou pronominal: É possível combatê-los sem *se cometerem* abusos. / Estas pastas, após *se diluírem*, mudam de cor. / Os pais mandaram seus filhos *alistarem-se* como voluntários. / As duas tribos estão habituadas a *se combaterem* sempre que surgem desavenças. / "Despediu-se de Filipe dizendo que não convinha *serem vistos* juntos." (Clarice Lispector) / "Gostaria de estar com ele, antes de *se esclarecerem* as coisas." (Ciro dos Anjos, *Montanha*, p. 87) / "Daí o princípio colonial de só *se concederem* terras em sesmarias às pessoas que possuam meios para realizar a exploração delas e fundar engenhos." (Oliveira Viana, *Evolução do povo brasileiro*, p. 62) / "Por que negar às coitadas o direito de *se vestirem* sem exibições grotescas?" (Raquel de Queirós, *O*

caçador de tatu, p. 136) / "Antônio Parra via as chamas *esgueirarem-se* entre o fumo da umidade dos gravetos." (Fernando Namora, *A noite e a madrugada*, p. 129) / "A dificuldade em *se consumirem* todos os peixes no lugar, a escassez de meios para o transporte... forçaram, muitas vezes, o abandono, nas praias, de grande quantidade do pescado." (Sérgio Buarque de Holanda)
4. Sempre que for necessário deixar bem claro o agente, ou o sujeito da oração: Ele adiantou-se e fez sinal para *ficarmos* onde estávamos. / Acho uma temeridade *viveres* neste bairro. / Acredito *seres* o mais apto para chefiar a missão. / "É preciso *aprendermos* a nos esquecer de nós mesmos." (Ciro dos Anjos) / "Afastaram-se então uns metros, contornando um carreiro, o suficiente para *deixarem* de ser vistos." (Afonso Botelho, *apud* Temístocles Linhares, *Antologia do moderno conto português*, p. 114)
5. Para atender à harmonia da frase ou transmitir vigor à ideia expressa pelo infinitivo: Vi o navio em chamas e as ondas *engolirem-no*. / Eles dormem cedo para *se levantarem* cedo. / Expectativa de mudanças na economia faz as ações *subirem*. / Recebeu-me altivo, com os olhos *a faiscarem* de cólera.

II. Infinitivo não flexionado
Não se flexiona o infinitivo: 1. Por via de regra, quando tem o mesmo sujeito que o verbo da oração principal: Eles se julgam com o direito de *invadir* nossas terras. / Sentem um prazer mórbido em *maltratar* animais. / Não fomos capazes de *estabilizar* a economia. ⇨ Flexiona-se, no entanto, o infinitivo reflexivo: Estavam ansiosos de *se conhecerem*. / Marido e mulher estariam dispostos a *se reconciliarem*.
2. Quando forma locução verbal: Não *podemos deixar* impunes esses crimes. / Elas não *quiseram receber* os presentes. / *Devemos*, em qualquer circunstância, *ser* educados. / Meus tios *costumavam reunir-se* uma vez ao ano. / *Começaram* as duas mulheres a *gritar* desesperadamente. / Os chefes *devem*, no exercício de suas funções, *ser* justos e corretos. / Os senhores *queiram*, por gentileza, *permanecer* em seus lugares. / "*Devem*, pois, os filhos *ficar* com o genitor que demonstrar melhor capacidade de criá-los e educá-los." ⇨ O autor dessa última frase escreveu *ficarem*, flexionando indevidamente o infinitivo.
3. Com os verbos *deixar, fazer, mandar, ver, ouvir* e *sentir* em construções do tipo: Ela deixa-os *sair* à rua. / A mãe fazia-os *recolher* aos brinquedos. / Mande-os *entrar*. / Viu-as *entrar* na igreja. / Ouço-as *cantar*. / Sentiu-os *aproximar-se*. ⇨ Sendo o infinitivo reflexivo, pode assumir a forma flexionada: Vi-os *atracarem-se* (ou *atracar-se*) na rua. / "Eu, de mim, confesso, preferia ver as damas *banharem-se*." (Machado de Assis) ⇨ A ênfase legitima a forma flexionada quando se usa substantivo em vez de pronome oblíquo: "Viu *desfilarem*, uma por uma, todas as mulheres fatais." (Camilo Castelo Branco) / "Faziam, num átimo, os grãos *saltarem* da espiga." (Ciro dos Anjos) / Expectativa de mudança na economia faz as ações *subirem*. / "O presidente Fernando Henrique prefere deixar *correrem* as águas, até que a inundação entre pela fresta de sua porta." (Fernando Pedreira, *O Globo*, 14/7/2002)
4. Em geral, quando a oração infinitiva é complemento de substantivos ou adjetivos: Assumimos a obrigação de *indenizar* as famílias das vítimas. / Não foram capazes de *concluir* a obra. / Estão dispostos a *fechar* o contrato.
5. Quando, precedido da preposição *a*, forma locução verbal e equivale a um gerúndio: Viviam a *elogiar* aqueles homens sem lei. / "Provavelmente andavam por aí a *cochichar* que dona Aurora, uma oportunista, vestira a camisa por manha." (Graciliano Ramos) ⇨ Observe-se: a elogiar = *elogiando*; a cochichar = *cochichando*.

III. O verbo 'parecer' seguido de infinitivo
Quando o v. *parecer* vier acompanhado de infinitivo, este pode assumir a forma flexionada ou a não flexionada. No primeiro caso, *parecer* fica no singular; no segundo, concorda no plural. Exs.: As coisas *pareciam dançar* ao redor de mim. / As coisas *parecia dançarem* ao redor de mim. / Os projetos do governo *parecem* não *encontrar* apoio no Senado. / Os projetos do governo *parece* não *encontrarem* apoio no Senado.

IV. Infinitivo (na voz passiva)
O infinitivo na forma passiva pronominal deve concordar normalmente com o sujeito: Insisto na urgência de *se abolir* tal privilégio. / Insisto na urgência de *se abolirem* tais privilégios. / Os bilhões de reais que o governo arrecada não são para *se desperdiçarem*. / Depois de *se concluírem* as obras, o bairro ganhará fisionomia nova. / "Estas não são coisas para *se crerem* de leve." (Almeida Garrett, *apud* Teodoro Henrique Maurer) "Até então era costume *distribuírem-se* velas indistintamente a todos os cidadãos." (Sérgio Buarque de Holanda, *Caminhos e fronteiras*, p. 61) / "E isso

é explicável pela circunstância de não *se conhecerem*, então, entre nós, máquinas para a descasca mais eficazes do que o pilão manual ou o monjolo." (*Id.*, *ib.*, p. 238) / "A salvação de Toledo foi não *se terem fechado* suas portas." (Alexandre Herculano, *Lendas e narrativas*, p. 243) / "Um dos professores sugeriu, ao *se discutirem* os programas, a ideia do ensino integral da Zoologia, tanto aos alunos como às alunas da Escola Normal." (Carlos de Laet, *O frade estrangeiro*, p. 152) / "Não indagava o motivo de *se encherem* os cestos, perguntava se eles realmente se enchiam." (Graciliano Ramos, *Infância*, p. 27) / "Não havia lugar aqui para *se constituírem* exércitos ao modo dos da península." (João Ribeiro, *História do Brasil*, p. 109) Esta norma de concordância é frequentemente desrespeitada até por bons escritores, como prova este exemplo de uma romancista moderna:"A paixão e a arte são as únicas chaves para *se desvendar* os segredos da vida." A concordância correta seria: "... para *se desvendarem* os segredos da vida." Ou então, usando o verbo na forma ativa:"... para *desvendar* os segredos da vida." Outros exemplos de má concordância do infinitivo:"Repete-se a vergonhosa crônica de *se perdoar* as dívidas de fazendeiros que tiraram dinheiro do banco..." (*JB*, 22/10/95)/ "A ocupação ordenada é a forma mais eficaz para *se evitar* invasões e favelização." (*O Globo*, 21/10/2001) A última frase ficaria correta, e melhor, se construída na voz ativa:"...é a forma mais eficaz para *evitar* invasões e favelização." O verbo concorda no singular quando o sujeito é uma oração, como neste exemplo: Não *se conseguiu* frear os preços. [*Frear os preços* é o sujeito de *não se conseguiu*.] Contrariou essa regra o cronista que escreveu:"Há sempre muitas maneiras de *se fazerem* as coisas acontecer." O correto é: "Há sempre muitas maneiras de *se fazer as coisas acontecerem*." O verbo *fazer* deve ficar no singular porque o sujeito não é 'as coisas', mas a oração 'as coisas acontecerem', equivalente de 'que as coisas aconteçam'. Também se poderia construir: "Há sempre muitas maneiras de *fazer as coisas acontecerem*." Ou ainda:"Há sempre muitas maneiras de *fazer que as coisas aconteçam*."

V. Observação importante

O emprego do infinitivo é matéria difícil de disciplinar.

Em certos casos é livre a escolha de uma ou de outra forma do infinitivo. Há situações em que a ênfase, a clareza da expressão, o ritmo e a harmonia da frase pedem o infinitivo flexionado, mesmo com sacrifício das normas dadas acima.

inflação. [Do lat. *inflationem*, inchação, tumefação.] *S.f.* 1. Ato ou efeito de inflar (= encher de ar ou gás).
2. Emissão excessiva de papel-moeda, aumento anormal dos meios de pagamento (dinheiro, títulos, papéis); desequilíbrio econômico decorrente da desvalorização do dinheiro e simultânea alta geral dos preços; redução do poder aquisitivo do dinheiro. O uso da palavra *inflação* nas acepções do item 2 é relativamente recente (séc. XX).

inflacionar. 1. Provocar *inflação*★, nas acepções do item 2: *inflacionar* a economia.
2. Tornar a oferta maior que a procura: *inflacionar* o mercado de trabalho. ⇨ Neologismo, cognato de *inflar*, *inflável*, *inflação*, *inflacionário*, *flatulência*, etc.

infligir. [Do lat. *infligere*, aplicar com violência.] Aplicar (pena, punição, derrota, torturas, bofetadas). Constrói-se com objeto direto e objeto indireto (prep. *a*) simultaneamente: O rei *infligiu* duras penas *aos* conspiradores. / Ele *infligiu-lhes* duras penas. / *Infligimos* pesada derrota *ao* inimigo. / *Infligimos-lhe* pesada derrota. ⇨ Não se deve confundir com *infringir*★. Não existe a forma *inflingir*.

influir. [Do lat. *influere*, correr para dentro, entrar em.] Acepções e regências deste verbo: 1. Na acepção de *exercer influência*, *influenciar*, constrói-se com as preposições *em* ou *sobre*. O meio social *influi em* (ou *sobre*) nosso comportamento. / Ela *influía* muito *nas* (ou *sobre as*) decisões do marido.
2. Como sinônimo de *contribuir*, emprega-se com a prep. *para*, quando se quer exprimir um efeito: Chuvas regulares *influíram para* o aumento das colheitas.
3. É pouco usado no sentido de *comunicar*, *infundir*, *inspirar*: *influir* coragem, ânimo, esperança, etc. *em* (ou *a*) alguém.
4. Quanto à grafia, veja *verbos terminados* em -uir.

informar. Este verbo admite as seguintes regências: 1. Informar alguém *de* alguma coisa: O escrivão *informou* o rei *de* que a terra descoberta era bela e fértil. / *Informamos* o público *de* que este jornal não circulará amanhã. / "*Informei* o requerente *de* que deveria dirigir-se ao Ministério." (Luís Carlos Lessa) / Ele o *informou de* tudo. / Devo *informá-lo de* que seu débito

está vencido. / "Em entrevista com o barão de Richthofen, secretário de Estado, Rio Branco *informa-o de* que a fronteira entre o Brasil e a Bolívia não estava ainda demarcada." (Álvaro Lins, *Rio Branco*, p. 241)
2. Informar alguém *sobre* (ou *acerca de*) alguma coisa: Ele *informava* o tio *sobre* a situação no país. / *Informaram-no sobre* a (ou *acerca da*) gravidade da situação. / Eu *o informei acerca dos* costumes locais.
3. Informar alguma coisa *a* alguém: A empregada *informou ao* repórter que o patrão tinha viajado. / Os jornais *informavam aos* leitores onde deviam votar. / Não *lhe* posso *informar* se ela volta hoje. / Este rio não é navegável, doutor — *informou-lhe* o pescador.
4. Informar-se *de* (ou *sobre* ou *acerca de*) alguma coisa: *Informei-me do* preço das mercadorias. / O comandante *informou-se* minuciosamente *sobre* a posição das tropas inimigas. / Ele *informou-se de* (ou *acerca de*) tudo. / "*Informo-me sobre* o caminho para Andorra." (Ferreira de Castro, *Obras completas*, vol. III, p. 14, Aguilar, 1961.) ⇨ Ocorrendo complemento oracional, omite-se a preposição: "*Informou-se,* ao menos, *se tal fazenda* ainda *existe?*" (José Geraldo Vieira, *A ladeira da memória*, p. 8)
5. Informar alguém ou alguma coisa: *Informei*, com detalhes, o que havia acontecido. / "*Informou* minuciosamente os acontecimentos." (Michaelis) / O senhor sabe *informar* se mora gente nessa casa? / Infelizmente não tenho dados para *o informar* com exatidão.
6. Informar (intransitivo): A obrigação do jornal é *informar* corretamente.
7. Ser informado *de* (ou *sobre*) alguma coisa: A população não *foi informada sobre* o acidente na usina nuclear. / *Fui informado de* que a excursão fora adiada. / São direitos *sobre os* (ou *acerca dos*) quais o cidadão comum não *é informado*.
Δ **infra-.** [Do lat. *infra*, abaixo de, abaixo.] *Pref.* Indica posição abaixo, inferioridade: *infra-assinado*, *infraestrutura*, *infra-hepático*, *infrarrenal*, *infrassom*, *infracitado*, *infravermelho*. Antônimo: *supra*. ⇨ Une-se com hífen a elementos iniciados pela *vogal* a ou *por h*.
infravermelho. *Adj.* Plural: *infravermelhos* (raios *infravermelhos*).
infrene. [Do lat. *infrenis*, sem freio.] *Adj.* Desenfreado, descontrolado, violento: paixões *infrenes*. ⇨ É palavra paroxítona. Cognatos: *freio*, *frear*, *freada*, *refrear*.

infringir. [Do lat. *infringere*, quebrar.] Cometer uma infração, violar, transgredir: *infringir* o regulamento, uma lei, as normas do trânsito, etc. / "Não posso *infringir* os termos da portaria que eu próprio baixei hoje." (José Geraldo Vieira, *A quadragésima porta*, p. 396) / "No primeiro contato com os selvagens, que medo nos dá de *infringir* os rituais, de violar os tabus!" (Mário Quintana, *A vaca e o hipogrifo*, p. 30) ⇨ Distinga-se de *infligir*★.
infundir. [Do lat. *infundere*, derramar em, verter.] 1. Derramar, vazar, verter: O metal derretido toma a forma do molde em que *se infunde*.
2. Insuflar: Deus criou Adão e *infundiu-lhe* uma alma imortal. / O bom ficcionista sabe *infundir* vida em seus personagens.
3. Inspirar, incutir: Ele *infundia* nos ouvintes ânimo e esperança. / O pai não *lhes infundia* temor, mas respeito e admiração. / A voz do leão *infunde* terror.
ingerir. Conjuga-se como *ferir*★: ingiro, ingeres, ingere, etc; ingira, ingiras, ingira, etc. Veja *ferir*.
Inglaterra. Não se confunda com *Grã-Bretanha*. Esta é constituída pela Inglaterra propriamente dita, a Escócia e o País de Gales. A Grã-Bretanha mais a Irlanda do Norte formam o *Reino Unido*.
iniciar. 1. Dar início a, começar: *Inicio* o trabalho amanhã.
2. Ministrar ou receber as primeiras noções de (ciência, arte, ofício, etc): Quem o *iniciou* em marcenaria foi o pai. / *Iniciei-me* em equitação aos dez anos.
3. Ter início, começar: O jogo *iniciou-se* às 16 horas. ⇨ Pode-se omitir o pronome e construir: O jogo *iniciou* (= começou) às 16 horas. / As aulas *iniciarão* segunda-feira.
inimigo. *Adj.* Superlativo abs. sint.: *inimicíssimo*.
inimizar. [De *inimizade*.] 1. Tornar inimigo, malquistar, causar inimizade entre duas ou mais pessoas: "A briga pela herança *inimizou-os*." (Celso Luft) / Intrigas *o inimizaram* com o seu sócio.
Pron. 2. Ele *inimizou-se* com o prefeito. / Quiseram *inimizar-me* com meu partido. / *Inimizaram-se* por motivos políticos. ⇨ Evite-se a forma *inimistar*, espanholismo dispensável.
injunção. [Do lat. *injunctionem*.] *S.f.* Ordem formal, imposição, pressão: O príncipe D. Pedro não cedeu às *injunções* das Cortes. / *Injunções* externas levaram o país a adotar uma política econômica de austeridade.

inocentar. Tornar ou considerar inocente, declarar inocente: O juiz *inocentou* o réu por falta de provas. / O júri *o inocentou* por unanimidade. / Todos *os inocentam* desse crime. / Ela foi *inocentada* de participar no crime.

inocular. [Do lat. *inoculare*, enxertar; incutir no espírito.] *V. t. d.* 1. Comunicar um vírus por inoculação; introduzir um agente virulento num organismo animal ou vegetal: *Inocularam sangue infectado em dois ratos.*
É errado dizer: O rato foi *inoculado* com sangue infectado. / Os prisioneiros *eram inoculados* com vírus de doenças. / "Pasteur *inoculou o menino com o imunizante* que havia preparado." (De um livro sobre a história da Medicina) O correto é: *Inoculou-se sangue infectado no rato.* / *Inoculavam-se* (ou *eram inoculados*) *vírus de doenças nos prisioneiros.* / Pasteur *inoculou no menino o imunizante* que havia preparado.
2. Transmitir, incutir (ideias, doutrinas, etc): Escritores destituídos de senso moral *inoculam* nos espíritos jovens muitas ideias falsas. / *Inoculou* a revolta nas classes oprimidas.
Pron. 3. Transmitir-se, introduzir-se, penetrar: Um vírus desconhecido *inoculou-se* no organismo dele. / As doutrinas de pensadores ateus *inocularam-se*, como sutil veneno, nos intelectuais da época. ⇨ Eventualmente, constrói-se *inocular* com o pronome *lhe*. Nesse caso, o dito verbo passa a ser transitivo direto e indireto: *Inocularam-lhe* sangue infectado. / *Inoculavam--lhes* vírus letais. / "Custa-me compreender que submetam a mentalidade e o coração de inocentes criaturas, *inoculando-lhes* o germe do vício." (Carlos de Laet, *O frade estrangeiro*, p. 230)

inodoro (dó). *Adj.* Que não tem odor, sem cheiro, inolente: A água pura é um líquido *inodoro*. ⇨ É aberta a vogal da sílaba tônica.

inoperante. *Adj.* Que não opera (realiza), que não produz o resultado ou o efeito desejado, ineficiente, ineficaz: administração *inoperante*; medidas *inoperantes*.

inópia. [Do lat. *inopia*, carência, pobreza, miséria.] *S.f.* Falta, escassez, carência, míngua, pobreza, indigência, penúria, miséria, miserabilidade.

inquérito. Pronuncia-se *inkérito*.

inquirição. [De *inquirir* + *-ção*.] *S.f.* Ato de inquirir, indagação, inquisição. Adj. referente a inquirição: *inquiridor* (olhar *inquiridor*).

inquirir. [Do lat. *inquirire*, investigar, procurar descobrir.] Significados e regências:

1. Investigar, pesquisar: *Inquiriu* a causa do fenômeno. / Por mais que *inquirisse*, não obteve resposta satisfatória às suas indagações.
2. Interrogar judicialmente: O juiz *inquiriu* todas as testemunhas. / O relator *inquiriu* os deputados acusados de corrupção.
3. Perguntar, informar-se: O patrão *inquiriu* do empregado como andava o serviço. / Ele *inquiriu-os* acerca do acidente. / "*Inquiriu* o porteiro, dando as características dos personagens." (José Geraldo Vieira, *A quadragésima porta*, p. 376) / "Veio à sala geral, *inquirindo* este, perguntando àquele." (Lima Barreto, *Isaías Caminha*, cap. X) / "Quanto à sociedade e ao Estado, matéria *sobre que o inquiriam* com frequência, pregava que a lei era cheia de injustiças e todos os governos maus, qualquer que fosse a sua forma." (Ciro dos Anjos, *Explorações no tempo*, p. 69) ⇨ No último exemplo, o autor deveria ter escrito, a bem da eufonia: matéria *sobre a qual o inquiriam* com frequência.

inquisição. [Do lat. *inquisitio*, *inquisitionis*, indagação, investigação, inquérito.] *S.f.*
1. Indagação, inquirição, averiguação; inquérito judicial.
2. Antigo tribunal eclesiástico incumbido de investigar e punir heresias. ⇨ Nesta acepção, grafa-se com inicial maiúscula: "A *Inquisição* sobreviveu durante muito tempo na Espanha e em Portugal." (*Pequeno dicionário enciclopédico Koogan Larousse*)
Adj. relativos a *inquisição*: *inquisidor*, *inquisitivo* (*olhar inquisitivo* = olhar interrogativo). O adj. referente à Inquisição ou aos inquisidores é *inquisitorial* ou *inquisitório*: sentença *inquisitorial*; processo *inquisitório*.

inquisitorial. *Adj.* Relativo à Inquisição ou aos inquisidores; arbitrário; desumano, terrível.

insano. [Do lat. *insanus*.] *Adj.* 1. Que não é são do espírito, demente: indivíduo *insano*.
2. Excessivo, árduo, difícil: trabalho *insano*; luta *insana*; esforços *insanos*.

inserido, inserto. Formas do particípio do v. *inserir* (incluir). / Recomenda-se usar *inserido* com os auxiliares *ter* e *haver*: e *inserto* com *ser* e *estar*: Tinham (ou haviam) *inserido* várias cláusulas no contrato. / Meu nome não estava *inserto* na relação dos aprovados. / Foram *insertos* vários artigos no projeto de lei. / "O artigo, aliás, não *foi inserto* no *Liberdade* e sim na *Gazeta da Tarde*." (Carlos de Laet, *O frade estrangeiro*, p. 160) ⇨ Em geral prefere-se a forma *inserido* mesmo na voz passiva: Foram *inseridos* no texto pequenos acréscimos.

Inserto, homônimo de *incerto*, emprega-se geralmente como adjetivo: Os nomes *insertos* na lista foram vetados pelo presidente. / Os mapas *insertos* na enciclopédia estão desatualizados.

insinuar. [Do lat. *insinuare* (de *in-* + *sinus*, 'seio').] *V. t. d.* 1. Meter, introduzir: São habilíssimos em *insinuar* a mão no bolso alheio. / "Só têm quinze minutos! — insistiu o chefe, já na outra extremidade do vagão, a *insinuar* a cabeça pelas portas entreabertas das cabinas." (Ciro dos Anjos, *Montanha*, p. 8)
2. Fazer penetrar sutilmente, destramente, incutir habilmente: É um crime *insinuar* más ideias na mente dos jovens.
3. Dar a entender de modo sutil e indireto: Na entrevista, *insinuou* que retaliaria a ofensa.
V. t. d. e *i.* 4. Dar a entender de modo sutil e indireto: *Insinuou* ao repórter que se vingaria. / "O juiz atreveu-se a *insinuar* ao príncipe a clemência, como uma necessidade e um dever." (Rebelo da Silva, *apud* J. Mesquita de Carvalho)
V. i. 5. Dar a entender de modo sutil e indireto, fazer insinuações: "Eu não costumo *insinuar*, quando não posso acusar." (Rui Barbosa, *apud* Francisco Fernandes)
V. pron. 6. Introduzir-se, penetrar sutilmente, infiltrar-se: O vento *insinuava-se* pelas frestas das janelas. / O barbeiro, inseto hematófago, *insinua-se*, de noite, nas casas de barro, transmitindo a doença de Chagas. / Ideias e valores negativos *vão-se insinuando* no espírito do povo. Cognatos: *seio, sinusite, sinuoso, sinuosidade, insinuação, insinuante, insinuativo*.

insipiente. *Adj.* Ignorante; insensato. Homônimo de *incipiente*★.

insistir. 1. Pode-se omitir a preposição *em* quando o complemento de *insistir* é uma oração iniciada pela conjunção *que*: O médico *insistia* (em) que a doença era incurável. / "Ele *insiste* (em) que a reforma é urgente." (Celso Luft) / "Marco Aurélio [imperador romano] *insistia que* os homens deviam continuar a viver nobremente, não se abandonando a uma sensualidade grosseira." (E. Burns, *Hist. da civ. ocidental*, p. 233, trad. de Lourival Gomes e outros) / "*Insistias em* que tudo era vazio." (Aníbal Machado, *Cadernos de João*, p. 152) / "Nesta altura, vale a pena *insistir em* que existem faixas culturais fora da universidade." (Alfredo Bosi, *A dialética da colonização*, p. 319) / O público *insistiu em* que não se retirava." (Ramalho Ortigão, *A Holanda*, p. 266)
2. Sendo complemento de *insistir* um substantivo ou pronome, usam-se as preposições *em* ou *sobre*: Galileu *insistia na* sua tese de que a Terra girava em torno do Sol. / *Insisto nisso* (ou *sobre isso*). / "Não é preciso *insistir sobre* esse vocabulário de doestos e impropérios dos povos cultos." (João Ribeiro, *Curiosidades verbais*, p. 34)
3. Para expressar a finalidade da insistência, diz-se 'insistir para', 'insistir com alguém para' ou 'insistir por que': "Ele *insistiu para* que as guardasse comigo." (Ciro dos Anjos, *A menina do sobrado*, p. 11) / *Insistiram comigo para que* ficasse. / "Na sala de jantar Paulo *insistiu com a irmã para* que aceitasse alguma coisa." (Coelho Neto, *Obra seleta*, p. 1023) / "Emília tinha tendência de se fechar em casa. Eça sempre *insistia para* que ela saísse." (Maria Filomena Mônica, *Eça de Queirós*, p. 312) / "Ela *insistiu então por que* eu dissesse o que sentia." (Ribeiro Couto, *Cabocla*, p. 106)

ínsito. [Do lat. *insitus*, colocado dentro, inserido.] *Adj.* Palavra de uso raro. Significa: a) inserido, introduzido, implantado; b) dado pela natureza, inato, natural.
⇨ É vocábulo proparoxítono.

insólito. [Do lat. *insolitus*, desusado, não acostumado.] *Adj.* Significados: 1. Desusado, contrário ao costume, ao uso: linguagem *insólita*; trajes *insólitos*.
2. Não habitual: procedimento *insólito*.
3. Extraordinário, incomum: fato *insólito*. ⇨ Não é sinônimo de *insolente* (= atrevido, grosseiro, inconveniente). Uma atitude pode ser insólita sem ser insolente. Esses dois adjetivos prendem-se ao v. latino *solere*, costumar, mas um não deve ser usado em lugar do outro.

insosso. *Adj.* 1. Sem sal, sem sabor, insípido, insulso: comida *insossa*.
2. *Fig.* Sem graça, desenxabido, enjoativo: história *insossa*. ⇨ É forma evoluída do lat. *insulsus*, sem sal, insulso, insípido. Veja *insulso*.

instância. *S.f.* 1. Ato de instar, pedido insistente, insistência: ceder às *instâncias* de um amigo; pedir uma coisa com *instância*.
2. Hierarquia judiciária, jurisdição: tribunal de primeira *instância*; tribunal de segunda *instância*. | *Em última instância*: como último recurso, em último caso. ⇨ Distinga-se de *estância* (morada, estação, fazenda).

instar. [Do lat. *instare*.] Pedir com insistência, rogar, insistir. Regências mais frequentes:
1. Por mais que *instasse*, não me atenderam. / O menino *instou* muito, mas os pais não cederam. / Ele *instou para* que o deixassem ir.
2. Ele *instou* os pais *a* (ou *para*) que lhe dessem o brinquedo. / Ele *os instou a* (ou *para*) que lhe dessem o brinquedo. / Grupos *instaram* o técnico *a* convocar o jogador. / "Os circunstantes *instaram-na* a responder." (Camilo Castelo Branco, *Os brilhantes do brasileiro*, p. 38) ⇨ Neste caso, admite a forma passiva: "Há dezoito meses éramos criticados por não estarmos seguindo o modelo mexicano. Agora *somos instados* a não cometer os seus erros." (Roberto Teixeira da Costa, *JB*, 19/1/95)
3. Ele *instou com* os pais para que lhe dessem o brinquedo. / O menino *instou com* eles para lhe darem o brinquedo.
4. Os moradores *instavam pela* duplicação da pista da rodovia. / "*Instou por* que a deixassem ir viver de seu trabalho." (Camilo Castelo Branco, *Doze casamentos felizes*, p. 47) ⇨ Hoje, instar é verbo obsoleto nas acepções de *estar iminente* e *ser urgente*, urgir.

instigar. Incitar, estimular. Constrói-se com os pronomes *o, os, a, as*, e nunca *lhe, lhes*: Os pais *a instigaram* a romper o noivado. / A mulher *instigava-o a* (ou *para*) que deixasse a bebida. / Foi ter com os índios e *instigou-os* a lutar contra os invasores. / Ele *os instigou* contra os invasores. / Eu *as instiguei* a fundar uma creche.

instituir. Quanto à grafia, veja *verbos terminados em -uir*.

instruir. Quanto à grafia, veja *verbos terminados em -uir*.

insuflar. [Do lat. *insufflare*, soprar ar em, de *flare*, soprar.] 1. Introduzir ar com o sopro, ou gás, por meio de aparelho: *Insuflei* ar na boca do náufrago. / *Insuflaram* gás no balão.
2. Encher de ar ou gás, inflar: O menino *insuflou* a bexiga de borracha.
3. Infundir, inspirar: Eles *insuflam* no povo ódio aos estrangeiros. / O santo *insuflava-lhes* ânimo e esperança.

insulano. [Do lat. *insulanus*, relativo a ilha (lat. *insula*).] *Adj.* 1. Relativo a ilha, insular.
|| *Subst.* 2. Habitante de ilha, ilhéu.

insular. *Adj.* 1. Relativo a ilha (lat. *insula*), insulano: O clima *insular* lhe fez bem. / "A ideia de esconder-se num recanto *insular* é das que falam mais alto à imaginação contemporânea." (Austregésilo de Ataíde, *Vana verba*, p. 327)
|| *Verbo.* 2. Ilhar, isolar, separar: *insular* um leproso, um preso; *insular* um país de outros. ⇨ Verbo de uso raro.

insulso. [Do lat. *insulsus* (*in-* + *salsus*), sem sal.] *Adj.* 1. Sem sal, insosso, sem sabor, insípido.
2. *Fig.* Sem graça, desenxabido: anedota *insulsa*.

insumo. *S.m.* Conjunto dos fatores (matéria-prima, horas de trabalho, energia, mão-de-obra, despesas, etc.) que entram na produção de bens e serviços. ⇨ "Neologismo criado (pelo modelo de *consumo*) para traduzir o inglês *input*." (Antônio Geraldo da Cunha, *Dicionário etimológico*.)

insurreto. [Do lat. *insurrectus*.] *Adj.* 1. Que se insurgiu: militares *insurretos*.
|| *Subst.* 2. Pessoa que participa de uma insurreição, revoltoso, revolucionário, rebelde: Tropas fiéis ao governo derrotaram os *insurretos*. Variante: *insurrecto*.

integérrimo. [Do lat. *integerrimus*.] *Adj.* Superlativo de *íntegro*★.

integrar. *V. t. d.* 1. Tornar inteiro, completo, inteirar, completar: As civilizações mais adiantadas *integram* as mais atrasadas. / Os complementos são termos que *integram* a significação de verbos e adjetivos.
V. pron. 2. Completar-se: As almas se buscam, se unem e *se integram*.
3. Juntar-se, incorporar-se: Com a catequese, índios e negros *integravam-se à* (ou *na*) civilização cristã. / "Ele custou a *se integrar ao* (ou *no*) grupo." (Celso Luft)

íntegro. [Do lat. *integer, integra, integrum*, intato, inteiro, íntegro, irrepreensível.] *Adj.* Inteiro; completo; reto, irrepreensível, honesto. Superlativo: *integérrimo*.

intemerato. [Do lat. *intemeratus*, sem mancha, puro.] *Adj.* Puro, imaculado: "Lá se foi, ... brilhante, jovial, *intemerato*, o nosso querido Hélio Pellegrino." (Moacir Werneck de Castro, *A ponte dos suspiros*, p. 195) ⇨ Distinga-se de *intimorato*★.

intempestivamente. *Adv.* De modo intempestivo, em hora imprópria: "Jandira entrou *intempestivamente* e já estava no meio do salão quando se lembrou de pedir licença." (Dias Gomes, *Decadência*, p. 31). Veja *intempestivo*.

intempestivo. *Adj.* Inoportuno: visita *intempestiva*. Veja o antônimo *tempestivo*.

intentou-se demolir prédios. Concordância correta. "Simplesmente *se intentou* resolver problemas conjunturais da política nacional e, em particular, da mineira." (Ciro dos Anjos, *A menina do sobrado*, p. 377) Veja *se* (pronome apassivador, 4).

Δ **inter-.** [Do lat. *inter*, entre.] *Pref.* = 'posição intermediária', 'reciprocidade': *interalveolar, interamericano, intercâmbio, intercontinental, interdigital, interestadual, inter-humano, intermunicipal, interocular, inter-racial, inter-relacionado, intersindical, interurbano, intervocálico*. ⇨ Separa-se com hífen só quando antecede palavras iniciadas com *h* ou *r*.

intercessão, interseção. 1. *Intercessão.* [Do lat. *intercessionem*.] Ato de interceder: obter algo por *intercessão* de Nossa Senhora, de um santo, de um amigo; a *intercessão* do sacerdote *em* (ou *a*) favor de um preso. 2. *Interseção*. [Do lat. *intersectionem*.] Corte pelo meio, cruzamento: a *interseção* de duas retas, de duas estradas. ⇨ Variante: *intersecção*.

interclube. [De *inter-* + *clube*.] *Adj.* Que se realiza entre clubes: campeonato *interclube*, campeonatos *interclubes*. ⇨ Palavra mal formada. A forma normal é *interclubista*, pouco usada. Pela norma, para formar um adjetivo por prefixação, antepõe-se o prefixo a outro adjetivo e não a um substantivo: *interestadual, desonesto, circumpolar*, etc.

interessar. [De *interesse* + *-ar*.] 1. Constrói-se, de preferência, com objeto direto nas acepções de: a) cativar o espírito, a atenção, excitar a curiosidade: A história do filme era insossa, não *interessou* o público. / O espetáculo parece não ter *interessado* as crianças. / O espetáculo não *as interessou*. / O desfile das escolas de samba *interessou* muito os turistas. / O desfile *os interessou* muito. / O tiroteio atraiu muitos curiosos à praça, *interessando-os* naquele confronto entre policiais e bandidos. / "Nada do que constituía os divertimentos de criaturas da sua idade *a interessava*." (Aquilino Ribeiro, *Mônica*, p. 73); b) captar o interesse de: Tentamos *interessar* os jovens pela prática dos esportes. / É importante *interessá-los* na prática dos esportes. / "Os adiamentos acabavam por sepultar as coisas que verdadeiramente *o poderiam interessar*." (Fernando Namora, *O homem disfarçado*, p. 53) / "A própria Comissão Científica em si *interessava-o* grandemente." (Manuel Bandeira, *Gonçalves Dias*, p. 150)

2. Constrói-se com objeto indireto nas acepções de: a) ser interessante, útil, proveitoso, importante: Investimentos estrangeiros *interessam* muito *ao país*. / *Aos trabalhadores interessam* emprego e bons salários. / O que mais *lhe interessava* era um bom emprego. / A construção da estrada *interessa* particularmente *aos* agricultores. / Rivalidades políticas não *interessam ao povo*. / Tem-se a impressão de que *interessa aos* nossos governantes que a população permaneça ignorante e pobre; b) dizer respeito: É um assunto que só *interessa aos* especialistas. / A aprovação da nova lei *interessava* particularmente *aos* industriais. / A nova lei *interessava-lhes* muito. / Isso não *lhe interessa*, meu filho.

Pron. 3. Mostrar interesse, empenhar-se: O promotor *interessou-se* muito *pelo* meu caso. / Várias empresas *interessam-se no* reflorestamento da região. / Ele separou-se da família e quase não se *interessava pelos* filhos. / "Não se *interessava em* ir a um médico." (Lêdo Ivo, *Ninho de cobras*, p. 18) / "Mas o livro não estava dando nenhum lucro, poucos se *interessavam em* adquirir um exemplar." (Ana Miranda, *A última quimera*, p. 46) ⇨ O v. *interessar* concorda obrigatoriamente no singular quando o sujeito é uma oração infinitiva: São imóveis esses que não me *interessa* vender agora. / Por motivos que não *interessa* relatar, resolvi despedir o empregado. Entenda-se: *Vender os imóveis agora* não me interessa. *Relatar os motivos* não interessa. As orações em destaque são sujeitos de *interessa*. Veja *sujeito oracional*.

interesse. [Do lat. medieval *interesse*.] *S.m.* Liga-se a seu complemento com as preposições *de, em, para* e *por*. Deve-se escolher a que melhor convém ao contexto: ter *interesse por* um cargo, *por* ela, *pelo* esporte; ter *interesse em* conhecer alguém ou um lugar, *numa* questão; não ter *interesse de* emprestar dinheiro; ser de grande *interesse para* o país, *para* nós. ⇨ Pronuncia-se *interêsse*. O verbo homógrafo é que se pronuncia *interésse*. Talvez isso lhe *interésse*.

interferir. *V. t. i.* Intrometer-se, imiscuir-se, ter interferência, ingerir-se, interpor-se, intervir; afetar. Constrói-se com a prep. *em*: *interferir em* alguma coisa. No magnífico romance histórico *Leopoldina e Pedro I*, a autora usou este verbo com a prep. *com*: "Por que a política estaria sempre a *interferir com* a felicidade das pessoas?" (p. 55) Regência estranha, sem amparo na tradição da língua. O usual é: *interferir na* felicidade das pessoas, *interferir na* escolha de uma profissão, etc.

ínterim. [Do lat. *interim*, entretanto, entrementes.] *S.m.* Espaço de tempo intermédio. Usa-se na expressão *nesse ínterim* = nesse meio-tempo, entrementes: Nesse *ínterim*, chegou o dono da casa. ⇨ É palavra proparoxítona, como indica o acento gráfico.

interjeicionar. [De *interjeição* + *-ar*.] Exclamar: "Oh! *interjeicionou* compungidamente o monarca." (Camilo Castelo Branco, *A brasileira de prazins*, p. 83, 2ª ed., Porto, 1898) / "Oh! — *interjeicionou* Amâncio. — Uma senhora casada!" (Aluísio Azevedo, *Casa de pensão*, p. 225)

intermediar. [De *intermédio* + *-ar*.] *V. t. d.* 1. Pôr de permeio, entremear: Tem o vezo de *intermediar* estrangeirismos em suas crônicas. 2. Exercer atividade de intermediário: Foi preso por *intermediar* o tráfico de entorpecentes. / Ele *intermedeia* a venda de equipamentos para a Petrobras. / "São funcionários que *intermedeiam* a entrega da criança a um casal ansioso por um filho." (Regina Eleutério, O *Globo*, 8/12/96) *V. i.* 3. Existir de permeio: "*Intermedeia* entre eles uma grande distância." (Celso Luft) 4. Servir de mediador: Pediram-lhe que *intermediasse* junto à diretoria da empresa. 5. Conjuga-se como *mediar* e *odiar*★. *Ind. pres.*: intermedeio, intermedeias, intermedeia, intermediamos, intermediais, intermedeiam. *Subj. pres.*: intermedeie, intermedeies, intermedeie, intermediemos, intermedieis, intermedeiem. ⇨ Nota-se, na imprensa, preferência pela conjugação regular: *intermedio, intermedia, intermediam; intermedie, intermediem*. Ex.:"João Roberto Lupion *intermedia* venda de equipamentos para a hidrelétrica de Machadinho, na divisa dos estados do Rio Grande do Sul e Santa Catarina." (*JB*, 18/7/96) Tal conjugação, porém, é desaconselhada por não haver na literatura exemplos que a amparem.

internacionalizar. *V. t. d.* 1. Tornar internacional: A ONU quis *internacionalizar* a cidade de Jerusalém. *Pron.* 2. O uso da língua inglesa *internacionalizou-se*.

internauta. *S.2g.* Usuário do sistema de comunicação por computador conectado à internet: "O *internauta* brasileiro, aquele que navega na internet, é um indivíduo extremamente apaixonado por essa novidade no país, a ponto de pôr em risco o seu relacionamento com a mulher, filhos e amigos." (*JB*, 26/6/96) ⇨ Neologismo criado pelos usuários da internet (rede mundial de computadores) no início da década de 90.

interpor. [Do lat. *interponere*, pôr entre.] Colocar entre, inserir, intercalar. Embora seja redundante, é correta a construção *interpor(-se) entre*: Ele *interpôs* seu corpanzil *entre* mim e meu colega. / Ela *se interpôs entre* o marido e o filho. / "O velho estendia a mão e *interpunha-se entre* eles." (Dalton Trevisan, *Cemitério de elefantes*, p. 6) / "Como vencer a separação, a mesa enorme que *se interpunha entre* eles, rodeada de cadeiras altas?" (Graciliano Ramos, *Insônia*, p. 116) / "Contingências da vida *se interpuseram entre* nós." (Vivaldo Coaraci, *Cata-vento*, p. 21) / "... se pelo menos uma noite conselheira *se interpusesse entre* a decisão e a execução." (Austregésilo de Ataíde, *Vana verba*, p. 132) Há muitos outros verbos que se usam com a preposição de que são formados: *condizer com, comprometer-se com, encarcerar em, intercalar entre, propugnar por, achegar-se a*, etc. Essas construções são legítimas, tanto mais porque o elemento inicial dos verbos que as formam já não é preposição, mas prefixo. ⇨ *Interpor* conjuga-se como *pôr*★: interponho, interpunha, interpus, interpusera, interpusesse, interpuser, etc.

interrogado. Admite as regências *acerca de, a respeito de* ou *sobre*, indiferentemente: *Interrogado sobre* o acidente, o motorista se contradisse. / *Interrogados acerca* (ou *a respeito*) do crime, responderam que nada sabiam.

interseção. Veja *intercessão*.

intervimos, interviemos. São formas do verbo *intervir*★ que não se devem confundir. 1. *Intervimos.* Tempo presente: Agora *intervimos* na questão. / Frequentemente *intervimos* em questões que não nos dizem respeito. 2. *Interviemos.* Tempo passado: Ontem *interviemos* na questão. / Nunca *interviemos* em conflitos externos. ⇨ Um ministro da Fazenda afirmou: "Só *intervimos* no Banco Econômico quando os elementos mostraram que não havia mais tempo." (*JB*, 19/08/95) O certo é: Só *interviemos* no Banco Econômico...

intervindo. Forma correta do particípio do v. *intervir*: Tendo eu *intervindo* (e não *intervisto* nem *intervido*) na discussão, os dois se acalmaram. / Ela não tinha *intervindo* na conversa. / "Eu não havia *intervindo* até então nos grandes debates." (Machado de Assis, *Brás Cubas*, p. 283) ⇨ O particípio e o gerúndio de *intervir* têm a mesma forma: *intervindo*.

intervinha, intervim, interveio. Estas são as formas corretas, e não *intervia, intervi, interviu.* Veja *intervir.*

intervir. [Do lat. *intervenire.*] Segue a conjugação de *vir★. Ind. pres.:* intervenho, intervéns, intervém, intervimos, intervindes, intervêm. *Pret. imperf.:* intervinha, intervinhas, intervinha, etc. *Pret. perf.:* intervim, intervieste, interveio, interviemos, interviestes, intervieram. *Pret. mais-que-perf.:* interviera, intervieras, interviera, etc. *Subj. pres.:* intervenha, intervenhas, intervenha, intervenhamos, intervenhais, intervenham. *Pret. imperf.:* interviesse, interviesses, interviesse, etc. *Fut.:* intervier, intervieres, intervier, etc. *Imper. afirm.:* intervém, intervenha, intervenhamos, intervinde, intervenham. *Ger.:* intervindo. *Part.:* intervindo. São erros crassos *intervia, intervi, interviu, intervido.* Diga-se: Ele *intervinha* em nossas discussões. / Eu não *intervim* na briga. / O Brasil não *interveio* no conflito. / O governo deveria ter *intervindo* na greve dos portuários.

inter vivos. Expressão latina que significa 'entre vivos', 'em vida', usada na linguagem jurídica: doação *inter vivos* (a que se faz em vida do doador e do beneficiário): *transplante inter vivos* (transplante em que o doador do órgão, ou de parte do órgão, é pessoa viva. ⇨ Grafa-se *inter vivos* e não *inter-vivos*, nem *intervivos*

intimar. [Do lat. *intimare,* fazer penetrar em, fazer ciente.] Notificar, fazer ciente com autoridade, ordenar. Regências relevantes:
1. Intimar alguém a alguma coisa: *Intimou-o a que desocupasse o imóvel.* / *O guarda o intimou a comparecer na delegacia.* / "Os conspiradores procuraram o almirante e *o intimaram* a assumir a chefia do movimento." (Cornélio Pena, *Fronteira,* cap. XV, Aguilar, 1958)
2. Intimar alguma coisa a alguém: *Intimou-lhe que desocupasse o imóvel.* / *O guarda intimou-lhe que retirasse o veículo.*

intimidar. Causar medo, temor, amedrontar. *V. t. d.* 1. As ameaças de morte não *intimidaram* o juiz. / As ameaças de morte não *o intimidaram.* / A presença deles pode *intimidá-lo* (e não *intimidar-lhe*). / O que *a* (e não *lhe*) *intimida*? *V. i.* 2. Esses casos de violência *intimidam* e nos tiram o sossego.
Pron. 3. Ele não *se intimida* com ameaças. / Vendo aquele homem estranho e feio, a criança *intimidou-se.*

intimorato. [De *in-* + *timorato* < lat. *timoratus,* temente < lat. *timor,* medo.] *Adj.* Sem temor, destemido. ⇨ Distinga-se de *intemerato★.*

intoxicar. Pronuncia-se *intocsicar* e não *intochicar.* O *x* soa como *cs* em todas as flexões de *intoxicar* e de seus cognatos: *intoxicou-se, intoxicará, intoxique,* etc; *tóxico, intoxicação, toxicômano, toxina,* etc. Existe a variante *entoxicar,* registrada no VO e nos dic. Houaiss e Caldas Aulete.

Δ **intra.** [Do lat. *intra,* dentro de.] *Pref.* Traduz posição interior: *intrauterino, intraocular, intra-hepático, intrarrenal, intrassegmentar, intramuscular.* ⇨ Com hífen, antes da *vogal a* e de *h.*

intricado. [Do lat. *intricatus,* enredado, embaraçado.] *Adj.* Embaraçado, emaranhado, enredado, confuso: um caso *intricado,* uma questão *intricada.* / "... a elucidação de alguns dos *intricados* problemas da língua portuguesa no Brasil." (Silvio Elia, *O problema da língua brasileira,* p. 137) / "Mas o nó que prendia o jugo à lança era tão *intricado* que se tornava quase impossível desatá-lo". (Antônio Houaiss, *Pequeno dicionário enciclopédico,* p. 1214) Usa-se também como substantivo: "Naquele *intricado* de igarapés, córregos e rios, ele era nosso guia." (Assis Brasil, *Os esqueletos das amazonas,* p. 37). Variante: *intrincado.* Por influência da primeira sílaba nasal, somos levados a nasalizar a segunda, pronunciando *in-trin-ca-do,* forma menos correta, porém muito usada. Empregaram-na escritores de renome, como Eça de Queirós, Coelho Neto, Cassiano Ricardo, Luís Jardim e outros. A nasalização do segundo *i* de *intricado* ocorre também em *intricar* / *intrincar* e *inextricável* / *inextrincável.*

Δ **intro-.** [Do lat. *intro,* para dentro, para o interior.] *Pref.* Indica movimento para dentro: *introverter, introvertido, intromissão, introspecção,* etc.

intuir. [Do lat. *intueri,* olhar atentamente, observar, ver, descobrir.] Deduzir ou perceber por intuição, sem a intervenção do raciocínio, perceber o real clara e imediatamente: Ela *intuiu* as intenções do marido. / O poeta *intui* a beleza oculta das coisas. / O homem reto *intui* a existência de Deus. / "Pelo aspecto solene de ambos, ela *intuiu* do que se tratava antes mesmo que eles o revelassem." (Dias Gomes, *Decadência,* p. 32)
Emprega-se este v. também na acepção de *pressentir,* assim como *intuição* no sentido de *pressentimento.* Variante: *intuicionar.*

intuito. *S.m.* Intento, objetivo, fim. ⇨ Pronuncia-se *intúito* e não *intuíto*.

inupta. [Do lat. *innupta* (*in-* + *nupta*), não casada.] *Adj.* Solteira.

invejar. Diz-se corretamente: Eu não *o* (e não *lhe*) invejo, ministro. / *Invejo-lhe* a facilidade com que se exprime.

inventar. Acompanhado de infinitivo regido da prep. *de*, *inventar* significa *ter a ideia de*, *resolver*: Agora o vizinho *inventou de* tocar piano de madrugada. / Justamente agora, numa fase tão difícil, minha filha *inventa de* dar festas. / "E o diabo do bruxo logo agora *inventara de* tomar compromissos." (Menotti Del Picchia, *Salomé*, p. 11) ⇨ Além de tornar a frase mais expressiva, *inventar de* lhe confere um tom de desagrado e reprovação. Igual observação se pode fazer acerca da expressão *dar de* (= começar a): O moço, antes abstêmio, agora *deu de* beber.

inverno. *Adj.* relativo a inverno: *hibernal* (frio *hibernal*, chuvas *hibernais*).

invés. Veja *ao invés de*.

investir. 1. Dar posse ou investidura, empossar, revestir de poder: O presidente eleito o *investiu* no cargo de ministro da Economia. / A junta militar *investiu* o ditador de plenos poderes. Na forma passiva: Ele foi *investido* no cargo de primeiro-ministro. / Abusa dos poderes *de* que está *investido*. / Há magistrados sem preparo moral e profissional para desempenhar as altas funções *em que foram investidos*.
2. Fazer investimentos, empregar capital: A empresa *investiu* milhões de dólares na compra de novos equipamentos. / Ele *investe* parte dos lucros em pesquisas científicas. / A empresa vai *investir* em tecnologia e mão de obra.
3. Atacar, arremeter. Nesta acepção, usa-se de preferência, com as preposições *com* ou *contra*: O touro, enfurecido, *investiu com* (ou *contra*) o toureiro. / A polícia de choque *investe* contra os manifestantes. / "O menino *investia com* os gansos, aos berros, brandindo um bambu à guisa de lança." (Coelho Neto, *Obra seleta*, p. 240)
⇨ Em bons escritores, aparece ora com as preposições *para* e *sobre*, ora com objeto direto: "O pai... *investiu sobre* o móvel e pôs-se a golpeá-lo furiosamente." (Garcia de Paiva, *Esse menino*, p. 22) / "Uma e muitas vezes o touro *o investe* cego e irado, mas a destreza do marquês esquiva sempre a pancada." (Rebelo da Silva, *Contos e lendas*, p. 171)

ínvio. [Do lat. *invius* (*in-* + *via*), sem caminho, intransitável, inacessível.] Adjetivo poético: matagal *ínvio*; *ínvias* florestas. ⇨ O acento tônico está no *i* inicial.

íon. *S.m.* Átomo ou grupo de átomos (íon complexo) com excesso de elétrons ou com alguma perda deles. Pl.: *íons*.

Iperoí. Praia do litoral paulista onde Anchieta e Nóbrega apaziguaram os tamoios confederados contra os portugueses: "A suma de todo esse esforço, que se deve a Anchieta, foi o armistício de *Iperoí*." (João Ribeiro, *História do Brasil*, p. 119) Variante: *Iperoígue*.

ípsilon. *S.m.* A 20ª letra do alfabeto grego; nome da letra *y*. Pl. *ípsilons*. Variantes prosódicas: *ipsílon*, *ipsílones*, *ipsilão*, *ipsilões*, *ipsilone*, *ipsilones*. ⇨ A pronúncia usual no Brasil é *ípsilon*, *ípsilons*, exceto na expressão *cheio de ipsilones*, que na linguagem informal significa *detalhista*, *preocupado com minúcias e formalismos*, *cheio de luxos*.

ipsis verbis. Expressão latina que significa 'com as mesmas palavras', 'textualmente': Essa é, *ipsis verbis*, a declaração dele. ⇨ Também se usa para designar uma citação textual, a expressão sinônima *ipsis litteris*, 'com as mesmas letras', textualmente, literalmente: Transcrevo, *ipsis litteris*, as palavras dele.

ipso facto. Expressão latina que significa 'pelo próprio fato', 'por isso mesmo': O aumento do preço dos combustíveis acarreta, *ipso facto*, o aumento do frete.

ir. V. irregular. *Ind. pres.*: vou, vais, vai, vamos, ides, vão. *Pret. imperf.*: ia, ias, ia, íamos, íeis, iam. *Pret. Perf.*: fui, foste, foi, fomos, fostes, foram. *Pret. mais-que-perf.*: fora, foras, fora, fôramos, fôreis, foram. *Fut. do pres.*: irei, irás, irá, iremos, ireis, irão. *Fut. do pret.*: iria, irias, iria, iríamos, iríeis, iriam. *Subj. pres.*: vá, vás, vá, vamos, vades, vão. *Pret. imperf.*: fosse, fosses, fosse, fôssemos, fôsseis, fossem. *Fut.*: for, fores, for, formos, fordes, forem. *Imper. afirm.*: vai, vá, vamos, ide, vão. *Imper. neg.*: não vás, não vá, não vamos, não vades, não vão. *Infinitivo pessoal*: ir, ires, ir, irmos, irdes, irem. *Ger.*: indo. *Part.*: ido.
Quanto ao emprego do v. *ir*, veja os verbetes seguintes.

ir. *Concordância*. Em frases como as seguintes, o v. *ir* é impessoal, devendo, portanto, concordar na 3ª pessoa do singular: *Vai* (e não *vão*) para dez anos que a família se mudou. / *Vai* fazer cinco anos que ele casou. / *Ia* fazer cem anos que a cidade fora fundada. / Com certeza, *vai* haver reclamações.

ir a, ir em. 1. Em linguagem culta formal, diz-se *ir a* (e não *ir em*) um lugar, um espetáculo, uma festa, etc.: *ir a* São Paulo, *ir a* Minas, *ir à* Bahia, *ir à* igreja, *ir à* missa, *ir a* uma reunião, *ir ao* cinema, *ir ao* casamento de um amigo, *ir* àquela praça, *ir* àquele teatro, etc. Diz-se corretamente "A praia *a que fomos* era deserta", "A festa *a que fui* acabou tarde", "O cinema *a que íamos* ficava perto", "Nos bailes *a que costumava ir* quase sempre havia brigas", "São dois lugares *a que* também *vou* frequentemente". (Helder Macedo, *Sem nome*, p. 128), sempre com a prep. *a* antes do pronome *que*.
2. A regência *ir em*, neste caso, embora não se recomende, admite-se apenas na comunicação informal, por se tratar de um fato da fala brasileira: Ele *foi na* cidade. / *Foram no* mato catar lenha. / *Fui em* casa. / Elas *foram na* Argentina. / Eu sempre *ia na* farmácia próxima. ⇨ Esta sintaxe é frequente em escritores brasileiros, a partir da fase modernista de nossa literatura.

ir a, ir para. Empregue-se, de preferência, *ir a* um lugar, quando a permanência é breve, e *ir para* um lugar, quando a permanência é longa, ou houver mudança do domicílio: Ele *foi a* Lisboa nas férias de julho. / Ele deixou o país e *foi para* Lisboa.

ir ao encontro de. Ir em direção a; ir a favor de: O filho *foi ao encontro do* pai. / Sua iniciativa *vai ao encontro de* nossos anseios. ⇨ Não confundir *ir ao encontro de* com a expressão de sentido oposto *ir de encontro a*, como fez certo acadêmico num de seus romances: "Ronaldo *ia de encontro a* Uchoa bem preparado." O escritor quis dizer que o moço Ronaldo *ia encontrar-se com* o pai da namorada, bem preparado para pedi-la em casamento. Veja *ao encontro de*.

ir com. Combinar, casar: "Os cabelos, dum curioso louro-esverdeado, *iam* muito bem *com* o tom do uniforme." (Érico Veríssimo, *O prisioneiro*, p. 34)

ir de encontro a. Ir contra, chocar-se com; contrariar. Veja *ao encontro de*.

ir + infinitivo. 1. É muito usado o v. auxiliar *ir*, seguido de infinitivo, para expressar fatos futuros. São corretas as construções: Avisam que *vai faltar* luz. / Avisam que *irá faltar* luz. / Avisam que *faltará* luz. / Avisaram que *ia faltar* luz. / Avisaram que *iria faltar* luz. / Avisaram que *faltaria* luz. / "O acordo Brasil-Argentina, acertado semana passada em Buenos Aires, *irá deixar* de fora de qualquer compensação as autopeças destinadas à reposição." (Nélia Marques, *JB*, 17/12/94) / "E disse que *iria procurar* a companheira para voltar com ela antes que o dia acabasse." (Aníbal Machado, *Cadernos de João*, p. 144) / "Julgava-se que tudo *iria acabar*." (Fernando Namora, *O homem disfarçado*, p. 15) / "Dizia sempre que um dia *iria deixar* de ver. Tudo *ia ficar* escuro para ele..." (Ana Miranda, *A última quimera*, p. 149) / "A vitória que *ia coroá-lo* devia-a ele a ter empregado em momento oportuno uma arma terrível." (Alexandre Herculano, *O monge de Cister*, p. 297) / "Esta força arbitrária do destino *ia fazer* de mim um menino meio cético." (José Lins do Rego, *Menino de engenho*, p. 5) / "Ao longo das décadas a população do bairro *ia passar* por grande oscilação." (Lourenço Diaféria, *Brás*, p. 41) / "O Brás, penso *irá ficar* diferente." (*Id., ib.*, p. 193) / "Viajantes desciam a Serra, levando a nova de que o filho de Dom Brás *iria casar*." (Diná Silveira de Queirós, *A muralha*, p. 115) / "Para onde nos *iam* levar? (Graciliano Ramos, *Memórias do cárcere*, I, p. 304) / "Nesse caso, os estrangeiros *iriam* roer o osso mais duro." (*Id., ib.*, II, p. 325) / "Terá tanta certeza de que sua companhia me *vai ser* agradável?" (Érico Veríssimo, *O senhor embaixador*, p. 81) / "Achava que algo *ia acontecer*." (*Id., ib.*, p. 211) "Eu não estava certo de quando *ia voltar*." (Herberto Sales, *Rio dos morcegos*, p. 147) / "Ele *vai chegar* a qualquer hora." (Celso Luft) / "Ela *vai fazer* falta." (Houaiss).
Evidentemente, as formas do auxiliar *ir* podem ser de outras pessoas gramaticais: Prometem que *vão* concluir a obra. / Prometem que *irão* concluir a obra. / Quando *vamos* fechar o negócio? / Quando *iremos* fechar o negócio? / E tu *ias* ficar sem dinheiro? / E tu *irias* ficar sem dinheiro?
2. São igualmente legítimas as duas regências: 'Foi banhar-se *na* cachoeira' e 'Foi banhar-se *à* cachoeira', 'Foram procurá-lo *no* escritório' e 'Foram procurá-lo *ao* escritório', 'O pai tinha ido buscar o filho *em* Santos' e 'O pai tinha ido buscar o filho *a* Santos'. Deve-se ressaltar, porém, que a segunda construção, corrente em Portugal, é estranha ao falar brasileiro. Encontra-se em um ou outro escritor moderno: "Não dura muito o bem-estar: *vão logo buscar-me ao* meu buraco." (Aníbal Machado, *Cadernos de João*, p. 72) / "Eram ainda as mulheres

que plantavam o mantimento e que *iam buscar água à fonte*." (Gilberto Freire, *Casa-grande e senzala*, p. 115) / "Na tarde de um desses dias tentei *ir passear a* Niterói." (Joaquim Manoel de Macedo, *A luneta mágica*, cap. 24). Ciro dos Anjos usou a sintaxe brasileira neste passo: "A moça deixa a fazenda para *ir recebê-lo na* casa da vila." (*O amanuense Belmiro*, p. 142)
Se o infinitivo exigir a prep. *a*, usar-se-á, obviamente, a segunda construção: O pai foi *levar* o filho *à* escola. / Fui *conduzir* o cego *ao* ponto de ônibus.

ir melhor, ir pior. Nestas expressões, *melhor* e *pior* são advérbios, não variam: Os doentes vão *melhor*. / As coisas agora vão *pior*.

ir no encalço de. Veja *no encalço de*.

ir-se embora. Pode-se anexar ao v. *ir* a partícula expletiva *se*, geralmente para imprimir à ação caráter de espontaneidade: Lá *se foram* elas, contentes! / Despediu-se de todos e *foi-se* embora. / "Lá *se vão* todas as crianças..." (Cecília Meireles, *Criança meu amor*, p. 23)

irascível. [Do lat. *irascibilis* (de *ira*)] *Adj*. Irritadiço, irritável: temperamento *irascível*. Inexiste a forma *irrascível*.

Δ **irido-.** [Do gr. *íris, íridos*, arco-íris.] *El. de comp.* = 'íris': *iridescente, iridotomia, iridemia, iridiano* (relativo à íris).

íris. [Do gr. *íris, íridos* < de *Íris*, mensageira alada dos deuses, que se anunciava pelo arco-íris.] Substantivo feminino no grego e no latim, em todas as acepções. 1. Em português, usa-se no masculino para designar: a) o arco-íris; b) o espectro solar; c) o quartzo irisado (pedra preciosa); d) o gênero de plantas ornamentais, tipo da família das iridáceas, a que pertencem muitas variedades de flores, entre elas o gladíolo ou palma-de-santa-rita; e) sinal de paz e felicidade. 2. Usa-se no feminino nas acepções de: a) membrana circular, contrátil, colorida, com orifício chamado pupila, o qual regula a entrada da luz no olho; b) espécie de borboleta diurna. Cognatos: *iriado, irial, iriante, iriar, iridáceas, iridectomia, iridescente, iridiano, irídio, irisação, irisado, irisar*, etc.

irrequieto. [Do lat. *irrequietus* (*in-* + *requietus*), que não descansa.] *Adj*. Que não sossega, buliçoso, agitado. Antônimo: *quieto, sossegado*. ⇨ É errônea a grafia *irriquieto*.

irrisão. [Do lat. *irrisionem*, escárnio.] *S.f.* Mofa, escárnio, zombaria: Sua imperícia e desacertos eram alvo da *irrisão* de seus desafetos.

irrisório. *Adj*. 1. Em que há irrisão, que provoca irrisão: atitude *irrisória*.
2. Ridículo, insignificante, irrelevante: aluguel *irrisório*; quantia *irrisória*; motivos *irrisórios*.

irritar. Observar as construções corretas: Aquelas palavras *o* (e não *lhe*) *irritaram* muito. / A poeira lhe *irrita* os olhos (= A poeira irrita os olhos *dele*).

írrito. [Do lat. *irritus*, sem valor, nulo.] *Adj*. Sem efeito, sem valor, nulo: contrato *írrito*. ⇨ Palavra proparoxítona. Diferente de *irrito*, do v. *irritar*.

Δ **-isar, -izar.** Nos verbos, escreve-se *-isar* quando o radical dos substantivos ou adjetivos correspondentes termina em *-s*. Se o radical não terminar em *-s*, grafa-se *-izar*. Exemplos: a) aviso: *avisar*; análise: *analisar*; liso: *alisar*; improviso: *improvisar*; paralisia: *paralisar*; pesquisa: *pesquisar*; b) civil: *civilizar*; canal: *canalizar*; ameno: *amenizar*; colono: *colonizar*; cicatriz: *cicatrizar*. As letras *s* ou *z* aparecem, é claro, em todas as formas da conjugação desses verbos.

islã. [Do árabe *islām*, obediência a Deus.] *S.m.* Religião muçulmana, islamismo; o mundo muçulmano. Nessa última acepção, grafa-se com inicial maiúscula: o *Islã*. Variantes: *islame, islão*.
Adj. rel. ao islã: *islâmico* (civilização *islâmica*).

Δ **iso-.** [Do gr. *ísos*, igual.] *El. de comp.* Dá ideia de 'igualdade': *isócrono, isodáctilo, isógono, isonomia, isósceles, isoédrico, isossilábico*, etc.

israelense, israelita. 1. *Israelense*. Relativo ao Estado de Israel, criado em 1948; pessoa natural desse país: soldado *israelense*, os *israelenses* de Tel-Aviv.
2. *Israelita*. Relativo ao antigo povo de Israel, judaico, hebreu; indivíduo desse povo: Salomão foi o mais sábio dos reis *israelitas*. / Os *israelitas*, dirigidos por Moisés, atravessaram o Mar Vermelho a pé enxuto.

Δ **israelo-.** *El. de comp.* = israelense: conflito *israelo-palestino*, relações *israelo-americanas*. ⇨ Observe-se que todos os elementos de composição desse tipo terminam por *o*: *afro-, austro-, brasilo-, franco-, greco-, hispano-, ítalo-, luso-, nipo-, sino-*, etc.

isso, isto. Pronomes demonstrativos. 1. Emprega-se o pronome *isso*:
a) para aludir a algo que se acha próximo da pessoa com quem se fala ou a ela se refere: *Isso* que você está levando é seu? / *Isso* (que acabas de afirmar) não é surpresa para mim.

b) para aludir a algo que se mencionou: Ter sede e não poder beber, *isso* é que é atroz. / O país pode tornar-se autossuficiente em petróleo, mas *isso* exige muito esforço e dinheiro.
2. Usa-se o pronome *isto*:
a) para aludir a algo que se acha perto ou junto da pessoa que fala ou lhe diz respeito: *Isto* é um presente de noivado, disse ela, mostrando-me a joia. / Não revelarei *isto* a ninguém.
b) para aludir a algo que se vai mencionar: Guarde bem *isto*: É melhor prevenir o mal do que remediá-lo.
3. As normas acima expostas são de rigor na língua culta formal (científica, jurídica, técnica, jornalística). Na linguagem literária, os sentimentos podem levar o escritor a usar uma forma por outra. São de renomados autores os exemplos seguintes, em que se usou *isto* em vez de *isso*: "Em tudo *isto*, porém, há muito pouca política." (Joaquim Nabuco, *Minha formação*, p. 34) / "Disse *isto* fechando o punho, e proferi outras ameaças." (Machado de Assis, *Dom Casmurro*, cap. XVIII) / "Ao pensar *nisto*, Licurgo odeia os sitiantes com um ódio apaixonado." (Érico Veríssimo, *O continente*, I, p. 9)

isso são desvarios. O verbo *ser* concorda com o predicativo, quando o sujeito é um dos pronomes *tudo, isso, isto, aquilo*: Nem *tudo*, na vida, são *flores*. / *Aquilo* eram *caprichos* de criança. / "Mas *tudo isso* são *desvarios* de um espírito tresnoitado." (Campos de Carvalho, *Obra reunida*, p. 147)

Δ **ítalo-.** Relativo à Itália. Mantém-se invariável na flexão de adjetivos compostos: *ítalo-brasileiros, ítalo-brasileiras, ítalo-argentinos, ítalo-argentinas*. Sem hífen, em palavras que não são adjetivos pátrios: *italófono, italofilia, italófilo*.

Δ **-ite.** *Suf.* De origem grega, designativo de doença inflamatória: *amigdalite, bronquite, flebite, conjuntivite, apendicite*, etc.

Δ **-ivo, -(t)ivo.** *Suf.* De origem latina, formador de adjetivos que exprimem referência, modo de ser: *abusivo, afetivo, agressivo, excessivo, olfativo*, etc. É frequentemente unido por um *t* ao radical do substantivo ou do verbo de que deriva: *criativo, nutritivo, competitivo, convidativo*, etc.

Δ **-izar.** *Suf. verbal.* Forma verbos factitivos: *arborizar, economizar, fertilizar, moralizar, organizar*, etc. Veja *-isar*.

J

já. *Adv. de tempo.* 1. Em frases negativas, indica: a) cessação de um fato: Ela *já* não lê, está quase cega; b) mudança de um fato: As pessoas *já* não se vestem como antigamente. ⇨ Em frases desse tipo, pode-se usar *mais* em vez de *já*: Ela não lê *mais*, está quase cega. / As pessoas não se vestem *mais* como antigamente.
2. É geralmente condenado, por constituir redundância, o emprego simultâneo de *já* e *mais*, em frases do tipo supra: Ela *já* não lê *mais*. / *Já* não se respeita *mais* a vida. / *Já* não se estuda *mais* como antigamente. / *Já* não há *mais* dúvida sobre o caso. ⇨ Não nos parece reprovável o uso de *já* seguido de *mais*. A ênfase o justifica e tem o amparo de bons escritores: "*Já* não se fazem *mais* frases como antigamente." (Moacir Werneck de Castro, *JB*, 12/3/94) / "*Já* não há *mais* razão para a revolta." (Aníbal Machado, *Cadernos de João*, p. 198)

jacente. *Adj.* Que jaz, que está deitado, estendido no chão ou num leito; que está situado: terras *jacentes* a leste.
| *Herança jacente*: herança cujos herdeiros não são ainda conhecidos, a que não foi reclamada por nenhum herdeiro. *Estátua jacente*: a que representa uma pessoa deitada.

jactância. [Do lat. *jactantia*.] Ação de jactar-se (gabar-se), ostentação, arrogância. Variante: *jatância*. Assim também *jactancioso* (fanfarrão) ou *jatancioso*.

jactar-se. [Do lat. *jactare*, arremessar; mostrar-se orgulhoso.] *V. pron.* Gabar-se, vangloriar-se, blasonar: *jactar-se* de sua origem, de suas façanhas. Tem conotação pejorativa. Variante: *jatar-se*.

já... já. Locução alternativa equivalente de *ora... ora*: "Na vida da Idade Média uma das poucas coisas em que se divertiam os ricos era no exercício da caça, *já* cinegética, *já* de altenaria ou falcoaria." (Mário Barreto, *Últimos estudos*, p. 9)

jângal. [Do sânscrito *jángala*, através do ingl. *jungle*.] *S.m.* Mata espessa e luxuriante do sul da Ásia. Usa-se a expressão *a lei do jângal* para designar o predomínio violento dos mais fortes sobre os mais fracos. ⇨ Existe a variante *jângala*, pouco usada.

janta. [Derivado do v. *jantar*.] *S.f.* O jantar: A *janta* era às 19 horas. / "Foram depois para a mesa da *janta*, e ele não falava." (José Lins do Rego, *Fogo morto*, p. 294) ⇨ É palavra de uso vulgar, mas de boa formação, não devendo, por isso, ser impugnada. Se de *caçar* se derivou o subst. *caça*, e de *pescar*, *pesca*, é perfeitamente lícito que de *jantar* se derive *janta*.

japão. *Adj.* relativo ao Japão: japonês, nipônico. Em adjetivos pátrios compostos, quando inicial, substitui-se *nipônico* pelo elemento *nipo*★: empresa *nipo-argentina*, convênio *nipo-brasileiro*. Veja *nisei* e *nissei*.

jardim de infância. *S.m.* Escola para crianças de 4 a 6 anos. Pl.: *jardins de infância*. ⇨ O Acordo Ortográfico de 1990 suprimiu os hifens nesta como em quase todas as locuções.

jardim de inverno. *S.m.* Pl.: *jardins de inverno*.

jargão. [Do fr. *jargon*.] *S.m.* 1. Linguagem incompreensível.

2. Terminologia peculiar de profissionais ou grupos sociais: *o jargão dos economistas, o jargão forense*. ⇨ Não confundir com *refrão* (provérbio, ditado, adágio), como fez o autor desta frase: "Não há mais *negócio da China*, como diz o jargão." (JB, 29/9/94)

jazer. [Do lat. *jacere*.] Estar deitado, estar estendido no chão ou num leito; estar sepultado; estar, permanecer, encontrar-se. Verbo regular em todos os tempos, exceto no pres. do ind., 3ª pessoa do singular, cuja forma é *jaz* (em vez de *jaze*): Neste túmulo *jaz* um herói da Segunda Guerra Mundial. / Ele *jaz* esquecido num leito do hospital. ⇨ Atenção para a concordância: Aqui *jazem* (e não *jaz*) os restos mortais de... Cognatos: *jacente*, *jazida*, *jazigo* (túmulo).

jiu-jítsu. [Do japonês *jujutsu*.] *S.m.* Modalidade de luta corporal japonesa. Propomos as grafias *jujítsu* ou *jiujítsu*, mais coerentes. Variante: *jujútsu*.

joanete. [Do esp. *juanete*.] *S.m.* Saliência ou deformação da articulação do dedo grande do pé com o metatarso. ⇨ A pronúncia correta é *joanête*.

jogar de. É lícito construir este verbo com as preposições *de* ou *como*, em frases do tipo: Ele *joga de* (ou *como*) *goleiro*. / Eu *jogava de* (ou *como*) *centroavante*. A prep. *de*, neste caso, exprime modo, função, tarefa, tal como ocorre com outros verbos: Os meninos *brincavam de mocinho e bandido*. / "Ela trabalha *de faxineira*." (Celso Luft) / Ele *ficou de guarda*. / Procurei alguém que *servisse de guia*. ⇨ Equivoca-se quem reprova a construção *jogar de goleiro*, tachando-a de italianismo.

jogral. [Do lat. *jocularis*, divertido, risível, através do provençal *joglar*.] *S.m.* Na Idade Média, trovador ou cantor ambulante. Fem.: *jogralesa*.

joint venture (djóint vêntjar). *S.f.* Expressão inglesa que significa 'união de risco' e que designa uma associação de empresas para executar um projeto, um empreendimento: "Cada empresa, durante a vigência da *joint-venture*, é responsável pela totalidade do projeto." (Paulo Sandroni, *Novo dicionário de economia*, 3ª ed., p. 179) ⇨ Aurélio e Caldas Aulete não hifenizam a expressão, que pode ser substituída por 'contrato de risco'.

jóquei. *S.m.* Profissional que monta cavalos de corrida. Fem.: *joqueta*.

jóquei-clube. Pl.: *jóqueis-clubes* ou *jóqueis-clube*.

jubilar¹. [De *jubileu* + *-ar*.] *Adj.* Relativo a jubileu ou a aniversário solene: ano *jubilar*.

jubilar². [Do lat. *jubilare*, soltar gritos de alegria.] *V. i.* e *t. d.* 1. Encher-se de júbilo, alegrar-se muito, rejubilar-se: "A titi, desvanecida, guardou o jornal no oratório... e eu *jubilei*, por imaginar o despeito de Adélia..." (Eça de Queirós, *A relíquia*, p. 64, ed. 1887)
2. Aposentar(-se) por jubilação (aposentadoria honrosa de professor): "A universidade *jubilou* alguns professores." (Celso Luft) / "O serviço público não *jubilou*, ainda, este burocrata mestre." (Ciro dos Anjos, *O amanuense Belmiro*, p. 43) / Atingida a idade limite, o professor *se jubilou*. / "O professor *jubilou-se* justamente quando a nossa turma devia receber-lhe as aulas." (Vivaldo Coaraci, *Todos contam sua vida*, p. 186) / "O médico Bernardo *jubilou-se* na Faculdade de Medicina do Rio e foi morar em Paraíba do Sul." (Agripino Grieco, *Gralhas e pavões*, p. 122)

judeo-cristão. *Adj.* 1. Relativo, simultaneamente, aos judeus e cristãos: entendimentos *judeo-cristãos*, tradições *judeo-cristãs*.
|| *S.m.* 2. Judeu que se converteu ao cristianismo. Flexões: *judeo-cristãos*, *judeo-cristã*, *judeo-cristãs*.
Nesta palavra, como em *judeo-católico*, *judeo-alemão*, *judeo-árabe*, etc., o elemento de formação *judeo* é de uso recente. Até há pouco, grafava-se *judeu*: *judeu-cristão*, *judeu-árabe*, *judeu-alemão*, etc. O *Vocabulário Ortográfico da ABL* e os dicionários *Houaiss*, *Aurélio* (ed. 2000) e *Caldas Aulete* registram as duas formas.

judiar. [Derivado de *judeu*.] *V. t. i.* Maltratar, fazer sofrer (como se fazia com os judeus). O complemento é regido das preposições *com* ou *de*: Não se deve *judiar dos* (ou *com os*) animais. / "A excelente Dona Inácia era mestra na arte de *judiar de* crianças." (Monteiro Lobato, *Negrinha*, p. 5) ⇨ Conjuga-se regularmente: judio, judias, judia, judiamos, judiais, judiam; judie, judies, judie, judiemos, judieis, judiem; etc.

julgado. *Adj.* 1. Sentenciado, decidido por sentença de juiz ou tribunal: *coisa julgada*.
|| *S.m.* 2. Sentença, decisão de juiz ou tribunal.
| *Passar em julgado*. Tornar-se (uma sentença) irrecorrível e, por extensão, ficar (um assunto) decidido definitivamente, não se admitindo mais discussão: "...e a espada heroica de João Fernandes Vieira, ao desembainhar-se em Per-

nambuco, não fez mais do que lavrar a sentença *passada em julgado* perante a jovem civilização brasileira." (Ramalho Ortigão, *A Holanda*, p. 139) / "Todavia, a existência da traição do capitão Dreyfus *passou em julgado* como fato indisputável." (Rui Barbosa, *Cartas de Inglaterra*, p. 29) Veja *em julgado*.

jungir. [Do lat. *jungere*, juntar, unir, pôr sob o jugo, atrelar.] *V. t.* Ligar, unir por meio de jugo ou canga, juntar, atrelar, cangar: O roceiro *jungiu* os bois. / Ele *jungiu* os bois ao carro. / Às 7 horas, ele *jungia* os cavalos ao arado. ⇨ V. defectivo. Não possui a 1ª pess. sing. do pres. do ind. nem, portanto, o presente do subj.

junho. Adj. relativo a junho: *junino* (festas *juninas*).

júnior. [Do lat. *junior*, mais jovem.] *Adj.* 1. O mais jovem, mais moço (de dois). Designativo que se acrescenta ao nome do filho que tem o nome do pai: *Osvaldo Lopes Júnior*. ⇨ Também se aplica ao esporte praticado por jovens: *futebol júnior*. || *Subst. pl.* 2. Desportistas jovens, geralmente de 17 a 20 anos: "A seleção brasileira de futebol de *juniores* viaja hoje para Medellin, na Colômbia." (*Jornal do Comércio*, 11/8/92) / "A seleção de *juniores* não para." (*JB*, 5/9/92) / "O Brasil está na final de *juniores*." (*Jornal dos Esportes*, Rio, 18/3/93) / "O Brasil pode ser campeão mundial de *juniores*..." (Sérgio Noronha, *JB*, 13/3/93) ⇨ Escreve-se a palavra como nos exemplos supra e pronuncia-se *juniôres* e jamais *júniores* ou *júniors*.

juntar. [De *junto* + *-ar*] 1. Diz-se 'juntar uma coisa *a* outra ou *com* outra': *À beleza do rosto juntava* um fascinante sorriso. / Não queiras *juntar* pólvora *ao* (ou *com o*) fogo. / O livro fica mais atraente quando *se lhe juntam* figuras coloridas. / Para que os alimentos não fiquem insípidos, *junta-se-lhes* sal.
2. Uma pessoa pode *juntar-se a* outra ou *com* outra: Saiu de casa para *juntar-se a* seus amigos. / Gente honesta não *se junta com* criminosos. / A lavadeira *juntou-se* (= amasiou-se) *com* um soldado do Exército. Veja *ajuntar*.

junto. 1. É quase sempre adjetivo, portanto variável, concordando com o(s) substantivo(s) a que se refere: Ele pulou de pés *juntos*. / Ela rezou de mãos *juntas*. / Os dois jovens andavam sempre *juntos*. / Estávamos todos *juntos* na sala. / Viviam *juntos*, mas não se falavam. / As meninas saíram *juntas*. / Não deixavam nunca os dois brigões *juntos*.

Há tendência, sobretudo na linguagem falada, em usar *junto* como advérbio, portanto invariável, em construções como: As meninas saíram *junto*. / Não deixem os dois brigões *junto*. / "Elas moram *junto* há algum tempo." (José Gualda Dantas)
2. Em algumas construções, geralmente estereótipos, é advérbio, portanto, invariável, equivalente a *juntamente*: Remeto-lhe *junto* as questões da prova. / *Junto* estou lhe enviando dois recortes de jornais. ⇨ Entenda-se: Remeto-lhe *junto com a carta* as questões da prova. / *Junto com a carta* estou lhe enviando dois recortes de jornais.
3. Nas locuções prepositivas *junto a*, *junto de*, *junto com*, a palavra *junto* não varia: Eles estavam *junto a* um poço. / Elas sentaram *junto à* cachoeira. / Os meninos ficaram *junto do* guarda. / Enviamos as fotos *junto com* a carta. / Todas essas mazelas sociais, *junto com* a (ou *junto à*) escassez de recursos, criam entraves ao progresso do país. ⇨ "Flexões adjetivas como 'a barateza *junta* com a utilidade', 'substantivos *juntos* com a conjunção', 'a filha *junta* com o pai' soam a arcaísmo." (Celso Luft, DPRN, p. 317)

junto a, junto de. 1. São corretas ambas as locuções, que se usam para exprimir proximidade, contiguidade: Vi dois trabalhadores *junto a* (ou *junto de*) um trator. / "E, magoados com a sua rudeza, ali ficamos *junto de* um tronco de oliveira seca..." (Eça de Queirós, *A relíquia*, p. 192) / "Parques vão criar novo visual *junto da* via expressa." (JB, 31/1/92) / "*Junto à* orla do mato havia a branca ossada de uma rês, que a inanição derrubara ali um ano antes." (Gustavo Barroso, *Terra de sol*, p. 78) "Depois esperar-me-ás *junto ao* passadiço da torre para o jardim." (A. Herculano, *O bobo*, p. 127)
2. Usa-se, de preferência, *junto a* em frases do tipo: Entrevistou o embaixador brasileiro *junto ao* Vaticano. / Nosso representante diplomático *junto ao* governo americano se incumbirá do caso.
3. Fora desses dois casos, convém não usar *junto a*: O governo tentará obter os recursos *no* (e não *junto ao*) Banco Mundial. / As pessoas lesadas formularam a queixa *ao* (e não *junto ao*) Ministério Público.

junto com. *Loc. prep.* Juntamente com: O presidente americano visitou o Rio *junto com* sua esposa. / "O rapaz saiu *junto com* a namorada." (Celso Luft, *Dicionário prático de regência nominal*,

p. 317) / "As meninas foram ao colégio *junto comigo*." (Luiz Antônio Sacconi, *Não erre mais*, p. 277) ⇨ Há quem veja redundância nesta usualíssima locução, tão velha quanto Camões, que a empregou n*Os Lusíadas*, VII, 77).

jurar. São construções normais: O turista maltratado *jurou que não voltará mais ao Brasil*. / O turista maltratado *jurou não voltar mais ao Brasil*. Construção anômala: O turista maltratado *jurou de não voltar mais ao Brasil*.
Essa construção, em que se insere a prep. *de* antes de oração infinitiva objetiva direta, embora pouco usada na época atual, não deve ser censurada, pois tem apoio em escritores clássicos: "Bárbara *havia jurado de* entrar no convento: cumprira." (Camilo Castelo Branco, apud Mário Barreto, *Novíssimos estudos da língua portuguesa*, p. 199, ed. 1914) / "*Jurou de vingar* a morte de seu sobrinho." (Mário Barreto, *ib.*, p. 195) / "*Jurou de* vingá-lo." (Aurélio) Usa-se também com objeto indireto de pessoa: *Jurou à noiva* que só amaria a ela. / *Jurou-lhe* amor eterno. Veja *determinar*.

jus. [Do lat. *jus, juris*, direito.] S. m. Direito. Usado na expressão *fazer jus a** e, na linguagem jurídica, em várias expressões latinas: *jus eundi* (direito de se locomover), *jus libertatis* (direito de liberdade), *jus possidendi* (direito de possuir, direito à posse), *jus puniendi* (direito de punir), *jus soli* (direito do solo, isto é, princípio pelo qual a pessoa tem a nacionalidade do país em que nasceu), *jus sanguinis* (direito de sangue, isto é, princípio segundo o qual a pessoa tem a nacionalidade dos pais, ainda que nascida em país estrangeiro), etc.

Δ **justa-.** [Do lat. *juxta*, junto a, ao lado de.] *Pref.* Exprime a ideia de 'posição ao lado': *justafluvial, justamarítimo, justapor, justaposição*.

juveníssimo. [Do lat. *juvenis*, jovem.] *Adj.* Superlativo de *jovem*.

K

k. Esta letra, que é o kapa (k, K) do alfabeto grego, emprega-se principalmente em:
a) símbolos de termos científicos de uso internacional: *K* (símbolo de potássio), *km* (símbolo de quilômetro);
b) transcrição de palavras estrangeiras não aportuguesadas: *kibutz, know-how*;
c) nomes próprios estrangeiros e seus derivados: *Kant, kantismo, Shakespeare, shakespeariano.*
d) topônimos originários de línguas estrangeiras e seus derivados: *Kuwait, kuwaitiano, Kumamato* (cidade do Japão) etc.
kafkiano. *Adj.* Relativo ao escritor tcheco Franz Kafka (1883-1924).
kaiser. Veja *cáiser.*
kart. [Ingl. *kart.*] *S.m.* Pequeno carro de corridas, com embreagem automática, sem carroceria nem caixa de mudanças nem suspensão. ⇨ Pela nova ortografia, deve-se escrever *carte, cartista, cartódromo,* como está no VO, 5ª ed. Se já escrevemos *basquete, boxe, clipe, clube, jipe, turfe,* etc., por que continuar grafando *kart*, vocábulo já de uso generalizado e fácil de aportuguesar?
Os cognatos *kartismo, kartista, kartódromo* também devem revestir a forma portuguesa *cartismo, cartista, cartódromo.*
kg. Símbolo de quilograma(s) ou quilo(s). Sem ponto e, no plural, sem *s: 5kg* de feijão.
kibutz. [Voc. hebraico.] Fazenda coletiva, colônia agroindustrial, em Israel. Pl.: *kibutzim.*
khmer. *S.m.* e *f.* 1. Indivíduo dos *khmers,* grupo étnico majoritário do Camboja. No plural é *khmers: A língua oficial do Camboja é a dos khmers.*
 || *Adj.* 2. Relativo ou pertencente a esse povo: *a cultura khmer, os monumentos do império khmer.*
 | **Khmer Vermelho.** Grupo guerrilheiro maoísta que dominou o Camboja de 1975 a 1979, desencadeando uma guerra marcada por lutas sangrentas e atrocidades.
km. Símbolo de quilômetro(s). Sem ponto e, no plural, sem *s: 60km* lia-se na placa de sinalização.
Kr. Símbolo do criptônio.
kw. Símbolo de quilowatt.

L

lá. 1. É advérbio de tempo em frases como: Até *lá* muita água terá corrido.
2. Reforça outro advérbio de lugar em expressões como: *lá dentro, lá fora, lá embaixo, lá onde*.
3. É partícula de realce, sem classificação gramatical, usada na linguagem afetiva, com vários matizes semânticos, em frases do tipo: *Lá* se foi a minha última esperança! / Diga-me *lá* o que aconteceu. / Mas isso é *lá* possível? / Ela não é *lá* o que dizem. / Sei *lá* se ele é honesto. / Um boêmio desses pode *lá* vencer na vida? / "Aqui em casa ninguém sabe o que é plebiscito. — Ninguém, alto *lá*!" (Artur Azevedo, *Plebiscito*)
4. Expressões: *meio lá, meio cá* = indeciso, sem saber o que fazer; *mais para lá do que para cá* = em situação antes má do que boa, antes mal do que bem; *para lá de* = mais do que (Ele tem *para lá de* 60 anos. / Ela é *para lá de* linda).

labareda. *S.f.* Grande chama, língua de fogo. ⇨ Palavra de etimologia obscura. Existe a variante *lavareda*: "Quanto mais sopro na brasa, mais depressa vem a *lavareda*." (José J. Veiga, *A casca da serpente*, p. 64)

labéu. *S.m.* Nota infamante, mancha na reputação, na honra.

lábil. [Do lat. *labilis*, escorregadio, frágil.] *Adj.* Que escorrega facilmente, propenso a cair, a errar, instável, frágil. Em geologia, diz-se de terreno ou rocha instável.

labor. [Do lat. *labor, laboris*, trabalho.] *S.m.* Trabalho árduo, labuta, faina. Cognatos: *laborar, laborioso, laboratório, laboriosidade, laborterapia, colaborar, colaboração*.

laborar. [Do lat. *laborare*, trabalhar.] 1. Pouco usado no sentido de *trabalhar, labutar*.
2. Mais usado na acepção de *incorrer* (em erro, engano, equívoco): *Laboram* em equívoco os que se julgam acima da lei. / Os que defendiam a teoria geocêntrica *laboravam* num erro grosseiro. ⇨ Diz-se "laborar em erro" e não "elaborar em erro". Embora esses dois verbos procedam do latim *labor* (trabalho), não se pode usar um pelo outro, como fez o tradutor brasileiro da *História da Riqueza do Homem*, de Leo Huberman, 21ª edição, onde se lê: "O grande *erro em que elabora* o Sr. Godwin em todo o seu livro está na atribuição de quase todos os vícios e misérias existentes na sociedade civil às instituições humanas." (p. 197) O correto é: O grande erro em que *labora* o Sr. Godwin...

lacerar. [Do lat. *lacerare*, rasgar.] *V. t. d.* 1. Rasgar, despedaçar, dilacerar: *lacerar* as carnes da presa; *lacerar* as folhas do livro; *lacerar* as vestes.
2. Afligir, magoar profundamente: A dor nos *lacera* a alma. / A dor lhe *lacerava* o coração.
⇨ É mais us. o sinônimo *dilacerar*.

lacônico. [Do gr. *lakonikós*, da Lacônia.] *Adj.* Breve, conciso, expresso em poucas palavras, como o faziam os habitantes da Lacônia (região do sul da Grécia antiga, hoje Peloponeso): linguagem *lacônica*, estilo *lacônico*, resposta *lacônica*. Cognatos: *laconismo, laconizar*.

△ **lacrimo-.** [Do lat. *lacrima*, lágrima.] *El. de comp.* = 'lágrima': *lacrimal, lacrimogêneo, lacrimejar, lacrimoso, lacrimotomia*, etc.

lactante, lactente. 1. *Lactante.* [Do lat. *lactans, lactantis*, part. pres. de *lactare*, produzir leite, amamentar.] *S.f.* mulher que amamenta: A *lactante* precisa de uma nutrição rica em cálcio. 2. *Lactente.* [Do lat. *lactens, lactentis*, part. pres. de *lactere*, mamar.] *S.m.* e *f.* Criança que ainda mama, que se alimenta de leite materno ou de ama de leite: São frequentes distúrbios intestinais em *lactentes*. ⇨ Distinguir de *latente* (não manifesto, oculto).
Δ **lacti-.** [Do lat. *lac, lactis*, leite.] *El. de comp.* = 'leite': *lactífero, lactante, lactente, lácteo, lactígeno,* etc. ⇨ Variantes: *lácteo* ou *láteo, lactescente* ou *latescente, láctico* ou *lático, lacticínio* ou *laticínio.*
lactífero, laticífero. 1. *Lactífero.* [Do lat. *lacti-* + *-fero.*] Que conduz o leite: *canais lactíferos.* Corresponde ao gr. *galactóforo★.*
2. *Laticífero.* [Do lat. *latex, laticis* + *-fero.*] Que conduz o látex: *canais laticíferos.* ⇨ Não existe a forma *lacticífero.*
Δ **lacto-.** O mesmo que *lacti-*: *lactobacilo, lactômetro, lactose, lactalbumina.*
lago. Adj. relativo a lago: *lacustre.*
lágrima. Adj. relativo a lágrima: *lacrimal* (glândulas *lacrimais*).
lajiano. *Adj.* De Lajes, relativo à cidade de Lajes (SC). ⇨ Observar a grafia correta.
Δ **-lalia.** [Do gr. *laliá*, tagarelice, fala.] *El. de comp.* = 'palavra','fala': *dislalia, eulalia, coprolalia, mogilalia.*
lançar. 1. O objeto indireto e o adjunto adverbial que complementam este verbo são regidos por várias preposições, podendo ser, conforme o caso, *a, em, contra, para, por* e *sobre*: *Lancei* pedras *no* (ou *ao* ou *contra*) o cachorro para afugentá-lo. / Não *lance* pedras *às* (ou *nas*) aves. / O mar agitado *lançou* o barco *à* (ou *na*) praia. / Pedro *lançou* a rede *ao* mar. / O lavrador *lança* as sementes *à* (ou *na*) terra. / Contrariado, pegou o livro e o *lançou ao* (ou *no*) chão. / *Lançaram* os cavalos *contra* os manifestantes. / Os rios *lançam* as águas *no* mar ou *em* outros caudais. / *Lancei* um olhar comovido *àquelas* (ou *para aquelas*) pobres crianças. / A moça, chorosa, *lançou-se sobre* a cama. / As crianças *lançaram-se à* (ou *na*) água. / *Lançou-se pela* ladeira abaixo. / O cachorro *lançou-se contra* (ou *sobre*) o ladrão. / Nas crises, ninguém *se lança* a novos empreendimentos. / *Lancei-lhe* um olhar de reprovação. 2. Expressões fixas: *lançar ao mar* (um navio); *lançar mão de* (valer-se de, recorrer a); *lançar-se aos pés de* alguém (para pedir perdão ou ajuda); *lançar por terra* (derrubar); *lançar em rosto* (censurar duramente): "*Lançou-lhe em rosto* a sua covardia." (Aurélio)

lancinante. *Adj.* Que lancina ou golpeia, cortante, pungente, muito doloroso: dor *lancinante*, grito *lancinante*. Inexiste a forma *lacinante*. Relaciona-se com *lancinar★.*
lancinar. [Do lat. *lancinare*, rasgar, dilacerar.] Pungir, causar grande dor física ou moral, afligir: Os espinhos *lancinam-lhe* as mãos. / Aquela triste recordação *lancinava-lhe* a alma.
langue. *Adj.* Lânguido, sem forças, fraco, débil, frouxo, langoroso: *menininhas langues e tristes*; *voz langue*; *olhar langue*. É mais usado o sinônimo *lânguido.*
lantejoula. Var. de *lentejoula★.*
Δ **láparo-.** [Do gr. *lapára*, flanco, ilharga.] *El. de comp.* = 'flanco', 'cavidade abdominal': *laparoscopia, laparotomia*, etc.
Δ **lapidi-.** [Do lat. *lapis, lapidis*, pedra.] *El. de comp.* Encerra a ideia de pedra: *lapidícola, lapidificar*, etc. Cognatos: *lapidar, lapidário, lápide,* etc.
Lapônia. Adj. relativo à Lapônia (a região mais setentrional da Europa, ao norte do círculo polar): *lapão* ou *lapônio.*
laranja, limão. Adj. relativo a esses frutos: *cítrico* (frutas *cítricas*).
laringe. [Do gr. *lárynx, láryngos.*] Subst. masculino e feminino no grego. Em port., usa-se geralmente no feminino.
Δ **laringo-.** [Do gr. *lárynx, láryngos*, laringe, garganta.] *El. de comp.* = 'laringe': *laringologia, laringoscópio, laringotomia,* etc.
laser. [Ingl., sigla de *light amplification by stimulated emission of radiation* = amplificação da luz pela emissão estimulada de radiação.] *S.m.* Feixes de luz muito intensa obtida por meio de radiação. ⇨ O VO prescreve a grafia *léiser*, por se tratar de palavra de uso generalizado e de fácil adaptação vernácula.
lasso. [Do lat. *lassus*, cansado.] *Adj.* Cansado, extenuado, frouxo. ⇨ Homônimo de *laço*, nó, vínculo.
látex (cs). [Do lat. *latex*, líquido, em geral.] *S.m.* Líquido leitoso ou amarelado que escorre do caule ou das folhas de certas plantas, quando cortados: Extrai-se o *látex* da seringueira para fazer borracha. Palavra paroxítona. Pronuncia-se *látecs.*
Δ **lati-.** [Do lat. *latus*, largo, vasto.] *El. de comp.* = 'largo', 'amplo': *latifloro, latifólio, latifundiário, latifúndio* (extensa propriedade rural), *latilabro, latípede.*

lato. [Do lat. *latus*, largo, vasto.] *Adj.* Largo, amplo, extenso: Certas palavras podem ser usadas em sentido estrito, ou em sentido *lato*. / "Além da gíria, em sentido estrito e em sentido *lato*, há ainda o calão." (Euclides Carneiro da Silva, *Dicionário da gíria brasileira*, p. 7)

lato sensu. Expressão latina que significa 'em sentido amplo'. Ant.: *stricto sensu*, em sentido estrito. É errado antepor-lhe a prep. *em*. Diga-se, por exemplo: Crasear, *lato sensu*, é fundir dois fonemas vocálicos iguais num só.

Δ **-latra.** [Do gr. *latreúo*, servir, prestar culto, adorar.] *El. de comp.* = 'adorador': *idólatra, ególatra, demonólatra*.

Δ **-latria.** [Do gr. *latreía*, serviço, 'culto', 'adoração'.] *El. de comp.* = 'culto', 'adoração': *idolatria, demonolatria, egolatria*.

lavar as mãos. Eximir-se de responsabilidade. Referência ao gesto de Pilatos, que lavou as mãos diante do povo para deixar bem claro que a responsabilidade pela morte de Jesus não seria dele, mas dos judeus: Pilatos *lavou as mãos* e disse ao povo: Sou inocente do sangue deste justo. ⇨ Observe-se que o verbo *lavar*, nesta expressão, se deve usar sem o pronome oblíquo reflexivo: Pilatos *lavou* (e não *lavou-se*) as mãos. / *Lavei* (e não *lavei-me*) as mãos na pia. / *Lava* (e não *lava-te*) as mãos antes de sentares à mesa.

Da mesma forma se dirá: *Lavou* o rosto e *ajeitou* o cabelo. / Ela *aparou* e *pintou* as unhas e *cobriu* a cabeça. / Tropecei numa pedra e *feri* o *pé*.

lavrar. [Do lat. *laborare*, trabalhar.] *V. t. d.* 1. Arar, amanhar, cultivar: *lavrar* a terra para o plantio.
2. Fazer lavores ou ornatos em (ouro, prata, pedra, etc): *lavrar* a prata.
3. Lapidar: *lavrar* uma pedra preciosa.
4. Escrever, redigir: *lavrar* uma escritura, uma ata, um protesto.
V. i. 5. Difundir-se, alastrar-se, grassar: No prédio *lavrava* pavoroso incêndio. / *Lavra* na região a epidemia. / *Lavravam* as febres no interior do país.

leão. Adj. relativo ao leão: *leonino* (força *leonina*).

lebre. Adj. relativo a lebre: *leporino* (lábios *leporinos*). Veja *leporino*.

ledo engano. Expressão paradoxal que traduz uma doce ilusão, uma situação enganosa de felicidade: Pensam que no Japão a vida deles vai melhorar. *Ledo engano!* / "Sob sua tutela, os dias, precedidos de um cortejo de pompas e *ledos enganos*, surgem imperativos." (Geraldo França de Lima, *apud*. F. Borba) ⇨ *Ledo* significa *alegre*.

legal. [Do lat. *legalis*, relativo ou conforme à lei.] *Adj.* Conforme à lei, da lei: medidas *legais*, cobrança *legal*, requisitos *legais*. ⇨ Na linguagem popular, usa-se no sentido de *bom, certo, correto, perfeito, ótimo, excelente* e outros atributos positivos.

legiferar. [Do lat. *legifer*, que estabelece leis, legislador + -*ar*.] *V. i.* Fazer leis, legislar. Neologismo. ⇨ Por influência de outras palavras com o radical *legis* (legislar, legislador, legislativo, etc.) é que se explica a forma errônea *legisferar*.

leishmânia (lich). [De *Leishman*, médico escocês + -*ia*.] *S.f.* Protozoário parasita dos glóbulos brancos, causador da *leishmaniose*. Variantes prosódicas: *laismânia, laichmânia* e *lichmânia*. ⇨ Nos livros de Medicina essa palavra aparece escrita à latina, com inicial maiúscula e sem acento: A úlcera de Bauru é causada pela *Leishmania brasiliensis*.

leishmaniose (lich). [De *leishmânia* + -*ose*.] Doença causada pelas leishmânias. Variantes prosódicas: *lichmaniose, laismaniose* e *laichmaniose*.

leite. Adj. relativo a leite: *lácteo* (*Via-Láctea*, líquido *lácteo*).

lembrar. [Do lat. *memorare*, recordar, lembrar.] Tem as regências idênticas às do antônimo *esquecer*.
1. Lembrar alguém ou alguma coisa: O sanitarista *lembrou* a importância das medidas profiláticas. / A casa, os móveis, o jardim, tudo *lembrava* nossa mãe. / Tudo falava dela, tudo *a lembrava*. / Os olhos deles *lembram* duas brasas vivas. / "Tudo *o lembrava*, o mar e a casa, a jindiba e a mãe." (Adonias Filho, *Luanda beira Bahia*, p. 18) ⇨ Neste caso, é vetada a regência indireta, como na frase: *O sanitarista lembrou da importância das medidas profiláticas*. Correção: *O sanitarista lembrou a importância das medidas profiláticas*. Em certo manual de estilo se lê: "É preciso *lembrar*, no entanto, *de que* essas expressões ainda se escrevem sem esses nem erres." Em estilo português, se diz: "É preciso *lembrar*, no entanto, *que* essas expressões..."
2. Lembrar alg. coisa a alguém: *Lembrei* a João um débito antigo. / *Lembrei-lhe* um débito antigo. / *Lembrei* a ela (ou *lembrei-lhe*) que minha viagem era inadiável. / Ele *me lembrou* fatos de

minha infância. *Lembre-lhe* que é bom contribuir para o INSS.
3. Alg. coisa lembra, isto é, vem à lembrança, à memória: "Ainda *me lembram* as palavras dele." (Mário Barreto) / "*Lembra-me* que fazia muito frio em Piracicaba." (Artur Azevedo) / "*Lembra-me* quão penoso foi o encontro com o passado." (Machado de Assis) / "Não *me lembra* bem o que ela me disse." (Idem) / "*Lembrou-lhe* então que havia um moinho perto da escola." (Celso Luft) / "*Lembra-me* que eu quis falar e não pude, porque faltou-me a voz." (Joaquim Manuel de Macedo, *A luneta mágica*, p. 29). Já não *me lembra* mais o que me disse aquela fina, graciosa e respeitável senhora..." (Carlos Drummond de Andrade, *Obra completa*, p. 498) Esta construção, corrente em Portugal, é atualmente rara no Brasil, onde a empregaram nossos escritores clássicos. Entre nós, hoje prefere-se dizer: Ainda *me lembro* das palavras dele. / *Lembrou-se* de que havia um moinho perto da escola. / Já não *me lembro* mais do que me disse aquela senhora.
4. Lembrar-se de alguém ou de alg. coisa: Ainda *me lembro* de meus avós. / "*Lembras-te* ainda das pescarias de Cabo Frio?" (Manuel Bandeira, *Poesia completa e prosa*, p. 334) / Ela não *se lembrou* de levar a máquina. / No hotel, encontrou antigos colegas, dos quais já não *se lembrava*. / Eram colegas de infância, de cujos nomes não se *lembrava* mais. / Nem *se lembrou* de que no dia seguinte era Natal. / "*Lembro-me* bem de algumas brigas que tive nesse tempo." (Gustavo Corção, *A descoberta do outro*, p. 206) / "A primeira coisa de que *se lembra* é de que não é brasileiro." (Viriato Correia, *Terra de Santa Cruz*, p. 81) / "De que *se lembraram* então para poderem subsistir?" (Antônio Torres, *apud* Alexei Bueno, *Duelos no serpentário*, p. 642).
Antes de oração iniciada pela conjunção *que*, como no sexto exemplo, pode-se omitir a preposição: Nem *se lembrou* que no dia seguinte era Natal. / "*Lembrei-me* que tenho doentes, e a hora de os visitar já passou." (Camilo Castelo Branco, *Os brilhantes do brasileiro*, p. 192) / "*Lembro-me* que te amei." (Olegário Mariano) / "Eu *me lembro* bem que todos estavam muito alegres." (Herberto Sales, *Rio dos morcegos*, p. 173)
Pode-se dispensar a prep. também antes de oração iniciada pela conj. *se*: "Não *se lembrava* se a Marta também era assim." (Helder Macedo, *Sem nome*, p. 146).

⇨ A construção 'lembrar de alguém ou de alguma coisa', com o verbo sem o pronome, só se admite na comunicação coloquial. No padrão culto, evitem-se frases do tipo: Quando *lembro dele* me vêm lágrimas aos olhos. / Não *lembraram de* levar os agasalhos. / Na rua, o menino *lembrou das* recomendações da mãe. / Ele nem *lembrava* mais *do* que prometera.

⇨ Na acepção de 'recordar-se de alguma coisa', não se deve usar o verbo *lembrar* sem pronome nem preposição, como nesta frase: "Quem não *lembra* o otimismo delirante que se apossou dos alemães nos dias da unificação?" (*JB*, 11/2/95) Evidentemente, o autor da frase quis dizer: "Quem não *se lembra* do otimismo...?" Obscuro e ambíguo é também o sentido desta frase: "Depois [ele] *lembrou* que a mala tinha fundo falso." (R. Pompeu de Toledo, *Leda*, p. 172). / Lembrou o fato a alguém ou lembrou-se do fato?

lêmures. [Do lat. *lemures*, alma dos mortos.] *S.m.pl.* Almas do outro mundo, espectros, fantasmas. Nesta acepção, se usa só no plural.

Δ **leni-.** [Do lat. *lenis*, macio, suave, brando.] *El. de comp.* = 'brando', 'suave': *lenidade* ou *leniência* (= brandura, suavidade), *leniente* ou *lenitivo* (= que suaviza), *lenificar* ou *lenir* (= suavizar), *lenimento* ou *lenitivo* (= aquilo que suaviza, remédio que suaviza a dor, alívio).

lente¹. [Do lat. *lens, lentis*, lentilha.] *S.f.* Disco de vidro ou de outra substância que refrange os raios luminosos, usado em óculos e instrumentos ópticos. Diminutivo irreg.: *lentícula*.

lente². [Do lat. *legens, legentis*, que lê, leitor.] *S.m.* Professor de ensino superior. ⇨ Palavra pouco usada, hoje, neste sentido.

lentejoula. [Do esp. *lentejuela*, dim. de *lenteja*, lentilha.] *S.f.* Pequena palheta circular de substância cintilante, usada como adorno em vestidos, bordados, etc; *paetê*★: "Depois ficou a abanar-se com um grande leque de *lentejoulas*, o seio a arfar." (Eça de Queirós, *Os Maias*, I, p. 76) Variante *lantejoula*★.

lentejoular. *V. t. d.* 1. Enfeitar de lentejoulas: *lentejoular* um vestido, uma fantasia de carnaval.
2. *Fig.* Fazer cintilar: "Nem olhava o mar arrepiado, que o grande sol *lentejoulava* de ouro." (Coelho Neto)

Δ **lepido-.** [Do gr. *lepís, lepídos*, casca, escama.] *El. de comp.* = 'casca', 'escama': *lepidocarpo*, *lepidóptero*, etc.

leporino. [Do lat. *leporinus* < de *lepus, leporis,* lebre.] *Adj.* De lebre, relativo à lebre.
| *Lábio leporino:* lábio fendido, como o da lebre.
Δ **lepto-.** [Do gr. *leptós,* magro, fino, miúdo.] *El. de comp.* = 'tênue', 'miúdo', 'magro', 'alongado': *leptorrino, leptodonte, leptofilo, leptossômico, leptocéfalo,* etc.
ler. *Ind. pres.*: leio, lês, lê, lemos, ledes, leem. *Pret. perf.*: li, leste, leu, etc. *Pret. mais-que-perf.*: lera, leras, lera, etc. *Subj. pres.*: leia, leias, leia, leiamos, leiais, leiam. *Imperat. afirm.*: lê, leia, leiamos, lede, leiam.
lés. *S.m.* Usado na expressão *de lés a lés,* de lado a lado, de ponta a ponta, completamente.
lesa. *Adj.* Feminino de *leso★*.
lesar. [Do lat. *★laesare* < de *laedo, laesi, laesum, laedere,* ferir, prejudicar, ofender.] *V. t. d.* Causar lesão, ferir, ofender; prejudicar: *lesar* um concorrente, *lesar* um instituto, *lesar* o tesouro, *lesar* o fisco. ⇨ Mais usado no sentido de *prejudicar.* Cognatos: *lesão, lesivo, lesado, leso, ileso.*
lésbia, lésbica. [Do gr. *lésbios,* de Lesbos.] *S.f.* Mulher homossexual. Palavras derivadas de *Lesbos,* ilha grega, hoje Mitilene, onde residia a poetisa Safo (620-580 a.C.), a qual, segundo a lenda, era dada ao homossexualismo. Cognatos: *lesbianismo* (homossexualismo feminino), *lesbiano, lésbio.*
leso (ê). [Do lat. *laesus,* ferido, prejudicado.] *Adj.* 1. Ferido, ofendido, lesado, prejudicado; tolhido, paralítico: ficar *leso* de uma perna. 2. Idiota, amalucado, atoleimado.
Na acepção de *lesado,* antepõe-se a certos substantivos, geralmente precedido da expressão *crime de,* para indicar ofensa ou violação grave: crime de *lesa-gramática,* crime de *leso-direito,* crime de *lesa-majestade,* crime de *lesa-pátria,* crime de *leso-patriotismo,* réus de *lesa-linguagem,* etc. "A inobservância das etiquetas burlescas e ridículas constituía crime de *lesa-civilidade.*" (Joaquim Felício dos Santos, *Memórias do Distrito Diamantino,* p. 106) O protótipo dessas expressões é o lat. *crimen laesae majestatis,* 'crime de lesa-majestade'. Veja *lesar* e *lesa.* Antônimo: *ileso★*.
Δ **leuco-.** [Do gr. *leukós,* branco.] *El. de comp.* = 'branco': *leucócito, leucemia, leucocitose, leucopenia,* etc.
levantar. Na acepção de 'pôr-se de pé', usa-se pronominalmente: Quando o professor entra na sala, os alunos *se levantam.* / *Levantei-me* e saí para o jardim. Frase colhida num romance: "Então Calcas, o adivinho, *levantou* e pediu para falar." De acordo com o uso tradicional da língua, dir-se-á "Então Calcas, o adivinho, *levantou-se* e pediu para falar." No sentido de 'sair da cama', usa-se frequentemente sem o pronome: João *levanta* cedo.
levar a breca. Veja *breca.*
levedar. *V. t. d.* 1. Tornar *lêvedo★,* afofar, levantar, inchar (a massa): O fermento *leveda* a massa.
V. i. 2. Tornar-se *lêvedo,* fermentar (a massa): A massa *levedou.*
Cognatos: *levitar, levitação.*
lêvedo. [Do lat. vulgar *★levitus,* por *levatus,* levantado.] *Adj.* 1. Levedado, crescido e afofado pela ação do fermento: pão *lêvedo,* massa *lêveda.*
|| *S.m.* 2. Cogumelo ou fungo que produz a fermentação; levedura: *lêvedo* de cerveja. ⇨ A pronúncia corrente no Brasil é *levedo* (vê).
Δ **levo-.** [Do lat. *laevus,* esquerdo, do lado esquerdo.] *El. de comp.* = 'esquerdo', 'do lado esquerdo': *levocardia, levofobia, levofóbico, levófobo, levogiro, levorrotatividade.*
Δ **lex-.** [Do gr. *léxis,* fala, elocução.] *El. de comp.* = 'fala', 'elocução', 'dicção': *dislexia, disléxico* ou *dislético, ortolexia.* ⇨ O *x = cs.*
léxico (cs). [Do gr. *lexikós,* referente às palavras.] *Adj.* 1. Relativo às palavras: *análise léxica.*
|| *S.m.* 2. Vocabulário de um idioma, dicionário. Já no grego, *léxico,* nesta acepção, era um adjetivo substantivado: *tò lexikón* (*biblíon*) = o livro das palavras. Cognatos: *lexicógrafo* (= dicionarista), *lexicólogo, lexicologia.*
lhama. [Do quíchua *lhama.*] *S.m.* Mamífero ruminante da família dos camelídeos, cujo hábitat são os platôs andinos. | É vocábulo do gên. masc.: "Só os *lhamas* machos são utilizados como animais de carga..." (*Os animais,* vol. III, p. 1.115, Bloch Editores).
lhe. *Pronome pessoal oblíquo.* 1. Funciona como objeto indireto. Em geral, é equivalente de *a ele, a ela, a você, ao senhor, a Vossa Senhoria* (ou outra forma de tratamento): Procure o senhorio e pague-*lhe* o aluguel (pague *a ele*). / Ele admira sua mãe e *lhe* obedece (obedece *a ela*). / Escolha a profissão que *lhe* convém (convém *a você*). / Escrevi ao cônsul para *lhe* agradecer a ajuda. / O convívio com os amigos proporcionou-*lhe* muitas alegrias. / Não *lhe* importam as críticas da imprensa, ministro? / Devem ser

punidos os criminosos e os que *lhes* fornecem armas. / Isso não *lhe* diz respeito, madame. / Elas são envolventes. Quem *lhes* resiste?
⇨ Embora não seja incorreto dizer 'pagar a consulta *a ele*', 'agradecer o favor *a ela*', 'proporcionar alegrias *a eles*', 'entregar as encomendas *a elas*', é preferível, por uma questão de estilo, usar, em tais casos, o pronome *lhe(s)*: pagar-lhe a consulta; agradecer-lhe o favor; proporcionar-lhes alegrias; entregar-lhes as encomendas.
2. Equivale a *nele, nela*, em alguns casos em que o verbo pede a prep. *em*: Deus criou o primeiro homem e infundiu-*lhe* um espírito imortal (infundiu *nele*). / O pai irritava-se com a filha e batia-*lhe* (batia *nela*). / "Mas — e o Antônio Augusto? Nunca *lhe* percebera nenhuma belicosidade." (Ciro dos Anjos)
3. Em outros casos, equivale a *para ele, para ela*: Seu bom comportamento granjeou-*lhe* a simpatia dos mestres. / A mãe comprou-*lhe* uma boneca.
4. Alguns verbos transitivos indiretos, como *aludir, aspirar, assistir* (na acepção de *presenciar*) e *recorrer*, não se constroem com *lhe*, mas com *a ele, a ela*: O professor era fã da atriz e aludia *a ela* com frequência. / O cargo era bem remunerado e até os incompetentes aspiravam *a ele*. / Eclipse do Sol é acontecimento raro. Assistimos *a ele* maravilhados. / Remédios? Recorra *a eles* só quando não há remédio.
5. É excelente recurso de estilo usar *lhe, lhes* em lugar dos pronomes possessivos, *seu(s), sua(s)*: A fumaça *irrita-lhe* os olhos (em vez de 'A fumaça irrita os *seus* olhos'). / O vento *despenteou-lhe* a cabeleira (em lugar de 'O vento despenteou a *sua* cabeleira'). / Ninguém *lhe* ouvia as queixas. / A menina abraçou a mãe e *acariciou-lhe* a face. / O terror *paralisou-lhes* os movimentos. / Pleiteavam apenas um salário que *lhes garantisse* a sobrevivência. / Será necessário refazer a estrada, *modificando-lhe* o traçado. / Ainda *lhe vibrava* nos ouvidos o barulho dos aviões. / "Desde então ninguém mais *lhe seguiu* os passos." (Alexandre Herculano, *Eurico*, p. 16) / "Um gosto amargo *lhe vem* à boca." (Ciro dos Anjos, *Montanha*, p. 7) / "*Evaporam-se-lhe* os vestidos, na paisagem." (Cecília Meireles)
6. Constitui erro grosseiro complementar verbos transitivos diretos com *lhe, lhes*, como nas frases: Ainda bem que *lhe encontrei* em casa. / Esses problemas *lhe preocupam* muito. / *Presentearam-lhe* com um lindo colar. / *Queixam-se* de que os maridos *lhes* estão *maltratando*. / Deus *lhes abençoe*. / A grandiosidade do cenário *lhes impressionou* vivamente. / Não *lhes conheço*, jamais *lhes favoreci*. / "*Encantavam-lhe* os exercícios em que outrora exibia destreza e habilidade." (De uma escritora). Nessas frases, os pronomes *lhe, lhes* devem ser substituídos por *o, os, a, as*, conforme o caso.

lho, lha, lhos, lhas. São contrações do pronome *lhe* com os pronomes oblíquos *o, a, os, as*: Ele viu o carro e instou com o dono para que *lho* vendesse. / Gostou dos potrinhos e pediu ao dono que *lhos* reservasse. / A terra é dele, ninguém *lha* pode tirar. / Alimentos, onde os conseguiríam, se nós não *lhos* déssemos? / Se elas estendessem as mãos, eu *lhas* beijaria. / "Rubião meteu a mão no bolso, tirou a carta, e entregou-*lha*." (Machado de Assis, *Quincas Borba*, p. 193) / "Respondi-lhe que não vendia cocos, mas que *lhos* daria, se ele quisesse colhê-los." (Vivaldo Coaraci, *91 crônicas escolhidas*, p. 143) / "Jenner não descobriria o barraco de Abubakir, se este não *lho* tivesse mostrado." (Herberto Sales, *Além dos marimbus*, p. 177) / "Ela continuou abraçada ao rapaz, convulsivamente, como alguém que se agarra a uma coisa para evitar que *lha* arrebatem." (Menotti Del Picchia, *Salomé*, p. 10)
⇨ Tais contrações pronominais são exclusivas da linguagem culta. Raramente as usam os escritores brasileiros de hoje.

libido (bí). É substantivo feminino: *a libido*.

ligeiro. *Adv.* Com presteza, rapidamente: Ela desceu as escadas *ligeiro*. / "Saltaram *ligeiro* do trem." (Aurélio) ⇨ É um dos muitos adjetivos que podem ser usados como advérbios de modo. Veja os verbetes *adjetivo* e *advérbio*.

Δ **ligni-.** [Do lat. *lignum*, madeira, lenho.] *El. de comp.* = 'madeira', 'lenho': *lígneo, lignícola, lignina, lignívoro* (= xilófago).

lilá. Forma correta, porém menos usada que *lilás*★:"Pode achar ridículo, mas me lembro das menores coisas daquela tarde. O vestido *lilá* que eu usava..." (Carlos Drummond de Andrade, *Obra completa*, p. 480) O plural é *lilás*: vestidos *lilás*.

lilás. *S.m.* e *adj.* Forma francesa de *lilá*, já incorporada ao nosso léxico: o *lilás* (arbusto de flores arroxeadas e aromáticas), os *lilases*; vestido *lilás*, vestidos *lilases*; blusas de cor *lilás*

(= violeta-claro, arroxeada). O *lilás* combina bem com o branco. / "Os *lilases* das jarras exalavam um aroma vivo." (Eça de Queirós, *Os Maias*, I, p. 82)

Δ **lili-.** [Do lat. *lilium*, lírio.] *El. de comp.* = 'lírio': *liliáceas, liliáceo, liliforme*.

liliputiano. *Adj.* De Lilipute, pigmeu, anão, muito pequeno: estatura *liliputiana*. ⇨ Lilipute: país imaginário do romance *Viagens de Gulliver*, do escritor inglês J. Swift, país cujos habitantes eram de minúscula estatura.

limoeiro. [Do lat. medieval *limone* + *-eiro*.] *S.m.* Seria de esperar, *limoneiro*, mas o radical *limon-* se desnasalizou, dando *limoeiro*. Enquadram-se no mesmo caso *baloeiro* (de *balão*), *carvoeiro* (de *carvão*), *falcoeiro* (de *falcão*), *leiloeiro* (de *leilão*).

limpado, limpo. 1. Emprega-se *limpado* com os verbos *ter* e *haver*. A faxineira *tinha* (ou *havia*) *limpado* a casa.
2. Com os verbos *ser* e *estar* usa-se *limpo*: O tapete *foi limpo* com o aspirador. / As ruas *estavam limpas*. / "Proibiu-se que esses metais *fossem limpos*." (Ramalho Ortigão, *A Holanda*, p. 132)

lince. *S.m.* Mamífero carnívoro da família dos felídeos. Os antigos acreditavam que o lince era dotado de penetrante visão, tornando-o capaz de enxergar através de corpos opacos. Daí a expressão *olhos de lince*, aplicável a pessoa de vista agudíssima ou de espírito perspicaz. Há quem atribua a expressão ao fato de o lince, como todos os felinos, enxergar na escuridão.

linde. [Do lat. *limes, limitis*, limite.] *S.m.* e *f.* Limite. Usa-se comumente no plural e é subst. masculino, como em latim, mas bons escritores o têm usado no feminino: Transpôs *os estreitos lindes* de sua terra e se fixou no Brasil. / "Assim passou com este pequeno povo de Portugal: pequeno como Atenas *nos lindes estreitos* da sua terra, porém grande na pujança insaciável das suas ambições." (Latino Coelho, *Elogio histórico de José Bonifácio*, p. 43) / "*Alameda* é um dos muitos vocábulos cujo sentido ultrapassa *os lindes* que autorizaria a sua significação etimológica." (Mário Barreto, *De gramática e de linguagem*, p. 27) / "A serra do Grão Mogol, raiando *as lindes* da Bahia, é o primeiro espécimen dessas esplêndidas chapadas..." (Euclides da Cunha, *Os sertões*, p. 7, 22ª ed.) / "Portugal manteve pela guerra, por séculos, pontos de fixação de *suas lindes*, como a Colônia do Sacramento." (Darcy Ribeiro, *O povo brasileiro*, p. 149) / "Puderam estender tão longe *as lindes* do seu Império." (Viana Moog, *Bandeirantes e pioneiros*, p. 230)

linfa. *Adj.* relativo a linfa: *linfático* (vasos *linfáticos*).

Δ **linfo-.** [Do lat. *limpha*, água.] *El. de comp.* = 'linfa': *linfócito, linfogranuloma, linfopatia, linforragia, linfático* (vasos *linfáticos*).

lingerie (pron. *lenj'rri*). Palavra francesa que designa particularmente o conjunto de peças de roupa íntimas femininas.

linha. *Adj.* relativo a linha: *linear* (medidas *lineares*).

Δ **lipo-.** [Do gr. *lípos*, gordura.] *El. de comp.* = 'gordura': *lipoaspiração, lipoide, lipólise, lipoma, lipomatose, lipúria* (ou *lipuria*).

liquefação. *S.f.* Ato ou efeito de tornar(-se) líquido. ⇨ Pronuncia-se *likefação*. O *u* também não soa em *liquefazer* e *liquefeito*.

líquen. *S.m.* Vegetal constituído de um talo achatado e ramoso, em que vivem intimamente associados alga e fungo. A forma no plural é *liquens*: "Os *liquens* vivem em quase todos os tipos de ambiente terrestre." (J. Luís Soares, *Dicionário de Biologia*, p. 261) A forma *líquenes* é desusada, no Brasil.

liquidação. *S.f.* Ato ou efeito de liquidar (= pagar, resolver, exterminar, acabar com). Esta é a melhor pronúncia (*u* mudo). A observação cabe aos cognatos *líquido, liquidar, liquidante, liquidez, liquidificar, liquidificador*, etc. / Proferindo-se o *u*, este levava trema no sistema de 1943: *liqüidação, liqüidar*, etc.

Lisboa. Adjetivos relativos a Lisboa: *lisboeta, lisbonense*.

Δ **lise-, -lise.** [Do gr. *lysis*, ação de desatar ou dissolver.] *El. de comp.* = 'dissolução', 'separação': *eletrólise, diálise, análise, lipólise, hemólise, lisérgico, lisímetro, lisina*.

lisonjear. [Do esp. *lisonja* + *-ear*.] *V. t. d.* 1. Procurar agradar com lisonjas, elogiar com excesso e, em geral, interesseiramente, adular, incensar: *lisonjear os poderosos*.
2. Agradar a: *lisonjear o patrão; lisonjear as paixões do povo*.
3. Deixar satisfeito e orgulhoso, envaidecer: A sua amizade me *lisonjeia*. / "As consultas o *lisonjeavam*." (Celso Luft) ⇨ Diz-se: Ele cerca os poderosos e *os* (e não *lhes*) *lisonjeia*. / As minhas palavras *o* (e não *lhe*) *lisonjearam* muito. *Pron.* 4. *Lisonjeou-se* com a sua descoberta. / *Lisonjeava-se* de ter escalado o pico.

lisonjeiro. *Adj. 1.* Que lisonjeia: Qual o galanteador que não é *lisonjeiro*?

2. Elogioso: Quiseram animar-me com palavras *lisonjeiras*.
3. Prometedor: Meu futuro parecia *lisonjeiro*.

lista. *S.f.* Relação, rol, listagem; tira de pano ou de papel; faixa de cor diferente, risca. Variante neste último sentido: *listra*.

listar. 1. Ornar ou entremear de listas (riscas de cor diferente): Tênues nuvens cor-de-rosa *listavam* o céu no poente.
2. Relacionar (nomes, palavras, etc.). Nesta acepção é um neologismo. Veja *listrar*.

listra. Variante de *lista*, no sentido de 'risca ou faixa de cor diferente': tecido com *listras*; camisa de *listras* brancas.

listrado. Variante de *listado*, que tem listras ou riscas: A pelagem *listrada* identifica o tigre. / Ela comprou tecidos *listrados*.

listrar. *V. t. d.* Entremear ou ornar de listras: Veios claros *listravam* o piso de pedra, dando-lhe realce. / No oriente, estiravam-se pequenas nuvens, *listrando* o céu de rosa. ⇨ *Listrar* é a forma geralmente usada em vez de *listar*.

literalmente. [De *literal*, conforme à letra, exato + *-mente*.] *Adv.* De modo literal, exatamente, no sentido exato do termo, completamente, sem exagero no que se afirma: O telhado ficou *literalmente* destruído. / "Encontrou-o *literalmente* bêbado." (Houaiss) / "E então nós duas pálidas, eu e a rosa, corremos *literalmente* para longe da casa." (Clarice Lispector, *A descoberta do mundo*, p. 463)

Δ **litis-.** [Do lat. *lis, litis*, questão, demanda.] *El. de comp.* = 'questão', 'processo', 'demanda': *litisconsórcio, litisconsorte*. Cognatos: *litígio, litigar, litigante, litigioso*.

Δ **lito-, -lito.** [Do gr. *líthos*, pedra.] *El. de comp.* = 'pedra': *litagogo* (que faz expelir pedras ou cálculos da bexiga, dos rins, etc.), *aerólito, litodiálise, litogravura, lítico* (rel. a pedra), *paleolítico, litotripsia*.

liturgia. Adj. relativo à liturgia: *litúrgico* (ano *litúrgico*, preces *litúrgicas*).

livre. Superlativo absoluto sintético: *libérrimo*.

livre-pensador. *S.m.* Pessoa que, em matéria religiosa ou filosófica, pensa livremente, só admitindo o que sua razão aprova e rejeitando qualquer princípio superior de autoridade. / No plural faz *livres-pensadores*: Os *livres-pensadores* são, em geral, materialistas ou agnósticos.

Lloyd. Com inicial maiúscula: "Presidente do *Lloyd* promete pagar credores." (*JB*, 8/3/91)

lo, la. Formas que os pronomes oblíquos *o, a* assumem quando pospostos a verbos terminados em *r, s* ou *z*: consultar o médico / consultá-*lo*; vender a casa / vendê-*la*; aplaudir os cantores / aplaudi-*los*; amar as pessoas / amá-*las*; transpor a fronteira / transpô-*la*; acolhestes o pobre? / acolheste-*lo*?; ajudamos o amigo / ajudamo-*lo*; visitamos os doentes / visitemo-*los*; fez o pai feliz / fê-*lo* feliz; fez a mãe feliz / fê-*la* feliz. Observar que as ditas consoantes *r, s* e *z* desaparecem.

lóbi. [Do ingl. *lobby*, sala de espera, corredor.] *S.m.* Atividade de influência exercida por pessoa ou grupo de pessoas que, nas antessalas do Congresso, pressionam deputados ou senadores para que votem segundo os interesses delas ou do grupo que representam; grupo organizado que exerce essa atividade. ⇨ Os dicionários dão as duas formas: *lobby* e *lóbi*. Prefira-se a forma aportuguesada. Plural: *lóbis*.

lobista. *S.m.* e *f.* Pessoa que exerce a atividade do *lóbi*★.

lobo (ló). [Do gr. *lobós*, lóbulo da orelha.] *S.m.* Parte saliente e arredondada de um órgão (cérebro, fígado, pulmão e principalmente da orelha), lóbulo. Diferente de *lobo* (lô) (do lat. *lupus*), animal carnívoro, da família Canidae.

lobo. Adj. relativo ao lobo: *lupino*.

locador, locatário. 1. *Locador*. Em sentido estrito, é o proprietário que cede, em contrato de locação, o uso de um imóvel, de um bem.
2. *Locatário*. É a pessoa física ou jurídica que usa, em contrato de locação, um imóvel, um bem. Na locação de imóveis, principalmente residenciais, o locador também se chama *senhorio*, e o locatário, *inquilino*.

lóculo. [Do lat. *loculus*, pequeno lugar, cofre, compartimento, caixinha.] *S.m.* Pequena cavidade.

Δ **logo-, -logo.** [Do gr. *lógos*, palavra.] *El. de comp.* = 'palavra', 'tratado', 'ciência', 'que estuda': *logomania, logorreia, logosofia, geólogo, psicólogo, logotipo* (desenho identificativo de marca comercial, instituição, etc., formado com a sigla do nome da coisa representada).

lograr. *V. t. d.* 1. Conseguir, alcançar: Não *logrou* satisfazer seu desejo. / "Nem os ganidos de Quincas Borba *lograram* espertá-lo." (Machado de Assis, *Quincas Borba*, p. 275)
2. Enganar, ludibriar: Astucioso, *logrou* o tio mais de uma vez.

lombo. Adj. relativo ao lombo: *lombar* (região *lombar*).

longa-metragem. *S.m.* Filme de longa metragem, ou seja, filme cuja projeção dura acima de

70 minutos. No plural, se diz *longas-metragens*: A empresa vai produzir, este ano, dois *longas-metragens*.

⇨ Forma-se o plural dos substantivos compostos constituídos de *adjetivo + substantivo* flexionando-se os dois elementos: *curtas-metragens, longas-metragens, más-línguas, livres-pensadores, altos-fornos, bons-bocados, altos-relevos, gentis-homens*, etc. Contrariando a boa norma, um cronista social escreveu: "A empresa vai conseguir baratear o custo de seus *longa-metragens* e da recuperação de películas."

longe, longes. Pela sua origem latina, *longe* é advérbio, portanto invariável: Moramos *longe*. / Seus gritos soaram *longe*. Acidentalmente, porém, pode ser usado como: adjetivo, com o significado de *distante*: Andei por *longes* terras. / Passou-se o caso nos *longes* tempos da Idade Média. / "O sírio também contava histórias de longes terras." (Viana Moog, *Um rio imita o Reno*, p. 52); b) substantivo plural, mais frequentemente no sentido de 'leve semelhança': 'Ele tem uns *longes* da fisionomia do avô'. Menos usado na acepção de 'tempo passado e distante': "Tenho um Diário que remonta aos *longes* de minha infância..." (Ciro dos Anjos, *O amanuense Belmiro*, p. 176)

Δ **longi-.** [Do lat. *longus*, comprido.] *El. de comp.* = 'longo': *longicaule, longilíneo* (perfil *longilíneo*), *longímano, longimetria, longípede, longipétalo, longirrostro, longitroante*.

longíquo. Forma desaconselhada. Use *longínquo*, do lat. *longinquus*, distante.

Δ **-longo.** *El. de comp.* Equivalente de *longi-★*: *barbilongo, pernilongo, rabilongo*.

loquaz. Superlativo abs.: *loquacíssimo*. Veja *-loquo*.

Δ **-loquo.** [Do lat. *loquor, locutus sum, loqui*, falar.] *El. de comp.* = 'que fala': *grandíloquo, sonílloquo, ventríloquo*. Do particípio *locutus* (falado) derivam: *locutor* e *locutório*, cognatos de *elocução, alocução★, eloquência, eloquente, colóquio, coloquial, loquaz* (falador).

lorpa (ô). *Adj.* e *subst*. Tolo, parvo, imbecil, boçal. ⇨ Pronuncia-se *lôrpa, lôrpas*. Vocábulo de origem desconhecida.

loto. [Do gr. *lotós*, pelo lat. *lotus*.] *S.m*. Planta aquática da fam. das ninfeáceas; a flor dessa planta. Forma paralela: *lótus*. Há três variedades de lótus: o amarelo, azul e o branco. Este último era, para os antigos egípcios, planta sagrada.

loução. *Adj*. Gracioso, elegante, vistoso, belo: moço *loução*, moços *loucãos*, moça *loução*, moças *louçãs*. Parônimo: *loção* (lat. *lotione*), líquido perfumado, usado na toalete.

louro. [Do lat. *laurus*, loureiro, coroa de louro.] *S.m.* 1. Árvore da família das lauráceas, loureiro; folha de loureiro; indivíduo louro; a cor loura; nome vulgar do papagaio.
2. *Fig*. Glória, vitória: *cobrir-se de louros; colher louros*. [Entre os antigos gregos e romanos, os generais vitoriosos e os vencedores de competições esportivas eram coroados com folhas de louro.] Variante: *loiro*.
|| *Adj*. 3. De cor amarelo-dourada ou entre o dourado e o castanho-claro: *cabelo louro*. Variante: *loiro*.
⇨ Cognatos: *lourejar, lourejante*. Exs.: As messes *lourejam*. / Aves sobrevoavam os arrozais *lourejantes*.

louvar. [Do lat. *laudare*, louvar.] *V. t. d.* 1. Dirigir louvores a, elogiar: Os munícipes *louvaram* o prefeito. / Merece que *o louvem*. / *Louvaram-lhe* a dedicação e coragem.
2. Glorificar, bendizer: É justo que *louvemos* a Deus. / Devemos *louvá-lo*.
3. Apoiar-se no parecer de alguém: Em sua tese, o doutorando *louvou-se* em mestres no assunto. / *Louvou-se* no parecer de eminentes juristas. / Os juízes *se louvam* no laudo dos peritos. / "Quanto a isso, que *se louvem* nas declarações do mendigo Beccafumi." (José Geraldo Vieira, *A quadragésima porta*, p. 392)
4. Elogiar-se, gabar-se: "O novo proprietário, ao saber da violência de Gregório, *louvou-se* de haver exigido a entrega da fazenda sem colonos." (Jorge Amado, *Seara vermelha*, p. 62)

louvável. [Do lat. *laudabilis*.] *Adj*. Digno de louvor. Superlativo absoluto sintético: *louvabilíssimo*. Existe também a forma *laudável*, cujo superlativo é *laudabilíssimo*.

Lua. *Adj*. relativo à Lua: *lunar, selênico*.

Lúcifer. É palavra de origem latina, que significa *luminoso, que leva a luz*. Os latinos davam este nome ao planeta Vênus. Na Bíblia, Lúcifer é o chefe dos anjos rebeldes, Satanás. Pl.: *Lúciferes*. *Adj*. relativo a Lúcifer: *luciferino* (= satânico, diabólico, demoníaco).

lucubração. [Do lat. *lucubrationem*.] *S.f.* 1. Trabalho intelectual feito à noite, à luz da lâmpada.
2. Trabalho intelectual ou estudo longo e muito meditado: "Esse homem de pensamento, que fascinou uma geração inteira de intelectuais, costumava descansar de suas *lucubrações*

pregando peças aos amigos." (Ciro dos Anjos, *A menina do sobrado*, p. 377)
3. Produto de trabalho intelectual.
4. Meditação grave, cogitação profunda. Variante: *elucubração*.

Luculo. Lúcio Licínio Luculo (c. 106. – c. 57 a.C.). General romano, famoso pelo seu luxo e gosto pelos banquetes suntuosos. Seu nome ficou associado às ideias de luxo, ostentação, suntuosidade. Alguns dicionários trazem, erradamente, *Lúculo*, proparoxítono. ⇨ É palavra paroxítona, como em latim (Lucullus). Veja *luculiano*.

luculiano. [Do lat. *lucullianus*, de Luculo.] *Adj*. Próprio de *Luculo*★. Por extensão, suntuoso, lauto: *jantar luculiano*. Forma paralela: *lucúleo*.

lúdico. *Adj*. Referente a jogos, brinquedos, divertimentos: Atividades *lúdicas* são importantes na educação das crianças. ⇨ Esta palavra se prende ao termo latino *ludus*, jogo, brinquedo, divertimento.

lugar-comum. *S.m.* 1. Ideia já muito conhecida e repisada, trivialidade, truísmo. Exemplos: A vida é uma luta. / A pressa é inimiga da perfeição.
2. Frase, fórmula ou expressão excessivamente repetidas, chavão, clichê, estereótipo. Exemplos: dizer alto e bom som, sonho vira pesadelo, fazer das tripas coração, depois de longo e tenebroso inverno, o astro rei (= o Sol), a escalada da violência, a ciranda dos preços, um suculento almoço, o fantasma do desemprego, a corrida armamentista, reverter a situação, apostar todas as fichas, botar a boca no trombone, o vilão da inflação, cair como uma bomba (uma notícia, um escândalo), resgatar a credibilidade, protagonizar um acontecimento, a torcida vai à loucura, etc.
⇨ De tanto repetidos pelos meios de comunicação, os lugares-comuns acabam se desgastando e perdem a força expressiva original. Convém evitá-los o mais possível. Veja *modismo*.

lugar-tenente. *S.m.* Aquele que exerce temporariamente a chefia e as funções de outrem: Tito Labieno, general romano, foi o principal *lugar--tenente* de César na Gália. Pl.: *lugar-tenentes*.

Luís. Nome próprio personativo de procedência germânica. Grafa-se com *s* por ser empréstimo do francês *Louis*. Com *s* também *Luísa*, *são-luisense* e *Luisiânia* (cidade de São Paulo).

luminar. [Do lat. *luminare*, luz, lâmpada.] *S.m.* 1. Foco de luz, luminária, astro.
2. *Fig*. Pessoa notabilíssima em ciências, artes ou letras: Albert Einstein é um *luminar* da ciência moderna.

lusitanismo. Palavra, expressão, sintaxe ou pronúncia próprias do português lusitano. Variante: *lusismo*.

luso. [Do lat. *Lusus*, Luso, filho de Baco, suposto fundador da Lusitânia, região ocidental da Península Ibérica.]. *Adj*. e *subst*. Lusitano, português, lusíada. ⇨ Cognatos: *lusitanismo*★, *lusitanizar*, *lusitano*, *lusofonia*, *lusófono*, *Os Lusíadas* (poema épico de Luís de Camões), etc. Como el. de comp., forma adjetivos pátrios: *luso-brasileiro*, *luso-africano*, *luso-indiano*, etc.

lustre. [Do fr. *lustre*, brilho, luminária.] *S.m.* 1. Brilho ou polimento natural ou artificial de um objeto: Os móveis estavam velhos e sem *lustre*. Var.: *lustro*.
2. *Fig*. Brilhantismo, esplendor: O valor de sua obra não reside no *lustre* do estilo, mas na profundeza dos conceitos.
3. *Fig*. Glória, fama: Foi um artesão modesto, um nome sem *lustre*.
4. Luminária de vários braços, suspensa do teto: Vi os *lustres* oscilarem levemente.

lustro¹. [Do lat. *lustrum*, cerimônia purificadora realizada, na antiga Roma, de cinco em cinco anos.] *S.m.* Período de cinco anos, quinquênio.

lustro². [De *lustrar*.] Brilho, polimento, lustre★.

lutulento. [Do lat. *lutulentus*, lamacento, lodoso.] *Adj*. Cheio de lodo, lamacento. ⇨ Distinga-se de *lutuoso*, coberto de luto, fúnebre, triste.

luxar¹. [Do lat. *luxare*, deslocar.] *V. t. d*. Desarticular, deslocar (osso): *luxar um braço*. Subst. cognato: *luxação*.

luxar². [De *luxo* + *-ar*.] *V. i.* 1. Ostentar luxo: Ele era um esnobe, gostava de *luxar*.
2. Mostrar-se luxento, recusar por afetação ou cerimônia: Em casa de parentes, ela tinha a mania de *luxar*, tornando-se antipática.

luzir. [Do lat. *lucere*, brilhar, resplandecer.] *V.i.* Brilhar (no sentido próprio e no figurado): O fogo *luz*. / As chamas *luzem*. / Vênus *luzia* intensamente. / Seu talento literário *luziu* principalmente na ficção. / Citou Nabuco, Rui Barbosa e outros tribunos que *luziram* no final do Império.

M

ma, má, mas. 1. **Ma**. Contração do pron. pessoal *me* com o pron. pessoal *a*: Leu a carta e *ma* devolveu. ⇨ Sem acento, por ser átona. Veja *mo*.
2. **Má**. *Adj.* Fem. de *mau*: pessoa *má*. O pl. *más*: pessoas *más*. ⇨ Acentuam-se por serem palavras tônicas.
3. **Mas**. a) Contração do pron. pessoal *me* com o pron. pessoal *as*: Buscou as revistas e *mas* entregou. ⇨ Sem acento, por ser átona. Veja *mo* e *má*.
b) Conjunção adversativa: Ele é velho, *mas* trabalha. Sinônimos: *porém*, *contudo*.

maça. *S.f.* Clava, tacape; pilão para bater o linho. Homônimo de *massa*★. Cognatos: *maçar* (bater com maço ou maça); *maçada* (conversa, trabalho, coisa ou situação que aborrece); *maçante* (que maça, que aborrece; enfadonho, chato); *macete* (pequeno martelo; pequeno maço; truque, artifício); *maço* (espécie de martelo de madeira usado por marceneiros; pequeno pacote: *maço* de notas, de cigarros, de envelopes, etc.

macabro (cá). [Do fr. *macabre*.] *Adj.* Diz-se de antiga dança alegórica representando a morte. Por ext., fúnebre, tétrico, lúgubre: aspecto *macabro*, cena *macabra*. É vocábulo paroxítono.

macaco. *Adj.* relativo a macaco: *simiesco*.

maçagem. Ato de *maçar* (bater com maço ou maça) o linho. ⇨ Distinga-se de *massagem* (ato de massagear).

maçar. [De *maça* + -*ar*.] 1. Bater com maça ou maço: Dois homens estavam *maçando* o linho. 2. *Fig.* Molestar com conversa repetitiva, enfadonha ou assunto sem interesse: Evitava *maçar* o marido, contando-lhe os mexericos da vizinhança.

maçãs do rosto. *Adj.* relativo às maçãs do rosto: *malar* (proeminências *malares*, osso *malar*).

maceioense (ò). De Maceió; pessoa natural de Maceió. ⇨ Pronuncia-se a vogal subtônica *o* um tanto aberta.

macérrimo. [Do lat. *macerrimus*, de *macer*, magro.] *Adj.* Superl. absol. de *magro*. ⇨ A forma *magérrimo* é anormal e não recomendável. Prefira-se *macérrimo* (forma erudita) ou *magríssimo* (forma vulgar).

maciez. *S.f.* Qualidade de macio. Forma paralela: *macieza*.

maciíssimo. *Adj.* Superlativo de *macio*.

macilento. [Do lat. *macilentus*, magro.] *Adj.* Magro e pálido: rosto *macilento*. ⇨ Não tem a significação de *macio*.

má-criação. *S.f.* Ação ou dito de pessoa malcriada; grosseria. Pl.: *más-criações* e *má-criações* (mais eufônica). Rubem Braga usou a forma normal nesta frase: "Suporta com paciência suas *más-criações*." (*A traição das elegantes*, p. 123) José Lins do Rego, em *Fogo morto*, p. 285, usou a segunda forma: "Não lhe falava para não sofrer as suas [do marido] *má-criações*." ⇨ Diz-se uma *criação má* e não uma *criação mal*. Portanto, *má-criação*, forma tradicional, e não *malcriação*, variante popular que se explica por influência de *malcriado*. Veja *má-formação*.

Δ **macro-.** [Do gr. *makrós*, grande, longo.] *El. de comp.* = 'longo', 'grande': *macróbio, macrobiótica, macrobiótico, macrocéfalo, macrossomo, macroeconomia, macroeconômico, macrorregião, macrossomia, macrocefalia.* ⇨ Une-se diretamente (sem hífen) ao elemento seguinte (a menos que inicie com *h* ou *o*).
macrocefalia. *S.f* 1. Desenvolvimento anormalmente grande da cabeça; megalocefalia. 2. *Fig.* Desenvolvimento excessivo, exorbitante, de um poder constituído, de um órgão estatal, de uma classe: "A burocracia brasileira continuava vítima da *macrocefalia*, que em 1877 era verdadeiramente patológica." (José Murilo de Carvalho, *A construção da ordem*, ed. 1996, p. 140)
Madagáscar. Antigo nome da atual República Malgaxe, grande ilha a leste da costa africana. ⇨ É vocábulo paroxítono, mas é geralmente pronunciado como oxítono. Com raríssimas exceções, as palavras terminadas em *-ar* são oxítonas, em português.
madrasta. Usa-se como adjetivo com o significado de *pouco carinhosa, ingrata, má*: vida *madrasta*.
madrilense. *Adj.* e *subst.* De Madri; pessoa natural de Madri. Prefira-se esta forma a *madrileno, madrilenho* e *madrilês*.
madrugar. *V. i.* 1. Ter início (a madrugada), alvorecer: "Nem bem *madrugava* ainda, quando avistaram a primeira luz do Campanário." (Mário Palmério, *O chapadão do bugre*, p. 308) 2. Levantar-se da cama muito cedo: "Deus ajuda a quem *madruga*." (Prov.) 3. *Fig.* Manifestar-se muito cedo, revelar-se precocemente: Nele o amor pela música *madrugou*.
madurar. [Do lat. *maturare*, amadurecer.] *V. t.* e *i.* Tornar-se maduro, amadurecer: O sol *madura* os frutos. / Nos quintais *maduravam* as mangas e os cajus. ⇨ Cognatos: *maduro, maturação, amadurar, imaturo, maturidade, madureza, amadurecer.*
maestria. [Do subst. arcaico *maestre* + *-ia*.] *S.f.* Mestria, habilidade (de mestre), perícia, destreza: Ele pintava com notável *maestria* (ou *mestria*). ⇨ *Maestria* não deriva de *maestro*, mas do port. arcaico *maestre*, mestre, ocorrente em textos do séc. XII. Pode-se, portanto, usar, sem erro, *maestria* por *mestria**.
maestrina. *S.f.* Fem. de *maestro*.
má-formação. *S.f.* Formação defeituosa, deformação congênita de qualquer parte do corpo, deformidade: "Obstetra defende o procedimento em casos comprovados de fetos com *má-formação*." (*Isto É*, 5/4/95, p. 5). Pl.: *más-formações.* ⇨ *Má-formação*, forma vernácula, deve ser preferida a *malformação*, cópia do francês *malformation*. Em port., *mal*, como advérbio, se usa com adjetivos e verbos: *malcriado, mal-educado, malquerer, maldizer*, etc. Antes de substantivos, emprega-se *mau* ou *má*: *má-criação, má-formação, má-oclusão, mau--caráter*, etc.
magérrimo. Veja *macérrimo*.
magma. [Do gr. *magma*, pasta amassada.] *S.m.* Qualquer substância pastosa, como a lava, o vidro derretido, etc. ⇨ É subst. masculino: *o magma.*
Δ **magneto-.** [Do gr. *mágnes, mágnetos*, referente a Magnésia, antiga cidade da Lídia (atual Turquia), hoje Manissa, situada em região rica em ímãs naturais, chamados 'pedras de Magnésia', *mágnetos lithos*, em grego.] *El. de comp.* = 'ímã', 'magneto': *magnetologia, magnetômetro, magnetosfera*, etc. Cognatos: *magnetismo, magnético, magnetizante, magnetizar.*
magnificat. [Do lat. *magnificare*, engrandecer, exaltar, glorificar.] *S.m.* Cântico por meio do qual a Virgem Maria exprimiu sua gratidão a Deus quando visitou sua prima Isabel. O nome vem da palavra inicial desse cântico: *Magnificat anima mea Dominum* (= A minha alma *engrandece* o Senhor). *Por ext.*, cântico de gratidão e júbilo: entoar um *magníficat*. ⇨ Pronuncia-se *magníficat*.
magoar. *Ind. pres.*: magoo, magoas, magoa, magoamos, magoais, magoam. *Subj. pres.*: magoe, magoes, magoe, magoemos, magoeis, magoem. ⇨ *Magoa* e todas as palavras terminadas em *-oa* não se acentuam: *lagoa, pessoa, canoa, voa, perdoa, ressoa*, etc.
magro. [Do lat. *macer, macra, macrum*, magro.] Superlativo abs. sint.: *macérrimo, magríssimo*. Veja *macérrimo*.
maioria. Acerca da concordância do verbo com este subst., veja *a maioria*.
mais. [Do lat. *magis*.] 1. Em certas frases negativas, é advérbio de tempo, tem o valor de *já*: A noite desceu de todo, as aves não cantam *mais* = A noite desceu de todo, as aves *já* não cantam. / "Nesta correria de gato e rato, não se sabe *mais* quem é o rato ou o gato." (*JB*, 3/7/93, editorial, p. 10). Veja o verbete *já*.
2. É pronome substantivo com o significado de *o resto, as outras coisas, outra coisa*, em frases

como: O importante é a saúde, *o mais* é secundário. / Quanto *ao mais*, vai tudo bem. / Tenho *mais que fazer*. / Tens *mais que dizer*? / Sem *mais*, subscrevo-me... (no fecho de cartas comerciais). Veja *o mais*.
3. Deve-se usar *mais... do que* e não *mais...a*, nas comparações do tipo: É *mais vantajoso* paro o Rio desenvolver o turismo *do que* construir fábricas. / Para mulher idosa, é *mais conveniente* vestir-se com recato *do que* exibir um corpo decrépito. ⇨ A prep. *a*, no caso, tem cabimento com o adj. *preferível*★: É *preferível* sofrer um prejuízo *a* praticar uma injustiça.

mais, a mais. 1. Nas comparações, usa-se *mais*, seguido de *que* (ou *do que*): Um televisor, no Brasil, *custa* um terço *mais que* no Paraguai. / Estas terras, hoje, *valem* cem por cento *mais que* dois anos atrás. / Ele aparentava dez anos *mais que* (ou *do que*) sua esposa. / "América Latina exportará 20% *mais* este ano [do que em 2005]." (*O Globo*, 13/9/2006)
2. A expressão *a mais* equivale a *de mais*, além do devido: Por engano, ela deu-me um real *a mais*. / Pagou cem reais *a mais*.
3. Faça-se a mesma distinção com as expressões antônimas *menos* e *a menos*: "Um trator *custa* um terço *menos que* nas revendedoras de Mato Grosso." (*Veja*, 12/4/95) / Deu-me, por engano, dois reais *a menos*.
Pode-se dizer simplesmente *menos* em vez de *a menos*, em frases como: Com a dieta, passou a pesar dez quilos *menos* (Isto é: dez quilos *menos que antes*). / "Que lhe importava a fuga do cachorro, se era até melhor, um cuidado *menos*?" (Machado de Assis, *Quincas Borba*, cap. 47) / "Para construir uma casa com estrutura metálica simples, levam-se onze dias *menos* que pelo sistema tradicional." (*Veja*, 12/9/2001) / "É um dia de sol e eu me sinto com vinte anos *menos*." (Érico Veríssimo, *O senhor embaixador*, p. 333) / "Naquele minuto mágico da sua inesperada e grata aparição, dei-lhe vinte anos *menos* e o dobro da sua antiga beleza." (Henrique Pongetti, *Direito e avesso*, p. 211)

mais bem, melhor. Antes de particípio, tanto é correto usar *melhor* como *mais bem*: Desde então, o prisioneiro passou a ser *mais bem tratado* (ou *melhor tratado*). / As tropas desse país estão entre as *mais bem armadas* (ou *melhor armadas*). / São os profissionais *mais bem remunerados* (ou *melhor remunerados*) do país. / O pedido para que as placas fossem *melhor acomodadas* partiu do presidente da Federação Internacional de Vôlei." (*JB*, 20/10/94) / "O bugreiro está *mais bem armado* do que o seu ancestral de há trezentos anos." (Oliveira Viana, *Evolução do povo brasileiro*, p. 115) / "O operário americano é *mais bem retribuído* que o inglês; os seus salários deixam-lhe margem à economia." (Rui Barbosa, *Cartas de Inglaterra*, I, p. 122) / "Além de Cartago aparecer *melhor armada* e dominando os mares, os seus recursos financeiros ofereciam-lhe possibilidades de todo defesas a Roma." (Aquilino Ribeiro, *Os avós dos nossos avós*, p. 78, Lisboa, 1958) / "Se o colegial daquela geração andava *melhor informado* do que o de hoje sobre os grandes inventores era apenas porque lia mais." (Vivaldo Coaraci, *Cata-vento*, p. 217) / "Temos terra, que pode ser mais e *melhor cultivada*, devemos cultivá-la." (Antônio Feliciano de Castilho, *Felicidade pela agricultura*, p. 55) / "E foi à estante e tirou um dos relatórios para ser *melhor visto*." (Machado de Assis, *Esaú e Jacó*, cap. 53) / "Eu tinha estudado no seminário algumas matérias que é bom saber, e são sempre *melhor ensinadas* naquelas casas." (Machado de Assis, *Dom Casmurro*, cap. 39) / "Adotei uma empregada velha, realmente *melhor paga* pela discrição do que pelos serviços profissionais." (Luís Jardim, *As confissões do meu tio Gonzaga*, p. 262) / "O desejo do barão não podia ser *melhor satisfeito*." (José de Alencar, *O tronco do ipê*, p. 230) ⇨ Antes de particípios adjetivados formados com o prefixo *bem-*, usa-se apenas *mais*: o escritor *mais bem-sucedido*; a menina *mais bem-dotada*. ⇨ "Há quem não admita a forma sintética (melhor), mas a impugnação está em desacordo com os fatos da língua". (Sousa e Silva, *Dificuldades sintáticas e flexionais*, p. 181, ed. 1958). Veja *mais mal* e *melhor*.

mais boa. Veja *mais bom*.

mais boa vontade. Expressão correta, porque *boa vontade* é expressão sentida como substantivo composto equivalente a *disposição favorável*, *benevolência*. Ex.: Ele hoje nos atendeu com *mais boa vontade* (e não *com melhor vontade*) do que ontem. ⇨ Diz-se também, pela mesma razão, *mais bom gosto* e *mais bom senso*: Demonstrou *mais bom senso* que seu pai. / Na decoração da casa, ela tem *mais bom gosto* que a irmã. Veja *boa vontade*.

mais bom. Quando se comparam qualidades do mesmo ser, usa-se a forma analítica *mais* *bom* (ou *mais boa*) em vez de *melhor*: O menino era *mais bom* do que mau. / A proposta dele parece-me *mais boa* do que má. ⇨ Todavia, é preferível evitar o desagradável *mais bom* e construir: O menino era antes bom do que mau. / Sua proposta parece-me antes boa do que má.

mais de um. Embora denote pluralidade, *mais de um* exige, de regra, o verbo no singular: Mais de um político não se reelegeu. Se, porém, a expressão vier repetida, usar-se-á o verbo no plural: Mais de um deputado, mais de um senador não se reelegeram. No plural também concordará o verbo que exprimir reciprocidade: Mais de um dos circunstantes se entreolharam com espanto. / Mais de um sobrevivente se abraçaram chorando.

mais do que. Usa-se indiferentemente *que*, ou *do que*, para ligar os dois termos de uma comparação. Eça de Queirós escreveu: "César pareceu-me *mais forte que* Jeová." (*A relíquia*, p. 132) Poderia ter escrito: César pareceu-me *mais forte do que* Jeová. ⇨ A regra é aplicável também no comparativo de inferioridade: O som é *menos veloz que* (ou *do que*) a luz.

mais extremo. Embora o adjetivo *extremo* (do lat. *extremus*, o mais afastado) já contenha a ideia superlativa, pode-se antepor-lhe o advérbio intensivo *mais* e dizer: o ponto *mais extremo* do país; a *mais extrema* alegria; na *mais extrema* miséria etc.

mais grande. Forma comparativa vetada, exceto quando se comparam qualidades do mesmo ser: Ele era um homem *mais grande* que pequeno. ⇨ Todavia, é preferível a construção: Ele era um homem antes grande que pequeno.

mais grandioso. É correto dizer: Difícil imaginar espetáculo *mais grandioso*. / Foi a parada *mais grandiosa* que já vi. O adjetivo *grandioso*, além da ideia de grandeza, encerra a de sublimidade, magnificência, aparato, esplendor. Daí poder-se dizer: Este foi o espetáculo *mais grandioso* a que tenho assistido. / Seus feitos são os *mais grandiosos* de que há memória. / Pode haver sentimentos *mais grandiosos*? / Até as ações *mais grandiosas* são às vezes mal interpretadas.

mais inferior. Veja *inferior*.

mais ínfimo. *Ínfimo*, do lat. *infimus*, 'o mais baixo', é por si mesmo um superlativo: Seria ele o *ínfimo dos viventes* para que o tratassem assim? / Era um tecido de *ínfima qualidade*. Todavia, como a noção superlativa desse adjetivo já está bastante apagada, não é erro antepor-lhe o adv. *mais*: o *mais ínfimo* dos viventes; tecidos da *mais ínfima* qualidade; as *mais ínfimas* tarefas; os *mais ínfimos* detalhes. "Ao ser descoberto, era o Brasil habitado por uma gente da *mais ínfima* civilização." (João Ribeiro, *História do Brasil*, p. 48)

mais mal. Antes de particípio, é lícito empregar *mais mal* ou *pior*, indiferentemente: Este quadro é o *mais mal* pintado (ou *pior* pintado) da exposição. / São os profissionais *mais mal* (ou *pior*) remunerados. / Casa *mais mal construída* (ou *pior construída*) jamais se viu. / Não podia ser *mais mal escolhido* o momento para o Império entrar em luta." (J. Pandiá Calógeras, *Formação Histórica do Brasil*, p. 142) / "Diz-se: *mais bem recompensado* e *melhor recompensado*, *mais mal empregado* e *pior empregado*." (Sousa da Silveira, *Lições de português*, p. 304) E o eminente filólogo corrobora o seu ensinamento com estas citações: "Incentivo para adorações *melhor recompensadas*." (Camilo Castelo Branco) / "Já se viram livrarias *mais mal* empregadas." (Antônio de Castilho) Veja *mais bem*.

mais pequeno. Expressão corrente no português lusitano e encontrada em um ou outro escritor brasileiro: "A ala esquerda, *mais pequena* que as outras duas, não parecia..." (Alexandre Herculano, *Eurico*, p. 88) / "... por *mais pequena* que fosse a sua posição social, sentia-se diante de um igual seu." (Raquel de Queirós, *O caçador de tatu*, p. 13) / "Descobria-lhe a irritação nos *mais pequenos* gestos." (Alves Redol, *O cavalo espantado*, p. 191) No Brasil se diz *menor*: João era *menor* que Paulo. / O homem pode ser feliz, por *menor* que seja o seu nível de instrução.

mais preferido. É reprovável o uso de *mais* antes de *preferido*. Diga-se apenas: A natação era o esporte *preferido* desses jovens. / O clima *preferido* pelos imigrantes europeus é o temperado. ⇨ O complemento de *preferido* é regido das preposições *de* ou *por*, indiferentemente: Os filmes *preferidos do* (ou *pelo*) público eram americanos.

mais que dobrou. Superou o dobro; tornou maior que o dobro: Em cinco anos a população da cidade *mais que dobrou*. / "O Plano Real *mais que dobrou* o endividamento dos brasileiros." (*O Globo*, 13/10/96) / "Por que será que o número dos sequestros *mais que dobrou* neste período?" (César Maia, *O Globo*, 20/12/95) ⇨ Expressão neológica, frequente na imprensa de hoje, ao lado de *mais que tri-*

plicou. Pela sua concisão, parece-nos perfeitamente aceitável. *Mais que* + *verbo* formou-se talvez pelo modelo *mais que* + *adjetivo*, usado nas comparações: Ele é *mais forte que bonito*. / Isto é *mais que bom, é ótimo*.

mais que fazer. Diz-se: Não tenho *mais nada que fazer*. / "Já consegui tudo o que queria e não há *mais nada que fazer*." (JB, 7/10/93) / Não o incomode, ele tem *mais que fazer*. / Ainda havia muito *que fazer*. / "E quando *nada mais têm que cavar*, beliscam o gigante." (Aníbal Machado, *Cadernos de João*, p. 199) / "*Nada tendo que fazer* no povoado, só lhe restava mesmo dormir." (Herberto Sales, *Além dos marimbus*, p. 229).
A construção correta é, portanto, 'mais que fazer' e não 'mais o que fazer'; 'muito que fazer' e não 'muito o que fazer'.
Da mesma forma se dirá: Ele ainda *tem muito que aprender*. / Eu *tenho muito que dizer*. / Ainda há *muito que aprender*. / Não *tenho nada que acrescentar*. / Não há *nada que fazer*. / "Não terão *mais nada que fazer*?" (Érico Veríssimo, *O senhor embaixador*, p. 87) / "*Nada tenham que invejar* aos reclames do século XIX." (M. Pinheiro Chagas, *A mantilha de Beatriz*, p. 6) / "E depois falaremos, Jadwiga! Temos *muito que falar*!" (Alves Redol, *O cavalo espantado*, p. 220).
Veja os verbetes *mais*, item 2, *ter muito que contar*, *não saber que fazer* e *ter mais que fazer*.

maisquerer. [De *mais* + *querer*.] *V. t.* Querer mais, ter preferência, preferir, antepor. 1. Conjuga-se como *querer*.
2. *T. d.* Apreciava todo tipo de música, porém, *maisqueria* a clássica.
3. *T. d. e i.* "*Maisquer* a paz *do que* a riqueza." (Aurélio) / "*Maisquer* os prazeres *às* obrigações." (Houaiss) / "*Maisquer* a pátria *à* família." (Francisco Fernandes) / "*Maisqueria* o filho *ao* marido." (Michaelis). ⇨ Como se vê, não concordam os dicionaristas quanto à regência de *maisquerer*. Parece-nos melhor a adotada por Aurélio e acolhida por Aulete: *maisquerer* uma coisa ou pessoa *do que* outra. A outra, 'maisquerer uma coisa ou pessoa *a* outra, deve-se, evidentemente, à influência do sinônimo *preferir* (preferir uma coisa *a* outra).

mais ruim. Embora usada por um ou outro escritor, haja vista Gustavo Barroso, em *Terra de sol*, p. 89, é expressão que deve ser evitada. Diga-se *pior*, ou, conforme o caso, *mais malvado*, *mais nocivo*, *mais inábil*, *mais confuso* etc.: *A emenda saiu pior que o soneto*.

mais superior. Expressão redundante e condenada. Diga-se apenas *superior*: Nosso time é *superior* ao deles. Veja *superior*.

mal. 1. Como prefixo, ou elemento de composição, antônimo de *bem*, exige hífen antes de *vogal* ou *h*: *mal-agradecido*, *mal-educado*, *mal-entendido*, *mal-humorado*. Razão do hífen: evitar pronúncia incorreta (ex.: *mal-educado*, e não *maleducado*). Nos outros casos, sem hífen: *malcriado*, *malcheiroso*, *malfeito*, *malpassado*, etc.
2. Antes de particípio, grafa-se *mal* separadamente, sem hífen: O menino tinha sido *mal educado* pela tia. / O mapa foi *mal feito*. / A carne foi *mal passada*. Comparem-se com *menino mal-educado*, *carne malpassada*, *mapa malfeito*, todos adjetivos.

mal, mau. 1. *Mal*. Pode ser: a) substantivo, antônimo de *bem*: Evite o *mal*; b) advérbio, antônimo de *bem*: Ele agiu *mal*; c) conjunção, com o sentido de *logo que*: *Mal* me viu, veio ao meu encontro.
2. *Mau*. É adjetivo, antônimo de *bom*: ato *mau*; *mau* negócio; *mau* costume; *mau* pintor; *mau-caráter*.
3. Usa-se *mal* (com *l*) quando antônimo de *bem*: praticar o *mal* (praticar o *bem*), *mal-educado* (*bem-educado*), *mal-humorado* (*bem-humorado*), *mal-intencionado* (*bem-intencionado*), livro *mal traduzido* (livro *bem traduzido*), carta *mal escrita* (carta *bem escrita*), passar *mal* (passar *bem*), sair-se *mal* (sair-se *bem*).
4. Usa-se *mau* (com *u*), quando antônimo de *bom*: *mau humor* (*bom humor*), *mau tempo* (*bom tempo*), *mau exemplo* (*bom exemplo*), *mau pintor* (*bom pintor*), um *homem mau* (um *homem bom*). Na tradução de um livro do escritor mexicano Otávio Paz, deparamos com *mal* em vez de *mau*: "Os homens são livres como os anjos e, como eles, fazem *mal* uso de sua liberdade: querem divinizar-se." (p. 148)

Malaca. Cidade da Malásia, no sul da Indochina. Palavra paroxítona. Não confundir com *Málaga*★, cidade da Espanha.

Málaga. Cidade da Espanha, porto do Mediterrâneo. É palavra proparoxítona. Adj. referente a Málaga: *malaguenho*.

malar. [Do lat. *mala*, maxilar superior, maçã do rosto, + -*ar*.] *S.m.* 1. Cada um dos dois ossos das maçãs do rosto.
|| *Adj.* 2. Relativo a esses ossos: osso *malar*, ossos *malares*, proeminências *malares*.

malbaratar. [De *mal* + *baratar.*] O verbo prende-se a *barato* e seu significado original é vender barato, abaixo do custo, vender com prejuízo. Hoje, só se usa no sentido de empregar ou gastar mal, desperdiçar: Em pouco tempo *malbaratou* a fortuna que herdara. / Muitos artistas *malbaratam* o talento em produções medíocres. / *Malbaratavam* as generosas mesadas em coisas fúteis. / É crime *malbaratar* o dinheiro do povo em obras suntuárias. ⇨ Variante: *malbaratear.*

maldar. [★*maldade* + *-ar.*] *V. i.* e *t.* Fazer mau juízo, ter suspeita má, suspeitar maliciosamente. Brasileirismo criado no séc. XX. Sua etimologia é incerta. Talvez provenha de *maldade.* Admite as seguintes construções: Elas são linguarudas, vivem a *maldar.* / Ele *maldou* que a mulher o traía. / A patroa *maldava* da empregada. / "Não confia em ninguém: *malda* de todos e de tudo." (Aurélio) / "Não, Senhor! Eu não *maldo*, não senhor!" (José Américo de Almeida, *A bagaceira*, p. 51) ⇨ Verbo regular. Conjuga-se como *nadar.*

mal de Chagas. Denominações como esta grafam-se sem hífen e com inicial maiúscula o nome do cientista descobridor da causa da doença: *mal de Alzheimer*, *mal de Parkinson*, etc. Procede-se da mesma forma se em vez de *mal* se usa *doença*: doença de Chagas.

maldizer. [Do lat. *maledicere.*] *V. t.* Dizer mal de, amaldiçoar, praguejar contra, falar mal de alguém ou alguma coisa: *maldizer* a vida (ou *da vida*); *maldizer* a sorte (ou *da sorte*); *maldizer* de alguém. / "Mas por que *maldizer* do Birô?" (Ciro dos Anjos, *A menina do sobrado*, p. 381) / "Luzia não tinha direito de *maldizer* de sua sorte." (Domingos Olímpio, *Luzia-homem*, p. 110) ⇨ Conjuga-se como *dizer*★. Cognatos: *maledicente* (ou *maldizente*), *maledicência*, *maldito.*

mal e mal. *Loc. adv.* Sofrivelmente, muito ligeira e imperfeitamente: Taparam *mal e mal* os buracos da estrada.

mal-empregado, mal empregado. 1. *Mal-empregado. Adj.* Empregado ou aplicado em vão ou indevidamente; imerecido, indevido, lamentável: Não lhe parece *mal-empregado* o dinheiro que gasta em orgias? / *Mal-empregado* o tempo que passei nos bares! / "*Mal-empregada* tanta beleza em mulher tão má!" (Aurélio).
2. *Mal empregado! Interj.* Expressão ou exclamação de lástima, que se ouve em Portugal e em alguns lugares do Brasil: "O fidalgo, quando soube que ele [seu amigo] estava entrevado, disse pungidamente: — *Mal empregado!*" (Camilo Castelo Branco, *A brasileira de Prazins*, p. 38)

malês. *Adj.* 1. Relativo à República do Mali (antigo Sudão francês).
|| *S.m.* 2. Pessoa natural do Mali. Flexões: *malesa, maleses, malesas*, com a sílaba tônica fechada (lê). Variante: *malinês.*

mal-estar. *S.m.* 1. Indisposição do organismo, incômodo físico.
2. *Fig.* Situação incômoda, constrangimento, inquietação: A presença dele causou *mal-estar* na reunião. / Fraudes de todo tipo causam grande *mal-estar* na vida do país. Pl.: *mal-estares.* Antônimo: *bem-estar.*

malferido. *Adj.* 1. Ferido gravemente ou mortalmente: O soldado, *malferido*, foi levado de helicóptero.
2. Renhido, cruento, sangrento: luta *malferida*, *malferido* combate. ⇨ É um equívoco pensar que *malferido* significa *ferido levemente.*

malferir. *V .t. d.* Ferir gravemente ou mortalmente: Uma flechada *malferiu* Estácio de Sá na luta contra os franceses, em 1567. ⇨ *Malferir* não significa *ferir levemente*, como se poderia supor.

malformação. Veja *má-formação.*

malgaxe. *Adj.* 1. Relativo à República Malgaxe (ilha de Madagáscar).
|| *Subst.* 2. Pessoa natural desse país; o idioma malgaxe.

malgrado, mau grado. [De *malo*, mau, + *grado*, vontade, gosto.] 1. Usa-se *malgrado* como equivalente de *não obstante, apesar de*: *Malgrado* sucessivos reveses, ele firmou-se na profissão. / Não conseguimos salvá-la, *malgrado* nossos esforços. / *Malgrado* a proibição do médico, o paciente foi trabalhar. / "Já não era o mesmo das crônicas, *malgrado* a aparência saudável." (Carlos Drummond de Andrade, *Obra completa*, p. 640)
2. Emprega-se *mau grado*, quando se quer dizer *contra a vontade, a contragosto*: *Mau grado* meu, ela me acompanhou. / Comprei, *de mau grado*, um bilhete da rifa. / "Empalideci subitamente, *mau grado* meu, como se comigo mesmo me envergonhasse da ação." (Afrânio Peixoto, *Uma mulher como as outras*, p. 51) / "*Mau grado* seu, o padre sentia que as pulsações de seu coração se aceleravam." (Érico Veríssimo, *O continente*, I, p. 59) / "Turíbio veio não porque o quisesse; as pernas traziam-no *mau grado* seu." (Pedro Rabelo, *A alma alheia*, p. 107) Veja *grado*[1].

malhar. [De *malho* + *-ar.*] 1. Bater com malho (grande martelo de ferro sem unhas): O ferreiro *malha* o ferro em brasa.
2. Debulhar (cereais) com o auxílio do mangual: No terreiro um criado *malhava* um monte de vagens de feijão.
3. Bater, espancar, surrar: O patrão mandou *malhar* o escravo fujão.
4. *Fig.* Criticar duramente: Os críticos *malharam* o poeta modernista. ⇨ Também é correta a regência *malhar em*: Tentar convencê-lo é *malhar em* ferro frio. / "Os demagogos *malham nos* americanos, como outro dia ainda *malhavam no* russo." (Raquel de Queirós, *O caçador de tatu*, p. 72)
5. *Gír.* Fazer ginástica vigorosa, exercícios de musculação: "Conserva-se em forma *malhando* duas horas por dia." (Houaiss)

mal-humorado. Dessa forma e não *mau-humorado*, como aparece numa crônica política do JB, de 26/9/2002: "José Serra ontem disse que pode ter, às vezes, uma cara *mau-humorada*, mas que, pelo menos, não tem duas caras." Veja *mal*, *mau*.

mali-. [Do lat. *malum*, *mali*, maçã.] *El. de comp.* = 'maçã': *maliforme*, *málico*. Cognato: *malar*★.

malíssimo. [Do lat. *malus*, mau, + *-íssimo*.] Superl. absoluto de *mau*; péssimo.

malograr. *V. t.* e *i. l.* Levar ao malogro ou insucesso, fazer fracassar: A renúncia do presidente *malogrou* nossos projetos.
2. Fracassar, não ter êxito. Nesta acepção, se usa com o pronome *se* ou, mais frequentemente, sem ele: Choveu muito em julho, e meus planos de férias *malograram* (ou *malograram-se*). / Devido à intransigência de alguns países, as negociações *malograram* (ou *malograram-se*). / Infelizmente, *malogrou-se* (ou *malogrou*) a minha tentativa.

malquerer. [De *mal* + *querer*.] *V. t.* 1. Querer mal a, detestar, aborrecer. Rege objeto direto: Os soldados *malqueriam* aquele capitão exigente e carrancudo. / Todos *o malqueriam*. / Ela *o malquis* desde o dia em que a destratou. / "Razão tinha a família em *malquerer* o Mercado." (Ciro dos Anjos, *Explorações no tempo*, p. 75) ⇨ Conjuga-se como *querer*★.
|| *S.m.* 2. Aversão, inimizade, malquerença: Não compreendo o motivo do teu *malquerer*. ⇨ Antônimo nesta acepção: *bem-querer*★.

malquistar. [De *malquisto* + *-ar*.] Tornar *malquisto*★ ou inimigo, indispor. Admite as seguintes construções: A política *malquistou* os dois irmãos. / As declarações do ministro *o malquistaram* com o povo. / O rapaz logo *se malquistou* com a sogra (= inimizou-se com a sogra).

malquisto. *Adj.* Que é objeto de aversão, antipatizado: O comerciante, *malquisto dos* (ou *pelos*) vizinhos, teve de vender a loja.

malsão. [De *mal* + *são*.] *Adj.* 1. Não sadio, doentio, insalubre: *lugar malsão*.
2. Mau, nocivo: *ambiente malsão*; *convivência malsã*; *influência malsã*. Flexões: *malsã*, *malsãos*, *malsãs*.

malsinar¹. [De *malsim*, denunciante, + *-ar*.] *V. t. d.* Usa-se modernamente no sentido de:
1. Censurar, condenar: Certos historiadores *malsinam* a catequese das populações indígenas. / Eles *malsinam* os missionários.
2. Tomar em mau sentido, desvirtuar, distorcer: O preconceito leva-os a *malsinar* as mais belas realizações da Idade Média.

malsinar². [De *mal* + *sina*, sorte, + *-ar*.] *V. t. d.* Dar má sina ou sorte a, vaticinar má sorte, mau fim, agourar mal de: A opulência em que viviam *malsinava* aquelas vidas vazias e sem ideal. / A vidente *malsinou* o futuro da humanidade.

maltratar. *V. t. d.* Constrói-se com o pronome *o* e não *lhe*: Eram severos com os filhos, mas não *os maltratavam*. / Quem *a maltratou*? / "Nem ela *o maltratou*, nem o marido percebera coisa nenhuma." (Machado de Assis, *Quincas Borba*, p. 139)

malvadez. *S.f.* Maldade. Variante: *malvadeza*.

malversação. [De *malversar* + *-ção*.] *S.f.* Má gerência, má administração, desvio de dinheiro ou bens praticado por funcionário no exercício de seu cargo.

malversar. [De *mal* + *versar*, manusear.] *V. t. d.* Praticar malversação, administrar mal; no exercício de um cargo, desviar dinheiro ou bens do fim a que se destinam: *malversar verbas*, *fundos*, *dinheiro público*, *bens*.

mama. *S.f.* Órgão glandular das fêmeas, próprio dos mamíferos, o qual produz o leite; seio. *Adj.* relativo às mamas: *mamário* (glândulas *mamárias*.)

Δ **man-.** [Do lat. *manus*, mão.] *El. de comp.* Exprime a ideia de 'mão': *mancheia*, *mancomunar*. Veja *mani-*, *manu-*.

manager (mênedjar). *S.m.* Anglicismo desnecessário e pedante. Em português temos gerente, administrador, empresário: "A TV Globo, detentora do contrato de exclusividade de Roberto Carlos, sempre exigiu que ele não fosse ao ar em dia de estreia de novela, informou o *empresário* do cantor." (Marili Ribeiro, JB, 6/7/95)

manchego. *Adj.* Da Mancha, referente à Mancha, região da Espanha, em espanhol, *La Mancha*, celebrizada por Cervantes em seu livro *Aventuras do engenhoso fidalgo Dom Quixote de La Mancha*. ⇨ O herói *manchego* = Dom Quixote.

manchu. *Adj.* 1. Relativo à Manchúria (antigo nome de uma região da China). || *Subst.* 2. Pessoa natural da Manchúria. Variante (p. us.): *mandchu*.

mancheia. [De *man-* + *cheia*.] *S.f.* Porção de coisas ou de uma coisa que a mão pode conter, punhado: Ela atirou às aves *mancheias* de milho. / "... uma *mancheia* de nozes." (Ramalho Ortigão, *A Holanda*, p. 84) Variante: *mão-cheia*★. | *A mancheias*. Em grande quantidade, com abundância, prodigamente: gastar dinheiro *a mancheias*; distribuir alimentos *a mancheias*. ⇨ Também se diz *a mãos-cheias* e *às mãos-cheias*.

Δ -mancia. [Do gr. *manteía*, adivinhação.] *El. de comp.* = 'adivinhação': *cartomancia*, *bibliomancia*, *hidromancia*, *meteoromancia*, *oniromancia*, *ornitomancia*, *quiromancia*, *sideromancia*.

mancomunar. [De *man-* + *comum* + *-ar*.] *V. t. d.* 1. Ajustar ou combinar a prática de ato (em geral ilícito): Os dois vigaristas *mancomunaram* o golpe. / Chefes da guerrilha *mancomunaram* o atentado.
Pron. 2. Unir-se a outrem para realizar algo (geralmente mau): Os três bandidos *mancomunaram-se* para assaltar o banco. / Ele *mancomunou-se* com outros contrabandistas para exportar peles de animais. / Advogados e juízes *mancomunaram-se* para fraudar instituições.

mandado, mandato. *S.m.* As duas palavras vêm do lat. *mandatum*, ordem, mas têm significados diferentes.
1. **Mandado.** Ordem escrita emanada de autoridade judicial ou administrativa: *mandado* de busca e apreensão; *mandado* de citação; *mandado* de prisão; *mandado* de segurança; *mandado* de soltura: O juiz expediu *mandado de soltura* e o preso foi posto em liberdade.
2. **Mandato.** a) Autorização que uma pessoa (o mandante) confere a outra (mandatário, procurador, advogado) para praticar determinados atos. Neste sentido, se diz também *procuração*, *delegação*; b) poderes políticos que os eleitores conferem a um cidadão para governar ou representá-los nas assembleias legislativas. Tal delegação dada pelo voto popular chama-se *mandato eletivo*: O *mandato* do Presidente da República é de quatro anos. / Perderá o *mandato* o deputado que não comparecer à terça parte das sessões da Câmara.

mandar. [Do lat. *mandare*, dar a, ordenar.]
1. Na acepção de *ordenar*, rege o pronome oblíquo *o* e não *lhe*, em frases como as seguintes, em que o infinitivo é verbo intransitivo: Mande-*o* entrar. / O pai mandou-*a* brincar na praça. / Ela *os* mandou sentar no chão.
2. Como ocorre com os verbos *deixar* e *fazer*, se o infinitivo for um verbo transitivo, é admissível o pronome *lhe*: O pai mandou-*o* (ou mandou-*lhe*) entregar os convites. / O tio mandava-*o* (ou mandava-*lhe*) selar os cavalos. / "Mandou-*lhe* morder uma banana, depois uma maçã." (Carlos Drummond de Andrade, *Obra completa*, p. 477) ⇨ Também é correto construir: O tio mandava-*o* (ou mandava-*lhe*) que selasse os cavalos. / "Mandou-*lhe* que fechasse a porta." (Celso Luft) Mesmo nesse caso, prefira-se *mandá-lo* a *mandar-lhe*, como fez Camilo Castelo Branco em *A queda dum anjo*, p. 63: "Andava por feiras, quando a mulher *o* mandava comprar utensílios agrícolas."
Está errada a seguinte frase de um romance: "Adriano parecia agora um porteiro de cinema do Rio *lhe* mandando entrar pela direita ou pela esquerda." O verbo *entrar* é intransitivo. Por isso, o correto é: "Adriano parecia agora um porteiro de cinema do Rio mandando-*o* entrar..."
3. Na acepção de 'ter autoridade ou poder sobre alguém', modernamente se constrói *mandar* com a preposição *em*: Os pais *mandam* nos filhos. / Ninguém *manda em mim* (ou *nele*). Em escritores clássicos ocorre a regência direta. Ex.: "Deste conjunto de circunstâncias resulta uma situação singular, em virtude da qual é o inferior que *manda o superior*." (Ramalho Ortigão, *A Holanda*, p. 296)

maneirar. [De *maneira* + *-ar*.] Resolver ou contornar uma dificuldade por meio de expedientes hábeis; acomodar, dar um jeito. O ditongo *ei* deste verbo tem timbre fechado: *maneiro*, *maneira*, *maneiram*, *maneire*, etc. É inadmissível a pronúncia *manéro*, *manéra*, *manére*, etc.
Assim também todos os verbos terminados em -*eirar*: *cheirar*, *beirar*, *chaleirar*, *enfileirar*, *inteirar*, *peneirar*, etc.

manejar. Quanto à pronúncia das flexões desse v., veja *almejar*.

manequim. Moça que, em desfile de modas, serve de modelo. Nessa acepção, se usa manequim no feminino: "As *manequins* tinham rostos avermelhados e os olhos delineados de preto como egípcias." (*JB*, 18/9/93)

manhã. Adjetivos relativos a manhã: *matinal, matutino*.

Δ **mani-¹, manu-.** [Do lat. *manus*, mão.] *El. de comp.* = 'mão': *manejar, maniatar* (= *manietar*), *manicura, manicure, manicuro, manicurto, manidestro, maniforme, manipresto, manipular, manípulo, manirroto, manivela, manual, manufatura, manufaturar, manuscrever, manuscrito, manusear, manuseio*. Veja *-mano*.

Δ **mani-².** [Do gr. *manía*, loucura.] *El. de comp.* = 'loucura': *manicômio, maniografia*.

Δ **-mania.** [Do gr. *manía*, loucura, paixão louca.] *El. de comp.* = 'tendência mórbida', 'inclinação', 'gosto exagerado': *cleptomania, dipsomania, anglomania, logomania, megalomania, melomania, zoomania*, etc. Cognatos: *manicômio, maníaco*.

maniatado. *Adj.* Forma correta, se bem que menos usada que *manietado*.

maniatar. [De *mani-¹* + *atar*.] *V. t. d.* 1. Atar as mãos, prender ou ligar pelas mãos, algemar. 2. *Fig.* Privar da liberdade, submeter. É mais usada a variante *manietar*★.

manicure. Galicismo generalizado. Devem-se preferir as formas portuguesas *manicuro* (masc.) e *manicura* (fem.): "*Manicura* orgulhosa: — Bruni as unhas da pianista Guiomar Novais! *O pedicuro*, ainda mais orgulhoso: — Pois eu cortei os calos do rei Alberto!" (Agripino Grieco, *Gralhas e pavões*, p. 124) / "Arranjou uma vaga de *manicura* numa barbearia." (Marques Rebelo, *A guerra está em nós*, p. 14) Veja *pedicuro*.

manietar. *V. t. d.* Variante de *maniatar*. Os índios *manietaram* o preso e o conduziram à cabana do cacique. / Os vencedores *manietavam* os vencidos a seus carros triunfais. / Podeis *manietar-me* o corpo, mas não a alma.

manjadoura. [De *manjar*, comida, + *-doura*.] *S.f.* Tabuleiro em que se coloca a ração para os animais, nos estábulos; cocho. ⇨ Forma arcaica, suplantada pela variante *manjedoura*.

Δ **-mano.** [Do lat. *manus*, mão.] *El. de comp.* = 'mão': *bímano, centímano, destrímano, longímano, prestímano, quadrúmano*. Veja *mani-*.

manter. Segue a conjugação de *ter*★. *Ind. pres.*: mantenho, manténs, mantém, mantemos, mantendes, mantêm. *Pret. imperf.*: mantinha, mantinhas, mantinha, etc. *Pret. perf.*: mantive, mantiveste, manteve, mantivemos, mantivestes, mantiveram. *Pret. mais-que-perf.*: mantivera, mantiveras, mantivera, etc. *Subj. pres.*: mantenha, mantenhas, mantenha, mantenhamos, mantenhais, mantenham. *Pret. imperf.*: mantivesse, mantivesses, mantivesse, mantivéssemos, mantivésseis, mantivessem. *Fut.*: mantiver, mantiveres, mantiver, etc. *Imperat. afirm.*: mantém, mantenha, mantenhamos, mantende, mantenham. *Part.*: mantido.

manumitir. [Do lat. *manumittere*.] *V. t. d.* Dar alforria a, alforriar, tornar livre (um escravo): "... obrigar o senhor de Isaura a *manumiti-la*." (Bernardo Guimarães, *A escrava Isaura*, p. 130)

mão-cheia. *S.f.* Porção de coisas ou de uma coisa que a mão pode conter, punhado: Atirou às aves *mãos-cheias* de farelo. Variante: *mancheia*★.

| *A mãos-cheias* ou *às mãos-cheias*: em grande quantidade, em abundância. Veja *mancheia*.

De mão-cheia = ótimo, excelente: Ele é um pediatra *de mão-cheia*.

mapa-múndi. *S.m.* Plural: *mapas-múndi*.

maquiador. *S.m.* Profissional de maquiagem. ⇨ Também é correta a forma *maquilador*, se bem que menos usada: "O *maquilador* Júnior Brasil é eficiente e rápido." (Iesa Rodrigues, cronista de moda feminina, *JB*, 17/9/94)

maquiagem. [Do fr. *maquillage*.] 1. Ato ou efeito de maquiar ou maquiar-se; conjunto de cosméticos para maquiar: Maquiador é o "profissional responsável pela *maquiagem*". (Carlos A. Rabaça e Gustavo Barbosa, *Dicionário de comunicação*, p. 381) / "Ela usa produtos de *maquiagem* brasileiros." (*O Globo*, 28/3/92) 2. *Fig.* Ato de alterar superficialmente alguma coisa para torná-la mais atraente: Novos rótulos de produtos higiênicos muitas vezes não passam de simples *maquiagem*. / "Mas à medida que se adicionam acessórios ao carro, o consumidor vai tendo sua conta inflacionada pela *maquiagem*." (Florença Mazza, *JB*, 9/3/2002) Variante (menos usada): *maquilagem*★.

maquilagem. [Do fr. *maquillage*.] *S.f.* Ato de maquilar ou maquilar-se: "Só ele desmanchava o conjunto passeando por entre os artistas, sem *maquilagem* nem trajo adequado." (Maria Judite de Carvalho, *Antologia do moderno conto português*, p. 171) / "*Maquilagem* de parodista."

(Agripino Grieco, *Gralhas e pavões*, p. 38) / "Procurou realçar com *maquilagem* a cor das faces." (Aurélio) / "Ergueu-se, voltou ao quarto e começou a se vestir. Dispensou *maquilagem*." (Vilma Guimarães Rosa, *Carisma*, p. 42). Veja *maquiagem*.

maquiar. [Do fr. *maquiller*.] *V. t. d.* 1. Aplicar cosméticos no rosto para embelezamento, realce ou disfarce: *maquiar* uma atriz, um ator, um folião. "Conseguiu *maquiá-la* sem que ficasse desfigurada." (Josué Montello, *Enquanto o tempo não passa*, p. 294) / Ela costuma *maquiar-se* sempre que sai à rua.
2. *Fig.* Fazer ligeiras modificações em alguma coisa para torná-la mais atraente; melhorar a imagem: "Governos usam propaganda oficial para *maquiar* imagem." (*O Globo*, 5/3/2006) / *Maquiaram* a velha casa com uma ligeira pintura para vendê-la. ⇨ *Maquiar* é variante mais usada que *maquilar* e conjuga-se regularmente, como *copiar*: eu me *maquio*, ela se *maquia*, elas se *maquiam*, etc.

maquilar. Forma paralela de *maquiar*: Chamou sua mãe para que a *maquilasse*. / Ela não costuma *maquilar-se*. / "...como o ator que se *maquila* na esperança vã de um aplauso." (Guilherme Figueiredo, *Maria da praia*, p. 119) Veja *maquiar*.

maquinar. [Do lat. *machinari*, inventar, tramar.] 1. Projetar (ardil, plano), tramar, urdir: Os terroristas *maquinaram* um plano para matar o presidente X. / *Maquinou* uma cilada contra seu inimigo político.
2. Conspirar: "*Maquina* contra as instituições." (Aurélio) ⇨ Pronuncia-se *maquíno*, *maquínas*, *maquína*, *maquínam* com acento tônico no *i*.

maquinaria (rí). *S.f.* Conjunto de máquinas: "As complicações do inventário haviam tornado mais difícil a venda daquela *maquinaria*, que se arruinava, paralisada." (Herberto Sales, *Além dos marimbus*, p. 162) ⇨ É errônea a pronúncia *maquinária*. Todos os substantivos formados com sufixo *-aria*, como *livraria*, *cavalaria*, etc., têm o acento tônico na sílaba *ri*. Existe a variante neológica *maquinário*: "O *maquinário* enferrujado da antiga Usina Massauaçu virou brinquedo de criança." (*O Globo*, 1º/12/96)

maquinizar. Prover de máquinas, mecanizar: *maquinizar* a agricultura. / "Grande país é hoje país que *se maquinizou* em grau maior que os demais." (Monteiro Lobato, *O escândalo do petróleo*, p. 251).

mar. Adjetivos relativos ao mar: *marítimo*, *marinho*, *equóreo* (poético), *pelágico*.

marajá. [Do sânscrito *maha raja*, grande rei.] *S.m.* 1. Título dos príncipes feudais da Índia. Fem.: *marani* (mulher de marajá).
2. *Por ext.* Homem muito rico; funcionário público que recebe altos salários: "Salário de *marajá* revolta PT gaúcho." (*JB*, 24/7/93) Fem.: *marajoa*.

maratona. [De *Maratona*, antiga aldeia da Grécia.] *S.f.* 1. Corrida pedestre de cerca de 42km, comemorativa do feito do soldado que, logo após a vitória dos atenienses sobre os persas (490 a.C.), em Maratona, levou a notícia a Atenas.
2. *Por ext.* Corrida a pé, de longo percurso; competição esportiva atlética.
3. *Fig.* Atividade ou trabalho intelectual extenuantes: a *maratona* dos exames vestibulares.

marcescível. [Do lat. *marcescibilis*.] *Adj.* Que murcha, marcescente. Antônimo: *imarcescível*.

marcha à ré, marcha a ré. Ambas as grafias são corretas. A maioria dos dicionários traz *marcha à ré*. Aurélio, na edição de 1986, grafou a expressão sem crase no verbete *marcha* e com crase no verbete *ré*. No *Grande manual de ortografia Globo*, p. 179, de Celso Luft, lemos *marcha à ré*. ⇨ *Ré* é a parte traseira da embarcação, a popa: "Fique voltado *para ré*." (Aurélio) O lexicógrafo poderia ter escrito: Fique voltado *para a ré*. Sendo livre o uso do artigo antes de *ré*, nesta acepção, livre será também o uso do acento indicador de crase na expressão em apreço. Todavia, recomendamos seguir o uso geral e escrever *marcha à ré*: "Um carro da polícia avizinhou-se em *marcha à ré*." (Menotti Del Picchia, *Salomé*, p. 41) / "Mas vejo a minha narrativa cheia de atalhos, de afluentes, de *marchas à ré*, é preciso retomar de vez em quando o caminho autobiográfico." (Guilherme Figueiredo, *A bala perdida*, p. 139)

marchand (marchã). *S.m.* Comerciante que compra e vende obras de arte, principalmente quadros. Francesismo não aportuguesado. Fem.: *marchande*.

Δ **mare-.** [Do lat. *mare*, mar.] *El. de comp.* = 'mar': *maremoto*, *marear*, *mareante*, *marégrafo* ou *mareômetro*, *marejar*, *maresia*. Cognatos: *marinha*, *marouço*, *marujo*, *marulho*, *marzão*.

marfim. Adjetivos relativos a marfim (lat. *ebur*, *eboris*): *ebóreo*, *ebúrneo* (lat. *eburneus*).

marginal. [Do lat. *margine*, margem, + *-al*.] *Adj.* 1. Referente a margem, situado à margem de (rio, estrada, livro, etc.): Os rios transbordam e danificam as plantações *marginais*. / Devolvi-lhe o livro com alguns comentários *marginais*. / Seguimos por uma avenida *marginal* à praia. || *Subst*. 2. Indivíduo que vive à margem da sociedade ou da lei; vagabundo, delinquente, fora da lei: A polícia cercou e prendeu os *marginais*.

marimbau. Variante de *berimbau*★.

marimbondo. [Do quimbundo *marimbondo*, vespa.] *S.m*. Forma preferível a *maribondo*: "... em casos semelhantes o aconselhável é não mexer em ninho de *marimbondo*." (Geraldo do Nascimento e Silva, *JB*, 12/8/93)

marinho. Como forma reduzida de *azul-marinho*, é adjetivo invariável: *ternos marinho, blusas marinho.*

Δ **mariti-.** [Do lat. *maritus*, marido.] *El. de comp*. = 'marido': *mariticida, mariticídio.*

marketing. *S.m*. Conjunto das atividades necessárias para criar, promover e distribuir produtos e serviços, incluindo pesquisa de mercado, planejamento, determinação de preços, propaganda e distribuição ou comercialização: "As atividades de *marketing* envolvem toda a vida do produto, desde o momento em que ele é simples ideia, até o consumo." (Rabaça, *Dicionário de comunicação*, p. 387) ⇨ É palavra inglesa, que se pronuncia *márketin*. Em port.: *mercadologia.*

mármore. Adj. relativo ao mármore: *marmóreo*.

Marte ou **Mavorte**. Deus da guerra, na mitologia romana. Adjetivo relativo a esse deus: *mavórcio* ou *mavórtico* (= belicoso). O adj. relativo ao planeta Marte é *marciano*.

mas. Conjunção que exprime principalmente oposição, ressalva, restrição: O carro não era meu, *mas* de um amigo. / A obra foi bem planejada, *mas* esqueceram alguns detalhes. Usa-se vírgula antes de *mas* entre duas orações. Não há vírgula depois de *mas* no início do período, em frases do tipo: *Mas* como ele conseguiu dominar a rebelião? / *Mas* que crimes cometera ela para ser tão odiada?
Usar-se-á vírgula depois de *mas*, se se intercalar oração ou adjunto adverbial de certa extensão na oração adversativa: A empresa era bem administrada, *mas*, por falta de recursos, não se modernizara. / A natureza é mãe generosa e boa, *mas*, todas as vezes que a maltratamos, castiga-nos impiedosamente. ⇨ Distinga-se *mas* de *mais*★, palavra que traduz aumento, superioridade, intensidade: ganhar *mais* dinheiro, trabalhar *mais*, ser *mais* alto que os outros.
São redundâncias condenadas *mas porém, mas contudo, mas no entanto, mas entretanto*: Estudou muito *mas* não conseguiu, *no entanto*, ser aprovado. *Correção*: Estudou muito, *mas* não conseguiu ser aprovado. Ou então: Estudou muito, *no entanto*, não conseguiu ser aprovado.

mascote. [Do fr. *mascotte*.] Pessoa, animal ou coisa que, segundo a crença popular, dá sorte ou traz felicidade; animal (ou objeto) de estimação a que se atribui o poder de dar sorte, sendo, por isso, símbolo totêmico de uma pessoa, grupo ou corporação: "A *mascote* dos Fuzileiros Navais é um carneiro." (Antônio Houaiss) / "Em cinco anos, Edival nasce, enverga uma farda, faz *a mascote* do Corpo de Bombeiros, tira retrato..." (Carlos Drummond de Andrade, *Obra completa*, p. 586) ⇨ Em francês, o vocábulo é feminino, e assim o registram os dicionaristas brasileiros e portugueses, com exceção de Antônio G. da Cunha, que o considera comum de dois gêneros: *o mascote, a mascote*. Há tendência em usá-lo no masculino; certamente porque, com exceção de *glote*, os substantivos portugueses terminados em *-ote* são masculinos.

masseter (tér). [Do gr. *massetér*, mastigador.] *S.m*. Cada um dos dois músculos que movem o maxilar inferior. Pl.: *masseteres*. ⇨ É desaconselhada a pronúncia *masséter*.

matado, morto. 1. Com os verbos auxiliares *ter* e *haver*, usa-se, de preferência, o particípio *matado*: Quem *teria matado* o mendigo? / Ninguém sabia quem o *havia matado*. ⇨ Em bons escritores ocorre *morto* em vez de *matado*: "Quem a *teria morto*, perversa e malvadamente?" (Luís Jardim, *As confissões do meu tio Gonzaga*, p. 229) / "...por *ter morto* nas matas muitas dezenas deles [tucanos]." (Júlio Ribeiro)
2. Na voz passiva, emprega-se obrigatoriamente o particípio *morto*: O bandido *foi morto* pela polícia. ⇨ Funcionam também como adjetivos: fogo *morto*, língua *morta*, *morto* de cansaço, trabalho *matado* (= malfeito).

matiz. *S.m*. 1. Combinação de cores diversas; os *matizes* das orquídeas, das borboletas.
2. Tonalidades ou gradação de uma cor, nuança, cambiante: o *matiz* das violetas.
3. Cor delicada, suave: o *matiz* das rosas.
4. *Fig*. Colorido do estilo: Seu estilo é seco, sem *matiz* nem brilho.

5. *Fig.* Cor política, filosófica, etc.: Não passou despercebido o *matiz* anticlerical do seu discurso.
6. *Fig.* Leve diferença (de opinião, doutrina, etc.): Suas opiniões concordam, mas têm *matizes* que as distinguem.

matizar. *V. t. d.* 1. Graduar as tonalidades das cores: Ele *matiza* suas pinturas com requintada arte.
2. Dar cores diversas, colorir: Trepadeiras de vivas flores *matizavam* os muros.
3. *Fig.* Enfeitar, adornar: Imagens imprevistas *matizam* os versos do poeta.
Pron. 4. Ostentar cores diversas: Em outubro, os jardins *se matizam* de flores. / Basta chegar a primavera para que as encostas dos morros *se matizem.*

Δ **matri-.** [Do lat. *mater, matris*, mãe.] *El. de comp.* = 'mãe': *matriarca, matricida, matricídio, mátrio* (o *mátrio* poder), *matrilinear.*

matusalênico. *Adj.* 1. Relativo a Matusalém, patriarca bíblico que viveu, segundo a tradição, mais de novecentos anos.
2. *Fig.* Muito idoso; longevo, macróbio. Variante: *matusalêmico.*

mau. [Do lat. *malus*, mau.] *Adj.* Que causa mal, nocivo, nefasto, funesto; malvado, cruel; ruim, malfeito; grosseiro (*maus* modos); inábil, sem talento (*mau* pintor). Superlativo: *péssimo* e *malíssimo.* ⇨ Não confundir com *mal★*. Grafam-se sem hífen as expressões *mau humor, mau gosto, mau grado* e *má vontade.* Com hífen os substantivos compostos: *mau-caráter, mau-olhado, maus-tratos.*

mau-caráter. *S.m.* Pessoa de má índole. Pl.: *maus-caracteres.* ⇨ Grafa-se sem hífen em frases como: Ele é um indivíduo de *mau caráter.* / Devido a seu *mau caráter*, foi afastado do cargo.

mau grado. Veja *malgrado.*

Δ **maxi-.** [Do. lat. *maximus.*] *El. de comp.* = 'máximo', 'muito grande': *maxidesvalorização, maxicasaco, maxissaia, maxivestido.* ⇨ O *x* destas palavras soa como *ks*. A forma reduzida delas é *máxi* (com acento).

maxila, maxilar. O *x* destas palavras soa como *ks.*

máxime. [Do lat. *maxime.*] Principalmente, sobretudo: Na segunda metade do século XX, ocorreu um grande crescimento demográfico, *máxime* nos países pobres. ⇨ Pronuncia-se *máksime.*

maximizar (ss). [De *máximo* +*-izar.*] *V. t. d.* 1. Elevar ou desenvolver ao máximo: *maximizar* a cooperação entre os povos; *maximizar* a qualidade de um produto.
2. Atribuir a algo o maior valor possível, superestimar: *maximizar* a eficiência de um método, o mérito de alguém. Neologismo. Antônimo: *minimizar.*

maxissaia. *S.f.* Saia longa que chega até os tornozelos. Pronuncia-se *maksissaia.* Veja o verbete *maxi-.*

me. 1. Emprega-se elegantemente o pronome pessoal *me* como equivalente de *meu, meus, minha, minhas*: O vento desmanchou-*me* o cabelo. / O enfermeiro engessou-*me* a perna. / Todos *me* elogiaram a coragem. / Ninguém *me* ouviu as queixas. / "Quando, em expedições de pirataria, invadem-*me* o quintal e são apanhados com a boca na botija, saem correndo aos guinchos e pinotes." (Vivaldo Coaraci) / "No dia seguinte entra-*me* em casa o Cotrim." (Machado de Assis, *Brás Cubas*, p. 292) / "O prefeito apertou-*me* a mão rijamente." (Luís Jardim, *As confissões do meu tio Gonzaga*, p. 72)
2. Na linguagem emotiva, usa-se como palavra de realce junto a um imperativo para expressar mais vivamente o interesse ou a vontade do falante: Ponham-*me* esse homem fora daqui. / Não *me* venha com desculpas. / "Calem-*me* esse cão — ameaçou a voz." (José Cardoso Pires, *Antologia do moderno conto português*, p. 245)

meã. *Adj.* Feminino de *meão* (médio, mediano): Ele era de estatura *meã.* / Era uma senhora gorda, *meã* de estatura.

mea-culpa. [Do lat. *mea culpa*, 'minha culpa'.] *S.m.* Expressão latina constante do *Confiteor* (oração litúrgica pela qual o católico se confessa pecador) e que significa *minha culpa* ou *por minha culpa.* Usa-se na expressão *fazer* (ou *dizer*) *mea-culpa* = reconhecer a sua culpa, o seu erro, arrepender-se. É substantivo do gênero masculino: "O ex-ministro Domingo Cavallo, em entrevista a este jornal, pretendeu fazer *um mea-culpa* do ajuste que promoveu à frente do Ministério da Economia na Argentina." ⇨ No jornal donde transcrevemos essa frase, está, erradamente, *uma mea-culpa*, no feminino. Em outra edição do mesmo jornal, em notícia assinada por José Maria Mayrink, a expressão reaparece com o gênero correto: "O presidente do Senado disse ontem que os senadores terão que fazer *seu mea-culpa* na questão dos precatórios." Pl.: *mea-culpas.*

meado. *S.m.* A parte média, o meio: Estava-se em *meado* de abril.
Usa-se também no plural: Em *meados* do séc. XVIII, Lisboa foi destruída, em grande parte, por um terremoto. ⇨ É errônea a forma *meiado(s)*.

meão. [Do lat. *medianus*, do meio.] *Adj.* Médio, mediano: Era um japonês forte, *meão* de estatura. Flexões: *meã*, *meãos*, *meãs*.

Δ mecano-. [Do gr. *mechané*, máquina.] *El. de comp.* = 'máquina', 'aparelho': *mecanografia*, *mecanoterapia*, *mecanizar*, *mecanoterápico*, *mecanorreceptor*, etc.

mediante. *Prep.* Por meio de, com o auxílio de, a troco de: "Se existe, hei de descobri-la *mediante* as diligências dos meus amigos." (Camilo Castelo Branco) / "Só seria solto *mediante* fiança." (Houaiss).

mediar. 1. Haver (distância) entre dois lugares, estar entre dois pontos: Entre o Rio e Petrópolis *medeiam* 40 quilômetros. / *Mediava* pouca distância entre a casa e a cidade. / "Poucos passos *medeiam* entre uns e outros." (Alexandre Herculano, *Eurico*, p. 216)
2. Decorrer (tempo) entre dois fatos, entre duas datas ou épocas: Entre as duas grandes guerras *mediaram* 21 anos. / Os dias que *mediaram* entre janeiro e março foram angustiantes para ele. / Desde a posse do presidente até sua renúncia *mediaram* 7 meses. / Do plantio do cereal à colheita não *mediou* muito tempo. ⇨ É incorreto construir: Os dias que *mediaram* 5 de maio e 15 de agosto foram angustiantes.
3. Intervir como árbitro, ser mediador: O grande papel da ONU é *mediar* a paz. / Quem *mediará* a paz entre árabes e judeus? / O chanceler alemão talvez *medeie* o acordo de paz entre os dois países.
4. Conjuga-se como *odiar**. *Ind. pres.*: medeio, medeias, medeia, mediamos, mediais, medeiam. *Subj. pres.*: medeie, medeies, medeie, mediemos, medieis, medeiem.

médico-cirurgião. *S.m.* Pl.: *médicos-cirurgiões*. Ambos os elementos variam porque são substantivos. Assim também: *médicos-chefes*. Veja *médico-dentário*.

médico-dentário. *Adj.* Fem.: *médico-dentária*. Pl.: *médico-dentários*, *médico-dentárias*: serviços *médico-dentários*, escolas *médico-dentárias*. Ambos os elementos são adjetivos. Por isso, flexiona-se só o segundo. Da mesma forma: médico-hospitalar, *médico-hospitalares*; médico-legal, *médico-legais*. Em tais compostos *médico* é adjetivo e significa "relativo à medicina".

medievo. [Do lat. *medium* + *aevum*, idade, época.] *Adj.* Da Idade Média, medieval: *o período medievo*, *a arte medieva*. ⇨ Pronuncia-se *mediévo*, com a vogal tônica aberta, como os cognatos *evo*, *coevo**, *longevo*, *primevo*.

medir. *Ind. pres.*: meço, medes, mede, etc. *Subj. pres.*: meça, meças, meça, meçamos, meçais, meçam. *Imperat. afirm.*: mede, meça, meçamos, medi, meçam. Regular nos demais tempos.

meditar. *V. t.* 1. Meditar algo ou em algo: *Meditei* o plano longamente. / Passou horas a *meditar no* que vira. / *Medite nisso* (ou *sobre isso*). / Fechou a bíblia e *meditou na* (ou *sobre a*) beleza daquelas palavras.
V. i. 2. *Medite* antes de tomar uma decisão.

medo. 1. Seu complemento, quando é um substantivo, é regido da prep. *de* ou *a*: Tinha muito *medo de* (ou *a*) cobras. / Quem não tem *medo de* (ou *a*) cachorro bravo? / O *medo da* (ou *à*) madrasta o acompanhava em toda parte, como sombra funesta. ⇨ No português do Brasil, raramente se usa hoje a prep. *a*.
2. Ocorrendo complemento oracional, usa-se a prep. *de*: Tinha *medo de* sair sozinha. / Eu tinha *medo de* que me batessem. ⇨ Em frases como a última, é comum omitir a prep.: Tinha *medo* que me batessem.

medrar. *V. i.* 1. Crescer, desenvolver-se: A plantinha *medrou* e deu ótimos frutos. / No sertão árido só *medram* plantas resistentes às secas.
2. *Fig.* Em épocas de paz, as ciências e as artes *medram* com mais vigor.
Pouco usado como transitivo: O sol e a chuva *medram* as plantas.
⇨ Não deve ser usado no sentido de *ter medo*, *tremer*, o que fazem pessoas incultas, pois não tem a mínima relação com *medo*.

medula óssea. *Adj.* relativo à medula óssea: *mieloide* (leucemia *mieloide*).

me empreste o livro. Só na linguagem coloquial se inicia a frase com pronome pessoal oblíquo: *Me* empreste o livro. / "*Me* mostre os livros, por gentileza." (Carlos Drummond de Andrade).

mefistofélico. [De *Mefistófeles* + *-ico*.] *Adj.* 1. Próprio de Mefistófeles, demônio e personagem do *Fausto*, obra do escritor alemão Goethe.
2. Diabólico, sarcástico: riso *mefistofélico*.

mefítico. [Do lat. *mephiticus*, de *mephitis*, exalação pestilencial.] *Adj.* Fétido, pestilencial, pestilento: exalação *mefítica*, gases *mefíticos*.

Δ **mega-.** *Pref.* Anteposto a uma unidade de medida, multiplica-a por um milhão de vezes maior: *mega-hertz*, *megaton*, *megawatt*.

Δ **mega-, megalo-.** [Do gr. *mégas*, *megále*, *méga*, grande.] *El. de comp.* = 'grande': *megafone*, *megatério*, *megalocéfalo*, *megalomania*, *megalomaníaco*, *megalômano*, *megalópole*. ⇨ *Mega-* é usado, hoje, para hiperbolizar um fato, transmitir a ideia de extraordinariamente grande: *megaevento*, *megafestival*, *megaempresário*, *megainvestidor*, *megadesvalorização*, *megassena*, *megassismo*, etc. ⇨ Une-se sem hífen ao elemento seguinte.

meio. 1. Usado como advérbio, significa 'um pouco' e permanece invariável: A porta estava *meio* aberta. / Os jogadores estão *meio* cansados. / Elas ficaram *meio* tontas. ⇨ Modernamente, não se flexiona *meio*, advérbio, como o têm feito escritores de outros tempos: porta *meia* aberta; corpos *meios* nus, etc.
2. É variável quando é: a) substantivo: os *meios* de comunicação; b) adjetivo: *meia* garrafa de vinho; dois *meios* copos de leite; c) adjetivo formador de substantivos compostos: *meia-estação*; *meia-idade*; *meia-noite*; *meia-volta*; *os meias-direitas*; *os meias-esquerdas*; *os meios-de-campo*; *os meios-fios*; *os meios-feriados*; *os meios-termos*; *os meios-tons*, etc. ⇨ Nesse último caso, os elementos são unidos com hífen.

meio ambiente. Expressão redundante, mas sancionada pelo uso comum.

meio-dia, meio dia. Têm significados diferentes. Exs.: Ver estrelas ao *meio-dia* (= às 12 horas do dia). / Trabalhei só *meio dia* (= a metade do dia).

meio-dia e meia. Esta é a expressão correta, e não *meio-dia e meio*. Subentende-se a palavra *hora*: *meio-dia e meia* (*hora*). Em vez de *meio-dia e meia*, na linguagem formal se diz *12 horas e meia* ou *12h30*: Os bancos fecham hoje às *12 horas e meia* (ou às *12h30*).

mel. *S.m.* Pl.: *méis* (mais usado) ou *meles*. Cognatos: *melado*, *melar*, *melífero* (que produz mel), *melificar*, *melífluo* (suave, doce: voz *melíflua*), *melissugo* (que suga o mel das flores), *melívoro* (que se alimenta de mel), *meliponicultor*, *meliponicultura* (criação de abelhas para lhes colher o mel, apicultura).

Δ **melano-.** [Do gr. *mélas*, *mélanos*, negro, de cor preta.] *El. de comp.* = 'negro', 'escuro': *melanose*, *melanina*, *melanospermo*, *melanocéfalo*.

melhor. 1. Antes de particípio, pode-se empregar *mais bem* ou *melhor*, indiferentemente: Ele está *mais bem* (ou *melhor*) informado que nós. / Elas andam *mais bem* (ou *melhor*) vestidas que suas colegas. / Eram as casas *mais bem* (ou *melhor*) construídas do bairro. / "A sorte de minha prima confiada aos teus cuidados e energia decerto sairá *melhor prosperada*." (Camilo Castelo Branco, *A doida do Candal*, cap. III) / "Os tradutores *melhor credenciados* estavam ocupados com ambições mais altas." (Helder Macedo, *Sem nome*, p. 61) / "Djacir Meneses foi um dos espíritos *melhor formados* de seu tempo." (Roberto Campos, *Na virada do milênio*, p. 482) / "Até aquele momento Carvalho não acreditava em que o pessoal dos Melos fosse mais numeroso e *melhor armado* do que a polícia." (Bernardo Élis, *O tronco*, p. 116) / "Saí *melhor informado* de tudo, e por que não dizer, mais tranquilo." (Herberto Sales, *Rio dos morcegos*, p. 305) / "A Bahia ficava quase no meio matemático da linha da costa *melhor conhecida* então." (João Ribeiro, *História do Brasil*, p. 67) / "A imensidão da praia de Copacabana pode ser *melhor admirada* do Caminho dos Pescadores, no Leme." (*O Globo*, 16/12/2001) / "O resultado das duas mudanças aponta na direção de uma imprensa *melhor aparelhada* do ponto de vista técnico." (Artur da Távola, *Folha de São Paulo*, 12/12/2001) / "Graças a essas pessoas, um governo que nasceu com a blindagem da censura veio a se transformar, décadas depois, num dos *melhor documentados* da história." (Elio Gaspari, *A ditadura derrotada*, p. 18) / "Talvez os temperamentos de comparsas sejam *melhor definidos* no volume." (Agripino Grieco, *Machado de Assis*, p. 62). ⇨ Poderíamos citar outros exemplos em favor da vernaculidade do uso de *melhor*, neste caso. Tal sintaxe, impugnada por certos gramáticos de pouca leitura, pode ser menos frequente, mas não reprovável. Veja *mais bem* e *mais mal*.
2. Com formas verbais que não sejam particípios, usa-se obrigatoriamente *melhor*, invariável: Eles vão *melhor* de saúde. / Aqui estarão *melhor* de vida. / Eles agora escrevem *melhor*. / Jogamos *melhor* que eles. / Se bem o disse, *melhor* o fez. / Quais deles jogaram *melhor*? / "Os livros estão muito *melhor* assim!" (Graça Pina de Morais, *Antologia do moderno conto português*, p. 300)
3. Nos dois casos precedentes, *melhor* é advérbio. Por isso, fica invariável. Nos exemplos

seguintes é adjetivo, portanto, variável, equivalente de *mais bom* (que não se usa):Vinho velho é *melhor* que o novo. / Seus móveis eram bem *melhores* que os nossos. / As coisas novas nem sempre são *melhores* que as velhas. 4. Uma coisa pode ser 'melhor *que* outra' e não 'melhor *a* outra'. É, portanto, defeituosa a construção desta frase de brilhante escritor mineiro: "Vocês não percebem que é *melhor* morrer um só homem pelo povo *a* deixar que ele (Jesus) arruíne a nação inteira?" A sintaxe correta é: "Vocês não percebem que é melhor morrer um só homem *do que* deixar que ele arruíne a nação inteira?" Ou então: "... que é preferível morrer um só homem pelo povo *a* deixar que ele arruíne a nação inteira? Idêntico erro perpetrou o jornalista que escreveu num editorial: "A nação compreenderá que será *melhor* tê-lo menos tempo no poder *a* desnaturá-lo na preservação do mandato." Em vez de *a* desnaturá-*lo* deveria ter escrito *do que* desnaturá-*lo*.

melhor boa-fé. É lícito antepor *melhor* a *boa--fé*, *boa vontade*, *bom gosto* e *bom senso*, porque são expressões essas que funcionam como uma unidade léxica, exprimindo um só conceito: Agi com *a melhor boa-fé*. / Atendeu-nos com *a melhor boa vontade.* / Decorou a casa com *o melhor bom gosto.* / Doravante talvez demonstre *melhor bom senso.*
Veja *mais boa vontade.*

melindrar. [De *melindre* + *-ar.*] Ofender, magoar, suscetibilizar. É verbo trans. direto. Por isso, pede o pronome *o* e não *lhe*: Qualquer brincadeira *o melindra.* / Minhas palavras *a melindraram.*

Δ **melisso-.** [Do gr. *mélissa* ou *mélitta*, abelha.] *El. de comp.* = 'abelha': *melissografia, melissógrafo, melissologia, melissofobia, melissoterapia.* Cognatos: *meliturgia* (trabalho das abelhas).

melitúria. *S.f.* Diabetes açucarado. Variante prosódica: *melituria.*

Δ **melo-.** [Do gr. *mélos*, canto.] *El. de comp.* = 'canto', 'melodia', 'música': *melodrama, melografia, melomania, melomaníaco.*

melro. [Do lat. *merulus.*] *S.m.* Pássaro canoro da família dos turdídeos. Fem.: *mélroa.*

memorando. [Do lat. *memorandum*, que deve ser lembrado.] *S.m.* 1. Agenda onde se anotam compromissos e coisas que devem ser cumpridos em determinado dia e hora; pequeno caderno para lembretes.

2. Breve aviso ou comunicação, escritos em papel menor que o da carta.
3. Nota diplomática que uma nação envia a outra sobre o estado de uma questão. ⇨ Modernamente, se prefere a forma portuguesa à latina (*memorandum*).
|| 4. *Adj.* Digno de ser lembrado, memorável, notável: *acontecimento memorando.*

memória. Adj. relativo à memória: *mnemônico.*

mencionar. Diz-se *mencionar um fato, mencionar detalhes, mencionar nomes,* etc. Não se deve usar este verbo com objeto direto oracional, como nestes exemplos: O jornal *mencionou* que os guerrilheiros usam armas americanas. / Em seu livro, ele não *menciona* quando ocorreu o fato. / Ela não quis *mencionar* onde morava. Nesse caso, empregue-se *informar* em vez de *mencionar*, e a frase ficará correta.

mendaz. [Do lat. *mendax, mendacis*, mentiroso, falso.] *Adj.* Mentiroso, falso, enganador. Superlativo: *mendacíssimo.*

mendigo. [Do lat. *mendicus*, pobre, indigente.] Pessoas incultas deturpam esta palavra pronunciando *mendingo.* Cognatos: *mendicância, mendicante, mendigar* (= pedir esmolas).

Δ **meno-.** [Do gr. *mén, menós*, mês.] *El. de comp.* = 'mês', 'menstruação': *menológio, menofania, menologia, menopausa, menopáusico, menorragia, menorreia, menostasia.*

menor. Diz-se de alguém que é menor de idade: Ele é *menor* (e não *de menor*), não pode viajar sozinho.

menos. É palavra invariável: Na festa havia *menos* pessoas do que eu esperava. / Este ano as laranjeiras deram *menos* frutas. / Elas deviam ser *menos* vaidosas. ⇨ É erro grosseiro dizer *menas* pessoas, *menas* frutas, *menas* vezes, etc. O verbo concorda normalmente com o substantivo que se segue a *menos de*: Gastou-se menos de um *saco* de cimento. / Gastaram-se menos de três sacos de cimento. / Menos de duas *toneladas* de grãos *bastariam* para alimentá-los.

menos, a menos. Veja *mais, a mais.*

menos bem, menos mal. São expressões corretas. Exemplos: Quando o serviço funciona *menos bem*, o patrão reclama. / Arrumou um empreguinho e vive *menos mal.* / Agora elas andam *menos mal* vestidas. / "E para isso contribui muitas vezes o próprio clero, menos instruído, *menos bem* educado, moralmente, que o clero anglicano." (Alexandre Herculano, *Lendas e narrativas*, p. 347)

menos bom, menos boa. São expressões corretas. Exs.: Dentre os seis livros apontei o *menos bom*. / "Toda a sala ria, mais nas cenas que ele achava *menos boas*." (Artur Portela Filho, *Antologia do moderno conto português*, p. 316) / "A obra não seria *menos boa* por isso." (Graciliano Ramos, *Linhas tortas*, p. 96) / "Ela é a *menos boa* das três irmãs, porque maliciosa." (Afrânio Peixoto, *Uma mulher como as outras*, p. 261)
menos do que. Veja *mais do que*.
mental. *Adj.* 1. Relativo à mente: cálculo *mental*, cansaço *mental*, distúrbios *mentais*.
2. Relativo ao mento (= queixo).
mentalizar. [De *mental* + *-izar*.] *V. t.* 1. Formar na mente, imaginar: *Mentalizei* os personagens do romance e os lugares onde se movimentavam. 2. Inventar, conceber: *Mentalizou* um plano de fuga e esperou a hora propícia. / "Há bastante tempo, *mentalizava* projetos de, em voltando à Província, tratá-lo de modo tão carinhoso..." (Aluísio Azevedo, *Casa de pensão*, p. 268)
3. Incutir na mente, persuadir: O mestre *mentalizou-o* da importância do estudo. / "*Mentalizei-os* de que tinham condições de vencer." (Celso Luft)
Δ **-mente.** [Do lat. *mens, mentis*, mente, pensamento.] *Suf. adverbial*. Forma advérbios de modo e de tempo: *humildemente, antigamente*. Veja *advérbio*.
menu. Galicismo desnecessário. Prefira-se *cardápio*.
mercadejar. [De *mercado* + *-ejar*.] 1. *V. i.* Vender mercadorias, comerciar: Os colonos não podiam *mercadejar*.
2. *T.d.* Negociar, vender: O camelô *mercadejava* produtos importados. / Pobres meninas *mercadejavam* os seus corpos para poderem sobreviver. / "*Mercadejou* a fé, o leito e o domicílio." (Luís Murat, *apud* Francisco Fernandes).
3. *T. i.* Comerciar; auferir lucro ilícito em negócios, traficar: Ele *mercadeja* em frutas e legumes. / *Mercadejou* alguns anos *em* (ou *com*) entorpecentes e acabou na prisão.
⇨ Usa-se geralmente este verbo com sentido pejorativo.
mercancia. *S.f.* Ato de mercanciar ou mercadejar; comércio: "E se muitos fidalgos ainda não ousavam trocar a milícia pela *mercancia*, que é profissão baixa, trocavam-na pela toga e também pelos postos da administração civil." (Sérgio Buarque de Holanda, *Raízes do Brasil*, p. 113) A sílaba tônica é *ci*, como em *melancia*.

mercantilizar. [De *mercantil* + *-izar*.] *V. t. d.* Converter em objeto de comércio: Os bons colégios não *mercantilizam* o ensino. / É lamentável que instituições de assistência médica *mercantilizem* a saúde.
mercurocromo. *S.m.* Medicamento antisséptico, de cor vermelha. A forma corrente é *mercuriocromo*.
meritíssimo. [Do lat. *meritissimus*, superl. de *meritus*, merecedor.] *Adj.* 1. De grande mérito, digníssimo: O Brasil deve muito à *meritíssima* Congregação dos Irmãos Maristas. ⇨ Tratamento dado sobretudo a juízes de direito.
|| *S.m.* 2. Juiz de direito. ⇨ É incorreta a grafia *meretíssimo*.
mertiolate. [Do ingl. *Merthiolate*, marca comercial.] *S.m.* Medicamento antisséptico e germicida. ⇨ A forma aportuguesada *mertiolato* é menos usada.
mescla. [De *mesclar*.] *S.f.* 1. Mistura de elementos diversos, de pessoas ou coisas diferentes: *mescla* de cores, tintas, raças, fios, etc.
2. *Fig.* Impureza, imperfeição: virtude *sem mescla*, linguagem *sem mescla*.
mesclar. [Do lat. tardio *misculare*, misturar.] Misturar, unir.
V. t. d. 1. *Mesclando-se* duas cores diferentes, obtém-se uma nova cor. / A noite desceu sobre Copacabana, *mesclando* turistas e boêmios.
T. d. e *i.* 2. Certos colunistas sociais têm o vezo de *mesclar* seus escritos de estrangeirismos. / Aquele povo não *mesclava* o seu sangue com o de outra raça. / Eles *mesclavam* à sua cultura costumes e tradições africanas.
Pron. 3. Ali é onde as águas do rio Amazonas *se mesclam* com as do mar. / Líderes sindicais *mesclaram-se* aos grevistas. / Essas duas raças não *se mesclam*. / Ele tentou livrar-se da gangue de jovens a que *se mesclara*.
mesmice. [De *mesmo* + *-ice*.] *S.f.* Repetição fastidiosa, falta de variação, inalterabilidade, marasmo, pasmaceira, estagnação: A *mesmice* daquela vida sufocava-me. / Para sair da *mesmice*, o cinema brasileiro necessita de talento e criatividade. / "Por muitos dias a viagem foi aquela *mesmice* de conversas circulares para ajudar a passagem do tempo." (José J. Veiga, *A casca da serpente*, p. 107)
mesmíssimo. *Adj.* Superl. de *mesmo*. Absolutamente igual. Usa-se na linguagem informal enfática: Rui e Vera cometeram o *mesmíssimo* erro; no entanto, o professor corrigiu o de Rui e não corrigiu o de Vera. / Ele mofava naque-

la pasmaceira, vendo, todo dia, as *mesmíssimas* coisas.

mesmo. 1. Acompanhando um substantivo ou pronome, como palavra de realce, com estes deve concordar: Os meninos *mesmos* faziam os seus brinquedos. / As mães *mesmas* ensinavam os filhos a ler. / Eles *mesmos* constroem as suas casas. / Elas *mesmas* organizaram a festa. / Os filhos conseguiram emprego por si *mesmos*. / Elas se esqueceram de si *mesmas* para ajudar os pobres. / As mulheres levaram os filhos consigo *mesmas*. / Foi contra você *mesma*, Eunice, que ele falou. / A criatura humana, por si *mesma*, é impotente diante do mal. / "A obra devia conter em si *mesma* a resposta a quaisquer objeções." (Carlos Drummond de Andrade) Neste caso, *mesmo* é sinônimo de *próprio*: Os *próprios* meninos faziam os seus brinquedos. / As *próprias* mães ensinavam os filhos a ler.
2. Permanece invariável quando equivale a: a) até: Eles chegaram *mesmo* a incendiar o ônibus; b) realmente, de fato: A casa está *mesmo* abandonada. / Os dois acusados são *mesmo* criminosos. / Elas são *mesmo* cariocas?
3. Evite-se empregar *mesmo* como substituto de um pronome, em frases do tipo: Não suportando mais a dor, procurei o dentista, mas *o mesmo* tinha viajado. / Não dê carona a pessoas desconhecidas, porque *as mesmas* podem ser assaltantes. / Os donos dos armazéns se obrigaram a estocar e manter os cereais em bom estado, mas *os mesmos* não respeitaram o contrato. / O pescador salvou o náufrago e ainda ofereceu *ao mesmo* a sua cabana. No primeiro exemplo, fica melhor: *mas ele tinha viajado*. No segundo, pode-se dispensar *as mesmas* ou substituir a expressão por *elas*. No terceiro, substitua-se *os mesmos* por *eles*. No exemplo final, troque-se *ao mesmo* pelo pronome *lhe*: e ainda *lhe* ofereceu a sua cabana.
4. Há casos mais difíceis, como nesta frase: 'Esse cidadão, sem qualquer capacidade técnica nem conhecimento do local, vem propondo projetos absurdos para a utilização do parque Monte Azul, enquanto que nossa associação encomendou o estudo científico *do mesmo* a uma entidade de prestígio internacional'. Aqui, a solução é substituir *do mesmo* por uma expressão sinônima: *dessa área arborizada*, ou outra equivalente.
5. A palavra *mesmo* pode ainda aparecer na frase como: a) substantivo, com sentido de "coisa igual": Dar-lhe conselhos é *o mesmo* que falar a surdos.
b) palavra expletiva, reforçativa de advérbios de tempo e de lugar: Hoje *mesmo* comprarei o livro. / Fique *aqui mesmo*.
c) parte de locução concessiva: *Mesmo que* todos o critiquem, ele não entregará o cargo. / A estrada era péssima, *mesmo assim* prosseguimos a viagem. [mesmo assim = embora a estrada fosse péssima.]
6. Pode-se dizer *dar no mesmo* ou *dar na mesma*, significando que duas coisas ou opções têm idêntico resultado: Pode tomar qualquer um destes remédios: *dá na mesma* (ou *dá no mesmo*). Isto é: *tanto faz* tomar um como tomar o outro.

mesmo que. *Loc. concessiva.* Embora, ainda que: "A internet é um espaço público por excelência, *mesmo que* virtual." (Rosely Saião, *Folha de São Paulo*, 17/3/2005)

Δ **meso-.** [Do gr. *mésos*, que está no meio.] *El. de comp.* = 'meio', 'médio': mesocarpo, mesóclise, mesocracia, mesoderma, mesolítico, mesorrino, mesosfera, mesozoico (era mesozoica), mesopotâmia (região situada entre rios), *Mesopotâmia* (região entre os rios Tigre e Eufrates), *mesopotâmico*.

mesquinhez. *S.f.* Característica de mesquinho, mesquinharia, ação mesquinha; insignificância, estreiteza; sovinice, avareza. Forma paralela: *mesquinheza*.

Messias. Redentor e libertador de Israel. Para os cristãos, Jesus Cristo. Adjetivo referente ao Messias: *messiânico* (a expectativa *messiânica* de Israel).

mestre. Adj. relativo a mestre: *magistral* (tom magistral, obra magistral).

mestria. [De *mestre* + *-ia*.] *S.f.* Profundo conhecimento em determinada arte ou ciência, grande capacidade, perícia, grande habilidade e experiência: "A *mestria* de Jorge está em que, em tudo por tudo, nas duas maravilhosas histórias de *Os Velhos Marinheiros*, desvencilhou-se de quaisquer compromissos..." (Austregésilo de Ataíde, *Vana verba*, p. 100) Forma paralela: *maestria**.

Δ **meta-.** [Do gr. *metá*, no meio, entre; em seguida, depois.] *Pref.* = 'mudança', 'posterioridade', 'além', 'transcendência': metacarpo, metacromatismo, metafísica, metafonia, metalinguagem, etc.

metade de. 1. Seguida de substantivo ou pronome no plural, esta expressão quantitativa se usa, geralmente, com o verbo no singular: Metade

dos alunos *repetiu* o ano. / Os turistas viajaram de navio. Mais da metade deles não *conhecia* o Brasil. / "Mais da metade dos 500 mil colonos portugueses residentes em Angola *pediu* para ser retirada do país." (*JB*, 13/6/1975)
2. Quando se quer destacar a ideia individual, é lícito levar o verbo ao plural, como ocorre com a expressão a *maioria de*★: Metade dos sobreviven*tes estavam* feridos. / Mais da *metade dos retirantes queriam* voltar para a sua terra. / "*Metade das palavras* do vocabulário da língua, precisamente as mais expressivas e as mais enérgicas, *são proibidas*, porque umas são irreverentes, outras são injuriosas, outras são obscenas." (Ramalho Ortigão, *A Holanda*, p. 73)
3. A anteposição do verbo ao sujeito impõe a concordância no singular: *Apodreceu a metade das sementes*. / *Escapou* do viveiro quase *a metade dos pássaros*.
4. O adjetivo predicativo (ou o particípio) pode concordar com *metade* (concordância gramatical) ou com o subst. especificador (concordância ideológica): Metade do campo estava *alagada* (ou *alagado*). / Metade do açúcar produzido no engenho era *nossa* (ou *nosso*). A expressão *parte de* admite idêntica sintaxe: Parte do telhado estava *destruída* (ou *destruído*). / "Parte do dinheiro foi *bebido*, que eu não sei beber sem vinho." (Castilho, *apud* Aulete) ⇨ Em textos científicos, prefira-se a concordância gramatical.

meteorologia. Esta é a forma correta, e não *metereologia*, nem *meterologia*. A palavra deriva do gr. *metéoros* (= elevado no ar, meteoro), como também *meteorologista, meteorológico, meteoromancia, meteoroscópio.*

meter-se em camisa de onze varas. Meter-se em grandes dificuldades; envolver-se em complicações que geram problemas e aborrecimentos: "Era melhor que acabasse tudo, porque não estava para *se meter em camisa de onze varas*." (Eça de Queirós, *O primo Basílio*, p. 19) Veja *camisa de onze varas*.

Δ **metra-.** [Do gr. *métra*, útero.] *El. de comp.* = 'útero': *metralgia, metrite*. Existe a variante: *metro-*: *metropatia, metrorragia, metrotomia* (*histerectomia*). Veja *histero-*.

Δ **-metria.** [Do gr. *-metria* < gr. *metrein*, medir.] *El. de comp.* = "medição, "mensuração": *antropometria, aerometria, geometria, fotometria, higrometria, pluviometria*, etc.

Δ **-metro.** [Do gr. *métron*, medida, metro, instrumento para medir.] *El. de comp.* = 'medida', 'instrumento para medir': *barômetro, centímetro, cronômetro, diâmetro, gasômetro, hidrômetro, milímetro, perímetro, pluviômetro, quilômetro, velocímetro*, etc.

mezinha. [Do lat. *medicina*.] *S.f.* Remédio caseiro: "Chá, na minha zona, era remédio, *mezinha*, bebida de doente." (Aurélio Buarque de Holanda Ferreira, *Seleta*, p. 159) / "No largo aproveitamento da fauna e flora indígenas para a fabricação de *mezinhas*, foram eles [os paulistas] precedidos, aparentemente, pelos jesuítas." (Sérgio Buarque de Holanda, *Caminhos e fronteiras*, p. 88) ⇨ Homônimo de *mesinha* (mesa pequena).

Δ **micro-.** [Do gr. *mikrós*, pequeno.] *El. de comp.* = 'pequeno': *microcirurgia, micro-onda, microcomputador, microempresa, microfilme, microfone, microrregião, microssismo*. Justapõe-se sem hífen ao elemento seguinte, exceto quando este começa por *h* e *o*.

mídia. [Do ingl. *media* (pron. *mídia*), do lat. *media*, meios, pl. de *medium*, meio.] Meios de comunicação social; o conjunto desses meios: jornal, revista, rádio, televisão, cinema, etc. Ex.: A *mídia* brasileira repudiou o hediondo crime. | *Mídia eletrônica* = rádio e televisão: Grupos políticos exercem, indevidamente, o controle da *mídia eletrônica*. Em excelente artigo publicado no *Jornal do Brasil*, o jornalista Marcos de Castro se insurge, com justa razão, contra a importação de anglicismos desnecessários, como *mídia* e tantos outros. Diz ele: "Nem essa expressão tão simples usamos mais: meios de comunicação. Preferimos falar em *mídia*, termo que recende a flor exótica, embora venha de um cristalino plural latino, *media*. É que, incapazes de garimpá-lo na Roma antiga, fomos buscá-lo, numa ginástica colonialista, nos Estados Unidos do século XX, já com a pronúncia — para nós — totalmente despersonalizada. Bem, esse favor sem dúvida ficamos devendo a outra área da Comunicação, a área específica da publicidade, em que viceja um canhestro portinglês — do qual estranhamente seu pessoal se orgulha e sem o qual não sabe viver." (*JB*, 4/7/95)

mignon (minhon). *Adj.* Palavra francesa que significa *delicado, mimoso*, e que se usa na expressão *filé mignon*, a melhor carne do boi, e *fig.*, a melhor parte ou porção. ⇨ Por se tratar de palavra já incorporada ao falar cotidiano seria melhor dar-lhe a forma portuguesa *minhom*, à semelhança de *garçon > garçom*.

migração. *S.f.* 1. Ato de passar de um país para outro para nele se fixar (falando-se de um povo ou de grande número de pessoas): As *migrações* italianas para a América intensificaram-se no início do século XX.
2. Deslocamento de um grande número de pessoas de uma região para outra, no mesmo país (migração interna): As secas são a principal causa das *migrações* nordestinas.
3. Deslocamento periódico, em grupo, de aves e animais: *migração de andorinhas, de peixes*, etc. Cognatos: *migrante* (os *migrantes* nordestinos), *migrador* (falcões *migradores*), *migratório* (instinto *migratório*, movimento *migratório*), *migrar*★.
Distinga-se *migração* de *emigração*★ e *imigração*★.
⇨ Os nordestinos que, fugindo à seca, *migram* para outras regiões do país chamam-se comumente *retirantes*.
migrar. [Do lat. *migrare*, mudar de residência, sair.] *V. i.* Passar de uma região para outra: No inverno, certas aves *migram* para regiões de clima temperado. / Muitos dos que *migraram* para a Amazônia ali morreram de febres. / A seca os obrigou a *migrar* da terra natal. ⇨ Distinga-se de *emigrar* e *imigrar*.
Δ miio-. [Do gr. *myia*, mosca.] *El. de. comp.* = 'mosca': *miiologia, miiologista*. Cognato: *miilodopsia* (de *myiódes*, 'semelhante a mosca' + *ops*, 'vista' + *-ia*), perturbação visual em que se percebem pontos escuros e móveis como se fossem moscas.
mil. *Num.* 1. Evite-se, a não ser no preenchimento de cheques, empregar *um* antes de *mil*. Basta dizer ou escrever simplesmente: *mil* e seiscentos reais; *mil* e cem operários.
2. A partir de *dois*, o multiplicador concorda com o substantivo: *duas mil* caixas; *dois mil* alunos; *duzentas mil* pessoas.
3. Usa-se a conjunção *e* entre *mil* e as centenas, exceto quando estas vêm seguidas de dezenas ou de unidades simples: *mil e* quinhentos dólares; *mil* quinhentos *e* vinte dólares; *mil* quinhentas *e* cinco libras.
milhão. *S.m.* 1. Quando é sujeito da oração, *milhão* leva, geralmente, o verbo ao plural: Cerca de um *milhão* de soldados *participaram* dessa guerra. / *São gastos* US$1 *milhão* por ano para a manutenção da escola. / Um *milhão* e meio de pessoas *ficaram* desabrigadas. / Meio *milhão* de refugiados *se aproximam* da fronteira. / "Sabe que quase um *milhão* de japoneses *cultivam* a arte do haicai?" (Érico Veríssimo, *O senhor embaixador*, p. 185) / "Dos retirantes que se dirigiram para a Amazônia, atraídos pela miragem do ouro branco, calcula-se que meio *milhão foi dizimado* pelas epidemias..." (Josué de Castro, *Geografia da fome*, p. 238, 11ª ed.) / Devido à greve da Fiocruz, 1,2 *milhão* de doses de vacina não *foram enviadas* à Fundação Nacional de Saúde.
2. É preferível deixar o verbo no singular quando este precede o sujeito *milhão*: *Foi vendido* um *milhão* de livros. / *Foi vendido* um *milhão* e meio de cópias. / *Plantou-se* um *milhão* de mudas. / "*Anda* no ar um *milhão* de cálculos secretos..." (Gustavo Corção, *Lições de abismo*, p. 127) ⇨ É preferível, mas não obrigatório. Damos um exemplo com o verbo no plural: "Por lá, segundo ela, *deverão* circular por ano cerca de um *milhão* de pessoas." (Adriana Castelo Branco, *O Globo*, 1°/2/2004)
3. Se o sujeito da oração for *milhões*, o particípio ou o adjetivo podem concordar no masculino, com *milhões*, ou, por atração, no feminino, com o substantivo feminino plural: Dois *milhões* de sacas de soja estão ali *armazenados* (ou *armazenadas*). / Dezoito *milhões* de crianças vão ser *vacinadas* este ano. / Foram *colhidos* três *milhões* de sacas de trigo. / Os dois *milhões* de árvores *plantadas* estão altas e bonitas. / Os outros cinco *milhões* de moedas serão *cunhados* (ou *cunhadas*) no próximo mês.
4. O artigo e o numeral que antecedem *milhão* ou *milhões* deve concordar no masculino: *Os dois milhões* de árvores plantadas recobrem agora toda a área. / *Dos dois milhões* de sacas de café, 50% foram vendidas a países europeus.
5. Numa frase como "Contaram-se os votos contidos nos 22.342.621 cédulas", deve-se escrever o numeral assim: vinte e dois milhões trezentas e quarenta e duas mil seiscentas e vinte e uma cédulas.
⇨ As mesmas regras de concordância se aplicam a *bilhão* e *trilhão*.
milhar. [Do lat. med. *milliaris*.] *S.m.* 1. Mil unidades: Comprei *um milhar* de telhas.
2. Uma quantidade grande e indeterminada: Fiz essa viagem *milhares* de vezes.
⇨ O artigo ou outra palavra referentes a *milhares* devem concordar no masculino: Onde estão *os milhares* de árvores que havia ali? / Plantaram-se *dois milhares* de mudas. / *Os milhares* de crianças que vivem nas ruas sofrem muito no inverno. / *Esses milhares* de aves para onde

estariam indo? / Esqueceu *os milhares* de vezes que o ajudamos? / Muitos *dos milhares* de vítimas do trânsito morrem por imprudência. / Precisamos construir alguns *milhares* de casas. Uma jornalista escreveu: "... o assassinato de Paulo César Farias por algumas *das milhares* de forças interessadas em eliminá-lo." *Milhares* é masculino. A concordância correta, portanto, é: "...por algumas *dos milhares* de forças interessadas em eliminá-lo."

miligrama. *S.m.* Como *grama*, é vocábulo masculino: *dois miligramas, quinhentos miligramas.*

militar. *V.i.* e *t. i.* 1. Pouco usado nas acepções de 'servir no exército', 'combater na guerra': *Militou no XX Batalhão de Infantaria.* / *Negros, índios e brancos militaram bravamente contra os invasores.*
2. Lutar, bater-se por ou contra uma causa, um sistema, um ideal, etc.: *Militou tenazmente a favor da abolição da escravatura.* / *Ele militou por essa causa até o final da vida.* / *Militou com bravura contra a ditadura militar.*
3. Ser membro ativo de um partido político: *O brigadeiro militava na UDN.*
4. Exercer profissão (geralmente como defensor de ideias, doutrinas): *José do Patrocínio militou na imprensa durante a campanha abolicionista.* / "Um deles *milita* ainda na advocacia." (Ciro dos Anjos, *Montanha*, p. 56)
5. *Fig.* Agir, influir; pugnar pró ou contra: *Militavam razões ponderosas a favor da estratégia político-econômica do governo.* / Todas as provas *militam* em sentido contrário às afirmações desse cientista. / "Contra nós *militam* forças poderosas." (Antônio Houaiss) / "Esta circunstância *milita* em favor do réu." (Antenor Nascentes) / "Por ela *militava* o sexo, a fraqueza, o abandono, o pranto." (Rui Barbosa, *apud* J. Mesquita de Carvalho)

mimeógrafo. *S.m.* Desta forma, e não *mimiógrafo.* Assim também *mimeografar, mimeografia.* Essas palavras, e mais *mimetismo, mimetizar,* ligam-se ao verbo grego *miméomai,* que significa *imitar.*
A forma verbal *mimeografo* é paroxítona: Eu *mimeografo* a carta circular.

mim. Este pron. pessoal oblíquo é sempre regido de preposição ou locução prepositiva: *Isso não depende de mim.* / *O estrondo chegou até mim.* / *O cão atirou-se contra mim.* / *Ela sentou-se entre mim e o pai.* / *Era penoso para mim estudar à noite* (= *Para mim* era penoso estudar à noite). "*Além de mim*, no jipe havia um casal de turistas alemães e um casal de turistas franceses." (Diogo Mainardi, *Veja*, 5/12/2001) ⇨ Precedido da prep. *com* diz-se *comigo* em vez de *com mim*: *Ela saiu comigo.* Veja os verbetes *entre mim e ti* e *para mim.*

Minas. O verbo concorda no singular com o sujeito *Minas Gerais* ou *Minas: Minas Gerais possui importantes cidades históricas.* / *Minas atrai veranistas de todo o país.* ⇨ Adjetivos e pronomes referentes a *Minas*, concordam, geralmente, no feminino singular:; *Minas* é mais *populosa* que a Bahia. / "*Minas toda*, ou quase *toda*, acudiu à voz de comando do Palácio da Liberdade." (Ciro dos Anjos, *A menina do sobrado*, p. 377)

minguar. Tornar-se menor, diminuir, tornar-se menos abundante, reduzir-se, tornar-se escasso: *Onde míngua o bom senso medram os desacertos.* / *Devido à seca, os riachos começaram a minguar.* / *À medida que ele envelhecia, minguavam-lhe as forças.* / "O governo foi *minguando* os subsídios." (Celso Luft) / "Meus saldos nos bancos *mínguam* dia a dia." (Ciro dos Anjos, *Montanha*, p. 13) / "Bancos ganham, mas crédito *míngua*." (*O Globo*, 26/5/2002) Conjuga-se como *aguar**: míngu̇o, mínguas, míngua, minguamos, minguais, mínguam; míngue, míngues, míngue, minguemos, mingueis, mínguem.

Δ **mini-.** [De *mínimo.*] *El. de comp.* = 'mínimo', 'muito pequeno': *minifúndio, minicomputador, minirretrato, minissérie, minissaia.* Justapõe-se ao elemento seguinte sem hífen. Antes de *i* e de *h*, porém, deve-se usar hífen: *mini-harpa, mini-horta, mini-hospital.* ⇨ Acentua-se quando usado como subst.: *um míni* (vestido), *uma míni* (saia).

minimizar. [De *mínimo* + *-izar.*] *V. t. d.* 1. Tornar mínimo, reduzir a proporções mínimas: *minimizar um prejuízo; minimizar os efeitos nocivos de algo.*
2. Subestimar, reduzir a importância ou as consequências de algo: *minimizar a importância da educação; minimizar uma crise, a gravidade de um conflito.* ⇨ Não há razão para condenar o uso deste verbo.

mínimos detalhes. Veja *detalhe.*

ministra. *S.f.* Mulher que ocupa o cargo de ministro. ⇨ É o feminino e não a mulher de ministro.

minutíssimo. Do lat. *minutissimus,* muito pequeno.] *Adj.* Superlativo absoluto de *miúdo.*

Equivale a *pequeníssimo*: Dançam no ar *minutíssimas* partículas de pó.

Δ **mio-.** [Do gr. *mys, myós*, ratinho, músculo.] *El. de comp.* = 'músculo': *miocárdio, miite* ou *miosite, miotomia, miologia, miografia, miograma, miógrafo, mioplegia, mialgia.*

mirar. [Do lat. *mirare*, por *mirari*, admirar, contemplar, olhar.] *V. t. d.* 1. Fitar os olhos em, fitar, contemplar: *mirar* uma pessoa; *mirar* uma coisa. 2. Visar, alvejar: *mirar* o alvo; *mirar* um gavião. ⇨ Nessa acepção também é lícita a regência indireta: *mirar a* uma ave; *mirar ao* alvo. 3. Ter em vista, pretender, aspirar a: *mirar* um bom casamento; *mirar* um cargo público; *mirar* seus próprios interesses. ⇨ Nessa acepção também se usa com objeto indireto: *mirar a* um bom casamento; *mirar a* fins lucrativos. *V. pron.* 4. Olhar-se, contemplar-se: *mirar-se no* lago; *mirar-se no* (ou *ao*) espelho. / "Meu pai *se mira* demoradamente ao espelho." (Aurélio Buarque de Holanda Ferreira, *Seleta*, p. 8) 5. Nortear-se ou guiar-se pelo exemplo de: *mirar-se no* exemplo dos pais.

mirim. [Do tupi *mi'ri.*] *Adj.* Pequeno: leitor *mirim*, leitores *mirins.* ⇨ Aparece em vários vocábulos de origem tupi, como el. de comp., exprimindo a ideia de 'pequeno': *guamirim, Mojimirim, Itapemirim, potimirim, quatimirim.* Ant.: *-açu.* ⇨ Hifeniza-se quando o elemento anterior termina em vogal acentuada: *tamanduá-mirim.*

Δ **mírmeco-.** [Do gr. *mýrmex, mýrmekos*, formiga.] *El. de comp.* = 'formiga': *mirmecófago, mirmecologia, mirmecófilo.*

misantropo. [Do gr. *misánthropos.*] *Adj.* e *s.m.* Que tem aversão ao homem ou à companhia humana; pessoa que aborrece a convivência humana, indivíduo solitário e melancólico: "Augusto escapou por pouco de ser um *misantropo*, como seu tio Acácio." (Ana Miranda, *A última quimera*, p. 131) Ant.: *filantropo*★. ⇨ Palavra paroxítona (pron. *misantrôpo*), provavelmente por influência do francês *misanthrope.*

mísero. [Do lat. *miser*, infeliz.] Infeliz. Superl. abs.: *misérrimo.*

Δ **miso-.** [Do gr. *mísos*, ódio, aversão.] *El. de comp.* = 'aversão': *misogamia, misógamo, misoginia, misógino, misoneísmo, misoneísta.*

missão que cumprir. 1. É de cunho vernáculo e corretíssima a construção '*algo que* + *infinitivo*', em frases como: Eu tenho uma *missão que cumprir.* / Ainda há muitos *problemas que resolver.* 2. Modernamente, é comum substituir o pronome relativo *que* dessa construção pela preposição *a* (ou *para*), dando-se à frase sentido de finalidade: Eu tenho uma *missão a cumprir.* / Ainda há muitos *problemas para resolver.* ⇨ É lícito usar a segunda construção, mas sem preterir sistematicamente a primeira. Veja *não ter nada que fazer.*

missivo. [Do lat. *missus*, enviado, + *-ivo.*] *Adj.* 1. Que se envia: *carta missiva.* 2. Que se arremessa: *armas missivas.* Cognatos: *missa, missão, missionário, missivista* (pessoa que leva missivas ou cartas; pessoa que escreve cartas), *míssil.* ⇨ *Missiva*, sinônimo de *carta*, é um adj. substantivado, resultante da redução de *carta missiva.*

mister. [Do lat. *ministerium.*] *S.m.* 1. Ofício, serviço: O gari exerce um *mister* penoso. 2. Cargo, ministério: O *mister* sacerdotal exige dedicação ao próximo. 3. Ser *mister* ou *fazer-se mister* = ser necessário: É *mister* punir os criminosos. / *Faz-se mister* a colaboração de todos. ⇨ Pronuncia-se *mistér* e não *míster.* Não se confunda com a palavra inglesa *mister* (pron. *místar*), tratamento correspondente a *senhor.*

mistificar. [Do fr. *mystifier*, enganar.] *V. t. d.* Abusar da credulidade alheia, enganar, iludir: Pessoas inescrupulosas *mistificam* os ingênuos. / A propaganda aparatosa *mistifica* os incautos. / "Seria repugnante *mistificar* os moços..." (Carlos Drummond de Andrade, *Obra completa*, p. 660). ⇨ Distinguir de *mitificar*★.

mitificar. [De *mito.*] *V. t. d.* Converter em mito, tornar mítico; atribuir a pessoas ou coisas virtudes exageradas; dar a uma pessoa ou a um fato um halo fantasioso de grandiosidade: *mitificar* um artista, um herói, um evento; *mitificar* a cultura física. ⇨ Distinguir de *mistificar*★.

miúdo. [Do lat. *minutos*, pequeno.] *Adj.* Superlativo: *minutíssimo* e *miudíssimo.*

mo, ma, mos, mas. Contrações do pronome pessoal *me* com os pronomes átonos, *o, a, os, as*: Como não conhecia o funcionário, pedi à recepcionista que *mo* indicasse. / "E inclinada pra mim, entre os dentes, que louca! punha a cereja, e a rir *ma* ofertava sem pejo." (Raimundo Correia, *Poesia completa*, p. 157, Aguilar) / "Os meus males ninguém *mos* adivinha." (Florbela Espanca, *Sonetos*, p. 68) / "Meu pai, que *mas* impôs inexoravelmente, considerava-as [as roupas de menino] maravilhas." (Vivaldo Coaraci,

91 crônicas escolhidas, p. 119) ⇨ Essas contrações pronominais só se usam na linguagem culta escrita. Na literatura brasileira de hoje ocorrem muito raramente. São usuais no português lusitano, escrito e/ou falado. No Brasil em geral se evitam: "Sim, todos devem fazer versos. Contanto que não venham *mostrar-me*." (Mário Quintana, *Na volta da esquina*, p. 13)

mobiliar. [De *mobília* + *-ar.*] Verbo irregular na pronúncia. *Ind. Pres.*: mob*í*lio, mob*í*lias, mob*í*lia, mobiliamos, mobiliais, mob*í*liam. *Subj. pres.*: mob*í*lie, mob*í*lies, mob*í*lie, mobiliemos, mobilieis, mob*í*liem. A sílaba *bi* é tônica nas três pessoas do sing. e na 3ª pessoa do pl., mas só nos dois tempos acima e no imperativo. Dos verbos em *-iliar* é o único que apresenta essa irregularidade prosódica. Todos os outros têm a sílaba tônica *li*: auxi*li*o, reconci*li*o, fi*li*o, reta*li*o. Seria mais coerente a pronúncia regular, defendida por alguns gramáticos, proferindo-se *mobilío, mobilías, mobilía, mobilíam, mobilíe; mobilíe, mobilíem.* ⇨ A variante *mobilar* é forma lusitana. É desaconselhada a variante *mobilhar*.

Moçambique. Adj. relativo a Moçambique: *moçambicano*.

modelo. S.m. Pessoa que, em casa de modas, veste roupas para exibi-las à clientela, ou posa para fotografias com finalidade promocional. Nesta acepção, e também no sentido de pessoa que posa para fotografias de publicidade, tratando-se de moças, diz-se, geralmente, no feminino: *a modelo* Luciana Torres; *a modelo* fotográfico Solange Maia. Posposto a outro subst., funciona como adj. e significa *modelar: fazenda-modelo*. Veja *piloto*.

modismo. S.m. Palavra ou expressão que está na moda, exaustivamente repetida. De caráter efêmero, os modismos nascem dos jargões esportivo, econômico, político, sociológico, policial, etc., e se expandem rapidamente, veiculados pelos meios de comunicação. Devem ser evitados o mais possível. São vetados os modismos resultantes da deturpação de locuções vernáculas, como *a nível de, na medida em que*, etc.
Eis alguns modismos mais frequentes na linguagem de hoje: administrar a vantagem, a nível de, como um todo, correr atrás do prejuízo, descartar uma hipótese, disparar (= dizer, afirmar), galera (= torcida, espectadores, plateia), filme ou espetáculo imperdível, implementar (= realizar, executar, implantar), para delírio da torcida, penalizar (= punir), reverter a situação, transparência (= limpidez, franqueza), colocação (afirmação, ideia, opinião, observação). Veja *lugar-comum*.

modus vivendi. Expressão latina que significa 'modo de viver'. Emprega-se para designar um acordo pelo qual duas partes em litígio se empenham em tolerar-se mutuamente. Ex.: "Assina-se a 21 de março em La Paz o *modus vivendi*, pelo qual as tropas brasileiras ficariam ocupando o território em litígio." (Álvaro Lins, *Rio Branco*, p. 277)

moeda. [Do lat. *moneta*.] O adjetivo relativo a moeda é *monetário*: correção *monetária*, padrão *monetário*. Ciência que se ocupa das moedas: *numismática*. ⇨ *Numismática* também se usa como adjetivo: *coleção numismática*.

moer. *Ind. pres.*: moo, móis, mói, moemos, moeis, moem. *Subj. pres.*: moa, moas, moa, moamos, moais, moam.

mofar. [Ligado a *mofa*, zombaria.] Zombar, escarnecer. Mais usado como trans. indireto: Alguns garotos começaram a *mofar do bêbedo*. Homônimo de *mofar* (= criar mofo).

moita. S.f. Grupo espesso de arbustos ou plantas.
| *Ficar na moita*: ficar calado, sem dar resposta, ficar em silêncio, não falar.

moldar. [De *molde* + *-ar.*] Eis as acepções e regências deste verbo:
1. Fundir, vazando em molde: *moldar* medalhas, moedas, imagens.
2. Dar forma ou contorno a, modelar: O menino pegou a cera e *moldou* um boneco. / Ela vestia um conjunto de seda justo, que lhe *moldava* o corpo.
3. Afeiçoar, conformar, adaptar: *Moldou* seu comportamento *às* exigências cristãs. / *Moldou* seu estilo *nos* (ou *pelos*) cânones clássicos. / Recusou *moldar* sua conduta *com as* ideias (ou *às ideias*) do mundo materialista.
4. *Pron.* Adaptar-se, amoldar-se, harmonizar-se: Os filhos dificilmente *se moldam* à vontade dos pais. / Custou-lhe *moldar-se* à disciplina militar. / Parecia-lhe uma traição *moldar-se às* (ou *com as*) ideias modernas. / Sua vida *moldou-se com os* (ou *pelos*) padrões morais da família.

molde. S.m. Emprega-se figuradamente, no sentido de *modelo*: A língua não pode ficar atrelada aos *moldes* clássicos.
| *De molde. Loc. adv.* A propósito, no momento certo, oportunamente: Seu telefonema veio *de molde*.

mole. [Do lat. *moles*, massa enorme, grande massa de pedra.] *S.f. l.* Grande massa informe, volume desmedido, colosso: Ao longe, via-se a impressionante *mole* dos Andes. 2. Construção de proporções gigantescas: a *mole* do Kremlin. 3. Multidão compacta, massa gigantesca de gente, mó: *mole* humana. ⇨ Homônimo do adjetivo *mole* (lat. *mollis, molle*), antônimo de *duro*. Cognatos: *mó* (grande massa ou quantidade: *mó* de gente), *molécula* (diminutivo do lat. *moles*).

molécula. Adj. relativo a molécula: *molecular* (massa *molecular*).

moleque. [Do quimbundo *mu'leke* menino, rapazote.] *S.m.* 1. Negrinho, menino de pouca idade. 2. Canalha, patife. Fem.: *moleca*. || Adj. 3. Jocoso, trocista, malicioso: um riso *moleque*. 4. Canalha, velhaco, ordinário: procedimento *moleque*.

molestar. [Do lat. *molestare*, causar incômodo, atormentar, fatigar.] *V. t. d.* Aborrecer, incomodar, importunar, desgostar, fazer sofrer. Este verbo constrói-se com objeto direto: O ruído das máquinas *o* (e não *lhe*) *molestava* demais. / Minhas palavras não *a molestaram*. / A bronquite *molestava-o* mais no inverno. Cognatos: *moléstia, molesto* (= penoso, que incomoda).

molho. Na acepção de *feixe, reunião de objetos*, profere-se *mólho*, com a vogal tônica aberta: *molho de lenha*; *molho de chaves*. No sentido de *condimento, tempero*, o timbre da vogal tônica é fechado (mô): *molho da carne*; *molhos picantes*; *molhos finos*. | A loc. *aos molhos* (ó) significa 'em grande quantidade': Distribuiu presentes *aos molhos*.

molosso. [Do gr. *molossós*, pelo lat. *molossus*.] 1. Indivíduo dos molossos, povo do antigo Epiro, região da Grécia. Eram famosos os cães dos molossos. 2. Cão de fila: *Molosso*, nesta acepção, é adjetivo substantivado: (*cão*) *do país dos molossos*; em grego, (*kýon*) *molossós*, e, em latim (*canis*) *molossus*. ⇨ No plural, pronuncia-se *molóssos*, com a vogal tônica aberta, como no vocábulo *ossos*.

momesco. [De Momo + -esco.] Adj. Relativo a Momo ou ao carnaval; carnavalesco.

Mônaco. Adj. relativo a Mônaco: *monegasco* (principado *monegasco*).

monge. [Do gr. *monachós*, solitário, sozinho.] Adj. relativo a monge: *monacal* ou *monástico* (vida *monacal* ou *monástica*; hábitos *monacais*).

Mongólia. País asiático, situado entre a China e a Sibéria. Adj. relativos à Mongólia: *mongol* e *mongólico*. Cognatos: *mongolismo**, *mongoloide*.

mongolismo. [De *mongol* + -ismo.] *S.m.* Deformação congênita do corpo e da mente, caracterizada, fisicamente, pela face e o nariz achatados, maçãs do rosto salientes, olhos oblíquos, etc., características essas que lembram as feições dos indivíduos de raça amarela — daí o nome, aliás não muito adequado.

monitor. [Do lat. *monitor, monitoris*, aquele que adverte, orienta.] 1. Pessoa que adverte, orienta e ensina. 2. Aluno que auxilia o professor no ensino de uma matéria. 3. Sargento auxiliar de oficial, encarregado de instruir praças. 4. Instrumento usado em Medicina para observar e registrar as funções vitais do paciente. 5. Receptor ligado aos circuitos da câmara ou dos aparelhos de som para supervisionar a qualidade do vídeo e/ou áudio durante uma transmissão ou gravação. 6. Orientador de aprendizagem nos telepostos de tevê educativa.

monitoramento. *S.m.* Ato de monitorar, monitoração, checagem. Neologismo, mais usado que *monitoração*.

monitorar. *V. t. d.* Acompanhar e avaliar, por meio de *monitor**, a qualidade de sons, imagens, etc., durante a gravação de programas televisivos; controlar, acompanhar como monitor ou orientador; supervisionar. Neologismo, mais usado que *monitorizar*.

Δ **mono-.** [Do gr. *mónos*, sozinho, um só.] El. de comp. = a ideia de 'único', 'sozinho': *monobloco, monociclo, monocotilédone, monóculo, monocultura, monoácido, monofobia, monogâmico, monografia, monograma, monolítico, monólito, monólogo, monopólio* (gr. *monopólion*), *monopolizar, monossílabo, monoteísmo, monoteísta, monótono, monotrilho, monóxido, monógamo*.

monógamo. Adj. Que tem uma só esposa; diz-se do animal que se acasala com uma só fêmea. ⇨ É vocábulo proparoxítono, como o antônimo *polígamo*.

monólito. [Do gr. *monólithos*, feito de uma só pedra.] *S.m.* Pedra de enormes dimensões; monumento formado de uma única pedra. ⇨ É palavra proparoxítona, como indica o acento gráfico.

monsenhor. [Do it. *monsignore*.] Título honorífico de certos eclesiásticos. Não admite artigo: *Monsenhor* Álvaro Gomes presidiu a cerimônia. / A missa foi celebrada por *monsenhor* José Lira. / Vi *monsenhor* Gonçalves saindo da igreja. / "*Monsenhor* tirou do alforge da sela o breviário, abriu-o e pegou a ler." (Bernardo Élis, *Seleta*, p. 144)

Cabe, porém, o artigo, se *monsenhor* vier precedido de adjetivo: Presidiu a cerimônia o *venerando monsenhor* Álvaro Gomes.

monstrengo. *S.m.* Variante de *mostrengo**, por influência de *monstro*. Forma geralmente condenada, mas acolhida por bons escritores e dicionaristas.

monstro. Posposto a outro substantivo funciona como adjetivo e significa 'muito grande', 'fora do comum': *comício-monstro*, *liquidação-monstro*, *espetáculo-monstro*. Quanto ao uso do hífen e à formação do plural de tais compostos, veja *piloto*.

montar. Eis as acepções e regências que merecem atenção:
1. Pôr-se sobre (uma cavalgadura): *Montei o cavalo e parti*. / *Montei no cavalo* e parti. / O cavalo era manso; a moça *o montou* (ou *montou nele*) e partiu. / *Montou a cavalo* e foi em direção à cidade.
2. Cavalgar: O fazendeiro veio ao nosso encontro, *montando um belo cavalo*. / Era de ver o garbo com que ela *montava*.
3. Colocar-se a cavalo sobre algo ou alguém: *Montou no* (ou *sobre o*) corrimão da escada e caiu. / O garotinho *montava nas* (ou *sobre as*) costas do irmão mais velho, que ia andando de quatro pela sala. / "Eu *montava* em meu irmão como num burro manso." (Carlos Drummond de Andrade)
4. *Fig. Montar no pescoço* de alguém: dominar, explorar alguém.
5. Atingir determinada quantia: Os débitos *montam* a dois milhões de reais. / "O prejuízo que tal sabotagem causou ao país *a quanto montará*, Sr. Ministro?" (Monteiro Lobato, *O escândalo do petróleo*, p. 76)

mor. *Adj.* Forma reduzida de *maior*. Ela passava a *mor* parte do dia costurando. / "Eu farei de improviso tal castigo / que seja *mor* o dano que o perigo." (Luís de Camões, *Os Lusíadas*, canto V) ⇨ É mais usado em palavras compostas: *altar-mor*, *altares-mores*; *capitão-mor*, *capitães-mores*; *guarda-mor*, *guardas-mores*.

moral. [Do adj. lat. *moralis*, relativo aos costumes (lat. *mores*).] *Adj.* 1. Relativo à moral, de acordo com os bons costumes: senso *moral*, preceitos *morais*, conduta *moral*.

|| *S.f.* 2. Conjunto de normas de conduta e valores éticos, em geral universalmente aceitos: Os filósofos distinguem a *moral* do bem e a *moral* do dever. / A *moral* proíbe a tortura.
3. Conclusão ou lição moral que se tira de um fato, de uma história: D. Benta explicou aos netinhos a *moral* da fábula.
|| *S.m.* 4. Ânimo, estado de espírito: A coragem e competência do comandante atuam sobre o *moral* da tropa. / O líder do governo na Câmara, após sucessivas derrotas, anda de *moral* abatido. / "A capitulação da França não quebrantou o *moral* dos ingleses." (Sousa e Silva) / "Autorizados filósofos e cristãos disseram que o vestido atua imperiosamente sobre o *moral* do indivíduo." (Camilo Castelo Branco, *A queda dum anjo*, p. 90)

morar. 1. Usa-se com a prep. *em* e não *a*. Portanto: Ele mora *na* (e não *à*) Rua Itu. / A rua *em que moro* é tranquila. / *Morávamos na* Av. Tiradentes. / Meus tios *moram na* Praça da Paz. / No Rio, o estudante *morou no* Largo do Machado. ⇨ Ninguém diz: Ele *mora a* uma rua escura. / Eles *moram ao* Largo do Machado. / A que rua você *mora*? Não há lógica, portanto, em dizer: Moro *à* Rua Itu.
Frase de um escritor moderno: "Casaram-se... e foram residir numa casa próxima *à que Liliana morava* quando solteira." Correção: "... e foram residir numa casa próxima àquela (ou daquela) *em que Liliana morava* quando solteira."
2. A prep. *a* tem cabimento em construções do tipo: *Moro a* poucos metros da estrada. / *Morávamos a* pequena distância da praia. / Ela *mora ao* lado da igreja. / Eles *moram à* (ou *na*) beira do rio.
3. No caso 1, com a prep. *em* e não *a* também se constroem *residir*, *residente*, *situado* e *sito*. Veja esses verbetes.

Δ **morbi-.** [Do lat. *morbus*, *morbi*, doença.] *El. de comp.* = 'doença': *morbidade*, *morbidez*, *mórbido* (lat. *morbidus*), *morbígeno*, *morbífico*.

mordaz. *Adj.* Mordente, satírico, ferino. Superlativo abs. sint.: *mordacíssimo*. Subst. cognato: *mordacidade*.

morder. *V. i.* 1. "Cão que ladra não *morde*." (Prov.)
V. t. d. 2. O cão *mordeu-o* (e não *mordeu-lhe*). / A traíra *mordeu-o* no dedo indicador. ⇨ O pronome *lhe* tem cabimento quando equivale a *dele*, *seu*, *sua*: O cão atacou o menino e *mordeu-lhe* o braço direito. Isto é: O cão atacou o menino e *mordeu* o braço direito *dele*.

⇨ *Morder* significa 'ferir com os dentes'. É, por isso, verbo inadequado para mosquitos, pernilongos, borrachudos, e outros insetos que não *mordem* mas *picam*. Quanto a insetos que possuem ferrão, como abelhas, vespas, marimbondos, o verbo adequado é *ferroar*. Idêntica distinção deve ser feita relativamente aos substantivos: *mordida* de cão, *picada* de mosquito, *ferroada* de abelha. Quanto à pronúncia, cabe observar que as formas *mordo, morda, mordas, mordam* têm a vogal tônica fechada, como *gordo, gorda*.

mordida. Veja *morder*.

Δ morfo-, -morfo. [Do gr. *morphé*, forma.] *El. de comp.* = 'forma': *morfologia, morfossintaxe, morfogenia, polimorfo, amorfo*.

mortalidade, mortandade. 1. *Mortalidade*. Condição de mortal; porcentagem de mortes causadas por doenças em determinado período ou lugar. Exs.: A *mortalidade* é a condição dos seres vivos. / As vacinas diminuem a *mortalidade* infantil. 2. *Mortandade*. Grande número de mortes, matança: Resíduos tóxicos lançados nos rios provocam *mortandade* de peixes. ⇨ *Mortandade*, com *n*, talvez se explique por influência de outras palavras terminadas em *-andade*, como *cristandade, irmandade, orfandade*; talvez seja imitação do espanhol *mortandad*.

morte. Adjetivos relativos a morte: *mortal, letal* (que causa a morte: gás *letal*).

morto, matado. Veja *matado*.

moscar-se. 1. Fugir das moscas, como o gado. 2. *Fig*. Desaparecer, sumir-se: "Pois amanhã que *se musque!* — decidiu Trinca-Fígados." (Camilo Castelo Branco, *apud* Francisco Fernandes) / "Nada mais tenho que fazer aqui! *Musco-me*! Ponho-me ao fresco!" (Aluísio Azevedo, *O mulato*, p. 246) ⇨ Verbo de raríssimo uso. Nas formas rizotônicas, muda-se a vogal *o* em *u*. *musco-me, musca-se, muscam-se, musque-me, musque-se, musquem-se, musca-te, musque-se, musquem-se*.

Moscou. Adj. relativo a Moscou: *moscovita*.

mossa (ó). [Do lat. *morsa*, mordida.] *S.f.* 1. Marca de pancada, choque ou pressão forte; contusão: O soco deixou-lhe uma *mossa* arroxeada no ombro esquerdo. 2. *Fig*. Impressão moral, abalo, choque, comoção: As contrariedades já não lhe fazem *mossa*. ⇨ O timbre da vogal *o* é aberto: *móssa*. Distinga-se de *moça* (jovem).

mostrengo. [Do esp. *mostrenco*.] *S.m.* Pessoa ou animal disforme; coisa malfeita, disforme, monstruosa, anormal; entidade fantástica, monstro. Variante: *monstrengo*★, forma que se explica por influência do subst. *monstro*.

moto. *S.f.* Forma reduzida de *motocicleta*.

Δ moto-. [Do lat. *motus*, movimento.] *El. de comp*. = 'movimento'; 'motor': *motilidade, moto-contínuo, moto-perpétuo, motocicleta, motociclismo, motomecanização, motomecanizar, motonáutica, motoniveladora*. Nos três primeiros exemplos, *moto-* exprime a ideia de 'movimento'; nos demais, encerra a ideia de 'motor'.

motorneiro. [De *motor* + *n* +*-eiro*.] *S.m.* Profissional que dirige um bonde elétrico: "O *motorneiro* batia a campainha do bonde, impaciente." (Marques Rebelo, *Oscarina*, p. 14) A forma correta, porém desusada, é *motoreiro*. Não são convincentes as explicações dadas pelos etimologistas acerca da intercalação do *n* neste vocábulo.

mudar. 1. Na acepção de 'transferir a residência', 'ir morar em outro lugar', *mudar* constrói-se, de preferência, com a forma pronominal: Pretendo *mudar-me* para Niterói. / Ele *mudou-se* de Brasília há pouco tempo. / Talvez *nos mudemos* daqui ainda este ano. / Os amigos lhe aconselharam que *se mudasse* quanto antes. / *Mudou-se* de Petrópolis para o Rio. / "No semestre findo poucas famílias *mudaram*." (Aulete) 2. No sentido de 'transformar-se', 'modificar-se', 'tornar-se diferente', usa-se, preferencialmente, sem o pronome átono: Decorridos tantos anos, a paisagem quase não *mudou*. / Mesmo depois que enriqueceu, ele não *mudou*. / "Mudam os ventos, *mudam* os tempos." (Prov.) / Em segundos, a alegria *se mudara* em tristeza. / "*Muda-se* o claro dia em noite escura." (Ronald de Carvalho, *apud* Aurélio) 3. Na acepção de 'substituir uma coisa por outra', são igualmente lícitas as construções: *mudar de uniforme* ou *mudar o uniforme; mudar de penteado;* ou *mudar o penteado, mudar de pele* ou *mudar a pele; mudar de tática* ou *mudar a tática; mudar de itinerário* ou *mudar o itinerário; mudar de profissão* ou *mudar a profissão; mudar de nome* ou *mudar o nome*, etc. / "Mais de quatro mil professores da rede estadual pediram para *mudar de função* devido a problemas de saúde." (*O Globo*, 5/8/2001)

muito. Diz-se corretamente, flexionando-se *muito* no feminino: Ele demonstrou *muita* boa vontade. / Tratou-me com *muita* má vontade.

muito embora. É de um livro sobre o matrimônio esta frase: "*Muito embora*, sob o ponto de vista doutrinário, *considere-se* o casamento como um contrato, a verdade é que seu caráter institucional é transcendente."

A palavra *embora* vem da aglutinação de *em boa hora*. Inicialmente foi um advérbio e, na língua antiga, podia vir precedida do advérbio *muito*, como vemos em Aulete, que cita este exemplo de Vieira: "Que fossem *muito embora*, mas que eles entendessem só no que tocasse à guerra." Hoje, não se usa mais *embora* como advérbio, mas como conjunção concessiva, equivalente de *se bem que*, e também como palavra de realce na expressão *ir embora* ou *ir-se embora*. Visto que as conjunções não podem ser modificadas pelos advérbios, é despropositado usar *muito* antes de *embora*, como fez o autor da frase citada no início deste verbete, na qual, aliás, ocorrem dois outros desvios da boa linguagem: *sob o ponto de vista*, em vez de *do ponto de vista*, e *considere-se* em lugar de *se considere*. A conjunção *embora* exige o pronome átono proclítico, isto é, colocado antes do verbo: *Embora* o menino *se comporte* mal na escola, os pais não o advertem. Passada a limpo, a frase acima ficaria assim: "Embora, do ponto de vista doutrinário, se considere o casamento como um contrato, a verdade é que seu caráter institucional é transcendente."

muito mais. 1. Em frases como as seguintes, *muito* é advérbio; por isso, fica invariável: Compareceu *muito mais* gente do que se esperava. / Havia *muito mais* crianças do que adultos. / Encontramos na mata *muito mais* borboletas do que esperávamos. / Há no céu *muito mais* estrelas do que pensas.
2. Todavia, como *muito* funciona também como pronome indefinido, portanto variável, há quem admita a sua flexão antes de *mais*: No céu há *muitas mais* estrelas do que pensas.
É uma concordância por atração; no caso em foco, por atração do substantivo que se segue a *mais*. Mário Barreto, em *Através do dicionário e da gramática*, página 20, cita, em favor dessa concordância anômala, os seguintes exemplos de autores clássicos: "A adulação é aquele perpétuo mal ou achaque mortal dos reis, cuja grandeza, opulência e impérios *muitas mais* vezes destruiu a lisonja dos aduladores que as armas dos inimigos." (Antônio Vieira) / "*Muitas mais* coisas se puderam [= poderiam] dizer acerca de seus costumes." (Filinto Elísio) / "Porém é certo que o ídolo de ouro (filho de Apolo) *muitas mais* almas atrai, engana e condena." (Manuel Bernardes)

São de eminentes escritores do séc. XIX estes exemplos: "Há entre o céu e a terra *muitas mais* ruas do que sonha a tua filosofia." (M. de Assis, *Quincas Borba*, cap. 106) / "...eram *muitas mais* as horas de uma vivacidade jubilosa." (Camilo Castelo Branco, *apud* V. Bergo)
Acrescentamos uma abonação de escritor moderno: "Contudo, se meditarmos um pouco, veremos que, para conseguirmos juntar nosso pé-de-meia, é necessário uma porção de coisas, *muitas mais* do que seria possível arrolar." (João Ubaldo Ribeiro, *Política*, 12ª ed., p. 22)
3. Dir-se-á obrigatoriamente *muitos(as) mais* quando essa expressão significa *muitos(as) outros(as)*: Possuía um apartamento em Salvador, dois no Rio e *muitos mais* em São Paulo. / "Em São Paulo lhes restavam ainda cerca de seis casas, e *muitas mais* no Maranhão, em Recife, em Belém e por toda parte..." (Darcy Ribeiro, *O povo brasileiro*, p. 171)

muito obrigado. Para agradecer, uma mulher dirá: *Muito obrigada*.

muito pouco. São dois advérbios de intensidade antônimos. *Muito* intensifica o significado de *pouco*. Compare: João come *pouco*. / João come *muito pouco*. Veja *muito poucos*.

muito poucos. Nesta expressão, *muito* é advérbio, permanece invariável: Compareceram *muito poucos* convidados. / São *muito poucas* as suas chances de vencer o campeonato. / "Cada um o tenta solucionar a seu modo e, pelo que se constata, *muito poucos* o resolvem bem." (Raquel de Queirós, *O caçador de tatu*, p. 120)
⇨ *Poucos* é pronome indefinido.

muito que fazer. Dessa forma e não *muito o que fazer*. Ainda nesta *muito que fazer*. / "A conclusão é que há ainda *muito que admirar* no desempenho asiático." (Roberto Campos, *Na virada do milênio*, p. 302) Veja *mais que fazer*.

muitos de nós. O verbo concorda, de preferência, na 3ª pess. do plural, quando o sujeito é uma das expressões *muitos de nós, alguns de nós, quantos de nós?, quais de vós?* e outras análogas: Muitos de nós *ficaram* (ou *ficamos*) sem casa. / Vários de nós *estão* (ou *estamos*) doentes. / Quantos de nós *conhecem* (ou *conhecemos*) as leis? / Quais de vós *leram* (ou *lestes*) a Constituição? / "Você hoje está completando cinquenta anos: tenha paciência, muitos de nós já *passamos* por isso." (Raquel de Queirós, *O caçador de tatu*, p. 157) ⇨ Veja o verbete *alguns de nós*.

Δ **multi-.** [Do lat. *multus*, numeroso]. *El. de comp.* = 'muitos', 'numerosos': *multiangular, multicolorido, multifamiliar, multimilenar, multinacional, multirracial, multissecular.* Não se usa hífen, a não ser antes de *i* e de *h*.

multidão. [Do lat. *multitudo, multitudinis.*] Adj. referente a multidão: *multitudinário* (clamor *multitudinário*).

mundanizar. [De *mundano* + -*izar.*] *V. t. d.* Tornar mundano, tirar o caráter religioso: *mundanizar* um religioso; *mundanizar* o culto católico; *mundanizar-se* (um eclesiástico).

mundo. Entra em várias expressões: *afundar no mundo* (ir-se embora, desaparecer), *correr mundo* (viajar), *desde que o mundo é mundo* (desde os tempos mais remotos), *do outro mundo* (excelente, estupendo), *no mundo da Lua* (alheio à realidade, distraído), *prometer mundos e fundos* (fazer promessas ou oferecimentos extraordinários, que geralmente não se cumprem), *vir o mundo abaixo* (ocorrer uma catástrofe, haver grande escarcéu, grandes censuras), *não caber no mundo* (ser muito ambicioso), *todo o mundo* (todos). ⇨ A variante *todo mundo* é menos recomendável. Veja *todo o mundo*.

mungir. [Do lat. *mulgere*, ordenhar.] *V. t. d.* Ordenhar, tirar o leite: *Mungia* as vacas de manhã cedo. Verbo regular. Segue a conjug. de *dirigir*, munjo, munges, munge, etc.; munja, munjas, munja, etc. ⇨ Em um ou outro escritor, encontra-se a variante desnasalizada *mugir*, que nos parece um arcaísmo. Empregue-se, por isso, *mugir* só na acepção de soltar mugidos (falando-se de gado) ou no sentido figurado de emitir sons semelhantes a mugidos, berrar, bramir.

municiar. *V. t. d.* Prover de munições (soldados, tropas, etc.). Variante: *municionar*, forma preferível, porém, menos usada.

munícipe. [Do lat. *municeps, municipis.*] *S. 2 g.* Cidadão ou cidadã de município. É palavra proparoxítona.

munificência. [Do lat. *munificentia.*] *S.f.* Generosidade, liberalidade. ⇨ Inexiste a forma *munificiência*.

munificente. [Do lat. *munificens, munificentis.*] *Adj.* Generoso, liberal. ⇨ É errada a forma *munificiente*.

munir. [Do lat. *munire*, construir obra militar, defender, fortificar, guarnecer.] *V. t. d.* 1. *Municiar**.

2. Defender com fortificações, fortificar: *munir* uma fortaleza, um exército.
V. t. d. e *i.* 3. Prover, abastecer: *Muniu-o* de armas e provisões para a viagem.
Pron. 4. Prover-se: *Muniu-se* de ferramentas para a obra. / É preciso *munir-se* de muita paciência para lidar com esse tipo de gente. ⇨ Conjuga-se regularmente. *Ind. pres.*: muno, munes, mune, munimos, munis, munem. *Subj. pres.*: muna, munas, muna, munamos, munais, munam.

múnus. [Do lat. *munus*, cargo, função pública.] *S.m.* Função que uma pessoa tem de exercer; encargo: o *múnus* público; o *múnus* episcopal; o *múnus* sacerdotal, etc.

murmurar. Na acepção de *falar mal de, criticar*, constrói-se com as preposições *de* ou *contra*: Perdeu o emprego porque *murmurava do* (ou *contra o*) patrão.

murmurinho. [De *murmúrio* + -*inho.*] *S.m.* Rumor brando de vozes, preces, folhas, águas, abelhas, etc., sussurro, murmurejo, o murmurejar, burburinho.

Δ **musci-¹.** [Do lat. *musca*, mosca.] *El. de comp.* = 'mosca': *muscívoro, musciforme, muscípula* (diz-se da planta que apanha moscas e insetos com o visgo que segrega).

Δ **musci-², musco-.** [Do lat. *muscus*, musgo.] *El. de comp.* = 'musgo': *muscícola, muscíneo* (ref. aos musgos), *muscoso* (musgoso), *muscoide, muscologia* (parte da Botânica que trata dos musgos), *muscologista, muscólogo*.

Δ **musico-.** *El. de comp.* = 'música': *musicofilia, musicólogo, musicologia, musicomania, musicomaníaco, musicoterapia, musicoterápico*. Veja *melo-*.

músico. [Do gr. *mousikós*, relativo às musas, ao canto, à música.] *S.m.* Pessoa que cultiva a arte da música, cantor, compositor de músicas; indivíduo que toca instrumento musical. Embora correto, é desusado o feminino de *músico*: *a música*. Em seu lugar, emprega-se o termo que registra a especialidade musical: *a cantora X, a compositora Y, a pianista Z*, etc.

mutuar. *V. t. d. l.* Trocar entre si: As crianças *mutuavam* os seus brinquedos. / O pai e a mãe *mutuaram* olhares admirativos. / "Os adjetivos e substantivos *mutuam* frequentemente as suas funções." (Mário Barreto, *Novos estudos*, p. 272)
V. pron. 2. Trocar entre si: Os dois pretendentes *mutuaram-se* ofensas perante a moça.

N

nababesco. *Adj.* 1. Próprio de nababo. 2. *Por ext.* Luxuoso, suntuoso: O príncipe indiano levava uma vida *nababesca*.

nada. A concordância do verbo efetua-se no singular com o pronome *nada*, quando este resume um sujeito composto: "Nem o preço, as despesas, a distância, nem os perigos da cidade grande, *nada* a amedronta." (Jorge Amado, *Tieta do Agreste*, p. 75) Veja *tudo*.

nada a fazer. Expressão calcada no francês, mas aceita por conceituados gramáticos, ao lado das vernáculas *nada para fazer* e *nada que fazer*. Tudo estava consumado, não havia mais *nada a fazer* ali. / "E arrastando-o significativamente para um canto, esclareceu: — *Nada a fazer*. Trata-se de um cancro no cólon." (Fernando Namora, *O homem disfarçado*, p. 50)
Expressões análogas: O ministro esquivou-se à pergunta, dizendo que não havia *nada a declarar*. / "No que respeita à política *nada temos a invejar* ao reino de Lilipute." (Machado de Assis, *Crônicas*, I, p. 104) / "Porque o fulgor do que eu tinha *a dizer* empalidecia ao dizê-lo." (Vergílio Ferreira, *Estrela polar*, p. 94) / "Como veem, há ainda na sala arranjos *a fazer*." (Eça de Queirós, *A capital*, p. 346). Camilo Castelo Branco, no capítulo XXIII de seu romance *A doida do Candal*, usou a expressão vernácula: "Restavam ainda assim muitos estorvos *que vencer* em agosto de 1820." Veja *mais que fazer*.

nada ter de. 1. Concordância normal do adjetivo: A vida dele *nada tem de extraordinário*. / Essas meninas *nada têm de ingênuo*. / Os olhos dela *nada tinham de fascinante*. 2. Concordância anômala ou enfática: A vida dele *nada tem de grandiosa*. / Essas meninas *nada têm de ingênuas*. / Os olhos dela *nada tinham de fascinantes*. / "Esses números *nada têm de precisos*." (Josué de Castro, *Geografia da fome*, 11ª ed., p. 218) / "Havia em cima de uma tábua uma canastra, que *nada tinha de misteriosa*." (Machado de Assis, *Os trabalhadores do mar*, p. 26, trad.) / "A lição, porém, *nada teve de proveitosa*." (João Ribeiro, *História do Brasil*, p. 312). 3. Casos semelhantes: Os artistas *tinham algo de cômico* (ou *cômicos*). / Esses casos têm *qualquer coisa de estranho* (ou *estranhos*). / Que teria minha atitude de *insólito* (ou *insólita*)? / "Júlia tinha tanto de *magra* e *sardenta*, quanto de *feia*." (Ribeiro Couto)

nada ter a ver com. Variante de *não ter nada que ver com*: *Nada temos a ver com* isso. / "A língua escrita da Inglaterra *nada tem que ver com* a linguagem em que a nação se exprime." (Alexandre Herculano, *Lendas e narrativas*, p. 421) Veja *não ter nada a ver com*.

nádegas. Adj. relativo às nádegas: *glúteo* (região *glútea*, nervo *glúteo*).

na distância. *Loc. adv.* Ao longe: "Distinguiam-se *na distância* as luzes da Vila Velha." (Viana Moog, *Um rio imita o Reno*, p. 163) Veja *a distância*.

nado. Particípio irregular de *nascer*. Funciona como adjetivo (= nascido): Já era sol *nado* quando acordei.

na esteira de. *Loc. prep.* No encalço de, no rastro de: O vaqueiro foi caatinga adentro, *na esteira da* rês tresmalhada. / "Não menos prejudicial foi para Atenas a degradação moral que veio *na esteira dos* reveses militares." (E. Burns, *História da civilização ocidental*, p. 165, trad. de Lourival Gomes Machado e outros) ⇨ Nesta loc. *esteira* significa *rasto*, especialmente o sulco espumejante que a embarcação, ao se deslocar, deixa na água: Golfinhos, *na esteira do* navio, seguiram os embarcadiços.

na falta de. Ou *à falta de*. São corretas ambas as formas: As crianças, *na falta* (ou *à falta*) de bons professores, aprendiam a ler em casa.

na hora em que. Na linguagem despreocupada da comunicação oral é comum omitir a prep *em*, antes do pron. *que*, em expressões temporais deste tipo: *Na hora (em) que* entrávamos na cidade, ocorreu um blecaute. / *No momento (em) que* ia descer do ônibus, começou a chover forte. / *No dia (em) que* ocorreu o eclipse do Sol, eu estava de cama. ⇨ Recomenda-se não omitir a preposição em textos de cunho científico e na comunicação culta formal. Veja *no dia em que*.

nalgum, nalguma. É lícita a contração da prep. *em* com o pronome indefinido *algum*: Estar *em algum* (ou *nalgum*) cinema; abrigar-se *em alguma* (ou *nalguma*) cabana. ⇨ Da mesma forma se pode dizer: morar *em um* (ou *num*) bairro pobre; entrar *em uma* (ou *numa*) floresta.

na medida de. Na proporção de, proporcionalmente a, tanto quanto, conforme: Os justos serão recompensados *na medida de* seus merecimentos. / A inteligência infantil será exigida *na medida de* sua capacidade. / "Cada qual, porém, aceitará um pouco das novas doutrinas *na medida* e segundo a imposição *de* suas necessidades." (Austregésilo de Ataíde, *Vana verba*, p. 21)

na medida em que. *Loc. conj.* 1. É uma adulteração moderna da locução vernácula *à medida que* (= à proporção que). Vem sendo repetida abusivamente pelos meios de comunicação, com significado nem sempre claro, ora para exprimir proporcionalidade, ora causa, ora condição ou hipótese. Exemplos colhidos em textos jornalísticos, por nós adaptados: a) *Na medida em que* o líder russo cresceu no palco político, o mundo foi se habituando à sua personalidade descomunal. / Afirmou o ministro que as taxas de juros irão baixar *na medida em que* os preços também caírem; b) Isso, em síntese, significa absurdo total, *na medida em que* os assalariados iriam pagar mais imposto de renda do que o devido. / Do ponto de vista político, o ato é desastrado, *na medida em que* exprime um conflito entre o Estado e a Igreja; c) Para ele, *na medida em que* a sociedade referendar a inflação, esta ficará mais difícil de ser combatida. / A convivência entre os grupos étnicos rivais só será possível, *na medida em que* todos eles renunciarem ao uso da força e à violência. As frases supra ficarão corretas substituindo-se *na medida em que* por: *à medida que* ou *à proporção que* (no grupo *a*); *porque ou porquanto* ou *visto que* (no grupo *b*); *se* (no grupo *c*).

No seguinte passo de um romance moderno, bem mais natural ficaria a frase, se o autor tivesse usado *porque*, ou *visto que*, em vez da modernosa e espúria locução: "O caminho era um só, mas sendo um só era também de todos, *na medida em que* outro caminho não havia na fazenda que levasse à sua casa."

2. É correta a expressão *na medida em que* em construções como estas: "A rigor, tal cordialidade não existe *na medida em que* é apregoada." (Viana Moog) / "Prevaleceram os fatores econômicos na Idade Média na *mesma medida em que* prevalecem nos tempos atuais?" (Idem) / "Lincoln expressa sempre o que quer dizer e *na medida exata em que* o quer dizer." (Idem) / "A regra da igualdade não consiste senão em quinhoar desigualmente aos desiguais, *na medida em que se* desigualam." (Rui Barbosa) / "A expansão da lavoura algodoeira não pôde produzir-se em São Paulo *na mesma medida em que* se produziu noutras terras." (Sérgio Buarque de Holanda) ⇨ Observe-se que nas frases do item 2 a expressão em foco exprime *quantidade* e que a palavra *que* é pronome relativo, não é parte de locução conjuntiva, como em *à medida que*.

namorar. [De *enamorar* < *en-* + *amor* + *-ar*.] *V. t. d.* 1. Procurar inspirar amor a, manter relacionamento amoroso com, cortejar: O estudante *namorava* a filha do empresário. / Ela *namora* um oficial do Exército. / Faz pouco tempo que ela o *namora*. / Trabalha com a atriz mas não a *namora*. / "Ele também *namorou-a* publicamente, diante do palacete dos Vargas." (Eça de Queirós, *Os Maias*, I, p. 33)

2. Cobiçar, desejar muito (um emprego, um cargo, uma coisa): Tanto *namorou* aquela joia que acabou comprando-a.

V. i. 3. Galantear, entregar-se ao namoro: Aos doze anos ele já *namorava*. ⇨ Não se recomenda a regência indireta *namorar com alguém*, abonada por um ou outro escritor modernista. Em que pese à autoridade de alguns dicionaristas brasileiros que a defendem, não a julgamos correta. Diga-se, portanto: O estudante *namorava a filha* (e não *namorava com a filha*) do empresário. / "Nem sei mesmo explicar por que ele *namora a filha* do chefe de Seção, que é de condição modesta." (Ciro dos Anjos, *O amanuense Belmiro*, p. 40) / "O capitão Nonato era a aristocracia da rua e *namorava a mulher* de quem queria." (Raquel de Queirós, *Caminho de pedras*, 8ª ed., p. 14) / "Os seus sentimentos em relação a Maria não haviam mudado, conquanto ela já não fosse a mocinha que ele outrora *namorara*." (Herberto Sales, *Além dos marimbus*, p. 102) / "... o conde B.V., que *a namorou* durante três meses." (Machado de Assis, *Memórias póstumas de Brás Cubas*, p. 249, I.N.L. 1960).
V. pron. 4. a) Apaixonar-se; gostar de, agradar-se; ficar encantado: O conde *namorou-se* da princesa numa festa. / *Namorou-se* da natureza, em criança. ⇨ Nessas acepções usa-se mais *enamorar-se*. b) Manter relações de namoro: "Eles *se namoram*." (Celso Luft) / "...como dois estudantes que *se namorassem*." (Josué Montello, *Enquanto o tempo não passa*, p. 238)

Δ **nano-**. [Do gr. *nánnos*, anão.] *El. de comp.* = 'anão', 'pequenez anômala': *nanismo, nanomelia, nanomélico*. ⇨ Usa-se também como prefixo, em neologismos científicos, diante de uma unidade de medida, para indicar "um bilionésimo de vezes menor" que essa unidade: *nanômetro, nanowatt, nanossegundo*, etc. De *nanômetro* derivam-se *nanotecnologia, nanociência, nanoproduto, etc.*

não. 1. Pode funcionar, sem valor negativo, como partícula de realce: "Quanta angústia *não* passaram os monos quando começaram a ser derrubadas as matas de São Paulo, do Estado do Rio, do Espírito Santo!" (Rubem Braga)
2. Funciona como elemento negativo em palavras compostas: *não agressão, não alinhado, não existência, não intervenção*, etc. ⇨ Neste caso, ligava-se com hífen ao elemento seguinte. (O *Acordo Ortográfico* aboliu o hífen em tais compostos.)
3. Pode ser reforçado por outra palavra de sentido negativo: *Não* disse *nada*. / *Não* vimos *nenhum* guarda na rua. / *Não* apareceu *nenhuma* compradora. Na fala familiar, enfatizamos a negativa com um *não* final: Não sei, *não*. / Não vai, *não*. / Não fique zangada, *não*!

na ocasião. Diz-se: *Na ocasião em que ocorreu o* acidente (ou *na ocasião do acidente*), a cidade estava às escuras.

não dizer á nem bê. Não dizer nada, não pronunciar sequer uma palavra: O guarda chegou, olhou em torno, mas *não disse á nem bê*.

não fora, não fosse. O verbo *ser* deve concordar com o sujeito em frases do tipo: Não *fossem* os conselhos do tio, Márcia teria casado mal. / *Não fossem* as chuvas periódicas, as fontes secariam. / Não *fosse* (ou não *fora*) a perícia do piloto, teríamos perecido todos. / A discussão ter-se-ia encerrado, *não fossem* as palavras impertinentes de um dos vereadores.
É erro grave de concordância usar *não fora* em vez de *não fossem*, como nesta frase de uma escritora: "*Não fora* algumas estrias rosadas nas pregas mais fundas da cortina e ninguém poderia saber de que cor tinha sido aquele veludo." O correto é: *Não fossem* (ou *se não existissem*) algumas estrias rosadas nas pregas mais fundas da cortina...

não há como negar. Veja *não há contê-lo*.

não há contê-lo. O verbo *haver* precedido de *não* e seguido de infinitivo significa 'não ser possível', 'não haver possibilidade ou motivo': "*Não há contê-lo*, então, no ímpeto." (Euclides da Cunha) / "*Não havia descrer* da sinceridade de ambos." (Machado de Assis) / "Mas olha, Tomásia, que *não há fiar* nestas afeiçõezinhas." (Camilo Castelo Branco) / "E *não houve convencê-lo* do contrário." (Viana Moog) / "*Não havia* por que *ficar* ali a recriminar-se." (Érico Veríssimo) / *Não há* como *negar* fatos de meridiana clareza. / "Aos dez anos *não havia dominá-lo*: montava em pelo o primeiro matungo ou potro que encontrava no pasto." (Coelho Neto)

não há dúvida de que. 1. Esta é a construção normal. Ex.: *Não há dúvida de que* a democracia é melhor que a ditadura.
2. Pode-se, porém, omitir a prep. *de* antes do complemento nominal e construir: *Não há dúvida que* a democracia é melhor que a ditadura. / *Não há dúvida que* é preciso modernizar nossos portos. "*Não há dúvida* nenhuma *que*, sob a república atual, as nossas liberdades são incomparavelmente inferiores às que restavam sob a monarquia." (Rui Barbosa, *Cartas de Inglaterra*, p. 171) Veja *duvidar*.

não há quem aguente. Veja *há quem diga.*

não... mais. Veja os verbetes *já* e *mais.*

não me importo com. No sentido de *ligar importância, fazer caso,* pode-se construir o v. *importar* de dois modos: Não *me importo com* críticas. Ou: Não *me importo de* ser criticado. ⇨ É incorreta a construção: Não *me importo que* me critiquem. Veja *importar,* itens 2 e 3.

não saber que fazer. 1. São corretas as construções 'não saber *que* fazer' e 'não saber *o que* fazer': Eu não sabia *que* (ou *o que*) fazer para me livrar dele. / Da mesma forma se diz: "Ana Bernardes Vilar não soube de pronto *o que* responder." (Otávio de Faria, *O senhor do mundo,* p. 175) / Ele não soube *que* (ou *o que*) responder. / "Não sabia *que* dissesse no meio de tão longo silêncio." (Machado de Assis, *Esaú e Jacó,* cap. LII) / "João Capistrano tinha a alma duvidosa, não sabia *o que* dizer." (Autran Dourado, *Um cavalheiro de antigamente,* p. 60) / "Michel estava constrangido, sem saber *que* dizer." (Érico Veríssimo, *O senhor embaixador,* p. 295)
2. Se se empregar um dos pronomes *nada, muito, pouco, mais,* antes do *que,* não terá cabimento o pronome *o*: Não havia *nada que* comer. / Tenho *muito que* fazer. / Havia *pouco que* acrescentar. / Tenho *mais que fazer.* / "O uso da nova técnica teve, sem dúvida, *muito que* ver com os progressos artísticos desse período." (E. Burns, *HCO,* p. 402). (Veja outros exemplos no verbete *mais que fazer.*) O pron. *o* é, portanto, descabido na frase: "Com tudo isso, haverá pouco *o que* reclamar..." (*Globo ciência,* n° 13, p. 59)

não se conseguiu abrir os cofres. O verbo cujo sujeito é uma oração concorda na 3ª pessoa do singular. O sujeito de 'não se conseguiu' é 'abrir os cofres': *Abrir os cofres não se conseguiu.* Portanto, o v. *conseguiu* se mantém no singular: *Não se conseguiu* (e não *Não se conseguiram*) abrir os cofres.
Pela mesma razão se dirá: Não *se pretende* alcançar resultados imediatos. / *Tentou-se* reduzir os gastos. / Não *nos interessa* acumular riquezas. / Não eram muitos os objetos que *faltava* comprar. / São problemas que não *cabe* à Igreja solucionar. / São viáveis as reformas que *se intenta* implantar?

não se dar por achado. Fingir (uma pessoa) que não entende, que não é a ela que alguém se dirige ou que algo lhe é atribuído: Falei-lhe sem rodeios, mas ele *não se deu por achado.* / Os ouvintes *não se deram por achados.* / "Nos primeiros dias de trabalho, os parlamentares *não se deram por achados* com a ideia." (Jorge Caldeira, *Mauá, empresário do Império,* p. 266) ⇨ O adjetivo *achado,* nesta expressão, deve concordar com o sujeito.

não se me dá. Não me importa: "*Não se me dá* que os galicistas torçam o nariz." (Mário Barreto, *Novos estudos,* p. 39) / "Já agora *não se me dá* de confessar que sentia umas tais cócegas de curiosidade por saber onde ficava a origem dos séculos." (Machado de Assis, *Brás Cubas,* p. 120) Este *se me dá* aparece na frase fixa popular: "Tanto se me dá como se me deu", que se usa para expressar pouco caso, indiferença. Veja *pouco se me dá.*

não... senão. Em frases negativas em que *senão* equivale a *mais que, a não ser,* o verbo concorda com o substantivo que se segue a *senão*: Ali *não medrava senão* erva má. / Ali não *medravam senão* ervas más. / Ali *não se viam senão* ruínas. ⇨ O v. *haver,* quando impessoal, fica, normalmente, no singular: Ali *não havia senão* ruínas.
Outros exemplos: "Para os lados do sul e poente, *não se viam senão* edifícios queimados." (Alexandre Herculano, *Lendas e narrativas,* p. 125) / "Não *vieram senão* três passageiros." (*Dicionário brasileiro da língua portuguesa,* Melhoramentos, verbete *senão*) / Do antigo templo grego não *restam senão* ruínas. / Da poderosa esquadra não *sobraram senão* dois navios. / Não *se ouviam senão* gritos de dor. A mesma norma vale para a expressão sinônima *não... mais que*: Daqueles dias de glória *não restam mais que* recordações.
⇨ Há gramáticos que admitem a concordância no singular, por entenderem que se pode subentender a palavra *nada.* Segundo eles, seria correta, por exemplo, a frase: Do antigo templo grego não *resta* (nada) senão ruínas. ⇨ Se a palavra *nada* vier expressa, o verbo concordará com ela no singular: Do antigo templo nada *restou* senão ruínas.

não se tenha dado. Melhor colocação do pronome do que 'não tenha *se* dado': É lamentável que não *se* tenha dado importância ao caso.

não só... mas também. Esta e outras correlações equivalentes, quando enlaçam os núcleos do sujeito, levam o verbo ao plural: / *Não só* o jornal *mas também* a televisão *devem* educar o povo. / *Não apenas* a baía *mas também* o rio *devem* ser despoluídos. / *Não só* o navio *senão também* o mar nos *levam* ao porto. / *Não só* o pai *como também* a mãe *acompanhavam* as crianças. / *Não somente* a alma dos justos *mas também* o corpo *serão* glorificados. / *Tanto* a Igreja *como* o Estado *podem* melhorar a vida do povo. ⇨ Se o sujeito vier depois do verbo, este concordará, de preferência, no singular: *Tanto nos leva* ao porto *o mar como* o navio. / *Deve* usufruir dos rendimentos *não somente* o patrão *mas também* o trabalhador. / A esse cargo *aspirava não só* o marido *como também* a esposa.

não tanto... quanto. Nesta correlação, o segundo termo deve ser *quanto* ou *como*, e não *mas*: Fiz isso *não tanto* por mim *quanto* (e não *mas*) por ele. / Comprou o carro *não tanto* para si mesmo *como* (e não *mas*) para o filho. / Ela usou aquele vestido *não tanto* por conveniência *quanto* (ou *como*) por vaidade. / A solução do problema depende *não tanto* das autoridades *quanto* (ou *como*) da vontade do povo. Tais frases equivalem a: Fiz isso mais por ele do que por mim. / Comprou o carro mais para o filho do que para si mesmo. / Ela usou aquele vestido mais por vaidade do que por conveniência.

não tem dúvida. Frase estereotipada, de cunho popular, equivalente à forma culta *não há dúvida*: Eles são muito competentes, *não tem dúvida*.

não ter do que reclamar. Veja *do que*¹ e *no que*.

não ter nada a ver com. Não estar envolvido em, não ter responsabilidade, culpa ou relação, não ter nada em comum com: O acusado declarou que *não tinha nada a ver com* aquele crime. / *Não temos nada a ver com* o caso. / A palavra inerte *nada tem a ver com* inerme. / Seria um absurdo afirmar que as marés *nada têm a ver com* a Lua. / "...febre de atividade que *nada tem a ver com* a que se inscreve nos termômetros." (Aníbal Machado, *Cadernos de João*, p. 51) / "O homem enlouqueceu, pensei, pois *que tinha a ver o tesouro com* aquilo tudo?" (Clarice Lispector, *Felicidade clandestina*, p. 112)
⇨ Em vez da prep. *a*, pode-se usar a palavra *que* e construir: Não temos *nada que ver com* o caso. / "Isto *não tem nada que ver com* a história." (Vivaldo Coaraci, *91 crônicas escolhidas*, p. 72) / "A Igreja não dá nome aos anjos maus ou demônios, que na concepção cristã *nada têm que ver com* divindades pagãs." (Dom Estêvão Bittencourt, *Pergunte e responderemos*, n° 383, p. 27) / "Um imperador alemão aparece com o nome de Maximiliano, que *nada tem que ver com* os precedentes." (João Ribeiro, *Curiosidades verbais*, p. 128) / "O nosso mundo *nada tinha que ver com o* da outra gente." (Fernando Namora, *Domingo à tarde*, p. 62) / "Ambições de homem *não têm nada que ver com* as complexas, sutis e envolvidas ambições da mulher." (Raquel de Queirós, *O caçador de tatu*, p. 105)
Também se diz, simplesmente, *não ter nada com* ou *nada ter com*: Não temos *nada com* isso. / "Eu *não tenho nada com* o que vai acontecer." (Aníbal Machado, ib., p. 118) / "As duas palavras [*concerto* e *conserto*] *nada têm uma com a outra*, nem quanto ao significado, nem quanto à origem." (Mário Barreto, *Novos estudos*, p. 432) / "A alma é neutra; *nada tem com* o contraste exterior." (Machado de Assis, *Histórias sem data*, Obra completa, II, p. 468, Aguilar, 1962)

não ter nada que fazer. Construção preferível a 'não ter nada *a* fazer'. Ex.: "Fazia um mês que *não tinha nada que fazer* em Boston." (P. Asfora, *Fogo verde*, p. 25) Em lugar de *nada*, usa-se também, com menos ênfase, o pronome *o*: 'O governo não tem *o* que fazer em uma situação como essa." (Luís Marinho, *Folha de S. Paulo*, 31/8/2006) Veja *mais que fazer* e *nada a fazer*.

napalm. [Do ingl. *napalm*, formado artificialmente de *naphthenate,* ácido naftênico, + *palmitāte,* ácido palmítico.] S.m. Explosivo composto de gasolina gelatinizada, benzeno e polietileno, empregado na fabricação de bombas incendiárias: O uso do *napalm* foi condenado pela ONU. Os Estados Unidos o utilizaram na Guerra do Vietnã, na década de 70. ⇨ A terminação *-palm* é estranha à nossa língua. Por que não *napalme* ou *napálmi?* Palavras importadas devem amoldar-se à fonética portuguesa, mesmo em se tratando de termos artificiais.

na proporção de. Proporcionalmente a, na medida de: Cada um contribuía *na proporção de* suas posses. Variantes: *à proporção de, em proporção com*. Veja *na medida de*.

na proporção em que. Expressão correta, equivalente a *tanto quanto*: "Clama-se hoje que os empregos não aumentam *na proporção em que* a população cresce." (Ciro dos Anjos, *A menina do sobrado*, p. 227) ⇨ Não confundir com a locução *à proporção que* (= à medida que).

naquela noite. Veja *domingo, no domingo*.

naquele dia. Veja *domingo, no domingo*.

na quinta-feira. Na linguagem informal, pode-se omitir a contração *na* e dizer: *Quinta-feira* próxima viajarei para a Itália. Veja *domingo, no domingo*.

narcizar-se. 1. Contemplar-se, embevecido de si mesmo, como o jovem Narciso, personagem

da mitologia grega: O pai a surpreendeu *narcizando-se* ao espelho.
2. Encantar-se de si mesmo, desvanecer-se, envaidecer-se. Cognatos: *narciso* (homem muito vaidoso; nome de uma flor), *narcisismo* (admiração excessiva de si mesmo).
Δ **narco-.** [Do gr. *nárke*, torpor.] *El. de comp.* = 'entorpecimento': *narcoanálise, narcolepsia, narcose, narcossíntese, narcoterapia, narcótico* (que produz narcose, substância que produz narcose), *narcotizar, narcotráfico* (tráfico de narcóticos), *narcotraficante*.
narcotizar. *V. t. d.* 1. Aplicar narcótico a, provocar narcose em, entorpecer, anestesiar, paralisar.
2. *Fig.* Insensibilizar: O vício *narcotizou-lhe* a consciência. / Repetidos crimes *narcotizaram-lhe* os sentimentos.
narcotráfico. [De *narcó(tico)* + *tráfico*.] *S.m.* Tráfico de narcóticos: O combate ao *narcotráfico* vem se intensificando.
nariz. Adj. relativo a nariz: *nasal* (meato *nasal*, fossas *nasais*, som *nasal*).
na saída, à saída. As duas formas são corretas: *À saída* (ou *na saída*), o visitante reiterou seus agradecimentos ao padrinho.
nasalizar. [De *nasal* + *-izar*.] *V. t. d.* Tornar ou tornar-se nasal (um fonema); pronunciar com som nasal. Exs.: Pronunciamos a palavra *muito nasalizando* a vogal *u*. A vogal *u* de *muito* (lat. *multu*) se *nasalizou*. Variante: *nasalar*.
nascituro. [Do lat. *nasciturus*.] *Adj.* 1. Que há de nascer, que vai nascer.
|| *S.m.* 2. Aquele que há de nascer: Pela *Lei do Ventre Livre*, assinada pela Princesa Isabel em 1871, os *nascituros*, filhos de escravos, seriam pessoas livres. Ant: *morituro*.
Δ **nasi-, naso-.** [Do lat. *nasus*, nariz.] *El. de comp.* = 'nariz': *nasal, nasícola, nasicórneo, nasobucal, nasofaringe* (= rinofaringe), *nasolabial*.
Natal. Adj. relativo à cidade de Natal: *natalense*. ⇨ *Natalino* é o adj. relativo à festa do Natal.
natural e residente nesta cidade. Frase defensível por sua concisão, mas incorreta, porque se construíram com a mesma preposição dois adjetivos de regência diferente: natural *de*, residente *em*. É recomendável construir a frase desta forma: Fulano de tal, natural desta cidade, onde reside na Rua X... ⇨ A propósito: não confundir *naturalidade* com *nacionalidade*.
nauta, navegação, navegante, marinheiro. Adj. relativo a essas palavras: *náutico*.

navio, marinha de guerra. O adjetivo relativo a essas palavras é *naval*: indústria *naval*, batalha *naval*.
navio-escola. Pl.: *navios-escola* ou (menos recomendável) *navios-escolas*.
Nazaré. Adj. relativo à cidade de Nazaré: *nazareno*.
| O *Nazareno*: Jesus Cristo.
nazi. [Do al. *Nazi*, abrev. de *nationalsozialist*, nacional-socialista.] *Adj. e subst.* Nazista. Pl.: *nazis*. Derivados: *nazi-fascista, nazismo, nazista, nazificar, nazificação*. ⇨ Como *nazi* é adjetivo, *nazi-fascista* é melhor grafia que *nazifascista* (adotada pelo VO da ABL).
Δ **nebula-.** [Do lat. *nebula*, névoa.] *El. de comp.* = 'névoa', 'nuvem', 'vapor': *nebulento, nebuligrama, nebulosa, nebuloso, nebulosidade, nebulizar, nebulização, nebulizador*.
necessita-se de empregadas. Concordância correta. Também é lícito usar o verbo no plural, mas sem a preposição: *Necessitam-se* empregadas domésticas.
necessitar. 1. Ter ou sentir necessidade de, precisar: *Necessito* de tua ajuda. / A ajuda (de) que eu *necessitava* não veio. / Não veio a ajuda (de) que eu *necessitava*. / *Necessito* (de) que me ajudes. / *Necessito* tratar de minha saúde.
2. Exigir, reclamar, requerer: O prédio *necessita* de uma boa reforma. / As plantações *necessitam* de muitos cuidados. / "A arte *necessita* sensibilidade." (Aurélio) / Criança *necessita* de quem a eduque. / "De *norte* conhecemos o nome de país Noruega, que não *necessita* explicação." (João Ribeiro, *Curiosidades verbais*, p. 63) / "Infelizmente o negócio *necessitava* dum capital que ele não possuía." (Miguel Torga, *O senhor Ventura*, p. 117).
⇨ Tanto na acepção 1 como na 2, modernamente o mais usual é preposicionar o complemento de *necessitar* quando é um substantivo ou pronome e não preposicioná-lo quando é uma oração.
3. Passar necessidades, sofrer privações. Nessa acepção é intransitivo: Nossa comunidade assiste os que *necessitam*. / "Vamos jantar. Mandei chamá-lo porque julguei que você *necessitasse*, Padilha." (Graciliano Ramos, *São Bernardo*, p. 43, 8ª ed.)
Δ **necro-.** [Do gr. *nekrós*, morte, morto, cadáver.] *El. de comp.* = 'morte', 'morto', 'cadáver': *necrofobia, necrologia, necrológio, necrópole, necrópsia, necromancia, necromante, necrose, necrosar, necrotério*.

necrópsia. *S.f.* Exame ou perícia médico-legal feita no cadáver para apurar a causa do óbito. Variante prosódica (menos usada): *necropsia.* Veja *autópsia* e *paropsia*.

néctar. [Do gr. *néktar*.] *S.m.* Bebida dos deuses; bebida deliciosa; líquido açucarado segregado pelos nectários das flores. Pl.: *néctares*.

Δ **nefeli-, nefelo-.** [Do gr. *nephéle*, nuvem.] El. de comp. = 'nuvem', 'névoa': *nefelibata, nefelófilo, nefelomancia, nefelometria, nefelômetro*.

Δ **nefr(o)-.** [Do gr. *nephrós*, rim.] El. de comp. = 'rim': *nefralgia, nefrite, nefrectomia, nefrologia, nefrólito* (cálculo renal), etc.

negligenciar. *Ind. pres.*: negligencio, negligencias, negligencia, etc. *Subj. pres.*: negligencie, negligencies, negligencie, negligenciemos, etc.

negociar. *Ind. pres.*: negocio, negocias, negocia, etc. *Subj. pres.*: negocie, negocies, negocie, etc.: "Gente minha não *negocia* com dinheiro de gringo." (Herberto Sales, *Cascalho*, p. 385) / 'Não *negocio* com criminosos', disse-lhes o capitão. / Pressionado pelos credores, magnata *negocia* a venda de empresa. / A família não quer que ele *negocie* com ouro contrabandeado. / É pouco provável que as duas facções rivais deponham as armas e *negociem* a paz.

negro. [Do lat. *niger, nigra, nigrum*.] Superlativo absoluto: *nigérrimo* (forma erudita), *negríssimo* (forma vernácula).

negus. *S.m.* Título que se dava ao soberano da Etiópia (ex-Abissínia). Pl.: *neguses*. ⇨ É palavra oxítona. Pronuncia-se *negús*.

nem. Veja *e nem*.

nem... nem. Concordância. 1. Os núcleos (no singular) do sujeito composto estando unidos por *nem*, o verbo concorda geralmente no plural: *Nem o estado nem o município dispõem* de verbas. / *Nem eu nem meu irmão conseguimos* emprego. / *Nem uma nem outra coisa são boas.* / *Nem a luz nem a sombra lhe agradam.* / "Nem Hazeroth nem Magog *foram eleitos*." (Machado de Assis, *Papéis avulsos*, Obra completa, II, p. 343, Aguilar, 1962) / "Sem esse faro, nem a ciência nem a filosofia lhe *poderão valer*." (Casais Monteiro, *Clareza e mistério da crítica*, p. 44) / "E talvez nem ela nem Antônio o *pudessem* já salvar." (Fernando Namora, *A noite e a madrugada*, p. 15)
2. Em certos casos, principalmente quando o verbo precede o sujeito, é lícita a concordância no singular: *Nem Moscou nem Berlim vão* (ou *vai*) sediar a próxima Olimpíada. / Na estiagem não *secaram* (ou *não secou*) nem um nem outro rio. / Não a *intimida* nem o frio, nem o vento, nem a chuva. / Não os *prejudiquei* eu, nem meu pai, nem qualquer parente meu. / "Na fazenda, atualmente, não *se recusa* trabalho, nem dinheiro, nem nada a ninguém." (Guimarães Rosa) / "... não lhes *faltava* talento nem fortuna." (Machado de Assis, *Esaú e Jacó*, cap. 114) / "Isso prova que às mulheres não *falta* a bravura nem espírito militar ou guerreiro." (Afonso Arinos, *Obra completa*, p. 719) / "Não houve rapaz nem rapariga que não *estreasse* fato [roupa] novo nesse dia memorável." (Gomes de Amorim, *As duas fiandeiras*, p. 65)

nemat(o)-. [Do gr. *nêma, nêmatos*, fio.] El. de comp. = 'fio', 'filamento': *nematologia, nematelminto, nematoide, nematoblasto*.

nem um nem outro. Quanto à concordância, veja *um e outro*.

nem um(a), nenhum(a). 1. A expressão *nem um* equivale a *um só, sequer um*: Não me deram *nem um* real a mais. / Na cisterna não havia *nem uma* gota d'água. / Não lhe sobrava *nem uma* hora para ficar com a família. ⇨ Nessas frases *um(a)* é numeral.
2. O pronome indefinido *nenhum* corresponde a *algum* (posposto ao substantivo): Esta cédula não tem *nenhum* valor. (= ... não tem valor *algum*.) / Não vejo *nenhum* mal nisso. / Nenhum rio para no caminho. / Não tenho *nenhuma* pressa. / *Nenhuma* erva cura esse mal. (= Erva *alguma* cura esse mal.)

neném. *S.m.* Bebê. Variantes: *nenê, nenen*.

nenhum(a) de. Seguido de pronome ou substantivo plural, *nenhum(a)* exige o verbo no singular: *Nenhum* de nós *chegou* lá. / *Nenhuma* das feras nos *atacou*. / *Nenhum* deles *é inocente*. / *Nenhuma* de vocês *assistiu* ao festival? ⇨ Veja *algum de nós*.

nenhum... nenhum. Quando os núcleos do sujeito composto vêm precedidos do pronome indefinido *nenhum(a)*, o verbo fica, de preferência, no singular: Nenhum jornal, nenhuma revista *noticiou* o fato. / "Nenhuma tirania moderna, nenhum teórico da ditadura do proletariado ou do Estado totalitário, *chegou* sequer a vislumbrar a possibilidade desse prodígio de racionalização que conseguiram os padres da Companhia de Jesus em suas missões." (Sérgio Buarque de Holanda, *Raízes do Brasil*, p. 39)

nenúfar. *S.m.* Planta aquática da família das ninfeáceas. Pl.: *nenúfares*.

Δ **neo-.** [Do gr. *néos*, novo.] El. de comp. = 'novo', 'moderno': *neoclassicismo, neofobia, neo-*

colonial, neolatino (língua *neolatina*), *neologismo* (palavra ou expressão nova), *neônio, neorrealismo, neorrepublicano, neoafricano, neo-hebraico, neossocialismo, neozelandês.* ⇨ Une-se com hífen antes da vogal *o* e de *h*.

neologismo. [De *neo-*, novo, + *logo-*, palavra, + *-ismo*.] Palavra ou expressão nova, criação linguística recente; palavra já existente a que se confere significado novo. As criações neológicas são um fato linguístico natural e incoercível na história evolutiva dos idiomas. Novas ideias, novos avanços e conquistas nos múltiplos setores da atividade humana exigem, quase sempre, novas palavras, novas formas de expressão.
No que tange à língua portuguesa, para terem a chancela da gramática, os neologismos devem ser realmente necessários e sujeitar-se aos processos de formação das palavras peculiares ao nosso idioma. Esses critérios serão adotados também para a incorporação de estrangeirismos ao nosso léxico.
Eis alguns dos muitos neologismos incorporados ao português do Brasil nas três últimas décadas do século XX: *aidético, biodiversidade, biônico, bipartidarismo, futevôlei, flexibilização, clonagem, xerox, ecologia, informatizar, fax, insumo, videoteca, terceiro-mundista, televisivo, pivete, narcotráfico*, etc.

néon. [Do gr. *néon*, novo.] *S.m.* Gás raro existente em pequena quantidade na atmosfera, usado em iluminação, em tubos luminescentes. O mesmo que *neônio*. ⇨ A pronúncia vulgar é *neon*.

nepotismo. [Do lat. *nepos, nepotis*, sobrinho, + *-ismo*.] *S.m.* 1. Autoridade excessiva que os sobrinhos ou parentes do papa exerciam na administração eclesiástica.
2. Favoritismo de governantes e políticos a seus parentes e familiares.

Nero. Adj. relativo a Nero, imperador romano (37-68): *neroniano*.

Δ **neso-, -neso.** [Do gr. *nêsos*, ilha.] *El. de comp.* = 'ilha': *nesografia, Peloponeso, Polinésia, Indonésia*, etc.

neste ano. Veja *domingo, no domingo*.

Δ **neuro-.** [Do gr. *néuron*, nervo.] *El. de comp.* = 'nervo': *neurite, neuropatia, neuropata, neurologia, neurologista, neurocirurgião, neurose, neurótico, neurorradiografia*. Há a variante *nevro-*: *nevralgia, nevrálgico*.

neve. Adj. relativo a neve: *níveo, nevoso*.

nhá. *S.f.* Forma reduzida de *sinhá* (= senhora): *nhá Antônia*.

nhô. *S.m.* Forma reduzida de *sinhô* (= senhor): *nhô João*.

nhoque. [Do it. *gnochi*.] *S.m.* Massa alimentícia típica da cozinha italiana. Não existe a forma *inhoque*.

Niágara. Rio da América do Norte, cortado pelas *cataratas* do *Niágara*. Vocábulo proparoxítono.

Nicarágua. Adj. relativo à Nicarágua: *nicaraguense*.

nictação. [Do lat. *nictatine*.] *S.m.* Ato de pestanejar; pestanejo provocado por luz intensa.

Δ **nicto-.** [Do gr. *nyx, nyktós*, noite.] *El. de comp.* = 'noite': *nictalope, nictalopia, nictanto, nictobata* (sonâmbulo), *nictofobia, nictúria*. Veja *nocti-*.

Δ **nidi-.** [Do lat. *nidus*, ninho.] *El. de comp.* = 'ninho': *nidícola, nidificar, nidiforme, nidífugo*.

nidificar. [Do lat. *nidificare*.] *V. i.* Construir o ninho: Os sabiás *nidificam* no final do inverno. / "E Soledade lembrava o beija-flor, que *nidifica*, de preferência, nos pés de urtiga." (José Américo de Almeida, *A bagaceira*, p. 72)

Níger (República do). Adj. relativo à República do Níger: *nigerino*.

Nigéria. Adj. relativo à Nigéria: *nigeriano*.

nigrescência. *S.f.* Coloração negra ou escura da pele; melanismo: "Um e outro [o índio e o negro] atuaram sobre o índice de *nigrescência* das classes inferiores e da plebe dos campos." (Oliveira Viana, *Evolução do povo brasileiro*, p. 167) ⇨ Vocábulo formado com o radical latino de *nigrescere*, 'tornar negro'.

nigérrimo. *Adj.* Superlativo de *negro*★.

nigromancia. *S.f.* Deturpação de *necromancia* (evocação dos mortos para conhecer o futuro; magia negra).

Nilo. Rio da África. Adjetivos relativos ao Nilo: *nilótico, nílico*.

ninguém. 1. O verbo deve concordar com *ninguém*, no singular, em frases como as seguintes, nas quais esse pronome vem seguido de um aposto explicativo: *Ninguém*, nem os adultos nem as crianças, *gostou* da festa. / "Ninguém, nem o rei nem a sua corte fútil e incapaz, *poderia* perceber a importância do Brasil." (João Ribeiro, *História do Brasil*, p. 47)
2. Em construções como "*Ninguém* lhes *obedece*", "Entraram na fazenda sem que *ninguém* os *visse*", a concordância do verbo se faz, normalmente, no singular, com o sujeito *ninguém*. É erro primário usar, em tais casos, o verbo no plural, por influência dos pronomes oblíquos

lhes, os, as. Foi, certamente, devido a essa influência que no livro sobre Chica da Silva a autora levou, erradamente, o verbo ao plural no seguinte passo: "Não era o elo de identificação que os *atraíam*, e sim o prestígio que os agraciados com essa honra adquiriam."

Nínive. Cidade da Assíria, destruída em 612 a.C. É palavra proparoxítona. Adj. relativo a Nínive: *ninivita*.

Δ nipo-. *El. de comp.* = 'japonês', 'nipônico': *nipo-argentino, nipo-brasileiro*. Veja *japonês*.

nirvana. Adj. relativo ao nirvana: *nirvânico*.

nisei, nissei. [Do jap. *nisei*, de *ni sei*, segunda geração.] Filho(a) de pais japoneses nascido(a) na América. Prefira-se *nissei*, que é a forma usual: "A *nissei* paulista estava lá no dia da bomba." (*JB*, 6/8/88)

nível. Veja *a nível de*.

nivelar. [De *nível* + *-ar*.] 1. Pôr no mesmo nível, aplanar, aplainar: Tratores *nivelavam* o terreno. 2. Tornar igual, igualar, colocar no mesmo nível: "A morte *nivela* todos os homens." (Séguier) / É utópico querer *nivelar* as classes sociais. / Não se pode *nivelar* o que a natureza fez desigual. 3. Tornar igual, equiparar: Não podemos deixar que a miséria *nivele* seres humanos aos irracionais. / A degradação moral os *nivelou* aos (ou *com os*) brutos. 4. Igualar-se, equiparar-se, pôr-se no mesmo nível: Com tal atitude, eles *nivelam-se* aos (ou *com os*) cafajestes. / Os dois artistas *se nivelam* em talento e fama.

no(s). Forma que o pronome oblíquo *o(s)* toma quando se junta a um verbo terminado em ditongo nasal: *dão-no* de presente; *põe-no* sobre a mesa; *levam-no* preso; *trazem-nos* de carro. ⇨ O mesmo ocorre com a forma feminina desse pronome: *dão-na, levam-na, trazem-nas*.

Nobel. Palavra oxítona. Pronuncia-se *Nobél*. O cientista sueco Alfred Nobel instituiu, no fim da vida, prêmios para obras literárias, científicas e humanitárias. Os prêmios Nobel começaram a ser conferidos em 1901.

nobilíssimo. *Adj.* Superlativo absoluto de *nobre*. *Nobríssimo* é forma popular.

nocaute. [Do ingl. *knock out*, colocar fora de combate.] *S.m.* 1. Em boxe, a derrota decorrente de golpes que prostram o adversário, impedindo-o de levantar-se do chão do ringue durante dez segundos. || *Adj.* 2. Em estado de inconsciência ou semiconsciência, devido à violência dos golpes recebidos ou ao excesso de bebida ou medicamento: "Uísque ruim bota qualquer pessoa *nocaute*." (Aurélio)

nocautear. *V. t. d.* Derrotar por *nocaute**: O campeão *nocauteou* o desafiante no segundo assalto. / O campeão o *nocauteou* no quinto assalto.

noctâmbulo. [De *nocti-* + *ambulo*.] *Adj.* 1. Que anda de noite, noctívago. 2. Sonâmbulo, nictobata. || *S.m.* 3. Indivíduo noctâmbulo. ⇨ Palavra proparoxítona.

Δ nocti-. [Do lat. *nox, noctis*, noite.] *El. de comp.* = 'noite', 'escuridão': *noctâmbulo, noctígeno, noctívago, noctívolo, noctífero*.

no dia em que... Na linguagem informal, pode-se omitir a prep. *em*, antes do pronome relativo *que*, em certas expressões de tempo: *no dia (em) que, na hora (em) que, no instante (em) que, no momento (em) que, no mês (em) que*, etc. / "No dia *que* prevalecer a tese subserviente e desqualificadora de que, antes de tudo, devemos procurar a paz, deixando a justiça para segundo plano, ter-se-á imposto escandaloso paradeiro ao progresso social e político." (Austregésilo de Ataíde, *Vana Verba*, p. 168) ⇨ Autores clássicos portugueses omitiam frequentemente a preposição. Na linguagem formal, convém usar a preposição: *No dia em que* os homens respeitarem o decálogo, cessarão as guerras e rivalidades. / *No instante em que* o avião aterrissou, respiramos aliviados. / "*No momento em que* a bandeira começou a subir, suspensa no mastro, dez girândolas de foguetes subiram paro o ar." (José Conde, *Terra de Caruaru*, p. 108)

no encalço de. Expressão usada na frase 'ir no encalço de alguém', que significa 'seguir as pistas de alguém', 'perseguir alguém': A polícia foi *no encalço dos* fugitivos. Existe a variante *ao encalço de*: Logo depois que o preso fugiu da prisão, a polícia foi *ao encalço dele*. ⇨ *Encalço* é o ato de *encalçar* (= seguir de perto; perseguir seguindo a pista). O radical de *encalço* e *encalçar* é o lat. *calx, calcis*, 'calcanhar'.

no espelho, ao espelho. Veja *olhar-se*.

no Globo, em O Globo. Veja *de O Globo*.

nó górdio. Expressão que se usa para designar uma grande dificuldade, uma situação muito difícil: "O *nó górdio* da política monetária reside hoje na excessiva dependência dela para segurar o resto da economia." (Carlos de Freitas Gomes, professor da FGV, *JB*, 1º/12/95) |

Cortar o nó górdio. Resolver, mediante decisão enérgica, inesperada, ou violenta, uma situação difícil, uma dificuldade aparentemente insolúvel. ⇨ Referência à façanha de Alexandre, o Grande, rei da Macedônia, que não conseguindo desatar o famoso nó de Górdio (camponês da Frígia), resolutamente o cortou com um golpe de espada. A expressão consagrada é *nó górdio*, em vez de *nó de Górdio* ou *nó gordiano*, que nos parecem mais acertadas.

no-lo, no-la. Combinações do pronome oblíquo *nos* com os pronomes oblíquos *o, a*, sendo *nos* objeto indireto e *o, a* objetos diretos: Desconhecemos o caminho, senhor. Pedimos-lhe que *no-lo* indique. / A existência de Deus, a razão e a natureza *no-la* revelam. / "O coração humano tem seus abismos e às vezes *no-los* mostra com crueza." (Ciro dos Anjos, *Abdias*, p. 48) / "... para que o Brasil perpetue, per *omnia saecula*, como mercado comprador do petróleo, para regalo dos trustes que *no-lo* vendem." (Monteiro Lobato, *O escândalo do petróleo*, p. 69) ⇨ Essas combinações se usam exclusivamente na língua culta, nas modalidades literária e científica.

no mais das vezes. *Loc. adv.* Quase sempre, geralmente: "Só se sabe quem ganhou depois que o jogo acaba. Antes, tudo está sujeito a fatores *no mais das vezes* imprevisíveis." (João Ubaldo Ribeiro, *Política*, 12ª ed., p. 15) ⇨ Variante de *o mais das vezes*.

nomear. Usa-se com o pronome *o(s)* e não *lhe(s)*: Ele conhece os criminosos, mas, por medo, não *os nomeia*. / Os botânicos descobrem novas plantas e *as nomeiam*. / O prefeito *o nomeou* supervisor de obras públicas. / Talvez o governo *o nomeie* para embaixador em Lisboa. / O empresário *o nomeou* como seu secretário particular. / Não é bom que o *nomeemos* nosso procurador. ⇨ Intercala-se *i* nas formas rizotônicas: *nomeio, nomeias, nomeia, nomeiam, nomeie*, etc.

nomes próprios personativos. 1. É tradição, na língua portuguesa, pluralizar os nomes próprios de pessoa, ou os antropônimos, seguindo-se as mesmas regras para a flexão dos substantivos comuns: "Não se fazem *Alexandres* na conquista de praças desarmadas." (Machado de Assis) / "É impossível que os *Monizes* não fugissem de casa assim que principiou o fogo." (Camilo Castelo Branco) / "Há centenas de obscuros *Josés* e *Joões* reverenciados em nomes de ruas." (Moacir Werneck de Castro) / "Os *Ataídes de Azevedo* são, na verdade, encantadores." (Ciro dos Anjos) ⇨ A imprensa infringe frequentemente essa norma.

2. Nomes estrangeiros com terminação estranha à nossa língua, ou se deixam invariáveis, ou se lhes acrescenta um *s* final: Os *Kennedy* (ou os *Kennedys*) notabilizaram-se na política. / "Era o velho continente que principiava a expiar a velha política, desalmada, mercantil e cínica, dos *Napoleões, Metternichs* e *Bismarcks*..." (Rui Barbosa, *Oração aos moços*, p. 62)

3. Grafam-se com inicial minúscula nomes de personagens antigos, reais ou fictícios, que se celebrizaram por seus atributos ou ações. Tais nomes passaram de próprios a comuns e seu emprego constitui uma figura de linguagem chamada *metonímia*. Exemplos: Fulano traiu seu melhor amigo, é um *judas*. / Bom seria se algum *mecenas* custeasse a restauração dessas obras de arte. / Sua vida fútil de *dom-joão* não podia terminar bem. / Só um *hércules* pode remover aquela pedra. / Alguns *zoilos* encontraram defeitos na obra recém-publicada do poeta. / "Nunca houve tamanho massacre de inocentes como neste tempo de muitos *herodes*." (Gustavo Corção, *A descoberta do outro*, p. 173).

Δ **nomo-, -nomo.** [Do gr. *nómos*, costume, uso, lei, norma.] *El. de comp.* = 'lei', 'regra': *nomologia, gastrônomo, metrônomo, autônomo, econômo*. Em *agrônomo, astrônomo* e *gastrônomo*, a ideia transmitida pelo radical *-nomo* é de 'especialista', 'conhecedor', 'perito'.

no momento em que. Veja *no dia em que*.

nongentésimo. Numeral ordinal correspondente a novecentos. Forma variante: *noningentésimo*.

no peito, ao peito. Diga-se, de preferência: trazer uma cruz *ao peito* em vez de *no peito*; ostentar um colar de pérolas *ao pescoço* em vez de *no pescoço*. A rigor, *no peito* significa *dentro do peito*: sentir uma dor *no peito*. Veja o verbete *ao pescoço*, no qual se dão mais informações acerca da expressão *ao peito* e outras similares.

no que, o em que. Em geral se prefere a primeira forma, por ser mais eufônica: Vejam *no que* deu sua fanfarrice. (Melhor que "Vejam *o em que* deu sua fanfarrice".) / "*No que* Pedro Américo acreditou foi nas leis da perspectiva, na boa movimentação das figuras." (Agripino Grieco, *O sol dos mortos*, p. 191). / "É *no que* degeneram, entre nós, as polêmicas gramaticais." (Mário Barreto, *Últimos estudos*, p. 131) / "Cada qual nutre a esperança de trazê-lo pelo cabresto. *No que se enganam redondamente*." (Ciro dos Anjos, *Montanha*, p. 62) / "*No que* as instruções se dilatavam era na questão do bispo de Viseu." (Alexandre Herculano, *apud* Mário Barreto, *Através do dicionário e da gramática*, p. 271) / "*No que* eu talvez me iluda é em presumir que a minha admiração deva ser epidêmica." (Camilo Castelo Branco, *Serões de São Miguel de Seide*, I, p. 37) Veja o verbete *do que*.

norte. Grafa-se com inicial minúscula quando designa o ponto cardeal que se opõe a *sul* e com inicial maiúscula quando se refere à região Norte: Levantou o braço e apontou o *norte*. / Eles são do *Norte*, são paraenses. ⇨ Adjetivos relacionados com norte: *setentrional* (região *setentrional*), *boreal* (aurora *boreal*).

nortear. [De *norte* + -*ar*.] Dirigir, guiar, orientar. 1. Usa-se com objeto direto, que pode vir acompanhado de um adjunto adverbial: Os princípios morais devem *nortear* a conduta humana em todas as situações. / Essas as normas que devem *norteá-lo* (em sua vida). / Os pastores da Igreja *norteiam* sua doutrinação pelos ensinamentos do Papa. / O pai *a norteou* cedo para a carreira diplomática.
Pron. 2. *Norteava-se* frequentemente pela opinião da esposa. / *Norteio-me* pela luz do Evangelho. / *Norteemo-nos* pelos ditames da consciência e da razão.

nos *(pronome pessoal)*. Suprime-se, por eufonia, o *s* final da 1ª pessoa do plural dos verbos pronominais, seguida do pronome oblíquo *nos*: *Divertimo-nos* muito. / *Lançamo-nos* à água. / *Entristecemo-nos* com a notícia. / *Contentemo-nos* com o que possuímos. / *Afastamo-nos* rapidamente do local. / *Fingíamo-nos* de tolos. ⇨ Com o pronome oblíquo *lhe* (*s*), não se elimina o *s* final do verbo: *Dissemos-lhe* que era tarde. / *Pedimos-lhes* que ficassem conosco. / *Contemos-lhe* o que aconteceu. / *Entregamos-lhes* as fotos. Veja *firmamo-nos*.

Δ **noso-.** [Do gr. *nósos*, doença.] *El. de comp*. = 'doença': *nosocômio, nosofobia, nosófobo*. Existe, em raras palavras, a variante -*nose*: *fitonose, zoonose*.

Δ **nosto-.** [Do gr. *nóstos*, retorno, volta.] *El. de comp*. = 'retorno', 'regresso': *nostalgia* (melancolia produzida pelo desejo de retornar à pátria; saudade), *nostálgico*.

notabilíssimo. *Adj*. Superlativo de *notável*.

notificar. Dar conhecimento a, fazer ciente, comunicar através de notificação, comunicar judicialmente. Regências:
1. Notificar alguém: A secretaria do clube *notificou* os sócios inadimplentes. / Ela *notificou-os*. / Os inquilinos inadimplentes *foram notificados*. / *Notificaram-se* as empresas em débito com a Receita Federal.
2. Notificar alguma coisa a alguém: O corretor *notificou* ao segurado o vencimento da apólice. / Ele *notificou-lhe* o vencimento da apólice.
3. Notificar alguém de algo: O Juiz *notificou-os* da sentença condenatória.

Nova Déli. Capital da Índia. *Déli* é a forma usada em Portugal e recomendada pelos gramáticos brasileiros: "Só na capital foram registrados ontem 16 novos casos da doença, elevando para 18 o total em *Nova Déli*." (*JB*, 29/9/94) / "Instalei-me em *Nova Déli*, num hotel pequeno e agradável." (Olga Savary, *Vislumbres da Índia*, p. 21, trad.) ⇨ Não se recomenda a forma *Délhi* (do ingl. *New Delhi*).

novel. *Adj*. Novo, principiante, novato; inexperiente. É palavra oxítona: *novel* (vél). Plural: *novéis*.

novelesco. *Adj*. Próprio de novela, romanesco, relativo a novela.

nuança. [Do fr. *nuance*.] *S.f*. l. Cada uma das diversas gradações de uma cor: Fiquei admirando as delicadas *nuanças* do verde das folhas.
2. Diferença sutil: as *nuanças* do estilo; as *nuanças* do significado de palavras sinônimas.
3. Grau de intensidade e doçura que convém dar aos sons: as *nuanças* da voz; as *nuanças* de uma melodia. ⇨ Prefira-se a forma aportuguesada à forma francesa *nuance*. Aliás, uma e outra podem ser substituídas pelos sinônimos vernáculos: *cambiante, tom, entretom, tonalidade, matiz, gradação*. Ex.: "Mas a terra é verde; e a vista repousa-se nela, e não se cansa na variedade infinita de seus *matizes* tão suaves." (Almeida Garrett, *Viagens na minha terra*, p. 177)

núbil. *Adj*. Que está em idade de casar, casadouro: *filha núbil*. É palavra paroxítona.

Δ **nuci-.** [Do lat. *nux, nucis*, noz.] *El. de comp*. = 'noz': *nuciforme, nucífrago* (que quebra nozes), *nucívoro* (que se alimenta de nozes).

nucleico. *Adj*. A pronúncia dada como correta é com a vogal tônica aberta, mas a que prepondera entre os biólogos é *nucléico*, com som fechado. Em trabalhos e obras científicas, prefira-se a pronúncia *-éico* nesta e em outras palavras eruditas: *nucleico, diarreico, epopeico, orfeico, piorreico, proteico, seborreico*, etc.

nucular. *Adj*. Relativo a noz; que encerra uma noz. Veja *nuci-*.

Δ **nudi-, nudo-.** [Do lat. *nudus, nudi*, nu.] *El. de comp.* = 'nu', 'despido': *nudicaule, nudismo, nudista, nudípede, nudofobia, nudomania, nudomaníaco.*

num, em um. É indiferente o uso de uma ou de outra forma: Mora *num* (ou *em um*) sítio pitoresco. / Entrou *numa* (ou *em uma*) joalheria. ⇨ As contrações *num* e *numa* são preferíveis, por mais eufônicas. Comparem-se com *nele, nela, neste, nesta, nesse, nessa, naquele, naquela, nisto, nisso,* em que a contração é obrigatória.

numerais. *Concordância.* 1. Concordância do verbo com *milhão* e *bilhão*. Veja *milhão*.

2. ***Numerais fracionários.*** A concordância do verbo efetua-se, em regra, com o numerador: *Um terço* dos trabalhadores *ganha* um salário mínimo. / *Dois terços* da população *vivem* nas cidades.

Todavia, parece-nos lícito usar o verbo no plural, quando o número fracionário, seguido de substantivo plural, tem o numerador *um*: *Um quinto* dos homens *eram* de cor escura.

3. ***Concordância com percentuais.*** I) O verbo concorda com o número expresso na porcentagem: Só *1%* dos eleitores não *compareceu* às urnas. / Cerca de *90%* das crianças *foram vacinadas*. / Foram destinados à educação só *2%* da receita. / Na enchente, *30%* da fazenda *ficaram alagados*. / "Setenta e cinco por cento da população carioca *moram* nas zonas Centro e Norte, no Rio esquecido." (João Antônio, *Jornal do Brasil*, 15/9/2001) / "Um por cento das crianças americanas *é vítima* do comércio sexual." (*Veja*, 19/9/2001) / "Só *15%* do esgoto do Rio *são tratados* após sete anos de obras." (*O Globo*, 12/5/2002) / "Cerca de *70%* do ecossistema *foram degradados* e até *40% correm* risco de virar deserto e aumentar a miséria do sertão." (Ana Lúcia Azevedo, *O Globo*, 3/8/2003) / "Quarenta e nove por cento da população *condenavam* a política econômica." (Fernando Sabino, *Zélia, uma paixão*, p. 202) / "Godofredo Simas punha nas bancas o quinzenário *França Eterna*, no qual *50%* do conteúdo *procedem* do Grande Larousse." (Marques Rebelo, *A guerra está em nós*, p. 148). ⇨ Há quem admita a concordância do verbo no singular, quando o singular é o substantivo especificador que se segue à porcentagem: Naquele tempo, *90%* do café *vinha* do estado de São Paulo. Não aconselhamos tal concordância.

II) A concordância se fará obrigatoriamente no plural: a) quando o verbo precede a porcentagem: *Perderam-se* 10% da colheita. / "Na verdade, é no Brasil que *se consomem* 90% da madeira colhida na região amazônica." (*Veja*, 22/8/2001, p. 79) / *Ficaram grávidas* 1% das mulheres. b) quando a expressão referente à porcentagem vier antes desta: Dessa imensa mata nativa, 80% *foram destruídos*. c) quando o número percentual vier antecedido de adjunto determinativo, como *esses, restantes, outros,* etc.: *Os restantes 40%* da dívida *serão pagos* em parcelas mensais. / *Esses 5%* do dinheiro arrecadado *se destinam* a orfanatos.

4. Os numerais flexíveis em gênero concordam com o substantivo a que se referem: Venderam-se *duzentas e duas* caixas de laranjas. / Inventou *seiscentas* razões para não ir. / Plantaram-se *duas mil* mudas de ipê. / Compraram-se *quinhentas mil* toneladas de grãos.

Pela lógica, deve-se dizer: "*Oitenta e duas* por cento das mulheres trabalham fora de casa." / *Trinta e uma* por cento das crianças não frequentavam a escola." Isto é: *oitenta e duas* mulheres entre cem; *trinta e uma* crianças entre cem.

5. Numerais substantivados terminados por fonema vocálico formam o plural como os substantivos: dois *uns*, quatro *setes*, prova dos *noves* fora, dois *cens*. Ficam invariáveis os que finalizam por fonema consonantal: No teste, João tirou quatro *seis* e dois *dez*.

numerais. *Leitura e escrita.* Intercala-se a conjunção *e* entre as centenas e as dezenas e entre estas e as unidades: 2.662.385 frutas = dois milhões seiscentas *e* sessenta *e* duas mil trezentas *e* oitenta *e* cinco frutas. Pelos exemplos que seguem, pode-se entender quando cabe a conjunção *e* entre a classe dos milhares e a das unidades: 2.325 reais (dois mil trezentos *e* vinte e cinco reais); 2.800 reais (dois mil *e* oitocentos reais); 5.010 reais (cinco mil *e* dez reais); 8.005 reais (oito mil *e* cinco reais). Numerais ordinais, quando escritos por extenso, dispensam o hífen: *décimo quinto, vigésimo segundo*, etc. ⇨ Na escrita dos números por extenso não se usam vírgulas. Frequentemente lemos em jornais frases como estas: "Os *1,1 milhão* de servidores civis da

União vão receber a primeira cota do reajuste salarial." / "Boa parte *dos 1,2 bilhão* de chineses ouviu o presidente americano falar sobre direitos humanos." O numeral *um* não admite artigo. Soam mal esses *os 1,1 milhão, dos 1,2 bilhão*. Diga-se: Os servidores civis da União, cerca de 1 milhão e 100 mil, vão receber..." / "Boa parte de 1 bilhão e 200 milhões de chineses ouviu..."

número de moças. Em frases como as seguintes, o verbo da oração adjetiva deve concordar com o substantivo que se segue à palavra *número*: O número de *moças* que *se inscreveram* no concurso foi maior do que esperávamos. / É impressionante o número de *pessoas* que *se deixam* enganar. / O número de *soldados* que *guardam* as nossas fronteiras deverá aumentar. ⇨ O verbo da oração principal fica no singular, concordando com o subst. *número*. Veja o verbete *a quantidade de*, no qual tratamos de idêntico caso de concordância.

número tantos. Usa-se *tantos*, e não *tanto*, em frases em que não se informa o número da rua: Disse-me que morava na Rua Tefé, *número tantos*. / "Não hesitou em achá-lo gracioso e interessante e dizer-lhe que tinha uma casa às suas ordens, na Praia de Botafogo, *número tantos*." (Machado de Assis, *Quincas Borba*, cap. XLII)

númida. Da Numídia, natural da Numídia (região da África antiga, entre Cartago e a Mauritânia). Os *númidas* eram aliados de Cartago. É palavra proparoxítona.

nunca jamais. Não é redundância censurável, mas uma negativa enfática, frequente em escritores clássicos.

nuper-. [Do lat. *nuper*, recentemente, há pouco.] *Pref.* 'Recentemente': *nuperfalecido, nuperpublicado*. Pronuncia-se *núper* e, como *hiper-, inter-* e *super-*, não se acentua. Como esses prefixos, só deve ser hifenizado diante de *h* e *r*.

nuvem. Aparece em várias expressões, entre as quais *em branca nuvem*, que significa: 1. Sem sofrimento, cercado de conforto: "Quem passou pela vida *em branca nuvem*, / e em plácido repouso adormeceu, / quem não sentiu o frio da desgraça, / quem passou pela vida e não sofreu, / foi espectro de homem, não foi homem, / só passou pela vida, não viveu!" (Francisco Otaviano de Almeida Rosa, *apud* Xavier Pinheiro, *Francisco Otaviano*, p. 170, Rio, 1925)
2. Despercebido, sem ser notado: "O seu aniversário decorreu *em branca nuvem*." (Aurélio)
3. Em mansa rotina: "Tudo era [em Cabo Frio] a mesma coisa de sempre. As pessoas passando pela vida *em branca nuvem*." (Herberto Sales, *Rebanho do ódio*, p. 244) Variante: *em brancas nuvens*.

O

o *(pronome demonstrativo)*. Pode representar um termo da frase ou a frase toda: A obra era difícil, ele próprio *o* sabia [*o* = que a obra era difícil]. / Se existiu ali uma fonte, pouca coisa *o* indica [*o indica* = indica isso]. / Uma equipe só é boa se seus componentes também *o* forem [*o* = bons]. / Elas desfilavam uma a uma e *o* faziam com muita graça. / Os que ainda não se inscreveram podem fazê-*lo* até o final do mês. / "O jornal informa e *o* faz corretamente, afirmava, vitorioso, o editorial." (Jorge Amado, *O sumiço da santa*, p. 317) / "Como era mesmo a cara da doida, poucos poderiam dizê-*lo*." (Carlos Drummond de Andrade, *Obra completa*, p. 438) / "Como irá o marechal Hermes corrigir a desigualdade territorial dos nossos estados? Imaginai, se *o* podeis." (Rui Barbosa, apud Mário Barreto, *Novos estudos*, p. 153) Veja *fazer* (*verbo vicário*).

ó, oh. 1. Grafa-se *ó* antes de um vocativo, para chamar, interpelar, invocar: "Ó Gondim, eu precisava falar com você." (Graciliano Ramos) / "Deus! ó Deus! onde estás que não respondes?" (Castro Alves)
2. Escreve-se *oh!* quando se trata de interjeição, usada para exprimir alegria, tristeza, lástima, surpresa, repulsa, admiração, etc.: Oh! que linda paisagem / Oh! como as horas felizes passam rápidas! / Oh! que homem grosseiro!

o ano passado. Pode-se usar esta expressão de tempo, e semelhantes, sem a preposição: A editora publicou, *o* (ou *no*) *ano passado*, mais de vinte novos livros. / "*A noite passada* os gatunos entraram na loja do comerciante Agostinho Bento Pereira." (Mário Barreto, *Últimos estudos*, p. 122) / Permaneci lá (*durante*) três semanas. ⇨ Veja o verbete *domingo*.

oásis. Adj. relativo a oásis: *oasiano, oásico*.

obcecado. [Part. de *obcecar*.] Adj. 1. Obscurecido, cego (o espírito): alma *obcecada*.
2. Contumaz no erro: contraventor *obcecado*.
3. Teimoso, obstinado: *obcecado* defensor do comunismo.

obcecar. [Do lat. *obcaecare*, cegar.] V. t. d. Cegar espiritualmente, desvairar, obscurecer (o espírito, a consciência): As paixões *obcecaram-no*. ⇨ Regência direta (pronome *o* e não *lhe*): A ambição *obceca* o homem. / A ambição *obceca-o*. / Essa ideia *a obcecou* de tal modo que não pensa em outra coisa.

obedecer. Usa-se com objeto indireto (prep. *a*): Obedeça *ao* mestre. / Obedeça-*lhe*. / Obedeça *à* sinalização. / Os corpos *obedecem* à lei da gravidade. / Não se deve *obedecer aos* impulsos cegos do coração. / Convém *obedecer aos* preceitos da civilidade. / As refeições *obedeciam a* rigoroso horário. / Quem *obedece às* normas do trânsito evita acidentes. / Fiquei olhando a bela casa, cuja arquitetura *obedecia ao* estilo inglês. / Que homem é esse, *ao qual* até os ventos *obedeçam*? / Admiramos o nosso líder e *lhe obedecemos em* tudo. / "Os emboabas *obedeciam ao* soberano e a seus ministros..." (Ana Miranda, *O retrato do rei*, p. 247) / "Acreditara *ter obedecido* fielmente *às* instruções do Conselho." (Murilo Rubião, *O pirotécnico Zacarias*, p. 39) / "Os co-

queiros eram senhores *a que* os trabalhadores *obedeciam*." (Lêdo Ivo, *O caminho sem aventura*, p. 27) Em bons escritores modernos, aparece construído com objeto direto: "Eu devia *obedecer minha mãe* em tudo." (José J. Veiga) Todavia, na linguagem culta formal, recomenda-se a regência indireta, que se aplica também ao antônimo *desobedecer*★.
Embora transitivo indireto, admite a forma passiva: Os pais *eram obedecidos* pelos filhos. / As leis de Deus *são obedecidas*? / As ordens dele não *foram obedecidas*.

obeso. [Do lat. *obesus*, gordo, repleto, intumescido.] *Adj.* Gordo, barrigudo. ⇨ A pronúncia correta, porém pouco seguida no Brasil, é *obéso*, com o *e* aberto. A pronúncia *obêso* deve-se provavelmente à influência de outras palavras, em sua maioria com o *e* tônico fechado: *aceso*, *indefeso*, *peso*, *preso*, *surpreso*, etc. Cognatos: *obesidade*, *obesífugo* (que faz desaparecer a obesidade), *obesígeno* (que causa obesidade).

óbice. [Do lat. *obex*, *obicis*, obstáculo.] *S.m.* Obstáculo, empecilho. ⇨ É palavra proparoxítona, como indica o acento gráfico.

Óbidos. Adj. relativo à cidade de Óbidos, tanto a de Portugal como a do Pará: *obidense*.

objeção. *S.f.* Réplica, oposição, contestação. ⇨ Distinga-se de *abjeção*, vileza, baixeza, degradação, aviltamento.

objetar. [Do lat. *objectare*.] Fazer objeção, contrapor um argumento a outro, alegar contradizendo; opor-se: Insistiu que tentasse a sorte na loteria. *Objetei-lhe* que eu não tinha sorte. / *Objetou* ao delegado que ele nunca esteve no local do crime. / Aos que eram a favor da privatização das empresas estatais ele *objetava* com solércia que estas eram o patrimônio do povo. / "*Objetei-lhe* com a escassez de recursos." (Celso Luft) / "Ninguém *objetaria* à entrada ou à saída de ninguém." (Paulo Mendes Campos, *Anjo bêbado*, p. 80)

objetivar. [De *objetivo* + *-ar*.] *V. t. d.* Ter por objetivo, visar: A lei *objetivava* a melhoria de vida da classe pobre. / Nossa campanha *objetiva* angariar donativos para obras assistenciais. / Sabemos o que ele está *objetivando* com essa manobra.

objeto direto de pessoa. 1. Uma das características dos verbos transitivos diretos é a de poderem receber, como complemento, os pronomes pessoais oblíquos *o*, *a*, *os*, *as*: A polícia perseguiu o ladrão e *o prendeu*. / O professor chamou a aluna e *a felicitou*. Seria erro grosseiro dizer ou escrever *lhe prendeu*, *lhe felicitou*, nessas frases.
2. Eis alguns dos muitos verbos transitivos diretos que se constroem com os pronomes *o(s)*, *a(s)*, objetos diretos de pessoa: abençoar, aborrecer, admirar, amar, animar, atraiçoar, aturar, autorizar, beneficiar, chamar (alguém *o* está chamando), conhecer, contrariar, convidar, decepcionar, desacatar, denunciar, desgostar, desinteressar, desmoralizar, desorientar, desprezar, deter, dignificar, divertir, enganar, entreter, entristecer, esperar, estimar, felicitar, gratificar, homenagear, hostilizar, humilhar, igualar, iludir, importunar, incomodar, intimidar, invejar, irritar, isentar, ludibriar, magoar, obrigar, orientar, penalizar, persuadir, prejudicar, preocupar, presentear, prezar, procurar, proteger, provocar, reconhecer, repreender, respeitar, responsabilizar, saudar, socorrer, superar, surpreender, sustentar, trair, transtornar, ultrajar, ultrapassar, visitar, vitimar. Exemplos: Deus *o* (e não *lhe*) abençoe. / O vento *a* (e não *lhe*) *incomoda*? / Nós *o* (e não *lhe*) *admiramos* muito. / Tudo faziam para *diverti-lo*.
3. São poucos os verbos transitivos diretos e indiretos que se constroem com objeto direto de pessoa. Eis alguns exemplos.: Ela *apresentou o namorado* ao pai. Ela *o apresentou* ao pai. / *Preferiu-o* a pretendentes mais ricos. / *Ensine--os* a ler. / *Aconselho-as* a ler bons livros. / Sua intuição *preveniu-a* de uma desgraça. / A prática *o familiarizou* com o computador. / Devo *preveni-lo* de que essa profissão exige sacrifícios. / *Informo-a* de que adiei a viagem.
4. Na fala popular brasileira, é comum trocar o pronome *o* (ou *a*) pelo *lhe*, erro que ocorre com frequência até mesmo na expressão escrita. Por isso, é bom lembrar que são muito poucos os verbos transitivos indiretos que requerem o pronome *lhe*. Em geral, são verbos que exigem a preposição *a*: agradecer a alguém / *agradecer-lhe*; obedecer ou desobedecer a alguém / *obedecer-lhe*, *desobedecer-lhe*; perdoar a alguém / *perdoar-lhe*; pagar a alguém / *pagar-lhe*; suceder a alguém / *suceder-lhe*; resistir a alguém / *resistir-lhe*. Veja os verbetes *verbo* e *lhe*.

objeto direto preposicionado. Em certos casos, o objeto direto, ou seja, o complemento de verbos transitivos diretos, vem precedido da preposição *a*. Isto ocorre sobretudo:
1. Quando o objeto direto é um pronome pessoal tônico: Deste modo, prejudicas *a ti* e *a ela*.

/ A madrasta hostilizava tanto *a mim* quanto *a eles*. / Percebi que ela amava mais *a si* própria do que *a nós*. / "Nos meus sonhos se diz que só ao Pai obedeço e só *a Ele* servirei." (Luís Jardim, Proezas do Menino Jesus, p. 70) / "Faz--nos passar por monstros literários, inacessíveis, que só admitem em seu círculo *a ele*, Glicério." (Ciro dos Anjos, O amanuense Belmiro, p. 41) / "O marido era rico, e ela sem escrúpulo arruiná-lo-ia, *a ele* e ao papá Monforte." (Eça de Queirós, Os Maias, I, p. 47) / "Não consigo atinar com os motivos que o levaram *a ele*, homem de bom gosto e comprovado protetor dos animais, a incluí-la numa autobiografia resumida." (Viana Moog, Em busca de Lincoln, p. 151) / "Ada me olhava, e eu *a ela*, como se não nos conhecêssemos." (Rubem Fonseca, A grande arte, p. 94)
2. Com nomes próprios ou comuns, designativos de pessoas, a bem da ênfase ou da harmonia da frase: Judas traiu *a Cristo*. / Amemos *a Deus* sobre todas as coisas. / "Diabolicamente, o dinheiro atrai *a pequenos e grandes*." (Ciro dos Anjos, Montanha, p. 383) / "Um inglês trata cem vezes pior um criado branco e seu igual do que nós *a um dos nossos escravos*." (A.J. Melo Morais, apud Alfredo Bosi, Dialética da colonização, p. 210)
3. Quando é preciso assegurar a clareza da frase, evitando que o objeto direto seja tomado como sujeito. Exemplos: Convence, enfim, *ao pai* o filho amado. / *A qual* delas iria homenagear o cavaleiro? / "Encontrou-a e *ao marido* na fazenda das Lajes." (Ciro dos Anjos) / "Olhou o especialista como *a um irmão*." (José Fonseca Fernandes) / "*A inimigo* não se poupa." (Viana Moog)
4. Em expressões de reciprocidade, para garantir a clareza e a eufonia da frase: Na repartição, sobravam funcionários, e uns atrapalhavam *aos outros*. / Os cãezinhos rolavam no chão e mordiam-se uns *aos outros*. / "As companheiras convidavam-se umas *às outras*." (Helena Silveira) / "O bonito é que os parceiros do barão acusaram-se *uns aos outros* de terem ido contra as palavras deste." (Machado de Assis, Trinta melhores contos, p. 351)
5. Com certos pronomes indefinidos, especialmente os referentes a pessoas: Se todos são teus irmãos, por que amas *a uns* e odeias *a outros*? / *A quantos* a vida ilude! / Cumprimentou *a todos*. / Era tímido e calado, não interrogava *a ninguém*. / "*A tudo e a todos* eu culpo." (Aníbal Machado) / "Na Amazônia a natureza *a todos* até agora tem implacavelmente derrotado." (Viana Moog, Bandeirantes e pioneiros, p. 63)
6. Em construções enfáticas, nas quais se antecipa o objeto direto para dar-lhe realce: *A você* ninguém leva a sério. / *A médico, confessor e letrado* nunca enganes. / *Àquele gordo e fleumático senhor* as convenções sociais não atrapalhavam. / "*A mim* Betinho nem sequer cumprimentava." (Ciro dos Anjos, A menina do sobrado, p. 210)
Ocorre também objeto direto preposicionado em certas construções enfáticas, como puxar *da espada*, pegar *da agulha*, cumprir *com o dever*, atirar *com os livros sobre a mesa*, etc.: Puxou *da espada*, pronto para defender-se. / Peguei *da caneta* e anotei a placa do carro. / Chegou exausto e abatido, atirou *com a maleta* sobre a mesa. / Importa que cada um cumpra *com suas obrigações*.
Registre-se, finalmente, o caso em que o objeto direto preposicionado é constituído por uma oração: Veja *a que situação chegamos*! / Perguntei-lhe *a quem pertenciam aquelas terras*. / A perícia constatou *de onde partiram os tiros*. / Não sei *de quem ela gosta mais*. ⇨ Em tais construções a preposição é gramaticalmente necessária, por ser exigida pelo verbo da oração objetiva: chegar a uma situação; pertencer a alguém; partir de um lugar; gostar de alguém.
objeto direto enfático. Por ênfase ou realce, é lícito repetir o objeto direto por meio de um pronome oblíquo, ou do pronome demonstrativo *o*, quando o objeto direto é oracional: O bem, muitos *o* louvam, mas poucos *o* praticam. / As armas, eles *as* compram de países ricos. / Ainda *as* conservo frescas na memória aquelas palavras consoladoras. / "As igrejas estão fechadas; os sinos já não há quem *os* toque." (Alexandre Herculano, Lendas e narrativas, p. 262) / "*A* esses não creio que *os* pudesse inflamar muito." (Almeida Garrett) / "*A nós* também *nos* rechearam de angústia." (Carlos Drummond de Andrade) / Se o mundo é justo, não *o* direi eu. (Camilo Castelo Branco, O bem e o mal, p. 73) / Como a polícia descobriu o cativeiro do refém não *o* diz o jornal. / Que tarefa é difícil ninguém *o* contesta. / "Minha versatilidade *a mim próprio me* deixa atônito." (Ciro dos Anjos, Abdias, p. 32) ⇨ O objeto direto enfático, convém observar, geralmente antecede o verbo.

objeto direto interno. É o complemento constituído por substantivo cognato do verbo ou da esfera semântica deste: "*Morrerás morte vil* da mão de um forte." (Gonçalves Dias) / "Continua *pecando* os seus *pecadinhos* veniais..." (Raquel de Queirós) / "Os olhos pestanejavam e *choravam lágrimas* quentes, que eu enxugava na manga." (Graciliano Ramos, *Angústia*, p. 195) / "Tinha a testa enrugada, como quem *vivera vida* de contínuo pensar." (Alexandre Herculano, *Lendas e narrativas*, p. 162) / "Ao cabo, parecia-me *jogar um jogo* perigoso." (Machado de Assis, *Brás Cubas*, p. 255) / "E *dançavam uma dança* tão alegre que quase estourei de riso." (Idem, *Obra completa*, I, p. 146) ⇨ O substantivo que forma esse tipo de objeto direto deve vir acompanhado de adjetivo ou locução adjetiva.

objeto indireto enfático. À semelhança do objeto direto, o objeto indireto pode ser repetido ou reforçado, por ênfase ou realce: "Que *me* importa *a mim* a glória?" (Alexandre Herculano, *Eurico*, p. 69) / "Muito *lhe* será perdoado, *à tevê*, pela sua ajuda aos doentes, aos velhos, aos solitários." (Rubem Braga) / "Ficava-*lhe* bem, *ao Prudente*, a Rua da Candelária." (Id., *As boas coisas da vida*, p. 87) / "*A mim* o que *me* deu foi pena." (Ribeiro Couto) / "*Aos fidalgos doentes era-lhes* permitido vir curar-se à cidade." (Camilo Castelo Branco, *Mosaico*, p. 47)

oblação. [Do lat. *oblatio, oblationis*, oferta, sacrifício.] *S.f.* Oferenda feita a Deus ou aos santos; oferta, oferecimento. Parônimo de *ablação*★ e *ablução*.

obliquar. [Do lat. *obliquare*, enviesar.] *V.i.* 1. Caminhar ou seguir obliquamente, de viés, de través: Antes de afundar, o bote *obliquou*, à deriva. 2. Proceder dissimuladamente: "Espero que não *oblique* como da outra vez." (Celso Luft) *Pron.* 3. Tornar-se oblíquo, enviesar-se: Filetes d'água caíam dos beirais e *obliquavam-se* ao sopro frio do vento. / "Fora do combate, o olhar murcha, *obliqua-se* desconfiado, não fita, nunca insiste, o rosto abranda-se." (Gustavo Barroso, *Terra de sol*, p. 144)
Conjuga-se regularmente. *Ind. pres.*: obli*quo*, obli*quas*, obli*qua*, obliquamos, obliquais, obli*quam*. *Subj. pres.*: oblique, obliques, oblique, obliquemos, obliqueis, obli*quem*. ⇨ Os grifos indicam as sílabas tônicas.

obliterar. [Do lat. *oblitterare*, apagar, fazer esquecer.] *V.t.d.* Fazer desaparecer, ou esquecer, apagar, expungir: A ação do tempo *obliterou* a escrita. / "O tempo caleja a sensibilidade e *oblitera* a memória de cousas." (Machado de Assis, *Brás Cubas*, p. 260)
V. pron. O sentido primitivo de muitas palavras *obliterou-se*. / É pena que belas tradições e festas populares *se vão obliterando*.

oblongo. *Adj.* Mais longo que largo, alongado, oval: rosto *oblongo*.

óbolo. [Do gr. *obolós*, moeda da Grécia antiga.] *S.m.* Donativo de pequeno valor, esmola. ⇨ Grafa-se *óbolo*, e não *óbulo*.

obra-prima. Plural: *obras-primas*.

ob-reptício. *Adj.* Obtido por ob-repção (astúcia), ardiloso, astucioso, doloso, fraudulento, falso: documento *ob-reptício*; argumento *ob-reptício*. ⇨ Prende-se ao verbo latino *obrepere, obrepsi, obreptum*, arrastar-se sorrateiramente, entrar às escondidas, insinuar-se.

obrigação. Pode-se construir: "A *obrigação* do médico é atender bem os pacientes" ou "A *obrigação* do médico é *de* atender bem os pacientes." Esse *de* expletivo★ é muito usado antes de orações que se seguem ao verbo *ser*, chamadas predicativas, como foi dito no verbete *impressão*. Observe-se como essa preposição expletiva imprime força e harmonia à seguinte frase de Alexandre Herculano: "Sabes tu, Gonçalo Nunes, que o dever de um alcaide é *de* nunca entregar, por nenhum caso, o seu castelo a inimigos?" (*Lendas e narrativas*, p. 154)

obrigado. *Adj.* Concorda, em gênero e número, com a(s) pessoa(s) que agradece(m): *obrigado* pela lembrança (homem), *obrigados* pela ajuda (dois ou mais homens), *obrigada* pela lembrança (mulher), *obrigadas* pela ajuda (duas ou mais mulheres), muito *obrigado*(s), muito *obrigada*(s). ⇨ Quando se responde ao *obrigado*, diga-se, de preferência, *por nada*, em vez de *de nada*. Essa última forma, porém, é a geralmente usada por ser mais eufônica. Outra alternativa é responder: *Não há de quê*.

obrigatoriedade. [De *obrigatóri(o)* + *e* + *-dade*.] *S.f.* Qualidade do que é obrigatório. Veja o verbete *solidariedade* para entender melhor a formação deste e de outros substantivos terminados em *-iedade*.

obsedar, obsediar, obsidiar. 1. *Obsidiar.* [Do lat. *obsidiare*, pôr cerco, sitiar.] a) Cercar, sitiar: *obsidiar* uma cidade. b) Importunar, molestar: *obsidiar* alguém com pedidos. c) Apoderar-se (um pensamento, uma ideia) do espírito de alguém,

sem lhe dar descanso: Aquela ideia *obsidiava-o* dia e noite. / É um desejo que me *obsidia*.
2. **Obsediar**. [Forma alterada de *obsidiar*, com influência de *obsessão*.] O mesmo que *obsidiar*, nas acepções *b* e *c*: Obsediava o pai com pedidos. / Aquela ideia *obsediava-o*.
3. **Obsedar**. [Do fr. *obséder*.] Galicismo usado nas acepções *b* e *c* de *obsidiar*, sendo, portanto, sinônimo de *obsediar*. ⇨ A forma preferível é *obsidiar*, usada por Euclides da Cunha em *Os sertões*: "*Obsidiava-o* o anseio de vir logo às mãos com o adversário." (*Apud* Francisco Fernandes)
obséquio, obsequiar. O *s* destas palavras soa como *z*.
obsoleto. [Do lat. *obsoletus*, caído em desuso, antiquado.] *Adj.* Que caiu em desuso, arcaico, antiquado: vocábulo *obsoleto*; sintaxe *obsoleta*; método *obsoleto*. ⇨ A sílaba tônica é aberta (lé), como em todos os adjetivos terminados em *-leto*: *completo, dileto, predileto, repleto, seleto*, etc. É incoerente a pronúncia *obsolêto*, que geralmente se ouve. Substantivo cognato: *obsolescência*, fato ou estado do que se tornou obsoleto. Por exemplo, *obsolescência* de um equipamento.
obstaculizar. [De *obstáculo* + *-izar*.] *V. t. d.* Criar obstáculos a, dificultar, obstar: A falta de recursos *obstaculiza* a pesquisa científica. ⇨ Neologismo do português do Brasil. Não há razão para condená-lo.
obstar. [Do lat. *obstare*, estar diante ou contra.] Criar obstáculos, impedir, opor-se. Constrói-se, de preferência, com objeto indireto: Quiseram *obstar* ao ingresso dele no clube. / "O deputado por Sintra forcejou por *obstar à* queda do ministério." (Camilo Castelo Branco, *O visconde de Ouguela*, p. 61) / Parlamentares da esquerda tentaram *obstar* à revisão da Constituição. / A tradição *obstava* a que o príncipe casasse com uma plebeia. / "Nada *obsta* a que o joguem [o futebol] com elegantes pernadas as damas e senhoritas." (Carlos de Laet, *O frade estrangeiro e outros escritos*, p. 220).
Se bem que não constitua erro, é menos recomendável a regência direta (*obstar o ingresso*, *obstar a revisão*), a qual se explica por influência do sinônimo *impedir*, que se constrói com objeto direto. Aliás, foi no sentido de *impedir* que João Ribeiro usou *obstar* na página 84 de sua *História do Brasil*, onde afirma que a instituição do governo único "*obstava* a ruína das capitanias."

obstetra. [Do lat. *obstetrix, obstetricis*, parteira.] *S.m.* e *f.* Médico ou médica especialistas em Obstetrícia (ramo da Medicina que se ocupa da gravidez, do parto e do acompanhamento da mulher que deu à luz). Diz-se: *o obstetra, a obstetra*. Inexiste a forma *obstreta*. A palavra *obstetriz* designa a parteira.
obsticidade. *S.f.* Em patologia, inclinação da cabeça para um dos ombros, consequente de reumatismo ou lesão muscular.
obstruir. Conjuga-se como a maioria dos verbos terminados em *-uir* (possuir, influir, instruir, etc.). *Ind. pres.*: obstruo, obstruis, obstrui, obstruímos, obstruís, obstruem. *Imperat. afirm.*: obstrui, obstrua, obstruamos, obstruí, obstruam. Veja *verbos terminados em -uir*.
obtemperar. [Do lat. *obtemperare*, conformar-se, obedecer, ceder.] 1. Pouco usado na acepção de *obedecer, aquiescer, submeter-se*: obtemperar a um chamado, ao desejo de alguém, à imposição das circunstâncias, aos imperativos da lei.
2. Mais usado no sentido de *responder com humildade e modéstia, ponderar*: É verdade — obtemperou a mulher — nosso barco não aguentaria a fúria do mar. / Obtemperei-lhe que não era desdouro reconsiderar sua decisão. / "Não ponho dúvida nisso, *obtemperou* o abade, e acrescentou com malícia..." (Camilo Castelo Branco, *A queda dum anjo*, p. 65)
obter. Conjuga-se como *ter*★: obtenho, obténs, obtém, obtemos, obtendes, obtêm; obtive, obtiveste, obteve, obtivemos, obtivestes, obtiveram; obtivesse, obtivesses, etc; obtiver, obtiveres, obtiver, obtivermos, obtiverdes, obtiverem. ⇨ Um exemplo do uso errado de *obter*: "A lei também pune quem solicitar, exigir, cobrar ou *obter* vantagem a pretexto de influir em ato praticado por funcionário público." (*JB*, 18/11/95), Correção: A lei também pune quem solicitar, exigir, cobrar ou *obtiver* vantagem...
△ **obtusi-**. [Do lat. *obtusus*, batido, embotado; estúpido.] *El. de comp.* = 'obtuso': *obtusifólio, obtusirrostro, obtusângulo*.
obus. *S.m.* Peça de artilharia semelhante a um morteiro; projétil cilíndrico-ogival lançado por uma peça de artilharia. Plural: *obuses*.
obviar. [Do lat. *obviare*, impedir a passagem, opor-se.] *V. t. d.* 1. No sentido de *remediar*: obviar um mal, um erro.
T. i. 2. Na acepção de *opor-se, resistir, obstar*: obviar a um abuso, *obviar à ousadia* dos poderosos.

"A Inquisição parece ter sido remédio eficaz para *obviar* aos desacertos religiosos." (Alexandre Herculano, *apud* Aulete) ⇨ Na acepção 1, admite-se a regência indireta: Como *obviar aos males* que nos afligem? / Os males são muitos. Como *obviar a eles*?
Conjuga-se regularmente, como *enviar: obvio, obvias, obvia*, etc. Distinguir o verbo *obvio* do adjetivo *óbvio* (evidente).

occipital. *Adj.* 1. Relativo ao occipício (parte ínfero-posterior da cabeça): osso *occipital*.
|| *S.m.* 2. Osso occipital, occipício. ⇨ Pronuncia-se *okcipital, okcipício*.

Oceania, Oceânia. Uma das cinco partes do mundo, que compreende a Austrália e vários agrupamentos de ilhas. ⇨ São corretas ambas as pronúncias, mas a primeira é a geralmente usada. "A *Oceania* divide-se em três grandes partes: a Melanésia, a Micronésia e a Polinésia." (Antônio Houaiss, *Pequeno dicionário Koogan Larousse*, p. 1411) / "As ilhas da *Oceânia* gozam de um clima quente, pluvioso, mas temperado pela vizinhança do mar..." (Séguier, *Dicionário prático ilustrado*, p. 1828) / "Mesmo, porém, em relação a essas sociedades primitivas da Ásia, da *Oceânia* e da África..." (Oliveira Viana, *Evolução do povo brasileiro*, p. 29) Aurélio adota a prosódia *Oceânia*. No vol. V do Aulete, 3ª ed. brasileira, lê-se: *Oceânia* melhor que *Oceania*.

oceano. Adjetivos relativos a oceano: *oceânico, oceâneo*.

oceânides. *S.f. pl.* Ninfas ou divindades mitológicas do mar, filhas de Oceano e Tétis. ⇨ Vocábulo proparoxítono.

Δ **oclo-.** [Do gr. *óchlos*, multidão, plebe.] *El. de comp.* = 'povo', 'multidão', 'plebe': *oclocracia, oclofobia, oclófobo*.

ocorrer. Concorda normalmente com o sujeito da frase, tanto no sentido de *acontecer* como no de *vir à mente*. Portanto: Por que *ocorrem* (e não *ocorre*) tantos acidentes? / Neste mês *ocorreram* dois feriados. / Essas recordações *ocorriam-lhe* sempre à noite. / *Ocorreram-me* vários expedientes para safar-me daquela situação. ⇨ Concordará no singular se o sujeito for uma oração: Não me *ocorreu* comunicar-lhe esses fatos. / São fatos esses que só agora me *ocorreu* comunicar-lhe.

Δ **ocro-.** [Do gr. *ochrós*, amarelo.] *El. de comp.* = 'amarelo': *ocrocéfalo, ocrodermia, ocroleuco*.

Δ **octo-, octa-.** [Do gr. *októ*, oito.] *El. de comp.* = 'oito': *octaedro, octógono, octodátilo, octossílabo*.

⇨ Confunde-se com o lat. *octo: octogenário, octogésimo, octuplicar, óctuplo, octingentésimo*, vocábulos formados no latim. Citem-se ainda as formações vernáculas *octilhão* (ou *octilião*), *octocampeão, octocampeã, octossecular* (que tem, dura ou abrange oito séculos).

octogésimo. Numeral ordinal correspondente a oitenta: *octogésimo* capítulo; *octogésima* viagem. ⇨ Não existe a forma *octagésimo*. Veja *octo-*.

Δ **oculi-.** [Do lat. *oculus*, olho.] *El. de comp.* = 'olho': *oculiforme, oculista, oculofacial, oculação*. Cognatos: *ocular* (testemunha *ocular*), *ocelo, ocelado* (as penas *oceladas* do pavão).

óculos. Com referência ao aparelho de correção visual ou de proteção contra a luz solar, deve-se usar a palavra no plural bem como o artigo ou o pronome que a ela se referem: Deixou *os óculos* (e não *o óculos*) na gaveta. / Perdi *meus óculos* na praia. / Ficam-lhe bem *esses óculos* escuros.

ocultado, oculto. Formas do particípio do verbo *ocultar*.
1. ***Ocultado***. Usa-se na voz ativa com os verbos *ter* e *haver*: Tinham (ou *haviam*) *ocultado* o cadáver da vítima no mato. / Terá ela *ocultado* o fato a seu marido?
2. ***Oculto***. Usa-se a) Na voz passiva, com o verbo *ser*: A carta *foi oculta* nas folhas de um livro. b) Como adjetivo: tesouros *ocultos*; sentimentos *ocultos*; dores *ocultas*.

ocupar-se. Diz-se *ocupar-se com* (ou *de* ou *em*) alguma coisa. Exemplos: De manhã, ela *ocupava-se com* (ou *na*) limpeza da casa. / Ela *ocupa-se* longo tempo *com* (ou *de*) sua aparência. / Nas horas vagas, *ocupavam-se em* ouvir música ou decifrar charadas.

o de que eu mais gosto... Veja *o que eu mais gosto...*

odiar. Verbo irregular. *Ind. pres.*: odeio, odeias, odeia, odiamos, odiais, odeiam. *Subj. pres.*: odeie, odeies, odeie, odiemos, odieis, odeiem. *Imperat. afirm.*: odeia, odeie, odiemos, odiai, odeiem. *Imperat. neg.*: não odeies, não odeie, não odiemos, não odieis, não odeiem. ⇨ São irregulares só as formas rizotônicas, isto é, aquelas cujo acento tônico incide no radical, no caso, a sílaba *di*, que passa a *dei*.

Δ **-odo.** Veja *hodo-*

Δ **odonto-, -odonte.** [Do gr. *odoús, odóntos*, dente.] *El. de comp.* = 'dente': *odontologia, odontológico, odontólogo, odontoscópio, mastodonte, periodontite*.

odontolando. *S.m.* Brasileirismo forjado para designar a pessoa que vai se graduar em odontologia. ⇨ É palavra formada por analogia com *doutorando* e *bacharelando*, que se justificam por terem base verbal (doutorar-se, bacharelar-se). Odontolando não deriva de verbo algum, pois não existe *odontolar-se*. É, portanto, vocábulo mal formado, como também o são: *farmacolando, agronomando, vestibulando*, etc.

o fato de o. Na linguagem culta formal, recomenda-se não contrair a prep. *de* com o artigo, nessa expressão: "*O fato de o* homem relacionar-se com Deus torna-o diferente do resto da natureza." (Hilton Japiassu, *Dicionário básico de filosofia*, p. 122) / *O fato de a* instituição policial mostrar-se ineficiente no combate à criminalidade não justifica a ação dos grupos paramilitares. / "Não menos importante era *o fato de as* pessoas serem tocadas pelo soberano." (Moacyr Scliar, *A paixão transformada*, p. 48) ⇨ Bons escritores, porém, para fugirem ao artificialismo de tais pronúncias (*de o, de a*), preferem/preferiram a contração, a qual, aliás, está mais de acordo com a tradição do idioma: "Não é possível explicar-se *o fato do* tipo peninsular atual caracterizar-se como um tipo bruno e de pequena estatura, senão pela desaparição desses elementos louros e de alta estatura, tão abundantes no período da formação da nacionalidade..." (Oliveira Viana, *Evolução do povo brasileiro*, p. 126) / "Ele se retirou, indignado *pelo fato do* seu presidente recusar que era chinês." (Inácio de Loyola Brandão, *O homem do furo na mão*, p. 70) / "Mas há também as disparidades geradas *pelo fato das* Forças Armadas terem um sistema judicial próprio..." (Márcio Moreira Alves, *Manual do cronista aprendiz*, p. 81) Veja os verbetes *antes de o, apesar de o, de ele* e *de* (contraído).

ofender. Constrói-se com objeto direto. Portanto: Não perde a calma quando *o* (e não *lhe*) *ofendem*. / Minha crítica *ofendeu-o* (e não *ofendeu-lhe*). / A atitude da amiga *ofendeu-a* profundamente. / Nossos gracejos não *o ofenderam*.

office-boy (ófç-bói). Anglicismo equivalente a *moço de recados, contínuo*: "Os *office-boys* podem ter hoje o seu grande dia." (*O Estado de S. Paulo*, 26/5/92) Usa-se também a forma reduzida e aportuguesada *bói*.

oficiala. *S.f.* Feminino de *oficial*: *oficiala* de modista; *oficiala* da Marinha.

Δ **ofio-.** [Do gr. *óphis*, cobra.] *El. de comp.* = 'cobra', 'serpente': *ofiófago, ofiografia, ofiologia, ofiologista*. Cognatos: *ofídico, ofídio* (gr. *ophídion*, pequena cobra), *ofidiário, ofidismo*.

Δ **oftalmo-.** [Do gr. *ophthalmós*, olho.] *El. de comp.* = 'olho': *oftalmologia, oftalmologista, oftalmorragia, oftalmoscópio*.

o grupo de. Em frases como as seguintes, nas quais o substantivo coletivo *grupo* vem seguido de especificador no plural e de oração adjetiva, o verbo dessa oração pode concordar no singular (concordância gramatical) ou no plural (concordância ideológica): O grupo de artistas que *visitou* (ou *visitaram*) o Rio, havia-se hospedado num hotel de Copacabana. / Um grupo de badernerios, que *vinha* (ou *vinham*) em nossa direção, foi dispersado pela polícia. / "Havia na União um grupo de meninos que *praticavam* esse divertimento com uma pertinácia admirável." (Carlos Povina Cavalcanti, *Volta à infância*, p. 91) Veja o verbete *a maioria de*, onde se dão maiores explicações sobre esses casos de concordância verbal.

oh. Veja *ó, oh*.

Δ **olei-.** [Do lat. *oleum*, óleo, azeite.] *El. de comp.* = 'azeite': *oleicultura, oleícola, oleicultor, oleífero, oleína*.

óleo. Adjetivos relativos a óleo: *oleaginoso* (do lat. *oleagina*, oliveira), *oleoso*.

Δ **oleo-.** [De *óleo*.] *El. de comp.* = 'óleo': *oleoduto, oleografia, oleogravura*.

Δ **oleri-.** [Do lat. *olus, oleris*, legume, hortaliça.] *El. de comp.* = 'legume': *olericultura, olericultor*.

olhar. 1. No sentido de *considerar, importar-se com, levar em conta*, pode-se construir *olhar* com a prep. *a* ou *para*: É rico, não *olha a* (ou *para*) despesas. / Governo esbanjador não *olha a* (ou *para*) desperdícios.
2. Na acepção de *cuidar, tomar conta, interessar-se*, usa-se com objeto indireto (prep. *por*): *Olhe por* meu filho, pediu a mulher à professora. / Pediu-lhe que *olhasse pelos* dois órfãos. / Deus há de *olhar pelos* seus filhos.
3. Tanto é correto dizer *olhar-se no espelho* como *olhar-se ao espelho*. Exemplos: Ela *olhou-se no espelho* da sala e saiu para a rua. / "*Olho-me ao espelho* e percebo que estou envelhecendo rápida e definitivamente." (Rubem Braga) / "Raul levantou-se, *olhou-se no espelho* da pia." (Antônio Olavo Pereira, *Fio de prumo*, p. 170) / "Levantou-se afinal, *olhou-se no espelho*, viu-se idêntico a um fantasma." (Marques Rebelo, *A*

estrela sobe, p. 220) / *"Olha-se no espelho*, pergunta centenas de vezes se está magra demais." (Ana Miranda, *A última quimera*, p. 87) / "Carla *olhou-se no espelho*, gostou de si mesma." (Dias Gomes, *Decadência*, p. 175)
4. No sentido de 'estar voltado para' algum lugar, usa-se modernamente com a preposição *para*: Fui à janela que *olha para o mar*.

olhar para frente. Nessa expressão, *para frente* é locução adverbial, bem como *em frente*, quando dizemos *ir em frente*. Ex.: "Olhe *para frente*, pediu a professora ao aluno." Também se diz *olhar para a frente*. Usando-se a contração *pra*, prescinde-se do artigo: "Olhe *pra frente*, pediu a professora." Antônimo: olhar *para trás*.

olhar-se ao espelho. Veja *olhar*, item 3.

olho de lince. Veja *lince*.

olhos. Adjetivos relativos aos olhos: *ocular, óptico, oftálmico*.

Δ **oligo-.** [Do gr. *olígos*, pouco.] *El. de comp.* = 'pouco': *oligarquia, oligofrenia, oligopólio, oligúria* (secreção insuficiente de urina).

oligopólio. [Do gr. *oligo-* + *-pólio* (de *poléo*, vender, comerciar).] *S.m.* Mercado que se caracteriza pelo domínio de um pequeno número de grandes vendedores ou de pequeno grupo de empresas produtoras de bens ou serviços. Por extensão, pequeno grupo de empresas que detém o controle de determinado produto, estabelecendo preços de mercado, geralmente abusivos.

olimpíada, olimpíadas. 1.*Olimpíada*. Período de quatro anos decorridos entre duas celebrações consecutivas dos jogos olímpicos, que se realizavam na cidade de Olímpia, na Grécia antiga, em homenagem a Zeus Olímpico.
2. *Olimpíadas*. Jogos olímpicos modernos, competições esportivas internacionais que se realizam de quatro em quatro anos, desde 1896. ⇨ Isso é o que se lê na maioria dos dicionários. A tendência atual, porém, é usar *olimpíada*, no singular, em ambas as acepções: *A olimpíada do Rio de Janeiro será em 2016*. No plural, só em frases como: De 1896 a 2000 realizaram-se 27 *olimpíadas*.

olmo. [Do lat. *ulmus*.] *S.m.* Árvore da família das ulmáceas, típica da Europa. Pronuncia-se *ôlmo, ôlmos*.

Δ **-oma.** Suf. gr., usado em Medicina para indicar 'tumor': *angioma, carcinoma, fibroma, glaucoma, hematoma, sarcoma, onicoma*.

o mais. O resto, o restante, as outras coisas: Copiei quase todo o livro; *o mais* fica para amanhã. / O que importava era salvar a vida; *o mais* era secundário. Veja *mais*.

o mais das vezes. Quase sempre, geralmente: "*O mais das vezes* a demora era da cozinha." (Ciro dos Anjos, *Explorações no tempo*, p. 49) / "Encontro-a *o mais das vezes* mal-humorada." (Antônio Olavo Pereira, *Marcoré*, p. 41) / "*O mais das vezes* trata-se o negócio em vida do próprio regente." (Ramalho Ortigão, *A Holanda*, p. 295) ⇨ Há as variantes *as mais das vezes* e *no mais das vezes*. "O milho associado a outros produtos regionais, em combinações *as mais das vezes* felizes." (Josué de Castro, *Geografia da fome*, p. 176) / "Não há dúvida de que, *as mais das vezes*, os pretos e afins predominam pelo número nesses grupos." (Vivaldo Coaraci, *Cata-vento*, p. 299) / "*As mais das vezes*, tossia, de tal forma que ficava tossindo de verdade." (José Américo de Almeida, *A bagaceira*, p. 61) / "Só se sabe quem ganhou depois que o jogo acaba. Antes, tudo está sujeito a fatores *no mais das vezes* imprevisíveis." (João Ubaldo Ribeiro, *Política*, 12ª ed., p. 15) / "A glória *no mais das vezes* é um conjunto de mal-entendidos." (Marques Rebelo, *O trapicheiro*, p. 456).

o mais possível. Veja *possível*.

ombrear. [De *ombro* + *-ear*.] Igualar-se, equiparar-se. Seu complemento é regido da prep. *com* e não *a*: Em pouco tempo o discípulo *ombreava com* o mestre. / Poucos escritores conseguiram *ombrear com* Machado de Assis em penetração psicológica e leveza de estilo. ⇨ Não é recomendável usar este verbo pronominalmente, como no exemplo: Que jogador de hoje pode *ombrear-se* com Pelé?

ômega. [Do gr. *ô méga, o* grande, isto é, *o* longo.] 1. A última letra do alfabeto grego, representada pelos signos Ω e ω.
2. Fim, final.
⇨ Opõe-se a *alfa*, a primeira letra do alfabeto grego. Daí a expressão *o alfa e o ômega*, o princípio e o fim: "Deus é *o alfa e o ômega* de todas as coisas." (Antônio Houaiss)
3. Contrariamente à pronúncia original grega *oméga*, fixou-se a prosódia latina *ômega*. Veja *ômicron*.

omelete (lé). [Do fr. *omelette*.] *S.f.* Fritada de ovos batidos: Não se pode fazer *uma omelete* sem quebrar ovos. ⇨ É palavra do gênero feminino.

o mesmo. Veja *mesmo*.

ômicron. [Do gr. *ó mikrón, o* pequeno, isto é, *o* breve, por oposição a *ô méga*.] A 15ª letra do alfabeto grego, representada pelos signos O e o. Variante: *ômicro*. Veja *ômega*.

omoplata. É subst. feminino: *a omoplata*.

Δ **onco-**. [Do gr. *ónkos*, volume, inchação.] *El. de comp.* = 'tumor', 'volume': *oncotomia, oncologia, oncologista, oncometria*.

onde. 1. No português de hoje, faz-se distinção entre *onde* e *aonde*. Carlos Drummond de Andrade escreveu: "Pediram-me que definisse o Arpoador. É aquele lugar dentro da Guanabara e fora do mundo, *aonde* não vamos quase nunca, e *onde* desejaríamos obscuramente viver." (*Obra Completa*, p. 919) Veja *aonde*.
2. *Onde* indica lugar. É inadequado em frase como as seguintes: Este foi um dos casos *onde* servi de mediador. / Vivíamos numa época *onde* os meios de comunicação eram precaríssimos. Diga-se: Este foi um dos casos *em que* servi de mediador. / Vivíamos numa época *em que* os meios de comunicação eram precaríssimos.

Δ **onfalo-**. [Do gr. *omphalós*, umbigo.] *El. de comp.* = 'umbigo': *onfalite, onfaloide, onfalotomia*.

Δ **oni-**. [Do lat. *onmis*, todo.] *El. de comp.* = 'todo', 'tudo': *onipresente, onisciente, onidirecional, onipotência, onividente, onívoro*.

Δ **-onico.** [Do gr. *ónyx, ónychos*, unha.] *El. de composição*: "unha": *onicofagia* (mau hábito de roer as uhas), *onicófago, onicofimia*, etc.

Δ **-onimo.** [Do gr. *ónyma*, nome.] *El. de comp.* = 'nome': *antropônimo, topônimo, sinônimo, pseudônimo*. ⇨ *Nome*, em grego, também se diz *ónoma, onómatos*, cujo radical aparece em *onomástica* (catálogo de nomes próprios), *onomástico* (relativo a nomes próprios) e *onomatomancia* (adivinhação baseada no nome da pessoa).

Δ **oniro-**. [Do gr. *óneiros*, sonho.] *El. de comp.* = 'sonho': *onirologia, onirólogo, oniromancia, onírico, onirismo, oniromante, onirocrisia, onirócrita*.

onomatopeico. *Adj.* Referente à onomatopeia; que imita a voz ou o som de um ser: *Cricri* é um vocábulo *onomatopeico*. Variante: *onomatopaico*.

Δ **onto-**. [Do gr. *ón, óntos*, ser, ente.] *El. de comp.* = 'ser', 'ente': *ôntico, ontogênese, ontogonia, ontologia*.

o número de. Em frases como a seguinte, o verbo da oração adjetiva deve concordar com o substantivo que se segue a essa expressão: O número de pessoas que *ultrapassam* os setenta anos aumenta casa vez mais. ⇨ O verbo da oração principal, ao invés, fica no singular, concordando com o subst. *número*.

Δ **oo-**. [Do gr. *oón, oóu*, ovo.] *El. de comp.* = 'ovo': *oologia, oólito, oomancia*.

opala. Adjetivos relativos à cor da opala: *opalino, opalescente*.

operar. [Do lat. *operare*.] 1. Fazer, produzir, realizar: A convivência com os bons *operou* nele uma transformação radical. / Essas ervas medicinais *operam* maravilhas.
2. Fazer operação cirúrgica (em): *Opera* muito bem esse médico. / Ele *operou* vários pacientes esta semana.
3. Fazer funcionar, manobrar, acionar: Técnicos ensinam como *operar* supercomputadores.
4. Funcionar, entrar em atividade: A Bolsa do Rio *operou* em alta. / Hoje os trens do metrô não *operam*. / A empresa *opera* com equipamentos modernos.
5. Produzir-se, realizar-se, ocorrer: Com a campanha publicitária, é possível que *se operem* mudanças no comportamento das pessoas. / O tratado entre as duas nações *operou-se* em clima de otimismo.

opimo. [Do lat. *opimus*, gordo, fértil, opulento, excelente.] *Adj.* Abundante, fértil, excelente: frutos *opimos*. ⇨ É palavra paroxítona.

opinião de que... 1. É *expletiva** a prep. *de*, antes de orações predicativas, em frases do tipo: A *opinião* do engenheiro é *de que* a estrada ficará pronta em dez meses. Em *A queda dum anjo*, p. 143, Camilo Castelo Branco não usou a referida preposição, mas poderia tê-la usado: "*A minha opinião é que* Vossa Excelência se deixe estar em sua casa..."
2. A prep. *de* é necessária se se construir: É muito otimista *a opinião de que* a estrada ficará pronta em dez meses. Veja os verbetes *de que*, *impressão* e *obrigação*.

Δ **opisto-**. [Do gr. *ópisthen*, atrás, depois.] *El. de comp.* = 'atrás', 'posterior': *opistogástrico, opistocifose, opistógrafo*.

opor. 1. Conjuga-se como *pôr**: oponho, opões, opõe, opomos, opondes, opõem; opunha, opunhas, etc.; opus, opuseste, opôs, opusemos, opusestes, opuseram; opusera, opuseras, etc.; oponha, oponhas, etc.; opusesse, opusesses, opusesse, opuséssemos, opusésseis, opusessem; opuser, opuseres, etc.; opõe, oponha, oponhamos, oponde, oponham. *Part.*: oposto.
2. Usa-se, mais frequentemente, no sentido de *apresentar em oposição, contrapor, ser contrário*: *Opusemos* forte resistência às pretensões dele. / *Opuseram* mil obstáculos ao meu projeto. /

Não *se oponha* aos desígnios de Deus. / "Felícia ia e vinha, *opondo-se* a que a ama carregasse pesos." (Coelho Neto, *Obra seleta*, p. 901) / À foice e à espada *opunham* a cruz.

o primeiro a, o primeiro que... São lícitas ambas as construções: Eu fui *o primeiro a* denunciar o fato. / Eu fui *o primeiro que* denunciou o fato. / Ele foi *o primeiro a* chegar. / Ele foi *o primeiro que* chegou. ⇨ Também se usa, embora menos frequentemente, a preposição *em*: "O cavaleiro negro foi o *primeiro em* desmontar; os outros oito imitaram-no." (Alexandre Herculano, *Eurico*, p. 232)

o primeiro ano que. Não constitui erro omitir a prep. *em* antes do *que*, em frases do tipo: É *o primeiro ano (em) que* a empresa não teve lucros. / Foi *o segundo ano (em) que* o banco esteve à beira da falência.

opróbrio. [Do lat. *opprobrium*, opróbrio, desonra, injúria.] *S.m.* Abjeção extrema, ignomínia, desonra, afronta infamante. ⇨ Inexiste a forma *opróbio*, que se lê nesta frase de um romance: "Nossa alma está coberta de *opróbio*."

Δ -opse, -opsia. [Do gr. *ópsis*, vista, olhos, visão.] *El. de comp.* = 'vista', 'visão', 'exame': *sinopse, biopse* (= biópsia), *biópsia, autópsia, necrópsia.*

optar. [Do lat. *optare*, escolher, desejar.] Escolher, decidir-se por uma coisa ou pessoa (entre duas ou mais), fazer opção, preferir. A regência usual é a indireta (preposições *entre* e *por*): Entre dois males, *opte pelo* menor. / Ele tinha de *optar entre* pagar a dívida ou perder o imóvel. / A vida nos obriga a *optar entre* o bem e o mal. / Ela *optou pelo* pretendente mais rico e deu-se mal. É menos comum a regência direta: Os funcionários *optaram* continuar a greve. / O governo *optou* a extinção dos subsídios. / *Optei* permanecer no emprego.

óptica, ótica. [Do gr. *optiké*, pelo lat. *optica*.] *S.f.* Parte da Física que trata da luz e da visão; estabelecimento onde se fazem e/ou se vendem instrumentos óticos; visão; ponto de vista, perspectiva. ⇨ A forma *ótica* é a geralmente usada.

óptico, ótico. *Adj.* 1. *Óptico* (gr. *opticós*). Referente à óptica (ou *ótica*), relativo à visão: instrumentos *ópticos*, nervo *óptico*, fibras *ópticas*. Variante: *ótico*.
2. **Ótico** (gr. *oticós*). Relativo ao ouvido: nervo *ótico*, gotas *óticas*. Cognatos: *otite, otalgia, otorrino, otorrinolaringologia*.
Como *ótico* tanto pode ser sinônimo de *auditivo* como variante de *óptico* (fem. *óptica*), para evitar confusão, convém preferir a forma *óptico(a)* sempre que o contexto o exigir.

o qual. 1. Há frases em que é indiferente usar *o qual* ou *que*, como nesta: Um dos mais famosos rios do mundo é o Nilo, *o qual* (ou *que*) constitui a grande riqueza do Egito.
2. Em certos casos, a frase pede o pronome relativo *que*, em outros, *o qual* (ou uma de suas flexões). Exemplos: Fiquei na varanda, olhando os aviões *que* chegavam. / Mariana chamou o empregado da vizinha, *o qual* apareceu no portão. ⇨ Nesse último exemplo, se usássemos *que* em vez de *o qual*, a frase ficaria ambígua, pois o pronome poderia referir-se tanto a *vizinha* como a *empregado*.
3. Emprega-se *o qual* (e suas flexões) e não *que*: a) Depois das preposições *sem* e *sob*: Peço-lhe me devolva o livro, *sem o qual* não posso estudar a matéria da prova. / Ali perto havia uma árvore, *sob a qual* adormeci; b) De modo geral, depois das preposições com duas ou mais sílabas (*antes, após, até, desde, durante, entre, perante*, etc.): Ajoelhou-se diante do altar, *sobre o qual* ardiam duas velas. / Foi uma reunião de rotina, *durante a qual* foram tratados assuntos de nosso interesse; c) Depois de locução prepositiva: Ela sentou-se na cama, *ao lado da qual* estava o baú de roupas. / O Sol é um astro luminoso, *em torno do qual* gravita a Terra e os demais planetas. / "A crescente quantidade de gás provocaria a condensação de nuvens, *através das quais* pode passar a luz do Sol mas não os raios infravermelhos." (Thiago de Mello, *Amazônia*, p. 55); d) Depois de certos pronomes indefinidos, numerais e superlativos, em orações explicativas: A professora lecionava para quarenta crianças, *muitas das quais* mal sabiam ler. / No segundo tempo, a equipe jogou com nove atletas, *dois dos quais* eram reservas. / O casal tinha três filhos, *o maior dos quais* ajudava o pai na oficina; e) Para evitar que a frase apresente sentido ambíguo, conforme foi explicado no item 2. Exemplo: Vovô dava saquinhos de balas às netinhas, *os quais* sempre trazia nos bolsos do paletó. ⇨ O uso do *que*, em vez de *os quais*, nessa frase permitiria uma interpretação jocosa.
4. Depois de proposições monossilábicas (*a, com, de, em, por*), em orações de sentido restritivo, emprega-se, de preferência, *que*: O lugar *a que* cheguei era deserto. / O brinquedo *com que* sonhei nunca chegou. / São flores *de que* os campos estão cheios. / Conheço a cidade *em*

que resides. / Todos conhecem o ideal *por que* (ou *pelo qual*) me bato.

o quanto. Vem se generalizando o emprego desse *o* de realce antes de *quanto*. Exemplos: Bem sabes *o quanto* me custou adaptar-me ao novo ambiente. / "Só agora via *o quanto* se enganara." (Lygia Fagundes Teles) / "Sabia *o quanto* doíam... as violências que dilaceravam a sua terra e a sua gente." (Érico Veríssimo, *O estrangeiro*, p. 10) / "Todos reconhecem *o quanto* ele é esforçado." (*Dicionário da LP Contemporânea*, ACL) Alexandre Herculano escreveu sem esse *o* expletivo: "Dissuadiu-o, porém, dessa ideia o chanceler, ponderando-lhe *quanto* os primeiros ímpetos de el-rei eram arrebatados." (*O monge de Cister*, p. 423). Aurélio e Houaiss não acolhem, em seus dicionários, esse neologismo. ⇨ Há tendência em usar esse *o* expletivo também antes do pronome *que*, em frases como: "Há muito *o que* aprender com eles." (Ana Miranda) / 'Tenho mais *o que* fazer.' É recheio desaconselhado. Veja *quanto* e *o quanto antes*.

o quanto antes. É descabido o uso do artigo *o* antes da locução adverbial *quanto antes*. Diga-se simplesmente: Faça isso *quanto antes*. / Avise-o *quanto antes*. / Pediram-lhe que voltasse para casa *quanto antes*. ⇨ O emprego da partícula *o*, neste caso, se deve, provavelmente, à influência da expressão *o mais possível*: Faça isso *o mais cedo* (ou *o mais rápido*) possível.

o que. Em frases como "Ele não sabe *o que* fazer com o dinheiro", o pronome *o* é expletivo, portanto, pode-se dispensá-lo e dizer: "Ele não sabe *que* fazer com o dinheiro." Outro ex.: "Temos a liberdade e nem sabemos *que* (ou *o que*) fazer dela." Veja *tudo o que*.

o que...! Em frases exclamativas, equivale ao advérbio de intensidade *quanto*: *O que* eu sofri naquela hora! / "*O que* vale o talento!" (Mário Barreto, *Últimos estudos*, p. 343) / "*O que* não teria de sofrer esse amigo de Lincoln, que era antes de tudo amigo de verdade!" (Viana Moog, *Lincoln*, p. 127)

o que...? Em frases interrogativas, é lícito antepor ao *que* o artigo *o*, como partícula de realce: *O que* o senhor lucrou com isso? / *O que* aconteceu? / *O que* é que devemos fazer? ⇨ A partícula *o*, neste caso, imprime à interrogação mais vigor e harmonia.

o quê. Equivale a *isso* em frases como: 'O médico examinou minuciosamente o enfermo, após, *o quê*, prescreveu-lhe repouso absoluto'. / 'O rei fez aliança com o Egito e consultou o oráculo de Delfos; feito *o quê*, partiu com seu exército contra os persas.'

o que eu mais gosto... Constitui erro grave de regência construir, por exemplo: *O que eu mais gosto é ver televisão*. Como se registrou no verbete *do que*[1], em linguagem escorreita se diz: *O de que eu mais gosto é ver televisão*. Ou ainda, e melhor: *Do que eu mais gosto é (de) ver televisão*. Pela mesma razão, incorreria em erro grave quem escrevesse ou dissesse: *O que não concordo é privatizar todas as empresas estatais*. / *O que o Estado não deve intervir é na iniciativa privada*. Em bom português, se constrói: *O com que* (ou *Com o que*) *não concordo é privatizar todas as empresas estatais*. / *O em que* (ou *No que*) *o Estado não deve intervir é na iniciativa privada*. / "*Com o que* deve romper o poeta é *com* a retórica rância e fóssil, que tolerava figuras de dição e perdoava atentados gramaticais." (Mário Barreto, *Novíssimos estudos da língua portuguesa*, p. 17) / "*O de que* se tem necessidade é *de* uma fé viva nas relações entre Deus e o homem..." (Rui Barbosa, *Cartas de Inglaterra*, p. 103)

O que falta são recursos. Concordância correta. Erro grave seria dizer ou escrever: *O que faltam são recursos*. Isso porque o sujeito do v. *faltar* não é *recursos*, mas o pronome relativo *que*: A coisa *que* falta... Frase de um cronista: "Nos dias atuais, *o que não faltam* são escândalos." O correto é: "Nos dias atuais, *o que não falta* são escândalos."
Da mesma forma se dirá: Da festa, *o que restou* foram dívidas. / *O que se ouviu* foram tiros e gritos. / *O que existe* são projetos. Veja o verbete *faltar*, item 5. Veja também o verbete seguinte.

O que se ouviu foram tiros. Concordância correta. O verbo *ser*, em frases desse tipo, concorda com o substantivo que se lhe segue: O que falta *são* bons portos. / "O que se tocava *eram* trechos de óperas." (Ciro dos Anjos, *A menina do sobrado*, p. 10) ⇨ Em escritores clássicos encontram-se exemplos com o verbo *ser* no singular: "O que eu vi *foi* catástrofes." / "O que eu não quero é discussões." É concordância desaconselhada.

ora, hora. 1. Grafa-se *hora* quando substantivo designativo da 24ª parte do dia: Era uma *hora* da tarde. / Quanto você ganha por *hora*? / Passa um trem de *hora em hora*.

2. Nos demais casos, escreve-se *ora*, sem *h*: As informações de que *ora* dispomos são incompletas (ora = agora, no momento). / O estranho objeto *ora* brilhava, *ora* ficava escuro. / João reclamou da comida; *ora*, ele não tinha razão: a comida estava ótima e seu paladar, doente. / *Ora*! Não se impaciente! / Por *ora*, é só.

oração adjetiva preposicionada. As orações adjetivas devem vir precedidas de preposição sempre que esta for reclamada pelo verbo (ou locução verbal) que as constitui: O lugar *a* que chegáramos era inóspito. (chegar *a* um lugar) / Levei-lhe as frutas *de* que ela gostava (gostar *de* frutas). / A casa *em* que morei foi demolida. (morar *em* uma casa) Infringiu essa regra um romancista moderno que escreveu: "Papai era dono duma indústria *que* até agora não ousei dizer o nome." Correção: "Papai era dono duma indústria *de que* (ou *da qual*) até agora não ousei dizer o nome."

Δ **-orama.** [Do gr. *hórama*, vista, espetáculo.] *El. de comp.* = 'vista': *panorama, cosmorama, pindorama, toporama, uranorama*.

órbita. Adj. relativo a órbita: *orbital* (veículo *orbital*, cavidade *orbital*).

orbitar. *V. i.* 1. Descrever uma órbita (trajetória circular em torno de um astro), gravitar: Mil astros *orbitam* no espaço e não se chocam. Embora redundante, admite-se a regência 'orbitar em torno de': Gaivotas *orbitavam em torno do* cardume. / A política, na região, *orbitava em torno da* figura do coronel.
V. t. d. 2. Circundar, descrevendo órbitas: "Pelo menos sete mil objetos *orbitam a Terra*; a maioria deles é lixo espacial, restos de foguetes, satélites desativados." (*O Globo*, 27/10/96) ⇨ Esta regência é neológica.
3. Exorbitar, em sentido etimológico, é 'sair da órbita': Se a Terra *exorbitasse*, a vida no planeta certamente acabaria. Em sentido figurado, significa 'passar além dos justos limites', 'exceder-se', 'exagerar': Ao tomar tal decisão, o ministro *exorbitou* de suas atribuições. / Reprima a polícia o crime, mas sem *exorbitar*.

orçar. [Do it. *orzare*.] São as acepções e regências mais comuns:
1. Calcular, computar: Ele *orçou* as despesas do hospital.
2. Avaliar: *Orcei* as despesas *em* cem mil dólares. / "Os negros exageravam as posses de Macambira, *orçando-as em* muitos contos de réis." (Coe-lho Neto) / "*Orçavam-no* [o montante de sua fortuna] uns *em* dois mil contos..." (Aquilino Ribeiro, *Mônica*, p. 46).
3. Ser ou ter aproximadamente: O major *orçava pelos* cinquenta anos. / "*Orçavam por* trezentos os homens d'armas." (Alexandre Herculano, *Lendas e narrativas*, p. 273)

ordenança. [De *ordenar* + *-ança*.] *S.f.* 1. Regulamento militar || 2. *S.m.* Soldado (praça) às ordens de um oficial militar: Morreu *o ordenança* do general. / "Onde está Franz Post? — grita para *o seu ordenança.*" (Assis Brasil, *Nassau*, p. 15) ⇨ Na segunda acepção, aparece com o gênero feminino, em autores clássicos.

orégão. [Do gr. *oríganos*.] *S.m.* Erva aromática, usada como tempero. Variante: *orégano*. Pl.: *orégãos*.

orelha. Adj. relativo a orelha: *auricular* (lat. *auricula*, orelha).

Δ **oreo-.** Equivalente de *oro-*[1]: *oreografia*.

o resto de. O verbo concorda no singular ou no plural com o núcleo dessa expressão quando seguida de substantivo ou pronome no plural: O resto das mercadorias *segue* (ou *seguem*) amanhã. / O resto deles *ficou* (ou *ficaram*) em casa. ⇨ O verbo fica no singular quando anteposto ao sujeito: *Segue* amanhã o resto das mercadorias.

Δ **orex-.** [Do gr. *órexis*, desejo, apetite.] *El. de comp.* = 'desejo', 'apetite': *orexia* (desejo de comer, apetite); *anorexia* (perda ou diminuição do apetite, inapetência); *anorexígeno* (medicamento ou droga que provocam anorexia). ⇨ O *x* dessas palavras se pronuncia *ks*, como em *táxi*.

orexia (cs)**.** [Do gr. *orex-* < de *órexis*, apetite.] *S.f.* Desejo de alimentar-se, apetite. Ant.: *anorexia* (cs).

Orfeu. Personagem da mitologia grega, célebre aedo, inventor da lira e dos rituais mágicos, segundo a lenda popular.
Adj. relativo a Orfeu: *órfico* (poemas *órficos*). Cognatos: *orfeão, orfeico, orfismo, orfeônico* (canto *orfeônico*).

Δ **organo-.** [Do gr. *órganon*, instrumento, órgão.] *El. de comp.* = 'órgão': *organogenia, organografia, organograma, organoléptico, organoplastia, organoterapia*.

Oriente Médio. Adj. relativo ao Oriente Médio: *médio-oriental*. ⇨ Melhor grafia seria *mediooriental*: países *mediorientais*.

o risco de o, o risco do... A nosso ver não se deve censurar a contração da prep. *de* com o artigo em frases como: Há *o risco do* remédio produzir efeitos indesejáveis. / Havia *o risco dos* cachorros me atacarem. / "Já se sabe hoje que o AZT reduz *o risco da* gestante passar o vírus para o feto." (Dom Eugênio Sales, *JB*, 26/11/94) Veja *antes de o* e *de (contraído)*.

Δ **orizi-, orizo-**. [Do gr. ory′za, pelo lat. *oryza*, arroz.] *El. de comp.* = 'arroz': *orizicultura, orizicultor, orizívoro, orizícola, orizófago, orizóvoro, orizoide*.

Δ **ornito-**. [Do gr. *órnis, órnithos*, ave.] *El. de comp.* = 'ave': *ornitologia, ornitólogo, ornitocórico* ou *ornitócoro, ornitofilia, ornitófilo, ornitomancia, ornitorrinco*.

Δ **oro-¹**. [Do gr. *óros, óreos*, montanha.] *El. de comp.* = 'montanha': *orografia, orogenia, orobatimétrico, orófilo, orófito, orográfico, orógrafo, orologia*.

Δ **oro-²**. [Do lat. *os, oris*, boca.] *El. de comp.* = 'boca': *orofacial, orofaringe, oronasal*. Cognatos: *oral, oralidade, orar, ósculo* (beijo), *oscular* (beijar).

Δ **orqui-**. [Do gr. *órchis, órchios*, testículo.] *El. de comp.* = 'testículo': *orquialgia, orquite, orquicele*. Cognatos: *orquidário, orquídea, orquidologia, arquidófilo, orquidólogo*.

Δ **orto-**. [Do gr. *orthós*, direito, correto.] *El. de comp.* = 'direito', 'reto', 'normal': *ortografia, ortopedia, ortopédico, ortogonal*, etc.

ortoépia. [Do gr. *orthós*, correto, + *hépos*, fala.] *S.f.* Pronúncia correta das palavras, quanto à emissão das vogais, ao seu timbre (aberto ou fechado), à articulação das consoantes. ⇨ Variante prosódica: *ortoepia*. Antônimo: *cacoépia*.

ortografia. Não se diz *ortografia correta*; seria uma redundância, pois o radical grego *orto-* já encerra a ideia de 'correto'. Diga-se *grafia correta*.

os cariocas somos... Às vezes a concordância do verbo se efetua não com o termo expresso, mas com o termo subentendido, como neste exemplo de Machado de Assis: "Dizem que os cariocas *somos* pouco dados aos jardins públicos." (*Obra completa*, II, p. 720) O escritor efetuou a concordância com o termo subentendido *nós*: "Dizem que *nós*, os cariocas, *somos* pouco dados aos jardins públicos." Veja *concordância ideológica*.

Δ **-ose**. Sufixo de origem grega, usado na formação de vocábulos científicos, exprimindo principalmente a ideia de doença: *cirrose, ancilostomose, dermatose, artrose, esquistossomose, fibrose, micose, virose, zoonose*. Registrem-se ainda, em outras áreas, que não a médica ou patológica: *celulose, glicose, sacarose, hipnose, osmose* (gr. *osmós*, impulso, + *-ose*).

Os Estados Unidos são... Substantivos próprios de forma plural, quando admitem artigo, exigem o verbo no plural: Os Estados Unidos *são* um país rico. / Os Andes se *estendem* junto ao oceano Pacífico. / *Os Lusíadas imortalizaram* Luís de Camões. ⇨ Não havendo artigo plural antes do nome próprio, a concordância se opera no singular: Campinas *é* uma grande cidade. / O Marrocos *foi dominado* pelos árabes no século VIII. / Minas Gerais *é* um estado rico e populoso. ⇨ Tratando-se de títulos de obras literárias, pode-se deixar o verbo no singular: *Os pastores da noite*, de Jorge Amado, *tem* como cenário a cidade de Salvador.

Os Lusíadas. Quanto à concordância, veja *os Estados Unidos são*.

os... mais. Não se repete o artigo antes dos superlativos, em frases como: Até *os homens mais corajosos* (e não *os mais* corajosos) tiveram medo. / Contratei os profissionais *mais competentes*. Veja *artigo*.

Δ **-oso, -osa**. [Do lat. *-osus, -osa*.] Sufixos que formam adjetivos, exprimindo as ideias de 'provido de', 'cheio de', 'que provoca': *venenoso, venenosa, orduroso, gordurosa, pavoroso, pavorosa*.

Δ **osteo-, -osteo**. [Do gr, *ostéon*, osso.] *El. de comp.* = 'tecido ósseo', 'osso': *ostema, osteoblasto, osteogenia, osteólito, osteologia, osteomielite, osteoporose, osteossíntese, periósteo*.

ostracismo. [Do gr. *ostrakismós* < de *óstrakon*, ostra.] *S.m.* 1. Em Atenas e outras cidades da Grécia antiga, desterro a que era condenado, por plebiscito, um cidadão cujo poder ou ambição o povo temia. ⇨ O nome do cidadão que se queria banir era escrito em conchas de ostras. Daí o vocábulo *ostracismo*. 2. *Por ext*. Exílio, desterro, afastamento das funções públicas. Impropriamente empregado com o sentido de *esquecimento*: Tal fato caiu no *ostracismo*.

Δ **ostraco-**. [Do gr. *óstrakon*, ostra.] *El. de comp.* = 'ostra': *ostracologia, ostracismo, óstraco*. ⇨ Corresponde ao lat. *ostrei-* e *ostri-*: *ostreicultor* ou *ostricultor, ostreicultura* ou *ostricultura, ostrífero*.

ótico. Veja *óptico* e *oto-*.

Δ **oto-**. [Do gr. *oús, otós*, orelha, ouvido.] *El. de comp.* = 'ouvido': *otalgia, ótico, otite, otologia, otorrino, otoscópio*.

otimizar. [De *ótimo* + *-izar*.] Tornar ótimo, elevar ao mais alto grau, alcançar um resultado máximo: Não faltam sugestões para *otimizar* o rendimento do ensino nas escolas. / "Com essa estratégia, visa-se a *otimizar* os lucros de uma empresa, de modo a assegurar a sua sobrevivência e expansão." (Rabaça, *Dicionário de comunicação*, p. 387) / "*Otimizar* a gestão dos recursos é crucial: hoje, o mau uso destes é pior do que a falta." (Roberto Campos, *Na virada do milênio*, p. 235)

ou. 1. A conjunção *ou* pode exprimir alternância, exclusão, retificação ou sinonímia: De manhã ela costura *ou* lê uma revista. / O sequestrador devia render-se *ou* seria morto. / A casa, *ou* melhor, um barraco improvisado, não resistiu ao vendaval. / A anta, *ou* tapir, habita as matas.
2. Se a conj. *ou* indicar exclusão ou retificação, o verbo concordará com o núcleo do sujeito mais próximo: André *ou* Ricardo *será* o capitão do time. / "...processo a que, mais cedo ou mais tarde, esta *ou* outra geração *há* de assistir." (Afonso Arinos de Melo Franco, *Maralto*, p. 73) / "Na verdade, Lula *ou* Serra encontrará um equilíbrio de forças no Parlamento." (*O Globo*, 13/10/2002) / O ladrão *ou* os ladrões não *deixaram* nenhum vestígio. / Não *foi encontrado* o responsável *ou* os responsáveis pelo acidente. / "Deus *ou* o demônio *era* quem ali lho enviava." (A. Herculano, *O bobo*, p. 95) / "Um ofício ou telegrama *veio* arrancar Batista à comissão política e reservada." (Machado de Assis, *Esaú e Jacó*, cap. 72)
3. O verbo concordará, de preferência, no plural, se a ideia por ele expressa se referir a todos os núcleos do sujeito: O proprietário do imóvel *ou* seu procurador *assinarão* o contrato. / O pai *ou* a mãe de Cid talvez *viajem* hoje. / "Eu sentia-me embaraçado, quando o zombeteiro Loiola *ou* o sutil Espínola *condescendiam* em se dirigir a mim e procurar engajar-me na conversação." (Ciro dos Anjos, *Explorações no tempo*, p. 6) / "Nenhum rugir *ou* gemer seu *anulariam* o mal que se consumara no Mirante." (Eça de Queirós, *A ilustre casa de Ramires*, p. 503) / "Ao ouvi-lo, neste dia, declamar, dir-se-ia que a ignorância *ou* a inveja lhe *urdem* insídias, lhe *desluzem* o talento." (Camilo Castelo Branco, *Serões de São Miguel de Seide*, I, p. 48)
⇨ Há ocorrências de concordância no singular: "A fêmea ou o macho não *tardará* a aparecer." (Agripino Grieco, *Gralhas e pavões*, p. 451) / "Nas classes burguesas é raro o rapaz ou a rapariga que não *saiba* o latim e o francês." (Ramalho Ortigão, *A Holanda*, p. 307) / "Se o moleque José ou um cachorro *entrasse* na sala, talvez as pancadas se transferissem." (Graciliano Ramos, *Infância*, p. 33)
4. Sendo o sujeito composto formado de pessoas gramaticais diferentes, o verbo flexiona-se no plural e na pessoa que prevalece: Meu irmão *ou* eu *anotaremos* os pedidos. / Ou ele *ou* tu *deveis* assistir vosso pai. ⇨ Se anteceder ao sujeito, o verbo concordará com o núcleo mais próximo: Ou *sairei eu* ou você. / Ou *sairás tu* ou *eu*. / Ou *sairão eles* ou *nós*.

ouro. Adj. relativo ao ouro: *áureo*.

ou seja. Como equivalente de *isto é*, essa expressão é invariável: O trigo e o arroz, *ou seja*, os cereais mais consumidos no mundo, não chegam a muitas bocas. / "Corremos ao relógio: eram seis e três quartos, *ou seja*, seis e quarenta e cinco." (Raquel de Queirós, *O caçador de tatu*, p. 35)

outdoor. Anglicismo desnecessário. Prefira-se *painel*, *painel luminoso*: "*Painéis* instalados no alto de alguns prédios do Flamengo obstruem a visão do Pão de Açúcar." (*JB*, 11/5/2002)

outono. Adj. relativo a outono: *outonal* (vento *outonal*), *outoniço* (manhã *outoniça*, beleza *outoniça*). Pessoa outoniça é a que está no outono da vida (40 a 50 anos): "Minhas moças em flor de Vila Caraíbas, hoje *outoniças*, tinham vestidos brancos que modelavam seios morenos e castos." (Ciro dos Anjos, *O amanuense Belmiro*, p. 42)

outorgar. 1. Dar, conceder: O presidente *outorgou* ao ministro amplos poderes. / Deus *outorga* o perdão aos pecadores. / Ele *outorga-lhes* o perdão. / O marquês *outorgou* a liberdade a seus escravos.
2. Dar por direito: Dom Pedro I *outorgou* à nação brasileira a Constituição de 1824. / O decreto *outorgará* aos lavradores a posse das terras improdutivas.

outra alternativa. Veja *alternativa*.

outrem. [Do lat. *alter*; outro, na forma do dativo *alteri*, a outro.] Pron. indef. Outra(s) pessoas(s): Não faças a *outrem* o que não queres que te façam. / "Quem pode adivinhar o que se passa na mente de *outrem*?" (José Fonseca Fernandes, *Um por semana*, p. 128) ⇨ Este pronome se usa com referência exclusivamente a seres humanos e é sempre regido de preposição.

ouvido. Adjetivos relativos a ouvido: *ótico* (gotas *óticas*), *auditivo* (nervo *auditivo*).

ouvir. 1. Os verbos sensitivos *ouvir, ver, sentir*, e os factitivos *fazer, deixar, mandar* constroem-se com os pronomes oblíquos *me, o, a, os, as*, e não com as formas retas *eu, ele(s), ela(s)*: *Ouço-a* cantar (e não: *Ouço ela cantar*). *Sinto-os* aproximar-se (e não: *Sinto eles* aproximar-se). / *Vejo-o* dançar (e não: *Vejo ele* dançar). / *Deixe-me* brincar (e não: *Deixe eu* brincar). / *Mande-a* entrar. / *Faça-as* pular.
2. Se, no caso acima, o infinitivo for verbo transitivo direto, pode-se usar os pronomes *o, a, os, as* ou *lhe, lhes*, indiferentemente: À noite *ouço-o* (ou *ouço-lhe*) tocar piano. / A mãe *deixava-a* (ou *deixava-lhe*) escolher os brinquedos. ⇨ Todavia, mesmo nesse caso, é preferível usar os pronomes *o, a, os, as*.
3. Quanto à diferença de significação entre *ouvir* e *escutar*, veja o verbete *escutar*.
4. No que tange à conjugação, *ouvir* apresenta irregularidades só na 1ª pessoa do singular do presente do indic. e nos tempos dela derivados. *Ind. pres.*: ouço, ouves, ouve, ouvimos, ouvis, ouvem. *Subj. pres.*: ouça, ouças, ouça, ouçamos, ouçais, ouçam. *Imperat. afirm.*: ouve, ouça, ouçamos, ouvi, ouçam. O particípio é *ouvido*, e não *ouvisto*: Não se lembrava onde *tinha ouvido* aquela canção.

ovelha. Adj. relativo a ovelha: *ovino* (rebanho *ovino*, pele *ovina*).

ovos estrelados. Esta é a expressão correta, e não *ovos estalados*, nem *ovos estralados*, formas correntes na fala popular do Brasil. Ex.: "Meus recursos culinários são parcos – *ovos estrelados* e farofa de manteiga e banha, metade por metade." (Marques Rebelo, *O trapicheiro*, p. 146) Na linguagem formal, prefira-se também "estrelar ovos", (fritá-los sem os mexer), a "estalar (ou estralar) ovos".

Δ **oxal-, oxali(d)-.** [Do gr. *oksalís, oksalídos*, 'azeda' (planta do gênero *Oxalis*).] *El. de comp*. Forma vários vocábulos da terminologia botânica, química e médica: *oxalato, oxálico* (ácido *oxálico*), *oxalidáceas, óxalis, oxalose* (depósito de ácido oxálico nos rins), *oxalúria* (presença de ácido oxálico e seus sais na urina). ⇨ Pronuncia-se o *x* desses vocábulos como o de *táxi*.

oxalá. Interjeição de origem árabe. Significa 'queira Deus', 'prouvera a Deus'. Expressa desejo e exige o verbo no subjuntivo: *Oxalá não sejam vãos tantos sacrifícios!* / *Oxalá que as promessas do governo se convertam em realidade!* / "*Oxalá que eu me enganasse!*" (Alexandre Herculano, *Eurico*, p. 73) Essa interjeição pode vir acompanhada de um *que* expletivo★.

Oxford. Adj. rel. a Oxford: *oxfordiano, oxoniano* (de *Oxonia*, nome latino de *Oxford*).

Δ **oxi-.** [Do gr. *oxys*, agudo, ácido, vivo, penetrante.] *El. de comp*. = 'ácido'; 'agudo': *oxigênio, oxifalia, oxicéfalo, óxido, oxidar, oxígono, oximetria, oxiopia* (ou *oxiopsia*), *oxítono, oxiúro, oxímetro*. ⇨ O *x* desses vocábulos pronuncia-se *ks*, como o de *táxi*.

P

paço. [Do lat. *palatium*, palácio.] Palácio: A Princesa Isabel assinou a Lei Áurea no *Paço Imperial*. / Em 1993 o *Paço Imperial* comemorou 250 anos. / "O relógio do *Paço Municipal* estava acabando de bater três horas." (José Condé, *Terra de Caruaru*, p. 248) / "O príncipe D. Pedro está inteiramente dominado pelos elementos da aristocracia brasileira, que penetram as intimidades do *Paço*." (Oliveira Viana, *Evolução do Povo Brasileiro*, p. 248) ⇨ Distinguir de *passo* (ato de andar).

pactuar. [De pacto + *u* + *-ar*.] 1. Fazer um pacto (acordo), combinar: Os guerrilheiros *pactuaram* o ataque para o dia das eleições.
2. Fazer um pacto com alguém: Ele não quis *pactuar* com partidos da esquerda.
3. Compactuar, transigir: Policial honesto não *pactua* com criminosos. / Não se deve *pactuar* com a prepotência nem com a vulgaridade.

padre-nosso. Antigo nome do *pai-nosso*, oração dominical (assim dita por ter sido ensinada pelo Senhor). Pl.: *padre-nossos* ou *padres-nossos*. "Findos os *padre-nossos* de graças pelo meu regresso, ela, ainda prostrada, lembrou com humildade..." (Eça de Queirós, *A relíquia*, p. 235)
| *Ensinar o padre-nosso ao vigário*: pretender ensinar alguma coisa a quem é entendido no assunto, a quem a sabe melhor.

paetê. [Do fr. *pailleté*, ornado de palhetas ou lentejoulas] *S.m.* Lentejoula. Plural: *paetês*.

pagado. Particípio regular de *pagar*. Forma pouco usada, suplantada pela forma irregular *pago**: Ele não tinha *pago* (preferível a *pagado*) a conta.

pagão. [Do lat. *paganus*, da aldeia, aldeão; gentio (lat. eclesiástico).] *Adj.* 1. Que não foi batizado, gentio; relativo a pagão, próprio de pagão: *povo pagão*; *costumes pagãos, divindades pagãs*.
|| *S.m.* 2. Pessoa que não foi batizada, gentio, indivíduo do paganismo: Os apóstolos pregaram o Evangelho a judeus e *pagãos*. ⇨ Observar as flexões: *pagãos, pagã, pagãs*.

pagar. Na linguagem culta formal, emprega-se com objeto direto de coisa e objeto indireto de pessoa.
1. Pagar alguma coisa: *Paguei* o aluguel do carro. / Ele *pagou* a conta e saiu. / *Pague* o que deve. / Sabe que tem débitos, mas não *os paga*. / "Acreditou que o suborno envilece tanto a mão que *o paga* como a que o recebe." (Rui Barbosa, *Cartas de Inglaterra*, II, p. 47)
2. Pagar a alguém: Ela ainda não *pagou ao médico*. / Já *pagou aos* empregados? / Amanhã tenho de *pagar à* empreiteira. / Talvez não tenha dinheiro para *lhe pagar*. / É para isso que eu *lhe pago*. / *Pague-lhe* hoje mesmo. / Deus *lhe pague*. / "Corria o risco de se arruinar e não poder *pagar aos* credores. (Ciro dos Anjos, *Explorações no tempo*, p. 171) / "*Pagava* com pontualidade exemplar *ao* alfaiate e *ao* merceeiro." (Alexandre Herculano, *Lendas e narrativas*, p. 174) / "Não teria dinheiro para *lhe pagar*." (Fernando Namora, *O homem disfarçado*, p. 26) / "A mulher do seleiro *pagou-lhe* [ao mascate] e ele arrumou-se para sair." (José Lins do Rego, *Fogo morto*, p. 289) / "As famílias, e em falta delas a Câmara, *pagavam ao* alienista." (Machado de

Assis, *Papéis avulsos, O alienista*, cap.VI) ⇨ Na linguagem informal, neste caso, usa-se geralmente objeto direto: *pagar o médico, pagar os empregados, pagar o colégio*.
3. Pagar alguma coisa a alguém: *Paguei a consulta à secretária do médico*. / *Paguei-lhe a consulta com um cheque*. / *Ele paga pontualmente seus débitos aos credores*. / *Antes de dispensar os empregados, o patrão pagou-lhes o que devia*.
4. Pagar por alguma coisa: *Pagarás caro pelos teus crimes*. / *Quanto pagou pela hospedagem?*
5. Pagar (sem complemento): *Muitos assistem aos jogos sem pagar*.

pago. 1. Particípio irregular de *pagar*. Usa-se tanto na voz passiva como na ativa: *É preciso que os benefícios da previdência social sejam pagos em dia*. / *Por que essa conta ainda não foi paga?* / *Temos pago regularmente nossos débitos.* / *Foi expulso do recinto porque não havia pago a entrada.* "Haviam *pago* para chorar um drama que os conduzira ao tédio." (Vilma Guimarães Rosa, *As Visionárias*, p. 149) ⇨ Veja *pagado*.
| | *Adj.* 2. Que se pagou, quitado: *débito pago, contas pagas*.
3. *Fig*. Vingado: Viu o assassino de seu pai na cadeia: *estava pago*.
4. Recompensado: Ele agora se considera bem *pago dos sacrifícios que fez*.

Δ **-pago.** [Do gr. *pégnymi*, fixar, unir.] *El. de comp*. = 'fixo', 'ligado', 'unido': *xifópago, onfalópago*, etc.

pai de santo. Pl.: *pais de santo*.

paina. *S. f*. Floco branco e sedoso que envolve as sementes da paineira. ⇨ Pronuncia-se *pãina*, nasalizando-se o primeiro *a*, mas sem sobrepor-lhe til, na escrita.

pai-nosso. Oração dominical. Pl.: *pai-nossos* e *pais-nossos*. Há preferência pela primeira forma: "Para não envergonhar a pátria, preferi rezar discretamente uns cinco *pai-nossos*." (João Ubaldo Ribeiro, *O Globo*, 30/10/94) Veja *padre-nosso*.

paixão. *Adj*. relativo a paixão: *passional* (crime *passional*).

palácio. Na acepção de 'sede de um governo', dispensa o artigo, a não ser que esteja determinado: "É verdade que fui a *palácio* várias vezes, mas não consegui abordá-lo." (Lêdo Ivo) / O Presidente da República encontrou-se com o governador *no Palácio das Laranjeiras*.

palato. 1. Adjetivos relativos a palato: *palatal* (consoante *palatal*), *palatino* (véu *palatino*, abóbada *palatina*).
2. Os compostos grafam-se sem hífen: *palatograma, palatolingual, palatoalveolar*, etc.

Δ **paleo-.** [Do gr. *palaiós*, antigo.] *El. de comp*. = 'antigo': *paleografia, paleontologia, paleógrafo, paleozoico* (era *paleozoica*), *paleozoologia*.

palíndromo. [Do gr. *palíndromos*, que corre atrás.] 1. *Adj*. Diz-se da frase ou verso que têm o mesmo sentido, quer se leiam da esquerda para a direita ou da direita para a esquerda.
2. *S.m*. Frase ou verso palíndromo. Exs.: "Orava o avaro." (*Pequeno dic. enc. Koogan Larousse*) / "Átila Toledo mata modelo Talita." (Rômulo Marinho, *apud* Pasquale Cipro Neto, *O Globo*, 12/3/2000) Aos números palíndromos ou palindrômicos, como 505 e 2002, dá-se o nome popular de *capicua*.

palpo. Apêndice móvel do maxilar e do lábio dos insetos.
| Estar (ou ver-se) em *palpos de aranha*: em situação difícil, embaraçosa. ⇨ É a alteração erudita da primitiva expressão popular *em papos de aranha*. A alteração se deve ao fato de as aranhas não possuírem *papo*, mas *palpos*. A maioria dos autores defende as duas formas dessa expressão. Exemplos da forma erudita: "Realmente, quando lá na mata *se vira em palpos de aranha*, nem lhe passara semelhante coisa pela cabeça." (Miguel Torga, *Contos da montanha*, p. 92) / "Francisco Amaro andou em *palpos de aranha* com o sarampo de Maria Clementina." (Marques Rebelo, *O trapicheiro*, p. 112)

Δ **pan-.** [Do gr. *pan*, tudo.] *El. de comp*. = 'tudo': *panteísmo, pandemia, pan-americano, pan-helenismo, pan-islamismo, pambrasileiro, pan-mastite*.
⇨ Antes de *p* e *b* passa a *pam* e usa-se o hífen antes de vogal, *h, m* e *n*. Embora oficial, o hífen antes de vogal é inútil, pois, como ele ou sem ele, pronunciamos, por exemplo, panamericano, como panamenho, unindo o *n* à vogal que se lhe segue. Aliás, por que escrever pan-americano (com hífen) e panorama (sem hífen)?

panariz. *S.m*. Forma popular de *panarício*.

pâncreas. *Adj*. relativo ao pâncreas: *pancreático* (suco *pancreático*).

pânico. [Do gr. *panikós*, 'de Pã', deus da mitologia grega, cuja aparição infundia terror.] *Adj*.
1. De Pã, relativo ao deus Pã; que infunde e espalha pavor: *O terremoto sacudiu a cidade*

espalhando o *terror pânico*. / "A sua [do pai] aproximação, redobrou o *choro pânico* do Guri." (Raquel de Queirós, *Caminho de pedras*, p. 89) / "Os espanhóis, tomados de um *terror pânico* perante a fúria nunca vista do Mar do Norte, fugiram desordenadamente." (Ramalho Ortigão, *A Holanda*, p. 25).
|| *S.m.* 2. Pavor súbito e incontrolável, geralmente de caráter coletivo: Tomadas de *pânico*, as pessoas corriam para os abrigos antiaéreos. ⇨ *Pânico* é, pois, um exemplo de adjetivo que se substantivou: *terror pânico* = *o pânico*.

panturrilha. [Do espanhol *pantorrilla*.] *S.f.* Barriga da perna ⇨ A grafia melhor seria *pantorrilha*.

pão de ló. Plural: *pães de ló*.

pão-duro. *Adj.* e *subst.* Avarento, sovina, mão-fechada: Era um comerciante *pão-duro*. / "O futuro ministro do Planejamento avisa: Seremos um Governo de *pães-duros*." (*O Globo*, 25/12/94) ⇨ É termo da linguagem familiar e tem o feminino igual ao masculino: mulher *pão-duro*.

Papai Noel, papai noel. 1. *Papai Noel* (com iniciais maiúsculas). Personagem lendário que na noite de Natal traz presentes para as crianças.
2. *papai-noel*. Tratando-se do personagem fantasiado de Papai Noel, seria preferível grafar com iniciais minúsculas: Havia um *papai-noel* na entrada da loja. Pl.: *papais-noéis*.
⇨ Não nos parece correto usar maiúsculas nesta acepção, como se costuma praticar.

para. *Para* pode ser: a) Forma do verbo *parar*: O ônibus *para* na praça. Forma substantivos compostos: *para-brisa*, *para-choques*, *para-lama*, *paraquedas*, *paraquedista* e *para-raios*. ⇨ *Para* é palavra tônica e se acentuava para diferenciá-la de *para* (prep.), homógrafo átono. b) Preposição: Fomos *para* casa. ⇨ Apresenta a forma contraída *pra*: Vai *pra* casa. / Há lugar *pra* todos.

Δ **para-.** [Do gr. *pará*, junto de.] *Pref.* Exprime 'proximidade', 'ao lado de', 'semelhança', 'elemento acessório': *parenteral* (via *parenteral*), *paramilitar*, *parapsicologia*, *parassíntese*, *parassimpático*, *paradidático* ⇨ Unem-se os elementos sem hífen.

para as 12 horas. Assim, sem acento gráfico indicador de crase: Apronte o almoço *para as 12 horas*. Faltavam dez minutos *para as 8 horas*.
⇨ A preposição *para* não pode gerar a crase. Esta só ocorre com a preposição *a*. Nos exemplos dados, *as* é simples artigo, e artigo não se acentua.

para cá. Diz-se: Traga-o *para cá* (e não *para aqui*). / Quando vim *para cá* eu era ainda criança.

para com. Não é incorreto o uso da combinação dessas duas preposições. Exs.: Temos obrigações *para com* nossos pais. / Não se justifica a crueldade *para com* os animais. / Seja gentil *para com* todos. / O comandante mostrou-se inexorável *para com* os bandidos. ⇨ Há outros conjuntos preposicionais. Veja *por entre*, *por sobre*, *até a*.

paradoxo (cs). [Do gr. *parádoxos*, contrário à opinião comum.] *S.m.* Contrassenso, absurdo: "O Japão produz esses superávits não por ser forte, mas por fraqueza. Parece um *paradoxo*, mas é isso mesmo." (*Veja*, 12/4/95, p. 8) ⇨ Denomina-se *oximoro* ou *paradoxismo* a figura de estilo em que se reúnem palavras de sentido contraditório para atingir um efeito expressivo. Exs.: *silêncio eloquente*; *feliz culpa*; *covarde valentia*. No hino católico *Exultet*, há este paradoxo referente ao pecado de Adão: "Oh *feliz culpa*, que nos mereceu tal e tão grande Redentor!" Referindo-se a Abraham Lincoln, Raquel de Queirós diz que a magreza e a melancolia espiritualizavam "o rosto *feio* e tão *belo*" do grande presidente americano. (*O caçador de tatu*, p. 12) Para finalizar, um belo exemplo de José de Alencar: "A tarde caía. A solidão começava a encher-se de sombras, de perfumes, de *eloquentes silêncios*." (*Diva*, p. 92)

para ele, para si. Observem-se estes exemplos: a) Quando o cantor chegou, todos os olhares se dirigiram *para ele*; b) Antônio comprou roupas para o filho e *para si*.
No primeiro exemplo, empregou-se *para ele* porque *ele* não se refere ao sujeito da oração (olhares). No segundo, empregou-se *para si* porque *si*, pronome reflexivo, se refere ao sujeito da oração (Antônio).
Portanto, *si* deve usar-se com sentido reflexivo, isto é, deve referir-se ao sujeito da oração. Caso contrário, empregar-se-á *ele* ou *ela*. Comparem-se as duas frases seguintes e observe-se como a troca do pronome lhes altera o sentido: Lúcia pôs o vestido que a mãe fez *para ela*. (*ela* = Lúcia) / Lúcia pôs o vestido que a mãe fizera *para si*. (*si* = *a mãe de Lúcia*)
Referindo-se a um escritor que ela entrevistara, escreveu certa jornalista: "Ele ouve atentamente a mais simples pergunta. Faz uma

longa pausa para responder cada uma, como se buscasse no seu íntimo uma resposta *para ele mesmo*." O correto é:"...como se buscasse uma resposta *para si mesmo*."
Como a jornalista, muitos usam, erradamente, *para ele, para ela*, quando só tem cabimento *para si*. Para não errar, basta seguir esta regra: Sempre que o sujeito é o beneficiário da ação expressa pelo verbo, dir-se-á *para si* ou *para si mesmo*, desde que o pronome reflexivo *si* não venha seguido de infinitivo. Exemplos: João reservou o melhor lugar *para si*. / A mãe trabalha para os filhos e *para si*. / Ninguém deve fazer aos outros o que não deseja *para si mesmo*. / José construiu a casa *para si*. ⇨ Mas: José construiu a casa *para ele* morar com os pais. Veja o verbete *si*.

para eu, para mim. Diz-se corretamente: Meu pai comprou o material *para eu fazer* (e não *para mim fazer*) o balão. / Deram-me um formulário *para eu preencher*. / Ela trouxe uma revista *para eu ler* na viagem.
Em frases como essas, o pronome *eu* é o sujeito do infinitivo que o acompanha, por isso é erro grave substituí-lo por *mim*. Este se usa como complemento: Ele entregou a bola *para mim*. / Meu pai precisa *de mim*. / *Para mim*, ele foi vítima de uma emboscada. / "Mas eu o exasperava tanto que se tornara doloroso *para mim* ser o objeto do ódio daquele homem que de certo modo eu amava." (Clarice Lispector, *Felicidade clandestina*, p. 100) ⇨ Veja *mim* e *para mim*.

paraíso. Adj. relativo a paraíso: *paradisíaco* (recanto *paradisíaco*).

paralelepípedo. Forma correta. Não existe a forma *paralepípedo*.

para mim. Emprega-se *mim* como complemento: Todos olharam *para mim*. / Compraram roupa nova *para mim*. / Não foi difícil *para mim* vencer a luta. / A proposta era vantajosa *para mim*. / É uma grande honra *para mim* participar dos debates. / "Tornou-se então um desafio *para mim* elaborar uma linguagem poética que expressasse a complexidade do real..." (Frederico Gullar, *Sobre poesia*, p. 164) / Era penoso *para mim* atender sozinho a tanta gente. ⇨ No último exemplo, *mim* não é sujeito de *atender*, mas complemento de *penoso*. Veja *para eu, para mim*.

parar. No sentido de *cessar, deixar de (fazer algo)*, emprega-se *parar* seguido da prep. *de* + *infinitivo*, ou seguido de *com* + *substantivo*: Parem de discutir. / *Parem de* reclamar. / *Parem com* essa discussão. / *Pararam com* as reclamações ⇨ A prep. *com*, neste caso, transmite mais vigor a uma ordem. Comparem-se: *Parem* a discussão. / *Parem com* a discussão.

para si. Veja o verbete *para ele, para si*.

parasita. [Do gr. *para*, ao lado, + *sitos*, alimento.] *S.f.* 1. Vegetal que se nutre da seiva de outro: A erva-de-passarinho é uma *parasita*. / Ele exterminou as *parasitas* do pomar.
|| *Adj*. 2. Que se nutre da seiva de outro vegetal: As orquídeas não são plantas *parasitas*, mas epífitas. ⇨ Veja *parasito*.

parasito. [Do gr. *parásitos*, comensal.] *S.m.* 1. Animal ou organismo que se nutre do sangue ou da matéria de outro, no qual se instala: Os piolhos e os vermes intestinais são *parasitos*. ⇨ Nesta acepção também se usa a forma *parasita*: "Os *parasitas* podem ser classificados sob diversos aspectos." (José Luís Soares, *Dicionário de biologia*, p. 349)
2. Pessoa que não trabalha e vive à custa de outro: Os maridos delas eram *parasitos*. ⇨ Nessa última acepção; usa-se geralmente a forma *parasita*: É preciso que a sociedade se livre dos *parasitas*. Derivados: *parasitismo, parasitologia, parasitar, parasiticida, parasitário* (vida *parasitária*).

para todo o sempre. *Loc. adv.* Para sempre: "A oração calou *para todo o sempre*." (A. Herculano, *apud* Aulete) / "Ninguém lhes podia falar. Quem o fizesse ficava *para todo o sempre* desonrado." (Medeiros e Albuquerque, *apud* João Ribeiro, *Páginas escolhidas*, II, p. 173) / "Tenho o direito de conhecê-lo antes de entregar-me a ele sem reserva e *para todo o sempre*." (José de Alencar, *Diva*, p. 134)

para trás. Desta forma e não *para atrás*: Ela olhou *para trás*. / O gato pulou *para trás*. / Não ande *para trás*.

parco. [Do lat. *parcus*.] *Adj*. Que poupa, que economiza; parcimonioso, moderado: *homem parco de palavras, crítico parco em elogios, escritor parco em adjetivos*; não abundante: *parca refeição*; minguado, escasso: *parcos meios de vida, parcos rendimentos*. Superlativo: *parcíssimo*.

parecer. No sentido de *dar a impressão*, o verbo *parecer*, seguido de infinitivo, admite duas construções:
1. *Parecer* no plural e infinitivo no singular: As estrelas, no céu puro, *pareciam sorrir* de minhas veleidades. / Os carregadores *parecem sucumbir* ao peso dos fardos.

2. *Parecer* no singular e infinitivo no plural: As estrelas, no céu puro, *parecia sorrirem* de minhas veleidades. / Os carregadores *parece sucumbirem* ao peso dos fardos. / *Parece terem* razão os defensores da ideia. / "As três meninas, graves, silenciosas, com os olhos no prato, *parecia não escutarem* o que se dizia." (Ramalho Ortigão, *A Holanda*, p. 253) / "Todas as sombras, todos os equívocos, todas as dúvidas *parecia haverem* desaparecido ao clarão poderoso da ideia evolucionista." (Oliveira Viana, *Evolução do povo brasileiro*, p. 22)
Usando-se a oração desenvolvida em vez da infinitiva, *parecer* concorda no singular: Os dois homens *parecia* que estavam embriagados. / "Outros, de aparência acabadiça, *parecia* que não podiam com a enxada." (José Américo de Almeida, *A bagaceira*, p. 17) / "Os esqueletos das árvores *parece* que se estorcem de sofrimento." (Gustavo Barroso, *Terra de Sol*, p. 21) / "Os grandes quilombos *parece* que acabaram." (Autran Dourado, *Os sinos da agonia*, p. 25)
No singular também fica o v. *parecer*, no sentido de *afigurar-se*, em construções do tipo: 'São minúcias essas que me *parece* desnecessário comentar.' [= comentar as quais *parece-me* desnecessário.] Nas frases do item 2, *parecer* concorda no singular porque o sujeito é uma oração. Veja *sujeito oracional*.
Observar que, no sentido de *afigurar-se*, se constrói *parecer* com objeto indireto de pessoa: Nosso projeto *pareceu* exequível *ao engenheiro*. / Nosso projeto *pareceu-lhe* exequível. / Sua proposta *parece-me* boa. / *Pareceu-nos* pouco segura a construção.

parecer-se. *V. i.* Assemelhar-se. A regência geralmente usada é *parecer-se com*, mas *parecer-se a* também é correta: Em tudo ela *se parece com* a mãe. / Ele não *se parecia a* ninguém da família. ⇨ Em linguagem disciplinada se diz *parecer-se com*, e não *parecer com*, sem o pronome átono: O menino *se parecia* muito com o pai. / Com quem o senhor acha que *nos parecemos*? / Achas que não *me pareço* com ele? — Tu *te pareces* com ele como um ovo com um espeto.

parede. *S.f.* Tem, entre outros, o significado de *greve*. De *parede*, nesta acepção, deriva *paredista* (= grevista): Os líderes do movimento *paredista* na Petrobras foram punidos pela empresa.

parede-meia. *S.f.* Parede comum entre dois prédios ou quartos contíguos. Usa-se mais frequentemente no plural: A filha casada morava *paredes-meias* com a mãe. / Meu quarto ficava *paredes-meias* com o de um bancário. / "*Paredes-meias* com a catedral, ... está a universidade calvinista." (Ramalho Ortigão, *A Holanda*, p. 204) / "Viveu sempre *paredes-meias* com a loucura." (Agripino Grieco, *Gralhas e pavões*, p. 111)

parente. A forma feminina é *parente* ou *parenta*: Ela é *parente* do prefeito. / "Elza e Teresa são *parentas* muito próximas." (Aurélio) / "Apenas uma *parenta* não compareceu ao casamento: a prima Maria Benigna." (Herberto Sales, *Rebanho do ódio*, p. 30)

pari passu. *Loc. latina*. A passo igual, lado a lado; ao mesmo tempo: O progresso e o conforto caminham *pari passu*. / "À medida que forem adquirindo o vocabulário do Direito, ... sentirão crescer *pari passu* os seus conhecimentos jurídicos." (Miguel Reale, *Lições preliminares de direito*, p. 9) ⇨ É errado dizer *a pari passu*. Pronuncia-se *pári pássu*.

parir. [Do lat. *parere*, dar à luz.] *Indic. pres.*: pairo, pares, pare, parimos, paris, parem. *Subj. pres.*: paira, pairas, paira, pairamos, pairais, pairam. *Imper. neg.*: não pairas, não paira, não pairamos, não pairais, não pairam. Regular nos outros tempos. Mais usado nas formas em que ao *r* do radical se segue a vogal *i*. Cognatos: *parto, parteira, parturiente*, etc. *Fig*. Engendrar, produzir, dar a lume: Minha imaginação *paria* monstros. / Ele acabou de *parir* um novo livro.

paroara. *S.m.* e *f*. Nordestino que vive na Amazônia como seringueiro: "... como se fossem *paroaras*, sem ter ido cortar seringa no Amazonas." (Austregésilo de Ataíde, *Vana verba*, p. 48) ⇨ Variante de *parauara* (tupi *para wara*).

parônimos. São palavras com certa semelhança na escrita e na pronúncia e com significados diferentes: *eminente / iminente, infligir / infringir, osso / ouço, ratificar / retificar*, etc.

paropsia. [De *para* + *-opse-* + *-ia*.] *S.f.* Designação genérica dos defeitos da visão. Os substantivos terminados em *-opsia* referem-se, em geral, a defeitos de visão. São palavras de prosódia oscilante. Com exceção de *autópsia, biópsia* e *necrópsia* (generalizadamente assim pronunciadas), recomenda-se proferir as demais com o acento tônico no *i* do sufixo *-ia: acianopsia, acromatopsia, anopsia, diacromatopsia, discromatopsia,* (ou *discromopsia*), *hemianopsia, paropsia, protanopsia, miiodopsia, xantopsia*. Veja o verbete *-opse, -opsia*.

paroxismo (cs). [Do gr. *paroxysmós*, excitação, exacerbação.] *S.m.* 1. Manifestação súbita e

aguda de uma doença, ataque: Nos *paroxismos* epilépticos o paciente perde a consciência.
2. *Fig.* Intensidade máxima de um sentimento, de uma paixão; auge: Quando não controladas, as paixões se exacerbam até o *paroxismo*. / "Levando a crueldade ao *paroxismo*, o autor acaba por transformar as personagens em vítimas de si mesmas." (Maria José de Queirós, *A literatura e o gozo impuro da comida*, p. 244)
⇨ O *x* profere-se *cs*, como em *óxido*. Veja *oxi-*.

parte de. Esta expressão, seguida de substantivo ou pronome no plural, leva o verbo ao singular ou ao plural, indiferentemente, mas a tendência é deixar o verbo no singular: Parte de seus manuscritos *se perdeu* (ou *se perderam*). / Parte das doações não *chegou* (ou *não chegaram*) ao seu destino. / Parte deles *morreu* (ou *morreram*) na fuga, porque *estava doente* (ou *estavam doentes*). / "Apenas uma parte dos assentados *são* mesmo agricultores." (Roberto Campos, *Na virada do milênio*, p. 426) Veja *a maioria de*.

participar. Na acepção de *ter parte* ou *tomar parte*, constrói-se com a preposição *de* (regência usual) ou *em* (regência rara): *participar dos* (ou *nos*) debates, *participar dos* (ou *nos*) lucros da empresa. ⇨ A preposição *em*, no caso, se justifica pelo sentido do verbo: *tomar parte em* alguma coisa.

particípio. 1. Com os verbos *ser* e *estar* usa-se, geralmente, a forma irregular (quando houver) do particípio: As luzes eram *acesas* ao anoitecer. / O livro foi *impresso* em bom papel. / Estava *extinto* o cativeiro.
2. Usa-se também a forma irregular do particípio em orações reduzidas adverbiais: *Extinto* o incêndio, os bombeiros retiraram-se. / *Salvos* os náufragos, era preciso abrigá-los. / *Limpa* a sala, estenderam-se os tapetes. / *Pego* o assaltante, a cidadezinha respirou aliviada.
3. Os pronomes oblíquos se colocam sempre antes do particípio, e nunca depois: Ela *o tinha* (ou *tinha-o*) prevenido. / Os presos *haviam-se* (ou *se haviam*) revoltado. / Talvez *lhe tivessem conseguido* um bom emprego. / Ninguém *me havia atendido*. / *Tinha-se esquecido* (ou *tinha se esquecido*) de levar o dinheiro.
4. O particípio concorda com o subst. a que se refere: *terminados* os trabalhos, todos se retiraram / *Feita* a limpeza, respirou aliviada. / *Feitas* as contas, notou que ainda devia.

partilhar. Na acepção de *tomar parte em*, *compartilhar*, rege objeto direto ou indireto, indiferentemente: Ele *partilhou os ideais* (ou *dos ideais*) que nortearam nossa existência. / Os pais *partilham* com os filhos *as alegrias* (ou *das alegrias*) da vida. / "Meu pai não *partilhava desse* entusiasmo." (Vivaldo Coaraci, *Todos contam sua vida*, p. 66) / "Oh! A Inglaterra convidava a Europa a *partilhar* com ela a honra de pacificar o Egito!" (Eça de Queirós, *Cartas de Inglaterra*, p. 168) / "João Doca queria que eu *partilhasse* a sua comida." (Herberto Sales, *Rio dos Morcegos*, p. 140) / "Morreu ferreiro, porque não quis *partilhar das* honras de seu irmão." (Camilo Castelo Branco, *apud* Francisco Fernandes)

parusia. [Do gr. *parousía*, presença, chegada.] *S.f.* Volta gloriosa de Jesus Cristo ao mundo, no final dos tempos, para o Juízo Final: "Com efeito, a ressurreição dos mortos está intimamente associada à *parusia* de Cristo." (*Catecismo da Igreja Católica*, p. 282) ⇨ Variante prosódica não recomendável: *parúsia*.

pascer. [Do lat. *pascere*, alimentar, apascentar, pastar.] *V. t. d.* 1. Pastar, comer a erva: O gado *pascia* o capim viçoso.
2. Fazer pastar, apascentar: Os pastorinhos *pascem* o gado nas campinas.
3. *Fig.* Dar prazer, deleitar, recrear: O poeta *pascia* os olhos na repousante paisagem.
V.i. 4. Pastar: "Não mais o gado *pasce* onde, nédio, *pascia*." (Raul Machado, *Poesias*, p. 8)
V. pron. 5. Deleitar-se, recrear-se: Seus olhos *se pasciam* na beleza das praias virgens. ⇨ Defectivo nas formas em que ao *c* se seguem *o* ou *a*.

pasmado. *Adj.* Cheio de pasmo, admirado, atônito: "Na rua, crianças e moleques espiavam *pasmados*." (Machado de Assis, *Quincas Borba*, p. 112) / "A menina abriu os olhos *pasmados*." (Clarice Lispector, *Felicidade clandestina*, p. 46) Veja *pasmo*.

pasmar. *V. i.* 1. Ficar pasmado, estupefato, muito admirado: Ao ouvir aquela revelação, *pasmou*.
2. Causar pasmo, encher de admiração: O que *pasma* é vê-lo na miséria, ele que era tão rico.
V. t. d. 3. Causar pasmo ou admiração a: O mágico *pasmou* as crianças.
V. t. i. 4. Ficar pasmado, admirar-se muito de: "O homem *pasmava dos* nomes daqueles objetos, nenhum dos quais soava portuguesmente." (Camilo Castelo Branco, *A Queda dum Anjo*, p. 121)

pasmo. *Subst.* 1. Assombro, espanto: Causou-lhe *pasmo* a história que lhe contei. ⇨ Ad-

jetivo derivado: *pasmoso* (que produz pasmo, assombroso).
|| *Adj.* 2. Pasmado, assombrado, atônito: Olhavam *pasmos* para os acrobatas, quase não acreditando no que viam. / "Ele ficou *pasmo*, sem palavras." (Carlos Drummond de Andrade, *Obra completa*, p. 481) / "A fala de Maria me deixava *pasmo*." (Guilherme Figueiredo, *Maria da Praia*, p. 121) / E Anastácio Agulha saiu estrondosamente, deixando as mulheres *pasmas*, olhando uma para a outra de boca aberta." (Luís Guimarães Júnior, *A família Agulha*, p. 135) ⇨ Tão generalizado está na fala do povo e na literatura o emprego de *pasmo*, como adjetivo, que não há senão aceitá-lo, mesmo contra o veto dos gramáticos. Prefere-se *pasmo* a *pasmado* por ser palavra mais concisa e cômoda.

passados tantos anos. *Passado*, particípio, deve concordar com o substantivo que se lhe segue: *Passados* (e não *passado*) já tantos anos, essas lembranças continuam vivas em mim. / *Passadas* já mais de três semanas, não se vislumbra solução para o caso.

passar. Com referência às horas, na acepção de 'ser mais de', *passar* é verbo impessoal, isto é, sem sujeito. Por isso, fica obrigatoriamente na 3ª pessoa do singular: *Quando acordei, passava das 9 horas*. No singular também permanece o verbo *dever*, quando forma locução com *passar: Devia passar das 11 horas da noite*. Têm a concordância errada estas frases colhidas de um livro de contos de uma escritora moderna: "... você julgava que não *passavam* de cinco horas da tarde." / "Já *deviam passar* das oito." Equivocadamente, a escritora tomou a palavra *horas* por sujeito da oração, o que a levou a usar o verbo *passar* no plural. ⇨ *Passar*, na acepção de *decorrer*, concorda normalmente com o sujeito: *Passou* (ou *passou-se*) uma hora e ninguém apareceu. / *Passaram* (ou *passaram-se*) duas horas e a chuva continuava forte. / *Passaram* (ou *passaram-se*) três meses desde o desaparecimento dele.

passar em branca nuvem. Veja *nuvem*.
passar em julgado. Veja *julgado*.
passar revista a. Expressão correta, vernácula, se bem que menos usada que a concorrente francesa *passar em revista*: "*Passava revista a* tudo aquilo que havia anos sonhava possuir." (Antônio Olavo Pereira) / O comandante *passou* as tropas *em revista*. / "A equipe iria agora *passar revista aos* doentes, separando os casos cirúrgicos que necessitavam de intervenção urgente." (Fernando Namora, *O homem disfarçado*, p. 37) / "*Passava* rapidamente *em revista* os acontecimentos dessa noite." (Id., Ib., p. 112) / "O certo é que ali, com efeito, *passara* o imperador D. Pedro *a sua última revista ao* exército liberal." (Almeida Garrett, *Viagens na minha terra*, p. 60) / "*Passou revista à* casa e não encontrou o documento." (Dicionário da Academia das Ciências de Lisboa) / "*Passei* depois *revista a* algumas companhias de cavalaria..." (Oliveira Viana, *Evolução do povo brasileiro*, 4ª ed., p. 235)

passear. Na conjugação deste verbo, insere-se um *i* nas formas rizotônicas. *Ind. pres.*: passeio, passeias, passeia, passeamos, passeais, passeiam. *Subj. pres.*: passeie, passeies, passeie, passeemos, passeeis, passeiem. *Imperat. afirmat.*: passeia, passeie, passeemos, passeai, passeiem. São erros primários: passeiamos, passeiávamos, passeiava, passeiasse, passeiássemos, em vez de *passeamos, passeávamos, passeava, passeasse, passeássemos*.

pastel. [Do it. *pastello*.] *S.m.* 1. Em artes plásticas, bastão feito com giz a que se adicionam pigmentos de várias cores; processo de pintura com pastel; obra feita por esse processo.
|| *Adj.* 2. Suave como os tons do pastel; da cor do pastel: botões *pastel*; tons *pastel*; saias *pastel*; "Os vestidos de gala produziam um colorido alegre em tons *pastel*." (Maria Filomena B. Lepecki, *Cunhataí*, p. 36) ⇨ Como adjetivo, é invariável em gênero e número.

pastor. Adjetivos relativos a pastor: *pastoril* (trabalho *pastoril*); *pastoral* (de pastor espiritual: atividade *pastoral*).

Δ **-pata.** [Do gr. *páthe*, sofrimento, mal, doença.] *El. de comp.* = 'pessoa que sofre de doença': *cardiopata, neuropata, psicopata*, etc. Excepcionalmente, *alopata* e *homeopata* não designam pacientes, mas os terapeutas, os médicos que utilizam a alopatia e a homeopatia. Veja *pato-*.

patena. *S.f.* Pequeno prato, geralmente de ouro, em que o celebrante coloca a hóstia, na missa, e que serve para cobrir o cálice. ⇨ Os dicionários registram também a prosódia *pátena*, mas a pronúncia usual nos meios eclesiásticos é *patena(ê)*: "Oferecendo num gesto muito expressivo a hóstia sobre a *patena*, diz o sacerdote a oração seguinte..." (*Missal quotidiano*, p. 679, Tipografia Beneditina Ltda., Salvador) / "Padre futuro, estava assim diante dela como de um altar, sendo uma das faces a Epístola e a outra o Evangelho. A boca podia ser o cálix, os lábios a *patena*." (Machado de Assis, *Dom Casmurro*, cap. XIV)

pátina. *S.f.* 1. Oxidação das tintas pela ação da luz e do tempo; concreção esverdeada que se forma em objetos de cobre, bronze e de outros metais. 2. *Fig.* Envelhecimento: A beleza da mulher não resiste à *pátina* dos anos. ⇨ Distinguir de *patena*✻ e de *patina* (forma do v. *patinar*).

patinhar. [De *pato* + *-inhar*.] *V. i.* 1. Agitar a água como os patos; bater com os pés ou as mãos na água: Crianças *patinhavam* nas poças. 2. Andar, pisando (em água, lama, neve): Para atravessar a estrada tive que *patinhar* na lama. 3. Não sair do lugar um veículo, cujas rodas ficam girando sem imprimir deslocamento: Na estrada lamacenta os caminhões atolavam e *patinhavam*, roncando. *Fig.* Não avançar, não prosperar (empresa, economia, negócio, etc.) ⇨ Na acepção 3, não se recomenda usar *patinar* (deslizar sobre patins).

Δ **pato-.** [Do gr. *páthos*, sofrimento.] *El. de comp.* = 'sofrimento', 'doença': *patologia, patogenia*. Cognatos: *neuropata, psicopata*. Veja *-pata*.

paulista, paulistano. 1. *Paulista.* Relativo ao Estado de São Paulo, natural de SP: indústria *paulista*; escritor *paulista*. 2. *Paulistano.* Relativo à cidade de São Paulo, natural dessa cidade: comércio *paulistano*; prefeito *paulistano*; escritor *paulistano*.

pavês. [Do it. *pavese*.] *S.m.* Escudo grande: "Os *paveses* eram grandes anteparos quadrados ou oblongos que serviam para proteger todo o corpo do arcabuzeiro, quando se voltava para carregar a arma." (Sérgio Buarque de Holanda, *Caminhos e fronteiras*, p. 136) ⇨ Não tem nada a ver com *pavês*, plural de *pavê* (do fr. *pavé*), doce feito com palitos-franceses dispostos em camadas entremeadas de pasta de chocolate, gemas e manteiga.

pé-de-meia. *S.m.* Pecúlio, economias, dinheiro acumulado e guardado: Conseguiu, com muito trabalho e sacrifício, juntar o seu *pé-de-meia*. ⇨ O plural é *pés-de-meia*, tal como *pés de cabra, pés de galinha, pés de pato* etc.

Δ **pedi-, -pede.** [Do lat. *pes, pedis, pé*.] *El. de comp.* = 'pé': *pediforme, pedicuro, pedialgia, pedilúvio, bípede, quadrúpede*.

Δ **-pedia.** [Do gr. *paideia*, educação.] *El. de comp.* = 'educação', 'correção': *ortopedia, misopedia, zoopedia, enciclopédia* (educação geral; conjunto dos conhecimentos para uma educação completa; obra que reúne todos os conhecimentos humanos). Cognatos: *pedagogia, pedagogo*.

pedicuro. [De *pedi-* + *curare*.] *S.m.* Profissional que se dedica ao tratamento e embelezamento dos pés: "... outras perspectivas se abrem a quem aspire a corretor opcionista, *pedicuro*, coordenador de vendas." (Carlos Drummond de Andrade, *Caminhos de João Brandão*, p. 121) Fem.: *pedicura*. ⇨ Esta palavra veio-nos através do francês *pédicure*, forma geralmente usada tanto no masculino (o *pedicure*), como no fem. (a *pedicure*). Veja *manicure*.

pedigree. *S.m.* Linhagem, estirpe, registro genealógico de um animal de raça, particularmente de cães e cavalos. ⇨ Seria conveniente aportuguesar este anglicismo, grafando *pedigri*, por ser palavra de uso generalizado. Em jornais e revistas ocorrem exemplos de *pedigree* usado com referência a pessoas, geralmente com sentido depreciativo. O *Dicionário de usos do português do Brasil*, de Francisco Borba, traz esta abonação: "Era um comunista de *pedigree* mesmo." O dicionário Houaiss e o da Academia das Ciências de Lisboa apadrinham tal emprego.

pedir. *Ind. pres.*: peço, pedes, pede, pedimos, pedis, pedem. *Subj. pres.*: peça, peças, peça, peçamos, peçais, peçam. *Imperat. afirm.*: pede, peça, peçamos, pedi, peçam. *Imperat. neg.*: não peças, não peça, não peçamos, não peçais, não peçam. Regular nos demais tempos.

pedir emprestado. Nesta expressão, *emprestado* deve concordar com o substantivo que expressa a coisa emprestada: Pedi *emprestada* a máquina a um amigo. / Pediu-me *emprestados* mil reais. / Devolva as coisas que você pedir *emprestadas*. Veja *emprestar*.

pedir para. 1. De acordo com a gramática tradicional, a construção *pedir para alguma coisa* só é correta quando se pode subentender uma das palavras *licença, permissão, autorização*, como nas frases: Ele *pediu* ao porteiro *para entrar* no prédio. / O aluno *pediu para sair* antes do fim das aulas. Isto é: Ele *pediu licença para* entrar... / O aluno *pediu autorização para* sair... / "Minha mãe ficou perplexa quando lhe *pedi para ir* ao enterro." (Machado de Assis, *Dom Casmurro*, cap. 89) / "Como expressão de sua derradeira vontade, o condenado *pediu* apenas *para escrever* à sua mulher a carta memorável que lhe deixou." (Ramalho Ortigão, *A Holanda*, p. 149) Inexistindo subentendimento de *licença*

ou *autorização*, deve-se usar a construção *pedir que...*: O anfitrião *pediu* à servente *que servisse* vinho francês (e não *pediu para servir* vinho francês). / *Pedimos* ao professor *que repetisse* a explicação. / "*Pedira* delicadamente *que não se deixasse* exposto à vista nada de valor." (Carlos Drummond de Andrade, Obra completa, p. 852) / "Mariana *pediu* a Valentim *que alugasse* uma das casas para pousarem." (Ana Miranda, O retrato do rei, p. 93) / "O chefe da seção *pediu-me que comparecesse* ao desembarque do ministro." (Ciro dos Anjos, O amanuense Belmiro, p. 105)
2. Vetado é também usar *pedir para que* (em vez de *pedir que*), como nesta frase de um jornal paulistano: "O bispo gravou uma mensagem para a TV Record, da qual é dono, *pedindo* aos seus seguidores *para que orem e jejuem* por ele."
3. Cabe observar, entretanto, que não há, entre os gramáticos, consenso sobre a matéria, pois frequentemente se deparam, em escritores de renome, abonações da sintaxe condenada. Eis alguns exs.: "Um mouro viera aí *pedir* a sua reverência *para ir ver* uma pobre mulher que se morria." (Alexandre Herculano, apud Francisco Fernandes) / "Há dias, o Coronel me *pediu para dar* um pulo à casa dele uma dessas tardes." (Otto Lara Resende, O braço direito, p. 64) / "*Peço para me guardarem* a mala." (José Geraldo Vieira, A ladeira da memória, p. 8) / "Vovó ficou sozinha, me *pediu para voltar* logo." (Antônio Olavo Pereira, Marcoré, p. 222) / "José Bispo *pede* à mulher *para servir* a ceia, pergunta pelo filho." (José Condé, Terra de Caruaru, p. 61) / "Os que não sabiam ler *pediam* a outros *para que* lessem em voz alta." (José Lins do Rego, apud L.C. Lessa) / "Ela estava doente, coitada: eu ia lá às vezes. Mandava-me *pedir para ir* lá." (Eça de Queirós, O primo Basílio, p. 241)
4. Como se trata de um caso controvertido, recomendamos que, pelo menos na linguagem culta formal, se siga, acerca do verbo *pedir*, a doutrina tradicional, podendo-se usar as construções incriminadas na comunicação familiar do dia a dia. Veja *dizer para* e *pedir que*.

pedir que... Regência preferível a *pedir para*, seguido de infinitivo, em construções como: *Peço* a Vossa Senhoria *que me forneça* detalhadas informações sobre as causas do acidente. / "Ela me *pede que repita* o nome." (Ana Miranda, A última quimera, p. 12) / "E eis que o homem importante lhe *pede que o acompanhe*." (Viana Moog, Lincoln, p. 113) / "Gonçalo *pediu* ao velho *que puxasse* o ferro da sineta.*" (Eça de Queirós, A ilustre casa de Ramires, p. 101) Veja *pedir para*.

Δ **pedo-**. [Do gr. *pais, paidós*, criança.] El. de comp. = 'criança': *pediatria, pediatria, pedofilia, pedófilo*.

pedra. Adj. relativo a pedra: *pétreo* (consistência *pétrea*).

pedras preciosas. Adj. relativo a pedras preciosas: *gemológico*★.

peemedebista. *Adj.* 1. Relativo ao PMDB; que é partidário deste partido político.
|| S.m. e f. 2. Partidário do PMDB. Variante: *pemedebista*.

pegada. S.f. Marca que o pé deixa no solo, pista, vestígio. ⇨ É substantivo paroxítono: *pegada* (gá).

pegado, pego. Particípios do verbo *pegar*. 1. *Pegado*. Se usa com os verbos *ter* e *haver*: Homens da vizinhança *tinham* (ou *haviam*) *pegado* o animal.
2. *Pego*. Forma contrata de *pegado*, se usa, de regra, com os verbos *ser* e *estar*: O cão *foi pego* pelos moradores da vizinhança. / O animal *estava pego*.
Há tendência para se usar *pego* na forma ativa: Um morador vizinho *tinha* (ou *havia*) *pego* o animal. ⇨ A pronúncia correta é *pêgo*. *Pego*, com a vogal *e* aberta, é forma do v. *pegar* (eu pego) e significa também *pélago, abismo marítimo*.

pegar. [Do lat. *picare*, untar com pez.] Damos as acepções e regências que merecem atenção.
1. Aderir, grudar: O selo não *pegou* bem. / O chiclete *pegou* no cabelo do menino.
2. Transmitir-se por contágio: Essa doença *pega*.
3. Propagar-se, difundir-se: Felizmente, a moda não *pegou*.
4. Surpreender: A chuva *pegou-os* no caminho. / A patroa de Gilda *pegou-a* roubando joias.
5. Segurar, tomar: Pegou *na* mão do pai e a beijou. / "O marido *pegou-lhe na* mão, ela ficou de pé e calada." (Machado de Assis, Quincas Borba, p. 92) / "*Peguei-lhe no* braço. Mas ela soltou-se." (Davi Mourão Ferreira, Antologia do moderno conto português, p. 284)
6. Agarrar (um objeto ou instrumento para utilizá-lo): "Chegou a costureira, *pegou do* pano, *pegou da* agulha, *pegou da* linha, enfiou a linha na agulha e entrou a coser." (Machado de Assis, Várias histórias, p. 230) / "Juca, volte à oficina, *pegue da* enxó e *da* plaina e trabalhe como

de costume." (Carlos Drummond de Andrade, *Obra completa*, p. 856) ⇨ A prep. *de*, neste caso, é expletiva. Pode-se dizer: *pegar a agulha, a linha, a plaina, o martelo*, etc.
7. Contrair, adquirir por influência de: *Peguei uma forte gripe de meu irmão.* / *Pegou do colega a mania do surfe.* / "Não *lhe pegam* os vícios dos outros." (Coelho Neto, *Obra seleta*, p. 316)
8. Começar: A turma *pegou* cedo no trabalho. / Aposentado, *pegou de* (ou *a*) jogar e beber.
9. Procurar proteção, recorrer a: Desesperada, *pegou-se com* a Virgem Maria.
10. Brigar, atracar-se: É frequente torcidas organizadas *pegarem-se* nos estádios.

Pégaso. Cavalo alado da mitologia grega. É palavra proparoxítona.

peixe. Adjetivos relativos a peixe: *písceo, ictíico, piscoso* (rio *piscoso*), *pisciforme, piscívoro.* Relativo ao signo de Peixes: *pisciano.*

pela. *s.f.* Bola usada no jogo da pela; o jogo da pela. Acentuava-se para distingui-lo do homógrafo *pela*, contração de *per + a* (subir *pela* escada). ⇨ O novo AO aboliu o acento diferencial desse subst., que se pronuncia *péla.*

pela, pelas, pelo. Formas do verbo *pelar*: eu *pelo*, tu *pelas*, ele *pela*. Acentuavam-se para diferenciá-los das contrações átonas *pela, pelas, pelo.* ⇨ O novo AO aboliu o acento diferencial dessas formas.

pele. Adjetivos relativos à pele: *cutâneo* (do lat. *cutis*), *epidérmico.*

pelo, pela. 1. Em escritores clássicos, a antiga prep. *per* aparece frequentemente contraída com os pronomes pessoais oblíquos *o, a, os, as*: "Não pudera o estudante fazer grandes progressos, *pelo* não ajudar a memória rude e pesada..." (João Francisco Lisboa, *Vida do padre Antônio Vieira*, p. 5) / "Bem fácil é pulverizar a opinião alheia, quando, para a contestar, principiamos *pela* inverter e adulterar." (Rui Barbosa, *apud* Mário Barreto, *Novos estudos*, p. 119) É considerada arcaica essa linguagem. Hoje diríamos: *por não o ajudar a memória; principiamos por a inverter e adulterar* (ou *por invertê-la e adulterá-la*).
2. Convém lembrar que *pelo* pode ser também a contração da prep. *per* com: a) o artigo *o*: andar *pelo* campo; b) o pronome demonstrativo *o*: Troquei meu livro *pelo* de João. / Oremos *pelos* que morreram. / *Pelo* que dizem, o mundo não acabará tão cedo. Veja *pela, pelo* e *pelo que.*
3. Evitem-se construções como: "Agradeçamos a Deus *pelo* Sol existir." Diga-se: "Agradeçamos a Deus *por existir* o Sol" ou melhor: "Agradeçamos a Deus *a existência* do Sol." No *JB* de 9/9/2004 lê-se: "Outras impugnações ocorreram *pelos* candidatos serem analfabetos." Melhor construção: "Outras impugnações ocorreram *por serem* os candidatos analfabetos."

pelo que. A expressão correta é *pelo que*, e não *pelo o que*: A julgar *pelo que* os jornais dizem, o prefeito não tomou todas as medidas necessárias. ⇨ A contração *pelo* já encerra o pronome demonstrativo *o*. É, portanto, redundância viciosa repeti-lo.

pelo, pelos. *S.m.* Cabelo(s). Acentuavam-se (pêlo, pêlos) para distingui-los dos homógrafos átonos *pelo, pelos*, contrações de *per + o, per + os* (andar *pelo* campo; lutar *pelos* pobres). ⇨ O Acordo Ortográfico de 1990 eliminou o acento diferencial.

pelo valor e beleza. Por concisão, pode-se dizer: As esmeraldas são muito cobiçadas *pelo valor e beleza.* [Em vez de: *pelo* valor e *pela* beleza.] / Andava sozinho *pelos* campos e matas. / "Mas na região do litoral, que foi a melhor e mais cedo conhecida, predominam *pelo* número e valentia os tupis." (João Ribeiro, *História do Brasil*, p. 49)

pelve. Adjetivos relativos a pelve: *pélvico, pelviano.*

penalizado. *Adj.* Que sente pena, condoído, compadecido: Assisti, *penalizado*, ao resgate das vítimas do acidente. / "Vinha agora mais frequentemente consolar a amiga, *penalizado* pelo seu destino." (Orígenes Lessa, *O feijão e o sonho*, p. 137) / "Corri a vê-lo, recebeu-me com polidez, mas frio e triste, vexado, *penalizado.*" (Machado de Assis, *Obra completa*, II, p. 1119) ⇨ No sentido de *punido, castigado, prejudicado*, é neologismo muito em voga, mas desnecessário. Veja *penalizar.*

penalizar. *V. t. d.* 1. Causar pena, afligir: *Penalizava-o* o ar de tristeza das crianças pobres. / "Lúcio *penalizou-se.*" (José Américo de Almeida, *A bagaceira*, p. 67) / "*Penalizava-me* assistir a esses pequenos dramas." (Maria José de Queirós, *Joaquina*, p. 52) / "Isto *penalizava* Afonso Maia." (Eça de Queirós, *Os Maias*, I, p. 27)
2. Impor penalidade a, punir: O Ibama *penalizou* a madeireira.
3. Prejudicar: Governo altera decreto para não *penalizar* trabalhador de baixa renda. ⇨ Nas acepções 2 e 3, é neologismo dispensável. Prefira-se *punir, prejudicar.*

pender. [Do lat. *pendere*, estar pendurado ou pendente, pender.] Eis as significações e regências mais comuns:

V. i. 1. Estar suspenso ou pendente: Nos canteiros, as flores *pendiam* murchas. / Do teto negro *pendiam* teias de aranha. / Fiquei admirando a bela trepadeira, de cuja ramagem *pendiam* maracujás reluzentes. / Os ramos da macieira, carregados de frutos, *pendiam* para o chão. / Sobre as águas do riacho *pendiam* os galhos dos ingazeiros.
2. Estar inclinado, ameaçando cair: Os muros *pendiam*, de tão velhos.
3. Estar em posição inclinada: A cabeça dele *pende para* a esquerda. / A árvore *pendia sobre* a estrada.
T. i. 4. Ter tendência ou inclinação para: É ainda criança e já *pende para* a música.
penedia. Conjunto de penedos; rochedo, penhasco, rocha. É palavra paroxítona: sílaba tônica *di*, como em *melodia*.
peneirar. O ditongo *ei* soa fechado nas flexões deste verbo e de todos os terminados em *-eirar*. Portanto: *peneiro, peneira, peneiram, peneire, peneirem,* etc. Veja *maneirar*.
penetrar. [Do lat. *penetrare*, entrar fundo, introduzir-se.] 1. Mais frequentemente, se usa com o compl. regido de prep. Porém, não são raros os casos em que se pode empregar a regência direta ou indireta, indiferentemente: A bala *penetrou o* braço (ou *no braço*) de um pedestre. / Os bandeirantes *penetraram no* sertão (ou *o sertão*) de Goiás. / *Penetramos no* coração (ou *o coração*) da selva. / As águas das chuvas *penetram no* solo (ou *o solo*). / O olhar dela *penetra a* (ou *na*) alma da gente.
2. Constrói-se com a prep. (geralmente *em*) em frases do tipo: O ladrão *penetrou na* casa pela janela. / Era um recinto *em* que o sol não *penetrava*. / Novos comportamentos *vão penetrando nos* lares através da televisão. / Atrevem-se a *penetrar na* vida íntima das pessoas. / Fomos *penetrando entre* (ou *por entre*) a multidão. / As raízes das árvores das ruas *penetram por debaixo do* calçamento e o quebram.
3. É mais adequada a regência direta em construções como estas: Aquela visão fastasmagórica *penetrou-o de* medo. / A bala *penetrou-lhe o* peito. [Isto é: *penetrou o peito dele*.] / Quem conseguirá *penetrar* os desígnios de Deus? / São teorias extremamente complexas, *que* poucos conseguem *penetrar*. ⇨ Nas duas últimas frases, *penetrar* significa *entender*.
4. Usa-se na forma pronominal na acepção de: a) Convencer-se, compenetrar-se: O senador *penetrou-se da* conveniência de renunciar ao seu mandato. b) Encher-se de, imbuir-se de: A essas terríveis palavras do profeta, os fiéis *penetraram-se de* grande medo.
Δ **-penia.** [Do gr. *penía*, pobreza, indigência.] *El. de comp.* = 'falta', 'deficiência': *eritropenia, leucopenia, uropenia*.
pensar. [De *penso* + *-ar*.] *V. t. d.* Colocar penso (curativo, medicamento e atadura para tratar um ferimento), fazer curativo: *pensar um ferido, um ferimento, uma lesão*. / "De joelhos, com as longas barbas brancas quase de rojo, *pensava* a corça ferida." (Coelho Neto, *Obra seleta*, p. 1278) / "A felicidade para a mulher está unicamente em divertir o guerreiro e *pensar* suas feridas." (Ciro dos Anjos, *O amanuense Belmiro*, p. 33) / "Joaninha *pensava* os feridos, velava os enfermos, tinha palavras de consolação para todos." (Almeida Garrett, *Viagens na minha terra*, p. 147) ⇨ Homônimo de *pensar* (*refletir, imaginar*), do lat. *pensare*.
pênsil. *Adj.* Suspenso: ponte *pênsil*. Pl.: *pênseis* (pontes *pênseis*).
Δ **penta-.** [Do gr. *pente*, cinco.] *El. de comp.* = 'cinco': *pentacampeão, pentaedro, pentágono, pentatlo, pentavalente*.
pequenez. *S.f.* Característica de pequeno, de tamanho pequeno: *pequenez* da estatura; *pequenez* da esmola; *pequenez* do espírito, dos sentimentos. Variante: *pequeneza*.
pequeno. Superlativo abs. sint.: *mínimo, pequeníssimo*.
pequinês. *Adj.* 1. De Pequim, natural de Pequim; diz-se de uma raça de cães oriundos da China.
|| *Subst.* 2. Pessoa natural de Pequim; cão *pequinês*. Flexões: *pequinesa, pequineses, pequinesas*.
per. [Do lat. *per, por*.] 1. Esta preposição forma a locução *de per si*★ e as contrações *pelo, pela*, que no antigo português aparecem com as formas *polo(ô), pola(ô)*.
2. Funciona como prefixo em grande número de palavras: *perfurar, perpassar, perseguir, perfazer, permanganato, peróxido,* etc.
pera. [Do lat. *pira*.] *S.f.* Fruto da pereira; barba não muito longa, do queixo; pequena peça com interruptor elétrico. ⇨ Acentuava-se (*pêra*) para se distinguir da prep. arcaica *pera*, palavra átona. De acordo com o Acordo Ortográfico de 1990, não tem mais o acento diferencial.
perante. *Prep.* Diante de, ante. Diz-se: *perante o juiz* (e não *perante ao juiz*), *perante eles* (e não *perante a eles*), *perante o qual* (e não *perante ao qual*). A prep. *a*, aqui, é demasiada.

perca. *S.f.* Perda, dano, prejuízo. É forma vulgar, inadequada na linguagem culta. Nesta, usa-se *perda*.

per capita. Expressão latina que se pronuncia *pér cápita* e que significa 'por cabeça', isto é, 'por pessoa': A renda *per capita* do Brasil ainda é baixa.

perceber. Além dos significados de *notar, ver, ouvir, entender*, possui o de *receber* (salário, honorários), como na frase: "Como era muito hábil e paciente, *percebia* um razoável ordenado, acrescido ainda pelos biscates que fazia de noite." (Marques Rebelo, *A estrela sobe*, p. 25)

percentagem, porcentagem. As duas formas são corretas. A primeira provém do lat. *per centum* (por cento) + suf. *-agem*; a segunda, mais usual, deriva da loc. portuguesa *por cento*. Exemplos: A *porcentagem* de analfabetos em nosso país ainda é alta. / "Minha impressão é de que a *porcentagem* é menor." (Vivaldo Coaraci, *Cata-vento*, p. 245) / "Quando encontro em alguém cinco por cento de afinidade, contento-me com essa escassa *percentagem*." (Ciro dos Anjos, *O amanuense Belmiro*, p. 87)

percentual, porcentual. *Adj.* Ambas as formas são corretas, mas a mais usada é a primeira. ⇨ Usam-se como adjetivos (ref. a porcentagem) e como substantivos (taxa, porcentagem). Quanto à concordância do verbo com percentuais, veja o verbete *numerais*.

perder. Na acepção de *ser vencido*, constrói-se comumente com a prep. *de*: O Fluminense *perdeu do* Flamengo. / O Palmeiras *perdeu do* Corinthians por 3 a 1. / O Santos *perdeu do* São Paulo de (ou *por*) 3 a 2. ⇨ Parece-nos boa também a regência *perder para*: A Itália *perdeu para* o Brasil por 3 a 1. / Portugal *perdeu* de 2 a 1 *para* a Espanha. / "Bolsa do Brasil só *perdeu para* as da China em 2007." (*O Globo*, 29/12/07)

perdoamos-lhe. O *s* final da forma verbal deve ser pronunciado quando seguido do pronome *lhe*: Perdoamos-lhe (e não perdoamo-lhe) a dívida. / Seguimos-lhe os passos. / Trouxemos-lhes boas notícias. Num romance publicado recentemente lê-se: "Façamo-lhe uma última homenagem." O correto é: Façamos-lhe uma última homenagem. ⇨ O pronome *nos*, ao invés, acarreta a supressão do *s* final do verbo: lembramo-nos, arrependemo-nos etc.

perdoar. [Do lat. medieval *perdonare*.] Admite as seguintes regências:

1. Perdoar alg. coisa: É difícil *perdoar injúrias*. / Raramente ele *perdoava uma dívida*. / Esses são descuidos *que* ninguém *perdoa*.
2. Perdoar a alguém: Cristo *perdoou a seus algozes*. / A sinhá não *perdoou à escrava*. / Quem *lhe perdoaria*? / Perdoe-lhes, porque não sabem o que fazem. / "*Ao que erra, perdoa-lhe* uma vez e não três." (Prov., *apud* Celso Luft) / "*A um cangaceiro* — no caso, Lampião — *perdoa-se*, mas não se propõe como modelo, reverenciando sua vida e atuação com uma estátua em praça pública." (Dom Eugênio Sales, *JB*, 26/10/91) / "Nunca *se perdoa a um derrotado*." (Geraldo França de Lima, *Rio da Vida*, p. 46) ⇨ No português moderno, é corrente a construção *perdoar alguém*, ainda que contrarie o ensino dos gramáticos: O técnico *perdoou o jogador*. / "Deus *o perdoe* e o tenha." (Ricardo Ramos, *Matar um homem*, p. 85) / "Sentia-se forçado a *perdoá-la*." (Amando Fontes, *Os corumbas*, p. 142) / "Bruna não *a perdoaria* nunca, se a visse assim." (Lygia Fagundes Teles) / "Queria *perdoá-lo*, embora com dúvidas, pois sabia que esse homem era um enigma." (José Geraldo Vieira, *A quadragésima porta*, p. 148) / "Que Deus *o perdoasse!*" (Peregrino Júnior, *Mata submersa*, p. 259)
3. Perdoar alguma coisa a alguém: *Perdoei a dívida ao pobre rapaz*. / Não *lhe perdoou* o desprezo com que a tratara. / Instei com ele para que *lhes perdoasse* a ingratidão.
4. Perdoar alguém *de* (ou *por*) + oração infinitiva: "Nossa Senhora que *me perdoe de* ter pensado mal da minha cabocla." (Ribeiro Couto, *Cabocla*, p. 177) / Deus *me perdoe por* ter pensado mal dela.
5. Perdoar (sem complemento): A religião manda *perdoar*. / Quem não *perdoa* não merece perdão.

⇨ Perdoar admite a forma passiva: Ambos *foram perdoados* pelo rei. / Perdoai, para *serdes perdoados*. / Esses crimes não *se perdoam*.

peremptório. [Do lat. *peremptorius*, que mata, mortal; definitivo.] *Adj.* Que perime, que extingue, que põe termo a (ação judicial); terminante, decisivo, categórico: "O argumento era *peremptório*, e os mais recalcitrantes cederam." (José Felício dos Santos, *Memórias do Distrito Diamantino*, p. 229) Cognatos: *perempção, perempto, perimir*.

perfazer. *V. t. d.* Completar, concluir: Conseguiu um pequeno empréstimo e *perfez* o capital necessário para a compra da casa. ⇨ Conjuga-

-se como *fazer*, do qual deriva: perfaço, perfaz, perfiz, perfizera, perfarei, perfaria, perfaça, perfizer, perfizesse, perfazendo, perfeito etc.

performance (perfórmanç). *S.f.* Atuação, desempenho. É anglicismo desnecessário. Diga-se: Foi excelente o *desempenho* do piloto X. / A *atuação* da equipe foi considerada fraca. / Foi bom o *desempenho* dos alunos do colégio X nas provas do vestibular.

perguntar. Na frase abaixo, de Machado de Assis, a oração grifada funciona como objeto direto de 'perguntou', embora inicie pela preposição *em*, exigida pelo v. pensar: "Sabina veio ter comigo, e perguntou-me *em que estava pensando*." (*Brás Cubas*, p. 229) Idêntica sintaxe ocorre nos exemplos seguintes: Quis saber *de que partido eu era*. / Não me disse *a quem havia recorrido*. / Indaguei *de onde haviam partido os tiros*. / Não esclareceu *com quem estava o dinheiro*. ⇨ Observe-se que nas frases acima se usou o discurso indireto. Utilizando-se o discurso direto, a de M. de Assis seria construída assim: Sabina veio ter comigo e perguntou-me: — Em que você está pensando?

Δ **peri-.** [Do gr. *perí*, em torno, ao redor.] *Pref.* = 'posição ou movimento em torno': *perianal, peridental, periscópio, periélio, periodontite*. ⇨ Une-se ao elemento seguinte sem hífen, a não ser antes de *h* e de *i*.

perigo de vida. Veja *correr risco de vida*.

peristalse. *S.f.* Movimento vermiforme da musculatura do intestino e de outros órgãos ocos que impulsiona o conteúdo deles para o exterior; peristaltismo. Adj. relativo à peristalse: *peristáltico* (*movimento peristáltico*).

peritônio. Adj. relativo ao peritônio (ou, menos usado, *peritoneu*): *peritoneal*, ou, preferível, *peritonial* (membrana *peritonial*, diálise *peritonial*) ⇨ O *Vocabulário Ortográfico* da ABL e os dicionários modernos registram as duas formas do subst. e do adj. No Brasil só se usa a forma *peritônio*.

perlustrar. [Do lat. *perlustrare*, percorrer, percorrer com a vista.] *V. t. d.* 1. Percorrer com a vista, examinando: "Assim limitado e dirigido, *perlustrei* bateladas de livros." (Viana Moog, *Em busca de Lincoln*, p. 117) 2. Percorrer, andar por, observando: *perlustrar* terras estranhas; *perlustrar* o fundo do mar, à cata de navios afundados.

permear. [Do lat. *permeare*, ir até o fim, penetrar, atravessar.] V. *t. d.* 1. Atravessar, traspassar (sentido próprio e fig.), fazer passar pelo meio, entremear: As balas *permearam* a lataria do carro. / O amor da justiça e da liberdade *permeiam* todos os seus escritos. / "As acusações, as calúnias, as derrotas que *permeiam* sua vida política o abatem pouco a pouco." (Ana Miranda, *A última quimera*, p. 262) / "A palavra de ordem da cerimônia, 'não esqueçam', *permeou* os discursos no enterro da primeira-ministra e de outros 200 mortos no massacre." (*JB*, 8/4/95) / Esses índios costumam *permear* os lábios de botoques. / Ele contava as suas histórias *permeando-as* com (ou *de*) sonoras gargalhadas. ⇨ Na forma passiva: Seus discursos *são permeados* de citações latinas. / A vida política dele *é permeada* de desalentos e frustrações.

V. pron. 2. Interpenetrar-se: "E não raro as duas esferas, a da técnica e a da administração pública, *se permeiam* mutuamente." (Rui Barbosa, *Cartas de Inglaterra*, I, p. 10)

⇨ Cognatos: *permeável, impermeável, impermeabilizar, impermeabilização*.

permitir. Exige objeto indireto de pessoa: O dono da casa *permitiu ao repórter* que entrasse. / O radar *permite ao navegante* detectar obstáculos a grandes distâncias. ⇨ Sendo o complemento um pronome pessoal da 3ª pessoa, usa-se *lhe* e nunca *o* (ou *a*): O dono da casa *permitiu-lhe* que entrasse. Frase de uma cronista: "Sua condição de militar não *o permite* fazer avaliações políticas." (*JB*, 2/12/95) A forma correta é: não *lhe permite* fazer avaliações políticas. ⇨ Não se deve usar a prep. *de* antes de oração infinitiva que complementa o v. *permitir*. O pai lhe *permitia sair* (e não *de sair*) sozinha. / Não nos *permitiram permanecer* no local. / Não posso *permitir-me*, por interesse ou amizade, *passar por cima da lei*. Veja *determinar* e *proibir*.

pernalto. *Adj.* Que tem pernas altas: cão *pernalto*, ave *pernalta*.

pernas, para que te quero! Exclamação popular, gramaticalmente incorreta, que traduz a fuga rápida ante um perigo ou situação adversa. A expressão correta *Pernas, para que vos quero?* não é comumente usada. Empregou-a, no entanto, alterando-a, o escritor português Miguel Torga, em *Contos da montanha*, p. 72: "Faziam-lhe trinta judiarias, crucificavam-no, davam-lhe sumiço, e ao fim, *ó pernas para que vos quero!*"

persignar-se. Quanto à pronúncia, veja *designar* e *dignar-se*.

personagem. [Do fr. *personnage*.] 1. Em português, quase todas as palavras terminadas em

-agem são do gênero feminino. *Personagem* constitui uma exceção, pois a palavra é hoje usada tanto no feminino como no masculino: Tiradentes é *a* (ou *o*) *personagem* mais forte da Conspiração Mineira. / "Carolino tornou--se *um personagem* indispensável na Rua Erê." (Ciro dos Anjos, *O amanuense Belmiro*, p. 160) 2. Com referência a mulheres deve-se usar o feminino: Capitu é *a personagem* central do romance Dom Casmurro.
Mais do que a influência do francês, língua em que *personagem* é masculino, contribuiu para a anormalidade genérica em apreço o fato de *personagem* designar pessoas dos dois sexos. "A condenação do masculino é mero arbítrio, não se apoia nos fatos da linguagem." (Sousa e Silva)

persona grata. Expressão latina que significa, literalmente, pessoa agradável, bem-vinda. Em linguagem diplomática, diz-se de uma pessoa que será bem aceita pelo governo junto ao qual foi nomeada como representante diplomático: O governo francês deu a entender que o ex-ministro brasileiro não é *persona grata*. / "Sou agora *persona grata* do Supremo Comando Revolucionário." (Érico Veríssimo, *O senhor embaixador*, p. 332). Por extensão, aplica-se a pessoa recebida com simpatia por uma entidade ou agremiação. Antônimo: *persona non grata*. "Quando me deram alta no hospital, fui declarado *persona non grata* pelo Governo de Ramirez e convidado a deixar o país." (Érico Veríssimo, *ib.*, p. 19)

persuadir. Levar à persuasão, convencer. São as principais regências deste verbo:
1. Persuadir alguém: Seus argumentos não *persuadiram* a comissão de inquérito. / Não consegui *persuadi-lo*.
2. Persuadir alguém *a* (ou *de*) alguma coisa: Ele *persuadia* a freguesa *a comprar* a joia. / Nós o *persuadimos de que devia* abandonar a bebida. / Ninguém me *persuadirá disso*. ⇨ Embora ocorra em um ou outro escritor clássico, deve ser evitada a regência *persuadir alguma coisa a alguém, persuadir-lhe que...*, por isso que *persuadir*, como o sinônimo *convencer*, exige *objeto direto de pessoa*★.
3. Persuadir-se de alg. coisa: *Persuadiu-se de que* a troca de partido poderia favorecê-lo.

pertencer. *V. t. i.* Exige complemento indireto regido da prep. *a*: O iate *pertencia a* um banqueiro. / *A* ele é *que pertence* tomar decisões. / A *que* partido eles *pertencem?* / Devolveram--se as terras à viúva, *a quem* de fato *pertenciam*. ⇨ Está mal redigida esta frase extraída de um editorial: "Telas de Portinari, Di, Iberê, Tarsila, Volpi e outros deixam os gabinetes dos bancos públicos e se voltam para o olhar *de quem* realmente *pertencem*: a população." Redação correta: "... e se voltam para o olhar da população, *a quem* realmente *pertencem*."

Δ **perúvio-.** [De *peruviano*, 'peruano'.] *El. de comp.* = '*peruano*'. Forma adjetivos compostos: fronteira *perúvio-equatoriana*. / "Rio Branco preferia aguardar o juízo arbitral argentino no litígio *perúvio-boliviano*." (Álvaro Lins, *Rio Branco*, p. 295)

pesar. [Do lat. *pensare*.] *V. i.* e *t*. 1. Usa-se figuradamente com os significados de: a) pensar, avaliar, ponderar, medir as consequências: Antes de falar, *pese* bem suas palavras. / Antes de agir, é preciso *pesar* os prós e os contras; b) recair sobre, estar a cargo de: Hoje *pesam* sobre os pais encargos de toda ordem. / São responsabilidades essas que *pesam* sobre os governantes; c) incomodar, atribular: Como *pesavam* sobre mim aquelas ameaças!; d) influir: A opinião dele *pesou* muito na minha decisão; e) causar desgosto, aflição: *Pesa-me* ver crianças abandonadas. / "Pouco *me pesa* que mofeis sorrindo destes versos puríssimos e santos." (Olavo Bilac, *Poesias*, p. 75, 25ª ed.); f) causar arrependimento, remorso, dor moral: Agora *pesa-lhe* muito ter maltratado o velho pai. ⇨ Pode-se, neste caso, usar a preposição expletiva *de* antes da oração infinitiva, embora esta funcione como sujeito de *pesar*: *Pesa-me de* ter prejudicado o amigo. / Talvez nem *lhes pese de* ter cometido tantos crimes.
2. Forma a expressão *em que pese a*, que significa *apesar de*: "E ficou estabelecido que, no dia da soltura, haverá chope, *em que pese* à Mariana e aos médicos." (Ciro dos Anjos, *O amanuense Belmiro*, p. 135) / "*Em que pese aos* seus oito batalhões, magnificamente armados, a luta era desigual." (Euclides da Cunha, *Os sertões*, p. 366) Ensinam alguns gramáticos que, nas acepções *e* e *f* e na expressão *em que pese a*, se deve pronunciar *pêsa*, *pêse*, com a vogal *e* fechada. Parece-nos arbitrária e afetada tal pronúncia. Segundo Houaiss, é considerada arcaica. Veja *em que pese a*.

pescoço. Adj. relativo ao pescoço: *cervical* (vértebras *cervicais*).

Δ **pielo-**. [Do gr. *pýelos*, bacia, cavidade.] *El. de comp.* = 'cavidade', 'pelve': *pielonefrite, pielografia, pielite,* etc.

píer. [Do ingl. *pier.*] *S.m.* Molhe, quebra-mar, embarcadouro, cais. Pl.: *píeres.*

pigmeu. [Do gr. *pygmaios,* da estatura de um côvado (0,66 m).] *Adj.* 1. Que é de muito baixa estatura, anão; que é de escasso talento, sem grandeza moral ou intelectual: homens *pigmeus*; almas *pigmeias. S.m.* 2. Indivíduo de estatura muito baixa, anão, liliputiano. Fem.: *pigmeia.*

piíssimo. *Adj.* Superlativo de *pio* (piedoso, compassivo).

piloto. Posposto a outro substantivo, funciona como adjetivo e significa 'que serve de modelo', 'inovador': *plano-piloto, usina-piloto.*
Quanto ao uso do hífen e à formação do plural, neste e em outros substantivos desse tipo, não há regras definidas em nosso código ortográfico. Daí a diversidade de critérios e as incoerências que se notam nos dicionários no registro de tais substantivos compostos. Na falta de normas oficiais sobre a matéria, propomos, com base no *Vocabulário Ortográfico* da Academia Brasileira de Letras, usar, por coerência, o hífen em todos os casos: *usina-piloto, empresa-fantasma, disco-pirata, cidade-satélite, sequestro-relâmpago, homem-rã, comício-monstro, caminhão-pipa, carro-bomba, fazenda-modelo, navio-escola, língua-padrão, peixe-boi, pombo-correio, balão-sonda, mulher-homem, criança-prodígio* etc.
Quanto ao plural desses substantivos, o Vocabulário Ortográfico na sua 5ª edição, deixa livres duas opções: ou se pluralizam os dois componentes, ou se leva ao plural apenas o primeiro, deixando invariável o substantivo adjetivado: *usinas-piloto* ou *usinas-pilotos, empresas-fantasma* ou *empresas-fantasma*s*, cidades-satélite* ou *cidades-satélites, caminhões-pipa* ou *caminhões-pipas, guerras-relâmpago* ou *guerras-relâmpagos, células-tronco* ou *células-troncos, células-mãe* ou *células-mães, sofás-cama* ou *sofás-camas* etc.
Parece-nos melhor pluralizar só o primeiro componente, opção predominante na língua atual: Os *homens-bomba* são uma das armas do terrorismo. / "Agora a Icomi se estende no Amapá em iniciativas novas: *fazendas-modelo*, pequenas fábricas, e as promissoras plantações de dendê..." (Raquel de Queirós, *O caçador de tatu*, p. 109) No entanto, temos observado, em jornais, livros e revistas, frequentes ocorrências da primeira opção: "A principal razão para o desaparecimento dos *tubarões-martelos* é a pesca predatória." (*Veja*, 16/4/2003) / "A União Europeia comemorou ontem... a sua expansão histórica, com a entrada de 10 novos *países-membros*." (*O Globo*, 2/5/2004) / "As medidas provisórias são muito piores... que os *decretos-leis* da Ditadura." (Roberto Campos, *Na virada do milênio*, p. 469)

Δ **pio-**. [Do gr. *pyon*, pus.] *El. de comp.* = 'pus': *piócito, piorreia, piogênico.*

pior. 1. Antes de particípio, é lícito empregar *mais mal* ou *pior*: Essas professoras são as *mais mal* (ou *pior*) remuneradas do país. / Talvez aquele país seja *mais mal* (ou *pior*) governado que o nosso. / "Os seus raros e deficientíssimos estudos, mal concebidos e *pior* realizados, não revelam o amor do fato..." (Silvio Elia, *O problema da língua brasileira*, p. 96)
2. Com formas verbais que não sejam particípio, usa-se obrigatoriamente *pior*, invariável: Aqui na cidade vivem *pior* do que no campo. / Parece que o doente hoje está *pior* do que ontem. / "As mulheres de Lisboa cada dia se vestem *pior*." (Eça de Queirós, *O primo basílio*, p. 48)
3. Nos dois casos anteriores, *pior* fica invariável por ser advérbio. Nos exemplos seguintes é adjetivo, portanto, variável, equivalente de *mais mau* (que não se usa): Os filhos dele são *piores* que os de seu irmão. / As saúvas e os gafanhotos são os *piores* inimigos das lavouras. ⇨ Veja *mais bem* e *melhor*.

Δ **pirá-**. [Do tupi *pirá*, peixe.] *El. de comp.* = 'peixe': *piracema, Piracicaba, piracuí, piraíba, pirarucu, piraúna.*

pirata. Posposto a outro substantivo, tem valor de adjetivo e significa 'falsificado', 'fraudulento', 'feito sem autorização do autor ou do detentor dos direitos autorais': *edição-pirata, disco-pirata, filmes-piratas, fitas-piratas.* Veja *piloto.*

piratear. [De *pirata* + *-ear.*] *V. t. d.* 1. Roubar como pirata: Navios ingleses *pirateavam* ouro espanhol.
2. Usar fraudulentamente marca registrada, produção intelectual: Um paraguaio *pirateou* marcas de cigarros brasileiros. / "Franceses *pirateiam* a cachaça." (*JB*, 2/11/94) / "... as patentes de remédios americanos que algumas empresas locais *pirateiam*." (Márcio Moreira Alves, *Manual do cronista aprendiz*, p. 21)
V. i. 3. Viver da pirataria, roubar como pirata: No séc. XVI, ingleses e franceses *pirateavam* no litoral do Brasil.

Pireneus. Cordilheira entre a França e a Espanha. Adj. relativo aos Pireneus: *pirenaico*.

Δ **piri-, piro-.** [Do gr. *pyr, pirós*, fogo.] *El. de comp.* = 'fogo', 'calor': *pirosfera, pirotecnia, pirotécnico, pirilampo, pirexia, pirético*.

pisar. [Do lat. *pinsare*, bater, moer, triturar, pilar.]
1. De modo geral, pode-se dizer, indiferentemente, 'pisar alguma coisa' ou 'pisar *em* alguma coisa': Exilado, D. Pedro II nunca mais *pisaria o* (ou *no*) solo pátrio. / Era a primeira vez que *pisava aquela* (ou *naquela*) ilha. / "Ao *pisar* a terra inglesa, se sentia no seio de um povo essencialmente voraz." (Rui Barbosa, *apud* F. Fernandes) / "Aqui está o que há, disse o desconhecido ao concluir, creio que V.S.ª com isto pode saber *em* que terreno *pisa*." (Machado de Assis, *Histórias da meia-noite*, cap. VI)
2. No sentido de 'esmagar com os pés', 'pisotear', usa-se a regência direta: *Pisam* as uvas nos lagares. / Tirei a lagarta da planta e *a pisei*.
3. Em certas expressões consagrou-se a regência indireta: *pisar na bola* (errar, enganar-se); *pisar em ovos* (andar de mansinho, agir com cuidado); *pisar nos calos* de alguém (atingir o ponto sensível, ofender).
4. Diz-se *pisar nele* e não *pisar-lhe*: Arrancou o prego da tábua: alguém poderia *pisar nele*. / Catei os cacos de vidro para que não *pisassem neles*.
5. Usa-se como v. intransitivo, na acepção de *andar*: Ela dirigiu-se ao portão de saída, *pisando* firme.

Δ **pisci-.** [Do lat. *piscis*, peixe.] *El. de comp.* = 'peixe': *piscicultura, pisciforme, pisciano, piscicultor, piscina* (do lat. *piscina*, viveiro de peixes), *piscívoro* (= ictiófago).

Δ **piteco-.** [Do gr. *píthekos*, macaco.] *El. de comp.* = 'macaco': *pitecantropo, pitecoide*.

píton. [Do gr. *Pýton*, serpente monstruosa morta por Apolo.] *S.m.* 1. Na mitologia grega, serpente monstruosa morta a flechadas por Apolo.
2. Gênero de grandes serpentes existentes na Ásia e na África.
3. Na Grécia antiga, adivinho, mago. ⇨ Nesta acepção, o feminino é *pitonisa*, sacerdotisa de Apolo que proferia oráculos: Em Delfos, Apolo ditava oráculos pela voz da *pitonisa*.

plano-piloto. Veja *piloto*.

Δ **-plasma.** [Do gr. *plásma*, modelagem, moldagem.] *El. de comp.* = 'ação de modelar', 'formação': *citoplasma, protoplasma*.

Δ **plati-.** [Do gr. *platýs*, chato.] *El. de comp.* = 'chato': *platicarpo, platidáctilo, platicéfalo, platiglosso, platielminto* ou *platelminto*.

plebe. [Do lat. *plebs, plebis*.] *S. f.* Povo (por oposição à nobreza). Adj. relativo à plebe: *plebeu* (por oposição a *nobre*).

plêiade. *S.f.* 1. Grupo de sete pessoas ilustres.
2. Grupo de literatos ou de pessoas famosas. A constelação das Plêiades, da qual deriva *plêiade*, é formada de sete estrelas. Palavra proparoxítona. Variante: *plêiada*.

pleito, preito. 1. *Pleito*. Questão em juízo, demanda; debate; disputa pela conquista de votos numa eleição política: No *pleito* de outubro conheceremos os candidatos vencedores.
2. *Preito*. Testemunho de veneração, de respeito, honras; homenagem: De muitos modos os fiéis rendem *preito* aos santos. / A estátua em praça pública é um justo *preito* da cidade a um de seus mais ilustres filhos.

pleonasmo. [Do gr. *pleonasmós*, superabundância.] Emprego de palavras redundantes, de igual sentido; redundância. Há o pleonasmo vicioso, decorrente da ignorância da língua e que deve ser evitado, e o pleonasmo estilístico, usado intencionalmente para comunicar à expressão mais vigor, intensidade, ou clareza.
1. São exemplos de pleonasmos viciosos: a brisa matinal da manhã, biografia da vida de alguém, bonita caligrafia, breve alocução, conviver junto com, decapitar a cabeça, descer para baixo, entrar para dentro, hábitat natural, monopólio exclusivo, partir em metades iguais, repetir de novo, sair para fora, sua autobiografia, subir para cima, surpresa inesperada, produtos produzidos pela fábrica, sobrevoar sobre a cidade etc.
2. Pleonasmos usados como figuras de estilo: O seu leito era a pedra dura, a pedra fria. / Isso eu vi com meus próprios olhos. / "Entraram no coche, carruagem *sua* especial *dele*." (Camilo Castelo Branco, *apud* Aurélio) / "Que *me* importa *a mim* a glória?" (Alexandre Herculano, *Eurico*, p. 69) / "Tinha a testa enrugada, como quem *vivera vida* de contínuo pensar." (*Id., ib.*, p. 65) / "*Entravam* matas *adentro* para o ventre das selvas ou *saíam* mar *afora* para os portos do mundo." (Adonias Filho, *Luanda Beira Bahia*, p. 13) / "*Sorriu* para Holanda um *sorriso* ainda marcado de pavor." (Viana Moog, *Tóia*, p. 294)

plural de modéstia. Escritores e oradores costumam, por modéstia, usar a 1ª pessoa do plural pela correspondente do singular. Ex.:"*Evitamos* essa futilidade, que *nos* obrigaria a ser *prolixos.*" (João Ribeiro, *Curiosidades verbais*, p. 93) O autor quis dizer: *Evito* essa futilidade, que *me* obrigaria a ser *prolixo.*

Δ **pluri-.** [Do lat. *plus, pluris*, mais.] *El. de comp.* = 'muitos': *plurissecular, pluripartidário, plurianual, pluripartidarismo.*

Δ **pluto-.** [Do gr. *ploutos*, riqueza.] *El. de comp.* = 'riqueza': *plutocracia, plutocrata.*

Δ **pluvio-.** [Do lat. *pluvia*, chuva.] *El. de comp.* = 'chuva': *pluviômetro, pluviometria.* Cognatos: *pluvial, pluvioso.*

pneu. [Redução de *pneumático*, do gr. *pnéuma*, sopro.] A pronúncia corrente é *peneu.*

Δ **pneumat(o)-.** [Do gr. *pnéuma, pnéumatos*, sopro.] *El. de comp.* = 'gás', 'ar', 'sopro', 'espírito': *pneumatóforo, pneumatólise, pneumatologia, pneumática, pneumático.* Cognato: *dispneia* (respiração difícil, falta de ar).

pneumologia. *S.f.* Parte da Medicina que trata dos pulmões e das doenças com eles relacionadas. Variante menos usada: *pneumonologia.*

pneumologista. *S.m.* Especialista em pneumologia. Variante menos usada: *pneumonologista.*

Δ **pneumon-.** [Do gr. *pnéumon, pnéumonos*, pulmão.] *El. de comp.* = 'pulmão': *pneumogástrico, pneumonalgia, pneumonia, pneumoplegia.* ⇨ Apresenta-se com as formas reduzidas *pneumo-* e *pneum-*: *pneumorragia, pneumologista, pneumectomia.*

pó. Adjetivos relativos ao pó: *pulvéreo, pulveroso* (lat. *pulver, pulveris*, pó).

pobre. Superlativo abs. sint.: *paupérrimo, pobríssimo.*

poça. A pronúncia mais comum é com *o* fechado, tanto no singular como no plural: *pôça, pôças.*

poços. Pronuncia-se *póços*, com a vogal tônica aberta.

pôde. Acentua-se para diferenciar o pretérito do presente: Agora ele *pode* sair. / Ontem ele não *pôde* sair. Não existe *poude*, se bem que foneticamente defensável.

poder. *Ind. pres.*: posso, podes, pode, podemos, podeis, podem. *Pret. perf.*: pude, pudeste, pôde, pudemos, pudestes, puderam. *Pret. mais-que--perf.*: pudera, puderas, pudera etc. *Subj. pres.*: possa, possas, possa, possamos, possais, possam. *Pret. imperf.*: pudesse, pudesses, pudesse etc. *Fut.*: puder, puderes, puder etc. Os demais tempos são regulares. Não possui o imperativo. Veja os verbetes seguintes.

poder-se-ia. Dessa forma e jamais *poderia-se.*

poder haver. *Poder* concorda no singular quando forma locução com o verbo impessoal *haver*: *Pode haver* problemas. / *Poderia haver* melhores hospitais. / *Poderá haver* muitos candidatos. / Na Semana Santa não *podia haver* brigas.

podem-se colher as frutas. Boa concordância. Outros exs.:"A um faminto não se *podem exigir* virtudes." (Bernardo Élis, *Seleta*, p. 143) / "Tenho nojo do Cantidinho, mas em política não *se podem cultivar* delicadezas de estômago." (Ciro dos Anjos, *Montanha*, p. 88)
Também é lícito, em construções desse tipo, deixar o verbo auxiliar *poder* no singular: *Pode--se colher* as frutas. / Não *se podiam* (ou *podia*) *fixar* cartazes ali. / "*Pode-se comer* sem inconveniente certos peixes fritos." (Mário Barreto, *Através do dicionário e da gramática*, p. 295) / "*Pode-se comprar* livros de segunda mão baratíssimos." (José Paulo Paes, *JB, Ideias*, 28/12/96) / *Pode-se enxergar* até os nomes que andaram traçando a carvão naquele muro." (Mário Quintana, *Na volta da esquina*, p. 57) / "Era loura, mas *podia-se ver* massas castanhas por baixo da tintura dourada do cabelo." (Vinicius de Moraes, *Para uma menina com uma flor*, p. 27) / "Admita-se que Regina Duarte apareceu no programa de José Serra pelos motivos mais equivocados que *se possa imaginar*." (Elio Gaspari, *O Globo*, 20/10/2002) / "Ali pelas onze horas já *se poderia fritar* ovos no cascalho." (Afonso Schmidt, *Os melhores contos*, p. 34) / "Não tinha o luxo de orgulhosas fazendas de café da província do Rio de Janeiro, em que *se podia admirar* pinturas artísticas e alfaias importantes da Europa." (Carlos Drummond de Andrade, *Globo Rural*, outubro/1995, p. 194)
⇨ O pronome *se* pode ser colocado junto ao infinitivo: "*Podem observar-se* numerosas mudanças no significado das palavras ao passarem do latim para as línguas românticas." (Mário Barreto, *Últimos estudos*, p. 418) Veja *se (pronome apassivador).*

poder ser. Em frases como as seguintes, o verbo *ser* é a base de uma locução verbal e fica invariável: Livros raros *podem*, creio eu, *ser* encontrados nos sebos. / Esses funcionários não *podem*, sem justa causa, *ser* demitidos. / Grãos transgênicos não *podiam* mais *ser* exportados. Exemplo de concordância errada: "Os povos indígenas têm história, língua e cultura próprias e não *podem* mais *serem* vistos como remanescentes de uma civilização do passado." (*O Globo*, 9/9/2001) Concordância correta: 'não podem mais *ser* vistos'. Aplica-se a mesma regra de concordância nas locuções verbais *dever ser, querer ser, dever estar* etc.

Δ **podo-, -pode.** [Do gr. *pous, podós*, pé.] *El. de comp.* = 'pé': *pododátilo, podômetro, artrópode*.

poeta. *Poeta* aplica-se a homem. Para mulher usa-se *poetisa*: A *poetisa* (e não a *poeta*) Cecília Meireles escreveu o *Romanceiro da Inconfidência*. / "A *poetisa* traz-nos seu primeiro livro, porém não o entrega logo." (Carlos Drummond de Andrade) / "Houve quem não compreendesse a paixão da *poetisa* pelo guapo e esbelto quíper, que foi o mais admirado do seu tempo." (Austregésilo de Ataíde, *Vana verba*, p. 308) ⇨ Por ignorância ou desprezo pela tradição da língua, há quem use *poeta* em vez de *poetisa*, como fez o autor desta frase: "A *poeta* Cecília Meireles era, ao mesmo tempo, leitora e analista minuciosa da poesia de Mário de Andrade." (*O Globo*, 24/5/97) *Poetisa* não encerra nenhuma conotação depreciativa. Chamar de *poeta* a mulher que escreve poemas é que a deprecia.

polarizar. [De *polar* + *-izar*.] *Fig.* 1. Concentrar em polos opostos: Os dois partidos políticos *polarizam* a disputa eleitoral.
2. Fazer convergir, atrair, concentrar: O problema da educação no Brasil deve *polarizar* os esforços dos governantes.
3. *Pron.* Concentrar-se em duas posições opostas: No Congresso os debates *se polarizaram* em torno do projeto do governo.

pólen. Adj. relativo ao pólen: *polínico*.

Δ **poli-.** [Do gr. *polýs*, numeroso.] *El. de comp.* = 'muito', 'numeroso': *policultura, polissílabo, poligamia, poliglota, polígrafo, Polinésia, politeísmo, policlínica*.

Δ **-poli, -pole.** [Do gr. *pólis, póleos*, cidade.] *El. de comp.* = 'cidade': *Petrópolis, metrópole, megalópole*.

Δ **polin-, polini-.** [Do lat. *pollen* (ou *pollis*), *pollinis*, pó de farinha, farinha muito fina.] *El. de comp.* = 'pólen': *polinização, polinizar, polinífero, polínico*.

Δ **polio-.** [Do gr. *poliós*, cinzento, grisalho.] *El. de comp.* = 'cinzento': *poliomielite, polioencefalite*.

pólio. *S. f.* Forma reduzida de *poliomielite*.

pólipo. [Do gr. *polýpous*, que tem muitos pés, pelo lat. *polypus*.] Tumor pedicular que se forma na membrana mucosa: *pólipo* nasal; *pólipo* intestinal etc. ⇨ É palavra proparoxítona.

polir. *Ind. pres.*: pulo, pules, pule, polimos, polis, pulem. *Subj. pres.*: pula, pulas, pula, pulamos, pulais, pulam. *Imp. af.*: pule, pula, pulamos, poli, pulam. Irregular só nas formas rizotônicas, nas quais a vogal *o* muda em *u*. Raramente usadas essas formas, que se confundem com as do verbo *pular*.

polo. O novo AO aboliu o acento diferencial neste substantivo em seus três sentidos: extremidade; modalidade de jogo e falcão novo.

poltrão. Indivíduo covarde. Fem.: *poltrona*, homônimo de *poltrona* (cadeira).

poluir. Quanto à grafia, veja *verbos terminados em -uir*.

pólux (cs). *S.f.* Nome da estrela beta da constelação Gêmeos. Pronuncia-se *pólucs*.

pombo, pomba. Adj. relativo a pombo(a): *columbino* (lat. *columba*, pomba).

pombo-correio. Pl.: *pombos-correio*.

ponderação. [Do lat. *ponderatio, ponderationis*, ação de pesar, pesagem.] 1. Ato ou efeito de *ponderar**, reflexão: Depois de breve *ponderação*, aceitou a opinião da mulher.
2. Consideração, observação: O presidente ouviu as *ponderações* do ministro, mas não se convenceu.
3. Equilíbrio, circunspecção, bom senso: Embora jovem, fala e age com muita *ponderação*. Veja *ponderar*.

ponderar. [Do lat. *ponderare*, pesar, considerar, < de *pondus, ponderis*, peso.] 1. Pesar, medir, examinar com atenção, considerar: Antes de tomar uma decisão, *pondere* os prós e os contras. / Antes de mover a língua, *pondere* se não há excesso ou míngua.
2. Observar, dizer em defesa de uma opinião: Mas ela é muito jovem e inexperiente para casar, *ponderou* o pai. / *Ponderei* ao meu interlocutor que a imprensa costuma exagerar os fatos. / *Ponderei-lhe* que não sentia atração pela Medicina.

pontoar, pontuar. 1. *Pontoar*. [De *ponto* + *-ar*.] a) marcar com pontos, pontilhar: *pontoar* os contornos de uma figura; b) coser ou prender com pontos, alinhavar: *pontoar* a bainha das calças; c) marcar pontos num torneio ou competição: O piloto X ainda não *pontoou* no Grande Prêmio de Fórmula 1 deste ano.
2. *Pontuar*. [De *ponto* + *-uar*.] a) colocar os sinais de pontuação: É importante *pontuar* cor-

retamente um texto. / Esse aluno *pontua* mal; b) marcar: *Pontuaram* nossa excursão a alegria e o companheirismo. / "Grande emoção *pontuou* toda a cerimônia." (Houaiss)

ponto de vista. 1. Lugar em que uma pessoa se coloca para ver ou observar alguma coisa. 2. *Fig.* Modo de considerar ou entender um assunto, uma questão: Meu *ponto de vista* nem sempre coincidia com o do mestre.
| *Do ponto de vista*. Considerando sob o aspecto, visto do ângulo: *Do ponto de vista* histórico, o filme deixa muito a desejar. Pl.: *pontos de vista*.

pôr, por. O verbo *pôr* é palavra tônica e se acentua para diferenciá-la do homógrafo átono *por* (preposição): *pôr* a mão no fogo *por* alguém.

pôr. Verbo irregular. *Ind. pres.*: ponho, pões, põe, pomos, pondes, põem. *Pret. imperf.*: punha, punhas, punha, púnhamos, púnheis, punham. *Pret. perf.*: pus, puseste, pôs, pusemos, pusestes, puseram. *Pret. mais-que-perf.*: pusera, puseras, pusera, puséramos, puséreis, puseram. *Fut. do pres.*: porei, porás, porá, poremos, poreis, porão. *Fut. do pret.*: poria, porias, poria, poríamos, poríeis, poriam. *Imper. afirm.*: põe, ponha, ponhamos, ponde, ponham. *Subj. pres.*: ponha, ponhas, ponha, ponhamos, ponhais, ponham. *Pret. imperf.*: pusesse, pusesses, pusesse, puséssemos, pusésseis, pusessem. *Fut.*: puser, puseres, puser, pusermos, puserdes, puserem. *Inf. impessoal*: pôr. *Inf. pessoal*: pôr, pores, pôr, pormos, pordes, porem. *Ger.*: pondo. *Part.*: posto.
Como *pôr* se conjugam todos os derivados: *antepor, compor, decompor, depor, dispor, expor, impor, indispor, opor, pressupor, propor, recompor, sobrepor, supor, transpor* etc.

por (= para). Em autores clássicos e modernos não é raro encontrarmos a preposição *por* antes de orações infinitivas que exprimem finalidade: "Durante quinze anos D. Teresa lutou *por* conservar intacta a independência da terra que lhe chamava rainha." (Alexandre Herculano, *O bobo*, p. 10) / "Quando voltou, corri ao seu encontro, *por* evitar-lhe alguns passos mais." (Afonso Arinos, *Pelo sertão*, OC, p. 91) / "A senhora Maria das Dores *esforçava-se por* ir absolver o catecúmeno." (Camilo Castelo Branco, *apud* F. Fernandes) ⇨ Esse emprego de *por* é corretíssimo, porém, a língua de hoje, em geral, prefere a prep. *para*: Lutou *para* salvar as aparências. / Esforcei-me *para* manter a paz doméstica. / Empenharam-se *para* livrar os índios da escravidão.

por amor de. Por causa de, em atenção a, a bem de: "Não é justo se exporem assim *por amor da* Companhia." (Carlos Drummond de Andrade, *Obra completa*, p. 453)

por cada. Cacófato tolerável, por ser difícil de evitar. Bons escritores não hesitaram em cometê-lo: "*Por cada* doente encaminhado para a sala de operações do professor Cunha Ferreira, João Eduardo recebia seus milhares de escudos." (Fernando Namora, *O homem disfarçado*, p. 27) / "Em regra, *por cada* duzentos fogos [= casas, lares] ... devia ser nomeado um eleitor." (Joaquim Felício dos Santos, *Memória do Distrito Diamantino*, p. 351) / "Problemas enfrentados *por cada* sociedade." (João Ubaldo Ribeiro, *Política*, 12ª ed., p. 106) Veja *cacófato*.

por causa de, por causa que. 1. *Por causa de. Loc. prep.* Por motivo de, devido a, em consequência de, por força de: Abandonam a roça *por causa das* secas.
2. *Por causa que*. É locução corrente na fala popular, mas vetada pelos gramáticos. Os dicionários não a registram. Em linguagem cuidada, diga-se simplesmente *porque*: O jangadeiro não foi à pesca *porque* (em vez de *por causa que*) ventava muito.

porcentagem. Veja *percentagem*.

porco. Adjetivos relativos ao porco: *suíno, porcino*.

porém. [Do latim *proinde*, portanto, por conseguinte.] *Conj. adversativa*. 1. Mas, contudo, todavia, entretanto, não obstante, apesar disso: Os urros do casal de onças eram terríveis, *porém* o caçador não se amedrontou.
Porém distingue-se pela sua mobilidade dentro da frase ou do período, podendo aparecer no início deste (colocação pouco usada hoje, mas correta), no interior ou no fim (colocação rara, mas possível em certos casos, como no exemplo de Houaiss, que citamos a seguir): "A democracia é a igualdade de oportunidades — não para todos, *porém*."
A conjunção em foco pode ser colocada depois do sujeito ou do verbo da oração adversativa: Os urros do casal de onças eram terríveis; o caçador, *porém*, não se amedrontou. / João tinha dinheiro para comprar um carro novo; preferiu, *porém*, um de segunda mão.
|| *S.m.* 2. Empecilho, obstáculo: Alcançamos o que queríamos, sem nenhum *porém*.
3. Aspecto negativo, lado mau: Não há nada de bom nesta vida que não tenha o seu *porém*. /

Se ficas olhando para os *poréns* da vida, acabas desanimando.

por entre, por sobre. 1. Nestas expressões, cada preposição tem o seu valor próprio. Em "passar *por entre* as árvores", por exemplo, a prep. *por* exprime movimento e *entre*, espaço intermediário. Tais combinações preposicionais são correntes em nossa língua. Machado de Assis escreveu:"Ela mal podia andar *por entre* os grupos, tal era a confusão das gentes." (*Histórias sem data*, p. 70)
2. Na frase "passar *por sobre* um obstáculo", *por* exprime movimento, e *sobre*, posição superior. É de Adriano da Gama Kury este exemplo:"O vento carregava as folhas *por sobre* os telhados." (*Português Básico*, p. 205)/ Citemos ainda este passo de Viana Moog: "O piano derramava as últimas notas *por sobre* a encosta coberta por um tapete de verdura." (*Um rio imita o Reno*, p. 24)

por fás ou por nefas. Locução que significa "por bem ou por mal": "Ali, *por fás ou por nefas*, há de ser impresso o meu nome!" (Artur Azevedo, *Contos escolhidos*, p. 44) Veja *fás*.

por fazer. A prep. *por*, seguida de infinitivo, indica não estar ainda realizado o fato expresso pelo verbo: "Pouco mais havia *por fazer*." (Herberto Sales, *Além dos marimbus*, p. 251) / "Já vai longa esta exposição, e ainda fica muito *por dizer*." (Aurélio) / "O presépio estava *por armar*." (Carlos Drummond de Andrade, *Obra completa*, p. 442) / "Para que incomodar o presente, se há tantas outras coisas *por fazer*?" (Lourenço Diaféria, *Brás*, p. 30)

por força de. *Loc. prep.* Em virtude de, com base em: "A ninguém é lícito manter a terra improdutiva *por força do* direito de propriedade." (Darcy Ribeiro, *JB*, 28/9/95)

por isso. Grafa-se esta expressão em duas palavras: As distâncias são grandes; *por isso*, é penoso ir a pé.

por isso que. *Loc. adv.* Porque, visto que: "Os seus haveres, *por isso que* eram poucos, justificavam a honradez com que os amealhara em 30 anos de canseiras." (Camilo Castelo Branco, *Serões de São Miguel de Seide*, I, p. 9)

Δ **porno-.** [Do gr. *pórne*, prostituta.] *El. de comp.* = 'prostituta', 'prostituição': *pornografia*, *pornográfico*, *pornocracia*, *pornofonia*.

pornô. *Adj.* Forma reduzida de *pornográfico*: filme *pornô*, revista *pornô*.

por ora, por hora. 1. *Por ora*. É o mesmo que 'por agora', 'por enquanto', 'até o momento':

Por ora é o que lhe posso informar. / Não pretende, *por ora*, deixar o país.
2. *Por hora*. Significa 'pelo período de uma hora': Ele costuma cobrar *por hora* de serviço. / Pela ponte passavam cerca de cinco mil veículos *por hora*.

pôr os pontos nos is. Explicar-se claramente, sem omissões nem disfarces. Também se diz *pôr os pingos nos is* (ou *nos ii*).

porque, porquê, por que, por quê. 1. *Porque*. Escreve-se *porque* quando: a) é conjunção causal: Ele reclama *porque* é preguiçoso; b) é conjunção explicativa, equivalente a *pois*: Ela devia estar com frio, *porque* tremia; c) a pergunta propõe uma causa possível, limitando a resposta a *sim* ou *não*: O preso fugiu *porque* subornou o guarda? / Poucos foram à praia. Será *porque* ventava? d) é conjunção final, significando *para que*, *a fim de que*: Acautelai-vos, *porque* não vos iludam. ⇨ Raro hoje em dia, o *porque* final ocorre com frequência em autores clássicos.
2. *Porquê*. Grafa-se *porquê* quando é substantivo, sinônimo de *causa*, *motivo*, *razão*, acentuando-se por ser, nesse caso, palavra tônica: Ignora-se o *porquê* de muitos fenômenos.
3. *Por que*. Escreve-se *por que*, em duas palavras, quando: a) significa *pelo qual*, *pela qual*, *pelos quais*, *pelas quais*, caso em que a palavra *que* é pronome relativo: Não revelou o motivo *por que* não compareceu à reunião. / Grandes são as transformações *por que* vêm passando as cidades. / O atletismo exige esforço e disciplina, razão *por que* possui poucos adeptos. / "É essa, certamente, a razão *por que* me conformei sem esforço com uma notícia que deveria ser catastrófica." (Ciro dos Anjos, *O amanuense Belmiro*, p. 124) / "Agora, não vejo em que aplicar essa liberdade *por que* tanto suspirei." (Ciro dos Anjos, *Abdias*, p. 198); b) equivale a *por qual*, *por quais*, sendo o *que* pronome indefinido: Quis saber *por que* motivo raspei o cabelo. / "Compreendi claramente que eu mesmo avançara demais, compelido não sei *por que* forças ocultas." (Luís Jardim, *As confissões do meu tio Gonzaga*, p. 40) / "*Por que* alpinas paragens que jamais pisarei, andará Catarina?" (Marques Rebelo, *O trapicheiro*, p. 91); c) é possível subentender uma das palavras *motivo*, *causa*, *razão*, sendo então *por que* advérbio interrogativo: *Por que* raspou o cabelo? / *Por que* abatem as árvores? / O jornal não esclareceu *por que* João rompeu o noivado. / Eis aí *por que* os livros dele são bem

vendidos. / "Não há *por que* se preocupar, já que ninguém está olhando." (Contardo Calligaris, *Folha de São Paulo*, 29/4/2005) [Não há por que = não há *razão* por que]; d) é parte de um título, como: *Por que* a cólera mata. / *Por que* cobiçam a Amazônia; e) o *que* é conjunção integrante: Ansiava *por que* a noite terminasse logo.
4. **Por quê**. Grafa-se no final da frase ou depois de pausa acentuada, devendo-se acentuar o *que* por ser, nesses casos, palavra tônica: Os dois se hostilizam *por quê*? / Interrogados, não quiseram dizer *por quê*. / Estava no meio daquela multidão sem saber *por quê*. / "Se considerava onipotente: não sabia *por quê*, mas ele acabaria por vencer, achava." (Autran Dourado, *Monte da Alegria*, p. 143)
por ser inútil. Em orações adverbiais causais iniciadas pela expressão *por ser*, seguida de adjetivo, pode-se omitir o verbo *ser* e construir: Trataram-na como um traste velho que, *por inútil* e incômodo, se joga fora. / "Havia os que, mais conservadores, aferravam-se ao transporte fluvial, *por mais barato*, e até por uma questão de apego misoneísta e sentimental ao já consagrado." (Viana Moog, *Lincoln*, p. 52) Veja *ser (elíptico)*.
por si só. Nesta expressão, *só* é adjetivo. Deve, portanto, concordar com o subst. a que se refere: Esta cifra fala *por si só*. / Estas cifras falam *por si sós*. Veja *só*.
por sobre. Veja *por entre*.
portanto, por tanto. 1. **Portanto**. *Conjunção conclusiva*. Logo, por conseguinte: O senhor é rico; *portanto*, pode nos ajudar. / Tal hipótese não tem suporte científico; deve, *portanto*, ser abandonada. ⇨ É palavra invariável.
2. **Por tanto**. [*Por*, prep., + *tanto*, pron. indefinido.] Por tanta quantidade: Por que anseiam *por tanto* dinheiro? / Que lhe retribuiremos *por tanto* bem que nos fez?
| *Tanto por tanto*. Por igual preço: "Tanto por tanto, dos dois prédios prefiro o primeiro." (Aulete) ⇨ *Tanto*, como pronome indefinido é palavra variável: Por que anseiam *por tanta* riqueza?
portuguesmente. *Adv*. Normalmente, os advérbios terminados em *-mente* se formam sobre o feminino dos adjetivos: *claramente, mansamente* etc. Fogem à norma os derivados de adjetivos gentílicos terminados em *-ês*, que no antigo português eram uniformes em gênero (homem *português*, mulher *português*). Por isso é que se diz *portuguesmente, francesmente, inglesmente, burguesmente* etc. Exs.: "O homem pasmava dos nomes daqueles objetos, nenhum dos quais soava *portuguesmente*." (Camilo Castelo Branco. *A queda dum anjo*, p. 121) / "Manuel soa honesto, *portuguesmente* honesto." (Manuel Bandeira)
porventura. [De *por* + *ventura*.] Acaso, por acaso: *Porventura* o senhor a viu passar? / Se *porventura* ela piorar, avise-me imediatamente. ⇨ Grafa-se *porventura* numa só palavra.
por via de regra. *Loc. adv*. Em regra; em geral: "O pôlder é, *por via de regra*, isento de impostos por espaço de vinte anos." (Ramalho Ortigão, *A Holanda*, p. 222) / "Note-se que os déspotas, *por via de regra*, não se atiram de chofre em pleno despotismo." (Rui Barbosa, *Cartas de Inglaterra*, vol. II, p. 101) / "... a sua ação recaía, *por via de regra*, sobre aqueles que se achavam colocados nos degraus inferiores ao perpetrador do atentado." (A. Herculano, *O bobo*, p. 27) Veja *via de regra*.
Δ **pos-, pós-**. [Do lat. *post*, depois, depois de, atrás.] *Pref*. = 'posterioridade', 'após'. 1. **Pos-**. Aparece geralmente em palavras antigas (pouco mais de uma dezena) e se aglutina ao radical por ser elemento átono: *poscênio, posfácio, pospasto, posponto* (ou *pesponto*), *pospontar* (ou *pespontar*), *pospor, posposição, postônico, posposto* etc.
2. **Pós-**. Forma um grupo mais numeroso de palavras, em geral recentes no idioma, e se une com hífen ao radical por ser prefixo tônico: *pós-clássico, pós-data, pós-datado, pós-datar, pós- -diluviano, pós-eleitoral, pós-escrito, pós-glacial, pós-graduação, pós-graduar, pós-guerra, pós-natal, pós-operatório, pós-romano*, etc. Enquadram-se no mesmo esquema os prefixos *pre-* e *pro-*, cujas formas tônicas são *pré-* e *pró-*.
posar. [De *pose* + *-ar*.] Fazer pose (para fotografia, pintura, escultura); assumir atitude de, bancar: Ela *posou* para uma foto. / Ele *posa* de rico. ⇨ Distinga-se de *pousar*★ (descer, baixar, pousando): A ave *pousa* nas árvores. / O avião *pousou* num descampado.
possível. 1. Usado em expressões superlativas, este adjetivo varia no plural em frases do tipo: As informações são as melhores *possíveis*. / Os resultados foram os piores *possíveis*. / Ele escolhia as tarefas menos penosas *possíveis*. / Procuramos as terras mais férteis *possíveis*. / Coleciona os selos mais raros *possíveis*. / Seus negócios

são os mais variados *possíveis*. ⇨ Entendem alguns gramáticos que, em construções como as três últimas, o correto é usar a expressão *mais possível*, invariável: as terras *mais* férteis *possível* (ou *o mais possível* férteis); os selos *mais* raros *possível* (ou *o mais possível* raros); os negócios *mais* variados *possível* (ou *o mais possível* raros); Os negócios mais variados *possível* (ou *o mais possível* variados). Veja *quanto possível*.
2. O singular é de rigor quando a expressão superlativa inicia com a partícula *o* (*o mais*, *o menos*, *o maior*, *o menor*): Os prédios devem ficar *o* mais afastados *possível*. / Escolhia as tarefas *o* menos penosas *possível*. / Fiz o nó *o* mais *possível* apertado. / Convidamos *o* maior número de amigos *possível*. / Procura-se chegar *ao* menor número de acidentes *possível*.

possuir. Quanto à grafia, veja *verbos terminados em -uir*.

pôster. [Do ingl. *poster*, cartaz, anúncio decorativo.] *S.m.* Cartaz decorativo, geralmente representado por fotos de artistas, personalidades etc. Pl.: *pôsteres*.

posto. Em autores clássicos, ocorre, às vezes, com o sentido concessivo de *embora*, *ainda que*: "Dona Eusébia começou a falar de minha mãe com muitas saudades, com tantas saudades que me cativou logo, *posto* me entristecesse." (Machado de Assis, *Brás Cubas*, p. 163, I.N.L.) / "*Posto* não tenha procuração do réu para defendê-lo, vou mostrar que as arguições formuladas pelo crítico no seu libelo caem diante da realidade dos fatos." (Mário Barreto, *Novíssimos estudos da língua portuguesa*, p. 154). Veja *posto que*.

posto que. Locução equivalente de *ainda que*, *se bem que*, *embora*: "Era o primeiro *a* entrar no jardim, e pisava firme, *posto que* cauteloso." (Carlos Drummond de Andrade, *Obra completa*, p. 439) / "*Posto que* estivesse mais ou menos a par da situação, Emília, vendo a irmã em tal estado, começou também a oferecer resistência." (Ciro dos Anjos, *O amanuense Belmiro*, p. 137) / "*Abismo sem fundo* e *caldo quente* são expressões aceitáveis, *posto que* redundantes em face da etimologia." (Mário Barreto, *Novos estudos*, p. 309) / "Pode crer-se que a intenção de Mateus era ser admirado e invejado, *posto que* ele não a confessasse a nenhuma pessoa." (Machado de Assis, *Papéis avulsos*, O Alienista, cap. V) / "Afinal chegamos a uma edificação bastante alta, *posto que* só tivesse um andar." (Camilo Castelo Branco, *Serões de São Miguel de Seide*, II, p. 37) ⇨ Esta locução não tem o sentido de *porque*, *visto que*. Não serve, portanto, para exprimir ideia de causa.

Δ **potamo-.** [Do gr. *potamós*, rio.] *El. de comp.* = 'rio': *potamografia*, *potamologia*, *potamita*, *hipopótamo*, *Mesopotâmia*.

pouco. Quando é pronome indefinido, deve concordar com o substantivo a que se refere: Foram essas e *poucas* mais as palavras que ele me disse. / "Achava *poucos* os sete pecados mortais e desejava mais alguns." (Agripino Grieco, *Gralhas e pavões*, p. 69)

pouco se me dá. Não me dá cuidado; pouco me importa. Nesta expressão o verbo *dar* permanece na 3ª pessoa do singular: *Pouco se me dá* que chova o dia inteiro. / *Pouco se lhe dá de* saber o que tu fazes. / *Pouco se lhes dá* que os outros morram de fome. / *Pouco se nos dá* que gastem o seu dinheiro. / "A mim *pouco se me dá* do que se diz e escreve a meu respeito." (Camilo Castelo Branco, *Coisas leves e pesadas*, p. 197) / "Era sincero o poeta quando dizia *pouco se lhe dar de* arriscar a vida num banho de rio." (Manuel Bandeira, *Biografia de Gonçalves Dias*, p. 169) / *Pouco se lhe dava de* ver mendigos na rua. / "Que se me dá que acabe o mundo depois?" (Almeida Garrett) / "Tanto *se lhe dava* casar com o primo Calisto como com o primo Leonardo." (Camilo Castelo Branco, *A queda dum anjo*, p. 61) / "A mim *pouco se me dá* que os jurados acreditem ou não no meu depoimento." (Érico Veríssimo, *O senhor embaixador*, p. 372)
Violentando essa expressão, e a concordância, uma cronista política escreveu: "Vemos como nós, brasileiros, muito *pouco se nos damos* com o que se passa pela América do Sul." Correção: "Vemos como *a* nós, brasileiros, muito *pouco se nos dá* do que se passa pela América do Sul." Ou ainda: "Vemos como *a* nós, brasileiros, muito *pouco nos importa* o que se passa pela América do Sul." É de Machado de Assis este exemplo: "A nós é que *não se nos dá* do exame nem do julgamento." (*Brás Cubas*, p. 156)
O verbo *dar*, na expressão em foco, é passivo; o *se* é pronome apassivador. Os pronomes *me*, *lhe*, *nos* etc., funcionam como objeto indireto, e subentende-se o sujeito, que é a palavra *cuidado* (ou *preocupação*). Literalmente: *pouco cuidado de* (ou *por*) *alguma coisa é dado a mim* (ou *a ele, a nós*). Omite-se a prep. *de* antes de oração introduzida pela conjunção *que*, como no primeiro exemplo supracitado. Veja os verbetes *não se me dá* e *que se me dá?*.

poupar. 1. Na acepção de *livrar, evitar, eximir, subtrair, fazer que não sofra*, são regências pertinentes a este verbo: a) poupar alguma coisa a alguém: *Poupe* a seu pai este desgosto. / *Poupe-lhe* este desgosto. / Devo *poupar-lhe* este trabalho; b) poupar alguém de alguma coisa: Assim, *poupará* seu filho de um esforço inútil. / Você o *poupará* de um esforço inútil. / É preciso que a *poupemos* desse vexame; c) poupar alguém a alguma coisa (regência menos usual): É preciso que a *poupemos* a esse vexame. ⇨ É incorreto misturar as duas primeiras regências (poupar a alguém de alguma coisa) e construir: Quero *poupar-lhe de* um sacrifício inútil. / "Devo *poupar-lhes do* longo e doloroso processo de descoberta do passado que atravessei." (*JB*, 1/7/95, p. 11) Regências corretas: Quero *poupá-los de* longo e doloroso processo... Ou então: Devo *poupar-lhes* o longo e doloroso processo... / Quero *poupar-lhes* um sacrifício inútil.
2. Na forma pronominal, no sentido de *eximir-se, esquivar-se*, constrói-se com o complemento regido da prep. *a*: Não *me pouparei a* qualquer trabalho e sacrifício para tirá-los da miséria. / O casal não *se poupou a* sacrifícios para educar seus filhos. / É melhor que *nos poupemos a* maiores vexames.

pousar. Deve-se proferir o ditongo *ou* distintamente, em toda a conjugação, como *ousar*: *pouso, pousas, pousa, pousam; pouse, pouses, pousem; pousava, pousou, etc*. Veja *posar*.

pra. Redução de *para* e contração de *para a*, usada na comunicação familiar. A palavra não deve ser acentuada por ser monossílabo átono: Fui *pra* casa. / Levou um presente *pra* netinha.

praça. Na acepção de *soldado raso*, a palavra é geralmente usada no gênero masculino: Vi *um praça* entrando no quartel. / "Onde estão *os praças* de cavalaria, que já não tilintam esporas na calçada?" (Dalton Trevisan, *O vampiro de Curitiba*, p. 138) ⇨ Masculino é também *pracinha*, soldado da FEB, na Segunda Guerra Mundial (1939-1945).

prata. Adjetivos relativos a prata: *argênteo, argentino*.

prazer. [Do lat. *placere*, agradar.] *V. t. i.* Causar prazer, agradar. Verbo irregular e defectivo, usado somente nas terceiras pessoas: praz, prazia, prouve, prouvera, praza, prouvesse, prouver. Exemplos: *Praza* a Deus que isso não aconteça! / "Uchoa, no seu velho hábito, passou a mão pelo bigode, que lhe *prazia* cofiar." (Geraldo França de Lima, *Rio da vida*, p. 30) / "*Prouvera* a Deus que fosse só isso! suspirou o zangão." (Machado de Assis, *Quincas Borba*, p. 92) / Nada lhe *apraz*. ⇨ Assim se conjuga o derivado *aprazer*★.

prazeroso. [De *prazer* + *-oso*.] Cheio de prazer, prazenteiro, que causa prazer. Não tem *i* depois do *e* este adjetivo. Portanto, *prazeroso*, e não *prazeiroso*: *prazeroso* encargo, companhia *prazerosa*, *prazerosa* incumbência. Da mesma forma se dirá: *prazerosamente*, e não *prazeirosamente*.

Δ **pre-, pré-.** [Do lat. *prae*, diante, diante de.] *Pref.* = 'anterioridade', 'antes'.
1. **Pre-.** A forma inacentuada aparece em palavras antigas e pouco numerosas. Aglutina-se ao radical por ser elemento átono: *preconceber, predeterminar, predizer, preeminente, preencher, preexistir, prejulgar, prepor, pressupor, predisposição, predisposto, predominar*.
2. **Pré-.** A forma acentuada gerou um grupo mais numeroso de palavras, em geral recentes. Une-se com hífen ao radical por ser prefixo tônico: *pré-agônico, pré-cabralino, pré-clássico, pré-colombiano, pré-carnavalesco, pré-datado, pré-diluviano, pré-escolar, pré-estreia, pré-glacial, pré-história, pré-incaico, pré-lombar, pré-malar, pré-natal, pré-nupcial, pré-operatório, pré-romano, pré-vestibular*. Prefixos antônimos: *pos-, pós-*.

preá. [Do tupi *apere'a*.] *S.m.* e *f.* Pequeno mamífero roedor da família dos cavídeos: "Os *preás* mortos deitavam sangue pelo bornal do negro." (José Lins do Rego, *Fogo morto*, p. 268) / "Era Pegali que assomava com *uma preá* nos dentes." (José Américo de Almeida, *A bagaceira*, p. 55)

preamar. [Do lat. *plena mare*, mar cheio.] *S.f.* Maré alta. Antônimo: *baixa-mar*. ⇨ Pronuncia-se sem abrir a vogal *e*, porquanto *pre*, nesta palavra, não é prefixo.

precaríssimo. Superlativo de *precário*, mais usado que a forma regular *precariíssimo*: Como escapar da seca? Eram *precaríssimos* os seus recursos. / "... a *precaríssima* situação das finanças dos estados e municípios." (*JB*, Editorial, 29/8/91) Veja *sumaríssimo*.

precaver. Verbo regular, mas defectivo. Não se usa nas formas rizotônicas, isto é, nas formas em que o acento tônico incide na sílaba *ca*, como *precavo, precaves, precave, precavem*. Não possui o presente do subjuntivo. *Ind. pres.*: precavemos, precaveis. *Pret. imperf.*: precavia, precavias, precavia, precavíamos, precavíeis, precaviam. *Pret. perf.*: precavi, precaveste, preca-

veu, precavemos, precavestes, precaveram. *Pret. mais-que-perf.*: precavera, precaveras, precavera, precavêramos, precavêreis, precaveram. *Fut. do pres.*: precaverei, precaverás, precaverá etc. *Fut. do pret.*: precaveria, precaverias etc. *Subj. pres.*: não há. *Pret. imperf.*: precavesse, precavesses etc. *Fut.*: precaver, precaveres etc. *Imperativo afirm.*: precavei. *Ger.*: precavendo. *Part.*: precavido.
Este verbo não deriva nem de *ver* nem de *vir*. São, por isso, errôneas as formas *precavejo, precavês, precavenho, precavéns, precavém, precavêm, precavenha, precavenham*, que devem ser substituídas por *previno, prevines, previnem, previna, previnam* ou pelas equivalentes dos verbos *precatar* ou *acautelar*. Em vez de, por exemplo, "ele que *se precavenha*", diga-se "que ele *se previna*", ou "que ele *se acautele*", ou ainda, "que ele *se cuide*".
⇨ Na p. 58 do conhecido livro de Leo Huberman, *História da riqueza do homem*, 21ª ed., lê-se que, na Idade Média, as corporações "*se precavinham* da interferência estrangeira em seu monopólio." O tradutor brasileiro usou uma forma de *precaver* que não existe. O que há, em português, é *precaviam*.
Este verbo é mais usado como pronominal: nós *nos precavemos*, vós *vos precaveis*, eu *me precavia*, eu *me precavi*, ele *se precaveu, precavei-vos* etc.

preceder. [Do lat. *praecedere*, ir à frente; ser superior a.] Este verbo rege objeto direto ou indireto, indiferentemente: Um forte vento *precedeu o* (ou *ao*) *temporal*. / Prudente de Morais *precedeu Campos Sales* (ou *a Campos Sales*) na presidência da República. / Prudente de Morais *o* (ou *lhe*) precedeu na presidência da República. / "A arte grega *precede à romana*." (Aurélio) / "Todos os que *o* (ou *lhe*) *precederam* no cargo." (Celso Luft) / "Convém lembrar as circunstâncias que *precederam à fala de Vieira*." (Alfredo Bosi, *A dialética da colonização*, p. 134) / "Para todos, a própria noção de liberdade fora uma herança transmitida pela geração que *os precedera* entre 1808 e 1831." (*Id., ib.*, p. 217) / "Pode-se dizer mesmo que o negro *precede ao índio* no trabalho agrícola organizado pelo branco." (Oliveira Viana, *Evolução do povo brasileiro*, p. 75)

precisar. 1. Na acepção de *ter necessidade, necessitar*, constrói-se modernamente com objeto indireto, quando este é substantivo ou pronome, e com objeto direto se o complemento é um infinitivo: As escolas *precisam* de bons professores. / O país *precisou* fazer empréstimos. / *Precisamos* de alguém que fale inglês. / O governo não os demitiu, *precisava* deles. / "Carla recolheu-se ao quarto; *do que mais precisava* era *de* uma noite de sono." (Dias Gomes, *Decadência*, p. 171) / "*Precisavam* ser duros, virar tatus." (Graciliano Ramos, *Vidas Secas*, p. 27)
2. Diz-se corretamente: *Precisa-se* (e não *precisam-se*) de empregadas domésticas. / *Precisava-se* (e não *precisavam-se*) de mais enfermeiras. / De homens assim é que *se precisa*. ⇨ Embora seja menos usual, também é correto construir: *Precisam-se* empregadas domésticas. / *Precisam-se* pedreiros." / "Nem *se precisavam* razões, bastava o falar dele." (Machado de Assis, *Esaú e Jacó*, cap. 53)
3. No sentido de *indicar com precisão*, constrói-se com objeto direto: Não sei *precisar* a data em que o fato ocorreu. / Ele diz que perdeu muito dinheiro, mas não sabe *precisar* a quantia.

preeminente, proeminente. *Adj.* 1. **Preeminente**. Superior, eminente; que se distingue por qualidades morais ou intelectuais ou pelo mérito, o valor, o saber; distinto, ilustre: *preeminentes* cientistas; figura *preeminente* nos meios intelectuais; um dos mais *preeminentes* políticos da época atual. ⇨ *Preeminência*: qualidade de preeminente; superioridade, excelência.
2. *Proeminente*. Que tem protuberância, que se eleva acima do que o rodeia, saliente (barriga *proeminente*, maçãs do rosto *proeminentes*); que se destaca por qualidades morais ou intelectuais ou pelo poder; superior, importante. ⇨ *Proeminência*: saliência (*proeminência* dos ossos malares). Como se vê, *proeminente*, em sentido figurado, confunde-se com o parônimo *preeminente*. Contudo, recomenda-se usar *proeminente* para qualificar apenas substantivos concretos (barriga *proeminente*, pomo de adão *proeminente* etc). *Preeminência* é aplicável exclusivamente a coisas abstratas.

prefeito. Feminino: *prefeita*.

preferir. 1. Diz-se corretamente 'preferir uma coisa ou uma pessoa *a* outra': O prisioneiro *preferiu* a morte *à* escravidão. / *Prefiro* um inimigo declarado *a* um falso amigo. / Nas reuniões, ele *preferia* ouvir *a* falar. / *Prefiro* que os guarde *a* que os jogue fora. / "Todos os irmãos querem colaborar, mas antes atrapalham, e Das Dores *prefere* ver-se morta *a* ceder-lhes a responsabilidade plena da direção." (Carlos Drummond de Andrade, *Obra completa*, p. 443) / "Estava com sono; *preferia* a cama *à* orquestra." (Machado de

Assis, *Quincas Borba*, p. 139) / "*Prefere* rezar na mais humilde das igrejas *a* ir rezar na Acrópole." (Agripino Grieco, *Gralhas e pavões*, p. 24) / "*A* se apresentar mal vestida *prefere* não ir." (Ciro dos Anjos, *Montanha*, p. 203) / "*Preferia* morrer *a* contar o meu segredo." (Luís Jardim, *Maria Perigosa*, p. 45)
2. São construções condenadas 'preferir uma coisa *do que* outra', 'preferi *mais* uma coisa *a* outra', 'preferir *antes* uma coisa *a* outra'. Diga-se portanto: *Prefiro* trabalhar *a* (e não *do que*) passar fome. / Ela *prefere* ficar lendo em casa *a* divertir-se na rua (e não *Ela prefere mais* ficar lendo em casa...). / Eles *preferem* morrer *a* perder a liberdade (e não *Eles preferem antes* morrer *a* perder a liberdade). / Os proprietários *prefeririam* deixar os apartamentos fechados *a* (e não *do que*) alugá-los a preço baixo.
Com o verbo *querer* é que se diz 'querer *antes* uma coisa (do) que outra': *Antes* queriam morrer *do que* ser escravizados. / "*Antes* quero engolir petróleo *que* engolir em seco a mágoa que tenho cá dentro." (Aquilino Ribeiro, *Mônica*, p. 121)
⇨ Nota-se descaso pela disciplina gramatical nesta frase de autor contemporâneo: "*Preferia* passar a noite na estação *do que* continuar com os tiras."
preferível. Uma coisa é *preferível a* outra (e não *do que* outra): Um cavalo manso é *preferível a* um cavalo xucro. / É *preferível* comer pouco *a* comer demais. / Era *preferível* demolir o prédio *a* reformá-lo.
prejudicar. [Do lat. *praejudicare*.] *V. t. d.* Causar prejuízo, dano ou transtorno a: Era um homem intransigente, e isso *o prejudicava* muito. / Nunca *a prejudiquei* em nada. / Ninguém *os prejudicou*, não têm direito de reclamar. ⇨ Quando o complemento deste verbo é um pronome pessoal, como nos exemplos supra, emprega-se *o* e nunca *lhe*. Errou, portanto, o autor desta frase, aliás, um notável romancista moderno: "Isso não *lhes prejudica* e muito menos a mim." Devia ter escrito: "Isso não *os prejudica* e muito menos a mim." ⇨ O pronome *lhe* tem cabimento em frases como as seguintes, nas quais o pronome *lhe* equivale a *seu* ou *sua*, *dele* ou *dela*: O uso imoderado de cosméticos *lhe prejudica* a beleza. / A geada *lhe prejudicou* as plantações.
preito. *S.m.* Homenagem: Rendamos justo *preito* aos heróis da nação. ⇨ Distinguir de *pleito*★.
prelado. Adj. relativo a prelado: *prelatício* (autoridade *prelatícia*, múnus *prelatício*).

premiar. Dar prêmio, recompensar: Governo brasileiro *premia* cientista francês. / O clube esportivo *premiou* os campeões. / "O mercado financeiro global *premia* e castiga em alta velocidade." (Roberto Campos, *Na virada do milênio*, p. 350) É verbo regular. *Ind. pres.*: premio, premias, premia, premiamos, premiais, premiam. *Subj. pres.*: premie, premies, premie, premiemos, premieis, premiem. ⇨ Em escritores clássicos encontramos *premeia*, *premeiam*, formas irregulares que têm a vantagem de não se confundir com *premia*, *premiam*, do verbo *premer*.
premir. *V. t. d.* Variante de *premer* (fazer pressão, apertar): "Eu não disse nada. Apenas meu braço *premiu* o seu com mais força." (Afrânio Peixoto, *Uma mulher como as outras*, p. 129)
prenhe. [Do lat. vulgar★ *praegnis*, de *praegnans*, grávida.] *Adj.* 1. Grávida: Ele a abandonou, deixando-a sozinha e *prenhe*. / "Lucas não quis dizer que a preá estava *prenhe*." (Herberto Sales, *Rebanho do Ódio*, p. 188) ⇨ A variante *prenha* é forma vulgar, mais aplicada a animais.
2. *Fig.* Cheio, repleto: Do lado do mar vinham nuvens *prenhes* de água. / "A época estava *prenhe* de temores fantásticos." (Dom Eugênio Sales, *JB*, 22/7/95)
preocupar. [Do lat. *praeoccupare*, ser o primeiro a ocupar, apoderar-se, invadir.] *V. t. d.* 1. Causar preocupação, inquietar, tornar apreensivo, prender a atenção: O futuro não *o preocupa*. / Problemas de toda ordem *preocupam os governos*. / O desemprego do marido era o que mais *a preocupava*.
⇨ Na forma pronominal é *v. t. i.*
Pron. 2. Ter preocupação, inquietar-se, incomodar-se: Elas *se preocupam* demais *com* a saúde dos filhos. / São bagatelas *com que* não *nos preocupamos*. / "E ninguém *se preocupava* já *em* fingir que realmente participava do espetáculo." (Fernando Namora, *O homem disfarçado*, p. 31)
⇨ Sendo o complemento um infinitivo, como no último exemplo, usa-se a prep. *em*.
preponderar. [Do lat. *preponderare*, ter mais peso; ser preponderante, levar vantagem.] *V. i.* 1. Ter maior importância, predominar, prevalecer: Em toda decisão deve *preponderar* o senso de justiça. / "*Preponderava* a Inglaterra no teatro internacional, por sua política, finanças e seu preparo e força material." (J. Pandiá Calógeras, *Formação histórica do Brasil*, p. 201)
V. t. i. 2. Ser preponderante, predominar, prevalecer: "Na população brasileira *prepon-*

deram os mestiços sobre os demais." (Houaiss) / "Nem sempre a verdade *prepondera* sobre a mentira." (Aurélio) Cognatos: *ponderar, ponderoso, imponderável, ponderável, ponderação, preponderância, preponderante,* todos ligados ao lat. *pondus, ponderis,* peso.

preposição elíptica. Veja *elipse*.

Δ **presbi-.** [Do gr. *présbys*, velho.] *El. de comp.* = 'velho': *presbiopsia, presbita.* Cognatos: *presbítero* (sacerdote), *presbitério, presbiterianismo, presbiteriano*.

prescindir. [Do lat. *praescindere,* separar, cortar.] Dispensar. A regência usual é a indireta, com a prep. *de*: *prescindir de* alguém ou *de* alguma coisa. Exs.: A cidade não pode *prescindir de* bons policiais. / *Prescindi de* qualquer ajuda. / "Na tabuada e no desenho linear, eu *prescindia do* colega mais velho." (Raul Pompeia, *O Ateneu*, cap. III) / "Mas os pais de hoje *prescindem do* respeito em benefício da amizade." (Carlos Drummond de Andrade, *Obra completa,* p. 493) / "O de que não se *prescinde* numa casa é da alegria, do riso franco e da liberdade de palavras." (Maria José de Queirós) / "*Do que* eu não *prescindo* é de me unir a ti por vínculos muito íntimos." (Camilo Castelo Branco, *Serões de São Miguel de Seide*, I, p. 87) ⇨ É disparate usar *prescindir* por *precisar,* como fez o autor desta frase: "Hoje todo jornal *prescinde* de pelo menos uma coluna social." (*JB, Caderno B*, 2/10/95)

prescrever. 1. Determinar, estabelecer, indicar com precisão: O Código Civil *prescreve* os direitos e as obrigações dos cidadãos. / O médico *prescreveu-lhe* dieta rigorosa e repouso.
2. Na linguagem jurídica, *ficar sem efeito* (por decurso de prazo legal): A ação penal movida pelo Estado *prescreveu.* / Os seus direitos *prescreveram.* / "Com o principal *prescrevem* os direitos acessórios." (*Código Civil,* art. 167)
⇨ Distinga-se de *proscrever*,* desterrar, suprimir, proibir.

presentear. Exige objeto direto: Ele *presenteou* a noiva. / Ele *a* (e não *lhe*) *presenteou* com um lindo colar. / O mestre ainda guarda a coleção de livros com que seus alunos *o* (e não *lhe*) *presentearam.* / "Uma vez ou outra *as presenteava* com o que ele chamava de pequenos mimos." (Autran Dourado, *Solidão, solitude,* p. 139) / "Um amigo, dono de um grande armazém de vinhos, *o presenteara* com uma garrafa." (Machado de Assis, *Quincas Borba*, p. 46)
⇨ Constrói-se com objeto direto de pessoa e não de coisa. Frase de uma escritora: "Largou a bengala e me deitou na cama, em cima da roupa *que ele me presenteara*." Correção:"... e me deitou na cama, em cima da roupa *com que ele me presenteara*."

preservar. *V. t.* Defender ou livrar de um mal; manter livre de um mal, perigo, corrupção, dano; resguardar.
V. t. d. 1. *Preservemos* nossas matas. / Lutou para *preservar* a unidade nacional. / O sal *preserva* os alimentos.
V. t. d. e i. 2. Sua coragem *o* (e não *lhe*) *preservou da morte.* / A religião *preserva os* jovens dos vícios. / A religião *os* (e não *lhes*) *preserva* dos vícios. / Deus *preservou a* Virgem Maria da corrupção. / Deus *a* (e não *lhe*) *preservou da corrupção.* Um romancista moderno escreveu em um de seus livros: "Os faraós, Alexandre da Macedônia, os Césares, todos devem, onde quer que estejam, render graças às minhocas, por *preservarem-lhe* do ostracismo definitivo." Há nessa frase um erro de regência e outro de concordância, além do uso impertinente de *ostracismo.* Correção: "Os faraós, Alexandre da Macedônia, os Césares, todos devem, onde quer que estejam, render graças às minhocas, por *os preservarem* (ou *por os terem preservado*) do esquecimento definitivo."
V. pron. 3. Era preciso *preservar-me* de suas ideias malsãs. / Os jovens devem *preservar-se* dos vícios.

presidenta. Mulher que está na presidência (de um país, de uma associação). É forma dicionarizada e correta, ao lado de *presidente*: A *presidenta* da Nicarágua fez um pronunciamento à nação. / A *presidente* das Filipinas pediu o apoio do povo para o seu governo.

presidir. [Do lat. *praesidere,* ter a presidência, o comando, estar à testa.] 1. Constrói-se, indiferentemente, com objeto direto ou objeto indireto (prep. *a*): "Não se sabe ainda quem *presidirá* o país." (Aurélio) / "Ele *presidiu* a sessão." (Bergo) / "A bela infanta viera *presidir ao* banquete de seus ricos-homens." (Alexandre Herculano) / "Se és o anjo que *preside aos* fados da Espanha, mais submisso ainda será o nosso obedecer." (*Id., Eurico*, p. 175) / "Dom Maxêncio dois domingos seguidos *presidiu* a reuniões de 'importantes' para ouvir e dar sugestões sobre escolas e hospitais." (José Geraldo Vieira) / "Uma grande oleografia do Sagrado Coração de Jesus *presidia àquelas* recordações de vitórias cinegéticas." (Ferreira de Castro, *O instinto supremo*, p. 16) / "Dir-se-ia que *presidiam a* uma inquirição." (Fernando Namora, *O homem disfarçado*, p. 32) / Há leis que *presidem à* ordem do universo. / Quem *presidirá aos* destinos do país? 2. Pode-se usar *presidir* na forma passiva: A reunião foi *presidida* pelo diretor do colégio. / "Zequinha provou documentadamente que a comissão *presidida* por ele sempre se houve com diligência e probidade." (Alcântara Machado) 3. São portanto lícitas as construções 'presidir a sessão', 'presidi-la', 'presidir à sessão', 'presidir a ela', 'a sessão foi presidida por fulano'.

pressupor. Conjuga-se como *pôr*, do qual deriva.

prestes. *Adj.* 1. Pronto; próximo, que está a ponto de, iminente: O barco está *prestes a* chegar. / "Sentia, entretanto, que estava *prestes a* acontecer alguma coisa." (Rubem Braga) / Os alemães estavam *prestes para* a invasão da França. ⇨ A construção hoje usual é *prestes a* + infinitivo. Soam estranhamente frases como: As tropas estão *prestes* (= prontas). / O rio estava *prestes em* transbordar. / As flores estão *prestes para* abrir. 2. Rápido(s), ligeiro(s): "Saíram *prestes* e ganharam rapidamente a porta do Santuário." (Afonso Arinos, *Obra completa*, p. 371) Cognatos: *presteza, prestemente, presto*.

Δ **presti-.** [Do lat. *praestus*, ligeiro.] *El. de comp.* = 'rápido': *prestidigitação, prestidigitador, prestímano, prestidigitar*. Cognatos: *prestes, presteza*.

pretender. 1. Concorda no singular o v. *pretender* em frases como: São deficiências que em vão se *pretende* ocultar. / Com essas medidas, *pretendia-se* conter os preços. / "As feridas que se *pretendia* esconder eram tão profundas que os dois colaboradores do governo Castelo se precipitaram numa troca de maledicências contra Costa e Silva." (Elio Gaspari, *A ditadura derrotada*, p. 225) Veja no verbete *sujeito oracional* a razão dessa concordância. 2. Usa-se pronominalmente no sentido de *considerar-se, ter-se na conta de*: "Lá no meio da floresta, Samuel reclama, dos que *se pretendem* donos do mundo, uma nova ordem para a vida do planeta." (Thiago de Mello, *Amazônia*, p. 107)

pretérito imperfeito do indicativo. Na linguagem popular e na literária, é comum o emprego do pretérito imperfeito do indicativo pelo futuro do pretérito: A venda dessas armas *devia* [por *deveria*] ser proibida. / Se o carro fosse bom, eu o *comprava* [em vez de *eu o compraria.*] / "Se me tivessem consultado, eu *dava-lhes* outras ideias." (Mário Barreto, *Novos estudos da língua portuguesa*, p. 291) / "Entrou a cogitar em ir armado, considerando que, se nada houvesse, nada *perdia...*" (Machado de Assis, *Várias histórias*, p. 10) / "Se ela me preferisse ao marido, não *fazia mau* negócio." (Graciliano Ramos, *Caetés*, p. 86) ⇨ Na linguagem culta formal, deve-se evitar essa troca ou mistura de tempos.

pretérito mais-que-perfeito. 1. Este tempo verbal do modo indicativo expressa um fato passado anterior a outro também passado: Ele *vendeu* a moto que *comprara* de um amigo. O fato expresso pelo verbo *comprara* foi anterior ao de vender a moto. 2. O pretérito mais-que-perfeito possui a forma composta: Vendeu a moto que *tinha* (ou *havia*) *comprado de* um amigo. 3. Na linguagem literária, usa-se em lugar do: a) futuro do pretérito: "*Fora* inútil negar o que eu próprio confessei." (Alexandre Herculano) [*fora* = *seria*]; b) pretérito imperfeito do subj.: "Adotou o pensamento como se *fora* inspiração do céu." (Machado de Assis) [*fora* = *fosse*].

prevalecer. [Do lat. *praevalescere*.] *V. i.* 1. Ter mais valor, preponderar, predominar: Depois de muitas brigas, o bom senso acabou *prevalecendo*. *V. t. i.* 2. Preponderar, predominar: A inteligência *prevalece à* (ou *sobre a*) força bruta. / "Com frequência, neste ponto, a estrofe *prevalece ao* verso." (Aurélio Buarque de Holanda Ferreira, *Seleta*, p. 87) / Interesses individuais não devem *prevalecer sobre* os da sociedade. / Cristo prometeu que as potências do Mal não *prevalecerão contra* a sua Igreja. *V. pron.* 3. Tirar partido, aproveitar-se: *Prevalecia-se* de sua beleza para seduzir os homens. / Não *te prevaleças do* teu cargo para agir contra a lei. ⇨ Não nos parece coerente a grafia *prevalecer*, em vez de *prevalescer*. Cp. lat. *crescere > crescer; convalescere > convalescer; florescere > florescer*.

prevenir. 1. Prevenir alguém de alguma coisa. É meu dever *prevenir* os jovens inexperientes. / É melhor *prevenir* o mal do que remediá-lo. / "Eu *previno-a* para que ela não sofra um choque." (Coelho Neto, *Obra seleta*, p. 1016) 2. Prevenir alguém *de* (ou *contra*) alguma coisa: O pescador *o* (e não *lhe*) *preveniu* de que o rio

tinha corredeiras. / Devemos *preveni-los contra perigos e imprevistos*. / É bom que *as previna contra* falsos amigos. / "A sua intuição *prevenia-a* de uma ameaça." (Fernando Namora, *O homem disfarçado*, p. 94) / "Sempre *os preveni de* que não há nada lá fora." (Aníbal Machado, *Cadernos de João*, p. 20) Na voz passiva: A embaixada *foi prevenida de* possíveis atentados.
3. Prevenir-se (pronominal): *Previna-se* contra a propaganda enganosa. / *Previno-me* contra incêndios.
Cognatos: *prevenção*, *prevenido*, *preventivo* (medidas *preventivas*; tratamento *preventivo*).

prever. Verbo irregular. Segue a conjugação de *ver*★, do qual deriva. Atenção para as formas em destaque: Os astrólogos *preveem* catástrofes. / Se eu *prevar* insucessos, desistirei do empreendimento. / Se você *prevar* um mau resultado, não se arrisque. / Se *previrmos* maus resultados, não faremos o negócio. / Se os adivinhos *previrem* um futuro feliz, casaremos.

prima-dona. *S.f.* Principal cantora de uma ópera. Plural: *prima-donas*. É um italianismo. Em italiano: *primadonna* (primeira mulher).

primar. [Do fr. *primer*.] *V. t. i.* Ser o primeiro; destacar-se, distinguir-se, sobressair: "Os convivas eram unânimes em achar que o cozinheiro dele *primava sobre* todos os da capital." (Machado de Assis, *Obra completa*, II, p. 363) / Raquel *primava entre* as secretárias *em* graça e beleza. / Ela *prima entre* as amigas *pela* inteligência e beleza. / Positivamente, esse povo não *prima pelo* asseio. / Era um escritor que *primava na* correção gramatical.

primário. Superlativo absoluto: *primariíssimo* ou (mais us.) *primaríssimo*★: "As nossas reações eram *primaríssimas* e fugazes." (Carlos Povina Cavalcânti, *Volta à infância*, p. 36)

primaríssimo. Superlativo de *primário* (= rudimentar, primitivo, superficial). Variante de *primariíssimo*. É forma geralmente preferida por ser mais eufônica: "A originalidade do folheto está nas ilustrações, que são *primaríssimas*." (Carlos Povina Cavalcânti, *Vida e obra de Jorge de Lima*, p. 91)

primavera. Adjetivos referentes à primavera: *primaveral* (doçura *primaveral*); *primaveril* (manhã *primaveril*), *primaverino* (aragens *primaverinas*).

primeiranista. Forma preferível a *primeiroanista*.

primeiro. 1. Para designar o primeiro dia do mês, usa-se, de preferência, o ordinal: As aulas iniciarão no dia *1º de março*. / Ele não se lembrou de que era *1º de abril*.
2. Pode-se dizer 'o primeiro *a*' ou 'o primeiro *em*' fazer alguma coisa: Ele foi *o primeiro a* (ou *em*) atravessar o rio. / Ela foi *a primeira a* (ou *em*) denunciar tais abusos. Veja *o primeiro a*.

primeiro que tudo. Antes de tudo. Expressão correta, ao lado de *primeiro de tudo*: *Primeiro que tudo* (ou *de tudo*), é preciso ver se temos dinheiro para a viagem.

primevo. [Do lat. *primaevus*, que está na primeira idade.] *Adj.* Relativo aos tempos primitivos, antigo, primitivo: os povos *primevos*, as civilizações *primevas*. ⇨ Pronuncia-se *primévo*. Veja *medievo*.

primícias. [Do lat. *primitiae*, primeiros frutos.] *S.f. pl.* 1. Os primeiros frutos: Essas uvas são as *primícias* do meu pomar. / Ofereciam a Ceres as *primícias* de suas colheitas.
2. *Fig.* As primeiras produções do espírito: A crítica elogiou o romance dela, *primícias* de um talento literário promissor. ⇨ Esta palavra só se usa no plural.

prior. *S.m.* Superior de um convento. Fem.: *priora* ou *prioresa*.

priorizar. [Do lat. *prior*, primeiro, mais importante, superior, + *-izar*.] Dar prioridade: O governo deve *priorizar* as obras que gerem empregos. / "Nele está incluída a luta contra o egoísmo que *prioriza* o que interessa ao indivíduo ou sua classe, na solução dos problemas." (Dom Eugênio Sales, *JB*, 4/9/93) / "Estes grupos... na verdade já são beneficiados por toda uma mentalidade que *prioriza* o mercado internacional em detrimento do consumo interno." (Thiago de Mello, *Amazônia, a menina dos olhos do mundo*, p. 76) ⇨ *Priorizar* é neologismo em voga.

privilégio. [Do lat. *privilegium*.] Dessa forma, e não *previlégio*.

△ **pro-, pró-.** 1. **Pro-.** Prefixo que exprime as ideias de 'para frente' (progresso, prosseguir, propulsão), 'em lugar de' (pronome, procônsul), 'anterioridade' (prólogo, proembrião). É prefixo átono e se une ao radical sem hífen.
2. **Pró-.** Na acepção de 'a favor de', une-se com hífen ao radical e se acentua por ser elemento tônico: *pró-americano*, *pró-socialista*, *pró-paz*, *pró-democracia*, *pró-infância*. *Pró* usa-se também como substantivo com o significado de *vantagem*, *conveniência*: pesar os *prós* e os contras.

probo. [Do lat. *probus*, honesto, honrado, bom.] *Adj.* Íntegro, honrado, honesto, reto: homem *probo* (e não *pobro*): "O intendente era *probo*, honesto, reto; mas cruel, desumano, cego instrumento das ordens da corte." (Joaquim Felício dos Santos, *Memórias do Distrito Diamantino*, p. 86) ⇨ Pronuncia-se *próbo*. Substantivo: *probidade* (honestidade).

proceder. 1. É verbo intransitivo nas acepções de *comportar-se, agir* e *ter fundamento*: O filho do juiz *procedia* mal na escola. / *Proceda* de acordo com sua consciência. / Não *procedem* as acusações que lhe fazem.
2. Constrói-se com a prep. *de*, na acepção de *originar-se, provir*: Da ambição de riqueza *procedem* muitos males. / As línguas neolatinas *procedem* do latim.
3. Usa-se como transitivo indireto, com a preposição *a*, no sentido de *dar início, levar* a *efeito, realizar*: Aberta a sessão, *procedeu-se à* chamada dos condôminos. / *Procedeu-se ao* exame da questão. / O inquérito *a* que *se procedeu* nada apurou. / Esperava, ansioso, que *se procedesse ao* sorteio. / "Depois convidou-os a *procederem à* nomeação do secretário." (Joaquim Felício dos Santos, *Memórias do Distrito Diamantino*, p. 353) / Como ainda não se fizera a pesquisa de mercado, mandei que *se procedesse a ela* com urgência. ⇨ É incorreta a regência direta: proceder *a chamada*, proceder *o exame* etc.
4. Tem complemento regido da prep. *contra*, no sentido de *instaurar processo*: "O Governo *procederá contra* os agiotas." (Aurélio) / "Outra ordem de El-Rei mandava que *se procedesse* executivamente *contra* os devedores do contratador." (Joaquim Felício dos Santos, *Memórias do Distrito Diamantino*, p. 122)
5. *Proceder* não admite a voz passiva: *Procedeu-se ao inventário dos bens*, e não: *Foi procedido o inventário dos bens*. / *Procedeu-se à leitura dos autos*, e não: *Foi procedida a leitura dos autos*.

procissão. Adj. relativo a procissão: *processional*. O *Vocabulário Ortográfico* da ABL registra também a forma *procissional*.

Δ procto-. [Do gr. *proktós*, ânus.] *El. de comp.* = 'ânus': *proctologia, proctologista, proctite*.

procurar. 1. Diz-se 'procurar um amigo', 'procurar uma pessoa'. Usando-se o pronome pessoal oblíquo, este será *o* (ou *a*), e não *lhe*: *procurá-lo, procurá-la*. Errou, portanto, o autor desta frase: "A deputada Rita Camata improvisou um meio de dar atenção a quem *lhe procura*." (*Veja*, 22/04/92) Em bom português se diz: A deputada Rita Camata improvisou um meio de dar atenção a quem *a procura*. / Precisava de um conselheiro, mas não *o procurou*. / Doutor, não *o procurei* ontem devido ao mau tempo. / Pai, um amigo *o está procurando* (e não *está lhe procurando*).
2. É correta a regência 'procurar *por* alguém': *Procurou pelo empregado*, mas não o encontrou. ⇨ A prep. *por*, neste caso, ressalta o interesse de quem procura.
3. No sentido de *tentar*, diz-se corretamente: *Procura-se* erradicar essas doenças. / *Procurou-se* descobrir novas fontes de energia. Em construções desse tipo o verbo *procurar* deve ficar no singular.

prodigalizar. *V. t.* 1. Pouco usado no sentido de 'gastar excessivamente', 'esbanjar': "*Prodigalizou* a fortuna do pai." (Aurélio)
2. Mais usado na acepção de 'dar com profusão', 'conceder ou distribuir prodigamente': Deus *prodigalizou* bens e belezas em toda a Terra. / Era um homem insinuante; sempre disposto a *prodigalizar* gentilezas. / Tinha muitos amigos e *prodigalizava-lhes* favores.
⇨ Como não existe o adjetivo *prodigal*, este verbo se formou sobre o radical de *prodigalidade* acrescido do sufixo *-izar*, provavelmente por analogia com outros verbos terminados em *-alizar*, como *finalizar, fiscalizar, naturalizar* etc. A variante *prodigar* (de *pródigo* + *-ar*) é muito pouco usada.

pródigo. *Adj.* Superlativo: *prodigalíssimo*.

professor(a). Adjetivos relativos a professor(a): *professoral* (tom *professoral*), *docente* (o corpo *docente* de um colégio).

profeta. Fem.: *profetisa*: "Havia também uma *profetisa* chamada Ana, de idade muito avançada, filha de Fanuel, da tribo de Aser." (*A Bíblia de Jerusalém*, Lucas, II, 36) ⇨ *Profetiza*, com *z*, é forma do v. *profetizar* (*predizer*): Jesus *profetiza* o fim do mundo.

profligar. [Do lat. *profligare*, derrubar, derrotar.] *V. t. d.* Eruditismo usado principalmente no sentido de 'atacar duramente com palavras', 'reprovar energicamente', 'verberar' (erros, vícios, desonestidades etc.): "Civilizado e abstêmio, Lincoln *profligava* a brutalidade dos costumes da época." (Viana Moog, *Em busca de Lincoln*, p. 320)

pro forma. Locução adv. latina que significa "por mera formalidade", "apenas para salvar as aparências": Não era crente, foi à missa de sétimo dia *pro forma*.

proibido. Diz-se: É *proibida* (e não é *proibido*) a caça nesta reserva. Veja *é bom*.

proibir. São regências corretas deste verbo:

1. Proibir alguma coisa: A Secretaria de Saúde *proibiu* a venda do remédio. / O regulamento *proibia* fumar na fábrica. / A lei não *proíbe* que os cegos votem.
2. Proibir alguém de alguma coisa: Os pais *proibiram* o filho *de* participar da passeata. / Eles o *proibiram de* participar da passeata. / "*Proíbo-a de* estar neste quarto." (Camilo Castelo Branco)
3. Proibir alguma coisa a alguém: A mãe *proibiu* ao menino soltar balões. / Ela *lhe proibia* muitas coisas. / "O projeto *proibia-lhes* concorrer a eleições legislativas nas áreas de sua jurisdição." (José Murilo de Carvalho, *A construção da ordem*, p. 160)
É incorreta a regência 'proibir a alguém de alguma coisa', 'proibir-lhe de alguma coisa', como nas frases: Ela *proibiu ao filho* de subir na árvore. / Ela *lhe proibiu* de subir na árvore. Construções corretas: Ela *proibiu* o filho de subir na árvore. / Ela *proibiu-o* de subir na árvore. / Ela *lhe proibiu* subir na árvore. / Ela *lhe proibiu* que subisse na árvore.
4. Ser proibida alguma coisa a alguém: *Foi-lhe proibida* a permanência no local. / *Foi-lhe proibido* permanecer no local.
5. Ser alguém proibido de alguma coisa: "*Foi a menina proibida de ir* ao miradouro." (Camilo Castelo Branco, *apud* Mário Barreto, *Últimos Estudos*, p. 175)
Quanto à concordância, *proibir* fica na 3ª pessoa do singular em frases cujo sujeito é uma oração infinitiva: *Proibiu-se* levar crianças aos estádios. / Foi promulgada a lei em que *se proíbe* construir casas em áreas de risco. Veja *se* (pronome apassivador, item 4).

projétil. Pl.: *projéteis*. Formas geralmente usadas. *Projetil, projetis* são formas corretas, porém menos usuais: "Os olhares caíam-lhe em cima como os *projetis* de um fuzilamento." (Raul Pompeia, *O Ateneu*, cap. IV)

prol. S.m. Proveito. É vocábulo obsoleto nessa acepção. Usa-se apenas nas locuções *em prol de* e *de prol*.

| **Em prol de**. Em proveito de, em favor de, em defesa de: Elas se sacrificam *em prol da* comunidade. / Promoveram uma campanha *em prol da* moralidade. ⇨ Existe a variante *em pró de*, menos aconselhada.

De prol. De destaque, nobre: Em Pernambuco, famílias portuguesas *de prol* tornaram-se obscuras.

pró-labore. [Do lat. *pro labore,* pelo trabalho.] S.m. Remuneração por serviço prestado: O *pró-labore* do síndico era reajustado trimestralmente. Pl.: *pró-labores*.

proliferar. [De *prolífero* + *-ar*.] V. i. Gerar prole, ter filhos, reproduzir-se; crescer em número, multiplicar-se: A família *proliferou*, povoando o vale. / Os coelhos *proliferam* rapidamente. / Nas grandes cidades *proliferam* as clínicas de estética. ⇨ Não é verbo pronominal. Não se dirá, portanto, que "os mosquitos *se proliferam*", "os gafanhotos *se proliferaram*". Diga-se: os mosquitos *proliferam*; os gafanhotos *proliferaram*; impedir as moscas de *proliferar*; impedir que as favelas *proliferem*.

prometer de. Em escritores clássicos, é muito frequente a anteposição da preposição *de* ao infinitivo que complementa o v. *prometer*: "Mostrou-se pesarosa de o não encontrar, e *prometeu de voltar* hoje às três horas." (Camilo Castelo Branco, *A queda dum anjo*, p. 118, ed. 1953, Organização Simões)
Tal sintaxe ocorria e ainda ocorre com outros verbos, como se viu no verbete *determinar*. Hoje damos preferência à regência direta: *Prometeu voltar* no dia seguinte. / *Prometeram apoiar* a campanha. / *Prometi-me* não voltar mais lá.

promover. Prefira-se construir 'Três coronéis *foram promovidos* a general' a 'Três coronéis *foram promovidos* a generais'. / "O comandante promoveu *a cabo* dois soldados." (Aurélio)

pronome de interesse. Veja *me*.

pronomes oblíquos átonos (colocação).
1. Conforme sua posição junto ao verbo, os pronomes oblíquos átonos se classificam em:
a) **proclíticos** (antepostos ao verbo): Isso não *se faz*.
b) **mesoclíticos** (intercalados no verbo): *Falar-lhe-ei* depois.
c) **enclíticos** (pospostos ao verbo): *Chamava-o* da janela.
Essas três colocações dos pronomes átonos denominam-se, respectivamente, *próclise, mesóclise* e *ênclise*.
2. A próclise é de rigor:
Quando antes do verbo houver palavra que "atrai" o pronome átono. São palavras atrativas:
a) as de sentido negativo: *Não se* aproxime. / *Nunca o* vi chorar. / *Ninguém lhe* resiste. / *Nada a* perturba.
b) os pronomes relativos *que* e *quem*: Era um homem *que se* distinguia pela nobreza das atitudes. / O funcionário a *quem me* dirigi não me atendeu.
c) as conjunções subordinativas: *Quando nos* viu, escondeu-se. / *Se lhe* bates, ele se revolta. / Não quis a blusa, *embora me* servisse. / É bom

que te acauteles. / Tristezas, *como se* diz, não pagam dívidas. / Reagimos *porque nos* agrediram.
d) certos advérbios: *Sempre me* lembro dela. / *Talvez as* visite. / *Já se* viam estrelas no céu. / *Aqui se* trabalha, *lá se* fala da vida alheia. / *Mal me* viu, veio ao meu encontro. / *Por que lhe* bate?
e) certos pronomes indefinidos: *Tudo se* acaba. / Ignoro de *quem se* trata. / *Pouco se* sabe a respeito desse artista.
3. A mesóclise ocorre somente no futuro do presente e no futuro do pretérito do indicativo, desde que antes do verbo não haja palavra que exija a próclise. Exs.: *Realizar-se-á* o grande espetáculo na praia de Copacabana. / *Falar-lhe-ei* a teu respeito na próxima reunião. / "*Dir-me-á* o leitor que a beleza vive de si mesma." (Machado de Assis) / "Gildete *manter-se-ia* atenta para o que desse e viesse." (Jorge Amado) / "Sua atitude é serena, *poder-se-ia* dizer hierática, quase ritual." (Raquel de Queirós) / "*Contentar-nos-emos* agora com sambas velhos..." (Graciliano Ramos) / "*Dir-se-ia* que anda no ar um mau pressentimento." (Manuel Bandeira) Veja o verbete *dir-se-ia*.
Observe-se bem: a) Havendo palavra atrativa, impõe-se a próclise: *Não lhe* pedirei nada. / *Ninguém se* importaria.
b) Não se pospõe o pronome átono ao futuro do indicativo: *dir-lhe-ei, dir-se-ia, far-lhe-ei, dar-lhe-iam, chamá-lo-ia* etc., e nunca: *direi-lhe, diria-se, farei-lhe, dariam-lhe, chamariam-no*.
c) A mesóclise é colocação exclusiva da língua culta formal e da modalidade literária. Na fala corrente, emprega-se a próclise: Eu *lhe* direi a verdade. / Eles *se* arrependerão (ou *vão se* arrepender). / Ela *o* chamaria (ou *ia lhe chamar*) de louco.
4. Ocorre a ênclise:
a) Nas frases iniciadas pelo verbo (que não seja o futuro): *Sentaram-se* num banco da praça. / *Contei-lhe* o que acontecera. / *Entregamos-lhe* a mercadoria. / *Entretivemo-nos* ouvindo música.
Iniciar a frase com pronome átono só é tolerável na conversação familiar, despreocupada, e na língua escrita, quando se deseja reproduzir a fala dos personagens: *Me* empresta o livro. / *Lhe* desejo muito êxito. / "*Me* larga! Eu quero ir embora." (Fernando Sabino)
b) Nas orações reduzidas de gerúndio, quando nelas não houver palavras atrativas: Desceu a escada devagar, *amparando-se* ao corrimão.

c) Nas orações imperativas afirmativas: Abra a porta e *faça-os* entrar. / "Romano, *escuta-me*!" (Olavo Bilac)
d) Com o infinitivo não-flexionado, precedido da preposição *a*, em se tratando dos pronomes *o, a, os, as*: Todos corriam a *ouvi-lo*. / Começaram a *maltratá-la*. / "Sabe ele se tornará a *vê-los* algum dia?" (José de Alencar)
⇨ Em qualquer nível de fala, não se deve colocar o pronome oblíquo depois de particípio: Ela *tinha-se* (ou *tinha se*) escondido. / Os maus tratos *haviam-me* revoltado. / A prática do crime *tinha-os* embrutecido. Desse modo, e nunca: tinha *escondido-se*, haviam *revoltado-me*, tinha *embrutecido-os*.
5. Nas locuções verbais, os pronomes oblíquos átonos colocam-se, conforme o caso, ora junto ao verbo auxiliar, ora junto à forma nominal (infinitivo, gerúndio). Quase sempre é lícita mais de uma colocação.
a) **Verbo auxiliar + *infinitivo***. Exemplos: *Devo-me defender*, ou *Devo defender-me*, ou *Devo me defender*. / Não *devo queixar-me*, ou Não *me devo queixar*, ou Não *devo me queixar*. / Ele *pode ofender-se*, ou Ele *se pode ofender*, ou Ele *pode se ofender*. / Não *queriam perdoar-lhe*, ou Não *lhe queriam perdoar*, ou Não *queriam lhe perdoar*. / Depois eu *os haveria de encontrar*, ou Depois eu *haveria de encontrá-los*, ou Depois eu *haveria de os encontrar*. / Quando *a foram buscar*, ela não veio, ou Quando *foram buscá-la*, ela não veio. / Ninguém *o podia visitar*, ou Ninguém *podia visitá-lo*. / Talvez *nos viessem chamar*, ou Talvez *viessem chamar-nos*, ou Talvez *viessem nos chamar*. / Nenhum mal *lhes poderá acontecer*, ou Nenhum mal *poderá acontecer-lhes*. / "Não *posso me confessar* autor dessas barbaridades." (Carlos Drummond de Andrade) / "Mas agora já *sabemos nos defender*." (Guimarães Rosa) / "O ministro da Justiça *vai se reunir* com chefes militares no Rio." (*JB*, 20/10/94) / "Isso *vai me obrigar* a partir imediatamente." (Ciro dos Anjos) ⇨ Na fala brasileira, como provam os quatro últimos exemplos, os pronomes átonos são antes *semitônicos* e se juntam, geralmente, ao infinitivo. É uma colocação própria do português falado no Brasil e não deve ser censurada, pois constitui um fato linguístico inquestionável.
b) **Verbo auxiliar + *gerúndio***. Exemplos: Eles *foram-se afastando* devagar ou Eles *se foram afastando* devagar, ou Eles *foram afastando-se* devagar, ou Eles *foram se afastando* devagar. / A praça

ia-se esvaziando pouco a pouco, ou A praça *ia se esvaziando* pouco a pouco. / Eles *o estavam perseguindo*, ou Eles *estavam-no perseguindo*, ou Eles *estavam perseguindo-o*. / Os dois *estavam aproximando-se* do rio, ou Os dois *estavam se aproximando* do rio. / O recadastramento é obrigatório e o prazo *está se esgotando*. / "As pernas *iam-se-lhe entorpecendo*..." (Coelho Neto) / "Naquele tempo a escuridão *se ia dissipando*, vagarosa." (Graciliano Ramos, *Infância*, p. 19) / "Que relógio parado *me estava governando?*" (Cecília Meireles) / "O sangue *foi me fugindo* do corpo." (Luís Jardim) / "Mas será o mundo que *está se encolhendo?*" (Vivaldo Coaraci) / "Recordações que já *iam se apagando*." (Jorge Amado) / "Querosene estava *se extinguindo*." (Herberto Sales) / "Os dias *iam se passando*, e Santa não aparecia." (Raquel de Queirós) / "E nosso caso com as Teixeiras *foi se agravando*..." (Rubem Braga)
⇨ Nos seis últimos exemplos, os autores preferiram juntar os pronomes oblíquos ao gerúndio e não ao verbo auxiliar. Tal colocação não deve ser censurada, pois representa uma peculiaridade da fala brasileira, diferente da lusitana.
6. **Colocação dos pronomes nos tempos compostos.** Nos tempos compostos, os pronomes pessoais átonos se unem, na língua culta formal, ao verbo auxiliar e não ao particípio. Conforme a estrutura da frase, pode ser lícita mais de uma colocação do pronome, atendendo-se ao imperativo da eufonia. Exemplos: Nós *o tínhamos alertado* várias vezes. / Eles *o haviam* (ou *haviam-no*) *desmascarado*. / Os soldados *haviam-se recolhido* aos quartéis. / Eles ainda não *se haviam recolhido* aos quartéis. / Ele *me havia* (ou *havia-me*) *feito* vários favores. / O guarda *lhe teria* (ou *ter-lhe-ia*) *aberto* a prisão. / *Ter-lhe-á* o guarda *facilitado* a fuga? / É possível que o guarda *lhe tenha aberto* a porta. / "Corriam rumores não confirmados de que também *se haviam verificado* desembarques nas províncias meridionais da ilha." (Érico Veríssimo, *O senhor embaixador*, p. 289) / "Um dia, porém, o turco desapareceu e correu [noticiou-se] insistentemente que Tatiana *o tinha envenenado*." (Miguel Torga, *O senhor Ventura*, p. 175) ⇨ No português do Brasil, mesmo entre pessoas cultas, o pronome oblíquo é geralmente pronunciado unido ao particípio. Bons escritores brasileiros modernos retratam, em suas obras, essa peculiaridade da nossa fala. Exemplos: "*Tinha se es-*

quecido de conferir o bilhete..." (Vivaldo Coaraci) / "*Poderia ter se encontrado* com a raposa..." (Lêdo Ivo) / "Era como se tivesse ido muito longe, ou *se escondido* atrás de uma parede muito grossa." (Raquel de Queirós) / "Depois de *haver se recusado* a enfrentar Nassau." (Assis Brasil) / "Devia *ter se dedicado* às ciências." (Ana Miranda) / "Talvez *tenha se hospedado* diante do cais..." (Ana Miranda) / "Já havia desistido de decifrar o enigma e *me acostumado* àquela garrafinha mensal de uísque..." (João Ubaldo Ribeiro) ⇨ O pronome *o* (ou *a*) se une sempre ao verbo auxiliar: O dinheiro ela *tinha-o deixado* (ou *ela o tinha deixado*) na gaveta. / As armas, nós *as teríamos* destruído (e nunca "teríamos *as* destruído"). / Os melhores lugares, ele *os terá reservado* para si (e nunca "terá *os* reservado para si"). No jornal *O Globo*, ed. de 2/4/06, lê-se: "Apesar de *ter o expulsado* de lá, ela é só elogios ao inquilino." Correção: "Apesar de *o ter* (ou *de tê-lo*) *expulsado* de lá, ela é só elogios ao inquilino."
7. Na língua culta não se inicia a frase com o pronome oblíquo: *Deram-me* as ferramentas de que precisava. / *Acautela-te* contra os espertalhões. / *Acomodou-se* num sofá e dormiu. / *Atiramo-nos* à água e atravessamos o rio. ⇨ Usa-se também a ênclise depois de dois pontos: A única saída é esta: *toma-se* dinheiro emprestado e *paga-se* a dívida.

pronomes pessoais oblíquos *o* e *lhe*. 1. O pronome oblíquo *o* (ou *a, os, as*) se usa para substituir um substantivo que exerce a função de objeto direto. Exs.: Ela não gostava do marido, mas não *o traía*. / A ajuda aos pobres dá alegria à mulher e *a dignifica*.
2. Pessoas que não têm noções básicas de regência verbal trocam o pronome *o* pelo *lhe* e vice-versa. Frequentemente se ouve ou se lê: Deus *lhe abençoe*. / Essas brincadeiras *lhe divertiam* muito. / Os amigos do escritor vão *homenagear-lhe* com um jantar. Ora! abençoar, divertir e homenagear são verbos que exigem complemento direto. Diga-se, portanto: Deus *o* (ou *a*) *abençoe*. / Essas brincadeiras *o* (ou *a*) *divertiam* muito. / Os amigos do escritor vão *homenageá-lo* com um jantar. Outras vezes aparece *o* quando o verbo exige *lhe*, como nesta frase de uma jornalista: "Josué é considerado um sequestrador inteligente, com infraestrutura que *o permite* esperar meses com a vítima no cativeiro." Grosseiro erro de regência! O

verbo *permitir* pede objeto indireto de pessoa: O avião permite *ao homem* encurtar distâncias. / O avião *lhe permite* encurtar distâncias. / Josué possui infraestrutura que *lhe permite* esperar meses com a vítima no cativeiro.
3. O pronome *lhe(s)* se usa em lugar de substantivos que têm a função de objeto indireto. Exs.: Alice gostava da mãe e raramente *lhe desobedecia*. / Conversei com os dois sócios e *lhes aconselhei* que contratassem um advogado.
4. Para utilizar com acerto os pronomes pessoais oblíquos, é fundamental possuir conhecimentos básicos de gramática normativa e consolidá-los com a leitura assídua de livros e textos escritos em português correto. Esse é o segredo para empregar o pronome certo no lugar certo. Nos verbetes *lhe* e *objeto direto de pessoa* damos maiores informações sobre o emprego dos pronomes *o* e *lhe*.

pronominalizar. *V. t. d.* Tornar pronominal (um verbo): Alguns escritores *pronominalizam* o verbo *sobressair*, como nesta frase: "Rui Barbosa *sobressaiu-se* como escritor e político."

pronto-socorro. Pl.: *prontos-socorros* (ó).

pronunciar. Na linguagem jurídica, usa-se *pronunciar* na acepção de 'proferir sentença ou decisão contra (o réu)': "Para terminar, dera o juiz sua sentença, *pronunciando* Artur Melo." (Bernardo Élis, *O tronco*, p. 151) Antônimo: *impronunciar*.

propinar. [Do lat. *propinare*.] *V. t.* Dar a beber, ministrar: O médico *propinou-lhe* um sedativo. / Os ladrões *propinaram* à vítima uma superdose de ópio. / "A mulher que *propina* venenos, por ciúme é que despedaça as entranhas da vítima." (Camilo Castelo Branco, *A queda dum anjo*, p. 98)

propor. Conjuga-se como *pôr*★, do qual deriva. Formas que merecem atenção: propondes, propuseram (e não *proporam*), propusera, propuséramos, propusesse, propuser, proponde (imperativo). Veja *propor-se*.

propor-se. Este verbo, no sentido de 'ter em vista', 'tencionar', 'dispor-se a', constrói-se com ou sem a preposição *a*, indiferentemente: 'Eu *me propus* livrá-lo de uma dificuldade' ou 'Eu *me propus* a livrá-lo de uma dificuldade'. / 'Ele *se propôs* atravessar o canal a nado' ou 'Ele *se propôs a* atravessar o canal a nado'. / 'É esse o desafio que o governo *se propõe* vencer' ou 'É esse o desafio que o governo *se propõe a* vencer'. / "O padre prior seguira aquele caminho para chegar ao fim moral que *se propusera*." (Alexandre Herculano, *Lendas e narrativas*, p. 327) / "A princesa já *se propunha* levar o seu louro para a capital da França." (Agripino Grieco, *Gralhas e pavões*, p. 60) / "Era uma noite sem lua, de escuridão propícia à empresa *a que nos propusemos*." (Carlos Povina Cavalcânti, *Vida e obra de Jorge de Lima*, p. 53) Também seria correto construir: "... empresa *que nos propusemos*."

propositadamente. *Adv.* Acintosamente, voluntariamente, de propósito: Deixei a bolsa sobre a mesa *propositadamente*. / "Ele talvez não percebesse bem essa admiração [da moça]. Ou, *propositadamente*, olhava firme em frente." (Guilherme Figueiredo, *Maria da Praia*, p. 25) ⇨ Melhor forma do que *propositalmente*. O antônimo, observe-se, só tem a forma *despropositadamente*: Suas calças eram *despropositadamente* largas.

propositado. [De *propósito* +-*ado*.] *Adj.* Em que há propósito ou intenção, intencional, acintoso: ato *propositado*; falta *propositada*. ⇨ Preferível a *proposital*. O antônimo só tem a forma *despropositado*.

próprio. 1. O complemento de *próprio*, dependendo do significado desse adjetivo, é regido das preposições *a*, *de* ou *para*: São iguarias finas, *próprias a* satisfazerem os paladares mais exigentes. / As crianças gostam de coisas *próprias de* sua idade. / Levei todas as ferramentas *próprias para* aquele trabalho.
2. *Próprio*, posposto a um pronome pessoal, com este deve concordar: Ela *própria* costurava a sua roupa. / Eles *próprios* se encarregarão disso. / Elas *próprias* consertarão os seus brinquedos. / Nós *próprios* construímos nossas casas.

propugnar. [Do lat. *propugnare* < de *pro-* + *pugna*, luta.] Defender combatendo, lutar por. Pode-se construir 'propugnar uma causa' ou 'propugnar por uma causa': As mulheres *propugnam seus* (ou *por seus*) direitos. / Joaquim Nabuco *propugnou a abolição* (ou *pela abolição*) da escravatura no Brasil. ⇨ É verbo da linguagem erudita.

prosa. Adj. rel. à prosa: *prosaico*.

proscrever. 1. Desterrar, condenar ao exílio: O governo revolucionário *proscreveu* os líderes da oposição.
2. Abolir, suprimir: O concílio *proscreveu* o uso do latim da liturgia católica.
3. Proibir: A ONU *proscreveu* os testes nucleares.

⇨ Distinguir de *prescrever*★.

proscrição. Ato de proscrever, desterro, banimento. ⇨ Não confundir com *prescrição* (ato de *prescrever*★).
proscrito. 1. Part. de *proscrever*★: O governo republicano *havia proscrito* a família imperial.
|| *S.m.* 2. Pessoa desterrada: O mísero *proscrito* morreu na África.
|| *Adj.* 3. Desterrado, degredado, banido: "Afirmam-no os Santos Padres e os padres do Minho asseveravam o mesmo a respeito do príncipe *proscrito*." (Camilo Castelo Branco, *A brasileira de Prazins*, p. 29)
Δ **prosopo-.** [Do gr. *prósopon*, rosto, máscara, pessoa.] *El. de comp.* = 'rosto': *prosopografia*, *prosopoplegia* (paralisia facial).
protagonizar. *V. t. d.* 1. Ser protagonista (personagem principal) de uma peça teatral, de um filme, de um romance etc.: O ator ganhou fama depois de *protagonizar* Édipo Rei, a mais famosa criação de Sófocles.
2. Ser o agente principal de um acontecimento ou ter nele papel de destaque: Tiradentes *protagonizou* o mais comovente episódio da história da nossa independência política.
proteger. 1. Diz-se '*proteger de* ou *contra* alguma coisa': A camada de ozônio *protege* a superfície da Terra *dos* raios ultravioleta. / A montanha *protegia* a casa *contra* os ventos fortes. / *Proteja-se da* chuva. / *Protege-te contra* a enxurrada de informações e notícias.
2. Este verbo exige o pronome *o* (ou *a*): Deus *o* (e não *lhe*) *proteja*! / *Protegia-a* do sol um grande chapéu de palha. ⇨ O pronome *lhe* só tem cabimento quando equivalente de *seu*, *sua*, *dele*, *dela*: O chapéu *protegia-lhe* a cabeça. / *Protegiam-lhe* as mãos grossas luvas de borracha.
proteico. *Adj.* 1. Multiforme, polimorfo.
2. Relativo às proteínas.
⇨ A pronúncia corrente de médicos e biólogos é *protêico*, com o *ê* fechado. Veja *nucleico*.
Δ **proto-.** [Do gr. *prótos*, primeiro.] *El. de comp.* = 'primeiro', 'começo': *protofonia*, *proto-história*, *protomártir*, *protonauta*, *protorromantismo*, *protossatélite*, *protozoário*. ⇨ Hífen antes da vogal *o* e de *h*.
prova dos noves. Dessa forma, e não *prova dos nove*.
provável. Superl. abs.: *probabilíssimo*.
provecto. [Do lat. *provectus*, impelido; adiantado, avançado.] *Adj.* 1. Que progrediu, adiantado, experimentado: Estavam ali reunidos *provectos* cientistas de várias nacionalidades.
2. Adiantado (a idade): Já em idade *provecta*, levantava-se cedo e trabalhava.
3. Avançado em anos: "Ainda vive em São Paulo, médico *provecto* e merecidamente conceituado, o 'presidente' perpétuo da república." (Vivaldo Coaraci, *Todos contam sua vida*, p. 256)
prover. 1. Abastecer: Ele *proveu* a casa de mantimentos. / Eles *proveram-se* do necessário para a viagem.
2. Atender, providenciar: O salário dele mal dava para *prover às* despesas. / Ela *provê à* própria subsistência. / "E a intendente *a* tudo *provê*." (Antônio Olavo Pereira, *Marcoré*, p. 16) / "Ela sempre soube *prover às* necessidades da casa." (Antônio Callado, *A madona de cedro*, p. 18) / É necessário que o governo *proveja às* necessidades mais prementes dos municípios pobres.
3. Dotar: A natureza *proveu* os animais de instinto.
4. Nomear para (cargo, função), investir: "Os reis *proviam* os bispos em suas funções." (Aurélio) Conjuga-se como *ver*★ no presente do ind., no presente do subj. e no imperativo. Nos outros tempos é regular. *Ind. pres.*: provejo, provês, provê, provemos, provedes, proveem. *Pret. imperf.*: provia, provias, provia etc. *Pret. perf.*: provi, proveste, proveu, provemos, provestes, proveram. *Pret. mais-que-perf.*: provera, proveras, provera etc. *Subj. pres.*: proveja, provejas, proveja, provejamos, provejais, provejam. *Pret. imperf.*: provesse, provesses, provesse, provêssemos, provêsseis, provessem. *Fut.*: prover, proveres, prover, etc. *Imper. afirm.*: provê, proveja, provejamos, provede, provejam. *Part.*: provido★.
provido, próvido. 1. *Provido*. Particípio de *prover*★: Quando chegamos lá, ele já *tinha provido* a tudo. Usa-se também como adjetivo: Ele não se via bastante *provido* de recursos para montar o negócio. / Precisamos estar *providos* de uma boa bagagem de conhecimentos. / Sua adega está *provida* dos melhores vinhos.
2. *Próvido*. *Adj.* Providente, prevenido, prudente: Uns são indolentes e desprevenidos; outros, ativos e *próvidos*. / Numa de suas fábulas, La Fontaine põe em confronto a cigarra cantadeira e a *próvida* formiga. / "Com o pouco que temos, ela realiza prodígios, *próvida* como a formiga, diligente como a abelha." (Ciro dos Anjos, *Abdias*, p. 96) ⇨ Superlativo: *providíssimo* e *providentíssimo*.

provir. Conjuga-se como *vir*★. *Ind. pres.*: provenho, provéns, provém, provimos, provindes, provêm. *Pret. imperf.*: provinha, provinhas, provinha etc. *Pret. perf.*: provim, provieste, proveio, proviemos, proviestes, provieram. *Pret. mais-que-perf.*: proviera, provieras, proviera, etc. *Subj. pres.*: provenha, provenhas, provenha, provenhamos, provenhais, provenham. *Pret. imperf.*: proviesse, proviesses, proviesse, etc. *Fut.*: provier, provieres, provier, etc. *Ger.*: provindo. *Part.*: provindo. ⇨ O gerúndio e o particípio têm a mesma forma: *provindo*.

proxeneta. [Do gr. *proxenetés*, 'mediador entre os estrangeiros e os cidadãos', pelo lat. *proxeneta*, agente, mediador, intermediário.] *S.m.* Intermediário em casos amorosos; explorador da prostituição alheia, rufião, cáften. ⇨ A pronúncia correta é *procsenêta*. A observação vale para *proxenetismo* (atividade de proxeneta).

próximo. 1. Como adjetivo, *próximo* varia em gênero e número: As festas de fim de ano estavam *próximas*. / Os povoados mais *próximos* do rio foram inundados. / Numa loja *próxima* da esquina, houve um princípio de incêndio. / Eles são parentes *próximos* do prefeito. / Sua visão da vida é bem *próxima* do materialismo. / Estaremos *próximos* do fim do mundo? / Em Olinda, cidade *próxima* do Recife, a vida era tranquila. / As duas cidades ficam *próximas*. ⇨ *Próximo* é adjetivo, portanto variável, quando é predicativo, como no primeiro exemplo, ou adjunto adnominal, como no segundo exemplo supracitado.
2. Quando forma locução prepositiva, *próximo* fica invariável: Eles moram *próximo de* um rio. / *Próximo da* escola havia uma fábrica. / Vi duas motos estacionadas *próximo de* (ou *a*) uma igreja. / Dois homens trabalhavam *próximo de* (ou *a*) um lago. ⇨ Pode-se usar *próximo de* ou *próximo a*, indiferentemente: *próximo do* (ou *ao*) rio; *próximo da* (ou *à*) praia. / "Todas as noites explodia uma bomba *próximo ao* nosso apartamento." (Ferreira Gullar, *Rabo de foguete*, p. 151) / "Ao chegar *próximo à* casa de Margarida, viu uma cena rara." (Diná Silveira de Queirós, *A muralha*, p. 103) Observe-se que a locução prepositiva *próximo de* (ou *próximo a*) inicia um adjunto adverbial de lugar.

Δ **pseudo-.** [Do gr. *pseudés*, mentiroso, falso < de *pseudos*, mentira, falsidade.] *El. de comp.* = 'falso': *pseudofruto, pseudônimo, pseudoprofeta, pseudo-história, pseudossábio.*

Usa-se como prefixo e não como adjetivo. Por isso, não admite as flexões de gênero e número: *pseudo-heróis* (e não *pseudos heróis*), *pseudoadvogados* (não *pseudos advogados*), *pseudossafiras* (e não *pseudas safiras*).
⇨ Liga-se com hífen a radicais que iniciam pela vogal *o* (exceto nas formas aglutinadas já consagradas) e *h*.

Δ **psico-.** [Do gr. *psyché*, alma, espírito.] *El. de comp.* = 'alma', 'espírito', 'mente', 'intelecto': *psicologia, psicodélico, psicoterapia, psicografia, psiquiatria* (psico- + -iatria), *psicossocial, psicanálise*.

psicologia, psicólogo. Evite-se com cuidado pronunciar *pissicologia, pissicólogo*. A mesma recomendação vale para outras palavras iniciadas por *psi*: *psiquiatria, psicanálise, psicopata, psíquico*, etc.

Δ **psitaco-.** [Do gr. *psitakós*, papagaio.] *El. de comp.* = 'papagaio': *psitacismo, psitacídeos, psitacose.*

Δ **ptero-, -ptero.** [Do gr. *pterón*, asa.] *El. de comp.* = 'asa': *pterocarpo, pteroide, pterospermo, coleóptero, helicóptero.*

púbis. [Do lat. tardio *pubis*, pelo, penugem.] *S.m.* 1. Eminência ou projeção triangular da pelve, que se cobre de pelos no início da puberdade. Variante: *pube*.
2. *Adj.* relativo ao púbis: *pubiano*. Cognatos: *pubescência, puberdade, púbere, pubescer, empubescer, pubescente* (que atingiu a puberdade).

pudico. *Adj.* Que tem pudor, casto, recatado. ⇨ É vocábulo paroxítono (sílaba tônica *di*), como o antônimo *impudico*.

pugilo. [Do lat. *pugillus*, punho, punhado.] *S.m.* Punhado (pouco us.); pequeno grupo: *pugilo* de bravos; *pugilo* de jovens. Cognatos: *pugilismo, pugilista, punho*. ⇨ Pronuncia-se *pugílo*.

pugnar, propugnar. Quanto à pronúncia, veja *designar* e *dignar-se*.

puir. [Do lat. *polire*, aplainar, alisar, polir, lustrar.] 1. É pouco usado no sentido de 'polir': *puir* objetos de prata.
2. Mais usado na acepção de 'desgastar-se com o uso': O uso contínuo *pui* a roupa. / As mangas da camisa *puíram* (ou *se puíram*). / "O receio de que *se puíssem* os fundilhos da calça torturava-me." (Graciliano Ramos, *apud* Francisco Borba). ⇨ É v. defectivo nas formas em que ao *u* do radical se seguiria *a* ou *o*, ou seja, na 1ª pess. sing. do pres. do indic. e em todas as pessoas do pres. do subj.

pulcro. [Do lat. *pulcher, pulchra, pulchrum*, belo, lindo.] *Adj.* Belo, formoso, lindo. Superlativo:

pulquérrimo (lat. *pulcherrimus*) e *pulcríssimo*. ⇨ É termo poético.

pulmão. Adj. relativo ao pulmão: *pulmonar* (afecção *pulmonar*).

Δ **pulver-**. [Do lat. *pulver, pulveris*, pó.] El. de comp. = 'pó': *pulvéreo, pulveroso, pulverulento, pulverizar*.

púnico. *Adj.* Relativo a Cartago, antiga cidade da África; cartaginês (guerras *púnicas*); desleal, trapaceiro, falso, pérfido (manobra *púnica*). ⇨ Os cartagineses eram considerados desleais pelos romanos.

punir. Diz-se correctamente; *punir* alguém *de* morte, *punir de* pena capital.

pupilar. *Adj.* Relativo à pupila (orifício do centro da íris que regula a entrada da luz); relativo a pupilo (órfão, educando; protegido); piar ou gritar (o pavão).

puro-sangue. *Adj.* 1. De raça pura, sem cruzamento: *cavalo puro-sangue, cavalos puros-sangues*. || *S.m.* 2. Animal de raça pura, especialmente equídeo: um *puro-sangue*, dois *puros-sangues*.

Δ **putre-, putri-**. [Do lat. *putris*, podre.] El. de comp. = 'podre': *putrefação, putrefacto, putrefaciente, putrefazer, putrescência, putrescente, putrescível, pútrido, putrificar*.

puxado. Diz-se "carro *puxado a* boi", "carruagem *puxada a* cavalo", "carro *puxado por* duas juntas de bois", "carruagem *puxada por* fogosos cavalos".

puxar. Na acepção de *tirar* ou *sacar uma arma*, diz-se 'puxar o punhal', 'puxar o revólver' ou, com ênfase, 'puxar *do* punhal', 'puxar *do* revólver': O major *puxou do* revólver e atirou. ⇨ A prep. *de* sugere a utilização da arma, isto é, que esta foi sacada para ferir, atirar, matar.

| *Puxar a alguém*. Herdar-lhe as características físicas ou morais: O menino *puxou ao* pai, é bom e respeitador. / "O capitão Noronha *puxava ao* pai." (José Lins do Rego, *Água-mãe*, cap. V) / As duas meninas *puxaram à* mãe.

Q

Δ **quadra-, quadri-, quadru-.** Elementos de formação que se prendem ao lat. *quattuor*, 'quatro': quadragenário, quadragésimo, quadricular, quadriênio, quadrienal, quadrimestre, quadrimestral, quadrigêmeo, quadrilátero, quadrimotor, quadrúmano, quadrúpede, quadruplicar, quádruplo. ⇨ A maioria dessas palavras vieram formadas do latim.

quadrúmano. *Adj.* e *subst.* Que ou o que possui quatro mãos: Os símios são *quadrúmanos*. ⇨ É palavra proparoxítona, como *quadrúpede*.

quais de nós? O verbo concorda, de preferência, na 3ª pessoa do plural, quando o sujeito é uma das expressões *quais de nós?, quais de vós?*, conforme se disse no verbete *alguns de nós*: *Quais de nós esperavam* (ou *esperávamos*) esse feliz desenlace? / *Quais de vós são* (ou *sois*) imunes de tais vícios? / "*Quais de vós sois,* como eu, desterrados no meio do gênero humano?" (Alexandre Herculano, *Eurico*, p. 175)

quaisquer de nós. O verbo concorda, de preferência, na 3ª pessoa do plural, quando o sujeito é uma das expressões *quaisquer de nós, quaisquer de vós*: *Quaisquer de nós gostariam* (ou *gostaríamos*) de morar lá. / *Quaisquer de vós poderiam* (ou *poderíeis*) ensinar-lhe o caminho.

qual. [Lat. *qualis, quale.*] Pode ser, principalmente: 1. *Pronome indefinido*, em correlação com *tal*: *Qual pai, tal filho.*
2. *Pron. indef.*, antecedido de *cada*: Eram muitas as moças, *cada qual* mais linda.
3. *Pron. relativo*, antecedido de artigo: Desempenhou bem todos os cargos para *os quais* foi designado.
4. *Pron. interrogativo*, nas interrogações diretas ou indiretas: *Qual* é o preço desse imóvel? / Pergunte-lhes *qual* deles me acompanhará.
5. *Interjeição*: *Qual!* Isso é uma utopia.
6. *Conjunção comparativa.* Como, tal qual: "Tinha ido *qual* fumaça o delírio místico da primeira comunhão aos doze anos." (Marques Rebelo, *A estrela sobe*, p. 246) / "Caiu *qual* folha arrancada pelo vento." (Adriano da Gama Kury, *Português básico*, p. 305)
Mesmo quando usada acidentalmente como conjunção, *qual* mantém a sua categoria de palavra variável, devendo, por isso, de acordo com a tradição da língua, tomar a flexão do plural, se no plural estiver o substantivo (ou o pronome) que a acompanha: Meus sonhos se desvaneceram *quais* coloridas bolhas de sabão. / Daqui a um ano, já não seremos *quais* somos hoje. / "Tal correm os anos *quais* as águas para o oceano." (Prov., *apud* Aulete)
Escritores modernos frequentemente contrariam essa norma, deixando *qual* invariável: "Teus olhos são duas gotas pequeninas, *qual* duas pedras preciosas." (De uma canção popular. Exemplo do mau emprego de *qual* citado por Luiz Antônio Sacconi, em seu livro *Não erre mais*, p. 142) Veja *tal qual* e *quais de nós?*

qualificar. São as acepções e regências mais comuns de *qualificar*:

1. Atribuir ou dar qualidade (boa ou má) a: São os atos que *qualificam* os homens.
2. Avaliar: Para bem *qualificar* uma obra, o crítico há de ser competente e imparcial.
3. Tornar apto, idôneo: Seu currículo o *qualifica para* o cargo.
4. Considerar, reputar, julgar: O senador *qualificou de* falsas e insensatas as acusações do jornalista. / Os comentaristas esportivos *qualificaram de* (ou *como*) covardia a agressão do jogador.
5. Tornar-se apto: O médico fez vários cursos de aperfeiçoamento e *qualificou-se* para o exercício da profissão.

qualquer. [De *qual* + *quer*.] 1. No plural faz *quaisquer*: Como estão desempregados, aceitam *quaisquer* serviços. / *Quaisquer* que sejam os seus pretextos, o patrão não lhe perdoará.
2. Reveste sentido depreciativo em frases como: Sua intenção era mostrar que não era filho de *qualquer*.
3. Certos gramáticos não condescendem com o uso de *qualquer* no sentido de *nenhum*, em frases negativas do tipo: Ele não tem *qualquer* motivo para se queixar. / O homem não apresentava *qualquer* sintoma da doença. / A vítima já não dava *qualquer* sinal de vida. / O candidato não tem *qualquer* possibilidade de êxito. ⇨ Entendemos que não se deve condenar o emprego de *qualquer* nesta acepção, tão generalizado está.

qualquer de nós. Quando o sujeito da oração é uma das expressões *qualquer de nós*, *qualquer de vós*, *qualquer um de vocês*, *qualquer um deles*, o verbo concorda na 3ª pessoa do singular: *Qualquer de nós* pode ir lá. / *Qualquer um dentre eles* é capaz disso. Veja *algum de nós*.

quando foi de. Expressão de cunho literário, frequente em escritores clássicos, equivalente a *quando aconteceu, quando se deu*: Ela mal suportou a dor da separação, *quando foi da* morte de seu marido. / "*Quando foi do* terremoto de Lisboa, contava ela cinquenta e cinco anos." (Camilo Castelo Branco, *Perfil do marquês de Pombal*, p. 4) ⇨ Pode-se omitir o verbo *ser* e construir: *Quando da* nossa estada em Curitiba, pudemos verificar como a cidade se modernizou.

quando se é jovem. Há quem considere imitação do francês o emprego do pronome *se* em frases como: 'Quando *se é* jovem, tudo parece mais fácil.' Imitação do francês ou mera coincidência sintática com a língua irmã? Seja como for, o fato é que o *se*, neste caso, substitui com vantagem a expressão vulgar *a gente*: 'Quando *a gente* é jovem...' Por isso, escritores clássicos não hesitaram em usar a construção tachada de galicista: "Quando *se é* nova, o orgulho imagina que os leões nos obedecem..." (Rebelo da Silva, *apud* Mário Barreto, *Novos estudos da língua portuguesa*, p. 59) / "E que monta ser rei, quando *se é* frágil como qualquer homem?" (Camilo Castelo Branco, *A filha do regicida*, p. 164) [*monta* = adianta, serve.]

quanto. O normal é não usar a partícula expletiva *o* antes de *quanto*: Faça isso *quanto* antes. / Agora sei *quanto* custa dizer a verdade. / "Só então é que pude avaliar melhor *quanto* a adorava." (Luís Jardim, *As confissões do meu tio Gonzaga*, p. 206) / "Compreendia agora Vinícius *quanto* era intenso e profundo o seu amor por Lígia." (Salomão Filgueira, *Quo vadis?*, tradução, p.108, Garnier) / "Os acontecimentos posteriores provaram, todavia, mais uma vez, *quanto* podem falhar as previsões humanas." (A. Herculano, *O Bobo*, p. 3) / "Bem sabe *quanto* o aprecio." (Aurélio) Todavia, tão generalizado está o emprego desse *o* enfático, antes de *quanto*, que já não se pode censurar. Ex.: "Essa odisseia apenas lhe evidenciara *o quanto* a luta, para alguns, tem de ser um misto de sobressaltos e raivas." (Fernando Namora, *O Homem Disfarçado*, p. 17) Veja *o quanto* e *o quanto antes*.

quanto mais... tanto mais. Expressão que correlaciona duas orações: *Quanto mais* crescia a fama do cantor, *tanto mais* agitada se tornava sua vida. / *Quanto mais* as cidades crescem, *mais* os problemas se multiplicam. / *Quanto mais* pancadas recebem, *mais* revoltados se mostram. "E *quanto mais* examinava a nossa História, *mais* convencido ficava da necessidade de desmitificá-la." (Érico Veríssimo, *Solo de clarineta*, p. 289) ⇨ Pode-se omitir a palavra *tanto* na segunda oração, mas não *quanto* na primeira. É sintaxe arcaica fazer concordar *quanto* com o substantivo que se segue a *mais*, como na frase: *Quantas mais riquezas* tem, *mais* deseja possuir. Parece-nos, entretanto, que a ênfase pode justificar a flexão de *quanto* e *tanto*, correlacionados, como neste passo de Eça de Queirós: "O chefe, assim, *quantas mais* mulheres abriga na tenda de pele de camelo, *tantas mais* lanças reúne em volta de si para o dia da batalha." (*O Egito*, p. 157)

quanto possível. É expressão invariável: Nossos produtos serão *quanto possível* baratos e atraentes.

quantos de nós. O verbo concorda, de preferência, na 3ª pessoa do plural, quando o sujeito é uma das expressões *quantos de nós, quantos de vós*, conforme se disse no verbete *alguns de nós: Quantos de nós já foram* (ou *fomos*) *iludidos!* / *Quantos de vós enfrentaram* (ou *enfrentastes*) *os perigos do mar?* ⇨ A concordância do verbo com *nós* (ou *vós*) é mais enfática: "Já pensou, meu caro, *quantos de nós nos arriscamos* aqui?" (Guilherme Figueiredo, *Maria da Praia,* p. 26) / "*Quantos dentre vós que me ouvis* não *tereis* tomado parte em romagens a Aparecida?" (Afonso Arinos, *Obra Completa,* p. 770)

quantos são? O v. *ser* concorda no plural, em frases como: Quantos *são* setenta mais vinte? / Quantos *são* oito vezes nove? ⇨ Todavia, na linguagem informal, é lícito usar *quanto é*: *Quanto é* doze mais quinze? / *Quanto é* oito vezes trinta?

quantos são hoje? Nas perguntas e respostas sobre o dia do mês, usa-se, na linguagem culta, o verbo *ser* no plural: — Quantos *são* hoje? — Hoje *são* 12 de maio. ⇨ Evidentemente, se for o dia primeiro do mês, a resposta será: Hoje *é* primeiro de maio. Ocorrendo a palavra *dia*, o verbo fica no singular: — Que dia *é* hoje? — Hoje *é* dia nove de junho.

quão. [Do lat. *quam.*] *Adv.* Quanto; como. Usa-se mais frequentemente em frases exclamativas: *Quão* depressa passam os dias felizes! / É tão linda *quão* teimosa. / "Lá se vê *quão* salutar era a vara férrea da lei no castigo dos contumazes em proveito da comunidade." (Camilo Castelo Branco, *A queda dum anjo,* p. 49)

quarador. Veja coradouro.

quasar. [Do ingl. *quasar,* abreviatura de *quasi stellar object,* objeto estelar aparente.] Fonte de radiação de aparência estelar, de origem pouco conhecida, talvez um núcleo de galáxia muito ativa. Pl.: *quasares.* Os *quasares* parecem estrelas situadas nas fronteiras do universo conhecido. / "O brilho de alguns *quasares* distantes resplandece através da maior parte do universo conhecido." (*JB,* 14/1/95)

quase que. É palavra expletiva, de realce, o *que* posposto a *quase*: *Quase que* sofreu um acidente. / É um artista iniciante, *quase que* desconhecido. / A contaminação é *quase que* inevitável. / "A guerra é *quase que* um incidente da paz, como a morte um fenômeno da vida." (Rui Barbosa, *Cartas de Inglaterra,* I, p. 154)

quatorze. Variante de *catorze*. Ambas as formas são lícitas.

que *(conjunção).* 1. Como conjunção, o *que* tem a função de enlaçar as orações de um período composto. Ora sozinho, ora em locuções, aparece o mais das vezes em orações subordinadas. Exs.: Peço-lhe *que não se atrase.* / Saí à rua *depois que meu pai chegou.*

2. Não tem cabimento essa partícula em períodos nos quais se coordenam orações subordinadas adverbiais iniciadas por *quando, como*, e outras conjunções simples. Exs.: *Quando* o patrão chegou à fazenda e (e não *e que*) viu o capataz dormindo, resolveu despedi-lo. / *Como* o município era extremamente pobre e (e não *e que*) as crianças estavam sem escola, o novo prefeito recorreu ao governo federal.

3. No caso anterior, havendo locução conjuntiva, pode-se usar o *que*, omitindo-se a parte inicial da locução: *Depois que* reconstruíram a rodovia e *que* a polícia controlou com rigor o tráfego, diminuiu 90% o número de acidentes. / "*Logo que* os árabes, acometidos pelas costas, principiaram a recuar, e *que* Pelágio pôde combater na planície, o cavaleiro... desapareceu no meio dos inimigos." (Alexandre Herculano, *Eurico,* p. 279)

que *(elíptico).* Em certos casos, pode-se omitir a conjunção *que*, como nestes exemplos: O conselheiro do Tribunal de Contas propõe *seja reformulado* o artigo X do Regimento Interno. / Informo-lhe que seu amigo vendeu a casa e *se mudou.* / Peço a Vossa Senhoria *me forneça* maiores informações sobre o imóvel. / "Pouco importa *me batas* pelo dobro." (Carlos Drummond de Andrade, *Menino Antigo,* p. 157) / "Por influxo dos pressentimentos do chefe, toda a família temia *sucedesse* comigo o que acontecera ao Pedro." (Ciro dos Anjos, *A Menina do Sobrado,* p. 229) / "Agora pedir-vos-ei a mercê que espero *me concedais.*" (Alexandre Herculano, *O Monge de Cister,* I, p. 124) / "Dom Brás também determinou *fosse trocado* algum ouro por mantimentos." (Diná Silveira de Queirós, *A muralha,* p. 280) [Omitiu-se a conj. *que* antes dos termos em destaque.]

que *(expletivo).* 1. São expletivas as palavras ou expressões que, embora não necessárias ao sentido da frase, lhe dão realce, lhe transmitem ênfase. Usam-se especialmente na linguagem emotiva.

2. O *que* é expletivo em frases como as seguintes: "Aconselha-me tu, que eu quase *que* enlouqueci." (Alexandre Herculano) / "Desde

muito *que* Rui de Nelar meditava em casar a filha morgada com Dom Soeiro de Aguilar." (Camilo Castelo Branco, *O bem e o mal*, p. 98) / "Os vossos conselheiros julgaram-me incapaz disso: agora eles *que* a alevantem." (Alexandre Herculano, *Lendas e narrativas*, A abóbada, vol. I, p. 266) / "O João Alphonsus *que* se arranjasse, lá no Diário." (Ciro dos Anjos, *A menina do sobrado*, p. 373) / "Quem gerou Mateus *que* o aguente, disseram." (Vivaldo Coaraci, *91 crônicas escolhidas*, p. 28) / "Que falta *que* me fazes!" (Olegário Mariano, *Toda uma vida de poesia*, vol. I, p. 29) / "Que desconfiada *que* você é, Sofia!" (Machado de Assis, *Quincas Borba*, p. 268) / "Deus *que* nos proteja e retempere as nossas forças..." (Otto Lata Resende, *O braço direito*, p. 183) / "Que beleza *que* está a menina do Odilon!" (Antônio Olavo Pereira, *Fio de prumo*, p. 168) / "Os doze anos, ai de mim, nunca mais *que* chegavam." (Ciro dos Anjos) / "Imprevidente *que* fui, isto sim." (Id., *Montanha*, p. 13) ⇨ Veja os verbetes *expletivo* e *certamente que*.

que *(pronome relativo)*. 1. O *que* vem precedido de preposição quando esta é exigida pelo verbo da oração iniciada por esse pronome: Era soberba a mata *a que* chegamos [chegar *a* um lugar]. / São muitas as ferramentas *com que* trabalham. / Escolheu as frutas *de que* mais gosta. / Na praça *em que* estávamos havia muita gente. 2. Em orações adjetivas coordenadas, não é necessário repetir o pron. *que*, quando este exerce a mesma função em todas as orações: São pessoas *que* trabalham, ganham pouco e não se queixam. [Nas três orações adjetivas *que* é sujeito: omitiu-se nas duas últimas.] Quero mostrar-lhe a casa *que* projetei e (*que*) construí no sítio. [O *que* é objeto direto nas duas orações adjetivas.] Repete-se o *que* quando desempenha funções diferentes: Olhei no mapa as cidades *que me fascinavam* e *que eu não conhecia*. [O primeiro *que* é sujeito; o segundo, objeto direto.] 3. É incorreto usar *e que* para unir oração adjetiva a um adjetivo (ou loc. adjetiva), como na frase:'Era uma casa ampla e bela *e que* ficava no centro de terreno gramado.' Construa-se a frase de outro modo; por exemplo:'Era uma casa ampla e bela, construída no centro de terreno gramado.' Ou então:'A casa, ampla e bela, ficava no centro de terreno gramado.' Veja *e que*. 4. O *que* é pronome relativo em frases como: Tenho mais *que* fazer. / Ainda há muito *que* esclarecer. / Restam alguns obstáculos *que* vencer. / Havia pouco *que* acrescentar. / "Salvemos as vidas, que não há mais nada *que* fazer." (Camilo Castelo Branco, *O santo da montanha*, cap. XXXII)

que *(seguido do v. ser)*. O *que*, seguido do verbo ser, enfatiza a ideia expressa por orações causais, concessivas e temporais: "*Velho que sou*, apenas conheço as flores do meu tempo." (Vivaldo Coaraci) / "As sobras podem ser atribuídas à solidariedade corporativa, *vindas que foram* da colega Rosinete." (Márcio Moreira Alves, *Manual do cronista aprendiz*, p. 159) / "Resolvi rasgá-los [os livros porcos], *insulto que eram* a quem tão pura e perfeita dominava outra vez os meus pensamentos." (Luís Jardim, *As confissões do meu tio Gonzaga*, p. 55) / "*Por muito mau que fosse* o seringal, devia ser melhor que aquilo." (Ferreira de Castro) / "*Concluída que foi a cabana*, instalaram-se contentes." (Coelho Neto)

quê. Acentua-se este monossílabo quando é tônico, o que se dá: a) quando é substantivo com o sentido de 'alguma coisa', 'que coisa': Notei em seus olhos um *quê* de ironia. / O rapaz disse não sei *quê* à menina e foi adiante. / Trabalhar em *quê*, meu amigo? (Graciliano Ramos); b) quando é interjeição: Quê!? Ainda acreditas nele?; c) quando finaliza a frase: Esse instrumento serve para *quê*? / Você não foi à festa por *quê*?; d) na expressão *um não sei quê*: Havia na expressão de seu rosto *um não sei quê* de mau; e) nas expressões *após o quê*, *feito o quê*, *ter os seus quês* (contrariedades)

que de. Em frases exclamativas, *que de*, seguido de substantivo plural, significa *quantos*, *quantas*: Que de obstáculos Colombo teve de enfrentar! / "E se é ele o abandonado, *que de* torturas que sofre!" (Machado de Assis, *Crônicas*, I, p. 173)

quedê? Deturpação de *que é (feito) de?* Provavelmente é a redução de *que é feito dele?*. Seu uso deve restringir-se à fala familiar, bem como o emprego das variantes *quede* e *cadê*: Quedê meu relógio? / Quede aquele rapaz chamado Tim? / Cadê os teus brinquedos?
A expressão correta *que é de?* pode ser usada em qualquer situação: Que é do livro que lhe emprestei? / Que é das roseiras que nós dois plantamos? / "*Que é feito* daquela rapariga do vendeiro de Campanhã que tu tiraste de casa?" (Camilo Castelo Branco, *A filha do arcediago*, p. 53) / "Que é deles, os processos, que nos mostram a certeza dos crimes?" (Tomás Antônio Gonzaga, *Cartas chilenas*, 4ª carta, p. 225)

que é de? Veja *quedê?*

que dirá. Expressão da linguagem vulgar, equivalente de *quanto mais, muito menos*: Ele, que é bom nadador, não atravessou o rio, *que dirá* eu! / "Se eu não sei inglês, *que dirá* ele!" (Aurélio) / "A rua onde mora o Oto é deserta durante o dia, *que dirá* àquela hora da madrugada." (Fernando Sabino, *A falta que ela me faz*, p. 102) / "A mim próprio minha voz parecia monótona e enjoada, *que dirá* aos outros." (Rubem Braga, *200 Crônicas escolhidas*, p. 128) / "Fulana, que é rica, não veste seda, *que dirá eu!*" (Vittorio Bergo) ⇨ Comentando esta expressão, diz Bergo: "Com lógica, dir-se-ia: *Que se dirá de mim?!* Mas nem sempre andam a par linguagem e lógica."

queixar-se. *V. pron.* São construções próprias deste verbo:
1. Queixar-se de alguém ou de alguma coisa: O menino *queixava-se de* seus colegas de aula. / Muitos *se queixam da* sorte, em vez de *se queixarem de* si mesmos. / Ele *se queixava de* que os pais lhe batiam. ⇨ Na linguagem informal, em construções como essa última, pode-se omitir a prep. *de* antes da conjunção *que*: Ele *se queixava* que os pais lhe batiam.
2. Queixar-se a alguém: O empregado *queixou-se ao* patrão.
3. Queixar-se de alguém ou de alguma coisa a alguém: Ela *queixou-se do* funcionário *ao* gerente do banco. / *Queixaram-se ao* cônsul *do* modo como eram tratadas. / "*Queixa-se a* todos *da* tristeza do exílio." (Maria José de Queirós, *A literatura e o gozo impuro da comida*, p. 233)

Δ **quelono-.** [Do gr. *chelóne*, tartaruga.] *El. de comp.* = 'tartaruga': quelônio, quelonófago.

quem. 1. A concordância do verbo com este pronome se efetua, de regra, na 3ª pessoa do singular: Sou eu *quem responde* pelos meus atos. / Somos nós *quem arca* com as despesas. / Fostes vós *quem os elegeu.* / Eram eles *quem recebia* o dinheiro. ⇨ A linguagem enfática justifica a concordância com o pronome pessoal: Sou *eu* quem *respondo* pelos meus atos. / "És *tu* quem *dás* frescor à mansa brisa." (Gonçalves Dias) / "Somos *nós* quem a *fazemos*." (Ricardo Ramos)
2. O verbo *ser* concorda no plural em frases do tipo: Quem *são* os responsáveis? / Quem *eram* esses indivíduos? / Quem *seriam* eles? / Quem *foram* os autores do crime?
3. No português de hoje, usa-se *quem* com referência a pessoas ou grupo de pessoas: É o diretor (ou a Academia, ou o Congresso, etc.) *quem* vai dar a última palavra.

Entretanto, em poesia e literatura, pode-se empregar esse pronome com referência a coisas personificadas: O dinheiro, de *quem* se fez escravo, cavou-lhe antes do tempo a sepultura. / "E a vingança era *quem* o impelia." (Alexandre Herculano, *Eurico*, p. 98, 41ª ed.) / "A sombra *quem* a faz é o sol, *quem* a azula é a lua." (Rubem Braga, *A borboleta amarela*, p. 253)
4. Pode aparecer no início da frase regido de preposição: *A quem* recorrerei senão a Deus? / "*De quem* Machado de Assis se avizinhava bastante era de Mérimée." (Agripino Grieco, *Machado de Assis*, p. 124)

quem o procurar. O pronome *quem*, seguido de forma verbal no futuro do subjuntivo, exige o pronome oblíquo proclítico, isto é, anteposto ao verbo: 'O livro é raro, mas *quem o procurar* talvez o encontre.' Seria erro grosseiro dizer 'quem procurá-lo', tanto mais porque *procurar*, aqui, não é infinitivo, mas a 3ª pessoa do sing. do futuro do subjuntivo, tempo esse que não admite a ênclise. Outros exs. com os pronomes oblíquos corretamente colocados: quem *a convidar*; quem *os trouxer*; quem *os mantiver* presos; quem *se propuser* ajudá-los; quem *lhe atribuir* a culpa; quem *nos obstruir* o caminho.

quem quer que. *Loc. pron.* Qualquer pessoa, qualquer um, alguém que: *Quem quer que* passe por aquele sítio corre o risco de ser assaltado. Essa locução exige o verbo no subjuntivo.

que não. 1. Expressão que se usa para denotar exclusão, em frases como: Empreste-lhe os livros que o senhor quiser, *que não* os meus. / "Aos poucos, fui perdendo a consciência de onde estava, senti-me leve, transportado a outras paragens, *que não* as terrenas." (Otto Lara Resende, *O braço direito*, p. 217) / "Naturalmente não é fácil que, com sua ambição desmarcada, Pedro admita qualquer outra candidatura *que não* a própria." (Ciro dos Anjos, *Montanha*, p. 237)
2. Emprega-se também com o sentido de *sem que*: "Não se sentava *que não* enterrasse a cara nas mãos." (José Américo de Almeida, *A bagaceira*, p. 105) / "Ninguém se aproxima dele *que não* o advirta dos perigos que está correndo." (Viana Moog, *Lincoln*, p. 38)

que nem. Expressão popular, equivalente à conjunção comparativa *como*: Ele é *que nem* o avô: alto e magro. / Trepava nas árvores *que nem* macaco novo. / Sua tez era *que nem* pétalas de rosa. / Entrou na sala *que nem* vento impetuoso.

Quéops. Antropônimo. Famoso faraó, rei do Egito da IV dinastia. ⇨ Pronuncia-se como indica o acento gráfico, e não *Queóps*: "Posteriormente, entre 3000 e 2600 a.C., construíram-se mais de quarenta pirâmides, entre as quais as de *Quéops*, Quéfren e Miquerinos, famosas por sua altura." (A. Souto Maior, *História geral*, p. 41)

querer. 1. Merecem atenção o pretérito perfeito e seus derivados, cujas formas se escrevem com *s*: quis, quiseste, quis, quisemos, quisestes, quiseram; quisera, quiseras, etc.; quisesse, quisesses, quisesse, quiséssemos, quisésseis, quisessem; quiser, quiseres, quiser, quisermos, quiserdes, quiserem. *Part*.: querido.
2. Quanto às regências de *querer*, convém fixar as regras seguintes: a) na acepção de *desejar*, pede objeto direto: Ele não *a* quis para esposa. / Os pais *o* queriam estudioso e obediente. / Eles *o* queriam agrônomo. / "Queria-*o* mais independente, mais combativo, menos gregário." (Ondina Ferreira, *Acordar, Renascer*, p. 30); b) no sentido de *amar, ter afeto* a alguém, usa-se com objeto indireto: Os tios queriam muito *ao* menino. / Ele queria muito *à* moça. / Ele jurou que *lhe* queria muito. / "Queria muito *ao* sócio e mais *à sua fortuna*." (Geraldo França de Lima, *Rio da Vida*, p. 44) / "Eu hei de ver minhas filhas, porque *lhes* quero muito." (Camilo Castelo Branco) ⇨ Em frases como essas, está implícita a palavra *bem*: Ele *queria* muito *bem* à moça; c) verbo pronominal, exprimindo reciprocidade (amar-se mutuamente): Os dois *se queriam* loucamente. / Eles *se querem* muito. / As duas meninas *se queriam* como irmãs.
3. Quanto à concordância de *querer* em frases como "*Queria-se* mudar as leis", veja *se (pronome apassivador)*, item 4.
4. Na língua atual, não se usa no imperativo propriamente dito. Entretanto, pode-se ver um imperativo atenuado em frases como as seguintes, nas quais se exprime um desejo, um pedido cortês, antes que uma ordem: Queira aceitar as minhas desculpas. / Queiram ficar sentados, por favor.

que se me dá? Que me importa?: *Que se me dá que falem mal de mim? / Que se me dá a mim que ele case ou fique solteiro? / "Que se me dá que seja este ou aquele, o Fontoura do Banco da Província ou o Gurjão das mil e uma vaidades?"* (Afrânio Peixoto, *Uma mulher como as outras*, p. 89) Veja *pouco se me dá*.

questão. É insonoro o *u* de *questão* e dos derivados *questionar* (contestar), *questionário, questiúncula, questor*.

questionar. [Derivado de *questão* < lat. *quaestio, quaestionis*.] Damos as principais acepções e regências deste verbo.
1. Levantar questão, pôr em dúvida, contestar: *questionar* as afirmações de fulano; *questionar* os direitos de alguém (sobre algo); *questionar* a legalidade de uma medida do governo; *questionar* a validade de um contrato ou a viabilidade de um projeto.
2. Debater, discutir: *questionar com* alguém sobre religião, política, ou *acerca da* veracidade de um fato.
3. Contestar em juízo: *questionar* o direito de alguém (acerca de algo).
4. Discutir, altercar: Os dois vivem a *questionar*. / Evite *questionar com* seu vizinho. ⇨ Não deve ser usado no sentido de *interrogar, perguntar*.

que tais os artistas? Concordância correta. Incorreto é dizer: Que *tal* os artistas? / Que *tal* meus versos? / Que *tal* as fotos que lhe mandei? ⇨ Diga-se, fazendo concordar *tal* com o substantivo a que se refere: Que *tal* a foto? Que *tais* as fotos? / "Que *tais* achou os presuntos?" (Camilo Castelo Branco, *apud* V. Bergo)

quiçá. [Do cast. *quizá*, redução do antigo *quiçabe*, alteração de *qui sabe*, 'quem sabe'.] *Adv.* Talvez, quem sabe: "Pensei que se referia a seu amor por Ester, que se acabaria — *quiçá* nunca existira." (Ana Miranda, *A última quimera*, p. 199)

quinta-coluna. *S. 2g.* Alguns dicionários dão o plural *quinta-colunas*. A forma correta, porém, é *quintas-colunas*, como *quintas-feiras*.

quintar. [De *quinto* + *-ar*.] *V. t. d.* Tirar a quinta parte de um todo: "Em vista desta linguagem do governador, a junta conveio na criação das casas de fundição, e nelas se começou a *quintar* o ouro no dia 1º de fevereiro de 1725." (Joaquim Felício dos Santos, *Memórias do Distrito Diamantino*, p. 59)

quíntuplo. 1. Os numerais multiplicativos *quíntuplo, sêxtuplo, sétuplo* e *óctuplo* designam quantidades cinco, seis, sete e oito vezes maiores que outras, respectivamente: 25 é o *quíntuplo* de 5.
2. Usam-se também esses numerais como substantivos para designar os indivíduos nascidos do mesmo parto: os *quíntuplos*, os

sêxtuplos, os *sétuplos*, os *óctuplos*. Emprega-se, nesse caso, o numeral multiplicativo porque, normalmente, nasce uma só criança em cada parto. Se nascem cinco, nasce o quíntuplo de 1; se nascem seis, nasce o sêxtuplo de 1, e assim por diante. ⇨ Os dicionários registram *quadrigêmeos* e *quádruplos*, para designar os quatro irmãos gêmeos, porém, não consignam *quintigêmeos*, *sextigêmeos*, *setigêmeos* (ou *septigêmeos*) e *octigêmeos*, que são também formas corretas.

quiproquó. [Do lat. *quid pro quo*, 'isto por aquilo', 'uma coisa por outra'.] *S.m.* Confusão, equívoco, engano de quem toma uma coisa ou uma pessoa por outra.
Rafael Bluteau, em seu *Vocabulário português e latino*, explica a origem desta palavra: "Os boticários têm um livro a que chamam com termos latinos *Quid pro quo*. Quando não têm uma droga, acham nele outra para porem em seu lugar. Daqui veio o dizer-se 'Livre-nos Deus de um *Quid pro quo*', porque às vezes há erro nas drogas e em lugar de mezinha dão os boticários veneno."

Δ **quiro-.** [Do gr. *chéir*, *cheirós*, mão.] *El. de comp.* = 'mão': *quirologia*, *quiromancia*. Cognatos: *cirurgia*, *cirurgião*, *cirúrgico*. ⇨ Em grego, *ch=k*. Pronuncie-se, portanto, *kéir*, *keirós*.

quis. Com *s*, como todas as formas do pretérito perfeito (e tempos derivados) do verbo *querer★*.

quisto. [Do gr. *kýstis*, bexiga, vesícula, pelo fr. *kyste*.] *S.m.* 1. Tumor: *quisto sebáceo*. Forma mais usada que *cisto*.
2. *Fig.* Elemento ou grupo estranhos, anômalos ou nocivos, numa sociedade: Os marginais são um *quisto* nas sociedades modernas.
Cognatos: *enquistar*, *enquistado*, *enquistamento*. Veja *cisto*.

quite. [Part. irregular de *quitar*.] *Adj.* Que pagou a dívida, desobrigado, livre, desembaraçado: Estou *quite* com meus credores. / Estamos *quites* com nossos credores. / Estava *quite* com meus compromissos. / Estávamos *quites* com nossas obrigações. / "Saíamos *quites* desse longo processo de fixação de fronteiras, que outros países só realizam por meio de guerras." (Álvaro Lins, *Rio Branco*, p. 429) ⇨ Como mostram os exemplos, *quite* tem singular e plural, deve concordar com o sujeito da oração.

quociente. Forma preferível a *cociente*, variante menos usada. Na pronúncia, porém, a tendência é não proferir o *u* de *quociente*.

quórum. [Lat. *quorum*, 'dos quais'.] *S.m.* Número mínimo necessário de membros de uma assembleia, de um tribunal, que devem estar presentes para que a sessão possa ser realizada: O Senado não votou o projeto de lei por falta de *quórum*. / O *quórum* para o funcionamento do tribunal é de dois terços de seus membros. / "O vitorioso precisava de *quórum* mínimo de 20 votos." (Cláudio Bojunga, *JK, O artista do impossível*, p. 688) ⇨ O novo VO 5ª ed., não registra *quórum* por considerá-lo estrangeirismo não aportuguesado.
Contrariamente ao que em geral se ensina, julgamos conveniente acentuar este latinismo, por ser palavra de largo uso e por haver outros com idêntica terminação, como *álbum*, *fórum* e *médium*, unanimemente acentuados. Cabe ressaltar que há falta de critério e de coerência, da parte de dicionaristas e autores de manuais de ortografia, acerca da grafia dos latinismos. Vemos, por exemplo, *fórum* acentuado e *quorum* sem acento, *múnus* (latinismo de uso restrito) com acento, e *hábitat* (latinismo generalizado) sem acento.

quota, quotista, quotizar. Prefiram-se as formas *cota★*, *cotista* e *cotizar*.

quotidiano. [Do lat. *quotidianus*, de cada dia, diário.] *Adj.* É mais usada a variante *cotidiano*.

R

rã. Adj. relativo a rã: *ranino*.
raça. Adj. relativo a raça (povo): *étnico*.
Δ **racemi-.** [Do lat. *racemus*, cacho.] El. de comp. = 'cacho': *racemifloro, racemiforme* (ornato *racemiforme*).
racemo. [Do lat. *racemus*, cacho, cacho de uvas.] S.m. Cacho de uvas; tipo de flores dispostas em forma de cacho de uvas. ⇨ Variante: *racimo*, palavra paroxítona.
racionalizar. Verbo muito usado na acepção de 'tornar mais eficiente com o emprego de métodos científicos e de técnicas avançadas, a fim de obter o máximo de rendimento com o mínimo de custo': *racionalizar* a produção agrícola; *racionalizar* o serviço portuário, a indústria têxtil.
Δ **radio-.** [Do lat. *radius*, raio luminoso.] El. de comp. = 'raio', 'radiação', 'transmissão pelo rádio': *radioatividade, radial, radiador, radioeletricidade, radiofonia, radiodifusão, radiofoto, radiouvinte, radiorreceptor, radiossonda*. ⇨ Une-se ao elemento seguinte sem hífen.
rádio¹. [Do lat. *radius*, varinha pontiaguda.] S.m. O osso mais fino do antebraço, junto do cúbito, lado externo.
rádio². [Do lat. cient. *radium* < lat. *radiare*, irradiar.] S.m. Metal radioativo de número atômico 88.
rádio³. [Redução de *radiofonia*.] S. m. 1. Radiofonia; aparelho para emitir e receber sinais radiofônicos; radiodifusão; aparelho receptor de programas de radiodifusão: Comprei um bom *rádio*.

|| S.f. 2. Estação radiodifusora: a *Rádio* Eldorado, a *Rádio* Globo.
Δ **-ragia.** Sufixo grego que exprime a ideia de 'derramamento', 'fluxo': *hemorragia, linforragia, verborragia*.
raiva. Adj. relativo à raiva (hidrofobia): *rábico*. Antônimo: *antirrábico* (vacina *antirrábica*).
rajá. [Do sânscrito *raja*, rei.] S.m. Soberano de um estado indiano. Fem.: *rani*★.
ralhar. Repreender em voz alta, zangar-se. Regências modernas:
V. i. 1. Não faça isso, menino, que seu pai *ralha*. / "Em casa onde falta pão todos *ralham* e ninguém tem razão." (Prov.)
T. i. 2. (prep. *com*): Raro era o dia em que ela não *ralhasse* com o filho. / Às vezes *ralhavam* comigo à toa. / Não *ralhe* com ele (ou não lhe *ralhe*) por qualquer motivo. / "Ouviste, Leonardo? Não quero que lhe *ralhes*. É muito criança..." (Camilo Castelo Branco, apud Mário Barreto, *Através do dicionário e da gramática*, p. 276.
3. *Ralhar contra*: Era autoritário e *ralhava contra* tudo e contra todos.
4. *Ralhar de*. Censurar, criticar: "*Ralhamos* muito *da* sociedade portuguesa; exaltamos Paris e Londres." (Almeida Garrett, *Viagens na minha terra*, p. 281) ⇨ Regência rara no português do Brasil.
ranger, rangir. Variantes de *ringir*. A porta *rangeu* (ou *rangiu* ou *ringiu*). / Não gostava de ouvir o filho adormecido *rangendo* (ou *rangindo*, ou *ringindo*) os dentes. Sinônimo: *rilhar*.

Δ **rani-.** [Do lat. *rana*, rã.] *El. de comp.* = 'rã': *ranicultor, ranicultura, ranídeos, ranino* (vaso *ranino*).
rani. *S.f.* Mulher de *rajá*★.
rapace. [Do lat. *rapax, rapacis*, que agarra com violência, que arrebata ou rouba.] *Adj.* Que rouba, que arrebata, rapinante: aves *rapaces*. Superlativo: *rapacíssimo*.
rapaz. *S.m.* Aumentativo: *rapagão*.
O feminino *rapariga*, na acepção de *mulher jovem*, é pouco usado no Brasil, onde assumiu o sentido pejorativo de *concubina, meretriz*.
rápido. São corretas as três formas: As águias desceram *rapidamente*. / As águias desceram *rápido*. / "As águias desceram *rápidas* para o topo da rocha, uma a uma..." (*O Hobbit*, p. 112, Ed. Martins Fontes) ⇨ A terceira forma é mais enfática e elegante. Veja *adjetivo*, item 3.
raposa. *Adj.* relativo à raposa: *vulpino* (lat. *vulpinus*, que deriva de *vulpes*, raposa).
raquiano. *Adj.* Relativo à raque (coluna vertebral). Melhor forma do que *raqueano* e *raquidiano*: bulbo *raquiano*, nervos *raquianos*.
Δ **raqui(o)-.** [Do gr. *rháchis*, coluna vertebral.] *El. de comp.* = 'coluna vertebral', 'raque': *raquiotomia, raquiano, raquiópago*. Cognatos: *raquítico, raquitismo*.
Δ **rare-, rari-.** [Do lat. *rarus*, raro.] *El. de comp.* = 'raro': *rarefeito, rarefação, rarifloro, rarípilo* (que tem poucos pelos). Cognatos: *rarear, rarefato, rarefazer, raridade*.
rasto. *S.m.* Variante de *rastro*★, mais usada que essa forma: "No seu *rasto* ficava uma sensação última de infelicidade." (Fernando Namora, *Domingo à tarde*, p. 114)
| *De rastos*. Rastejando, arrastando-se, de rastros.
| *No rasto de*. Atrás de, no encalço de, em busca de: Foram *no rasto dos* ladrões.
rastro. [Do lat. *rastrum*, instrumento agrícola para quebrar torrões de terra.] *S.m.* Marca dos pés no chão, pista; indício, sinal, pista: "O certo é que sumiu sem deixar *rastro*." (Carlos Drummond de Andrade, *Obra completa*, p. 458) / "... os *rastros* das patas dianteiras e traseiras." (Sérgio Buarque de Holanda, *Caminhos e fronteiras*, p. 79) / "Nem *rastros* ficarão dos nossos pés na areia." (Alphonsus de Guimarães Filho, *Antologia poética*, p. 166)
| *De rastos*. Rastejando; de rastos: "Nem *de rastros* pagaria o que devia à comadre." (Marques Rebelo, *A estrela sobe*, p. 30)
Δ **rati-.** [Do lat. *ratus, rati*, contado, calculado; confirmado, ratificado; fixado, determinado.] *El. de comp.* = 'calculado', 'confirmado': *ratear, ratificar*.
| *Pro rata parte*, ou simplesmente *pro rata*. Expressão latina que significa 'em proporção', 'segundo a parte calculada para cada um'. ⇨ O vocábulo *raticida* (de *rato* + *-cida*), 'que mata ratos', 'veneno para matar ratos', não se relaciona com esse radical.
ratificar. Confirmar, homologar, validar (o que foi dito, feito ou prometido): A testemunha *ratificou* perante o juiz as declarações feitas à imprensa. / O diretor *ratificou* a decisão do seu substituto. / O governo *ratificou* o acordo concluído com o país vizinho. / "Rubião *ratificou* a primeira afirmação." (Machado de Assis, *Quincas Borba*, p. 167) ⇨ Distinga-se de *retificar*, que significa *tornar reto, corrigir*.
rato. *Adj.* relativo a rato: *murino* (lat. *mus, muris*, rato).
ré. [Provavelmente do lat. *retro*, atrás.] *S.f.* A parte do navio que fica entre o mastro grande e a popa; a traseira da embarcação, popa. Veja *marcha à ré*.
Δ **re-.** Prefixo latino que exprime, mais frequentemente, 'repetição': *reabilitar, reaver, reatar, recomeçar, reconsiderar, reembolso, reerguer, reescrever, reincidir, reincidência, reorganizar, ressaca, ressalva, ressecar, reunificar*.
reagir. Diz-se 'reagir *a* ou *contra* alguma coisa': O presidente *reagiu* às acusações do ex-ministro. / Os educadores *reagem* contra os excessos da tevê. / O empresariado *reagiu* contra o aumento dos impostos.
real¹. [Do lat. *regale*, de rei, régio.] *Adj.* 1. Relativo ao rei: palácio *real*.
|| *S.m.* 2. Antiga moeda portuguesa: "... andam arrastados sem cobrar um *real*." (Vieira) Pl. nesta acepção: *réis*.
real². [Do lat. medieval *reale* < de *res*, coisa.] *Adj.* 1. Que existe de fato, verdadeiro: um ente *real*; fatos *reais*.
|| *S.m.* 2. Unidade monetária brasileira criada em 1994. Pl. nesta acepção: *reais* (dois *reais*, dez *reais*, mil *reais*, etc.).
realizar. *V. t. d.* Tornar real, efetivar, concretizar: *realizar* uma tarefa, um projeto, etc. ⇨ É anglicismo condenável empregar este verbo no sentido de *perceber*: Não *realizei* que estava sendo enganado. / "Naturalmente, e melhor que ninguém, a senhora já *realizou* a gravidade da situação." (Otávio de Faria, *O senhor do mundo*, p. 364)

reaver. Conjuga-se por *haver*, mas só possui as formas que têm a letra *v*: *Ind. pres.*: reavemos, reaveis. *Pret. imperf.*: reavia, reavias, etc. *Pret. perf.*: reouve, reouveste, reouve, reouvemos, reouvestes, reouveram. *Pret. mais-que-perf.*: reouvera, reouveras, etc. *Fut. do pres.*: reaverei, reaverás, etc. *Fut. do pret.*: reaveria, reaverias, etc. *Imperf. do subj.*: reouvesse, reouvesses, etc. *Fut.*: reouver, reouveres, reouver, reouvermos, reouverdes, reouverem. *Imperat. afirm.*: reavei. *Ger.*: reavendo. *Part.*: reavido.
Suprem-se as formas que não existem (quatro do pres. do ind. e todas as do pres. do subj.) com as correspondentes do sinônimo *recuperar*: recupero, recuperas, recupera, recuperam; recupere (e não *reaveja* nem *reaja*), recuperes, recupere, recuperemos, recupereis, recuperem (e não *reavejam* nem *reajam*). Atenção: eu *reouve* (e não *reavi*); se ele *reouver* (e não *se ele reaver*).

recalcitrar. [Do lat. *recalcitrare*.] *V. i.* 1. Resistir desobedecendo, obstinar-se: Querem levá-lo para um asilo, mas ele *recalcitra*.
V. t. i. 2. Resistir com obstinação; não ceder: Como *recalcitrasse* à ordem de prisão, levaram-no à força. / "O mal, entretanto, *recalcitrava* às chazadas e sudoríferos." (Monteiro Lobato, *Urupês*, p. 151) / Inútil *recalcitrar* contra as forças cegas da natureza em convulsão.

recear. 1. A sintaxe mais recomendável é não usar a prep. *de* entre *recear* e o infinitivo. Em vez de '*Receou de* magoar o amigo', diga-se: *Receou magoar o amigo*. Veja *determinar* e *prometer*.
2. Diz-se 'recear *por* alguma coisa', no sentido de *temer*, *preocupar-se*: *Receio pelo* futuro de meus filhos. / *Receávamos pela* vida dele.
3. É pouco usado pronominalmente: "De que se *receia* ele?" (Houaiss).
4. Intercala-se um *-i-* nas formas rizotônicas, isto é, com o acento tônico no radical (*rece-*): *receio*, *receia*, *receiam*, *receie*, etc. Não se intercala *-i-* nas arrizotônicas: *receamos*, *receava*, *receávamos*, *receavam*, *receei*, *recearam*, *receasse* etc. Veja *frear* e *passear*.

receio. É expletiva★ a prep. *de* em destaque, na frase: "O *receio* dos ambientalistas era *de que* a mancha de óleo se dirigisse para as praias." (*O Globo*, 5/9/91) Veja os verbetes *de que* e *impressão*.

recém. [Forma red. de *recente*.] Usa-se como prefixo, equivalente a *recentemente*, anteposto a um particípio: *recém-formado*, *recém-nascido*, *recém-chegado*. É palavra oxítona. ⇨ No falar gaúcho, usa-se como advérbio (= recentemente): Antônio casou *recém*. / "Estás desconfiado. É natural: *recém* chegaste do campo, temes as ciladas da gente da cidade." (Moacyr Scliar, *Os vendilhões do Templo*, p. 14)

recender. *V. i.* 1. Exalar aroma forte, trescalar: No jardim as magnólias *recendiam*.
2. Usa-se também como v. transitivo: O jasmim *recendia* um aroma intenso. / O ar *recendia* a alfazema. / Seus cabelos *recendiam* a sândalo.
⇨ É incorreta a grafia *rescender*.

receoso. *Adj.* Que tem receio; que teme: *receoso* de perder o emprego; *receoso* pelo futuro de seus filhos. ⇨ É incorreta a forma *receioso*. A palavra se formou a partir de *recear* e do antigo substantivo *receo*, cujo radical é *rece-*: rece- + -oso > receoso.

recheado. Dessa forma, e não *recheiado*. Assim também: *rechear*, *recheou*, *recheava*, *recheando*. Exemplos: Seus escritos estão *recheados* de gírias. / Serviu-me pastéis *recheados* de palmito.

rechear. Conjuga-se como o verbo *frear*★. Exemplos: A cozinheira *recheou* (e não *recheiou*) os pastéis. / Ela os *recheava* com carne e azeitona. / Ainda não *tinha recheado* as empadas.

rechonchudo. [Do esp. *rechoncho* + *-udo*.] *Adj.* Gordo, gorducho, gordinho: criança *rechonchuda*. ⇨ São errôneas as formas *rechunchudo*, *richonchudo*, *rochonchudo* e outras.

reclamar. [Do lat. *reclamare*, gritar contra, protestar.] *V. i.* 1. Fazer reclamações, queixar-se: Quando as coisas vão mal nós *reclamamos*.
T. d. 2. Pedir, exigir, reivindicar: Ela *reclamou* a devolução do dinheiro. / A vida moderna *reclama* meios de transporte rápidos. / Os trabalhadores *reclamavam* melhores salários. / Que os cidadãos *reclamem* o respeito às leis.
T. i. 3. a) Manifestar descontentamento, queixar-se, protestar: Os moradores do bairro *reclamam da* falta de segurança. / São injustiças *contra* as quais o povo deve *reclamar*. / *Reclamaram contra* a mudança do itinerário.
T. d. e i. 4. Pedir a alguém uma coisa devida ou justa, exigir, reivindicar: *Reclamei da* empresa o pagamento dos salários atrasados. / Procurei-o várias vezes para *reclamar-lhe* a devolução do livro.

recolher. Tanto na acepção de 'voltar para casa' como na de 'ir para a cama ou para seus aposentos', este verbo admite a forma intransitiva ou a pronominal, indiferentemente: "Já a tarde caía quando *recolhemos* muito lentamente." (Eça de Queirós, *A cidade e as serras*, p. 196) / "Só pela manhã *recolheu* à residência." (Aurélio) / *Recolheram-se* os homens, deixando o jesuíta só e às escuras." (Afonso Arinos, *Obra completa*, p. 761) / "*Recolheu-se* logo, pois não lhe agradava a conversa." (Aurélio) / "Quando a noite começou a cair, *recolheram-se* a seus aposentos." (Houaiss) / "Nessa noite, em casa de Pachola, *recolheram-se* à hora de costume." (Afonso Arinos, *Obra completa*, p. 218) ⇨ No Brasil, usa-se, geralmente, a forma pronominal.

recomendar. A regência correta é 'recomendar que', e não 'recomendar para' nem 'recomendar para que': *Recomendaram-lhe* que não viajasse de noite. / O médico *recomenda-lhe* que descanse. / *Recomende* a seus filhos que evitem o fumo. ⇨ Da mesma forma se dirá com acerto: *Foi-lhe recomendado que* bebesse menos.

recompor. *Conjuga-se como* pôr★.

reconhecer. Diz-se corretamente: Ele estava tão magro que não *o reconheci* (e não *lhe reconheci*). / "Mas o que Roberto via era novo, diverso, ninguém *o reconhecia*, nem ele *reconhecia* nada." (Raquel de Queirós, *Caminho de pedras*, p. 3)
O pronome *lhe* tem cabimento em frases como: Todos *lhe reconhecem* a superioridade. / Quem não *lhe reconhece* os méritos? [*lhe* = dele]

recordar. Tem as regências do sinônimo *lembrar*★. T. d. 1. *Recordou* os dias felizes do noivado.
T. i. 2. Não *lhe recordava* o nome da rua.
T. d. e i. 3. *Recordei-lhe* suas travessuras de criança.
Pron. 4. "Roberto *recordava-se desse* príncipe feio e barbudo como um Santo Onofre." (Raquel de Queirós, *Caminho de pedras*, p. 29) / *Recordo-me dela* com saudade. / *Recordo-me de* que sua voz era doce. ⇨ O complemento sendo uma oração iniciada pela conjunção *que*, como no último exemplo, é lícito omitir a prep. *de*: "Agora *me recordo* que a conversa era sobre flores." (Carlos Drummond de Andrade, *Obra completa*, p. 459)

recorde. [Do ingl. *record*.] É palavra já aportuguesada, devendo-se pronunciar *recórde*, e não *récorde*. Usa-se como substantivo e adjetivo: O Guinness é o livro dos *recordes*. / Na Olimpíada de Barcelona, em 1992, foram batidos dez *recordes* mundiais em natação. / "Mas o Rio não está batendo nenhum *recorde* mundial." (Moacir Werneck de Castro, *JB*, 21/3/92) / "Copacabana bateu o *recorde* de poluição sonora." (*O Globo*, 30/10/91) / "Elevação dos juros supera *recordes* e agita mercado." (*O Estado de S. Paulo*, 29/10/91) / "O objetivo é conter os desmatamentos que este ano atingiram níveis *recordes*." (*JB*, 22/8/92, p. 14) / "Fez o percurso em tempo *recorde*." (Aurélio)

recorrer. Como o verbo *assistir*★, requer o complemento pronominal *a ele* e não *lhe*: Lembrei-me de um advogado famoso e recorri *a ele*. / Tem muitos amigos influentes, mas não *recorre a eles* nas horas difíceis. / "Refratário sou ao café. Nunca *recorri a ele* como a estimulante cerebral." (Rui Barbosa, *Oração aos moços*, p. 35) / "A prática tem longa tradição, é um segredo de polichinelo. Talvez até os integrantes da sagrada equipe econômica, trabalhando no setor privado, já *tenham recorrido a ela*." (Marcelo Leite, *Folha de São Paulo*, 15/1/95)

recriminar. Constrói-se com o pronome *o*, e não *lhe*: O pai *o* (e não *lhe*) *recrimina* por seus desmandos. / Era um esbanjador e a mulher *o recriminava* duramente. O pronome *lhe* tem cabimento em frases como as seguintes, em que equivale a *dele*, ou *seu*, *sua*: O pai *lhe recrimina* os desmandos. / A mulher *lhe recriminava* a excessiva prodigalidade.

recrudescer. [Do lat. *recrudescere*, tornar-se mais violento, agravar-se.] *V. i.* Tornar-se mais intenso, agravar-se: A luta entre as facções rivais *recrudesceu*. / A violência, na metrópole, tende a *recrudescer*. / "Os clamores *recrudesciam* em fragor de tormenta." (Coelho Neto, *Obra seleta*, vol. I, p. 158)

recusar. [Do lat. *recusare*, recusar, não querer, rejeitar.] *V. t. d.* 1. Não aceitar (o que é oferecido); rejeitar: Ela *recusou* o presente. / *Recusei* o convite.
2. Não aceitar; não admitir: "O réu *recusou* o depoimento das testemunhas." (Aurélio)
3. Opor-se a; negar-se a: Talvez ele *recuse* morar longe da família.
V. t. d. e i. 4. Não conceder; negar: *Recusas* um prato de comida a um pobre? / *Recusas-lhe* um prato de comida? / *Recusaram-lhe* o direito de se defender.
V. pron. 5. Negar-se; opor-se: Interrogado, *recusou-se a* responder. / *Recusei-me a* fechar o negócio. / As pernas *recusavam-se a* correr.
6. Não obedecer: O soldado *recusou-se à* ordem do oficial. ⇨ Na forma pronominal, este verbo exige complemento regido de preposição: *Recusam-se a ouvir-me*. / *Recusei-me*, por medida

de segurança, *a fornecer-lhe meu endereço*. Essa observação aplica-se a outros verbos, como *negar-se, apressar-se, decidir-se, prestar-se*: *Neguei-me a comentar o fato.* / *Apressou-se a postar a carta.* / *Decidiu-se*, a instâncias da mulher, *a deixar o fumo.* / *Prestou-se a dar as informações*.

redator-chefe. S.m. Principal redator de jornal ou revista, geralmente responsável pelo setor de redação: "O pai trabalhava em *O País*, jornal de prestígio na época, que tivera Rui Barbosa como *redator-chefe*." (Carlos Heitor Cony, *Quase memória*, p. 61) ⇨ É incorreta a forma *redator-em-chefe*, cópia servil do francês *rédacteur en chef*.

redemoinhar, redemoinho. Variantes de *remoinhar** e *remoinho*. Ex.: "Vi o universo inteiro *redemoinhando*." (Aníbal Machado, *Cadernos de João*, p. 130) / "O vento *redemoinhava*, partia com silvos desolados." (Eça de Queirós, *Os Maias*, I, p. 64) / "... o crânio do pobre clérigo teria ido fazer mais de quatro *redemoinhos* nos ares." (Alexandre Herculano, *Lendas e narrativas*, p. 264) ⇨ Por influência de *roda*, o povo diz *rodamoinho*, forma que se lê em *Terra de sol* de Gustavo Barroso: "O vento ergue *rodamoinhos* de cinza e detritos leves." (p. 19) Veja *remoinhar*.

redondamente. [De *redonda* + *-mente*.] *Adv.* Inteiramente, completamente, totalmente: Enganei-me *redondamente*. / Você está *redondamente* enganado.

redondo. 1) Alguns adjetivos se usam, às vezes, como advérbios de modo: Elas falavam *alto*. / As meninas desceram *rápido*. *Alto* = de modo alto; *rápido* = rapidamente.
2) "A cerveja que desce *redondo*." Nessa frase de propaganda comercial de certa marca de cerveja, o adjetivo *redondo* é considerado, geralmente, advérbio, sendo portanto, correta a concordância no masculino. Há, no entanto, gramáticos que a condenam e afirmam que a concordância correta seria *redonda*. Essa divergência de opiniões se deve ao fato de não estar nítido se o adjetivo *redondo* se refere ao sujeito *cerveja* ou ao verbo *descer*. Julgamos que ambas as concordâncias são corretas. Exemplos a favor do masculino: "A mãe ia lá dentro e chorava *escondido*." (Autran Dourado, *Armas e corações*, p. 10) / "José Dias ria *largo*..." (Machado de Assis, *Dom Casmurro*, cap.V) Exemplos a favor do feminino: "Dona Eusébia entrou inesperadamente, mas não tão *súbita* que nos apanhasse ao pé um do outro." (Machado de Assis, *Brás Cubas*, p. 169) / "Rasgado [o azul do céu] por nuvens que passaram *rápidas*..." (Diná Silveira de Queirós, *A muralha*, p. 31) Veja os verbetes *adjetivo*, itens 3 e 4 e *advérbio*, item 4.

redundância. Em gramática, excesso ou superfluidade de palavras; pleonasmo. Exemplos: recuar para trás; reincidir novamente; entrar para dentro; breve alocução; escrever sua autobiografia.Veja *pleonasmo*.

reduzir. 1. Como v. trans. direto e indireto, constrói-se geralmente com a prep. *a*: O fogo *reduziu* o barraco *a* um monte de cinzas. / As dissipações o *reduziram à* miséria. / Para somar frações é preciso *reduzi-las ao* mesmo denominador.
2. O mais usual é dizer: *reduzir* metros *a* centímetros; *reduzir* dólares *a* reais; *reduzir* horas *a* minutos.
Todavia, também é lícito construir: *reduzir* metros *em* centímetros; *reduzir* dólares *em* reais; *reduzir* horas *em* minutos.
3. Diz-se corretamente *reduzir* preços, impostos, etc. *em* tanto por cento: O governo *reduziu em* 20% o imposto sobre automóveis. / "Negociação pode *reduzir em* 24% preços dos carros." (*O Estado de S. Paulo*, 27/3/92) Veja o verbete *em*, item 2.
4. Também são corretas construções como: A Receita Federal *reduziu de US$250 para US$150* o limite de isenção do imposto para compras feitas por sacoleiros no Paraguai.
5. Usado pronominalmente, na acepção de *limitar-se, resumir-se*, admite a prep. *a* ou *em*: Afinal, a vida não *se reduz a* comer e beber. / "*Reduz-se* a vida cristã *em* amar e servir." (*Dicionário brasileiro da língua portuguesa*, vol. II, Melhoramentos)

reembolsar. [De *re-* + *embolsar* (de *bolso* ou *bolsa*).] 1. Embolsar de novo (dinheiro que se desembolsou): Ele já *reembolsou* o dinheiro que emprestara ao amigo.
2. Restituir (o dinheiro que outrem desembolsou): Se você pagou a dívida por mim, é justo que eu *o reembolse*. / Vou *reembolsar-lhe* a quantia que você me emprestou. / Vou *reembolsá-lo da* quantia que você me emprestou. ⇨ Os dois últimos exemplos supra comprovam que são igualmente lícitas as regências: *reembolsar a alguém uma quantia* e *reembolsar alguém de uma quantia*.
Pron. 3. Receber de volta (dinheiro que se despendeu ou emprestou): *Reembolsei-me* do em-

préstimo que lhe fiz. / O usuário *reembolsa-se*, com altos juros, do dinheiro que empresta.

referendar. *V. t. d.* 1. Assinar um documento como responsável: O juiz *referendou* a ordem de remoção do preso para Brasília.
2. Assinar em seguida a outra pessoa: O Ministro da Educação *referendou* o decreto sobre a reforma do ensino.
3. Ratificar o que foi aprovado por outrem: O governo brasileiro deverá *referendar* o acordo assinado por seu representante na ONU.

referir. 1. Na acepção de *narrar, relatar*, requer obj. direto de coisa e obj. indireto de pessoa: *Referiu* as principais ocorrências da viagem. / *Referiu à esposa* os acontecimentos do dia. / *Referiu-lhe* os acontecimentos do dia.
2. No sentido de *fazer referência, aludir*, exige obj. indireto e se usa pronominado: Era evidente que ele *se referia a nós*. / A que livro o senhor *se refere?* / "Mas no tempo a que me *refiro* não havia ônibus." (Vivaldo Coaraci) ⇨ Em frases como a última, não se pode omitir a prep. *a*, antes do pronome relativo *que*. Está errada esta frase de um político: "A inflação que estava reprimida não era *a que* o ministro se referia." (*JB*, 10/11/2001) Diga-se: A inflação que estava reprimida não era *aquela a que* o ministro *se referia*. Ou, de outro modo: O ministro *referia-se* a outra inflação, que não a que estava reprimida.
3. Na acepção de *aludir*, sendo o complemento um pronome, este será *ele* ou *ela* e não *lhe*: O fato era sem importância; não me referi *a ele*. / "A cena foi sobremaneira comovente, e os jornais de São Paulo *a ela* se referiram com grandes gabos." (Visconde de Taunay, *Dias de guerra e de sertão*, p. 12)

refletir. 1. Pode-se dizer: 'O lago *reflete* a Lua' ou 'A Lua *reflete-se* no lago'.
2. No sentido de 'repercutir', 'ter influência ou reflexos', é lícito usar *refletir* ou *refletir-se*: A crise econômica daquele país *refletiu* (ou *refletiu-se*) na economia global. / As obras dos indivíduos *refletem* (ou *refletem-se*) na coletividade.
3. Na acepção de 'pensar', 'ponderar', 'meditar', pode ser: a) *intransitivo*: *Reflita* antes de tomar uma decisão; b) *trans. indireto*: Depois de *refletir sobre* o (ou *no*) caso, achei que eles tinham razão. / *Reflita* bem *sobre* o (ou *no*) que vai responder ao juiz.

reflexionar. [Do lat. *reflexione* + *-ar*.] Refletir, pensar: "Para e *reflexiona*, Margarida!" (Camilo Castelo Branco, *apud* F. Fernandes) / "Seis meses, oito meses passam depressa, *reflexionou* Dona Fernanda." (Machado de Assis, *Quincas Borba*, p. 351) / Antes de me decidir, *reflexionei* longamente *nos* (ou *sobre os*) prós e contras do casamento.

refrão. Estribilho, ditado, provérbio. Pl.: *refrãos* e *refrães*.

refutar. [Do lat. *refutare*, repelir.] *V. t. d.* 1. Rebater, contestar: O senador *refutou* com veemência as acusações que lhe eram feitas. / Julguei de meu dever *refutar* algumas afirmações levianas do colunista social.
2. Desmentir: Os fatos *refutam* as teorias científicas fantasiosas.
3. Ser contrário, desaprovar, reprovar: "Não é preciso dizer que *refutei* tão perniciosa doutrina." (Machado de Assis, *apud* Francisco Fernandes) ⇨ Diz-se, em geral, 'refutar alguma coisa' (calúnias, acusações, críticas, declarações, afirmações, doutrinas, teses etc.), e menos frequentemente 'refutar alguém' (acusadores, adversários, escritores, críticos, filósofos etc.).

regatear. *V. t. d.* 1. Discutir o preço de algo, para comprar mais barato: Ela sempre *regateia* o que compra.
2. Depreciar, apoucar: Não *regateemos* os méritos de nossos adversários.
3. Dar ou conceder com parcimônia: Era rico e pródigo, não *regateava* favores. / Não *regateia* favores; pelo contrário, prodigaliza-os.
V. t. d. e i. 4. A mesma significação que a anterior: Disse algumas palavras sobre o falecido e não *lhe regateou* elogios.
V. i. 5. Pedir desconto, pechinchar: Não compre nada sem *regatear*.

registar, registo. Variantes (pouco usadas) de *registrar* e *registro*.

regredir. *V. i.* Retroceder. Conjuga-se como *agredir**. Ant.: *progredir*.

régua-tê. *S.f.* Pl.: *réguas-tê* e *réguas-tês*.

regurgitar. [Do lat. medieval *regurgitare*, derivado de *gurges, gurgitis*, abismo, goela.] 1. Expelir (o conteúdo de uma cavidade, especialmente do estômago), lançar para fora, vomitar: O doente *regurgitou* a comida. / Crianças recém-nascidas *regurgitam* frequentemente o leite.
2. Retornar (um líquido), devido à obstrução do conduto, ou por efeito da pressão: A água *regurgitava* dos bueiros.
3. Estar ou ficar muito cheio, transbordar: O salão *regurgitava* de gente. / As ruas do centro

regurgitam de pedestres. / "Em poucos instantes a igreja *regurgitou*." (Graciliano Ramos, *Caetés*, p. 183) / "Com a chegada de novos contingentes o quartel *regurgitava*." (Coelho Neto, *Obra seleta*, vol. I, p. 100)

reivindicação. [Do lat. *rei vindicatione*, 'reclamação da coisa'.] *S.f.* Ato de reivindicar, reclamação. ⇨ O *re* inicial não é prefixo. É errada a forma *reinvindicação*.

reivindicar. [De *reivindicação*.] 1. Tentar reaver: O fazendeiro *reivindica* as terras que lhe tomaram.
2. Tomar para si, avocar: O Brasil *reivindica* para Santos Dumont o título de Pai da Aviação.
3. Reclamar, exigir: Os professores *reivindicavam* salários mais dignos. / *Reivindico* os meus direitos.
⇨ O *re* inicial não é prefixo. É errada a forma *reinvindicar*. Veja *reivindicação*.

rejubilar. [De *re-* + *jubilar*.] *V. i.* 1. Sentir grande júbilo, alegrar-se muito: Ao saber da vitória do pai, a família *rejubilou*. / *Rejubilai*, vós que lutastes ao meu lado. / "Toda a fazenda *rejubilava* como a uma bênção dos céus." (Coelho Neto, *Obra seleta*, p. 1129)
T. d. 2. Encher de júbilo, alegrar muito: O feliz evento *rejubilou* o povo. / O reencontro com a amada *rejubila* a alma do jovem.
Pron. 3. Encher-se de júbilo, alegrar-se muito: *Rejubilei*-me com a boa notícia. / A guerra enfim terminara e a nação *rejubilou-se*. / "Firmaram-se as pazes e *rejubilaram-se* os americanos, nessa chegada, com cantos e festas que duraram dias." (Cassiano Ricardo, *Marcha para oeste*, p. 8)
⇨ É pleonasmo vicioso dizer 'rejubilar de alegria'.

relacionar. [Do lat. *relationem* + *-ar*.] *V. t. d.* 1. Referir, relatar; fazer a relação de, listar, arrolar: O viajante *relacionou* o que viu e ouviu. / O locador *relacionou* os objetos do imóvel. / O inventariante *relacionou* os bens do falecido.
T. d. e. i. 2. Fazer adquirir relações, amizades; estabelecer relação, analogia, ligar: As viagens o *relacionaram com* pessoas ilustres. / Não *relacione* aparentes milagres *com* a (ou *à*) intervenção divina. / Não *relacionemos* a criminalidade *ao* desemprego e *à* pobreza (ou *com* o desemprego e a pobreza).
Pron. 3. As mesmas acepções do item 2: Ele *se relacionou com* os irmãos de seu amigo. / A mãe da moça tentou, em vão, que *nos relacionássemos*. / Esses fatos *se relacionam com* (ou *ao*) crescimento econômico do país. / As palavras *sombra, sombrio* e *sombrinha se relacionam com* (ou *ao*) vocábulo latino *umbra*. / "Basta-nos referir sumariamente os fatos que *se relacionam ao* Brasil." (João Ribeiro, *História do Brasil*, p. 295)

relações públicas. [Do ingl. *public relations*.] Conjunto de processos e atividades que visam otimizar o relacionamento entre uma empresa, instituição, órgão de classe, etc., e o público, a clientela: "Para alcançar seus objetivos, os serviços de *relações públicas* recorrem a veículos de comunicação internos e externos, promoções diversas (festas, concursos, etc.), comunicados à imprensa em geral e conversas pessoais e telefônicas..." (Paulo Sandroni, *Novo dicionário de economia*, p. 299) ⇨ Grafa-se *relações-públicas*, com hífen, quando se quer designar o profissional que trabalha no setor de relações públicas: Ele foi o *relações-públicas* da empresa durante dez anos. Fem.: *a relações-públicas*.

relâmpago. Posposto a outro substantivo, funciona como adjetivo e significa *muito rápido(a)*: *sequestro-relâmpago, guerra-relâmpago, visita-relâmpago*. Veja o verbete *piloto*.

relampejar. *V. i.* Também são formas corretas: *relampaguear* e *relampear*. A mais usual é, sem dúvida, *relampejar*.

relativizar. [De *relativo* + *-izar*.] *V. t. d.* Tornar ou considerar relativo (não absoluto, dependente de outra coisa), atribuir importância relativa: Programas de TV abordam levianamente assuntos de ordem ética e moral, *relativizando-os*. / "O ministro de Relações Exteriores de Israel *relativizou* a possibilidade de novo atentado contra interesses judeus na Argentina." (*JB*, 14/1/95) ⇨ Neologismo em curso na Imprensa.

relevar. 1. Desculpar, perdoar: *Releve-me* a demora em responder à sua carta. / "Não podemos *relevar* todos os erros." (Aurélio)
2. Dar relevo ou destaque, fazer sobressair, realçar, salientar: O artista esmerou-se em *relevar* as feições da mulher retratada. / Os historiadores são unânimes em *relevar* os méritos de Anchieta.
3. Ser relevante ou importante: *Releva* notar que a moça relutou em aceitar o convite. / *Releva* não esquecer este detalhe. ⇨ Nessa acepção, só se usa na 3ª pessoa do singular. Cognatos: *relevo, relevância, relevante, irrelevante*.

remedar. *V. t. d.* Imitar grotescamente, de forma zombeteira: "Sebastiana *remedava* a voz de Frederico, as maneiras moles dele." (José Cân-

dido de Carvalho, *Olha para o céu, Frederico!*, p. 36)
⇨ É mais usada a variante *arremedar*.

remediar. Segue a conjugação de *odiar*★: remedeio, remedeias, remedeia, remediamos, remediais, remedeiam; remedeie, remedeies, remedeie, remediemos, remedieis, remedeiem: "A desesperação não *remedeia* nada." (Camilo Castelo Branco, *Vulcões de lama*, p. 126)

remir. [Do lat. *redimere*, resgatar.] Resgatar, livrar, salvar: "Cristo veio à Terra para *remir* os homens." (Aurélio) ⇨ É verbo defectivo. Só tem as formas em que ao *m* se segue a vogal *i*: *remimos, remis, remia, remiu, remisse*, etc. Suprem-se as formas que lhe faltam com as do sinônimo *redimir*.

remoinhar. [De *re-* + *moinho* + *-ar*.] *V. i.* Mover-se em círculos ou espirais, torvelinhar: O vento *remoinhava*, levantando folhas e pó. / Na curva do rio as águas *remoinhavam* sombrias e depois iam adiante. / "Como a palha que o tufão alevanta na eira, aquela multidão de candeias cruzava-se, revolvia-se, *remoinhava*..." (Alexandre Herculano, *Lendas e narrativas*, p. 240) ⇨ Usa-se também a variante *redemoinhar*★.

remoinho. *S.m.* Movimento circular ou em espiral das águas ou do vento; torvelinho. Variante: *redemoinho*.

remontar. 1. Prende-se a *monte* e tem o sentido geral de *subir, elevar-se* (no espaço e no tempo): A ave *remonta* o voo. / "As águas do rio não *remontam* o curso." (Vivaldo Coaraci, *Cata-vento*, p. 158) / A aeronave *remonta ao* espaço. / *Remontamos às* nascentes do rio. / *Remontemos ao* período colonial.
2. Na acepção de *volver ao passado* e na de *ter origem*, constrói-se com a prep. *a*: É natural que o historiador *remonte ao* passado. / "Sempre senti grande fraco pelas cigarras. *Remonta* esta simpatia *a* origens distantes." (Vivaldo Coaraci, *91 Crônicas escolhidas*, p. 89)
3. Também se usa no sentido de *montar de novo*: O cavaleiro *remontou* e partiu a galope. / *Remontou o* (ou *no*) cavalo e partiu. / *Remontaram* o presépio.

renegar. Abjurar, descrer.
1. Usa-se geralmente com objeto direto: *renegar* a fé, *renegar* a pátria, *renegar* o passado.
2. Por ênfase, pode-se construir *renegar* com objeto indireto (prep. *de*): "Sou um homem que ainda não renegou *da* cruz, nem *da* Espa-

nha." (Alexandre Herculano, *Eurico, o presbítero*, p. 212)

rente. 1. *Adj.* Muito curto, cerce: Usava o cabelo *rente*. / Unhas *rentes* não arranham.
2. Muito próximo, junto, contíguo: "Os paulistas vinham, ainda *rentes* do bosque." (Diná Silveira de Queirós, *A muralha*, p. 333) / "Construções *rentes* à estrada." (*Dicionário da LP Contemporânea*, da Academia das Ciências de Lisboa)
|| *Adv.* 3. Pela raiz, cerce: Cortou o cabelo *rente*. / A bala não me atingiu, mas passou *rente*.
|| 4. *Locução prep.* Muito perto de, junto a: Estacionou o carro *rente ao* meio-fio. / Caminhei *rente à* (ou *da*) parede da casa. / Foi se aproximando *rente ao* (ou *do*) muro. ⇨ O verbo derivado é *rentear*: A estrada *renteava* abismos.

renunciar. 1. No português de hoje prefere-se a regência indireta: *renunciar ao* cargo; *renunciar ao* poder; *renunciar à* violência; *renunciar aos* prazeres mundanos.
2. Pode-se usar este verbo sem complemento: "Empossado em 1961, Jânio Quadros *renunciou* em agosto do mesmo ano." (*Pequeno dicionário Koogan Larousse*, p. 74) ⇨ Em escritores clássicos ocorre com frequência a regência direta: "Sua filha *renuncia* virtualmente *o trono* para apressar a libertação dos últimos escravos." (Joaquim Nabuco, *Minha Formação*, p. 249)

reparar. 1. Consertar, restaurar: *reparar* um veículo danificado.
2. Remediar, corrigir: *reparar* o mal praticado.
3. Indenizar: *reparar* um dano causado a outrem.
4. Notar, observar, ver: *Reparei o* (ou melhor, *no*) cuidado com que ele dirigia o carro. / Não *reparou* (em) que o remédio tinha a validade vencida. / Ficamos *reparando* como as abelhas trabalhavam. / "Você já *reparou* nos olhos dela?" (Machado de Assis, *Dom Casmurro*, cap. XXV) / "Ainda não *tinhas reparado* em que a pequena não estava à mesa?" (Fernando Namora, *O homem disfarçado*, p. 21)
5. Dar atenção, ligar importância: Não *repare a* (ou melhor, *na*) desarrumação da casa. / Embora fosse habituado ao luxo, não *reparou na* modéstia do alojamento.
⇨ Nas acepções 4 e 5, usa-se, de preferência, objeto indireto quando substantivo e objeto direto quando oração.

repelir. Verbo irregular. Conjuga-se como *ferir*★.
Exs.: "Aqui me vem uma suspeita miserável,

que eu *repilo*." (Carlos Drummond de Andrade, *Obra completa*, p. 458) / "E eu *repilo! repilo* com todas as minhas forças pensamentos tais." (Coelho Neto, *Obra seleta*, p. 361)

repor. Segue a conjugação de *pôr*★, do qual deriva.

repreender. *V. t. d.* Diz-se: Ele *repreendeu-o* (e não *repreendeu-lhe*) severamente.

reprografia. [De *reprodução* + *grafo* + *-ia*.] *S.f.* Processo de reprodução de documentos no qual se utilizam técnicas fotográficas: fotocópia, heliografia, microfilmagem, xerografia etc. É um neologismo.

réptil. *S.m.* Pl.: *répteis* (mais usado) e *reptis*. "A classe dos *répteis* divide-se em ordens: *sáurios* (lagartos), *ofídios* (serpentes), *quelônios* (tartarugas) e *crocodilos*." (*Pequeno dicionário Koogan Larousse*, p. 729) / "Os *répteis* da ordem Squamata (lagartos e cobras) têm a pele seca..." (J. Luís Soares, *Dicionário de biologia*)

repugnar. [Do lat. *repugnare*, opor-se, lutar contra.] *V. t. i.* 1. Causar nojo, repugnância: Aquela comida *repugnava-lhe*.
2. Causar aversão ou antipatia, desagradar: Esses estrangeirismos *repugnam* aos nossos ouvidos. / *Repugnava-lhe* ouvir palavrões. / "À rapaziada não *repugnava* acompanhá-lo na aventura." (Afonso Arinos, *Obra completa*, p. 50)
3. Ser contrário, apor-se: A vingança *repugna* ao espírito cristão.
V. i. 4. Causar repugnância; inspirar aversão, desagradar: *Repugna* presenciar tais cenas. / *Repugnava* vê-lo bajular os poderosos.
⇨ É considerada arcaica a construção de *repugnar* como transitivo direto: Seu estômago *repugnava* aquela comida. / O espírito cristão *repugna* a vingança. / "Se aquilo *a repugnara* tanto, quem sabe se fora por não ter sido preparada?" (Diná Silveira de Queirós, *Verão dos infiéis*, p. 76) / "O contato com aquele homem agora *o repugnava*." (Autran Dourado, *Armas e corações*, p. 106)

requerer. 1. Pedir por requerimento: *Requeri* minha matrícula no Colégio Tiradentes.
2. Pedir em juízo; solicitar a um órgão público: *Requeri* a anulação do débito. / O casal *requereu* divórcio. / Convém que ele *requeira* sua aposentadoria já. / O clube *requereu* à Prefeitura a concessão do terreno. / *Requereram* ao Supremo Tribunal Federal a revogação da sentença. / Convinha que ele *requeresse* seu desligamento do Exército. / "Martinho *requereu-lhe* que mandasse entregar-lhe a escrava." (Bernardo Guimarães, *A escrava Isaura*, p. 97)
3. Exigir, reclamar: Dirigir um país *requer* competência e firmeza. / "Como cavalheiros, peço-vos justiça; como filhos do mesmo sangue, *requeiro* de vós ajuda." (Rebelo da Silva, *apud* Aulete) / "Vou responder-lhe; porém, *requeiro* à sua nobre alma um juramento antes de me ouvir." (Camilo Castelo Branco, *O bem e o mal*, p. 161)
4. Este verbo não segue a conjug. de *querer*. É irregular só na 1ª e 3ª pessoas do sing. do pres. do ind. e, consequentemente, no pres. do subj. e no imperativo. *Ind. pres.*: requeiro, requeres, requer, requeremos, requereis, requerem. *Subj. pres.*: requeira, requeiras, requeira, etc. *Imper. afirm.*: requere, requeira, requeiramos, requerei, requeiram. Nas outras formas é regular: *requeri, requereu, requeresse*, se eu *requerer*, etc.

réquiem. [Do lat. *requiem*, repouso.] 1. Na liturgia católica, oração pelos mortos que inicia com as palavras latinas *Requiem aeternam dona eis, Domine*, 'Dai-lhes, Senhor, o descanso eterno'. *Missa de réquiem* = missa para os defuntos.
2. Música sacra cujo tema é o réquiem: É famoso o *réquiem* de Mozart. Em latim, pronuncia-se *réquiem*.

requintar. *V. t. d.* 1. Levar ao mais alto grau; aprimorar: *requintar* a linguagem, o estilo, a elegância, os sentimentos.
V. t. i. 2. Haver-se com o maior apuro: *requintar na* linguagem, *no* vestir, *na* elegância.
V.pron. 3. Elevar-se ao mais alto grau: "No culto a Maria *se requintam* a meiguice e o carinho." (Afonso Arinos, *Obra completa*, p. 757) Cognatos: *requinte, requintado*.

rês. *S.f.* Quadrúpede que serve para a alimentação humana, especialmente cabeça de gado bovino. Pl.: *reses(ê)*. ⇨ Diferente de *rés*★.

rés. Palavra que significa *rente, cerce*, usada na locução *ao rés de* = rente a, ao nível de: *ao rés do chão; ao rés da água*.

reseda. [Do lat. *reseda*.] *S.f.* Planta herbácea da família das resedáceas, de flores aromáticas: "Os ramalhetes são principalmente compostos de rosas e *resedas*." (Ramalho Ortigão, *A Holanda*, p. 34) ⇨ Por influência do francês, no Brasil se diz, geralmente, o *resedá*, com mudança de gênero e de prosódia.

reservar. São construções corretas: Ele *reservou* para si a melhor parte. / Ninguém sabe o que a vida *lhe reserva*. / *Reservei* para ele (ou *reservei-lhe*) o melhor vinho. / *Reservara-me* um bom lugar no cinema. / O atleta *reserva-se* para a competição final.

resgatar. *V. t. d.* 1. Livrar do cativeiro: Tropas de elite *resgataram os* prisioneiros. / "El-rei de Leão *resgatava* todos os dias cavaleiros seus por cavaleiros mouros." (Alexandre Herculano, *Lendas e narrativas*, p. 235)
2. Obter a restituição de algo mediante pagamento: *resgatar* duplicatas, notas promissórias, objetos penhorados.
3. Pagar (dívida ou compromisso): "Cogitei muito no modo de *resgatar* a dívida espiritual." (Machado de Assis, *Dom Casmurro*, cap. XX)
4. Remir, salvar: Cristo *resgatou* a humanidade pecadora. / Um barco pesqueiro *resgatou* os náufragos.
5. Tirar do esquecimento, livrar da ruína ou de situação má, recuperar: É preciso *resgatar* essas velhas e valiosas obras de arte. / "Quer ser o governador que *resgatou* a importância econômica, política e cultural do Estado do Rio na Federação." (*JB*, 11/11/95)
⇨ Hoje virou modismo o emprego deste verbo, emprego muitas vezes inadequado: *resgatar* o passado; *resgatar* o tempo perdido: O livro tal *resgata* a figura do velho contador de histórias. / O político tal quer *resgatar* projetos de segurança do governo do estado. / "Documentário *A cobra fumou resgata* a campanha da FEB na Segunda Guerra." (Mauro Ventura, *JB*, 29/9/2002)

residente. *Adj.* Rege a prep. *em*: Jorge Duarte, *residente na* (e não *à*) Rua Olinda, era um bom mecânico.

residir. À semelhança de *morar*, constrói-se com a prep. *em* e não *a*: O alfaiate *residia na* Rua Anchieta. / A rua *em que residíamos* ficava na periferia da cidade. / Meus avós *residiram na* Praça Tiradentes. / Eu não *residiria naquele* beco escuro. / O velho *residia numa* casa alugada. / Muitos males sociais *residem na* inércia dos governos. Veja o verbete *morar*.

resignar. *V. t. d.* 1. Renunciar a (cargo, mandato, poder): "Pimenta Bueno *resignou* o poder, que coube então ao Visconde do Rio Branco." (João Ribeiro, *História do Brasil*, p. 407) / "A patente de alferes, embora Persival a *houvesse resignado*, lhe ficara colada ao nome." (Herberto Sales, *Os pareceres do tempo*, p. 294) *V. pron.*
2. Conformar-se: Custou-lhe muito *resignar-se* com a morte do pai. / Há pessoas que *se resignam* a arrastar uma vida de extrema penúria.

resistir. *V. t. i.* 1. Seu complemento é regido da prep. *a*: O Brasil *resistiu* bravamente *aos* invasores. / A curiosidade é uma inclinação natural, *a* que poucos *resistem*. / *Resistiam a* admitir o seu erro. / Os ditadores da moda lançam modelos *a que* (ou *aos quais*) as mulheres não *resistem*.
2. O complemento pronominal será *lhe* e nunca *o* ou *a*: A força do mar era muita e o dique não *lhe resistiu*. / Eram ricos e poderosos, ninguém *lhes resistia*. / Ela é envolvente: quem *lhe resiste*?

resolver. [Do lat. *resolvere*, desatar; dissolver; soltar.] Damos as significações e regências dignas de atenção.
V. t. d. 1. Achar a solução de, solucionar: *Resolvi* facilmente *o problema*. / Tentaram resolver *o impasse*.
2. Tomar a decisão, decidir: *Resolvemos prolongar as férias*. É incorreto, neste caso, antepor a prep. *a* ao infinitivo, como fez um escritor no seguinte passo: 'Resolveu, portanto, *a não tocar-lhe* mais naquele assunto.' Correção: *Resolveu não tocar-lhe* mais naquele assunto. ⇨ A preposição é cabível quando se usa *resolver* na forma pronominal: João *resolveu-se* enfim *a procurar* um emprego. *Resolver de + infinitivo* é outra regência que deve ser evitada, embora a tenham usado escritores clássicos: *Resolveram fundar* (e não *de fundar*) uma microempresa. Veja os verbetes *determinar* e *prometer*.
V. i. 3. Emitir decisão ou deliberação, decidir: O prefeito *resolverá sobre a* (ou *quanto à*) conveniência da contratação.
4. Ser solução, adiantar: Violência não *resolve*. / Punir nem sempre *resolve*.
V. pron. 5. Decidir-se: *Resolveram-se* a cultivar a terra. / Diante de uma encruzilhada, *resolve-te pelo* melhor caminho. / "Afonso *se resolveu* enfim *a* deixar Santa Olávia e vir instalar-se no Ramalhete." (Eça de Queirós, *Os Maias*, vol. I, p. 11)

respectivo. Evite-se a pronúncia viciosa *respequitivo*. ⇨ Variante gráfica e prosódica: *respetivo*.

respeitável. Superlativo abs. sint.: *respeitabilíssimo*.

resplandecer, resplendecer. *V. i.* Brilhar intensamente. Ambas as formas são corretas. A primeira, mais usual, é forma evoluída do lat. *resplendescere* e se documenta a partir do séc. XIV. A segunda, surgida no séc. XIX, é simples adaptação do lat. *resplendescere* e, por coerência com outros verbos, como *florescer, intumescer, rejuvenescer*, etc., deveria ser escrita com a terminação

-escer. ⇨ Das palavras portuguesas cognatas do lat. *splendere*, 'brilhar', a maioria delas apresentam-se com o radical *splend*: *esplender, esplendecer, esplêndido, esplendor, esplendoroso, resplendecer, resplendência, resplender, resplendor, resplendoroso,* etc.; apenas seis têm o radical alterado *spland*: *esplandecer, resplandecência, resplandecente, resplandecer, resplandecimento* e *resplandor* (arcaísmo).

responder. *V. t. i.* 1. A regência que se alicerça na tradição da língua é 'responder *a* uma carta', 'responder *a* um questionário', 'responder *a* uma pergunta', e não 'responder uma carta', 'responder um questionário', 'responder uma pergunta'. Em escritores brasileiros modernistas encontramos frequentemente a regência direta, que não aconselhamos. Construa-se pois deste modo: Ele desconversou, não *respondeu à* pergunta que lhe fiz. / Na prova, ela *respondeu a* todas as questões. / O secretário *respondia às* acusações sem perder a serenidade. / Valerá a pena *responder a* esse caluniador? / *Respondi-lhe* com firmeza. / "Não tinha outro sentido a carta recebida. *A* ela não podia *responder*..." (Otávio de Faria, *O senhor do mundo*, p. 126) / "Ao cabo de alguns meses, Capitu começara a escrever-me cartas, *a que eu respondi* com brevidade e sequidão." (Machado de Assis, Dom Casmurro, cap. CXLI) / "Natural é que o leitor faça tais perguntas, *às quais* temos obrigação de *responder*." (Alexandre Herculano, *O monge de Cister*, I, p. 6) / "A sua consulta deixa-me perplexo, se devo ou não *responder a ela*." (Mário Barreto, *Últimos estudos*, p. 366) / "O jornaleiro, já se vê, não é obrigado a *responder a* perguntas desta natureza." (Carlos Drummond de Andrade, *Os dias lindos*, p. 114) / "Não *respondo a* tais cartas." (Camilo Castelo Branco, *A queda dum anjo*, p. 124) / "E lhe faziam mil perguntas, *a que respondia* com um sorriso de lado..." (Diná Silveira de Queirós, *A muralha*, p. 303)
2. Pelo menos na linguagem culta, evite-se usar *responder* na voz passiva: 'A secretária é que *respondia* às cartas dos fãs do cantor', melhor forma que 'As cartas dos fãs do cantor eram *respondidas* pela secretária'. / 'Ainda não *se respondeu a* essas cartas?', preferível a 'Essas cartas ainda não *foram respondidas?*'
3. É trans. indireto também nas acepções de 'ser responsável por algo ou alguém' e de 'retrucar de modo áspero e malcriado': Quem *responde pelo* expediente aqui? / O Exército *responde pela* defesa do país. / O tio *respondia pelo* menor. / Nunca *respondi a* meus pais.

V. t. d. 4. Dizer em resposta: "Não posso ir", *respondeu* a moça. / Ela *respondeu* que não podia ir. / Interrogado pelo juiz, o réu *respondeu* que matou em legítima defesa.
V. t. d. e i. 5. Dizer a alguém em resposta: A moça *respondeu* ao rapaz que não podia ir. / *Respondeu-lhe* que não podia ir.
V. i. 6. Ouviu o insulto e não *respondeu*. / O padre iniciava as orações e os fiéis *respondiam*.

ressumar. [De *re-* + *sumo* + *-ar*.] *V. t. d.* 1. Gotejar, verter, transudar: As paredes da gruta *ressumavam* uma água amarelada.
2. *Fig*. Deixar transparecer: "Toda a carta *ressumava* nostalgia e tristeza." (Coelho Neto)
V. i. 3. Verter líquido, porejar: As paredes da gruta *ressumavam*.

restar. Deve concordar normalmente com o sujeito da oração: *Restavam-me* apenas vinte reais. / Naquele país *restam* poucas matas nativas. / Do belo templo grego *restaram* só ruínas. / *Restavam-lhe* cerca de mil homens para o combate. / *Restava* vender dois mil ingressos. ⇨ Nesse último exemplo, o verbo concorda no singular porque o sujeito não é 'ingressos', mas 'vender dois mil ingressos' (sujeito oracional).

restituir. Quanto à grafia, veja *verbos terminados em -uir*.

restringido, restrito. 1. Usa-se *restringido* como particípio do verbo *restringir*★: O governo tinha (ou havia) *restringido* a propaganda do fumo. / Foi *restringida* a importação de produtos estrangeiros.
2. Usa-se *restrito* exclusivamente como adjetivo, com o sentido de *limitado, reduzido*: O espaço no carro era muito *restrito*. / As dimensões da piscina são *restritas*. / O atendimento no hospital estava *restrito* aos casos mais graves. / Certas palavras passam a ter um sentido *restrito*. Antônimo: *irrestrito*.

restringir. [Do lat. *restringere*, apertar.] *V. t.* 1. Limitar, reduzir: As medidas do governo visam a *restringir* o consumo e frear a inflação. / A lei não *restringirá* os direitos fundamentais da pessoa humana. / *Restringiu-se* o uso de carros oficiais ao presidente e seus ministros.
Pron. 2. Limitar-se, reduzir-se: Na entrevista, o escritor *restringiu-se* a falar sobre sua obra. / Naquele município, a atividade agrícola *se restringe* ao cultivo de cereais. Cognatos: *restrição, restritivo* (medidas *restritivas*), *restrito*★, *irrestrito*.

resultar. 1. No sentido de 'acabar em', 'converter-se', 'redundar', diz-se *resultar em*...: As tentativas *resultaram em* fracasso. / Choques entre a

polícia e manifestantes *resultam* frequentemente *em* muitas mortes. / "A brincadeira *resultou em* briga." (Celso Luft) / "A imprudência do motorista *resultou em* desastre." (Sousa e Silva) ⇨ Este verbo deve concordar com o sujeito: *Atrasos* na quitação de débitos *resultam* (e não *resulta*) em perdas para os credores.
2. A construção 'resultar + adjetivo' é imitação do espanhol: Os esforços *resultaram inúteis*. / "A mentira pode *resultar odiosa* ou *divertida*, conforme cause dano ou seja inofensiva." (Moacir Werneck de Castro, *JB*, 7/3/92) / "Mas a competência, ela mesma, pode *resultar inútil*, se não for guiada pela sensatez." (Thiago de Mello, *Amazônia*, p. 23) / "Este recurso bárbaro, porém, por sua vez, *resultara inútil*." (Euclides da Cunha, *Os sertões*, p. 532) ⇨ Alguns gramáticos censuram esse espanholismo sintático e propõem se diga: 'Os esforços *foram* (ou *tornaram-se*) inúteis'. Mas, devido à sua força expressiva, tal emprego do v. *resultar* vem se impondo cada vez mais e não deve ser condenado.

resumir. [Do lat. *resumere*, retomar.] Eis as principais significações e regências deste verbo:
1. Fazer o resumo de, dizer em poucas palavras, condensar: *Resumiu-me* os acontecimentos do dia. / Li o conto e o *resumi* em algumas linhas.
2. Sintetizar: O livro desse autor *resume* as ideias dominantes na época.
3. Fazer consistir, reduzir, concentrar: Podemos *resumir* a doutrina cristã *a* uma só palavra: amor. / A criança *resume* o seu mundo *nos* brinquedos.
V. pron. 4. Consistir em, limitar-se a: Sua alimentação *se resume em* (ou *a*) um pouco de carne e legumes frescos. Minha tarefa *resumia-se em* (ou *a*) recolocar os livros nas estantes. / *Em* (ou *a*) que *se resume* a vida do missionário? / "Para eles o mundo *resumia-se àquela* fazenda e cercanias." (José Louzeiro, *O verão dos perseguidos*, p. 151) ⇨ Nessa última acepção, o complemento de *resumir-se* pode ser regido da prep. *a* ou *em*, indiferentemente.

reter. Conjuga-se como *ter*★. São formas que merecem atenção: ele retém, eles retêm; eu retinha, nós retínhamos, eles retinham; eu retive, tu retiveste, ele reteve, nós retivemos, vós retivestes, eles retiveram; eu retivera, tu retiveras, ele retivera, nós retivéramos, vós retivéreis, eles retiveram; se eu retivesse, se tu retivesses, se ele retivesse, se nós retivéssemos, se vós retivésseis, se eles retivessem; se eu retiver, se tu retiveres, se ele retiver, se nós retivermos, se vós retiverdes, se eles retiverem; retém tu, retenha você, retenhamos nós, retende vós, retenham vocês.

retificar. *V. t. d.* 1. Tornar reto: *retificar* um rio, uma estrada.
2. Corrigir, emendar: *retificar* uma declaração, uma notícia, um lapso, um juízo.
3. Recondicionar: *retificar* um motor.
Pron. 4. Corrigir-se, emendar-se: O locutor dera uma informação errada, mas logo depois *se retificou*.
⇨ Não confundir com *ratificar*★.

retratar¹. [De *retrato* + *-ar*.] 1. Fazer o retrato de, pintar: O pintor a *retratou* ainda solteira.
2. Espelhar, refletir: O lago *retratava* a lua cheia.
3. Descrever, apresentar, reproduzir: O livro *retrata* a sociedade carioca do início do século XX. / Seus biógrafos o *retratam* como um homem perdulário e bonachão.
4. Deixar transparecer, manifestar: O rosto dela *retratava* sua alma serena e forte.

retratar². [Do lat. *retractare*, puxar para trás; revogar.] Retirar (o que se disse), desdizer, fazer retratação: *Retratou* publicamente as acusações que fizera ao prefeito. / Os soberbos dificilmente *se retratam*. / *Retratou-se* das acusações que me fez.

retribuir. Quanto à grafia, veja *verbos terminados em -uir*.

Δ **retro-.** [Do lat. *retro*, para trás.] *Pref.* = movimento para trás, no espaço e no tempo: *retroativo, retroator, retrocessivo, retrocitado, retropropulsão, retroverter, retrovisor.* Cognatos: *retroagir, retroceder, retrógrado, retrospectiva, retrospecto,* etc.

Δ **reumato-.** [Do gr. *rhêuma, rhêumatos*, curso d'água, fluxo.] *El. de comp.* = 'corrente de um líquido', 'reumatismo': *reumatômetro, reumatologia, reumático* (dores reumáticas).

réveillon. *S.m.* Palavra francesa que se pronuncia *reveion* e que designa a festa com baile e ceia na noite que antecede o ano-novo. Como todo estrangeirismo não aportuguesado, deve ser escrito com tipo itálico (grifo).

rever. Conjuga-se como *ver*★, do qual deriva.

reverter. [Do lat. *revertere*, voltar, retornar.] Resumimos os significados e as regências deste verbo.
1. Voltar (ao ponto de partida ou ao que foi antes), regressar: O homem *reverterá* ao pó. / "Ao seu útero fecundo todos *reverteremos*." (Vivaldo Coaraci, *Cata-vento*, p. 233) / "... *revertendo* ao modo de viver de seus antepassados." (Viana Moog, *Bandeirantes e pioneiros*, p. 57)

2. Voltar (para a posse de alguém): O imóvel *reverteu* ao legítimo herdeiro.
3. Redundar em, destinar-se, converter-se: A renda do espetáculo *reverterá em* benefício dos flagelados. / "Se o rico, através de obras sociais, faz *reverter em* favor dos necessitados aquilo que lhe sobra, então se rejubila o coração de Cristo." (Ciro dos Anjos, *Montanha*, p. 385)
4. Mudar (neologismo): *reverter* uma situação. / "O Plano Real conseguiu *reverter* a expectativa inflacionária, nosso maior problema." (Marco Maciel, *JB*, 2/5/95) ➪ Neologismo semântico exaustivamente repetido pelos políticos e a imprensa, como se não houvesse outros sinônimos ou expressões equivalentes. É inadequado o uso de *reverter* nesta acepção, porquanto 'reverter uma situação' significa, propriamente, fazê-la voltar à que era antes, e não *mudá-la, invertê-la*. Monteiro Lobato escreveu exemplarmente: "E a coisa se perpetuará assim, se o Presidente da República não *inverter a situação*." (*O Escândalo do Petróleo*, p. 178) Cláudio Bojunga optou pela expressão correta, quando escreveu: "O economista viu que a intuição de Juscelino lhe dizia que ainda estava ao seu alcance *inverter a situação* e transformar o Nordeste num ponto alto de seu governo." (*JK, o artista do impossível*, p. 522)
revés. [Do lat. *reversus*, voltado, virado.] *S.m.* Reverso, avesso; *fig.* insucesso, infortúnio, desgraça. Pl.: *reveses(ê)*. ➪ Em livros e jornais deparamos frequentemente com a grafia errada *revezes*. A palavra não tem nada a ver com *vezes*.
revezar. [De *re-* + *vez* + *-ar*.] Substituir ou substituir-se alternadamente: Às 12 horas *revezavam*... as sentinelas. / Há muito que os dois partidos *se revezam* no poder. / O jogador reserva *revezará com* o titular. / É bom que *te reveces* com o teu sócio na chefia da empresa. ➪ A 2ª pessoa do sing. do pres. do subjuntivo, que aparece no exemplo final, é homônimo do subst. *reveses*, plural de *revés* (infortúnio).
revidar. Retribuir uma ofensa ou agressão com outra; replicar, rebater. 1. Pode-se dizer: *revidar os* (ou *aos*) golpes de alguém; *revidar os* (ou *aos*) tiros do inimigo; *revidar as* (ou *às*) ofensas recebidas; *revidar a* (ou *à*) crítica de fulano.
2. Exige objeto indireto de pessoa: Não *revidei ao* crítico porque detesto controvérsias. / Ofendido pelo jornalista, João *revidou-lhe* com veemência.
3. Usa-se também como verbo intransitivo: Não costuma *revidar*. / Fui insultado, mas não *revidei*. Cognato: *revide* (ato de revidar).

rezar. Além de *dizer* ou *fazer orações, orar*, este verbo pode significar: 1. Determinar, preceituar: O que *reza* a lei? A lei *reza* que o fabricante de um produto responde pelos eventuais danos causados ao consumidor.
2. Conter escrito, referir, mencionar: A carta *rezava* que o casamento fora adiado.
3. Tratar, falar, dizer: Dos gansos do Capitólio *reza* a história que, com os seus grasnidos, salvaram Roma do ataque dos gauleses. / Esse é um dos episódios mais curiosos de que *reza* a história. / "O nome do alferes, segundo *rezam* as páginas da história, era Rufino da Anunciação." (João Felício dos Santos, *A guerrilheira*, p. 112)
ricochetear. [De *ricochete* + *-ear*.] *V. i.* 1. Fazer ricochete (um projétil), isto é, saltar ou desviar-se, após o impacto: A bala bateu no poste e *ricocheteou*. / A pedra *ricocheteou* no muro e me atingiu. / "Somente as balas zuniam e davam estalidos *ricocheteando* nos paralelepípedos." (Menotti Del Picchia, *Salomé*, p. 42)
2. *Fig.* "Uma pilhéria *ricocheteava* nos quatro ângulos da mesa." (Adolfo Caminha, *A normalista*, p. 10) Variante: *ricochetar*.
ridicularizar. [De *ridículo*, por analogia com *familiarizar, particularizar* etc.] *V. t. d.* Tornar ridículo, escarnecer, zombar: Ele receia que os colegas *o ridicularizem*. ➪ Não nos parece que derive de *ridicularia* (coisa ou dito sem importância, ninharia), como ensinam os dicionários. A variante *ridiculizar*★ (de *ridículo* + *-izar*), embora mais bem formada, é de pouco uso: Os perversos *ridiculizam* a virtude. / "Costuma *ridiculizar* os menos cultos." (Aurélio)
ridiculizar. [De *ridículo* + *-izar*.] *V. t. d.* 1. Tornar ridículo, escarnecer, zombar: Solteirão debochado, ele *ridiculiza* o casamento. / "Os grandes empregos desacreditam e *ridiculizam* os pequenos homens." (Marquês de Maricá, *Máximas, pensamentos e reflexões do Marquês de Maricá*, p. 65, ed. 1958) / "Quer censurar-me, e o que faz é renegar os seus modelos, *ridiculizar* os ídolos de sua admiração..." (José de Alencar, apud Alexei Bueno, *Duelos no serpentário*, p. 254) *Pron.* 2. Tornar-se merecedor de escárnio, tornar-se ridículo: "Pessoa velhusca, *ridiculiza-se* trajando como jovem." (Aurélio) Veja *ridicularizar*.
rim. Adj. relativo aos rins: renal (doenças *renais*): A *nefrologia* é a parte da Medicina que estuda as doenças *renais*.
△ **rino-, -rino.** [Do gr. *rhis, rhinós,* nariz.] *El. de comp.* = 'nariz': *rinite, rinoplastia, rinofaringe,*

otorrino (red. de *otorrinolaringologista*). Cognatos: *rinoceronte* (animal com chifre no nariz), *platirrino* (que tem o nariz achatado).

rio. Adj. relativo a rio: *fluvial* (navegação *fluvial*).

rir. *Conjugação*. *Ind. pres.*: rio, ris, ri, rimos, rides, riem. *Subj. pres.*: ria, rias, ria, riamos, riais, riam. *Pret. imperf.*: risse, risses, risse, ríssemos, rísseis, rissem. *Imperat. afirm.*: ri, ria, riamos, ride, riam. *Part.*: rido. ⇨ Distinguir *ríamos* (pret. imperf. do ind.) de *riamos* (pres. do subj.).

risco de vida. Veja *correr risco de vida*.

rivalizar. [De *rival* + *-izar*.] Ser rival de; procurar igualar ou exceder, competir. Este verbo não é pronominal. Portanto, deve-se dizer: O japonês *rivaliza* (e não *se rivaliza*) com o americano em tecnologia. / As duas modelos *rivalizavam* em beleza e inteligência. / Nenhum atleta *rivaliza* com esse lutador, em força e elasticidade.

Δ **rizo-.** [Do gr. *rhíza*, raiz.] El. de comp. = 'raiz': *rizófilo, rizotônico, arrizotônico, rizófago*.

robe. [Do fr. *robe*, vestido, veste, roupa.] S.m. Roupão: "Ela se levantou, vestiu um *robe* e desceu ao andar inferior." (Dias Gomes, *Decadência*, p. 165) ⇨ Redução de *robe de chambre* (literalmente, *veste de quarto, roupa de aposento*). Diz-se também *chambre*. Um e outro são galicismos incorporados ao nosso léxico. Prefira-se *roupão*.

rocha. Adj. relativo a rocha: *rupestre* (inscrições *rupestres*). Veja *rupi-*.

Δ **rodo-¹.** [Do gr. *rhódon*, rosa.] El. de comp. = 'rosa': *rodologia, rodomel, rodolita, rodóptero*. Veja o verbete seguinte.

Δ **rodo-².** [De *roda*.] El. de comp. = 'roda': *rodovia, rodoviária, rodoviário, rodomoça, rodoferroviário*.

rola (ô). Adj. relativo a rola: *turturino*.

romance. Adj. relativos a romance: *romântico, romanesco* (escritor *romântico*; aventura *romanesca*).

Romênia. País da Europa oriental. Em romeno, *România*. Em português, *România* designa a área geográfica onde se falam as línguas românicas ou neolatinas.

romper. [Do lat. *rumpere*.] Além de *quebrar(-se)*, *rasgar(-se)*, este verbo tem outros significados bem diversos. Destacamos os principais:
1. Interromper, quebrar (fig.): Um estrondo *rompeu* o silêncio.
2. Transgredir, violar; desfazer: *romper* um acordo, um contrato, uma trégua.
3. Atacar, investir com, arrojar-se contra: *romper contra* o inimigo.
4. Cortar relações; separar-se: A moça *rompeu com* João. / *Rompi com* velhos hábitos, *com* a tradição, *com* o passado.
5. Sair com ímpeto, jorrar, irromper: A água *rompeu* do solo. / Do meio do povo *romperam* vivas e aclamações.
6. Entrar com ímpeto: Os policiais *romperam pelo* casario.
7. Despontar, surgir; começar: *Rompem* as flores nos campos. / *Rompe* a aurora. / No salão *rompeu* a música.
8. Começar subitamente, prorromper: Ela *rompeu a chorar*. / Os meninos *romperam a correr* pelo parque. / Os ouvintes *rompiam em vaias*. / O orador *rompeu em objurgatórias* contra o governo.

roqueiro. [De *roca* (*rocha*) + *-eiro*.] Adj. Relativo a roca (rocha); construído sobre rochas: "Este solar era um antigo casarão dominando o panorama, como um solene castelo *roqueiro*." (Menotti Del Picchia, *Salomé*, p. 135) Cognatos: *derrocar* (derrubar, destruir), *derrocada* (destruição, ruína). ⇨ Homônimo de *roqueiro*, instrumentalista ou cantor de *rock* (ou *roque*).

Roraima. No português do Brasil, em geral se nasaliza o ditongo *ai*, quando seguido de sílaba que começa por *m* ou *n*, em palavras como: *Roraima* (Rorãima), *andaime* (ãi), *paina* (ãi) etc. Mas não é pronúncia incorreta proferir *Roraima* (ái), *Jaime, andaime, paina*, etc., sem nasalar o ditongo, como em *gaita*.
O dicionário Houaiss, no verbete *roraimense*, consigna as duas pronúncias: *Roráima* e *Rorãima*.

rótula. Adj. relativo à rótula dos joelhos: *rotuliano* (reflexo *rotuliano*).

roubar. Na conjugação deste verbo o ditongo *ou* deve soar como em *ouro*. Pronuncie-se, portanto: eu *roubo* (e não *róbo*), ele *rouba* (e não *róba*), eles *roubam* (e não *róbam*), não *roube*, não *roubem*.

rubrica. Palavra paroxítona. Pronuncia-se *rubríca* e não *rúbrica*.

ruço, russo. 1. *Ruço*. Pardacento, castanho-claro; nevoeiro espesso, neblina densa.
2. *Russo*. Relativo à Rússia, da Rússia; indivíduo natural da Rússia.

ruim. [Derivado de *ruína*.] Adj. Sem préstimo, inútil; nocivo, mau. Pronuncia-se *ru-ím* e não *rúim*.

Δ **rupi-.** [Do lat. *rupes*, rocha, rochedo.] El. de comp.= 'rocha': *rupícola* (que vive sobre rochedos: répteis *rupícolas*), *rupestre* (relativo a rocha: habitação *rupestre*, desenhos *rupestres*).

Δ **ruri-.** [Do lat. *rus, ruris*, campo.] El. de comp. = 'campo': *rurícola*. Cognatos: *rural, ruralismo, ruralista, rurografia, ruralizar, rústico*.

sabão. Adj. relativo a sabão: *saponáceo*.
saber. [Do lat. *sapere*, ter gosto.] Além de *conhecer*, este verbo significa *ter sabor*, como nas frases: Dizem que o vinho quanto mais velho mais *sabe*. / A comida não lhe *sabia* bem. / Provei a bebida: *sabia* a morango. / "A mais rara das iguarias não *sabe* bem ao palato que lhe desconhece a origem ou que com ela não se identifica." (Maria José de Queirós, *A literatura e o gozo impuro da comida*, p. 210) Veja *saber a.*
saber a. 1. Ter o sabor de: A bebida *sabia a* maçã. / Carne de capivara *sabe a* peixe.
2. Dar a impressão de: "Aquilo *sabia-me a* lisonja e fez-me sorrir." (Fernando Namora, *Domingo à Tarde*, p. 55) Também se diz *cheirar a*: "Este negócio *cheira a* tramoia." (Aurélio)
saber de. 1. Ter conhecimento, notícia, informação, acerca de algo: Poucos *souberam da* passagem dele pelo Rio. / Lê os jornais e *sabe de* tudo o que acontece no mundo. / Ela não *sabe de* nada. / Quis *saber da* saúde de sua irmã. / Sei *de* um bom lugar para morar. / Se eu *soubesse disso*, não teria ido. / Que *sabemos* nós *da* outra vida? / "Mas ninguém *deve saber desse* segredo, Napoleão." (José Lins do Rego, *Água--Mãe*, cap.VII) ⇨ Se o complemento de *saber* é uma oração, não se usa a prep. *de*: Sabemos que ele nasceu pobre. / Ninguém *sabe* se há seres extraterrestres.
2. Ser competente em, entender de (ofício, arte, ciência etc.): É bom marceneiro, *sabe do* seu ofício. / *Soubesse* ele *de* sua arte, e não teria feito um quadro tão feio.

3. Ter a certeza, certificar-se: Quero *saber de* ti se me amas deveras.
4. Observar a diferença semântica entre 'não saber nada' e 'não saber de nada'; 'saber tudo' e 'saber de tudo':Vivem na cidade, não *sabem nada* de agricultura. / A notícia nos pegou de surpresa, não *sabíamos de nada*. / Em ciência, o sábio não *sabe tudo*; apenas pode dizer que *sabe de tudo*.
5. Pode-se dizer 'saber isso' ou 'saber disso': É proibido dirigir alcoolizado: o senhor *sabe disso*. / "O Tejo entra no mar em Portugal.Toda a gente *sabe isso*." (Fernando Pessoa) / "Que diria o pai se *soubesse disso*?" (Carlos Drummond de Andrade)
sábio. Superlativo abs. sint.: *sapientíssimo*.
sacar. 1. Na acepção de 'tirar ou puxar bruscamente', diz-se 'sacar a espada', 'sacar o revólver' ou, com ênfase, 'sacar *da* espada', 'sacar *do* revólver': O policial *sacou da* arma e atirou no bandido. ⇨ A prep. *de* sugere que a arma foi sacada para utilizá-la.Veja *puxar*.
2. Comercialmente, *sacar* = fazer saques, emitir ordem de pagamento: *sacar* a descoberto (sacar sem ter fundos); *sacar contra* um banco onde se possuem fundos (provisão em dinheiro); *sacar contra* (ou *sobre*) um devedor.
Δ **sacari-, sacaro-.** [Do lat. *saccharum*, açúcar.] El. de comp. = 'açúcar': *sacarífero, sacarino, sacarose, sacarologia*.
sacratíssimo. [Do lat. *sacratissimus*.] Superlativo de *sagrado*.
sacristão. S.m. Homem que arruma e guarda a sacristia e a igreja, ajuda a missa etc. Pl.: *sacristãos* e *sacristães*. *Sancristão* é forma errada.

safári. [Do ingl. *safari* < do suaili (língua africana) *safari* < do árabe *safar*.] *S.m.* Expedição de caça de animais de grande porte, principalmente na África: "Pois lhe digo, não serei guia de tal *safári*". (Edilberto Coutinho, *Piguara*, p. 194) ⇨ A pronúncia generalizada *safári* se explica por influência do inglês. Mais conforme com a nossa língua seria a forma oxítona, registrada pelo *Dicionário Brasileiro da Língua Portuguesa*, Melhoramentos, 1975, e usada pelo brilhante escritor pernambucano Potiguar Matos numa de suas crônicas: "Caça-se a Nação num *safari* de apetites pequenos." (*A face na chuva*, p. 54) A forma oxítona aparece também em *O caçador de tatu*, p. 110, de Raquel de Queirós: "A Amazônia não é só tema folclórico, ou campo de caça para *safaris*."

saída. [De *sair* + *-ida*.] *S.f.* Peça de vestuário usada para ir e sair de certos lugares, como praia, piscina, banho, etc. *Saída de banho* e *saída de praia* grafam-se sem hífen. Pl.: *saídas de banho*, *saídas de praia*. ⇨ Nesta acepção, *saída* é um brasileirismo.

sair a alguém. Ser igual a um ascendente nas feições, no temperamento, ns atitudes; puxar a: Ela *saiu à mãe*, é séria e metódica. / "Conhecia os seus filhos, eram todos assim, *haviam saído ao pai*." (Jorge Amado, *Seara Vermelha*, p. 102)

sair para fora. Pleonasmo vicioso, isto é, expressão redundante que deve ser evitada, ainda que abonada por Antônio Pereira de Figueiredo na sua tradução da Bíblia: "Tenho dito essas palavras, Jesus bradou em alta voz: Lázaro, *sai para fora*." (João, 11, 43) Camilo Castelo Branco, em *O santo da montanha*, cap. XXXIV, usou a variante *sair fora*: "Um dia, frei Antônio de Cristo *saiu fora* [do templo], levantou-o pelo braço e disse-lhe: — Entra." Há gramáticos que subscrevem a redundância se a expressão em apreço vier acompanhada do lugar de onde se sai. Segundo eles, são lícitas construções como: Lázaro, *sai para fora do túmulo*. / Homens bitolados, criticam tudo que *sai fora da esfera comum*. / Quando ele se embriaga, *sai fora dos eixos*.

salamaleque. [Do árabe (*as*)-*salam-alaik*, 'a paz seja contigo'.] Saudação entre os turcos; cumprimento exagerado, afetado; rapapé, zumbaia: "Passados os *salamaleques* iniciais, os países presentes à Hábitat-2 já começaram a disputa em torno de cargos." (Renato Aizenman, *JB*, 6/6/96) / "Mal entrei no salão, depois de *salamaleques* para a direita, *salamaleques* para a esquerda, pôs-se-me com perguntas." (Aquilino Ribeiro, *Mônica*, p. 25) ⇨ Não existe a forma *salameleque*.

salário-família. *S.m.* Pl.: *salários-família* e *salários-famílias*. É preferível a primeira forma.

salário-maternidade. Pl.: *salários-maternidade*.

salário mínimo. *S.m.* Remuneração mínima do trabalhador, fixada por lei. Grafa-se sem hífen. *Salário-mínimo* (com hífen) designa o trabalhador que ganha esse salário e, por extensão, o trabalhador mal remunerado.

salpicar. [De *sal* + *picar*.] *V. t. d.* 1. Salgar espalhando sal ou gotas salgadas: *salpicar* a carne; *salpicar* a salada. 2. Lançar salpicos ou pingos em, manchar: O caminhão *salpicou-o* de lama. / Um carro passou veloz, *salpicando-lhe* a roupa nova de lama. 3. Entremear: O orador *salpicou* o seu discurso de citações latinas. / Certos cronistas sociais *salpicam* de estrangeirismos os seus escritos. ⇨ Nessas frases, *salpicar* se apresenta com sentido figurado.

salubérrimo. [Do lat. *saluberrimus*.] *Adj.* Superlativo absoluto de *salubre* (benéfico à saúde): "Rezam os meus livros que as *salubérrimas* águas desta fonte perdida tinham a propriedade oculta de engordar as cavalgaduras." (Camilo Castelo Branco, *A queda dum anjo*, p. 32) A forma vernácula é *salubríssimo*.

salvado, salvo. 1. Emprega-se o particípio regular *salvado* com os verbos *ter* e *haver* nos tempos compostos da voz ativa: O bombeiro *tinha* (ou *havia*) *salvado* muitas vidas. / Agradeceu a seu anjo por o *haver* (ou *ter*) *salvado* da morte. / Banhistas *haviam salvado* a mulher. 2. O particípio irregular *salvo* se usa com o verbo *ser*, na voz passiva: O menino *foi salvo* pelo pai. / Elas *foram salvas* do incêndio pelos bombeiros. / Por quem *teriam eles sido salvos*? ⇨ Cabe observar que a forma *salvo*, por ser mais concisa, como é o caso de *ganho*, *gasto* e *pago*, é também usada na voz ativa, em vez de *salvado*. Em bons escritores, não faltam exemplos desse uso: "Podia *ter salvo* a rapariga." (Érico Veríssimo) / "Um dos rapazes que o *havia salvo* era um latagão simpático." (Antonio Callado, *A madona de cedro*, p. 11) / "A palmeira salvou-o desse nome vulgar, como parece *ter salvo* as personagens de Alencar." (Agripino Grieco, *Gralhas e pavões*, p. 34) / "Meu pai ganhou uma medalha de ouro por *haver salvo* duas crianci-

nhas num incêndio de um mocambo no Recife." (Austregésilo de Ataíde, *Vana verba*, p. 220)
3. *Salvo* pode ser também: a) adjetivo: Felizmente, o pobre menino estava *salvo*. / *Salvos* do ataque dos silvícolas, prosseguimos rio acima. / Todas estavam *salvas*. / Colocamos no viveiro as aves *salvas* do incêndio; b) palavra denotativa de exclusão, equivalente de *menos, exceto*: *Salvo* Joana, todas as alunas eram pobres. / Não faltava mais nada, *salvo* comprar as passagens. / Todos os operários sabiam ler, *salvo* dois. / Os atletas, *salvo* raríssimas exceções, não costumam fumar. ⇨ Em autores clássicos, encontra-se, neste caso, *salva(s)*; na língua atual, porém, se usa *salvo*, invariável: *salvo* honrosas exceções; *salvo* melhor interpretação; *salvo* a hipótese de; etc.
salve-rainha. *S.f.* Oração dirigida à Virgem Maria, e que começa por essas duas palavras. Exemplo: Rezava a *salve-rainha* todas as noites. Pl.: *salve-rainhas*.
salvo. Palavra denotativa de exclusão, equivalente de *menos, exceto*: Nunca faltou às aulas, *salvo* em caso de doença. / "...amor contemplativo, como ela o sentira e escondera sempre de todos, *salvo* de seu pai." (Camilo Castelo Branco, *Amor de salvação*, p. 130) ⇨ Não é incorreto pospor preposição a *salvo, exceto* e *menos*. Veja *exceto*. Veja também *salvado, salvo*.
sanção. [Do lat. *santione*.] *S.f.* 1. Aprovação de uma lei pelo chefe do Poder Executivo ou por uma autoridade: Uma lei só entra em vigor após *sanção* do Presidente da República. / O projeto de reforma ortográfica ainda não recebera a *sanção* da Academia.
2. Aprovação, ratificação: Há neologismos que ainda não têm a *sanção* dos gramáticos. / Esse estrangeirismo ainda não recebeu a *sanção* do uso.
3. Pena, punição: Compete ao Tribunal de Contas da União aplicar *sanções* aos que malversam o dinheiro público. / Para cada delito o Código Penal prevê uma *sanção*.
⇨ Distinguir de *Sansão*, personagem bíblico, e de *sansão*, homem de extraordinária força física.
sanar, sanear. Ambas as formas significam *tornar são* (lat. *sanus*), mas não se pode usar uma pela outra. Diz-se, por exemplo, *sanar* um doente, um mal, um erro, um equívoco, um problema, uma dificuldade, um defeito: "A panaceia era uma erva a que se atribuía a miraculosa eficácia de *sanar* todos os males de qualquer natureza que fossem." (Mário Barreto, *Novos estudos*, p. 309)
Quanto a *sanear*, a que corresponde o subst. *saneamento*, se diz: *sanear* uma região insalubre, um pântano; *sanear* as finanças de um país, a administração pública, as contas de uma empresa. / "Ciência e preconceito se confundiam nas ideias dos médicos pioneiros que tentavam *sanear* o Rio de Janeiro do tempo de D. Pedro II." (Moacyr Scliar, *Ideias, JB*, 12/10/96)
sanguinário. É facultativo pronunciar a vogal *u* deste substantivo e também o de sanguíneo. Há oscilação quanto à pronúncia do *u* dos vocábulos derivados do lat. *sanguis, sanguinis* ou formados sobre o vernáculo *sangue*. Damos as seguintes normas: a) nos iniciados por *sangue-* ou *sangui-*, o *u* é mudo: *sanguessuga, sanguejante, sanguejar, sanguissedento, sanguificar, sanguífero*; b) nos que começam com o radical latino *sanguin-*, é facultativa ou livre a pronúncia do *u*, que podia, por isso, ser ou não tremado: *sanguíneo* / *sanguineo, sanguinoso* / *sanguinoso, sanguinário* / *sanguinario, sanguinolência* / *sanguinolencia, sanguinolento* / *sanguinolento*; c) o *u* se pronuncia e, portanto, se tremava no adjetivo *sanguento* e nas palavras que não começam com s: *consanguíneo, consanguinidade, ensanguentar*.
Santa Sé. A Igreja Romana, o governo pontifício, o Vaticano: "Mais de 140 países mantêm relações diplomáticas com a *Santa Sé*." (Dom Eugênio Sales, *JB*, 3/7/93)
santo, são. 1. Emprega-se *santo* antes de nomes iniciados por vogal ou *h*: *Santo Antônio, Santo Hilário*. Há exceções (Santo Tomás de Aquino, Santo Tirso, etc.) nem sempre seguidas, como vemos nestes versos de Paulo Mendes Campos: "Na Igreja de São Tomás de Aquino / Meu bom Apollinaire se casou..." (*Poemas*, p. 143)
2. Antes de nomes iniciados por consoante, usa-se a forma *são*: *São Francisco, São José*.
3. O aumentativo *santarrão* é depreciativo. Aplica-se a um falso devoto, ao que finge santidade: "O *santarrão* do Tadeu recusaria tal posto, em circunstâncias análogas?" (Ciro dos Anjos, *Montanha*, p. 15)
Δ **sapro-.** [Do gr. *saprós*, podre.] El. de comp. = 'podre', 'em decomposição': *sapróbio, saprobiose, saprófago, saprófito*. Veja *putre-*.
Δ **sarco-.** [Do gr. *sarx, sarkós*, carne.] El. de comp. = 'carne': *sarcófago, sarcolema, sarcoma*.
satélite. Funciona como adjetivo nas expressões: *país-satélite, cidade-satélite, via-satélite*. ⇨

Quanto ao uso do hífen e à formação do plural desses substantivos compostos, veja o verbete *piloto*.

satisfazer. Em geral, admite objeto indireto ou direto, indiferentemente: A explicação do depoente não *satisfez à* (ou *a*) comissão de inquérito. / A explicação do professor não *o* (ou não *lhe*) satisfez. / A produção de milho *satisfaz ao* (ou *o*) consumo interno. / Os projetos não *lhe* (ou não *o*) *satisfizeram*. / Tão escassa comida não *satisfaria aqueles* (ou *àqueles*) famintos. / É preciso *satisfazer as* (ou *às*) necessidades do corpo e do espírito. / Parece que tanta suntuosidade não *satisfazia às* (ou *as*) exigências dele. / Nossos desejos, quem *os satisfará* plenamente? / A mãe *satisfazia-o* em tudo. / "Não *o satisfazem* afirmações, exige provas." (Augusto Magne, *Princípios elementares de literatura*, p. 139) / "Creio que é possível *satisfazer à* curiosidade do maior número..." (João Ribeiro, *Curiosidades verbais*, p. 136) / "Ele se comprazia em *satisfazer a* minha infinita curiosidade." (Ciro dos Anjos, *Explorações no tempo*, p. 192)

Usado pronominalmente, admite as preposições *em* e *com*, antes de infinitivos: "*Satisfazia-me*, pois, *com* ouvir as histórias de Quinco e *em* compartilhar da afeição de Ventania." (Ciro dos Anjos, *ib.*, p. 137) ⇨ Conjuga-se como *fazer*★.

sátrapa. *S.m.* Governador de província na Pérsia antiga; homem poderoso, senhor despótico.
⇨ É palavra proparoxítona.

saudar. Nas formas rizotônicas deste verbo o acento tônico incide na vogal *u*: *saúdo* (e não *saudo*), *saúdas*, *saúda*, *saúdam*; *saúde*, *saúdes*, *saúde*, *saúdem*.

sax (cs). *S.m.* Forma reduzida de *saxofone*. Pl.: *sax* ou *saxes*.

saxão (cs). [Do lat. *saxo, saxonis*.] *S.m.* 1. Indivíduo dos saxões, antigo povo germânico que habitava a Saxônia, no norte da atual Alemanha. Os saxões que invadiram a Inglaterra no sec. V e lá se fixaram deram origem aos *anglo-saxões*.
|| *Adj.* 2. Relativo aos saxões ou saxônios: soldado *saxão*. Sinônimo: *saxônio* (soldado *saxônio*; tribos *saxônias*; raça *saxônia*.)

sazonar. [De *sazão* + *-ar*.] Amadurecer, tornar(-se) maduro: O sol *sazona* os frutos. / "Pelos pomares, a fruta *sazonava*, derreando os galhos." (Coelho Neto, *Obra seleta*, p. 578)

se (*pronome*) (*funções*). O pronome *se* pode aparecer na frase como:

1) *pronome apassivador*. Junta-se a verbos transitivos para formar a voz passiva sintética: *Organizou-se* o campeonato. / *Vendem-se* plantas ornamentais. / *Construir-se-ão* casas populares. Veja o verbete *se* (*pronome apassivador*).

2) *índice de indeterminação do sujeito*: Aqui *se vive* em paz. / *Precisa-se* de bons técnicos. Veja *se* (*índice de indeterminação do sujeito*).

3) *pronome reflexivo*, com a função sintática de objeto direto de verbos reflexivos: Se você está doente, *trate-se*. / Os dois homens *cumprimentaram-se* friamente. [Um cumprimentou o outro.]

4) *pronome reflexivo*, com a função de objeto indireto: Ela *impôs-se* uma dieta severíssima. [se = *a si mesma*]

5) *parte integrante de verbos pronominais*: O novato *queixou-se* ao diretor. / Não *se afaste* daqui, meu filho. / *Esqueceram-se* de nós?

6) *palavra expletiva ou de realce*, com função enfática: "*Vai-se* a primeira pomba despertada..." (Raimundo Correia) / "O auditório *riu-se* ao ouvir tantas afirmações tolas." (Aurélio) Veja *expletivo*.

se (*pronome apassivador*). 1. Na construção passiva formada com verbo transitivo e o pronome *se*, o verbo concorda normalmente com o sujeito: *Alugou-se* a casa. / *Alugaram-se* as casas. / *Consertam-se* televisores. / *Ouviam-se* gritos de crianças. / Com esse dinheiro, *construir-se-iam* bons hospitais. / É necessário que *se contratem* novos funcionários. / Ainda *se viam* ali árvores frutíferas. / "Um dos professores sugeriu, ao *se discutirem* os programas, a ideia do ensino integral da Zoologia, tanto aos alunos como às alunas da Escola Normal." (Carlos de Laet, *O frade estrangeiro*, p. 152) / "Todas as greves *se têm resolvido* rapidamente e pacificamente." (Ramalho Ortigão, *A Holanda*, p. 263) / "Que razões ponderáveis *se hão de invocar* para excetuar a autonomia holandesa do princípio filosófico da grande unidade germânica?" (Ramalho Ortigão, *ib.*, p. 341)

Os sujeitos dessas frases são os substantivos *casa, casas, televisores, gritos, hospitais, funcionários, árvores, programas, greves* e *razões*. Na forma passiva analítica (verbo *ser* + particípio), tais frases correspondem a: A casa *foi alugada*. / As casas *foram alugadas*. / Televisores *são consertados*. / *Eram ouvidos* gritos de crianças, etc.

Na seguinte frase de um Ministro do Trabalho, o verbo deve estar no plural: "*Está-se*

considerando também outras propostas." (*JB*, 13/1/2000) Na forma passiva analítica, a frase equivale a: *Estão sendo consideradas* também outras propostas. O sujeito, em ambas as construções, é *propostas* (plural). Deve-se observar, porém, que o ministro, que estava sendo entrevistado por um repórter, utilizou uma concordância própria da linguagem informal, da fala do povo, na qual são correntes frases como: *Está* se vendendo muitas bugigangas nas ruas. / *Via-se*, ao longe, as luzes da cidade. / *Joga-se* as latas no lixo.
Joelmir Beting escreveu exemplarmente, de acordo com a norma culta: "Ocorre que não *se estão discutindo* barreiras comerciais mútuas dos Estados Unidos com o Japão nem com a União Europeia." (*O Globo*, 7/4/2002) Ferindo a norma culta, outro jornalista escreveu: "Maciel acredita que, estabelecida uma disciplina para a atividade de *lobby*, *estará se criando* condições para punir os grupos de pressão que cometerem excessos." (*O Globo*, 21/2/2003)
2. Verbo transitivo indireto fica no singular: "Por que não *se responde* a essas cartas?" Neste caso, o *se* não é pronome apassivador, mas índice de indeterminação do sujeito. Num editorial de um jornal lia-se: "Assim, cresce sem parar a cidade ilegal [= favelas do Rio], sempre a avançar sobre a cidade formal, onde se pagam impostos, *obedecem-se* a normas e a regras." Correção: "... onde se pagam impostos e *se obedece* a normas e regras."
3. Nas locuções verbais formadas com os versos auxiliares *dever* e *poder*, estes é que concordam com o sujeito: *Devem-se* preservar as matas. / Não *se podiam* tolerar esses abusos.
Todavia, é lícito considerar como sujeito a oração iniciada pelo infinitivo e, nesse caso, não há locução verbal e os verbos *dever* e *poder* concordarão no singular: *Deve-se* preservar as matas (sujeito: *preservar as matas*). Não *se podia* tolerar esses abusos (sujeito: *tolerar esses abusos*). De acordo com a interpretação que se julgar melhor, pode-se, portanto, construir: Ali não se *podem* (ou *pode*) fixar cartazes. / Quando se faz um contrato, *devem-se* (ou *deve-se*) respeitar todas as suas cláusulas.
4. São corretas, a nosso ver, frases como as seguintes, nas quais se pode subentender o verbo infinitivo: "Estudo do Ministério da Saúde aponta recrudescimento de várias doenças que *se imaginava* sob controle." (Teodomiro Braga,

JB, 29/6/94) [= que se imaginava *estarem* sob controle.] / Vimos espécies de animais que *se supunha* em extinção [= que se supunha *estarem* em extinção]. / Jogavam fora objetos que *se dizia* de nenhuma utilidade [= que se dizia *serem* de nenhuma utilidade].
5. Nas frases seguintes, não há locução verbal; o sujeito é uma oração infinitiva. Por isso, o primeiro verbo concorda obrigatoriamente no singular: Não *se conseguiu* reduzir os gastos (= Reduzir os gastos não *foi conseguido*). / *Pretendia-se* comprar as terras vizinhas. / *Tentou-se* desviar as águas do rio. / *Deve-se* recorrer a outros métodos. / *Pode-se* assistir a vários espetáculos. / Se *se quiser* vencer os males, é preciso combatê-los. / "A casa é grande; mas *tem-se visto* acabarem casas maiores." (Camilo Castelo Branco, *A queda dum anjo*, p. 148)
Pluralizar o verbo neste caso é desconhecer a estrutura sintática da frase. Um exemplo extraído de um editorial: "Mesmo que *se queiram* mudar os fundamentos da economia nacional, eles estão acorrentados a compromissos financeiros e metas orçamentárias que se estenderão até 2005." (*JB*, 16/5/2002) A concordância correta é "Mesmo que *se queira* mudar os fundamentos...", porque o sujeito de *se queira* não é *fundamentos*, mas a oração infinitiva "mudar os fundamentos".
6. Com o verbo *ver*, a concordância pode ser feita de dois modos: "*Viam-se* pessoas *passar* aflitas" ou "*Via-se* pessoas *passarem* aflitas" / "*Viram-se* destroços do avião *cair* no mar" ou "*Viu-se* destroços do avião *caírem* no mar".

se (*índice de indeterminação do sujeito*). Em orações como 'Detesta-se aos aduladores', 'Precisa-se de marceneiros', o sujeito é indeterminado: o pronome *se* torna indefinido o agente da ação verbal. Nesse caso, o verbo concorda obrigatoriamente na 3ª pessoa do singular. Outros exemplos: *Trata-se* de fenômenos desconhecidos. / Que *se acabe* com esses abusos! / *Respondeu-se* a todas as cartas. / *Recorreu-se* a vários especialistas. / Raro é o dia em que não *se assiste* a essas tristes cenas. / "Sem rebuço eram criticados os atos do governo que mereciam censura; mas nunca *se usou* de nojentas diatribes contra os governantes." (Carlos de Laet, *O frade estrangeiro*, p. 162) / "Muito *se lucra* quando *se é* honrado!" (Camilo Castelo Branco, *apud* Mário Barreto, *Através do dicionário e da gramática*, p. 152) / "Cheguei a uma idade em que *se é* indiferente a tudo." (Mário Barreto, *ib.*, p. 152)

se (*elíptico*). Numa sequência de verbos pronominais coordenados e com o mesmo sujeito, é lícito omitir o pronome *se* após o primeiro verbo: "Onde hoje *se aglomera* e *adensa* o casario, espraiava-se a vastidão dos espaços vazios." (Vivaldo Coaraci, *Todos contam sua vida*, p. 29) [e *adensa* = e *se adensa*].
Repete-se, porém, o pronome *se* quando posposto aos verbos coordenados: Os dois amigos *abraçaram-se* e *despediram-se* comovidos.

se (*pronome supérfluo*). Fora os casos expostos nos verbetes anteriores, o pronome *se* é supérfluo e deve ser evitado. Exs.: Antes de *tomar-se* um remédio, convém ler a bula. / É necessário *colher-se* a uva na época certa. / Por que *alargar-se* excessivamente aquela rua? / Não é difícil *chegar-se* ao cume do monte. / É impossível *relatar-se* esses fatos sem ficar comovido. / É proibido *fixar-se* cartazes nos muros. / É erro *acentuar-se* a palavra *pessoa*. / São difíceis de *traduzir-se* os livros desse escritor. / Não é preciso muito talento para *responder-se* a essas perguntas. / O hábito de não *se parar* nos sinais luminosos. / A tarefa de *se fazer* previsões sobre a economia brasileira... / Ao *entrar-se* em cavernas, prestar atenção a tudo. / É imperativo do momento *vigiar-se* as fronteiras do Brasil. / Daí a urgência de *demarcar-se* os terrenos. É comum atrelar a verbos infinitivos este *se* inútil, sem função alguma. Releiam-se as frases acima, sem ele, e constatar-se-á que não faz falta. Para não cair em equívocos, é fundamental conhecer e distinguir as diversas funções do pronome *se* estudadas nos verbetes anteriores.
A última frase dos exemplos acima é duplamente defeituosa, porque, além do pronome *se* supérfluo, o verbo *demarcar* está no singular. Para torná-la escorreita, temos duas opções: a) Suprimir o pronome *se*: "Daí a urgência de *demarcar* os terrenos." b) Usar o verbo na voz passiva pronominal: "Daí a urgência de *se demarcarem* os terrenos." O político e escritor Roberto Campos, na p. 415 de sua obra *Na virada do milênio*, preferiu a segunda opção: "Não há forma alguma, no Estado contemporâneo, de *se conterem* decisivamente as despesas governamentais." O escritor poderia ter adotado a opção a): "Não há forma alguma... de *conter* decisivamente as despesas governamentais." Veja *se* (*pronome apassivador*).

se (*conjunção subordinativa*). 1. Liga e subordina uma oração a outra. Pode ser: a) subordinativa condicional, quando inicia oração que exprime condição ou hipótese: *Se* houver acordo, o projeto será votado. / Ficaremos tristes, *se* você não vier; b) subordinativa integrante, quando inicia oração que funciona como objeto direto ou sujeito de outra: Perguntei *se* a água era limpa. / Não se sabia *se* a água era limpa.
2. Às vezes a conj. *se* ocorre com o valor aproximado de *visto que*, imprimindo ideia de causa à oração que funciona como ponto de partida de um raciocínio: *Se a alimentação é uma necessidade básica*, cumpre incentivar a agricultura.
3. É frequente a elipse da conj. *se* antes de oração condicional: *Não fosse a perícia do piloto*, todos teriam perecido. / "*Escrevesse eu esses livros* e estaria rico." (Autran Dourado)
4. Antes de oração exclamativa, a conj. *se* enfatiza a afirmação: "Para que dizer que eu não pratiquei safadezas? *Se eu as pratiquei!*" (Graciliano Ramos, *Angústia*, p. 44)

se o, se a, se os, se as. São sequências pronominais condenadas. Encontram-se com frequência em frases como: O quadro ficou exposto muito tempo, mas não *se o* vendeu. / A vida fica mais leve, quando *se a* encara com fé e amor. / Se esses livros são medíocres, por que *se os* compram? / Há estrelas tão distantes que não *se as* enxergam. / Remédios? É preciso andar muito para *se os* encontrarem por aqui. Para que essas frases fiquem corretas, basta eliminar os pronomes oblíquos *o, a, os, as*, e construir: '... mas não se vendeu' ou 'mas não foi vendido' / '... quando se encara' ou 'quando encarada', ou ainda, 'quando a encaramos' / '... por que se compram?' ou 'por que são comprados?' / '... que não se enxergam'. / "Essas cousas nunca *se sabiam*, e era preferível não *se saberem*." (Eça de Queirós, *Os Maias*, I, p. 163) / "Remédios? *É difícil de se encontrar* por aqui." (Ana Miranda, *O retrato do rei*, p. 268) [A última frase também poderia ser redigida assim: 'Remédios? É difícil *encontrá-los* por aqui.']
Às vezes, sem o pronome *o* (ou *a*), a frase fica ambígua, como neste passo de um escritor moderno: "Nada importa o Imperador. Depois, um dia, *mete-se-o* num belo barco e *manda-se-o* à Europa, a ver touradas ou o papa." Eliminando-se o pronome *o*, pode-se entender que é o Imperador que *se mete* no barco e *se manda* (= vai, parte) para a Europa. Em casos

assim, para salvar a gramática e a clareza da expressão, molda-se a frase de outro modo. Por exemplo: Nada importa o Imperador. Um dia, é só metê-lo num belo barco e mandá-lo à Europa, a ver touradas ou o papa.
⇨ Frases como 'Consolo-o, *se o* vejo triste' são corretas, é óbvio, porque o *se* não é pronome, é conjunção.
se acaso. Expressão correta, equivalente de *se porventura*: Se acaso você vir meu filho, avise-o. / "*Se acaso* lhes cai nas mãos um farrapo de mando, transmutam-se em carrancas de empáfia e soberba." (Potiguar Matos, *A face na chuva*, p. 19)
Redundância viciosa é usar *se caso*, que são palavras de igual significado. Ou se há de empregar *se* ou *caso*, mas nunca as duas juntas: Se você vier, avise-me. / *Caso* você for (ou *vá*) ao Rio, compre-me o livro que lhe pedi.
seborreico. *Adj.* Relativo à seborreia, sebáceo, seboso. ⇨ A pronúncia corrente entre médicos e biólogos é *seborrêico*, com o ditongo *ei* fechado. Veja *nucleico* e *proteico*.
seção, secção. [Do lat. *sectione*, corte, divisão.] *S.f.* Ato de cortar ou secionar, divisão.
1. *Seção*. Variante de *secção*, é a forma que mais se usa e equivale a divisão, segmento, parte de um todo, setor: *seção* de jornal ou publicação, *seção* de esportes, *seção* literária, *seção* de um curso, *seção* de letras, *seção* de uma repartição, *seção* eleitoral, *seção* de um estabelecimento, *seção* de brinquedos, *seção* de eletrodomésticos, *seção* de uma linha de transporte coletivo etc.
2. *Secção*. De uso restrito, emprega-se principalmente em cirurgia, no sentido de *corte, amputação*: *secção* de um osso, *secção* de um braço.
⇨ Distinguir de *cessão*★ e *sessão*★. Veja esses verbetes.
secessão. [Do lat. *secessione*.] *S.f.* Separação, ação de se desligar ou se separar de algo: O desentendimento entre os estados do norte e os do sul, acerca da abolição da escravatura, originou a *Guerra de Secessão* norte-americana. / "Eliminada a peça mestra do sistema, extinta a sua [do imperador D. Pedro II] poderosa influência magnética e centrípeta, a federação impõe-se como meio único de impedir a *secessão* do país." (Oliveira Viana, *Evolução do povo brasileiro*, p. 279) / "Na colônia, entretanto, nunca fora de *secessão* o espírito que animava o povo." (J. Pandiá Calógeras, *Formação histórica do Brasil*, p. 75)

secionar. *V. t. d.* Dividir, cortar, separar. Variante de *seccionar*. Usa-se também pronominalmente: O partido *secionou-se* (ou *seccionou-se*) em duas alas.
século. Na designação dos séculos, usam-se numerais ordinais de um a dez e cardinais de onze em diante: *século V* (*quinto*), *século X* (*décimo*), *século XII* (*doze*). Procede-se da mesma forma com nomes de reis e papas.
seda. Adj. relativo a seda: *sérico, seríceo*.
sedar. [Do lat. *sedare*, assentar, fazer cessar, acalmar.] *V. t. d.* 1. Acalmar (o que está excitado, nervoso ou tem ansiedade): *sedar os nervos*.
2. Ministrar sedativo ou calmante a: A enfermeira *sedou* o paciente antes da cirurgia.
3. Moderar a ação excessiva de (um órgão ou de um sistema).
⇨ Nas formas rizotônicas a vogal *e* da primeira sílaba tem o timbre aberto: *sedo, sedas, seda, sedam; sede, sedes, sedem*. O vocábulo cognato *sedativo* se usa: a) como adjetivo: medicamento *sedativo*; o efeito *sedativo* dos narcóticos; b) como substantivo: tomar um *sedativo* (um calmante, um tranquilizante).
sedentarizar. [De *sedentário* + *-izar*.] *V. t. d.* Tornar(-se) sedentário; fixar residência: Certas profissões *sedentarizam* as pessoas. / O novo emprego obrigou-o a *sedentarizar-se*. / "A população se dispersa e *se sedentariza*, esforçando-se por atingir níveis mínimos de satisfação de suas necessidades." (Darcy Ribeiro, *O povo brasileiro*, p. 385) / "Na sociedade que *se sedentarizava*, o nômade ficou malvisto." (Alberto Rangel, apud F. Fernandes)
seduzir. *V. t. d.* Constrói-se com o pronome *o* ou *a* e não *lhe*: Confidenciou-me que nada *o seduzia* tanto como a beleza daquela jovem. / "Os arredores do Rio de Janeiro especialmente *o seduziam*." (Joaquim Nabuco, *Minha formação*, p. 294) / Nessa cidade tudo *a seduzia*.
se é, não se é. Pode-se construir o verbo *ser* com o pronome *se*, índice de indeterminação do sujeito: Quando *se é* jovem, a memória é mais vivaz. / *Não se é* bom navegante, se não se gosta do mar. / "E que monta ser rei, quando *se é* frágil como qualquer homem?" (Camilo Castelo Branco, *A filha do regicida*, p. 164) / "Às vezes, *se é* tentado a imaginar que..." (Potiguar Matos, *A face na chuva*, p. 54)
seguir. Eis as construções possíveis com este verbo no sentido de 'acontecer ou vir depois', 'suceder(-se)': Ao discurso do líder *seguiram-se*

(ou *seguiram*) vibrantes palmas. / À tempestade *segue-se* (ou *segue*) a bonança. / A punição devia *seguir* ao crime. / Ao crime devia *seguir* (ou *seguir-se*) a punição. / "*Seguem(-se)* alguns exemplos de sintaxe afetiva." (Celso Luft) / "Nas linhas que *seguem* procuro testar a justeza e os limites da hipótese aplicada ao romance." (Alfredo Bosi, *Dialética da colonização*, p. 187) / "Os exemplos que (*se*) *seguem*." (Antônio Houaiss) / "A acumulação de riqueza que *se seguiu* aos descobrimentos marítimos possibilitou a ascensão da burguesia." (Moacyr Scliar, *A paixão transformada*, p. 61) / "Nos dias que *se seguiram*, surgiu alguma vez em meu espírito aquela imagem de moça, mas essa lembrança me incomodava." (José de Alencar, *Diva*, p. 28) / "Os golpes e estocadas *seguiam-se* cada vez com mais fúria." (A. Herculano, *O Bobo*, p. 326) / "Os exemplos que *se seguem* são todos de Camilo Castelo Branco." (Mário Barreto, *Novos estudos da Língua Portuguesa*, p. 154)

segundo o qual. Usa-se *segundo o qual*, e não *segundo quem*: O filósofo grego Aristóteles, *segundo o qual* o homem é um animal político, aborda em sua obra todos os ramos do saber. / Discordo desses historiadores, *segundo os quais* o descobrimento do Brasil ocorreu por acaso.

segurado, seguro. 1. Usa-se *segurado* na voz ativa (com *ter* e *haver*) e *seguro*, na passiva (com *ser*): A mãe *tinha* (ou *havia*) *segurado* a criança pelo braço. / O delinquente *foi seguro* pelo guarda. / "Dias depois, vi chegar um rapazinho *seguro* por dois homens." (Graciliano Ramos, *Infância*, p. 118)
⇨ *Seguro* pode ser também adjetivo: lugar *seguro*; empresário *seguro*; remédio *seguro*; ponte *segura*.
2. No sentido de 'pôr no seguro', usa-se exclusivamente *segurado*: O locador *havia segurado* a loja contra incêndio e outros riscos. / O imóvel *foi segurado* numa companhia seguradora idônea. / O carro *estava segurado*.

seja. [Forma do v. *ser*.] *Conj.* Alternativa que, repetida, equivale a *ou... ou*, *quer... quer*: Vão forçá-lo a entregar o imóvel, *seja* por bem, *seja* por mal. / Camões foi um grande poeta, *seja* no gênero épico, *seja* no lírico. / "A abundância é o estado de fartura e riqueza que possibilitaria a plena satisfação de todas as necessidades econômicas, *seja* as de bens de consumo, *seja* as de serviços." (Paulo Sandroni, *Novo dicionário de economia*, 3ª ed., p. 7) / "... *seja* um leitor, um cômico, um tocador de lira, *seja* os três ao mesmo tempo." (Maria José de Queirós, *A literatura e o gozo impuro da comida*, p. 37)
⇨ Observe-se que é palavra invariável.
Evite-se misturar as conjunções dizendo, por exemplo: 'Estão permanentemente prontos para atender a população, *seja* durante o dia, *ou* durante a noite.' Diga-se: '*seja* durante o dia, *seja* durante a noite.' Ou: '*quer* durante o dia, *quer* durante a noite.'

selar. [De *selo* + *-ar*.] *V. t. d.* 1. Pôr selo em: *selar* uma carta.
2. *Fig.* Confirmar, ratificar: Os dois chefes *selaram* o pacto de paz com um aperto de mãos. / "*Selastes* um juramento que só a morte poderá desfazer." (Coelho Neto, *Obra seleta*, p. 1390)
⇨ Homônimo de *selar* (= pôr a sela): *selar* os cavalos.

Δ **seleno-.** [Do gr. *seléne*, Lua.] *El. de comp.* = 'Lua': *selenita*, *selenografia*, *selenomancia*, *selenomante*.

selo. *Adj.* relativo a selo: *filatélico* (catálogo *filatélico*; coleção *filatélica*).

selva. *Adj.* relativo a selva: *silvestre*, *selvático*.

sem conta. *Loc. adj.* Em grande quantidade, inúmeros, incontáveis: Viagens *sem conta* sobre a terra e o mar. / Balõezinhos *sem conta* flutuavam no ar tépido da tarde. / "Nessas visitas a outros parentes, eu aprendia coisas *sem conta*." (José Cândido de Carvalho, *Olha para o céu, Frederico!*, p. 28) ⇨ Grafa-se sem hífen.

sem embargo de. *Loc. prep.* Apesar de, não obstante, a despeito de: A embaixatriz, *sem embargo* de residir em rica mansão, vivia amargurada.

sem eu, sem mim. 1. A prep. *sem* exige a forma oblíqua do pronome: Não vá *sem mim* (e não *sem eu*). / *Sem mim* não teriam resolvido o problema.
2. Se a prep. *sem* reger um infinitivo, empregar-se-á *sem eu*: Saíram de casa *sem eu* perceber. / *Sem eu* saber, todos tinham ido ao cinema.

Δ **semi-.** [Do lat. *semi*, meio.] *Pref.* = 'metade', 'meio': *semiaberto*, *semianalfabeto*, *semicírculo*, *semiconsciente*, *semiescravidão*, *semi-internato*, *semisselvagem*, *semirreta*. ⇨ Une-se com hífen antes de *i* ou *h*.

sem-modos. *Adj.* Mal-educado, grosseiro, inconveniente: menino *sem-modos*.

sem-nome. *Adj.* Inominável, indecente, revoltante: atrocidade *sem-nome*; atrocidades *sem-nome* (ou *sem-nomes*).

sem-número, sem número. 1. *Sem-número. S.m.* Número indeterminado, grande quanti-

dade: Telefonei-lhe um *sem-número* de vezes. / Um *sem-número* de pessoas esperavam (ou *esperava*), em fila. / Um *sem-número* de civis foram feridos, no conflito entre os dois povos.
|| *Adj*. 2. Inumeráveis, inúmeros: Havia assaltos *sem-número*. / Passei por perigos *sem-número*. ⇨ Os adjetivos formados com *sem*, no sentido figurado são escritos com hífen. Cp. anedotas *sem-sal*, ventura *sem-par*, rapaz *sem-vergonha*.
3. **Sem número**. *Loc. adj*. Que não tem número: Era uma casa *sem número*.
sem o qual. Diz-se corretamente *sem o qual*, e não *sem quem*: Esperamos a presença do proprietário, *sem o qual* não podíamos abrir a porta do apartamento. ⇨ Veja *o qual*.
sem-par. *Adj*. Sem igual, único: ventura *sem-par*; paisagens *sem-par*.
sem-sal. *Adj*. Insípido, enfadonho, sem graça: anedota *sem-sal*; histórias *sem-sal*. ⇨ No sentido próprio, escreve-se sem hífen: *A comida está sem sal*.
sem-terra. *S.m*. Lavrador que não possui terra própria. Invariável no plural: São frequentes as invasões dos *sem-terra*. / "Surpresos com as concessões do governo, os *sem-terra* aplaudiram Cardoso." (*JB*, 28/7/95) ⇨ São também invariáveis no plural os substantivos: os *sem-casa*, os *sem-família*, os *sem-lar*, os *sem-luz*, os *sem-pão*, os *sem-teto*, os *sem-trabalho*, os *sem-pátria*.
sem-vergonha. *Adj*. 1. Que não tem vergonha, desavergonhado, sem pudor, sem brio: É um homem inescrupuloso e *sem-vergonha*. / Elas são muito *sem-vergonha* (ou *sem-vergonhas*).
2. Diz-se da planta que cresce com facilidade.
|| *Subst*. 3. Pessoa ou indivíduo sem-vergonha: Onde estarão esses *sem-vergonha* (ou *sem-vergonhas*)? ⇨ Contrariamente ao que ensinam alguns dicionaristas, não julgamos reprovável o plural *sem-vergonhas*. Muito pelo contrário: parece-nos mais enfático. Corroboram nossa opinião os exemplos abaixo, colhidos em *Dicionário de usos do português do Brasil*, de Francisco Borba: "uns jacus muito *sem-vergonhas*." (Raquel de Queirós) / "uma camarilha de *sem-vergonhas* e de ladrões." (*Fatos e fotos*). Marques Rebelo escreveu em *O trapicheiro*, p. 216: "Esses pedestres são todos uns grandes *sem-vergonhas*!"
senado, senador. Adj. rel. ao senado ou ao senador: *senatorial*, *senatório*.
senão, se não. 1. Escreve-se *senão* quando significa: a) *a não ser, exceto, mais do que*: Não faz outra coisa *senão* estudar. / Não volta para casa *senão* para dormir. / Não lhe restava outra alternativa *senão* renunciar. / Dos críticos não recebeu *senão* elogios. / Ninguém, *senão* as famílias dos noivos, assistiu à cerimônia. / O Sol não é *senão* um pequeno astro movendo-se no cosmo; b) *mas, mas sim, mas também*: Tornou-se conhecido não só em sua terra, *senão* também em todo o país. / Resolver tal problema não compete ao estado, *senão* ao governo federal. / Lia não para instruir-se, *senão* para passar o tempo. / São homens não apenas inteligentes, *senão* também honestos; c) *caso contrário, do contrário*: Leve agasalhos, *senão* sentirá frio. / Criança pequena deve ser vigiada, *senão* se machuca. / Enterrem as sementes, *senão* as aves comem. ⇨ Nesse último caso, pode-se usar *se não*, subentendendo-se o verbo anteriormente expresso e alterando-se a pontuação: Leve agasalhos; *se não* (levar), sentirá frio. / Lute; *se não*, está perdido." (Aurélio) / " Se queres fazer uma caridade à mulher sexagenária, escuta-a com paciência. *Se não*, evita olhar muito para os lados dela." (Aníbal Machado, *Cadernos de João*, p. 127); d) *de repente, subitamente*: Eis *senão* quando irrompe do meio da multidão uma mulher em prantos; e) *defeito, erro*: Ele nota os *senões* alheios e não enxerga os seus. / Não havia um *senão* no texto.
2. Escreve-se *se não*, em duas palavras, quando *se* é: a) **conjunção condicional** (se não = *caso não*): O hospital poderá fechar, *se não* consertarem os equipamentos. / *Se não* perdoardes, não sereis perdoados; b) **conjunção condicional** (se não = *quando não*): Conciliar tantos interesses conflitantes parecia tarefa difícil, *se não* impossível. / A grande maioria, *se não* a totalidade dos acidentes de trabalho, ocorre com operários sem equipamentos de proteção. / São medidas profiláticas para, *se não* banir de vez, tornar mais raros os casos de cólera. / Pensei em fazer alguma coisa, *se não* para ajudá-lo, ao menos para distraí-lo. / Vivia entre companheiros rudes, *se não* perigosos. / "Não se nega que a múmia tenha a sua beleza hierática — *se não* a múmia, pelo menos o seu sarcófago..." (Raquel de Queirós, *O caçador de tatu*, p. 25) / "Tudo acabou bem, *se não* ótima e magnificamente." (Ciro dos Anjos, *A menina do sobrado*, p. 212) ⇨ É possível subentender o v. *ser* depois de *se não*: Conciliar tantos interesses conflitantes parecia tarefa difícil, *se não* (era)

impossível. ⇨ Em bons escritores há ocorrências de *senão*, neste caso: "Molestam as senhoras com dichotes inconvenientes, *senão* atrevidos." (Carlos Drummond de Andrade); c) **conjunção integrante** (inicia oração objetiva direta): Perguntei-lhe *se não* voltava mais. / Queríamos saber *se não* havia perigo.

senão a. Depois de *senão*, o pronome pessoal, com função de complemento, será preposicionado: Ele não chamava outro médico *senão a mim*. / Ela não tem outra amiga *senão a ti*. / A moça gostava de José e não amava outro homem *senão a ele*. / Não convidaram ninguém *senão a nós*. / O motorista não atribuiu a culpa a ninguém, *senão a si*. / "Pois olha, Carlos; eu nunca amei, nunca hei de amar a nenhum homem *senão a ti*." (Almeida Garrett, *Viagens na minha terra*, p. 191)

senão quando. De repente, inesperadamente, eis que: "Vai *senão quando*, cai-me o vidro do relógio; entro na primeira loja que me fica à mão." (Machado de Assis, *Brás Cubas*, p. 176)

sendo que. Não é expressão recomendável para unir orações. Em alguns casos, convém dispensá-la por ser inútil; em outros, é preferível substituí-la por uma conjunção ou por um pronome relativo. Damos três exemplos, seguidos das respectivas correções: O pescador trouxe muitos peixes do rio, *sendo que alguns deles ainda estavam vivos*. O pescador trouxe muitos peixes do rio, *alguns deles ainda vivos*. / O rio invadiu parte da cidade, *sendo que a violência das águas arrastou mais de uma casa*. O rio invadiu parte da cidade e *a violência das águas arrastou mais de uma casa*. / Ele escreveu mais de uma dezena de romances, *sendo que três deles já foram traduzidos em vários idiomas*. Ele escreveu mais de uma dezena de romances, *três dos quais já traduzidos em vários idiomas*.

senhor de baraço e cutelo. Senhor absoluto, que podia até condenar à morte seus vassalos ou subordinados: "O coronel Chico da União, *senhor de baraço e cutelo* de União dos Palmares, em Alagoas, veio ao Rio, cidade luz e polo de todas as modernidades da Primeira República." (Márcio Moreira Alves, *Manual do cronista aprendiz*, p. 107)

sênior. [Do lat. *senior*, mais velho.] *Adj.* e *s.m.* O mais velho. Em sentido restrito, jogador de futebol que, devido à idade, abandonou a profissão, mas que ainda pratica esse esporte. Pl.: *seniores*. Antônimo: *júnior, juniores*.

senso. [Do lat. *sensus*, sentido, sentimento.] *S.m.* Juízo, tino; faculdade de sentir, julgar ou apreciar: ter *bom senso*, ter *senso estético*, ter *senso crítico*. ⇨ Distinga-se de *censo*, recenseamento.

sentar-se à mesa. Dessa forma, quando se quer dizer 'junto à mesa': Ele *sentou-se à mesa* para jantar. / "A mesa *a que me sento* fica ao pé da vitrina dos cigarros." (Graciliano Ramos, *Angústia*, p. 20) / "Não vejo abismo nenhum nesta mesa *a que nos sentamos*." (Carlos Drummond de Andrade) Da mesma forma se dirá *sentar-se ao piano, estar sentado ao piano*: "Imaginei Ester *sentada ao piano*, tocando *Virgens mortas*." (Ana Miranda, *A última quimera*, p. 17)

sentinela. [Do it. *sentinella*.] *S.f.* Soldado que está de guarda vigiando: As *sentinelas* trocavam gritos de alerta. / "O cão era *a sentinela* da casa." (Aurélio) / "Detidos a distância pelas *sentinelas*, apontador e balseiro contemplam as ruínas." (Carlos Drummond de Andrade, *Obra completa*, p. 454) ⇨ Por se referir geralmente a homens, como guarda, vigia, ordenança, o subst. *sentinela* se usa também no masculino: O *sentinela* percebeu nossa aproximação. / "Eram os médicos *os mais importantes sentinelas* da pureza da fé." (Camilo Castelo Branco, *apud* Mário Barreto, *Últimos estudos*, p. 213) / "A noite, para o *sentinela*, é sempre igual." (Adonias Filho, *Corpo vivo*, p. 44) / "*Os sentinelas* receberam o helicóptero a tiros." (Zuenir Ventura, *Minhas histórias dos outros*, p. 190) ⇨ O sexo da pessoa influi poderosamente para a troca do gênero das palavras: *a modelo* (moça), *o polícia* (policial), *o segurança*, etc.

se os. Veja *se o, se a, se os, se as*, após o verbete *se*.

septicemia. *S.f.* Infecção generalizada. Liga-se aos vocábulos gregos *sépsis*, 'putrefação', e *haima* (*hema*), 'sangue'. Cognatos: *assepsia, asséptico, assepsiar* (ou *assetizar*), *septicêmico, séptico* (que gera putrefação ou infecção), *antisséptico*. Veja *-emia*.

séptico. Veja *céptico*.

sequer. [De *se* + *quer*.] Ao menos, pelo menos. 1. Usa-se mais frequentemente em frases negativas: Na praça não havia *sequer* um banco. / Ele nem *sequer* se dignou de responder à minha solicitação. / "Não tentou esconder as lágrimas, *sequer* secá-las." (Vilma Guimarães Rosa, *Carisma*, p. 100)

2. Ocorre menos frequentemente em frases de sentido positivo: "Tudo se arranjaria se ambos tivessem *sequer* um pouco de boa vontade." (Aurélio)

3. *Sequer* não tem, por si mesmo, significado negativo. São por isso incorretas frases como as seguintes, a que falta a negativa *não* ou *nem*: O pseudomédico *sequer* possuía diploma de curso primário. / Ela *sequer* olhou para mim. / A escola *sequer* tinha carteiras nas salas de aula. / *Sequer* um carro de polícia funcionava. / "No início, Escrivá *sequer* deu um nome a essa nova realidade." (Regina Lyra, *Opus Dei*, p. 18, tradução)
4. Pode aparecer no final da frase: Na sala não havia uma cadeira *sequer*. / Lia não era bela, nem simpática *sequer*.

séquito. *S.m.* Acompanhamento, cortejo, comitiva. O termo relaciona-se ao lat. *sequi*, 'seguir', 'acompanhar'. ⇨ Pronuncia-se *sékito* ou *sékuito*.

ser. *Concordância*. 1. O verbo de ligação *ser* concorda com o predicativo nos seguintes casos: a) Quando o sujeito é um dos pronomes *tudo, o, isto, isso, aquilo*: Tudo *são* mentiras. / O que me impressionou *foram* as suas últimas palavras. / Isto *são* pedras preciosas. / Isso tudo *eram* antes terras incultas. / Aquilo não *seriam* barcos de pescadores?; b) Quando o sujeito é nome de coisa, no singular, e o predicativo um substantivo plural: Sua salvação *foram* aquelas ervas. / "Vida de craque não *são* rosas." (Raquel de Queirós) / A casa *eram* dois quartos e uma cozinha. / O resto *são* trastes velhos. / "O primeiro objeto do seu ataque *seriam* os Estados Unidos." (Rui Barbosa) / "A causa *eram* provavelmente os seus projetos eclesiásticos." (Machado de Assis, *Dom Casmurro*, cap. XI)
No caso inverso, isto é, sujeito plural e predicativo singular, é preferível usar o verbo *ser* no singular: Vestidos e modas *é* assunto para mulheres. / Iates *é* coisa para gente rica. / Só falam de corridas de cavalos, que *é* coisa que não me interessa. / "Os responsórios e os sinos *é* coisa importuna em Tibães." (Camilo Castelo Branco, *apud* Mário Barreto, *Através do dicionário e da gramática*, p. 276) ⇨ O sujeito sendo nome de pessoa, com ele concordará o verbo *ser*: Rodrigo *era* só problemas. / "Cada um *é* as suas ações, e não outra coisa." (Antônio Vieira) c) Quando o sujeito é um substantivo e o predicativo é um pronome pessoal: O dono dessas terras *sou* eu. / O chefe *és* tu. / Preservemos a natureza: os beneficiados *somos* nós. / "O Brasil, senhores, *sois* vós." (Rui Barbosa); d) Quando o predicativo é o pronome demonstrativo *o*: Divertimentos *é* o que não lhe falta. / Conhecimentos *era* o que não lhe faltava; e) Quando o sujeito exprime quantidade, preço, medida e o predicativo é uma das palavras *muito, pouco* e análogas: Quinhentos mil reais *é* muito. / Três metros de fio *é* pouco. / Dez mil dólares *era* muito. / Cinco quilos de carne *era* quanto bastava para o churrasco.
2. O verbo *ser* concorda com a expressão designativa de horas e datas, em frases como estas: *Era* uma e quinze da tarde. / *Eram* oito horas da manhã. / *Seriam* onze horas da noite. / *São* quatro horas da tarde. / *Eram* cinco de maio de 1990. / Hoje *são* vinte e sete do mês.
Na linguagem informal, pode-se dizer: Hoje *é* vinte e sete do mês. / "Hoje *é* (ou, pouco usado, *são*) 10 de janeiro." (Celso Luft)
3. Na expressão de realce *é que* o verbo *ser* permanece invariável: Eu *é que* não embarco em canoa furada! / Nós *é que* o salvamos. / Eles *é que* saíram lucrando. / Divertimentos *é que* não lhe faltam.
4. Usa-se como verbo impessoal, isto é, sem sujeito, na 3ª pessoa do singular, em frases como: As pessoas assistiam à cena, mudas, estupefatas. *Era* como se uma força misteriosa as tivesse subitamente paralisado. / O que eles são *é* uns grandes trapaceiros. / "Esses psicanalistas o que são mesmo *é* uns ficcionistas". (Érico Veríssimo, *Solo de clarinete*, II, p. 230)

ser. *Conjugação*. *Ind. pres.*: sou, és, é, somos, sois, são. *Pret. imperf.*: era, eras, era, éramos, éreis, eram. *Pret. perf.*: fui, foste, foi, fomos, fostes, foram. *Pret. mais-que-perf.*: fora, foras, fora, fôramos, fôreis, foram. *Fut. do pres.*: serei, serás, será, seremos, sereis, serão. *Fut. do pret.*: seria, serias, seria, etc. *Subj. pres.*: seja, sejas, seja, sejamos, sejais, sejam. *Pret. imperf.*: fosse, fosses, fosse, fôssemos, fôsseis, fossem. *Fut.*: for, fores, for, formos, fordes, forem. *Imperat. afirm.*: sê, seja, sejamos, sede, sejam. *Infinitivo pessoal.*: ser, seres, ser, sermos, serdes, serem. *Ger.*: sendo. *Part.*: sido.

ser (*elíptico*). Eis alguns exemplos de construções em que se pode omitir o verbo *ser*: Dizem que o empresário, *quando jovem*, era muito gastador. / Homem de rara competência, *porque estudioso, inteligente e pertinaz*, o Barão do Rio Branco prestou relevantes serviços ao Brasil. / Rejeitou com desdém a proposta desonesta, porque, *ainda que pobre*, cultivava o sentimento de honra. / Após vinte anos de convivência, ele tratou-a como traste velho que, *por inútil e* *incômodo*, se joga fora. / Irritaram-no as críticas a seu livro, *embora pertinentes e polidas*.

ser (*expletivo*). O verbo *ser* é expletivo ou enfático em frases como: "Parecia que eles estavam *era* largando tudo." (José J. Veiga, *A Casca da Serpente*, p. 103) / Eles estão *é* com fome. / Ela *é que* deve arrumar a casa! / "Sentia *era* vontade de ir também sentar-me numa cadeira junto do palco, bater palmas, olhar os camarotes." (Graciliano Ramos, *Angústia*, p. 110) ⇨ Veja o verbete *é que*.

ser (*verbo vicário*). O v. *ser* pode funcionar como verbo *vicário*, isto é, como substituto de outro anteriormente expresso: Se ele reclama *é* porque não o respeitam. [= Se ele reclama, *reclama* porque não o respeitam.] / Se não morri *foi* porque não tinha chegado a minha vez. / O pouco que aprendi *foi* com esse professor. / "Estávamos silenciosos, à espreita; quando se falava *era* sussurrando, quando se acendia um cigarro *era* escondendo o lume na concha da mão." (Sérgio Faraco, *Hombre*, p. 82) / "Mas se comem *é* graças ao faro de Sancho: nenhum odor lhe escapa." (Maria José de Queirós, *A literatura e o gozo impuro da comida*, p. 100) / "Quando abria os braços, ferindo o ar, *era* como se desdobrasse um programa inteiro." (Machado de Assis, *Quincas Borba*, cap. 100)

ser das arábias. Ser muito esperto: "Você *é das arábias*, dizia-me Marcela." (Machado de Assis, *Brás Cubas*, p. 142) ⇨ Segundo Antenor Nascentes, esta expressão se deve ao fato de os árabes terem fama de espertos, e o plural se explica porque havia três Arábias: a Feliz, a Pétrea e a Deserta.

ser de opinião que... Ser *de opinião* equivale a *julgar*, *achar*. Não se usa a prep. *de* antes do *que*: Sou de opinião que (e não *de que*) a guerra é uma estupidez. / "Catão *era de opinião que* Cartago deveria ser destruída." (Arlindo de Sousa, *A palavra QUE*, p. 30) / "Este português *é de opinião que* os conspiradores presos visavam provavelmente a estabelecer a internacional comunista." (Camilo Castelo Branco, *O visconde de Ouguela*, p. 91)

Δ **serici-**. [Do lat. *sericum*, seda < de *Serica*, localidade da China.] *El. de comp*. = 'seda': *sericicultura* (ou *sericultura*), *sericicultor* (ou *sericultor*), *sericígeno*.

seriíssimo. Superlativo de *sério*. Variante: *seríssimo*: "No arraial de João Ramalho o caso era *seríssimo*." (Viriato Correia, *Terra de Santa Cruz*, p. 29) Veja *sumaríssimo*.

serpente. Adjetivos relativos a serpente: *serpentino*, *colubrino*, *ofídico*.

ser possível. Esta expressão fica no singular em frases do tipo: Traga tantos livros quantos *for possível*. / Os atletas lutam para conquistar tantos títulos quantos *for possível*. ⇨ O singular se impõe porque o sujeito não é *quantos*, mas *trazer* (oculto), na primeira frase, e *conquistar* (oculto), na segunda. Veja *sujeito oracional*.

servir. 1. Na acepção de *prestar serviço*, *ajudar*, é preferível complementar *servir* com objeto direto: Os ministros de Deus *servem* o povo (ou a comunidade). / Ele é prestativo, gosta de *servir* os outros. / *Serviam* o médico duas enfermeiras jovens. / Elas *o serviam* com diligência. / O menino gosta do avô, está sempre pronto para *servi-lo*.

2. No sentido de *convir*, *ser útil* ou *bom*, constrói-se com objeto indireto: Esse tipo de atividade não *serve* às crianças. / É um tipo de trabalho que não *lhes serve*. / A secretária era inexperiente, não *lhe servia*.

3. Constrói-se com objeto direto de coisa e indireto de pessoa, no sentido de *dar*, *oferecer* (comida, bebida); inversamente, dá-se-lhe objeto direto de pessoa e indireto de coisa, na acepção de *abastecer*: Serviram-lhe biscoitos e vinho. / O comando da guerrilha *servia-os* de armas e alimentos.

4. A preposição *de* sugere finalidade em frases como: A medalha *serviu-lhe de* escudo. / O menino *servia de* guia ao cego. / Que a surra *lhe sirva de* lição. / De que *lhe serviram* tantos bens? / "*De que servia* a vida com aquela dor da separação cravada no peito?" (Patrícia Joyce, *Antologia do moderno conto português*, p. 81) / "Mas *de que servia* viajar, enjoar nos paquetes, bocejar nos vagões?" (Eça de Queirós, *O primo Basílio*, p. 50)

Pron. 5. Valer-se, aproveitar-se: *Servem-se* de todos os meios para atingir seus objetivos escusos.

servir à mesa. Atender a quem está à mesa: Os garçons, solícitos, *serviam à mesa*. / "E entre suas maiores vaidades está justamente a arte de *servir à mesa*." (Maria José de Queirós, *A literatura e o gozo impuro da comida*, p. 25)

Δ **sesqui-**. [Do lat. *sesqui*, um e meio.] *El. de comp*. = 'um e meio': *sesquicentenário* (150 anos), *sesquipedal* (que tem um pé e meio de comprimento; verso, palavra ou coisa muito grandes: palavra *sesquipedal*; asneira *sesquipedal*).

sessão. [Do lat. *sessione*, ato de sentar-se.] *S.f.* Tempo que dura uma reunião, uma assembleia, um trabalho ou espetáculo: *sessão do Congresso*, *sessão secreta*, *sessão de cinema*, *sessão espírita*. / O presidente declarou a *sessão* encerrada. / Os parlamentares foram convocados para uma *sessão* extraordinária. / "Acabou a *sessão* de cinema e o povo começa a sair." (José Condé) ⇨ Distinguir de *cessão*★ e *seção*★.

sesta. [Do lat. *sexta (hora)*.] *S.f.* Hora em que se descansa ou dorme, após o almoço; o sono ou descanso nessa hora. Diz-se *dormir a sesta* ou *sestear*: "Depois os homens se ergueram e foram *dormir a sesta* e as mulheres puseram-se a lavar os pratos." (Érico Veríssimo, *O continente*, I, p. 95) ⇨ Distinguir de *sexta* e *cesta*.

setuagenário. [Do lat. *septuagenarius*.] *Adj. e s.m.* Que tem 70 anos de idade; o que tem 70 anos; setentão. Variante: *septuagenário*. ⇨ Muitas palavras derivadas do lat. *septem*, 'sete', têm dupla pronúncia e escrita: *setenário/septenário, setenvirato/septenvirato, setingentésimo/septingentésimo, setissecular/septissecular, setuagenário/septuagenário, setuagésimo/septuagésimo, sétuplo/séptuplo.* Em geral, preferem-se as formas sem o *p*.

sétuplos. *S.m.* As sete crianças nascidas do mesmo parto. Veja *quíntuplo*.

shopping center. *S.m.* Conjunto de lojas comerciais, salas de espetáculos, etc., em um só prédio. ⇨ Anglicismo que pode ser substituído por *centro comercial*. A nossa velha mania de preferir os termos ingleses aos vernáculos foi severamente censurada por um professor da Universidade de São Paulo em um excelente artigo, do qual transcrevemos este trecho: "Há colegas universitários que falam um verdadeiro *portuglês*, mistura de português e inglês, onde *artigo* é *paper*, *revista* é *journal*, *equipamento* é *hardware*, *cartaz* é *outdoor*, *folheto* é *leaflet*, *contínuo* é *office-boy*, *mercado aberto* é *open market*, *centro comercial* é *shopping center*, *vestíbulo* é *hall*, e assim por diante. Forçoso é reconhecer que expressões novas são necessárias e aparecem normalmente na evolução natural de qualquer idioma. Mas há um meio-termo sadio entre o purismo exagerado, que rejeita qualquer inovação, e o descaso completo que, associado à ignorância, aceita novidades desnecessárias e até ridículas. Não podemos esquecer que o vernáculo é o maior fator de unidade nacional. Preservá-lo, pois, é reforçar os fundamentos da nossa nacionalidade." (F. Pimentel Gomes, *Boletim Informativo da Sociedade Brasileira de Ciência do Solo*, vol. 20, nº 1, p. 35, Campinas, 1995) Já é tempo de simplificar este anglicismo, grafando-se apenas *xópin*, no singular, e *xópins*, no plural. Somos muito tímidos e pouco criativos com relação a palavras importadas.

A nossa subserviência em matéria de linguagem é também denunciada pela professora Júlia Falivene Alves em seu livro *A invasão cultural norte-americana*.

short. Veja *show*.

show. *S.m.* Seria conveniente aportuguesar este anglicismo, tão generalizado e usado, grafando-se *xou*, como se pronuncia. O mesmo se diga de *short*, que por incúria, inércia ou medo continuamos a grafar assim, em vez de *xorte*. Estrangeirismos devem ser escritos em itálico, mas os jornais, negligentemente, grafam *show*, *short*, *réveillon* e outros como as mais lídimas palavras portuguesas.

si. [Do lat. *sibi*.] Este pronome reflexivo, como vimos no verbete *consigo*, deve referir-se ao sujeito da oração: Ele guardou as frutas para *si*. / Ela afastou de *si* o cachorrinho. / João conseguiu tudo por *si* mesmo. / Elas são imprudentes, confiam demais em *si*. / Vi um grupo de jovens discutindo entre *si*. / 'Esse homem deve ser doido', disse o garoto de *si* para consigo. / "Ele tem diante de *si* um velho inimigo." (Assis Brasil, *Nassau*, p. 15) / "Inquietos, também [os dois cavaleiros], pela sorte dos companheiros que tinham deixado atrás de *si*, resolveram parar no meio daquelas ruínas." (Alexandre Herculano, *Eurico*, p. 225)

Não deve ser usado em lugar de *você* ou de outro pron. de tratamento, em frases como: 'Não pense que eu me esqueci de *si*, Eneida.'

Δ **sialo-.** [Do gr. *síalon*, saliva.] *El. de comp.* = 'saliva': *sialagogo*, *sialismo*, *sialofagia*, *sialolitíase* (cálculo na glândula salivar).

siamês. *Adj.* Do Sião, relativo ao Sião (atual Tailândia): *gato siamês, irmãos siameses, irmãs siamesas*. ⇨ A palavra *siamês*, no sentido de *xifópago*★, deve-se ao caso dos irmãos gêmeos Chang e Eng, nascidos no Sião em 1811, ligados por uma membrana situada no tórax.

sic. [Lat. *sic.*, assim.] Latinismo que se coloca entre parênteses, após uma palavra ou citação, para indicar que são autênticas, embora erradas ou estranhas. Exemplo: "Qualquer mudança deve vigir (sic) apenas a partir de 1995." (Carlos Castelo Branco, JB, 9/10/91) [O correto é viger.]

Δ **sideri-.** [Do lat. sidus, sideris, astro.] El. de comp. = 'astro': sideral, sidéreo, siderar (= fulminar, atordoar, deixar atônito), sideróstato.

Δ **sidero-.** [Do gr. síderos, ferro.] El. de comp. = 'ferro', 'aço': siderita, siderografia, siderose, siderurgia, siderúrgico.

silvático. [Do lat. silvaticus, da selva, selvagem.] Adj. Selvagem, das selvas. ⇨ Forma culta, porém, menos usada que a evoluída selvático.

Δ **silvi-.** [Do lat. silva, selva.] El. de comp. = 'selva', 'floresta': silvícola, silvicultura, silvicultor.

silvícola. [Do lat. silvicola.] Adj. e subst. Que vive nas selvas (lat. silva), selvagem: "Os índios xerentes eram rebeldes e costumavam atacar brancos e até silvícolas de outras tribos." (Assis Brasil, A caçadora do Araguaia, p. 11) ⇨ Embora consignada nos dicionários, a forma selvícola deve ser evitada.

simpático. Superlativo abs. sint.: simpaticíssimo.

simpatizar. V. t. i. Não é verbo pronominal. Diga-se, portanto, 'simpatizar com alguém', e não 'simpatizar-se com alguém'; 'simpatizar com alguma coisa', e não 'simpatizar-se com alguma coisa': Simpatizei com ela desde que a vi. / Ele não simpatizou com a minha ideia. / Há pessoas com quem não simpatizamos. / "Não simpatizava com as pessoas investidas no poder." (Camilo Castelo Branco, O visconde de Ouguela, p. 23) / "As duas loiras simpatizaram desde logo uma com a outra." (M. Pinheiro Chagas, A mantilha de Beatriz, p. 58) ⇨ O antônimo antipatizar* também não é pronominal.

simplicíssimo. Adj. Superlativo de simples. Variante: simplíssimo. ⇨ A forma simplérrimo, de conotação depreciativa, só se admite na linguagem coloquial.

Δ **sin-.** [Do gr. syn, simultaneamente, com.] Pref. = 'reunião', 'ação conjunta', 'simultaneidade': sinestesia, sintonia, sintonizar. Cognatos: sintaxe, sincretismo, sincronizar, sinfonia, sintético, simbiose.

sinalizar. 1. Colocar sinais em, pôr sinalização: É importante sinalizar bem as estradas.
2. Indicar, apontar: O plenário cheio sinalizava uma sessão importante. / O Banco Central sinaliza que as taxas dos juros continuarão altas. / Mais de 90% dos entrevistados sinalizaram preocupação com a alta acelerada dos preços. ⇨ Nesta acepção, é neologismo muito em voga na imprensa de hoje. Não nos parece que se deva condenar.

sine die. Expressão latina que significa sem dia, isto é, sem data marcada: O início da obra foi adiado sine die. / As apresentações do cantor foram adiadas sine die.

sine qua non. Expressão latina que significa 'sem a qual não' e que se aplica para designar uma condição indispensável à realização ou validade de algum ato: Para a validade do matrimônio é condição sine qua non o consentimento livre e espontâneo dos noivos.
No plural, dir-se-á condições indispensáveis. Condições sine quibus non só no jargão jurídico.

singrar. Navegar, percorrer navegando. V. i. 1. Um barco solitário singrava ao longe. / O navio singrou para a Europa.
T. d. 2. O navio iluminado singra o mar na noite escura. / Uma frota mercante singrava as águas do mar sereno.

sinhá. [Fem. de sinhô, redução de senhor.] S.f. Tratamento que os escravos negros davam à senhora ou patroa. No Nordeste existe a variante prosódica sinha, documentada por escritores dessa região. Há também as formas reduzidas siá e sia.

sinistra. [Do lat. sinistra, a mão esquerda.] S.f. A mão esquerda: "... empunhando à destra um copo e um trinchante à sinistra." (Afonso Arinos, Obra completa, p. 405) Antônimo: destra.

Δ **sino-.** El. de comp. = 'da China', 'chinês': sinologia, sinólogo, sinófono. Forma adjetivos pátrios: sino-russo, sino-coreano, sino-japonês. Veja China.

sintaxe (cs ou ss). [Do gr. sýntaxis, ação de pôr em ordem, arranjo, ordenação.] S.f. Parte da gramática que trata das palavras ordenadas em frases, sob o aspecto da concordância, regência e colocação. ⇨ A pronúncia normal, baseada no grego e no latim, é sintácsi (cp. taxiologia, taxiólogo, taxidermia, etc., em que o x soa cs.) Modernamente, passou-se a pronunciar sintássi. Aos que, desavisadamente, acham ser essa última a única pronúncia correta, lembramos que sintaxe é palavra erudita, derivada do grego táxis, 'arranjo', devendo o x, como em todos os vocábulos ligados a esse radical, ser proferido cs.

sirena. [Do gr. seirén, seirénos, pelo lat. sirena, sereia.] S.f. 1. Sereia. Entidade mitológica, metade mulher, metade peixe, que com seu canto mavioso atraía os marinheiros para o naufrágio. Nesta acepção é um arcaísmo.

2. Instrumento para dar alarma ou avisos, usado em navios, fábricas, ambulâncias, etc.: "Ouviu-se a *sirena* duma ambulância que chegava." (Érico Veríssimo, *apud* Aurélio) ➪ Nesta acepção é mais usada a variante *sirene*, importação do francês (*sirène*).

Δ **sismo-**. [Do gr. *seismós*, abalo, terremoto.] *El. de comp.*= 'sismo', 'terremoto': *sismógrafo*, *sismograma*, *sismologia*.

Δ **sitio-, sito-**. [Do gr. *sitíon* ou *sitos*, trigo, pão, alimento.] *El. de comp.* = 'trigo', 'pão', 'alimento', 'alimentação': *sitiofobia*, ou *sitofobia* (aversão aos alimentos, à comida), *sitiologia*, *sitófago*, etc.

sito, situado. *Adj.* Constroem-se com a prep. *em*, e não *a*: Era um velho sobrado *sito na* (e não *à*) Praça Santos Dumont. / O prédio está *situado na* Rua Estrela. ➪ Usa-se a preposição *a* para indicar distância: prédio *situado a* pouca distância da praça; escola *sita a* cem metros do parque.

Δ **so-**. *Pref.* Equivalente de *sob* e *sub*. Como estes, indica 'posição inferior', 'inferioridade', 'movimento de baixo para cima': *socapa*, *socava*, *socavão*, *socavar*, *soerguer*, *solana*, *solapar*, *somenos*, *sopapo*, *sopé*, *sopesar*, *soterrar*, etc.

só. [Do lat. *solus*.] 1. Como adjetivo significa *sozinho* e varia em número: As duas velhas moram *sós*. / Quando se viram *sós*, na sala, trocaram palavras duras. / Eu e ele *sós* pouco podemos fazer. / *Sós*, nós dois não vamos conseguir nada. / Estaremos *sós* no Universo? / Conseguiram tudo por si *sós*. / Esses dois livros por si *sós* bastariam para torná-lo célebre.
2. Como palavra denotativa, equivalente a *somente*, não varia: Eles *só* não se afogaram porque os socorremos.

soalho. *S.m.* Pavimento de madeira, piso: *soalho de ipê*. Variante: *assoalho*. ➪ A palavra *soalho* se prende ao lat. *solum*, 'solo', 'chão'. O verbo cognato é *soalhar* (ou *assoalhar*), fazer o soalho, fixar as tábuas no chão.

soar (*Concordância*). Veja *bater*.

sob, sobre. *Preposições.* 1. **Sob**. Do lat. *sub*, significa *debaixo de*, dá ideia de posição inferior: *sob* a mesa; *sob* um abrigo. Usa-se em expressões como: *sob o aspecto*, *sob condição de*, *sob pena de*, *sob o domínio de*, *sob a direção de*, *sob o governo de* (sob D. Manuel), *sob forma de*, *sob o pretexto de*, *sob medida*. ➪ Na seguinte frase extraída de artigo jornalístico, o autor usou, erradamente, *sobre* em vez de *sob*: "A regulamentação da concepção do serviço público deve manter as rédeas *sobre* o controle do governo, mas não pode constituir-se numa insegurança para o investidor." (*JB*, 19/10/95)

Funciona também como prefixo: *sob-roda*, *sobalçar*, *sobpor*. Apresenta a variante *so-* em *soerguer*, *soterrar*, *socapa*, etc.

2. **Sobre** (lat. *super*). Exprime a ideia geral de 'em cima de': *estar sobre a mesa*; *voar sobre o mar*; *deitar-se sobre um colchão*. Tem ainda outros significados: *a respeito de* (falar *sobre* política, discorrer *sobre* um tema), *acima de* (amar a Deus *sobre* todas as coisas), *de encontro a*, *contra* (vir *sobre* nós, marchar *sobre* a cidade), *além de* (*sobre* pobres, eram doentes), *mediante*, *com a garantia de* (emprestar dinheiro *sobre* hipoteca), *dentre*, *entre* (*sobre* cem, salvaram-se dois). Veja *sobre*.

3. *Sobre* funciona também como elemento de formação de numerosas palavras: *sobreaviso*, *sobrecarregar*, *sobre-exceder*, *sobre-humano*, *sobreloja*, *sobremesa*, *sobremodo*, *sobrenatural*, *sobrenome*, *sobrepor*, *sobrescrito*, *sobressair*, *sobrevoar*, *sobrevão*, *sobretaxa*, *sobretaxar*, etc.

soberbo. [Do lat. *superbus*.] *Adj.* Superlativo abs. sint.: *superbíssimo*, *soberbíssimo*.

sob pretexto de. *Loc. prep.* Com o fim aparente de, dando como razão ou desculpa: Os soldados invadiam os lares, *sob pretexto de* prender criminosos. / Encerrou o expediente mais cedo, *sob pretexto de* que precisava encontrar-se com um amigo. ➪ Também se usa a variante *a pretexto de*: Ia à casa do amigo *a pretexto de* ajudá-lo; o motivo, porém, era outro. / "Na delegacia roubaram-me os últimos tostões, não sei *a pretexto de* que imposto." (Campos de Carvalho, *Obra reunida*, p. 116)

sobrancelhas. Esta é a forma correta, e não *sombrancelhas*. O termo não se relaciona a *sombra*, mas ao latim *supercilium*, em português, *supercílio* (sobrolho).

sobrar. Concorda normalmente com o sujeito da oração: *Sobrou-me* pouco dinheiro. / *Sobraram-lhe* apenas cinquenta reais. / Naquela repartição pública *sobram* funcionários. / *Sobravam-lhe* razões para reclamar. / Do milenar castelo não *sobram* senão ruínas. Veja *não... senão*.

sobre. 1. Significa *além de*, em frases como estas: *Sobre* queda, coice. / "A pergunta é, *sobre* ociosa, estólida." (Camilo Castelo Branco) / "*Sobre* serem feias e ineptas, eram pobres." (*Id.*, *Doze casamentos felizes*, p. 36) ➪ Veja o verbete *sob*, *sobre*.

2. Usado entre dois substantivos, dá-lhes sentido acumulativo: Ele faz *asneiras sobre asneiras*.

Isto é: Ele faz *asneiras e mais asneiras*. Ou ainda: Ele faz *uma asneira atrás da outra*.
3. Como prefixo, forma numerosas palavras, conforme se disse no verbete *sob, sobre*, item 3. Une-se com hífen ao elemento base que comece por *e* e *h*: *sobre-humano*. ⇨ O *Vocabulário ortográfico* mostrava-se vacilante quando o elemento prefixado começa por *s*, registrando, por exemplo: *sobressaltar/sobre-saltar, sobressemear/sobre-semear, sobressaturação/sobre-saturação* etc. O novo AO fixou a primeira forma (sem hífen): *sobressaltar, sobressair, sobressalto, sobresselo, sobressemear, sobressaturar, sobressalente*, etc.

sobrelevar. [De *sobre* + *elevar*.] 1. Na acepção de 'superar em altura' pede objeto direto: *O monte Everest sobreleva os mais altos picos da Terra*.
2. É transitivo direto também no sentido de *sobrepujar, exceder*: *Que diplomata sobrelevou Rio Branco em dedicação ao país?* / "*Mas que ruído é esse que sobreleva o do vento?*" (Alexandre Herculano, *Lendas e narrativas*, p. 246) ⇨ Nessa acepção, pode-se usar 'sobrelevar *a* alguém ou *a* alguma coisa', seja por ênfase, seja para afastar ambiguidade: *Que diplomata sobrelevou a Rio Branco em dedicação ao país?* / *Nenhum ruído sobreleva ao trovão*. / "*Um longo gemido sobreleva ao som cavo que tiram as armaduras batendo na terra.*" (Alexandre Herculano, *Eurico*, p. 92)
3. À semelhança de *exceder*, constrói-se *sobrelevar* com o pronome *o* (ou *a*), e nunca *lhe*: *Poucos tiranos o* (e não *lhe*) *sobrelevaram* em crueldade. / *Ela não é uma grande atriz, mas nenhuma outra a sobreleva em beleza*.

sobrescritar. *V. t.* 1. Pôr sobrescrito (endereço) em: *Sobrescritei a carta com letra bem legível*.
2. Endereçar, enviar correspondência a: *Os pais abriam as cartas que eu sobrescritava à filha deles*. ⇨ Não confundir com *subscritar*, que significa 'pôr a assinatura ou assinar embaixo', 'subscrever'.

sobressair. Não é verbo pronominal: *Nas encostas dos morros sobressaíam as quaresmeiras floridas*. / *Os gregos antigos sobressaíram em quase todas as artes*. / *A modelo Vera Abrantes sobressaía às* (ou *entre as*) *demais pela beleza do rosto*. / "*O conde de Ordonho sobressaía no meio de todos pela estatura.*" (Rebelo da Silva, *Contos e lendas*, p. 37) / "*... toda uma plêiade de estrelas novas onde sobressaíam, pela sua refulgência superior e especial, esses dois sóis — Baudelaire e Leconte de Lisle.*" (Eça de Queirós, *A correspondência de Fradique Mendes*, p. 7) / "*Anos depois, Cristina ainda se lembrava de sua admiração por aquela graciosa figura que sobressaía das outras mulheres.*" (Diná Silveira de Queirós, *A muralha*, p. 47) / "*Súbito uma voz sobressaiu no zumbido confuso da multidão.*" (Graciliano Ramos, *Memórias do cárcere*, II, p. 410) / "*Ninguém ali sobressai de ninguém.*" (Carlos Lacerda, *A casa do meu avô*, p. 137) ⇨ É um fato inequívoco da língua atual do Brasil o uso deste verbo na forma pronominal, sem dúvida por influência dos sinônimos *destacar-se, distinguir-se, salientar-se*. Não há quem não diga, por exemplo,'Ele foi o jogador que mais *se sobressaiu* no campeonato','André *se sobressai* entre os colegas de aula pela sua inteligência'. Bons escritores têm pronominalizado *sobressair*. Ex.: "*As grandes árvores do pátio sobressaíam-se mais negras no breu da noite.*" (Gilvan Lemos, *A lenda dos cem*, p. 279) / "*... que se sobressaiu do comum da raça graças a seu esforço e superior talento.*" (Pompeu de Toledo, *Leda*, p. 20) ⇨ Em linguagem culta formal, prefira-se *sobressair* a *sobressair-se*.

sobrevir. 1. Vir sobre outra coisa ou depois dela; ocorrer em seguida: *A crise parecia contornada, mas sobrevieram novos abalos políticos*. / *Às vezes, a uma desgraça sobrevêm outras*. / *Depois que se mudou para a cidade, sobrevieram-lhe vários infortúnios*.
2. Acontecer inesperadamente: *Durante a viagem sobreveio um temporal*. ⇨ Conjuga-se como *vir*★, do qual deriva. O particípio, portanto, é *sobrevindo*: "*Maria continuava retraída e esquiva, como se nada houvesse sobrevindo na vida do Jacarandá.*" (Afrânio Peixoto, *Maria Bonita*, p. 130)

social-democracia. *S.f.* Corrente política de tendência socialista que propõe a mudança da sociedade capitalista mediante reformas de base, dentro dos princípios da democracia: "*Na Europa, a social-democracia floresceu sobretudo na Inglaterra, Alemanha Ocidental, Suécia, Noruega e Dinamarca.*" (Paulo Sandroni, *Novo dicionário de economia*, p. 330) ⇨ Grafa-se *social-democracia*, com hífen.

social-democrata. *Adj.* e *subst.* Relativo ou pertencente à social-democracia: *os ativistas social-democratas, a luta dos social-democratas*.

Δ **socio-.** *El. de comp.* = 'social', 'sociedade': *socioambiental, sociocultural, socioeconômico, sociologia, sociolinguística*. ⇨ Junta-se sem hífen ao segundo elemento. Portanto, *socioeconômico*, e não *sócio-econômico*.

socorrer. *V. t. d.* 1. Modernamente se constrói com o pronome *o* e não *lhe*: Deus ouviu a sua súplica e *o socorreu*. / Não encontrou ninguém que *a socorresse*. / Pesa-me não *os ter socorrido*. / "Não sendo versado em pintores, não *o pude socorrer*." (Ciro dos Anjos, *O amanuense Belmiro*, p. 98) ⇨ O pronome *lhe* só é cabível quando se usa em lugar de *seu* ou *dele*: Pesa-me não *lhe ter socorrido* o filho.
2. Usa-se pronominalmente, com o sentido de *recorrer, valer-se de*. Veja o verbete seguinte.

socorrer-se de. *Socorrer-se de* (alguém ou de alguma coisa) significa *recorrer, buscar auxílio, valer-se de*: Para condenar Jesus, *socorreram-se de* falsas testemunhas. / Para escrever o livro, *socorreu-se dos* arquivos da família. / "Nem devo me *socorrer de* amigos." (José Fonseca Fernandes, *Um por semana*, p. 6) ⇨ Também é correta, porém menos usada, a regência *socorrer-se a*: *socorrer-se a* um amigo, *socorrer-se a* expedientes ilícitos, *socorrer-se à* religião. / "O representante de Lopo Rodrigues *socorreu-se à* beneficência de uma irmã." (Camilo Castelo Branco, *A brasileira de Prazins*, p. 98)

socorro. *S.m.* Ato de socorrer. O plural *socorros* pronuncia-se com a vogal tônica aberta: *socórros*.

soer. [Do lat. *solere*, costumar.] Vem sempre seguido de infinitivo.
1. Costumar, ter por hábito: Ele *sói* veranear em janeiro. / Eles *soem* pescar à noite. / Elas não *soíam*, como as colegas, falar mal dos outros. / "Pois o objeto do amor era um guarda-vidas do posto em frente, musculoso e saudável, como *soem* ser os guarda-vidas." (Elsie Lessa, *Canta que a vida é um dia*, p. 143) ⇨ Nesta acepção, é verbo trans. direto.
2. Ser comum ou frequente, acontecer geralmente: Como *sói* acontecer, as chuvas torrenciais alagaram a cidade. / No inverno, *sói* nevar, em São Joaquim. / "Avexados pelas febres endêmicas, que aí *soem* grassar no tempo das chuvas, levantaram tendas e seguiram rio abaixo..." (Joaquim Felício dos Santos, *Memórias do Distrito Diamantino*, p. 49) / "Como *sói* acontecer, à proporção que Molambal empobrecia aumentava a gravidade de seus governantes." (Millôr Fernandes, *Novas fábulas fabulosas*, p. 34) ⇨ Nesta acepção, é verbo intransitivo.
3. *Soer* é verbo defectivo e de uso raro. As formas usadas são *sói, soem, soía* e *soíam*. ⇨ Distin-

guir *soem* (ó), de *soer*, e *soem* (ô), de *soar*. Cognato: *insólito* (incomum, contrário ao costume).

Sófia. Capital da Bulgária. Distinga-se de *Sofia*, nome próprio personativo.

Δ **sofo-, -sofo.** [Do gr. *sophós*, sábio.] El. de comp = 'sábio': *sofomania, logósofo, filósofo* (gr. *philósophos*).

sojicultor. *S.m.* O que cultiva soja; pessoa que se dedica à sojicultura. ⇨ É um neologismo híbrido: o primeiro elemento é de origem japonesa e o segundo de origem latina.

solicitar. 1. No sentido de *pedir com empenho*, a regência mais usual é 'solicitar alguma coisa a alguém': Solicitou providências *ao* governador. / Solicitou-lhe que coibisse tais abusos. / Solicito a Vossa Senhoria que mande soltar o preso.
2. Menos comum é a regência 'solicitar de alguém alguma coisa': Solicitei *do* secretário de Obras Públicas que desembargasse a construção do prédio. / "Solicitei *do* chefe permissão para sair." (Sousa e Silva)

solidariedade. [De *solidári(o)* + *e* + *-dade*.] *S.f.* Qualidade de *solidário*★; vínculo recíproco entre pessoas; adesão, apoio: "Ocorre a *solidariedade* quando, na mesma obrigação, há pluralidade de credores, cada qual com direito à dívida toda, ou pluralidade de devedores, cada um destes obrigado a ela por inteiro." (Acquaviva, *Dicionário jurídico brasileiro*, p. 1325) / Fomos levar nossa *solidariedade* à família do amigo falecido.
⇨ Observe-se a vogal de ligação *e* entre o radical e o sufixo *-dade*. Essa vogal aparece em todos os substantivos, formados no português, derivados de adjetivos terminados em *-ário* e *-orio*: *arbitrariedade* (de *arbitrário*), *precariedade* (de *precário*), *sedentariedade* (de *sedentário*), *obrigatoriedade* (de *obrigatório*), *notoriedade* (de *notório*). Na formação desses substantivos, serviram de modelo outros já existentes, provindos diretamente do latim, como *seriedade* (lat. *serietate*), *variedade* (lat. *varietate*), *propriedade* (lat. *proprietate*). Há registro da forma *solidaridade* (sem *e* entre o radical e o sufixo, como no fr. *solidarité*), que não vingou.

solidário. *Adj.* 1. Que tem responsabilidade comum, corresponsável: Os sócios de uma empresa são *solidários*; por isso, cada um responderá pelos atos dos outros. / "O marido fica *solidário* com as dívidas da esposa." (Antônio Houaiss)
2. Que partilha dos mesmos interesses, sentimentos, opiniões, etc.: "A princípio, fingiam-se

solidários comigo e me diziam..." (Aníbal Machado) / Era um político interesseiro, *solidário com* a classe empresarial. / Os integrantes da equipe estavam *solidários com* o ministro exonerado. / Tiveram um gesto nobre: ficaram *solidários com* o ministro. / "O jornal ficou *solidário ao* governo." (Aurélio)
⇨ Usa-se, geralmente, a prep. *com* antes do complemento de *solidário*.

solidarizar. *V. t. d.* 1. Tornar solidário★: A catástrofe *solidarizou* os habitantes da cidade.
V. t. d. e *i.* 2. Tornar solidário com: Tarefa difícil é *solidarizar* as nações ricas *com* as pobres.
V. pron. 3. Tornar-se solidário: Os funcionários *solidarizaram-se com* o ministro exonerado. / Nas desgraças, as pessoas *se solidarizam* umas *com* as outras. / "*Solidarizavam-se* essas árvores familiares no comunismo dos frutos." (José Américo de Almeida, *A bagaceira*, p. 27)

solo. Adj. relativo ao solo: *edáfico* (do gr. *édaphos*, '*solo*', + sufixo *-ico*). Exs.: fator *edáfico*; mutações *edáficas*.

soltado, solto. Usa-se o particípio regular *soltado* com os verbos *ter* e *haver*, e o particípio irregular *solto* com os verbos *ser* e *estar*: O caçador *tinha* (ou *havia*) *soltado* os cães. / Os cães não *seriam soltos* pelo caçador. / Os animais *estavam soltos*.

somali. *Adj.* 1. Da Somália, ref. à Somália: menino *somali*, menina *somali*; produtos *somalis*. ⇨ Diz-se também *somaliano*.
|| *Subst.* 2. a) Indivíduo natural da Somália; b) A língua falada pelos somalis.
⇨ Pronuncia-se *somalí*, e não *somáli*.

somar. Observar os significados e regências: 1. Juntar quantidades para achar a soma: *Somam-se* parcelas iguais ou não. / Não se podem *somar* livros *com* bois.
2. Juntar, reunir: *Somou* o seu salário *ao* (ou *com o*) do marido e viu que dava para comprar o televisor. / *Some* os seus esforços *aos* (ou *com os*) nossos.
3. Totalizar: Os lucros da empresa *somaram* mais de cem milhões de reais.

Δ **somato-, -somo.** [Do gr. *sóma*, *sómatos*, corpo.] *El. de comp.* = 'corpo', 'matéria': *somatologia*, *cromossomo*, *microssomo*.

somenos. [De *so-* (equivalente de *sub-*) + *menos*.] *Adj.* Inferior; de pouca importância: coisa de *somenos* interesse; matéria de *somenos* importância. ⇨ Adjetivo invariável em gênero e número, como *menos*.

| *De somenos*. Sem importância, insignificante: "Não se aborreça por coisas *de somenos*." (Houaiss)

somos seis. Diga-se 'somos seis', 'somos oito', 'somos quatro', e nunca 'somos *em* seis', 'somos *em* oito', 'somos *em* quatro' etc.: Em casa *somos seis*. / No grupo *éramos dez*. Da mesma forma se dirá: No carro *estávamos quatro*. / Ficamos *cinco* na sala de espera. / *Fomos três* falar com o diretor.

sonhar. *V. i.* 1. Ter sonhos dormindo: A criança dorme e *sonha*.
2. Entregar-se a fantasias, devanear: Vive no mundo da Lua, sempre a *sonhar*.
T. d. 3. Ver em sonhos: *Sonhei* uma viagem à Lua. / *Sonhei* que era um mágico famoso.
4. Imaginar, pensar: Os antigos nem sequer *sonhavam* os maravilhosos inventos do século XX. / Eles nem sequer *sonhavam* que o homem chegasse à Lua. ⇨ Na forma passiva: *Sonhava-se* dessalinizar a água do mar. / "Aqui mesmo, no Brasil, *sonha-se* uma experiência ainda mais interessante." (Paulo Moreira da Silva, *O desafio do mar*, p. 63)
⇨ Sonhar + objeto direto interno: "*Sonhava* o seu lindo *sonho* de prosperidade." (Coelho Neto, *Obra Seleta*, vol. I, p. 56)
T. i. 5. Ver em sonho: Quantas vezes Dirceu deve *ter sonhado com* sua Marília!
6. Pensar constantemente, desejar vivamente: O pobre *sonha com* uma vida melhor. / Sonha *em* possuir um pedaço de terra.
Pron. 7. Imaginar-se em sonho: "*Sonho-me* um Fídias novo; e, incontinênti, para esculpir-te..." (Raul Machado, *Cantos sem glória*, p. 142) / "*Sonhava-se* rainha." (Celso Luft)

sonho. Adj. relativo a sonho: *onírico* (estado *onírico*; visões *oníricas*). Veja *oniro-*.

Δ **sono-, -sono.** [Do lat. *sonus*, som.] *El. de comp.* = 'som', 'ruído': *sonômetro*, *sonoplastia*, *uníssono*, *dulcíssono*.

soprano. 1. A mais aguda das três variedades de voz feminina, sendo o *contralto* a mais grave e o *meio-soprano* a intermediária.
2. Cantora com voz de soprano: Bidu Saião foi *a* mais famosa *soprano* brasileira. ⇨ Se o termo se referir a homens (geralmente meninos), dir-se-á, evidentemente, *o soprano*.

sóror. [Do lat. *sóror*, irmã.] Tratamento dado às freiras. ⇨ Não se usa artigo antes de *sóror*: *Sóror* Mariana era a superiora do convento. / Quem nos atendeu foi *sóror* Cecília.

sorrir. Conjuga-se como *rir. Ind. pres.*: sorrio, sorris, sorri, sorrimos, sorrides, sorriem. *Pret. imperf.*: sorria, sorrias, sorria, sorríamos, sorríeis, sorriam. *Pret. perf.*: sorri, sorriste, sorriu etc. *Pret. mais-que-perf.*: sorrira, sorriras, sorrira, sorríramos, sorríreis, sorriram. *Subj. pres.*: sorria, sorrias, sorria, sorriamos, sorriais, sorriam. *Imper. afirm.*: sorri, sorria, sorriamos, sorride, sorriam.

sorrir-se. A forma pronominal de *sorrir* sugere espontaneidade, expansão irônica ou maliciosa: A jovem, ouvindo o elogio, *sorriu-se* feliz. / O avô *sorria-se* com as peraltices da menina. / *Sorri-me* de suas fanfarronices. Segue a conjugação de *rir*.

sortir. Abastecer, prover.
V. t. d. 1. *Sortir* uma casa comercial, uma loja, um bazar; *sortir* a despensa de (ou *com*) mantimentos e bebidas.
Pron. 2. *Abastecer-se, prover-se*: *sortir-se* de gêneros alimentícios para a viagem.
3. É irregular no pres. do ind. e do subj. e no imperativo. *Ind. pres.*: surto, surtes, surte, sortimos, sortis, surtem. *Subj. pres.*: surta, surtas, surta, surtamos, surtais, surtam. *Imperat. afirm.*: surte, surta, surtamos, sorti, surtam.
⇨ Distinga-se de *surtir* (ter como resultado, produzir efeito): O plano *surtiu* efeito. / As negociações não *surtiram* efeito.

sósia. [Do lat. *Sósia*, personagem (um escravo) da comédia *Anfitrião*, de Plauto.] Pessoa muito parecida com outra, menecma, duplo. ⇨ Para homens usa-se *o sósia*, para mulheres, *a sósia*: A tevê mostrou *a sósia* de Marilyn Monroe.

Δ **soto-.** [Do lat. *subtus*, debaixo.] *El. de comp.* = 'posição inferior', 'debaixo': *sotopor, soto-mestre*. Apresenta a variante *sota*: *sota-piloto, sota-proa*.

sotopor. [De *soto-* + *pôr*.] *V. t. i.* 1. Pôr debaixo, subpor: Ele *sotopôs* as legendas às fotos.
2. *Fig.* Pôr em plano inferior, subpor: Patriota autêntico, *sotopunha* seus interesses *ao* bem comum.
⇨ Conjuga-se como *pôr*★, do qual deriva. Antônimo: *sobrepor*.

status quo (status quó). Expressão latina que significa 'o estado em que certa questão se acha ou se achava anteriormente', 'a situação atual das coisas': Mantido o *status quo*, os déficits da previdência poderão aumentar. / Fizeram-se algumas mudanças na administração federal, mas tudo voltou ao *status quo*. / Maus parlamentares, interessados em manter o *status quo*, opuseram-se às reformas propostas pelo governo. ⇨ É menos usada a forma correta original *statu quo*, redução de *in statu quo res erant ante bellum*, "no estado ou na situação em que as coisas estavam antes da guerra". A expressão era usada nos tratados de paz, a partir do século XVI, nos quais os beligerantes (ou litigantes) aceitavam voltar à situação anterior à guerra (ou ao litígio).

suador. Na acepção de 'remédio que faz suar', 'sudorífero', a forma usual, no Brasil, é *suador*, variante vulgar de *suadouro*: "Tomou um *suador* e melhorou da gripe." (Aurélio) / "E que temos que fazer? — Dar-lhe um *suador* de folhas de laranjeira-da-terra." (Visconde de Taunay, *Inocência*, p. 40) A forma *suadouro*, embora correta, é menos usada.

Sua Excelência. Quanto ao uso correto dessa expressão, veja *Vossa Excelência* e *Vossa Majestade*.

suar. Transpirar. Diz-se: 'ele *sua* muito' e não 'ele *soa* muito'. *Soa* é forma do verbo *soar* (emitir som). No *ind. pres.* se conjuga: suo, suas, sua, suamos, suais, suam. *Subj. pres.*: sue, sues, sue, suemos, sueis, suem.

Sua Santidade. Veja, quanto ao emprego correto, *Vossa Santidade*.

Δ **sub-.** [Do lat. *sub*, sob, debaixo de.] *Pref.* Indica, o mais das vezes, 'posição inferior', 'inferioridade'. Exige hífen antes de *b , h* e *r*: *sub-bibliotecário, sub-hepático, sub-humano, sub-raça, sub-região, sub-reptício, sub-rogar*. "Ele [o ditador] é um pequeno homenzinho, cercado de *sub-homens*." (Fernando Pedreira, *O Estado de S. Paulo*, 3/1/93). Dispensa o hífen antes de outras letras: *subaxilar, subestimar, subumano, sublocar* (pronuncia-se *sub-lo-car*), *sublunar* (pronuncia-se *sub-lunar*), *submarino, subgerente, subsolo, subtropical*. ⇨ São incoerentes as grafias *sublocar* e *sub-região*.

subida honra. Nesta expressão (que deve ser evitada por constituir um chavão de mau gosto), *subida* significa *elevada* e é palavra paroxítona. Evite-se, pelo menos, pronunciar *súbida honra* ou *súbita honra*, que são disparates palmares.

subido. *Adj.* Na acepção de *elevado, alto, excelente*, ocorre com frequência nos escritores clássicos: "Eram verdes, verdes, os olhos de Joaninha, puros e brilhantes como esmeraldas do mais *subido* quilate." (Almeida Garrett, *Viagens na minha terra*, p. 90) Veja *subida honra*.

subir. 1. As regências mais comuns são *subir a* e *subir em* alguma coisa: Os meninos *subiram ao* (ou *no*) muro. / Eles gostam de *subir às* (ou *nas*) árvores. / *Subimos* rápido *ao* (ou, mais usado, *no*) ônibus. / "E ela os galhos vergava, às *árvores subindo.*" (Raimundo Correia, *Poesia Completa*, p. 157)
2. Em certas expressões consagradas pelo uso, é de rigor a prep. *a*: *subir ao céu, subir ao trono, subir ao poder, subir à presidência, subir à cabeça*: "Cairei do trono ou tu *subirás a ele.*" (Alexandre Herculano)
3. Em outras situações, usa-se *para, por, até*: Uma escada *subia para* (ou *até*) o jardim. / Lagartixas *subiam pelos* muros. / Eles *subiram pela* escada.
4. Admite objeto direto: O pai *subiu a menina* aos joelhos. / *Subiram as caixas* ao sótão. / "E desceu precipitadamente as escadas, *subindo-as* logo com as três testemunhas. (Camilo Castelo Branco, *Os brilhantes do brasileiro*, p. 196)
5. Com referência a preços, diz-se: O preço dos remédios *subiu* 60%.

subjuntivo. 1. Em construções como as que aparecem abaixo, o subjuntivo é mais eficaz que o infinitivo para exprimir a dúvida, a indecisão, a incerteza: No meio de tanta confusão, não sei o que *faça*. [Em vez de *o que fazer*.] / "Eu, assustado, não sabia que *fizesse.*" (Machado de Assis, *Dom Casmurro*, cap. 18) / "Pedro não sabia que *dissesse* no meio de tão longo silêncio." (*Id., Esaú e Jacó*, cap. 52) / "Tremia com o papel na mão, sem saber o que *fizesse.*" (Adolfo Caminha, *A normalista*, p. 45) / "Aimbé e o escravo, sem saber o que *fizessem*, pousaram com cuidado a rede no chão." (Diná Silveira de Queirós, *A muralha*, p. 372)
2. Há casos em que se pode usar o indicativo ou o subjuntivo, conforme se queira encarar o fato como certo ou um tanto incerto, duvidoso. Exs.: Este casaco talvez lhe *sirva* (ou *serve*). / O lavrador estima que *haja* (ou *há*), pelo menos, dez famílias ilhadas. / Eu não quero dizer que *se resolvam* (ou *resolvem*) problemas sociais só com dinheiro. / Não se sabe quem *seja* (ou *quem é*) esse barão a quem o historiador alude. / Quais *fossem* (ou quais *eram*) as intenções dele não sabemos. ⇨ Usa-se, geralmente, o subjuntivo quando, na oração principal, ocorre verbo que indica incerteza, como *estimar, presumir, supor, acreditar*, etc.: Estima-se que *tenham morrido* no conflito mais de dez mil homens.

sublevação. [Do lat. *sublevatione*.] Rebelião, revolta, levante: "Percebera a vitória da *sublevação.*" (Graciliano Ramos, *Insônia*, p. 93) Verbo cognato: *sublevar(-se)* = revoltar(-se), rebelar(-se), provocar revolta, amotinar: O guerrilheiro tentou *sublevar* o povo. / Tentou *sublevar* o povo contra o governo. / Dois regimentos *sublevaram-se*. ⇨ Quanto à pronúncia de *sublevação* e *sublevar*, veja *sublinhar*.

sublinhar. [De *sublinha* + *-ar*.] 1. Colocar sublinha ou traço sob uma palavra ou frase: *sublinhar* uma palavra.
2. Destacar, salientar: Em seu discurso, o presidente *sublinhou* a importância da colaboração do povo, no combate à inflação.
⇨ Os dicionários dão como pronúncia correta *sub-linhar*, destacando o prefixo do radical. Entretanto, o que se ouve mais frequentemente é *su-blinhar*, pronúncia mais cômoda e natural que, a nosso ver, não deve ser condenada, por se tratar de um fato fonético que tem precedentes no latim (cf. *sublimis*, sublime e *sublimare*, sublimar). A mesma observação cabe às palavras *sublevar* e *sublevação* (revolta, levante), geralmente pronunciadas *su-blevar* e *su-blevação*. Os seguintes vocábulos, porém, devem ser pronunciados sem unir o *b* do prefixo ao *l* inicial do radical: *sublacustre, sublegenda, subliminar, sublingual, subliteratura, sublocação, sublocar, sublocatário, sublombar, sublunar*.

submergir. [Do lat. *submergere*.] V. t. d. 1. Cobrir de água: As águas da represa *submergiram* o povoado.
2. Fazer desaparecer na água (ou em líquido), afundar: A tempestade *submergiu* a pequena embarcação.
3. *Fig.* A vida nos *submerge* num mar de preocupações.
V. i. e *pron.* 4. Afundar; embrenhar-se: O barco *submergiu(-se)* lentamente no mar. / Os dois homens *submergiram(-se)* na mata escura. / Recordações que *se submergem* nos mares profundos da memória." (Ciro dos Anjos, *Abdias*, p. 199) ⇨ Pode-se usar o pronome ou dispensá-lo, indiferentemente.
5. Pres. do indic.: *submerjo(ê), submerges*, etc. Pres. do subj.: *submerja(ê), submerjas*, etc. Part.: *submergido* e *submerso*.

subsidiar, subsídio. Pronunciam-se *subssidiar* e *subssídio*.
⇨ Na 1ª, 2ª e 3ª pessoas do sing. e na 3ª do pl. do pres. do indic. de *subsidiar*, o acento tônico incide na sílaba *di*: O Brasil não *subsidia* seus

produtos agrícolas. O mesmo ocorre no pres. do subj.: Não convém que os países ricos *subsidiem* seus produtos agrícolas.

subsistência, subsistir. Pronunciam-se *subssistência* ou *subzistência*; *subssistir* (e flexões) ou *subzistir*.

substantivo singular. 1. Deve ficar no singular o substantivo em frases do tipo: As crianças estavam com o *nariz* sujo. / Elas cobrem a *cabeça* com véus pretos. / Os hotéis exigem a *identidade* dos hóspedes. / A *voz* e o *sorriso* das moças o fascinavam. / As pessoas tratam bem o *corpo* e muito mal a *alma*. ⇨ Tais substantivos indicam pertença e se referem a vários possuidores: *nariz/crianças*; *voz/moças*, etc.
2. Em português é fato corriqueiro usar o singular pelo plural: Havia *muito peixe* nesse rio. / *A nossa laranja* é melhor que a estrangeira. / "Naquelas quebradas da serra ainda tem *muita onça*." (Raquel de Queirós)

substituir. [Do lat. *substituere*.] São regências dignas de nota:
1. Uma pessoa ou uma coisa substituem outra: O filho *substituiu* o pai na direção da empresa. / O filho *o* (e não *lhe*) *substituiu* na direção da empresa. / Quem *a* (e não *lhe*) *substituirá*? / O peixe pode *substituir* a carne bovina.
2. Substituir uma pessoa ou uma coisa por outra: *Substituem* Deus *por* ídolos. / Estão *substituindo* o homem *pela* máquina.
3. Substituir uma coisa *a* outra (regência correta, porém pouco usada): Pretendiam *substituir* o Alcorão *ao* Evangelho. / *Às* velhas teorias da Medicina medieval ele *substituiu* conceitos e práticas novas.
4. Quanto à grafia, veja *verbos terminados em -uir*.

sucatear. [De *sucata* + -*ear*.] Converter em sucata, vender como sucata: "Hospitais públicos *sucateiam* e perdem equipamentos." (*JB*, 25/8/91) Variante: *sucatar*.

suceder. [Do lat. *succedere*, vir depois.] 1. Na acepção de *vir depois*, *substituir*, *ser sucessor*, usa-se modernamente com objeto indireto regido da prep. *a*: A noite *sucede ao* dia, o descanso *ao* trabalho. / *À* tempestade *sucede* a bonança. / Tibério *sucedeu a* César. / Morto Nero, *sucedeu-lhe* Galba, senador da velha nobreza. / *Às* chuvas do verão *sucederam* os dias límpidos do outono. / "O amor da pecúnia *sucede ao* gosto da rapina." (Sérgio Buarque de Holanda, *Caminhos e fronteiras*, p. 158) / "Se Arquelau *sucederia a* Herodes e diziam que tinha mais fama nas crueldades, que seria de nossa volta?" (Diná Silveira de Queirós, *Memorial do Cristo*, p. 70) / "Ultimamente lia eu que *aos* grandes golpes *sucedem* sempre sonos prolongados." (Eça de Queirós, *O primo Basílio*, p. 311) / "Silêncio profundo *sucedera ao* ruído que a aparição daquele homem desvairado excitara." (Alexandre Herculano, *Lendas e narrativas*, p. 185) / "*Sucedi-lhe* no cargo de diretor do Arquivo Histórico..." (Ciro dos Anjos, *Abdias*, p. 2) / "Aliás não lhe regateiam aplausos quando ele *sucede ao* engenheiro, sobre o caixote." (Jorge Amado, *Tieta do Agreste*, p. 525) / "Quem em melhores condições para *suceder-lhe* do que outro poeta alagoano?" (Carlos Povina Cavalcânti, *Vida e obra de Jorge de Lima*, p. 189)
2. A regência indireta é, sem dúvida, a que deve ser preferida, não obstante a tendência atual de construir *suceder* com objeto direto, em frases como: Quem vai *suceder o presidente*? / Não se sabe ainda quem vai *sucedê-lo*. ⇨ Há casos em que a regência indireta se impõe para que o sentido do texto fique claro: "*Às chuvas* escassas de abril *sucederam* os aguaceiros." (José Condé, *Terra de Caruaru*, p. 183)
V. pron. 3. Vir ou acontecer depois, sucessivamente: *Sucediam-se* os dias e os meses numa monotonia desesperadora. / "Civilizações *sucedem-se* a civilizações." (Assis Cintra, *Histórias que não vêm na História*, p. 183) / "Ao longo do canal holandês, numa e noutra margem, de Delft a Haia, *sucedem-se* as quintas de recreio." (Ramalho Ortigão, *A Holanda*, p. 85) ⇨ Na acepção de *ocorrer*, não se diz *suceder-se*, mas *suceder*: Algo de parecido está *sucedendo* (e não *se sucedendo*) em nosso país.

sucesso. [Do lat. *successus*.] *S.m.* 1. Aquilo que sucede ou acontece; fato, ocorrência, evento, acontecimento (bom ou mau): O historiador analisou os *sucessos* que tiveram maior repercussão no século XX. / "O mau *sucesso* da empresa aconselhava a que se fizessem as explorações, daí por diante, com a maior cautela e resguardo." (Sérgio Buarque de Holanda, *Visão do paraíso*, p. 41)
2. Bom êxito, êxito, resultado feliz: O cientista não teve *sucesso* em suas experiências.
3. Parto: A parturiente orou à Virgem, pedindo-lhe um bom *sucesso*.
4. Obra literária, filme, música, etc., que alcança grande êxito: O filme X foi um dos *sucessos* do ano.

⇨ Em 2, 3 e 4, a significação de *sucesso* restringiu-se, sofreu uma restrição, especializou-se. *Acontecimento* (sentido lato); *bom êxito, parto, grande êxito* (sentidos restritos). Antônimos: *insucesso, malogro, fracasso.*

Δ **sucro-.** [Do fr. *sucre*, açúcar.] *El. de comp.* = 'açúcar': *sucroquímica, sucroalcooleiro.*

Δ **sudori-.** [Do lat. *sudor, sudoris*, suor] *El. de comp.* = 'suor': *sudorífico, sudorífero, sudoríparo* (glândulas *sudoríparas*).

sugerir. 1. Exige objeto indireto de pessoa: *Sugeri ao paciente* que procurasse outro médico. / *Sugeri-lhe* que procurasse outro médico. / *Sugerimos-lhe* várias medidas para solucionar a crise. / "Ali tudo lhe *sugere* tranquilidade." (Aurélio)
2. Conjuga-se como *aderir*: sugiro, sugeres, sugere, etc.; sugira, sugiras, sugira, sugiramos, sugirais, sugiram.

sugestão. Está correta a frase: "A *sugestão* do baiense Aguilar *era que* Viana devia preparar uma armadilha." (Ana Miranda, *O retrato do rei*, p. 176) Veja os verbetes *impressão, opinião*, e *de que*.

Suíça. Adj. relativos à Suíça: *suíço, helvético*: a República Helvética (= a Suíça).

suicidar-se. [De *suicídio* ou de *suicida.*] *V. pron.* 1. Matar-se voluntariamente. A rigor, o pronome *se* é redundante porque a ideia de reflexividade já está expressa em *sui*, que em latim significa 'de si próprio'. O radical *cid* procede do lat. *caedere*, 'matar'. Em outras palavras, *suicidar-se* = *se matar-se*. Gramaticalmente, o correto seria dizer, por exemplo, que 'Fulano *suicidou'*. Mas quem fala assim? O que se diz e escreve é que 'Fulano *suicidou-se*'. A língua nem sempre se submete ao jugo da lógica.
2. *Fig.* Arruinar-se; destruir a sua própria influência e prestígio: Deputado que perde o seu mandato, por corrupção, *suicida-se* politicamente. ⇨ *Suicídio* também se usa neste sentido: "O setor privado não pode resistir à entrada do Brasil na ALCA porque seria *suicídio*. O mundo caminha para a globalização." (Roberto Campos, *JB*, 16/10/97)

sujeito oracional. *Concordância.* O verbo cujo sujeito é uma oração (infinitiva ou desenvolvida) concorda obrigatoriamente na 3ª pessoa do singular: Os dois sócios *parece* que não se entendem. [= *Parece* que os dois sócios não se entendem.] / São fatos esses que não *adianta* escamotear. [= Escamotear esses fatos não *adianta*.] / Não tomaram as medidas que lhes *cumpria* adotar. / Exigem-me detalhes que não *cabe* a mim esclarecer. / Trata-se de problemas que não *estava* em suas mãos resolver. / Há certas coisas que *deveria* repugnar aos artistas fazer perante a plateia. / "Esse expediente daria a uma legislatura arenista e caduca atribuições que *se queria* negar aos eleitos do dia 15 de novembro." (Elio Gaspari, *A ditadura derrotada*, p. 478) / "Graças aos prodígios que lhe *foi concedido* realizar, a Besta seduz os habitantes da terra." (João, *Apocalipse*, 13) / "A quantidade de certos elementos que *se calcula* existir na atmosfera de Júpiter e de Saturno parece indicar que esses corpos gigantescos..." (Alberto Delerue, *O sistema solar*, p. 191) / "Decaiu São Vicente e mesmo Santos fez menores progressos do que *seria* de esperar a princípio." (Sérgio Buarque de Holanda, *Raízes do Brasil*, p. 100) [= do que seria de esperar *que fizesse*.] / "Estão mais atentos que *se supõe*." (Ciro dos Anjos, *Montanha*, p. 365) / "Sabe-se que a aprovação das reformas constitucionais é vital para que se permita à nação alcançar os níveis de desenvolvimento que *se espera*." (Antenor Barros Leal, *JB*, 14/3/96) ⇨ Nos dois últimos exemplos ocorre a elipse total, no primeiro, e parcial, no segundo, do sujeito oracional: "Estão mais atentos que se supõe *que estejam atentos*." / "... alcançar os níveis de desenvolvimento que se espera *alcançar*."

Errou, portanto, o comentarista político que escreveu num jornal carioca: "Magalhães Pinto sumiu na escuridão sem olhar para trás. Sem a pressa de quem foge. Mas, com a discrição de quem se afasta de erros e complicações que já não *estavam* em suas mãos resolver." O verbo grifado deve ficar no singular porque o sujeito não é 'erros e complicações', mas a oração 'resolver erros e complicações': *resolver erros e complicações não estava em suas mãos*. Veja os verbetes *adiantar, caber, competir, cumprir, faltar, importar* e *pretender*, nos quais se trata de verbos que podem ser construídos com o sujeito oracional.

sul. Adjetivos relativos a sul (ponto cardeal): *meridional, austral* (país *meridional*; polo *austral*).

Δ **sulfur-.** [Do lat. *sulfur, sulfuris*, enxofre.] *El. de comp.* = 'enxofre': *sulfurar, sulfúreo, sulfureto, sulfúrico, sulfurino.*

sultão. *S.m.* Título que se dava ao imperador da Turquia; título dado a alguns príncipes maometanos; senhor poderoso; homem que tem muitas mulheres. Pl.: *sultões* (mais usual), *sultãos, sultães*. Ex. da primeira forma: "O Palácio Topkap [em Istambul], residência dos *sultões*, é um conglomerado confuso de construções disparatadas, erguidas em épocas sucessivas." (Afonso Arinos de Melo Franco, *Maralto*, p. 58)

sumaríssimo. Superlativo absoluto de sumário: "No inquérito *sumaríssimo* a que tive de responder, declarei-me naturalmente solidário com os meus colegas." (Vivaldo Coaraci, *Todos contam sua vida*, p. 266) / "... enquanto era expulsa a Canalha das Ruas, que se apresentara em trajes *sumaríssimos*, atentando contra o decoro." (Carlos Drummond de Andrade, *Os dias lindos*, p. 80) Alguns adjetivos terminados em -io, como *sério*, *sumário*, *primário*, etc., assumem, no superlativo, a terminação regular *-iíssimo* ou a irregular *-íssimo*. Há preferência por essa última, por ser mais eufônica: *sumaríssimo* (em vez de *sumariíssimo*), *seríssimo*, *primaríssimo*, etc.

sumarizar. Tornar sumário, sintetizar, resumir: "O título [do livro] *sumariza* o conteúdo: Israel, a Tragédia da Vitória." (*Manchete*, 14/6/89) / "Demos de barato que o *nude-look* pegue, os trajes femininos *se sumarizem* mais, se esburaquem, se esgarcem em véus." (Raquel de Queirós, *O caçador de tatu*, p. 135) ⇨ Variante de *sumariar*. É neologismo.

sumir. Na acepção de *desaparecer*, é indiferente pronominalizá-lo ou não: As borboletas esvoaçam um pouco e *somem* (ou *somem-se*) por entre as árvores. / O barco foi se afastando da costa mansamente, até *sumir* (ou *sumir-se*) no horizonte marinho. ⇨ No Brasil, há preferência pela forma despronominada: *sumir* de casa; nódoa que não *some*; *sumir* entre a multidão. No português lusitano, costuma-se usar a forma pronominada: "Carlos *sumiu-se* por trás do reposteiro." (Eça de Queirós) / "*Suma-se*, vá-se embora." (Castilho) / "Por que *te somes* correndo?" (Castilho)

Δ **super-.** [Do lat. *super*, sobre.] *Pref.* = 'superioridade', 'posição em cima', 'excesso': *superdotado*, *superagudo*, *superalimentação*, *superpor*, *superestimar*, *superdose*, *supermãe*, *super-homem*, *super-realismo*, *super-requintado*, *supersensível*. ⇨ Hífen antes de *h* e *r*.

superávit. Veja *déficit*.

superior. [Do lat. *superior*, mais alto, mais elevado.] *Adj.* Mais elevado, que está acima. A ideia de *mais* está implícita neste adjetivo. Por isso, não se diz *mais superior*, da mesma forma que não se diz *mais maior*. O correto é, portanto: O time X foi *superior* ao time Y. / A China é *superior* à Índia, em população. / Os homens de amanhã serão *superiores* aos de hoje? ⇨ *Mais*

inferior também é redundância condenada. Veja o verbete *inferior*.

súpero. [Do lat. *superus*, que está em cima, superior.] 1. *Adj.* Superior; supremo.
2. *El. de comp.* Forma adjetivos compostos: *súpero-anterior*, *súpero-lateral*, *súpero-posterior*, etc. Antônimo de *ínfero*.

supervisionar. *V. t. d.* Exercer supervisão em; ser supervisor de; orientar; inspecionar: Os países neutros vão *supervisionar* a retirada das tropas iraquianas. / Contrataram um engenheiro inglês para *supervisionar* as obras.

suplantar. [Do lat. *supplantare* (*sub*, debaixo de, + *planta*, planta do pé), derrubar.] *V. t. d.* Pôr sob os pés, calcar, pisar; derrubar; vencer; ser superior a, sobrepujar. Emprega-se mais nessa última acepção: Este ano, o volume de vendas da fábrica *suplantou* o do ano passado. / O discípulo igualou-se ao mestre e até o *suplantou* em originalidade. / É uma grande atriz: nenhuma a *suplanta* em fama e beleza. ⇨ Como todo verbo transitivo direto, exige o pronome *o*, como complemento, e nunca *lhe*: É um país pequeno, mas poucos *o suplantam* em população e riqueza.

supor. Conjuga-se como *pôr**: suponho, supunha, supus, supusera, supusesse, supuser, etc. Part.: suposto.

suposto. Além de particípio (Eu tinha *suposto* que a tarefa seria fácil.) e de adjetivo (um *suposto* crime), *suposto* ocorre, em escritores clássicos, como conjunção concessiva, sinônimo de *embora*, *ainda que*: "*Suposto* o uso vulgar seja começar as memórias pelo nascimento, duas considerações me levaram a adotar diferente método." (Machado de Assis, *Brás Cubas*, p. 111) Veja *posto*.

suposto que. *Loc. conj.* Dado que, na hipótese de que, admitido que: *Suposto que* a estrada seja realmente útil, onde estão os recursos para construí-la?

supra. *Adj.* Latinismo que significa 'mencionado ou citado acima ou anteriormente'; supracitado: "Aos exemplos *supra* juntarei agora os de outros escritores..." (Mário Barreto, *Últimos estudos*, p. 249)

Δ **supra-.** [Do lat. *supra*, acima de, sobre, anteriormente.] *Pref.* Indica, como *super*, 'superioridade', 'posição superior', 'anterioridade': *supraesofágico*, *suprarrenal*, *supra-hepático*, *suprassumo*, *supracitado*, *suprapartidário*. ⇨ Hífen antes da *vogal a* e de *h*.

suprir. [Do lat. *supplere*, completar.] 1. Completar, inteirar: Ele é rico, *suprirá* a quantia necessária. / As vitaminas *suprem* as deficiências alimentares.

2. Substituir: A força não *supre* a inteligência. / Na ausência do titular quem o *supre*? / A graça de Deus não *supre* a colaboração do homem. / "Nem todas seriam moças em flor; mas a distinção *supria* a juvenilidade." (Machado de Assis, *Quincas Borba*, p. 145, 3ª ed., 1899)
3. Prover, abastecer: As cooperativas agrícolas *suprem* a população de alimentos. / Foi a mulher que o *supriu* de revistas, livros e frutas. ⇨ É incorreta a regência usada pelo autor desta frase: "Os Guaicuru [ou melhor, *os guaicurus*] já impunham sua suserania sobre povos agrícolas, forçando-os a *suprir-lhes* de alimentos e de servos." ⇨ Regência correta: *supri-los* de alimentos e de servos.

surdo-mudo. Contrariamente à regra de flexão dos adjetivos compostos, variam os dois elementos: criança *surda-muda*, crianças *surdas-mudas*, moços *surdos-mudos*. Usa-se também como substantivo: os *surdos-mudos*, as *surdas-mudas*.

surpreender. *V. t. d.* 1. Apanhar de surpresa: A polícia *surpreendeu* o traficante no hotel. / A polícia *surpreendeu-o* no hotel. / *surpreendeu-os* no mar um vento forte. / A patroa *surpreendeu-a* roubando.
2. Causar surpresa ou espanto a: *Surpreendeu-me* a coragem do menino. ⇨ Observe-se o uso adequado do pronome na função de complemento: *surpreendeu-o*, *surpreendeu-a*, e nunca *surpreendeu-lhe*.
V. i. 3. Causar surpresa: Não *surpreende* que busquem as cidades; a seca os expulsa do campo.
V. pron. 4. Admirar-se, espantar-se: *Surpreendi-me* de vê-lo dirigindo um carro de luxo.

surrealismo. *S.m.* Palavra mal traduzida do francês *surréalisme*. A forma correta, mas pouco usada, é *super-realismo* (ou *suprarrealismo*), porquanto o prefixo francês *sur-* exprime a ideia de *sobre*, *acima de*, e não a de *sob*, *abaixo de*. ⇨ O mesmo se diga de *surrealista*, adj. geralmente usado em vez de *super-realista* ou *suprarrealista*.

sursis. *S.m.* Suspensão condicional da pena. A pena infligida pelo juiz fica extinta após determinado tempo, se o condenado não tiver reincidido no delito. ⇨ *Sursis* é palavra francesa e se pronuncia *sursi*: O contraventor foi condenado a seis meses de prisão, com direito *a sursis*.

surtir. Ter como resultado, produzir, alcançar (efeito): "O ardil de Pelágio *surtira* o desejado efeito." (Alexandre Herculano, *Eurico*, p. 277) É verbo defectivo, conjugável só nas 3ªˢ pessoas. Veja *sortir*.

suspeitar. [Do lat. *suspectare*, olhar para cima; suspeitar de.] Ter suspeita de, desconfiar de, considerar por suspeita, julgar mal. Damos as construções mais usuais.
1. *Suspeitar alguma coisa* ou *de alguma coisa*: *Suspeitou* o pior e aconteceu o melhor. / *Suspeitávamos da* existência de um grupo criminoso em nosso bairro. / A polícia *suspeitava* (de) que o atentado fora obra de um grupo terrorista. / Os astrônomos *suspeitam* (de) que se trata de alguma sonda lançada ao espaço pelos russos. / "Os funcionários *suspeitam* que exista uma quadrilha especializada na venda de cartões de crédito e cheques roubados." (*JB*, 12/1/95) / "*Suspeitamos* que os versos tenham sido escritos no Rio." (Manuel Bandeira, *Gonçalves Dias*, p. 70) / "Quando Aires saiu do Passeio Público, *suspeitava* alguma coisa, e seguiu até o Largo da Carioca." (Machado de Assis, *Esaú e Jacó*, cap. 60)
2. *Suspeitar de alguém*: A patroa, ao dar pela falta das joias, *suspeitou da* empregada. / Ninguém *suspeitou de* nós.
3. *Suspeitar alguém (de) ser algo*: *Suspeitam* o fazendeiro de mandante do crime. / *Suspeitam-no* de contrabandista.

suspendido, suspenso. 1. Usa-se a forma participial *suspendido* com os verbos *ter* e *haver*: O presidente *tinha* (ou *havia*) *suspendido* a viagem.
2. *Suspenso* usa-se com os verbos *ser* e *estar*: A viagem *foi* (ou *estava*) *suspensa*. / Alguns alunos *foram suspensos* por indisciplina.

suspense. [Do ingl. *suspense*.] *S.m.* Expectativa ansiosa e tensa do que vai acontecer no enredo de romances, filmes, peças de teatro. ⇨ Anglicismo de uso corrente: O *suspense* estimula o interesse do leitor de romances. / "Depois de fazer um certo *suspense*, explica: — Não é todo sábado, mocinho, que vamos lá." (Edilberto Coutinho, *Piguara*, p. 20)
| *Em suspense. Loc.* "O escândalo manterá o País *em suspense* durante algum tempo." (*O Estado de S. Paulo*, 26/5/92) Vinicius de Moraes usou a loc. aportuguesada *em suspenso*: "Caryl Chessmann, o famoso bandido da Luz Vermelha, de Los Angeles, cuja execução na câmara de gás deixou o mundo *em suspenso*." (*Para uma menina com uma flor*, p. 134)

suster. Sustentar, conter. Conjuga-se como ter*: sustém, sustêm, sustinha, sustive, sustivera, sustivesse, sustiver, etc. Exs.: A mãe *sustém* a criança nos braços. / As colunas *sustêm* o edifício. / Ele *susteve* o riso.

suvenir. [Do fr. *souvenir*, lembrança.] *S.m.* Objeto que se vende a turistas como lembrança de um lugar. Pl.: *suvenires*. Prefira-se *lembrança, presente*.

T

tabaréu. *S.m.* e *adj.* Caipira, matuto. O fem. é *tabaroa*: "Eu quero ver a moreninha *tabaroa*, arregaçada, enchendo o pote na lagoa." (Guimarães Rosa, *Sagarana*, p. 353)

tabelião. Plural: *tabeliães*. Feminino: *tabelioa* e *tabeliã. Tabeliã* é a forma geralmente usada e preferível. ⇨ Além de *tabelião*, formam o fem. em -*ã* ou -*oa*: anfitrião (*anfitriã, anfitrioa*), ermitão (*ermitã, ermitoa*), faisão (*faisã, faisoa*), tecelão (*tecelã, teceloa*). As formas em -*oa* desses substantivos são de cunho vulgar.

tabelioa. *Adj.* 1. Própria da linguagem dos tabeliães: palavras e expressões *tabelioas*.
2. Usual, de praxe: "Após meia dúzia de palavras *tabelioas* de um exórdio conciso, o promotor leu o libelo." (José Veríssimo, *apud* João Ribeiro, *Páginas escolhidas*, II, p. 25)
|| *S.f.* 3. Feminino de *tabelião*★.

tacha, taxa. 1. *Tacha*. Pequeno prego de cabeça larga e chata; mancha, nódoa, mácula, defeito moral: reputação sem *tacha*.
2. *Taxa*. a) Tributo, tarifa, valor cobrado por um serviço público ou particular: *taxa* postal, *taxa* de luz, *taxa* de água; b) Porcentagem: *taxa* de juros, *taxa* de mortalidade.

tachar, taxar. 1. *Tachar*. Pôr tacha ou defeito em, qualificar negativamente, acusar, censurar: O leitor *tachou* o articulista de desinformado e leviano. / *Tachou-a* de volúvel e ingrata. / A crítica *tachou* o livro de medíocre. / "Certamente os especialistas vão criticar esta obra, *tachando-a* de incompleta." (Hilton Japiassu, *Dicionário básico de filosofia*, p. 7) / "O autor [M. Lobato] *foi tachado* de marqueteiro a subversivo." (Cristiane Costa, *JB*, 20/4/2002) ⇨ *Tachar* prende-se ao fr. *tache*, que significa *mancha*.
2. *Taxar*. a) Estabelecer a taxa ou o preço de, onerar com impostos: O governo *taxava* exorbitantemente os produtos importados. / O prefeito poderá *taxar* em dois reais a passagem de ônibus. b) Qualificar, considerar, avaliar: O médico *taxou* de excelente a água dessa fonte. / Seu procedimento *foi taxado* de exemplar. / *Taxaram* de enganosa a propaganda desse produto. ⇨ *Taxar* pode-se usar tanto para expressar características boas como para denotar características más. O homônimo *tachar*, ao invés, só é adequado para a expressão de características más ou negativas. Podemos escrever, por exemplo, '*taxar* alguém de honesto', ou '*taxá-lo* de corrupto', mas não '*tachar* alguém de honesto'. Os raros exemplos que os dicionários registram de escritores mostram que o v. *tachar*, devido à sua conotação negativa, foi sempre usado para expressar maus atributos: *tachar* um trabalho de inútil, *tachar* a ciência de descrente, *tachar* a medicina de falível, etc. Por isso, a nosso ver, é preferível escrever sempre *tachar*, quando a característica é má ou depreciativa e usar *qualificar, ter na conta de, classificar, considerar*, quando se trata de características boas.

tal. Deve concordar com o substantivo a que se refere: Que *tais* os novos vizinhos? / Os grupos de extermínio espalham o terror na localidade, *tais* as atrocidades que cometem. / É cada vez maior o número de contrabandistas que atravessam as fronteiras, *tais* as facilidades que encontram. / "É de fato penoso deixar de ver as coisas *tais* como as que vimos a primeira vez." (Aníbal Machado, *Cadernos de João*, p. 113)

Δ **talasso-.** [Do gr. *thálassa*, mar.] *El. de comp.*= 'mar': *talassocracia, talassofobia, talassometria, talassoterapia, talassoterápico*.

talibã. Grupo radical islâmico que assumiu o poder no Afeganistão em 1996, tendo sido derrotado pelos americanos e aliados em 2001: "Os *talibãs* proibiram as mulheres de estudar, trabalhar, sair de casa sem a companhia de um parente do sexo masculino." (Míriam Leitão, *O Globo*, 7/10/2001) ⇨ *Talibã* é a forma usual, melhor que *talebã*.

tal qual. De acordo com a tradição da língua, os correlativos *tal* e *qual* devem concordar com o substantivo ou pronome a que se referem: A mãe queria que a filha fosse *tal quais* as colegas. / Eles querem ser *tais qual* o pai. / Essas mulheres se vestem *tais quais* os homens. / Encontramos todas as coisas em seu lugar, *tais quais* as deixáramos na véspera. / "Tenho ali na parede o retrato dela, ao lado do retrato do marido, *tais quais* na outra casa." (Machado de Assis, *Dom Casmurro*, cap. VII) / "O rosto, extremamente pálido, os cabelos e as barbas crescidas eram *tais quais* os das imagens de São Francisco das Chagas." (Afonso Arinos, *Obra completa*, p. 201) ⇨ Escritores modernos geralmente não flexionam *tal qual*, por entenderem que a expressão equivale a *como*: "Os cães, *tal qual* os homens, podem participar das três categorias." (Paulo Mendes Campos, *Anjo bêbado*, p. 159) / "Eu quisera viver *tal qual* os passarinhos." (Gilca Machado, *apud* Aurélio) / "Nos canteiros empoçados as plantas se sacudiam *tal qual* jaçanãs nos brejos." (Stella Leonardos, *Estátua de sal*, p. 38)

tal... que. Na frase "O bandido respondeu com *tal* frieza *que todos ficaram atônitos*" pode-se dispensar o termo intensivo *tal* e construir: "O bandido respondeu com uma frieza *que todos ficaram atônitos*." Outros exemplos com a elipse de *tal*: "Chegamos a um ponto de amizade *que não podíamos mais guardar um pensamento*." (Clarice Lispector, *Felicidade clandestina*, p. 11) / "Essa gente fazia um barulho *que assustava os transeuntes...*" (Graciliano Ramos, *Infância*, p. 247) ⇨ As orações em destaque denominam-se adverbiais *consecutivas*, porque exprimem a conseqüência das orações que as precedem.

talvez. *Adv.* 1. Anteposto ao verbo, *talvez* exige, de regra, o subjuntivo: *Talvez* ele *chegue* ainda hoje. / Se eu tivesse mais experiência, *talvez agisse* de outro modo. / "*Talvez sentisse* compaixão e *se reconhecesse* injusto." (Graciliano Ramos, *Infância*, p. 242) / "*Talvez* nos *entendamos...*, pois conversando é que a gente se entende." (Carlos Drummond de Andrade, *Os dias lindos*, p. 32) ⇨ Quando *talvez* não modifica o verbo expresso que se lhe segue, mas outro segmento da frase, usa-se o indicativo, como neste passo de Alexandre Herculano: "El-rei parecia grandemente comovido e, *talvez involuntariamente, lançou* um braço ao redor do pescoço do cego, que soluçava e tremia sem soltar uma só palavra." (*Lendas e narrativas*, 1º tomo, p. 278, 5ª ed., Lisboa, 1882) [talvez involuntariamente = talvez *o fizesse* involuntariamente.]

2. Se o verbo anteceder o advérbio *talvez*, usar-se-á o indicativo: Esse *foi talvez* o acontecimento que marcou mais profundamente o ano de 1992.

3. A construção do item 1, convém observar, nem sempre é de rigor. Não nos parece inadequado o uso do indicativo em frases como estas, em que *talvez* sugere incerteza atenuada: *Talvez fazia* semanas que os retirantes trilhavam aquelas veredas sem fim. / *Talvez* não *penetram* nessa mata porque temem os índios.

4. Quanto a *talvez que*, veja *certamente que*.

tamarindo. [Do árabe *tamar índi*, tâmara indiana.] *S.m.* Árvore da família das leguminosas; o fruto dessa árvore. Variantes populares: *tamarinho* e *tamarino, tamarindeiro*. Prefira-se *tamarindo*: "Os olhos fitos na espessura dos *tamarindos*." (Eça de Queirós, *apud* Aulete)

Tâmisa. [Em inglês *Thames*.] *S.m.* Rio da Inglaterra, que atravessa Londres. É palavra proparoxítona.

tampouco, tão pouco. 1. *Tampouco*. Tem valor negativo, equivale a *também não*: Ela não gostou do filme e eu *tampouco*. / Não bebe nem fuma, *tampouco* frequenta boates. / Não dá nada do que é seu e *tampouco* ajuda os outros. / Não me parece *tampouco* que o caso mereça tanto destaque. / "O povo da Inglaterra, ainda não maduro para uma revolução luterana ou calvinista, *tampouco* estava disposto a aceitar a submissão imediata a Roma." (E. Burns, *História da civilização ocidental*, I, p. 475).

2. *Tão pouco*. Usa-se para significar 'tão pequena coisa', ou algo diminuto, escasso, curto:

Ganham *tão pouco* que mal podem viver. / Não creio que ele tenha pintado o quadro em *tão pouco* tempo. / Tinha *tão pouco* interesse pela notícia que nem se deteve para ouvi-la.

Δ **tanato-.** [Do gr. *thánatos*, morte.] *El. de comp.* = 'morte': *tanatofobia, tanatologia*. Cognato: *eutanásia* (gr. *euthanasía*).

tantas. Usa-se nas locuções *as tantas, às tantas, pelas tantas*, para indicar hora indeterminada: "Só dormiu lá para *as tantas* da madrugada." (Houaiss) / Chegou ao clube *às tantas* da noite. / Lá *pelas tantas*, entra-me em casa um estranho.

tanto. Forma várias expressões, indicando, geralmente, quantidade, altura, extensão, tempo, indeterminados: Tinha dois metros *e tanto* de altura. / Lá pelos anos de mil oitocentos *e tantos*. / Ela pediu um quilo de carne e *um tanto* de farinha. Veja *tantas*.

Usa-se para encarecer e superlativar a qualidade de alguém ou de alguma coisa: Ganhou um presente *e tanto*. Ela tem um corpo *e tanto*. Veja *tanto que*.

tanto... como. O sujeito composto cujos núcleos estão unidos por essa expressão correlativa leva o verbo ao plural: *Tanto* a família *como* a escola *devem* educar as crianças. / *Tanto* o poeta *como* o cientista *merecem* o nosso apoio. / *Tanto* ele *como* (ou *quanto*) eu *temos* interesse no negócio. / "É um homem excelente, e *tanto* Emília *como* Francisquinha o *estimam* muito." (Ciro dos Anjos, *O amanuense Belmiro*, p. 112) / "*Tanto* Byron *como* Shelley *desistem*, mas Mary toma a sério a tarefa." (Moacyr Scliar, *A paixão transformada*, p. 139) / "Desta maneira, *tanto* a metafísica *como* a estética *são colocadas* pelos portugueses no mesmo plano que a santuária." (José Castelo Branco Chaves, *Portugal: a terra e o homem*, II, p. 15)

Veja casos semelhantes no verbete *não só... mas também*.

tanto faz dez como cem. O verbo permanece no singular porque se trata de expressão fixa, estereotipada: Para ele *tanto faz dez como cem* dólares. / Para Deus *tanto faz cem como mil* anos. / "Hóspedes, para ela, *tanto faz cinco como cinquenta*..." (Machado de Assis, *apud* Vittório Bergo)

tanto mais... quanto mais. 1. Expressão que correlaciona duas orações, estabelecendo proporcionalidade: *Tanto mais* folhas caíam *quanto mais* forte o vento soprava. / As crianças brincam com *tanto mais* alegria *quanto mais* seguras se sentem.

2. A construção normal desta expressão proporcional é com *tanto* invariável. Todavia, admite-se, por ênfase, a concordância de *tanto* com o substantivo imediato: Tantas mais folhas caíam *quanto mais* forte o vento soprava. / As crianças brincam com *tanta mais* alegria *quanto mais* seguras se sentem. ⇨ Escritores clássicos abonam tal concordância. Mas deve ser usada só em casos especiais.

3. Também se usa *tanto mais... quanto*: "Isto é *tanto mais* atroz *quanto* a criança portuguesa é excessivamente viva, inteligente e imaginativa." (Eça de Queirós, *Cartas de Inglaterra*, p. 55)

tanto ou mais do que. Por concisão, dizemos: Agora sou muito feliz. *Tanto ou mais do que* você (em vez de: *tanto como* você ou *mais do que você*). Outros exemplos: Vera é muito amiga do pai. *Tanto ou mais do que* a irmã. / Essa prova foi muito difícil? — *Tanto ou mais que* a primeira. Pelo mesmo motivo se diz: Álvaro é *tão bom ou melhor do que* o irmão. / Meu motorista é *tão bom ou melhor que* o teu. / Ele fala o inglês *tão bem ou melhor do que* nós.

tanto que. 1. Logo que, assim que: *Tanto que* os viu, correu a abraçá-los.

2. A prova disso é que, por sinal que: Não havia armas de destruição em massa no Iraque, *tanto que* ninguém as encontrou.

tão bem ou melhor que. Por concisão, se diz: 'Ela escreve *tão bem ou melhor que* seu marido' em vez de 'Ela escreve tão bem como o seu marido ou melhor que ele'. Veja *tanto ou mais do que*.

tapa. *S.m.* Na acepção de *pancada com a mão*, no Brasil usa-se geralmente no masculino: Ela não se conteve e deu-lhe *um tapa*. / "Você quer me dar *um tapa* na cara?" (Carlos Drummond de Andrade, *Obra completa*, p. 429)

| *a tapa* ou *a tapas*. A bofetadas, violentamente: Expulsou-o da casa *a tapas*.

Δ **taqui-.** [Do gr. *tachýs*, rápido.] *El. de comp.* = 'rápido', 'breve': *taquigrafia, taquicardia, taquifagia, taquigrafar, taquígrafo, taquipneia*.

tardar. *V. i.* 1. Vir tarde, demorar: O castigo *tarda*, mas não falha. / "As providências *tardaram*." (Celso Luft) / "Não *tardará* que os árabes desçam do Calpe e se derramem pelas províncias da Espanha." (Alexandre Herculano, *Eurico*, p. 64)

T. i. 2. Demorar: Ele *tardou a* (ou *em*) chegar. / "Não *tardou em* espalhar-se na povoação e nos lugares circunvizinhos que Eurico era o autor de alguns cânticos religiosos." (Alexandre

Herculano, *Eurico*, p. 15) / "O cavaleiro negro não *tardara a* aparecer onde mais acesa andava a briga." (Alexandre Herculano, *Eurico*, p. 110) / "Não *tardou a* escurecer." (Herberto Sales, *Cascalho*, p. 410)

tarde. Adjetivos relativos à tarde: *vespertino, vesperal.*

tataraneto, tataraneta. Formas vulgares de *tetraneto*★ e *tetraneta.*

tataravô, tataravó. Formas vulgares de *tetravô* e *tetravó*. Por ordem ascendente: *avô, bisavô, trisavô* e *tetravô* (do gr. *tetra*, quatro). *Tetravô* (ou *tataravô*) é o pai do trisavô e não do bisavô, como erradamente se usa.

taubateense. *Adj. e subst.* De Taubaté; pessoa natural de Taubaté, SP. O primeiro *e*, vogal subtônica, tem o timbre aberto.Variante: *taubateano (è).*

Δ **tauri-.** [Do lat. *taurus*, touro.] *El. de comp.* = 'touro': *tauricéfalo, tauricida, taurino.*

Δ **tauto-.** [Do gr. *tautó*, o mesmo.] *El. de comp.* = 'mesmo': *tautologia, tautometria, tautossilabismo, tautossilábico.*

taxa, taxar. Veja *tacha* e *tachar.*

taxiar (cs). [Do ingl. *to taxi*.] *V. i.* Rodar (o avião) em terra, depois de pousar ou antes de decolar: Avião Bandeirantes sofre pane ao *taxiar* no aeroporto Santos Dumont.

Δ **taxi-, -taxe.** [Do gr. *táxis*, arranjo, ordem.] *El. de comp.* = 'arranjo', 'ordenação', 'classificação': *taxionomia, sintaxe.*

tcheco. *Adj.* 1. Referente à República Tcheca: o povo *tcheco*, a indústria *tcheca.*
|| *S.m.* 2. Pessoa natural da República Tcheca: "A ideia de reunir *tchecos* e eslovacos, povos separados desde o séc. X, tomou corpo no século XIX." (Antônio Houaiss, *Pequeno dicionário Koogan Larousse*, p. 1566)
⇨ A forma *checo* parece-nos mais correta, por estar de acordo com a fonética da língua portuguesa, mas no Brasil, geralmente, se pronuncia e escreve *tcheco*, embora o som consonantal *tch* seja estranho à nossa língua. A mesma observação cabe a *Checoslováquia*★ e *Tchecoslováquia.*

Tchecoslováquia. Veja *Checoslováquia.*

Δ **-teca.** [Do gr. *théke*, caixa, cofre.] *El. de comp.* = 'armário': *biblioteca, discoteca, filmoteca.*

tecelão. *S.m.* Aquele que tece pano, operário de teares, tecedor. Fem.: *tecelã* e *teceloa*. Pl.: *tecelões, tecelãs, teceloas*. É preferível o feminino *tecelã*. Ex.: "Veio ela própria a São Paulo fazer uma demonstração de suas habilidades de *tece-*

lã." (Sérgio Buarque de Holanda, *Caminhos e fronteiras*, p. 305)

tecido. *Adj.* relativo a tecido: *têxtil* (indústria *têxtil*).
|| *Adj.* rel. a tecido orgânico: *tissular* (regeneração *tissular*) ou *hístico* (estrutura *hística*).

Δ **tecno-.** [Do gr. *téchne*, arte, ofício.] *El. de comp.* = 'arte', 'ofício': *tecnologia, tecnocracia, tecnocrata.* Cognatos: *politécnico, politécnica, técnico, técnica.*

te-déum. [Do lat. *Tè Deum laudamus* = Louvamos-te, Deus.] Cântico de ação de graças a Deus, que principia por essas palavras. Pl.: *te-déuns.*

Tejo. [Do lat. *Tagus*.] *S.m.* Rio que nasce na Espanha e deságua no Atlântico, em Lisboa. Pronuncia-se *téjo*. Adj. referente ao Tejo: *tágico.*

teimar. [De teima + -ar.] Insistir, dizer ou sustentar com teimosia.
1. Como verbo trans. ind., requer compl. regido de *em*: *Teima em* beber, embora saiba que lhe faz mal. / *Teimam em* que o homem não foi à Lua.
2. Ocorrendo complemento oracional, iniciado pela conjunção *que*, como no segundo exemplo, pode-se omitir a prep.: *Teimam que* o homem não foi à Lua. / "E *teimam* aqueles diabos *que* os fidalgos são inimigos do povo." (Alexandre Herculano, *apud* Mário Barreto, *Últimos estudos*, p. 364)

Δ **tele-.** [Do gr. *têle*, longe, ao longe.] *El. de comp.* = 'longe', 'ao longe': *telescópio, telefone, televisão, telecomunicação, teleobjetiva, telégrafo, telegrama, telepatia, telever.* ⇨ Em palavras mais recentes, exprime a ideia de 'televisão': *teleator, teleatriz, telecurso, teleducação, telejornal, telejornalismo, telenovela, telespectador.*

telever. *V. t. d.* Ver (cena, espetáculo) pela televisão: "A TV nos transformara em dois Brasis. E aquele em que a gente vivia não era igual àquele que a gente *televia*." (Júlia Falivene Alves, *A invasão cultural norte-americana*, 2ª ed., p. 154) Conjuga-se como *ver.*

televisão a cores. Veja *a cores, em cores.*

televisionar. *V. t. d.* Forma geralmente usada: Vão *televisionar* o jogo. / O jogo *será televisionado*. ⇨ Variante pouco usada: *televisar.*

telex. *S.m.* Invariável no plural: um *telex*, vários *telex.*

Δ **teluri-.** [Do lat. *tellus, telluris*, terra, solo.] *El. de comp.* = 'terra', 'solo': *telúrico, telurismo.*

tematizar. *V. t. d.* Ter como tema, versar sobre: "A exposição *tematiza* o feminismo, a família e a identidade da comunidade afro-americana, através de fotos, textos e instalações." (*JB*, 1°/5/95) Neologismo não dicionarizado.

temer. [Do lat. *timere*, ter medo.] *V. t. d.* 1. Ter medo, sentir temor, recear: Quem navega *teme* as tempestades. / Não *teme* ser criticado. ⇨ É regência antiga usar a prep. *de* antes de infinitivo: Não *teme de* ser criticado. / *Temia de* ficar sozinha.
2. Tributar profundo respeito e reverência: *temer* os pais; *temer* as leis de Deus.
3. Ter temor de ofender: *temer* (a) Deus; *temer* o Criador.
4. *T. i.* Ter receio ou cuidados, preocupar-se: *Temo por* ti. / *Temiam pela* vida do filho.
V. i. 5. Sentir medo ou temor: Quem não deve não *teme*.
Pron. 6. Ter medo: Esses criminosos não *se temem* de nada. ⇨ Pouco usado nesta forma. Cognatos: *temor, temeridade, temeroso, temerário, temente, intimorato, atemorizar, destemor, destemido, intimidar,* etc.

tempestivo. [Do lat. *tempestivus.*] *Adj.* Que acontece no devido tempo, oportuno. Antônimo: *intempestivo*★ (inoportuno). ⇨ Não se confunda com *tempestuoso* (que traz tempestade).

temporão. *Adj.* 1. Que vem ou acontece fora do tempo próprio: fruto *temporão*, frutos *temporãos*.
2. Diz-se do filho que nasce muito depois do irmão que o precede imediatamente: filho *temporão*, filha *temporã*, filhos *temporãos*, filhas *temporãs*. ⇨ A forma fem. *temporona* é vulgar.

tenaz. *Adj.* Pertinaz, obstinado, persistente. Superlativo: *tenacíssimo.*

Δ **teno-.** [Do gr. *ténon, ténontos*, tendão.] *El. de comp.=* 'tendão': *tenotomia, tenalgia, tenorrafia.*

tentou-se frear os preços. Concordância correta. Incorreto seria dizer: *Tentaram-se* frear os preços. O sujeito de *tentou-se* é a oração infinitiva "frear os preços". O verbo cujo sujeito é uma oração fica obrigatoriamente na 3ª pessoa do singular. Outros exs.: No momento, *procura-se* aumentar as exportações. / São problemas que *compete* ao governo solucionar. / Na reunião demos detalhes que não *importa* repetir aqui. Veja *se* (pronome apassivador, item 4.)

Δ **teo-.** [Do gr. *theós*, Deus.] *El. de comp.* = 'Deus': *teocracia, teologia, teólogo.*

teorizar. [De *teoria* + *-izar*.] *V. i.* e *t. d.* Expor ou explicar um assunto teoricamente, ficar na teoria, sem passar à prática: Não basta *teorizar*, é preciso passar à prática. / Não adianta *teorizar* sobre educação e esquecer o professor. / Eles *teorizam* ciência econômica numa linguagem recheada de termos estranhos.

ter (*hav*er). 1. Usar *ter* em vez de *haver* só é lícito na linguagem popular, na comunicação informal: Hoje não *tem* feira. / *Tinha* teias de aranha em toda parte. / *Tem* pessoas passando fome. / Não *teve* jeito de convencer o rapaz. / Vai *ter* comida de sobra.
2. Na linguagem culta formal, se dirá: Hoje não *há* feira. / *Havia* teias de aranha em toda parte. / *Há* pessoas passando fome. / Não *houve* jeito de convencer o rapaz. / Vai *haver* comida de sobra. ⇨ Em escritores brasileiros modernos não faltam exemplos de *ter*, impessoal, por *haver* ou *existir*: "Soube que *tem* um cavalo morto, no quintal." (Carlos Drummond de Andrade)

ter. *Conjugação. Ind. pres.*: tenho, tens, tem, temos, tendes, têm. *Pret. imperf.*: tinha, tinhas, tinha, tínhamos, tínheis, tinham. *Pret. perf.*: tive, tiveste, teve, tivemos, tivestes, tiveram. *Pret. mais-que-perf.*: tivera, tiveras, tivera, tivéramos, tivéreis, tiveram. *Fut. do pres.*: terei, terás, terá, etc. *Fut. do pret.*: teria, terias, teria, etc. *Subj. pres.*: tenha, tenhas, tenha, tenhamos, tenhais, tenham. *Pret. impert.*: tivesse, tivesses, tivesse, tivéssemos, tivésseis, tivessem. *Fut.*: tiver, tiveres, tiver, tivermos, tiverdes, tiverem. *Impert. afirm.*: tem, tenha, tenhamos, tende, tenham. *Infinitivo presente pessoal*: ter, teres, ter, termos, terdes, terem. *Ger.*: tendo. *Part.*: tido.
⇨ Como *ter* se conjugam todos os seus derivados: *abster-se, ater-se, conter, deter, entreter, manter, obter, reter, suster.* Basta antepor-lhes o prefixo: *abstenho-me, contive, detiveram, mantínhamos, obtiver, retivesse,* ele *contém*, eles *contêm* etc.

ter a dizer. Construção afrancesada que se vem impondo, em lugar da vernácula *ter que dizer*: "O pouco que eu *tinha a dizer* foi dito." (Ciro dos Anjos, *A menina do sobrado*, p. 380). O autor poderia ter escrito: "O pouco que eu *tinha que dizer* foi dito." Rocha Lima, em sua *Gramática normativa*, p. 341, nos oferece este exemplo: "Fiquei perplexo: nada *tive que dizer*." Ramalho Ortigão escreveu: "Diz cada um, do seu lugar, o que *tem que dizer*, simplesmente, precisamente, rapidamente." (*A Holanda*, p. 30) O mesmo se diga a respeito de expressões semelhantes: *ter que fazer*, preferível a *ter a fazer*; *ter que acrescentar*, melhor que *ter a acrescentar*, etc.

Δ **-terapia.** [Do gr. *therapeía*.] *El. de comp.* = 'tratamento', 'terapia': *hidroterapia, psicoterapia, quimioterapia.*
Δ **terato-.** [Do gr. *téras, tératos*, monstro.] *El. de comp.* = 'monstro', 'monstruosidade': *teratogenia, teratoide, teratologia, teratológico.*
ter a ver com. Veja *não ter nada a ver com* e *ter que ver com.*
terceirizar. [*De terceiro* + *-izar*.] *V. t. d.* Conceder a exploração de (serviço público) a empresa particular; proceder (uma empresa) à terceirização, ou seja, transferir a terceiros (a outros) atividade ou função que não constitui o núcleo de sua atuação, de seu negócio, com vista a reduzir os custos, melhorar e agilizar os serviços: "A redução de custos já foi a razão principal para se *terceirizar* uma atividade." (Fabiana Ribeiro, *O Globo*, 24/9/2000) / A prefeitura *terceirizou* o serviço da coleta de lixo urbano. / "Edital para *terceirizar* Banerj sai dia 30." (*JB*, 21/10/95) [A notícia explica que "o Banerj passará para a administração de uma instituição privada."] ⇨ Neologismo surgido por volta de 1990, baseado, provavelmente, no chamado *terceiro setor básico*, ou *setor terciário*, da economia de um país, que engloba serviços em geral, como saúde, educação, transporte, fornecimento de água e energia elétrica, limpeza, alimentação, segurança, etc. Subst. cognato: *terceirização.*
terceiro-mundista. *Adj.* 1. Do Terceiro Mundo, referente ao Terceiro Mundo (termo que, durante parte do século XX, se referia ao conjunto dos países pobres e em desenvolvimento, que não se incluíam, social e economicamente, nem entre os países ricos capitalistas nem entre os desenvolvidos do então existente bloco socialista): O estranho vírus surgiu num país *terceiro-mundista.* / "País onde há leis que não pegam, é dono certo de carteirinha *terceiro-mundista.*" (Márcio Moreira Alves, *Manual do cronista aprendiz*, p. 59).
|| *Subst.* 2. Pessoa natural do Terceiro Mundo: Certos países ricos discriminam os *terceiro-mundistas.* ⇨ Invariável no feminino. No plural, só varia o segundo elemento, tanto no adjetivo como no substantivo.
ter de, ter que. 1. Não é de rigor, mas recomendável, usar *ter de*, em vez de *ter que*, quando se quer exprimir obrigação, necessidade, em frases como estas: *Tenho de* atender um doente. / As verbas *têm de* ser bem empregadas. / Até quando *teremos de* importar petróleo? / *Tínha-*

mos de ser mais previdentes. / Os lojistas *tiveram de* fechar as portas. / "Quer isso dizer que o comércio interno de grande parte dos estados *tem de* ser feito em costas de cargueiros." (Afonso Arinos, *Obra completa*, p. 826) / "*Tinha de* ser pontual para acordar o bairro." (Lourenço Diaféria, *Brás*, p. 109) / "Pai não *tem de* ser carrasco nem irmão: *tem de* ser pai, ombro e abraço." (Lya Luft, *Perdas e ganhos*, p. 44)
Não constitui erro usar *ter que* nessas frases, pois tal sintaxe já se incorporou ao português de hoje.
2. *Ter que* é de rigor em frases como as seguintes, nas quais o *que* é pronome relativo: Hoje nada *temos que* comer. / Nada mais *tínhamos que* fazer ali. / Ainda *tens* muito *que* estudar. / Nada mais *tenho que* acrescentar. / *Tenho* mais *que* fazer. / "*Tenho* muitas coisas *que* lhe comunicar. (Mário Barreto, *Novos estudos*, p. 513) / "*Tinha* muito *que* aprender na técnica de criar confusão." (Ciro dos Anjos, *Montanha*, p. 10) / "Quando não *tinha que* escrever, estirava-se no sofá, com um livro aberto, os olhos no ponteiro do relógio." (Eça de Queirós, *Os Maias*, I, p. 154) / "Não quero esquecer que o Brasil *tem* raias terrestres *que* defender e que a esquadra não poderia fazê-lo." (Rui Barbosa, *Cartas de Inglaterra*, I, p. 164) / "Não *temos* muito *que* invejar desse mundo responsável pelas emanações letais da riqueza mal distribuída." (Moacir Werneck de Castro, *A máscara do tempo*, p. 175) ⇨ Evite-se antepor *o* ao pronome relativo *que* e dizer: Tenho mais *o que* fazer. / Ali não havia muito *o que* comprar. Veja *ter muito que contar.*
ter direito a algo. Diz-se 'ter-se direito *a* alguma coisa', 'ter direito *a* uma vida digna', 'o acesso à escola é um bem *a* que as crianças têm direito.' / "Mas também vamos querer tudo *a* que temos direito." (João Ubaldo Ribeiro, *O Globo*, 12/10/2003) É gramaticalmente manca, portanto, esta frase de um jornalista: "O imortal poeta mineiro Carlos Drummond de Andrade celebra o seu centenário com tudo *o que* tem direito." (*O Globo*, 3/11/2002) Correção: '... celebra o seu centenário com tudo aquilo *a* que tem direito.' Na primeira página de um jornal lia-se: "Acaba a gratificação de 20% *que* os servidores federais têm direito..." Correção: "... *a* que os servidores.
ter em vista. 1. Levar em conta, considerar: Esses brinquedos são perigosos: *tenham-se em vista* os acidentes que já provocaram.

2. Tencionar, objetivar, visar a: *Têm-se em vista grandes negócios.* / *Tinham-se em vista mudanças radicais.* / *Tenham-se em vista os interesses dos trabalhadores.* ⇨ O v. *ter* dessa expressão, quando usado na passiva, como nos exemplos dados, deve concordar no plural, se no plural estiver o sujeito.

Teresa. [Do gr. *Therasía*, pelo lat. *Therasia* ou *Theresa*.] De acordo com a origem, este nome próprio personativo deve ser escrito com *s*. Assim também os derivados *Teresinha, Teresina, teresinense, Teresópolis, teresopolitano*. ⇨ É lamentável o descaso de escritores brasileiros pela correta grafia dos antropônimos. Frequentemente escrevem *Tereza* ou *Thereza* (em vez de *Teresa*), *Luiz* (em vez de *Luís*), *Hortência* (em vez de *Hortênsia*), *Ruth* (em vez de *Rute*) etc.

Δ **-terio.** [Do gr. *theríon*, fera.] *El. de comp.* = 'animal selvagem': *megatério, prototério*. ⇨ Distinguir do sufixo grego *-tério*, que indica lugar: *cemitério, necrotério*.

ter lugar. 1. Em bom português, esta expressão significa *ser admissível, ter cabimento, ser oportuno*: *Não têm lugar as críticas que lhe fazem.* / *Antes de substantivos masculinos não tem lugar o acento indicativo de crase.* / *Sua observação tem lugar.* / *A hora era de união e ação: não tinham lugar reflexões pessimistas.*
2. É galicismo que deve ser evitado usar *ter lugar* (em fr. *avoir lieu*) na acepção de *realizar-se, ocorrer*, como nesta frase de um tradutor: "O nosso casamento *teve lugar* na igreja de Verdelot." (Fanfan, p. 183) Devia ter escrito: O nosso casamento *realizou-se* na igreja de Verdelot.

ter mais que fazer. Dessa forma e não *ter mais o que fazer*: "Tenho *mais que fazer* do que aturá-la." (Fernando Namora, *O homem disfarçado*, p. 33) Veja *ter de, ter que*.

ter medo de. O complemento de *medo* pode ser uma oração: *Tenho medo de que a situação piore.* / *Tínhamos medo de que os índios nos atacassem.* Na linguagem informal e até mesmo na científica e na literária, é comum omitir a prep. *de*: *Tenho medo que a situação piore.* Veja *certeza, elipse, medo*.

Δ **termo-.** [Do gr. *thérme*, calor.] *El. de comp.* = 'calor', 'temperatura': *termômetro, térmico, termodifusão, temodinâmica, termoelétrica* (ou *termelétrica*), *termonuclear, termostato*. ⇨ Une-se ao elemento seguinte sem hífen.

ter muito que contar. Diz-se corretamente: 'Ele deve ter muito *que* contar' e não 'Ele deve ter muito *o que* contar'. ⇨ Não tem cabimento esse pronome *o* antes do *que*, pois o verbo *ter* já possui objeto direto, que é o pronome *muito* (= muitas coisas). Em outros verbetes já tratamos desse caso. A seguir, outros exemplos: "Derrotado, o coronel não tinha *muito que temer*." (Élio Gaspari, *A ditadura derrotada*, p. 512) / "Daí por diante, teria muito *que tirar* de suas forças." (Diná Silveira de Queirós, *A muralha*, p. 38) / "Agostinho ainda tinha muito *que explicar* a seu próprio respeito." (Vera Ribeiro, *Santo Agostinho*, p. 199, trad.) / "D. João I fez voto de castidade aos 19 anos, mas rompeu-o porque tinha muito *que fazer*." (Carlos Lacerda, *A casa do meu avô*, p. 147) / "Não *temos muito que invejar* desse mundo responsável pelas emanações letais da riqueza mal distribuída..." (Moacir Werneck de Castro, *A máscara do tempo*, p. 175) Veja *mais que fazer, ter mais que fazer* e *ter de, ter que*.

ter que ver com. Expressão que significa 'relacionar-se com', 'ter envolvimento ou afinidade com': "Claro está que a palavra *comédia*, grega, pouco *tinha que ver com* essa inesperada metamorfose." (João Ribeiro, *Curiosidades verbais*, p. 73) / "O médico já tinha explicado que a demência de Marta era funcional, e as faculdades reprodutoras não *tinham que ver com* as anormalidades cerebrais." (Camilo Castelo Banco, *A brasileira de Prazins*, p. 210) / O que *tem que ver* uma coisa *com* outra? / "A filha endoideceu. Mas isto nada *tinha que ver com* a invenção do povo." (José Lins do Rego, *Fogo morto*, p. 356) / "Mas o que é que Congonhas *tem que ver com* os planos dele?" (Antonio Callado, *A madona de cedro*, p. 21) ⇨ Modernamente também se diz *ter a ver com*, em frases de sentido negativo: *Não tenho nada a ver com isso.* / *Não se pode afirmar que as doenças nada têm a ver com o subdesenvolvimento.* / "Durante muitos séculos, teve-se como certo que a arte e a vida nada *tinham a ver* uma com a outra." (Casais Monteiro, *Clareza e mistério da crítica*, p. 39) Veja o verbete *não ter nada a ver com*.

Terra. Adjetivos relativos à Terra: *terrestre, terreno, telúrico* (do lat. *tellus, telluris*, terra).

terraplenagem. [De *terraplenar* + *-agem*.] Conjunto de operações de escavação, remoção, depósito e compactação de terra necessárias à realização de uma obra: "O meu projeto de *terraplenagem* seria mais econômico do que o de vocês." (Josino Coelho de Sousa, *Até tu, Brito?*, p. 50)

terraplenar 382 **tirante**

Variante: *terraplanagem*, por influência de *plano* ou *aplanar*.
terraplenar. [De *terrapleno* + *-ar*] *V. t. d.* Fazer a *terraplenagem*★ de. Variante: *terraplanar*.
terrapleno. [Do it. *terrapieno*, do lat. *terraplenum*.] *S.m.* Terreno resultante de terraplenagem, terreno aplanado.
terremoto. Adj. relativo a terremoto ou sismo: *sísmico* (abalo *sísmico*).
terso (é). [Do lat. *tersus*.] *Adj.* Puro, limpo, correto (estilo *terso*, linguagem *tersa*). Distinguir de *terço* (numeral e subst.).
terrenos, terras, imóveis. Adj. relativo a terrenos, imóveis: *fundiário* (do lat. *fundus*, bens imóveis, terras, propriedades).
terrível. Superlativo abs. sintético: *terribilíssimo*.
tétano. Adj. relativo ao tétano: *tetânico*. Veja *titânico* no verbete *titã*.
Δ **tetra-.** [Do gr. *tetra*, quatro.] *El. de comp.* = 'quatro', *tetracampeão, tetravô, tetraneto, tetraedro, tetraplégico* (*quadriplégico*). Corresponde ao radical latino *quadri*.
tetraneto. [De *tetra-* + *neto*.] *S.m.* Filho de trineto ou de trineta: "No Brasil, um rico pode até ser bisneto ou *tetraneto* de alguém que meteu a mão no bolso alheio." (Márcio Moreira Alves, *Manual do cronista aprendiz*, p. 140) / "A fidalguia se afirma na árvore genealógica, que atesta ser ela [a cadela Zita] filha, neta, bisneta, trineta e *tetraneta* de campeões da mais pura linhagem." (Vivaldo Coaraci, *Cata-vento*, p. 93)
⇨ Pessoas incultas dizem *tataraneto*.
Δ **teuto-.** *El. de comp.* = 'teutônico', 'germânico', 'alemão': *teuto-argentino, teuto-brasileiro, teutomania* (germanismo).
têxtil. [Do lat. *textilis*, entrançado, tecido.] *Adj.* 1. Que se pode tecer, próprio para fazer tecidos: fibra *têxtil*, fibras *têxteis*.
2. Relativo à tecelagem: indústria *têxtil*. Pl.: *têxteis*.
tigre. Fem.: *tigresa*. Adj. relativo ao tigre: *tigrino*.
timbrar. [De *timbre* + *-ar*.] *V. t. d.* 1. Pôr timbre; marcar com timbre: O tabelião *timbrou* o documento e o assinou.
2. Qualificar, chamar: *Timbraram-no* de incompetente.
T. i. 3. Pôr empenho, esmerar-se: É de família modesta, mas *timbra em* (ou *de*) ser educado e gentil com todos.
Δ **-tinga.** Sufixo de origem tupi que exprime a ideia de *branco*: *caatinga, biguatinga, jacutinga, tabatinga*.

tinir. [Do lat. *tinnire*, produzir tinido, soar agudamente.]
1. Soar, emitindo som agudo: Os cristais *tiniam*. / Os copos *tinem*. / Ao longe, as arapongas *tiniam*.
2. Zunir: Com os estrondos, meus ouvidos *tiniam*.
3. Sentir intensamente: Eu não almoçara e *tinia* de fome. / Todos *tiniam* de curiosidade.
4. Brilhar intensamente: O sol *tinia* sobre a caatinga adusta.
| A locução *a tinir* significa sem nenhum dinheiro: "Aquela infame batota deixou-me *a tinir*." (Coelho Neto)
Verbo defectivo. Não possui as formas em que ao *n* se seguem *o* ou *a*.
tio. Adj. relativo a tio: *avuncular* (do lat. *avunculus*, 'tio materno').
tio Sam. [Do ingl. *Uncle Sam*.] Personificação jocosa dos Estados Unidos, representados por um homem grande e magro, de cavanhaque, calças listadas, chapéu alto e estrelado. A denominação vem das iniciais de **U**nited **S**tates of **A**merica.
tipificar. [De *tipo* + *-ficar*.] *V. t. d.* Tornar típico, caracterizar: A cor, o cabelo e as feições do rosto é que *tipificam* uma raça humana. / "Elaborado pelo ex-ministro da Justiça, o projeto do governo *tipifica* o crime de lavagem de dinheiro e prevê penas de três a dez anos de prisão." (JB, 26/10/97)
Δ **tipo-, -tipo.** [Do gr. *typos*, marca, impressão, tipo, modelo.] *El. de comp.* = 'tipo', 'marca', 'modelo': *tipografia, tipologia, tipógrafo, logotipo, protótipo*.
tirante. [De *tirar*.] *Adj.* 1. Que se aproxima de (na cor): Seu casaco, *tirante* a vermelho, sobressaía entre os das companheiras.
2. Palavra invariável denotativa de exclusão, com o significado de *exceto, salvo, com exceção de, fora*: Nenhum dos acidentados apresentava lesões graves, *tirante* o motorista. / "*Tirante* os três a que acabo de me referir, os nossos acadêmicos são literatos que falam de linguística como amadores." (Mário Barreto, *Últimos estudos*, p. 92) / "*Tirante* o Glicério, os demais passam dos quarenta." (Ciro dos Anjos, *O amanuense Belmiro*, p. 28) / "Velas, poucas alvejavam, *tirante* barquinhas de pescadores." (Monteiro Lobato, *Urupês*, p. 40) / "O marido, *tirante* as horas de comer, não saía da livraria." (Camilo Castelo Branco, *A queda dum anjo*, p. 62)

|| *S.m.* 3. Cada uma das correias com que se atrelam animais à carruagem; viga ou trave que sustenta o madeiramento de um teto; peça de ferro que, nas máquinas a vapor, transmite o movimento do êmbolo à roda motora.

tirar. Na acepção de 'arrancar com violência', 'arrebatar', pode-se construir 'tirar alguma coisa *a* (ou *de*) alguém': A mãe tirou o brinquedo *à* (ou *da*) criança. / O pai agarrou o menino e *tirou-lhe* a arma. / Os assaltantes *tiraram ao* (ou *do*) pobre homem até a roupa do corpo. / *Tiraram-lhe* até a roupa do corpo. / "Verão os cafres, ásperos e avaros, *tirar à* linda dama seus vestidos." (Camões, *Os Lusíadas*, V, 47)

tireoide. [Do gr. *thyreoeidés*, que tem forma de escudo.] *Adj.* 1. Referente à glândula endócrina localizada no pescoço, diante da laringe: glândula *tireoide*.
|| *S.f.* 2. Essa glândula. "... Theodor Kocher, pioneiro na cirurgia da *tireoide*." (Moacyr Scliar, *A paixão transformada*, p. 186) ⇨ É desaconselhada a forma *tiroide*. Derivados: *paratireoide, tireoidectomia, tireoidismo, tireoidite, tireomegalia* (bócio), *tireotomia, hipertireoidismo, hipotireoidismo.*

titã. *Adj.* relativo a titã (gigante mitológico): *titânico* (força *titânica*). Parônimo: *tetânico*. Veja *tétano* e *titânio*.

titânio. *Adj.* relativo ao titânio (metal): *titânico.* Veja *titã*.

títulos de obras. 1. O novo AO permite usar letra inicial maiúscula ou minúscula nos títulos de livros, produções artísticas, literárias e científicas: *A madona de cedro* ou *A Madona de Cedro*. Como se vê do exemplo citado, as palavras átonas, no interior dos títulos, grafam-se com inicial minúscula. A bem do aspecto gráfico, não se usem aspas para destacá-los, mas escrevam-se em itálico. ⇨ A tendência, hoje (e a adotada nesta obra), é grafar os títulos supra com iniciais minúsculas, empregando-se maiúscula inicial apenas na primeira palavra e em nomes próprios. Os títulos de jornais e revistas, no entanto, continuam sendo escritos com letra oficial maiúscula. Veja *de O Globo*.
2. Não há consenso quanto à concordância do verbo com títulos de obras literárias constituídos de substantivos no plural. Damos aqui as normas geralmente seguidas pelos autores de obras sobre literatura e que nos parecem mais acertadas, mas que nada têm de rigorosas: a) Se o título não vem precedido de artigo, o verbo concorda no singular: *Urupês marca* a estreia literária de Monteiro Lobato. / "*Vidas secas disputa* com *São Bernardo* e *Angústia* a primazia entre os grandes romances de Graciliano Ramos." (José Paulo Paes) / "Também *Máscaras teve* popularidade pela sua força lírica." (Celso Luft); b) Vindo o título precedido de artigo, o verbo concorda no plural: *As pupilas do senhor reitor serviram* de roteiro a uma telenovela brasileira. / "*Os Lusíadas vieram* levantar o ânimo abatido de muitos portugueses." (Arlindo Ribeiro da Cunha) / *As lendas e narrativas foram reunidas* em volume depois de serem publicadas no *Panorama*." (Joaquim Ferreira) / "Em 1572 *saíram* do prelo *Os Lusíadas*." (Joaquim Ferreira); c) Com o verbo *ser* seguido de predicativo no singular, pode-se usar o singular ou o plural, indiferentemente: "*Os sertões é* um ensaio sociológico e histórico em torno da Campanha de Canudos." (Celso Luft) / "*Os sertões são* um livro de ciência e de paixão, de análise e de protesto." (Alfredo Bosi) / "*Viagens na minha terra são* um livrinho encantador." (Arlindo Ribeiro da Cunha) / "*As pupilas do senhor reitor foi escrito*, como dissemos, quase todo em Ovar." (Joaquim Ferreira) / "*Foram As mil e uma noites* a obra que mais funda impressão deixou em meu espírito..." (Coelho Neto) ⇨ Se o predicativo estiver no plural, no plural ficará o verbo: *As farpas são* crônicas de crítica contundente.
3. Não deve ser censurada a concordância no singular em frases como "*Os sertões revela um grande estilista*", "*As primaveras é de 1859*", porque se efetua não com a palavra (sertões, primaveras), mas com a ideia por ela sugerida (livro, obra). É um caso de *silepse* ou *concordância ideológica*.

toalete (é). [Do fr. *toilette*.] 1. É substantivo feminino nas acepções de: a) ação de lavar-se, pentear-se e adornar-se: Após *a toalete*, Ana descia para o café; b) traje feminino, vestido: "*A toalete* usual de uma mulher bem vestida nunca representa um valor superior a três ou quatro libras." (Ramalho Ortigão, *A Holanda*, p. 269) / Duplicamos *as toaletes* quando descemos à cidade..." (Clara Pinto Correia, *Ponto pé de flor*, p. 158); c) traje feminino luxuoso, para cerimônias, bailes, recepções: "Lucília vestia *uma toalete* de cetim negro, pesado..." (Diná Silveira de Queirós, *Floradas da serra*, p. 54) / "O cronista de quem tiramos este relato afirma que *essa toalete* certamente valeria, incluindo-se as joias, cerca de 40

contos." (Assis Cintra, *Histórias que não vêm na História*, p. 125) / "Senhoras ostentavam *toaletes* ricas e de aprimorado gosto." (Visconde de Taunay, *Inocência*, p. 147) ⇨ Nessa última acepção, um dicionário moderno dá a *toalete* o gênero masculino, mas não o abona.
2. Usa-se no gênero masculino nas acepções de: a) compartimento com lavatório e espelho para as mulheres recomporem o penteado, a pintura, etc.; toucador; b) aposento sanitário, banheiro, lavabo: "Era um daqueles restaurantes de Paris em que você vai *ao toalete* e tem pena de fazer pipi." (Luís Fernando Veríssimo, *JB*, 21/3/96)

tocar. 1. Na acepção de *pôr a mão em*, *apalpar*, *pôr-se em contato com*, diz-se, indiferentemente, *tocar alguém* ou *tocar em alguém*, *tocar alguma coisa* ou *tocar em alguma coisa*: Não a deixei *tocar o* (ou *no*) gato. / Não *toque nele*. / *Tocou a* (ou *na*) brasa e se queimou. / Acreditavam que, se *tocassem* o santo (ou *no santo*), ficariam curadas. / Acreditavam que, se *o* (ou *lhe*) *tocassem*, ficariam curadas. / "...borboletas que se desfazem em pó quando *lhes tocamos*." (Maria Judite de Carvalho, *Antologia do moderno conto português*, p. 166, de Temístocles Linhares) / "Soltou um gemido agudo e pronto, como se *lhe houvessem tocado* com um ferro em brasa." (Alexandre Herculano, *Lendas e narrativas*, p. 244) ⇨ Como complemento, tanto cabe o pronome oblíquo *o* como *lhe*: Não permitia que *o* (ou *lhe*) *tocassem*. / As asas das borboletas se desfazem em pó quando *as* (ou *lhes*) *tocamos*. / "As frutas apodreciam, sem que ninguém *lhes tocasse*." (Aurélio Buarque de Holanda, *Dois mundos*, p. 93)
2. No sentido de *comover*, *sensibilizar*, usa-se com objeto direto: A notícia da morte do meu amigo *o tocou* profundamente. / Meus gestos de solidariedade sempre *a tocavam* muito.
3. Constrói-se com objeto indireto nas acepções de: a) caber por sorte ou partilha: Não é fácil a tarefa que *lhe tocou*. / *Tocaram-lhe*, de herança, um terreno e uma casa; b) competir, caber: *Toca ao presidente da República* nomear os seus ministros. / *A ele* é que *toca* decidir a questão. / *Tocava-lhe* resolver problemas considerados insolúveis. / Foi ele o causador do acidente: *toca-lhe* agora indenizar as vítimas.

todas as vezes que. Locução correta, preferível a *todas as vezes em que*: Todas as vezes que agredimos a natureza, ela se volta contra nós. / "*Todas as vezes que* se embriaga, pratica desatinos." (Arlindo de Sousa, *A palavra QUE*, p. 69)

Da mesma forma se dirá: Foi a *segunda vez que* (e não *em que*) o criminoso fugiu da prisão. / É *o terceiro ano consecutivo que* (preferível a *em que*) o instituto deixa de prestar contas. / "Tem-se estendido sem razão nem tradição no idioma o emprego de *em que* em construções onde só deve figurar o *que*, como *todas as vezes em que*. Prefira-se *todas as vezes que* ou *em todas vezes em que* (ou simplesmente *que*)." (Evanildo Bechara, *Lições de português pela análise sintática*, p. 143) Veja *a primeira vez que*.

todo, todo o. No português moderno, firmou-se a distinção entre *todo* e *todo o*, *toda* e *toda a*, atribuindo-se a *todo* o significado de *qualquer* e a *todo o* a significação de *inteiro*: Lia *todo livro* que encontrasse (= *qualquer* livro que encontrasse). / Li *todo o livro* (= o livro *inteiro*). / Não é *todo país* que tem petróleo (= *qualquer* país). / Percorri *todo o país*, de norte a sul (= o país *inteiro*). / *Toda família* tem direitos e obrigações (= *qualquer* família). / *Toda a família* viajou para a Europa (= a família *inteira*). / Em *toda parte* só vi ruínas. / Reconstruiu *toda a parte* danificada do muro. / A situação é dificílima. Em *todo caso*, não convém desesperar-se. / Havia problemas de *toda ordem*. / Há produtos de *toda sorte*. / Vendiam-se peixes de *toda espécie*. / Tossia a *todo instante*. / Morre gente a *toda hora*.

todo. Concordância. Usa-se *todo* como advérbio, na acepção de *completamente*, mas flexionando-se em gênero e número, isto é, fazendo-o concordar, por atração, com o adjetivo que modifica: Os índios andavam *todos* nus. / A roupa estava *toda* manchada. / As meninas iam *todas* felizes. Todavia, não é errado usar a forma invariável, visto que, em regra, adjetivos usados como advérbios, como *alto*, *sério*, *meio*, assumem a flexão do masculino singular. Com base nesse princípio, é lícito, portanto, dizer: Foi uma promoção *todo* especial. / Os homens, *todo* vestidos de branco, abriam o cortejo. / As ruas ficaram *todo* alagadas. / Os picos estavam *todo* cobertos de neve. / "As ruas estão *todo* (ou *todas*) molhadas." (Pasquale Cipro Neto, *O Globo*, 5/8/2001)

todo (*seguido de numeral*). 1. Diz-se, com o artigo: *Todos os três juízes* votaram contra a concessão da liminar. / *Todas as quatro meninas* eram de famílias pobres.
2. Diz-se, sem o artigo: *Todos três* votaram contra a concessão da liminar. / *Todas quatro* eram de famílias pobres. / "Era belo de verem-

-se *todos cinco* em redor da criança." (Camilo Castelo Branco, *O bem e o mal*, p. 131) / "Tia Salu atinou com a maldade e teve ímpetos de bater em *todas três*." (Mário de Alencar, *Contos e impressões*, p. 20) / "Estive três dias sem a ver: em *todos três* não fiz mais do que escrever a Laura." (Almeida Garrett, *Viagens na minha terra*, p. 339) / "*Todas duas* ouviam a briga lá de fora." (Permínio Asfora, *Fogo verde*, p. 103) ⇨ No caso 1, se usa o artigo porque o numeral é acompanhado de substantivo. No caso 2, não se usa artigo porque o numeral não vem acompanhado de substantivo. Veja *todos três*.

todos. *Concordância do verbo.* O verbo concorda com o pronome *nós* subentendido, em frases como: "Aliás *todos* os sertanejos *somos* assim." (Raquel de Queirós) / "*Todos conhecemos* as horas opressivas de dúvida e de perplexidade." (Vivaldo Coaraci) Nos dois exemplos subentende-se *nós* depois de todos: *todos nós*.
Enquadram-se no mesmo caso frases como esta de Machado de Assis: "Dizem que *os cariocas somos* pouco dados aos jardins públicos." (*Relíquias de casa velha*, Obra Completa, II, p. 720, Aguilar, 1962) Subentende-se *nós* antes de *os cariocas*.

todo o mundo, todo mundo. 1. No sentido de *todas as pessoas, toda a gente*, são corretas as duas modalidades dessa expressão; a primeira, porém, é a que deve merecer a preferência: "*Todo o mundo* se engana." (Séguier) / "Supunha *todo o mundo* que Júlio dissipasse, em pouco tempo, o patrimônio da mãe." (Camilo Castelo Branco, *apud* Aurélio) / "Ela falava mal de *todo (o) mundo.*" (Antônio Houaiss, *Pequeno dicionário enciclopédico Koogan Larousse*)
2. O uso do artigo é obrigatório quando *mundo* se usa no sentido de *orbe, Terra*: O lixo doméstico é um grave problema em *todo o mundo*. / O jogo será transmitido pela tevê para *todo o mundo*.

todo-poderoso. 1. *Adj.* Onipotente; que relativamente pode tudo: Só Deus é *todo-poderoso*. / Os dois reis se julgavam *todo-poderosos*. / A *todo-poderosa* Marquesa de Santos foi amante de D. Pedro I. Fem.: *todo-poderosa*. Pl.: *todo-poderosos, todo-poderosas*.
2. *S.m.* Deus, o Onipotente: "Sim, doravante todas as gerações me proclamarão bem-aventurada, porque o *Todo-Poderoso* fez por mim grandes coisas." (*Magnificat*, Lucas, 1:48, 49)

todos eles. 1. Na linguagem coloquial informal, é lícito usar os pronomes *eles* e *elas* como objeto direto, quando precedidos de *todos(as)*: Nós recolhemos *todos eles*. / Os pais levaram *todas elas* para casa. / "A tantas perguntas nada me respondes. Desdenhas, calado, *todas elas* juntas." (Carlos Drummond de Andrade, *Discurso de primavera*, p. 24) / "Há necessidade de compilar *todos eles* a fim de os trabalhadores terem materiais para os seus estudos." (Antenor Nascentes, *Tesouro da fraseologia brasileira*, p. 8)
2. Na língua culta se dirá: Nós *os* recolhemos *todos*. / Os pais *as* levaram *todas* para casa. / Desdenhas, calado, *a todas elas* juntas. / "Preciso de prazeres puros, e o dinheiro *os envenena todos.*" (Maria José de Queirós, *A literatura e o gozo impuro da comida*, p. 130)

todos três. De acordo com o que ensinam os gramáticos, não se usa artigo definido antes de numeral não acompanhado de substantivo, em frases como: *Todos três* eram solteiros. / *Todas quatro* moram no Rio. / "*Todos três* entraram no corredor." (M. de Assis, *Brás Cubas*, p. 146) / "*Todos cinco* participaram do concurso." (Celso Cunha, *Gramática do português contemporâneo*, p. 161) / "Se eu fosse Samuel, teria colocado *todos doze* no Cordão Azul." (Ariano Suassuna, *A pedra do reino*, 6ª ed., p. 385)
Se o numeral vier seguido de substantivo, o artigo é obrigatório: *Todos os três atletas* eram solteiros.

tomar. 1. Em frases como as seguintes, nas quais *tomar* significa *pegar, agarrar*, pode-se usar a prep. *de* quando se quer sugerir a ideia de utilização do objeto: *Tomei (de)* um pau e expulsei o cão. / Tomou *o* (ou *do*) martelo para pregar a tábua.
2. No sentido de *tirar, arrebatar*, admite as seguintes construções: A mãe *tomou ao* (ou *do*) menino a arma perigosa. / Ela *tomou-lhe* a arma. / A mãe *tomou dele* a arma perigosa. / Os portugueses *tomaram* Goa *aos* mouros.

tomar conhecimento de. Examinar, averiguar; dar atenção a, levar em consideração. Esta expressão exige complemento regido da prep. *de*: Não *tomamos conhecimento de* problemas que fogem à nossa alçada. / Faziam-lhe muitas acusações, *das quais ele nem tomava conhecimento*. Contraria a boa regência a seguinte frase tirada de um editorial jornalístico: "Oficialmente, há 13 sequestros em curso, mas extraoficialmente calcula-se em 30 ou 40 o número de pessoas sequestradas, *a maioria dos quais a polícia nem toma conhecimento.*" (*JB*, 15/2/95) A frase, que aliás apresenta outras falhas, pode ser redigida desta forma: Oficialmente, existem hoje 13 pessoas em cativeiro; mas extraoficialmente, calcula-se que haja 30 ou 40 sequestros em curso, dos quais, na maioria das vezes, a polícia nem *toma conhecimento*.

tombar. [De *tombo*, inventário ou registro de bens, arquivo.] *V. t. d.* 1. Fazer o tombo de, inventariar, registrar: *tombar* lendas, canções, provérbios, da cultura popular.
2. Pôr um bem (móvel ou imóvel) de valor artístico ou histórico sob a guarda do Estado, a fim de o preservar: O Patrimônio Histórico e Artístico Nacional *tombou* muitos palácios, igrejas e monumentos da cidade do Rio de Janeiro. Homônimo de *tombar* (cair no chão).

tonitruante. [Do lat. tardio *tonitruans, tonitruantis*.] *Adj.* Que troveja, ruidoso como o trovão, estrondoso, atroador: Júpiter *tonitruante*; voz *tonitruante*. ⇨ É incorreta a forma *tonitroante*.

topete (ê). [Do fr. *toupet*.] *S.m.* 1. Cabelo levantado na parte anterior da cabeça.
2. *Fig.* Atrevimento, ousadia: Teve o *topete* de contestar a decisão do pai. ⇨ Variante prosódica: *topete* (pé).

Δ topo-. [Do gr. *tópos*, lugar.] *El. de comp.* = 'lugar', 'localidade': *topografia, topográfico, topologia, topônimo* (nome próprio de lugar.)

torácico. *Adj.* Do tórax, relativo ao torax. ⇨ Evite-se escrever e dizer *toráxico*, forma inexistente. Veja *tórax*.

tórax. [Do gr. *thórax, thóracos*, peito.] *S.m.* Pl.: *tórax* ou *tóraxes*. Adj. referente ao tórax: *torácico* (de *torac*(o) + -*ico*). ⇨ Contrariamente ao que ensinam os gramáticos e dicionaristas, Vinicius de Moraes, na pág. 28 de seu livro *Para uma menina com uma flor*, usou o plural *tóraxes*, aliás mais expressivo que *tórax*: "Chegavam invariavelmente, uns após outros, uns rapagões torrados de sol, de *tóraxes* enxutos e carões bonitos."

torcer. No sentido de 'ser simpatizante ou torcedor de um clube esportivo', 'incentivar os jogadores ou atletas durante um jogo, uma partida, uma prova, etc.', o complemento do v. *torcer* é regido das preposições *por* ou *para*: Ele *torce pelo* Flamengo desde criança. / "Havia mais de 50 mil pessoas *torcendo para* (ou *pelo*) time local" (Celso Luft) / "*Torceu para* o seu clube até o último minuto." (Aurélio) / "Ele *torcia para* o mesmo time que nós." (Rubem Braga, *A traição das elegantes*, p. 14) Também se diz *torcer para* ou *por* alguém ou alguma coisa,

para expressar desejo de bom êxito, sucesso: Todos aqui *torcem por* você. / "*Torçamos* agora *para* que a cultura, no Brasil, chegue a melhor destino." (Josué Montello, *JB*, 26/11/91)

torpe (ô). [Do lat. *turpis*, feio, sujo, vergonhoso.] *Adj.* Desonesto, vil, aviltante, abjeto, repugnante, indecente, obsceno. ⇨ Pronuncia-se *tôrpe*.

torquês. [Do antigo fr. (*tenailles*) *turcoises*, 'tenazes turcas'.] *S.f.* Instrumento de aço usado para arrancar (pregos, grampos, etc.) ou para cortar (fios, etc.). Pl.: *torqueses*. ⇨ Em Portugal se diz *turquês*: "Esteve quase a ser tocado pelas mãos do velho, duras como *turqueses*." (Fernando Namora, *A noite e a madrugada*, p. 74)

torturar. 1. Requer complemento direto: A polícia *torturou o preso*. / A polícia *o torturou*. / Há tempo que um mal incurável *o* (e não *lhe*) *tortura*. / A infidelidade do marido *torturava-a* dia e noite.
2. O *lhe* só tem cabimento quando substitui o pronome possessivo, em construções do tipo: A infidelidade do marido *torturava-lhe* a alma (= torturava a *sua* alma.) / A luz intensa do sol *torturava-lhe* os olhos (= torturava os *seus* olhos).

tossir. Verbo irregular no presente do indicativo e tempos derivados. *Ind. Pres.*: tusso, tosses, tosse, tossimos, tossis, tossem. *Subj. pres.*: tussa, tussas, tussa, tussamos, tussais, tussam. *Imperat. afirm.*: tosse, tussa, tussamos, tossi, tussam. *Imperat. neg.*: não tussas, não tussa, não tussamos, não tussais, não tussam.

toucar. *V. t. d.* Pôr touca em; coroar, encimar: Alvos nevoeiros *toucavam* os cimos. / Os cumes das montanhas se *toucam* de nuvens. ⇨ Distinguir de *tocar* (*tocar alguém* ou *em alguém*; *tocá-lo* ou *tocar-lhe*; *tocar piano*, etc.)

touro. Adj. relativo ao touro: *taurino*.

tóxico. *Adj* e *subst.* Que envenena (produtos *tóxicos*); veneno (a cocaína é um *tóxico*). ⇨ O *x* de *tóxico* e de seus derivados *intoxicar, intoxicação, toxicidade, toxicômano, toxina*, etc., tem o valor fonético de ks. Pronuncie-se, portanto, *tóksico, intoksicar*, etc.

trajar. [De *traje* + -*ar*] Usar vestuário, vestir. *V. t. d.* 1. Ela *trajava* um vestido longo. / Ele costuma *trajar* roupas claras.
T. i. 2. A cantora *trajava de* seda estampada. / "*Trajava de* azul-escuro, mui decotada." (Machado de Assis, *Quincas Borba*, p. 134)
Pron. 3. Ele *se traja* com rara elegância. / Na festa de fim de ano, as pessoas *se trajam de* branco.

Δ **trans-.** Prefixo de origem latina que exprime, em geral, as ideias de 'através de', 'além de': *transandino, transatlântico, transbordar, transecular, transgangético, transiberiano, translinear, transudar.* ⇨ Em algumas palavras, apresenta as formas evoluídas *tras-* e *tres-*: *trasmontano, trasladar, traspassar, tresmalhar, trespassar* etc. Quanto à pronúncia, o *s* de *trans*, antes de vogal, soa como *z*: *transamazônico, transoceânico, transandino*; antes de *s*, funde-se num só e se pronuncia como *ss*: *transexual (se), transexualismo, transudar (su), transubstanciação, transiberiano (si)*.

transcender. [Do lat. *transcendere*, elevar-se além de, transpor, ultrapassar.] 1. No sentido de *ir além, exceder, ultrapassar*, constrói-se com objeto direto (mais usual) ou indireto: Deus é um ser que *transcende a* (ou *à*) compreensão humana. / "Assim é que fui tomando conhecimento de muita coisa que *transcendia* os limites infantis." (Carlos Povina Cavalcânti, *Volta à infância*, p. 35) / "Quase tudo *transcende à* nossa compreensão, mas nada *transcende à* nossa vaidade." (Matias Aires, *apud* Aurélio) / "Havia pessoas interessadas em questões que *transcendiam* do âmbito local." (Carlos Povina Cavalcânti, *Volta à infância*, p. 108) ⇨ Sendo o complemento um pronome pessoal oblíquo, a forma cabível é *o* (ou *a*) e nunca *lhe*: Nosso olhar chega até o horizonte, mas não *o transcende.* / A Fé não contradiz a Ciência, mas *a transcende.*
2. Pouco usado na acepção de *distinguir-se*: Muitos santos *transcenderam em* virtudes e ciência.

trânsfuga. *S.m.* e *f.* Desertor; pessoa que muda de partido ou de religião. ⇨ É palavra proparoxítona, como indica o acento.

transido. [Part. de *transir*, penetrar, transpassar.] *Adj.* Impregnado, repassado: *transido* de frio, *transido* de medo. ⇨ É palavra paroxítona (pronúncia: *tranzído*).

transistor. [Do ingl. *transistor.*] *S.m.* Amplificador de cristal constituído de semicondutores, que veio substituir as válvulas em receptores de rádio e televisão; o rádio provido desse dispositivo. ⇨ A pronúncia correta é *tranzistôr* (pl. *tranzistôres*), registrada nos léxicos, mas, por influência do inglês, diz-se geralmente *tranzístor, tranzístores,* desrespeitando a fonologia portuguesa. Todas as palavras terminadas em *-or* são oxítonas.

transitar em julgado. Veja *julgado* e *em julgado.*

transladar, trasladar. *V. t. d.* Transferir; traduzir; transcrever. Há preferência pela forma *trasladar*: Em 1920 *trasladaram* os restos mortais de D. Pedro II para a catedral de Petrópolis. / *Trasladou* para o português a *Odisseia* de Homero. / Ao *trasladar* o texto, cometeu vários erros. / "Mais tarde era necessário *trasladar* para lá o corpo do avô." (Eça de Queirós, *Os Maias*, II, p. 435)

transparência. *S.f.* Qualidade de transparente, limpidez, diafaneidade. ⇨ Palavra de largo uso hoje, na acepção neológica de exposição ou informação clara, íntegra e exata de um fato. Ex.: "O presidente do TSE considera frustradas as expectativas dos eleitores em relação à *transparência* dos gastos na campanha deste ano." (*JB*, 18/8/94)

transpassar. [De *trans-* + *passar.*] *V. t. d.* Atravessar, passar através, transpor, furar de lado a lado: Quando cheguei, o cervo já *havia transpassado* o rio. / *Transpassou-lhe* o peito com a espada. ⇨ É mais usada a variante *traspassar*: A bala *tinha traspassado* a porta. / "A mágoa que o *traspassa* não tem igual." (Rebelo da Silva, *Contos e lendas*, p. 120) / "A calúnia dera o braço à miséria para *traspassar* o pobre coração de Franco." (Otávio de Faria, *O senhor do mundo*, p. 404) / "Mas, com o corpo todo *traspassado* de balas, o matinador da bandeira caiu do cavalo." (Ariano Suassuna, *A pedra do reino*, 6ª ed., p. 53) Existe ainda a variante *trespassar*★. Veja *trans-*.

Δ **tras-.** Veja *trans-.*

tratar. 1. Na acepção de *lidar com, dar tratamento,* constrói-se com o pronome *o* (ou *a*) e não *lhe*: Todos gostam dela e *a tratam* bem. / *Tratam-no* com a maior cortesia. / "Pedirei ao Glicério que não *o tratem* assim." (Ciro dos Anjos, *O amanuense Belmiro*, p. 170) / Quando falava com eles, *tratava-os* cerimoniosamente.
2. No sentido de *cuidar, tratar com medicamentos,* usa-se, indiferentemente, com objeto direto ou indireto: A freira *trata* os enfermos (ou *dos enfermos*) com muito carinho. / Ela *os trata* (ou *trata deles*) com muito amor. / "Também, se os pássaros adoeciam, *tratava deles* como se fossem gente." (Machado de Assis, *Dom Casmurro*, cap. XV)
3. No sentido de *dar título, alcunha, tratamento,* admite as preposições *de* ou *por*: Eu o *tratava de* você. / As crianças *tratam* a professora *de* tia. / "*Tratava-o por* barão." (Aurélio) / Pai e filho *tratam-se de* (ou *por*) você. / "Eu *tratava-o por* doutor: não podia tratá-lo com familiaridade." (Graciliano Ramos, *São Bernardo*, p. 41) / "Desde que o regimento se aquartelara em

Oliveira, Maria Mendonça *tratara* Gracinha *por tu*." (Eça de Queirós, *A ilustre casa de Ramires*, p. 136) ⇨ Veja *tratar-se de*.

tratar-se de. No sentido de "estar em causa", "ter por objeto", "versar sobre", o verbo *tratar* concorda obrigatoriamente na 3ª pessoa do singular, em frases como: *Trata-se* (e não *tratam-se*) *de* tarefas que exigem habilidade. / Na verdade, *tratava-se de* fenômenos pouco conhecidos na época. / Os primeiros livros de Machado de Assis são de pouco valor literário. *Trata-se* de obras da fase romântica do escritor. / Viram-se objetos incandescentes caindo no céu da Austrália. Supõe-se que *se trate* de destroços de algum satélite. / Durante o encontro dos dois líderes políticos, *tratou-se* de problemas que afligem as populações pobres. / "Não *se trata* de advogados, minha senhora. *Trata-se* de provas." (Geraldo França de Lima, *Rio da vida*, p. 217) / "Não *se trata* de marcianos ou de animais com mentes e organismos diversos dos nossos." (João Ubaldo Ribeiro, *Política*, 12ª ed., p. 28) / "A dúvida era se *se tratava de* duas doenças ou de uma só." (Moacyr Scliar, *A paixão transformada*, p. 218) / "Ainda se *se tratasse de* monumentos em estilo exclusivamente romano!" (Viana Moog, *Bandeirantes e pioneiros*, p. 258) ⇨ Em tais frases, o sujeito é indeterminado, razão pela qual o verbo fica no singular.

Δ **traumato-.** [Do gr. *tráuma, tráumatos*, ferimento.] *El. de comp.* = 'ferimento', 'contusão': *traumatismo, traumatizar, traumático, traumatologia*.

travar. [De *trave* + -*ar*.] Damos os significados mais usuais.
1. Juntar, unir, prender (peças de madeira): *travar* as vigas de um telhado.
2. Impedir os movimentos: *Travou* fortemente os braços do agressor e o imobilizou.
3. Pôr trava ou tranca, encadear: *travar* uma porta.
4. Fazer parar (veículo, máquina) com o travão, frear, prender: *travar* um veículo; *travar* as rodas de uma máquina; *travar* a máquina de escrever.
5. Agarrar, pegar: *Travei* o (ou *do*) braço dele e o retirei do salão. / *Travou* da alavanca e ergueu a pedra. / "*Travou* do meu braço e arrastou a minha timidez para o salão." (Eça de Queirós)
6. Lançar mão, puxar, arrancar: "*Travou* da espada e avançou sobre o rival." (Celso Luft)
7. Causar travo ou amargor, ter sabor adstringente: Frutas verdes *travam*. / Goiaba verde *trava* na boca.
8. Apertar, constringir: A angústia *travou-lhe* a garganta.
9. Desencadear; irromper: Os dois exércitos *travaram* uma luta feroz. / *Travaram-se* encarniçados combates para expulsar os invasores holandeses. / A discussão que *se travou* entre os dois homens quase degenerou em luta.
10. Iniciar e manter (conversação, relações): Sentamos no banco da praça e *travamos* uma animada conversa.

trazer. *Ind. pres.*: trago, trazes, traz, trazemos, trazeis, trazem. *Pret. perf.*: trouxe, trouxeste, trouxe, trouxemos, trouxestes, trouxeram. *Pret. mais-que-perf.*: trouxera, trouxeras, trouxera, etc. *Fut. do pres.*: trarei, trarás, trará, traremos, trareis, trarão. *Fut. do pret.*: traria, trarias, traria, etc. *Subj. pres.*: traga, tragas, traga, tragamos, tragais, tragam. *Pret. imperf.*: trouxesse, trouxesses, trouxesse, etc. *Fut.*: trouxer, trouxeres, trouxer, etc. *Imperat. afirm.*: traze, traga, tragamos, trazei, tragam.

trecentésimo. [Do lat. *trecentesimus*.] Numeral ordinal e fracionário correspondente a *trezentos*. Também existe a forma *tricentésimo* (de tri- + -*centésimo*). ⇨ O elemento de composição *tri*- aparece também na palavra *tricentenário*, que se usa como adjetivo e substantivo: *palácio tricentenário*; o *tricentenário* da fundação de uma cidade.

trêiler. [Do ingl. *trailer*, reboque.] *S.m.* Veículo sem tração própria, que se movimenta rebocado por outro. Pl.: *trêileres*.

Δ **tres-.** Veja *trans-*.

tresandar. 1. Andar para trás, desandar: A roda *tresandou*.
2. Cheirar mal, exalar mau cheiro: A camisa dele *tresandava*. / Na saleta *tresandando* a cera, o calor sufocava. / O ambiente *tresanda* a peixe podre.

trespassar. [De *tres-* + *passar*.] *V. t. d.* Atravessar, traspassar: "Ó Diogo! Ó Diogo! — gritou Afonso, estorcendo-se, como se o *trespassasse* um ferro." (Eça de Queirós, *Os Maias*, II, p. 148) / "Durante as minhas longas vigílias de cigarros, *trespassava-me* o eco das longínquas vozes." (Fernando Namora, *Domingo à tarde*, p. 107) Veja *trans-* e *transpassar*.

Δ **tri-, tris-.** [Do gr. *treis*, através do lat. *tres, tria*.] *El. de comp.* = 'três': *triciclo, trifásico, tricampeão, trisanual, trisavô, tricentenário*, etc.

Δ **trico-, triqui-.** [Do gr. *thrix, thrichós*, pelo, cabelo.] *El. de comp.* = 'pelo', 'cabelo': *tricoglossia, tricologia, triquíase*.

tripudiar. [Do lat. *tripudiare.*] Verbo pouco usado no sentido original de 'saltar ou dançar batendo com os pés no chão'. Usa-se mais, figuradamente, com o significado de 'exultar por uma vitória, desprezando e humilhando o derrotado': Os candidatos vitoriosos *tripudiam* sobre os adversários. / "Os campeões *tripudiaram* sobre os perdedores." (Antonio Houaiss) / "Pela forma grega, as sacerdotisas profetizavam sobre a trípode (três pés) e como auguravam males futuros, disseram depois que *tripudiavam* sobre as desgraças humanas." (João Ribeiro, *Curiosidades verbais,* p. 160)

trisavô. [De *tris-*, 'três', + *avô.*] *S.m.* Pai do bisavô ou da bisavó. Fem.: *trisavó.* Pl.: *trisavós.* Ex.: "Eram restos da fazenda dos barões do Engenho Novo, meus *trisavós.*" (Carlos Villaça, *Os saltimbancos da Porciúncula,* p. 90)

Δ **triti(c)-.** [Do lat. *triticum,* trigo.] *El. de comp.*: 'trigo': *triticultura, triticultor, tritícola, tritíceo.*

triunfar. Conseguir triunfo ou vitória; vencer.
V. i. 1. Quem vence sem lutar, *triunfa* sem glória.
V. t. i. 2. O bem há de *triunfar sobre* o mal. / O bem *triunfou do* mal. / Lutou quase sozinho e *triunfou contra* adversários poderosos. / *Triunfou da* força pela astúcia.

trocar. 1. No sentido de 'permutar entre si', são construções possíveis: Pedrinho e Lúcio *trocavam* figurinhas. / Carlos *trocava* selos com um suíço. / Os dois observadores *trocaram* de lugar. / "Seria o mesmo que o Sol e a Lua *trocarem* de ofício." (Maximino Maciel, *apud* Francisco Fernandes)
2. Na acepção de 'mudar', 'substituir uma coisa por outra', diz-se: *trocar* a cidade pelo campo; *trocar* móveis velhos por novos; *trocar a roupa* ou *trocar de roupa; trocar o nome* ou *trocar de nome; trocar o goleiro* ou *trocar de goleiro.* Num dos seus romances, Machado de Assis usou a prep. *de*: "Pedro seria médico, Paulo advogado; tal foi a primeira escolha das profissões. Mas logo depois *trocaram de* carreira." (*Esaú e Jacó,* cap. VIII)

tsunami. [Do jap. *tsu,* porto + *nami,* onda: onda que invade a terra.] *S.f.* Onda gigantesca provocada por maremotos, terremotos ou queda de corpos celestes no mar: "As *tsunamis* foram provocadas por um terremoto de nove graus na escala Richter, com epicentro no Oceano Índico, perto da ilha indonésia de Sumatra." (*O Globo,* 27/12/2004) / "Um dado que eu não sabia, e que aumenta o terror: a velocidade da *tsunami* é quase igual à de um jato." (Luís Fernando Veríssimo, *O Globo,* 2/1/2005) ⇨ É subst. de gênero incerto. Parece-nos preferível o gênero feminino.

tudo. A concordância do verbo se efetua no singular com o pronome *tudo,* quando este resume um sujeito composto: A casa, o jardim, as árvores, *tudo desaparecera.*
A concordância é a mesma com o pronome *nada*★.

tudo o mais. Esta é a expressão correta e não *tudo mais*: Para o homem sábio o importante é a sabedoria. *Tudo o mais é* secundário. / "E isto foi mais salutar que *tudo o mais.*" (Machado de Assis, *Histórias sem data,* p. 170) Diz-se também simplesmente *o mais* (= as outras coisas): Da casa ficaram só as paredes; *o mais* os ladrões levaram. Veja *o mais.*

tudo o que, tudo que. São corretas ambas as formas: *Tudo o que* ele pedia os pais lhe davam. / Anotei cuidadosamente *tudo que* ele me disse. / Nem *tudo (o) que* brilha é ouro. / "Sede perfeitos em *tudo que* fizerdes." (*Dicionário brasileiro da língua portuguesa,* Melhoramentos) / "Gostavam da vida e de *tudo que* esta lhes pudesse oferecer com alegria." (Vilma Guimarães Rosa, *Carisma,* p. 126) / "Lembrei-me de *tudo o que* era triste naquela noite." (José Lins do Rego, *Doidinho,* 39ª ed., p. 230) / "*Tudo o que* eu quero é a tua felicidade." (Cândido Jucá Filho, *Dicionário Escolar*) / "*Tudo o que* te venho dando é pouco, eu sei, muito pouco." (Tiago de Melo, *apud* Aurélio) / "Eu vim para casa disposto a falar-lhe, e no entanto *tudo que* conseguia era me calar." (Herberto Sales, *Rio dos morcegos,* p. 119) / "Os paradoxos estéticos pululam em *tudo que* diz respeito a regras plásticas orgânicas." (Camilo Castelo Branco, *Serões de São Miguel de Seide,* I, p. 2)

tudo são flores. Neste caso e em casos análogos, o verbo *ser* concorda no plural com o predicativo: Na mocidade *tudo são flores.* / "*Tudo eram* hipóteses." (Lêdo Ivo) / "Aos olhos do filósofo, a guerra civil e a guerra estrangeira, *tudo são guerras* que ele condena." (Almeida Garrett, *Viagens na minha terra,* p. 61) / "Não, nem *tudo seriam desvantagens* no espírito de bandeira." (Viana Moog, *Bandeirantes e pioneiros,* p. 229) Veja *ser* (*concordância*).

tufado. [Part. de *tufar.*] *Adj.* Avolumado, inflado: "E o vestido chato sobre o peito, *tufado* pela goma das saias, mostrava um pé pequeno, bonito." (Eça de Queirós, *O primo Basílio*, p. 12) / "Ouvi rumor atrás: saía do mato uma mulheraça rúbida, de saias *tufadas* de goma." (Monteiro Lobato, *Urupês*, p. 185) Veja *tufar*.

tufar. [De *tufo* + *-ar*.] 1. Dar ou tomar forma de tufo; inflar, entufar: "A velha afrouxou o riso que lhe *tufava* o peito e as bochechas." (Josué Montello, *Os tambores de São Luís*, p. 350) / "Aqui, ali, *tufavam* verduras densas e altas." (Coelho Neto) / Um vento brando *tufou* as velas. / As velas (ou as cortinas, as vestes) *tufam-se* com o vento. / O peru *tufou-se*, grugulejando. / "... com as mãozinhas cruzadas atrás das saias que *tufavam*." (Eça de Queirós, *Os Maias*, II, p. 406)
2. *Fig.* Ensoberbecer-se, encher-se de orgulho: Ele *tufou-se* com os ventos da fortuna e da prosperidade.

tugir. *V. i.* 1. Falar baixo: As duas mulheres estavam a *tugir* junto da criança adormecida.
V. t. d. 2. Falar, dizer: "Se alguém *tugir* alguma coisa, morre." (Houaiss) Usa-se principalmente na expressão *sem tugir nem mugir* (sem dizer nada): "Agora faça favor de estar quieto, e de não *tugir nem mugir*." (M. Pinheiro Chagas, *A mantilha de Beatriz*, p. 70)

tumoral. *Adj.* Relativo a tumor.

tumular. *Adj.* 1. Relativo a túmulo, próprio de túmulo: silêncio *tumular*.
2. Muito triste, lúgubre, fúnebre: lamentações *tumulares*, vozes *tumulares*.

Túnis. Capital da Tunísia. Variante (menos usada): *Tunes*.

tunisino. *Adj.* e *subst.* Relativo a Túnis; pessoa natural de Túnis. ⇨ *Tunisiano*: relativo à Tunísia.

tupi-guarani. O plural é *tupis-guaranis*, subst. ou adj.: Os *tupis-guaranis* viviam no Brasil muito tempo antes da chegada dos portugueses. / Eram muitas as tribos *tupis-guaranis*.

Δ **turbo.** [Ligado a *turbina*.] Une-se sem hífen ao elemento a que se antepõe: *turbocompressor, turboélice, turbopropulsor, turborreator*, etc.

turnê. [Do fr. *tournée*.] *S.f.* 1. Viagem turística com itinerário determinado e visitas programadas. Nesta acepção, o termo vernáculo *excursão* dispensa este galicismo.
2. Roteiro de um artista para apresentações: O empresário do cantor não quis adiantar o repertório da *turnê*.

turquesa. Permanece invariável quando usado a modo de adjetivo, com o sentido de 'da cor azul da turquesa': *vestido turquesa, vestidos turquesa*. Seguem essa regra outros substantivos usados para designar cores: *blusas abóbora, lenços abacate, gravatas esmeralda, ternos cinza*, etc.

tussígeno. [Do lat. *tussis*, tosse, + *-geno*, que gera.] *Adj.* Que provoca tosse.

TV a cabo, TV por cabo. Prefira-se a primeira forma, a usual e mais eufônica: "São fascinantes os avanços dos tempos modernos, ninguém pode negar: computador, fax, internet, *TV a cabo*." (Zuenir Ventura, *JB*, 19/7/97) / "Tostão avisou ontem à diretoria da Bandeirantes que deixará a emissora em breve para se render aos encantos da *TV a cabo*." (Patrícia Andrade, *O Globo*, 29/1/97)

U

ua, u'a. Evitem-se estas formas artificiais, mesmo diante de palavras que possam gerar cacófatos. É preferível grafar, por exemplo, *uma mão, uma mata,* a escrever *ua* (ou *u'a*) *mão, ua mata.*

úbere. [Do lat. *uber, uberis,* seio, mama.] *S.m.* 1. Mama da vaca, da ovelha, da cabra, etc. Variante: *ubre.* "A *vaccinia,* a varíola da vaca (daí o nome), manifestava-se por pústulas nos *ubres.*" (Moacyr Scliar, *A paixão transformada,* p. 126) || *Adj.* 2. Fecundo, fértil: solo *úbere.* Superlativo absoluto: *ubérrimo.*

ubiquidade. *S.f.* Propriedade de quem é ubíquo; onipresença.

ubíquo. [Do lat. *ubique,* em toda parte, em todo lugar.] *Adj.* Que está ao mesmo tempo, em toda parte, onipresente: Deus é *ubíquo.*

ulna. [Do lat. *ulna,* antebraço, braço.] *S.f.* 1. O cúbito, osso do antebraço paralelo ao rádio. Adjetivos relativos à ulna: *ulnário, ulnal, ulnar* (osso *ulnar*).

Δ **-ulo, -culo.** Sufixos de origem latina que exprimem 'diminuição': *glóbulo, óvulo, grânulo, homúnculo, montículo.*

ultimato. *S.m.* Deve-se preferir essa forma à forma latina *ultimatum.*

Δ **ultra-.** [Do lat. *ultra.*] *Pref.* = 'além de', 'em excesso', 'extremamente': *ultramar, ultra-humano* (sobre-humano), *ultraleve, ultrapassar, ultrarrealista, ultrarromantismo, ultrassensível, ultrassom, ultrassônico, ultrassonografia, ultravioleta, ultraoceânico* (ultramarino). ⇨ Com hífen antes de *a* e *h.*

ultraje. [Do fr. antigo *oltraje,* atual *outrage.*] *S.m.* 1. Ato de ultrajar, ofensa extremamente grave, afronta, injúria, insulto: Reagiu violentamente ao *ultraje.*
2. Violação grave de leis, regras, princípios: *ultraje* à constituição, *ultraje* ao pudor, *ultraje* à dignidade humana, *ultraje* à gramática. ⇨ A grafia correta seria *ultrage.*

ultravioleta. [De *ultra-* + *violeta.*] Adjetivo invariável: A camada de ozônio protege-nos dos raios *ultravioleta.*

um, uma. Veja o verbete *artigo,* item 3.

uma centena. Seguida de subst. no plural, esta expressão admite o verbo no singular ou no plural: Uma centena de pessoas *se aglomerava* (ou *se aglomeravam*) na frente da casa. / "Pouco mais de uma centena de portugueses *conseguiu* regressar à península em segurança." (Arnaldo Niskier, *Padre Antônio Vieira e os judeus,* p. 44) Veja *a maioria de.*

uma hora da tarde. No falar brasileiro, geralmente não se usa artigo antes da expressão *uma hora da tarde* (ou *da madrugada*): "Era perto de uma hora da tarde." (Machado de Assis, *Várias histórias,* Obra completa, II, p. 481, Aguilar, 1962) / "Dez minutos antes *de uma hora* cheguei à ponte." (*Id., ib.,* p. 690) / "Sol forte de uma hora da tarde." (Ivan Ângelo, *O ladrão de sonhos,* p. 9) / Faltavam dez minutos para *uma hora da madrugada.* / "Por volta de *1h* de ontem, bandidos fecharam a via e atacaram dois ônibus." (*JB,* 1º/3/2005). Veja outras abonações no verbete *à uma hora.*

uma porção de. Quanto à concordância do verbo com essa expressão seguida de subst. no plural, veja *a maioria de*.

uma que outra. Uma outra, alguma: "Se, *uma que outra vez*, transpuser limites propostos..., antecipadamente peço que me desculpem os erros." (Jacinto do Prado Coelho, *A originalidade da literatura portuguesa*, p. 25) Veja *um que outro*.

umbigo. Adj. relativo a umbigo: *umbilical* (cordão *umbilical*).

Δ **umbri-.** [Do lat. *umbra*, sombra.] *El. de comp.* = 'sombra': *umbrícola* (que vive na sombra), *umbrífero*, *umbrívago*. ⇨ Do lat. *umbra* deriva *penumbra* (*pene*, 'quase', + *umbra*, 'sombra'), meia-sombra.

um certo, uma certa. Evite-se usar o artigo indefinido *um(a)* antes do pronome indefinido *certo(a)*, sempre que for supérfluo, inexpressivo: *Certo homem* resolveu um dia caçar na mata próxima. / *Certa noite* faltou luz na cidadezinha. / "*Certo dia* o rio começou a subir e ele percebeu que sua fazenda ia ficar submersa." (Millôr Fernandes, *Fábulas fabulosas*, p. 69) / "Para muita gente dá *um certo cansaço* ter que comparecer à festa da vida." (*Id., ib.*, p. 27) / Não faz mal a ninguém *uma certa dose* de otimismo.

um dos que, uma das que. 1. O verbo concorda normalmente no plural com essas expressões, sendo o pronome *que* sujeito de oração adjetiva restritiva: O Brasil é *um dos países que* mais *produzem* cereais. / Ela foi *uma das que* mais se *destacaram* na competição. / Esse foi *um dos motivos que* me *afastaram* do empresário. / "O príncipe foi *um dos que despertaram* mais cedo." (Alexandre Herculano, *Lendas e narrativas*, p. 262) / "Areteu de Capadócia era *um dos muitos médicos gregos que viviam* em Roma." (Moacyr Scliar, *A paixão transformada*, p. 38)

2. Deixa-se, contudo, o verbo no singular quando este se aplica apenas ao ser de que se fala: Santos Dumont foi *um dos brasileiros que inventou* o aeroplano. / O Amazonas é *um dos rios que apresenta* maior volume de água. ⇨ Condenando o artificialismo de tal construção, Salomão Serebrenick, em seu livro *70 segredos da língua portuguesa*, observa, com razão, que esses e outros exemplos similares devem ser redigidos de outra forma: "O brasileiro Santos Dumont inventou o aeroplano." / "O Amazonas é o rio de maior volume de água."

O mais acertado é, portanto, em textos científicos e jornalísticos, usar no plural o verbo da oração adjetiva restritiva: Aquele país é um dos que mais *investem* em educação. / Gandhi foi um dos que mais *lutaram* pela paz. / "Talvez a datilógrafa dos olhos agateados morasse por ali, num dos becos que *iam* ter à rua suja." (Graciliano Ramos, *Angústia*, p. 151) / "Fui um dos que *malcompreenderam* as suas razões e por isso o ataquei." (Monteiro Lobato, *O escândalo do petróleo*, p. 298) Na linguagem informal e na literária, não é raro usar no singular o verbo da oração adjetiva, principalmente quando há intenção de destacar o indivíduo do grupo, dando-se a entender que ele sobressai ou sobressaiu aos demais. Ex.: João é um desses pobres trabalhadores que *luta* para conseguir um emprego. / "Não havia poeta sério, e ele foi um dos que mais *fez* rir." (Camilo Castelo Branco, *apud* Celso Cunha, *Gramática da língua portuguesa*, p. 470) / "Este último nome (Engenho Novo) até hoje perdura; é um dos poucos que *sobreviveu*." (Vivaldo Coaraci, *Memória da cidade do Rio de Janeiro*, p. 88) / "Sou uma dessas criaturas tristes e sonhadoras que *passa* a vida esperando..." (Rubem Braga, *A borboleta amarela*, p. 124).

um e outro. 1. Essa expressão leva, de preferência, o verbo ao plural: *Um e outro caçador levaram* mantimentos. / *Uma e outra árvore tinham* parasitas. / "*Uma e outra coisa existiam* no estado latente, mas existiam." (Machado de Assis, *Papéis avulsos*, cap. 13) / *Um e outro cientista americano* (ou *americanos*) *receberam* o prêmio Nobel. / A mãe e o filho chegaram há pouco do Ceará; *um e outro estão* desempregados (e não *uma e outro estão* desempregados).

2. Embora haja exemplos em contrário, costuma-se usar no singular o substantivo que se segue a *um e outro*. Se o substantivo vier acompanhado de adjetivo (como no penúltimo exemplo), este poderá concordar no singular ou no plural. Observe-se também que *um e outro* permanece invariável mesmo quando se refere a substantivos de gênero diverso, como no último exemplo. ⇨ Contrariando a regra, Carlos Drummond de Andrade usou o substantivo no plural, neste passo: "*Um e outro efeitos* não são necessariamente produzidos pela falta de sinais de pontuação." (*Confissões de Minas, Obra completa*, p. 590)

3. As duas normas anteriores aplicam-se também à expressão antônima *nem um nem outro*: *Nem um nem outro vestido lhe serviram*. / *Nem uma nem outra menina sabiam ler*. / *Nem um nem*

outro filme japonês (ou *japoneses*) *agradaram*. / A mãe e o filho chegaram há pouco do Nordeste; *nem um nem outro* (e não *nem uma nem outro*) *conseguiram emprego*. / Nem um nem outro *elegeu-se* presidente.

um grupo. Seguido de subst. pl. e na função de sujeito, *grupo* exige o verbo no singular: Um grupo de crianças *atravessou* a rua. / "Um grupo de grileiros de terra *faz* a própria lei no município de Rondon do Pará." (*O Globo*, 16/1/2005) Veja o verbete *o grupo de*.

um mil. Evite-se usar *um* antes de *mil*. Diga-se ou escreva-se: *mil reais*, *mil e quinhentos dólares*. No preenchimento de cheques, evite-se escrever *hum mil reais*, *hum mil e oitocentos reais*. Há meios tão seguros quanto esse para evitar falsificações sem atropelar a língua.

um ou outro. A concordância do verbo se efetua no singular com esta expressão: Felizmente há sempre *um ou outro* que *se lembra* do pobre. / *Um ou outro boi será abatido*. / *Uma ou outra marca de tênis é boa*. / "Respondi-lhe que *um ou outro* colar lhe *ficava* bem." (Machado de Assis, *Papéis avulsos*, cap. X)

um outro, uma outra. Expressões que devem ser evitadas. Diga-se apenas *outro*, *outra*, sem o artigo *um*: Procurei *outro* médico. / Não abatas uma árvore sem plantares *outra*. / Quando voltou, parecia *outra* pessoa.

um que outro. Expressão equivalente a *um ou outro*, *algum*: "De vez em quando, os dois amigos detinham-se para espiar *um que outro* pátio de tipo servilhano." (Érico Veríssimo, *O senhor embaixador*, p. 390) / Já *uma que outra* estrela piscava no céu, quando largava a enxada." (Darci Azambuja, *apud* Arlindo de Sousa, *A palavra QUE*, p. 52)

um terço. Quando o sujeito é numeral fracionário, a concordância do verbo se efetua normalmente com o numerador: Um terço dos funcionários *recebeu* aviso de dispensa. / Dois terços dos trabalhadores *foram readmitidos* pela empresa. / Dois terços da fazenda *são cultivados*.

Δ **ungui-.** [Do lat. *unguis*, unha.] *El. de comp.* = 'unha': *unguiculado*, *unguifome*.

Δ **uni-.** [Do lat. *unus*, um.] *El. de comp.* = 'um': *unicelular*, *unifamiliar*, *unificar*, *unilíngue*, *uniaxial*, *unirreme*, *unissexuado*, *uníssono*. ⇨ Os dois elementos se unem sem hífen, exceto antes de *i* e de *h*.

unir. São construções possíveis: Um canal *une* a lagoa *ao* mar. / O canal do Panamá *une* o Atlântico e o Pacífico (ou *com o Pacífico*). / O verdadeiro sábio é o que *une* o saber *à* (ou *com a*) virtude. / São Francisco soube *unir* a ação *à* (ou *com a*) contemplação. / O óleo não *se une com* a água. / As águas dos rios *unem-se às* (ou *com as*) do mar. / *Uniram-se pelos* laços do matrimônio Raquel e Valdomiro.

universalizar. *V. t. d.* Tornar universal ou geral; tornar comum, generalizar: A internet *universaliza* usos e costumes. / Os governos tentam *universalizar* o acesso à educação básica. / "Nas nossas cidades a roupa feita *se universaliza* e as moças não aprendem mais a bordar nem a costurar." (Raquel de Queirós, *O caçador de tatu*, p. 90)

universo. [Do lat. *universum*.] *S.m.* 1. O conjunto de tudo quanto existe, o mundo, o cosmo: Somos pequeninos seres movendo-se no *universo*.
2. O sistema solar: "Acreditavam os antigos que o Sol era o centro do *Universo*." (Aurélio)
3. *Fig.* O âmbito, o meio, o meio preferido: A biblioteca era o seu *universo*.
4. População (em estatística): Num *universo* de trinta milhões de trabalhadores, somente 5 milhões recebem salário condigno.
⇨ Na acepção 2, grafa-se *Universo*, com inicial maiúscula.

urdir. 1. Dispor ou arranjar os fios da tela para fazer o tecido.
2. Tecer, entrelaçar os fios da teia: As aranhas *urdem* pacientemente suas finas teias.
3. *Fig.* Compor, criar: Levou noites a *urdir* o enredo de um romance.
4. *Fig.* Preparar secretamente, maquinar, tramar: O criminoso confessou como *urdiu* o plano para sequestrar a vítima.
5. *Fig.* Imaginar, fantasiar: Enquanto esperava o feliz encontro, minha imaginação *urdia* situações e surpresas. ⇨ Na prática, usa-se *urdir* só nas formas em que ao *d* se seguem *e* ou *i*.

ureter (tér). [Do gr. *ouretér*.] *S.m.* Cada um dos dois canais que conduzem a urina dos rins à bexiga. Plural: *ureteres*.

Δ **-urgia.** Elemento de composição de origem grega que encerra a noção de ação, trabalho, técnica: *cirurgia*, *dramaturgia*, *metalurgia*, *microcirurgia*, *siderurgia*, etc. O el. *-urgo* exprime a ideia de criador, autor, realizador: *demiurgo*, *dramaturgo*, *taumaturgo*.

urgir. [Do lat. *urgere*, apertar, perseguir, apressar.] *V. i.* 1. Ser urgente, não permitir demo-

ra: *Urgia* resgatar as vítimas do terremoto. / O tempo *urge*. / *Urge* que as autoridades coíbam tais abusos.
T. d. 2. Tornar imediatamente necessário, exigir, reclamar: "No Novo Testamento são inumeráveis os textos que *urgem* esse dever cristão." (Dom Eugenio Sales, *JB*, 21/1/95). / "A ocasião *urgia* o emprego da força." (Aurélio)
T. i. 3. Insistir, instar: Os amigos *urgiram* com ele para que não se vingasse.
T. d. e. i. 4. Obrigar, forçar, impelir: A fome *urgiu* o retirante a matar a rês do fazendeiro. / A súbita doença *urgia-o* a procurar um médico.
⇨ V. *defectivo*. Não tem as formas em que ao *g* se seguem *o* ou *a*. Só se usa nas 3as pessoas.

Δ **uro-.** [Do gr. *ôuron*, urina.] *El. de comp.* = 'urina': *urogenital*, *urologia*, *urologista*, *úrico* (ácido *úrico*).

urso. Adj. relativo ao urso: *ursino*.

usar. 1. Constrói-se mais frequentemente com objeto direto: *usar* roupas leves; *usar* cabelos compridos; *usar* barba e bigode; *usar* palavras difíceis; *usar* termos chulos; *usar* (= costumar) sair cedo de casa; *usar* armas automáticas.
2. Constrói-se também com objeto indireto, sobretudo quando este é substantivo abstrato: *usar de* franqueza; *usar de* muita cautela; *usar de* astúcia, *usar de* evasivas; *usar de* diplomacia; *usar de* misericórdia com alguém.

uso abusivo. Num jornal carioca de 29/1/95, lia-se esta manchete: "*Uso abusivo* de medidas provisórias contraria Congresso." Não se deve juntar adjetivo a substantivo que têm o mesmo radical. Em vez de "uso abusivo", diga-se ou escreva-se: *uso excessivo* ou *uso imoderado*. Ou ainda: *o recurso abusivo*, *o abuso*.

usucapião. [Do lat. *usucapione* < de *usum + capere* (tomar, adquirir).] Modo de adquirir o domínio e a propriedade de um bem móvel ou imóvel pela sua posse pacífica e ininterrupta durante certo tempo, obedecidas as formalidades da lei.
⇨ Palavra feminina em latim, mas usada geralmente no masculino, em português, como vemos no Código Civil, art. 550, no *Dicionário jurídico* de H. Piragibe Magalhães e no de Marcus Cláudio Acquaviva. Os lexicógrafos a registram ora como feminina, ora como masculina. Cognatos: *usucapiente* (aquele que adquire o direito de propriedade por usucapião), *usucapir* (adquirir por usucapião).

usufruir. 1. Ter o usufruto de, usufrutuar: *usufruir* um bem; *usufruir* um terreno.
2. Desfrutar, fruir, gozar: *usufruir* as coisas boas da vida; *usufruir* os benefícios da civilização; *usufruir* as delícias da vida campestre; *usufruir* as boas amizades.
3. A regência indireta, *usufruir de* alguma coisa, embora censurada por alguns gramáticos, mas registrada em dicionários modernos, vem se impondo na língua de hoje: *Usufruímos dos* benefícios da civilização.

usurpar. [Do lat. *usurpare*, apropriar-se de.] 1. Usurpar alguma coisa: a) apossar-se com violência ou fraude: Ele *usurpou* a herança do irmão; b) alcançar sem direito ou mérito: Escritos medíocres decerto não *usurparão* o lugar conquistado pelas obras-primas; c) assumir exercício ou cargo por fraude ou pela força: "*Usurpou* a presidência fraudando as eleições." (Aurélio)
2. Usurpar alguma coisa a alguém. Tomar à força, conseguir por fraude: D. João VI temia que algum aventureiro *usurpasse* a coroa ao príncipe D. Pedro. / "*Usurpou* a coroa ao herdeiro legítimo." (Cândido Jucá) / Ele queria *usurpar-lhe* o trono. / "Astuciosamente *usurpou* a vaga ao legítimo ocupante." (Aurélio)

útero. Adj. relativo ao útero: *uterino* (colo *uterino*).

uti possidetis. [Do lat. *uti*, 'como', *possidetis*, 'possuís'.] Expressão latina, abreviação do princípio do Direito Romano *Uti nunc possidetis, ita possideatis*, que se traduz: *Como possuís agora, que assim continueis possuindo*. Fórmula diplomática consagrada no Direito Internacional, que estabelece o direito de um país sobre um território em litígio, fundamentado esse direito da ocupação efetiva, pacífica e prolongada da área litigiosa: "O Visconde do Rio Branco fora, no Império, o principal intérprete e o principal doutrinador do *uti possidetis*." (Álvaro Lins, *Rio Branco*, p. 189) ⇨ Pronuncia-se *úti possidétis*.

Δ **uxori-.** [Do lat. *uxor, uxoris*, esposa.] *El. de comp.* = 'esposa': *uxoricida* (*cs*), *uxoricídio*, *uxório* (rel. à mulher casada).

uxoricida. [De *uxori-* + *-cida*] *S.m. e adj.* Homem que mata a sua esposa; que concorre para o uxoricídio: arma *uxoricida*. ⇨ Pronuncia-se *uksoricida*.

uxoricídio. [De *uxori-* + *-cídio*.] *S.m.* Crime do marido que mata a esposa. Pronuncia-se *uksoricídio*.

V

vacilar. [Do lat. *vacillare*, cambalear, tremer.] 1. Cambalear, caminhar sem firmeza: O bêbedo *vacilou* e caiu.
2. Tremer, oscilar: O terremoto fez *vacilar* os edifícios. / "O trem *vacilava* nos trilhos." (Celso Luft)
3. Hesitar: O examinado *vacilava* nas respostas. / Ele não *vacilou* em aceitar minha proposta. / Aos trinta anos, João ainda *vacilava entre* casar e ficar solteiro. / A empregada *vacilou sobre* se devia ou não abrir a porta ao estranho.

vaga. S.f. Onda. Aumentativo: *vagalhão*.

vagabundear. [De *vagabundo* + -ear.] V. i. Levar vida errante de vagabundo; vadiar: "Dera o seleiro para se perder pelos campos, para *vagabundear* pela estrada, pelos caminhos ermos." (José Lins do Rego, *Fogo morto*, p. 307) Variantes: *vagabundar* e *vagamundear*. Essa última é corruptela popular de *vagabundear*, por influência de *mundo* (andar pelo *mundo*, sem destino).

vagamundo. S.m. Forma alterada e popular de *vagabundo*. A alteração se explica por influência de *mundo*. Veja *vagabundear*.

vai haver greves. 1. O verbo *ir*, quando forma locução com o verbo impessoal *haver*, fica na 3ª pessoa do singular: *Vai haver* greves. / Temíamos *que fosse haver* tumultos.
2. Essa regra aplica-se também aos verbos *dever*, *poder* e outros: *Deverá haver* outros concursos. / Não *pode haver* combates sem combatentes. / *Começou a haver* discussões. / *Há de haver* hospitais bem equipados.

valer. 1. Concorda regularmente com o sujeito da oração: Nem ele sabe quanto *valem* suas terras. / Quanto *valem* esses bois? / Quanto *valiam*, dez anos atrás, essas terras? / *Valerão* a pena tantos sacrifícios? / "E por fim de que *valiam* furores ou mágoas? Nenhum rugir ou gemer seu anulariam o mal que se consumara no Mirante." (Eça de Queirós, *A ilustre casa de Ramires*, p. 503) ⇨ A prep. *de*, nessa frase de Eça de Queirós e na seguinte, de Rui Barbosa, sugere finalidade: "Ainda que a nação mais débil na sua marinha seja a mais favorecida a todos os outros respeitos, *de* nada lhe *vale* essa aparente compensação." (*Cartas da Inglaterra*, I, p. 163)
2. O v. *valer* concorda na 3ª pessoa do sing. quando o seu sujeito é uma oração infinitiva, como neste exemplo: São questiúnculas que não *vale* a pena comentar. Veja *sujeito oracional*.
3. Na acepção de *ajudar*, *socorrer*, constrói-se com objeto indireto: Um vizinho *valeu ao* pobre homem. / "*Valheu-lhe*, na apertura, o velho amigo." (Aurélio) / "*Valeu-lhe* a Virgem, sua madrinha, e restituiu-lhe o rebanho." (Olavo Bilac, apud Nélson Costa, *Páginas brasileiras*, p. 218, Rio, 1929) / Que Deus lhe *valha*! ⇨ Registre-se a frase feita *Valha-o Deus!*, na qual o *lhe* tornaria a expressão antieufônica.
4. Na 1ª pessoa do singular do pres. do ind. e em todo o pres. do subj., o *l* de *valer* se palataliza, isto é, passa a *lh*: valho, valhas, valha, valhamos, valhais, valham.

valido, válido. 1. ***Valido***. a) Indivíduo protegido, favorito: O conde, *valido* da rainha, gozava

de muito prestígio na corte. / "Enquanto *valido* e conselheiro de D. João IV, Vieira inspira ao rei a fundação de uma Companhia das Índias Ocidentais assentada principalmente em capitais judaicos." (Alfredo Bosi, *A dialética da colonização*, p.120) / "Álvaro Ramires, *valido* de D. Pedro II, brigão façanhudo, atordoa Lisboa com arruaças." (Eça de Queirós, *A ilustre casa de Ramires*, p.9)
b) Part. de *valer*: Espero que meu esforço *tenha valido* a pena.
2. ***Válido***. a) São, sadio, vigoroso: Todos os homens *válidos* se armaram para explusar o invasor. / "Não havia um homem *válido*." (Euclides da Cunha, *Os sertões*, p. 252)
b) Que tem valor: Essas moedas não são mais *válidas*.
c) Que tem fundamento, correto: "Sem reflexão pausada, o intelecto pode assimilar o erro como sendo verdade, o sofisma como se fosse um *válido* argumento." (Estevão Bettencourt, *Pergunte e responderemos*. n⁰ 474, p. 36)
valise. *S.f.* Pequena mala, maleta. É um francesismo que se poderia aportuguesar para *valisa*. Prefira-se *maleta*.
vamo-nos aproximando. As formas da 1ª pessoa do plural dos verbos pronominais perdem o *s* final antes de receber o pronome *nos* enclítico: *Divertimo-nos* muito durante a viagem. / *Afastemo-nos* dessa gente! / "*Vamo-nos aproximando* da época contemporânea." (José Felício dos Santos, *Memórias do Distrito Diamantino*, p.103) ⇨ Também é correto dizer 'vamos nos aproximando', 'vamos nos distanciando', 'vamos nos entretendo', unindo o pronome *nos* ao gerúndio, que é como se ouve falar entre brasileiros.
van. [Do ingl. *van*, red. de *caravan*, caravana.] *S.f.* Veículo automotor para transporte de passageiros (de 8 a 16). Pl.: *vans*. ⇨ De acordo com o nosso sistema ortográfico, a escrita correta é *vã*, *vãs*, tal como *fã*, *lã*, *rã* etc.
vão. [Do lat. *vanus*, vazio, oco.] *Adj.* 1. Vazio, fútil, ilusório, falso, inútil: *esforço vão*, *esforços vãos*; *coisa vã*, *coisas vãs*. Superlativo: *vaníssimo*.
| **Em vão**. Loc. adv. Inutilmente: *Em vão* tentei dissuadi-lo.
|| *S.m.* 2. Espaço vazio: *o vão da porta*; *o vão da escada*.
varão. *S.m.* Indivíduo do sexo masculino; homem respeitável. Adj. relativo a varão: *varonil* (viril, forte).

vários de nós. O verbo que tem como sujeito essa expressão concorda, de preferência, na 3ª pessoa do plural: Vários de nós já *estiveram* (ou *estivemos*) lá. Veja os verbetes *muitos de nós* e *alguns de nós*.
vasos sanguíneos. Adj. relativo a vasos sanguíneos: *vascular* (acidente *vascular*). Deriva do lat. *vasculum*, pequeno vaso.
vazão, vazar. Grafam-se com *z* porque se prendem a *vazio*, e não a *vaso*, como se poderia supor. Da mesma forma, *vazamento* e *vazante*. *Extravasar*, sim, deriva de *vaso*. Existem ainda *evasão* (do lat. *evasione*), *evasiva* e *evasivo*, cognatos de *evadir-se* (escapar, fugir), todos com *s*.
vazio. [Do lat. *vacivus*, vago, desocupado.] *Adj.* 1. Que não contém nada; caixa *vazia*.
Fig. Frívolo, fútil, falto, desprovido: vida *vazia*, palavreado *vazio*, cabeça *vazia*.
|| *S.m.* 2. Espaço vazio, vácuo: A Terra está mergulhada num imenso *vazio*. ⇨ Cognatos: *esvaziar*, *vazar*, *vazamento*, *vazão*, *vazadouro*, *vazante*, todos com *z*.
vedar, vetar. [Do lat. *vetare*, proibir, impedir.] 1. Os dois verbos são formas divergentes do lat. *vetare*. Têm o significado comum de *proibir*, *impedir*, *não permitir*: *vedar* (ou *vetar*) a passagem; *vedar* (ou *vetar*) o acesso a um lugar; *vedar* (ou *vetar*) a alguém a entrada num recinto; a cortesia *veda* (ou *veta*) o emprego de palavras chulas, indecorosas.
2. Em certos casos, a significação destes verbos se diferenciou, não se podendo usar um pelo outro, como nas frases: *vedar* um recipiente para que o líquido não vaze; presidente da república não pode *vetar* (opor o veto, não sancionar) um projeto de lei.
3. No sentido de *impedir*, não se dirá 'vetar alguém de fazer algo', mas 'vetar a alguém fazer algo': *Vetaram ao* menino entrar na casa. / *Vetaram-lhe* entrar na casa.
vegetariano. [Do fr. *végétarien* < do ingl. *vegetarian*.] Diz-se de quem se alimenta exclusivamente de vegetais; partidário do vegetarismo; referente ao vegetarismo (regime *vegetariano*). ⇨ As formas vernáculas são *vegetalista* e *vegetaliano*, registradas em alguns dicionários, como o de Aulete, mas de uso raro. É estranha a forma inglesa *vegetarian*, em vez de *vegetalist*. Mais estranha é a imitação servil dos nutricionistas franceses, portugueses e brasileiros que acolheram e veicularam a palavra mal formada.

vegetomineral (vè). *Adj.* Que é de natureza vegetal e mineral (água *vegetomineral*). ⇨ Pronuncia-se vègetominerál e não vegètominerál.
veia. *Adj.* relativo a veia: *venoso* (sangue *venoso*). Do lat. *vena*, veia.
veicular. [De *veículo* + *-ar*.] *V. t. d.* 1. Transportar em veículo (pouco usado nesta acepção): *veicular* mercadorias.
2. Introduzir, importar: *veicular* costumes, vocábulos estrangeiros.
3. Difundir, propagar, divulgar: *veicular* informações, notícias, anúncios comerciais.
⇨ Pronuncia-se *ve-iculár*, e não *vei-culár*, porque o *i* é vogal subtônica. Nas formas rizotônicas, o acento tônico desloca-se para a vogal *u*: *veiculo, veiculas, veicula, veiculam; veicule, veiculem* etc.
velar¹. [Do lat. *vigilare*.] 1. Passar a noite acordado, em vigília, ou junto a um doente; vigiar: A mãe *vela* o filho. / Enquanto um dorme, o outro *vela*.
2. Interessar-se muito por, zelar: O Exército *velará pela* manutenção da ordem e da segurança. / Deus *vela por* nós.
velar². [Do lat. *velare*.] *V. t. d.* 1. Cobrir com véu: Ela costuma *velar* o rosto. / *Velaram* a estátua.
2. Encobrir, ocultar: As nuvens *velaram* o sol.
velar³. [Do lat. *velum*, véu + *-ar*.] *Adj.* Relativo ao véu palatino ou aos fonemas que nele se formam: O *c* de *cofre* é uma consoante *velar*.
velejar. Sempre com a sílaba *le* fechada: *velejo, velejas, veleja, velejam; veleje, velejem*. ⇨ Veja *almejar*.
velho. *Adj.* relativo a velho (subst.): *senil* (idade *senil*).
veloz. Superlativo abs. sint.: *velocíssimo*. Veja *feroz*.
vêm, veem. 1. *Vêm*. É forma do verbo *vir*: Eles *vêm* raramente à cidade.
2. *Veem*. É forma do verbo *ver*: Será que não *veem* o perigo que os ameaça?
vencer. Na linguagem esportiva se diz: O Flamengo *venceu* o Vasco *por* (ou *de*) 2 x 1. / O Brasil *venceu* a Itália *por* (ou *de*) 4 x 2.
vencilho. [Do lat. *vinciculum* (por *vinculum*), atadura, ligadura.] *S.m.* Corda para atar feixes, ou ramos novos de videiras às estacas que as sustentam. Cognatos: *vínculo, vincular, desvencilhar* (ou *desenvencilhar*), *envencilhar*. Variantes: *vincilho, vencelho*.
venda¹. [Do lat. *vendita*, part. de *vendere*, vender.] *S.f.* Ato de vender.
venda². [Do germânico *binda*, faixa.] *S.f.* Tira de pano com que se vendam os olhos.

vender. 1. Usa-se como verbo intransitivo nas seguintes acepções:
a) Trabalhar como vendedor: Quando volta do colégio, ajuda o pai, *vendendo* no balcão da loja.
b) Ter boa venda, ser facilmente vendável: Estes agasalhos *vendem* muito bem no inverno. / Ovos de chocolate, como *vendem* na Páscoa!
2. Forma várias expressões fixas:
a) vender saúde — ter excelente saúde;
b) vender a consciência — submeter-se ao arbítrio de outrem por interesse ou dinheiro;
c) vender por atacado — vender em grandes quantidades;
d) vender a varejo — vender em pequenas quantidades.
vento. Adjetivos relativos ao vento: *eólio* ou *eólico* (energia *eólia*).
ventríloquo. [Do lat. *ventriloquus*, de *venter, ventris*, ventre, + *loquor*, falar.] *S.m.* Indivíduo que pratica a ventroloquia, isto é, que fala abafando a voz à saída da laringe, dando a impressão de que as palavras são emitidas por outra pessoa.
⇨ Literalmente, *ventríloquo* = aquele que fala com a barriga (conforme pensavam os antigos).
Vênus. *Adj.* relativo ao planeta Vênus: *venusiano*.
⇨ O adj. referente a Vênus (lat. *Venus, Veneris*), deusa do amor, é *venéreo*, aplicável especialmente a doenças sexuais: doenças *venéreas*.
Venúsia. *Adj.* relativo a Venúsia, cidade da Itália: *venusino*.
ver. *Ind. pres.*: vejo, vês, vê, vemos, vedes, veem. *Pret. imperf.*: via, vias, via etc. *Pret. perf.*: vi, viste, viu, vimos, vistes, viram. *Pret. mais-que-perf.*: vira, viras, vira etc. *Subj. pres.*: veja, vejas, veja, vejamos, vejais, vejam. *Pret. imperf.*: visse, visses, visse, víssemos, vísseis, vissem. *Fut.*: vir, vires, vir, virmos, virdes, virem. *Imperat. afirm.*: vê, veja, vejamos, vede, vejam. *Infinitivo pessoal*: ver, veres, ver, vermos, verdes, verem. *Part.*: visto.
Como *ver* se conjugam os derivados *antever, entrever, prever* e *rever*.
⇨ No futuro do subjuntivo se diz: Se eu *vir* (e não *ver*) José, o avisarei. Se tu *vires* (e não *veres*) José, avisa-o. Se você *vir* (e não *ver*) José, avise-o. Se nós *virmos* José, o avisaremos. Se vocês *virem* José, avisem-no.
Como sucede com os verbos *deixar, fazer, mandar* e *ouvir*, o verbo *ver* exige os pronomes *o, a, os, as*, em construções como as seguintes, nas quais o infinitivo é verbo intransitivo: Nunca *o* (e não *lhe*) *vi* sorrir. / *Vejo-a* (e não *vejo-lhe*)

brincar na praça. Se o infinitivo for verbo transitivo direto, pode-se usar *o* ou *lhe*, indiferentemente: Nunca *o* (ou *lhe*) *vi* maltratar alguém. / *Viram-no* (ou *viram-lhe*) atravessar o rio. / "*Vi--lhe* fazer um gesto." (Machado de Assis) Todavia, mesmo nesse caso, é preferível usar os pronomes *o*(*s*), *a*(*s*).

verão. Adj. relativo ao verão ou estio: *estival*.

verberar. [Do lat. *verberare*, açoitar.] *V. t. d.* 1. Açoitar, flagelar: "Quem contou o número de açoites que *verberaram* o filho de Deus?" (Camilo Castelo Branco, *apud* Francisco Fernandes) 2. Censurar ou reprovar energicamente: Joaquim Nabuco *verberou*, com grande eloquência, a escravidão no Brasil. / "Ali mesmo, escorrendo água e lodo, renunciou à candidatura, *verberando* os seus seguidores com palavras que, por recato, me abstenho de reproduzir." (Márcio Moreira Alves, *Manual do cronista aprendiz*, p. 199) / "Maria *verberava* a inépcia do marido." (Orígenes Lessa, *O feijão e o sonho*, p. 96) *V. i.* 3. Reverberar, refletir-se (luz, calor): A luz do sol *verberava* nas vidraças dos edifícios. ⇨ Pouco usado nesta acepção.

verbo. O verbo forma a parte da oração chamada *predicado* e pode ser: 1. *Intransitivo* — não precisa de complemento: As folhas *caem*. / A moça *sorriu*. ⇨ Pode vir acompanhado de adjunto: A Terra *gira no espaço*.
2. *Transitivo direto* — pede objeto direto, isto é, um complemento sem preposição: João *compra* móveis velhos. / A terra *produz* bons frutos. ⇨ Aceita como complemento os pronomes *o*, *a*, *os*, *as*: convido-*o*, encontro-*os*, incomodo-*a*, conheço-*as*.
3. *Transitivo indireto* — pede objeto indireto, isto é, complemento regido de preposição: *Assistimos ao jogo*. / *Precisei de* um guia. / *Creio em* Deus. / *Obedeça às* normas de trânsito. / *Gostou do* livro? / Ele *interessou-se pelo* meu caso. ⇨ Entre os verbos transitivos indiretos importa distinguir: a) os que se constroem com os pronomes *lhe*, *lhes*: agradeço-*lhe*, obedeça-*lhes*, perdoou-*lhe*, valeu-*lhes*; b) os que não aceitam os pronomes *lhe*, *lhes*, exigindo para complementá-los os pronomes retos precedidos de preposição: *recorrer a ele*, *assistir a ela*, *depender deles*, não *ligar para elas*.
4. *Transitivo direto e indireto* — usa-se com dois complementos, sendo um direto e o outro indireto: *Deu* roupas *aos* pobres. / A empresa *fornece* comida *aos* trabalhadores. / *Ofereceu-lhe* o carro.

5. *De ligação* — liga um predicativo ao sujeito: Ele *é* rico. / Ela *estava* doente. / A Lua *parecia* um disco. / As crianças *ficaram* felizes.
⇨ *Predicativo do sujeito* é o termo que exprime um estado, um atributo ou modo de ser do sujeito.

verbo. *(na forma passiv*a). Veja *se* (pronome apassivador).

verbo vicário. Veja os verbetes *fazer* (*v. vicário*) e *ser* (*v. vicário*).

verbos terminados em -ajar e -ujar. 1. Os verbos terminados em *-ajar* e *-ujar*, como *viajar*, *encorajar*, *desencorajar*, *enferrujar*, *babujar*, conservam o *j* no presente do subjuntivo: viaje, viajes, viaje, viajemos, viajeis, viajem; encoraje, encorajes, encoraje, encorajemos, encorajeis, encorajem; enferruje, enferrujes, enferruje, enferrujemos, enferrujeis, enferrujem; babuje, babujes, babuje, babujemos, babujeis, babujem. 2. Os substantivos de que esses verbos derivam grafam-se com *g*: *viagem*, *coragem*, *ferrugem*, *babugem*.

verbos terminados em -uar. 1. Os verbos com essa terminação, como *atuar*, *continuar*, *cultuar*, *efetuar*, *excetuar*, *insinuar*, *situar*, *suar*, *tumultuar* etc., grafam-se com *e* (e não com *i*) na sílaba final das três pessoas do singular do pres. do subjuntivo: *atue*, *atues*, *atue*; *continue*, *continues*, *continue*; *efetue*, *efetues*, *efetue*; *sue*, *sues*, *sue*; etc.
2. Os verbos terminados em *-guar* e *-quar*, como *aguar*, *desaguar*, *enxaguar*, *apaziguar*, *averiguar*, *adequar*, *obliquar*, apresentam particularidades de ordem gráfica assinaladas nos respectivos verbetes.

verbos terminados em -uir. 1. Os verbos terminados em *-uir*, como *concluir*, *contribuir*, *constituir*, *diminuir*, *possuir* etc., grafam-se com *i*, e não com *e*, na sílaba final da 2ª e da 3ª pessoas do sing. do presente do indic. Ex.: *diminuo*, *diminuis*, *diminui*, *diminuímos*, *diminuís*, *diminuem*.
2. Não se acentua a 3ª pessoa do sing. do pretérito perfeito do indic. Ex: *possuí*, *possuíste*, *possuiu*, *possuímos*, *possuístes*, *possuíram*.
3. Acentuam-se todas as formas do pretérito imperfeito e do mais-que-perfeito do indic. Ex.: *influía*, *influías*, *influía*, *influíamos*, *influíeis*, *influíam*; *influíra*, *influíras*, *influíra*, *influíramos*, *influíreis*, *influíram*.
4. Imperativo afirmativo: *restitui*, *restitua*, *restituamos*, *restituí*, *restituam*.

verde-amarelo. Para formar o plural dos adjetivos compostos que designam cores, deve-se atender às seguintes normas:

1. Os dois elementos sendo adjetivos, somente o segundo toma a forma do plural: rótulos *verde-amarelos*, folhas *verde-claras*, cabelos *castanho-escuros*, ondas *verde-azuis*.
⇨ De acordo com o uso corrente da língua, quando o segundo adjetivo expressa uma tonalidade da cor mencionada no primeiro, é preferível deixar invariáveis ambos os elementos: mantos *azul-escuro*; blusas *verde-claro*; flores *vermelho-vivo* / "E, por isso, a rocha exibe manchas *vermelho-vivo* e mantos negros." (Ana Lúcia Azevedo, *Caatinga*, O Globo, 3/8/2003) / "fronte *vermelho-alaranjado*" (Aurélio, verbete *maritaca*.) Veja o verbete *adjetivos compostos*.
2. Se o adjetivo é formado de *adjetivo* + *substantivo*, permanece invariável: olhos *verde-mar*; calças *verde-oliva*; copos *azul-turquesa*; gravatas *verde-musgo*.
3. Invariáveis também ficam esses adjetivos, quando formados de *cor* + *de* + *substantivo*: fitas *cor-de-rosa*; tecidos *cor de café*. ⇨ Por concisão, diz-se também: *vestidos rosa*; *calças oliva*; *ternos cinza*, *sapatos gelo* etc.
verme. Adj. relativo a verme: *vermicular*.
verruga. [Do lat. *verruca*.] *S.f.* Excrescência cutânea. Adj. relativo a verruga: *verrucoso*, *verrugoso*, *verruguento*, *verrucal*, *verruciforme*, *verruculoso*. ⇨ *Berruga* é forma vulgar.
versar. [Do lat. *versare*, voltar, volver, revirar.] 1. Volver, manejar, compulsar: *versar* obras clássicas; *versar* autores latinos.
2. Tratar, ter por objeto: As conversas deles geralmente *versavam sobre* política. / O livro *versa sobre* ecologia. / O tema *sobre* o qual *versará* a palestra é polêmico.
ver-se no espelho. Também se diz "ver-se *ao* espelho": "Se *me vejo ao espelho*, a dureza da boca e a dureza dos olhos me descontentam." (Graciliano Ramos, *São Bernardo*, p. 166) No seguinte passo de *Viagens na minha terra*, de Almeida Garrett, ocorrem as duas regências: "Falta-me o ânimo para *me estar vendo a* este terrível *espelho* moral *em que* jurei *mirar-me* para meu castigo." (p. 337) Veja *olhar*, item 3.
Δ **vesico-.** [Do lat. *vesica*, bexiga.] *El. de comp.* = 'bexiga': *vesicorretal*, *vesical* (relativo à bexiga), *vesicuretral* (relativo à bexiga e à uretra).
vesícula biliar. Adj. relativo à vesícula biliar: *cístico* (canal *cístico*).
vestibulando. [De *vestibular* + *-ando*.] Estudante que vai prestar exame vestibular. Vocábulo formado por analogia com *doutorando* (o que vai doutorar-se) e *bacharelando* (o que vai bacharelar-se). É forma anormal, porque não tem por base o verbo correspondente. O mesmo se diga de *odontolando*, *farmacolando*, *engenheirando* e outros. Veja *odontolando*.
vetar. Veja *vedar*.
vetusto. [Do lat. *vetustus* < de *vetus*, velho.] Adj. Muito velho, antiquíssimo: *vetustos* papéis, construções *vetustas* / Visitei Sabará, Ouro Preto, Diamantina e outras *vetustas* cidades mineiras. ⇨ Distinguir de *venusto* (muito belo).
vexar. [Do lat. *vexare*, abalar, maltratar, afligir.] *V. t. d.* 1. Atormentar, molestar: "Esquece a sorte mesquinha que te *vexa*." (Gonçalves Dias) / "Maus governantes *vexam* o povo." (Antônio Houaiss)
2. Causar vexame ou vergonha, humilhar, envergonhar: Sua origem humilde não o *vexa*. / O escândalo da filha *vexou-os* muito.
V. pron. 3. Sentir vexame, envergonhar-se: Não se *vexam* de ser pobres.
⇨ A pronúncia tida como correta é proferir as flexões de *vexar* com o *e* fechado: *vêxo*, *vêxa*, *vêxe* etc. Mas há nítida tendência de pronunciá-las com o *e* aberto, como acontece com *fechar*: *véxo*, *véxa*, *véxam*, *véxe*, *véxem* etc.
viação. Adj. relativo a viação: *viário* (a rede *viária* de um país; os problemas *viários* de uma cidade).
via de regra. Locução equivalente de *em geral, quase sempre*: "Sempre achei que o mal dos poetas era, *via de regra*, não darem eles à poesia um tratamento mais sério." (Carlos Povina Cavalcânti, *Vida e obra de Jorge de Lima*, p. 163) / "Hoje, *via de regra*, procura-se viabilizar a chamada democracia representativa." (João Ubaldo Ribeiro, *Política*, 12ª ed., p. 107) / "*Via de regra*, os que estão fazendo história não têm consciência vigilante do fato." (Viana Moog, *Bandeirantes e pioneiros*, p. 54) É variante censurada de *por via de regra*, *em regra*, *de regra*, expressões essas que devem ser preferidas.
viagem, viajem. 1. *Viagem*. *S.f.* Ato de viajar: Fez boa *viagem*. / A *viagem* do papa foi adiada.
2. *Viajem*. Forma do subj. do verbo *viajar*: Não convém que *viajem* de noite. Veja verbos terminados em *-ajar*.
viável. *Adj.* 1. Que não oferece obstáculo, que pode ser percorrido, transitável: estrada *viável*.
2. Exequível, realizável: projeto *viável*; reformas *viáveis*.

Antônimo: *inviável*. Cognatos: *via, desviar, obviar, viação, viário, viaduto* etc.

víbora. Adj. relativo a víbora: *viperino* (veneno *viperino*; língua *viperina*: língua mordaz).

Δ **vice-.** [Do lat. *vice*, vez, sucessão.] *El. de comp.* = 'em vez de', 'substituição': *vice-presidente, vice-almirante, vice-campeão, vice-rei*. ⇨ Sempre com hífen.

vice. S.m. e f. Redução de vice-presidente, vice-governador etc. Pl.: *vices*. Exs.: Quando o presidente viaja, assume o *vice*. / Partidos políticos escolheram mulheres para *vices*.

vídeo. [Do lat. *video*, 'eu vejo', através do ingl. *video*.] S.m. 1. Parte visual de uma transmissão de TV. 2. Num televisor, o conjunto dos dispositivos que atuam sobre os sinais, transformando-os em imagens. 3. *Por ext.* Tela do televisor; o próprio televisor ou receptor de TV. ⇨ É elemento de composição de vários vocábulos ligados à televisão: *videocassete, videoclipe, videoclube, videodisco, videofone, videoarte, videofilia, videófilo, videoteca, videoteipe, videotexto, videojogo* (preferível ao ingl. *video game*).

vidro. Adj. relativo ao vidro: *vítreo, hialino*.

viemos, vimos. Formas do verbo *vir*. *Viemos* refere-se ao tempo passado e *vimos*, ao presente: Ontem *viemos* aqui e não fomos atendidos. / Acabada a festa, *viemos* todos para casa. / *Vimos* (agora) aqui para o felicitar. / *Vimos*, por meio desta, solicitar a Vossa Senhoria que... / "Perto das nove horas, ou logo depois, chegou Pedro com o casal Batista e Flora. — *Vimos* trazer o seu menino, disse Batista a Natividade." (Machado de Assis, *Esaú e Jacó*, cap. 51) ⇨ Somos levados a usar *viemos* em vez de *vimos* porque essa última forma se confunde com a do verbo *ver*, no pretérito perfeito (*vimos* o filme). Foi certamente devido a isso que um escritor de renome colocou na boca dos Reis Magos: "*Vimos* uma estrela nos indicando o caminho e *viemos* adorá-lo." (Fernando Sabino, *Com a graça de Deus*, p. 31)

viger. [Do lat. *vigere*, ser vigoroso, vigorar.] *V. i.* Ter vigor, vigorar, estar em vigor: A reforma fiscal só poderá *viger* (e não *vigir*) a partir do próximo ano. / Ainda *vige* o Formulário Ortográfico de 1943? / Essas leis são caducas, já não *vigem*. / O contrato continua *vigendo*. / "Prefere a mesa modesta, onde não *vigem* regras da polidez." (Maria José de Queirós) ⇨ Verbo defectivo. Só possui as formas em que ao *g* se segue a vogal *e*. Não existe a forma *vigir*.

vigésimo. Numeral ordinal correspondente a vinte. Pronuncia-se o *s* com o som de *z*.

vilão. S.m. Modernamente se usa no sentido de "indivíduo que comete ações más ou baixas". Pl.: *vilãos, vilões, vilães*. Fem.: *vilã, vilãs*. ⇨ Desusado na acepção primitiva de 'morador de vila ou de casa de campo', 'camponês'.

vinagre. Adj. relativo ao vinagre: *acético*.

vindo. [Particípio de *vir*.] Usa-se como particípio e como adjetivo. Como particípio, é invariável: As aves tinham *vindo* de longe. Como adjetivo, varia em gênero e número: Eram aves migratórias, *vindas* do Canadá. / "Chegaram por este tempo, *vindos* das terras de Basto e Requião, os tão almejados missionários." (Camilo Castelo Branco, *A brasileira de Prazins*, p. 185)

vinho. Adjetivos relativos ao vinho: *vínico, vinário, vinífero, enológico*.

vinte e um. Diz-se e escreve-se *vinte e um*, e não *vinte um*. Da mesma forma: *vinte e dois, vinte e três, vinte e quatro, vinte e cinco* etc. A partir de 21, as unidades, seja qual for a ordem a que pertençam, sempre se unem com a conjunção *e*: 2.005 livros (*dois mil e cinco livros*); R$ 48.172.005,00 (*quarenta e oito milhões cento e setenta e dois mil e cinco reais*). Veja *numerais*.

vip. [Da sigla inglesa de *very important person*, pessoa muito importante.] *Subst.* 1. Pessoa influente, de muito prestígio.
|| *Adj.* 2. Diz-se do local, ambiente, ou moradia dignos de um vip: sala *vip*, apartamento *vip*.

viquingues. [Do antigo idioma escandinavo ou nórdico *vikings*.] *Subst.* 1. Navegadores escandinavos que atacavam as povoações litorâneas da Europa do séc. VIII ao séc. XI.
|| *Adj.* 2. Relativo ou pertencente aos viquingues: reinos *viquingues*, nau *viquingue*. ⇨ Em geral se diz e escreve *vikings*, com acento tônico na sílaba *vi*. Aurélio só dá a forma aportuguesada. Um escritor a usou para referir-se aos jogadores da seleção sueca, na Copa do Mundo de 1994: "Jogou [Raí] bem contra a Rússia, jogou menos bem contra os crustáceos [os jogadores de Camarões] e jogou pedra em santo contra os *viquingues*." (João Ubaldo Ribeiro, *O Globo*, 30/6/94)

vir. *Ind. pres.*: venho, vens, vem, vimos, vindes, vêm. *Pret. imperf.*: vinha, vinhas, vinha, vínhamos, vínheis, vinham. *Pret. perf.*: vim, vieste, veio, viemos, viestes, vieram. *Pret. mais-que-perf.*: viera, vieras, viera etc. *Fut. do pres.*: virei, virás, virá etc. *Fut. do pret.*: viria, virias, viria etc. *Subj. pres.*: venha, venhas, venha, venhamos, venhais, venham. *Pret. imperf.*: viesse, viesses, viesse, viéssemos, viésseis, viessem. *Fut.*: vier, vieres, vier, viermos, vierdes, vierem. *Imperat. afirm.*: vem, venha, venhamos, vinde, venham. *Infinitivo pessoal*: vir, vires, vir, virmos, virdes, virem. *Ger.*: vindo. *Part.*: vindo. Como *vir* se conjugam: *advir, convir, intervir, provir, sobrevir, avir-se* e *desavir-se*.

virago. [Do lat. *virago*, mulher forte ou corajosa como homem, mulher viril.] *S.f.* Mulher forte e com características de homem; mulher varonil, guerreira; (pop.) machona, mulher-macho: "Não digo lá uma dessas *viragos*, uma Judite, uma Dalila. Mas um desses lírios poéticos da Bíblia." (Eça de Queirós, *Os Maias*, I. p. 230) ⇨ Junta-se, geralmente, a *virago* sentido pejorativo.

vir a + infinitivo. O verbo *vir*, seguido da prep. *a* e infinitivo, exprime aspecto terminativo ou resultativo: A verdade sobre o episódio ele só *veio a conhecê-la* quando voltou ao Brasil. / Se ele *vier a saber* o que fizeste, não vai te perdoar. / "*Veio a falecer* aos 50 anos." (Celso Luft) / "Só depois do drama dona Flor *veio a saber* do êxito da adolescente no teste ao microfone." (Jorge Amado, *Dona Flor*, p. 312) / "O que não quer dizer que eu *venha a amá-lo*, disse ela." (Autran Dourado, *Confissões de Narciso*, p. 120) / "Sabia que no futuro *viria a ser* um cientista." (Houaiss)

vir a ser. O verbo *vir* desta locução deve concordar normalmente com o sujeito, mesmo quando este ocorre depois do verbo, em frases como: Talvez *venham a ser* eles os sucessores do pai na direção da empresa. ⇨ Há erro de concordância na seguinte frase de artigo jornalístico: "Ao não definir quem será responsável pela comprovação do recolhimento da contribuição (que é feito pelo empregador), o governo deixa os trabalhadores na angústia de talvez *vir a ser eles* os obrigados a tal comprovação..." (*JB*, 22/10/95) O correto é: "... de talvez *virem a ser eles* os obrigados a tal comprovação..."

vir + infinitivo. São corretas todas estas construções formadas com o v. *vir* seguido de verbo infinitivo: a) Ela vinha à fonte buscar água. b) Ela vinha buscar água na fonte. c) Ela vinha buscar água à fonte. De uso raro no Brasil, a construção *c* é própria do português lusitano. É de Eça de Queirós este exemplo: "O avô, às vezes, vinha passar uma, duas semanas *a* Celas." (*Os Maias*, I, p. 117) No português do Brasil, prefere-se dizer: "O avô, vinha passar uma, duas semanas *em* Celas." Veja o verbete *ir + infinitivo*, 2.

vírgula. Não se usa vírgula: a) entre o sujeito e o verbo, quando juntos: Todos os deputados acusados de corrupção tiveram de apresentar sua defesa; b) entre o verbo e seu(s) complemento(s): O fogo danificou seriamente a reserva ecológica. / A diretoria da empresa prometeu aos trabalhadores que nenhum grevista seria punido.

virilha. *Adj.* relativo à virilha: *inguinal* (hérnia *inguinal*).

virtual. *Adj.* 1. Existente apenas em potência, sem exercício ou efeito real: "Sua propalada bondade era mais *virtual* que palpável." (Houaiss) 2. Suscetível de se realizar, que pode vir a ser, possível, potencial: Cumprimentou friamente o namorado da filha, seu genro *virtual*. 3. Simulado ou efetuado por meio de computação e comunicação eletrônica: Nova biblioteca *virtual* tem dez bilhões de páginas Web. / Lojas *virtuais* são uma das grandes atrações da internet. / Este é um dos muitos serviços da nova economia *virtual*. / "Cirurgia *virtual* é estrela no congresso de medicina." (*JB*, 24/11/2002) / "Miss Mentira: mulher criada digitalmente para disputar o primeiro concurso de beleza *virtual*, na Itália." (*Folha de São Paulo*, 6/11/2003) 4. Quase completo, praticamente total: O que nele mais me surpreende é o seu *virtual* desprezo dos bens materiais.

virtuose. [Do it. *virtuoso*, através do fr. *virtuose*.] Artista (principalmente músico) de grande talento, de grande habilidade técnica. Em sentido pejorativo: artista que possui apenas habilidade malabarística, destituída de sentimento, de probidade interpretativa. ⇨ Pronuncia-se *virtuôse*. Cognato: *virtuosismo* (qualidade de virtuose).

visão. *Adj.* relativo à visão (sentido da vista): *óptico* ou *ótico*. O adj. relativo a visões é *visionário*, mais usado no sentido de *sonhador*, *utopista*.

visar. 1. É transitivo direto na acepção de 'mirar', 'dirigir a pontaria', 'apontar arma de fogo contra': *Visou* bem o alvo e atirou. / "De dentro, alguém atirava, procurando *visar* Horácio no meio dos capangas." (Jorge Amado) 2. Também é transitivo direto no sentido de 'pôr o visto em': As autoridades *visaram* o passaporte. / "Nesse mesmo dia 25 José Clemente

visava o seu passaporte em Paris para regressar ao Rio de Janeiro, via Calais." (Alberto Rangel, *Textos e pretextos*, p. 30) ⇨ Nesse exemplo de Alberto Rangel, *visar* = conseguir o visto (carimbo e rubrica em documento para validá-lo).
3. Na acepção de 'ter em vista', 'ter como objetivo', 'pretender', constrói-se geralmente com objeto indireto (prep. *a*): As medidas *visavam ao* restabelecimento da ordem pública. / Não se sabe *a* que *visam* com essas manifestações. / "Admitiu-se que os sequestradores *visavam a* um fim altamente enigmático." (Carlos Drummond de Andrade, *Os dias lindos*, p. 81) / "Este ensaio não *visa* propriamente *a* uma análise do problema em seus aspectos quantitativos mas, principalmente, em seus aspectos qualitativos." (Josué de Castro, *Geografia da fome*, p. 279)
Nessa última acepção, admite-se a regência direta: "Toda ação humana *visa* um bem, ainda que ilusório ou parcial." (Dom Marcos Barbosa, *JB*, 28/11/91) / "Estas páginas *visam* mostrar os perigos que ameaçam a concepção natural e cristã da família." (Alceu Amoroso Lima) / "O ataque *visava* cortar a retaguarda da linha de frente." (Euclides da Cunha, *Os sertões*, p. 419, 22ª ed.) / "Todos os seus atos, todos, fosse o mais simples, *visavam* um interesse pecuniário." (Aluísio Azevedo, *O cortiço*, p. 30)

visitar. *V. t. d.* Exige objeto direto: Ele foi *visitar o pai*. / Ele *visita-o* (e não *visita-lhe*) frequentemente. ⇨ É erro de regência grosseiro usar o pronome *lhe*, como nesta frase de escritor moderno: "Seus pais vieram *lhe visitar*."

visto. 1. Varia quando adjetivo ou particípio passivo: homens mal *vistos*; mulheres mal *vistas*. Dizem que *foram vistos* discos voadores. / *Vistos* a nadar, os peixes são mais belos. / *Vistas* por esse prisma, as ciências são mais atraentes.
2. Fica invariável quando preposição, com o sentido de *por causa de, em razão de*: "*Visto* as circunstâncias, compreende-se que tenha desistido do empreendimento." (*Dicionário da língua portuguesa contemporânea*, Academia das Ciências de Lisboa) / "*Visto* esta inesperada ocorrência, nada mais tenho que fazer." (Cândido Jucá Filho, *Dicionário escolar*) / "Engordou demais, *visto* não ter seguido a dieta prescrita." (Houaiss) / "Isto é irrelevante, *visto* serem necessárias altas doses." (Francisco Borba, *Dicionário de usos da LP do Brasil*) ⇨ Todavia, não nos parece sintaxe errada fazer concordar *visto* com o substantivo que se lhe segue, como procedeu Aulete em seu dicionário: "*Vista* a dificuldade que havia em lá ir, não fui." Aliás, não se diz também "*dada* a gravidade da situação", "*dadas* as dificuldades do momento"? Veja o verbete *dado*.

visual. *Adj.* 1. Relativo ao sentido da visão: acuidade *visual*; impressões *visuais*.
2. Que assimila melhor os conhecimentos pela vista do que pelo ouvido; muito sensível às impressões captadas pelos olhos: Um pintor tem de ser um artista *visual*.
S.m. 3. Aparência, aspecto exterior: Submeteu-se a uma cirurgia plástica para melhorar o *visual*.
4. Panorama, vista: Do alto do morro tem-se o melhor *visual* da cidade.

visualizar. [De *visual* + -*izar*.] 1. Tornar visível mediante técnicas radiológicas ou ultrassônicas ou outros processos, visibilizar: *visualizar* um órgão interno do corpo humano por ultrassom. / Ampliar uma bula para *visualizar* melhor o texto. / A superfície de Marte pode ser *visualizada* por meio do telescópio.
2. Formar uma imagem visual mental de pessoas ou coisas que não estão presentes; imaginar: Na viagem, *visualizou* a cidadezinha natal, que ele não via desde muitos anos.

Δ **viti-.** [Do lat. *vitis*, vinha.] *El. de comp.* = 'vinha': viticultor, viticultura, vitivinicultura, vitivinícola.

vítima fatal. Impropriedade de linguagem. O adjetivo *fatal* significa determinado ou como que determinado pelo destino, inevitável, funesto, mortífero: prazo *fatal*, golpe *fatal*, paixão *fatal*, acidente *fatal*. A vítima, é óbvio, não causa a desgraça, ou a morte, portanto, não pode ser fatal.

vitivinicultura. [De *viti-* (vinha) + *vini* (vinho) + *cultura*.] *S.f.* Cultura de vinhas (videiras) e fabricação de vinho. ⇨ É incorreta a forma *vitinicultura*. Cognatos: *vitivinícola, vitivinicultor*.

vitrina. [Do fr. *vitrine*.] *S.f.* Armário envidraçado, onde se colocam objetos destinados à venda, nas lojas; mostruário: "A *vitrina* estava cheia de exemplares do seu último romance." (Diná Silveira de Queirós, *apud* L.C. Lessa) / "Os olhos me vendo como dentro de uma *vitrina*." (Campos de Carvalho, *Obra reunida*, p. 224) / "Aos sábados é a rua do Ouvidor um mostruário, a *vitrina* ou o palco do Rio de Janeiro." (Afrânio Peixoto, *Uma mulher como as outras*, p. 66) / "A Primeira Página de um jornal é uma espécie de *vitrina* dos principais assuntos do dia anterior." (*JB*, 13/09/97) ⇨ Prefira-se a forma aportuguesada à francesa *vitrine*, seguindo o exemplo de

Graciliano Ramos (*Linhas tortas*, p. 105, 2ª ed.) e Ciro dos Anjos (*Abdias*, p. 161, 1994).Veja *cabina*.

viva!, vivam! 1. *Viva!* É interjeição, exclamação de alegria: *Viva! O sol reapareceu!*
2. *Viva*. Também se usa para aclamar alguém ou alguma coisa, caso em que deve concordar com o sujeito: *Viva o Brasil! Vivam os campeões! Vivam as férias!* "*Vivam* as musas!" (Machado de Assis) ⇨ O povo sente a palavra *viva* como interjeição de aclamação, portanto, invariável. Por isso, diz: *Viva as férias! / "Viva os Ronaldos!" (O Globo,* 18/4/2002) E até parece linguagem mais natural. Aliás, em francês se usa, de preferência, o singular: *Vive les vacances!* No cap.VII do romance *O Ateneu*, de Raul Pompeia, lê-se: "Escrita a lápis ou a tinta, por todos os cantos via-se esta proclamação: *Viva às férias!*" Trata-se de uma variante sintática que não deve ser imitada.

vivenciar. [De *vivência* + -*ar*.] Viver, sentir ou captar em profundidade: Hoje *vivenciamos* uma situação idêntica à de outros países. / São fatos que a juventude *vivencia* diariamente.

Δ **vivi-.** Radical latino que exprime a ideia de *vivo* e que aparece geralmente em vocábulos formados no latim: *vívido, vivificar, vivíparo, vivissecção* etc.

vivido, vívido. 1. *Vivido*. Part. do v. *viver*: Tinham *vivido* ali muitos anos.
2. *Vívido* 0 *Adj*. Ardente, intenso, vivo: olhar *vívido, vívido* interesse, raios *vívidos*, "um gesto humano profundo e *vívido*." (Herberto Sales)

vivissecção. [Do lat. *vivi-* + *sectione*, corte, secção.] *S.f.* Operação ou dissecação feita em animais vivos para pesquisas científicas: "A prática da cirurgia (em Medicina e Veterinária) exige, às vezes, estudo laboratorial de *vivissecção*." (José Luís Soares, *Dicionários de biologia*, p. 492) ⇨ A variante *vivisseção* é menos recomendável.

voar pelos ares. Redundância de uso frequente: A explosão fez o telhado da casa *voar pelos ares*. Pode-se evitar o pleonasmo dizendo: A explosão *arrojou aos ares* o telhado da casa. Ou então: Com a explosão, o telhado da casa *foi aos ares*.

você. Na língua culta não se usa o coloquial *você* como indeterminador do sujeito ou como sujeito fictício, sem referência ao interlocutor, em frases do tipo: Quando *você* invade as terras dos índios, estes, com razão, se revoltam. / Naquele tempo *você* podia andar pela cidade sem medo de assaltos. / Quando *você* é jovem, tudo parece fácil. / Uma noite naquele cassino é bastante para *você* perder o dinheiro que ganhou num mês. / A cidade é tão perto que em dois pulos *você* está lá.

No padrão culto se dirá, empregando-se o pronome *se* em vez de *você*: Quando *se invadem* as terras dos índios, estes, com razão, se revoltam. / Naquele tempo *podia-se* andar pela cidade sem medo de assaltos. / Quando *se é* jovem, tudo parece fácil. / Uma noite naquele cassino é bastante para *perder-se* o dinheiro que *se ganhou* num mês. / "A cidade é tão perto que em dois pulos *se está lá*." (Marques Rebelo) Esse emprego de *você* fora do seu valor próprio é um cacoete linguístico que convém evitar, mesmo na comunicação informal. Sem dúvida, na boca de uma autoridade soam mal frases como esta: "Aprendi que tem determinado tipo de gente que é melhor ficar contra *você* do que a favor." (Luiz Inácio Lula da Silva, *JB*, 17/8/2003)

volátil. [Do lat. *volatilis*, que voa.] *Adj*. 1. Que voa, voador.
2. Que pode reduzir-se a gás ou a vapor, ou seja, passar do estado sólido ou líquido ao gasoso: O éter é *volátil*.
|| *S.m.* 3. Animal que voa, ave: Deus povoou a Terra de *voláteis*.

volt. [Do fr. *volt* < de *Volta*, físico italiano.] *S.m.* Unidade de medida de diferença de potencial elétrico. O plural é *volts*: Os transformadores reduzem a tensão elétrica a fim de que esta chegue às residências com 110 ou 220 *volts*.

voltar atrás. Não é redundante essa expressão no sentido de 'mudar de ideia ou de opinião': Depois que dou minha palavra, não *volto atrás*. / Afirmou que aceitaria o cargo, mas depois *voltou atrás*. / Pressionado pela opinião pública, o governo *voltou atrás* e revogou o decreto.

voltar para trás. Redundância inaceitável. Deve ser evitada.

voluptuoso. *Adj*. Em que há prazer ou volúpia, deleitoso, sensual. Variante: *volutuoso*.

voraz. Superlativo abs. sint.: *voracíssimo*. Veja *feroz*.

Δ **-voro.** [Do lat. *vorare*, comer, devorar.] *El. de comp.* = 'que devora', 'que come': *herbívoro, frugívoro, carnívoro, piscívoro*.

vosmecê. [Contração de *vossemecê* < de *Vossa Mercê*.] Como *vossemecê*, é forma de tratamento equivalente aproximadamente a *o senhor*, dirigida a pessoas de posição mediana e, hoje, cada vez mais rara. Numa conversa, diz um fazendeiro a outro: "Saiba *vosmecê*: estão cortando madeira demais." (Herberto Sales, *Além dos marimbus*, p. 165) ⇨ *Você* é forma reduzida de *vosmecê*.

Vossa Alteza. Forma de tratamento dada a príncipes e princesas. Quanto à concordância dos verbos, pronomes e adjetivos referentes a essa expressão, veja *Vossa Majestade*.

Vossa Excelência. 1. Expressão de tratamento cerimoniosa, dirigida a altas autoridades. Embora se refira à 2ª pessoa (a pessoa com quem se fala), exige o verbo e os pronomes na 3ª pessoa: Quando *Vossa Excelência pretende* publicar a *sua* obra? / "Parabéns, senhor presidente! Parabéns, senhores deputados e senadores! Realmente *Vossas Excelências ganhavam* muito pouco!" (Walter Mendonça, *JB*, 20/1/95) / "*Vê Vossa Excelência* em redor de *si* umas alegres criancinhas, que *o* beijam e *o* furtam às graves cogitações dos negócios." (Camilo Castelo Branco, *A queda dum anjo*, p. 72)
2. Referindo-nos à 3ª pessoa (a pessoa de quem se fala), diremos *Sua Excelência*: O presidente da República viajará amanhã para a França. *Sua Excelência* permanecerá dois dias naquele país, *hospedado* na Embaixada Brasileira. ⇨ Essas normas se aplicam a outras formas de tratamento cerimonioso, como *Vossa Senhoria*, *Vossa Majestade*★, *Vossa Santidade*★, *Vossa Alteza*★, etc.

Vossa Majestade. 1. Expressão de tratamento que se usa quando se fala com um rei ou imperador: "*Vossa Majestade pode* partir *tranquilo* para a *sua* expedição." (Vivaldo Coaracy) ⇨ Observar que o verbo e o pronome possessivo cabíveis são da 3ª pessoa do singular: *pode* (e não *podeis*), *sua* expedição (e não *vossa* expedição).
2. Quando se fala do rei, usar-se-á *Sua Majestade*: "Certa manhã, *Sua Majestade* o rei Marcos I acordou ao som de tiros." (Ofélia Fontes). Veja *Vossa Excelência*.
3. O adjetivo deve concordar no feminino quando se fala a (ou *de*) uma rainha: Vossa Majestade pode partir *tranquila*.

Vossa Santidade. 1. Expressão de tratamento que se usa quando se fala com o papa: Quando *Vossa Santidade* pretende visitar o Brasil? / "O que nós quiséramos, observei, era que *Vossa Santidade* falasse de modo que *sua* voz chegasse ao Brasil antes da abertura do Parlamento." (Joaquim Nabuco, *Minha formação*, p. 269) Neste caso, é inadequado usar *Sua Santidade*, como fez o tradutor brasileiro do livro *Cruzando o limiar da esperança*, na seguinte e em muitas outras perguntas que um jornalista italiano dirigiu ao papa João Paulo II: "Como se pode continuar confiando em um Deus que seria Pai misericordioso, em um Deus que — como *Sua Santidade* apaixonadamente repete — seria o próprio Amor, diante do sofrimento, da injustiça, da doença e da morte?" (p. 71) Corrija-se: ... como *Vossa Santidade* apaixonadamente repete.
2. A expressão *Sua Santidade* é cabível quando se fala do papa: *Sua Santidade* desembarcou em Manila visivelmente cansado. / "*Sua Santidade* foi *internado* num hospital romano." (Pasquale Cipro Neto, *Folha de S. Paulo*, 3/2/2005)
⇨ Veja *Vossa Excelência*.

Vossa Senhoria. Quanto ao emprego correto desta expressão de tratamento, veja as normas expostas em *Vossa Excelência*.

voto de Minerva. Voto de desempate dado pelo presidente de um tribunal judiciário ou de um órgão administrativo: "Insisti e da segunda vez o pedido foi concedido, por *voto de Minerva*." (Evandro Lins e Silva, *Arca de guardados*, p. 267) / "Um novo estatuto para a Previ daria ao Banco do Brasil o direito a ser o dono do *voto de Minerva*, que desempataria questões polêmicas." (*JB*, 12/5/2002)
⇨ A expressão origina-se de um episódio da mitologia grega. Orestes, filho de Agamêmnon e de Clitemnestra, matou a mãe para vingar o pai, assassinado por Clitemnestra e seu amante. No julgamento de Orestes, no Areópago, como houvesse empate, Minerva, deusa da sabedoria, decidiu em favor dele, Orestes.

voz. Aumentativo: *vozeirão*. Adjetivos relativos a voz: *vocal*, *fônico*.

vulcão. Adj. relativo a vulcão: *vulcânico* (erupção *vulcânica*).

vulgo. S.m. 1. A classe popular, o povo, a plebe; o comum das pessoas: Usava palavras que o *vulgo* desconhece.
|| Adv. 2. Vulgarmente, na língua vulgar: Joaquim José da Silva Xavier, *vulgo* Tiradentes, foi o cabeça da Conspiração Mineira. / A vida de Ana Jacinta de São José, *vulgo* Dona Beja, foi tema de uma novela. ⇨ Referente a mulheres, *vulgo* permanece invariável. Não existe a forma *vulga*.

vultoso, vultuoso. 1. *Vultoso*. Adj. Volumoso, de grande vulto, importante: negócio *vultoso*, *vultosa* quantia, *vultosa* soma, *vultoso* empréstimo. / "Na rua adormecida o prédio era mais negro e *vultoso*." (Fernando Namora, *O homem disfarçado*, p. 129) Não confundir com *vultuoso*.
2. *Vultuoso*. Adj. Congestionado, inchado: rosto *vultuoso*, face *vultuosa*.

W

w. Esta letra denomina-se *dáblio*. Foi incluído no nosso alfabeto pelo Acordo Ortográfico de 1990. Usa-se nos casos seguintes:
a) em abreviaturas e símbolos de termos científicos de uso internacional, como *W* (*watt*), *W* (*oeste*);
b) na transcrição de palavras estrangeiras não aportuguesadas, como *show, word, software, week-end*;
c) em nomes próprios estrangeiros não aportuguesados e seus derivados, como *Wagner, Newton, Darwin, Washington, wagneriano, darwinismo*.
Ao lado de *dáblio*, o VO grafa também *dábliu*, forma que nos parece menos boa. Pronuncia-se como *u* em palavras provindas do inglês (*watt, show*, etc.) e como *v* em vocabulários provindos do alemão (*wagneriano, Weber*, etc.).

washingtoniano. *Adj.* 1. Relativo a George Washington, primeiro presidente dos Estados Unidos. 2. Natural de Washington, capital dos Estados Unidos.

water polo (anglicismo). *S.m.* Polo aquático. Prefira-se a expressão portuguesa.

watt (uót). [Do sobrenome de James Watt, físico escocês.] *S.m.* Unidade de medida de potência. Pl.: *watts*. Vulgarmente pronuncia-se *vátio*.

watt-hora. *S.m.* Unidade de energia equivalente ao trabalho de uma máquina de potência de 1 watt durante uma hora. Equivalente a 3.600 joules. Pl.: *watts-hora*. Símbolo: *Wh*.

week-end (anglicismo). *S.m.* Prefira-se *fim de semana*.

windsurf (anglicismo). *S.m.* Prefira-se *prancha a vela*. ⇨ Não é coerente a grafia semiaportuguesada *windsurfe* que se vê num dicionário moderno. Ou se faz a adaptação portuguesa por completo, ou se escreve o estrangeirismo *ipsis litteris*.

X

xá. Veja *chá*.

xácara. [Do esp. *jácara*.] *S.f.* Narrativa popular em verso, em voga na antiga Península Ibérica e em alguns lugares do Brasil: A *Nau Catarineta* é uma *xácara* que foi muito popular no Brasil. ⇨ Homônimo de *chácara* (pequena propriedade com casa e pomar; sítio).

xadrez. *S.m.* 1. Derivado do árabe. A forma arcaica desse jogo é *enxadrez*. Daí o nome *enxadrista*, que designa, a par de *xadrezista*, o jogador de xadrez.
2. Denominação popular de cadeia, prisão. Pl.: *xadrezes*.
|| *Adj.* 3. Usa-se como adjetivo para designar o tecido cujas cores estão dispostas em quadrados, imitando o tabuleiro de xadrez: tecido *xadrez*, paletó *xadrez*, camisa *xadrez*.
⇨ Invariável em número: gravatas *xadrez*, xales *xadrez*.

Δ **xanto-.** [Do gr. *xanthós*, amarelo.] *El. de comp.* = 'amarelo': *xantodermia*, *xantofila*, *xantogênico*, *xantóxilo*.

xaxim. *S.m.* Tipo de samambaias arborescentes, de cujo tronco fibroso se fazem suportes de plantas ornamentais. ⇨ A forma correta é *xaxim* e não *xanxim*. Em Santa Catarina existe uma cidade denominada *Xaxim*.

Δ **xeno-.** [Do gr. *xénos*, estrangeiro.] *El. de comp.* = 'estranho', 'estrangeiro': *xenofilia*, *xenófilo*, *xenofobia*, *xenófobo*, *xenofonia*, *xenomania*.

xerez. [De *Xerez*, cidade da Espanha.] *S.m.* Vinho seco ou doce, muito apreciado, fabricado na província espanhola de Andaluzia: Presenteou-me com uma garrafa de *xerez*.

Δ **xero-.** [Do gr. *xerós*, seco.] *El. de comp.* = 'seco', 'secura': *xerófito* (vegetação *xerófita*), *xerófilo* (plantas *xerófilas*).

xerox, xérox. *S.f.* Xerografia; cópia obtida por xerografia; máquina para tirar essas cópias. ⇨ É palavra de acento prosódico oscilante. A pronúncia que se vem impondo é *xerox* (oxítona): "Se tiver o folheto, pode tirar *xerox* ou permitir que seja xerocado?" (Carlos Drummond de Andrade, *JB*, 26/5/81) / "Imagine uma fila de pessoas em um serviço de *xerox*." (Lair Ribeiro, *Comunicação global*, p. 97) / "*Xerox* de livros: como acabar com ela? Fácil, fazendo o livro mais barato que a *xerox*." (Francisco Antônio Dória, *JB*, *Ideias*, 30/6/92) / "O nome *Xerox* é marca registrada que designa o equipamento..." (Rabaça, *Dicionário de comunicação*, p. 605)

Δ **xifo-.** [Do gr. *xíphos*, espada.] *El. de comp.* = 'espada', 'apêndice xifoide': *xifópago*, *xifódimo*, *xifoide* (em forma de espada).

xifópago. [Do gr. *xifo-* + *-pago*, fixo.] Diz-se dos gêmeos que nascem unidos desde o apêndice xifoide até o umbigo: irmãos *xifópagos*. / "Ele e *mister* Boss, o americano supersônico, são inseparáveis como dois *xifópagos*." (Campos de Carvalho, *Obra reunida*, p. 75) ⇨ Atenção para não pronunciar *xipófago*. Veja *xifo-*.

Δ **xilo-, -xilo.** [Do gr. *xýlon*, madeira.] *El. de comp.* = 'madeira', 'lenho': *xilogravura*, *xilófago*, *xilófilo*, *xiloteca*, *xantóxilo*.

Y

y. O ípsilon foi eliminado do alfabeto português e substituído pelo i, no sistema ortográfico brasileiro de 1943. Até então escrevia-se, por exemplo, *hygiene*, *physica*, *estylo*, etc. Pelo AO de 1990, que o incluiu em nosso alfabeto, usa-se nos seguintes casos:

a) em abreviaturas e símbolos de termos científicos de uso internacional, como *Y* (*ítrio*), *yd* (*jarda*);

b) na transcrição de palavras estrangeiras não aportuguesadas, como *hobby*, *playboy*, *playground*;

c) em nomes próprios estrangeiros não aportuguesados e seus derivados, como *Kennedy*, *Mickey*, *Byron*, *byroniano*, *Disneylândia*.

Z

zangão. [Provavelmente de *zang*, onomatopeia do zumbido desse inseto.] *S.m.* Macho da abelha. Plural: *zangões* (mais usado) e *zangãos*.

zangar. [Talvez de *zangão*.] *V. t. d.* 1. Aborrecer, irritar: "A falta de organização *zangou-o*." (Celso Luft)
2. *T. i.* Ralhar, repreender com cólera: A mãe, às vezes, *zangava com* o menino.
3. *Pron.* Aborrecer-se, irritar-se: "Seu Rodrigues, venha sentar-se, não vale a pena *zangar-se* por tão pouco." (Artur Azevedo, *Contos fora da moda*, p. 70) / Ele *zangou-se com* o filho.
4. *V. i.* Ralhar, irritar-se: Por que *zangar* por uma brincadeira? / Ele *zanga* à toa.

zarpar. Levantar âncora, fazer-se ao mar, partir: Descoberto o Brasil, a esquadra de Cabral *zarpou* para as Índias em 2 de maio de 1500.

zebu. Adj. relativo ao zebu: *zebuzino*. Há várias raças *zebuzinas*: o nelore, o gir, o guzerá etc.

zelar. Ter zelo por, tratar ou cuidar com zelo, com muito interesse.
1. Em escritores clássicos ocorre a regência direta: "Vês, peralta? é assim que um moço deve *zelar* o nome dos seus?" (Machado de Assis, *Memórias póstumas de Brás Cubas*, cap. XVII, p. 143)
2. A regência usual, hoje, é a indireta (prep. *por*): Cada um *zela pelo* que é seu. / O Estado *zelará pela* preservação do patrimônio público. / Pais e filhos *zelam pelos* bens da família. / Zele *pela* sua saúde física e mental. / "Cumpria *zelar pela* minha imagem." (Ciro dos Anjos, *A menina do sobrado*, p. 374)

zero hora. Dessa forma e não *zero horas*: "As tarifas postais estão mais caras desde *zero hora* de hoje." (*JB*, 7/12/91) ⇨ Observe-se que *zero hora* de 7/12/91, por exemplo, corresponde à *meia-noite* de 6/12/91. O horário de verão começou à *zero hora* de 16/10/94 (domingo) e terminou à *meia-noite* de 18/2/95 (sábado). Pode-se contestar a existência de *zero hora*, mas o uso tornou a expressão tão comum que já não se deve condená-la, pelo menos em jornalismo.

zero-quilômetro. Adjetivo invariável: automóvel *zero-quilômetro*, automóveis *zero-quilômetro*.

zeugma. *S.f.* É uma modalidade de elipse. Consiste em omitir um termo, ou mais de um termo, expresso(s) anteriormente na frase, podendo o termo subentendido ter a mesma flexão ou flexão diferente do enunciado: Sou *responsável* pelo que aconteceu, mas os senhores também são. [Isto é: mas os senhores também *são responsáveis*.] / Deus *o* ilumine e proteja. [Isto é: Deus o ilumine e *o* proteja.] / "As quaresmas *abriam a flor* depois do carnaval, os ipês em junho." (Raquel de Queirós) [Entenda-se: os ipês *abriam a flor* em junho.] / "Vi luzir ainda pela campina os ossos brancos das vítimas que ali se imolaram a não sei quê. Os povos *disseram* que à liberdade, os reis que à realeza." (Almeida Garrett, *Viagens na minha terra*, p. 61) / "Eles *tremiam* por si; eu pela sorte da Espanha." (Alexandre Herculano, *Eurico*, p. 57)

Δ **zime-, zimo-.** [Do gr. *zýme*, fermento, levedura.] *El. de comp.* = 'fermento', 'fermentação':

zimeose, zimologia, zimotecnia, zimótico, zímico, ázimo (sem fermento: pão *ázimo*).

zíper. [Do ingl. *zipper.*] S.m. Fecho ecler, fecho de correr, usado em roupas, malas, bolsas etc. Pl.: *zíperes*.

Δ **-zoário.** [Do gr. *zôon*, animal + suf. -*ário*.] *El. de comp.* = 'classificação de seres vivos': *protozoário*.

Δ**-zoico.** [Do gr. *zoikós*.] *El. de comp.* = 'relativo à vida e/ou aos animais': *mesozoico, paleozoico*.

Δ **zoo-.** [Do gr. *zôon*, vivente, animal.] *El. de comp.* = 'ser vivo', 'animal': *zoologia, zoofobia, zoófobo, zoogeografia, zoonose, zootecnia, zooterapia, zooparasita, epizootia*.

zurzir. *V. t. d.* 1. Açoitar, chicotear: O burro teimava em não andar, por mais que o homem o *zurzisse*.
2. Espancar, bater: "O pai *zurzia-o* como centeio verde." (Aquilino Ribeiro, *apud* Aulete)
3. *Fig.* Criticar ou censurar duramente: Carlos de Laet polemizou com Camilo Castelo Branco e *zurziu-o* impiedosamente. / Moralista severo, ele *zurzia* os vícios de seus contemporâneos.
Verbo defectivo. Não possui as formas em que ao segundo *z* se seguem *o* ou *a*. Mas não soam mal *zurzo, zurza*.

Vocabulário

Relação de palavras cuja grafia oferece dificuldade

A

abalizado
abdome
abelha-africana
abelha-mestra
abelha-preta
abençoe (v.)
Abissínia
abóbada
aboio (subst.)
aboio (v.)
aborígine
abrasar
ab-rogar
abscesso
abscissa
absorção
abstenção, abster-se
abstinência
açafrão
açaí
açaizeiro
acarajé
aceder
aceiro
acém
acenar, aceno
acento (tom, sinal)
acepção
acérrimo
acervo
acessível
acesso
acessório
acético (ácido-)
acidez
acórdão
açoriano
açougue
açougueiro
acrescentar
acrescer
acréscimo
acriano

acrobata
açúcar
açucena
açude
acúleo
adentro
adepto
Adis-Abeba (Etiópia)
adivinhar, adivinho
admirar
admissão, admitir
admoestar
adoção
adolescência
adolescente
Adônis, adônis
adstringência
aduzir
ádvena
aeroclube
aeroespacial
aerossol
aeróstato
aético
Afeganistão
aficionado
afim (adj.)
a fim de (loc.)
afixar
afro-brasileiro
afrouxar
agnóstico
agroindústria
agronegócio
agropecuária
água de coco
água-forte
aguarrás
água-viva
aguentar
ajaezar
ajeitar
alazão

albatroz
alcachofra
alcaçuz
alcaloide
álcoois
alcoólatra
alcoolizar
aldeamento
aleijado
além-mar
além-túmulo
alface
alfanje
alfazema
alforje
algodão-doce
algoz
alheado
alhear
álibi
alicerce
alienígena
alisar (v.)
alizar (subst.)
almaço
almíscar
almofariz
almoxarifado
almoxarife
altar-mor
altissonante
altivez
alto-falante
alto-forno
alto-mar
alto-relevo
alunissar
alvéolo
alvinegro
alvirrubro
alvíssaras
alvissareiro
alvorecer

alvoroçar, alvoroço
amapaense
amarelo-ouro
amassar
âmbar
ambidestro
ambiguidade
ambíguo
ambrosia (comida, doce)
ameaçar
ameixa
amendoim
amerissagem
amerissar
amígdala (ou amídala)
amigdalite ou amidalite
amigo-oculto (sorteio)
amigo-urso
amnésia
amor-próprio
amortizar
analisar
análise
ananás
ancilostomose
ancilóstomo
aneizinhos
anestesia
anestesiar
angico
animadversão
anis
ano-luz, anos-luz
ânsia
ansiar, ansiedade
ansioso
assar
antediluviano
ante-histórico
antepasto

antessala	aritmética	asfixiar	atriz
antiaéreo	armazenar	asilar, asilo	atrocidade
anticristo	aroeira	aspersão	atroz
antiético	arpejo	assassinar	atualizar
anti-higiênico	arquétipo	assassínio	audacioso, audaz
anti-hipertensivo	arquidiocese	assassino	audiovisual
antiofídico	arqui-inimigo	assaz	autoafirmação
antirrábico	arrasado	asseado	autóctone
antissemita	arrasar	assediar, assédio	autoescola
antisséptico	arrazoado	asseio	autopeça
antitetânico	arregaçar	assembleia	autorretrato
antraz	arremessar	assentimento	autossuficiente
ao deus-dará	arremesso	assentir	autuar
apascentar	arrepiar, arrepio	assento (de assentar)	auxiliar, auxílio
apaziguar	arrevesado	assepsia	auxílio-maternidade
apesar de	arriar (baixar)	asséptico	avareza
apocalipse	arritmia	asserção	avaro
apoio (subst.)	arrochar (apertar)	assessor, assessorar	ave-maria
apoio (v.)	arroxado (de *roxo*)	assessoria	aversão
apoplexia	arroxeado	assestar	avesso
aposentar, aposento	arroz-doce	assíduo	avestruz
aprazível	arsênio	assimétrico	avizinhar(-se)
apreensão	arte-final	assimilar	axila
apreensivo	arteriosclerose	assinar, assinante	axioma
aprendizagem	artesanato	assinatura	azado (oportuno)
à queima-roupa	artesão	assolar	azaleia (ou azálea)
aquiescência	artesiano	assomar	azar
aquiescer	ás (carta do baralho,	assombro	azarado
aracnídeo	craque)	assombroso	azedar
arbóreo	asa-delta	assoreamento	azedo
arborizar	ascendência	assorear	azeite, azeitona
arcabuz	ascendente	assuada, assuar	azêmola
arco-íris	ascender (subir)	assumir	azeviche
área (superfície)	ascensão	assunção	azia
areento	ascensor	asteca	aziago
arguição	ascensorista	atarraxar	ázimo
arguido	ascese	aterrissagem	azimute
arguir	asceta	aterrissar	azorrague
ária (canto)	ascético	atrás, atrasado	azougue (mercúrio)
aridez	ascetismo	atrasar, atraso	azul-marinho
aríete	asfixia	através de	azul-turquesa

B

babaçu	baixela	balsa	bangue-bangue
babalorixá	baixeza	balzaquiano	banho-maria
baboseira	baixinho, baixo	banana-da-terra	banquisa
babugem	baixo-relevo	banana-maçã	banzo
bacilo	balão-sonda	banana-ouro	baronesa
baço	Bálcãs	banana-prata	barriga-verde
bactéria	baleeira	bandeja	base
Bajé (RS)	baliza	bandejão	basear
Bahia (Estado), baiano	balizamento	Bangcoc (Tailândia)	bassê
bainha	baloeiro (de balão)	banguê (engenho)	batata-doce

batata-inglesa
batavo (tá)
bate-boca
bate-estaca
batizar
batom
bauxita
bávaro
bazar
bazófia
bazuca
bêbado, bêbedo
beethoveniano
bege (cor)
beiço
beija-flor
beija-mão
beija-pé
beijinho
beisebol
belchior (comerciante)
belo-horizontino
bel-prazer
bem-aventurado
bem-aventurança
bem-educado
bem-estar
bem-falante
bem-humorado
bem-me-quer
bem-sucedido
bem-te-vi
bem-vindo
bem-visto
bênção
bendengó
bendito
bendizer
beneficência
beneficente
benesse

benfazejo
benfeito
benfeitor
benquerença
benquisto
Benvindo (n. p.)
berbere (bé)
beribéri
berinjela
besouro
besuntar
bexiga
bibelô
bicentenário
bíceps
bicho-da-seda
bicho-de-pé
bicho-papão
bico-de-lacre
bico de papagaio
 (formação óssea)
bico-de-papagaio
 (planta)
bilboquê
bilíngue
bilionésimo
bílis (ou bile)
bilro (fuso)
biodegradável
biópsia
biorritmo
biótipo
biquíni
bis, bisar
bisonho
bissetriz
bissexto
bizantino
bizarro
blablablá
blasonar

blecaute
boa-fé
boate
boa-vida
boa vontade
boca-de-leão (flor)
bocagiano
bochecha, bochechar
bochecho
boçoroca
bode expiatório
boia-fria
boiuna
bolacha
bola de neve
boliche
bombom
bom gosto
bom humor
bom-senso
bom-tom
bondoso
bororo (rô)
borracha
borracheiro
borracho
borzeguim
bossa (protuberância)
bota-fora
boteco
botequim
botijão
boxe, boxeador
bracelete
Brás
brasa
brasão
braseiro
brasilianista
brevê
brecha

brejeiro
bridge
brigadeiro do ar
brisa
brocha (prego,
 correia)
broche
brochura
broncopneumonia
broxa (pincel)
bruaá
bruxa, bruxo
Bruxelas (Bélgica)
bruxulear
bucha
bucho (estômago)
bueiro
buganvília
bugiganga
bugio
buldogue
bulevar
bulir
bumba meu boi
bumerangue
burburinho
burguês, burguesa
burguesia
bursite
busca-pé
busílis
bússola
Butantã
butique
butuca
buxo (arbusto)
buzina
buzinar
búzio
Byron
byroniano

C

caatinga (mato)
cabeça de negro (estouro)
cabeça-de-negro (fruto)
cabeleireiro
Cabo Verde
cabra-cega
cabriúva (árvore)
caça, caçar
caça-bombardeiro
caçamba

caça-minas
caça-níqueis
cação
caçarola
cacauicultura
cachê
cachimbo
cacho
cachoeira
cachorro-quente

cacife
cacique
caçoar
cacto
caçuá
caçula
cadafalso
cadarço
cádmio (metal)
cafajeste

cafeína
cafezal
cafezinho
cáften
caftina
cafuzo
cãibra
caíque
cáiser (imperador)
caititu (porco)

caixa-alta
caixa-baixa
caixa-d'água
caixa-forte
caixeiro
caixeiro-viajante
caixilho
caixote
cajazeira
calcâneo (osso)
calcanhar de aquiles
calçado, calçar
cálcio
cama de gato
câmara de ar
câmara lenta
Camboja
Camboriú (SC)
camicase
caminhoneiro
caminhonete
camisa de força
camisa esporte
camoniano
campesino
camponês
camponesa
câmpus
camundongo
Canaã
cancela
cancelar
cana-de-açúcar
candeeiro
candomblé
canguçu
caniço
canídeo
cânion
canjica
canoa
cânon
canonizar
cansaço
cansar
cansativo
capcioso
capim-gordura
capitão de corveta
capitão de fragata
capixaba
caprichar, capricho
cápsula
captar
captura, capturar

capuchinho
capuz
cáqui (cor)
cara de pau
caramanchão
cara-metade
caranguejo
caratê
carboidrato
carcaça
carcás
cárcere
carcinoma
cardeal (ave, prelado,
    ponto cardeal)
cardial (ref. à cárdia)
cardiovascular
carmesim
carne de sol
carne-seca
carochinha
carrapicho
carro-bomba
carroça
carroceria
carro-forte
carro-pipa
carrossel
cartão-postal
cartaz
cartucheira
cartucho (de bala)
cartuxo (religioso)
carvão de pedra
cãs (cabelos brancos)
caseína
casimira
Casimiro
cassação
cassar (anular)
cassete (fita)
cassetete
cassino
cassiterita
castanha-do-pará
casuarina
cataclismo
Catar, catariano
catalisador
catalisar
catálise
cata-vento
catequese
catequizar
cateter (tér)

catleia (planta)
cátodo
catorze (ou quatorze)
caubói
cauim
cavalo-marinho
cavalo-vapor
caxinguelê
caxumba
cazuza
cebola
cê-cedilha
Cecília
cediço
cédula
cegar (tornar cego)
cegonha
cela (quarto)
celibato
celerado
celtibero (bé)
célula
cemitério
cenho
cenoura
censo (recenseamento)
censura, censurar
centroavante
cercear
cerda (pelo)
cereal
cereja
cerejeira
cerimônia
cerne
cerúleo
cerviz
cervo (veado)
cerzideira
cerzir
César
cesárea
cesariana
cessão (ato de ceder)
cessar
cessar-fogo
cessionário
cesta, cesto
cetáceo
cético (ou céptico)
ceticismo (ou
    cepticismo)
cetim
cetro
chácara (sítio)

chacina
chá-da-índia
chafariz
chalé
chamariz
chá-mate
chamego
champanhe (bebida)
chantagem
chapéu de sol
    (guarda-sol))
chapéu-de-sol (árvore)
charada
charanga
charque
chassi
chauvinismo (xô),
    chovinismo
chauvinista (xô),
    chovinista
chávena
cheiinho
cheque
chiclete
chicória
chilique
chimarrão
chimpanzé
chinchila
chinfrim
chique
chiqueiro
chocho
chope
chouriço
chover
chuchu
chulé
chulear (coser)
chulipa (dormente)
chumaço
chupar, chupeta
chupim
churrasco
chuviscar
ciclope (cló)
cidade-satélite
cidra (fruta)
cilha (da sela)
cilício (cinto de
    penitência)
cilindro
cimento
cimitarra
cinamomo

cineclube
cinquenta
cinquentão
cinquentenário
cintilante, cintilar
circuito (úi)
circum-hospitalar
circum-navegação
circum-navegar
circuncisão
circunspecto
circunvizinho
Cireneu
círio (vela)
cisma (separação)
cisma (devaneio)
cissiparidade
cítara
cizânia
clã
clichê
clímax
clipe (grampo)
clitóris
coa (verbo coar)
coabitar
coalizão
coautor
coaxar
cobiça
cobiçar
cocção
cóccix
cócegas
cochichar
cochicho
cochilar
cochilo
Cochinchina
cocho (vasilha)
cociente (ou quociente)
cóclea
coco-da-baía
coerdeiro
coestaduano
cofre-forte
coincidência, coincidir
coirmão
colapso
colcha
colchão
colchonete
coletânea
colisão, colidir
cólon

colonizar
comandante-chefe
comboio
comensal
comezaina
comezinho
comichão
comilança
complacência
complacente
complexo
compreender
compreensão
compreensivo
comprido (longo)
comprimento
  (extensão)
compulsar
concelho (município)
concepção
concernente,
  concernir
concertar
  (harmonizar)
concerto (harmonia)
concessão
concessionário(a)
conchavo
concha
concidadão
concorrência
concorrente
concupiscência
concussão
condescendência
condescendente
condescender
condessa
condiscípulo
conexão
confecção
confeccionar
confessional
confessionário
confete
confissão
conflagração
conhaque
conjectura (ou
  conjetura)
conjecturar (ou
  conjeturar)
cônjuge
consanguíneo
consciência

consciente
consciencioso
conscientizar
cônscio
consecução
conselho (aviso)
consequência
consertar (reparar)
conserto (reparo)
conspícuo
consuetudinário
cônsul
consulesa
consumpção (ou
  consunção)
conta-corrente
contactar (ou
  contatar)
contacto (ou contato)
conta-giros
conta-gotas
contêiner(es)
contenção
contencioso
contexto
contiguidade
conto do vigário
contorção
contorcer
contorcionista
contra-almirante
contra-atacar
contra-ataque
contrabaixo
contracheque
contrafilé
contramão
contrarregra
contrassenso
contratorpedeiro
contumaz
contusão
convalescença
convalescente
convalescer
conversão
convés
convexo
convicção
convulsão
cooperar
coordenar
copiloto
copo-de-leite (planta)
coqueluche

coquetel
cor-de-rosa
cor de vinho
coreano
corresponsável
coriza
corpóreo
Corpus Christi
corre-corre
correligionário
corrupção
corrupto
cortês
cortesão
cortesia
córtex
cortiça
cortisona
coruja
coruscar
cós, coses
cosseno
coser (costurar)
cossignatário
cossaco
costa-riquenho
  (ou costarriquenho)
costume
cota (ou quota)
cotidiano
cotizar
couraça
couraçado
coxa, coxinha
coxear
coxo (manco)
cozer (cozinhar)
cozinha, cozinhar
cozinheiro(a)
crânio
crase
crasso
Crateús
creolina
crepom
crescer
crescimento
criação
criado-mudo
criador
criança-problema
Criciúma (SC)
cripta
crisálida
crisântemo

crisol
crista-de-galo (flor)
cristãmente
crochê
cromossomo
crueza
cumbuca
cumeeira

cumprimentar
cumprimento
   (saudação)
cupidez
Cupido (Eros)
cúpido (ávido)
cupincha
cupom

cúpula
currículo
curta-metragem
curto-circuito
curtume
curumim
curupira
curvilíneo

cuscuz
cutelaria, cutelo
cutia (animal)
cútis
cutucar
Cuzco (Peru)
czar
czarina

D

dáblio
dalai-lama
dança
dândi
darwinista
data-base
decente
decepção, decepcionar
decerto
decrescer
decréscimo
decreto-lei
dedo-durar
dedo-duro
defasagem
defecção
deferir (conceder)
defesa
defensor
déficit (*deficit*)
degenerescência
delatar (denunciar)
delinquência
delinquente
delinquir
demonstração
demonstrar
dentifrício
dentuço
depositar
depósito
depressa
depressão
dervixe
desacorçoado
desajeitado
desassombro
desassossegar
desassossego
desatarraxar
descansado
descansar
descanso

descarrilar
descendência
descendente
descender
descensional
descentralizar
descerrar
desconcertado
   (perturbado)
desconcertante
desconcertar
desconcerto
descortês
descortesia
descortino
descrição (narração)
descriminar
   (inocentar)
desenxabido
desequilíbrio
desfaçatez
designar
desígnio
desilusão
desjejum
desleixo
deslizar
deslize
desmazelo
despensa
   (compartimento
   para guardar
   mantimentos)
desperdiçar
desperdício
despesa
despressurizar
despretensioso
desprezar
desprezo
desprezível
despropósito
dessalinizar

desserviço
destilação
destilar
destilaria
destra
destreza, destro
destróier
detecção
detectar, detector
deterioração
deteriorar
detrás
devassidão
devasso
dezenove
dezesseis
dezessete
dezoito
dia a dia
diabete(s)
diaconisa
diálise
diapasão
dicção
diferir (divergir)
digladiar(-se)
dignitário
dilação (adiamento)
dilapidação
dilapidar
dilatar (alargar)
Dinis
dinossauro
diocesano
diocese
dipsomaníaco
discente
discernimento
discernir
disciplina
discípulo
discrição (prudência)
discricionário

discriminar
   (distinguir)
discriminação
   (separação)
discriminatório
discussão
disenteria
disfarçar
disfarce
disfunção
Disneylândia
díspar
dispensa (licença)
dispensar
dispersão
dispersar
displicência
displicente
disritmia
dissecação
dissecar
dissensão
dissertação
dissertar
dissidência
dissidente
dissídio
dissimular
dissonância
dissuadir
dissuasão, dissuasivo
distender
distensão
distinção
distinguir
distinto
distorção
distorcer
distrato
diversão
divinizar
divisa
divórcio

dizimar
dízimo
dólmã (veste)
dólmen (monumento)
dona de casa

dose (porção)
dossel
dossiê
doze (12)
drágea

dramatizar
ducentésimo
ducha
dúctil
dulcíssimo

duzentos
dúzia

E

economizar
ecossistema
ecstasy (ingl.)
eczema
éden, edens
edito (decreto)
édito (edital)
editor-chefe
edredom
efervescência
efervescente
Eiffel
elefantíase
eletrocardiograma
elétrodo (ou eletrodo)
eletrodoméstico
eletroencefalograma
eletroímã
elétron, elétrons
elixir
elucubração
embevecer
embevecido
embriaguez
emersão
emigração (saída)
emigrante (o que sai)
eminência (altura)
eminente (elevado)
emissão
empanzinado
empecilho
empertigado
empertigar
empresa
empresário
empuxo
encapuzado
encarnação
encarnar
enchova
endereço, endereçar
endossar
enfaixar
enfarte (infarto)
enfatizar

enfear
enfezado
enfezar
enfisema
engajar, engajado
engolir, engolido
engraxar
engraxate
enjeitar
enjoo(s)
enlear
enredo
enrijecer
enrubescer
enseada
entabular
entorse
entressafra
entronizar
entupir
enviesar
enxada, enxadão
enxaguar
enxame
enxaqueca
enxergar
enxerido
enxotar
enxoval
enxovalhar
enxugar
enxúndia
enxurrada
enxuto
epizootia
equestre
equidade
equidistante
equilátero
equimose
equino
equinócio
equitativo
ereção
ereto
eriçado

erisipela
erótico
erupção
eruptivo
erva-cidreira
erva-de-passarinho
erva-doce
erva-mate
esbarrar
esbelto
esboçar, esboço
esboroar
escandalizar, escândalo
escapulir
escarnecer
escárnio
escassear
escassez
escasso
escavar
esclerosar, esclerose
escocês, escocesa
escorraçar
escorrer
escrínio
escrúpulo
escrupuloso
escrutínio
esculpir
escultor
escurecer
escuro
esdrúxulo
esfarrapado
esfíncter
esfinge
esfuziante
esgarçar
esgazeado
esgoelar
esgotar
esgotamento
esgoto
esgrimir
esguichar
esguicho

esmagar
esnobe
esnobismo
esôfago
esotérico (hermético)
esoterismo
espaço
espaguete
espalhar
espécime
espectador
espectro
esperteza
espesso
espessura
espezinhar
espiar (olhar)
espichar
espiral
esplêndido
esplendor
espocar
espoliar
espólio
espontaneidade
espontâneo
espremer
esquisitice, esquisito
esquistossomose
esquizofrenia
essência, essencial
estande
estático (imóvel)
estêncil
estender, estendido
estereótipo
esterno (osso)
Estêvão
estigma
estímulo
estoicismo
estoico (ó)
estopim
estorno
estorricado, estorricar
estourar

estouro
estouvado
estraçalhar
estrambótico
estrangeiro
estranhar
estranho
estratégia
estrear
estrela-d'alva
estrelados (ovos)
estreme (puro)
estremecer
estrênuo
estressado, estresse
estressante
estricto (ou estrito)
estripulia
estroina (ó)
estrupício (barulho)
estultice, estultícia
estupefato
estupidez
esvaziar
etnólogo
eucaliptal
eurodólar
eurritmia
evanescente
evasão
exacerbar
exagerar
exagero
exalar
exaltar
exangue
exasperar
exaurir, exausto
exaustivo, exaustor
exceção
excedente
excelente
excelência
excelso
excentricidade

excêntrico
excepcional
excerto
excessivo
excesso
exceto
excetuar
excipiente
excitação
excitar, excitante
excrescência
excluído
excluir
exclusão
exclusivo
excomungar
excursão
excursionar
execração
execrar
execução
executar
executivo
exegese
exegeta
exemplar, exemplo
exequível
exercer
exercitar
exibição
exibir, exibido
exigir, exigência
exiguidade
exíguo
exílio, exilar
exímio
eximir
existência
existir
êxito
exócrino
êxodo
exógamo
exoneração
exonerar

exorbitante
exorbitar
exorcismo
exorcizar
exórdio
exortar, exortação
exosmose
exotérico (cf. *esotérico*)
exótico
exotismo
expandir
expansão
expansivo
expectativa
expectorante
expedição
expediente
expedir
expelir
experiência
experiente
expiar (pagar)
expiação
expiatório
expirar (morrer)
explanar
expletivo
explícito
explodir, explosão
explosivo
expoente
expor
exposição
expressão
expressar, expressivo
expresso
exprimir
exprobrar (exprobar)
expropriar
expulsão
expulsar, expulso
expurgar, expurgo
êxtase
extasiado
extasiar

extático (em êxtase)
extemporâneo
extensão, extensivo
extenso
extenuado
extenuante
exterminar, extermínio
externo (exterior)
extinção, extinguir
extinto, extintor
extirpar
extorquir
extorsão
extorsivo
extração
extraconjugal
extraescolar
extra-humano
extrair
extrajudicial
extraoficial
extrativo
extrato
extrauterino
extravagância
extravasar
extraviar, extravio
extremo
extremosa
extremoso
extrínseco
extroversão
extrovertido
exuberância
exuberante
exultação
exultar, exultante
exumar
exumação
ex-voto
Ezequiel

F

fã
facção
faccioso (ou facioso)
fachada
facho (tocha)
fácies

facínora
fac-similar
fac-símile
factótum
factual
faixa

falésia
falsidade
falso
família, familiar
familiaridade
farândola

farsa
farsante
fascículo
fascinação, fascinante
fascinar
fascínio

fascismo
fascista
fase
favorecer
faxina, faxineira
fechar
feijão-preto
feitiço
feiura
felídeo
femoral (do fêmur)
fêmur
fênix
ferrabrás
ferro-gusa
ferromoça
ferro-velho
ferrugem
fertilizar
fescenino
fezes
ficção
ficcionista
fictício
ficus
filantropo (trô)
filoxera
fim de semana
físico-químico

fissão
físsil
fissura
fita cassete
fita métrica
fitoterapia
flacidez
flagrante (evidente)
flamboaiã
flecha
fleuma
fleumático
florescência
florescer, florescente
fluidez
fluido (úi)
fluído (de fluir)
fluorescente
fluorescência
fluxo
focinho
fogo-fátuo
fonoaudiólogo
fora da lei (marginal)
fora de série
fórceps
fôrma ou forma
fortuito (úi)
fosforescente

fossa, fossar
fóssil
fosso (ô), fossos (ó)
fotoelétrico
fotonovela
fotossíntese
foxtrote
Foz do Iguaçu
fracassar, fracasso
fragilizar
fragmento
fragrância (perfume)
fragrante (perfumado)
framboesa
franco-brasileiro
franqueza
fraqueza
frase
fratricida
fratricídio
freada
frear
freguês
freguesa
freguesia
frenesi
frequência
frequente
fricção

friccionar
frigidez
frisa
frisante
frisar
friso
frontispício
frouxo
frouxidão
frustração
frustrar
frustrado
fruta-de-conde
fruta-pão
fuçar, fuças
fúcsia (planta)
fugaz
furta-cor
fusão
fuselagem
fusível
fuso
fuxicar, fuxico
fuzarca
fuzil, fuzilar
fuzileiro

G

gaguez
galinha-d'angola
Gandhi
gandhismo
Ganges (rio)
gângster, gângsteres
ganha-pão
ganso
garagem
garçom
garçonete
garnisé
garrucha
gás
gasoduto
gasolina
gasômetro
gasoso
gastroenterite
gastrointestinal
gaúcho
gáudio

gaze (tecido)
gazua
gêiser
gengibre
genovês, genovesa
geopolítica
gerânio
gergelim
geringonça
gesso
gesto
giárdia
gibi
Gibraltar
giclê
gilete (lâmina)
gineceu
girândola
girino
girassol
giz
glicemia

glicínia
glúten
gnomo
gnu
goela
Goiás
goitacás (índios)
gorgomilo
gorjear
gorjeio
gorjeta
gostoso
gostosura
gozação
gozar
gozo
gozoso
graal
Grã-Bretanha
grã-cruz
grã-finismo
grã-fino

gramínea
grandessíssimo
granizo
granjear
granjeiro
grão de bico (pasta
   comestível)
grão-de-bico (planta)
grão-duque
grão-mestre
Grão-Pará
gratuito (úi)
graxa
greco-romano
grená
grisalho
grisu (gás)
grosa (12 dúzias)
groselha
grosseria
grosseiro
guache

guarda-chuva
guarda-civil
guarda-costas
guarda-florestal
guarda-joias
guarda-livros
guarda-louça
guarda-marinha
guarda-móveis
guarda-noturno
guarda-pó
guarda-roupa
guarda-sol
gueixa
guelra
Guiana
guianense
guichê
guidom
guinchar
guincho
Guiné-Bissau
guineense
Guinness
guisado
guisar
guizo
guloseima
guloso
guru
gusa
guta-percha
Gutenberg
guzerá, guzerate

H

habeas corpus
habitar
hábitat (*habitat*)
hábito
hagiografia
haicai
Haiti
hálito
halo
haltere
hambúrguer(es)
hangar
haraquiri
haras
harpa
harpia
haste
hastear
haurir
hausto
Havaí
haxixe
hebdomadário
hebreu
hectare
hediondo
hedonismo
hegemonia
hégira
hélice
hem
hemácia
hemeroteca
hemoptise
hemorragia
hemorroidas
hepático
heptassílabo
herbáceo
herbário
herbicida
herbívoro
herege
herdar
herdeiro
heresia
hermético
hérnia
herói
herpes
hertz
hesitação
hesitar
heterodoxo
heterogêneo
heterossexual
heureca
hexacampeão
hexágono
hexassílabo
hiato
hibisco
híbrido
hidravião (hidroavião)
hidrelétrica
hidrogênio
hiena
hierarquia
hieróglifo (ou
 hieroglifo)
hífen, hifens
higiene
hilaridade
hileia
Himalaia
hímen
himeneu
hindu
hinduísmo
hindustani
Hindustão
hiperacidez
hipérbole
hiper-humano
hipersensível
hípico
hipismo
hipnotizar
hipódromo
hipófise
hipopótamo
hipoteca
hipotenusa
hipótese
Hiroxima
hirsuto
hirto
hispano-americano
histeria, histérico
histologia
histrião
hobby (hóbi)
hodierno
hodômetro
holandês
holandesa
Hollywood
holocausto
holofote
hombridade
homem-chave
homem-hora
homem-rã
homenagear
homenagem
homeopatia
homicida
homilia
homiziado, homiziar
homizio
homófono
homogeneidade
homogêneo
homologar
homonímia
homônimo
homossexual
honesto
Hong Kong
honorários
honra, honrar
honradez, honrado
honroso
hóquei
horizonte, horizontal
hormônio
horóscopo
horrível
horroroso
horta
hortelã
hortênsia
hortifrúti
hortifrutigranjeiro
hortigranjeiro
horto
hortomercado
hospedar
hóspede
hospício
hostil, hostilizar
hulha
humilde
humilhar
humor
humorismo
humorista
húmus
húngaro
Hungria
hurra (interj.)

I

iaiá
ianomâmi
iate
ibero (bé)
ibero-americano
iceberg
idear, ideia
idiossincrasia
Ifigênia
iglu
ignomínia
Iguaçu
iídiche
ilusão
ímã(s)
imarcescível
imbrólio
imbuia
imergir (mergulhar)
imerso
imigrante (o que imigra)
imigrar (entrar num país)
iminência (qualidade de iminente)
iminente (ameaçador)
imiscuir-se
imissão (ato de imitir)
imperceptível
imperscrutável
impertérrito
impetigo
impigem
impingir
impregnar
imprescindível
impressão
impressionar
ímprobo
improvisar
improviso
impudico (dí)
impugnar
imundície
inacessível
inaudito
incandescente
incidir
incinerar
incipiente (principiante)
incisão, inciso
incisivo
incitar
inclusive
incognoscível
inconsciência
inconsciente
inconsútil
incorrupto
incrustação
incrustar
incursão
indecência
indecente
indenizar
índex
indígena
indisciplina
indiscrição
indissolúvel
indo-europeu
inebriante, inebriar
inepto
Inês
inesgotável
inexaurível
inexcedível
inexequível
inexorável
inexpugnável
inextricável
infanto-juvenil
infecção
infeccionar (inficionar)
infeccioso
infectado
infecto-contagioso
infligir (aplicar)
inflorescência
infraestrutura
infravermelho
infringir (violar)
infusão
inglês
inglesa
íngreme
ingressar
ingresso
íngua
ingurgitar
inidôneo
inigualável
iniludível
ininterrupto
iniquidade
iníquo
inócuo
inóspito
inoxidável
inquisição
insalivar
inseticida
inseto
insídia
insigne
insípido
insipiente (ignorante)
insosso
inspeção, inspecionar
instantaneidade
insulso
insurreto
intenção
intercessão, intercessor
interestadual
ínterim
interrupção
interseção (cruzamento)
interstício
intimidar
intimorato
intitular
intoxicar
intromissão
introspecção
intuito (túi)
intumescer
intumescimento
inumano
invasão
invenção
inverossímil
inversão
invés, inviesar
invólucro
ioga
iogurte
ípsilon
irascível
irrepreensível
irrequieto
irrisão
irrisório
irrupção
Isabel
isenção
isento, isentar
Islã
isósceles (isóscele)
israelense
istmo
ítalo-brasileiro
item, itens
ituano, ituense
iugoslavo

J

jabuti
jabuticaba
jaça (mancha)
jacinto (planta)
jângal
janízaro
japonês
japonesa
jararacuçu
jazer
jazigo
jean, jeans (angl.)
jeca-tatu
jeito
jeitoso
jenipapo
jequitibá
Jeremias
jerico (burro)
jerimum
Jerônimo
jérsei (tecido, gado)
jesuíta
jetom
jia (rã)
jiboia
jiló
jipe

jirau
jiu-jítsu
joão-de-barro
Joinvile
joinvilense

jóquei
juazeiro
juçara (palmeira)
jucundo
juíza

juízes
juízo
jungir
júnior
juniores (ô)

júri
jus (direito)
jusante
justafluvial
justapor

K

kafkiano
kantismo
kardecista
kart

kartódromo
Kennedy
kibutz
kg (quilograma)

km (quilômetro)
Kombi (veículo)
know-how
Kremlin

Kubitschek
Kuwait
kuwaitiano

L

lacrimogêneo
lácteo
lagartixa
laje
lajiano
lambujem
lambuzar
laranja-da-baía
laranjeira
lasanha
lascívia, lascivo
lassidão
lasso
látex
laxante

lazer (descanso)
leão
leão-marinho
legiferar
leishmaniose
lenga-lenga
leptospirose
lesar, lesão
lesivo
lêvedo
léxico
lhama
lhaneza
libido (bí)
lígure

lilás
limpeza
linguiça
líquen
lisonjear
lisonjeiro
lixa, lixar
lixeiro
lixívia
lixo
lojista
longínquo
loquaz
losango
lótus

lua de mel
lucilar
lugar-comum
Luís
Luísa
lusíada
luso-brasileiro
lusófono
luxação, luxar
luxento
luxo, luxar
luxúria, luxuriante
luzidio, luzir

M

maçada
maçaneta
maçante
maçar (importunar)
maçarico
maçaroca
macaxeira
machucar
maciço
maciez
maço
maçom, maçons
má-criação
Madagáscar (ilha)
madeixa
madressilva
má-fé
magnésia
magnético

magnetizar
magnificência
mágoa
magreza
maionese
maisena
mais-que-perfeito
majestade
majestoso
mal-agradecido
malcuidado
mal-educado
mal-entendido
mal-estar
malfeito
mal-humorado
maligno
malmequer
malsoante

malsucedido
malvadeza, malvadez
malvisto
mandachuva
manganês
manhãzinha
manjedoura
manjericão
mansarda
manteigueira
Manuel
mão de ferro
mão de obra
maquinaria
marceneiro
mariposa
marquês
marquesa
marquise

marrom
marselhês
marselhesa
marsupial
mártir
martirizar
marxismo
massa
massagear, massagem
massagista
massapê
mata-mosquito
matéria-prima
matiz, matizar
mau gosto
mau humor
má vontade
maxila(r)
máxima

máximo
maxissaia
meados
mecenas
médium
medroso
meeiro
mega-hertz
megawatt
meia-noite
meio-dia
meio-fio
melindroso
menção
mencionar
Meneses
menina dos olhos
meningite
menosprezo
mercenário
Mercosul
meridiano
meritíssimo
mês, meses
mesada

mesário
mesóclise
mesquinhez
messe
mestiço
mestre de obras
mestre-escola
metediço
meteorito (rí)
meteorologia
meteorológico
mexer
mexerica (fruta)
mexerico
mexilhão
mezinha (remédio)
Miami (EUA)
miçanga
micção
Mickey
mico-leão
mico-leão-dourado
microcirurgia
microcomputador
microempresa

micro-organismo
microrregião
milanês
milanesa
mimeografar
mimeógrafo
minissaia
misantropo (trô)
miscelânea
miscigenação
missão
míssil
missionário
misto
misto-quente
mixaria
mixo (insignificante)
mixórdia
mnemônico
mobília, mobiliar
mobilizar
Moçambique
mocassim
mochila
Moji das Cruzes

molambo
moleque
monossílabo
montanha-russa
montês
mordaça
mortadela
mostrar
motosserra
motobói
mozarela (ou
  muçarela)
muamba
muçulmano
muçurana
mudança
mudez
muleta (bastão)
multissecular
múnus
murmurinho
músculo
museologia
mutuca
muxoxo

N

naftalina
náilon
não-intervenção
narcose
nascença
nascer
nascente
nascimento
navio-escola
navio-tanque
Nazaré

nazismo
nazista
necessário
necessidade
necessitar
necrópsia (ou
  necropsia)
néctar
nenúfar
neonazista
neozelandês

néscio
neurocirurgião
nêutron, nêutrons
nexo
nhenhenhém
nhoque (massa)
niilismo
nipo-argentino
nissei
níveo
nocivo

nódoa
nomear
norte-americano
nova-iorquino
nova-trentino
novel (é)
noz-moscada
nupcial
núpcias
nuperfalecido
nuperpublicado

O

oásis
obcecar
obelisco
obesidade
obeso
obliquângulo
oblíquo
óbolo
obra-prima
obrigatoriedade
ob-rogar

obsceno
obsedar
obsequiar
obséquio
obsessão
obsessivo
obsolescência
obstáculo
obstetrícia, obstetriz
obstrução
obtenção

obus
occipital
octogenário
octogésimo
octógono
oftalmologista
ogiva
ojeriza
oleaginoso
olho de boi (selo postal)
olho-de-boi (peixe)

oligúria (ou oliguria)
ômega (letra)
omisso, omissão
onisciência
onisciente
ônix (pedra)
ônus
opróbrio
optar
ora (adv.)
orçamento

orégano (ou orégão)
orixá
orquídea
ortodoxo

oscilação
oscilante
oscilar
osso

ouriço
ousadia, ousar
oxalá
oxidar, óxido

oxigenar
oxigênio
oxítono
ozônio

P

paço (palácio)
paçoca
pachorra
pacto
padre-nosso
pai de santo
pai-nosso
país, países
paisagem
paisagista
paisinho (de país)
paizinho (de pai)
pajé
pajear
pajelança
pajem
pan-americano
pâncreas
panarício (ou panariz)
panegírico
Pão de Açúcar
pão de ló
pão-duro
parabélum
para-brisa
para-choque
paradoxal
paradoxo
parafuso
paraíso
para-lama
paralelepípedo
paralisar
paralisia
parapeito
paraquedas
paraquedista
para-raios
parasita
parêntese(s)
páreo
parisiense
parmesão
pascer
passas
passatempo
passivo

pasteurização
pasteurizar
pastor alemão (cão)
patena
pátina (oxidação)
pátio
patoá (dialeto)
pau-brasil
pau-d'arco
paxá
pazada
pecha
pechincha
pé-de-meia
pé de moleque
pedicuro
pedrês
pegada (gá)
pega-ladrão
peixe-boi
peixe-voador
pele-vermelha
pelo (verbo) (é)
pelo (cabelo) (ê)
pênalti
penicilina
pênsil
penteado
pepsina
pequenez
pequinês (de Pequim)
pera (fruta)
percalço
percevejo
percussão
peremptório (ou
   perentório)
períneo
periquito
perplexidade
perplexo
perscrutar
persignar-se
perspicaz
persuasão
persuasivo
pêsames

peso-pesado
pesquisa
pesquisar
pêssego
pez (piche)
piaçaba, piaçava
Piauí
piauiense
pica-pau
picape
pichar
piche
pigmento
pigmeu
piloti(s)
pinguim
pintassilgo
piquenique
Pireneus
piscicultor
piscicultura
piscina
pitonisa
pixaim
pizza
plâncton, plânctons
plebiscito
pneu, pneumático
pneumonia
poeira
poetisa
poleiro
pólen
pólipo
político-econômico
polo (extremidade)
polo (jogo)
pomo de adão
   (cartilagem tireoidea)
pomo-de-adão (árvore)
poncã (tangerina)
pontiagudo
popa
por (preposição)
pôr (v.)
porcelana
pôr do sol

porta-estandarte
porta-luvas
porta-malas
porta-voz
porto-riquenho
pós-guerra
pós-operatório
possessão
possessivo
possesso
possuir
pôster
posto-chave
pra (para, para a)
praxe (rotina)
práxis (prática)
prazerosamente
prazeroso
prazo
pré-carnavalesco
pré-colombiano
preconizar
pré-datado
prefixado
pré-história
prejulgar
prelazia
pré-molar
pré-moldado
pré-natal
pré-operatório
presa
prescindir
presídio
pressagiar
presságio
pressupor
pressurizar
pressuroso
prestidigitador
pretensão
pretensioso
pretexto
prevenção
prezado
prezar
primaz

primazia
primeira-dama
primeiro-ministro
primeiro-tenente
princesa
prioresa
privilegiado
privilegiar
privilégio
pró-americano
procissão
proctologista
proeza
profetisa (subst.)
profetizar

profícuo
profilaxia
profissão
profissional
profligar
projétil (ou projetil)
prolixo
promíscuo
pronto-socorro
propensão, propenso
própole (ou própolis)
proporção
proporcionar
propulsão
proscênio

prospecção
prospecto
prosseguir
prosseguimento
prostrar
proteico
próton, prótons
protótipo
proveniente
proxeneta
pseudônimo
psicologia
psicólogo
psique (alma)
psiquiatra

psiquiatria
psitacismo
púbis
pudico (dí)
pugnar
punção
purê
purpúreo
pusilânime
pústula
puxa! (interj.)
puxar, puxão

Q

quadriênio
quadro-negro
quadrúmano
quarta-feira
quartanista
quartzo
quase
quati
quebra-cabeça

quebra-gelo
quebra-nozes
queijo de minas
queixa
queixar-se
queixo
quepe
querosene
quesito

questão
quibe
quíchua
quilômetro (km)
quilowatt (kW)
quingentésimo
quinquagésimo (u)
quinquenal (u)
quinquênio (u)

quinta-essência (ou
    quintessência)
quinta-feira
quinze, quinzena
quiproquó (u)
quite
quites (plural de quite)
quixotesco
quórum

R

rabicho
rabugento
rabugice
radioamador
radioativo (ou radiativo)
radioemissora
radiopatrulha
radiotáxi
radiouvinte
rainha
ranzinza
rapazola
raposa
rapto, raptor
rasante
raso
rasura
ratazana
ravióli
realçar, realce
rebotalho
rebuliço
recalcitrar

recauchutar
recém-chegado
recém-nascido
recender
recear, receoso
recenseamento
recensear
recepção
recepcionista
receptar, receptador
receptividade
recessão, recesso
recessivo
rechaçar
recheado, rechear
rechonchudo
recipiente
recíproco
recorde (córˊ)
recrear (divertir)
recriar (criar de novo)
recrudescer
recrudescimento

redondeza
reduzir, redução
reerguer
reexaminar
reflorescer
refração (ou refracção)
refrega
regaço
regozijar
regozijo
regurgitar
reimpressão
reincidência
reincidente, reincidir
reivindicação
reivindicar
rejeitar
rejuvenescer
rejuvenescimento
relaxado
relaxamento
relaxar
relojoaria

relojoeiro
remanescente
remanescer
remessa
remexer
reminiscência
remissão, remissivo
remorso
renascença
renascer
renascimento
repercussão
repreensão
represa, represar
repressão
réprobo
réptil (ou reptil)
repuxar, repuxo
réquiem
requisitar
requisito
rés (rente)
rês (cabeça de gado)

rescindir
rescisão
rés do chão
resedá
Resende (RJ)
reserva, reservar
reses (pl. de rês)
resignar-se
resina
resplandecente
resplandecer
ressaca
ressaibo
ressaltar
ressarcir
ressecar
ressentido
ressonância
ressurgir
ressurrecto
ressurreição
ressuscitar
réstia
reúne (v.)
retrocesso
retrospecto (ou retrospeto)
revérbero
revés
reveses (é)
revezar
revezamento
reza
rezar
riacho, riachinho
ricochete
rigidez, rígido
rijeza
risonho
rissole
ritmo
rixa
rixento
rizicultura
rizotônico
roçagante
rocha
rodízio
romãzeira
roseira, róseo
rouxinol
roxo
royalties (ingl.)
rubrica (brí)
rubro-negro
ruço (difícil, grisalho)
rudeza
ruge
ruim, ruins
ruína
ruptura
rush (angl.)
russo (da Rússia)

S

saariano
sabujice
saçaricar
sacedortisa
sacrossanto
sagui
salobra, salobro
salsaparrilha
salsicha
salva-vidas
salve-rainha
salvo-conduto
samba-enredo
sanção (pena)
sancionar
sanduíche
sanguessuga
Sarajevo
sarjeta
satanás
saxão
saxofone
sazão
sazonal
seara
seborreico(a)
seção (parte, setor)
secção (corte)
secessão
sectário
segar (ceifar)
segunda mão
seiscentos
seixo
sela (arreio)
selvageria
semianalfabeto
semiárido
semibárbaro
semifinal
semi-internato
sem-par
sempre-viva
sem-sal
sem-terra
sem-vergonha
senão
senectude
sensabor (insípido)
sensatez
septicemia
sequer
seriema
seringa
seringal
seringueiro
sesquicentenário
sessão (reunião)
sessenta
sesta, sestear
setuagenário (ou septuagenário)
setuagésimo (ou septuagésimo)
sevícias
sexagenário
sexagésimo
sexcentésimo
sexta-feira
sextante
Shakespeare
shakespeariano
siamês
siameses
Sicília (ilha)
silício (elemento)
silvícola
silvicultura
sinal da cruz
sintetizar
sinusite
sirene
sisal
sismo (terremoto)
siso (juízo)
sisudo
sisudez
sobrancelha
sobre-exceder
sobre-humano
sobreloja
sobressair
sobressalente
sobressalto
sobretaxa
socioeconômico
soçobrar
Sófia (Bulgária)
solstício
sossegar, sossego
sovaco
suar (transpirar)
subchefe
subdiretor
subemprego
subestimar
subgerente
sub-hepático
sublocar
submissão
submisso
sub-região
sub-reptício
subscrever
subsecretário
subsidiar, subsídio
subsistência
subsistir
substitui (v.)
subtítulo
subumano
subversão
subversivo
sucção
sucedâneo
sucessão
sucessivo
sucesso
sucessor
sucinto
suflê
sugestão
suíço
suingue
sujice
sul-americano
sumiço
superávit
superestimar
super-homem

superpotência
superstição
supersticioso
supervisionar
supetão

supurar
surpreender
surpreendido
surpresa
surtir (produzir)

suscetibilidade (ou
    susceptibilidade)
suscetível (ou
    susceptível)
suscitar

suspensão, suspenso
sussurrante
sussurrar, sussurro
sutiã
Sydney (Austrália)

T

tábua
tabuada
tabuleiro
tabuleta
tacha (prego, defeito)
tachar (acusar)
tacheado, tachear
tacho
taciturno
talião (lei de)
talvez
tamanduá-bandeira
tamarindo
tamborilar
tampouco
tânagra
tangerina
tão somente
Taiwan
taxa (tributo)
taxar (tributar)
taxativo
táxi, taxiar
teco-teco
te-déum
teiú(s)
telecurso
televisionar
tenacidade
tendinite
tensão (retesamento)

tenso
terceiranista
terçol
terebintina
Teresa
Teresina (PI)
Teresinha
termoelétrica (ou
    termelétrica)
terraço
terraplenagem
terraplenar
tese
tesoura
tesouro
teste, testar
têxtil
texto
tez
tico-tico
tigela
timidez
tio-avô
tira-teima
tireoide
tiririca
titubear
tiziu
toalete
todo-poderoso
tonitruante

topázio
torácico
tórax
torção
torcicolo
tornozelo
torquês
torrefação
tosse, tossir
toucinho
tóxico, toxina
toxicômano
traça
traje
tranquilizar
transcendência
transcendental
transcendente
transcender
transe
transeunte
transgressão
transido
trapézio
trapezista
trás (atrás)
traseira
traseiro
trasladar
travessa
travesseiro

travesso (é)
    (atravessado)
travesso (ê) (traquinas)
travessura
trecentésimo (ou
    tricentésimo)
trejeito
treliça
três
trezentos
trigêmeo(s)
trigésimo
trirreme
trirriense
trissar
trissílabo
tristeza
triticultura
triz (por um triz)
tropeçar, tropeço
trouxa
trouxe (v.)
truculento
tuiuiú(s)
turbamulta
turbina
turboélice
turbulência
turquesa
tussígeno
txucarramãe

U

úbere (teta, fértil)
ubiquidade
ubíquo
uísque
ultimato
ultraje
ultrassom

ultrassonografia
ultravioleta
umedecer
úmido
unguento
unissex
uníssono

ureter (tér)
urtiga
usina
usina-piloto
usineiro
usual, usuário
usucapião

usufruir
usufruto
utensílio
úvula
uxoricida
uxoricídio

V

vacilar, vacilante
vacina, vacinar
vadear (passar a vau)
vaga-lume
vagem
vaivém
vale-transporte
válido (sadio)
valido (lí) (protegido)
varejista
vargem
varizes
várzea
vasa (lama)
vasectomia
vaselina
vasilha
vasilhame
vaso
vassalo
vassoura
vazadouro
vazante
vazão
vazar, vazamento

vazio
veado
vegetal
vêm (ver *vir*, pl)
Veneza
veneziana
veneziano
ventríloquo
verde-abacate
verde-amarelo
verde-oliva
vermelho-sangue
verossímil
verossimilhança
versão
vertigem
vesícula
vexar
vexame
vexatório
vezeiro
vezo (vício)
via-crúcis
viagem (subst.)
viageiro

viajem (v.)
Via-Láctea
via-sacra
vibrissas
vice-campeão
vice-presidente
vice-rei
vice-versa
vicissitude
videocassete
videoclipe
videogame (angl.)
videoteipe
viés
Vietnã (ou Vietname)
viger
vigésimo
vira-lata
Virgílio
virilha
virulento
vírus
visão, visar
víscera
visceral

visita(r)
visível
visual
vitaliciedade
vitória-régia
vívido (ardente)
vivido (experiente)
vivissecção
vizinhança
vizinho
vizir
vociferar
vodca
volátil
volatilizar
vôlei, voleibol
Volkswagen
voluptuoso (ou
 volutuoso)
voo(s)
vossemecê
vozearia
vultoso (de vulto)
vultuoso (inchado)

W

Wagner
wagneriano

Washington
watt (uót)

week-end (angl.)
Wimbledon

X

xador
xadrez
xale
xampu
Xangai (China)
xará
xarope
xavante

xaxim
xenofobia
xenófobo
xeque (chefe árabe)
xeque (no jogo de
 xadrez)
xeque-mate
xereta

xerez
xerife
xerófilo
xerox
xícara
xicrinha
xifópago
xiita

xilindró
xilogravura
xingamento
xingar
xisto (rocha)
xixi
xodó
xucro

Z

zabumba
zaino
Zaire (Congo)
Zâmbia (África)
zanga, zangar

zangão
zanzar
zarabatana
Zaratustra
zarcão

zarolho
zarpar
zás-trás
zebra, zebrar
zebu

Zeferino
zéfiro
zelador, zeloso
zelar, zelo
zênite

zepelim
zé-povinho
zeugma
zigoma
zigue-zague
ziguezaguear
Zimbábue (África)

zinco
zínia
zíper
ziziar
zoada
zoeira
zombar

zonzo
zoo (zoológico)
zoófilo
zoofobia
zoólogo
zoopedia
Zumbi

zumbido
zum-zum
Zurique (Suíça)
zurrar, zurro

BIBLIOGRAFIA

A. Bailly. *Dictionnaire Grec-Français*. Paris: Hachette, 1950.
Adalberto Prado e Silva e outros. *Dicionário brasileiro da língua portuguesa*. São Paulo: Melhoramentos, 1975.
Alfredo Bosi. *História concisa da literatura brasileira*. São Paulo: Cultrix, 1980.
Antenor Nascentes. *Dicionário da língua portuguesa*, 4 vols. Rio de Janeiro, 1961.
Antônio Geraldo da Cunha. *Dicionário etimológico da língua portuguesa*, 2ª ed. Rio de Janeiro: Lexikon, 2007.
Antônio Houaiss. *Pequeno dicionário enciclopédico Koogan-Larousse*, Rio de Janeiro, 1982.
_____. *Dicionário Houaiss da língua portuguesa*. Rio de Janeiro: Objetiva, 2001.
A.M. de Souza e Silva. *Dificuldades sintáticas e flexionais*. Rio de Janeiro: Organização Simões, 1958.
Arlindo Ribeiro da Cunha. *A língua e a literatura portuguesa*. Braga: Edição do Autor, 1948.
Aurélio Buarque de Holanda Ferreira. *Novo dicionário da língua portuguesa*, 2ª edição, 1986; 3ª ed., Rio de Janeiro: Nova Fronteira, 1999.
Caldas Aulete. *Dicionário contemporâneo da língua portuguesa*, 3ª ed. Rio de Janeiro: Delta, 1974.
Cândido Jucá Filho. *Dicionário escolar das dificuldades da língua portuguesa*. Rio de Janeiro: MEC, 1965.
Carlos Alberto Rabaça e Gustavo Barbosa. *Dicionário de comunicação*. São Paulo: Ática, 1987.
Celso Cunha. *Gramática do português contemporâneo*. Belo Horizonte: Bernardo Álvares, 1970.
_____. *Nova gramática do português contemporâneo*, 2ª ed. Rio de Janeiro: Lexikon, 2007 (em colaboração com Lindley Cintra).
Celso Pedro Luft. *Dicionário de literatura portuguesa e brasileira*. Porto Alegre: Globo, 1967.
_____. *Dicionário prático de regência verbal*. São Paulo: Ática, 1987.
_____. *Grande manual de ortografia Globo*. Porto Alegre: Globo, 1983.
_____. *Dicionário prático de regência nominal*. São Paulo: Ática, 1992.
Ch. Georgin. *Dictionnaire Grec-Français*. Paris: Hatier, s/d.
Dicionário da língua portuguesa contemporânea, Academia das Ciências de Lisboa, 2001.
Domingos Paschoal Cegalla. *Novíssima gramática da língua portuguesa*, 43ª ed. São Paulo: Editora Nacional, 2000.
Eduardo Martins. *Manual de redação e estilo*, 3ª ed. O Estado de S. Paulo, 1997.
Edward M. Burns. *História da civilização ocidental*, vol. I, trad. de Lourival Gomes Machado e outros. Porto Alegre: Globo, 1981.
Evanildo Bechara. *Moderna gramática portuguesa*. São Paulo: Nacional, 1974, e 37ª ed., Lucerna, 1999.
F.R. dos Santos Saraiva. *Dicionário latino-português*, 9ª ed. Rio de Janeiro: Garnier, 1993.
_____. *Novíssimo dicionário latino-português*, 10ª ed. Rio de Janeiro: Garnier, 1993.
Francisco Fernandes. *Dicionário de verbos e regimes*, 4ª ed. Porto Alegre: Globo, 1963.
Francisco S. Borba. *Dicionário de usos do português do Brasil*. Ática, 2002.
Francisco Torrinha. *Dicionário latino-português*, 2ª ed. Porto: Gráficos Reunidos, 1942.
Hilton Japiassu e Danilo Marcondes. *Dicionário básico de filosofia*, 2ª ed. Rio de Janeiro: J. Zahar Editor, 1991.
Humberto Piragibe Magalhães e C. Piragibe Tostes Malta. *Dicionário jurídico*, 7ª ed. Rio de Janeiro: Edições Trabalhistas, 1990.
Jaime de Séguier. *Pequeno dicionário prático ilustrado*. Porto: Lello & Irmãos Editores, 1973.
Joaquim Ferreira. *História da literatura portuguesa*, 3ª ed. Porto: Editorial Domingos Barreira.
José Luís Soares. *Dicionário de biologia*. São Paulo: Scipione, 1993.
J. Mesquita de Carvalho. *Dicionário prático da língua nacional*. 5ª ed. Porto Alegre: Globo, 1955.

Luís Carlos Lessa. *O modernismo brasileiro e a língua portuguesa*. Rio de Janeiro: Fundação Getúlio Vargas, 1966.
Luis Antônio Sacconi. *Dicionário de pronúncia correta*. São Paulo: Nossa Editora, 1991.
M. Said Ali. *Gramática histórica da língua portuguesa*, 8ª ed. Melhoramentos, 2001.
Marc Moingeon e outros. *Le Dictionnaire de Notre Temps*. Paris: Hachette, 1989.
Maria Helena de Moura Neves. *Guia de uso do português*. Editora Unesp, 2003.
Mário Barreto. *Novíssimos estudos da língua portuguesa*. Rio de Janeiro: Francisco Alves, 1914.
_____. *Novos estudos da língua portuguesa*. Rio de Janeiro: Francisco Alves, 1921.
_____. *Através do dicionário e da gramática*. Rio de Janeiro: Livraria Quaresma, 1927.
_____. *Últimos estudos*. Rio de Janeiro: Epasa, 1944.
_____. *De gramática e de linguagem*. Rio de Janeiro: Organização Simões, 1955.
Michaelis. *Moderno Dicionário da língua portuguesa*. São Paulo: Melhoramentos, 1998.
Pasquale Cipro Neto. *Nossa língua em letra e música*, EP&A, 2002.
Paulo Sandroni. *Novo dicionário de economia*, 3ª ed. São Paulo: Best Seller, 1994.
Raimundo Barbadinho Neto. *Sobre a norma literária do modernismo*. Rio de Janeiro: Ao Livro Técnico, 1977.
Rocha Lima (Carlos Henrique da). *Gramática normativa da língua portuguesa*. Rio de Janeiro: José Olympio, 1978.
Salomão Serebrenick. *70 segredos da língua portuguesa*. Rio de Janeiro: Bloch Editores, 1990.
Sousa da Silveira. *Lições de português*, 5ª ed. Coimbra: Atlântida, 1952.
Temístocles Linhares. *Antologia do moderno conto português*. Rio de Janeiro: Civilização Brasileira, 1968.
Teodoro Henrique Maurer Jr. *O infinitivo flexionado português*. São Paulo: Editora Nacional, 1968.
Theotonio Negrão. *Código civil e legislação civil em vigor*, 14ª ed. São Paulo: Saraiva, 1995.
Vallandro. *Dicionário inglês-português*. Porto Alegre: Globo, 1979.
Vittorio Bergo. *Erros e dificuldades de linguagem*, 5ª ed. Juiz de Fora: Lar Católico, 1959.
Vocabulário ortográfico da língua portuguesa. Academia Brasileira de Letras, 1999, 5ª ed., 2009.

OBRAS DO AUTOR

1. *Novíssima gramática da língua portuguesa*, Editora Nacional, 48ª ed.
2. *Novíssima antologia da língua portuguesa*, J. Ozon Editor (esgotada).
3. *Canção de Eurídice* (poemas), Editora Nacional, 1987.
4. *Um brado no deserto* (poemas), Editora Nacional, 1995.
5. *Dicionário de dificuldades da língua portuguesa*, Editora Nova Fronteira, 1ª ed., 1996; 2ª ed., 1999. Lexikon Editora Digital, 3ª ed., 2007.
6. *Édipo Rei*, de Sófocles, trad., Difel, 1999.
7. *Antígona*, de Sófocles, trad., Difel, 2000.
8. *Triângulo do amor*, romance, Editora Nacional, 2005.
9. *Eneida*, de Virgílio, trad., Bertrand Brasil, 2009.

Este livro foi impresso no Rio Grande do Sul, em setembro de 2025,
pela Edelbra Gráfica e Editora para a Lexikon Editora.
A fonte usada no miolo é a Bembo, em corpo 9.5/10,5.
O papel do miolo é offset 63g/m² e o da capa é cartão 250g/m².